Deutsche Geschichte im Osten Europas

Land an der Donau
herausgegeben von Günter Schödl

Deutsche Geschichte im Osten Europas

HARTMUT BOOCKMANN · OST- UND WESTPREUSSEN

FRIEDRICH PRINZ · BÖHMEN UND MÄHREN

GERT VON PISTOHLKORS · BALTISCHE LÄNDER

NORBERT CONRADS · SCHLESIEN

HORST GLASSL · GALIZIEN, BUKOWINA, MOLDAU

GÜNTER SCHÖDL · LAND AN DER DONAU

ARNOLD SUPPAN · ZWISCHEN ADRIA UND KARAWANKEN

JOACHIM ROGALL · WELT ZWISCHEN WARTHE UND WEICHSEL, BUG UND MEMEL

RODERICH SCHMIDT · POMMERN

GERD STRICKER · RUSSLAND

SIEDLER VERLAG

Deutsche Geschichte im Osten Europas

BEGRÜNDET VON WERNER CONZE †

HERAUSGEGEBEN VON

HARTMUT BOOCKMANN

NORBERT CONRADS HORST GLASSL

GERT VON PISTOHLKORS

FRIEDRICH PRINZ JOACHIM ROGALL

RODERICH SCHMIDT GÜNTER SCHÖDL

GERD STRICKER ARNOLD SUPPAN

SIEDLER VERLAG

Deutsche Geschichte im Osten Europas

Land an der Donau

HERAUSGEGEBEN VON GÜNTER SCHÖDL

SIEDLER VERLAG

INHALTSVERZEICHNIS

Deutsche Geschichte im Donau- und Karpatenraum: Möglichkeiten und Grenzen der Geschichtsschreibung

GÜNTER SCHÖDL

Neue Tendenzen des politisch-gesellschaftlichen Wandels kündigten sich im frühen 19. Jahrhundert an: Bauernbefreiung und großräumige Wanderungsbewegungen, die Entfaltung von beruflicher Gliederung und sozialer Schichtung ebenso wie kollektive Persönlichkeitsbildung einer Bürgergesellschaft und bald schöpferisches, bald zerstörerisches Umverteilen der Macht. Alle Teilbereiche der mittel- und osteuropäischen Lebenswirklichkeit wurden auf neue Bezugspunkte hin ausgerichtet: gesellschaftlich auf De-Agrarisierung und Industrialisierung, Massenmobilität und Urbanisierung, politisch auf Konstitution und Parlament, Nationalismus und autonome Staatsbildung.[1]

So unumstritten das Auftreten bestimmender Gestaltungstendenzen dieser Art im Europa des 19. Jahrhunderts auch ist, die Frage ihrer tatsächlichen entwicklungsgeschichtlichen Bedeutung harrt weiterhin einer Antwort. Stellen die neuen Bezugspunkte »moderner« Entwicklung von Politik und Gesellschaft samt und sonders Notwendigkeiten dar? Markieren sie einen Entwicklungsweg, der überall möglich und eben auch notwendig ist? Welche Folgen hat es, wenn der betreffende Modernisierungsprozeß zeitlich verzögert und inhaltlich abgewandelt wird? Damit hängt eine Frage zusammen, die in den seitherigen wiederholten Entwicklungsspurts des europäischen Ostens, zugleich in den Reformprozessen unserer Tage allgegenwärtig ist: Ist es – zum Beispiel unter übermächtigem wirtschaftlichen Krisendruck – entwicklungslogisch zulässig, daß man bestimmte Teilelemente des Modernisierungsprozesses zunächst zurückstellt, um die Modernisierung als solche nicht ganz und gar scheitern zu lassen? Ist es legitim, die politisch-kulturelle Modernisierung auszublenden, um zunächst wenigstens strukturelle, besonders wirtschaftliche und institutionelle Reformen durchzusetzen? Kann dabei der wirtschaftliche Zweck die politischen Mittel heiligen? So etwa, wenn im Falle fehlender gesellschaftlicher Akzeptanz des Reformwerks eine Art Entwicklungsdiktatur errichtet wird? Welchen Bedarf an sekundären Strategien der Legitimierung, der Konsensfindung und gesellschaftlichen Integration hat eine »partielle Modernisierung« dieser Art? So ist zu klären, ob sie angesichts unterschiedlicher Entwicklungsbedingungen mehr als eine bedeutungslose Ausnahme sein kann, etwa eine im europäischen Osten durchaus aussichtsreiche Alternative zu einer Modernisierung nach westeuropäisch-atlantischen Maßstäben. Beschritten die Deutschen in Europas Mitte und die mit ihnen in übernationalen Reichen zusammenlebenden Völker Osteuropas seit dem 19. Jahrhundert also einen durchaus legitimen Sonderweg in die Moderne oder folgten sie einer falschen Weichenstellung? Waren sie bereits in den Anfängen des politisch-gesellschaftlichen Modernisierungsprozesses auf einen Irrweg geraten, auf einen Weg, der nicht nur zu einer verspäteten, unvollständigen Modernisierung führen mußte, sondern zu konfliktträchtigen Deformierungen des gesellschaftlichen Wandels?

Befürworten wir die letztere Auffassung, so ließe sich folgern: Die Deutschen in Mittel- und Osteuropa *mußten* wegen besonderer, in sich wiederum uneinheitlicher Entwicklungsbedingungen in der Mitte des 19. Jahrhunderts einen anderen Kurs als Westeuropa zur Modernisierung einschlagen. Teilmodernisierung in diesem Sinne, vor allem ein politisch-kulturelles Modernisierungsdefizit, mußte durch eine autoritär-vormoderne und nationalistisch-aggressive Politik gewissermaßen ausbalanciert werden. In diesem Falle hätte es also einen geradezu strukturell vorprogrammierten Zusammenhang gegeben: eine zwingende Beziehung zwischen Modernisierungsdefizit oder -abwandlung und unkorrigierbarer Disposition zu autoritär-manipulativer Massenführung, zu nationalistischer Gemeinschaftsbildung.

Diese Sicht des nationalistischen Amoklaufs der Völker Mittel- und Osteuropas, auch der Minderheiten, ist sicherlich nicht selbstverständlich. Aber eines zumindest macht sie deutlich: Eine Betrachtung der deutschen Katastrophe im Osten Europas kann sich nicht darauf beschränken, Wortlaut und Ereignisgestalt der interethnischen Spannungen nur zu rekonstruieren und, je nach eigenem Standpunkt, mit einer mehr oder weniger begründbaren Wertung zu versehen. Dies erscheint als sozusagen der sicherste Weg zur Wiederbelebung der alten Konflikte. Ob es sich um Deutsche als Staatsnation oder als nationale Minderheit handelt, die Betrachtung ihres früheren und die Gestaltung ihres künftigen Verhältnisses zu den Völkern Osteuropas erfordert mehr als nur die subjektive Erinnerung an tatsächlich Geschehenes. Darüber hinaus kommt es zugleich auf eine überprüfbare Erörterung jener Motivationsschicht im Leben der Völker an, die tiefer liegt als Emotionen und stereotype Bilder der anderen, tiefer auch als der bloße Ereigniskreislauf von Schuld und Vergeltung, der als solcher keine *Erklärung* kollektiver Aggressivität enthält.

Eine solche Herleitung nationaler Spannungen in Mittel- und Osteuropa aus verzögert-verzerrten Entwicklungsabläufen kann nicht auf die analytische und prognostische Treffsicherheit einer anerkannten, durchwegs überprüfbaren Theorie gegründet werden. Dennoch vergrößert sie immerhin für das Nachdenken über kollektive Aggressivität und Nationalismus die Möglichkeit, einen festen Punkt gegenüber der ritualisiert-zwanghaften Wiederholung von Emotionen, Vorurteilen und geschichtlichen Konfliktkonstellationen zu finden. Dies ist auch Voraussetzung für eine nicht nur moralisierend-verneinende, sondern kritische Haltung zum gesamten Gegenstandsbereich des Nationalen. Nation und Nationalismus sind wie andere politisch-gesellschaftliche Phänomene auch auf Entstehung und Auflösung, auf Existenz- und Gestaltungsbedingungen hin zu betrachten. Daß das Nationale nicht weiter ableitbar sein soll, ist lediglich Teil seines Selbstverständnisses. Dessen wissenschaftliche Relativierung wiederum ist

Voraussetzung jedweder weiterreichenden Interpretation, vor allem jeder Aussage darüber, ob eine bestimmte Konfiguration des Nationalen eher der Entfaltung einer Großgruppe diente oder ob das nationale Zusammengehörigkeitsbewußtsein zweckentfremdet und instrumentalisiert wurde.

Es ist gerade die charakteristische Vielfalt nationaler Phänomene im Osten Europas, die davon abhalten sollte, irgend etwas als selbstverständlich, als natürlich aufzufassen. Sie allein schon sollte Grund genug sein, das Nationale als modernes gesellschaftliches Gestaltungsprinzip nicht von vornherein als notwendig, letztlich keiner Begründung bedürftig hinzunehmen. Nicht nur das Ausmaß von Mißbrauch und schließlich das Zerstörerische des Nationalen – im Zweiten Weltkrieg wie gegenwärtig im südslawischen Bereich –, sondern eben seine Variantenbildung sollten warnen: Gesellschaften haben sich nicht ohne Alternative als Nationen zu verstehen, zu regeln und zu entfalten; die kollektive Persönlichkeitsbildung von Großgruppen, ihr Streben nach Selbstbestimmung bedingt nicht in allen Fällen auch autonome nationale Staatsbildung. Letztere kann als Mittel und Ausdrucksform gesellschaftlicher Modernisierung unter bestimmten Bedingungen, nicht aber als deren Inhalt und Ziel aufgefaßt werden. Daß sich insbesondere Minderheiten einer bestimmten nationalen Loyalitätsforderung oder überhaupt dem nationalen Prinzip verweigern, kann insofern nicht von vornherein als entwicklungsfeindlich, als perspektivenloser Gegensatz zu den Notwendigkeiten der gesellschaftlichen Modernisierung gelten. Insofern hatte im Zeitalter des Nationalismus der zeitweilige deutsche Anspruch auf Nationalstaatsvollendung durch Verdrängung oder Assimilierung der nichtdeutschen Bevölkerung ebensowenig eine Berechtigung wie der Assimilationsdruck, den die ungarische Politik im späten 19. Jahrhundert auf deutsche Minderheiten ausübte. Entfaltung, desgleichen Begrenzung nationalen Einheitsverlangens waren in Mittel- und Osteuropa in beträchtlichem Umfang lediglich die Folge des gesellschaftlichen Entwicklungsstandes überhaupt oder eben der machtpolitischen Steuerung.

Gerade auch die Lebenswirklichkeit der Deutschen sowie der gesamten deutschsprachigen Bevölkerung im historischen Königreich Ungarn läßt sich nicht voll erfassen, wenn man sie nur am Fortschreiten ihrer nationalen Entwicklung mißt. Es handelte sich nicht nur um Entfaltung von nationalem Zusammengehörigkeitsbewußtsein und tatsächlicher nationaler Geschlossenheit zwischen den beiden Polen (klein-)deutscher Nationalstaat und deutsche Diaspora beziehungsweise Streusiedlung. Die Vielfalt von Entwicklungsstufen und -potential, von konkurrierenden Perspektiven nationalen Identitätswechsels entzieht sich einem starren evolutionistischen Schema. Dessen Nachteil ist, nur die Möglichkeiten nationaler Bewußtseinsbildung als Vorstufe nationaler Selbstbestimmung oder Assimilation und Untergang zu kennen. Es erlaubt ansonsten aber keine begründete Unterscheidung zwischen Graden der Entfaltung, eigenem Weg oder Nachahmung fremder, unter Umständen ungeeigneter Vorbilder. Eine Betrachtung von politisch-gesellschaftlicher Lage und Entwicklungsperspektiven Deutschmitteleuropas und Osteuropas in der Mitte des 19. Jahrhunderts sollte sich also nicht von vornherein auf den Blickwinkel des »nationalen Prinzips« einschränken lassen, das zu jener Zeit seinen Durchbruch erlebte. Zwar ist unbestreitbar: öffentliche Resonanz und politische Dynamik des nationalen Prinzips ließen damals alle anderen Instanzen und Konzeptionen europäischer Politik als überlebt, als vor-modern erscheinen. Dies galt für vor- beziehungsweise übernationale Phänomene wie die Habsburgermonarchie als Vielvölkerstaat und die vergleichsweise neutrale Autorität der Krone ebenso wie etwa für die katholische Kirche oder für bürokratische und militärische, wirtschaftliche und intellektuelle Funktionseliten.

Die Zukunft gehörte der Nation, der nationalen Emanzipation und der nationalen Staatsbildung als idealer, letztlich unverzichtbarer Existenzbedingung der politisch-kulturellen und wirtschaftlich-gesellschaftlichen Entfaltung von Großgruppen. Die Niederlagen der Habsburgermonarchie gegen die italienische, (klein-)deutsche und schließlich auch gegen die ungarische Nationalbewegung bestätigten dies in den Augen der Zeitgenossen. Aber zugleich traten jene Grenzen zutage, die – endgültig dann nach dem Ersten Weltkrieg – einer Neuordnung Mittel- und Osteuropas nach westeuropäischem Vorbild gesteckt waren. So erwies sich der Nationalstaat selbst in Mittel- und Osteuropa als nur eingeschränkt realisierbar, und dies nur bei günstiger außenpolitisch-militärischer Konstellation. Ein Musterbeispiel dafür ist der Kompromißcharakter der nur unvollständigen staatlichen Einigung der Deutschen 1871. Dabei bedurften Nationalbewegung und wirtschaftliche Großraumbildung zusätzlich der Unterstützung, ja der Führung durch das Selbsterhaltungskalkül der preußischen Krone und der Tolerierung durch die europäischen Großmächte.

Noch nachhaltigere Zweifel an nationalem Prinzip und Nationalstaat erweckt ein Blick auf Ostmittel- und Südosteuropa.[2] Hier ist die Dominanz kleinräumig ethnischer Mischzonen und die desorientiert-aggressive territoriale Zielsuche einer Vielzahl konkurrierender Nationalbewegungen charakteristisch. Dabei zeigt sich, daß Nationalstaaten als logische Resultate organisch entfalteter Nationalbewegungen überhaupt nicht zustande kamen. Wo schließlich dank zusätzlicher Impulse militärischer und exogener Art nationale Staatsbildung sich durchsetzte, war sie von Anfang an ohne die Überzeugungskraft westeuropäischer Nationalstaaten und insofern vom ersten Tag an konfliktträchtig. Dennoch haben gerade in Ostmittel- und Südosteuropa Nationalismus und Nationalstaatsstreben bis auf den heutigen Tag exzessive Bedeutung erlangt. Dies allein ist aber nicht unbedingt ein Beweis dafür, daß sie in diesen Breiten das geeignetste Entwicklungsmuster darstellen.

Den ganzen Erscheinungsreichtum des Nationalen im Südosten, also der mehr oder weniger vollständigen Entfaltung von Nationalbewegungen bis hin zu nationaler Staatsbildung und der Minderheitsexistenz deutschsprachiger Bevölkerung dazwischen erfassen, auch Entwicklungsstufen, Konfliktkonstellationen und langfristige Perspektiven ermitteln zu wollen, ist nicht möglich ohne Begriffe, die die übergroße Gestaltungsvielfalt auf Wesentliches reduzieren. Gefragt sind Modellvorstellungen vom Zusammenhang des Geschehens, zum Beispiel der Wechselbeziehung zwischen wirtschaftlicher und politischer Modernisierung, zwischen Industrialisierung und Massenpolitisierung gerade in nationalem Sinne. Die bewußte, kontrollierte Anwendung von Begriffen und

Modellvorstellungen ist mit der Erwartung verbunden, bei der Erörterung des Nationalen ein höheres Maß an Entemotionalisierung zu erreichen.

Objektivierung dieser Art bedeutet nicht nur einen Wandel von Methodik und Theorie, sondern auch eine längst überfällige Hinwendung zu neuen, systematischen Fragestellungen. Die »südostdeutsche« Heimatgeschichtsschreibung, die zumindest in ihrem donauschwäbischen Teilbereich vorrangig auf landsmannschaftliche Traditionspflege und »Kulturarbeit« ausgerichtet ist, steht vor der Aufgabe, sich auf diesen methodologisch-theoretischen Standard einzustellen. Ansonsten droht ihr die Gefahr, außerhalb Deutschlands, selbst außerhalb der landsmannschaftlichen Gemeinde ignoriert zu werden. Sie gilt weithin als lineare Fortsetzung jener »Volkstumskämpfe« der Zwischenkriegszeit, als bloßer Nachhall vergangener Konflikte.[3]

Die authentischen Erfahrungen ethnischer Minderheitsexistenz und multinationalen Zusammenlebens, die der landsmannschaftlichen südostdeutschen Geschichtsschreibung zu Gebote stehen, verdienen ohne Zweifel weiterhin Beachtung, aber die weitverbreitete Absolutsetzung der Darstellungsperspektive der »Erlebnisgeneration« ist sicherlich unhaltbar geworden. Weder das Aufrechnen deutscher Schuld gegenüber derjenigen anderer Völker an der Explosion der Nationalismen im Zweiten Weltkrieg noch die Versäumnisse anderer beim Umgang mit ihrer eigenen Geschichte taugen als Begründung für ein fortgesetztes Ausweichen vor der Konkurrenz der Argumente. Im einzelnen gehört zu den Versäumnissen der südostdeutschen Geschichtsschreibung das Festhalten an einer »völkisch«-nationalpolitisch bestimmten Sprache der Zwischenkriegszeit. Damit ist ein auch inhaltlich bedeutsamer Pseudo-Historismus verbunden: Die Individualität von Ereignissen und Strukturen, langfristigen Prozessen und gewachsenen Sprachkontexten, die eben ohne das Wissen der Nachfahren gestaltet worden sind, wird dadurch den Maßstäben und Erkenntnisabsichten jeweils derjenigen Generation unterworfen, die gerade das Wort hat. Gegenwartsbezogene Übersetzung vergangener Ereignis- und Sinnzusammenhänge soll dem unverzerrten Dialog über Generations- und Epochengrenzen hinweg dienen. Sie sollte nicht auf die absolutgesetzten Erfahrungen und Urteilskategorien Nachgeborener, etwa der Generation von Volkstumskampf und Vertreibung, verpflichtet werden.

Wie eine reflektierte Überlieferung zeitlich gebundener Auffassungen und politisch instrumentalisierter Begriffe, so ist eine kritische Bestandsaufnahme nationaler Vorurteile überfällig. Zählebige Vorstellungen von verminderter Kultur- und Staatsfähigkeit der kleineren Völker Osteuropas sowie Stereotype zum Wesen magyarischer Politik als geradezu pathologisch nationalistisch sind in ihrem katechismusartigen Geltungsanspruch überlebt. Desgleichen die ethnozentrische Hochstilisierung des deutschen »Kulturbringers«. Sicherlich gilt Kritik dieser Art nicht für die gesamte südostdeutsche Literatur. Hervorzuheben sind Einrichtungen wie die Südostdeutsche Historische Kommission und der Arbeitskreis für Siebenbürgische Landeskunde, das Südostdeutsche Kulturwerk, das Institut für donauschwäbische Geschichte und Landeskunde, die eng mit der akademischen Geschichtsforschung zusammenarbeiten. Ohne Zweifel enthält die umfangreiche donauschwäbische Ortsmonographien-Literatur wertvolles Wissen über den Innenzustand der bäuerlichen Bevölkerung, vor allem dann, wenn jener katholisch-kirchliche Einfluß wirksam ist, der schon seit der Zwischenkriegszeit einer Absolutsetzung des Nationalen entgegenzuwirken versucht hat. Eine methodologisch-theoretische Erneuerung dieses Zweiges der Geschichtsforschung wäre auch deswegen wichtig, weil gerade die Thematik deutscher Minderheiten in Ost-, auch in Südosteuropa in ungewöhnlichem Umfang Möglichkeiten begrifflicher Reflexion und strukturhistorischer Dimensionierung, des übernationalen Vergleiches und der regionalhistorischen Konkretisierung bietet, desgleichen Anregungen zur Erörterung von Modernisierungs- und Integrationsphänomenen unter den Bedingungen multinationalen Zusammenlebens. Eine Reihe systematischer Fragen der gegenwärtigen geschichts- und sozialwissenschaftlichen Forschungsdiskussion kommen hier zum Tragen: Fragen gegenwärtiger Nationalstaatskritik und kollektiven Identitätsbedarfs, wirtschaftlich-kultureller Integration und der ethnischen Minderheitsthematik.

Damit soll nicht der Eindruck erweckt werden, es stünden fertige, allgemein anerkannte und allüberall anwendbare Begriffe, Modelle und Theorien für die analytische Durchdringung dieses Gegenstandsbereiches bereits zur Verfügung. Es gibt aber keinen Grund, gerade in der südostdeutschen Geschichtsschreibung anerkannte Wege von Methodik, von Begriffs- und Theoriebildung zu ignorieren. Einige Anregungen, die der gegenwärtigen Forschungsdiskussion entnommen werden können, seien im folgenden kurz umrissen. Zunächst sei darauf hingewiesen, daß jedwede Darstellung deutscher Minderheiten – nicht nur im Südosten – von vornherein eine national isolierte Darstellung vermeiden sollte: Die Wechselbeziehungen zur nichtdeutschen Umwelt wie auch zu den kompakten deutschen Siedlungsgebieten in Österreich beziehungsweise Cisleithanien und im Deutschen Reich sind stets zu berücksichtigen, desgleichen – dies wurde bereits eingangs hervorgehoben – der entwicklungsgeschichtliche Prägungszusammenhang des Wandels deutscher Minderheiten, besonders seit der Mitte des 19. Jahrhunderts. Ungleichmäßig zwar, aber doch spürbar, sind alle südostdeutschen Minderheitsgruppen etwa seit der Mitte des 19. Jahrhunderts von jenem qualitativen Entwicklungssprung erfaßt worden, den ihre ethnische Umgebung, die angehenden Staatsnationen wie auch die anderen Minderheiten, vollzogen haben. Trotz aller Unterschiede in zeitlicher Abfolge und ereignismäßiger Gestaltung gab es einen gemeinsamen Motivationssockel. Er verlieh den Modernisierungs- und Politisierungsvorgängen bei den deutschsprachigen Bevölkerungsgruppen des Südostens in ähnlicher Weise Schubkraft wie den jeweiligen Gesellschaften. Wenn man die »Nationalisierung« seit langem zusammenlebender ethnischer Gruppen in den Blick bekommen will, sind die Berücksichtigung der historisch-langfristigen Dimension und die vergleichende Betrachtung interethnischer Beziehungen notwendig.

Das Begriffsfeld des Nationalen, insbesondere die Begriffskette Volk – Nationalität/Nation – Nationalstaat – Nationalismus/extremer Nationalismus, könnte in Anlehnung an die sozialwissenschaftliche Nationalismusforschung, vor allem an Karl W. Deutsch, folgendermaßen erläutert werden. Der Begriff Volk wäre ähnlich wie der Begriff Gesellschaft auf eine Großgruppe anzuwenden, die durch ein gewachsenes Netzwerk sozialer Kommunikation zusammengehalten wird, wobei einem abstammungs- und/oder sprachbezogenen Zusammengehörigkeitsbewußtsein eine besondere Rolle zukommt. Diese durch Nationalisierung intensivierte und verfestigte soziale Kommunikation erfährt variierende Prägung durch komplementäre Normen, Verhaltensweisen und wirtschaftliche Funktionen. Volk beziehungsweise Gesellschaft in diesem Sinne können als »soziales Rohmaterial« (Karl W. Deutsch) für die Sozialgebilde »Nationalität« und »Nation« betrachtet werden. Diese treten auf unterschiedlichen Stufen des insgesamt beschleunigten sozialen Wandels zutage. Für die Einordnung einer solchen Gruppe als Nationalität oder als Nation wäre ausschlaggebend, ob einheitliche politische Handlungsfähigkeit oder das Stadium nationaler Staatsbildung erreicht ist.

Diese Stufenfolge von Volk beziehungsweise ethnischer/sozialer Gruppe – Nationalität – Nation/Nationalstaat ist in Osteuropa nicht ohne weiteres in seiner Gänze als Regelfall zu betrachten. Angesichts der erwähnten Besonderheiten des politisch-gesellschaftlichen Wandels im Osten Europas seit der Mitte des 19. Jahrhunderts ist hier mit abweichenden, wenn nicht sogar mit autonomen Gestaltungen zu rechnen. Nationale Minderheiten können im skizzierten Schema zwar als »Nationalitäten« eingeordnet werden, dies aber nur mit einem wichtigen Vorbehalt: Diese Einstufung darf nicht bedeuten, daß sie zugleich als unfertig, nicht staats- und überhaupt entwicklungsfähige Gruppen definiert werden. Aufgrund der besonderen Verhältnisse im Osten Europas wäre »nationale Minderheit« beziehungsweise »Nationalität« anders zu bestimmen: nicht als notwendiges Durchgangsstadium von Großgruppen auf dem Weg zur nationalen Staatsbildung, sondern als abweichend-selbständige Erscheinungsform von Großgruppenintegration, die auch ohne Staatsbildung existenz- und entwicklungsfähig wäre.

In diesem Koordinatensystem von Mobilisierung, Integration und Modernisierung kann schließlich der Begriff »Nationalismus« verortet werden. Er wird nicht nur im Hinblick auf programmatischen Inhalt oder organisatorisch-politisches Auftreten definiert, sondern auch unter Einbeziehung seiner gesellschaftlichen Funktion. Zu seiner Definition gehört im wesentlichen zunächst der Hinweis auf seine Funktion als Integrationsideologie einer Großgruppe. Damit ist nicht nur der ideell-programmatische Ausdruck eines Großgruppenbewußtseins bis hin zu egoistisch-ethnozentrischer Selbststilisierung gemeint, auch nicht nur der Hinweis auf sprachlich-kulturelle Inhalte dieses Selbstverständnisses. Vielmehr der Umstand, daß das Zusammengehörigkeitsbewußtsein einer Gruppe und dessen mehr oder weniger symbolische Inhalte lediglich einen bestimmten gesellschaftlichen Integrationsbedarf zum Ausdruck bringen. Dieser wiederum hängt ab von dem je besonderen Stand von Massenmobilisierung und -konsolidierung unter den Bedingungen eines beschleunigt-krisenhaften Wandels gesamtgesellschaftlicher Art. Insofern kann Nationalismus *funktional* als – zunächst weder gutes noch böses, richtiges oder falsches – Mittel zu Mobilisierung und Konsolidierung, insgesamt Integration einer Großgruppe aufgefaßt werden.

Aber mit diesem Hinweis auf die Funktion des Nationalismus als Instrument von politisch-kultureller Emanzipation und wirtschaftlicher Modernisierung ist seine Realität nicht voll und ganz erfaßt. Zu ihr gehört auch eine Art modern-antimoderner Doppelgesichtigkeit. Eine bloß funktionale Sicht des Nationalismus hat zwar den Vorzug, eine vordergründig moralisierende Gut/Böse-Unterscheidung wesentlich zu ergänzen; sie würde aber andere Wesenszüge, die letztlich verantwortlich sind für die nationalistischen Katastrophen des 20. Jahrhunderts in Deutsch-, Mittel- und Südosteuropa, verfehlen. Die integrative Kraft des Nationalismus hängt ab von einem gewissen Maß stilisierter Selbstdarstellung einer Großgruppe. Eine insofern unvermeidbare gewisse Wirklichkeitsdistanz kann sich verselbständigen zu stilisierter, »fundamentalistischer« Wirklichkeitswahrnehmung. Von einer gewissen Zuspitzung an, wo sie unkontrollierbar und unumkehrbar wird, kann diese Art »nationalisierter« Wirklichkeitswahrnehmung zur alleinigen Instanz kollektiver Verhaltenssteuerung werden. Unter ständiger Beschwörung innerer und äußerer Gefahren für die Existenz der eigenen Gruppe mündet dieser – kognitiv nur auf sich selbst bezogene – »extreme Nationalismus« in Absolutsetzung von Einheit und Autarkie, dies bis hin zu Selbstlähmung und Selbstzerstörung des betreffenden sozialen Systems.

Diese Definition von Nationalismus und extremem Nationalismus gilt gleichermaßen für Nation und Nationalität/nationale Minderheit im Osten Europas. Sie ist also unabhängig davon, ob eine bestimmte Gruppe das Stadium der Nationalität als gemeinsamer Politisierung lediglich auf dem weiterführenden Weg zur nationalen Staatsbildung erfährt oder ob, wie bei den südostdeutschen Minderheiten, dieses Entwicklungsziel fehlt. In letzterem Falle, also bei Minderheiten ohne nationale Staatsbildung, nimmt die integrative Wirkung des Nationalismus eine andere Bedeutung an. Sie wird zum Instrument der nationalen, oftmals auch der wirtschaftlichen und der kulturellen Existenzsicherung einer Minderheit, zu einem Mittel der Assimilationsabwehr. Der rasche Wandel deutscher Minderheitsexistenz im Donauraum seit dem 19. Jahrhundert zeigt, daß es dabei eine ganze Reihe von Mischformen zwischen den beiden Haupttypen von Assimilation und Selbstbehauptung gegeben hat; Mischformen, die vor allem von der landsmannschaftlichen Literatur weithin ignoriert oder als bloße Vorformen von Assimilation und »Volksverrat« eingeordnet worden sind. Ihnen kommt im Donauraum in Geschichte und Gegenwart eine andere Bedeutung zu als vor allem bei deutschen Bevölkerungsgruppen im sonstigen Ostmitteleuropa. Das liegt daran, daß diese wirtschaftlich und kulturell, oft auch politisch engen Zusammenhang mit dem kompakten deutschen Siedlungsgebiet halten konnten.

Für die Deutschen im Südosten war dies, auch wenn sie unter einer deutschen Dynastie lebten, nicht der Fall. Für sie war es oftmals eine Existenznotwendigkeit, mit den anderen die Möglichkeiten des Zusammenlebens zuallererst zu erkunden. Gerade aus der Perspektive individueller Existenzsicherung *mußte* dabei der Gesichtspunkt nationaler Besitzstandswahrung sehr viel schwächer gewichtet werden als etwa in den großen deutschen Siedlungsgebieten Böhmens oder in der deutsch-polnischen Auseinandersetzung um die Provinz Posen. Dies heißt nicht, daß die Deutschen in den Ländern der Ungarischen Krone schlechtere Deutsche gewesen wären. In vielen deutsch-ungarischen Familien wurde über Generationen hinweg darum gerungen, die »Sehnsucht nach Deutschland« mit der alltäglichen Notwendigkeit eines ungarischen Patriotismus zu vereinbaren. Beobachtungen dieser Art legen es nahe, die eher westeuropabezogenen Begriffe und Theorien der Nationalismusforschung nur unter Vorbehalt zu verwenden, so die Modellvorstellung von einer nur zu verzögernden, nicht aber zu vermeidenden Phasenfolge kollektiver Persönlichkeitsbildung, die eben jede entstehende Nation vollständig durchlaufen müsse. Statt dessen bleibt der Konjunkturverlauf dieses Nationalismus, der aus älterer Überlieferung lediglich Versatzstücke übernimmt, ein vorrangig vom Auf und Ab des sozialen Wandels abhängiges Phänomen. Es ist nicht zu erklären aus irgendeinem zwingenden Zusammenhang mit früheren Nationalismusausformungen, etwa als deren natürliche Fortsetzung, auch nicht aus einem autonomen, epochen- und prozeßunabhängigen Bedarf an nationaler Politik, der eben zur menschlichen Gesellschaft gehöre und von Zeit zu Zeit unvermeidlich gedeckt werden müsse. Diese Nachfrage tritt unter den Bedingungen krisenhaft beschleunigten sozialen Wandels auf: Sie gilt dem Nationalismus als politisch-praktischer Hilfskonstruktion sozialer Kommunikation, als Überbrückung einer kollektiven Identitätskrise.

So entschieden auf die Notwendigkeit begrifflich-theoretischer Absicherung hinzuweisen ist, so offen ist zu bekennen: Die Auseinandersetzung mit der außerordentlich großen Erscheinungs- und Problemvielfalt des Nationalen und der südostdeutschen Minderheiten in diesem Zusammenhang erlaubt nur offene, flexibel-anwendungsorientierte Begriffsbestimmungen und die Orientierung an Theorien von allenfalls mittlerer Reichweite. Vor allem erfordert die Beobachtung, daß die gängigen Begriffe, Modelle und Theorien zu sehr westeuropabezogen sind, die ständige Bereitschaft zu einer gewissen Korrektur ursprünglicher Verallgemeinerungs- und Erklärungsansprüche. Dies gilt schon für die Anwendung klassischer Schlüsselbegriffe. Von »Bürgertum« und »Städtewesen«, »Liberalismus« und »Parteien«, »Industrialisierung« und »Massengesellschaft« kann im Falle Südosteuropas im 19. Jahrhundert, vielfach bis weit ins 20. Jahrhundert hinein kaum die Rede sein. Dies und das Kleinräumig-Fragmentarische, Abweichend-Konfliktträchtige von Modernisierungs- und Nationalisierungsvorgängen im Osten Europas insgesamt legen – wie oben erwähnt – Folgerungen nahe: Ist es nicht vorstellbar, daß diese Gestaltungen insgesamt die Möglichkeit einer nur teilweisen oder sogar andersartigen Entfaltung politisch-gesellschaftlicher Zustände als im Westen Europas signalisieren? In diesem Falle wäre damit zu rechnen, daß das Nationale als Begleit- beziehungsweise Teilerscheinung der Modernisierung nicht unbedingt west-/mitteleuropäische Verlaufsformen nachvollziehen muß.

Diese Hinweise auf Voraussetzungen und Aufgaben, Möglichkeiten und Grenzen der Geschichtsschreibung dienen auch der Absicht, die Gesamtkonzeption der »Deutschen Geschichte im Osten Europas« in unmittelbare Beziehung zu den Besonderheiten des Donau- und Karpatenraums zu bringen. Dabei haben sich einige inhaltliche Akzentsetzungen ergeben, die im Falle einer ausschließlich südosteuropabezogenen Darstellung sicherlich etwas anders zu erwarten gewesen wären. Dazu zählt eine gewisse Einengung des Nationalen auf das Problem »nationale Minderheit«; außerdem gehört dazu der Verzicht, die Darstellung durchgängig auf den Gesichtspunkt der Wechselseitigkeit zwischen den Deutschen und den Völkern des Südostens auszurichten. Auch die

Bedeutung des österreichischen Einflusses und des deutsch-jüdischen Verhältnisses waren nur ansatzweise einzubeziehen. Insgesamt blieb für diesen Band der »Deutschen Geschichte im Osten Europas« das Vorhaben bestimmend, den Freiraum für Erinnerung und Besinnung jenseits einer verhängnisvollen Tradition von Hegemonie- und Besitzansprüchen, von nationalen Vorurteilen und verhärteten Konfliktkonstellationen zu vergrößern.

Die deutsche Südostsiedlung im Mittelalter

HARALD ZIMMERMANN

Ungarn, ein typisches Gastland

Man hat das mittelalterliche Ungarn lobend ein »typisches Gastland« genannt,[1] denn für relativ viele Orte und Gegenden des alten Stephansreiches Ungarn läßt sich schon im Hohen Mittelalter eine nichtmagyarische Bevölkerung nachweisen. Diese Fremden wurden von den ungarischen Königen sogar als »hospites« privilegiert, das heißt, sie erhielten Rechte mit dauernder Wirkung, weil man offenbar mit dem Wort »Gast« keineswegs die Idee eines bloß vorübergehenden Aufenthaltes verband. Nicht alle, aber doch die meisten fremdvölkischen »Gäste« Ungarns kamen nach Ungarn aus dem mittelalterlichen Deutschen Reich.[2] So wurde das am Ende des 9. Jahrhunderts von den Magyaren unter Árpáds Führung eroberte Pannonische Becken, so wurde Ungarn in seinem alten Umfang der historische Raum, in dem sich im wesentlichen die deutsche Südostsiedlung abspielte.

Nur wenige Zielpunkte deutscher Siedler lagen außerhalb der ungarischen Grenzen, zum Teil aber noch in ungarischen Einflußzonen: jenseits des Karpatenbogens in den rumänischen Fürstentümern Moldau und Walachei oder in serbischen Bergbaugebieten oder im slowenischen Rodungsland der Gottschee. Überall handelt es sich um Fernsiedlungen weitab vom geschlossenen deutschen Siedlungsgebiet. Nur im Westen Ungarns verschob sich die deutsche Volks- und Sprachgrenze allmählich nach Osten, seit hier nach der Niederlage der Magyaren 955 in der Schlacht am Lechfeld bei Augsburg durch Otto den Großen die sogenannte Ottonische Ostmark an der Donau in Niederösterreich begründet worden war, die freilich niemals das Ausmaß der von den Magyaren zerstörten Pannonischen Ostmark der Karolinger erreichte. Außerhalb der Ostmark blieben die auf römischen Ruinen als Zentrum der ungarischen Grenzwacht errichtete Ödenburg oder die aus karolingischer Zeit stammende Preßburg, beides Orte, wo von deutschen Gastsiedlern erst drei Jahrhunderte später die Rede ist.

Die Berufung von »hospites« aus Deutschland[3] nach Ungarn ist schon unter dem 971 bis 997 regierenden Fürsten Geisa bezeugt, der nach jener Augsburger Niederlage von 955 die ungarische Politik auf Kooperation mit dem benachbarten westlichen Imperium der Deutschen ausgerichtet hat. Es kamen deutsche Kleriker als Missionare in das damals noch heidnische Ungarn, und es fanden sich deutsche Ritter am ungarischen Hof. Bayern und die bayerische Kirche, vor allem das Bistum Passau, scheinen sich besonders interessiert und engagiert zu haben. Bischof Pilgrim von Passau (971 bis 991), der angeblich das Nibelungenlied als erster lateinisch hat aufschreiben lassen und damit an die hunnischen Vorgänger der Magyaren in Pannonien und an ihre nicht nur friedlichen Beziehungen zum germanischen Westen erinnerte, hatte keine Skrupel, die angeblich seit alters bestehenden Rechte seiner Kirche im Osten durch die Fälschung alter Urkunden unter Beweis zu stellen: so wichtig erschienen ihm die von den Magyaren okkupierten Gebiete. Er riskierte sogar den Konflikt mit seinem kirchlichen Vorgesetzten, dem Erzbischof Friedrich von Salzburg (958–991), der ebenfalls kirchliche Ansprüche auf Ungarn erhob. Auch Bischof Wolfgang von Regensburg (972–994) hat in Ungarn missioniert.

Des ungarischen Fürsten Geisa Sohn Waik erhielt in der Taufe den Namen des Passauer Patrons Stephan. Laut späterer Überlieferung wurde er von zwei am ungarischen Hofe lebenden Rittern aus Schwaben zum Ritter erzogen, ehe er nach seinem Vater von 997 bis 1038 Ungarn gar als König beherrschte. Waik ist nicht nur der Begründer der ungarischen Monarchie geworden und der Organisator der ungarischen Kirche, was man ihm schon 1083 durch die Heiligsprechung dankte, er war auch der eigentliche Initiator der deutschen Südostsiedlung. Dazu hat sicher seine Verheiratung mit der frommen, einst durch Bischof Wolfgang in Regensburg erzogenen Bayernprinzessin Gisela († um 1060) aus der ottonischen Kaiserdynastie beigetragen. Wie im Mittelalter so oft, war die Eheschließung seitens der Braut wohl nicht ganz freiwillig erfolgt; jedenfalls wußte man in Bamberg zu erzählen, daß Gisela lieber Klosterfrau geworden wäre, aber von Stephan zu Pferde stürmisch und respektlos aus der Kirche in sein Reich entführt worden sei, wovon jetzt noch der berühmte Bamberger Reiter im Dom zeuge. Selbst Giselas Bruder, den Bayernherzog und römisch-deutschen Kaiser Heinrich II. (1002–1024), den Gründer des wohl ebenfalls für kirchliche und missionarische Aufgaben im Osten konzipierten Bistums Bamberg,[4] lobte man 1146 bei seiner Heiligsprechung, die Bekehrung König Stephans und die Missionierung ganz Ungarns bewirkt zu haben. Dies war wohl etwas zu vollmundig, wenn sich beides auch ganz offensichtlich in Anlehnung an das Deutsche Reich und mit dessen Hilfe vollzog.

Manche ungarische Adelsfamilie rühmte sich später mit mehr oder weniger Recht, daß ihre Ahnen in jener Zeit mit Gisela ins Land gekommen seien, und selbst die deutschen Siedler in und um Deutsch-Sathmar vor den Toren Siebenbürgens wollten einst zum Gefolge Giselas gehört haben. Sie ließen sich 1230 ein entsprechendes Privileg als »hospites Teutonici« ausstellen.[5] Wenig später hat ein ungarischer Chronist eine ganze Liste vornehmer ausländischer Ankömmlinge aus jener Frühzeit der ungarischen Geschichte zusammengestellt, unter ihnen viele »de Alemannia«;[6] und wenn sich ungarische Aristokraten auf solche Abstammung beriefen, dann unterstreicht das nur, welche Ehre es gewesen sein muß, seine Abkunft von einem solchen »deutschen Gast« ableiten zu können.

In Veszprim, einmal auch Weißbrunn geheißen, der Residenz der ungarischen Königinnen seit Gisela, steht auf der Burgterrasse ein modernes Standbild Giselas und Stephans des Heiligen. Die Königin, als Stifterfigur stilisiert, trägt das Modell einer Kirche im Arm und ist mit einem langen Mantel umhüllt. Dieser soll vielleicht an jenen Umhang erinnern, den die Königin 1031 der Stuhlweißenburger Kirche geschenkt hat, wie eine eingestickte Inschrift bezeugt, und der dann bei ungarischen Königskrönungen Verwendung fand, zumal auch die Figur König Stephans darin mit Goldfäden eingestickt war. Auf des Königs Kopf prangt die Heilige Krone Ungarns,[7] die in der Stickerei freilich ganz anders aussieht als auf der modernen Skulptur und überall sonst. Die spätere Legende erzählt, daß die Krone Stephan vom damaligen Papst Silvester II. (999–1003) geschenkt worden sei, den eine nächtliche Engelsvision

Am Anfang der Geschichte der Deutschen in den Donau- und Karpatenländern steht die 996 geschlossene Ehe des späteren Ungarnkönigs Stephan mit der Bayernprinzessin Gisela aus der ottonischen Kaiserdynastie. Auf der Terrasse der Burg von Veszprim, dem Witwensitz der Königin, wurde 900 Jahre nach Stephans Tod 1938 ein Standbild des Herrscherpaares errichtet.

auf die Würdigkeit des Ungarnherrschers aufmerksam gemacht und eine ungarische Gesandtschaft angekündigt habe, die nicht nur um Erhebung Ungarns zum Königtum gebeten, sondern zugleich dieses Reich im Namen seines Herrn dem Apostelfürsten tradiert habe. Die darüber handelnde Urkunde[8] ist freilich längst als frühneuzeitliche Fälschung entlarvt worden. Ein deutscher Chronist aus Stephans Zeiten, Bischof Thietmar von Merseburg (1009–1018),[9] schreibt zudem mit mehr Wahrscheinlichkeit die Kronenschenkung dem damaligen deutschen König und Kaiser Otto III. (983 bis 1002) zu.

Auf keinen Fall kann es sich bei dieser Krone allerdings um jenes Diadem handeln, das heute als Stephanskrone gilt und weit mehr als ein Museumsstück in Ungarn verehrt wird. Diese Krone besteht nämlich sichtbar aus zwei erst später zusammengefügten Teilen, einem Goldreif und zwei darüber kreuzförmig gewölbten Goldbändern, an deren Spitze das berühmte schiefe Kreuz steht, vielleicht das einzige Stück der Krone, das wirklich auf Stephan den Heiligen zurückgeht und möglicherweise ein von ihm getragenes Brustkreuz war oder ersetzen sollte. Goldband und Goldreif sind nicht nur mit Edelsteinen und Perlen reich geschmückt, sondern auch mit zwei Zyklen von Emailbildern, von denen diejenigen am Goldreif durch griechische Schriften erklärt werden, so daß dieser Teil den Namen »Corona graeca« erhielt zum Unterschied von den mit Apostelbildern versehenen Kreuzbögen der »Corona latina«. Auf ersterer findet man hinten das Konterfei des 1074 bis 1077 regierenden Ungarnkönigs Geisa I. und daneben die Bilder der byzantinischen Kaiser seiner Zeit, zu denen der Arpade sichtlich verehrungsvoll auf- beziehungsweise hinüberblickt. Daraus ergibt sich unzweifelhaft, daß die »Corona graeca« erst lange nach Stephan dem Heiligen angefertigt wurde und vielleicht ein Geschenk aus Byzanz an einen politisch abhängigen König war, was durchaus für Geisa I. zutreffen würde. Das schiefe Kreuz wurde auf die »Corona latina« gesetzt, indem man grob ein die Krone oben abschließendes Emailbild des thronenden Christus durchbohrte, was sicherlich kaum so pietätlos ausgeführt worden wäre, wenn man jenes Kreuz nicht für besonders heilig und wichtig erachtet hätte. Wann das geschah und wann die beiden Teile der Krone zusammengefügt wurden, ist in der Forschung umstritten. Von einer »Stephanskrone« sprach man erst an der Neige des 13. Jahrhunderts, als die Arpadendynastie zu Ende ging und es wichtig wurde, die Legitimität der Nachfolge durch Berufung auf den Reichsgründer zu betonen. Die eigentliche Krone Stephans wurde bald nach dessen Tod, als der deutsche König Heinrich III. (1039–1056) 1044 in ungarische Thronkämpfe eingriff, zum Zeichen des Triumphes nach Rom »ad corpus beati Petri«, zum Grabe des Apostelfürsten, geschickt, wie ein Papstbrief von 1074 bezeugt.[10] Es ist dasselbe Schreiben, in dem erstmals die Schenkung Ungarns an das Papsttum durch Stephan behauptet wird.

Auch wenn die später bei ungarischen Königskrönungen verwendete Heilige Krone nicht aus der Zeit Stephans stammt, ist sie doch ein Symbol für Ungarn, das im Mittelalter in gewissem Sinne ein Pufferstaat zwischen den beiden Imperien, dem römisch-deutschen im Westen und dem byzantinischen im Südosten gewesen ist und darüber hinaus auch kulturell ein zwischen Ost und West stehendes Land. So wird klar, welch große Bedeutung die Westorientierung Ungarns an der Wende vom 10. zum 11. Jahrhundert und bei Begründung der ungarischen Monarchie hatte und in ihrer Folge die Berufung »deutscher Gäste« nach Ungarn, die deutsche Südostsiedlung.

Stephan und Gisela hatten einen Sohn, der nach den deutschen Verwandten den Namen Heinrich erhielt, in Ungarn aber Imre (Emmerich) genannt wurde. In kluger politischer Berechnung war er mit einer byzantinischen Prinzessin verheiratet worden und hätte Ungarn mit guten Beziehungen zum westlichen wie zum östlichen Kaisertum friedlich regieren sollen, doch ist der Prinz schon 1031 bei einer Jagd ums Leben gekommen.

Für diesen seinen Sohn und Thronerben soll Stephan nach dem Vorbild gelehrter byzantinischer Kaiser aus jüngerer Zeit gleichsam als politisches Testament seine Regierungsmaxime niedergeschrieben haben. Es existiert nämlich in zwei heute Budapester Handschriften des 15. und 16. Jahrhunderts unter Stephans Namen ein »Libellus de institutione morum ad Emericum ducem«, der in der Wissenschaft viel diskutiert wird. Im Kapitel 6 »De detentione et nutrimendo hospitum« (Über das Halten und die Pflege von Gästen) wird unter Hinweis auf das historische Beispiel des Römischen Reiches zur Aufnahme ausländischer Gäste in Ungarn geraten, weil sie manches mitbringen, was dem Lande nütze und den Königshof ziere (que omnia regna ornant et magnificant aulam). Ohnehin sei ein Reich mit nur einer Sprache und Sitte schwach und zerbrechlich: »Nam unius lingue uniusque moris regnum inbecille et fragile est.«[11]

In Epochen des Nationalismus und nach den Erfahrungen daraus fällt es nicht leicht, diese politische Erkenntnis zu akzeptieren und gar einer so frühen Zeit zuzutrauen. Man hat zum Beispiel darauf hingewiesen, daß die Berufung auf das antike Römerreich von einer Renaissance-Idee zeuge und die Empfehlung der Aufnahme von Gästen ein hohes Maß von völkischer Toleranz voraussetze. Freilich wird das Gastrecht sicherlich gerade dort heilig geachtet, wo christliche Gesittung und biblische Kenntnisse eben erst Einzug gehalten haben, scheint es sich just bei den diesbezüglichen Mahnungen um eine Entlehnung aus dem bayerischen Recht zu handeln, hat Stephan der Heilige an seinem Hofe Kleriker aus dem Westen gehabt, die über die Geschichte des Römerreiches Bescheid wußten und Sallust zitieren konnten, wie es offensichtlich in diesem Kapitel geschah. Außerdem datiert man usuell eine abendländische Protorenaissance schon in die Zeit Kaiser Ottos III. um das Jahr 1000. Endlich findet man über die Gastlichkeit ganz ähnliche Formulierungen wie in Stephans Mahnschrift auch in dessen zur Zeit der Heiligsprechung am Ende des 11. Jahrhunderts verfaßten Lebensbeschreibung und sehr wahrscheinlich in Abhängigkeit von jenem Libell. Aber selbst wenn man dem Ungarnkönig oder einem seiner Hofgeistlichen den »Libellus« oder nur dessen Kapitel über die »hospites« abzusprechen geneigt ist und, wie es geschehen ist, seine überlieferte Fassung als eine Art »Herrscherspiegel« ins 12. Jahrhundert setzt, als Ungarn im politischen und kulturellen Kontakt mit dem angeblich höchst toleranten Normannenreich in Süditalien stand, kommt man nur in jene Zeit, in der – seit der Mitte des 12. Jahrhunderts – in größerem Maße deutsche Gäste, und zwar nicht nur solche ritterlichen und klerikalen Standes und nicht nur Einzelpersonen, nach Ungarn

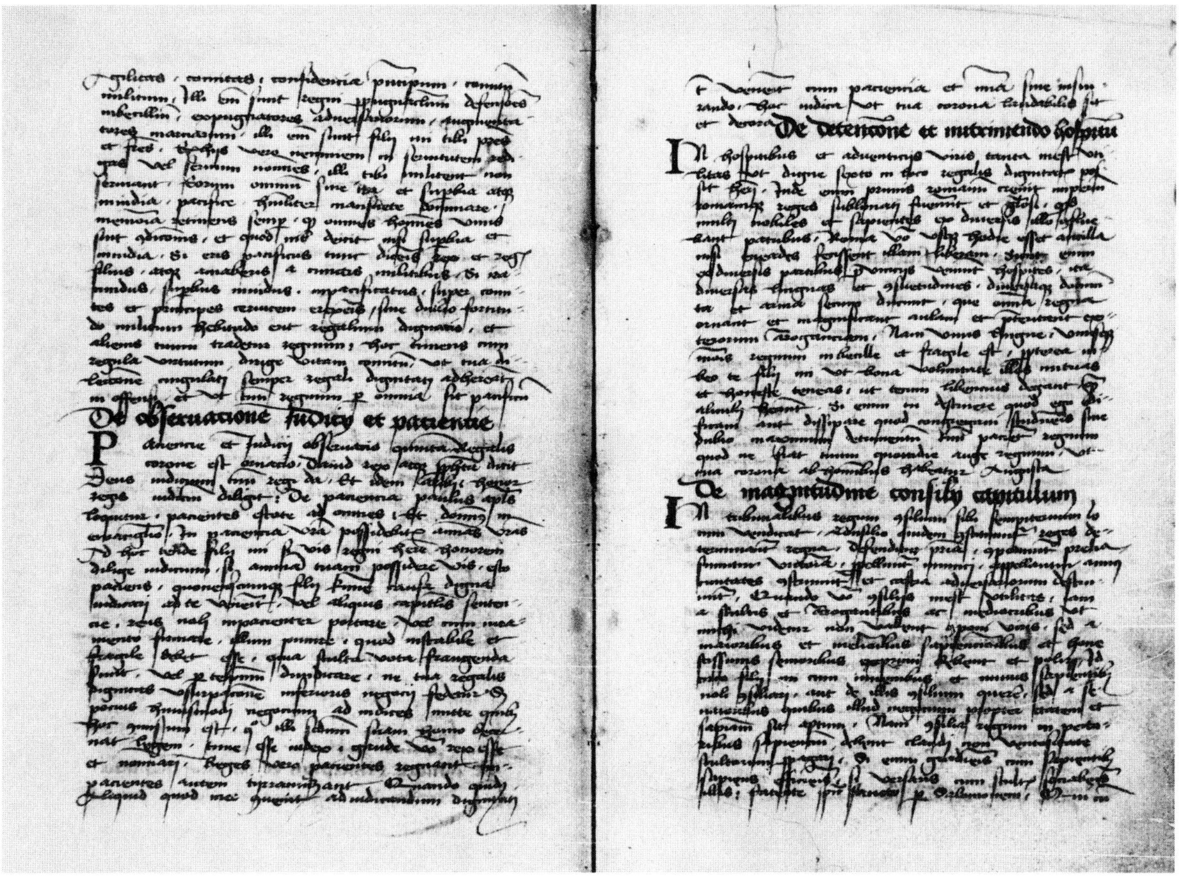

Die Mahnschrift König Stephans des Heiligen empfiehlt seinen Nachfolgern die Aufnahme von Gastsiedlern in Ungarn und deren Förderung, weil sie manches mitbringen, was dem Lande nütze und den Königshof ziere (que omnia regna ornant et magnificant aulam). Schon das mittelalterliche Ungarn wird zu einem »typischen Gastland«.

berufen und in Ungarn unter Gastrecht in geschlossenen Siedlungen zur Niederlassung veranlaßt wurden.

Das älteste heute überlieferte Gastprivileg[12] eines ungarischen Königs stammt aus dem Jahre 1201 von König Emmerich (1196–1204) für die »hospites« von Sárospatak (»de Potok«) im nordöstlichen Ungarn, deren ethnische Herkunft in der Urkunde nicht genannt wird, die aber »Latini«, also wohl Wallonen oder Reichsromanen aus den westlichen Gebieten des Deutschen Reiches gewesen sein sollen, wie einzelne Formulierungen des Textes vermuten lassen. Ein wenige Jahrzehnte älteres Hospites-Privileg von König Stephan III. (1162–1172) für die Residenzstadt Stuhlweißenburg, wo später neben den Franzosen auch Deutsche in einem eigenen »vicus teutonicalis« siedelten, ist verloren, kann aber wenigstens plausibel erschlossen werden, so daß diese Urkunde die älteste wäre.[13] Schon vorher aber war während der Regierung König Geisas II. (1141 bis 1162) die Ansiedlung der sogenannten Siebenbürger Sachsen und der sogenannten Zipser Sachsen erfolgt.

Längst war auch schon der Terminus »hospes« in der ungarischen Gesetzessprache heimisch geworden. Er taucht bereits in den Gesetzen König Stephans des Heiligen auf, dann an der Wende vom 11. zum 12. Jahrhundert bei den kirchlich und kulturell gerühmten Königen Ladislaus dem Heiligen (1077–1095) und seinem Neffen Koloman, dem »Bücherfreund« (1095–1116), jeweils ohne nationale Determination, gleichsam als Beweis für das Vorhandensein einer allgemeinen Hospitalität im damaligen Ungarn. Diese wurde 1222 in der Goldenen Bulle König Andreas' II. (1205–1235), dem »Grundgesetz der ungarischen Verfassung« in einem eigenen Paragraphen festgeschrieben, daß nämlich Gäste jedwelcher Nation in der ihnen bei der Ansiedlung gewährten Freiheit zu erhalten seien: »Hospites cuiuscunque nationis secundum libertatem ab initio eis concessam teneantur.«[14]

Im ältesten, bald nach der Mitte des 11. Jahrhunderts verfaßten Geschichtswerk Ungarns kann man lesen, daß an der Spitze von König Stephans Heer ein »Gast alemannischer Herkunft« namens Vencelin stand, anderswo Wezelin von Wasserburg genannt.[15] Dies ist wohl die früheste Namensnennung eines in Ungarn zu Ansehen und Würde gelangten Deutschen unter Verwendung des Wortes »hospes«.

Unter König Ludwig dem Großen (1342–1382) aus dem französischen Hause Anjou, das in Ungarn den Arpaden gefolgt war, wurden jene »Gesta Hungarorum« aus dem 11. Jahrhundert für den Hofgebrauch und zur Information der im Lande erst heimisch werdenden Dynastie in eine prächtige Bilderchronik umgewandelt, die anscheinend dann anläßlich der Verlobung einer ungarischen Prinzessin mit einem französischen Prinzen als wertvolles Geschenk gar nach Frankreich und nach manchen Umwegen erst in unserem Jahrhundert wieder nach Budapest kam. Zu dem von einem unbekannten Autor, vielleicht dem königlichen Kapellan und Stuhlweißenburger Domherrn Markus von Kált, gestalteten Chroniktext fügte der aus Ödenburg stammende Hofmaler Nikolaus Miniaturen hinzu, um die Geschichte entsprechend zu illustrieren. So wird in Wort und Bild geschildert, wie nach der ungarischen Landnahme noch verschiedene andere Völkerschaften nach Ungarn einwanderten und hier als »Gäste«

Das »Chronicon pictum«, die Ungarische Bilderchronik »de gestis Hungarorum«, eine Prachthandschrift aus der Mitte des 14. Jahrhunderts, berichtet in Wort und Bild auch über die Ankunft fremder »Gäste« in Ungarn. An der Spitze der vielen Ankömmlinge aus Deutschland (de Alemania) rangieren die Grafen Wolfger und Hedrich von Hainburg, die angeblichen Stammväter des westungarischen Adelsgeschlechtes der Güns-Güssinger und Heidenreichsturner.

Wohnsitze bekamen und gar in den Adel aufstiegen. In dieser Aufzählung figurieren auch Sachsen, Thüringer, Meißener und Rheinländer. An der Spitze der vorher namentlich genannten und abgebildeten Einwanderer aus Deutschland rangiert Graf Hedrich von Hainburg, der mit seinem Bruder Wolfger und mit angeblich 300 Gefolgsleuten zu Fürst Geisa nach Ungarn gekommen war, mit Gütern in Westungarn belehnt wurde und zum Stammvater der ungarischen Geschlechter von Güssing-Güns und Heidenreichsturn (Hédervári) wurde, die in der Folge eine große Rolle im Grenzgebiet zwischen Ungarn und Österreich spielen sollten. Weniger deutsch und eher legendär klingen die Namen Paznan und Hont (Kunz), jener schwäbischen Ritter, denen angeblich Prinz Stephan seine ritterliche Erziehung verdankte, die dann seine Leibgarde kommandierten und nach denen später gräfliche Familien und deren Komitate benannt wurden. Aus dem Gefolge der Königin Gisela wird ein Ankömmling aus Nürnberg namens Hermann genannt, und dann wird die Liste der ungarischen Gäste bis ins frühe 13. Jahrhundert fortgeführt.[16]

Nach König Stephans Tod waren allerdings die deutsch-ungarischen Beziehungen[17] zeitweise so schlecht, daß aus Deutschland eher Feinde oder Asylanten nach Ungarn kamen. Es gab Thronwirren, in die sich der deutsche König einmischte, am deutlichsten Heinrich III., der von dem durch ihn restituierten König Peter (1038–1046), König Stephans venezianischem Neffen, 1045 in Stuhlweißenburg gar den Lehnseid empfing und der die erbeutete Stephanskrone nach Rom geschickt haben soll; und es gab Kriege, die in damals üblicher Weise durch dynastische Ehepakte beendet wurden, so 1058, als König Andreas I. (1046–1060) Kaiser Heinrichs III. Tochter Judith († 1095) für seinen Sohn Salomo (1063–1074, † 1087) zur Frau erhielt, ohne ihm doch durch dieses deutsche Bündnis sowohl die Nachfolge als auch ein ruhiges Regierungsende sichern zu können.

Wohl mit byzantinischer Hilfe ist der auf der Stephanskrone porträtierte König Geisa I. zur Herrschaft gelangt, und sein Bruder und Nachfolger Ladislaus der Heilige, verheiratet mit einer Tochter des deutschen Gegenkönigs Rudolf von Rheinfelden (1077–1080), nützte während des Investiturstreites und den Auseinandersetzungen zwischen Papsttum und Kaisertum die inneren Schwierigkeiten des Imperiums, um sich noch weiter aus dessen Abhängigkeit zu lösen. Bei ihm fanden politische Flüchtlinge aus Deutschland offene Aufnahme. Während der Regierung des Ladislaus erfolgte 1083 die Heiligsprechung des ungarischen Reichsgründers Stephan mit Konsens Papst Gregors VII.,[18] in dessen Augen Ungarn seit Stephans Zeiten Eigentum der Römischen Kirche war.

Noch bekannter wurde Ungarn in der Kreuzzugsepoche und anscheinend als ein Land voller Verlockungen und schier unbegrenzter Möglichkeiten von den Kreuzfahrern entdeckt, die durch Ungarn und das Byzantinische Reich ziehen mußten, wenn sie nicht übers Meer das Ziel ihrer bewaffneten Pilgerreise erreichen wollten. Bischof Otto von Freising (1138–1158), wohl der bekannteste deutsche Geschichtsschreiber des Mittelalters, Teilnehmer am Zweiten Kreuzzug, sprach von Ungarn als einem »Paradies Gottes«.[19] So werden in neuerer Zeit oft die Kreuzzüge als auslösender Faktor für die deutsche Südostsiedlung genannt. Fest steht, daß sowohl die Pilgerschar, die unter der Führung des pikardischen Eremiten Peter von Amiens († 1115) noch vor den Rittern im Frühjahr 1096 durch Ungarn zog, als auch später das Heer des niederlothringischen Herzogs Gottfried von Bouillon (1089–1100) laut dem Zeugnis des zeitgenössischen Historikers Albert von Aachen an der ungarisch-byzantinischen Grenze in Syrmien einen Ort Francavilla erreichten, der als »villa advenarum Francorum«, also als Siedlung nichtmagyarischer Gäste bezeichnet wird, die den Kreuzfahrern Hilfe und für einige Ruhetage Gastfreundschaft gewährten.[20] Das werden vielleicht nicht Franken aus Deutschland, sondern Franzosen beziehungsweise Romanen (Latini) gewesen sein, wie aus dem späteren magyarischen Namen der Siedlung (Nagyolaszi, etwa mit »Großwelsch« zu übersetzen) zu schließen ist, oder nach damaligem Sprachgebrauch allgemein Abendländer. Unleugbar aber ist der Ort ein Beleg für eine geschlossene Ansiedlung von Ankömmlingen aus dem Ausland hier an der ungarischen Grenze, die auch bei damaligen byzantinischen Autoren als »Frankenland« erscheint und bis heute durch die sogenannten Frankenberge ethnisch gekennzeichnet ist.

Obgleich der Frankenname noch für andere Orte und Gegenden des mittelalterlichen Ungarns vereinzelt vorkommt, war die frühe Bezeichnung deutscher Siedler in Ungarn vor Aufkommen des Sachsennamens im 13. Jahrhundert einfach »Theutonici«, was sich noch im Attribut »Németi« (deutsch) bei nicht weniger als 35 magyarischen Ortsnamen erhalten hat,[21] verstreut von der heutigen Slowakei bis nach Syrmien und vom Burgenland bis nach Siebenbürgen. Ein Beispiel ist das schon erwähnte Szatmár Németi, angeblich seit Giselas Zeiten deutsch besiedelt. Nicht allzu weit davon, am Oberlauf der Theiß in der heutigen Karpato-Ukraine, findet man am Anfang des 13. Jahrhunderts nebst anderen durch das Attribut sächsisch und deutsch in Latein oder Ungarisch charakterisierten Siedlungen einen Ort Teutschenau (später Titschau genannt) und hört man 1216 im Zusammenhang eines Prozesses in Wardein weiters von flandrischen Kolonisten.[22]

Bevor auch in Siebenbürgen 1206 erstmals der Sachsenname in einer ungarischen Königsurkunde für die deutschen Siedler in der Umgebung der siebenbürgischen Bischofsresidenz Weißenburg auftaucht, werden diese Neuankömmlinge in den neunziger Jahren des 12. Jahrhunderts gelegentlich »Flandrenses« genannt, womit ein Herkunftsgebiet umschrieben wird, das sicher größer war als das heutige Flandern. Eine allerdings erst ein Jahrhundert später bezeugte »villa Barbantina« läßt an Brabant als Herkunftsort der Erstsiedler denken, aber auch das wäre nur eine von mehreren Möglichkeiten. Man weiß, daß Flamen und Friesen eine besondere Rolle in der deutschen Ostkolonisation gespielt haben, und braucht sich also nicht zu wundern, diesen Wanderern quer durch fast ganz Europa auch im äußersten Osten des Stephansreiches zu begegnen. Wenn in der ungarischen Urkundensprache dann der Sachsenname für die deutschen Siedler dominiert, war damit nur der bekannteste deutsche Stammesname zum Synonym für deutsch oder gar für okzidental gemacht worden. So wohnte in Siebenbürgen 1204 »inter Theutonicos Transilvanenses« ein »hospes« namens Johannes Latinus, also wohl kein Deutscher, sondern wahrscheinlich ein Wallone, der trotzdem in den Augen des Königs ein »miles Saxonis« war, wie man aus einer späteren Urkunde weiß.[23]

Bald nach dem Ersten und sodann nach dem Zweiten Kreuzzug sind die Namen zweier Ungarnfahrer aus dem Deutschen Reich bekannt. Im Jahr 1103 gab ein Ritter Anselm sein Lehen in Braz im Lütticher Land der Abtei Stablo gegen Abfindung zurück, weil er beschlossen hatte, nach Ungarn zu ziehen, wo sich dann seine Spur verliert, wie man aus Stabloer Urkunden weiß. Für das Jahr 1148 notieren die Annalen des Stiftes Klosterrath bei Aachen, daß ein gewisser Hezelo von Ritzerfeld bei Merkstein seinen Besitz dem Stift verkaufte, als er nach Ungarn aufbrach, wo er sein Leben beschloß.

Man hat Anselm von Braz und Hezelo von Merkstein zu den ersten »Siebenbürger Sachsen« erklärt und zu Begründern zweier deutscher Orte in Siebenbürgen gemacht, nämlich Broos im äußersten Westen des geschlossenen deutschen Siedlungsgebietes in Siebenbürgen, weil einst angeblich Braz und Broos gleich ausgesprochen wurden, und Hetzeldorf nahe bei Mediasch in der Mitte Siebenbürgens, 1283 als »villa Eczelini« erstmals bezeugt, also mit dem Namen des Gründers; aber ob es derselbe Hezelo war, der mehr als ein Jahrhundert zuvor nach Ungarn aufgebrochen war, ist sehr zweifelhaft. Aus den Quellen weiß man nur, daß Ungarn das Ziel (profectus in Ungariam) (in Ungariam ire disponens) der beiden Männer gewesen ist. Daß sie vorher als Kreuzfahrer Ungarn beim Durchmarsch kennengelernt haben, ist ebenfalls reine Vermutung. Bei Anselm hätten 1103 seine Ungarnerfahrungen schon Jahre zurückgelegen. Hezelo aber hätte zwischen Frühjahr 1147, als er vielleicht mit Kaiser Konrad III. (1138–1152) durch Ungarn zog, und seinem neuerlichen Aufbruch von daheim im Jahre 1148 schwerlich so schnell sein Kreuzzugsgelübde erfüllen können.[24] Daß die Reise durch Ungarn nicht ohne Wirkung auf die deutschen und französischen Kreuzfahrer geblieben sein dürfte, ist allerdings mehr als eine ansprechende Vermutung.

Freilich gehört die Benennung von Orten nach deren Begründern in Ungarn eher zur Seltenheit. Sogenannte Lokatoren, wie es sie nördlich der Karpaten im schlesisch-polnischen Gebieten als von der Obrigkeit und von Großgrundbesitzern beauftragte Kolonisatoren gab,[25] sind im mittelalterlichen Ungarn nicht bezeugt oder können höchstens aus wenigen Ortsnamen erschlossen werden, wie beispielsweise bei Hetzeldorf oder im Falle von Hermannstadt, dem Hauptort der deutschen Siedlungen in Siebenbürgen, 1223 als »villa Hermani« erstmals genannt.[26] Einen »maior hospitum« namens Hermann gibt es 1181 auch in Fünfkirchen,[27] und wenn Bergsaß, heute Beregovo in der Karpato-Ukraine, früher ungarisch Beregszász geheißen und somit als »sächsische« Hospites-Siedlung gekennzeichnet, in einer Königsurkunde von 1247 als Luprechthaza (später Lambertshausen) erscheint, kann man als Begründer an einen deutschen Siedlungsunternehmer denken oder an den Arpadenprinzen Lambert († 1095), den jüngeren Bruder Ladislaus' des Heiligen, der im Namen des Königs jene Grenzgegenden beherrscht und dorthin (in silvis de Lompert) Kolonisten berufen haben soll.[28] In Siebenbürgen mögen die später im örtlichen Bereich reichlich bezeugten »Gräfen« aus jener Lokatorenschicht hervorgegangen sein; es gab aber dann auch gräflichen Adel deutscher Herkunft, der allerdings allmählich durch verwandtschaftliche

Siedlungsgebiete der Deutschen in den Ländern Südosteuropas.

Beziehungen und politische Karriere in der magyarischen Aristokratie aufgegangen ist. Anselm von Braz wird als Freiherr (liber de liberis genitus) bezeichnet, Hezelo von Merkstein war ein Dienstmann (ministerialis), Johannes Latinus ein Ritter (miles). So wenig die ungarische Regierung solcher Mittelsmänner bei der Werbung fern von Ungarn oder später bei der Organisation und Administration des Landes entraten konnte, so sehr erscheint die Kolonisation doch als ein Werk des Königtums.

Die Siebenbürger und die Zipser Sachsen

Mit dem Namen König Geisas II. (1141–1162) verbindet sich die Entstehung der beiden bedeutendsten deutschen Siedlungsgebiete des alten Ungarn in der Zips und in Siebenbürgen. Laut den Quellen verdanken ihm die später sogenannten Zipser und Siebenbürger Sachsen ihre Berufung nach Ungarn. Insbesondere sind hier die königlichen Privilegien zu nennen, mit denen ihnen die bei der Ansiedlung gewährten Freiheiten bestätigt beziehungsweise erneuert wurden, ausgestellt von Geisas Enkel Andreas II. (1205–1235) im Jahre 1224 für die getreuen »fideles hospites Theutonici Ultrasilvani« und wiederum von dessen Enkel Stephan V. (1270–1272) für die »hospites Saxones« in der Zips 1271. Beide Urkunden sind, obgleich nicht im Original überliefert, unzweifelhaft echt.[29] Auch die Tatsache, daß die deutsche Besiedlung der Zips wie Siebenbürgens auf königlichem Besitz, auf sogenanntem »fundus regius«[30] erfolgte, unterstreicht des Königs Initiative.

Allerdings waren die deutsch-ungarischen Beziehungen[31] auch während der Regierung Geisas II. nicht so ungetrübt, daß man eine gemeinsame Aktion zeitlich leicht unterbringen könnte. Das Verlöbnis von Geisas Schwester Sophie mit dem deutschen Thronfolger Heinrich (VI.) († 1150) war schimpflich gelöst worden, die deutsche Opposition hatte ungarische Unterstützung und umgekehrt hatten ungarische Thronprätendenten wiederholt am deutschen Hof Aufnahme gefunden, was gar 1146 zu einem Grenzkrieg führte. Im Jahr darauf brachte der Durchzug des deutschen Kreuzfahrerheeres unter König Konrad III. eine neue Belastungsprobe, dann mußte sich Ungarn durch ein deutsch-byzantinisches Bündnis bedroht fühlen und endlich entzweite seit 1159 das päpstliche Schisma die beiden Länder, nachdem noch im Jahr zuvor Geisa II. berechnend klug Kaiser Friedrich Barbarossa (1152–1190) im Krieg gegen Mailand und die verbündeten lombardischen Städte ungarische Waffenhilfe geleistet hatte. Wenn ein zeitgenössischer byzantinischer Geschichtsschreiber schon für 1152 Sachsen im ungarischen Heer nennt,[32] dann hat das wohl kaum etwas mit jenen deutschen Neusiedlern zu tun; es werden eher Soldritter gewesen sein oder längst in Ungarn lebende »hospites« ritterlichen Standes.

Wann die Berufung der später sogenannten Siebenbürger Sachsen durch Geisa II. genauer zu datieren wäre, ob es zu Anfang seiner Regierung war, etwa 1143, wie die älteste siebenbürgische Chronistik ohne weitere Belege behauptet hat,[33] oder um 1158, in der Zeit der engsten politischen Zusammenarbeit zwischen dem staufischen Kaiser und dem arpadischen König, ist nicht zu entscheiden. Freilich ist es fraglich, ob die Berufung bäuerlicher Kolonisten nach Ungarn überhaupt irgendwelcher Abmachungen auf höchster politischer Ebene bedurfte, handelte es sich doch vermutlich zunächst um eine relativ kleine Zahl von Menschen, deren Abwanderung keinem einzigen deutschen Chronisten aufgefallen ist. Für Siebenbürgen meinen moderne Forschungen[34] insgesamt nur etwa 2600 Personen oder rund 500 Familien in den ersten deutschen Siedlungen annehmen zu dürfen.

Der modernen Dialektforschung vor allem verdankt man die Klärung der Herkunftsfrage. Es war ein in Ungarn an der Universität Tyrnau wirkender Jesuit aus Luxemburg, Franz Xaver Feller († 1802), der 1768 bei einem zufälligem Besuch in der nordsiebenbürgischen Stadt Bistritz und dem benachbarten Dorf Jaad zu seinem Erstaunen feststellte, daß man sich mit den Bewohnern in gepflegtem Hochdeutsch unterhalten, aber auch ihren Dialekt durchaus verstehen könne: »L'étonnement de ces Saxons, ainsi que le mien, fût extrême, quand nous decouvrîmes l'identité de ces langues« (Diese Sachsen wunderten sich genauso sehr wie ich, als wir feststellten, wie die Sprachen sich glichen), so liest man in seinem in modischem Französisch verfaßten Reisebericht, der erst postum 1820 in Lüttich gedruckt wurde. Und an anderer Stelle: »Ces Saxons ont aussi le ton et le langage des Luxembourgeois« (Diese Sachsen haben auch Tonfall und Aussprache der Luxemburger).[35]

Die These von der luxemburgischen »Urheimat« der Siebenbürger Sachsen trat an die Stelle phantastischer Behauptungen aus früherer Zeit, wonach es sich um von Kaiser Karl dem Großen (768–814) verbannte oder von den Magyaren auf ihren Streifzügen nach Deutschland geraubte Sachsen oder um Nachkommen der völkerwanderungszeitlichen Goten oder gar der antiken Saken handle. Nachdem in Erweiterung der allzu engen Luxemburger Herkunftsthese, die in der »Nösner Germanistenschule« um den Bistritzer Sprachwissenschaftler und späteren Klausenburger Germanistikprofessor Gustav Kisch († 1938) 1905 in einer »Kundfahrt« nach Luxemburg ihren Höhepunkt gefunden hatte, das gesamte moselfränkische Mundartgebiet als Heimat zumindest der beim Sprachausgleich den Ausschlag gebenden Schicht unter den Siebenbürger Deutschen erkannt worden war, haben neuerdings liturgiegeschichtliche Forschungen[36] bei der Untersuchung mittelalterlicher Meßbücher in Siebenbürgen und deren Heiligenkalender die Möglichkeit einer Auswanderung nicht nur aus der Kirchenprovinz Köln, sondern auch aus der Umgebung von Magdeburg in die Debatte geworfen. Das trifft sich mit älteren Meinungen von einem »Zwischenaufenthalt« der späteren Zipser und Siebenbürger »Sachsen« an Elbe und Saale.[37] Wenigstens einige von ihnen sollen enttäuschte Teilnehmer des Wendenkreuzzuges von 1147 gewesen sein, was wiederum zu der Annahme führt, daß Geisa II. seine Werber nicht bis in die Westgebiete des mittelalterlichen Deutschland und vielleicht gar bis Flandern hatte schicken müssen.

Ob die Siedler die Donau abwärts und den Mieresch aufwärts ziehend nach Siebenbürgen und von Süden her in die Zips gekommen sind, wie man früher meinte,[38] oder über Schlesien und südlich der Karpaten, ist eine durch keine Quellen zu lösende Streitfrage. Den Kindern erzählt man in Siebenbürgen, daß es der Rattenfänger von Hameln[39] war, der mit seinem Flötenspiel Mädchen wie Knaben aus der Heimat lockte und durch eine Höhle im westsiebenbürgischen Erzgebirge in das Land jenseits der Wälder, eben nach »Transsilvanien«, brachte. Doch das dem Rattenfängermärchen zugrunde liegende historische Faktum fällt erst in das Jahr 1284, lange nach der Einwanderung der Siebenbürger Sachsen. Höchstens eine Episode der immer wieder nötigen Nachsiedlung Siebenbürgens könnte in märchenhafter Umgestaltung gemeint sein.

Das allererste Zeugnis von der Existenz siebenbürgischer »hospites« ist ein Schreiben von König Geisas II. Sohn Béla III. (1173–1196), in dem er 1186 anläßlich einer Brautwerbung am französischen Hof seine Einkünfte offenlegt und unter anderem 15 000 Mark »von den fremden Gastsiedlern in Siebenbürgen« (de alienis hospitibus regis de Ultrasylvas) angibt.[40] Das ist viel mehr, als die Siebenbürger Sachsen laut ihrem späteren Freibrief dem König als Abgabe schuldeten, und muß sich, wenn die Summe stimmt und nicht aus gegebenem Anlaß geschönt wurde, auf sämtliche unter besonderem Königsschutz stehenden Einwohner Siebenbürgens bezogen haben, deren Nationalität in Bélas Liste ohnehin nicht differenziert wird. Auf jeden Fall bezeugt sie die Existenz blühender und leistungsfähiger Siedlungen in Siebenbürgen und den Erfolg des noch jungen Kolonisationswerkes jenseits der Wälder.

Es waren aber sicher nicht nur wirtschaftliche Gründe, die den ungarischen König bewogen haben, deutsche Siedler in die Ostprovinz seines Reiches zu berufen. Hinter der Aktion steht anscheinend ein neues Konzept der Landesverteidigung, das an die Stelle des sogenannten »gyepű«-Systems, der als unwirksam erkannten Grenzsicherung durch bloße Verhaue und undurchdringliche Wälder,[41] das Vertrauen auf wehrwillige Menschen im Grenzhinterland setzte. Die Bevölkerungskarte Siebenbürgens hat bis in unser Jahrhundert diesen Defensivplan illustriert. An der Ostflanke Siebenbürgens siedelt der magyarische Stamm der Szekler, die Südfront zwischen den Orten Broos und Draas, die im Andreanischen Freibrief von 1224 als Grenzen des Sachsenlandes genannt werden,[42] war offenbar den deutschen Kolonisten anvertraut; man weiß sogar von einer Umsiedlung hier lebender Szekler an die Hänge der Ostkarpaten. Dann gab es noch hinter den wichtigsten Pässen in die Moldau die deutschen Siedlungen im Nösnergau um Bistritz, und an die Südostspitze Siebenbürgens, ins Burzenland, das das Szeklergebiet vom sächsischen Altland trennt, an diesen militärisch wohl besonders neuralgischen Punkt berief König Andreas II. 1211 den Deutschen Ritterorden. Nicht zuletzt die Devise im Wappen von Hermannstadt, der Hauptstadt des sächsischen Siedlungsgebietes, »ad retinendam coronam« (zum Schutze der Krone), offenbart den militärischen Charakter des Siedlungswerkes. Das galt sicher von Anfang an, obzwar der schöne Wahlspruch erstmals erst auf einem Siegel aus dem Jahre 1302 überliefert ist.[43]

Die Berufung des Deutschen Ritterordens nach Siebenbürgen[44] durch Andreas II. hängt abgesehen von der Kreuzzugsbegeisterung, die auch den König ergriffen hatte, mit zwei dynastischen Eheverbindungen zusammen. Andreas war mit Gertrud aus dem bayerischen Hause Andechs-Meranien verheiratet. Die Königin fiel allerdings schon 1213 einem ungarischen Attentat zum Opfer, als sie für ihren in Galizien Krieg führenden Gemahl die Regierung ausübte, weil man ihr, vielleicht sogar nicht zu Unrecht, Bevorzugung ihrer deutschen Verwandten zum Vorwurf machte und die sprichwörtliche ungarische Gastlichkeit nicht grenzenlos war. Die aus dieser Ehe gebürtige Tochter, die 1235 heiliggesprochene Elisabeth († 1231), war schon als Kind dem thüringischen Landgrafen Ludwig (1217–1227) verlobt und zur Erziehung nach Deutschland gebracht worden. Eine vornehme deutsche Gesandtschaft hatte sie in Preßburg an der

Der Ungarnkönig Andreas II. war verheiratet mit Gertrud von Andechs-Meranien. Als Verwandte des hessischen Fürstenhauses haben Andreas und Gertrud in dem aus der Mitte des 13. Jahrhunderts stammenden Landgrafen-Psalter im Bilde Platz gefunden.

Durch Andreas II. erfolgte die Verleihung des Burzenlandes im äußersten Südosten Siebenbürgens an den Deutschen Ritterorden im Jahre 1211, die im Zusammenhang steht mit der Verheiratung seiner Tochter Elisabeth nach Thüringen. Die 1235 heiliggesprochene Elisabeth von Thüringen gehört zu den populärsten Heiligengestalten des Mittelalters. Das belegt unter anderem die Häufigkeit des Taufnamens Elisabeth sowohl in Ungarn als auch in Deutschland. Schon bald nach ihrem 1231 in Marburg erfolgten Tode wurde ihr zu Ehren ein Franziskanerinnenkloster in Tyrnau begründet, einer mit deutschem Recht bewidmeten Stadt in der heutigen Slowakei. Die Politisierung des Elisabethkultes machte die Heilige zur Landespatronin diesseits wie jenseits der Grenze, zur »Blüte Ungarns« (flos Ungariae), zum »Ruhm Deutschlands« (gloria Teutoniae).

ungarischen Grenze abgeholt, das damals wohl schon eine deutsche Stadt war, jedenfalls wenig später, im Jahre 1217, vom König mit deutschem Recht begabt wurde. Aus dem Jahr des thüringisch-ungarischen Ehepaktes, 1211, datiert auch die Berufung des Deutschen Ritterordens nach Ungarn, dessen damaliger Hochmeister Hermann von Salza (1209–1239) aus Thüringen stammte und im thüringischen Fürstenhaus besondere Fürsprecher und Förderer hatte, so daß der Zusammenhang der beiden historischen Ereignisse ganz deutlich ist. Daß es schon vorher ungarische oder gar siebenbürgische Beziehungen nach Thüringen gegeben habe, weil der angeblich aus Siebenbürgen stammende Klingsor am berühmten »Sängerkrieg« auf der Wartburg teilgenommen haben soll, gehört allerdings wiederum in den Bereich der Sage. Bei der Berufung der Ritter mitgewirkt hatte anscheinend auch der jüngere Bruder der Königin Gertrud, Berthold von Andechs, der damals trotz seines jugendlichen Alters schon erwählter Erzbischof von Kalocsa und bald Woiwode von Siebenbürgen war. Nach der Ermordung Gertruds mußte er aus Ungarn weichen, was aber seiner kirchlichen Karriere nicht schadete, denn er hat es zuletzt (1218–1251) gar zum Patriarchen von Aquileja gebracht und ist als solcher dem europäischen Südosten und auch der deutschen Südostsiedlung verbunden geblieben.

Der Aufenthalt des Deutschen Ritterordens im siebenbürgischen Burzenland, sein Wirken an der äußersten Südostgrenze Ungarns und darüber hinaus ist nur eine kurze Episode gewesen. Sie kann aus den wenigen erhaltenen Urkunden – die Chroniken schweigen beredt – nicht einmal in allen Einzelheiten ausgeleuchtet werden, speziell was das baldige Zerwürfnis mit dem ungarischen König und mit dem Bischof von Siebenbürgen anbelangt. Mit diesem ergaben sich Konflikte schon aus der kirchlichen Sonderstellung des Ordens. Die Ritter überschritten aber auch die ihnen vom König zugestandenen Rechte, indem sie eigene Münzen prägten, feste, steinerne Burgen bauten, gar ein »castrum munitissimum« jenseits der Grenze, und entgegen ausdrücklichem königlichen Gebot aus nächster Umgebung, das heißt vom benachbarten Königsboden im Altland, deutsche Siedler in ihr Land lockten. Als sie schließlich ihr indessen schon über die Karpaten in die Walachei und Moldau und angeblich bis zur Donau ausgedehntes Ordensland unter päpstlichem Schutz unabhängig machen wollten, wurden sie trotz päpstlicher Intervention und trotz von Rom befohlener Vermittlungsaktionen ungarischer Bischöfe und Äbte 1225 in einem kurzen Krieg vom König vertrieben und gingen bald darauf nach Preußen, wo dem Orden bekanntlich gelang, was in Ungarn nicht hatte erreicht werden können: die Schaffung eines eigenen Ordensstaates. Im Burzenland geblieben ist jedoch die vom Orden angesiedelte deutsche Bevölkerung, und neue Siedler kamen später dazu.

Die Bemühungen der Päpste um eine Restitution des verlorenen Landes an die Ritter dauerten noch Jahrzehnte, und der Orden selbst hat seine damals sogar durch eine – allerdings vergebliche – Ungarnreise des Hochmeisters Hermann von Salza unterstrichenen Ansprüche eigentlich nie aufgegeben, wie spätere Urkundenbestätigungen bezeugen; er hat sie im Gegenteil bei günstiger Gelegenheit im frühen 15. und am Anfang des 18. Jahrhunderts erneuert, ohne gleichwohl damit Erfolg zu haben.

Der 1211 nach Siebenbürgen ins Burzenland berufene Deutsche Ritterorden hat auch dort eine Marienburg gebaut. Aus dem nach der Vertreibung der Ritter 1225 verbliebenen Ordenshaus mit seiner Marienkapelle wurde die Ortskirche des deutschen Dorfes. Das auf einem Bergsporn dem Dorf vorgelagerte Bollwerk wurde im 15. Jahrhundert zu einer Fliehburg der Bauern ausgebaut.

Seine Aufgaben in Siebenbürgen hatten alsbald andere Orden übernommen: die vom Deutschen Orden erbaute Marienburg am Alt,[45] sicher als Residenz des Ordensoberen gedacht, bekamen die Zisterzienser, die schon seit 1205 ein Kloster in Kerz[46] hatten, ebenfalls am Alt, aber südöstlich von Hermannstadt. Die Abtei ist längst eine sehenswerte Ruine, ebenso die Marienburg. Manch deutsch besiedelte Dörfer in Südsiebenbürgen gehörten zum Kerzer Klostergut und gehen wohl auf die kolonisatorische Tätigkeit der vielleicht aus dem österreichischen Heiligenkreuz entsandten Zisterziensermönche zurück. Der Hauptort des Burzenlandes, die Stadt Kronstadt, wird 1235 erstmals anläßlich der Visitation des dortigen Prämonstratenserinnen-Stiftes erwähnt,[47] das wenige Jahre später aufgegeben und dann ebenfalls von den Zisterziensern übernommen wurde. Mit ihrer berühmten Schule begann später, im 16. Jahrhundert, die Reform der siebenbürgisch-sächsischen Kirche. In der Missionsarbeit auch jenseits der Karpaten folgten den deutschen Ordensrittern die Dominikaner, die kurz zuvor eine erste siebenbürgische Niederlassung in Hermannstadt gegründet hatten. Das von ihnen unter den Kumanen errichtete Bistum Milkow an der südlichen Moldau war dagegen dort nur von kurzer Dauer.

Vermutlich hängt auch die Erneuerung der den Siebenbürger Sachsen bei ihrer Berufung durch Geisa II. verbrieften Freiheiten im sogenannten Andreanischen Freibrief von 1224 mit den Auseinandersetzungen zwischen König Andreas II. und dem Deutschen Ritterorden zusammen. Dem König mag es darum gegangen sein, die deutschen Kolonisten davon abzuhalten, mit den deutschen Rittern gemeinsame Sache gegen den König zu machen.

Dieses »Andreanum« ist die wichtigste Verfassungsurkunde der Siebenbürger Sachsen und als solche auch von ihnen eingeschätzt worden. Ursprünglich nur für die südsiebenbürgische deutsche Siedlung im sogenannten Altland ausgestellt, für den nun neu gebildeten Hermannstädter Komitat von Broos bis Draas, wurde sie später auch auf die anderen deutschen Siedlungsgebiete in Siebenbürgen ausgedehnt, so 1366 durch König Ludwig den Großen auf das Nösnerland im Norden um Bistritz und 1422 durch König Sigismund (1387–1437) auf das Burzenland um Kronstadt, das ehemalige Territorium des Deutschen Ritterordens.

Das Original des Andreanischen Freibriefes ist nicht erhalten geblieben; man kennt den Text nur aus späteren Bestätigungsurkunden, denn die Siebenbürger Sachsen haben bis in die frühe Neuzeit kaum je einen Regierungswechsel versäumt, ohne sich diese wichtige Urkunde erneuern zu lassen. Zuerst geschah dies wohl 1317, nachdem die ungarische Arpadendynastie durch die aus Neapel kommende französische Familie der Anjou, eine Seitenlinie der in Frankreich regierenden Kapetinger, in der Herrschaft über Ungarn abgelöst worden war. Des neuen Königs Karl Robert (1308 bis 1342) Privileg ist noch heute im Original erhalten. Endlich hat 1486 der berühmte ungarische Humanistenkönig Matthias Corvinus (1458–1490) generell das Diplom für alle siebenbürgisch-sächsischen Siedlungen ausfertigen lassen;[48] zur Vereinfachung der Administration ist dies geschehen, hat aber mitgeholfen, daß die Siebenbürger Sachsen völkisch eine Einheit wurden.

Freilich hatte schon 1224 der Andreanische Freibrief angeordnet, daß die damit privilegierten deutschen Gäste in Siebenbürgen in dem abgegrenzten Siedlungsgebiet »ein Volk unter einem einzigen Richter« sein sollten (unus sit populus et sub uno iudice censeantur).[49] Gemeint ist der Hermannstädter Königsrichter, den man später Sachsengrafen nannte.

Die allererste, noch heute erhaltene Urkunde für die Siebenbürger Deutschen stammt allerdings nicht vom ungarischen Königshof, sondern aus Rom. Sie wurde schon im Jahre 1191 ausgestellt und bestätigt päpstlicherseits die vom König errichtete Hermannstädter Propstei in ihrer Freiheit.[50] Offensichtlich sollte diese für das deutsche Siedlungsgebiet zuständig sein unter Ausschaltung des siebenbürgischen Bischofs in Weißenburg. Es war daran gedacht, aus der exemten Propstei ein eigenes Bistum für die Siebenbürger Sachsen zu machen, was aber 1212 durch den Protest des siebenbürgischen Bischofs in Rom verhindert wurde. Man kann sich vorstellen, daß der Weißenburger nach so bedrohlichen Vorgängen auch auf die kirchlichen Selbständigkeitstendenzen des Deutschen Ritterordens im Burzenland unfreundlich reagierte. Ähnlich wurde später in der Mitte des 15. Jahrhunderts die Errichtung einer deutschen Diözese in Kronstadt durch Übertragung des untergegangenen moldauischen Bistums Milkow hintertrieben, und erst in der Reformationszeit erlangte die siebenbürgisch-sächsische Kirche volle Selbständigkeit unter eigenen, nun evangelischen Bischöfen.

Trotz anderer geographischer, historischer und politischer Gegebenheiten haben die Anfänge der deutschen Siedlung an der Nordgrenze des mittelalterlichen Ungarn, in der heutigen Slowakei und insbesondere in der Zips, manche Ähnlichkeiten mit den Anfängen in Siebenbürgen. Dort war die ungarische Herrschaft freilich nicht wie im Osten durch barbarische Nomadenvölker und deren Einfälle bedroht, sondern es mußte zunächst einmal der Einfluß der polnischen Piasten zurückgedrängt werden. Das dem Polenkönig allmählich im Verlauf des 11. Jahrhunderts abgenommene Land an den Südhängen der Karpaten wurde nach magyarischer Manier durch eine Verhauzone (durch gyepű) gesichert und später von wehrhaften Kolonisten, zumal die sogenannten Lanzenträger als adelige ungarische Grenztruppe nicht ausreichten. Die angeblich seit den Zeiten König Geisas II. deutsch besiedelte Zips war eine besonders gefährdete Grenzzone, da sich ihre Flußtäler nicht nur nach Süden, sondern auch nach Norden öffneten und hier dann auch von Polen her eine deutsche Kolonisation zur Grenzsicherung betrieben wurde.

Die Zips taucht urkundlich erstmals in einem Diplom Andreas' II. vom Jahre 1209 auf,[51] in welchem einem im Dienste der Königin Gertrud stehenden Propst namens Adolf auf deren Bitte und auf Fürsprache ihres Bruders, des Bamberger Bischofs Ekbert, ein genau umgrenztes Gebiet an der Popper in der Zips (in Chypus) samt allen Rechten als Besitz übergeben wird, damit er dorthin Kolonisten bringe. Eine schon bestehende Siedlung Eisdorf (villa Isak) wird allerdings in der Grenzbeschreibung genannt, der erste aus der Zips bekannte Ort, und muß aus einer früheren Besiedlungsaktion stammen, kaum freilich aus allerjüngster Zeit, als das verschenkte Gebiet noch dem kurzfristig aus Deutschland exilierten Bischof Ekbert (1203–1237) gehörte, jenem

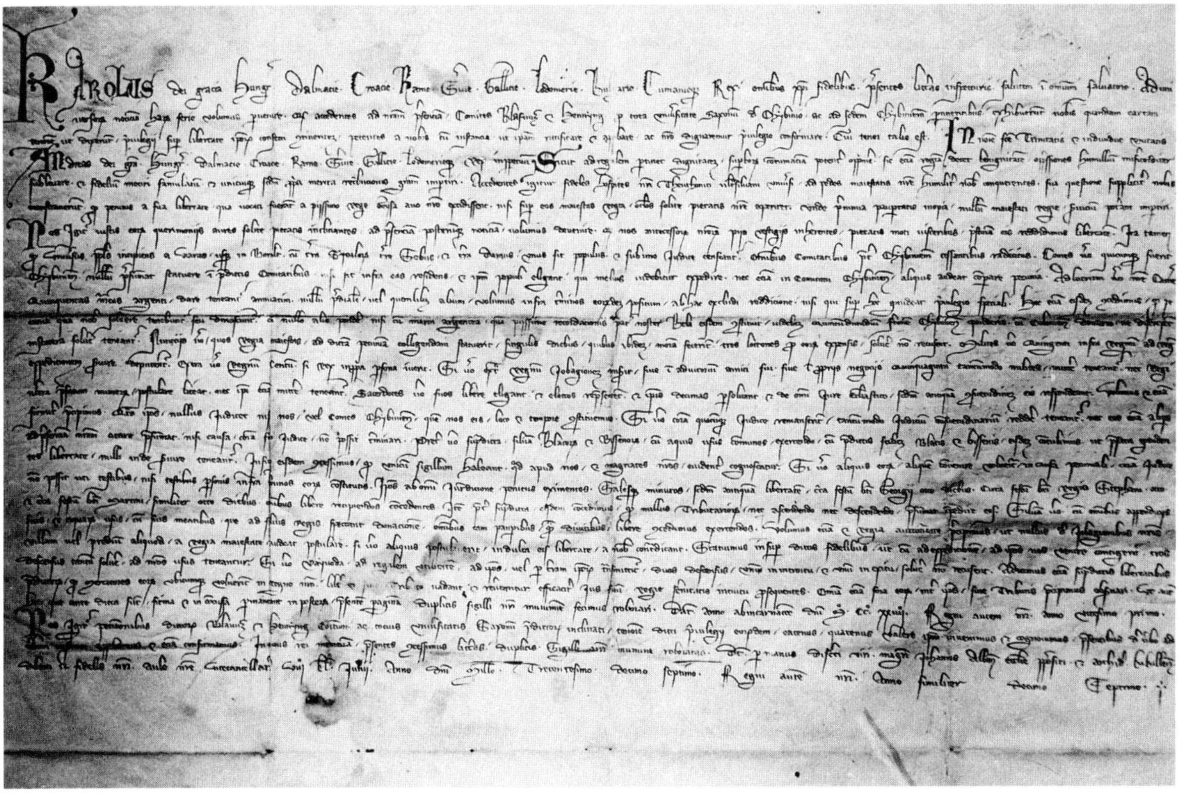

Das sogenannte Andreanum, der Große Freibrief des Ungarnkönigs Andreas II. von 1224, sichert den deutschen Siedlern in Siebenbürgen, den »fideles hospites Theutonici Ultrasilvani«, die bei ihrer Berufung durch König Geisa II. versprochenen Freiheiten: »pristinam eis reddidimus libertatem«. Die Urkunde ist von späteren ungarischen Königen immer wieder bestätigt worden. Im Original ist erstmals die Urkunde Karl Roberts von 1317 im Hermannstädter Archiv erhalten; in ihr ist das Andreanum inseriert.

Ekbert, dem der herrliche Neubau des Bamberger Doms zu verdanken ist mit dem berühmten Bamberger Reiter, den die Bamberger Lokaltradition als Stephan den Heiligen, den Begründer der ungarischen Monarchie, deutet. Vielleicht hat dies alles auch damit zu tun, daß Ekbert in der deutschen wie auch in der ungarischen Geschichte eine nicht unbedeutende Rolle gespielt hat. Die Zips mag ihm vom ungarischen Königshof in besonderer Weise als Wirkungsfeld zugedacht gewesen sein. Neben dem Zipser Propst Adolf († vor 1234) erscheint in der Königsurkunde von 1209 auch dessen Schwester, Hofdame der Königin Gertrud, die zu ihr – wie es heißt – als Flüchtling aus der gemeinsamen Heimat gekommen war; und aus einer späteren Bestätigungsurkunde von 1246 kennt man auch deren Gemahl Ruthker (oder Rüdiger), der gemäß der Familientradition aus Matrei in Tirol stammen soll.[52] Aber laut der Dialektforschung scheint weder Bamberg noch Tirol eine hervorragende Rolle bei der deutschen Besiedlung der Zips gespielt zu haben, vielmehr gibt es Analogien zu Siebenbürgen. Daß 1234 der schlesische Herzog Heinrich I. (1201–1238), durch seine Ehe mit der Andechserin Hedwig († 1243) ein Schwager des Ungarnkönigs Andreas II., im Dohnst-Dunajetzgebiet, also wenig nördlich der Zips und dorthin übergreifend, deutsche Kolonisten ansetzte, muß nichts über den Besiedlungsweg besagen, als wären die »Zipser Sachsen« über Schlesien aus ihrer fränkischen »Urheimat« ins Stephansreich gekommen. Aus der Zipser Königsurkunde von 1209 wird aber deutlich, daß das Land schon fest in ungarischer Hand war, denn es hatte schon einen Grafen namens Lucuin, und der war nicht der erste in der fast hundertjährigen Geschichte der Zips. Im Jahre 1256 erhielt der Zipser Graf Jordan von Gargau († 1257) von König Béla IV. eine Landschenkung mit dem Auftrag der Hospitesansiedlung bis zum Dohnst-Dunajetz,[53] sozusagen also eine ungarische Gegenaktion gegen den polnischen Vorstoß und die Begründung von Neumarkt am Dohnst. 1270 wird Rikolph († um 1284), ein Nachkomme jenes Rüdiger, als Graf genannt. Mit ihm begann der Aufstieg des bedeutendsten und mächtigsten Adelsgeschlechtes in der Zips, derer von Berzevitz, so genannt nach ihrer allerdings außerhalb der Zips im Nachbarkomitat erbauten Burg.

Die exemte Zipser Propstei am Martinsberg im Suburbium der Zipser Burg, im sogenannten Kirchdorf oder – wie man später sagte – bei Kirchdrauf, die 1209 anscheinend Adolf erhalten hatte, mag noch vor der Hermannstädter in Siebenbürgen zu Ende der achtziger Jahre des 12. Jahrhunderts unter König Béla III. begründet worden sein, wohl ebenfalls als kirchliches Zentrum für das Kolonisationswerk, das also von Andreas II. nicht zuletzt aufgrund seiner deutschen Ehe nur intensiviert und durch Urkunden rechtlich abgesichert wurde. Wegen des Martinpatroziniums hat man phantasievoll gar die Zipser Kirchengründung vor die magyarische Landnahme in karolingische Zeiten verlegt, war doch Bischof Martin von Tours (371–397) der fränkische Reichsheilige, aber daß Martins Heimat eben Pannonien gewesen sei, wußte man schon um die Jahrtausendwende, als am »Mons Pannoniae«, am Martinsberg, das Hauptkloster Ungarns entstand. Ein Zusammenschluß der in den durch die Kolonisation entstandenen Zipser Orten tätigen Pfarrer soll dann 1248 erfolgt sein und wurde fünfzig Jahre später bei einer Zusammenkunft in Donnersmarkt erneuert. Man verdankt diesem

Die Andechser spielten in der deutschen Ost- und Südostkolonisation eine bedeutende Rolle, beispielsweise Ekbert in der Zips, Berthold in Siebenbürgen und in der Gottschee. Das Familienbild der Andechs-Meranier in dem um 1350 angefertigten, heute in Amerika befindlichen Hedwig-Codex zeigt links neben dem Herzogspaar zunächst die in den geistlichen Stand eingetretenen Söhne, Patriarch Berthold von Aquileja und Bischof Ekbert von Bamberg, rechts am Ende der Tochterreihe Gertrud, die 1213 ermordete Gemahlin des Ungarnkönigs Andreas II., mit ihrer kleinen Tochter, Elisabeth von Thüringen.

Bundschluß und den Statuten dieser für die kirchenhistorische Entwicklung höchst bedeutsamen Bruderschaft die Kenntnis der von Kirchdrauf angeführten 24 »königlichen« Pfarren in der Zips (XXIV regalium parochorum fraternitas)[54] und hat gleichzeitig ein Zeugnis für den raschen Fortgang des Siedlungswerkes.

Auch einen Ritterorden findet man schon früh in der Zips, freilich nicht den damals schon Schwierigkeiten bereitenden Deutschen Orden, sondern seit 1232 die Johanniter in Hunsdorf bei Käsmark, deren caritative Tätigkeit hier aber sicherlich mehr gefragt war als ein militärischer Einsatz. Die deutsche Kolonisation verdankt ihnen sicher weniger als Siebenbürgen und das Burzenland den deutschen Rittern.

Die Bestätigung ihrer Freiheiten erhielten die Zipser Sachsen,[55] wie schon erwähnt, erst 1271 von König Stephan V., dem Enkel Andreas' II. Ein gewisser Absicherungsbedarf nach den schweren bürgerkriegsähnlichen und auch durch Deutschfeindlichkeit gekennzeichneten Auseinandersetzungen, die Stephan noch in seiner Kronprinzenzeit mit seinem Vater Béla IV. (1235–1270) hatte, mögen die Veranlassung gewesen sein. Jedenfalls wird gleich zu Eingang der Urkunde auf den kürzlich erfolgten Regierungsantritt des Königs angespielt, der eben zu einem Reformwerk Anlaß gegeben habe. Klug wollte der neue König vergangene Unbilden vergessen machen und Anhänger gewinnen.

Ein Vergleich des Andreanischen Freibriefes von 1224 für Siebenbürgen mit dem Zipser Freiheitsprivileg Stephans V. von 1271 deckt frappierende Ähnlichkeiten auf. Den meisten Raum nimmt hier wie dort die sicher den Siedlern wichtige Fixierung ihrer Abgaben und Pflichten gegenüber dem König als ihrem Schutzherrn ein, also jährliche Zahlungen, sodann die Gastungs- und Beherbergungspflicht bei Besuchen des Königs oder seiner Beamten, endlich die Größe des kriegerischen Aufgebotes, das unterschiedlich inner- und außerhalb des Reiches, unter königlichem oder auch nichtköniglichem Kommando zu stellen war. Offensichtlich ging es darum, die Kolonisten vor ungemessenen Diensten und unverschämten Forderungen abzusichern. Daß umgekehrt auch ihre Rechte im Lande und bei dessen Ausbeutung fixiert wurden, bei der Salzgewinnung und sonst im Bergbau, bei der Nutzung des Waldes und der Gewässer durch Jagd und Fischfang, bei der Holzbeschaffung und beim Roden, die Zollfreiheit auf Handelsstraßen und am Markt, versteht sich von selbst.

Wichtiger aber waren zwei andere, in beiden Urkunden vorkommende Bestimmungen, nämlich die Konzession der freien Pfarrer- und der freien Richterwahl. Im Gerichtswesen sollte das den Kolonisten gewohnte Recht gelten, das »iudicium consuetudinarium« laut dem Andreanum, das »ius proprium« laut dem Zipser Freibrief, und nur im alleräußersten Notfall sollte das Königsgericht aktiv werden, wenn ein Streitfall vor dem örtlichen Richter nicht erledigt werden könne. Ansonsten verzichtete der König auf die Zitation vor seinen Thron, und er tat es in der Zipser Urkunde mit dem ausdrücklichen Bemerken, daß die Kolonisten schlichte und einfache Leute (homines simplices) seien, bei denen man also nicht und noch weniger als bei anderen Verständnis für ein ihnen fremdes Rechtssystem voraussetzen könne. Als Sitz des im Namen des Königs in der Zips amtierenden Grafen erscheint 1271 Leutschau; für Siebenbürgen garantierte der König 1224, daß zum Hermannstädter Grafen niemand bestellt werden solle, der nicht unter den Siedlern wohne und von ihnen gewählt worden sei. Fast wortgleich wird in den beiden Diplomen dieses aktive und passive Wahlrecht der Siedler (inter se, inter eos) betont.

Das Recht der freien Pfarrer- und Richterwahl war eigentlich eine Selbstverständlichkeit, konnte man doch den Siedlern in ihren Gemeinden weder Pfarrer[56] noch Ortsvorsteher zumuten, die ihre Sprache nicht verstanden und mit ihren Gewohnheiten nicht vertraut waren. Diese Grundrechte begegnen auch anderswo in den Quellen, und sie resultieren ganz abgesehen von sprachlichen aus rechtlichen Erwägungen, die in damaliger Zeit allgemein, nicht nur in Ungarn, anerkannt waren.

Neben die Freibriefe der Siebenbürger und der Zipser Sachsen von 1224 und 1271 können nämlich viele andere Urkunden ungarischer Könige für freilich weniger ausgedehnte Siedlungsgebiete, meist nur einzelne Orte, gestellt werden,[57] deren privilegierte Bewohner, als »Gäste« angesprochen, wohl meist Deutsche waren. Ihnen allen ist das Zugeständnis der freien Pfarrer- und Richterwahl gemeinsam, also die Gewährung einer gewissen Autonomie in weltlicher und kirchlicher Beziehung. Erklärlich wird das durch das damals noch gültige Personalitätsprinzip im Rechtsleben, wonach jeder Mensch überall nach seinem ihm angeborenen Recht (»ius innatum«) leben durfte und gegebenenfalls gerichtet werden mußte, sein Recht also überallhin mit sich trug, weil es ihm sozusagen an den Knochen hafte, wie die Rechtssprache formulierte: »ius ossibus inhaeret«.[58]

Dem vordringenden und in den Städten des Westens schon gültigen Territorialprinzip, das alle Einwohner dem gleichen Recht unterstellte, wurde in der deutschen Ost- und Südostkolonisation insofern Rechnung getragen, als die Gesamtheit der vom König oder sonst von der Obrigkeit konzessionierten Rechte der unter Umständen aus verschiedenen Territorien und Rechtsgebieten stammenden Siedler zusammenfassend als »ius Theutonicum« (deutsches Recht) bezeichnet wurde. Im mittelalterlichen Ungarn begegnet dieser Ausdruck[59] nicht oder doch nur in abgewandelter Form (mos Theutonicus), aber aus den meist sehr gleichartigen Hospites-Privilegien ließe sich der Inhalt dieses Rechtes leicht zusammenstellen. Er bestand meist in Freiheiten und Befreiungen, weil man schwerlich ohne derlei Versprechungen Siedler gewinnen konnte, obgleich miserable Zustände in der alten Heimat wie Kriege, Mißernten, Hungersnot, Überbevölkerung natürlich ebenfalls zum Abzug verlockt haben können.[60] Sowohl das Andreanum von 1224 als auch der Zipser Freibrief von 1271 geben sich als Erneuerung der seinerzeit bei der Ansiedlung gewährten Freiheiten. »... pristinam eis reddidimus libertatem« heißt es 1224, »... placuit nobis inter cetera libertatem reformare« formuliert Stephan V.

Die gewährten Vorrechte waren aber selbstverständlich auch für nichtdeutsche Ankömmlinge oder gar für Einheimische erstrebenswert, zumal ja die sozusagen als »Staatsgrundgesetz« geltende Goldene Bulle von 1222 die Erhaltung der »libertas« der »hospites« für immer zur Maxime der Regierung Ungarns erklärt hatte.[61] Wenn man also aus den Freibriefen zunächst einmal ablesen kann, unter welchen Bedingungen die deutschen Siedler ins Land gekommen waren und zum Bleiben veranlaßt wurden, wenn sich aus der wiederholten Bestätigung der Privilegien ergibt, wie wichtig diese den Kolonisten waren und wie sie damit unter Berufung auf die Vergangenheit über Jahrhunderte ihre Identität auch in ethnischer Hinsicht zu bewahren wußten, so ergab sich doch zugleich auch das Problem des Zusammenlebens mit der einheimischen Bevölkerung in der Nachbarschaft. Es ist ein wichtiges Thema der deutschen Südostbewegung im Mittelalter.

Gran bestimmte der ungarische König Stephan I. kurz nach 1000 zum Erzbistum seines Reiches. Seit den Zeiten Geisas II. zogen dann auf der Donau, am Fuße der majestätischen Festung vorbei, Deutsche in den Osten, gründeten Städte in Siebenbürgen und bevölkerten später nach den Türkenkriegen das verwüstete Land.

Die sogenannte Stephanskrone, bestehend aus einem Kronreif mit griechisch beschrifteten Emailbildern (corona graeca) und kreuzförmig aufgesetzten Bügeln mit lateinisch erklärten Apostelbildern (corona latina), ist ein Symbol für die politische Situation Ungarns im Mittelalter zwischen dem byzantinischen Kaisertum des Ostens und dem römisch-deutschen Imperium im Westen. Die Schenkung der echten Stephanskrone durch Papst Silvester II. oder Kaiser Otto III. bezeugt die Westorientierung Ungarns um 1000, die eine Voraussetzung für die Zuwanderung aus dem Deutschen Reich war. Vielfach werden die Kreuzzüge als auslösendes Moment für die deutsche Kolonisation in Ungarn genannt, weil man beim Durchzug durch das Land dieses als »Paradies Gottes« kennenlernen konnte, wie beispielsweise der Bischof Otto von Freising, ein Teilnehmer des Zweiten Kreuzzuges (1147 bis 1148), Ungarn bezeichnet hat.

Neuanfang nach dem Mongolensturm

Für ganz Ungarn und alle seine Einwohner gleich welcher Nationalität war im Frühjahr 1241 der Mongoleneinfall[62] eine Katastrophe. Am schwersten wurde natürlich Siebenbürgen als östlichste Provinz heimgesucht, nachdem die raubenden und plündernden Reiterscharen gleich über drei Pässe im Norden, Osten und Süden ins Land eingefallen waren; selbst in westlichen deutschen Geschichtsquellen hat dies Ereignis, vielleicht wegen fortdauernder Kontakte mit den ehemaligen Aussiedlern, seinen Niederschlag gefunden,[63] wenn auch mit zum Teil sehr übertriebenen Todesziffern im Nösnerland und im Burzenland, in Hermannstadt und bei der Bischofsresidenz Weißenburg. In Rodenau, der nordsiebenbürgischen Bergbausiedlung, die damals ausdrücklich als »villa Teutonicorum« bezeichnet wird,[64] mußte angeblich der deutsche Graf Ariscald ein Aufgebot der Bürger dem mongolischen Heer für den weiteren Kriegszug zur Verfügung stellen. Ob er dann wirklich ein Kollaborateur wurde, ist allerdings fraglich, denn nach seinem wohl gewaltsamen Tod blieb die Familie durchaus in des Ungarnkönigs Gunst, und ein Bruder stieg sogar zum Burggrafen von Ofen auf, der wichtigsten Stadt im Zentrum Ungarns, die sicherlich nur Vertrauensleuten unterstellt wurde.

Der ungarische König Béla IV. hatte am 11. April 1241 bei Mohi am Sajó-Fluß eine vernichtende Niederlage erlitten und flüchtete dann bis ans äußerste Ende seines Reiches nach Dalmatien. Vom polnisch-schlesischen Kriegsschauplatz kommend verheerten die Mongolen nach der siegreichen Schlacht bei Liegnitz am 9. April 1241 auch Nordungarn, und auch die Zipser Burg wurde zerstört. Die erschreckte Bevölkerung suchte Verstecke teils in den Wäldern, teils in den Gruben der Bergwerke. Ende April 1241 standen beide mongolischen Heere vor Pest, das nun ebenfalls eingenommen wurde. Als die Mongolen sich über Südungarn und die Balkanländer wieder ostwärts wandten, um in der fernen Mongolei nach dem Tode ihres Großkhans die politische Entwicklung mitzugestalten, war laut demographischen Berechnungen ungarischer Forscher die Bevölkerung Ungarns auf die Hälfte reduziert, und im östlichen Teil des Reiches waren gar sechzig Prozent der Ortschaften vernichtet worden.[65] Es bedurfte eines fast totalen Neuanfangs.

Nach diesen bitteren Erfahrungen ist es durchaus begreiflich, daß man nun an die Befestigung der Siedlungen dachte. In den Dörfern errichtete man erste Wehrkirchen, die Städte erhielten steinerne Mauern, überhaupt schienen Siedlungskonzentration und Städtegründungen noch mehr als der Burgenbau ein Gebot der Stunde zu sein. Viel zu wenig und viel zu wenigen hatte in der Zips der Zufluchtsstein (Lapis refugii) bei Lettensdorf südwestlich von Leutschau hoch über dem Kundert-Fluß unter der Führung des Zipser Grafen Jordan von Gargau Schutz gewährt. Ähnliches gilt für Siebenbürgen, für jene Insel im Inundationsgebiet der Schwarzen Kreisch südlich von Großwardein, die der aus Apulien stammende Wardeiner Archidiakon Roger, später von des Papstes Gnade Erzbischof im dalmatinischen Split (1249–1266), drei Jahre später im sicheren westungarischen Ödenburg als eine Etappe seiner abenteuerlichen Flucht

Die historischen Landschaften Ungarns.

schildert. Einen Siebenbürger Sachsen namens Gerhard († 1271), genannt »Siebenbürger«, hat es im Mongolenjahr gar nach Wien verschlagen,[66] wo er dann kirchlich Karriere machte, beinahe Bischof geworden wäre und als Inhaber reicher, auch ungarischer Pfründen caritativ tätig wurde. Gemeinsam mit seinem Bruder Dietrich, ebenfalls Pfarrer, hat er in Wien ein Kloster begründet, und diesem Umstand verdankt man das erstmalige Auftauchen des Namens »Sibenbv̊rgen« in einer deutschen Urkunde von 1296, während die lateinische Form »terra septem urbium« oder »terra septem castrorum« in westlichen Annalen 1241 und 1242 das von den Tataren heimgesuchte Land meint.[67] Keine dieser Quellen verrät eine Deutung des Namens, überläßt sie vielmehr der wissenschaftlichen Kontroverse, die in der Humanistenzeit beginnt, aber noch zu keinem allseits akzeptierten Ergebnis gekommen ist.

Aber nicht den Flüchtlingen, sondern den Überlebenden im Reich der Stephanskrone und im Lande der sieben Burgen stellte sich nun die Aufgabe des Neubeginns. Zu ihnen gesellten sich Neuankömmlinge aus deutschen Landen, denn für die Zeit nach dem Mongolensturm muß für ganz Ungarn eine Nachbesiedlung durch Berufung neuer Kolonisten aus dem Westen angenommen werden, die sich durch mehrere Jahrzehnte und in abnehmender Intensität eigentlich durch das ganze Spätmittelalter fortsetzte. Natürlich war daran wieder das Königtum hervorragend beteiligt, und sicher steht etwa König Béla IV., was die Förderung deutscher Siedlungen in Ungarn anbelangt, zu Unrecht im Schatten seines Vaters Andreas II. und seines noch populäreren Urgroßvaters Geisa II. In zunehmendem Maße mag sich am Kolonisationswerk der ungarische Adel engagiert haben, der für seine Güter auch von dem altbesiedelten Königsboden Bauern unter manchen Versprechungen abwarb.

So erklärt es sich, daß es später deutsche Dörfer im Lande gab, die nicht im Genuß der vom König gewährten Gastprivilegien waren, sondern dem Adel untertan, was sich vielleicht erst im Laufe der Zeit im Zuge der Intensivierung der adligen Herrschaft als nachteilig herausstellte. Ähnliche Zustände mag hier und dort der allmähliche Aufstieg führender Hospites-Familien, wie etwa der Gräfen und Lokatoren, in den magyarischen Adel für ihnen unterstehende Siedlungen bewirkt haben. Endlich entzogen sich nachweislich etwa in Siebenbürgen Einzelpersonen und ganze Gemeinden der drückenden Abhängigkeit von Städten und der dort herrschenden Patrizier durch Abwanderung oder Unterstellung unter adeligen Schutz trotz der damit oft verbundenen Preisgabe ihrer Freiheit und Freizügigkeit. Seit alters freie Gemeinden am Königsboden kann man von den untertänigen Dörfern aufgrund ihrer kirchlichen Abgabenpflicht unterscheiden, da die königlichen Freibriefe den von ihren Gemeinden frei gewählten Pfarrern den vollen Zehnten ihrer Pfarrkinder zugesichert hatten, von dem sie gemäß dem kanonischen Recht bloß den sogenannten Kathedralzins als Subsidium dem Bischof zahlen mußten, während sonst Dreiviertel des Zehnten dem Bischof zustanden und dem Pfarrer nur ein Viertel blieb. Überall im Königreich Ungarn aber wurde die Privilegierung mit dem Recht, »more Theutonico« Zehnt zu zahlen, ein hochbegehrtes Zeichen für die verliehene Freiheit nach dem Beispiel der »deutschen Gäste«.

Mit der Gründung von Städten nach deutschem Recht war natürlich in Ungarn schon vor dem Mongolensturm begonnen worden. Pest, um nur das bekannteste Beispiel zu nennen, war bereits im Zusammenhang des Mongolensturms 1241 als »magna et ditissima theutonica villa« bezeichnet worden,[68] als eine große und sehr reiche deutsche Stadt. Sie lag an der Stelle einer älteren Markt- und Handelsniederlassung und eines Donauhafens. Die Besiedlung mit Deutschen dürfte unter König Andreas II. in den zwanziger Jahren erfolgt sein. An ihrer Spitze findet man einen vielleicht aus Österreich stammenden adeligen Ritter namens Werner, der schon um 1235 als Bürger von Ofen genannt wird. Um der Stadt Pest nach der Katastrophe wieder aufzuhelfen, erneuerte König Béla IV. 1244 die Freiheiten der Siedler und insbesondere das Recht der freien Pfarrer- und Richterwahl.[69] Auch wenn in diesem Privileg nicht ausdrücklich von Deutschen die Rede ist, können die »hospites« also aufgrund der ihnen eingeräumten Rechte als solche identifiziert werden. Wenige Jahre später erfolgte 1247 eine Umsiedlung auf den geschützteren Burgberg von Ofen und die Übertragung der Vorrechte auf die neue deutsche Stadt. Als Pfarrkirche der deutschen Bürger wurde sogleich und noch unter Béla IV. in den Jahren 1248 bis 1269 die später sogenannte Matthiaskirche gebaut, heute ein dreischiffiger gotischer Dom, der Gottesmutter Maria geweiht und eine der Hauptsehenswürdigkeiten von Budapest, ohne daß jedoch der Fremde über ihre deutschen Anfänge aufgeklärt wird. Südlich von Ofen lag ebenfalls am rechten Donauufer gegenüber dem mit Magyaren nachbesiedelten Pest das sogenannte Klein-Pest, wo schon 1240 »Saxones« als Siedler genannt werden. Aus dem nördlich von Ofen gelegenen und bis in die Römerzeit zurückgehenden Buda wurde die königliche Pfalz samt dem Kammerhof als Verwaltungsinstitution auf den Burgberg verlegt. Zweifelsohne war Ofen die wichtigste ungarische Stadt, wenn auch von einer Hauptstadt noch nicht gesprochen werden kann. Das bald vorbildliche Ofener Stadtrecht wurde seit 1263 auch auf viele andere Orte Ungarns übertragen.

Obgleich es neben Ofen noch manch andere Städte in Ungarn gab, die sich nach dem verheerenden Mongolensturm besonderer königlicher Förderung erfreuten, wie beispielsweise das ebenfalls durch sein Stadtrecht vorbildliche Karpfen in der heutigen Slowakei mit seinen schon 1238 erwähnten »Saxones de Karpona«, denen Béla IV. 1244 das in der Tatareninvasion in Verlust geratene Hospites-Privileg erneuerte; und obgleich noch weitere städtische Gästesiedlungen schon im 13. Jahrhundert der Erwähnung wert wären, wie etwa Tyrnau, wo 1238 die Zehntleistung »more Theutonico«, nach deutscher Art und Weise geregelt wurde, also im Sinne des Gastrechtes,[70] ist doch erst das Spätmittelalter auch im Stephansreich ein Zeitalter bürgerlicher Hochkultur geworden.

Die Periodengrenze liegt im Jahre 1301 beim Tode des allerletzten ungarischen Königs aus arpadischer Dynastie, Andreas III. (1290–1301), des »Venezianers«, so genannt, weil die Magnaten den aus einer Nebenlinie der Familie stammenden Prinzen erst in die Heimat zurückholen mußten, um ihn auf den vakanten Thron zu setzen. Indessen hatten sich längst mit Berufung auf alte Lehnsbindungen sowohl der römische Papst als auch der deutsche König über die Nachfolge der Arpaden Gedanken gemacht.

Nach dem Aussterben der ungarischen Arpadendynastie im Jahre 1301 konnten sich 1308 die französisch-neapolitanischen Anjou, eine Nebenlinie der Kapetinger, im Kampf um den ungarischen Thron durchsetzen.
Der Zipser Propst Heinrich ließ 1317 in Kirchdrauf ein Wandgemälde anbringen, das die Krönung des Königs Karl Robert (1308–1342) aus der neuen Anjoudynastie durch den Graner Erzbischof zeigt. In der damaligen politischen Situation gerade in Nordungarn, wo die Zipser die Verbündeten des Königs gegen den oppositionellen Adel waren, hatte das Bild eine sehr konkrete Botschaft.

Während man in Rom die süditalienischen Anjou protegierte und in Deutschland der Habsburger Rudolf I. (1273–1291) Ungarn als deutsches Lehen seiner Familie zuschanzen wollte, hatten sich aufgrund des Erbrechtes zunächst die böhmischen Przemysliden durchgesetzt und unter Einbeziehung auch Polens für kurze Zeit ein Großreich, mehr noch als eine Doppelmonarchie, geschaffen, die Vorwegnahme einer späteren politischen Ordnung. Dann kam wiederum aufgrund des Erbrechtes der ungarische Thron an den Wittelsbacher Otto von Niederbayern (1305–1308), ehe endlich Karl Robert von Anjou (1308–1342) obsiegte.

Von Otto erzählte später genüßlich die Ungarische Bilderchronik, daß ihm schon beim nächtlichen Einritt in Ungarn die ihm aus Böhmen überantwortete und mitgebrachte Stephanskrone unbemerkt aus der Satteltasche gefallen und in Verlust geraten sei, glücklicherweise aber dann im Straßengraben wiedergefunden wurde, zweifelsohne ein böses Vorzeichen. Daß die deutschen Siedler den Wittelsbacher unterstützt haben, hat ihm wenig genützt. In Ofen standen sie damals unter der Führung des Stadtrichters Petermann (1304–1307). Die Siebenbürger Sachsen schickten dorthin eine Huldigungsgesandtschaft und luden den König nach Siebenbürgen ein, ohne ihn dann freilich in ihren Städten gegen den mächtigen magyarischen Woiwoden Ladislaus Kán († 1313) schützen zu können. In seiner Gefangenschaft mußte Otto auf die Herrschaft verzichten und mit dem leeren Titel eines Ungarnkönigs auf Umwegen nach Bayern zurückkehren; mit der nach einigem Zögern endlich von Siebenbürgen ausgelieferten Stephanskrone wurde aber schließlich am Stephanstag 1310 Karl Robert in Stuhlweißenburg gekrönt. Daß er ein Jahr vorher bereits in der Ofener Liebfrauenkirche gekrönt worden war, gar in Anwesenheit eines Papstlegaten und mit einer von diesem geweihten Ersatzkrone, galt nichts gegenüber dem geheiligten, altehrwürdigen Diadem und genügte offenbar nicht zur Legitimation der neuen Dynastie.

Daß der neue König aus wohlverstandenem eigenen Interesse ein Förderer des Deutschtums in Ungarn war, läßt sich schon daran erkennen, daß er 1317 die großen Freibriefe der Siebenbürger wie der Zipser Sachsen mit manchen Erweiterungen erneuerte.[71] Hier wie dort ging es um die Abstattung einer Dankesschuld oder in Erwartung weiterer Hilfe um einen Hulderweis und um die Gewinnung von Freunden bei der Überwindung der mächtigen ungarischen Magnatenopposition, die dem König am Anfang seiner Regierung das Leben schwermachte. Unter ihrem Grafen Stephan von Gargau (um 1307–1319) hatten die Zipser 1312 bei der Niederringung des gerade in ihren Gegenden mächtigen Palatins Matthias Csák († 1321) geholfen, und wenn Heinrich, der damalige Propst des Zipser Kapitels (1316–1322), just 1317 seine Kirche mit einem Wandgemälde über die Königskrönung Karl Roberts schmücken ließ, dann hatte das eine sehr konkrete Bedeutung. Bei den noch vor kurzem den Wittelsbacher Otto favorisierenden Siebenbürger Sachsen sollte die Privilegierung Sympathien erwecken. Da der König aber nicht imstande war, die jüngst erfolgte Usurpation der Sachsengrafenwürde durch den Woiwoden rückgängig zu machen, findet man denselben Gräfen Henning von Petersdorf († 1324), der 1317 gemeinsam mit anderen die Bestätigung des Andreanum erwirkt hatte, 1324 an der Spitze eines sächsischen Aufstandes gegen den aufgenötigten Woiwoden. Die Erhebung wurde blutig niedergeschlagen und hatte insofern schwere verfassungsgeschichtliche Folgen, als damals die Einheit des Sachsenlandes für rund anderthalb Jahrhunderte mehr oder weniger suspendiert wurde, weil man Land und Volk so leichter zu beherrschen hoffte.

In König Roberts Regierungszeit fällt auch die Intensivierung des Bergbaus in Ungarn, der durch ein Ausfuhrverbot von Edelmetall 1325 zugunsten der neu eingeführten Gold- und Silberwährung staatlich monopolisiert wurde und bestens organisiert war. Gleichzeitig kann man das Aufblühen deutschrechtlicher Städte beobachten.

Vor allem zu nennen sind die niederungarischen Bergstädte[72] im sogenannten Hauerland und unter ihnen das »goldene« Kremnitz, das »silberne« Schemnitz und das »kupferne« Neusohl sowie in den »Gründen« der Unterzips das schon 1264 als »civitas« inmitten von deutschen Dörfern erwähnte Göllnitz. Hier war der Sitz des Landgrafen, des königlichen Amtsträgers dieses nicht zur eigentlichen Zips gehörenden Gebietes.

In der Zips hingegen wurde Leutschau als politisches Zentrum durch das schon 1264 besonders privilegierte Käsmark, aus einer deutschen, einer magyarischen und einer slawischen Siedlung zusammengewachsen, wirtschaftlich in den Schatten gestellt und blieb, nachdem es 1321 königliche Freistadt geworden war, nur durch ein Machtwort des Königs gegenüber dem konkurrierenden Donnersmarkt Sitz des Sachsengrafen. Schemnitz hatte schon 1240 einen deutschen Pfarrer und erhielt 1244 deutsches Recht zuerkannt, das dann als »consuetudo Saxonum«, als sächsisches Gewohnheitsrecht, 1255 in das eben begründete Neusohl und auf die dortigen »Sachsen« übertragen wurde[73] und von dort weiter an das von Göllnitz aus begründete Schmöllnitz, das durch Karl Robert 1327 zur freien Reichsstadt erhoben wurde. Kremnitz tritt ebenfalls als deutsche Hospites-Siedlung erst 1328 in Erscheinung, als es auch Residenz eines mit dem Berg- und Münzwesen betrauten »Kammergrafen« wurde. Seine Amtsausübung beeinträchtigte lange Zeit die Selbstverwaltung der Stadt. Der erste Amtsträger hieß Leupold († 1350) und führte den klingenden Titel eines »magister machinarum per Ungariam«,[74] was auf eine weite Zuständigkeit schließen läßt. In der Kremnitzer Münzprägeanstalt wurden zuerst Silbergroschen, bald aber die dann in ganz Europa beliebten »Kremnitzer Dukaten« oder »Ungarischen Floren« hergestellt. Wie die Fachleute für Bergbau und Münze aus deutsch-böhmischen Orten kamen, so übernahm man auch von dort das Stadt- und Bergrecht, und von Schemnitz strahlte es aus in eine weite Umgebung.

Die Beinamen der drei genannten oberungarischen Städte Kremnitz, Schemnitz und Neusohl verweisen auf die hohe Bedeutung des Bergbaus in ihrer Geschichte. Über die Anfänge existieren nur wenige und unsichere Nachrichten. Die Sage will wissen, daß erst der berühmte Klingsor, diesmal ein Chemiker am Hofe Andreas' II., die Rentabilität des Bergbaus in Oberungarn erkannt habe, dann mit dem Betrieb beauftragt wurde und nächst Göllnitz als seinen Herrschaftssitz die sogenannte Klingsor-Burg erbauen ließ. Laut einer Urkunde von 1217 hatte der Silberabbau in Schemnitz schon damals dem König nicht geringen Gewinn gebracht.[75] Um eine Intensivierung der Edelmetallförderung mag es dann bei der Berufung deutscher Fachkräfte nach Ungarn gegangen sein. Daß in der Gründungsurkunde von Neusohl 1255 in erster Linie von Ackerbau die Rede ist, obgleich es schon Bergwerke gab, will wohl nur besagen, daß Kupfer noch nicht so geschätzt war wie in späteren Zeiten, als es zum Hauptausfuhrartikel Ungarns wurde. Das Stadtrecht übernahm man in Schemnitz, Neusohl und Kremnitz aus deutschen Siedlungen in Böhmen, die ebenfalls im Bergbau eine Rolle spielten.

Östlich der Zips erfreute sich das schon vor dem Mongolensturm begründete und dann auch aus der Zips wieder besiedelte Kaschau nach erwiesener Treue im Kampf gegen den opponierenden Adel der Förderung der neuen Dynastie. Schon um 1320 war Bartfeld nahe den Pässen nach Polen als Handelsstadt entstanden und erhielt später Ofener Stadtrecht, während Preschau, halbwegs zwischen Kaschau und Bartfeld gelegen, unter Karl Robert zunächst mit Zipser Recht begabt wurde. In der westlichen Slowakei wird Sillein zum ersten Mal 1321 erwähnt, das zu seiner slawischen Bevölkerung deutsche Siedler aus Schlesien bekommen hatte. Das deutsche Stadtrecht beeinflußte durch Übersetzung auch das slowakische Recht. In Preßburg hat man ebenfalls um 1370 in deutscher Sprache ein Stadtbuch angelegt, das mit den Worten beginnt: »Daz ist der Stat Register, darynne all Sache und Gewandheit der Stat zu Prespurgk geschriben sol werden, alzo waz dy Stat Gwalt hat und waz die Stat schuldig ist und all Reyttung inngeschriben sol werden von Jar zu Jare und auch waz dy Stat Hantfest und Freytumb hat.«[76]

Alle diese deutschen Rechtsaufzeichnungen in Oberungarn, in der heutigen Slowakei, sind in jüngster Zeit Gegenstand von germanistisch-sprachwissenschaftlichen Untersuchungen, die ebenso wie die tradierten Rechtsvorschriften etwas über die Herkunft der Siedler aussagen.[77]

Sicherlich nicht zufällig werden auch die vielleicht schon in früherer Zeit angelegten Bergstädte im Siebenbürgischen Erzgebirge und in der Marmarosch nördlich von Siebenbürgen[78] erstmals in der Zeit Karl Roberts erwähnt, so vor allem dort Offenburg 1325, dem später der Bergort Schlatten folgte, hier Frauenbach-Neustadt und Mittelberg 1329. Die Bergbausiedlung Wieschau soll es schon im 12. Jahrhundert gegeben haben. Das angeblich 1291 durch Bergleute aus dem österreichischen Eisenwurzen begründete Eisenburg in Siebenbürgen kämpfte freilich schon 1323 um seine vom örtlichen ungarischen Adel angefochtenen Freiheiten und Rechte.[79] Rodenau, durch einen zweiten Mongolensturm 1285 schwer geschädigt, verlor hingegen gegenüber dem nun aufblühenden Bistritz im Nösnerland an Bedeutung. Sein noch von König Stephan V. genehmigtes Bergrecht hat sich charakteristischerweise nur durch Übernahme in das Silleiner Recht erhalten.[80]

Deutsches Wirken am Balkan und jenseits der Karpaten

Daß der Bergbau Gewinn brachte, war natürlich nicht nur eine ungarische Erfahrung in damaliger Zeit. In den Balkanländern haben »sächsische« Bergleute[81] ebenfalls ihre Spuren hinterlassen, auch sprachlich. In serbischen Bergwerksorten – sechs sind es insgesamt – tauchen laut Ausweis dalmatinischer Urkunden deutsche Namen auf, werden Bewohner oder Amtsträger, wie etwa ein Notar in Rudnik südlich von Belgrad, ein Comes in Brskovo in Montenegro, als Deutsche (Teotonici, Tedeschi) oder Sachsen (Sasi, Saxinouich) apostrophiert, liegt ein »Sachsenfluß« in der Nähe eines Bergwerkes; sogar tief im Süden auf dem nachmals durch die Türkenschlacht (von 1389) so berühmten Amselfeld weiß man von der 1326 erstmals erwähnten Stadt Novo Brdo, daß sie einst »Nyeuberghe« geheißen und eine »Sachsenkirche« (saska crkva) gehabt habe. Der deutsche Name des anscheinend recht stattlichen Ortes wird durch eine französische Reisebeschreibung von 1432 bezeugt.[82] Die als Bürger (purgari) bezeichneten Kolonisten hatten natürlich ihren eigenen deutschrechtlichen Gerichtshof, die »curia Theudonicorum«, und das Recht der freien Richterwahl. Möglicherweise waren sie aus der Zips und den nordungarischen Bergstädten ins Land gekommen und hatten ihre Rechtsgewohnheiten mitgebracht. Reich gewordene Gewerke ließen sich in Dubrovnik nieder und organisierten von dort den Handel mit den Bergbauprodukten.

Der Bergbau hatte in Serbien in der Mitte des 13. Jahrhunderts unter König Uroš I. (1242–1276) zugleich mit der Ausprägung erster serbischer Silbermünzen begonnen; im Gesetzbuch des Zaren Stefan Dušan des Großen (1331–1355) aus dem Jahre 1349 werden die im Lande tätigen »Sachsen« mit einem eigenen Artikel bedacht, eine Besitzgarantie einschließlich der Befugnis zur Rodung beziehungsweise zum Schlägern des für den Hüttenbetrieb notwendigen Holzes in den Wäldern, und der serbische Despot Stefan Lazarević (1389–1427) erließ 1412 ein erst seit kurzem entdecktes Bergrecht für Novo Brdo, dessen Fachausdrücke fast ausschließlich aus der deutschen Sprache stammen. Endgültig in der Türkenzeit dürften allerdings diese deutschen Bergwerkssiedlungen nach Erschöpfung der abbaufähigen Bestände erloschen sein. Vielleicht sind manche Siedler weitergezogen, nach Griechenland und auf die Agäischen Inseln, wie man meint; die meisten haben sich wohl der einheimischen Bevölkerung assimiliert, was sogar im Namensgut von Urkunden ablesbar ist. Daß noch bei der Eroberung von Konstantinopel durch die Türken 1453 Sprengmeister aus Novo Brdo (magistri fossores ex Novo Brdo) eingesetzt wurden, während auf der anderen Seite ein Deutscher (Alemanus) namens Jovan Gros als Mineur (un maestro minatore tedesco) die Kaiserstadt verteidigen half, sei noch als Kuriosum vermerkt.[83]

Die Ostgrenze des ungarischen Stephansreiches hatten deutsche Siedler wohl schon im Gefolge des Deutschen Ritterordens überschritten oder wenig später im Zusammenhang der dominikanischen Mission und der Begründung des Missionsbistums Milkow. Jedenfalls enthält ein Papstbrief aus dem Jahre 1234 an den ungarischen Thronfolger Béla IV. die Mahnung, sich jenseits der Karpaten um die Mission zu kümmern, weil durch den griechischen Ritus der Walachen die im Lande lebenden Deutschen (Theutonici) gefährdet seien.[84]

In der Walachei war Langenau ein deutscher Ort,[85] wo durch einen Grabstein von 1373 eine sicher viel ältere »Sachsenkirche« (Saxonicalis ecclesia) mit ihrem Pfarrer Johannes bezeugt ist, in der schon 1300 ein »comes Laurentius de Campo Longo« bestattet worden war. Sein Titel läßt auf Zusammenhänge mit Siebenbürgen und den dortigen »Gräfen« und Lokatoren als Siedlungsunternehmer schließen. Daß neben der Kirche ein kleines Dominikanerkloster bestand, hat sich in der Erinnerung erhalten und ist durch mancherlei Indizien gesichert.

Neamtz in der Moldau[86] verrät sich schon durch seinen Namen als deutsche Siedlung, auch wenn es eher unwahrscheinlich ist, daß deren Burg wegen der Entfernung vom Burzenland mit jenem »castrum munitissimum ultra montes nivium« identifiziert werden kann, das die deutschen Ritter jenseits der Karpaten, der Schneeberge, zum Ärger des ungarischen Königs erbaut hatten, wovon man im Rückblick auf die Vertreibung der Ritter aus Papstschreiben von 1225 und von 1231 bis 1234 erfährt.[87] Selbst die namengebende Hauptstadt der Moldau, das später wegen seiner Edelmetallminen berühmte Moldenmarkt oder Molde, wird mit Hinweis auf eine lateinische Inschrift von 1209 als deutsche Gründung noch vor dem Mongolensturm reklamiert. In anderen Orten weisen die Existenz von katholischen Klöstern mitten im orthodoxen Kirchengebiet, aber auch ganz präzise Nachrichten über Handelsbeziehungen mit siebenbürgischen oder galizischen Städten auf eine deutsche Bevölkerung seit spätestens dem 14. Jahrhundert. Als erster deutscher Kaufmann aus der Moldau taucht 1382 in Lemberger Stadtbüchern im polnischen Galizien ein Johann Zimmermann aus Sereth auf, offenbar Fellhändler. Wenn die Quellen die städtischen Amtsträger als Schultheiß (şoltuz) oder Vogt (voit) bezeichnen, so erkennt man deutschen Einfluß, und der an der Spitze des Bürgerschaftsrates stehende »Großbürger« (pârgar mare) erinnert, wenn man »groß« besser mit »alt« übersetzt, an die Verfassung siebenbürgischer Korporationen in Stadt und Dorf, wo der Altknecht oder der Altgeselle an der Spitze der betreffenden Vereinigung stand.

Sowohl die Moldau als auch die Walachei hatten sich in der Mitte des 14. Jahrhunderts endgültig als selbständige Fürstentümer unter eigenen Woiwoden von der ungarischen Oberhoheit gelöst. Es begann in der Walachei 1330 unter Basarab von Argeş (1310–1352), dem Ahnherrn der walachischen Fürstenfamilie von freilich zweifelhaft walachischer Herkunft, nach der siegreichen Abwehr eines kriegerischen Einfalls, den König Karl Robert höchstpersönlich kommandiert hatte und der in einem auch von der Ungarischen Bilderchronik nicht verschwiegenen Debakel endete. Die Moldau folgte ein Menschenalter später, 1359, mit der Machtergreifung eines vor dem Ungarnkönig aus der Marmarosch entflohenen rumänischen Woiwoden namens Bogdan (1359 bis 1365). Beide rumänischen Fürsten wählten deutsche Städte zu ihren Residenzen, Basarab Langenau, Bogdan Molde. Spätere moldauische und walachische Woiwoden haben den Handel siebenbürgischer Kaufleute in ihren Landen auch zum wohlverstandenen eigenen Nutzen gefördert, beginnend schon 1368 durch ein Privileg des walachischen Vlaicu I. (1364–1377), Basarabs Enkel, für das aufstrebende Kronstadt im Burzenland, und am Vorabend der Türkenzeit noch übertroffen durch Mircea den Alten (1386–1418), Vlaicus Enkel, und den Moldauer Fürsten Alexander dem Guten (1400 bis 1432). Sie bilden nebst der Protektion der ungarischen Könige und natürlich nebst dem Gewerbefleiß der eigenen Bürger die feste Basis für die Prosperität der auf den Handel über die Karpaten angewiesenen Städte der Siebenbürger Sachsen.

Die deutschen Siedlungen in den rümänischen Fürstentümern haben allerdings nicht überleben können. Zuletzt erfährt man von ihnen in der Mitte des 18. Jahrhunderts aus dem Bericht eines katholischen Missionars, daß diese »Sassi« nur mehr die walachische Sprache verstünden (solam Valachicam loquuntur).

Glanz und Krise im Spätmittelalter

Während der Regierung des zweiten Ungarnkönigs aus der Anjoudynastie, des mit Recht »der Große« zubenannten Ludwig I. (1342–1382), erreichte Ungarn eine Blütezeit.[88] Wenn es dem König auch trotz eines langen Krieges nicht gelang, sein süditalienisches Heimatland Neapel der eigenen Herrschaft zu unterwerfen und die Adria gegen venezianische Widerstände quasi zu einem Binnenmeer seines Reiches zu machen, gegen Ende seiner Regierung vereinigte er mit den Königskronen von Ungarn und Kroatien nach dem Aussterben der polnischen Piasten auch das von seiner Mutter ererbte Polen zu einem Großreich in Ostmitteleuropa. Bei aller heutigen Reserve gegen derlei übergroße und daher schwer regierbare politische Gebilde, der damalige Kaufmann wußte diese Situation wohl zu schätzen, und dem Handel kam sie zugute.

So hat Ludwig beispielsweise die siebenbürgischen Kaufleute 1365 und 1367 von der Pflicht befreit, ihre Waren in Ofen umzuschlagen,[89] und ihnen dadurch den freien Handel quer durch sein ganzes Reich und über dessen Grenzen hinaus ermöglicht. Bis nach Rußland und Konstantinopel einerseits und bis Flandern andererseits ist damals Kronstädter Handel bezeugt. Die Stadt lag ja auch günstig vor wichtigen Pässen über die Karpaten. Die Handwerker der siebenbürgisch-sächsischen Städte erhielten 1376 eine neue Zunftordnung;[90] Hermannstadt zählte damals 25 Gewerbe, die in 19 Zünften zusammengeschlossen waren, nicht viel weniger als das damalige Köln. Hinsichtlich ihrer Ausdehnung war die Stadt fast so groß (»nit vil kleiner«) wie damals Wien.[91] In Klausenburg, wo die »hospites Saxones« 1316 privilegiert worden waren,[92] wurde 1373 von den – laut ihrer Selbstbezeichnung – gewiß deutschen Meistern Martin und Georg »de Clussenberch«[93] auf Bestellung das berühmte Reiterstandbild des heiligen Georg gegossen, das heute vor dem Veitsdom am Prager Hradschin steht, das erste vollplastische Gußdenkmal nördlich der Alpen. Den Domplatz von Wardein schmückten sie 1390 mit den Statuen der heiligen Ungarnkönige, insbesondere mit dem heute verlorenen Reiterbild des dort begrabenen Ungarnkönigs Ladislaus I. In Kronstadt begann man 1383 mit dem Bau der Stadtpfarrkirche, die später als »Schwarze Kirche« berühmt wurde und der östlichste gotische Dom im deutschen Sprachraum ist. Bereits vorher war die gotische Stadtpfarrkirche in Hermannstadt im Bau.[94] All dies sind gewiß Zeichen großer Prosperität!

Schon 1347, bald nach seinem Regierungsantritt, hatte Ludwig nochmals den Zipser Freibrief von 1271 bestätigt, und im Jahr darauf war auch die Gründung eines eigenen Zipser Bistums geplant worden, das dann allerdings erst im 18. Jahrhundert und unter ganz anderen Bedingungen zustande kam und keineswegs mehr die kirchliche Autonomie des deutschen Siedlungsgebietes unterstrich. Als der König 1366 nach Siebenbürgen kam, bestätigte er nach dem Vorbild seines Vaters auch den Andreanischen Freibrief.[95] Dies geschah auf Intervention des zum königlichen Generalvikar der sächsischen Stühle Siebenbürgens, also sozusagen zum »Sachsengrafen« ernannten Bischofs Wilhelm von Fünfkirchen (1360–1374), der zugleich als königlicher Kanzler und

Vorsteher der königlichen Kapelle eine große Rolle in der Umgebung des Herrschers spielte. Der aus Bergzabern in der Rheinpfalz stammende Kleriker wurde 1367 auch der Gründer der Fünfkirchener Universität,[96] der ersten Hochschule Ungarns, welche die Landeskinder vom Besuch der älteren westeuropäischen Universitäten, insbesondere von Prag und Wien, abhalten sollte.

Einer der ersten Professoren der Fünfkirchener Universität war tatsächlich ein Siebenbürger, der Hermannstädter Propst Paul, Doktor des kanonischen Rechts. Freilich ist die Universität nicht recht zur Blüte gelangt und schon Ende des Jahrhunderts zugunsten einer neuen, ebenfalls nicht allzu lange bestehenden Universität in Ofen aufgelöst beziehungsweise dorthin verlegt worden. An die neue Universität berief man Professoren aus dem deutschen Westen, wie zum Beispiel 1396 aus Wien jenen Magister Johannes Fabri aus Horb[97] in Schwaben. Andererseits findet man in Wien schon in der Frühzeit der 1365 begründeten Hohen Schule Studenten und Promovenden, Magister und Doktoren selbst aus dem entfernten Siebenbürgen, wo seit den dreißiger Jahren des 14. Jahrhunderts in sächsischen Orten urkundlich Schulen bezeugt sind,[98] welche die nötigen Voraussetzungen zum Studium auch außerhalb von Klostermauern schaffen konnten. Ein 1377 in Wien immatrikulierter Leo aus Großscheuern bei Hermannstadt, der es dann wohl nicht ohne Protektion zum Domherrn in Weißenburg brachte († vor 1402), stammte freilich aus vornehmer sächsischer Gräfenfamilie; er war der jüngere Bruder[99] des damaligen Weißenburger Bischofs Goblin (1376–1386), des einzigen Siebenbürger Sachsen, der zu solch hoher kirchlicher Würde gelangte.

Die Wiener Universität erfreute sich bei den Deutschen im Stephansreich schon deswegen großer Beliebtheit, weil sie die nächstgelegene im Deutschen Reich war. Sie profitierte dann im 15. Jahrhundert vom Niedergang der Prager Universität infolge des Hussitismus und konkurrierte allenfalls in Oberungarn mit der nähergelegenen Krakauer Universität. Schon 1386 wurden Siebenbürger Sachsen in Wien promoviert, 1445 findet man einen Heltauer im Vorlesungsverzeichnis, und 1473 war ein Kronstädter Rektor. Ebenso wie aus dem fernen Siebenbürgen kamen Wiener Studenten natürlich aus den westungarischen Städten und deren deutschem Bürgertum von Ödenburg und Preßburg bis Ofen und Pest. In der Folge gewann der Besuch deutscher Universitäten für das Südostdeutschtum auch in nationaler Hinsicht Bedeutung, vermittelte er doch für eine bildungswillige Führungsschicht Kontakte nicht nur mit der internationalen Wissenschaft, sondern ebenso mit deutschen Landen und deutscher Kultur.

Bei den vielfachen Beziehungen, die der Ungarnkönig Ludwig der Große nach Westeuropa unterhielt, ist es kaum verwunderlich, daß mit dem römisch-deutschen König und Kaiser Karl IV. (1346–1378) 1372 ein Ehevertrag geschlossen wurde, der nach Ludwigs Tod seinen luxemburgischen Schwiegersohn Sigismund, Kurfürst und Markgraf von Brandenburg, an der Seite der ungarischen Erbprinzessin Maria († 1395) zum ungarischen König aufsteigen ließ.[100] Sigismund ist 1411 auch deutscher König geworden, erlangte 1433 in Rom die Kaiserkrone und konnte sich nach den blutigen Hussitenkriegen endlich auch in seinem väterlichen Erbe in Böhmen durchsetzen. Mit seinem Namen ist kirchenhistorisch die Veranstaltung der großen Reformkonzile in Kon-

Kaiser Karls IV. Sohn Sigismund (1396–1437) aus dem Hause Luxemburg, Markgraf und Kurfürst von Brandenburg, wurde durch seine Ehe mit Maria, der Erbtochter des Ungarnkönigs Ludwig des Großen aus angiovinischer Dynastie, 1387 König von Ungarn. Nach seiner Wahl auch zum deutschen König 1411 und nach der römischen Kaiserkrönung 1433 war ein riesiges Reich unter seiner Herrschaft vereint. Die deutschen Siedlungen in Ungarn erfreuten sich seiner besonderen Förderung. In Großwardein ließ sich der 1437 in Znaim verstorbene Kaiser bestatten. Das Porträt wird Pisanello zugeschrieben.

Der seit dem frühen 15. Jahrhundert als Symbol des Deutschen Reiches gebrauchte Doppeladler stammt von Kaiser Sigismund, der während des von ihm veranstalteten Konstanzer Konzils 1417 den Auftrag zur Herstellung eines neuen, seine Herrschaft symbolisierenden Siegelstempels mit den Worten gegeben hat: »imperialis aquila habens duo capita« (ein kaiserlicher Adler, zwei Köpfe habend). Dieser Adler schmückte dann die Rückseite seiner Wachssiegel.

stanz (1414–1418) und Basel (1431–1448) verbunden; und für das geplante Unionskonzil mit den orthodoxen Griechen hat Sigismund 1436 seine von ihm mit einem prächtigen Palast ausgestattete ungarische Hauptstadt Ofen vorgeschlagen, ohne sich allerdings gegen die italienischen Einladungen nach Ferrara und Florenz durchsetzen zu können. Die lange Regierungszeit des Herrschers macht freilich auch deutlich, daß er durch die vielen Aufgaben in einem allzuweiten Herrschaftsgebiet einfach überfordert war. Der unter ihm als kaiserliches Herrschaftszeichen aufgekommene Doppeladler symbolisiert das, so majestätisch er auch nach Ost und West in die Ferne blickt. Man braucht nur daran zu denken, daß am Anfang die vernichtende Niederlage des von Sigismund geführten Kreuzfahrerheeres bei Nikopolis gegen die Türken 1396 stand[101] und seit damals türkische Heer nicht nur die ungarischen Grenzen bedrohten, sondern sie oft auch plündernd überschritten.

Besonders oft wurde die ungarische Grenze in Siebenbürgen überschritten.[102] Zur Organisation der Abwehr war Sigismund mehrmals im Lande, und 1426/1427 hat er in Kronstadt residiert, vom äußersten Osten seine Reiche regierend. Damals wurde ein neues Militärreglement erlassen, und aus Marienburg am Alt, dem ehemaligen Hauptort des Deutschen Ritterordens, erging die Einladung an den Hochmeister nach Preußen, sich doch wieder der ungarischen Grenzverteidigung zur Verfügung zu stellen. Statt Siebenbürgen wurde den Rittern 1429 das Severiner Banat überlassen, aber schon 1432 fegte ein Türkeneinfall die noch kaum ausgebaute Verteidigung hinweg, und 1437 kehrten die letzten Ritter nach Preußen zurück. Wiederum war der Aufenthalt des Ordens in Ungarn nur Episode geblieben, wiederum sehr zum Schaden des Landes.[103]

Von König Sigismund sind eine Vielzahl von Urkunden für die deutschen Siedlungen in Siebenbürgen erhalten, abgesehen von der gar zweimaligen Bestätigung des Andreanischen Freibriefes[104] in den Jahren 1387 und 1406 und von dessen Ausdehnung auf das Burzenland 1422. Man hat nicht ohne Grund vermutet, daß der aus dem Deutschen Reich nach Ungarn verpflanzte Herrscher eine gewisse Zuneigung zu den Deutschen im Lande empfunden hat und insbesondere ihre Städte aus wohlverstandenem eigenen Interesse fördern wollte.

Dieser Eindruck wird aber stark relativiert, wenn man sein Verhalten gegenüber den Zipser Sachsen ins Auge faßt. An der Bewahrung Siebenbürgens für die Ungarische Krone war Sigismund offensichtlich mehr interessiert als an der Zips, die freilich auch nicht durch einen unchristlichen Feind bedroht war wie das Land im Karpatenbogen. Jedenfalls hat der stets unter Geldmangel leidende König 1412 nicht weniger als vierzehn Orte der nördlichen Zips, und es waren natürlich die reichsten, samt den Städten Pudlein und Lublau an der Popper sowie sogar Kirchdrauf, das kirchliche Zentrum der Zips, für mehr als zwei Millionen (37 000 Schock) Silbergroschen an seinen Schwager, den Polenkönig Wladislaw Jagiello (1386–1434) verpfändet, eine Summe, die weder er selbst noch seine Nachfolger am ungarischen Thron je einlösen konnten, so daß jenes Gebiet und noch drei weitere, später verpfändete Städte bis zur Aufteilung Polens im 18. Jahrhundert unter polnischer Hoheit blieben und nur knapp ein Drittel der Zips weiterhin ungarisch war.

Derlei Verpfändungen[105] selbst an auswärtige Fürsten waren allerdings in der damaligen politischen Welt und bei Sigismund keine Ausnahme. Dieser hatte beispielsweise schon 1411 die reichen nordostungarischen Bergbauorte Frauenbach und Mittelberg in der Marmarosch samt der uralten deutschen Gastsiedlung Sathmar dem serbischen Despoten Stephan Lazarević (1389–1427) gegen gutes Geld überlassen. Weder hier noch in der Zips konnte und sollte das eine Grenzverschiebung bedeuten. So hat auch der Serbe Stephan seinen Amtmann angewiesen, in den ihm verpfändeten Orten nach den dort gültigen Rechtsgewohnheiten zu verfahren.

Schwerer wirkte sich die Verpfändung in der Zips aus.[106] Zwar blieb auch dort deutsches Recht gültig, und die Kontakte zwischen den ungarischen und polnischen Städten brachen nicht ab, aber ihre politische Gemeinschaft war doch zerstört, und es gab in der Folge auch jede Menge kleinlicher Grenzkonflikte; letztlich mußte man sich nach jeweils anderen Richtungen orientieren.

Nicht allzu weit von Leutschau, dem ehemaligen Sitz des bald nach Käsmark übersiedelnden Zipser Grafen, residierte der polnische Starost in Lublau, einer noch von König Ludwig dem Großen 1342 mit Kaschauer Recht bewidmeten Stadt, und hatte seine polnischen Amtshelfer ins Land mitgebracht. Die wohl schon vor dem Mongolensturm deutschrechtlich begründete und ebenfalls durch König Ludwig 1343 mit Freiheiten ausgestattete Stadt Pudlein büßte dicht an der Grenze viel von ihrer Bedeutung ein. Umgekehrt hatten Käsmark und andere nordungarische Städte am Karpatenhang seit 1404 das Befestigungsrecht erhalten, das nun plötzlich wichtiger erschien, als man noch vor kurzem geahnt hatte. Insgesamt ging es aber den an Polen verpfändeten Orten besser als den ungarisch gebliebenen, die ihre alte Freiheit nicht bewahren konnten, sondern allmählich in die Untertänigkeit des Zipser Burgherrn gerieten, so auch Donnersmarkt, das nach 1412 Hauptort der in Ungarn verbliebenen Städte geworden war. Amt und Würde eines Zipser Sachsengrafen erloschen bald nach der Mitte des 15. Jahrhunderts.

Ein neues Unheil hatte indessen die oberungarischen Städte ereilt. Es kam aus dem Westen. Die ganze Slowakei wurde 1428 und nochmals 1433 durch verheerende Hussiteneinfälle aus dem benachbarten Böhmen schwer geschädigt. Käsmark und Kremnitz wurden trotz ihrer Mauern ausgeplündert und niedergebrannt. Anderen Städten erging es nicht besser, so daß König Sigismund neue Privilegien zum Wiederaufbau gewähren mußte. Selbst die Zipser Burg fiel 1443 durch Verrat in die Hand der Hussiten und gehörte dann mehr als ein Jahrzehnt einem tschechischen Hauptmann, mit dem die ungarischen Herrscher ihren Frieden hatten machen müssen.

Eigentlich war Sigismund ein besonderer Förderer der Städte[107] und ihres Handels. Mit der Verleihung des Stapelrechts an einige an Ungarns Grenzen liegende Städte, wie Ödenburg, Preßburg, Leutschau, Bartfeld und andere, hatte er 1402 den dortigen Kaufleuten gegen ausländische Konkurrenz helfen wollen. Doch dadurch fühlte sich beispielsweise Ofen in seinen alten Rechten geschädigt, und so trat anstelle der Sonderprivilegien das nach Anhörung von Städtevertretern 1405 erlassene Städtedekret, das nun Ein- und Ausfuhr, Abgaben und Rechtsschutz generell regelte und das

Ein besonderes Kennzeichen der deutschen Siedlungsgebiete in Südsiebenbürgen sind die Kirchenburgen. Contemplatio nicht weniger als tätiger Einsatz formten ihre überzeitliche Gestalt, in deren Angesicht es leichter fallen mochte, den zuweilen dramatischen Lauf der Dinge auf die bleibenden Erscheinungen von »langer Dauer« zurückzuführen. Die Türkeneinfälle in Siebenbürgen seit 1395 haben die Erbauung dieser Wehrkirchen veranlaßt. Über 300 soll es in den sächsischen Dörfern gegeben haben, etwa 180 existieren noch heute ganz – wie die hier abgebildete Kirchenburg in Reußmarkt – oder in Resten.

Im Innern der Kirchenburg von Honigberg fällt es nicht schwer, sich vorzustellen, was sich abgespielt haben mag, wenn Gefahr drohte und die Bewohner des umliegenden Landes sich mit Sack und Pack in den Schutz dieser Anlage zurückzogen. Nur wenige blieben draußen und versteckten sich mit dem Vieh in den Wäldern.

Ofener Stapelrecht für ungarländische Kaufleute aufhob.[108] Auch »hospites« werden in jenem Dekret genannt, doch handelt es sich nicht mehr nur um die deutschen Siedler der arpadischen Kolonisationszeit.

Nachdem sich unter den Anjou vor allem italienische Kaufleute und Bankiers in Ungarn engagiert hatten, drang um die Wende vom 14. zum 15. Jahrhundert erstmals deutsches Kapital in ungarische Städte ein, und es profitierte der binnendeutsche Kaufmann vom Kontakt mit der deutschsprachigen Bevölkerung ungarländischer Städte. Vor allem Nürnberger wären zu nennen.[109]

Einer von ihnen namens Marcus, 1395 Graf der Kaschauer Münzkammer, 1399 in Ofen bezeugt, wurde gar nur »der Nürnberger« genannt. Er war anscheinend auch am Städtedekret von 1405 beteiligt und für dessen Formulierungen mitverantwortlich. Ein ungarländisches Mitglied seines Konsortiums, Johann Siebenlinder († 1439), besaß in der Ofener Deutschenstraße ein großes Haus, war Ofener Burgvogt und sonst in hohen Positionen von Stadt und Land tätig, vor allem als finanzpolitischer Berater des Königshofes. Ihm wird eine damals entstandene Umarbeitung des alten Ofener Stadtrechtes zugeschrieben.

Sigismund ist im Dezember 1437 in Znaim in Mähren gestorben, nachdem er erst im Vorjahr nach Überwindung der Hussiten in seinen böhmisch-mährischen Erblanden die Huldigung als König erlangt hatte. In Wardein vor den Toren Siebenbürgens ließ er sich neben seiner früh verstorbenen ersten Gattin, der angiovinischen Prinzessin Maria, bestatten, die sich aus Verehrung für den heiliggesprochenen Ungarnkönig Ladislaus I. hier ihr Grab hatte bereiten lassen. In den Türkenkriegen sind alle diese Grabstätten verschwunden. Gerade auch vor dem Hintergrund der wachsenden türkischen Bedrohung Ungarns ist Sigismund gewiß nicht der schlechteste König des alten Stephansreiches gewesen.

Knapp vor des Kaisers Tod hatten im September 1437 die drei siebenbürgischen Landstände, die Sachsen, die Szekler und der landsässige ungarische Adel, eine »brüderliche Einigung« (unio fraterna) zu gegenseitiger Hilfe und Unterstützung geschlossen.[110] Dies geschah im Hinblick auf die Türkeneinfälle und einen schon im Frühjahr 1437 im nordwestsiebenbürgischen Szomes-Gebiet ausgebrochenen Bauernaufstand hauptsächlich unter der rumänischen Bevölkerung, an dem aber auch Ungarn und Sachsen und neben ländlichen Hörigen auch Städter beteiligt waren. Einer der Hauptleute war der Klausenburger Notar und Magister Johann Bulkescher,[111] der aus einem untertänigen Sachsendorf stammte, es aber längst zum Klausenburger Bürger gebracht und gar die Universität absolviert hatte. Man vermutet wohl zu Recht Beeinflußung der Aufständischen durch hussitische Emissäre, um derentwillen 1435 auch ein päpstlicher Inquisitor ins Land gekommen war. Nach der blutigen Niederschlagung der Unruhen und der Hinrichtung der Rädelsführer im Februar 1438, der sich Bulkescher aber durch Flucht entziehen konnte, bezweckte die sogleich wieder und dann periodisch erneuerte Union der drei herrschenden Stände Siebenbürgens vor allem die gerechte Verteilung der zur Befriedung des Landes und zu dessen Verteidigung nötigen Geldmittel. Aus ihr ist die siebenbürgische Landesverfassung erwachsen, die eben auf dem

Zusammenwirken der »drei Nationen« beruhte,[112] wie man seit Anfang des 15. Jahrhunderts sagte.

Nur marginal zur Geschichte des Südostdeutschtums gehört, daß die hussitische Beeinflußung Ungarns eine Evangelienübersetzung ins Ungarische durch zwei in Syrmien tätige Pfarrer, wohl ehemalige Prager Studenten, veranlaßt hatte, ein hochwichtiges Frühwerk der ungarischen Sprache, von dem eine 1466 fertiggestellte Abschrift in einem wertvollen Münchner Codex erhalten ist. Der Schreiber nennt sich am Ende Németi György, Sohn eines Emre Hensel, und war laut seinem Vaternamen und dem dem eigenen Vornamen Georg beigegeben Attribut Németi (= deutsch) ein Deutscher. Wenn er weiters von sich mitteilt, daß er in der moldauischen Stadt Tatros gearbeitet habe, darf man annehmen, daß Anhänger der hussitischen Reformbewegung jenseits der Karpaten in der Moldau bei dort siedelnden Deutschen und Ungarn Zuflucht gefunden hatten.[113]

Bei einem verheerenden Türkeneinfall im Jahr 1438 ist nach kurzer Belagerung das siebenbürgische Mühlbach erobert und mit den Bewohnern auch ein junger Schüler in türkische Gefangenschaft geraten. Erst nach zwanzig Jahren und manchen gescheiterten Fluchtversuchen erlangte er die Freiheit, begab sich nach Rom und schrieb dort 1480 angesichts der Bedrohung Italiens durch die türkische Landung in Otranto als Dominikanermönch einen lateinischen Traktat über die Türken, ihre Sitten und Gebräuche (»Tractatus de moribus, condicionibus et nequicia Turcorum«), der zu den ersten Werken gehört, die das Abendland über den Feind aus dem Südosten informierten. Als die Türken 1529 bedrohlich vor Wien standen, hat niemand geringerer als Martin Luther eine deutsche Übersetzung veranlaßt und zur Warnung in Nürnberg drucken lassen.

Erst Forschungen des 20. Jahrhunderts haben den »unbekannten Mühlbächer«, den »Anonymus Septemcastrensis«, als »frater Georgius de Hungaria« enttarnt († 1502). Er selbst verrät in der Vorrede seines Büchleins, vor der lebendigen Schilderung der Eroberung von Mühlbach durch die Türken, von sich nur wenig: »Zu dieser zeyt bin ich gewesen ein Junger vmb funffzehen odder 16. jahr / von dieser prouintz bürtig / Der ich vor einem jar von der stat meiner gebůrt hinweck zogen war / vnd studirung halb jn ein Stätlin auff Vngrisch Schebesch / auf Teutsch Mülenbach / mich thon hett / welche Stadt dazumal gnugsam volckreich / aber nit also fast wol bewaret was.« Während Luther bloß von einem »Sibenbürger« sprach und ihn für seine Leser als gelehrten Magister aufwertet, entdeckte man in Siebenbürgen wenig später seinen Heimatort Rumes bei Broos im äußersten Westen des deutschen Siedlungsgebietes, nicht allzu weit von der Schulstadt Mühlbach entfernt, wohin sich also damals die lernwillige Jugend aus den umliegenden Dörfern begab. Später ließ die Volkssage den von ihr auch mit einem deutschen Namen versehenen Anonymus am Ende seiner Tage in die Heimat zurückkehren und als frommen Einsiedler in der Nähe von Rumes sterben. Die Nürnberger Übersetzung seines Werkes ersetzt natürlich nicht die heimische Mundart des Autors, die man bei seiner Berichterstattung allzu gerne hören möchte, doch hat der »Captivus« selbst bekannt, »das ich meiner můter zungen vergessen het«.[114]

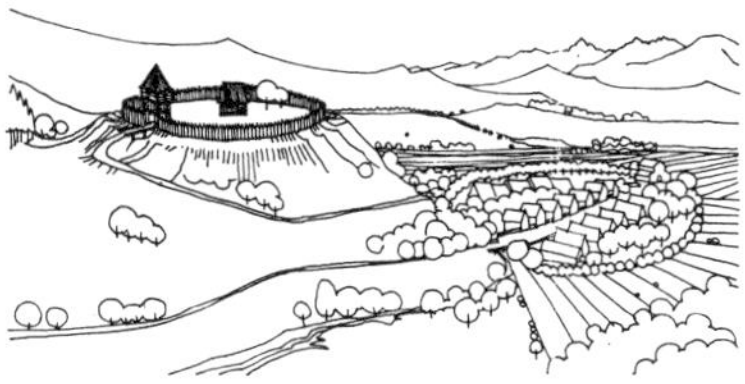

Burg mit Holz-Erde-Befestigung auf einer Anhöhe in der Nähe des Dorfes (12.–13. Jahrhundert)

Bauernburg mit Befestigungen des 15. und vom Beginn des 16. Jahrhunderts

Wehranlagen einer Höhenburg aus dem 16. Jahrhundert

Romanische Basilika mit Westturm und gemauertem Bering (2. Hälfte 13. Jahrhundert)

Kirchenburg mit stark befestigtem ovalen Bering (14.–15. Jahrhundert)

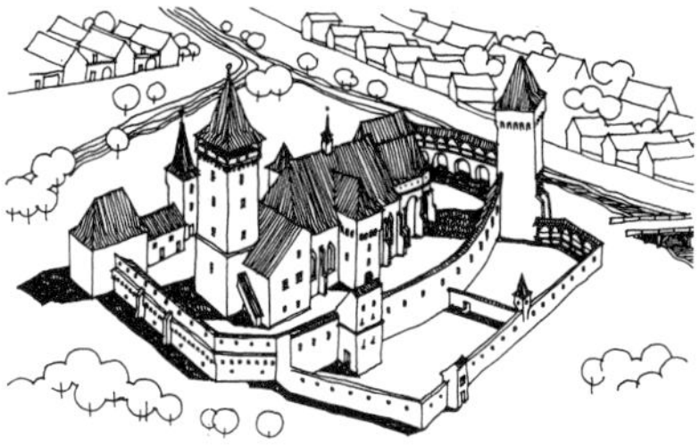

Kirchenburg mit komplexen Wehranlagen vom Ende des 15. und aus dem 16. Jahrhundert

Steinerner Turm mit Palisade und Graben (Motte)

Steinerner Turm, an den Kirchenschiff und Chor angebaut wurden (14. Jahrhundert)

Kirchenburg mit überhöhtem Chor und Torturm (15. Jahrhundert)

Kirchenburg mit turmloser Kirche und viereckigem Bering (1. Hälfte 16. Jahrhundert)

Entwicklung der Kirchenburgen vom 12. bis 16. Jahrhundert, zusammengestellt von Hermann Fabini.

Der dauernden Türkenbedrohung verdanken auch die Kirchenburgen ihre Entstehung, die in Siebenbürgen wie nirgendwo sonst in Europa fast jedem deutschen Dorf ein Denkmal des Wehrwillens und der Gefährdung gegeben haben. Rund 300 soll es ehemals gegeben haben, etwa 180 kann man noch heute finden; sie sind eine touristische Attraktion. Die Dorfkirche wurde manchmal sogar mit mehreren Mauern umgeben, in denen sich nicht nur Wehrgänge, Schießscharten und Pechnasen befanden, sondern auch Wohn- und Vorratskammern für jede Familie, damit sie eine Belagerung überdauern konnten. Nahte der Feind, gab man das Dorf preis, flüchtete sich mit dem Kleinvieh und der nötigsten Habe in die Kirchenburg und hielt nur das Großvieh unter der Hut tapferer Hirten in nahen Wäldern versteckt. Für gewöhnlich begnügte sich der Feind mit der Plünderung des Ortes und hielt sich mit der Belagerung der Burg nicht lange auf. Manche Kirchenburg hat gleichwohl kapitulieren müssen und wurde erobert. Datieren läßt sich der Beginn des Baus von siebenbürgischen Dorfbefestigungen durch ein Mandat König Sigismunds für Marienburg im Burzenland[115] auf 1420, obzwar es nach diesem durch einen verheerenden Türkeneinfall berüchtigten Jahr schwerlich eines obrigkeitlichen Befehls zur Selbstverteidigung bedurft hat. Allererste Ortsbefestigungen dürfte es auch schon nach dem Mongoleneinfall im 13. Jahrhundert gegeben haben.

Die größte unter den siebenbürgischen Kirchenburgen steht im Burzenland, in Tartlau, vor dem Kumanenpaß und birgt hinter ihren aus König Sigismunds Zeiten stammenden Mauerring und Vorwerken eine schon unter der Herrschaft des Deutschen Ritterordens erbaute Kreuzkirche im romanisch-frühgotischen Übergangsstil. Rund zwanzigmal überdauerten im Laufe der Zeit die Burg und die in ihren Schutz geflohenen Dorfbewohner die Einäscherung ihres Ortes durch Feinde.

König Sigismund hatte angesichts der Gefährdung Ungarns durch auswärtige Feinde nicht nur Dörfern, sondern selbstverständlich auch Städten das Befestigungsrecht verliehen. Unter den siebenbürgischen Städten rangiert mit einem Privileg schon aus dem ersten Regierungsjahr des Königs, 1387, die Stadt Mühlbach,[116] deren Mauern dann freilich ein halbes Jahrhundert später doch nichts gegen die Türken ausgerichtet haben. Wie hätte auch eine einzige Stadt an der Grenze in ihrer Verlassenheit leisten können, worin ein ganzes Königreich versagte?

Im Deutschen Reich wie auch in Ungarn wurde Sigismunds Nachfolger 1438 sein habsburgischer Schwiegersohn Albrecht V. von Österreich, der freilich schon nach nicht einmal zwei Regierungsjahren im Oktober 1439 einer Krankheit erlag, die er sich im Türkenkrieg zugezogen hatte. In der ungarischen Krönungsstadt Stuhlweißenburg wurde er bestattet. Um die ungarische Krone aber entbrannte ein Streit, der auch für die deutsche und südostdeutsche Kulturgeschichte im wahrsten Sinne des Wortes merkwürdig war. Während ein Teil der ungarischen Magnaten 1440 den Polenkönig Wladislaw Jagiello (1434–1444) ins Land rief, weil sie sich von ihm mit Recht bei der Bekämpfung der Türken mehr erwarteten als von Albrechts luxemburgischer Witwe Elisabeth († 1442), ließ diese aus der Plintenburg am Donauknie die dort verwahrte und jedem Zugriff entzogene Stephanskrone wortwörtlich stehlen, um mit ihr das Königtum ihrem noch ungeborenen Sohn Ladislaus Postumus (1440–1457) zu sichern. Die mit dem Coup beauftragte Hofdame Helene Kottanner, geborene Wolfram († nach 1470), eine Ödenburgerin, schrieb später darüber in Wien »die ältesten Frauenmemoiren der deutschen Literaturgeschichte«. Der schlesische Schriftsteller Gustav Freytag († 1895) hat sie schon vor mehr als hundert Jahren in seine »Bilder aus der deutschen Vergangenheit« eingeordnet, die einst wohl zur selbstverständlichen Pflichtlektüre jedes gebildeten Deutschen schon in der Jugend gehörten; ein ungarischer Historiker lieferte in unseren Tagen (1971) die jüngste und jetzt endgültige Edition aus dem in Wien verwahrten Autograph.[117] Mit Spannung liest man sowohl von den Ängsten der Autorin während jenes nächtlichen Unternehmens wie auch die älteste Schilderung einer ungarischen Königskrönung. »... vnd berieten sich, wie man ainen sin mocht vinden, daz man die Heilig Kran von der Plintenpurg mocht aus bringen. Do kam mein gnedig fraw an mich, daz ich das tůen solt, wann die gelegenhait nymant also wol wesset als ich, dem Si dar zu vertrawn mocht, vnd das erkam ich hart, ... vnd gedacht hin vnd her, was ich dar Inn tůen solt vnd west auch nÿmantz Rats ze fragen Dann got allain vnd gedacht, ob ich das nicht têt, gieng Dann icht ŭbel dar aus, so wêr die schuld mein gegen got vnd gegen der welt ...« Man sollte weiterlesen, wie die zum Brechen der Schlösser nötigen Feilen in die Plintenburg geschmuggelt wurden und wie die Kottannerin Kerzen für die Nacht erbat, weil sie »vil zu petten« hätte und wie der allmächtige Gott die Ohren aller verstopfte, daß keiner den Lärm hörte, als die Schlösser erbrochen wurden und wie alles den Helfern der tapferen Hofdame gelang, während sie noch um das gute Gelingen im Vorraum der Schatzkammer betete und »der tewfel ... die sach gern« verhindert hätte, wie man an manchen unheimlichen Geräuschen in der Burg merken konnte. Man sollte die Kottannerin dann in die Krönungsstadt Stuhlweißenburg begleiten, wo sie zu Pfingsten 1440 während der langen Krönungszeremonien den eben drei Monate alten Ladislaus Postumus ununterbrochen in ihren Armen getragen hat, während der untersteirische Graf Ulrich von Cilli († 1456) bei der feierlichen Zeremonie und der damit verbundenen Prozession die Krone über den Kopf des Kindes hielt, »Darumb daz es yederman sech, daz es die Heilig Kron was, die dem heilig Kung sand Steffan vnd andern Kungen zu Vngeren ist auf geseczt Warden«. Die deutsche Bürgerstochter aus Ödenburg und Wahlwienerin wußte etwas von der rechtlichen Relevanz und historischen Bedeutung der ungarischen Königskrone und glaubte gern an die faszinierende Geschichte von ihrer Entstehung in den Tagen des Reichsgründers Stephan.

Nach dem Tod Wladislaws in der Türkenschlacht bei Varna in Bulgarien und nach dem frühen Hinscheiden auch des Ladislaus blieb die Stephanskrone ein Streitobjekt zwischen den Habsburgern und dem von den Ungarn zum König gewählten Matthias Corvinus, dem Sohn ihres früheren, für Ladislaus regierenden Reichsverwesers Johann Hunyadi (1446–1456), der aus Siebenbürgen und aus rumänischem Kleinadel stammte. Erst 1463 konnte die Krone dem Kaiser Friedrich III. (1440–1493) um eine Unsumme von 80 000 Gulden wieder abgekauft werden, fast ein Drittel der Jahreseinnahmen des Königs, fast dreimal so viel, wie für die Witwenrente der Königin vorgesehen war.[118] Die Freudenbotschaft von der Wiedergewinnung der Heiligen Krone wurde überallhin und so auch den Siebenbürger Sachsen durch adelige Gesandte mitgeteilt, unter ihnen auch ein Ladislaus Magnus – ob der wohl Groß oder Nagy geheißen hat? Erst fast ein Jahrhundert später kam die Krone wieder an Habsburg, nachdem Ungarn von den Türken besetzt worden war.

In den sechziger Jahren des 15. Jahrhunderts waren die Türken nach der Vernichtung des bosnischen Königreiches 1463 auch die Nachbarn des Deutschen Reiches geworden und überschritten[119] im Frühjahr 1469, wie gelegentlich auf weiten Plünderzügen schon vorher, die südöstliche Reichsgrenze in der Krain nächst der ehemaligen Deutschordenskommende Möttling an der Kulpa und kamen über die krainische Hauptstadt Laibach bis nach Istrien. Das lenkt die Aufmerksamkeit auf die mittelalterliche deutsche Streusiedlung in diesem südöstlichsten Territorium des Reiches, das seit Anfang des 13. Jahrhunderts mit dem Herzogtum Österreich verbunden war. Für die ausgedehnten Besitzungen der Salzburger, Freisinger und Brixner Kirche hatten Erzbischöfe und Bischöfe Kolonisten ins Land geholt, wo immer sie zu finden waren. Die spätere Hauptstadt Laibach – sie trat an die Stelle von Krainburg – taucht mit ihrem deutschen Namen erstmals 1144 auf, zwei Jahre später auch der slowenische Name der aus mehreren, ethnisch verschiedenen Siedlungen Anfang des 13. Jahrhunderts zusammenwachsenden und ummauerten Stadt. Auch hier in der Krain und in Laibach hatte der Deutsche Orden Niederlassungen, wie besonders im Möttlinger Becken an der Krainer Südgrenze, wohin ihm deutsche Kolonisten nachgefolgt waren.[120]

Die bedeutendste deutsche Sprachinsel in der Krain, nämlich in der erst jetzt gerodeten Gottschee[121] im Mooswald südlich von Laibach, verdankt ihr Entstehen seit etwa 1320 der Initiative der Grafen von Ortenburg. Sie waren 1247 eben von jenem Patriarchen Berthold von Aquileja (1218–1251) aus dem Hause Andechs-Meranien, der früher in Ungarn und Siebenbürgen gewirkt hatte, mit Ländern in der Krain und südlich von Reifnitz belehnt worden, in die sie nun unter großen finanziellen Aufwendungen, vor allem aus ihren Kärntner und Osttiroler Besitzungen, Bauern nach Süden verpflanzten, zu denen sich später auch Franken, Thüringer und Schwaben gesellten. Die Betrauung eines Deutschordenspriesters mit der Seelsorge im Jahre 1336 ist das erste Zeugnis des neuen Siedlungswerkes. Daß die Gottscheer ein gotischer Stammesrest wären, ist eine frühneuzeitliche Theorie ohne historischen Gehalt. Der dem Lande den Namen gebende Hauptort Gottschee hatte 1377 Marktrecht und nach türkischer Zerstörung und Wiederaufbau schon unter habsburgischer Herrschaft 1471 gar Stadtrecht bekommen. Auch wenn er bald einem Fürstentum als Titel diente, zu großer Bedeutung ist die Sprachinsel in ihrer gefährdeten Grenzsituation nie gelangt. Die prekäre wirtschaftliche Lage der ländlichen Bevölkerung illustriert, daß Kaiser Friedrich III. 1492 den Gottscheern ein »Hausiererprivileg« innerhalb der Grenzen seines Reiches verlieh. Daß diese Mobilität nicht zur Aufgabe der bedrohten Heimat führte, verdient freilich ebenfalls hervorgehoben zu werden.

Was für das Deutsche Reich, wenn auch nur in seinen südöstlichsten habsburgischen Territorien, eine neue erschreckende Erfahrung war, nämlich die Bedrohung durch die kriegerische Macht des türkischen Sultans, mochte er auch noch so weit entfernt in der 1453 eroberten Kaiserstadt Konstantinopel seine Residenz haben, das gehörte an den Grenzen des ungarischen Stephansreiches schon seit langem zur politischen Wirklichkeit. In den beiden ersten Jahrzehnten der Regierung des Matthias Corvinus blieb es freilich wegen des anderweitigen türkischen Engagements relativ ruhig. Erst im Oktober 1479 wurde in Siebenbürgen am Brodfeld bei Broos »die blutigste Türkenschlacht« geschlagen. Einer aus der Walachei übers Gebirge kommenden Übermacht stand der siebenbürgische Woiwode Stephan Báthori (1479–1493) an der Spitze eines aus allen drei Völkern Siebenbürgens bestehenden Aufgebots gegenüber. Aber nur dem rechtzeitigen Eingreifen des Banater Grafen Paul Kinizsi († 1494) im Rücken der Türken war der Sieg zu verdanken. Des Königs Matthias Hofhistoriograph, der Italiener Antonio Bonfini († 1502), stellt in seinem zeitgenössischen Bericht der Tapferkeit der Siebenbürger Sachsen ein besonders gutes Zeugnis aus: unter der Führung ihres Sachsengrafen, des Hermannstädter Bürgermeisters Georg Hecht († 1498), hätten sie sich nämlich die Ehre ausgebeten, die erste Schlachtlinie bilden zu dürfen, und das – wie Bonfini betont – obwohl sie Stadtbürger seien, also nicht waffenerprobte Ritter.[122]

Mit der Gefährdung Ungarns und Siebenbürgens hängt auch der endgültige politische und administrative Zusammenschluß der Siebenbürger Sachsen und ihrer Siedlungsgebiete zusammen, denn als Matthias Corvinus 1486 den Andreanischen Freibrief von 1224 für alle Deutschen in Siebenbürgen bestätigte, da standen für ihn fiskalische Erwägungen im Vordergrund, ging es doch um die am wenigsten aufwendige, um die unkomplizierteste Methode des Eintreibens von Subsidien und schuldigen Abgaben, was durch Verhandlungen mit einer Stelle sicher leichter war als mit vielen: Mochten sich dann die Sachsen über die gerechte Aufteilung dieser Lasten unter sich selbst einig werden. Solche Beratungen aller sächsischen Distrikte wegen königlicher Steuerforderungen hatten erstmals 1473 stattgefunden. Auf ausdrücklichen königlichen Befehl traten »omnes Saxones« 1486 in Mediasch wieder zusammen. Man sprach von der »universitas Saxonum« und bald von der »natio Saxonica«. An ihrer Spitze stand der Hermannstädter Königsrichter als Sachsengraf, auf dessen Wahl Einfluß zu nehmen der König 1464 und 1477 neuerlich ausdrücklich verzichtet hatte.[123]

Als der »Architekt« dieser siebenbürgisch-sächsischen Einigung gilt der 1491 verstorbene Hermannstädter Bürgermeister Thomas Thanhauser alias Altemberger,[124] Handelsherr und Großunternehmer in Hermannstadt, Bergwerksbesitzer im Siebenbürgischen Erzgebirge, wo in Altenberg vielleicht auch die Ursprünge seiner Familie lagen. In königlichen Diensten stand er als Münzmeister, Berg- und Kammergraf. Aber er war nicht nur Kaufmann, sondern als Absolvent der Wiener Universität, ihrer artistischen und juridischen Fakultät, ein hochgebildeter Mann, der wohl auch als Magister eine Zeitlang an der Universität gelehrt hatte. Von der oft im Dienste der Nation eingesetzten Wohlhabenheit Altembergers zeugt bis heute sein Hermannstädter Haus, ein zu einem gotischen Wohnturm[125] prächtig hinzugefügter Trakt. Im 16. Jahrhundert wurde es von der Stadtgemeinde gekauft und als Rathaus eingerichtet, heute beherbergt es das Historische Museum der Stadt.

Altemberger verdankt man auch eine Rechtssammlung im sogenannten Codex Altemberger, einer in Hermannstadt verwahrten Prachthandschrift auf Pergament, mit Randleisten, Bildinitialen und Miniaturen geschmückt. Sie soll laut einem Schlußvermerk 1481 entstanden sein, als Altemberger erstmals Hermannstädter Königsrichter war, enthält aber am inneren Rückdeckel auch einen zum Teil ausradierten Besitzervermerk mit dem Datum 1453, dürfte also von Altemberger aus zweiter Hand erworben und 1481 nur für den ihm zugedachten Zweck in Siebenbürgen adaptiert worden sein, etwa durch Hinzufügung der in Hermannstadt für Ratsherren üblichen Eidesformel, aus der dann in der Reformationszeit natürlich alle von Heiligenverehrung zeugenden Passagen gestrichen wurden. Am Anfang des Bandes wird der Inhalt als Nürnberger Recht vorgestellt, als ein »puech daz dâ heizet nueren pergisch recht«,[126] was eine Herkunftsbezeichnung sein könnte, doch enthält der Codex in seinem ersten Teil das im süddeutschen Raum dominierende und als »Kaiserrecht« geltende Landrecht des Schwabenspiegels, sodann das Magdeburger Weichbildrecht und endlich das vorbildliche deutsche Stadt- und Bergrecht aus Iglau in Böhmen, alles in wörtlicher Abschrift und sicher wohl für den Unternehmer wie für den Politiker Altemberger und für die Sächsische Nation in Siebenbürgen von hohem Interesse. Daß nicht der Sachsen-, sondern der Schwabenspiegel rezipiert wurde, vermag wohl nur den zu verwundern, der die Siebenbürger Sachsen für Einwanderer aus sächsischen Stammesgebieten hält. Eine Kodifizierung des siebenbürgisch-sächsischen Gewohnheitsrechtes konnte und wollte der Codex Altemberger nicht ersetzen, höchstens sollte er subsidiär bei der Rechtsfindung helfen. Erst hundert Jahre später ist es 1583 im sogenannten »Eygen-Landtrecht« des Kronstädter Senators Matthias Fronius († 1588) zu einer solchen Kodifizierung gekommen.[127]

Die »Zipser Willkür«, die autonome Kodifizierung des deutschen Gewohnheitsrechtes für das andere große deutsche Siedlungsgebiet im alten Ungarn, für die Zips, stammt schon aus dem 14. Jahrhundert und ist 1370 von König Ludwig dem Großen bestätigt worden, aber erst aus der Mitte des 15. Jahrhunderts in einem Georgenberger Codex überliefert. Das ist um so interessanter, als Georgenberg an der Popper in der westlichen Zips zu den von König Sigismund 1412 an Polen verpfändeten Gebieten gehörte. Der Codex enthält in einem dritten Teil auch eine deutschsprachige Chronik Ungarns, das älteste im Lande verfaßte Geschichtswerk, geschrieben mit besonderem Augenmerk auf die Schicksale der deutschen Gastsiedler nicht nur in der Zips. Die Berufung der Zipser Sachsen wird merkwürdigerweise schon dem Ungarnkönig Béla dem Blinden (1131–1141), dem Vater König Geisas II., und nicht diesem selbst zugeschrieben, wahrscheinlich in Verwechslung mit Béla IV., dem die Nachbesiedlung der Zips nach dem Mongolensturm zu danken war. Über das Zustandekommen des Codex in Georgenberg wird nichts gesagt. Das gilt auch für die »Zipser Willkür«.[128] Man muß unterstellen, daß die Notwendigkeit einer schriftlichen Fixierung der Rechtsgebräuche hier in der Zips, aus welchen Gründen immer, eher eingesehen wurde als anderswo in den deutschen Siedlungen Ungarns. Neben dem Magdeburger Recht wurde vor allem das Landrecht des Sachsenspiegels rezipiert, beides zweifelsohne schon bisher subsidiär als Rechtsquelle in den Zipser Gemeinden benützt.

Der zeitliche Vorrang der Zipser vor der Siebenbürger Rechtskodifikation relativiert sich aufgrund der Tatsache, daß beide einer älteren Zeit verhaftet sind, auf älteren, in Deutschland entstandenen Rechtsbüchern beruhen. Die von den ungarischen Königen gewährten Gastprivilegien und das in ihnen konzidierte »ius Theutonicum« genügte als schriftlich nicht fixiertes, nur mündlich tradiertes Gewohnheitsrecht offenbar einer fortgeschritteneren Zeit nicht mehr, da es nur im groben Umriß das Zusammenleben regeln konnte und nicht jeden Einzelfall in den immer komplizierter werdenden Rechtsverhältnissen. Man empfand offenbar das Bedürfnis nach Ergänzung und wollte größere Sicherheit herstellen.

Wie in den deutsch besiedelten Landschaften Ungarns, in der Zips und in Siebenbürgen, deutsche Rechtskodifikationen übernommen wurden, so richtete man auch in den ungarischen Städten nach westlichem Vorbild das Leben ein. Freilich wird selten genug die Quelle namhaft gemacht, nicht einmal bei der ersten Bewidmung durch königliches Privileg. Nur aus späteren Urkunden und aus dem Vergleich der gültigen Rechtsgewohnheiten und der Stadtorganisation, der städtischen Ämterverfassung, lassen sich Schlüsse ziehen. Daraus ergibt sich, daß etwa hundert Städte in Ungarn auf deutschrechtlicher Basis stehen. Es wird weniger das in der deutschen Ostkolonisation ohnehin berühmte Magdeburger Recht sein, das den Ausschlag gab, als die Stadtverfassung in näher benachbarten Orten Ungarns oder das nie genannte Wiener Recht, nach dem man sich richtete.

Selbst in Ofen dürfte es so gewesen sein, obwohl im Ofener Stadtrecht schon in der Vorrede ausdrücklich von »Maidpurgerischem recht« die Rede ist. »Das Rechtspuech nach Ofnerr stat Rechten«[129] ist zuerst in einer heute Preßburger Handschrift aus den dreißiger Jahren des 15. Jahrhunderts erhalten. Man vermutet als Autor den Ofener Großkaufmann, Bürger und Stadtrichter Johann Siebenlinder († 1439), der am Hofe König Sigismunds eine große Rolle spielte[130] und dessen Witwe 1440 wie die Kottannerin zum Hofstaat von Sigismunds Tochter, der Königin Elisabeth, gehörte.

Die Aufzeichnung des Ofener Stadtrechtes ist wahrscheinlich durch Unruhen veranlaßt worden, die sich ähnlich wie in anderen europäischen Städten um die Wende vom 14. zum 15. Jahrhundert in der ungarischen Hauptstadt ereigneten. Sie hatten auch in Ofen vor allem soziale, daneben aber auch nationale Hintergründe, denn die damals gegen die deutschen Patrizier revoltierenden Handwerker und Zunftbürger, Deutsche und Magyaren, fanden Unterstützung bei den ungarischen Kaufleuten und reichen Viehhändlern von auswärts, die sich in der Stadt ebenfalls benachteiligt fühlten und in der Stadtverwaltung mitsprechen wollten. Wahrscheinlich steckten letztlich die aus ihrer einflußreichen Stellung verdrängten italienischen Kaufherren und Bankiers hinter der Erhebung.

Der Ofener Stadtrat war im 14. Jahrhundert deutsch dominiert; nur zwei, später vier Ratsstellen waren für Ungarn reserviert. Wenn sich nach kurzem Zunftregiment die deutschen Patrizier mit Hilfe König Sigismunds behaupten konnten, so gelang ihnen doch nicht, ihre noch im Ofener Stadtrecht aufscheinende Forderung durchzusetzen, daß zum Stadtrichter nur gewählt werden solle »ein deutscherr man von allen seinen vier annen«.[131] Das war offensichtlich überzogen. Nach einem neuen blutigen Aufstand gegen das deutsche Patriziat wurde 1439 durch König Albrecht zur Friedenssicherung angeordnet, daß von nun an der Stadtrat paritätisch mit sechs deutschen und sechs magyarischen Bürgern besetzt sein und die Stadtrichterwürde jährlich zwischen den Nationen wechseln möge. Ein heutiger ungarischer Historiker (András Kubinyi) hat darüber (1992) geurteilt: »Diese Regelung funktionierte reibungslos. Es gibt keine Nachrichten über Streitigkeiten bei den Volksgruppen ... Die Reibungslose Zusammenarbeit ... dauerte bis 1529.« In jener moderaten Form wurde die Ofener Stadtverfassung auch in anderen gemischtnationalen Orten Ungarns übernommen, beispielsweise in dem nahen Waitzen, wo laut einer Urkunde von 1468 nur ein einziger Stadtrichter für die beiden ansonsten nebeneinander bestehenden Kommunen, der deutschen und der magyarischen Stadt (civitas Teotonicalis quam Vngaricalis) fungierte, oder 1458 im siebenbürgischen Klausenburg, obwohl dort damals die Ungarn in der Stadt noch in der Minderzahl gewesen sein dürften, denn sie hatten 1453 noch nicht einmal einen eigenen Pfarrer, nur einen Kaplan.

In der deutsch-slawischen Stadt Sillein im Waagtal hatte schon 1371 und 1381 König Ludwig der Große auf Beschwerden der slowakischen Einwohner eine ähnliche Regelung wie später in Ofen eingeführt und entschieden, daß deutsche und slawische Bürger in gleicher Anzahl zu Geschworenen gewählt und im Gericht beide Sprachen verwendet werden sollten. Dies wurde dann im Stadtrechtsbuch verankert, das im Original aus dem Jahre 1378 erhalten ist. Es rezipiert im übrigen den Sachsenspiegel und das Magdeburger Recht. Nach der Abschrift dieser westlichen Rechtsquellen finden sich im Silleiner Codex[132] nicht bloß Eintragungen von Rechtssprüchen des Stadtgerichtes auch in slowakischer Sprache, sondern beigebunden zudem eine slowakische Übersetzung des Rechtsbuches durch einen gewissen Wenzel von Kremnitz aus dem Jahre 1473, abgesehen natürlich von dem an den deutschen Verhältnissen orientierten und daher in der Slowakei uninteressanten Lehnsrecht des Sachsenspiegels. Man darf den Silleiner Codex mit Fug und Recht zu den wichtigsten Quellen über das Rechtsleben jener Zeit zählen, ein Zeugnis für das Zusammenleben der Nationen und für den weiterwirkenden Einfluß des deutschen Rechtes über Nationsgrenzen hinaus.

Unter den sieben königlichen Freistädten[133] Ungarns, die sich in den dreißiger Jahren zusammengeschlossen hatten, wurde das Ofener Stadtrecht schon deswegen maßgebend, weil Ofen der Sitz des die königlichen Interessen vertretenden Schatzmeisters und seines als höhere Instanz fungierenden Gerichtshofes wurde. Für ihn wurde noch in der Mitte des 15. Jahrhunderts aufgrund des Ofener Stadtrechtes ein lateinisches Rechtsbuch zusammengestellt, das laut seinem Titel alle »Jura civilia et consuetudines antiquae septem liberarum civitatum«, alle bürgerlichen Rechtssatzungen und alten Gewohnheiten der sieben Freistädte enthielt. Zu ihnen zählten mit Ofen auch Kaschau, Preschau und Bartfeld im Norden Ungarns sowie Tyrnau, Preßburg und Ödenburg im Westen, alles alte Hospites-Siedlungen.

Der Bund der sechs und später sieben niederungarischen Bergstädte[134] unter der Führung von Kremnitz war ebenfalls dem Königtum eng verbunden. Gemeinsam hatte ihnen König Sigismund 1405 ein Schutzprivileg verliehen, seit 1428 waren sie wegen ihres Reichtums zum Witwengut der Königin ausersehen. Mit Kremnitz gehörte Schemnitz samt dem benachbarten Dilln, dann Neusohl, Königsberg, Pukkanz und Libethen zu diesem durch gemeinsame Statuten und durch einen gerichtlichen Oberhof in Kremnitz geeinten Bund im Grantal. Sieben an der Zahl waren ebenfalls die unter dem Göllnitzer Oberhof in den »Gründen« der Unterzips zusammengeschlossenen Bergbausiedlungen deutschen Rechts, nämlich Schmöllnitz und Rosenau sowie die weiter entfernten Orte Joos, Eisenberg und Telken und sogar Zips-Neudorf. Der Bund dürfte noch zu König Sigismunds Zeiten entstanden sein, doch stammen die Statuten erst aus dem Jahre 1487 und das Göllnitzer Bergrecht ist erst in einer um 1500 niedergeschriebenen Fassung überliefert.

In der Mitte des 15. Jahrhunderts war der ungarische Bergbau in eine Krise geraten, weil die oberen Lagen erschöpft waren und es besserer Techniken bedurfte, in tiefere Bereiche vorzustoßen. Den Fortschritt verdankt man der wohl aus Österreich stammenden Familie Thurzo, die, von König Sigismund für ihre Verdienste geadelt, sich nach Bethlenfalva beziehungsweise Betelsdorf südwestlich von Leutschau in der Zips nannte. Sie bescherte dem Bergbau in der Slowakei neuen Aufschwung und mit ihm der ganzen zuletzt durch die Hussiteneinfälle so schwer geschädigten Region. Das Verfahren der Trockenhaltung der stets vom Grundwasser bedrohten Schächte durch Pumpmaschinen hatte Johannes, der Sohn des Firmengründers Georg Thurzo († 1460) in Goslar gelernt und von dort auch das »Seigern« des Kupfers aus anderen Erzen mitgebracht. Den nordungarischen Bergbau, insbesondere im »kupfernen Neusohl«, organisierte die Familie zuerst von Leutschau aus, dann vom polnischen Krakau, endlich von Nürnberg und Augsburg, wo des »Bergwerkingenieurs« Johannes († 1508) Sohn Georg († 1521) Bürger geworden und in die Familie Fugger eingeheiratet hatte, zum Schluß von Ofen aus, wo Georgs Bruder Alexis († 1543) als Geschäftsführer der Firma wirkte. Vom Jahre 1475 datiert der mit den Bergstädten abgeschlossene und vom König bestätigte Vertrag über die Einführung der »Wasserkunst«, von 1494 der Gesellschaftsvertrag mit den Augsburger Fuggern, die dann allmählich die Führung des gemeinsamen Unternehmens gewannen. Gemäß den königlichen Schutzbriefen von 1475 und 1494 hätte die Thurzo-Firma gar in allen Teilen Ungarns Bergbau treiben dürfen. In Georgs Auftrag wurde um 1500 ein Rechtsbuch zusammengestellt, das nach dem Iglauer Stadt- und Bergrecht Rechtstexte aus Rosenau und Göllnitz, aus Königsberg und Kaschau enthält und sich in einem zweiten, wohl in Kremnitz um 1515 verfaßten Teil mit dem Münz- und Geldwesen befaßt. Der heute in München verwahrte Codex[135] kann neben die anderen spätmittelalterlichen Kodifikationen aus den deutschen Siedlungen des Stephansreiches gestellt werden, sosehr er zugleich ein hochinteressantes Firmenbuch ist. Daß Ungarn ein reiches Land war und durchaus die Begehrlichkeit des türkischen Sultans erregen konnte, wird auch durch dieses deutsch-ungarische Handelsunternehmen illustriert.

Die Regierungszeit des Renaissancekönigs Matthias Corvinus war für Ungarn eine letzte Blütezeit vor dem Untergang des mittelalterlichen Stephansreiches infolge der

Georg Thurzo (1464–1521), Geschäftsführer des »Ungarischen Handels« der Firma Fugger-Thurzo, war in seiner Geburtsstadt Krakau ebenso zu Hause wie in Nürnberg und Augsburg, wo er nacheinander das Bürgerrecht erwarb, und erst recht in Leutschau in der Zips und im Zentrum des oberungarischen Bergbaus, in Neusohl, der durch seine Firma wieder zum Florieren gebracht wurde. Hans Holbein der Ältere hat den erfolgreichen Geschäftsmann und großzügigen Mäzen porträtiert.

Von Reichtum und Kunstverständnis der Thurzos zeugt noch heute das Schloß der Familie in Betelsdorf.

Türkeninvasion. Auch für die »deutschen Gäste« in Ungarn war es eine kulturell und politisch bedeutende, wenn auch nicht ungefährdete Epoche. Auf den Zusammenschluß der deutschen Siedlungen in Siebenbürgen zur siebenbürgisch-sächsischen Nationsuniversität ist schon hingewiesen worden; es war der glanzvolle End- und Höhepunkt der mittelalterlichen Geschichte des Sachsentums in Siebenbürgen. Ihm stand freilich die negative politische Entwicklung in der zwischen Ungarn und Polen geteilten Zips gegenüber, die ebenfalls schon geschildert wurde.

Daß der im siebenbürgischen Klausenburg geborene und in Wien verstorbene Matthias[136] manche Interessen im Westen verfolgte, die ihm zwar nicht, wie geplant, die deutsche Königswürde einbrachten, ihn aber doch zum Herrn von Reichsterritorien machten, Schlesien und Mähren und das dem Kaiser kriegerisch abgenommene Niederösterreich, eröffnete auch manche Kontakte zwischen dem Binnen- und dem Südostdeutschtum. Kulturell überwog freilich der Einfluß Italiens, insbesonders seit der 1476 erfolgten Heirat des Königs mit der neapolitanischen Prinzessin Beatrix († 1508). Jetzt strömten italienische Künstler und Gelehrte an den ungarischen Hof, und es entstanden prächtige Bauten und berühmte Sammlungen.

Das will nicht heißen, daß es künstlerische und gelehrte Bestrebungen nicht schon vorher in Ungarn gegeben hätte. Das Haupt des der neuen humanistischen Geistigkeit zugewandten Kreises war der schon unter Kaiser Sigismund in der ungarischen Königskanzlei tätige, in Wien und Italien geschulte Johann Vitéz. Er wurde der Erzieher des Matthias und durch diesen zum Erzbischof von Gran (1465–1472) und Primas von Ungarn befördert. Neben ihm wirkte sein Neffe Janus Pannonius, Bischof von Fünfkirchen (1459–1472), der ebenfalls in Italien studiert hatte. Zuletzt freilich war das gute Einvernehmen zwischen dem König und seinen besten Ratgebern zerbrochen und Vitéz wie Pannonius starben 1472 gedemütigt nach der Aufdeckung einer Revolte, die die Entthronung des Königs zum Ziel hatte. Eine unrühmliche Rolle hat dabei der Schlesier Johann Bekensloer († 1489) gespielt, der aus Breslau an den Hof des Königs gekommen war, hier Karriere gemacht hatte und zuletzt die Nachfolge des von ihm verratenen Vitéz in Gran antrat; doch schon wenig später mußte er aus Ungarn zu Kaiser Friedrich III. fliehen, wo er Administrator von Wien und Erzbischof von Salzburg wurde.

Auf Vitéz geht der neuerliche Versuch der Gründung einer ungarischen Universität zurück. Nach dem Scheitern in Fünfkirchen und in Ofen war diesmal Preßburg als Sitz der 1465 vom Papst genehmigten Universität[137] vorgesehen. Dort erwarb man von Leonhard Jörger und Stephan Gmaitel das große Stadthaus der aus Italien stammenden Familie Venturi. Der Preßburger Kanoniker Georg von Schomberg († 1486) wurde Kanzler der Universität. Die Professoren warb man wieder zum Teil aus dem nahen Wien an, und es fand sich auch ein Zipser, Lorenz Koch aus Krompach († 1473), der bereit war, seine Lehrtätigkeit nach Preßburg zu verlegen; immerhin gelang es sogar für kurz, bis 1471, den berühmten Mathematiker und Astronomen Johann Müller aus Königsberg in Franken, genannt Regiomontanus († 1476), für Ungarn zu gewinnen. Erst im Todesjahr des Corvinus, 1490, kam auch »der deutsche Erzhumanist« Konrad Pickel († 1508), genannt Celtis, nach Preßburg und Ofen, der hier und dann in Wien eine »Akademie der Wissenschaften« begründete, die »Donaugesellschaft« oder »Sodalitas literaria Danubiana«, um die Gelehrten der Donauländer zu vereinen.

Wie eng die Hochschätzung »deutscher Gäste« in Ungarn und die Prosperität Ungarns zusammenhingen, dafür ist ein Beispiel der prächtige Bau des Matthias Corvinus zu Füßen der alten Plintenburg am Donauknie bei Visegrád. Dieser Palast, der dann in der Türkenzeit durch Brand vernichtet wurde, ist erst in unserem Jahrhundert bei archäologischen Grabungen wiederentdeckt worden und mit ihm manches herrliche Detail der damaligen Baukunst. Schon unter den Königen aus dem Hause Anjou war damit begonnen worden, die mittelalterliche Plintenburg durch eine terrassenförmig bis zum Donauufer sich erstreckende Palast- und Gartenanlage zu ergänzen, die nun unter Matthias Corvinus italienische Meister im Stile der Renaissance vollendeten. In den neben dem Schloß begründeten Ort berief Matthias Corvinus aber 1474 sächsische Familien aus Siebenbürgen[138] zum Dienst am Hofe unter bestimmten Rechten. Mancherlei wird man aus dieser Maßnahme erschließen dürfen: Die Verbundenheit des aus Siebenbürgen stammenden Königs mit seiner Heimat und ein besonderes Vertrauen zu den dortigen deutschen Siedlern ebenso wie die Tatsache, daß es damals wohl nicht ganz leicht gewesen sein dürfte, aber auch nicht als unbedingt notwendig angesehen wurde, neue »hospites« aus dem Westen anzuwerben, deren man im eigenen Lande genug besaß.

In der Tat muß man sich das damalige Ungarn mit einem hohen Anteil deutscher Bevölkerung insbesondere in den Städten vorstellen. Ein päpstlicher Nuntius stellte 1463 ihrem Gewerbe- und Handelsfleiß ein schönes Zeugnis aus und behauptete gar, daß ein Großteil der Güter des Landes in der Hand der Deutschen wäre. Das wird sehr übertrieben sein. Es heißt aber glaubhafter, daß wer im 15. Jahrhundert eine Reise von Preßburg nach Kaschau an den Südhängen des nördlichen Karpatenzuges in der heutigen Slowakei unternahm, jede Nacht in einer deutschen Herberge hätte verbringen können. »Es ist kein Stättlein noch kein Dorff, darin nicht Teutsche wohnen.«[139] Dem Wanderer wird auch nicht schwergefallen sein, in der Amtsstube des Rathauses irgendein Anliegen in deutscher Sprache vorzubringen. Dicht an der ungarischen Grenze zu Polen hat sich in Bartfeld ein gotisches Rathaus aus dem ersten Jahrzehnt des 16. Jahrhunderts erhalten, dessen Baumeister freilich auch schon manche Konzessionen an den modischen Geschmack, den der Renaissance, machen mußte. Nicht weit davon steht die alte Schule von Bartfeld, in der nach berühmten humanistischen Lehrern später auch der Reformator der Zips als Rektor wirkte, Leonhard Stöckel († 1560), dem man den Ehrentitel »Praeceptor Hungariae« (Lehrmeister Ungarns) gegeben hat. Neben ihm verdient in ähnlich hervorragender Bedeutung unter den Gelehrten deutscher Zunge in Ungarn nur noch der Reformator Siebenbürgens genannt zu werden, der Kronstädter Johannes Honterus († 1549), sicher nicht zufällig ebenfalls Schulmann und Humanist.

Wie in Siebenbürgen die aus der Not der Türkengefahr entstandenen Kirchenburgen ein besonderes Kennzeichen der deutschen Siedlungen wurden, so sind es in Oberungarn die zahlreichen holzgeschnitzten Flügelaltäre mit ihren Bildtafeln. Nirgendwo

Auf Johann Vitéz, Erzbischof von Gran und Primas von Ungarn (1465–1472), geht die Gründung der ungarischen Universität in Preßburg zurück. 1466 erwarb man für diese sogenannte »Academia Istropolitana« das Stadthaus – das Doppelhaus links im Bild – der aus Italien stammenden Händlerfamilie Venturi.

anders in Europa gibt es so viele auf engem Raum beisammen. Die kunsthistorische Forschung in Ungarn hat fast zweitausend Altartafeln aus der Zeit von der Mitte des 14. bis zur Mitte des 16. Jahrhunderts gezählt, davon mehr als zwei Drittel in den deutschen Orten Oberungarns.[140] Berühmte Meister hat gerade dieser Raum hervorgebracht, oder sie sind von anderswo durch Aufträge der reichen Bürger angelockt worden. Der Maler und Bildhauer Jakob aus Kaschau († vor 1463) wirkte freilich in der ersten Hälfte des 15. Jahrhunderts meist fern der ihm zu engen Heimat, im nahen Wien, aber auch in anderen Städten Deutschlands, wo man seine Kunst zu schätzen wußte; aber seine Schüler haben noch zum Schmucke der Kaschauer Elisabethkirche beigetragen, die 1375 in Erinnerung an die angeblich in Kaschau geborene Arpadenprinzessin Elisabeth von Thüringen († 1231) von König Ludwigs gleichnamiger Gattin († 1387) gestiftet[141] und dann am Ende des 15. Jahrhunderts unter großem Engagement der städtischen Bürgerschaft vollendet worden war.

Noch berühmter und von weit größerer Schaffenskraft als der Kaschauer war sein jüngerer Zipser Landsmann Paul von Leutschau († nach 1546), dem man vor allem den imposanten Hauptaltar in der Leutschauer Jakobuskirche verdankt sowie einige Nebenaltäre, die alle aus der Zeit zwischen 1507 und 1520 stammen. Aber auch an anderen Zipser Orten war der Leutschauer tätig, nicht zuletzt beim Zipser Dom in Kirchdrauf. Zu den Stiftern Leutschauer Altäre zählt der damalige Leutschauer Pfarrer Johann Henckel († 1539), Angehöriger einer bald berühmten, gar geadelten Zipser Familie. Möglicherweise trägt eine Figur des Altars, wie damals üblich, die Züge des Stifters, eine wird jedenfalls als Selbstbildnis des Künstlers gedeutet.

Paul von Leutschau war von Veit Stoß († 1533) beeinflußt, dem Nürnberger Künstler, der dann in Krakau wirkte, dessen Familie aber auch reiche Beziehungen nach Ungarn und vor allem nach Siebenbürgen besaß.[142] Der alte Meister hat im Auftrag von König Matthias Corvinus in Preßburg gearbeitet, seine Söhne findet man in Mediasch, Schäßburg und Kronstadt tätig, und der Mühlbacher Altar in Siebenbürgen, der einen 1523 durch Erdbeben zerstörten Altar ersetzte, weist so große Ähnlichkeiten mit dem Leutschauer Altar auf, daß man auch hier zumindest auf die Schule von Veit Stoß schließen zu können glaubte.

Von den siebenbürgischen Flügelaltären[143] ist zweifelsohne der Mediascher aus dem letzten Jahrzehnt des 15. Jahrhunderts der berühmteste. Da im Kreuzigungsbild geschickt die Umgebung der Stadt Mediasch mit Gebäuden aus Wien verbunden ist, insbesondere mit dem Wiener Stephansdom, und Ähnlichkeiten mit dem Wiener Schottenmeister bestehen, hat man diesen oder seine Schüler als Ausführende vermutet und ein weiteres Zeugnis für die Wohlsituiertheit und den Reichtum der siebenbürgischen Städter gefunden, die sich einen Künstler von weither kommen lassen konnten. Das gilt aber auch für das dörfliche Birthälm, dem späteren Sitz des evangelischen Sachsenbischofs, wo der jüngst herrlich restaurierte Flügelaltar in der Komposition seiner Tafelbilder ebenfalls an den Wiener Schottenmeister erinnert. Freilich werden noch weitergehende künstlerische Beziehungen wie für den berühmten Mediascher so auch für andere siebenbürgische Schreinaltäre diskutiert.

Der von dem Zipser Meister Paul von Leutschau († ca. 1546) um 1516 für die Jakobuskirche in Leutschau geschaffene Schnitzaltar ist sicher eines der wertvollsten Kunstwerke Europas. Paul von Leutschau hat hauptsächlich in seiner Zipser Heimat gearbeitet. Wenn er sich in diesem Altar, der als sein Hauptwerk gilt, als Begleiter des Titelheiligen Jakobus, des Patrons der Pilger, darstellte, so verrät das vielleicht auch etwas von seinen Sehnsüchten.

Beide deutschen Siedlungsgebiete in Ungarn, die Zips und Siebenbürgen, waren offensichtlich von den deutschen Kunst- und Kulturzentren im Westen nicht abgeschnitten, sie standen im Gegenteil mit ihnen in intensivem Kontakt. Wie es aber Künstler aus dem Westen nicht für unter ihrer Würde hielten, hier im Osten Aufträge zu übernehmen und zu arbeiten, so gehört zu dem sicherlich bekanntesten Kulturexport Ungarns in jener Zeit an der Wende vom Mittelalter zur Neuzeit der Maler Albrecht Dürer († 1528), dessen Vater als Goldschmied aus dem ostungarischen Gyula nach Nürnberg ausgewandert war.[144] Man stritt sich früher darüber, ob die Familie ursprünglich ungarndeutsch war oder ob der Name Dürer von ihrem, heute nicht mehr existenten Heimatort Ajtós bei Großwardein abzuleiten ist, weil dieser mit dem ungarischen Worte für Türe zusammenhängt. Es ist ein unnützer Streit, nicht nur weil Nationsbewußtsein, so es vorhanden, stets eine Bekenntnissache ist und sich die Dürer eindeutig für das Deutschtum entschieden hatten, aber auch deshalb, weil Kunst übernational ist. Durch manche seiner Werke ist Dürer in Ungarn präsent geblieben, aber das war auch in anderen Ländern der Fall.

Viel wichtiger als nationale Zuschreibungen von Künstlern und ihrer Kunst ist ganz sicher die Feststellung, daß das künstlerische Schaffen in den deutschen Siedlungsgebieten des mittelalterlichen Stephansreiches in seiner Quantität und Qualität von tiefer Religiosität Zeugnis ablegt. Das bestätigt die alte These, daß die Reformation nirgendwo aus antikirchlichen und glaubensfremden Intentionen erwachsen ist, sondern ganz im Gegenteil innersten Bedürfnissen entsprach.

Nach Matthias Corvinus sind wieder die Jagiellonen zur ungarischen Königswürde gelangt. Das Stephansreich wurde in Personalunion mit Böhmen vereinigt, dessen Könige zugleich Kurfürsten des Deutschen Reiches waren. Für das Ungarndeutschtum hatte das freilich keine besondere Bedeutung. Ohnehin waren die Könige schwach, was aber die Siebenbürger Sachsen nicht davon abhalten konnte, sich ihren Andreanischen Freibrief von dem neuen König Wladislaw II. (1490–1516) gar zweimal, 1492 und 1493, bestätigen zu lassen.[145] Dieser Wladislaw Jagiello, schon seit 1471 König von Böhmen, der 1490 dem in Wien verstorbenen Matthias folgte, war der Neffe des 1444 bei Varna gegen die Türken gefallenen Ungarn- und Polenkönigs Wladislaw I. Aber ein ähnlich mutiges Engagement in der Landesverteidigung hat man von ihm vergeblich erhofft. Der König verlegte zwar seine Residenz von Böhmen nach Ofen, aber er ist nicht nur in seinem tschechischen Herrschaftsbereich als »König Dobře«, als Ja-Sager-König, in die Geschichte eingegangen, was seine Abhängigkeit von Ratgebern und vom mächtigen Adel karikiert. Zuletzt war er krank und regierungsunfähig, weswegen man schon 1508 seinen Sohn Ludwig zum Mitkönig machte, der dem Vater dann 1516 bis 1526 folgte.

Matthias Corvinus hatte trotz dreier Ehen nur einen illegitimen Sohn Johann Corvin, den ihm eine Niederösterreicherin geboren hatte. Die Erbfolge dieses Nachkommen scheiterte wie schon vorher alle Bemühungen um eine Legitimierung. Als Ban von Kroatien und Slowenien ist er 1504 noch jung gestorben; seine aus kroatischem Adel stammende Gattin hat durch ihre zweite Ehe mit dem Markgrafen Georg von Brandenburg-Ansbach († 1543) dem Hause Hohenzollern den Weg nach Ungarn gebahnt, und mit dieser Ehe hängt es auch zusammen, daß ein Teil der berühmten corvinischen Bibliothek nach Deutschland kam. Georg »der Fromme« war einer der Erzieher und Berater des jungen Königs Ludwig II. und hat in humanistischer und reformerischer Gesinnung das Leben am Hofe bestimmt.

Das Großreich, das Matthias Corvinus aufgebaut hatte, war nach seinem Tode nicht zerfallen, sondern durch die Union mit Böhmen sogar vergrößert worden. Nur Niederösterreich und Wien huldigten wenige Monate nach des Königs Tode wieder den Habsburgern. Deren altes Erbrecht auf Ungarn hat Wladislaw II. Jagiello ein Jahr nach seinem Regierungsantritt, 1491, im Preßburger Frieden anerkannt. Es wurde endgültig auf dem Wiener Kongreß von 1515 in Erneuerung des Wiener Neustädter Vertrages von 1463 fixiert, als man den ungarischen Thronfolger Ludwig mit Maria, der Enkelin Kaiser Maximilians I. (1493–1519), verlobte und deren Bruder Ferdinand, der spätere deutsche König (1530–1564), für die ungarische Prinzessin Anna († 1547) als Ehegemahl vorgesehen wurde. Die Eheschließungen bereiteten den Übergang Ungarns zumindest in seinen westlichen Teilen an das Haus Habsburg nach 1526 vor. In den wenigen Jahren bis dahin wurde der Aufenthalt der feingebildeten Habsburgerin Maria († 1558) in Ofen seit 1521 für Ungarns Kultur von größter Bedeutung, sammelte sich doch um die Königin und den Regenten Georg von Brandenburg ein Humanistenkreis,[146] zu dem unter vielen anderen Gelehrten aus anderen Ländern auch Siebenbürger und Zipser Sachsen gehörten, so der Kosmograph Georg Reicherstorffer († nach 1554) aus Hermannstadt, später im Dienste König Ferdinands, und der aus Leutschau stammende Johann Henckel, der bereits der Reformation zuneigende Hofprediger der von ihm beeinflußten Königin. So bahnte sich auch am Hofe eine neue Zeit an.

Die politische Schwäche des jagiellonischen Königtums hatte freilich zu einer Stärkung des Adels geführt. Sie fand ihren Ausdruck[147] in der Kodifikation des ungarischen Gewohnheitsrechtes durch Stephan Werbőczy († 1541) im »Tripartitum opus«, das 1514 von König und Landtag sanktioniert wurde. Die Rechtsposition, daß der zur Anteilnahme an der Königsherrschaft und zur Mitregierung berufene Adel ein einheitlicher, nicht in hoch und niedrig differenzierter Stand sei, wofür man sich auf Entscheidungen etwa Ludwigs des Großen berufen konnte (sub una et eadem libertate), ließ die Ansicht aufkommen, daß auch alle anderen Einwohner Ungarns in dieser ungarischen Zweiklassen-Gesellschaft undifferenziert bloß als Untertanen zu beurteilen seien, als Colonen, wenn nicht gar als Hörige oder Leibeigene, eine »misera plebs contribuens«. Diese Rechtsauffassung, durch die Notwendigkeit der Niederschlagung eines just 1514 in Ungarn ausgebrochenen Bauernaufstandes verstärkt, hatte natürlich keinen Sinn für die besondere Qualität der dem Königsschutz anvertrauten »hospites« und für die ihnen verliehenen Privilegien. Für die Zukunft zeichneten sich Konflikte ab. Sie wurden zunächst nur durch den Untergang des mittelalterlichen Königreiches Ungarn infolge der Niederlage König Ludwigs II. gegen den Türkensultan Süleyman (1520–1566) in der berühmten Schlacht von Mohács 1526 verhindert.[148]

Als aber das Stephansreich zerbrochen und Siebenbürgen ein den Türken tributpflichtiges Fürstentum geworden war, sah sich am Ende des 16. Jahrhunderts der damalige Sachsengraf Albrecht Huet (1577–1607) genötigt, vor dem in Weißenburg versammelten Landtag und vor dem Fürsten Sigismund Báthori (1581–1602) am 10. Juni 1591 die verbrieften Rechte seines Volkes zu verteidigen und energisch der im magyarischen Adel verbreiteten Ansicht zu wehren, daß der Status des »hospes« minderes Recht bedeute und nicht volle Bürgerschaft: »Ihr seid nur Gäste, sagen sie, Zukömmlinge und Fremde, nicht Einheimische und Bürger; nur Schuster, Schneider und Kürschner, nicht Kriegsleute und Verteidiger des Reiches. Darauf sage ich also: es ist wahr, wir sind Gäste gewesen, wie es geschrieben steht in König Andreä Brief. Gerade das aber rechnen wir uns zur Ehre, denn wir sind eingeladen worden von König Geisa ... und ... mit Ehren ... zurückbehalten worden ... Darum sind wir nicht mehr Fremdlinge, sondern bestätigte Bürger des Landes ...«[149]

So oder ähnlich hätte überall eine Apologie der mittelalterlichen deutschen Südostsiedlung lauten können.

Einwanderung und Ansiedlung der Deutschen (1686–1790)

MÁRTA FATA

Ungarn war nahezu tausend Jahre lang ein Einwanderungsland, das fast ununterbrochen fremde Elemente in seine politische, ökonomische und sozial-kulturelle Struktur aufnahm. Sowohl im Mittelalter als auch im 18. und 19. Jahrhundert haben sich an der Besiedlung von ungarischen Gebieten Einwanderer aus anderen europäischen Gebieten beteiligt. Das größte Kontingent unter den ins Land gerufenen Siedlern stellten im Mittelalter und in der Neuzeit die Deutschen. Der Grund dafür war neben der enorm großen demographischen Spannung zwischen Ungarn und dem benachbarten westlichen Teil Mitteleuropas vor allem die Tatsache, daß die deutschen Kleinstaaten ihren auswanderungswilligen Untertanen die Auswanderung nicht nachdrücklich verbieten konnten. Schließlich entschied man sich für die deutschen Kolonisten, weil sie im allgemeinen über modernere Methoden in der Landwirtschaft und im Gewerbe verfügten als die alteingessene Bevölkerung oder die aus dem Osten und Süden in großen Massen einströmenden Volksgruppen. In Ungarn hatte man eine Vorliebe für die schwäbischen (südwestdeutschen) Kolonisten, denn »diese kommeten mit guten Willen und mit eigenen Mitteln, und sie betrageten sich ungemein wohl«.[1]

Nach der Einwanderung im Mittelalter erfolgte zwischen dem ausgehenden 17. und dem 19. Jahrhundert eine zweite Masseneinwanderung von Deutschen – im 18. Jahrhundert im Rahmen einer nach der merkantilistischen Wirtschaftspolitik organisierten Kolonisation, im 19. Jahrhundert hauptsächlich spontan, im Rahmen der internationalen Arbeitskräfteverteilung. Zwar richtete sich die deutsche Einwanderung den Bedürfnissen des Landes entsprechend im 18. Jahrhundert vor allem auf den Agrarbereich und im 19. Jahrhundert hauptsächlich auf den gewerblich-industriellen Sektor, doch von Anfang an siedelten sich die Deutschen sowohl im ländlichen Bereich als auch in den Städten an, die ständig Nachschub an deutschen Siedlern erhielten.

Während der neuzeitlichen deutschen Einwanderung entstanden neben den mittelalterlichen Siedlungen in der Zips, in Siebenbürgen und im Westen des Landes neue Siedlungsgebiete. Im Ofner Bergland, im Ungarischen Mittelgebirge, in der Schwäbischen Türkei und in Sathmar setzte nach der Befreiung Ofens im Jahre 1686 die Kolonisationstätigkeit der Grundbesitzer ein. In der Batschka und in Slawonien begann nach dem Frieden von Karlowitz im Jahre 1699 die staatliche Ansiedlung auf den ausgedehnten Gütern der Ungarischen Hofkammer. Das Banat wurde nach dem Frieden von Passarowitz im Jahre 1718 als unmittelbar unter kaiserlicher Verwaltung stehende Provinz zum größten Experimentierfeld der habsburgischen Besiedlungspolitik.

Das Volumen der deutschen Einwanderung nach Ungarn ist wegen der lückenhaften ungarischen Statistiken nicht feststellbar. Man geht in der ersten Hälfte des 18. Jahrhunderts von etwa 350 000 bis 400 000 Deutschen in Ungarn aus, inbegriffen auch die alteingesessenen Zipser und Siebenbürger Sachsen. 1773 zählte man 637 000, im Jahre 1840 bereits 1 038 000 und 1880 beinahe zwei Millionen Deutsche.

Ursachen der Kolonisation

UNGARN NACH DER TÜRKENZEIT

Die 145 Jahre währende Türkenherrschaft in Ungarn warf die Entwicklung des Landes um Jahrhunderte zurück und rief dauerhafte Verzerrungen in der Politik, in der Wirtschaft und in der Gesellschaft hervor.

Nach der Schlacht bei Mohács im Jahre 1526 geriet Ungarn in die unmittelbare Interessensphäre zweier Großmächte, und es wurde zugleich für anderthalb Jahrhunderte zur Pufferzone zwischen Okzident und Orient. An der Wende vom 17. zum 18. Jahrhundert hinterließ die türkische Herrschaft einen politisch geteilten Staat, der erst in den letzten Jahrzehnten des 19. Jahrhunderts in seinen ursprünglichen Grenzen wiederhergestellt werden konnte. In Siebenbürgen begann im Jahre 1691, als die Habsburger das Gebiet dem eigenen Machtbereich einfügten, ein bis 1867 andauernder politischer Sonderweg. Das Temescher Banat kam 1717 unter unmittelbare habsburgische Verwaltung und wurde erst 1778 wieder dem ungarischen Königreich angegliedert, mit der Ausnahme der südlichen und östlichen Teile, die bis 1881 bei der österreichischen Militärgrenze blieben.

Für die Wirtschaft brachte die Türkenherrschaft vor allem den Verlust von Produktionsmitteln und Arbeitskräften.[2] Die türkischen Eroberungskriege und die Einrichtung der fremden Macht waren mit Verschleppung und Flucht der Bevölkerung und mit Verwüstung und Verwilderung der Kulturlandschaft verbunden. Anders als auf dem Balkan, nutzte die türkische Wirtschaftsführung das ökonomische Potential der ungarischen Provinz nicht aus. Kein Wirtschaftszweig wurde von den Türken staatlich monopolisiert, und sogar der blühende Tier- und Weinexport wurde in ungarischer Hand gelassen. Damit war Ungarn auch während der Türkenherrschaft in der Lage, sich aktiv am europäischen Wirtschaftsleben zu beteiligen. Der bedeutendste Zweig der ungarischen Wirtschaft war die Rindviehzucht. Sie bildete bis ins 17. Jahrhundert, durch die europäische Agrarkonjunktur intensiviert, einen der wichtigsten Faktoren der gesamteuropäischen Wirtschaft überhaupt.

Das Osmanische Reich konnte seine Macht an der äußersten Grenze seiner Herrschaft nicht voll entfalten, mußte in einem Kondominium mit der ungarischen Verwaltung und Rechtsprechung leben und sogar die Besteuerung der Untertanen durch die ungarischen Grundherren dulden. In den Lücken der türkisch-ungarischen Herrschaft entwickelten sich dabei durchaus positive Tendenzen. Durch die Lockerung der feudalen Bindungen, die sich nicht zuletzt infolge der Dezimierung der Arbeitskraft ergab, wurde den Leibeigenen der Weg zum Status des freien Pächters eröffnet. In den fruchtbaren Tälern und vor allem in der Ungarischen Tiefebene war die Bevölkerung aus den kleinen Dörfern in die größeren Siedlungen geströmt, woraufhin die Gemarkung der verlassenen Dörfer den zentralen Siedlungen angeschlossen wurde. Dieser Vorgang der Verödung begünstigte die Ausbreitung der Weideflächen und die Entstehung einer umfangreichen extensiven Viehzucht. In den zentralen Orten bildete sich eine reiche und selbstbewußte Schicht von Ackerbürgern, Kaufleuten und Unternehmern heraus. Die frühkapitalistische Produktion, auch wenn in Keimen vorhanden, konnte sich jedoch aufgrund der unsicheren öffentlichen Zustände, der zu niedrigen Bevölkerungszahl und der unterentwickelten Marktverhältnisse nicht herausbilden. Handel und Gewerbe waren arm, und das aus der Agrarproduktion stammende Kapital wurde von der Modernisierung der ungarischen Kriegsmaschinerie verschluckt, oder es versickerte in den permanenten militärischen Auseinandersetzungen.[3]

Der Fünfzehnjährige Krieg (1593–1606) und die im 17. Jahrhundert auftretende europäische Wirtschaftsdepression richteten die prosperierenden Wirtschaftszweige zugrunde und führten zur Herausbildung eines feudalen Kriegswirtschaftssystems. Die Produktion wurde eingeengt, die für das 16. Jahrhundert charakteristische Unternehmungslust ging verloren. Die Wirtschaft wurde in der zweiten Hälfte des Jahrhunderts während der sechzehn Jahre dauernden Befreiungskriege völlig zerschlagen. Die Gebiete, die von den kriegerischen Auseinandersetzungen erfaßt worden waren, lagen wüst und leer. Die abziehenden Türken plünderten und steckten die Ortschaften in Brand. Die christlichen Truppen, deren Unterhalt größtenteils auf der Bevölkerung Ungarns lastete, behandelten die Einheimischen als Feind. Viele fremde und ungarische Soldaten sahen in der Plünderung eine günstige Gelegenheit, schnell Reichtum zu erwerben. Im Jahre 1759 erinnerte sich der sechsundachzigjährige Gergely Ágoston in Karcag an die Zeit der Befreiungskriege: »Ich kam in Ecseg [Komitat Külső-Szolnok] zur Welt. Damals war dieser Boden verödet. Da General Caraffa in Debrecen tobte, flohen wir nach Ványa, von Ványa nach Komádi [Komitat Bihar]. Die vielen Räuber griffen Komádi an und nahmen uns alles weg und ließen verkünden, daß sie all die Güter von den Türken erbeuteten. Einmal griffen die Türken an und töteten sie alle. Dann kamen wir nach Ványa zurück, gingen aber wegen heimtückischen Menschen nach Túr [Komitat Külső-Szolnok]. Dort griffen uns die Tataren an. Ványa, Túr und die ganze Gegend liefen auseinander und gingen zugrunde. Wir zogen in Richtung Szolnok. Ich erinnere mich noch, wie die Deutschen die Leute von der Brücke drängten und jeden Wagen nur gegen Bezahlung durchließen. Wir überwinterten in Cegléd und gingen dann nach Nána weiter [Komitat Heves], wo wir sechs Jahre lang wohnten. Von dort kamen wir nach Karcag, aber auch danach waren wir heimatlos.«[4]

Die ständigen Kriege hatten die Verwilderung der Landschaft und das Wüstwerden des anbaufähigen Bodens zur Folge. Die vordringenden kaiserlichen Truppen fanden nicht selten auch bei mehrtägigem Marsch keinen Menschen, nur hochgewachsenes Gras vor. Heinrich Ottendorff, der mit einer kaiserlichen Delegation noch im Jahre 1663 zum Temeschwarer Beglerbeg durch Ungarn reiste, berichtete über Földvár an der Donau im Komitat Tolna: »Feldwar … ist ein grosser Marcktfleckken, dorff und Palanke nahent der Donau. Die Palanke liget auf einem zimblich hohen Bergichten ufer, welches getheilet, oder mit fleiss durchgearbeitet ist … zu den Seyten underschiedtliche Gartten und heuser unden am grundt ligen hatt.«[5] Herzog Karl von Lothringen, Oberbefehlshaber der kaiserlichen Armeen, notierte am 19. September 1686 über die

Gegend in seinem Tagebuch: »Am 13. waren wir in Földvár, was früher ein gut befestigter Ort gewesen sein konnte, aber jetzt fanden wir ihn bis zum Grunde abgebrandt, wie auch die anderen Burgen, Festungen und Dörfer der Gegend. Da die am Leben Gebliebenen keinerlei Behausung hatten, flüchteten sie auf die Insel der Donau und bezogen dort in die Erde gegrabene Löcher.«[6] Die Bewohner, immer zur Flucht bereit, lebten in erster Linie von der wenig standortgebundenen Tierhaltung; der Ackerbau beschränkte sich auf das Allernotwendigste, die unsicheren Verhältnisse hatten die bodenständige Landwirtschaft zum Erliegen gebracht.

Der starke Bevölkerungsrückgang führte im Landesinnern zum Zerfall der mittelalterlichen Siedlungsstruktur. Im Randgebiet des sogenannten türkischen Eroberungsgebiets kam es zu Brüchen in der Siedlungsstruktur, im türkisch besetzten Gebiet wurde sie stark beschädigt, zum Teil sogar völlig zerstört. Die neue Struktur wurde von der Überlebensstrategie der Bevölkerung geprägt. Die fruchtbaren und zum Anbau besonders geeigneten weiten Täler und Ebenen konnten den Einwohnern wenig Schutz vor dem türkischen Militär und vor allem vor dessen schlecht bezahlten und versorgten und deshalb auf Plünderung spezialisierten tatarischen und serbischen Hilfstruppen gewähren. Nur der Zusammenschluß in größeren Siedlungen ließ eine erfolgreiche Selbstverteidigung zu. Hier boten Pfahlburgen, umgeben von undurchdringlichem Dickicht, den Siedlern gegen überraschende Überfälle einen gewissen Schutz. Das wertvollste Vermögen der Menschen auf den Ebenen, das Rindvieh, hütete man auf entfernteren Weiden, wo die Herde bei einem Überfall auf die Siedlung verschont blieb.

Die Bevölkerung in wald- und wasserreichen Gebieten konnte sich in den vom Hochwasser heimgesuchten, sumpfigen Überschwemmungsgebieten der Flüsse und im Dickicht der Wälder vor den Soldaten, Freischärlern und Steuereintreibern verstecken. Dort errichtete man inselartige kleine Siedlungen, die nur auf verborgenen schmalen Wasserstraßen zu erreichen waren und die bei Gefahr für Mensch und Tier einen sicheren Unterschlupf boten.

Im hügligen Transdanubien zog sich die Bevölkerung in die Gebirge zurück. In einem bischöflichen Bericht aus dem Jahre 1670 hieß es: »Die Dörfer der Christen befinden sich überall in den Wäldern, von Bäumen und von einer befestigten Umfriedung völlig umgeben, so daß auf dem schmalen Pfad ein Reiter sich an die Siedlung nicht heranmachen kann.«[7] Im Komitat Baranya konnte die Bevölkerung sowohl im Mecsek-Gebirge als auch in den Überschwemmungsgebieten entlang der Drau und der Donau bis zu den Befreiungskriegen ohne größere Verluste überleben. Das Komitat erwies sich nach den großen Verwüstungen des Fünfzehnjährigen Krieges als das widerstandsfähigste und am dichtesten bevölkerte Komitat in dem von den Türken besetzten Gebiet, aus dem sogar regelmäßig Menschen in das Donau-Theiß-Zwischenstromland abwanderten.

Die Einwohnerzahl der meisten Städte im eroberten Gebiet ging seit dem 16. Jahrhundert rapide zurück, und die Wirtschaft sank auf das Niveau eines mittleren Marktfleckens. Während der Türkenherrschaft haben sich die Städte, vor allem die regionalen und strategisch wichtigen Zentren wie Ofen, Fünfkirchen und Szeged von den Schäden erholt, aber während der Befreiungskriege wurden sie erneut heimgesucht.

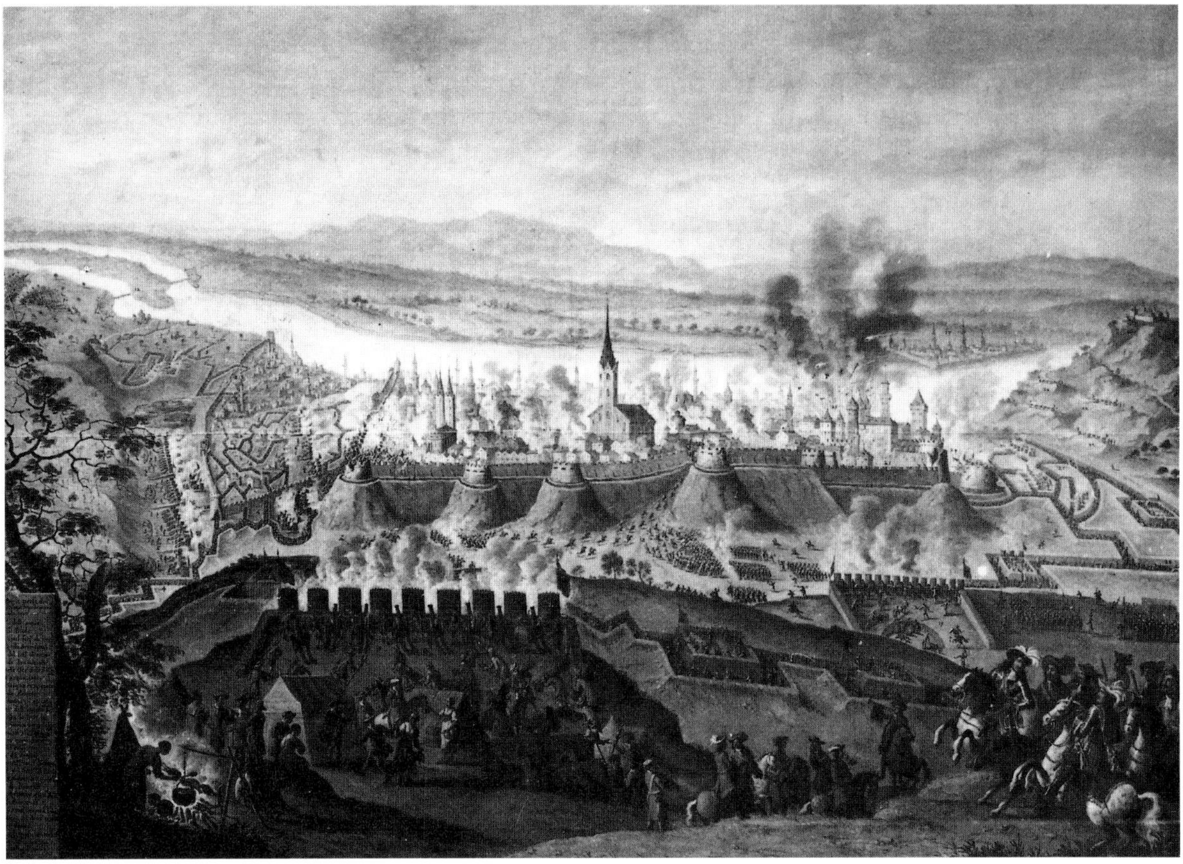

Die Belagerung Ofens im Jahre 1686, Ölgemälde von Francesco Geffels.
Am 2. September 1686 stürzte der türkische Halbmond von den Zinnen der Ofner Burg. Nach fast anderthalb Jahrhunderten der Besetzung war es schließlich mit Hilfe der Truppen der Heiligen Liga gelungen, die Stadt zu befreien. Während der Oberbefehlshaber der vereinigten Truppen, Herzog Karl, seine Soldaten mit drei Tagen Plünderungsfreiheit belohnte, feierte man andernorts in Europa mit Danksagungen und Festmählern den Sieg. Ofen, einst Bollwerk des Christentums, wurde jetzt zur Basis der einsetzenden Feldzüge gegen das Osmanische Reich.

Ein Zeitzeuge, der Utrechter Professor Jakob Tollius, berichtete ein Jahr nach der Befreiung Ofens: »Die einst so stolze und prächtige Burg und Stadt lagen infolge der fürchterlichen Bombardierungen ganz in Schutt und Asche.«[8]

Bezüglich der Verluste unter der Bevölkerung verfügen wir kaum über zuverlässige Angaben. Man schätzt, daß die Bevölkerungszahl des ungarischen Königreichs mit vier Millionen im 15. Jahrhundert nach den Befreiungskriegen an der Wende vom 17. zum 18. Jahrhundert auf etwa 3,5 Millionen sank, bestenfalls konstant blieb. Die Verwüstung und Entvölkerung traf besonders die von den Türken besetzten mittleren und südlichen Gebiete, etwa ein Drittel des mittelalterlichen Königreichs Ungarn, sowie das als Pufferzone wirkende Grenzbefestigungsgebiet im Landesinnern, das etwa zwanzig Prozent des Königreichs ausmachte. Die Kriege der Türkenzeit haben den natürlichen Bevölkerungszuwachs von anderthalb Jahrhunderten verschlungen. Wenn man noch bedenkt, daß unter dem Schutz der Türken eine beträchtliche Anzahl Serben in das türkisch besetzte Ungarn zog und in Siebenbürgen sich Rumänen in großer Zahl niederließen, so müssen die Verluste der Bevölkerung des ungarischen Königreichs noch höher gewesen sein.

Die Komitate Baranya und Tolna waren bis zum 15. Jahrhundert eine der am dichtesten besiedelten und reichsten Gegenden Ungarns. Im Jahre 1495 gab es in den 922 Dörfern und 27 Städten der Baranya 15 018 Steuerzahler, die 9 042 Forint bezahlten, in der Tolna entrichteten die Steuerzahler in 540 Dörfern und 21 Städten 10 031 Forint. 1696 hatte das Komitat Baranya nur 110 bewohnte Orte mit 2 554 Steuerzahlern, im Komitat Tolna waren lediglich 28 Orte bewohnt, wo man 488 ungarische und 459 serbische Steuerzahler registrierte. In den südlichen Gebieten Ungarns begann bereits während des 15. Jahrhunderts die Entvölkerung, als die Türken Ungarns Grenzen bedrohten. Vor der türkischen Eroberung flüchtete die Bevölkerung nach Norden; an ihre Stelle traten die zunächst vor den Türken geflüchteten, dann mit den Türken eindringenden südslawischen Gruppen. In Slawonien überstanden nur einige ungarische Dörfer südlich der Drau-Donau-Mündung, im sumpfigen Gebiet des Vuka-Tals, die türkische Herrschaft. Im Banat fand man 1688 südlich der Linie Donau-Marosch keine ungarische Siedlung mehr, nicht einmal in den Sumpf- und Überschwemmungsgebieten.

Die Bevölkerungsdichte betrug nach der Befreiung auf dem ehemals königlichen Gebiet etwa 18,43 Personen pro Quadratkilometer, auf dem einst türkisch besetzten Gebiet lag sie dagegen bei 8,44 Personen. Auch das Siedlungsnetz war hier spärlich. Auf hundert Quadratkilometer entfielen im einstigen königlichen Ungarn 6,23 Ortschaften, im türkisch besetzten Gebiet nur 1,69 Orte, wobei die Orte keinesweg unterbevölkert waren. Im Donau-Theiß-Zwischenstromland und jenseits der Theiß entstanden verhältnismäßig große Ortschaften und dazwischen große wüste Flächen.[9]

Die ethnische Struktur des Landes hat sich im Laufe der Türkenherrschaft und nach den Befreiungskriegen grundlegend geändert. Die kriegerischen Auseinandersetzungen betrafen hauptsächlich die von den Ungarn bewohnten Siedlungsgebiete. Besonders viel Schaden erlitt die Bevölkerung im Süden und entlang der sich ständig ändernden Grenzfestungslinie in der Mitte des Landes sowie in den Aufmarschgebieten der Heere etwa entlang der Via Regia, die Ofen mit Konstantinopel verband.

An die Stelle der Ungarn im Süden traten die bereits im 14. und 15. Jahrhundert geflüchteten katholischen Kroaten, Bunjewatzen, Schokatzen und die griechisch-orthodoxen Serben (Raitzen). Kroatische Bauern kamen infolge der Umsiedlungsaktion ungarischer Grundbesitzer, die in Kroatien über ausgedehnte Güter verfügten und ihre Bauern vor den Türken in das geschützte Westungarn brachten. Die nächste große südslawische Einwanderungswelle erreichte Ungarn während des 16. Jahrhunderts, als mit den türkischen Heeren serbische Soldaten eindrangen. Auch in die Städte und Dörfer kam ständig südslawischer Nachschub, so daß es nach dem Fünfzehnjährigen Krieg südlich der Linie Szeged-Gyula-Temeschwar kaum noch ungarische Siedlungen gab. In Transdanubien siedelten sich Südslawen unter dem Schutz der Türken in den stark entvölkerten Komitaten Tolna, Somogy, Fejér und Pest an. Sie gingen vielerlei Berufen nach, bearbeiteten die verlassenen Weingärten und die verwilderten Felder, betrieben Handel und Handwerk. Die dritte große Einwanderungswelle aus dem Süden erreichte Ungarn zwischen 1690 und 1693, als eine Massenflucht der mit dem kaiserlichen Hof verbündeten Serben aus dem Gebiet an der Unteren Donau einsetzte. Mehr als 30 000 Familien (darunter viele Militärdienst leistende halbbäuerliche Gruppen) flüchteten unter dem Patriarchen Arsenije III. Crnojević auf ungarisches Gebiet und ließen sich in der Batschka und in den Komitaten Baranya und Tolna nieder. Ein Teil von ihnen wanderte die Donau aufwärts bis nach Ofen und Komorn.

Kaiser Leopold I. (1657–1705) gewährte den einwandernden Serben nach einem Bittgesuch des Patriarchen Kirchenautonomie, die neben der freien Religionsausübung ihnen auch das Recht zugestand, aus ihrer Mitte einen Erzbischof einzusetzen, der die Verfügungsgewalt über die griechisch-orthodoxe Kirche in Griechenland, Serbien, Bulgarien, Dalmatien, Bosnien, Herzegowina, Jenopolien, aber auch in Ungarn und Kroatien besaß. Es wurde auch die Wahl eines Woiwoden genehmigt, der die im kaiserlichen Kriegsdienst stehenden Serben befehligen sollte. Damit sicherte Leopold I. den kaiserlichen Waffen die serbische Unterstützung. Als Dank für ihre militärische Leistung bei Slankamen wurden die Privilegien der Serben 1691 sogar um die Verleihung der Selbstverwaltung erweitert. Zwischen 1698 und 1701 wurden die Serben in großer Zahl im Grenzgebiet, in der sogenannten serbischen Militärgrenze, angesiedelt und mit weiteren zahlreichen Privilegien ausgestattet.

Die ungarischen Stände wehrten sich gegen die Sonderrechte der Serben und vertraten die Auffassung, daß die Vermehrung der Serben in Ungarn im Gegensatz zu den öffentlichen ungarischen Interessen stehe.[10] Sie beanstandeten vor allem die Tatsache, daß sich die Serben gegen die Steuerzahlung an die ungarischen Grundherren stellten und ausschließlich die kaiserliche Gewalt akzeptierten.

Mit der Befreiung der Gebiete setzte die spontane Rückwanderung der Ungarn ein, die sich mit denen, die dort überlebt hatten, an den Wiederaufbau machten. Ihnen folgten andere Ethnien aus den Peripheriegebieten, Rumänen, Slowaken, Ruthenen und Juden, die von den Folgen der Kriege weniger betroffen waren als die Ungarn selbst. Im Rahmen dieser spontanen Binnenwanderung schob sich vom Norden die Volks- und Sprachgrenze der vor der Gegenreformation und vor der Überbevölkerung geflüchteten Slowaken bis in die Komitate Tolna, Csongrád und Békés vor. Die Rumänen aus der Moldau und der Walachei wanderten vor der Herrschaft der Fanarioten die Landesgrenzen überschreitend nach Siebenbürgen ein und erreichten im 17. Jahrhundert in großer Zahl das Banat und die Ungarische Tiefebene. Die mit den Türken abziehenden Serben wurden im Norden mehrmals von Slowaken und im Südosten (im Banat) von den Rumänen abgelöst. Entlang der Westgrenze wurde durch die Abwanderung von Ungarn und Hienzen in die Komitate Tolna und Baranya den Deutschen ein gewisser Raum geboten.

Das Bevölkerungsvakuum und die noch äußerst labilen Grundbesitzverhältnisse in den wiedereroberten Gebieten, die den Bauern Begünstigungen eröffneten, lockten viele Migranten an. Doch die Binnenwanderung bedeutete lediglich die Umstrukturierung des nicht ausreichenden Arbeitskräftepotentials, den Bedarf der Grundherrschaften an Arbeitskraft konnte sie nicht decken. Die demographischen Zustände des Landes ließen den dringend notwendigen erheblichen Anstieg der Zahl der Arbeitskräfte nicht zu. Nicht zuletzt war die gewünschte Wiederurbarmachung der wüsten Flächen wegen des primitiveren Niveaus der Produktion im ehemals türkisch besetzten Gebiet nicht möglich, wo Feldgraswirtschaft infolge des Überflusses an Boden und des Mangels an Arbeitskraft entstanden war. Die Grundherren griffen deshalb zu dem unmittelbar wirksamsten und naheliegenden Mittel, zur Anwerbung von Kolonisten aus dem Ausland.

PLÄNE UND GESETZE ZUR NEUBESIEDLUNG

Die niedrige Bevölkerungsdichte in der Habsburgermonarchie ließ die Kameralisten in Österreich in der zweiten Hälfte des 17. Jahrhunderts eine vom Staat systematisch betriebene Bevölkerungspolitik fordern. Die Populationistik, die Lehre von der Vermehrung der Produktivkräfte, wurde gerade durch die praktische Notwendigkeit, die ungarische Reichshälfte wieder urbar zu machen, zum organischen Bestandteil der österreichischen Staats- und Wirtschaftspolitik. Von Anfang an gab es zwei voneinander abweichende, aber nicht scharf zu trennende Auffassungen sowohl bei den Kameralisten als auch bei den Organisatoren der Neubesiedlung: Das eine Lager erstrebte die schnelle Erhöhung der Bevölkerungszahl durch direkte Methoden; so forderte der bekannte Vertreter des Kameralismus, Wilhelm von Schröder, daß »bei diesen so pressanten Zeiten extraordinario modo mit neuen Inwohnern … geholfen werde«.[11] Das andere Lager erachtete die Erschließung des Bodens als Hauptziel und wollte deshalb auch solche Ansiedler anwerben, die im Zuge ohnehin vorhandener Bevölkerungsbewegungen leicht zu bekommen waren. Unter dem Druck der ungarischen Mißstände entschied man sich schließlich zugunsten der unmittelbar und schnell wirkenden Methode der Anwerbung von ausländischen Einwanderern.

Fürst Pál Esterházy (1635–1713) wurde 1681 zum höchsten Würdenträger Ungarns, zum Palatin, erhoben. Er bewies politisches Talent und militärisches Geschick, das nur noch von seiner wirtschaftlichen Kompetenz übertroffen wurde. Den Wert seiner Herrschaften schätzte man auf sechs bis sieben Millionen Forint.

Leopold Graf Kollonich (1631–1707) vereinigte die Spitzenfunktionen seiner Zeit: 1672 wurde er zum Präsidenten der Ungarischen Hofkammer in Preßburg ernannt, 1694 berief man ihn an die Spitze des kaiserlichen Geheimen Rates, 1695 wurde er Bischof von Gran und Primas von Ungarn. Die Verbindung höchster weltlicher und geistlicher Ämter gab ihm die Möglichkeit, das von Kriegen und von inneren Mißständen geplagte Ungarn zu konsolidieren und es in den werdenden Großstaat der Habsburger einzugliedern. Im Auftrag des Kaisers schlug Leopold Graf Kollonich zugleich vor, die ständische Vorrangstellung des ungarischen Adels, den unter anderen der Palatin Pál Esterházy repräsentierte, abzubauen.

Kaiser Leopold I. ließ sowohl von österreichischen als auch von ungarischen Politikern Pläne zur Einrichtung des politischen und wirtschaftlichen Lebens in Ungarn ausarbeiten, nachdem die ungarischen Stände auf dem Landtag in Preßburg (1687 bis 1688) das Erbkönigtum der Habsburger in Ungarn auch de jure anerkannt hatten und nachdem die Macht der Casa d'Austria in Ungarn für die Zukunft gesichert war. Nach der Befreiung Ofens und des Landesinnern trat die Habsburgermonarchie mit einem Schuldenberg von etwa vierzig Millionen Gulden in die zweite Periode der Befreiungskriege und benötigte deshalb eine belastungsfähige Wirtschaft, was wiederum die Regelung der Staats- und Verwaltungsverhältnisse sowohl in Ungarn als auch in der Gesamtmonarchie dringend notwendig machte. Jeder Politiker und jeder Ausschuß war sich der auf den Staat lastenden Aufgaben bewußt, aber die österreichischen und ungarischen Pläne setzten andere Akzente beim Wiederaufbau.

Die Ungarn antworteten mit einem Plan, der von einem ständischen Ausschuß unter der Leitung des Palatins Fürst Pál Esterházy und Erzbischof Graf György Széchenyi ausgearbeitet worden war. Der Plan, der auf die Ausführungen Esterházys aus dem Jahre 1687 aufbaute, beinhaltete die Bestrebung des ungarischen Adels, die staatliche Integrität des Landes wiederherzustellen und die ständischen Vorrechte zu sichern. Die Neubesiedlung des Landes wurde nicht erörtert, in der Wirtschaftsfrage beschränkte sich das »ungarische Einrichtungswerk« allein auf die Vermehrung der Einnahmen der Ungarischen Hofkammer durch die Beibehaltung der rückeroberten Kammergüter und die Erweiterung der staatlichen Monopolrechte.[12]

In Wien erhielt Kaiser Leopolds Berater in ungarischen Fragen, Bischof Graf Leopold Kollonich, den Auftrag, einen entsprechenden Plan auszuarbeiten. Nach fünfzehnmonatiger Arbeit legte der aus Wirtschafts- und Militärberatern bestehende Ausschuß einen 500 Seiten starken Entwurf vor. Im Mittelpunkt stand der ökonomische Aufbau des Landes. Kollonich verurteilte das Unwesen des in Ungarn stationierten Militärs, das das Land ausplünderte und die Kameralien zugrunderichtete. Er, der selbst Mitglied des ungarischen Hochadels war, zog zwar die Besitzrechte des ungarischen Adels nicht in Zweifel, vertrat aber den Standpunkt, daß die Steuerlasten in einem angemessenen Verhältnis zur Belastbarkeit der Bauern stehen müßten und die Lasten von allen Bewohnern des Landes, also auch vom bis dahin steuerfreien Adel, zu tragen wären. Kollonich kritisierte die Mängel und die Rückständigkeit der Ständestaatlichkeit und wollte auch die Regalienrechte des Adels und seine Privilegien in der Rechtssprechung abschaffen. Um die Belastbarkeit des Landes zu erhöhen, sollte man Handel und Industrie unterstützen und mit der Wiederurbarmachung des Landes beginnen. Kollonich schlug vor, Einladungsschreiben auszusenden, um auf diese Weise möglichst viele Kolonisten für Ungarn zu gewinnen. Er wollte vor allem deutsche Kolonisten ins Land holen, »damit das Königreich oder wenigist ein großer Theil dessen nach und nach germanisiret, das hungarische zu Revolutionen und Unruhen geneigte Geblüt mit dem teutschen temperiret und mithin zur beständigen Treu und Lieb ihres natürlichen Erbkönigs und Herrn aufgerichtet werden möchten«.[13] Den Kolonisten, die durch den langen Reiseweg mehr Ausgaben hatten als die Binnenwanderer, wollte Kollonich fünf

»Die Stadt an den Hängen der Weinberge von der Ebene betrachtet ist einer der schönsten Blicke, die ich in Ungarn genoß», so schwärmte der sächsische Graf Johann Hofmannsegg von Fünfkirchen. Die Stadt, im Mittelalter ein wichtiges Kultur- und Wirtschaftszentrun des Königreichs, unterhielt über ihre deutschen und italienischen Bürger rege Beziehungen zu Wien und zu Norditalien. Auch die Türken schätzten Fünfkirchens schöne Lage und seine guten Weine. Die von ihnen errichteten Moscheen und Bäder überstanden die Befreiungskriege und den Wiederaufbau durch die neuen Bewohner – Ungarn, Deutsche und Südslawen. Die auch auf der Aquarellkopie von 1763 gut erkennbaren Moscheen sind heute die bedeutendsten orientalischen Baudenkmäler auf ungarischem Boden.

Jahre Steuerfreiheit gewähren, den Ungarn drei. Sowohl die aus- als auch die inländischen Kolonisten sollten ohne Entgelt Boden und Hausgrund sowie das Recht auf freien Wegzug erhalten.

Kollonichs »Einrichtungswerk des Königreichs Hungarn« stieß mit seinen antiständischen Bestrebungen des Absolutismus bei den ungarischen Ständen auf heftigen Widerstand. Zugleich enthielten die Vorschläge aber auch Merkmale des ungarischen Partikularismus, indem sie von der Kultivierung des Landes und nicht von der habsburgischen Gesamtstaatsidee ausgingen. Kollonich hielt die gerechte Neuverteilung der Kriegssteuer innerhalb der Monarchie, Ungarns Neubesiedlung und die Ausstattung des Landes mit Regalien zur Hebung des Wohlstandes für unerläßlich. Wenn die Habsburgermonarchie Ungarn als Teil ihres Territoriums betrachte, dann müsse sie sich auch Ungarns Problemen annehmen, wie das im Fall der anderen Teile der Monarchie geschehen sei. Auch bei der Besiedlung der entvölkerten Gebiete ging Kollonich von ungarischen und nicht von gesamtstaatlichen Interessen aus, indem er die österreichischen Erbländer von der Kolonistenwerbung nicht ausschloß. Diese Zugeständnisse an die ungarischen Stände stießen wiederum bei dem das Einrichtungswerk begutachtenden Ausschuß in Wien unter der Leitung von Oberhofmeister Fürst Ferdinand Dietrichstein auf Ablehnung. Der Ausschuß empfahl dem Kaiser nur einige Punkte des Einrichtungswerks, darunter die Kolonisation.

Das erste habsburgische Impopulationspatent wurde schließlich von der durch Kaiser Leopold I. eingesetzten Hofkommission unter Kollonich am 11. August 1689 erlassen. Die Kommission erklärte darin, daß man gewillt sei, »alle und jede, was Standts, Nation, und Religion, inn- oder außer Landts die seynd, welche sich in gedachten Königreich Hungarn und demselben angehörigen Landen Häußlich nider zulassen Lust und Sinn haben, sowohl in Städten, als auff dem Landt, für freye Burger und Unterthanen, jedoch respectu deren anderen Erbländer, die ohne dem der Zeit mehrere Unterthanen zu stüfften nöthig haben, gegen Vorzaigung ordentlicher Loß=Brief gnädigst an- und ein-zunehmen.«[14] Den Kolonisten wurden zahlreiche Vergünstigungen versprochen, niedrige Grundstückspreise, erblicher Haus- und Grundbesitz, inländischen Kolonisten drei und ausländischen fünf Jahre Steuerfreiheit, Mautfreiheit für den Import von Baumaterialien, das Recht auf freien Wegzug sowie die Förderung von Handwerk, Industrie und Bergbau. Das Patent hatte in der Habsburgermonarchie einen so großen Widerhall, daß man im Jahre 1699 in Mähren und Schlesien bereits ein Auswanderungsverbot nach Ungarn erlassen mußte.

Die Rechtsgrundlage für die Wiederbesiedlung der entvölkerten Gebiete bildeten die vom Kaiser Karl VI. (1711–1740) sanktionierten Gesetzesartikel des ungarischen Landtags von 1722/23. Damit wurde die Verordnung abgeschafft, wonach die Ansiedlung von ausländischen Kolonisten ohne die Einwilligung beziehungsweise wohlwollende Unterstützung des Wiener Hofkriegsrates und der Hofkanzlei nicht möglich war. Die Gesetzesartikel wurden von der am Landtag in den Jahren 1712 bis 1715 aufgestellten »Commissio systematica« im Jahre 1722 unter der Leitung von Hochadligen und führenden Würdenträgern des Landes vorbereitet. Die Mitglieder des Ausschusses

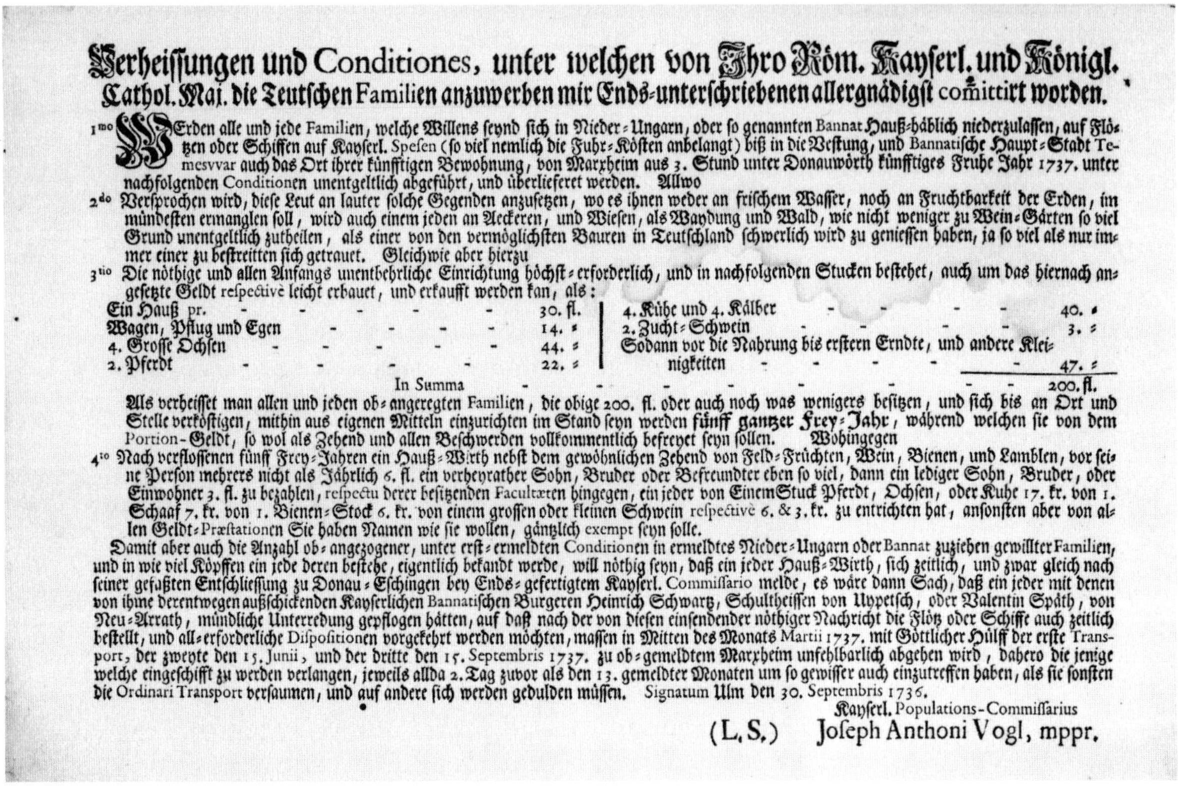

Verheissungen und Conditiones, unter welchen von Ihro Röm. Kayserl. und Königl. Cathol. Maj. die Teutschen Familien anzuwerben mir Ends-unterschriebenen allergnädigst comittirt worden.

1mo Werden alle und jede Familien, welche Willens seynd sich in Nieder-Ungarn, oder so genannten Bannat Hauß-häblich niederzulassen, auf Flötzen oder Schiffen auf Kayserl. Spesen (so viel nemlich die Fuhr-Kösten anbelangt) biß in die Vestung, und Bannatische Haupt-Stadt Temesvvar auch das Ort ihrer künfftigen Bewohnung, von Marxheim aus 3. Stund unter Donauwörth künfftiges Fruhe Jahr 1737. unter nachfolgenden Conditionen unentgeltlich abgeführt, und überlieferet werden. Allwo

2do Versprochen wird, diese Leut an lauter solche Gegenden anzusetzen, wo es ihnen weder an frischem Wasser, noch an Fruchtbarkeit der Erden, im mündesten ermanglen soll, wird auch einem jeden an Aeckeren, und Wiesen, als Waydung und Wald, wie nicht weniger zu Wein-Gärten so viel Grund unentgeltlich zutheilen, als einer von den vermöglichsten Bauren in Teutschland schwerlich wird zu geniessen haben, ja so viel als nur immer einer zu bestreitten sich getrauet. Gleichwie aber hierzu

3tio Die nöthige und allen Anfangs unentbehrliche Einrichtung höchst-erforderlich, und in nachfolgenden Stucken bestehet, auch um das hiernach angesetzte Geldt respective leicht erbauet, und erkaufft werden kan, als:

Ein Hauß pr.	30. fl.	4. Kühe und 4. Kälber	40. -
Wagen, Pflug und Egen	14. -	2. Zucht-Schwein	3. -
4. Grosse Ochsen	44. -	Sodann vor die Nahrung bis erstern Erndte, und andere Kleinigkeiten	47. -
2. Pferdt	22. -		
In Summa			200. fl.

Als verheisset man allen und jeden ob-angeregten Familien, die obige 200. fl. oder auch noch was wenigers besitzen, und sich bis an Ort und Stelle verköstigen, mithin aus eigenen Mitteln einzurichten im Stand seyn werden fünff gantzer Frey-Jahr, während welchen sie von dem Portion-Geldt, so wol als Zehend und allen Beschwerden vollkommentlich befreyet seyn sollen. Wohingegen

4to Nach verflossenen fünff Frey-Jahren ein Hauß-Wirth nebst dem gewöhnlichen Zehend von Feld-Früchten, Wein, Bienen, und Lamblen, vor seine Person mehrers nicht als Jährlich 6. fl. ein verheyrather Sohn, Bruder oder Befreundter eben so viel, dann ein lediger Sohn, Bruder, oder Einwohner 3. fl. zu bezahlen, respectu derer besitzenden Facultæten hingegen, ein jeder von Einem Stuck Pferdt, Ochsen, oder Kuhe 17. kr. von 1. Schaaf 7. kr. von 1. Bienen-Stock 6. kr. von einem grossen oder kleinen Schwein respective 6. & 3. kr. zu entrichten hat, ansonsten aber von allen Geldt-Præstationen Sie haben Namen wie sie wollen, gäntzlich exempt seyn solle.

Damit aber auch die Anzahl ob-angezogener, unter erst-ermeldten Conditionen in ermeldtes Nieder-Ungarn oder Bannat zuziehen gewillter Familien, und in wie viel Köpffen ein jede deren bestehe, eigentlich bekandt werde, will nöthig seyn, daß ein jeder Hauß-Wirth, sich zeitlich, und zwar gleich nach seiner gefaßten Entschliessung zu Donau-Eschingen bey Ends-gefertigtem Kayserl. Commissario melde, es wäre dann Sach, daß ein jeder mit denen von ihme derentwegen außschickenden Kayserlichen Bannatischen Burgeren Heinrich Schwartz, Schultheissen von Uypetsch, oder Valentin Späth, von Neu-Arrath, mündliche Unterredung gepflogen hätten, auf daß nach der von diesen einsendender nöthiger Nachricht die Flötz oder Schiffe auch zeitlich bestellt, und all-erforderliche Dispositionen vorgekehrt werden möchten, massen in Mitten des Monats Martii 1737. mit Göttlicher Hülff der erste Transport, der zweyte den 15. Junii, und der dritte den 15. Septembris 1737. zu ob-gemeldtem Marxheim unfehlbarlich abgehen wird, dahero die jenige welche eingeschifft zu werden verlangen, jeweils allda 2. Tag zuvor als den 13. gemeldter Monaten um so gewisser auch einzutreffen haben, als sie sonsten die Ordinari Transport versaumen, und auf andere sich werden gedulden müssen. Signatum Ulm den 30. Septembris 1736.

Kayserl. Populations-Commissarius

(L. S.) Joseph Anthoni Vogl, mppr.

Im Herbst 1736 erschien in der Baar im Fürstentum Fürstenberg eine kaiserliche Kommission unter der Leitung des Populationskommissars Josef Anton Vogl, um Auswanderungswillige für das Banat anzuwerben. Trotz der Bedingung, zweihundert Gulden für ein Haus und die erste Einrichtung aufzubringen, folgten in den nächsten Jahren Hunderte dem Aufruf und wanderten nach Ungarn aus.

erkannten die Zusammenhänge zwischen Politik, Wirtschaft und Gemeinwohl und schlugen dem Landtag dringende juristische und wirtschaftliche Reformen vor. Als zentrale Frage wurde die Wirtschaft und die bereits begonnene Impopulation des Landes erörtert. Die Werbung um fremde Arbeitskraft und die Ansiedlung sollten nicht in Form von Einzelaktionen durchgeführt, sondern von dem aufzustellenden ungarischen Statthalterrat koordiniert werden. Die dicht besiedelten Komitate im Westen und in Oberungarn hätten ihren Bevölkerungsüberschuß an die unterbevölkerten Gebiete abzugeben. Um die für die Kontinuität der Produktion sich ungünstig auswirkende Mobilität der Arbeitskraft einzuschränken, wollte man das Recht der Bauern auf den freien Wegzug beschneiden. Zur Deckung der hohen Kosten der Neubesiedlung und der Wirtschaftsreformen versuchte man neue Einnahmequellen zu erschließen durch die Errichtung von Manufakturen und die Ansiedlung von ausländischen Handwerkern. Der Handel sollte durch den Bau von Straßen und die Schiffbarmachung der Flüsse gefördert werden. Die Durchführung des auf modernen merkantilistischen Ideen basierenden Plans scheiterte jedoch am Widerstand des Gemeinadels, der zur Umsetzung der Vorschläge selbst finanzielle Opfer hätte bringen müssen, wozu er aber nicht in der Lage war. Andererseits war auch der Adel auf dem ehemals königlichen Gebiet nicht bereit, Zugeständnisse zu machen und die Grundherrschaften auf dem einst türkisch besetzten Gebiet durch die Entlassung von Fronbauern zu unterstützen.

Der Gegensatz zwischen Hoch- und Gemeinadel offenbarte sich im Gesetzesartikel 103 über die Kolonisation. Die merkantilistisch-populationistischen Forderungen des ungarischen Hochadels, die an die Pläne und das Einwanderungspatent des Einrichtungswerks anknüpften, setzten sich die Erhöhung der Bevölkerungsziffer des Landes durch Heranziehung von Einwanderern zum Ziel. Der Gemeinadel unterstützte lediglich die Schaffung eines Rahmengesetzes, wollte sich aber auf keine Weise verpflichten. Der Gesetzesartikel 103 ermöglichte die Einwanderung von freien Personen, die von jeder öffentlichen Steuer für sechs Jahre zu befreien waren. War das Ziel des Gesetzesartikels im Grunde genommen die Vermehrung der ländlichen Kolonisten, so verfügte Artikel 117 über die Einwanderung von Handwerkern unter Zusicherung einer fünfzehnjährigen Freiheit von allen öffentlichen Steuern.[15] Das Gesetz bekräftigte damit eine seit dem ersten Impopulationspatent bestehende Praxis. Die in den Gesetzesartikeln garantierten Rechte der Kolonisten wie Freizügigkeit, Befreiung von staatlichen Steuern, öffentlichen Arbeiten und von der Einquartierung des Militärs sowie die dreijährige Befreiung von den grundherrlichen Lasten wurden in der Praxis durch Ansiedlungskontrakte zwischen Herrschaft und Kolonistengemeinschaft – auch im Fall der ungarischen und slowakischen Kolonistengemeinschaften – geregelt.

Die Kolonisatoren und ihre Organe

Nach 1686 erklärten sowohl der ungarische Adel als auch die habsburgische Staatsmacht sich selbst zum rechtmäßigen Besitzer der rückeroberten Gebiete. Die entscheidende Macht lag jedoch beim Kaiser, der die zurückgewonnenen Gebiete als mit Waffen eroberte Provinzen betrachtete und auf dem Recht bestand, sich dort nach Belieben einzurichten. Das durch die kaiserlichen Truppen erkämpfte Terrain wurde der Wiener Hofkammer anvertraut. Zur Verwaltung der Nutzungen, die der Fiskus daraus zog, rief Leopold I. 1686 das Kameralinspektorat zu Ofen, an seiner Stelle 1688 die Kameraladministration in Ofen und in Tschakaturn ins Leben. Die vielseitigen örtlichen Verwaltungs- und Wirtschaftsaufgaben wie die Eintreibung der Kriegssteuern, des Zehnten und der Regalien, die Belieferung der kaiserlichen Truppen, die Organisation der für das Heer notwendigen öffentlichen Arbeiten, der Bau von Straßen und Brücken, die Verwaltung der Kameralgüter und die Ansiedlung von Migranten übernahmen die lokalen Dreißiger- und Provisorämter.

An der Wende vom 17. zum 18. Jahrhundert bildeten sich hier drei Formen des Grundbesitzes aus. Einen Großteil des Gebiets in der Mitte des Landes erhielt der Adel zurück, der die Kolonisation dort selbst in die Hand nahm. Die königlichen Kammerdomänen unterstanden der Ungarischen Hofkammer, während die Krondomäne Banat direkt von der Wiener Hofkammer verwaltet wurde. Die staatliche Kolonisation lag als vorwiegend wirtschaftliche Angelegenheit vor allem im Wirkungskreis der Finanzbehörden, wobei die Krone das Recht auf Planung und Leitung für sich beanspruchte.

Das Banat wurde 1718 seiner staatsrechtlichen Stellung nach zur Krondomäne. Die grundherrschaftlichen Rechte übte der Kaiser allein aus, die Verwaltung oblag den kaiserlichen Zentralbehörden, bis 1751 gemeinsam der Wiener Hofkammer und dem Hofkriegsrat. Infolge der österreichischen Verwaltungsreform vom Jahre 1751 wurde das Banat zwischen dem Hofkriegsrat und der Hofkammer aufgeteilt. Die entlang der Unteren Donau gebildete Banater Militärgrenze unterstand von nun an allein dem Hofkriegsrat, das übrige Gebiet des Banats der Hofkammer. Im Banat konnten bis 1778 weder der ungarische Adel noch die ungarische Komitatsverwaltung Fuß fassen. De jure gehörte das Banat der Ungarischen Krone, war aber auf dem ungarischen Landtag in Preßburg nicht vertreten. De facto verfügte das Banat über eine Provinzselbstverwaltung, hatte aber keine eigene Provinzversammlung. Die Gesuche der ungarischen Stände, das Banat im Sinne des kaiserlichen Versprechens von 1715 wieder Ungarn anzugliedern, lehnte man in Wien aus militärischen und finanzpolitischen Gründen ab. Prinz Eugen von Savoyen, der 1716 durch seine siegreiche Schlacht bei Peterwardein und die Befreiung Temeschwars den Weg ins Banat öffnete, schlug bereits 1717 dem Hofkriegsrat vor, das aufgrund seiner Grenzlage strategische Gebiet als von den kaiserlichen Waffen rückerobertes Gebiet zum Kraftzentrum der Habsburgermonarchie gegen die Türken auszubauen. Auch der Fiskus schlug die Reichsunmittelbarkeit des Banats vor. Die Wiener Hofkammer vertrat die Meinung, daß alle Einkünfte aus diesem mit so großen Opfern des Staates eroberten Land dem Ärar gehören sollten und nicht wie in den anderen Gebieten den ungarischen Ständen, die vom Kaiser mit großen Latifundien beschenkt worden seien, der Gesamtkasse aber nichts zugute kommen ließen.[16]

Die Verwaltung im Banat übernahm die 1718 im Einvernehmen von Hofkriegsrat und Hofkammer geschaffene Landesadministration des Temescher Banats. Sämtliche Verwaltungs-, Militär- und Wirtschaftsangelegenheiten und somit auch die Besiedlung des Gebiets oblagen dem Präsidenten der Landesadministration, bis 1751 der jeweilige kommandierende General, nach der österreichischen Verwaltungsreform und der Entmilitarisierung des Banats der zivile Präsident. Die kamerale Beamtenkörperschaft bestand aus zwei Administrationsräten für die Kammer-, Provinz- und Justizangelegenheiten und aus zwei Räten für die militärischen Angelegenheiten. Einer der Administrationsräte wurde von Zeit zu Zeit auch mit der Ansiedlung beauftragt. Das Banat wurde in dreizehn Distrikte eingeteilt, an deren Spitze je ein Verwalter stand. Die Verwaltungsämter wirkten zugleich als Durchführungsorgane bei der Besiedlung.

1766 wurde nach dem Plan des Staatsrates eine gemeinsame Impopulationskommission der privaten und staatlichen Kolonisation gebildet mit dem Ziel, Werbung und Transport der Kolonisten besser zu organisieren. Als Ende 1768 die Impopulation im Banat der Gesamtkommission erneut entzogen und einem gemeinsamen Organ der Wiener Stadtbank und der Hofkammer, der Ministerialbankodeputation, unterstellt wurde, verlor die Kommission ihre Bedeutung und arbeitete lediglich noch als Sonderreferat der Wiener Hofkammer in Angelegenheiten der ungarischen Kameralansiedlung. An der Spitze der Kolonisation im Banat stand zwischen 1770 und 1774 eine innerhalb der Landesadministration gebildete Impopulationskommission, der der Präsident der Administration, Karl Ignaz Graf Clary-Aldringen, der Impopulationsdirektor, der Kolonisten-Hauptrechnungsführer und zwei Administrationräte sowie zwei Kanzleikräfte angehörten. 1774, nach dem Abschluß der theresianischen Kolonisation, wurde das Ansiedlungswesen wieder einem einzelnen Administrationsrat übertragen. Die staatliche Ansiedlung im Banat wurde während der ganzen Zeit sowohl von den theoretischen Forderungen der Kameralisten als auch von praktischen Staatserfordernissen geleitet, was der Besiedlung einen Vorbildcharakter gab.

Die Neubesiedlung der königlichen Kameralgüter in der Mitte und im Süden des Landes nahm eine Sonderstellung ein, denn den entscheidenden Part bei der Kolonisation hatte weder der Gesamtstaat noch die private Grundherrschaft, sondern eine ungarische Landesbehörde, die Ungarische Hofkammer gespielt. Die Ungarische Hofkammer war der größte und kapitalkräftigste Grundherr in Ungarn, mit ihr konnten nicht einmal die größten Privatherrschaften konkurrieren. Ihr größtes Arbeitsfeld war die Batschka.

In der Batschka wurde nach dem Frieden von Karlowitz in den Jahren 1699 bis 1703 die Militärgrenze ausgebaut: im Süden an der Donau und im Osten an der Theiß im Rahmen einer von der Adria in Kroatien bis zur Marosch im Banat errichteten Grenzbefestungslinie gegen die Türken. Sombor und Szabadka (das spätere Maria Theresiopel) wurden ebenfalls der bis 1751 bestehenden Marosch-Theiß-Grenze untergeordnet. Auf dem Gebiet außerhalb der Militärgrenze wurde 1698 bis 1699 zwar die Komitatsverfassung eingeführt, doch der größte Teil der Batschka blieb weiterhin königlicher Besitz. Privatgrundbesitz konnte sich zunächst im nördlichen Teil der Batschka etablieren, wobei der größte Privatgrundbesitzer, Antal Graf Grassalkovich, seit 1748 zugleich Präsident der Ungarischen Hofkammer war.

Innerhalb der Ungarischen Hofkammer wurde für das Ansiedlungswerk eine eigene Impopulationskommission gebildet. Die Neubesiedlung in der Batschka wurde, mit Ausnahme einer kurzen Periode direkter Unterstellung unter die Wiener Hofkammer zwischen 1740 und 1744, von der Kameraladministration der Ungarischen Hofkammer verwaltet und bis zum Ende des 18. Jahrhunderts von deren fiskalischem Merkantilismus geprägt. Danach sollten die Staatseinnahmen um jeden Preis gesteigert und die Ausgaben eingeschränkt werden.[17] Der Kameralbesitz Batschka wurde deshalb vorwiegend nach privatwirtschaftlichen Grundsätzen verwaltet, das heißt, die Ansiedlung erfolgte nicht stoßweise wie im Banat, sondern ziemlich gleichmäßig durch ein ganzes Jahrhundert hindurch verteilt mit dem Hauptziel, den Boden zu erschließen und die inneren Kräfte zu mobilisieren.

Zum Träger der Kolonisation in der Mitte des Landes wurde die private – weltliche und kirchliche – Grundherrschaft, nachdem der ungarische Adel aus dem Kampf um den Besitz von Grund und Boden und die Kompetenz in den traditionell ständischen Verwaltungsorganen, in den Komitaten, als Sieger hervorgegangen war.

Da Wien die hohen Kosten der Befreiungskriege mit Einnahmen aus den zurückeroberten Gebieten decken wollte, verfügte Kaiser Leopold I. 1688, daß die ungarischen Grundbesitzer ihre Güter erst nach dem urkundlichen Nachweis des Besitzrechts und der Abzahlung einer zehnprozentigen Waffenablösesumme zurückbekommen könnten. Zu den wenigen Grundherren, die ihre alten Ländereien – ohne die Abzahlung der Ablösesumme – zurückerhielten, gehörte die katholische Kirche. Die Klärung der Besitzverhältnisse oblag der »Neoacquistica commissio«, die innerhalb der Wiener Hofkammer gebildet wurde. Viele Grundbesitzer konnten das Recht auf ihre alten Besitztümer nicht nachweisen, und die meisten von ihnen waren nicht in der Lage, die verlangte Ablösesumme aufzubringen. So gelangte ein wesentlicher Teil der herrenlosen Güter in die Hand der Kameraladministration, die die Güter zunächst verpachtete, um die staatlichen Einnahmen zu vergrößern. Nach Ablauf des Pachtvertrags mußten die jeweiligen Pächter die überlassenen Güter dem kaiserlichen Provisorat in einem besseren Zustand übergeben, als sie sie einst vorgefunden hatten. Dieses Pachtsystem führte in vielen Fällen zur Raubwirtschaft, weshalb von der Jahrhundertwende an die Landgüter gegen Abzahlung des Waffenablösegeldes fremden und ungarischen Adligen überlassen wurden. Bestimmte Güter, unter anderem entlang der strategisch wichtigen Donau zwischen Raab und Belgrad, sollten aber nach Leopolds Plan in der Hand der Kameraladministration bleiben und von Deutschen besiedelt werden.

Unter den neuen Besitzern waren auch zahlreiche österreichische, italienische, französische Feldherren (Caprara, Veterani, Souches, Mercy, Eugen von Savoyen) und

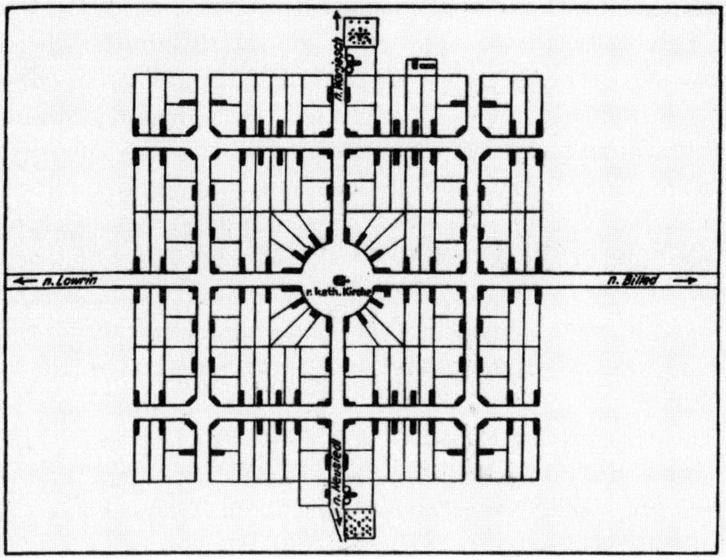

Die Heidegemeinde Alexanderhausen wurde 1833 im Rahmen der Innenkolonisation des Banats von dem Agramer Bischof Alexander von Alagovich gegründet. Zuerst wurden die Fluren vermessen, dann im mathematisch genauen Mittelpunkt des künftigen Dorfes ein Kreuz errichtet, von wo aus die Einteilung der Gassen, Hausplätze und Höfe erfolgte. In einem zentralen Kreis in der Mitte plazierte man die öffentlichen Gebäude, die Kirche, die Schule und das Gemeindehaus.

südslawische Militärfamilien (Festetics, Petrovszky, Monaszterly), die dem Wiener Hof während der Rückeroberungskriege große Dienste erwiesen hatten und die jetzt mit Adelstiteln und wertvollen Gütern beschenkt wurden. Im Komitat Baranya erhielt Generalfeldmarschall Graf Aenas Sylvius Caprara 1698 die Siklóser Herrschaft mit 23 Dörfern im Wert von 95 700 Forint, wobei das Geschenk rund 90 000 Forint ausmachte. Prinz Eugen von Savoyen erhielt hier 1699 die Herrschaft Bellye mit 26 Dörfern im Wert von 80 000 Forint.[18] Auch Hoflieferanten und dem Kaiser mit Kredit aushelfende Unternehmer und Adlige, darunter der kaiserliche Armeelieferant Baron Johann Georg Harruker und der transdanubische Hauptkapitän und Banus von Kroatien, Ádám Graf Batthyány, wurden von der unter Geldmangel leidenden Wiener Hofkammer mit Gütern bezahlt. Die meisten der ungarisches Indigenat erhaltenden Fremden verkauften allerdings binnen weniger Jahrzehnte ihre Güter an ungarische Grundbesitzer weiter.

Zu den neuen Besitzern gehörten auch die in den Magnatenstand aufsteigenden ungarischen Kleinadligen und Soldatenfamilien (Esterházy, Zichy, Batthyány, Forgách, Pálffy), die in West- und Oberungarn bereits im 17. Jahrhundert über ausgedehnte Ländereien verfügten und die genug Geld für die Abzahlung neuer Grundstücke aufbringen und somit ihre Besitztümer in der ersten Hälfte des 18. Jahrhunderts wesentlich vergrößern konnten. Der größte Grundbesitzer des Landes wurde Fürst Pál Esterházy, der schon vor der Befreiung des Landes von den Türken Grundbesitz aufkaufte, unter anderem Csobáncvár mit 10 000 Joch Land von den Erben der Familie Gyulaffy, Kittsee von der Familie Liszti, Teile des Nádasdy-Besitzes in Westungarn, Kapuvár von General Montecuccoli und Hornstein von der Hofkammer. Von der »Neoacquistica commissio« erhielt er nach Abzahlung der Waffenablösesumme die Orte Kaposvár, Ozora, Koppány, Tamási, Simontornya mit dem dazugehörigen Land in den Komitaten Somogy und Tolna von mehr als 100 000 Joch. Den Wert seiner Herrschaften schätzte man auf sechs bis sieben Millionen Forint.

Die meist aus dem Kleinadel oder mittleren Adel in zwei oder drei Generationen emporsteigenden ungarischen Adelsfamilien, die an der Wende vom 17. zum 18. Jahrhundert um den Besitz von ausgedehnten Ländereien wetteiferten, zeigten einen äußerst großen Unternehmungsgeist. János Pálffy beteiligte sich am Rindviehexport der Kammer, Sándor Károlyi und Pál Esterházy wurden reich im Salzhandel.[19]

Das rückeroberte Gebiet in der Mitte des Landes wurde zur Heimat der Magnaten mit Gütern von mehreren tausend Joch Land. Der geographischen Verteilung nach war die Zahl der Adligen in den Komitaten auf dem ehemals königlichen Gebiet in Oberungarn mit tausend im Durchschnitt die höchste. In den Komitaten auf dem mittleren, ehemals türkisch besetzten Gebiet lag die Durchschnittszahl bei 350. Nach der Landeskonskription von 1754 bis 1755 gab es zum Beispiel im Komitat Tolna 375 Adlige, im Komitat Baranya 171, doch nur etwa dreißig bis fünfzig Prozent des Adels besaß neben dem Adelstitel auch Grund und Boden. 1767 lagen in der Tolna 59 Prozent der Böden in den Händen der weltlichen Großgrundbesitzer (Esterházy, Apponyi, Limburg-Styrum), 21 Prozent gehörten der Kirche und zwanzig Prozent dem Gemeinadel. In der

Baranya gehörten fast neunzig Prozent der Böden den Großgrundbesitzern (den Familien Esterházy und Batthyány, der Abtei von Pécsvárad, dem Fünfkirchner Domkapitel und Seminar) mit über 5 000 Joch. Neben den Magnaten besaßen hier im 18. Jahrhundert nur dreizehn adlige Familien Grundbesitz. Damit war die Baranya neben dem Komitat Moson die Hochburg des Großgrundbesitzes in Ungarn.

Die von den Grundherrschaften durchgeführte Kolonisation wurde von dem im Jahre 1723 ins Leben gerufenen Statthalterrat in Preßburg, seit 1783 in Ofen, kontrolliert und gefördert. Die Aufgabe dieses höchsten ungarischen Verwaltungsorgans im Ansiedlungswesen bestand in der Erleichterung der Impopulation im Interesse des öffentlichen Wesens (ratio boni). Die eigentliche Durchführung der Siedlungsaktionen wurde in den großen Herrschaften von den Herrschaftsoffizianten, dem Offiziantenstuhl oder von der Wirtschaftskommission, in den kleinen Herrschaften von den Gutsverwaltern übernommen. Sie organisierten die Ansiedlung an Ort und Stelle, führten die Landvermessung und Grundbucheintragungen durch und beaufsichtigten die Bauarbeiten und die Produktion.

Formen und Bedingungen der deutschen Ansiedlung

DIE TÄTIGKEIT DER OFNER KAMERALADMINISTRATION

Die rückeroberten Prädien – ganz verwüstete und menschenleere Siedlungen –, die Dörfer und Städte in der Mitte des Landes wurden zunächst der Wiener Hofkammer unterstellt. Ihr Organ, die Ofner Kameraladministration, hatte bis 1709 die Aufgabe der praktischen Durchführung der Wiederbevölkerung auf ärarischem Boden. Die Hofkammer förderte zuallererst die Wiederbesiedlung der Städte, die als Stütz- und Versorgungszentren der kaiserlichen Truppen benötigt wurden. Eine besondere Bedeutung erhielt dabei der Wiederaufbau Ofens. Die Hofkammer ernannte 1686 Johann Werlein, bis dahin Proviantverwalter der Festung Neuhäusel, zum Kameraladministrator von Ofen. Nach der ersten Besichtigung der Stadt berichtete Werlein, daß man an den Aufbau der zerstörten Häuser nicht denken könne, man müsse alles von Grund auf neu erbauen und benötige dringend Handwerker.[20] Da diese in dem zerstörten Land nicht zu finden waren, verordnete die Hofkammer, Maurer und Zimmerleute aus den österreichischen Erbländern zu holen, für deren Reisekosten sie zugleich eine größere Summe zur Verfügung stellte. Am 10. September 1688 wies Kaiser Leopold I. die Kameraladministration an, auch in den Städten des ehemals königlichen Ungarn um Handwerker zu werben.[21] So kamen Handwerker aus Ober- und Westungarn in großer Zahl in die innerungarischen Städte.

Der Aufbau ging jedoch sehr langsam voran. Der Hofkammerrat Johann David Palm berichtete 1694, daß »die Statt noch in dem Steinhaufen und Wüsterey, in welcher sie durch mit Brand und Mord geschene Eroberung geraten, liegt«.[22] In Ofen wurde der Wiederaufbau nicht zuletzt durch die in der Festung stationierten kaiserlichen Truppen behindert. Die Soldaten, die eine große Steuerbelastung für die sich niederlassenden Bürger darstellten, gefährdeten die Arbeit durch ihr wüstes Treiben. Auch die fast jährlich auftretende Pest und die ungeordneten Besitzverhältnisse verhinderten die dauerhafte Ansiedlung der Zivilbevölkerung. Die Ofner Bürgerschaft beklagte, daß »die mehriste angenohmene Burger zu Ofen sich wider hinweg begeben, da ihnen bis dato noch keine Grundstückh von Ackhern, Wiesen und Weingartten, so genugsamb vorhanden, angewiesen wurden«.[23] Zwar förderte der Stadtmagistrat die Ansiedlung von Handwerkern, Handelsleuten und Bauern mittels kostenfreier oder sehr billiger Hausstellen, Äcker und Weingärten, und er bemühte sich, die angesiedelten Bürger vor den Übergriffen des Militärs zu schützen, dennoch gab es 1696 nicht mehr als 228 Häuser und 342 Familien in der Stadt. Um die Besiedlung zu beschleunigen, erließ die Kameraladministration am 1. Dezember 1696 ein Impopulationspatent für Ofen, das erneut die kostenlose Verteilung von Grundstücken und eine fünfjährige Steuerfreiheit anbot unter der Bedingung, daß die Grundstücke innerhalb eines Jahres bebaut würden.[24]

Die Mehrheit der Einwanderer in den Städten war in der Zeit zwischen 1687 und 1710 deutschsprachig. Nach Pest kamen 77 Personen aus den ungarischen Gebieten, hauptsächlich aus der näheren Umgebung. Aus dem deutschen Sprachraum wanderten 146 Personen ein, das größte Kontingent stellten die Bayern mit 42 Personen.[25]

Auch in dem bis 1703 der Hofkammer unterstehenden Fünfkirchen waren etwa achtzig Prozent der das Bürgerrecht besitzenden 230 Personen aus dem Ausland gekommen. In Fünfkirchen, das nach der Befreiung durch Markgraf Ludwig von Baden im Herbst 1686 zum Verwaltungs- und Militärzentrum des südöstlichen Transdanubiens wurde, begann bereits 1686 unter dem Schutz der kaiserlichen Waffen und der Ofner Kameraladministration die Einwanderung von deutschen Familien. Von den Bewohnern der Stadt, die das Bürgerrecht erhielten, wanderten die meisten aus Österreich, Bayern, Schwaben und Böhmen ein. Auch aus ungarischen Städten wie Eisenstadt, Pinkafeld, Totis und Komorn kamen deutsche Handwerker. Nach der Konskription vom Jahre 1701 machten die Deutschen neunzehn Prozent der 725 steuerzahlenden Bewohner der Stadt aus, der Anteil der Ungarn betrug 24 Prozent. Etwa fünfzig Prozent der Steuerzahler kamen aus dem Süden, aus Kroatien, Bosnien, Dalmatien, Griechenland und Zypern, die innerhalb der Stadtmauern ganze Straßenzüge besiedelten.[26]

In den innerungarischen Städten wohnten zwar Menschen verschiedener Nationalität, doch wo sich in großer Zahl deutsche Handwerker, Beamte und aus dem Militär entlassene kaiserliche Soldaten niederließen, die zugleich das Bürgerrecht erhielten, wurden die Stadtmagistrate deutsch- oder zweisprachig und nach deutsch-österreichischem Muster organisiert. In Ofen wurde 1696 sogar die niederösterreichische Landesordnung eingeführt.

Die Einwanderung der Deutschen wurde auch von der Einrichtungskommission gefördert, die 1689 die Instruktion an die Stadtmagistrate erließ, nur katholische Einwohner in den Bürgerstand aufzunehmen. Damit schloß man die protestantischen Ungarn, Slowaken, Deutschen, die Juden und den Großteil der aus dem Süden einwandernden Orthodoxen aus. Eine Befreiung von dieser Verordnung erhielten die kaiserlichen Soldaten und die privilegierten Serben. Die Bevorzugung der katholischen und der serbisch-orthodoxen Konfession, die von der nationalen Zugehörigkeit nicht zu trennen war, führte oft zu Auseinandersetzungen. In Fünfkirchen, wo der Grundherr der in der Stadt residierende Bischof war, wurden die protestantischen Ungarn und die Juden aus der Stadt getrieben. Die Serben dagegen, die unter kaiserlichem Schutz standen, konnten nicht nur ihre Religion frei ausüben – wenigstens für einige Zeit –, sondern auch einen eigenen Richter wählen und Schulen unterhalten.

Die Nachricht von der Befreiung Ofens und der Vertreibung der Türken aus Ungarn löste ein regelrechtes Auswanderungsfieber in den von Kriegen heimgesuchten süddeutschen Territorialstaaten aus. Neben Handwerkern setzten sich auch Bauern in großer Zahl in Bewegung. Matthias Hürlemann, leibeigener Untertan der Herrschaft Hohenfels des Deutschen Ordens, ließ am 12. Februar 1689 schriftlich beim Magistrat von Ofen nach den Ansiedlungsbedingungen für seine Familie und »Mitnachbaren« fragen. Der Magistrat antwortete am 18. März 1689, daß den Einwanderern »nicht allein die Grundstückh gratis gelassen, sondern auch wüe Ihnen weiters zu helfen miglichst gedenkhet werde«.[27] Im Jahre 1696 wurde Hürlemann als Bewohner von Werischwar bei Ofen registriert, wo er 1704 starb. Die meisten Bauern zogen wie Hürlemann von Ofen bald in die umliegenden Dörfer weiter, weil, wie sich der Ofner Stadtmagistrat am 26. November 1688 bei der Kameraladministration beklagte, »rings umb die Statt durch der Officiren unnd Marquetanter Vieh unnd continuirlichen Marchen abgeäzt, ja sambt dennen Weingärtten abgebrent wordten, also das wann auch angepauet, die Arbeit umbesonst gewesen und alles wüderumben weggfouragiret wordten were«.[28]

Die Ofner Kameraladministration begann auch in den Dörfern, deren Besitzverhältnisse noch nicht geklärt waren, mit der Kolonisation. So kamen bereits 1688 deutsche Einwanderer nach Visegrád, 1689 nach Werischwar und um 1690 nach Weindorf. Die unmittelbar nach der Befreiung von der Türkenherrschaft beginnende Besiedlung in der Umgebung von Ofen ist einerseits mit der strategischen Wichtigkeit dieses Gebiets zu erklären. Begünstigt wurde die Ansiedlung andererseits durch die guten wirtschaftlichen Gegebenheiten wie auch durch die Tatsache, daß dieses Gebiet nicht zu den ganz verwüsteten gehörte. Die nach der Beendingung der Feldzüge zurückgekehrten Bewohner und die neuen Ansiedler konnten hier deshalb den Acker- und Weinbau leichter aufnehmen als in den seit Menschengedenken wüst liegenden Gebieten.

Werischwar, eine wichtige Poststation an der Landstraße zwischen Ofen und Wien, war in der osmanischen Zeit türkische Festung an der sich stets in Bewegung befindlichen Grenze zwischen dem königlichen Ungarn und dem Osmanischen Reich. Zwei Jahre nach der Befreiung des Gebiets von den Türken berichtete Werlein: »Wereschwar – Ist ein von langen Jahren ganz ruinirt undt öedes Dorff … liegt zwischen Grann undt Ofen, mitten in Graner Waldt, alwo nichts alß Ackher- und Wißenfeldt, dahero alß ein öedes Dorff gerechnet wird …«[29] Die alteingesessene Bevölkerung kehrte im Sommer 1688 zurück, als mit der Einnahme von Stuhlweißenburg die Kriegsgefahr endgültig gebannt war. Die Kameraladministration erteilte ein Jahr später, am 4. Juli 1689, einer kleinen Gruppe aus Schwaben die Genehmigung, sich in Werischwar niederzulassen. Das Dorf hatte vor der Befreiung dem Grafen László Csáky gehört, jetzt kämpften die Besitzer mit der Hofkammer um das Eigentumsrecht. Die Hofkammer verlor schließlich den Prozeß, doch dem Plan, die Gegend um Ofen mit Deutschen zu besiedeln, konnte das nichts anhaben. Die Kolonisation mit deutschen Bauern wurde in den nächsten Jahren in Werischwar und in den Ofner Bergen von den Grundherren fortgeführt. In Werischwar zählte man 1696 bereits 64, im Jahre 1698 schon 72 deutsche Kolonisten, nach weiteren zwei Jahren waren es neunzig, hauptsächlich aus Schwaben und Bayern.

Das ostsyrmische Dorf India wurde 1746 von Serben gegründet. Seit 1825 siedelten sich hier auch Deutsche an, darunter 23 Familien aus Böhmen und Mähren, hauptsächlich Handwerker. Im Jahre 1845 gab es in der etwa 1700 Seelen zählenden Gemeinde einen Zunftverein, in dem 24 Gewerbe zusammengeschlossen waren. Aufgrund seiner Jahrmärkte und Geschäfte war India bis zum Zweiten Weltkrieg der Handelsmittelpunkt für die umliegenden Ortschaften. Die Lebzelterfamilie aus India fotografierte die Volkskundlerin Ruth Groth-Schmachtenberger 1942.

DIE PRIVATKOLONISATION

Höhepunkte und Methoden

In der Frühphase der deutschen Einwanderung waren bestimmte Gebiete wie das Ofner Bergland und die Schwäbische Türkei mit den Komitaten Baranya und Tolna an der Migration stärker beteiligt als andere. Allein mit dem früheren Zeitpunkt der Befreiung der Mitte des Landes von den Türken läßt sich das nicht erklären. Ausschlaggebend für den frühen Beginn der Kolonisation war neben der raschen Etablierung des privaten Großgrundbesitzes in Transdanubien die wirtschaftsgeographische Lage. Im Gegensatz zur Ungarischen Tiefebene war im hügligen Transdanubien die extensive Tierhaltung nicht rentabel, und für die Rodung und Bebauung der Ackerfelder benötigte man dringend Arbeitskräfte. Nicht zuletzt war die Kolonisation dadurch begünstigt, daß hier Ackerland vorhanden war, das sofort bestellt werden konnte.

Die Grundbesitzer zogen zunächst nichtausländische Arbeitskräfte heran aus den dichter besiedelten west- und oberungarischen Komitaten mit ihrer ungarischen, slowakischen und deutschen Bevölkerung. Die ersten Kolonisatoren, die zugleich auch im ehemals königlichen Gebiet Landbesitz hatten, ließen kleine Gruppen ihrer Fronbauern auf die neuen Besitzungen übersiedeln. Ádám Viczay beauftragte im Jahre 1691 seinen Gutsverwalter, das von ihm erworbene Ireg im Komitat Tolna mit seinen Fronbauern aus Hédervár in Westungarn zu besiedeln. Pál Esterházys neuerworbenes Dorf Bedeg im Komitat Tolna erhielt 1701 Fronbauern aus den esterházyschen Dörfern im Komitat Sopron. Ádám Batthyány dagegen ließ seine Dörfer im Komitat Baranya nicht mit seinen westungarischen Fronbauern, sondern mit zwischen 1690 und 1701 in die Baranya einwandernden Südslawen besiedeln. In den 24 Dörfern und sechzehn Prädien seiner Baranyaer Güter zählte man 1701, im Jahr der kaiserlichen Donation, 48 ungarische, elf kroatische und 144 serbische Familien. Sein Gutsverwalter Ferenc Somogyi hielt die Besiedlung der unterbevölkerten Herrschaft für seine wichtigste Aufgabe. Doch auf ungarische Bauern wartete er vergeblich. Nach 1701 kamen auch keine Kroaten mehr in die Dörfer, und spontan einwandernde Deutsche mieden die von den Wasser- und Hauptstraßen entfernt gelegenen Orte. Um neue Siedler konnte Somogyi nur unter den Serben werben. Die Einwanderung von Serben und zum kleinen Teil katholischen Bosniern in die Herrschaft erfolgte kontinuierlich. Als Somogyi aufgrund der zugenommenen Arbeitskraft 1703 eine strengere Wirtschaftsführung einleitete, ging allerdings die Zahl der Arbeitskräfte infolge Abwanderung zurück.[30]

Die Mehrheit der 1690 bis 1691 nach Ungarn eingewanderten Raitzen wurde nach zumeist vergeblichen Versuchen der Grundbesitzer, sie als steuerzahlende Ackerbauern anzusiedeln, von den Siedlungsaktionen ausgeschlossen. Esterházy verbot den das Dorf Nagykónyi besiedelnden Ungarn ausdrücklich, Raitzen in die Gemeinde aufzunehmen, mit der Begründung, daß sie weder die Besitzrechte der Grundbesitzer noch die Verwaltungsmacht der Komitate anerkennen würden. Oft verließen die ungarischen Bauern ihre Dörfer lieber, als daß sie mit den Raitzen zusammenlebten. István Zichy berichtete dem Hofkriegsrat am 22. April 1691 über die durch Leopold I. begünstigte spontane Ansiedlung der Raitzen in seiner Herrschaft: »Diese Razen [haben] meine Unterthanen vertriben, ja gar ethliche umgebracht undt mein Dorff St. Endre wider mein Willen über 6 000 Seelen besezet.«[31]

Die Grundbesitzer hatten ein unmittelbares Interesse daran, die Zahl der Arbeitskräfte rasch zu vermehren. Die notwendige Rodungs- und Kultivierungsarbeit sollte möglichst schnell durchgeführt werden, damit einerseits der Wiederaufbau durch die Geld- und Naturalabgaben der Bauern finanziert, andererseits die für den Erwerb der Grundstücke aufgenommenen Kredite zurückgezahlt werden konnten. Die Übersiedlung von ungarischen, slowakischen und kroatischen Bauern war jedoch nicht so umfangreich, daß damit der Bedarf an Arbeitskraft gedeckt werden konnte. Die Ansiedlung der Serben wiederum war mit Schwierigkeiten verbunden. Die spontane und die durch die Ofner Kameraladministration organisierte beziehungsweise gelenkte deutsche Einwanderung machte die Grundbesitzer nun auf die Möglichkeit der deutschen Kolonisation aufmerksam. Als im Spätherbst 1688 die Boten des Fünfkirchner Bischofs vom Elend in Schwaben infolge des Pfälzischen Erbfolgekriegs berichteten, wandte sich Bischof Mátyás Ignác Radanay, ein vehementer Vertreter der Gegenreformation, an die Wiener Hofkammer mit dem Ersuchen, Leute aus diesem Gebiet auf den Gütern der Diözese ansiedeln zu dürfen: »Es ist allgemein bekannt, daß die Franzosen ins Römische Reich eingebrochen sind und namentlich die Schwäbische Provinz derart in unchristlicher Weise verwüsten, daß der größte Teil des Landvolks infolge der plötzlich eingetretenen Hungersnot gezwungen ist, den Nahrungserwerb anderswo zu suchen. Täglich kommen einige Vertriebene auf der Donau nach Ungarn, um sich hier in Ortschaften niederzulassen. Mein Bistum ist fast verödet und unbewohnt, deswegen benötigt es gerade solche Leute. Ich erkläre mich bereit, Katholiken deutscher Nationalität aufzunehmen.«[32]

In nicht wenigen Fällen spielten bei der Auswahl der Kolonisten Herkunft und Konfession der Grundbesitzer eine Rolle. Reichsvizehofkanzler Friedrich Karl von Schönborn, Fürstbischof von Bamberg und Würzburg, der Besitzungen um Munkatsch in Oberungarn erhielt, bat im Frühjahr 1730 die Regierungen seiner beiden Hochstifter um die Entlassung von hundert Familien. Auch Pfründen der Abteien und Bischofssitze wurden bis in die Mitte des 18. Jahrhunderts oft mit Angehörigen des deutschen Hochklerus und der deutschen Adelsfamilien besetzt. So stand an der Spitze der Fünfkirchner Diözese Freiherr Wilhelm Franz Nesselrode (1703–1732), an der Spitze der Abtei von Dunaföldvár im Komitat Tolna Landgraf Josef von Hessen-Rheinfels, an der Spitze der Pécsvárader Abtei der Domherr von Köln, Graf Philipp Ludwig Zinsendorf (1711–1735), und an der Spitze der Szekszárder Abtei Graf Johann Josef Trautsohn (1718–1757), Domherr von Trient und Wiener Erzbischof, die alle bestrebt waren, auf ihre Güter deutsche Kolonisten katholischer Konfession zu holen. Auch viele weltliche Grundbesitzer siedelten nur katholische Deutsche an. Sándor Graf Károlyi erklärte in seiner Bittschrift an die Hofkanzlei, er wolle seine Dörfer mit Schwaben besiedeln, »damit auch die katholische Religion ein noch größeres Wachstum erfahren könne«.[33]

Die deutsche Siedlung in der Dobrudscha am Schwarzen Meer erfolgte ohne private oder staatliche Förderung durch Einwanderung von deutschen Bauern aus Südrußland seit 1840. Als 1871 die den deutschen Bauern verbürgte Freistellung vom Heeresdienst in Rußland aufgehoben wurde, wanderten erneut Deutsche in den zu Rumänien gehörenden Teil der Dobrudscha aus und gründeten dort 1873 die Dörfer Cogealac und Tariverde.
Die Bilder vom Hof Ritter in Tariverde nahm ein SS-Fotograf im November 1940 auf. Es war die letzte Ernte – am 5. September 1940 war dieUmsiedlung der Deutschen aus der Dobrudscha beschlossen worden.

Diese Tendenz wurde von den höchsten Staatsorganen gefördert, denn nach der habsburgischen Staatstheorie war der Staat mit einer Religion, nämlich mit der römisch-katholischen, leichter zu regieren. Kaiser Karl VI. bekräftigte 1731 in der ersten »Resolutio Carolina« die Gesetzesartikel der Ödenburger und der Preßburger Landtage von 1681 und 1687. Wie Lepold I., so genehmigte auch Karl VI. den Protestanten die freie Religionsausübung nur im privaten Bereich, die öffentliche Religionsausübung wurde ausschließlich in den sogenannten artikulierten Orten zugelassen.

Manche Grundbesitzer erlaubten aufgrund des grundherrlichen Patronatsrechts die Ansiedlung nur jenen Migranten, die der gleichen Konfession waren wie sie selbst. Doch die meisten Grundherren zeigten sich den andersgläubigen Einwanderern gegenüber tolerant. Was wirklich zählte, war nicht die Religionszugehörigkeit, sondern die Zahl der Kolonisten. Viele katholische Grundbesitzer in den Komitaten Tolna und Somogy ließen protestantische deutsche Kolonisten ansiedeln. Der Initiator war der katholische Grundbesitzer Mercy, der seit 1720 als Gouverneur die Neubesiedlung des Banats leitete und seit 1722 in großem Umfang evangelische Kolonisten aus Hessen ins Komitat Tolna brachte. Während er im Banat die katholische Kirche neu organisierte, unterstützte er im Komitat Tolna den Aufbau eines Seniorats durch den Predikator und Francke-Schüler György Bárány. Mercy trat mehrmals im Schutz von Bárány und seinen protestantischen Untertanen deutscher und ungarischer Zunge gegen die rekatholisierenden Bestrebungen des Fünfkirchner Bischofs Nesselrode auf. Als Folge der Ansiedlungspolitik der Tolnauer Grundbesitzer, die Mercys Beispiel folgten, wurde das Komitat zum Sammelpunkt der deutschen Protestanten in Innerungarn.

Die erste, auch urkundlich belegte private Kolonisation wurde vom Pécsvárader Abt Ferenc Jany eingeleitet. Jany, Domherr des Graner Erzkapitels, Propst von Csorna und konsekrierter Bischof von Syrmien, erhielt im Jahre 1688 die Pfründe der Abtei zu Pécsvárad mit den dazugehörigen 26 Dörfern. Bereits ein Jahr später begann er mit der Besiedlung der entvölkerten Güter der Abtei. Sein Agent, der Augsburger Gerichtsassessor Dionysius von Rehling, brachte höchstwahrscheinlich im Jahre 1689 etwa dreißig Familien aus der Umgebung von Augsburg auf die Güter der Abtei. Rehling berichtete dem Abt, daß die Auswanderer »alle zimliche mitel, und gueten anfang zue der wirtschafft haben, somit zimerleit, maurer, und andere handtwerckher darunder«.[34] Janys Ziel war, wie das aus Rehlings Brief offenbar wird, »ain ganze herrschaft in kurzer Zeit mit lauter redlichen, arbeitsamben katholischen hochdaischen zue besetzen, woraus dan Ihro Hochfürstliche Gnaden in kurtzer Zeit völlige nutzniessung haben kennen ...«[35] Die Deutschen, die sich zur Auswanderung angemeldet hatten, verlangten von Jany das Recht auf freien Wegzug, ausreichend Grund und Boden und die Unterstützung beim Hausbau. Über die Ankunft dieser Gruppe gibt es keine präzise Information, aber bis 1700 legten im Donauhafen Mohács mehrmals Schiffe mit Kolonisten aus Bayern an.

Nach Janys Tod im Jahre 1702 wurden die Güter der Abtei aufgenommen. Nach der Konskription lebten im Marktflecken Pécsvárad und in den Dörfern Várkony,

Typisch für die donauschwäbischen Bauernhäuser sind die offenen Gänge, wie hier in Neu-Pasua in Syrmien. 1790 wurden 62 Familien, ausschließlich Protestanten aus Württemberg, von der Militärverwaltung in Peterwardein für den Grenzschutz an der Save, der damaligen türkischen Grenze, bestimmt und neben den 1770 angekommenen Slowaken in Neu-Pasua angesiedelt. Sie waren die ersten Deutschen, die alle Rechte und Pflichten der Grenzer übernahmen, denn alle bisher im Militärgebiet ansässigen Deutschen waren als Stadtbewohner oder Handwerker davon ausgenommen gewesen.

Das Leben der Bauern spielte sich im Sommer in der Sommerküche ab, in der während der Woche gekocht, gegessen und die Arbeit besprochen wurde. Die donauschwäbische Küche bewahrt bis heute die speziellen, hauptsächlich aus Mehl und Kartoffeln bereiteten Speisen ihrer Herkunftslandschaften. In der Zubereitung ist aber der ungarische Einfluß stark zu spüren, vor allem beim Gewürzparika.

Laßhetting, Bawarz und Seik neben den Ungarn insgesamt 101 deutsche Steuerzahler. Die Deutschen besaßen fünf ganze, 68 halbe und 23 viertel Fronbauernhufen, fünf Bewohner waren ohne Feld. Die Kolonisten bewirtschafteten außerdem 91 Hauer Weingarten und 206 Heufuhr Wiesen, besaßen 114 Ochsen, 113 Kühe, 135 Kälber, elf Pferde und 151 Schweine. Sie bezahlten neben dem Zehnten und dem Neuntel einheitlich drei Gulden Dienstgeld. Sie mußten für die Herrschaft 78 Tage Robot im Jahr leisten oder diesen mit acht Gulden ablösen. Von den Dörfern war Seik, dessen Bewohner sich erst anderthalb Jahre zuvor niedergelassen hatten, noch steuerfrei. Den bedürftigen Kolonisten wurde mit der Stellung von Vieh und Getreide geholfen.[36] Nach den Aufzeichnungen gab Jany mehr als 14 000 Forint für die Kolonisation aus.

Ebenfalls früh begann die organisierte Ansiedlung im Komitat Pest durch die Tätigkeit der Familie Zichy. István Zichy, Burgkapitän von Raab, später von Komorn, wurde 1659 vom Kaiser Leopold I. in den Grafenstand erhoben und mit den Herrschaftsgütern der Festung Komorn und ihren Besitzungen Visegrád und Altofen beschenkt. Nach der Wiedereroberung der Gebiete konnte Zichy sein Recht nur auf die 60 000 Katastraljoch große Altofner Herrschaft mit zwölf Siedlungen und mehreren Prädien geltend machen. Die Herrschaft war während der Befreiungskämpfe um Ofen fast vollkommen verlassen worden, die Bevölkerung mit wenigen Ausnahmen in die Berge oder auf die Donauinsel geflüchtet. Nachdem das Gebiet zwichen Ofen und Stuhlweißenburg von den Türken befreit worden war, kehrte sie zurück und erhielt (wie in Altofen) von der Ofner Kameraladministration einen Schutzbrief, in dem ihrer Bitte stattgegeben wurde, den Wohnort wieder in Besitz zu nehmen und aufzubauen. Von den zwölf Orten waren nur noch sieben bewohnt, die Marktflecken Altofen, Sankt Andrä und Schambek und die Dörfer Tök, Bogdan, Tótfalu und Monostor. Perwall und Szántó waren schon seit Beginn der Türkenherrschaft unbewohnt, Krottendorf und Wudersch wurden 1596 entvölkert. Die aus Wudigeß während der Befreiungskriege geflohenen fünfzehn Familien kehrten nach der Befreiung nicht in ihr Dorf zurück, sie siedelten sich in den benachbarten Orten an.

Nach 1688 wurden die Dörfer von den zurückkehrenden ungarischen Bauern, im Jahre 1690 mit nach Ungarn flüchtenden Raitzen und von 1698 an mit deutschen Kolonisten besiedelt. Die ersten Deutschen in der Herrschaft wurden 1698 in Altofen und in Wudigeß angesiedelt. Nach der kaiserlichen Inspektion war Altofen im Jahre 1688 noch unbewohnt. Zwischen 1689 und 1698 zählte man 61 Bauern und sieben Insassen (subinquilini), darunter vierzehn deutsche Bauern und einen deutschen Insassen. Im Jahre 1698 wurden von István Zichy 42 deutsche Familien angesiedelt. Nach Ablauf der dreijährigen Steuerfreiheit lebten sie noch immer in äußerst armseligen Verhältnissen: Nur neun Familien besaßen Weingärten, zehn Familien Tiere, zumeist ein bis zwei Kühe. Die deutsche Ansiedlung im Jahre 1698 und die darauffolgende Neuaufteilung der Dorfgemarkung wirkten sich auf die Lebensverhältnisse vorübergehend nachteilig aus. Die Felder maßen höchstens drei Joch, wovon sich keine der Familien ernähren konnte. Die durch Einwanderung kontinuierlich zunehmende Bevölkerung stellte sich deshalb sehr früh auf den besonders rentablen Weinbau um. Durch die vorteilhafte Lage des Marktfleckens, in der Nachbarschaft der sich dynamisch entwickelnden Städte Ofen und Pest, boten sich auch den Handwerkern günstige Existenzbedingungen.[37]

Der neue Grundbesitzer Altofens, Péter Zichy, gehörte zu jenen Grundbesitzern, deren Ausgaben die Einnahmen aus ihren Gütern stets übertroffen haben und die deshalb oft Kredite aufnehmen und ihre Güter verpfänden mußten. Zichy wollte seine Einnahmen durch eine rasche Kolonisation und zugleich durch die Erhöhung der bäuerlichen Lasten steigern. 1701 erhöhte er die Steuern und forderte die grundherrlichen Leistungen von der Gemeinde in einer jährlichen Summe von 1 200 Forint. Die summarische Ablösung der Urbarialleistungen konnte die Gemeinde aber nicht lange tragen, und 1709 kehrte man wieder zur Naturalabgabe und zur jährlichen Abzahlung des Grundgeldes zurück. Zichy erhöhte daraufhin mehrmals das Grundgeld und forderte mehr Fronarbeit von seinen Bauern. Die Reaktion blieb nicht aus. Viele, vor allem die wohlhabenderen ungarischen Bauern, zogen in die umliegenden Herrschaften. Die anderen versuchten unter der Leitung des 1689 eingewanderten deutschen Kolonisten Thomas Hientzmann, von 1702 an Richter von Altofen, dem Grundherrn mit Hilfe der Ungarischen Hofkammer Widerstand zu leisten und die Stadtprivilegien zu erobern, um sich so vom Grundherrn zu befreien. Erst als die Hofkammer die Altofner Bauern 1717 fallenließ, wurde der jahrelange Kampf durch einen neuen Vertrag zwischen Zichy und den Bewohnern beendet. Die Bauern mußten die vom Grundherrn geforderten Abgaben und die Ablösung der Robotleistungen in Geld entrichten. Als Gegenleistung gewährte der Grundherr der Gemeinde unter anderem das ganzjährige Weinschankrecht, was für den Weinbauort beträchtliche Einnahmen bedeutete.

Nach Wudigeß kamen die ersten deutschen Kolonisten 1698. Péter Zichy wandte sich am 10. Juni an das Komitat mit der Bitte, den Deutschen eine dreijährige Steuerbefreiung zu gewähren. Er führte aus, daß er »sein im Komitat Pilis gelegenes und seit einigen Jahren kaum bewohntes, Budakeszy genanntes Landgut einigen Schwaben deutscher Nation seit Anfang dieses Jahres zur Besiedlung überlassen und ihnen zur Bebauung zugeteilt hatte«.[38] Nach der Steuerliste von 1701, als Zichy den Ansiedlungskontrakt mit den Kolonisten unterzeichnete, gab es 53 steuerzahlende Bauern. Zwei Jahre später lebten nur noch 28 von ihnen im Dorf. Die Gründe hierfür sind wahrscheinlich in den Anfangsschwierigkeiten, vor allem in der mühsamen Rodung der Anbauflächen, zu suchen.

Die ungarischen Grundbesitzer führten bis 1712 spontane Aktionen durch. Es fehlte ihnen dabei nicht nur an Erfahrung, sondern oft auch an Geldmitteln, um Kolonisten erfolgreich und mit Nutzen anzusiedeln. Die schwache Wirtschaftskraft der menschenleeren Güter, die noch ungeklärten Besitzverhältnisse und die hohe Migrationsbereitschaft der Bauern – in der Hoffnung auf günstigere Bedingungen in der nächsten Herrschaft – verhinderten eine planmäßige Besiedlungspolitik.

Die methodisch entwickeltere und systematisch betriebene Privatkolonisation begann nach dem Sathmarer Frieden von 1711, der den ungarischen Freiheitskampf (1703–1711) gegen die Habsburger unter Ferenc Rákóczi II. beendete. Während der

Kämpfe wurde nicht nur der weiteren Ansiedlung Einhalt geboten, auch viele zu neuem Leben erweckte Siedlungen verschwanden wieder. Die von 1708 bis 1712 wütende Pestepidemie trug ebenfalls zum Rückgang der Bevölkerungszahl bei. Besonders großen Schaden erlitten die Dörfer in der Schwäbischen Türkei, wo Rákóczis Kuruzzen und die auf seiten der kaiserlichen Truppen stehenden Raitzen sich erbitterte Kämpfe lieferten. Nach der »Raitzenverwüstung« im Jahre 1704, als die Serben die Dörfer in Brand steckten und nach Slawonien abzogen, waren von den bereits 75 besiedelten Ortschaften im Komitat Tolna 39 wieder entvölkert. Fünfkirchen wurde zuerst von den Kuruzzen, dann von den Raitzen verwüstet. Von den 725 steuerzahlenden Einwohnern der Stadt überlebten nur 196 die Kämpfe. Die Zielscheibe sowohl der Kuruzzen als auch der Raitzen waren die Deutschen. Von den 136 deutschen Steuerzahlern Fünfkirchens im Jahre 1701 blieben nur 42 in der Stadt zurück. Ihre Zahl wuchs nach 1711 nur sehr langsam, und erst im Jahre 1724 erreichte sie wieder 130. In den Dörfern des Komitats Baranya gab es nach der Konskription von 1711 keinen Deutschen mehr. Sie fielen den Kriegen und der 1710 tobenden Pest zum Opfer oder flüchteten in andere Komitate beziehungsweise kehrten wieder nach Hause zurück.[39]

Dem Sathmarer Frieden folgte in Ungarn eine lange Friedenszeit, die den Aufbau und die Kolonisation begünstigte. In der Wirtschaft stellten sich grundlegende Veränderungen ein. Es entstand der ökonomisch denkende Typ des Grundbesitzers, der seine Einkünfte durch die rationelle Organisation seines Gutes und die Einführung von neuen Produktionsmethoden zu vermehren suchte. Einer von ihnen war Sándor Károlyi, Oberbefehlshaber der Kuruzzenheere, der den Sathmarer Frieden unterzeichnete und zum Dank Gnade und zugleich den Grafentitel erhielt. Károlyi war nicht nur Feldherr und Politiker, sondern auch ein guter Landwirt, der die Bewirtschaftung seiner durch ständigen Kauf vermehrten und weit ausgedehnten Güter selbst übernahm. Er war der erste ungarische Grundherr, der eine planmäßige und großangelegte Ansiedlungsaktion durchführte. Bis zu seinem Tode im Jahre 1743 siedelte er in seinen Dörfern mehr als 600 deutsche Kolonistenfamilien an. Die erste und größte Siedlungsaktion fand im Jahre 1712 statt.

Károlyi begründete seinen Entschluß, deutsche Kolonisten anzusiedeln, mit der Lage im Komitat Szatmár, das als Aufmarschgebiet der Kuruzzenheere zwischen 1703 und 1711 verwüstet worden war, »dermaßen, daß jene Teile sowohl von Einwohnern als auch von Tieren jeder Art, mehr als glaubhaft sein könnte, bis zum äußersten entblößt sind und dadurch unfähig wurden, die öffentlichen Lasten und Verpflichtungen zu tragen«.[40] Die ungarischen und die rumänischen Bauern, von Kriegen, Pest und Naturkatastrophen heimgesucht, waren nicht in der Lage, die hohen Lasten der Aufbauarbeit zu tragen, und flüchteten in Scharen von Károlyis Gütern. Der Graf wandte sich deshalb an deutsche Bauern, von deren Tüchtigkeit er sich bei anderen Grundbesitzern, die bereits ihre verödeten Dörfer mit Deutschen besiedelt hatten, überzeugt hatte. Am 21. Juli 1712 schrieb er an seine Frau: »Gott segne die Deutschen. Sie können nicht nutzloser sein als die Ungarn und Rumänen. Denn sogar die Wiener Puppen werfen dem Puppenspieler mehr Nutzen ab als sie ihrem Herrn.«[41]

Auf den Bauernhöfen gab es innerhalb der schwäbischen Familie keine scharfe Trennung zwischen Männer- und Frauenarbeit. Es wurde zum Beispiel überall Hanf angebaut, doch nur in wenigen Orten plagten sich die Frauen mit dem Weben ab. Die durch die Stammerbfolge von der Erbschaft ausgeschlossenen Männer erlernten oft ein Handwerk, unter anderem das Weberhandwerk, und webten im Winter, wenn es wenig Feldarbeit gab, in Lohnarbeit die Bett- und Handtücher sowie die Säcke.

Die Arbeit im Gemüsegarten verrichteten dagegen die Frauen. Sie bauten verschiedene Wurzel- und Blattgemüse für den Hausgebrauch an, in der Nähe von Großstädten wie Arad belieferten sie auch den Wochenmarkt. In der Zwischenkriegszeit spezialisierten sich die Bäuerinnen in Neu-Arad und in Engelsbrunn immer mehr auf Frühgemüse, das sie auf Bauernwagen oder in Körben auf dem Kopf nach Arad transportierten.

Im Frühjahr 1712 ersuchte Károlyi den Hofkriegsrat in seinem Namen und im Namen der nordungarischen Grundherren, die Ansiedlung der Schwaben, »die mit hohen Kosten und Überredungen für die allzu fernen und öden nördlichen Teile Ungarns angeworben wurden und noch angeworben werden sollen«,[42] zu fördern. Im Besitz der Genehmigung wandte er sich wahrscheinlich direkt an den Schwäbischen Reichskreis mit der Bitte, die Besiedlung der nordungarischen Gebiete durch Entlassung von Auswanderungswilligen zu unterstützen. In wenigen Wochen brach das Auswanderungsfieber im gesamten süddeutschen Raum aus. Bis Anfang Juli verließen Tausende von Kolonisten Ulm in Richtung Ungarn.

Károlyi, der sich 1712 anläßlich des ungarischen Landtags in Preßburg aufhielt, schloß mit den dort eintreffenden Deutschen einen Kontrakt über die Ansiedlungsbedingungen. Er gewährte den Kolonisten, die er von Preßburg ab auf eigene Kosten transportieren ließ, einen Reisegeldvorschuß in Höhe von einem Gulden, bei der Ansiedlung nach Bedarf Mehl zur Verpflegung, Korn zur Aussaat, zwei Zugochsen und eine Milchkuh. Auch Wagen, Pflüge und anderes Arbeitsgerät wurden zur Verfügung gestellt. Die Rückzahlung sollte nach einigen Jahren ratenweise erfolgen, entweder in Naturalien, in Geld oder durch Robotarbeit. Károlyis Gutsbeamter Jónás Kereskényi brach mit der ersten Wagenkolonne am 16. Juni ins Komitat Szatmár auf. Noch am selben Tag bot ein Priester an, mit hundert Bauern aus Schwaben ebenfalls auf Károlyische Güter zu gehen. Binnen drei Wochen hatte Károlyi mehr als tausend Menschen auf seine Güter geschickt.

Aufgrund der großen Zahl der Kolonisten konnte Károlyis Frau, Krisztina Barkóczy, die Károlyi von Preßburg aus mit ausführlichen Anweisungen zur Verteilung und Unterbringung der Kolonisten auf den Gütern versah, nicht alle Vereinbarungen ihres Mannes mit den Kolonisten einhalten. Schwierigkeiten entstanden bei der Beschaffung von Ochsen, denn die für tausend Gulden gekauften Zugochsen und Kühe konnten den Bedarf bald nicht mehr decken. Die Ansiedlung erfolgte auch nicht in dem verödeten Erdeed, wie Károlyi es bestimmt hatte. Krisztina Barkóczy, die die Kolonisten vor dem harten Winter schützen wollte, ließ sie in Orten ansiedeln, wo es leere Häuser gab, weil die ungarischen Bauern geflüchtet waren oder weil Károlyi seine Bauern umsiedeln ließ. Die hohen Erwartungen der Deutschen verursachten jedoch das größte Problem. Da die Ernte auf den Károlyischen Gütern bereits eingebracht war, versuchte Krisztina Barkóczy, die Deutschen zunächst als Tagelöhner in die umliegenden Herrschaften zu vermitteln, damit sie zu Geld und Lebensmitteln kamen. Sie mußte jedoch bald feststellen, daß der von den Deutschen verlangte Tagelohn viel zu hoch war und sie deshalb keine Arbeit erhielten. Ohne entsprechende Hilfe und mangels Arbeit begannen viele Kolonisten zu betteln oder flüchteten in das kaiserliche Militärlager, andere kehrten nach Hause zurück. Bereits im Sommer 1712 trafen nach den Ulmer Ratsprotokollen viele Auswanderer bettelnd wieder ein. Am 20. Juli beauftragte der Schwäbische Reichskreis die Ulmer Schiffer, die schwerkranken Rückwanderer in Wien abzuholen. Im Oktober wurden 423 Personen nach Schwaben zurückgebracht und in den Spitälern von Leipheim versorgt.[43]

1712 ließen sich etwa 293 Familien mit 1300 Personen in Karol, Schinal, Kaplau und Schamagosch nieder, doch ihre Zahl nahm bis Ende des Jahres durch Flucht und Rückwanderung ab. In Karol sind siebzig, in Kaplau dreißig Familien geblieben, achtundzwanzig sind abgewandert und fünf Männer sind gestorben. In Schamagosch sind sieben Familien geblieben, dreiundzwanzig sind abgewandert, dreißig Männer sind gestorben. In Schinal sind einundvierzig Familien und drei Ledige geblieben, in Diószeg dagegen alle Familien abgewandert. Die Plätze der verstorbenen oder geflüchteten Familien wurden durch neue Einwanderer eingenommen, die bis bis 1720 in kleineren Gruppen nachkamen.

Bei der großen Siedlungsaktion, die in den süddeutschen Gebieten mehrere tausend Auswanderungswillige nach dem habsburgischen Südosten in Bewegung setzte, profitierten auch andere Grundbesitzer von ihrer Verbindung zu Károlyi oder von der Tatsache, daß sie über den Hofkriegsrat von Károlyis Plänen in Kenntnis gesetzt worden waren.

Prinz Eugen von Savoyen, Präsident des Hofkriegsrates, ließ ebenfalls Schwaben in seiner Herrschaft Ráckeve im Komitat Pest ansiedeln. 1698 kaufte er der Witwe des Generals Donat Heissler die Insel Csepel mit dem hügligen Gelände am rechten Donauufer ab. Die von Ungarn und Südslawen dünn besiedelte Domäne erhielt seit 1706 regelmäßig Zuzug durch deutsche Kolonisten aus Österreich, Schwaben und Franken. Das günstig an der nördlichen Spitze gelegene Dorf Csepel der Insel war hauptsächlich von katholischen Südslawen bewohnt. Hier ließ der Oberverwalter Claudius Verlet die 1712 ankommenden Kolonisten ansiedeln.[44]

Auch der ungarische Agent beim Hofkriegsrat, László Graf Dőry, war über die geplante Aktion Károlyis informiert und ließ sein Dorf Tevel im Komitat Tolna mit deutschen Kolonisten bevölkern. Dőry versuchte bereits 1709, durch Bauernwerber 1200 südslawische Familien auf seinem Gut anzusiedeln, doch das Vorhaben scheiterte. Jetzt ergab sich eine günstige Gelegenheit, ohne eigene Werbung und ohne größeren Kostenaufwand deutsche Kolonisten anzusiedeln. Ähnlich wie Károlyi, traf Dőry die Kolonisten in Preßburg und schloß mit ihnen einen Kontrakt über die Ansiedlungsbedingungen ab. Am 4. Juli legte das Schiff mit den Kolonisten in Preßburg ab. Vom Donauhafen Tolna wurden sie bis nach Tevel gebracht und dort auf der grünen Wiese ausgeladen, ohne ein Dach über dem Kopf und ohne genügend Lebensmittel und Arbeitsgeräte. Franz Horváth, der die ersten vierzig Familien aus Schwaben nach Tevel begleitete, schrieb an den Grundherrn: »... wie die ausgehungerten Wölfe weinen, schreien und kreischen sie um mich herum, daß ich wohlbekannt mit dem Zustand dieser Orte sie absichtlich zum Wolfsköder hierher gebracht habe.«[45] Die Zahl der ersten Siedler in Tevel sank rapide infolge Flucht in die umliegenden Städte, Heimkehr und Tod. Im Jahre 1715, nachdem schon einige Familien nachgezogen waren, zählte man 43 Familien.

Die Einwanderungswelle von 1712 dauerte bis 1714/15. Die Bilanz der Ansiedlung entsprach jedoch keineswegs den Erwartungen der Grundbesitzer. Sie erkannten, daß eine gründliche Vorbereitung von der Ausschickung eigener Werber bis zur Bekanntmachung der Verhältnisse und der Ansiedlungsbedingungen unerläßlich sei. Dőry, der von den geplanten tausend Hausstellen in Tevel nicht einmal ein halbes Hundert hatte besetzen können, beauftragte 1717 Franz Felbinger in Schwaben, seine Bedingungen bekannt zu machen und Kolonisten nach Tevel zu bringen. Doch diese Art der Kolonisation war mit so hohen Kosten verbunden, daß selbst Graf Mercy, einer der größten Grundbesitzer im Komitat Tolna, bestrebt war, von den staatlichen Kolonisationsaktionen zu profitieren, indem er ins Banat ziehende Kolonisten schon in Wien für seine 1722 erworbenen Tolnaer Güter abwerben ließ. Die weniger begüterten Adligen hielten ebenfalls die staatlichen Kolonnen an oder warben Bauern von ihren Nachbarn ab. Wie der kaiserliche Oberverwalter im Banat, Johann Franz Kraußen, 1722 der Hofkammer berichtete, kamen von den in jenem Jahr für das Banat geworbenen 300 Kolonisten nur wenige an. »Die Mehreste aber unter Weegs und zwaren zu Waitzen, Ofen, Feldwar und Pax ausgestiegen und dar verblieben alwo, sie unter ein und andere hungarische Edelleuth undt sonstige Heerschaften kommen.«[46]

Die 1712 einsetzende planmäßige Privatkolonisation blieb zunächst nur auf wenige Grundherrschaften beschränkt. Die meisten Grundbesitzer führten die Ansiedlung weiterhin unvorbereitet und planlos durch, deshalb war der Bericht des Komitats Tolna aus dem Jahre 1720 von allgemeinem Charakter: »Die Schwaben und Franken, die in diesem Komitat in St. Lörincz, Varsád, Závod, Kakasd, Bátaszék, Kismányok und anderen Orten eingeschrieben sind, haben keine Stabilität wegen der elenden Bedingungen ... die meisten starben ... die übrigen verzehrten sich in Schwäche ... Sie bettelten Brot, oder wer Kraft und Möglichkeit hatte, kehrte ins Vaterland zurück. Orte, die von ihnen neu besetzt worden waren, werden wieder als verlassen bezeichnet ...«[47]

Am Anfang der umfangreichen Kolonisation im Landesinnern steht das Impopulationspatent von 1723, das den Debatten über die Wiederbevölkerung der verwüsteten Herrschaften mit ausländischen Kolonisten ein Ende setzte. Grundherren mit freiem Kapital hatten bereits vor 1723 Werber ausgeschickt, die meisten aber nutzten die 1722 begonnene großangelegte kaiserliche Kolonistenwerbung für das Banat, die eine Masseneinwanderung von deutschen Kolonisten einleitete. Pfarrer Johann Karl Reichard, der 1724 ins Banat fuhr, berichtete: »Alle so hierherin wolln ziehn, müssen aber an der Donau 200 oder 150 Gulden aufweisen, und ihren Fuhrlohn zahlen, weil zuvor die Leute, so auf kaiserliche Kosten gefahren, in Oberungarn ausgestiegen, und sich unter die Grafen und Edelleute ansässig gemacht. Deswegen so jetzt von Kopf 1 G. zahlen müssen, als dann mögen sie aussteigen wo sie wollen.«[48]

Die Privatherrschaften profitierten auch von der ebenfalls nicht unbedeutenden spontanen und illegalen Wanderung der Deutschen und von der Werbung der neuangesiedelten Bauern, die mit der alten Heimat weiterhin in Kontakt standen. Die meisten deutschen Ortschaften beziehungsweise Zusiedlungen in den Komitaten Nordtransdanubiens (Győr, Esztergom, Komárom, Fejér, Veszprém), in der Schwäbischen Türkei (Baranya, Tolna, Somogy), im nördlichen Mittelgebirge (Hont, Heves, Zemplén), in den Randzonen (Szatmár, Szabolcs) und im Tiefland (Pest, Békés) entstanden in der ersten Hälfte des 18. Jahrhunderts. Die Dorfgründungen, die zumeist in mehreren

Wellen erfolgten und nur selten innerhalb eines Jahres vollzogen wurden, waren in der Schwäbischen Türkei, in Sathmar und im Ofner Bergland im großen und ganzen bis zum Ende des Österreichischen Erbfolgekriegs im Jahre 1748 vollendet. In den Komitaten Somogy, Fejér und Veszprém dauerte die Impopulation noch bis 1763 an. Nach dem Siebenjährigen Krieg brach sie dann auch hier ab, was aber nicht das Ende der deutschen Einwanderung bedeutete. Die Dörfer erhielten bis zur Mitte des 19. Jahrhunderts immer wieder Nachschub, die Marktflecken und die königlichen Freistädte sogar bis zum Ende des 19. Jahrhunderts.

In- und ausländische Reisende und Gelehrte berichteten bereits Ende des 18. Jahrhunderts übereinstimmend vom Erfolg der Kolonisation. Die Aufzeichnung des evangelischen Pfarrers in Szarvas, Samuel Teschedik, über das Ergebnis der Siedlungstätigkeit der Harrucker im Komitat Békés traf auch für die anderen Gebiete in Ungarn zu: »Dieser Frieden liebende Herr [Georg Harrucker] konnte Weg und Methode finden, um Menschen aus allen ungarischen Provinzen und sogar aus dem Ausland wie aus dem schwäbischen, fränkischen und rheinischen Kreis hierher zu rufen. Die freie Ausübung der Religion wurde den neuen Bewohnern gestattet; allerlei Nationen, Ungarn, Deutsche, Slowaken, Raitzen und Walachen wurden freundlich aufgenommen ... Dort, wo vor 50 bis 60 Jahren eine rußige Hirtenhütte, ein türkisches Bad oder ein Lager der Armenier stand, dort gibt es heute Dörfer mit 500, 600, 800 und 1 000 Häusern, welche 5 000, 6 000 und 8 000 Einwohner zählen.«[49]

Form und Intensität der Kolonisation wurden grundlegend von der Einstellung der Grundherrschaften zur Impopulation bestimmt und durch die Struktur und Wirtschaftsführung der grundherrlichen Agrarbetriebe reguliert. In der Zeit der österreichischen Kriege wurden zahlreiche Kolonisten angesiedelt und Dörfer wieder bevölkert, in Friedenszeiten verlangsamte sich dagegen die Ansiedlung auf den Privatherrschaften. Da die Kriege die Agrarproduktion förderten, kamen die Grundbesitzer zu Kapital, was zahlreiche wirtschaftliche Verbesserungen in den Herrschaften zuließ. Seit den vierziger Jahren des 18. Jahrhunderts modernisierten die Großgrundbesitzer die Organisation und die Produktion und gingen zum Ausbau des Allodialsystems, zur Gutswirtschaft über, was wiederum freie Arbeitskräfte voraussetzte. Konnten oder wollten die Herrschaften keine neuen Kolonisten ansiedeln, so wurden die Frondienste der Bauern erhöht.

Die Erweiterung der grundherrlichen Allodialfelder belastete die alteingesessenen Bauern mit mehr Robot. Die ungarischen, zumeist an die Scholle gebundenen Fronbauern mußten die Belastung hinnehmen, die Raitzen dagegen flüchteten in Scharen. Auch von den Baranyaer Gütern des Grafen Ádám Batthyány wanderten die Raitzen zu den benachbarten Gütern und den Kameralgütern jenseits der Donau in der Batschka ab. Die Herrschaft verhinderte die Abwanderung keineswegs, da die deutsche Masseneinwanderung in den dreißiger und vierziger Jahren ihr neue Arbeitskräfte zuführte. Die ungarischen, kroatischen und serbischen Bauern erlebten die deutsche Einwanderung seit 1738 als den Beginn der Verschlechterung ihrer Lage. Einerseits mußten sie hinnehmen, daß ihre Robotleistungen erhöht wurden, andererseits sahen sie, daß die

Deutschen von der Robot zum Großteil befreit waren. Allerdings mußten die Deutschen wesentlich höhere Geldabgaben leisten als die ungarischen und südslawischen Bauern, denn die Herrschaft erwartete von ihnen Eigeninitiative, höhere Produktivität und dementsprechend größere Geldeinnahmen, die ungarischen und südslawischen Bauern dagegen galten vor allem als kostenlose Arbeitskraft.[50]

Das Interesse an der deutschen Kolonisation hielt während des ganzen Jahrhunderts in jenen Herrschaften an, in denen der Großgrundbesitzer durch die bessere Infrastruktur und die Nähe zu den großen Märkten an der Getreide- und Agrarkonjunktur teilhatte. Eine ebenfalls ausschlaggebende Rolle spielten die familiären Traditionen, die von den Vätern auf die Söhne vererbten Methoden der Wirtschaftsführung. Die Károlyis haben von 1712 bis 1838 ununterbrochen ihre Güter erweitert und deutsche Kolonisten aus Schwaben angesiedelt. Nach dem Tod von Sándor Károlyi wurden über vier Generationen in 31 Siedlungen etwa 2 100 deutsche Familien (mehr als 10 000 Personen) angesiedelt. Im Komitat Tolna wurde die Siedlungspolitik des Grafen Mercy 1734 von seinem Adoptivsohn Anton Ignaz Karl August Graf Mercy d'Argenteau und dessen Sohn bis zum Verkauf der Hőgyészer Herrschaft an die Familie Apponyi im Jahre 1773 konsequent fortgesetzt. Anton legte nicht nur Gewicht auf die Hebung der landwirtschaftlichen Produktion, sondern auch besonders darauf, in seiner Residenz Hőgyész alle Arten von Gewerbetreibenden anzusiedeln. Dies geschah nach der damals oft praktizierten Methode der Zwangsansiedlung. Durchwandernde Handwerker und Gesellen wurden von den Heiducken eingefangen und gewaltsam zurückgehalten. Die Mercys besiedelten bis 1773 insgesamt 23 Ortschaften mit etwa 2 400 deutschen Familien.[51]

An der Erhöhung der Zahl der Fronbauern waren auch die kleinen Rentenbetriebe oder die verkehrsungünstig liegenden Herrschaften interessiert. Dagegen verstärkte sich die bauern- und impopulationsfeindliche Haltung bei jenen Großgrundbesitzern, die ihre Betriebe auf Kosten des Bauernlandes erweitert und die Anbauflächen als Weideland genutzt hatten. Die Weidewirtschaft benötigte keine zusätzliche Arbeitskraft. Die extensive Viehzucht war vor allem im linksdanubischen Ungarn auf den riesigen Weideflächen der Ebenen zur Zeit der österreichischen Kriege so rentabel wie noch nie.

Der Staat stand bei der Privatkolonisation im Hintergrund und beschränkte sich bis in die sechziger Jahre des 18. Jahrhunderts darauf, die Ansiedlungstätigkeit der Grundbesitzer im Sinne der verabschiedeten Gesetze zu begünstigen. 1761 setzte infolge des mit Verlusten und großen Kosten verbundenen Siebenjährigen Krieges eine neue Epoche in der Impopulationspolitik der Habsburgermonarchie ein. Der noch im selben Jahr errichtete österreichische Staatsrat, ein Beratungsorgan Maria Theresias (1740–1780) und zugleich die Seele des theresianischen Absolutismus, erhob die Impopulation zum Leitmotiv der Gesamtpolitik. Der Leiter der Staatskanzlei, Fürst Wenzel Kaunitz, zugleich Leiter des Staatsrats, und das aktivste Mitglied des Staatsrats, Baron Egyd Borié, waren der Ansicht, daß Ungarn nicht im gebührenden Maße an den Kriegslasten trage, und sie prüften, wie Ungarn mehr zur Erhaltung der Monarchie beitragen könne. Größere Einnahmen für die Staatskasse erhofften sie von der Impopulation, da nach dem veralteten ungarischen Steuersystem, dessen Grundlage die Kopfsteuer war, die Größe des Steueraufkommens von der Größe der steuerpflichtigen Bevölkerung abhing.

Nach dem Willen des Staatsrats sollte die Impopulationspolitik über die Privatansiedlung erfolgen, die Kameralansiedlung sollte lediglich als Vorbild dienen. An die Ungarische Hofkanzlei erging Ende Juli 1761 ein Schreiben Maria Theresias, die Privatansiedlung in Ungarn durch Ansiedlung von preußischen Kriegsgefangenen in Gang zu setzen. Die Antwort der Komitate befriedigte Wien jedoch keineswegs. Von den ungarischen Grundherren wurden nur etwa 600 Kriegsgefangene angefordert, unter anderem von Imre Graf Sztáray für seine Güter im Komitat Zemplén und von den Komitaten Szerém und Bars. Auch die vom Staatsrat gewünschte Ansiedlung und Einstellung von Invaliden in Ungarn als Stadtgardisten und Komitatsheiducken stieß auf den Widerstand der Ungarischen Hofkanzlei und der ungarischen Rekrutenkommission, die mitteilten, daß die Einstellung der Invaliden nicht erfolgen könne, weil diese weder die Landessprache beherrschen noch in der Lage sind, die schweren körperlichen Aufgaben der Heiducken zu übernehmen. Auch aus den aufgeforderten ungarischen königlichen Freistädten kam kein Widerhall.[52]

Nach dem Hubertusburger Frieden im Jahre 1763 wurde auch die Unterbringung des entlassenen Heerespersonals aktuell. Die Ungarische Hofkanzlei lehnte zwar die Ansiedlung von Soldaten prinzipiell nicht ab, doch in der Praxis kam es erneut nicht zu der vom Staatsrat gewünschten großangelegten Siedlungsaktion in Ungarn. Lediglich einige Hunderte deutscher Heeresangehöriger aus den deutschen Territorialstaaten, aus Schlesien, Mähren und Österreich wurden von ungarischen Grundbesitzern angesiedelt. Nach mehrjährigen Debatten im Staatsrat wurde 1763 und 1764 schließlich ein umfangreiches kaiserliches Impopulationsprogramm verkündet, dessen Grundlage ein Plan des Barons Ferenc Balassa, Rat des Statthalterrats, war. Nach Balassa gab es mehr als 1 200 nicht besiedelte Prädien im Land, die meisten in den Komitaten Pest, Bihar, Szabolcs, Arad, Bács, Csanád, Csongrád und Fejér. Die Einführung der von Balassa vorgeschlagenen Donationalklauseln bei Neuvergebung der an die Krone heimgefallenen Güter zeigte jedoch in der Praxis keinen Erfolg. Eine staatlich gelenkte grundherrliche Impopulation kam wegen des traditionellen Widerstands des ungarischen Adels, der die Bevölkerungspolitik als innerungarische Angelegenheit betrachtete und stets den eigenen Wirtschaftsinteressen folgte, nicht zustande.

Trotz alledem ist die Privatansiedlung nicht ins Stocken geraten. Das Kolonisationspatent Maria Theresias vom 25. Februar 1763, ursprünglich für die aus dem Heer entlassenen Soldaten gedacht, lockte mit seinen Vergünstigungen zahlreiche Auswanderungswillige aus den deutschen Territorialstaaten an. Darüber hinaus machten die Privatherren den staatlichen Transporten regelmäßig die Kolonisten abspenstig. Sogar die Ungarische Hofkammer beteiligte sich an den »Raubzügen«. Grassalkovich ließ wiederholt die Banater Schiffe in Ofen anhalten, die Kolonisten auf Wagen verladen und in die Batschka transportieren. Den Anteil der unterwegs abgeworbenen Deutschen schätzte man auf zehn bis zwanzig Prozent.

Die von Kaiser Joseph II. (1780–1790) vertretene physiokratisch bestimmte Bevölkerungspolitik wollte neben den Kron- und Kammergütern und den aufgehobenen geistlichen Gütern ebenfalls die Privatherrschaften in die Impopulation einbeziehen. Doch die Grundherren führten nach wie vor selbständige Aktionen durch und vermochten sich von den kaiserlichen Plänen unabhängig zu machen. Auf den Aufruf meldeten sich nur wenige Grundherren, hauptsächlich aus Südungarn, aus der Batschka und dem Banat. Unter anderem erbat Josef Sigismund Graf Pejačević rund 700 Kolonisten für sein Dorf Ruma im Komitat Szerém, Lukács Lázár wollte auf seinem Gut Etschka im Komitat Torontál hundert Kolonistenfamilien ansiedeln. Izsák Kiss benötigte 150 Familien für sein Gut Itebe im Komitat Temes. In allen drei Fällen mißglückte die Ansiedlung, weil die in der Hoffnung auf die äußerst vorteilhaften kaiserlichen Bedingungen eingewanderten Kolonisten erst am Ansiedlungsort von den wesentlich ungünstigeren Bedingungen der Privatherrschaft erfahren haben und sich damit nicht zufrieden geben wollten.[53] Gegenüber 32 Joch in der Batschka sollten die Ansiedler bei Pejačević nur 5 3/4 Joch Acker bekommen und anstelle der zehnjährigen Steuerfreiheit nur eine dreijährige.

Jeder Vergleich mußte zum Nachteil der von Pejačević angebotenen Konditionen ausfallen. Der Graf hatte außerdem sein Interesse an den Ansiedlern verloren, nachdem er zwei Jahre lang vergeblich auf die Zuteilung von Kolonisten gewartet hatte. Die in Ruma angesiedelten 173 kurtrierischen, 39 elsässischen und 32 hessischen Familien beklagten sich am 2. August 1786 beim königlichen Administrator in der Batschka: »... weil wir sammentlich nach Ruma verwiesene, wo uns der Grundherr nicht mehr denn 5 1/4 Joch Erden, worin alles begriffen ist: als Haus, Wiesen, Garten, Acker und Tretplatz, abgewiesen, und ausser diesen weder ein Kopfgeld noch sonsten was nur immer Namen hat, welches im Batscher Bezirk die Kolonisten haben, erhalten, und aus dem nicht menschenmöglich ist zu bestehen, dann auch zur Grunde gehen müssen. Indeme wir gegen ein 1/4 Jahr von eigenem leben müssen, was wir gehabt haben, verzehret, sodann vor Hunger krank geworden, folgsam das Jammer deren Kranken unbeschreiblich ist, die unumgänglich vor Elend zu Grund gehen müssen.«[54] Viele flüchteten aus Ruma und den anderen Privatherrschaften. Die meisten von ihnen zogen mit Genehmigung des Kaisers auf die umliegenden Kameralgüter weiter.

Auch in diesem Fall zeigte sich die seit den zwanziger, stärker noch seit den sechziger Jahren bestehende Konkurrenz zwischen der Privatkolonisation und der staatlichen Ansiedlung. Die Privatkolonisation konnte den Wettbewerb mit der staatlichen Ansiedlung um so weniger aufnehmen, je mehr der Gedanke der planmäßigen Förderung der Ansiedlung bei den Privatgrundherren in Vergessenheit geriet. Die Krone und die Kammer waren die größten und kapitalkräftigsten Grundherren. Ihre Ansiedlungspolitik konnte also größere Ausmaße und vollkommenere Formen annehmen als die der Privatherrschaften. Allerdings bot die staatliche Kolonisation den kapitalarmen Privatherrschaften eine günstige Möglichkeit, Kolonisten abzuwerben und so die benötigte Arbeitskraft zu bekommen. Für die Kolonisten wiederum bedeutete das Nebeneinander der verschiedenen Ansiedlungsformen eine weitere Chance, sich in Ungarn dauerhaft niederzulassen und nach einem ersten mißglückten Anlauf doch nicht zurückkehren zu müssen.

Die Mobilität der deutschen Kolonisten war während der gesamten Ansiedlungszeit enorm groß. Kolonisten waren aus dem Banat ins Landesinnere und aus den Komitaten in die Batschka und ins Banat unterwegs, wobei sich die Bewegung von der Privatherrschaft zur Kameralherrschaft verstärkte. Die zunehmenden grundherrlichen Lasten veranlaßten die in den Grundherrschaften angesiedelten Bauern, ihren bisherigen Ansiedlungsort mit einem der staatlichen Impopulationsgebiete zu vertauschen. Die durchschnittlich dreijährige Befreiung von den grundherrlichen Lasten und die äußerst begrenzten Beihilfen erschwerten den Aufbau einer stabilen Wirtschaft. Die erfolgreiche Ansiedlung setzte nicht nur eigenes Kapital voraus, sie hatte auch eine gewisse Auslese der Tüchtigeren zur Folge. Viele Kolonisten, die den Anforderungen nicht gewachsen waren, gaben auf und kehrten in die alte Heimat zurück.

Ansiedlungsbedingungen

Die Bedingungen und Formen der Besiedlung wurden allein von den weltlichen und kirchlichen Großgrundbesitzern bestimmt. Der Staat stand als Kolonisator im Hintergrund und beschränkte sich zumeist darauf, die private Ansiedlungstätigkeit im Sinne der verabschiedeten Gesetze zu begünstigen. Es gab neben den für das ungarische Königreich gültigen Landesvorschriften auch von den einzelnen Komitaten und Grundbesitzern festgelegte Durchführungsbestimmungen und Bedingungen, wobei die Herrschaft das Recht der freien Entscheidung für sich behielt, ob sie sich nach der Norm richtete oder nicht. Pflichten und Begünstigungen der Ansiedler wurden zwischen dem Grundherrn und der Kolonistengemeinschaft meist schriftlich fixiert.

Gemeinsam war den Kolonisten ihr rechtlicher Status. Alle Kolonisten erhielten das Recht auf Freizügigkeit zugesichert, was sie von den alteingesessenen und an die Scholle gebundenen Fronbauern grundlegend unterschied. Allerdings wurde das Recht des freien Wegzugs oft so verklausuliert, daß es praktisch auf legalem Weg kaum in Anspruch genommen werden konnte. Der Fronbauer, der wegziehen wollte, mußte vor allem in kleinen Herrschaften für sich einen Stellvertreter stellen, der in der Lage war, die gleichen Steuerlasten zu tragen wie er. Baron Ignaz Kurtz verordnete im Ansiedlungsvertrag mit den Kolonisten in Hidegkút im Komitat Pest im Jahre 1711 ausdrücklich: »Kheiner khan sich ohne Verwilligung der Herrschaft anderenorths hin ziehen, außer er stölle der Herrschaft einen anstendigen Würth und bezahle sein Abfahrt Gelt.«[55] Die Ofner Augustiner verlangten beim Wegzug eine zehnprozentige Ablösesumme. Dagegen beharrte Graf Mercy lediglich auf der rechtzeitigen Eingabe des Antrags auf Wegzug und der Entrichtung der fälligen Abgaben.

Mit dem Kolonistenstatus war auch die Gewährung von Beihilfen verbunden. Die Unterstützung bis zur Sicherung der Selbstversorgung wurde grundsätzlich nur leihweise gewährt, und die Beihilfen wurden nach einer gewissen Frist – im allgemeinen nach drei Jahren – zurückverlangt. Neben der Befreiung von den grundherrlichen Leistungen gab es auch eine befristete Befreiung von den öffentlich-rechtlichen Leistungen, die das Komitat zu beanspruchen hatte. Das Komitat belastete die Bauern mit den Kosten der Unterhaltung des Heeres (bellica) und mit der Bestreitung der Auslagen der Komitatsverwaltung (domestica). Die Herrschaft hatte über die vom Komitat gewährte Steuerfreiheit nicht zu entscheiden, sie konnte nur für ihre Kolonisten eine Befreiung beantragen, wenn sie nicht generell, wie zum Beispiel im Komitat Tolna, für zwei Jahre bestimmt war. Komitat und Grundherr stimmten im allgemeinen einer dreijährigen Befreiung von den Pflichtleistungen zu, für die Anlegung von Weingärten gab es eine fünf- bis zehnjährige Steuerfreiheit. Die kleinen Herrschaften, die das Geld am dringendsten nötig hatten, zeigten sich nicht so entgegenkommend und gewährten den Kolonisten nur ein bis zwei Freijahre.

Umfang und Art der bäuerlichen Pflichtleistungen waren von Ort zu Ort verschieden geregelt. Für die Überlassung der Hausstelle mußten die Fronbauern einheitlich einen jährlichen Grundzins (census) bezahlen. Von ihren Produkten lieferten sie den Zehnten an die Geistlichkeit, das Neuntel samt kleineren Geschenken an die Grundherrschaft. Die Bauern waren außerdem verpflichtet, Robot zu leisten, deren Form, ob mit Gespann oder zu Fuß, und Umfang von der Wirtschaftskraft und zugleich dem juristisch-sozialen Status des Bauern (colonus, inquilinus, subinquilinus) abhing. In einigen Herrschaften wurde die Robot von Anfang an durch Geldzahlungen ersetzt. Die Arbeitstage auf den grundherrschaftlichen Feldern waren bei den Kolonisten im Gegensatz zur Robot der alteingesessenen Bauern fest geregelt und anfangs gering. Im Durchschnitt betrug die Robot zwölf Tage im Jahr, maximal einen Tag wöchentlich. Die Robot der deutschen Bauern in den Dörfern des Fünfkirchner Bischofs war mit nur acht Tagen festgelegt, dagegen waren die Robotleistungen der ungarischen und südslawischen Bauern des Bischofs gar nicht fixiert.

Bei den bäuerlichen Leistungen für die Grundherrschaft war entscheidend, ob der Grundherr Eigenwirtschaft betreiben oder lediglich zu einer rentenmäßigen Geldeinnahme kommen wollte. Bis in die Mitte des 18. Jahrhunderts betrachteten die Grundherren mit wenigen Ausnahmen ihren Grundbesitz als Rentenquelle aus bäuerlichen Abgaben. Diese Tendenz setzte sich bei den kleinen und bei den abseits von Straßen und Märkten gelegenen Herrschaften bis ins 19. Jahrhundert hinein fort. Bei den großen Herrschaften, soweit sie einen geschlossenen Komplex bildeten und von einem Wirtschaftszentrum aus streng unter dem Aspekt der Wirtschaftlichkeit organisiert wurden, überwog von der ersten Hälfte des 18. Jahrhunderts an die Tendenz zur Eigenbewirtschaftung und Getreidegewinnung.

Die Inanspruchnahme der herrschaftlichen Bannrechte war ebenfalls von Ort zu Ort verschieden, aber hier galt die Landesgesetzgebung als Grundlage. Der Grundherr überließ das Recht auf den Weinschank der Gemeinde mit eigenem Weinanbau in der Regel für ein Vierteljahr, damit die Gemeinde aus den Einnahmen die kommunalen Ausgaben finanzieren konnte. Die größeren Herrschaften verpachteten für das ganze Jahr sowohl den Weinschank als auch die Fleischbank. In den Ansiedlungsverträgen wurden auch die herrschaftlichen Bannrechte, die den Wald betrafen, geregelt. Die Herrschaft stellte gewöhnlich für die Errichtung der Kolonistenhäuser Bauholz ohne Entgelt zur Verfügung. Das Entgegenkommen in bezug auf bäuerliche Waldweide, Eichelmast der Schweine und Brennholzsammlung richtete sich nach Quantität und Qualität der Herrschaftswälder. Für die Eichelmast mußte erst bei mehr als zwei bis drei Schweinen eine Abgabe entrichtet werden. Für das Brennholzlesen der Bauern wurden Erlaubnisscheine gegen ein geringes Zettelgeld ausgestellt.

Die vom Grundbesitzer gewährten Vergünstigungen waren von den Siedlungsbedingungen abhängig, das heißt davon, ob die Kolonisten auf kultiviertem Ackerland oder auf noch zu rodendem Waldland oder mit Buschwerk überwuchertem Weideland angesetzt wurden. Die Größe von Grund und Boden beziehungsweise die Zahl der Ansiedlungsberechtigten wurde in den Ansiedlungsverträgen nur in wenigen Fällen bestimmt. Graf Esterházy hat den Deutschen 1735 das Prädium Mekényes im Komitat Tolna unter der Bedingung überlassen, dreißig »guette und wohlhabende Würth zu bringen, das Dorf, wo ihnen ausgezeigt werden wird, in einer guetten Ordnung und mit gesezten Häusern zu erbauen und imstande zu bringen«.[56] Die meisten Verträge jedoch, wie zum Beispiel der Vertrag der Ofner Jesuiten mit den deutschen Kolonisten in Großturwall im Komitat Pest, stellten lediglich fest, daß der Grundbesitzer Hausgrund und Boden den Kolonisten zur Verfügung stellt, »damit die Unterthanen vor Jedes Hauß respective darvon genuegsamb, sowohl zur Winter- und Sommer-Saath, alß auch zum Brach liegen und Heu machen versehen seyn sollen«.[57] War die zur Ansiedlung gemeldete Gruppe ausreichend groß, so wurde die Zahl der Haushalte zur Grundlage der verteilten Hofstellen und Bauernhufen. Die Größe der einzelnen Bauernstellen war von Dorf zu Dorf und von Herrschaft zu Herrschaft unterschiedlich. Solange es noch genug brachliegendes Feld gab, konnten die Bauern allgemein soviel Ackerland haben, wie sie bearbeiten konnten. Von der zweiten Hälfte des 18. Jahrhunderts an wurde die Größe der Felder immer häufiger präzise angegeben. István Graf Zichy gestattete 1751 den deutschen Kolonisten auf der Isztimérer Puszta im Komitat Fejér ein Dorf mit achtzig viertel Bauernsessionen anzulegen. Zsigmond Graf Széchenyi bestimmte 1764 im Kontrakt mit den Kolonisten in Sulk im Komitat Somogy die Größe einer vollen Fronbauernhufe mit vierzig Joch Acker, die dazugehörige Hofstelle maß 50 mal 150 Klafter, die halbe Hufe mit zwanzig Joch Acker hatte eine Hofstelle von 25 mal 150 Klafter.

Im allgemeinen wurden die deutschen Kolonisten in bestehenden Ortschaften angesiedelt oder in jenen verödeten Orten, wo die alte Dorfanlage oder Spuren früheren Lebens noch sichtbar waren. Damit konnte man Geld beim Wiederaufbau sparen, denn die Grundbesitzer mußten ja Vorschüsse an Bauholz, Verpflegung, Saatgut und Zugtieren leisten. Die Besiedlung von Dörfern, deren Felder seit Menschengedenken brachlagen, war mit höheren Schwierigkeiten und Kosten verbunden. Viele Grundbesitzer wollten oder konnten dafür nicht aufkommen. Solange die spärlich besiedelten Orte nicht genügend ausgenutzt waren, war das auch nicht nötig. Nicht zuletzt wollten manche Grundbesitzer schnell höhere Einnahmen erzielen, indem sie die Gemarkung der während der Türkenzeit verödeten Ortschaften, die nach 1686 als Prädien registriert worden waren, als Weideland verpachteten. Ein weiterer Vorteil der unbesiedelten Prädien war, daß sie aufgrund unbeschränkter Adelsrechte, das heißt aufgrund der Steuerbefreiung des ungarischen Adels, frei von staatlichen Lasten zu nutzen waren. Im südöstlichen Transdanubien, wo die Verwüstung den höchsten Grad erreichte, wurden deshalb viele Ortschaften nicht mehr neu besiedelt und verschwanden für immer.

Der Grundbesitzer Ferenc Kun verlangte 1720 im Ansiedlungsvertrag von den deutschen Kolonisten, die sich auf seinem Gut in Majos im Komitat Tolna niederließen, eine Siedlung »nach teutscher Manier« zu errichten. Die neuaufgebauten Dörfer und Häuser in Innerungarn wurden in einer gewissen Regelmäßigkeit von den Verwaltungsbeamten konzipiert, jedoch nicht nach fertigen Vorlagen von Ingenieuren wie im Banat. Die Dörfer paßten sich ihrer Umgebung an. Im zumeist hügligen Transdanubien waren sie in den Tälern langgestreckt. Die Ein- oder Mehrgassendörfer wurden bei wachsender Bevölkerung durch neue Parallel- und Kreuzgassen erweitert. Die Siedlungen im Tiefland wurden nach einem fast mathematisch rechtwinkligen Grundriß angelegt. Im Dorfbild kam auch häufig der soziale oder nationale Unterschied der Bewohner zum Vorschein. Es gab vielfach eine völlige Trennung der Wohnviertel der Fronbauern von denen der Kleinhäusler, wobei sogar in der Lage der einzelnen Dorfviertel die soziale Stellung zum Ausdruck kam. In Csibrák im Komitat Tolna wurde die Kleinhäuslergasse entfernt vom übrigen Dorf angelegt. Im Tolnaer Závod mußten sich die Kleinhäusler mit der schattigen Nordlage begnügen.[58] In Bawarz im Komitat Baranya entstanden das schwäbische und das ungarische Dorf voneinander getrennt, das ungarische im Tal, das schwäbische am Berghang.

Von Anfang an machte sich bei der ländlichen Bevölkerung der Prozeß des ethnischen »Sich-selbst-Ordnens« bemerkbar. Die Zahl der Ortschaften mit einer Ethnie nahm immer mehr zu, dagegen ging die Zahl der Ortschaften mit zwei und drei Ethnien rapide zurück. Am 12. Juni 1748 wandten sich die schwäbischen Kolonisten in Erdeed an Károlyi mit der Bitte, sie von der ungarischen Bevölkerung zu trennen: »Dan es ist Unmeglich Mer hie zue wohnen Undter denen Ungar: dan zweyerley natzionen in einem ohrth zue wohnen ist ein verderbliche sach; Man sieht Jah in andteren Derfer all woh die Deitsche allein wohnen in allen sachen ein gewisse ordtnung haben.«[59]

Dagegen stieg die Zahl der Dörfer mit nur einer Volkszugehörigkeit stark an. Im Komitat Tolna lebten im Jahre 1767 in 47 Dörfern Ungarn, Deutsche und Südslawen zusammen, im Jahre 1773 gab es kein einziges Dorf mehr, wo alle drei Nationalitäten in nennenswerter Zahl vertreten waren. In der Baranya waren es 1767 noch 33 Dörfer mit drei Nationalitäten, 1773 dagegen nur noch fünf. Besonders auffallend ist der Rückzug der Ungarn aus den ethnisch gemischten Ortschaften. Die Gründe sind in der unterschiedlichen Religionszugehörigkeit, in der Spannung aufgrund des unterschiedlichen Status der ungarischen, südslawischen und deutschen Bauern und nicht zuletzt in der unterschiedlichen Lebensweise zu suchen. Die Aufrechterhaltung der traditionellen, vornehmlich auf extensiver Weidewirtschaft basierenden Lebensform der Serben führte bereits an der Wende vom 17. zum 18. Jahrhundert oft zu Spannungen mit den intensiv Ackerbau betreibenden Ungarn und Deutschen. Das Vordringen der Serben nach Norden wurde dann von den zwanziger Jahren des 18. Jahrhunderts an durch die massenhafte Ansiedlung der Deutschen aufgehalten, was zugleich zur Veränderung der traditionellen Lebensform der am Ort gebliebenen Serben führte.

Die meisten Grundherren achteten bereits bei der Ansiedlung auf eine Trennung der Siedler, hauptsächlich um konfessionelle Streitigkeiten zu vermeiden. József Graf Esterházy, ein überzeugter Katholik und Förderer der katholischen Restauration, ließ die kalvinistischen Ungarn seiner Herrschaft Totis an andere Orte bringen und an ihre Stelle katholische Deutsche und Slowaken setzen. Baron Harrucker trennte die Neuankömmlinge in seiner Herrschaft nach Konfession: Die katholischen Deutschen wurden in Deutsch-Gyula, die evangelischen in Mezőberény angesiedelt. Die in der Mehrheit aus Württemberg stammenden protestantischen Deutschen in Mezőberény ließ er 1725 neben den früher zugezogenen Slowaken ansiedeln. 1731 wurden hier auch 21 ungarische protestantische Familien untergebracht. Die drei evangelischen Gruppen lebten bis zum Ende des 19. Jahrhunderts trotz ihrer gemeinsamen Konfession streng voneinander getrennt nach der ethnischen Zugehörigkeit.[60]

Die ersten Behausungen der deutschen Kolonisten waren noch vor dem ersten Winter schnell errichtete Hütten. Der Name Hüttendorf in Nimmersch im Komitat Baranya erinnert noch an sie. Die ersten festen Häuser waren niedrige Giebelhäuser, deren eine Giebelwand längsseits der Straße verlief. Unterschiede gab es beim Baumaterial, das durch die örtlichen Gegebenheiten beeinflußt wurde. In Gebieten, wo die Besiedlung mit dem Roden der Wälder begann, zum Beispiel in den Komitaten Pilis, Fejér und Veszprém oder vielerorts im Komitat Baranya, bauten die Deutschen mit Holz. Die Balkenkonstruktion, die den Dachraum abschloß und gleichzeitig als Dachkonstruktion und Brandmauer diente, war aus Holz, die Häuserwände wurden aus einer Mischung von Lehm und Stroh gestampft. Der Dachboden wurde als Lagerraum für Getreide, Obst und landwirtschaftliche Geräte genutzt.[61] Die Häuser bestanden aus drei Räumen. Von der Traufseite führte eine Tür in den Mittelraum, in die Küche, und von dort gelangte man nach links und rechts in die Stube und in die Kammer. Bei Erweiterungen des Wohnhauses und beim Errichten von Stall, Schuppen und Scheune verlängerte sich das Haus in der Hauptachse, da die Hofbreite durch das parallel liegende Nachbarhaus bereits festgelegt war.

Der Dorfgrund wurde unter einer bestimmten Anzahl von Familien aufgeteilt, und zwar möglichst in gleichgroße und gleichwertige Teilstücke. Es scheint keine besonderen beziehungsweise keine einheitlichen Bestimmungen der Bodenaufteilung gegeben zu haben, vordringlich war die beste Nutzung. Die Herrschaft leitete entweder selbst die Aufteilung oder überließ sie, wie zum Beispiel in der Gemeinde Murga, den Ansiedlern. Im Ansiedlungsvertrag aus dem Jahre 1745 erlaubte István Jeszenszky den Ansiedlern in Murga die freie Aufteilung von Weingärten, Feldern und Wiesen binnen drei Jahren. Nicht überall konnten die Ansiedler eine volle Fronbauernhufe (Session) mit etwa dreißig bis vierzig Joch Acker erhalten, oft wurde nur eine halbe Session ausgeteilt. Der

Mit dem wachsenden Wohlstand der deutschen Bauern im Banat wuchs das Bauernhaus. Gegen Ende des 18. Jahrhunderts tauchten die Formen des Wiener Barocks auch bei den Bauernhäusern vom Burgenland bis zum Eisernen Tor auf. Mit wenigen Abweichungen war der barocke Rundgiebel mit seinen charakteristischen dekorativen Elementen – im oberen Bogen das Auge, zwischen den Bodenlöchern die Jahreszahl, darunter der Name des Eigentümers – fast hundert Jahre hindurch gebräuchlich.

Die einstige Klostergemeinde Kerz in Südsiebenbürgen läßt die einheitliche Planung einer geschlossenen Dorfanlage erkennen. Diese für die sächsischen Dörfer als typisch angesehene Straßenfront bildete sich im 18. Jahrhundert aus. Dicht aneinandergerückt stehen die Gehöfte in ununterbrochener Reihe an der Dorfstraße. Die Häuser kehren der Gasse ihre Giebelseite zu, welche durch zwei Fenster mit Klappläden und Luken im Giebeldreieck gegliedert sind. Die von einem gemauerten Bogen überwölbten Toreinfahrten schließen die Hofstellen zur Straße ab.

Straßenzeile in Neudorf in Syrmien, wo deutsche Siedlungen vor allem im 19. Jahrhundert entstanden, als in dichter bevölkerten und wohlhabenden Gemeinden der Siedlungsgebiete nördlich von Donau und Drau eine Abwanderungstendenz eintrat.

häufigste Grund dafür war die Größe der Gemarkung und die Wirtschaftskraft der Bauern, die von der Zahl der Zugtiere abhängig war. Zählte man den eine volle oder eine halbe Session besitzenden Bauern mit Zugtieren dem rechtlichen Status nach zu den Fronbauern (colonus), so war der eine Achtel- oder höchstens eine Viertelsession und keine Zugtiere besitzende Bauer Kleinhäusler (inquilinus). Besaß er außer seiner eigenen Arbeitskraft weder Acker noch Haus, gehörte er zu den sogenannten Insassen (subinquilinus). Die Kleinhäusler und Insassen mußten im Gegensatz zu den Fronbauern kaum oder keine Steuern entrichten und waren nur zur Handrobot verpflichtet. Um zu überleben, waren sie aber auf die Arbeit im Meierhof der Herrschaft oder bei den Fronbauern angewiesen.

Die Grundherren, die die effektivste Urbar- und Nutzbarmachung der Herrschaft sowie die ständige Erhöhung ihrer Einnahmen anstrebten, sahen in der Vergrößerung der Zahl der Bauern die Lösung. Daher entstanden drei Formen der Kolonisation in den Dörfern.

In der Frühphase der Kolonisation wurden die Deutschen im allgemeinen in bereits spärlich bewohnten Orten angesiedelt, wodurch bei nachfolgenden Einwanderungen die Bauernhufen immer wieder neuverteilt und zugleich verkleinert wurden. So entstanden Bauernhufen mit nur einer Viertel- und Achtelsession. Die Ansiedlung einer zweiten Kolonistengruppe und die damit verbundene Verkleinerung der Wiesen und Felder bedrohte bei niedrigem Ernteertrag die Existenzgrundlage der Bauern. Ins Tolnaer Dorf Varsád brachte László Székely bereits im Jahre 1717 protestantische Deutsche. Der neue Dorfbesitzer Mercy ließ die Wiesen der Varsáder unter den neuen Kolonisten in den Nachbargemeinden Sagetal, Kalas und Tormás aufteilen, weshalb die Varsáder im November 1725 ihre Rückkehr in die alte Heimat erklärten. Aber auch in den Nachbargemeinden wirkte sich die Aufteilung der Böden unvorteilhaft auf die soziale und wirtschaftliche Lage der Kolonisten aus. Im Jahre 1725 wurden in Sagetal 39 Familien angesiedelt, 1731 waren davon nur noch dreizehn im Ort. Die Zwergwirtschaften mit einem halben Joch Acker und ebensowenig Wiese und Weingarten waren nicht lebensfähig. Die Mehrheit der Kolonisten zog deshalb in andere Herrschaften weiter. Erst nach 1731 begann in Sagetal eine stetige, aber langsame Entwicklung und mit den vierziger Jahren setzte aufgrund intensiverer Produktionsmethoden eine rasche Zunahme der Bevölkerung ein. In wirtschaftlich eher gesunden Orten und Herrschaften, wo auch die kleinen Bauernhufen überleben konnten, kam es schon im ersten Viertel des 18. Jahrhunderts zur Verkleinerung der Bauernfelder. Der Grundbesitzer ließ einerseits den Gutsbetrieb auf Kosten der Fronbauernhufen ausweiten, andererseits siedelte er eine große Zahl von Kolonisten neben den bereits ortsansässigen an. Die infolge der neuaufgeteilten Ackerfelder entstehenden Zwergwirtschaften wurden vom Grundherrn als fronbäuerliche Felder eingestuft und besteuert. Dadurch kam der Grundherr auch ohne Eigenwirtschaft zu höherem Einkommen.[62]

In verödeten Orten, wo wegen der schweren Rodungsarbeit die Zahl der Kolonisten nur langsam wuchs, konnten die Sessionen bis in die Mitte des 18. Jahrhunderts, solange es noch genügend brachliegenden oder als Wiese genutzten Boden gab, durch

Aufteilung der Wiesen oder durch Rodung erweitert werden. Nach der Urbarmachung der Gemarkung wuchs die Zahl der Fronbauern nicht weiter, die Nachzügler erhielten nur eine Viertel- oder Achtelsession, oft aber kein Bauernland mehr und wurden dadurch in den Status der Kleinhäusler gedrängt.

In den erst von den dreißiger und vierziger Jahren an besiedelten Orten war die Zahl der Fronbauern und die Größe ihrer Felder oft im Ansiedlungsvertrag fixiert. Hier veränderte sich ihre Zahl auch später kaum. Gegen die Zersplitterung der Ackerflächen wirkte in allen Fällen das vom ungarischen Erbrecht abweichende Anerbenrecht, das sich bei den deutschen Kolonisten erst in Ungarn einheitlich durchgesetzt hatte.

Die Stärkung der Grundherrschaften und der Ausbau des Allodialsystems seit der Mitte des 18. Jahrhunderts beendete allmählich die freie und grenzenlose Belegung des Bodens und beschleunigte die von Anfang an vorhandene soziale Differenzierung der in der Landwirtschaft Beschäftigten, die bei den Deutschen besonders ausgeprägt war. 1775 betrug die Zahl der Kleinhäusler in den Komitaten Baranya, Tolna, Somogy und Fejér 20,44 Prozent, 1828 bereits 44,72 Prozent.[63] In der Baranya waren 64,8 Prozent der Agrarbevölkerung Fronbauern, 33 Prozent Kleinhäusler und 2,2 Prozent Tagelöhner. In der Tolna machten die deutschen Fronbauern 61,2 Prozent, die Kleinhäusler 30 Prozent, die Tagelöhner 8,8 Prozent aus. Zu den Kleinhäuslern zählte man allerdings auch die Dorfhandwerker, die häufig auch ein bis zwei Joch Land bewirtschafteten.

Je stärker die Stellung des Gutsbetriebes infolge der steigenden Konjunktur für Getreideproduktion und Viehzucht im Verlaufe des 18. Jahrhunderts wurde, um so mehr wurden die bäuerlichen Geldleistungen wieder in Naturalabgaben und Naturaldienstleistungen verwandelt. Das bäuerliche Getreide steigerte den herrschaftlichen Absatz, und die bäuerlichen Frondienste ersetzten die fehlenden Gutsarbeiter. Überall in Transdanubien wurde die Robot erhöht. In den Komitaten Sopron, Vas, Zala, Somogy, Tolna und Baranya kam es daraufhin 1765 zu Unruhen. Die Bauern verweigerten die Robotleistung, schickten Petitionen nach Wien und leisteten sogar bewaffneten Widerstand gegen die Gutsverwalter und die Komitatsheiducken, die sie zur Erfüllung der erhöhten Urbarialleistungen zwingen wollten.

Die Deutschen fanden im allgemeinen einheitlichere und in manchen Punkten (Freizügigkeit, befristete Befreiung von staatlichen und grundherrlichen Steuern) bei der Ansiedlung bessere Bedingungen vor als die ungarischen und südslawischen Bauern. Doch nach Ablauf der Freijahre mußten auch sie Frondienste leisten. Die ständige Erhöhung der bäuerlichen Pflichtleistungen und die chaotischen Urbarialzustände trafen die deutschen, ungarischen und südslawischen Bauern gleichermaßen. Die Deutschen in Nimmersch auf dem Gebiet des Fünfkirchner Bistums im Komitat Baranya hatten im Jahre 1736 zwölf Tage Fronarbeit zu leisten. 1766 wurde die Robot auf 67 Tage Zug- und 40 Tage Fußrobot erhöht.[64] Das war kein Einzelfall. So klagten die Tolnauer deutschen Gemeinden Murga und Csibrák vor der von Maria Theresia ausgeschickten Untersuchungskommission über die Urbarialverhältnisse: »Indem unßer alter Contract uns gebrochen, welcher bestunde in 4 fl arenda, zwei lange Furen bis in schlabaken [Slowakei] nebst Neytra. Und zu Zeiten die herrschaftliche gebei zu Schiberac etwas rebarirt, wan was von nethen ware und weiter von uns niths begert worden, wie auch nachgens uns der zweite auch dem driten, fierten Contract uns armen ist nit gehalten worden, und uns der finfte gegeben und der jetzige ist, welcher besteet in 7 fl arenda jehrlich, for die Furen in schlobacken mißen wir arme Unterthanen bei dißen 5-ten Contract dem gnedigen Herrn in baren gelt 100 fl: 20 fl jehrlich bezalen.«[65]

Die deutschen Bauern der Hőgyészer Herrschaft hatten in ihren Ansiedlungskontrakten von Graf Mercy eine Befreiung von den Robotleistungen erhalten, im Jahre 1765 protestierten jedoch auch sie gegen die von Mercys Nachfolgern abverlangte Robot. Als die Herrschaft ihnen dennoch die Robot aufzwang, stellten die Dörfer der Hőgyészer Herrschaft im Frühling 1766 nacheinander die Arbeit auf den Feldern des Grundherrn ein. In der Baranyaer deutschen Gemeinde der Pécsvárader Abtei, in Boschok, kam es im November 1766 zum bewaffneten Widerstand der Bauern, als der Gutsverwalter die Komitatsheiducken gegen die Bauern schickte, die die Robot und die Abgaben verweigerten.

Die wachsenden Lasten der Bauern veranlaßten Maria Theresia 1767, die Urbarialverhältnisse zunächst in den transdanubischen Komitaten (Vas, Zala, Sopron, Somogy, Tolna, Baranya) und bis 1774 auch in den übrigen ungarischen Komitaten einheitlich zu regeln. Die Nutznießungen und die zu leistenden Frondienste wurden nach der Größe der Bauernhufen festgesetzt. Im Interesse der staatlichen Steuer sollte so dem Entzug der bäuerlichen Felder und der Belastung durch die Robot entgegengewirkt werden. Es gab fünf Kategorien von Bauernhufen, deren Größe nach dem örtlichen Gewohnheitsrecht und der Bodenbeschaffenheit von Komitat zu Komitat unterschiedlich festgelegt war. Zu einer vollen Bauernhufe gehörten demnach sechzehn bis vierzig Joch Ackerland und vier bis fünfzehn Joch Wiesen, die Größe der Innenhufe wurde überall mit einem Joch bestimmt.[66]

Jeder Vollbauer hatte jährlich 52, der Halbbauer 26, der Viertelbauer dreizehn Robottage mit Vorspann oder doppelt soviel Handrobot zu leisten. Ein Kleinhäusler mußte achtzehn, ein Insasse zwölf Tage Handarbeit für den Grundherrn leisten. Der Hauszins war einheitlich mit einem Forint festgelegt, der Insasse wurde von der Bezahlung befreit. Neben Geschenken mußten die Bauern auch das Neuntel oder den Zehnten in Naturalien entrichten. Die Rechte der Bauern wurden schriftlich fixiert, etwa das Recht auf Eichelmast oder das befristete Weinschankrecht. Das Gewohnheitsrecht machte aber auch weiterhin Abweichungen von der Norm vor allem bei der Abgabe von Naturalien möglich.

Die Urbarialverordnung, die bis 1848 in Kraft war, ordnete die in den sechziger Jahren des 18. Jahrhunderts bestehenden Verhältnisse, war aber nicht auf eine wachsende Bevölkerung ausgerichtet. Die Zunahme der ländlichen Bevölkerung und der bereits an der Wende vom 18. zum 19. Jahrhundert auftretende Bodenmangel führten deshalb vielerorts zu sozialen Spannungen.

DEUTSCHE IN DEN STÄDTEN

In der ethnischen Zusammensetzung der Städte spiegelten sich die politischen Ereignisse und die demographischen Veränderungen im Lande. In den königlichen Freistädten und in den Marktflecken entlang der Migrationsrouten siedelten sich seit der Befreiung Ungarns Fremde aus Ost und West an. Deutsche Bergleute und Handwerker, jüdische, griechische und armenische Kaufleute beendeten nicht nur den Niedergang der ungarischen Städte, sie gaben ihnen auch ein besonderes ethnisch-religiöses Gepräge.

An der Wiederbesiedlung der Städte hatten die katholischen Deutschen einen großen Anteil. Besonders zahlreich waren sie unter den Stadtbewohnern mit Bürgerrecht, was nicht zuletzt den Wiener Maßnahmen zu verdanken war. Nach den Verordnungen von 1689 und 1733, die von Wien noch einmal 1777 bekräftigt wurden, sollten bei der Ansiedlung in den königlichen Freistädten Katholiken Vorrang haben. Hatten noch im 17. Jahrhundert in dem von Ungarn, Deutschen und Kroaten bewohnten Güns die katholischen Hutmacher-Handwerker um ihre Aufnahme in die Zunft von Steinamanger ersucht, weil die Günser Zunft nur Protestanten aufnahm, so verließen im 18. Jahrhundert die protestantischen Handwerker die Stadt und baten um Aufnahme in Zünfte anderer Städte, wo man sie duldete.[67]

Infolge der Einwanderung verdoppelte sich im 18. Jahrhundert die Zahl der Stadtbewohner in Ungarn, doch die Einwanderung richtete sich bald auf die Vorstädte der königlichen Freistädte und auf die Marktflecken, da der Ansiedlung von neuen Bürgern einerseits die von den Stadtmagistraten als Abwehrmaßnahme eingesetzten Bürgertaxen entgegenstanden, andererseits erwiesen sich die auf ihre Monopolstellung bedachten Zünfte als Hindernis. Die Entrichtung einer Neubürgertaxe und der Kauf eines Bürgerhauses wurden dem Neusiedler zur Bedingung gemacht, bei Handwerkern oft auch noch die Aufnahme in die Zunft.

Der Magistrat von Stuhlweißenburg war besonders darauf bedacht, keine »Armen aus der Vorstadt« und nur »feinere Handwerker« in die Bürgerschaft aufzunehmen. Die unerwünschten ärmeren Siedler schaltete man durch Anhebung der Bürgertaxe und des Preises für Hausgrundstücke aus. 1726 wurde der Bürgerpfennig von sieben auf 25 Gulden erhöht, und 1741 machte der Magistrat die Aufnahme der Handwerker von der Entscheidung der Zünfte abhängig. Der Nadler Paul Thierner wurde deshalb nicht in die Stadt aufgenommen, weil er nach Meinung der Zünfte in der Stadt nicht gebraucht wurde. Der Zinngießer Franz Piller verhinderte 1754 die Ansiedlung von zwei weiteren deutschen Zinngießern. Chancen hatten im Grunde nur Handwerker, deren Gewerbe in der Stadt noch nicht vertreten war.[68] Das alles hatte zur Folge, daß in Stuhlweißenburg jährlich nur etwa zwanzig bis dreißig Personen in die Stadtbürgerschaft aufgenommen wurden. In Pest konnten in den gut hundert Jahren zwischen 1687 und 1790 insgesamt nur 2 354 Personen das Bürgerrecht erwerben.

In allen königlichen Freistädten zeigte sich die gleiche Tendenz, so daß die Hofkammer 1764 die allgemeine Herabsetzung der Bürgertaxen verordnete. Der Magistrat von Stuhlweißenburg widersetzte sich dieser Verordnung der Hofkammer mit der Begründung, daß die Stadt auf die jährlichen Einkünfte von 500 bis 600 Gulden aus den Neubürgertaxen angewiesen sei. Außerdem kämen bei niedrigeren Bürgertaxen Arme in die Stadt, was die Lasten der Kontribuenten erheblich erhöhe. Seit 1796 wurden schließlich nur noch Einwanderer mit einem Entlassungsbrief aufgenommen, was die ohnehin geringe Einwanderung weiter einschränkte.

Die Ungarische Hofkammer, die die finanzielle Kontrolle über die königlichen Freistädte ausübte, förderte seit den sechziger Jahren die Ansiedlung vor allem von Handwerkern. Auch in den Marktflecken, die ein bereits entwickeltes agrarisches Hinterland hatten und entlang der wichtigen Handelstraßen lagen, wuchs kontinuierlich die Zahl der deutschen Ackerbürger und Handwerker. In dem Marktflecken Tolna an der Donau im Komitat Tolna zählte man im Jahre 1786 unter den 3 531 Einwohnern 175 Meister, 92 Gesellen, 46 Lehrlinge und drei Arbeiter in 35 Branchen. 115, das heißt 42 Prozent von ihnen, kamen aus dem Ausland, bei den Meistern sogar 52 Prozent. Die Mehrheit der Handwerker kam direkt aus dem deutschsprachigen Raum, hauptsächlich aus Schwaben, Bayern, Sachsen, Vorderösterreich, Niederösterreich, Böhmen, Mähren und Schlesien. 25 Prozent der Handwerker, zumeist deutscher Nationalität, stammten aus den west- und oberungarischen Komitaten.[69]

Zugleich zogen viele Deutsche in der Hoffnung auf ein besseres Fortkommen aus den ungarischen Randgebieten ins Landesinnere. An der Wende vom 17. zum 18. Jahrhundert zeichnete sich nämlich in den oberungarischen Städten eine tiefe Wirtschaftskrise ab, die sich in einer rapide wachsenden sozialen Diskrepanz unter den Stadtbewohnern äußerte. Im oberungarischen Bergbaubezirk zählte die deutsch-evangelische Stadt Schemnitz mit ihren slowakischsprachigen Dörfern im Jahre 1707 genau 1 788 Familien, davon machten die Stadtbürger 379 Familien, die Dienstboten 336, die Metallarbeiter 525 und die vermögenslosen Arbeiter 548 Familien aus. 72 Prozent der Stadtbürger arbeiteten als Handwerker, erwirtschafteten aber nur vierzehn Prozent des städtischen Gesamteinkommens. Dagegen konzentrierte die Unternehmerschicht, die lediglich 3,6 Prozent der Bevölkerung ausmachte, 46 Prozent des Gesamteinkommens und 21 Prozent des Gesamtvermögens in ihrer Hand. Ähnliches galt für den ganzen oberungarischen Bergbaubezirk.[70]

Die Verluste der oberungarischen Städte wurden durch die Einwanderung von Handwerkern aus dem süd- und mitteldeutschen Raum und durch die Einwanderung der Slowaken aus dem Umland der Städte seit der zweiten Hälfte des 17. Jahrhunderts kontinuierlich aufgefangen. Zwischen 1711 und 1790 erhielten in Schemnitz 57 deutsche Handwerker das Bürgerrecht, in Eperies 61, in Kaschau 58 und in Neusohl 43. Dagegen erwarben in Preßburg 2 396 Einwanderer, zumeist Handwerker, das Bürgerrecht. 34 Prozent von ihnen kamen aus dem deutschsprachigen Raum: 414 aus Österreich, 249 aus Bayern, 144 aus anderen deutschen Territorialstaaten.

Die Deutschen sonderten sich anfangs sowohl von den Ungarn als auch von den anderen Nationalitäten ab. In manchen Orten wählten die Ungarn und die Deutschen jeweils einen eigenen Stadtmagistrat, in anderen führte man das Paritätsprinzip ein, um die gemischtsprachige Bürgerschaft gerecht vertreten zu können. 1712 wählte der

Im Sommer wie im Winter wurden auf den Märkten Siebenbürgens Waren aus dem Umland angeboten, ob vor dem Rathaus in Hermannstadt, dem wirtschaftlichen und kulturellen Mittelpunkt der Region, oder vor dem Rathaus in Kronstadt. Kronstadt profitierte zudem stark vom Fernhandel, da es am Handelsweg zwischen Wien und der Türkei lag.

»Die Felder tragen alle Arten von Feldfrüchten, besonders der vortrefflichste Weizen wächst in solcher Menge, daß das Roggenbrod unsern Sachsen unbekannt ist«, berichtete der Verfasser der Geographie Siebenbürgens 1813.

Außer Paprika lernten die Deutschen auch andere Pflanzen in Südosteuropa kennen wie Tomaten, Bratkürbisse, Melonen, Mais, die dann zu vielfältigen Speisen verarbeitet wurden.

Stuhlweißenburger Magistrat zwei Vormünder, einen Ungarn und einen Deutschen. Es gab auch einen deutschen und einen ungarischen Kantor in der Stadt, und die deutsche und ungarische Bevölkerung nahm separat an den jährlichen Wallfahrten nach Celldömölk teil. 1716 verbot der Magistrat den ungarischen Schneidern deutsche und den deutschen ungarische Anzüge anzufertigen und setzte für den Verstoß dagegen eine Strafe von 24 Gulden fest.

Jahrzehntelang bewahrten die Deutschen in Kleidung, Sprache und Gewohnheiten deutsche Traditionen. 1764 meldete der Magistrat der Ungarischen Hofkammer allerdings, daß »es in der Stadt verschiedene Nationalitäten gibt, aber die Meisten sind Ungarn«.[71] Die zweite und dritte Generation der eingewanderten Deutschen betrachtete sich selbst als einheimisch, und sie wurde auch von den Ungarn so wahrgenommen. Die Deutschen beschritten bereits in der zweiten Hälfte des 18. Jahrhunderts den langen Weg der Zweisprachigkeit und der freiwilligen Assimilation. So wurden rund hundert Jahre später in Stuhlweißenburg bei der statistischen Erhebung von 1850 nur noch 23 deutsche Bürger erfaßt. Als im Laufe des 19. Jahrhunderts die Stadtmauern abgerissen wurden, wuchsen die Stadtteile zusammen, und es kam zu einer allmählichen ethnisch-sprachlichen Verschmelzung der verschiedenen Nationalitäten.

DIE STAATLICHE KOLONISATION AM BEISPIEL DES KAMERAL-BANATS

Die karolinische Kolonisation unter der Leitung von Graf Mercy

Während der Befreiungskriege wurde im Banat die fruchtbare Ebene im Westen fast völlig entvölkert. Karl von Lothringen berichtete über die Gegend: »Nirgends findet sich eine Ader trinkbaren Wassers – das stinkende Wasser der Sümpfe wollte nicht einmal das Vieh trinken – nirgends ein grünender Baum, unter welchem der Reisende hätte ausruhen können. Schilf, Unkraut und Gestrüpp waren so dicht und hoch, daß das Fußvolk kaum durchgekommen wäre, wenn die Reiter nicht, gleichsam eine Furche brechend, einen Pfad geöffnet hätten. Nirgends auf der ganzen ungeheuren Ebene gibt es ein beherbergendes Obdach, ja nicht einmal eine Spur von Menschen, außer einigen Rohrhütten von Hirten.«[72]

Nur in der Festung Temeschwar blieb von der Bevölkerung neben wenigen sefardischen Juden eine kleine Anzahl von Serben zurück. Im Gebirge im Osten und im Süden gab es walachische Dörfer und in den Überschwemmungsgebieten der Flüsse Serben und Zigeuner in größerer Zahl. Nach der Konskription von 1717 lebten 21 089 Familien in dem 28 523 Quadratkilometer großen Gebiet, noch weniger waren es nach 1717 infolge der großen Belastung durch Einquartierungen des Militärs und durch Kontributionszahlungen.

Eine der wichtigsten Aufgaben der sich im Namen des Kaisers im Einvernehmen mit dem Hofkriegsrat und der Hofkammer einrichtenden Landesadministration des Temescher Banats war daher die Bevölkerungspolitik, die infolge der geopolitischen

Gebett/
Auf das
Danck-Fest
Wegen des
erhaltenen grosen Siegs
über die Türcken/
Und
Glücklicher Eroberung
der Vestung Temeswar/
so auf hohe Verordnung angestellet
worden/
den 24. Sonntag nach Trinit.
in der
Graffschafft Hohenlohe
********:****:*******
OEHRINGEN/
gedruckt und zu haben
bey Johann Daniel Holl/Hochgräflicher
Hohenl. Buchdrucker.

Als am 17. Oktober 1716 auch die letzte bedeutende türkische Festung, Temeschwar, unter der Leitung des Oberbefehlshabers Prinz Eugen von Savoyen zurückerobert wird, löst diese Nachricht bis weit in die deutschen Territorialstaaten Freude aus.

Lage des Banats militärischen und merkantilpolitischen Gesichtspunkten untergeordnet wurde.

Mit der Einrichtung der kaiserlichen Herrschaft im Banat wurde der Feldherr Claudius Florimund Graf Mercy auf Empfehlung des Prinzen Eugen von Savoyen beauftragt. Mercy legte 1719 seine Vorschläge in dem »Unuorgreifflichen Einrichtungß Projectu in dem Banat Temesvar« vor. Die Hofkammer und der Hofkriegsrat nahmen diese Pläne zur Grundlage des kaiserlichen Einrichtungsbefehls für das Banat, in dem Mercy die Aufgabe erhielt, alles zu tun, »... wodurch daß land mehrers populiret und gebauet, die Insassen mit aller möglichen leichtigkheit gehalten, der ackher- und wein Bau besser emporgebracht, die Handtwerckhszunften Euer schon habenden Instruction gemäss nach und nach einzuführen getrachtet, aigenen manufacturen angeleget, Handl und Wandl vermehret und die von Gott besonders gesegnete Bergwerckh gebauet werden«.[73]

In dem für 25 Jahre geschlossenen Frieden von Passarowitz erhielt die Habsburgermonarchie den nördlichen Teil Serbiens mit Belgrad, Teile Bosniens und den westlichen Teil der Walachei. Die Eroberungen sollten den Ausgangspunkt eines weiteren politischen und wirtschaftlichen Vordringens der Monarchie auf dem Balkan bilden, wobei das Banat als Brückenkopf zu dienen hatte. Deshalb erachtete Mercy neben der militärischen Absicherung den wirtschaftlichen Aufbau des Gebiets als seine dringendste Aufgabe. Seit dem Frieden von Passarowitz lag die Militärgrenze an der Marosch weit im Hinterland, an der Grenze zwischen Ungarn und dem Banat. Da die Vorschläge über die Verlegung der Grenzlinie an die Donau in Wien bis 1751 immer wieder abgelehnt wurden, bildete Mercy aus den einwandernden Serben eine Landmiliz zur Verteidigung der Südgrenze. Zum Aufbau des Banats zog er die Bevölkerung heran, indem er am 9. Mai 1722 die Einführung der Seßhaftigkeit der »Nationalisten«, das heißt der Serben und Walachen, verordnete. Das Herumziehen von einem Distrikt zum anderen wurde verboten. Das Vieh sollte im Sommer auf der Gemeindeweide, im Winter im Stall gehalten und die Ackerfläche durch Rodung in Gemeinschaftsarbeit erweitert werden.

Mercy wollte die Binnenmigration zum Stillstand bringen und zugleich die Einwanderung fördern. Er unterstützte die Rückwanderung der geflüchteten Serben, Rumänen, Bulgaren und Ungarn und garantierte ihnen Schutz vor den Militärexzessen und die Milderung der Robot- und der Einquartierungslasten.

1722 startete Mercy mit kaiserlicher Hilfe eine großangelegte Kolonisation mit Migranten aus West- und Südwestdeutschland. Karl VI. wandte sich an seine römisch-katholischen und protestantischen Verbündeten im Deutschen Reich und bat sie um die Entlassung auswanderungswilliger Untertanen, um »die von dem Erbfeind, im letzteren wider denselben geführten großen Krieg eroberte und von Imwohnern sehr entbleste lande, als eine Vor-Mauer der Christenheit mit Teutschen leuthen zu besetzen«.[74] In Hessen-Darmstadt meldeten sich in kurzer Zeit etwa 600 Auswanderungswillige ins Banat. Nach Mercys Plan sollten die deutschen Kolonisten im Norden entlang der Marosch, im Süden entlang der Donau und der diese beiden Verkehrs- und Grenzlinien verbindenden Achse, die die Festungen Arad, Temeschwar und Neu-Palanka miteinander verband, angesiedelt werden. Die Ankömmlinge wurden wie in Innerungarn zum Großteil in bestehenden Ortschaften angesiedelt. Um den Ansiedlungsplan effektiv ausführen zu können, nahm man die Ansiedlung aus dem regulären Behördensystem heraus und unterstellte sie zwei Verwaltungsbeamten in Neu-Arad im Norden und in Weißkirchen im Süden.

Die Ansiedlungsbedingungen waren keineswegs günstiger als im Landesinnern, denn Mercy suchte Kolonisten, die wirtschaftlich auf eigenen Füßen stehen konnten. Sie mußten nicht nur ihre Reise zum Großteil selbst finanzieren, sondern auch ihre Häuser eigenhändig errichten. Für das zumeist 24 Joch große Grundstück hatten die Siedler nach den ersten drei Freijahren zwölf Gulden, nach sechs Jahren achtzehn und nach weiteren drei Jahren 24 Gulden Kontribution zu entrichten. Mit Frondienst waren sie nicht belastet, wohl aber mit öffentlichen Arbeiten wie dem Bau von Straßen, Brücken und Kanälen. Derartige Bedingungen und vor allem das ungesunde Klima im Banat mit seinen Morasten und Sümpfen förderten die Ansiedlung keineswegs. Bald mußte Mercy einsehen, daß die Bedingungen zu schlecht waren: »Die Erfahrenheit gezaiget, daß selbige zu contribuiren nicht im Stand seynd, inmassen sie sich von ihren wenig dahin gebrachten Geldt-Mitteln in Errichtung der benöthigten Wohnungen, Beyschaffung des Zug- und anderen Viehes, auch Bebauung deren Feldern zum Theil sich ganz enerviren und zum Theil in Schulden verfallen müssen, solchem nach sie sich noch nicht dergestalten erhollet und in Stand gesetzet, umb die praestanda praestiren zu können.«[75] Mercy erhöhte daher die steuerfreien Jahre von drei auf vier und schließlich auf fünf.

Nach wenigen Jahren zeigten sich bereits positive Veränderungen. 1726 berichtete der Pfarrer Johann Karl Reichard über das Südbanat: »Unsere Deutschen haben sich schön eingewöhnt, daß es eine rechte Lust ist, wo man auf deutsche Art gebautes Feld sieht, welches auch wegen seiner Fruchtbarkeit zu bewundern, dann es alles hervorbringt ... habe noch keinen betteln gesehn, wie man spargirt, wer nur ein wenig Geld mit hereinbringt, kann sich sehr helfen.«[76] Zwischen 1722 und 1726 wurden im Banat etwa 3 000 bis 4 000 Familien, also etwa 12 000 bis 15 000 Personen in mehr als sechzig Orten angesiedelt.

Mit den Kolonisten wurden auch Lehrer und Pfarrer ins Land gerufen. Die Gemeinden waren katholisch, aber zwischen Neu-Palanka und Orawitz im Südbanat entstanden einige deutsch-protestantische Dörfer. Die Siedler waren Bergleute aus Oberungarn, Siebenbürgen, Böhmen, Tirol und aus der Steiermark. Die größte protestantische Kolonie entstand in Langenfeld, das die Jesuiten von Neu-Palanka betreuten. 1724 schickte Langenfeld mit dem Einverständis des Festungskommandanten von Neu-Palanka, Matthias Moritz Saalhausen, der die Ansiedlung der Kolonisten im Südbanat zu leiten hatte, ein Rundschreiben nach Hessen, worin die Gemeinde um die Entsendung eines evangelischen Pfarrers ins Banat bat: »... weilen nun schon bey 6 lutherische Dörffer angebautet seyen, und alle ziemlichermaßen wohl besetzt seyn, wie wohl unseres das stärkste ist, und Bey 100 Familien allhier seyend ...«.[77] Die Wahl fiel auf den jungen Theologen Reichard aus Ober Ramstadt. Er wurde Pfarrer von Langenfeld und dessen Tochtergemeinde Petrillowa, zugleich mußte er die Betreuung der Bergleute in Orawitz übernehmen.

Die Ankunft des ersten evangelischen Pfarrers gab den Auftakt zur Protestantenverfolgung im Banat. In den ungarischen und Banater Festungen durften sich seit der Befreiung von den Türken innerhalb der Stadtmauern nur Katholiken niederlassen. So erhielt der im Januar 1718 gebildete Stadtmagistrat von Temeschwar noch im selben Jahr die Anweisung der Wiener Regierung: »Zu förderst alle und jede Ungläubige, als da seyend, Heydten, Juden, Türkhen, Lutheraner und Calvinisten, ja sofort alle anderen Ketzer, was Orths und Nahmens dieselben seyn mögen, von der Stadt gleich abzuschaffen und auf keine Weys gedulden.«[78] In den südbanatischen Bergwerkssiedlungen nahm die Zahl der protestantischen Siedler dennoch weiter zu. Die Jesuiten, die gleich nach der Befreiung im Banat Fuß gefaßt hatten und den Zuzug von Protestanten verhindern wollten, erwirkten am 1. Januar 1724 von der Wiener Regierung eine Verordnung, wonach »unter denen dort ankommenden frembden familien ... allein der katholischen und keiner anderen Religion die ansässigkeit gestattet werden«.[79] Im August wurde Mercy aus Wien mitgeteilt, daß im Banat Nichtkatholiken nicht mehr angesiedelt werden dürften und Pfarrer Reichard das Land zu verlassen habe. Mercy berief Reichard daraufhin auf die vakante Varsáder Pfarrstelle in seiner Hőgyészer Herrschaft im Komitat Tolna.

Wien untersagte die Ansiedlung von Protestanten, weil man befürchtete, daß die religiöse Toleranz die staatliche Macht schwächen könnte. Nicht zuletzt war man in Wien der Auffassung, daß es der Staatsräson widerspräche, im Banat und in der Militärgrenze gegen die noch immer aktiven Türken ungarische und deutsch-protestantische Bauern anzusiedeln und so die Möglichkeit einer ungarisch-protestantisch-türkischen Verbindung heraufzubeschwören. Unter den Einwanderern befanden sich deshalb bis 1782 nur wenige Protestanten, und die wenigen versuchte man zu bekehren.

1726 wurde die Kolonisation zunächst eingestellt und die für die deutsche Ansiedlung vorgesehene Summe von 10 000 Gulden für die Kanalisierung des Flusses Bega eingesetzt. Man baute einen 92 Kilometer langen Schiffahrtskanal, eine der wichtigsten Verkehrsstraßen des Banats, welcher die Stadt Temeschwar über die Theiß und die Donau mit Wien verband. In den nächsten Jahren legte man weitere Kanäle an, verkleinerte Sümpfe und baute Straßen, um die wirtschaftliche Autarkie des Landes zu fördern. Die traditionelle Wirtschaftsführung der wenig Ackerbau, aber extensive Viehzucht betreibenden serbischen und walachischen Agrarbevölkerung entsprach keineswegs den Vorstellungen der Landesadministration von rationeller Ausnutzung des Bodens und Steigerung der Produktion. Doch selbst die deutschen Kolonisten betrieben angesichts des Überflusses an Boden die primitive und weniger arbeitsintensive Feldgraswirtschaft. In zahlreichen Vorschriften versuchte die Landesadministration, die Bauern zur Einführung modernerer Wirtschaftsmethoden und zum Anbau höherwertiger Getreidesorten zu bewegen. Das Niveau der Agrarproduktion im Banat sollte unter anderem durch die Austeilung von ausgesuchtem Getreidesaatgut, von Weinreben und Obstbaumpropfen und durch die Einführung von neuen Kulturen wie Reisanbau und Seidenraupenzucht unter der Leitung von ausländischen, unter anderem italienischen Fachleuten gehoben werden. Zur Belehrung der Landwirte wurden auch Musterwirtschaften eingerichtet und Fachbücher verteilt.[80]

Ebenso intensiv wurden auch der Bergbau und die gewerblich-industrielle Produktion gefördert. Bereits 1718 wurden die ersten deutschen Bergleute in den Kupfer-, Eisen-, Silber- und Bleibergwerken von Orawitz, Dognatschka, Moldowa und Bokschan eingestellt. Die Landesadministration förderte auch die Gründung von Manufakturen, weil die Rohprodukte des Banats im Lande verarbeitet und der Bedarf aus der eigenen Produktion gedeckt werden sollte. In der Vorstadt von Temeschwar wurden in wenigen Jahren zahlreiche Manufakturen für Tuch-, Leder- und Seidenverarbeitung errichtet, Mahl-, Säge- und Papiermühlen gebaut, eine Strick- und Schönfärberei, eine Seifensiederei, eine Pulver- und Salpeterfabrik sowie eine Gold- und Silberbortenmanufaktur gegründet. Auch auf dem Lande entstanden Mühlen, Textilmanufakturen und metallverarbeitende Betriebe.

Der Handel konnte bald eine erfreuliche Bilanz aufweisen, was auf die Einrichtung des Mautwesens, die Preis- und Qualitätskontrolle der Nahrungsmittel und die Bildung von Handelsgesellschaften zurückzuführen war. In Temeschwar entstand eine Kommerziengesellschaft, Kauf und Verkauf im kleinen betrieb eine raitzisch-griechische Handelskompanie. Eine Viehhandlungssozietät übernahm die Nutzbarmachung der Prädien, indem sie dort vor allem aus Ungarn und Siebenbürgen zusammengetriebene Ochsen mästen ließ. Der Einfuhr, deren Hauptposten Getreide, Wein und Lederwaren bildeten, stand die Ausfuhr von Kupfer, Vieh, Wachs, Honig und Fisch gegenüber.

Mercy förderte auch den Bau von profanen und kirchlichen Gebäuden vor allem im Zentrum des Banats, in Temeschwar. 1728 stellte er eine Bauordnung für die Stadt und die Festung auf. Temeschwar, das ein Glied des strategischen Festungsdreiecks Szeged-Arad-Temeschwar bildete, wurde bis 1763 von drei Wällen umschlossen. Mercy ließ auch Kasernen bauen, um so die Bevölkerung von den Einquartierungslasten zu befreien. Schon 1720 hatte die Landesadminsitration dem Stadtmagistrat angewiesen, die Bürgerschaft zur Reparierung ihrer Häuser aufzurufen, und seitdem wurde der Aufbau der Stadt systematisch betrieben.

Nach Mercys Tod im Jahre 1734 wurde das 1726 unterbrochene Ansiedlungsprogramm wieder aufgenommen. Man ließ Italiener, Spanier, katholische Albaner, Bulgaren und in großer Zahl Deutsche ansiedeln. 1734 erhielten 200 Schwaben in Memmingen und Umgebung einen kaiserlichen Sammelpaß. Ihr Ziel war das südbanatische Dorf Deliblat. Ein Jahr später brachte der in Schwaben gebürtige Josef Egge vierzig Familien aus Obermässing in Franken ins Banat. 1736 nahm der kaiserliche Kommissar Josef Anton Vogl die Kolonistenwerbung in Schwaben auf. Im Werbepatent ließ er die kaiserlichen »Verheißungen und Conditiones« vor allem in der Baar und in Hohenzollern bekanntmachen. Das Patent für die Ansiedlung im Banat enthielt die Bedingung, ein Mindestvermögen von 200 Gulden vorweisen zu können, womit Haus und Wirtschaftsinventar finanziert werden sollten. Die Ansiedler sollten kostenlos Äcker,

Der Krönungszug Maria Theresias durch Preßburg, Kupferstich von Daniel Herz d. Ä.
Als im Jahre 1741 Maria Theresia (1717–1780) in Preßburg zur Königin von Ungarn gekrönt wurde, standen die feindlichen Truppen der Preußen, Bayern und Spanier, die die weibliche Erbfolge der Habsburger nicht anerkannten und die Aufteilung der Habsburgermonarchie anstrebten, bereits auf österreichischem Gebiet. Der ungarische Adel hätte mehrmals die Chance gehabt, den Kampf um die ungarische Souveränität zu entfesseln, doch am 11. September entschloß er sich zur militärischen Unterstützung der jungen Königin und damit zum Bündnis mit den Habsburgern.

Wiesen und Weingärten erhalten und fünf Jahre Steuerfreiheit. Die neuen Kolonisten wurden hauptsächlich in bereits deutschbesiedelte Orte gebracht, was die Gemeinden verstärkte.[81]

Die Ansiedlung wurde 1737 durch den Türkenkrieg erneut unterbrochen. Die mit den Türkeneinfällen einhergehende Pestepidemie und vor allem die Flucht der Kolonisten vernichteten alles bisher Erreichte. Die deutschen Siedlungen im Süden gingen ein, nur die Verdichtungspunkte Werschetz, Weißkirchen und Pantschowa blieben erhalten, allerdings stark dezimiert. Im Frieden von Belgrad im Jahre 1739 gingen die Gebiete jenseits der Donau und Save wieder verloren, und das Banat wurde zum Grenzgebiet zwischen der Habsburgermonarchie und dem Osmanischen Reich.

Bedingungen und Methoden der theresianischen Kolonisation

In den ersten zwei Jahrzehnten der Regierung Maria Theresias konnte man an eine großangelegte Impopulation nicht denken. Die staatliche Ansiedlungspolitik erreichte bis 1763 nicht einmal die Ausmaße der karolinischen Ära, denn die Finanzkraft der Krone war nach sechzehn Kriegsjahren geschwächt.

Da sich die frühtheresianische Bevölkerungspolitik im engen Rahmen bewegte, förderten die Wiener Behörden die mit geringeren Staatskosten verbundene Kolonisation in der Batschka. Wie 1717 das Banat, so wurde jetzt, nach der Befestigung der syrmischen Grenze, die Batschka zum Schauplatz einer Kräfteverdichtung. Anders als das Banat war die Batschka durch das syrmische Vorland geschützt und den türkischen Einfällen weniger ausgesetzt. Antal Graf Grassalkovich, dem Maria Theresia das Ansiedlungswerk auf den ungarischen Kameralherrschaften übertragen hatte, leitete eine planmäßige Bewirtschaftung der Kameralgüter ein, deren Rentabilität er zu steigern hoffte. Er war bestrebt, die Batschka vor allem der Landwirtschaft zu erschließen und die Zahl der Siedler dementsprechend allmählich zu vergrößern. Geschickt nutzte er die Agrarkonjunktur der vierziger Jahre und ließ die Anbauflächen auf Kosten der Viehweiden vergrößern, wobei die Viehzucht nicht vernachlässigt wurde. Während die Prädien in der Binnenbatschka durch extensive Weidewirtschaft der Südslawen genutzt wurden, ließ Grassalkovich die Deutschen auf dem fruchtbaren Schwemmland entlang der Donau und der Theiß ansiedeln, wo auch die Ungarn von Fischfang und Ackerbau lebten.

In Grassalkovichs Ansiedlungsplan spielte neben den wirtschaftspolitischen Zielen auch die Bestrebung, das ungarische Element in der Batschka zu stärken, eine wichtige Rolle. Durch die stärkere Heranziehung von ungarischen Bauern sollte die Batschka, die aufgrund ihrer geographischen Lage mit dem Landesinnern in direkter Verbindung stand, mit Innerungarn wirtschaftlich und politisch fester verknüpft werden. Den Anlaß zu einer großangelegten Siedlungaktion gab die Auflösung des Tschaikistendistrikts der serbischen Grenzsoldaten im Donau-Theiß-Winkel im Jahre 1751, als die Serben in großen Scharen nach Serbien, ins Banat und nach Rußland abwanderten. Zwischen 1748 und 1762 wurden in der Batschka etwa 5 000 Familien angesiedelt, davon machten die Ungarn die Hälfte der Siedler aus, auf die Deutschen entfielen 1 070 Familien.[82]

Die Deutschen in der Batschka erhielten sechs Jahre Befreiung von den staatlichen Steuern und drei Freijahre von der Grundherrschaft, das heißt von der Ungarischen Hofkammer. Das Hauptgewicht in der Wirtschaft legte Grassalkovich auf die bäuerlichen Getreideabgaben, um die Verpflegung der kaiserlichen Armee gewährleisten zu können. Nach dem Ablauf der Freijahre mußten deshalb die Bauern neben einem mittleren Zinsatz von sechs Gulden den Zehnten oder das Ödlandsiebtel für die Grundherrschaft und das Neuntel für die Kirche in natura bezahlen, sie waren aber keinen Frondienst schuldig. Die Ansiedlung der Deutschen zog sich infolge der von Grassalkovich angewandten Methode der stufenweisen Besetzung der Dörfer über mehrere Jahrzehnte hin, was den Vorteil hatte, daß sowohl die Ungarische Hofkammer als auch die Siedler selbst über die Anfangsschwierigkeiten schneller und billiger hinwegkamen.[83]

Im Banat war bis 1763 eine planmäßige und großangelegte staatliche Kolonisation aus mehreren Gründen nicht möglich. Bis 1759 war das Banat der aus dem Kompetenzbereich der Hofkammer ausgegliederten »Hofdeputation in Banaticis, Transsylvanicis et Illyricis« untergeordnet. Zwischen 1759 und 1769 mußte die Krone das Banat aufgrund der hohen Kriegskosten der Wiener Stadtbank verpfänden, die das Gebiet der Ministerialbankodeputation unterstellte. Zwischen 1769 und 1772 war das »Departement in Banaticis et Dominalibus« die Aufsichtsbehörde des Gebiets. Schließlich übernahm wieder die Hofkammer die alleinige Aufsicht über das Banat und das Ansiedlungswesen. Die sich einander schnell abwechselnden Aufsichtsbehörden, die aus dem Land herauszuwirtschaften versuchten, was ohne große Investitionen möglich war, verfolgten eine kolonisationsfeindliche Politik. Auch die gefährdete Grenzlage, wodurch die merkantilpolitische Bedeutung des Banats sank, behinderte die Ansiedlung.

Zwischen 1745 und 1751 ließ der Präsident der Banater Hofdeputation, Ferdinand Alois Graf Kolowrat, mit Unterstützung Maria Theresias um Kolonisten werben. Mit dem von ihm entworfenen »Banater System« setzte er Mercys agrarmerkantilistische Politik fort, doch im Gegensatz zu dessen Politik war nach 1745 – als Österreich Schlesien an Preußen verlor – nicht mehr die Autarkie des Banats das höchste Ziel, vielmehr war das Banat gefragt als Rohstofflieferant und Absatzgebiet der Industrieprodukte aus den österreichischen Erbländern. Wichtigste Voraussetzung für diesen Wirtschaftsplan war die Ansiedlung von italienischen und deutschen Bauern: »... die Anziglung italienischer und deutscher Familien, deren erstere wegen Pflanzung der Maulbeerbäume und Kultivierung der Seidenwürmer, die letztere aber zur Impopulierung deren öden Gründen, oder sogenannten Prädien gewidmet seyend.«[84]

1748 wurde im Banater Haushalt für die Finanzierung der Kolonisation ein Kredit von 3 000 Gulden ausgesetzt, mit dem zwischen 1748 und 1753 etwa 5 000 deutsche Kolonisten ins Land geholt wurden. Nördlich von Temeschwar wurden Dörfer durch Zuwanderer vergrößert. Einer großangelegten Kolonisation und dem wirtschaftlichen

Aufschwung im Banat stellten die österreichischen Kriege Hindernisse in den Weg. Die Bevölkerung unterließ es, die Felder wieder urbar zu machen, und kehrte zu der weniger intensiven, aber guten Profit abwerfenden extensiven Weidewirtschaft zurück. Unterstützt wurde dieser Prozeß durch den starken Zuzug von Serben und Walachen aus den wieder an die Pforte abgetretenen nordserbischen und walachischen Gebieten. Serbische und griechische Viehzüchter und Unternehmer, die große Wiesen auf der Banater Heide von der Landesadministration pachteten, wollten kein Siedlungsland freigeben. Der Staat war machtlos, denn einerseits war er vertraglich an der Verpachtung der Wiesen und Prädien auf der Banater Heide gebunden, andererseits betrug die Pachtsumme jährlich etwa 30 000 Gulden, eine nicht gerade geringe Summe bei leeren Staatskassen.

Der Widerstand im Banat gegen die deutsche Kolonisation wuchs, als Maria Theresia die Krondomäne zur Strafkolonie machte. Seit 1744 wurden von Wien unerwünschte Personen wie Bettler, Vagabunden, Straßenmädchen und Zuchthäusler sowie politische Gefangene ins Banat geschickt. Unter den Deportierten befanden sich immer wieder auch österreichische Bauern, die mit ihrer Herrschaft in Streit geraten waren und die Robot verweigerten. Es wurden sogar ganze Gemeinschaften wie die Salpetererfamilien aus der Grafschaft Hauenstein in Vorderösterreich ins Banat zwangsdeportiert. 1738, 1744 und 1754 kam es zum Aufstand der Salpeterer gegen die vorderösterreichische Regierung. Jedesmal wurden die Rädelsführer in ungarischen Gefängnissen eingekerkert oder mit ihren Familien ins Banat verbannt.

Oft lag nicht einmal ein bestimmtes Delikt vor. Es genügte eine allgemeine Beanstandung der Lebensführung, die ohne eigentlichen Strafprozeß mit einer arbitrarischen Strafe belegt wurde. Die Deportation ins Banat diente nach theresianischer Rechtsauffassung nicht der Sühne, sondern der Abschreckung. Die Verurteilten wurden in Wiener Arresten gesammelt und zweimal jährlich ins Banat abgeschoben. Bei ihrer Ankunft wurden sie in Arbeitshäusern untergebracht. Diejenigen, die Buße taten und Reue zeigten, wurden begnadigt und freigelassen in der Hoffnung, daß sie im Banat blieben. Die allermeisten von ihnen kehrten jedoch in die Heimat zurück. Zwischen 1744 und 1768, als Maria Theresia auf den heftigen Protest Josephs II. hin die Deportationen einstellen ließ, wurden jährlich etwa hundert Personen ins Banat verbannt, darunter auch »Rückfällige«, die mehrmals ins Banat deportiert wurden.

Nach dem Siebenjährigen Krieg leitete Maria Theresia mit Hilfe des Staatsrates eine großangelegte Kolonisation im Banat ein. Um das nun überflüssig gewordene Heerespersonal für die Bevölkerungspolitik zu gewinnen und gleichzeitig die Kriegsschauplätze vor der Überflutung mit Müßiggängern zu bewahren, erließ die Böhmisch-Österreichische Hofkanzlei 1763 ein Ansiedlungspatent, das die Ansiedlung in Ungarn, Siebenbürgen und im Banat präferierte. Die Hofkanzlei ließ verkünden, daß »welche in Hungarn, Siebenbürgen, und dem Temesvarer Banat sich ansiedeln wollen, werden Grund-Stücke, und so auch das Holz zum Bauen, ohnentgeltlich angewiesen, annebst ihnen zum ersten Anbau aller hülflicher Beystand geleistet, und eine 6jährige Freyheit von aller Contribution, und Steuer, denen dahin abgehenden Professionisten aber eine

Trachten sind ein Stück Kontinuität und Identität, aber auch Stolz und Selbstwertgefühl werden erkennbar, wenn aus der zweckmäßigen Kleidung des Alltags die wertvolle steife Sonntagsrobe wird. Die schwäbischen Volkstrachten entstanden aus einer Mischung zahlreicher aus der alten Heimat überlieferter und in der neuen Heimat aufgenommener Elemente.

zehen jährige Freyheit zugestanden werden«.[85] In Ungarn und Siebenbürgen wurden auch Protestanten zugelassen, im Banat und dem eigentlichen Ziel der Invaliden und des entlassenen Heerespersonals dagegen, in der Militärgrenze, nur Katholiken.

Das Kolonisationspatent von 1763 wandte sich eigentlich an die entlassenen Heeresangehörigen, aber auch in den deutschen Territorialstaaten warben Kommissare aufgrund dieses Patents. Für das Deutsche Reich erließ Maria Theresia kein Patent, um die voraussehbaren Proteste der deutschen Territorialstaaten zu vermeiden. Die Auswanderungsbewegung aus den deutschen Territorialstaaten nahm trotzdem solche Ausmaße an, daß Kaiser Joseph II. 1767 auf Forderung der Reichsstände die Auswanderung in fremde, mit dem Deutschen Reich in keiner Verbindung stehende Länder verbieten mußte. Die Interessen Maria Theresias im Banat waren dadurch nicht gefährdet, im Gegenteil, die Maßnahme bedeutete eine kurzzeitige Ausschaltung der harten internationalen Konkurrenz.

Mit dem Patent von 1763 begann im Banat ein bis 1771 andauernder Krieg zwischen dem kolonisationfreundlichen Staatsrat und den Banater Viehzüchtern. Maria Theresia war nämlich bereits 1762 entschlossen, »die Population in dem Bannat, so viel möglich, zu erweiteren und soweit es nur thunlich, durch Teütsche zu veranlassen, darzu vorzüglich, die inner dem Land durch Austrocknung der Moräste sich ergebende neüe Ländereyen anzuordnen«.[86] Die Ministerialbankodeputation verhielt sich der Besiedlung der Prädien gegenüber feindlich, da sie ihre sicheren Einnahmen aus der Prädienpacht durch die Ansiedlung auf der Banater Heide beeinträchtigt sah. Die Landesadministration mit dem Präsidenten Graf Francesco de Paula Ramon Vilana-Perlas an der Spitze sympathisierte offen mit der Prädienkompanie und vertrat die Interessen der serbisch-griechischen Viehzüchter. Als es 1766 den Wiener Zentralstellen und dem zum Impopulationsdirektor ernannten Johann Wilhelm von Hildebrand gelang, die Kolonisation in Schwung zu bringen, versuchte die Landesadministration, ihn zu stürzen.

Nachdem Wien Hildebrand 1768 – unter anderem aufgrund des Gutachtens des ins Banat geschickten Wolfgang von Kempelen, einem Referenten der Ungarischen Hofkammer – abgesetzt hatte, wollte die Administration die Kolonisation ganz einstellen. Maria Theresia ließ daraufhin 1769 Graf Perlas ablösen und betraute Kempelen mit der Leitung der Ansiedlung im Banat. Dieser zog dem Hildebrandschen System die soliden, aber langsamen und teuren Dorfgründungen vor und arbeitete mit dem Ansiedlungsbeauftragten Franz Carl Samuel Neumann von Buchholt zusammen, der die Prädien möglichst schonen und die Kolonisten in den gebirgigen und waldreichen Teilen des Banats ansiedeln wollte. Als 1770 Kempelens System infolge der Einwanderung von mehr als 3 000 Familien zusammenbrach, konnte 1771 wieder Hildebrand die Arbeit übernehmen, die er bis zu seinem Tode im Jahre 1773 fortsetzte.

Die Habsburgermonarchie baute ihr Ansiedlungswerk wie jeder europäische Staat im 18. Jahrhundert auf ein System von Werbung und Antizipation, wobei die internationale Konkurrenz die habsburgischen Werbungs- und Ansiedlungsmethoden zur Entwicklung und zu immer neuen Zugeständnissen zwang. Besonders groß war die Konkur-

In Weißkirchen im Banat feierte man am 23. August 1923 den zweihundertsten Jahrestag der Ansiedlung der Deutschen. Im Rahmen der Mercyschen Kolonisation waren neben den Serben und Rumänen 1723 deutsche Kolonisten angesiedelt worden. Infolge der Türkeneinfälle gingen aber schon 1738 die Einwohnerzahlen zurück. Um erneute Türkeneinfälle zu verhindern, baute man daher die Banater Militärgrenze weiter aus. Weißkirchen kam dabei als Haupt- und Stabsort des Walachisch-Illyrischen Regiments eine wichtige Rolle zu.

renz seit den sechziger Jahren des 18. Jahrhunderts, als Preußen, Rußland, Dänemark und Spanien um deutsche Kolonisten warben. Der Wettbewerb veranlaßte die Habsburgermonarchie, Kolonisten ohne Rücksicht auf ihre Profession und ihre Vermögenslage zu nehmen, was wiederum zu einer staatlichen Bevormundung der Kolonisten und zu höheren Ausgaben führte.

Die Kolonisation im Banat wurde bis 1765 von den zuständigen Distriktbeamten unter einem auch mit der Ansiedlung beauftragten Administrationsrat, seit 1766 von einem Ansiedlungsdirektor geleitet, die verschiedene Ansiedlungsmethoden verfolgten. Trotz der Unterschiede in der Durchführung blieben während der ganzen Zeit der theresianischen Kolonisation die Ziele unverändert: Die Kolonisation sollte einerseits in dem von den Flüssen Theiß, Marosch und Bega begrenzten und von dem Festungsdreieck Szeged–Arad–Temeschwar geschützten Gebiet durchgeführt werden, andererseits sollte den Kolonisten die Möglichkeit eines raschen und soliden wirtschaftlichen Aufstiegs offenstehen.

Bei der Unterbringung von Kolonisten verfolgte man im Banat Methoden, die zum Teil auch in Innerungarn und in der Batschka angewandt wurden, wenn auch mit unterschiedlichen Schwerpunkten. In Innerungarn war die Zusiedlung die häufigste Methode. Die Transferierung diente ausschließlich dem Ziel, die verschiedenen Konfessionen voneinander zu trennen. Reine Einwandererdörfer wilder Wurzel kamen in Innerungarn nicht zustande. In der Batschka wurden neue Dörfer nur für Deutsche gegründet. Bei der Errichtung dieser Orte achtete der Ansiedlungsbeauftragte Anton von Cothmann darauf, daß zwischen den Neuankömmlingen einige ältere deutsche Siedler aus den umliegenden Dörfern waren, die bereits Erfahrung mit der Ansiedlung in der Batschka hatten. Auch in der Batschka wurden die alteingesessenen Südslawen und Ungarn zwangsweise umgesiedelt, allerdings nicht aus religiösen Gründen, sondern aufgrund der verschiedenen Lebensweisen der viehzüchtenden Südslawen, der hauptsächlich von Fischfang lebenden Ungarn und der intensiv Ackerbau betreibenden Deutschen.

Bis 1765 gab es im Banat sowohl die Methode der Zusiedlung – auch in Form der »Zwischendorfgründungen« – als auch die Methode der Verlegung der Dörfer der Serben und Walachen. Die Unterbringung der neuen Kolonisten in bereits bestehenden Orten war eine schnelle und mit geringen Kosten verbundene Lösung. Das reichlich vorhandene überschüssige Ackerland ließ diesen Weg in den dünn besiedelten Orten ohne Schwierigkeiten zu. Auch zwischen den Dörfern gab es zumeist freie, herrenlose Gründe, die für die Anlegung von neuen Siedlungen ausreichten. Das Problem bestand jedoch darin, diese freien Gründe ausfindig zu machen, da die Kartierung des Banats nicht erfolgte und man über keine genauen Angaben von dem Gebiet verfügte. Die Möglichkeiten der Zusiedlung und »Zwischendorfgründung« waren somit begrenzt.

Die Sicherung von Ansiedlungsplätzen durch die Transferierung der einheimischen Bevölkerung erwies sich dagegen als kostspieliger und vor allem als langsamer. Die Transferierung betraf vor allem die Walachen, die zahlenmäßig größte Bevölkerungsgruppe in den von den Kolonisatoren ins Auge gefaßten Orten auf der Banater

Heide und im Hügelland östlich von Temeschwar. Die Zeitgenossen begründeten die Transferierung mit der Einstellung der Walachen der Habsburgermonarchie gegenüber. Kempelen notierte die weitverbreitete vernichtende Meinung über das walachische Volk, das »immer ein pflichtvergessenes, aufrührerisches und verräterisches wildes Volk gewesen sei, welches der kaiserlichen Armee oft mehr Abbruch als der Feind selbst getan, Proviant und Bagage angefallen, geplündert, die deutschen Inwohner teils niedergemacht, teils als Sklaven den Türken zugeführt und verkauft hat«.[87] Tatsächlich waren die Walachen Halbnomaden und nutzten die von ihnen in Besitz genommenen Dörfer landwirtschaftlich nicht aus. Da sie große Flächen brachliegen ließen, galten sie den Behörden als Verschwender fruchtbaren Ackerlandes.

Die zur Transferierung bestimmten Walachen wurden staatlich nicht enteignet. Sie durften ihre Holzhütten und jungen Obstbäume mitnehmen oder sie den Einwanderern verkaufen. Für ihre Gärten zahlte entweder die Landesadministration eine Ablösesumme, oder der Verkauf wurde den Walachen selbst überlassen. Gelang es den Walachen nicht, ihre Gärten innerhalb von drei Jahren an die Kolonisten zu verkaufen, so fielen sie den Ansiedlern zu. Den neugegründeten walachischen Dörfern gewährte man maximal eine dreijährige Befreiung von der Kontribution, nicht aber von der Robot.

In den Ausführungsbestimmungen zum Ansiedlungspatent vom 25. Februar 1763 wurde ausdrücklich angeordnet, die deutschen Ansiedler am Ansiedlungsort mit Häusern, Vieh und Ackergeräten zu versehen. Die Unterstützung bis zur Errichtung der eigenen Wirtschaft und Erlangung der Selbstversorgung in Form von Beihilfen, Steuerbefreiung, Befreiung von Einquartierung und Vorspann mußten die Kolonisten wie in den privaten Herrschaften ratenweise zurückzahlen. Die Freizügigkeit der Kolonisten machte man davon abhängig, ob sie ihre Schulden beglichen hatten oder nicht. Die Beihilfen wurden jedesmal nach individuellen Gesichtspunkten gewährt, anfangs in Form von monetärem Vorschuß, seit 1766 jedoch häufiger in Naturalien, da die Kolonisten das Geld innerhalb kurzer Zeit durchgebracht hatten und die Behörden gezwungen waren, erneut Hilfe zu leisten. So streckte man anfangs den Neuankömmlingen einen gewissen Betrag vor, damit sie ein Haus bauen oder den Walachen abkaufen konnten, später wurde ihnen das Bauholz unentgeltlich überlassen unter der Bedingung, daß sie beim Aufbau der Häuser selbst Hand anlegten.

Die Durchführung der Ansiedlung im Temescher Distrikt leitete bis 1766 Administrationsrat Plasch mit Hilfe des Verwalters Josef Franz Knoll, der den Orten Sanktandres, Sanktpeter, Saderlach, Bruckenau, Mercydorf, Beschenowa, Neupetsch und Freidorf deutsche Zusiedlungen anfügte. In Jahrmarkt und Rekasch nahm er die Ansiedlung auf Gründen der transferierten »Nationalisten« in Angriff. 1766 baute er Billed mit 254 Bauernstellen. Im Tschanader Distrikt ging Johann Andreas Laff in den Dörfern Perjamosch, Sanktnikolaus und Tschanad, im Lippaer Distrikt Neumann in Neuarad, Guttenbrunn, Lippa, Schöndorf, Engelsbrunn und Neudorf nach der gleichen Methode vor.[88] Die Form der Zusiedlung entsprach der zunächst geringen Zahl der deutschen Einwanderer. Als jedoch seit 1765 der Einwandererstrom anschwoll und allein im Jahre 1766 mehr als 2 000 Familien ins Banat kamen, zeigte sich, daß weder

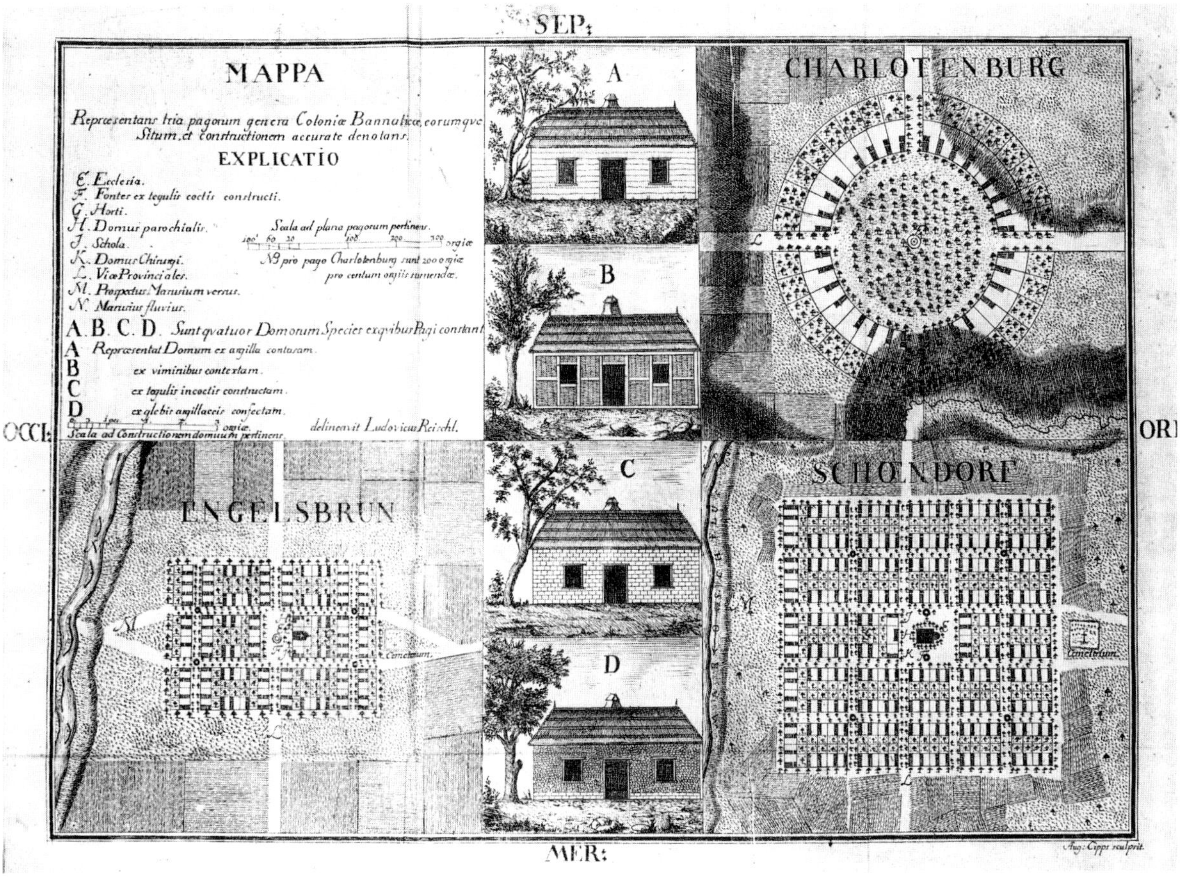

Der italienische Polyhistor Francesco Griselini unternahm zwischen 1774 und 1777 eine Reise durch das Banat. Seine Beobachtungen über Natur und Geschichte des Banats faßte er in dem Werk »Versuch einer politischen und natürlichen Geschichte des Temeschwarer Banats« zusammen. Besondere Aufmerksamkeit widmete er der Darstellung der von Neumann angelegten deutschen Kolonistendörfer Charlottenburg und Schöndorf. Charlottenburg, das einzige Runddorf im Banat, wurde 1771 für dreißig Familien angelegt, Schöndorf 1766 für zweihundert Kolonisten in der für die Ingenieurkolonisation typischen Schachbrettform errichtet.

die Methode der Zusiedlung noch die der Transferierung dem gewünschten größeren Umfang der Ansiedlung gewachsen war.

1765 überließ Joseph II. nach dem Tode seines Vaters, Kaiser Franz I., sein väterliches Erbteil dem Staat und sanierte damit die angeschlagenen Staatsfinanzen. Die Kolonisation im Banat konnte nun mit größerer Energie weitergeführt werden. In den Ansiedlungsmethoden trat zugleich eine Neuorientierung ein, als Maria Theresia trotz der Proteste der Viehzüchter die Besiedlung der Prädien befahl und den Administrationsrat Hildebrand mit der Leitung des Ansiedlungswerks beauftragte. Hildebrand gründete Dörfer zumeist wilder Wurzel auf der Banater Heide, was auf Kosten der Viehweiden ging. 1766 ließ er nebeneinander die Dörfer Hatzfeld und Landestreu mit 402 Kolonistenstellen errichten. 1767 folgten Tschatad und Großjetscha mit je 202 Häusern, 1768 Grabatz ebenfalls mit 202 Häusern. Gemeinsam war der Errichtung aller Siedlungen die schnelle Ausführung. Zu Hildebrands Unglück blieben jedoch in den Jahren 1766 bis 1768 die Ansiedlergruppen klein, so daß man die etwa 1 000 bis 1 200 Familien auch in bereits bestehenden Orten solider hätte unterbringen können.[89]

Hildebrand, dem keine Karten über das Banat zur Verfügung standen, mußte sich bei der Auswahl der Siedlungsorte auf die Landeskenntnis der Beamten stützen. 1767 begann man zwar mit der Kartographierung des Banats, doch erforderte das soviel Zeit, daß weder Hildebrand noch später Neumann bei der Siedlungstätigkeit auf kartographische Arbeiten zurückgreifen konnten. Bei der Wahl des Standorts achtete man darauf, daß die Dörfer möglichst in der Nähe eines Flusses oder einer Straße und nicht in einem Überschwemmungsgebiet aufgebaut wurden. Für die Dorfanlage wählte man landwirtschaftlich schlechteren Boden und Flächen, wo der Grundwasserspiegel nicht zu tief lag. Die Planung übernahmen Ingenieure oder kaiserliche Soldaten. Sie steckten die Dorfgrundrisse aus, ein Quadrat oder ein gedrungenes Rechteck. Rechtwinklig und in regelmäßigen Abständen wurde die Fläche von Straßen durchschnitten. Hildebrand ordnete einem mittleren Straßenkreuz die entsprechende Zahl von Nebengassen zu. In der Dorfmitte ließ er die Kreuzung zu einem Platz erweitern. Hier entstanden Kirche, Pfarrhaus, Schule und Wirtshaus. Seit 1766 sollte auf Befehl der Herrscherin jedes Dorf einen Pfarrer und Schullehrer erhalten, für jeweils zwei Orte sollte ein Arzt zuständig sein.

Das Grundelement der Dorfplanung bildete die stets rechteckige Hofstelle, die längs der Straße zwölf bis fünfzehn Klafter breit war und nach hinten 75 bis 100 Klafter tief. Die Gebäude wurden nur auf einer Seite des Hausgrundes mit der inneren Giebelwand auswärts gegen die Straße gebaut, so daß zwischen den Nachbarhäusern ein Zwischenraum von neun Klafter blieb. 1767 wurde der Hausbau endgültig in das Antizipationssystem einbezogen. Die ersten Häuser waren von den Behörden errichtete billige und flüchtige Konstruktionen, gedacht nur für die Übergangszeit. Hausform und Bauart sollten einfach und zweckmäßig sein. Bei der Auswahl des Baumaterials waren die örtlichen Rohstoffvorkommnisse maßgebend. In waldreichen Gebieten war der Grundstoff das Holz, auf den Prädien die Tonerde. Im Hügelland des Lippaer Distrikts war dagegen weder Holz noch Tonerde reichlich vorhanden. Hier fand man im Riegelwandbau eine Kompromißlösung. Die einzelnen Fächer innerhalb des Holzgerippes wurden mit Lehm ausgefüllt oder mit Weidenruten verflochten und dann mit Lehm verschmiert. Die Dächer wurden aus Rohr, Stroh oder Schilf angefertigt. Die ersten Bauten waren langgestreckte Häuser mit einer Traufkante an der Grundgrenze und dem Giebel zur Straße. Vom Hof trat man in die fensterlose Küche mit offenem Herdfeuer. Straßenseitig lag ein Zimmer, auf der anderen Seite der Küche eine Kammer. An diese schloß sich, unter dem gleichen Giebel liegend, der Stall an. Türe und Fenster waren gleich groß, da sie in Massen erzeugt wurden.[90]

Die Ansiedler mußten während Hildebrands Amtszeit beim Hausbau selbst helfen. Die Anleitung übernahmen die einheimischen walachischen oder aus Ungarn stammenden Stampfer, da der Lehmbau den deutschen Kolonisten meist unbekannt war. Für ihre Arbeit erhielten die Kolonisten kostenlose Verpflegung. In Hatzfeld, wo Ansiedler zu den Bauarbeiten herangezogen wurden, kostete ein Haus den Fiskus vierzig Gulden, in Grabatz, wo Hildebrand keine Siedler zur Verfügung standen, betrugen die Kosten pro Haus fünfundneunzig Gulden. Die zahlreichen ungeschulten und unbezahlten Kräfte hielten zwar die Baukosten niedrig, aber die Qualität war nicht immer zufriedenstellend.

Den Kolonisten versprach das Ansiedlungspatent einheitlich 24 Joch Ackerland, sechs Joch Wiesen und ein Joch Hausgrund. In der Praxis mußte man jedoch die Zahl der arbeitsfähigen Familienmitglieder als Grundlage bei der Verteilung der Felder nehmen. Nach dem von Kempelen ausgearbeiten Plan erhielt der Bauer mit einer ganzen Stelle 24 Joch Ackerland, sechs Joch Wiese, sechs Joch Weide und ein Joch Hausgrund. Der Bauer mit einer halben Session zwölf Joch Acker, vier Joch Wiese, vier Joch Weide und ein Joch Hausgrund; der Bauer mit einer viertel Session sechs Joch Ackerland, drei Joch Wiese, drei Joch Weide und ein Joch Hausgrund. Weinbautreibende Bauern, die grundsätzlich mit einer Viertelstelle bedacht wurden, erhielten drei Joch Weingarten. Auch für die Handwerker, Pfarrer und Lehrer suchte man eine einheitliche Regelung. Handwerker erhielten eine halbe Stelle, Pfarrer und Lehrer zwei Joch Hausgrund und zwei Joch Wiese. Die Serben und Walachen, die man ebenfalls in die Regelung einbezog, erhielten grundsätzlich eine volle Bauernsession, die nur dann geteilt wurde, wenn sie innerhalb von sechs Monaten nicht bebaut wurde. Den Kolonisten gewährte man eine zweijährige Schonfrist.

Um die Kolonisten bei der Bewirtschaftung ihrer Felder anzuspornen, sicherte Maria Theresia ihnen am 16. April 1763 zu, daß sie »nicht als Leibeigen, sondern als frey K.K. Unterthanen gehalten und angesehen werden«.[91] Nach Ablauf der drei steuerfreien Jahre hatten die Vollbauern einen Hauszins von sechs Gulden, die Halbbauern drei Gulden dem Rentamt zu entrichten. Diejenigen, die ödes Land in Besitz nahmen, waren von der Robot befreit und mußten ein Siebtel ihrer Produkte in Naturalien bezahlen. Die Kolonisten, die in bereits bewohnten Orten angesiedelt wurden, hatten das Neuntel für die Grundherrschaft und den Zehnten für die Kirche zu entrichten. Nach sechs Jahren Befreiung von den staatlichen Lasten mußte ein jeder Bauer Kontribution

Die Höfe deutscher Kolonisten in verschiedenen Siedlungsgebieten – im Tokajer Bergland, in Siebenbürgen, in Syrmien und in der Schwäbischen Türkei – unterscheiden sich nur unwesentlich im Vergleich etwa zu den regional sehr verschiedenartigen Höfen in Böhmen.

(Militärquartier, Vorspann) zahlen. Den Kolonisten wurde nach Abzahlung ihrer Schulden auch der freie An- und Verkauf der Grundstücke gestattet. In der Praxis wurde jedoch die Zuteilung der Gründe lange hinausgezögert, weil oft keine Karten vorhanden waren, auf deren Grundlage man die Felder hätte ausmessen können. Unter der Bedingung, die Grundstücke zu bebauen, wurden die zugeteilten Felder den deutschen Kolonisten in Erbpacht übergeben. Als erbberechtigt galt der älteste Sohn, die anderen Geschwister wurden ausbezahlt.

Da der Grund der Gemeinden zunächst nicht aufgeteilt wurde, hatte Hildebrand für die erste Zeit eine kollektive Wirtschaft eingeführt: kollektiven Hausbau, kollektive Verpflegung und gemeinsame Bestellung der Felder. Aus der Ernte erhielt jede Familie entsprechend ihrer Größe Verpflegung. Hildebrand ließ überall große Backöfen errichten und Brot austeilen. Alle zehn Tage erhielten die Familien auch Bargeld. Durch die gemeinsame Bestellung der Felder konnte zugleich auch die Schuldenlast niedrig gehalten werden. Es wurden jedem Haushalt zwei Pferde oder Ochsen und mindestens eine Kuh zugeteilt. Besondere Weisungen sorgten dafür, daß kinderreiche Familien genügend Melkvieh erhielten. Die Kolonisten wurden auch mit den notwendigen Arbeitsgeräten versehen. Jeder Haushalt wurde mit einem landesüblichen schweren Pflug für etwa fünf Gulden und mit einem Wagen für zwölf Gulden ausgestattet. Die Geräte waren billig, aber schlecht. Oft mußte den Haushalten zwei- oder dreimal einer der Wagen zugeteilt werden, die Hildebrand von Walachen aus billigem Material anfertigen ließ. Der Nachteil der kollektiven Wirtschaft war, daß sich niemand für die eigene Scholle verantwortlich fühlte und die Eigeninitiative ausgeschaltet wurde.

Neumann, der den gestürzten Hildebrand ablöste, stellte sich 1768 gegen die Besiedlung der Heide mit den Argumenten der Prädienpartei und beantragte die Wiederverpachtung der für die Ansiedlung bestimmten Prädiengründe. Er bevorzugte das Hügelland und die waldreichen Gebiete zuerst im Temescher dann im Lippaer Distrikt. Neumanns System sicherte von Anfang an eine solide und entsprechend teure Einrichtung der Kolonisten im Banat und belastete damit zugleich die Ansiedler von Anfang an mit höheren Schulden. Die Schuldenlast stieg infolge der teuren Kolonistenhäuser und der Beihilfen so hoch, daß viele in die alte Heimat zurückkehrten oder nach Ungarn desertierten.

Neumann förderte die solidere Ausführung der Häuser und verwendete stets gutes Baumaterial. Er zog die Kolonisten nur fallweise zum Hausbau heran, bezahlte sie stets für ihre Arbeit und zog dort, wo sie ihm nicht geschickt genug erschienen, »Nationalisten« heran. Die Häuser kosteten im Durchschnitt etwa 180 Gulden, also bis viermal soviel wie die von Hildebrand. Er ließ im allgemeinen kleinere Dörfer anlegen mit einem großen quadratischen Platz in der Mitte, der von den Straßen seitlich berührt und vielfach von der Hauptstraße durchschnitten wurde. Die Ansiedler wurden auch unter Neumann mit Arbeitsgeräten versorgt, die von besserer Qualität, aber auch dementsprechend teurer waren als bei Hildebrand. Für einen Pflug mußten sie jetzt sieben bis acht Gulden und für einen Wagen sogar 28 Gulden bezahlen.

Bei der kosten- und zeitaufwendigen Methode kam die Ansiedlung dementsprechend langsamer voran. 1770 erhielt Kleinjetscha 100, Albrechtsflor, Heufeld und Mastort je 78, Marienfeld 123 und Segenthau 75 Kolonisten. 1771 konnte Neumann mit der Verwirklichung seines Plans, mit der Besiedlung des oberen Bereksowatals, der Verbindungslinie zwischen Temeschwar und Lippa, beginnen. Buchberg, Neuhof, Altringen, Charlottenburg, Königshof und Greifental wurden mit je dreißig, Lichtenwald mit vierzig und Blumental mit 93 Stellen errichtet.[92] Neumanns System funktionierte vor allem dann, wenn kleinere Gruppen ohne Eile anzusiedeln waren. Aber wie Hildebrand, so hatte auch Neumann kein Glück. Die Kolonistengruppen waren in den Jahren 1769 bis 1771 groß, so daß man stets Probleme mit der Einquartierung hatte. Die Siedler mußten nicht selten anderthalb bis zwei Jahre auf eine eigene Behausung warten. Sie wurden bei alteingessenen Einwohnern oder bereits angesiedelten Kolonisten untergebracht, die die Neuankömmlinge als Last empfanden.

Neumann stellte die kollektive Verpflegung und Bewirtschaftung ein und erteilte nur den Bedürftigsten Beihilfe, möglichst in einer Summe. Auch die Brotbäckerei wurde abgeschafft, und die Mühlen wurden verpachtet. Bald zeigten sich die nachteiligen Folgen: Die Neuankömmlinge, die ihr Geld schnell verbrauchten, litten Hunger. Wegen Mangel an Verpflegung, schlechter Unterbringung, der geringen Qualität des Trinkwassers und des ungewöhnlichen Klimas starben viele von ihnen an Fieber und Ruhr. Allein zwischen 1769 und 1771 verzeichneten die Sanitätslisten 2 187 Tote. Aus diesem Grund wurde das Banat damals »Gottesacker der Deutschen« unter den Auswanderern genannt.

Das Neumannsche Ansiedlungswesen, das 4 878 Familien mit 16 889 Personen ins Banat brachte, geriet Anfang 1771 nicht zuletzt aufgrund der hohen Kosten von jährlich 200 000 Gulden ins Stocken. Die Werbungskommissare erhielten bereits 1770 den Befehl, bei der Werbung langsam und vorsichtig vorzugehen. Im April 1771 wurden die Kommissare verständigt, daß im Banat nur noch Kolonisten aufgenommen würden, die ihre Reise selbst finanzieren. 1771 wurde Neumann erneut von Hildebrand abgelöst, der im Frühling 1772 die Tätigkeit auf der Banater Heide in der alten Form wieder aufnahm. Gottlob und Triebswetter wurden mit 200, Ostern mit fünfzig Kolonisten besiedelt. 1774 lebten insgesamt 43 201 Deutsche im Kameral-Banat, das waren etwa zwölf Prozent der Bevölkerung.

Als Grundlage für die Ansiedlung im Banat diente seit 1771 die von Maria Theresia erlassene Impopulations-Hauptinstruktion für die Banater Landesadministration. Bis 1771 wurde die Impopulation im Banat ohne einheitliche Regelung durchgeführt. Die meisten Vorschriften der Hauptinstruktion – im Grunde genommen ein Konglomerat von Plänen und Erfahrungen der mit der Impopulation beauftragten Beamten der Monarchie wie Kempelen und Cothmann – hielten die im Banat bereits gültigen Regelungen fest und kodifizierten die seit Jahrzehnten bestehenden beziehungsweise praktizierten Vorgehensweisen.

Die Hauptinstruktion gab in 103 Punkten detaillierte Vorschriften hinsichtlich der Ansiedlung von Kolonisten. Die ersten fünf Punkte beschäftigten sich mit den Grundsätzen für die notwendige Landesvermessung. Als die geeignetsten Plätze wurden die »überflüssigen Dorfgründe« in der Nähe von Waldungen und Wassern angegeben, die »eine vorteilhafte Lage zum Weinbau nebst guter Luft, auch frisches und gesundes Brunnenwasser, dagegen aber wenig Morast haben«.[93] Die anschließenden zwanzig Vorschriften regelten die Aufgaben der Ingenieure hinsichtlich der Auswahl, Ausmessung und Größe der Dörfer. Weitere Punkte behandelten die Anlage und den Bau von Häusern und Kirchen. Um die Ansiedlung der Kolonisten zu beschleunigen, wies man die Beamten an, die zum Ackerbau bestimmten Felder im voraus umpflügen zu lassen, das erforderliche Baumaterial bereits im Winter heranzuschaffen und als erstes die Gemeinschaftsbauten wie Wirtshaus und Backöfen zu errichten. Es wurden auch das Rechnungswesen, die Einrichtungen und das Gesundheitswesen genau geregelt. Die Kolonisten sollten ihren Hausgrund und die dazugehörigen Felder sowie Arbeitsgeräte gleich nach ihrer Ankunft erhalten und sofort mit dem Aufbau beginnen. Diejenigen, die weder beim Hausbau noch bei der Feldarbeit beschäfigt waren, sollten den Winter hindurch in den Manufakturen in Temeschwar oder in Arad arbeiten. Die Zahl der Kolonisten und die Ausgaben der Ansiedlung sollten genau registriert werden wie auch die den einzelnen Kolonisten erteilten Beihilfen.

Die Hauptinstruktion konnte die Ansiedlung im Banat zu diesem Zeitpunkt nicht mehr wesentlich beeinflussen, denn die theresianische Ansiedlung ging mit Hildebrands Tod 1773 im Grunde genommen zu Ende. Von 1763 bis 1771 entstanden mehr als dreißig Orte und dreißig Zusiedlungen mit etwa 9 000 Kolonistenfamilien. Die Kolonisation kostete den Staat etwa zwei Millionen Gulden, doppelt soviel wie die Kolonisation in der Batschka und auf den Kameralgütern in Ungarn zusammen. Die fiskalische Betrachtung führte die theresianische Kolonisation letzlich an ihr Ende. Die angeschlagenen Staatsfinanzen waren bei 1,5 Millionen Gulden Steuerrückständen im Jahre 1777 nicht zu sanieren. Joseph II., der das Banat bereiste, schrieb: »So kann es nicht bleiben, oder es gehet alles zugrund.« Er forderte deshalb: »Bessere Verwalter und räthe, denn erstere sind sehr ohnerfahren und mit Schreibereyen überhäuft, andere in zanck und unordnung, dicke Köpf und ein kurzes Gesicht.«[94] Er empfahl, das Banat in Güter aufzuteilen und an private Herrschaften zu verkaufen. 1778 sprach sich Maria Theresia für die Rückgliederung des Banats an Ungarn aus.

Die verwaltungsmäßige und juristische Eingliederung des Banats an Ungarn wurde von der bei der Ungarischen Hofkanzlei gebildeten »Commissio Regia Incorporatoria« unter Baron Christoph Niczky vollzogen. Die Kommission hatte die Aufgabe, die reichsunmittelbare Krondomäne wieder in das ungarische Komitatssystem einzugliedern und ein Konzept für die Erhöhung des finanziellen Ertrags des Banats zu erarbeiten. Man entschloß sich zum Verkauf der staatlichen Domänen an Privatpersonen durch öffentliche Versteigerungen. Es sollten möglichst mittelgroße und große Herrschaften gebildet werden, damit die Rentabilität gesichert war. Nur bei den schwer verkäuflichen Gütern dachte man an eine Parzellierung. Reiche Viehhändler und Pächter wie Izsák Kiss, Lázár Lukács, Pál und Károly Arizy sowie Stadtbürger erwarben ausgedehnte Güter. Der ungarische Adel zeigte dagegen kein großes Interesse. Nur wenige Familien wie die

Alvinczy, Vécsey, Szapáry und Bruckenthal haben Güter im Banat erworben. Einige Güter, unter anderem der Kapolnaser Prozeß, der Facseter Bezirk, fünf weitere Herrschaften und einige Reis anbauende Dörfer wurden wegen ihrer besonderen wirtschaftlichen Bedeutung nicht veräußert. Auch die privilegierten Siedlungen der Serben und Bulgaren und die Stadt Temeschwar wurden nicht zum Kauf angeboten. Sie blieben in der Hand des Fiskus und wurden von der Ungarischen Hofkammer verwaltet.

Im Interesse der juristischen und wirtschaftlichen Angliederung des Banats an Ungarn empfahl die Inkorporationskommission die Einführung eines Urbariums auf Grundlage der ungarischen Urbarialregelung. Kurz vor ihrem Tode im Jahre 1780 erließ Maria Theresia das »Urbarium Banaticum«. Die Größe der Bauernhöfe und die Frondienste wurden danach im ganzen Banat einheitlich geregelt. Der volle Bauer erhielt 34 Joch Feld, Wiesen, Weide und Hausgrund inbegriffen, der halbe Bauer neunzehn Joch, der Viertelbauer elf Joch und der Achtelbauer sieben Joch Feld. Die Frondienste und Abgaben waren wie im ungarischen Urbarium geregelt. Im juristischen Status der Banater Bauern stellte sich 1778 keine grundlegende Veränderung ein. Dagegen gerieten sie in ein bis dahin nicht vorhandenes unmittelbares Abhängigkeitsverhältnis vom Grundherrn. Bis 1778 waren die Steuern und die Frondienste durch einen sowohl die staatliche Zentralverwaltung als auch die Bauern verpflichtenden Vertrag genau festgelegt. Nach 1778 wirkten sich die Bindungen oft drückend aus, da der Grundherr, der alle Herrschaftsrechte in seiner Hand konzentrierte, in einem unmittelbaren, sogar persönlichen Verhältnis zu seinen Untertanen stand und seinen Forderungen nach Robotarbeit oder Erhöhung der Abgaben leicht Geltung verschaffen konnte.

Die josephinische Kolonisation

Joseph II., der aus den vielsprachigen und in den Traditionen voneinander stark abweichenden Ländern der Habsburgermonarchie ein einheitliches, starkes und modernes Reich schaffen wollte, führte mit dem Toleranzedikt von 1781 grundlegende kirchenpolitische und mit dem Bauerngesetz von 1785 soziale Reformen sowie mit der Aufhebung der Komitate von 1785 Verwaltungsreformen durch. In der Siedlungspolitik setzte er die Impopulation fort, jedoch ging seine physiokratisch bestimmte Bevölkerungspolitik nicht von einer forcierten Populationistik, sondern von der Hebung der Bodenkultur aus. »Der Grund und Boden, den die Natur zu des Menschen Unterhalt angewiesen hat, ist die einzige Quelle, aus welcher alles kommt, und wohin alles zurückfließt, und dessen Existenz, trotz aller Zeitläufen beständig verbleibt«, schrieb er am 24. November 1783.[95] Josephs Ziel war es, die ungenutzten oder nur extensiv bewirtschafteten Bodenflächen der Monarchie für eine höhere Produktion im Interesse des Gemeinwohls zu erschließen. Nicht nur Einwanderer, sondern auch Einheimische, also Ungarn, Slowaken, Südslawen und der deutsche Siedlernachwuchs waren als Siedler willkommen. Damit griff der Kaiser die Prinzipien der älteren ungarischen Kameralansiedlung in der Batschka wieder auf.

Josephs Augenmerk richtete sich 1780 auf die Besiedlung Galiziens und Lodomeriens, die 1772 durch die Erste Teilung Polens an die Habsburgermonarchie gefallen waren. Nachdem sich der Kaiser auf seiner zweiten Reise durch Galizien im Jahre 1780 von dem weiterhin unbefriedigenden Zustand des Gebietes überzeugt hatte, erließ er am 17. September 1781 ein Ansiedlungspatent für Galizien und Lodomerien. Die günstigen Ansiedlungsbedingungen wie zehn Jahre Steuerfreiheit, Niederlassung der Protestanten ohne örtliche Beschränkung, Befreiung vom Militärdienst und andere Beihilfen lockten etwa 13 000 Auswanderungswillige vor allem aus der Pfalz und aus Böhmen an.[96] Erst im Jahre 1783, als Galizien mit der Unterbringung der Kolonisten infolge der großen Auswandererströme immer mehr Schwierigkeiten hatte, entschloß sich Joseph II., den Ansiedlerstrom in andere Teile der Monarchie umzuleiten. Aus Lemberg verfügte er in einem an Leopold Graf Kolowrat, Oberstkanzler der Böhmisch-Österreichischen Hofkanzlei, adressierten Brief: »Damit auch die Vertheilung der aufgebracht werdenden Ansiedler in der behörigen Ordnung geschehen könne, so sind solche insgesamt nach Wien kommen zu lassen, und von da nach Böhmen, Mähren, Galizien und die übrige deutsche Länder, auch nach Hungarn und das Banat (wenn die Hungarisch Siebenbürgische Kanzley ihren diesfälligen Bedarf einzeiget) zu schiken.«[97]

Die Ansiedlung sollte auf den Kammer- und Krongütern, den zahlreichen Gütern der aufgehobenen Orden und der Privatherrschaften zugleich in Angriff genommen werden. Die königlichen Freistädte erhielten die Aufforderung, möglichst viele Handwerker aufzunehmen. Die josephinische Kolonisation hinterließ überall im Lande Spuren, am stärksten jedoch in der für unterbevölkert erklärten Batschka. Zwischen 1784 und 1787 kamen von den insgesamt 9 812 Einwanderern 3 088 Familien in die Batschka. Im Banat wurden 2 439 Familien, im Kaschauer Kameralbezirk 547 und im Fünfkirchner Kameralbezirk 372 Familien angesiedelt. Weitere 3 366 Familien wurden im Königreich Ungarn verstreut angesiedelt.

Für die Koordinierung und Leitung des Ansiedlungswerks wurde eine gemeinsame Kommission der Ungarischen Hofkammer und des Statthalterrates errichtet, die die Richtlinien festzulegen hatte. Sie veröffentlichte am 16. April 1784 die Ansiedlungsbedingungen für Ungarn, im Grunde genommen eine Adaptation der galizischen Bestimmungen. Das Charakteristikum der josephinischen Kolonisation und zugleich ein entscheidender Unterschied gegenüber dem spättheresianischen System steckte gerade in diesen Bestimmungen. Mit wenigen Ausnahmen wurde hier auf die spätere Wiedereintreibung der staatlichen Ausgaben verzichtet. Die Bauern sollten ein eigenes Haus, bestehend aus einem Zimmer, einer Küche, einer Kammer und einer Stallung, erhalten. Die Ansässigkeiten sollten nach der Größe der Familien eine ganze, halbe, viertel oder achtel Session betragen. Im Banat war die volle Session mit 24 Joch Acker, sechs Joch Wiesen, drei Joch Hutweide und ein Joch Hausgrund limitiert. In der Batschka dagegen betrug eine volle Session nach der Lage der Ortschaft zwischen 32 und 38 Joch Acker und 22 Tagwerk Wiesen. Die Bauern sollten überall nach Erfordernis unentgeltlich ein paar Ochsen, zwei Pferde und eine Kuh samt Wagen und Pflug, gegen Rückerstattung Saatgut, Mehl und monetären Vorschuß bekommen. Die Handwerker, die in den königlichen Freistädten angesiedelt wurden, erhielten das Bürger- und Meisterrecht unentgeltlich und für die Anschaffung der benötigten Werkzeuge fünfzig Gulden. Den Einwanderern gewährte das kaiserliche Patent einheitlich eine zehnjährige Steuerfreiheit. Damit reagierte Joseph II. auf die entsprechende Bestimmung des preußischen Ansiedlungspatents vom 5. Januar 1770.

Die Kameraladministrationen im Banat und in der Batschka erhielten von der Ungarischen Hofkammer die Aufgabe, die Aufnahme der Kolonisten vorzubereiten. Im Banat sollte die Administration innerhalb von zwei Wochen die zur Verfügung stehenden Ansässigkeiten, unbearbeitete Sessionen und alle leeren Häuser konskribieren, falls notwendig Reparaturen vornehmen und die Häuser binnen zwei Monaten wohnbar machen lassen. Es sollten die im Banat für den Ankauf verfügbaren Zugtiere festgestellt und deren Verkaufspreise ermittelt werden. Außerdem sollten Wagen, Pflüge und andere landwirtschaftliche Geräte hergestellt werden.

Für die Kameralansiedlung im Banat wurde das weniger fruchtbare und bevölkerte Wald- und Bergland im Südosten von Temeschwar bestimmt. Hier wurden 1784 Nitzkydorf, Rittberg und Moritzfeld gegründet, 1786 Ebendorf, Zichydorf und Liebling. Zwischen 1784 und 1787 wurden Freudental, Traunau und Orzydorf errichtet. Auf der Banater Heide kam es zu neuen Zusiedlungen in den Orten Nero, Wiseschdia, Knees, Kleinbetschkerek, Sanktandres, Warjasch, Rekasch und Blumental.[98]

Als Mitregent übte Joseph II. scharfe Kritik an den Methoden der theresianischen Impopulation im Banat. Er notierte während seiner Reise im Jahre 1768: »Ich habe selbst die Dörfer schier alle durchschritten und in selben die nämlichen recht tollsinnigen Fehler betrachtet, die teils von ihrer Lage und Größe, teils von ihrer innerlichen Einrichtung herrühren. Nie sind 900 000 Gulden schlechter, unnützer und ungeschickter verwendet worden als bei diesem Impopulationsgeschäft, da um diesen Wert sehr wenig Menschen schlechte Dörfer, schier unbrauchbare Häuser verschafft, die Kultur nicht befördert, die Wälder ausgehauen und endlich die Nationalisten von Haus und Hof vertrieben, degoutiert verdrossen gemacht worden sind.«[99] Als Kaiser griff er mit seinem eigenen Ansiedlungssystem trotz aller Kritik die Methoden der theresianischen Kolonisation mit all ihren Vor- und Nachteilen auf.

Unter Joseph II. kam es nicht mehr zur Transferierung von ganzen »Nationalistendörfern«, aber man verkleinerte vielerorts das nicht ausgenutzte Gemeindeland der Walachen und Serben zugunsten der Siedler. In Sanktandres wurden den walachischen Bauern nach dem Bericht der Kameraladministration vom 26. Juni 1784 zu große Sessionen bei der Urbarialregulierung zugeteilt, so daß sie nicht in der Lage waren, ihre Felder zu bestellen. Einige erhielten Grundstücke von schlechterer Qualität, andere vernachlässigten die Bearbeitung ihrer Felder und suchten ihren Schulden durch Flucht zu entgehen. Die Häuser wurden verlassen, die Sessionen blieben unbearbeitet. Deshalb wurde Sanktandres zur Transferierung bestimmt. Jene Bauern, die nicht in der Lage waren, ihre Schulden zu tilgen, ließ man in andere »Nationalistendörfer« transferieren. Die Walachen, die im Dorf bleiben wollten, hatten ihre Häuser gassenweise auf einer Seite zu erbauen und die andere Seite den deutschen Ansiedlern zu überlassen.

Die leeren Häuser sollten deutsche Kolonisten übernehmen. Als nach der Teilung der Dorfgemarkung die Walachen eine zu kleine Hutweide zugewiesen bekamen, beantragten 161 walachische Familien die Übersiedlung nach Hodoni. Im Sommer 1785 war der Aufbau der Häuser in Hodoni in vollem Gange. Die Übersiedler sollten neben den Häusern und einer eigenen Kirche auch eine einjährige Befreiung von sämtlichen Abgaben und Frondiensten erhalten.[100]

Zwischen 1784 und 1787 wurden im Banat bereits 2 315 Kolonisten in 211 Kolonistenhäusern untergebracht. Die Siedler wurden ausreichend mit Saat und Feldfrüchten, mit 2 274 Stück Zug- und Melkvieh sowie mit 4 630 Haus- und Wirtschaftsgeräten versorgt.

In der Privatansiedlung während der Regierungszeit Josephs II. spielten die deutschen Siedler eine untergeordnete Rolle. Die neuen ungarischen Grundherren, die in Innerungarn Besitzungen hatten, holten gern von dort ungarische und slowakische Bauern. Deutsche wurden in Iwanda, Modosch und Tschawosch an Stelle der in die Militärgrenze abwandernden Serben angesiedelt. Auch die Grundherren Nikolics in Rudna und Draskovics in Dolatz nahmen deutsche Siedler. In Sankt Georgen ließ der Grundherr Kiss an Stelle der in die serbische Militärgrenze abgezogenen Rumänen deutschen Siedlernachwuchs aus der benachbarten Batschka und aus dem Banat ansiedeln.[101]

Die josephinische Kolonisation brachte insgesamt 9 812 Familien mit 44 699 Personen nach Ungarn. Die Aufwendungen für eine Bauernfamilie betrugen etwa 500 Gulden, die für einen Handwerker in den königlichen Freistädten fünfzig Gulden. Insgesamt kostete die staatliche Kolonisation vier Millionen Gulden. Am 3. Dezember 1786 erging an die Ansiedlungskommissäre der Entschluß des Kaisers, die Annahme von Kolonisten auf Kosten des Staates für die ungarischen Kameralgüter einzustellen. Der Grund dafür war einerseits die Verstärkung der spontanen Einwanderung der Deutschen, die von den Behörden nicht mehr zu kontrollieren war, andererseits die in wenigen Jahren ausgegebene hohe Summe, die die Staatskasse äußerst belastete.

Weder die organisierte noch die spontane Einwanderung endete nach Josephs Tod im Jahre 1790. Unter Leopold II. (1790–1792) und Franz II. (1792–1835) erfolgten weiterhin organisierte Einwanderungen hauptsächlich in die Militärgrenzbezirke im Banat und in Syrmien. Auch die ungarischen Behörden beschäftigten sich mit dem Gedanken, die Kolonisation weiterzuführen. Baron Miklós Skerlecz, Wirtschaftsfachmann und Obergespan des Komitats Zágráb, unterbreitete auf dem ungarischen Landtag von 1790/91 im Namen der Landeskommission für Handelsangelegenheiten einen Gesetzentwurf über die Fortführung der Kolonisation mit der Begründung: »... man müßte viele, in der Landwirtschaft nicht beschäftigte Hände zur Verfügung haben und weil schließlich solche Hände in Ungarn fehlen ..., sollten in die noch menschenleere Teile des Landes ... ausländische Kolonisten herabgeführt werden.«[102] Der Entwurf wurde zwar vom Landtag abgelehnt, doch der Einwanderung – vor allem der Einzelwanderung – wurde auch später kein Hindernis in den Weg gelegt.

ZWANGSDEPORTATION AUS STAATSRÄSON: ÖSTERREICHISCHE PROTESTANTEN IN SIEBENBÜRGEN

Siebenbürgen wurde nach der Dreiteilung des Köngreichs Ungarn ein dem Osmanischen Reich tributpflichtiges, in seinen innenpolitischen Entscheidungen aber autonomes Fürstentum. Mit der Zurückdrängung der osmanischen Herrschaft durch die Habsburger ging der autonome Status Siebenbürgens verloren. Die Stände konnten zwar 1690/91 Kaiser Leopold I. die alte Landesverfassung abringen, darunter die Religionsfreiheit und die Vorrechte der drei ständischen Nationen Siebenbürgens, wonach Ungarn, Szekler und Sachsen in den von ihnen repräsentierten Territorien über weitgehende rechtliche, administrative und kirchliche Autonomie verfügten. Doch nachdem der fürstliche Hof 1690 nach Wien übersiedelte, nahmen Stände und Landtag in ihrer Bedeutung rasch ab. Siebenbürgen wurde zu einem der zahlreichen österreichischen Kronländer, in denen die Wiener Zentrale die für die Gesamtmonarchie ausgearbeitete einheitliche Verwaltung und Rechtssprechung durchzuführen bestrebt war. Die wichtigsten politischen Entscheidungen über das Land verlagerten sich nach Wien, und Siebenbürgen erhielt politisch und wirtschaftlich immer mehr den Charakter einer Randprovinz.[103]

Die Eingliederung der Provinz in das Habsburgerreich brachte zugleich auch Vorteile. Während die benachbarten rumänischen Fürstentümer zum Schauplatz ständiger russisch-türkischer Kriege wurden, bedeutete die österreichische Oberhoheit für Siebenbürgen Frieden und Sicherheit. Daraus ergaben sich Veränderungen unter anderem in der ethnischen Zusammensetzung der Bevölkerung. Seit der Mitte des 18. Jahrhunderts, nachdem die Notzeiten mit Epidemien und Hungersnöten in Siebenbürgen überstanden waren, setzte nach der anfänglichen Auswanderung der Bevölkerung eine Rückwanderung der Ungarn und eine starke Einwanderung der Rumänen ein. Das Hauptziel der walachischen Einwanderung war der sächsische Königsboden, wo die Rechte eines Grundherrn die sächsische Siedlergenossenschaft wahrnahm, die keine wahre Rechtsgleichheit, aber auch keine Polarisierung zwischen Adel und leibeigenen Bauern kannte.

An der Wende vom 17. zum 18. Jahrhundert hatten gerade die fruchtbarsten Sachsenstühle entlang der Marosch, die durch die Türkeneinfälle am meisten gelitten und die geringste deutsche Bevölkerung aufgewiesen hatten, eine starke Einwanderung der Walachen erfahren. In Wien tauchte deshalb bald der Gedanke auf, die kinderreichen Walachen zur Erhöhung der Bevölkerungsdichte in den sächsischen Gebieten, die an der Grenze zwischen der Habsburgermonarchie und dem Osmanischen Reich lagen, heranzuziehen, was jedoch die Zersetzung des geschlossenen sächsischen Siedlungsgebietes zur Folge haben mußte. Die führenden Politiker der sächsischen Nationsuniversität, die diese Gefahr erkannten, suchten nun ihrerseits, die Bevölkerung auf dem Königsboden durch deutsche Protestanten aus dem Ausland zu vermehren. Ohne Wissen der siebenbürgischen Amtsstellen ließen sie eine Werbung in der protestantischen Markgrafschaft Baden-Durlach durchführen, wo infolge der Kriegswirren in der

Kronstadt gehörte bereits im 15. Jahrhundert zu den finanzkräftigsten Handelsstädten Südosteuropas. Hier wurde 1835 neben dem Klostergässer Tor die erste allgemeine Sparkasse gegründet. Das Wahrzeichen der Stadt ist die Stadtpfarrkirche, mit deren Bau die reichen deutschen Bürger der Stadt 1383 begannen. Nach rund hundertjähriger Bauzeit vollendet, war sie der östlichste gotische Dom mit deutscher Gottesdienstsprache. Seit der Brandkatastrophe von 1686 wird sie die »Schwarze Kirche« genannt.

ersten Hälfte des 18. Jahrhunderts die Bereitschaft zur Auswanderung vorhanden war. Zwischen 1744 und 1749 wurden 583 Personen aus Baden-Durlach in Mühlbach angesiedelt.[104]

Die eigenartige ethnisch-religiöse Lage in Siebenbürgen lenkte die Aufmerksamkeit der Wiener Regierung auf den Königsboden, als es in den österreichischen Erbländern zu Religionsunruhen kam und man eine Lösung für das Problem der Kryptoprotestanten im eigenen Land suchte. Im Augsburger Religionsfrieden wie auch im Westfälischen Frieden wurde den andersgläubigen Untertanen der deutschen Stände das »Ius emigrationis« zugestanden. Mit der Verstärkung des merkantilistischen Denkens erschien jedoch die Auswanderung großer Gruppen als schmerzhafter Verlust für den Staat. So setzte auch das katholische Österreich im Gegegensatz zu den westfälischen Friedensparagraphen Emigrationsverbote für Protestanten ein. Nach der Beendigung der Türkenkriege ergab sich die Möglichkeit, das Recht zur Emigration mit den wirtschaftlichen Zielen der Monarchie in Einklang zu bringen und den Protestanten im eigenen Staatsgebiet, in Ungarn und in Siebenbürgen, Religionsfreiheit zu gewähren und sie gleichzeitig als Kolonisten einzusetzen.[105]

Unter dem Einfluß der religiösen Unruhen im Erzbistum Salzburg, die 1731 zur Massenausweisung der Protestanten durch Bischof Firmian führten, kam es auch in Oberösterreich und Kärnten zum offenen Bekenntnis des evangelischen Glaubens und zu Ausschreitungen gegen die katholische Geistlichkeit. Die heimliche Emigration nahm immer größere Umfänge an. Als 1733 sowohl die Forderung der österreichischen Protestanten als auch das Auftreten der lutherischen und reformierten Reichsstände im Interesse der österreichischen Glaubensgenossen immer entschiedener wurden, sah man in Wien den Ausweg in der Entsendung der protestantischen Untertanen nach Ungarn und Siebenbürgen, wo die Zentralregierung die legale Existenz des Protestantismus ohnehin akzeptieren mußte. Trotz der Proteste des »Corpus evangelicorum« wurden 1733 und 1734 der kaiserlichen Resolution vom 15. Juli 1733 gemäß protestantische Untertanen aus Oberösterreich und Kärnten in das »fruchtbare und wohl situierte gesunde aber nicht sehr populierte Fürstenthumb Siebenbürgen« zwangsumgesiedelt.

Die Sachsen lehnten die Aufnahme der Transmigranten zunächst ab, weil sie durch die Zunahme der Protestanten auf dem Königsboden die Angriffe der sich auch in Siebenbürgen verstärkenden Gegenreformation befürchteten. In Siebenbürgen unterblieb zwar wegen der bestehenden Landesverfassung eine Verfolgung der Protestanten, doch Willkürakte gegen einzelne und die Bevorzugung ungeeigneter Katholiken bei der Ämterbesetzung riefen Unmut bei den Sachsen hervor. Auch wollte man eine Belastung der sächsischen Nation durch die Armut der Transmigranten vermeiden. Die allgemeine Auffassung der Sachsen von der Transmigration spiegelte sich in einem Brief des Hermannstädter Bürgermeisters: »Diese Leuthe wollen nicht anders als Bettler, die weder zu ihrem Unterhalt noch auch zu ihrem ferneren Stabiliment etwas mit sich bringen zu considerieren sind, folglichen wir nationaliter durchaus nicht imstande wären die erforderliche Hülfe ihnen zu leisten ... so höchst nöthig eine deutsche Bevölkerung

Der Kleine Ring in Hermannstadt mit dem Rathausturm (links), der römisch-katholischen Stadtpfarrkirche und der griechisch-orthodoxen Kathedrale. Hermannstadt war Sitz des obersten Gebietsherrn auf dem Königsboden, des »Sachsengrafen«, im 18. Jahrhundert Hauptstadt des Fürstentums Siebenbürgen und Sitz des Bischofs der evangelischen Landeskirche.

der sächsischen Nation als welche fast größtenteils mit Wallachen durch und durch überschwemmet ist, zu seyn scheinet, so gerne wollten es sehen, wenn Mittel und Wege ausfindig gemacht werden könnten, nicht diese odiösen Emigranten sondern andere altdeutsche Colonien hereinzubringen und die Nation zu recrutieren.«[106]

Die Ansiedlung von Transmigranten wurde unter dem Aspekt der unerwünschten Zunahme der Walachen letztlich doch als das Gesamtinteresse der sächsischen Nation akzeptiert, und man erachtete die zwischen 1734 und 1737 in Großau, Neppendorf und Stolzenburg eintreffenden etwa 700 Neusiedler aus dem Salzkammergut und weitere 250 aus Kärnten, die auch über eigene finanzielle Mittel verfügten, als eine Stärkung, was wesentlich zur Integration der Neuankömmlinge beitrug. Der Transmigrant Mathias Fischer berichtete seinen daheimgebliebenen Brüdern in Goisern: »... Gott schicke es, daß es in meinem Vaterlande auch also stünde als wie hier in Siebenbürgen ... Wir haben auch, Gott sei ewig Lob und Dank, gute eifrige evangelische Regenten und Obrigkeiten, die uns sowohl in geist- als auch leiblichen Sachen Schutz tragen, und einem jedweden nach Stand und Vermögen zum weitern Fortkommen helfen.«[107]

Die Transmigration der österreichischen Protestanten setzte sich unter Maria Theresia in größerem Maße fort. Dem Thronfolger Joseph erklärte sie: »Wir wünschen die Verfolgung nicht, aber auch die Toleranz nicht. In diesem Punkt beharren wir auf die Grundlagen unseres Hauses.«[108] Der Königsboden schien ihr für die Transmigration aus mehreren Gründen geeignet: »Ihro kayserl. Mayestät haben zur Absonderung dieser Leuthe das Fürstentum Siebenbürgen aus der Ursach bestimmt, weil selbes zur Abschneidung der Korrespondenz am weitesten entlegen, an der Population Mangel leidet und von diesen transmigrierenden arbeitssamen Volk mehr Kultur und Treu als von den mit der sächsischen Nation untermischten Walachen zu erwarten stehet.«[109]

Doch bei den Sachsen stieß die Transmigration diesmal auf starke Ablehnung. Sie erklärten unter dem Druck der wachsenden inneren Wirtschafts- und Gesellschaftskrise, daß die Annahme der Wiener Regierung, es gäbe ausreichend unkultiviertes Land in Siebenbürgen, falsch sei. Durch die starke Vermehrung der Walachen habe man auf dem Königsboden Landmangel, weshalb die Ansiedlung von Transmigranten nur dann möglich sei, wenn die Walachen vertrieben würden. Auch die katholische Kirche mit dem Bischof von Siebenbürgen an der Spitze protestierte gegen den Plan, der ihrer Meinung nach das Gleichgewicht zwischen katholischer und evangelischer Bevölkerung erheblich zugunsten der Protestanten in Siebenbürgen verschieben würde. Maria Theresia konnte das keineswegs von ihrem Beschluß abbringen. Zwischen 1752 und 1757 wurden neben einigen kleineren Transporten nach Ungarn – unter anderem auf die Güter des evangelischen Grundbesitzers Gedeon Ráday – in vierzehn Transporten 2 664 Personen aus Oberösterreich, Kärnten und der Steiermark nach Siebenbürgen gebracht. Bis 1762 ist allerdings fast die Hälfte von ihnen gestorben.

Der Mißerfolg der theresianischen Transmigration hatte mehrere Gründe. Die Zwangsdeportierung diente der Abschreckung. Das zeigte sich vor allem in ihrer Durch-

Schäßburg mit seiner zwischen 1429 und 1525 erbauten Nikolaus-Kirche auf dem 120 Meter hohen Burgberg, den Ringmauern, den Wehrtürmen, den schmalen Gassen und Treppen vermittelt auch noch im 19. Jahrhundert das typische Bild einer mittelalterlichen deutschen Stadt.

führung. Während unter Karl VI. die Entlassung ohne die Abzahlung der üblichen Nachsteuer auf Kosten des Fiskus und mit Rücksicht auf die protestantischen Verbündeten Karls VI. auch ohne Schikanen und bei Aushändigung des Vermögens erfolgte, wurde unter Maria Theresia den Untertanen vom Erlös ihres unbeweglichen Besitzes nichts in die Hand gegeben. Um sie von Fluchtgedanken abzuhalten, versprach man dessen Auszahlung in Siebenbürgen. Doch Verkauf und Übermittlung des Vermögens erfolgten in den meisten Fällen äußerst schleppend und mit langjähriger Verzögerung, so daß die Transmigranten das zur Ansiedlung notwendige Geld erst nach Jahren erhielten. Sie bekamen in Siebenbürgen zwar unentgeltlich Grund und Boden und eine befristete Steuerbefreiung, doch die vom Fiskus eigens für sie errichteten Häuser wie auch die Arbeitsgeräte mußten sie selbst bezahlen. Das für die Organisation der Ansiedlung gebildete Transmigranten-Inspektorat mit dem unfähigen Hofrat von Seeberg an der Spitze brachte die mittellosen Transmigranten in einem Massenquartier in Hermannstadt unter, wo sie Jahre verbrachten. Bis 1754 waren für Transport und Seßhaftmachung der Transmigranten bereits 102 460 Gulden aufgewendet worden, doch die Ansiedlung war noch immer nicht erfolgt: 1756 waren erst 48 der etwa 550 eingewanderten Familien in eigenen Behausungen untergebracht.

1754 wandten sich die österreichischen Transmigranten daher an das »Corpus evangelicorum« und baten um Hilfe. Viele seien, so klagten sie, »mit Lumpen behangenen Bettlern« ähnlich, und es sei ihnen ihr letzter Groschen zur Bezahlung des Fahrgeldes abgenommen worden. Der Aufruhr der Transmigranten, die freien Abzug aus Siebenbürgen forderten, wurde durch Inhaftierungen erstickt. Diese Maßnahme mobilisierte das ganze protestantische Europa. Daraufhin wurde Seeberg entlassen und die Leitung der Ansiedlung Hofkammerrat von Dietrich übertragen, der bestrebt war, die Transmigranten so schnell wie möglich auf eigenen Grund und Boden zu setzen.

Trotz des sächsischen Widerstandes wurde im Jahre 1774 noch eine letzte Gruppe mit 152 Transmigranten aus dem oberen Murtal in der Steiermark in Großpold angesiedelt. Sie erhielten Häuser, die für die Transmigranten in den fünfziger Jahren errichtet worden waren und infolge Aussterbens der Inwohner frei standen. Am 7. November 1774 hob dann Joseph II. die zwangsweise Transmigration gänzlich auf.

Die Landler genannten österreichischen Transmigranten bewahrten in Mundart, Tracht und in manchen Bräuchen ihre altösterreichische Eigenart, gliederten sich aber ansonsten in die sächsische Nation ein und gaben der rückständigen sächsischen Wirtschaft einen starken Modernisierungsimpuls. In dem an der östlichen Peripherie der Monarchie liegenden Fürstentum gab es keine Industrie, die einstigen regen Wirtschaftsbeziehungen zum Balkan, zur Moldau und zur Walachei waren durch die österreichischen Zollregelungen abgebrochen worden, und die Agrarentwicklung war auf dem Niveau des 17. Jahrhunderts stehengeblieben.

Nach einer anonymen Beschreibung Siebenbürgens aus dem Jahre 1768 waren die Landler »ein Volk, welches zum Feldbau und mühsamer Arbeit nicht besser zu wünschen ist. Der größte Theil dieser Transmigranten ist dem Beruf entgegen in die Städte verdrungen worden, wo ein großer Theil davon verarmt, theils verstorben, theils sich außer Land verschlichen hat. Nur ein mäßiger Theil ist zum Feldbau angesiedelt worden und pfleget der Landwürtschaft also gut, daß ganz Siebenbürgen das Muster nehmen kann.«[110] Sie waren die einzigen in Siebenbürgen, die eine rationelle Viehzucht nach deutscher Art mit Stallfütterung betrieben.

Reisemodalitäten

Der Bauer Adam Baumann aus Schlierstadt im Mainzischen entschloß sich, wahrscheinlich bereits 1723, nach Ungarn auszuwandern, denn im Frühjahr 1724 verkaufte er Haus und Hof. Von den 328 Gulden Einnahmen mußte er 100 Gulden für das Gotteshaus Zimmern abzahlen, siebzehn Gulden rückständige Steuern an die Herrschaft entrichten und seine Schulden begleichen. Er ließ Reisedokumente, Geburtsurkunde und Taufschein ausstellen und kaufte für die Reise Frucht und Proviant ein. Von den Einnahmen verblieben ihm somit nur noch 48 Gulden, wovon er die üblichen zehn Prozent Nachsteuer zu entrichten hatte, bevor er mit seiner Familie auswandern konnte.[111]

Zu den Vorbereitungen der Auswanderung gehörten die Einholung der Auswanderungsgenehmigung und die Abzahlung der Wegzugs- und Vermögenssteuer. Der Wegzug einer Person setzte voraus, daß sie frei war oder von der Leibeigenschaft entlassen wurde. Einem Freien, das heißt einem Bürger eines leibfreien Ortes, konnte der Wegzug nicht verwehrt werden. Er bekam ohne weiteres ein Attest seiner Leibfreiheit. Ein Leibeigener mußte sich dagegen von der Herrschaft loskaufen. Ihr war die Entscheidung, ob sie die gewünschte Genehmigung erteilte oder nicht, vorbehalten. Eine Ausnahme bildete Württemberg, wo – einzigartig unter den deutschen Territorialstaaten – die im Tübinger Vertrag verfassungsmäßig verankerte Freiheit des Wegzugs seit 1514 selbst für Leibeigene bestand. Stand die Entlassung im Belieben des Grundherrn, so konnte er auch die Höhe der Entlassungsgebühr bestimmen.

Die Manumissionsgebühr war entweder eine feste Kopfgebühr, oder sie wurde von der Zahl der Familienmitglieder und vom Vermögen des Auswanderers abhängig gemacht. Dem mittellosen Untertanen wurde die Entlassung gebührenfrei erteilt, wenn er Schulden hatte und nicht bezahlen konnte, wurde sein Gläubiger vorgeladen und befragt, ob er den Schuldner entlasse. Eine Vermögenssteuer mußten sowohl die Leibeigenen als auch die Leibfreien beim Wegzug in ein anderes Herrschaftsgebiet zahlen. Der Abzug betrug gewöhnlich zehn Prozent des Vermögens. Welches Vermögen aber der Abzugsberechnung zugrunde gelegt wurde, ob zum Beispiel nur liegendes Vermögen oder auch die Fahrnis einzubeziehen war, ob das Vermögen nach Schätzwert oder nach dem erzielten Erlös abzugeben war, wurde von Herrschaft zu Herrschaft unterschiedlich geregelt. Befreit waren von der Vermögenssteuer je nach örtlicher Gewohnheit Geistliche, Kirchendiener, Professoren und Leute im kaiserlichen Heeresdienst.

Erst nach Aushändigung der Entlassungsurkunde konnte die Reise angetreten werden. Die Auswanderung war in den allermeisten Fällen ein Abschied für immer, deshalb mußte der Schritt reiflich überlegt und gewissenhaft vorbereitet werden. Die dreißig bayrischen Familien, die 1689 auf das Pécsvárader Gut des Abtes Jany ziehen wollten, forderten vom Grundherrn Mautfreiheit für ihre Habseligkeiten und Tiere, darunter auch Pferde, und für das Holz und die Bretter, die sie als Baumaterial nach Ungarn mitnehmen wollten. Janys Werbebeauftragter Rehling berichtete im März, daß die Auswanderungswilligen ihre Häuser und Grundstücke verkauft und ein Floß auf der Donau hätten bauen lassen, mit dem sie nach Ungarn schiffen wollten. Nach Zusicherung der Mautfreiheit beauftragte Rehling, da er den Kolonistentransport nicht selbst begleiten konnte, einen der Auswanderer, den Schulmeister Abraham Schmidt, mit der Leitung der Gruppe.

Die Reisemodalitäten in Richtung Südosteuropa haben sich in der Zeit zwischen dem 17. und dem 19. Jahrhundert kaum verändert. Der dominierende Verkehrsweg zwischen den deutschen Territorialstaaten und Ungarn war während der ganzen Zeit die Donau. Im 17. Jahrhundert spielte sie beim Transport der christlichen Truppen ins Kriegsgebiet im Südosten, seit dem 18. Jahrhundert beim Transport von Waren, Passagieren und Auswanderern eine wichtige Rolle.

Der Reiseweg der Kolonisten zerfiel in zwei Etappen. Die erste, vom Wohnort bis nach Wien, war die eigene Angelegenheit der Kolonisten, die zweite, von Wien bis zum Ansiedlungsort, wurde bis Anfang des 19. Jahrhunderts von den österreichischen und ungarischen Behörden beziehungsweise Grundherren finanziert und kontrolliert. Den ersten Teil der Reise von ihrem Heimatort bis zum nächstliegenden Donauhafen mußten die Kolonisten auf dem Landweg zurücklegen. Die Auswanderer gingen meistens zu Fuß oder fuhren auf gemieteten Wagen zur Donau. Die Familie Huber aus Schutterwald hatte 1712 für den Transport ihres 250 Kilogramm schweren Hausrats bis Ulm drei Gulden je Zentner mit dem Fuhrmann vereinbart und bezahlte also für den 230 Kilometer langen Weg fünfzehn Gulden Fuhrgeld.[112]

Im Südwesten war der größte Donauhafen und Einschiffungsplatz Ulm, das vor allem von den Auswanderern aus Vorderösterreich, Baden, Württemberg und dem Elsaß als Ausgangspunkt der Reise gewählt wurde. Die Schiffe verkehrten von Ulm nach Wien bereits seit 1712 nach einem festen Fahrplan, wöchentlich einmal. Ulm, am Schnittpunkt wichtiger Handelsstraßen und am Ausgangspunkt der Donauschiffahrt gelegen, hatte bereits im 14. Jahrhundert weiträumige Handelsbeziehungen mit den Donauländern. Zur Zeit der Türkenkriege war die Stadt 1664, 1683 und 1684 Musterungsplatz der Truppen des Schwäbischen Reichskreises, die hier auf der Donau zum Einsatz in Ungarn verschifft wurden. Der Beginn der massenhaften Auswanderung nach dem habsburgischen Südosten um 1712 bedeutete für die finanziell geschwächte Reichsstadt Ulm eine neue Möglichkeit, ihre zerrüttete Wirtschaftslage zu stabilisieren. Die Ulmer, die die wirtschaftliche Bedeutung der Durchwanderer für ihre Stadt frühzeitig erkannten, nahmen den Wettlauf mit Regensburg, seit 1696 der größte Sammelplatz für die ost- und südosteuropäische Auswanderung, erfolgreich auf und beherrschten bald die Schiffahrt auf der ganzen Oberen Donau bis Wien. Ulm stellte sich ganz auf die Auswanderer ein, und seine Bürger zeigten ihnen gegenüber große Hilfsbereitschaft. In den Tauf- und Eheregistern der Ulmer Kirchenbücher sind in vielen Fällen Ulmer Bürger als Taufpaten oder Zeugen aufgeführt, die den Auswanderern nach Südosteuropa auf der Reise beistanden.

Der Schiffahrtsweg war bis zur zweiten Hälfte des 19. Jahrhunderts schlecht ausgebaut. Der Fluß hatte an vielen Stellen Stromschnellen und mitten im Fahrwasser Felsen, die gefährliche Wirbel verursachten. Der ungleiche Wasserstand und die Sandbänke waren für tiefgehende Schiffe unüberwindliche Hindernisse. Man mußte sich deshalb auf der Strecke von Ulm bis Wien mit flachen Booten, den Ulmer Zillen oder Plätten, beziehungsweise von Regensburg an mit den Kehlheimern begnügen.

Die Auswanderer hatten die Wahl zwischen mehreren Möglichkeiten, den etwa 78 Meilen langen Weg von Ulm nach Wien zurückzulegen. Die fahrplanmäßigen Passagierschiffe, die Ordinaris, waren wie die anderen Donauschiffe Ruderschiffe für bis zu 400 Personen. Sie erreichten eine Geschwindigkeit von etwa sieben bis acht Kilometern in der Stunde.[113] Auch die Hohenaus, die größten Donaufrachtschiffe, nahmen oft Passagiere gegen geringe Bezahlung auf. Die vielleicht billigste Möglichkeit boten die von den Ulmern eigens für die Massenauswanderungen im Frühjahr und Sommer gebauten Schiffe, die sogenannten Schwabenzillen und Plätten für zwanzig, achtzig oder 150 Passagiere. Für die Reise mit diesen Booten zahlte man üblicherweise einen Kreuzer pro Meile und Kopf. Die Zillen waren leicht gebaute, floßartig flache Fahrzeuge und nur für die Talfahrt bestimmt. Aufgrund der leichten und behelfsmäßigen Bauart waren die Passagiere vor allem auf der Oberen Donau stets in Lebensgefahr. Die Zillen waren rohgezimmert und nicht geteert, so konnte man sie in Wien, in Pest oder in einem der ungarischen Häfen auseinandernehmen und die Holzstämme und Bretter als Brennholz oder in der Batschka und im Banat als Baumaterial für die Kolonistenhäuser verkaufen.[114]

In der Mitte trugen die Donauschiffe eine zehn Fuß hohe hölzerne Hütte, die in zwei Kammern geteilt war. Ernst Moritz Arndt, der 1789 mit einem Kehlheimer von Regensburg nach Wien fuhr, schrieb: »Die Menschen haben zwey Abtheilungen: die am hintern Ende, das eben so gut, als das vordere ist, sitzen, zahlen bis Wien zwey, die andern vier bis fünf Gulden. Da sitzt und liegt und steht alles über und unter einander ... zum Glück hat man das Verdeck, wenn es nicht regnet; sonst würden Hitze und Ausdünstungen es ganz unausstehlich machen.«[115] Der Schriftsteller Karl Julius Weber berichtete von seiner Donaufahrt: »In einer solchen Donauarche finden sich, neben einigen Gebildeten, Soldaten und Rekruten, Auswanderer und Krämer, Musikanten und Spaßmacher, Handwerksburschen, Weiber mit kleinen Kindern und Dienstmädchen; die Handwerksburschen rudern, die Kinder lösen die Musikanten mit Musik ab, die Mädchen waschen, kochen oder wissen sich sonst beliebt zu machen.«[116]

Für die Schiffsreise nahmen die Passagiere, die sich keine Übernachtung in Wirtshäusern leisten konnten, ihre eigenen Strohmatrazen, Haushaltsgeräte und Proviant mit. Die Kolonisten führten außerdem die allernötigsten Sachen mit wie Haus- und Ackergeräte, Kleider und Bettzeug, sogar Haustiere. Der Gerichtsmann Hans Adam Reuther aus Kirchart in der Kurpfalz wanderte mit seiner Familie 1723 nach Ungarn aus. Die Familie verkaufte Haus und Hof und behielt nur drei alte Betten, zwei Truhen, eine Bettlade, einen Tisch, einen Backtrog, einen Lehnstuhl, fünf Tischtücher, vier Leintücher, 120 Ellen Tuch, zwei Kandeln, einen Kessel, drei Pfannen, des weiteren Fässer, Sensen, Sägen, Äxte und anderes Kleingerät, das sie in die neue Heimat mitnahm.[117]

Die Auswanderer konnten in mehreren Donauhäfen zusteigen. Viele kamen aus der Pfalz und aus Hessen auf dem Landweg über Würzburg und Nürnberg nach Regensburg, andere aus dem Südwesten konnten schon seit 1712 von Ulm, seit 1750 von Donauwörth und seit 1769 auch von Günzburg aus mit den regelmäßig verkehrenden Schiffen fahren. Sammel- und Einschiffungsplätze in der karolinischen und theresianischen staatlichen Kolonisation waren Ehingen, Wiblingen, Lauingen, Marxheim und Günzburg. Bei gutem Wetter brauchten die Schiffe sechs bis neun Tage bis Wien, denn in der Nacht wurde selten gefahren. Bei schlechtem Wetter, wenn Wind und Nebel die Fahrt behinderten, dauerte die Reise zwölf bis vierzehn Tage. Die meisten Auswanderer wählten zur Abfahrt die Monate Mai und Juni, wo es weder zu heiß noch zu kalt und die Witterung beständig war. In den Hochzeiten der Auswanderung nach dem Südosten mußten die Auswanderer oft tagelang auf ein Schiff warten. Karl Julius Reichard, der im Mai 1724 ins Banat fuhr, schrieb: »Zu Marxheim ... haben wir acht ganze Tage warten müssen, wegen der unbeschreiblichen Menge Leute, die dorten liegen. Wie eine kleine Armee, obgleich täglich davon abgegangen, so hat man es doch wenig gespürt, als wenn ein Tropfen Wasser aus dem Fluß genommen wird.«[118]

Die Einschiffung der für die Kammer- und Krondomänen angemeldeten Kolonisten erfolgte im Beisein der österreichischen Kommissare, die die Kolonistenpässe verteilten beziehungsweise unterschrieben, damit die Kolonisten bei Engelhartzell in die kaiserlichen Staaten einwandern durften. Die Kommissare stellten vor der Abreise die Schiffslisten zusammen und versahen die Notdürftigen mit einem Reisekostenvorschuß. Nach der Zollrevision passierte man in zwei Tagen die gefährlichste Strecke der Donaufahrt, die Düppsteiner Klippen. Ein großer Felsen inmitten der Donau verursachte dort den von Passagieren und Schiffsleuten gleichermaßen gefürchteten Wirbel. In einem weiteren Tag erreichte man Wien. Die Schiffe fuhren bei der Mautstation Nußdorf in den Donaukanal und landeten in der Rossau, in einem Vorort Wiens. Die Kolonisten sollten sich hier oder in der Leopoldstadt, in der Nähe des Donauhafens aufhalten, um Informationen über die Weiterfahrt rechtzeitig zu bekommen. Da sich die Auswanderer in Wien selbst verpflegen mußten und viele kein Geld mehr hatten, konnten es sich nur wenige leisten, in einem der Wirtshäuser die Abfahrt der Schiffe abzuwarten. Die meisten hausten unter freiem Himmel, was vor allem bei schlechtem Wetter leicht zu Erkrankungen oder gar zum Tod führte.

In Wien mußten sich die Siedler für die Batschka und das Banat bei der Hofkammer melden. Jene, die zu Bekannten oder Verwandten in Ungarn ziehen wollten, mußten sich an die Ungarische Hofkammer in Preßburg wenden. Den Kolonisten, die die Behörden registriert hatten, wurde der Paß abgenommen und ein neuer Ansiedlungspaß mit dem Bestimmungsort ausgestellt. Wenn die Stunde der Abfahrt gekommen war und die Kolonisten bereits auf dem Schiff versammelt waren, erschien der Speditionsleiter der Hofkammer mit dem Reisegeld für die nächste Etappe der Reise bis nach Ofen. Die letzte Rate des Reisegeldes erhielten die Kolonisten bei der Ankunft in ihrem Bestimmungsort.

Während der karolinischen Kolonisation gab es ein einheitliches Speditionswesen, indem Transport und Verpflegung auf staatliche Kosten erfolgten. In der ersten Hälfte der theresianischen Kolonisation bis 1766 herrschte dagegen ein vollkommenes Durch-

Ansicht von Ofen und Pest stromaufwärts, farbige Lithographie von Carl Graf Vasquez, 1838. Der 1847 aus Ofterdingen ausgewanderte Johann Georg Haldenwang schrieb in seinen Lebenserinnerungen: »Bald war nun Pest erreicht. Als wir angelegt hatten, trat ein Mann an uns heran und fragte: woher wir seien und wohin wir wollten? ›Wir sind württembergische Auswanderer auf dem Wege nach Siebenbürgen.‹ Der Mann zeigte sich sehr freundlich und sagte: er sei zwar auch nicht im Lande geboren, doch kenne er die Verhältnisse genau und wolle uns an die Hand gehen.«

einander im Speditionsverfahren und in der Gewährung der Reisegeldvergünstigungen. Seit 1764 erhielten dann die Kolonisten allgemein Reisegelder, mit denen sie ihre Reise- und Verpflegungskosten von Wien bis zu ihrem Bestimmungsort bestreiten mußten. Damit blieben die Aufwendungen der Habsburgermonarchie an Reisegeld weit unter dem Niveau der anderen Staaten, die die Auswanderer ganz auf Staatskosten und mit freier Verpflegung vom Heimatort bis zum Bestimmungsort transportierten.

Das Speditionssystem wurde unter Joseph II. neu geordnet und vereinheitlicht. Die Kolonisten wurden von Wien bis zum Ort ihrer Ansiedlung kostenlos transportiert und verpflegt. Von 1784 an sollten nur noch Kolonisten angenommen werden, die mit ordentlichen Pässen in Wien eintrafen. Sie erhielten zwei Gulden Reisegeld pro Kopf. Ging die Reise durch Pest, so erhielt dort jeder Ansiedler einen weiteren Gulden und abermals einen Gulden am Bestimmungsort. In einer weiteren Ergänzung der kaiserlichen Vorschrift vom Jahre 1785 wurden die Kolonisten verpflichtet, sich vor der Abreise bei einem der drei Ansiedlungskommissare im Reich anzumelden, die Kolonistenpässe ausstellten und Termin und Reiseroute der Ungarnwanderer bestimmten.

Den letzten Teil der Reise bis zum Ansiedlungsort legten die Einwanderer so weit wie möglich auf dem Wasser zurück. Die Sathmarer Kolonisten wurden bis Pest auf der Donau transportiert, von dort mußten sie den 300 Kilometer langen Weg auf Fuhrwerken zurücklegen. Die Siedler, die in die Schwäbische Türkei wollten, konnten bis zu den Donauhäfen Dunaföldvár, Tolna und Mohács auf der Donau fahren. Wenn sie in Begleitung eines vom Grundherrn ausgesandten Werbers kamen oder von einem der herrschaftlichen Verwalter zum Ansiedlungsort begleitet wurden, mußte dieser sich um Transport und Verpflegung der Kolonisten kümmern, wobei sämtliche Reisekosten nach den steuerfreien Jahren an die Herrschaft zurückzuzahlen waren. Ein Beitrag zu den Reisekosten wurde den Kolonisten von den Privatherren nur selten gewährt. Um die Schwierigkeiten und Gefahren der langen Reise in ein unbekanntes Land zu verringern, bildeten die Auswanderer oft Gruppen. Aus Schönaich im württembergischen Oberamt Böblingen emigrierten 35 Personen am 20. Mai 1790, am 4. Juni 1791 weitere fünfzig Personen gemeinsam nach Ungarn, von denen die meisten in Franzfeld im Banat angesiedelt wurden. Aus Holzgerlingen wanderten am 21. Mai 1791 zwanzig Personen aus, die alle in Pantschowa angesiedelt wurden.[119]

Die Reise in die Ferne war voller Gefahren und Schwierigkeiten. Viele scheiterten bereits hier, mußten aufgeben und zurückkehren. Weil in der Regel jede Reiseerfahrung fehlte, waren die Planungen meist unzureichend und schlecht. Bis ins 19. Jahrhundert reiste man wenig, weil das Reisen kostspielig und umständlich war. Daß die Auswanderungslust im 18. Jahrhundert dennoch gerade bei den Bauern so verbreitet war, hing wahrscheinlich gerade mit ihrer bekannten Immobilität, der fehlenden Erfahrung bei der Einschätzung von Entfernungen, während der Reise auftretender Gefahren und anderem mehr zusammen.

Die Ungarnwanderer und ihre Motive

Die Auswanderung konnte durch religiöse, politische, soziale oder wirtschaftliche Not beziehungsweise durch Zwang erfolgen. Die wichtigste Ursache für die neuzeitliche Auswanderung war ohne Zweifel die wirtschaftliche Not beziehungsweise das Streben nach einem sicheren und höheren Einkommen. In einer Eingabe an die Ämter Aschach und Trimberg vom Dezember 1739 erklärten die Auswanderungswilligen: »Es ist unser Bitt, daß man uns auf einen guten Flecken setzen tuet und wollen uns als getreue und fleißige Untertanen aufführen, wie es einem Bauern zuständig ist; denn unser Ziegen besteht nicht darinnen, daß wir aus unserem Land ziehen, als wann wir lose und verdächtige Leut seien, sondern unsere Nahrung für Weib und Kinder besser zu suchen, weilen das Frankenland voller Menschen stecket und mit Contribution hart mitgenommen wird.«[120] Auch die Auswanderer aus dem württembergischen Oberamt Böblingen vom Frühling 1804 gaben in siebzehn Fällen auf die Frage nach dem Grund der Auswanderung die »Hoffnung auf ein besseres Glück«, in zwölf Fällen den »Mangel an Nahrung« und in neun Fällen die Verbindung mit bereits ausgewanderten Verwandten an.[121]

Die Bevölkerungszahl im alten Reich hatte beim Beginn der Auswanderung nach dem habsburgischen Südosten in den neunziger Jahren des 17. Jahrhunderts, eine Generation nach dem Ende des Dreißigjährigen Krieges, noch keineswegs den Vorkriegsstand erreicht. Einige deutsche Gebiete wie Fulda, Hessen-Darmstadt, Kurmainz, Vorderösterreich und die Pfalz waren dennoch bereits an der Auswanderung nach Ungarn stark beteiligt. Der Grund dafür war ein Bündel von Ursachen, vorwiegend Veränderungen der politischen und ökonomischen Verhältnisse. So erhöhten die Folgen der europäischen Erbfolgekriege (1688–1699, 1701–1714 und 1740–1748) die Migrationsbereitschaft in ganz West- und Südwestdeutschland. Die ökonomische Not infolge von Wetterkatastrophen, Mißernten, Teuerungen und Hungersnöten – wie die Hungerkrise zwischen Bodensee und Schwäbischer Alb im Jahre 1712 – lösten Auswanderungswellen aus.

Oft waren es regional oder sogar örtlich begrenzte Ereignisse, die zur Auswanderung führten. In Hessen-Darmstadt, das bereits an der Frühphase der Auswanderung in die südtransdanubischen Komitate beteiligt war, löste die Erbitterung der Bauern über die verheerenden Folgen der zwischen 1708 und 1718 am Hof blühenden Parforce-Jagd eine Wanderbewegung aus. Das Ministerium des Fürsten Ernst Ludwig berichtete über die Auswanderungsgründe: »... wären die Jagden soviel, so Sommer und Winter währeten und dazu die Unterthanen dienen und oftmahls vier und mehr Tage von zu Hause sein müßten. Würden dazu von den Förstern nicht nur mit Worten, sondern auch mit Schlägen unbarmherzig tracktieret und dazu mit Geld und Gefängnis härtiglich bestrafet ... Wäre der Wildpretschaden an vielen Orten dargestalt groß, daß viele Unterthanen nicht den Säsamen wieder zu erwarten hätten und doch sollten sie die viele und schwere Lasten tragen und abstatten und würden durch harte verderbliche Executionen angehalten, ja es wäre nicht einmal erlaubet blind zu schießen oder das Wildpret abzuhetzen und müßten also mit thränenden Augen dasjenige von dem unvernünftigen Vieh verderben und verzehren sehen, wovon sie sich und die Ihrigen des Hungers erwehren und noch dazu die herrschaftlichen Lasten abtragen sollten.«[122]

Im Stift Fulda führte die antikameralistische Bevölkerungspolitik, die sich in der rigorosen Heiratsbeschränkung sowohl auf dem Lande als auch in der Stadt äußerte, zur massenhaften Auswanderung nach Ungarn. Im Jahre 1715 verbot der Fürstabt den Pfarrern bei Fehlen einer amtlichen Heiratserlaubnis die Durchführung der Trauung. Die sich ursprünglich gegen Vagabunden und Bettler richtende Maßnahme wurde auf alle erweitert, als sich im Stift Fulda bei noch durchaus arbeitsfähigen Eltern die Tendenz durchsetzte, sich auf das Altenteil zurückzuziehen, was aus der Sicht der Regierung den übergebenen Hof auf lange Zeit belastete. Deshalb wurde für künftige Ehepaare der Nachweis eines Mindestvermögens von 300 rheinischen Gulden in den Städten, 200 auf dem Land vorgeschrieben, also ein ausreichendes Startkapital für den eigenen Haushalt. Viele, die das Geld nicht aufbringen konnten, wanderten legal oder illegal aus.[123]

In der kurpfälzischen Residenzstadt Schwetzingen erreichte die Auswanderung zwischen 1782 und 1785 ihren Höhepunkt, als Schwetzingen nach dem Umzug des Hofstaates des Kurfürsten Carl Theodor nach München im Jahre 1778 in die Bedeutungslosigkeit eines Provinzfleckens zurücksank. Viele, die am und für den Hof tätig waren, wurden nun arbeitslos und sahen einen Ausweg aus der trostlosen Lage in der Auswanderung nach Galizien und Ungarn, für die gerade die kaiserlichen Kommissare auch in der Kurpfalz warben. Damals wanderten 209 Personen nach Südosteuropa aus.[124]

Seit der zweiten Hälfte des 18. Jahrhunderts gehörte auch die Übervölkerung unter anderem in der Pfalz und in Württemberg zu den Gründen der Auswanderung. In Württemberg war die Landwirtschaft durch einseitigen Getreideanbau charakterisiert. Das brachte Württemberg den Vorteil, mehr Menschen auf geringer Fläche ernähren zu können. Auf der anderen Seite wurde gerade dadurch die wirtschaftliche Existenz der Bauern unsicherer. Mißernten verursachten Hungersnöte, bewirkten die Steigerungen der Lebensmittelpreise und verstärkten gleichzeitig die Arbeitslosigkeit. Neben der »Vergetreidung« bedeutete die in ganz Altwürttemberg vorherrschende Realteilung, gegen welche auch die Verbote von Lehenteilungen machtlos blieben, einen zweiten schwachen Punkt in Württembergs Wirtschaft. Etwa siebzig Prozent der Böden befanden sich in bäuerlicher Hand, doch die Bodenzersplitterung wuchs mit der Bevölkerungsdichte. Der Zeitgenosse Cella schrieb: »Freilich nimmt durch unbegrenzte Zertrümmerung der Grundstücke der Bevölkerung zu, weil jeder Laffe, dem kaum der Bart keimt, auf seinem spannenlangen Weinberg oder Acker darauf los heiratet, sich ein Hüttchen hinbaut, und auf gut Glück Kinder in die Welt setzt.«[125] Die Folgen davon waren im Vergleich mit den Anerbengebieten größere Heiratshäufigkeit, niedriges Heiratsalter, durchschnittlich höhere Kinderzahl und schnelleres Bevölkerungswachstum.

Der letztentscheidende Grund für die Teilnahme der west- und süddeutschen Gebiete an der massenhaften Auswanderung nach Südosteuropa war neben der Bereitschaft zur Auswanderung die Tatsache, daß die Kolonisatoren die Werbung gerade in den Gebieten starteten, die bis 1805 zum habsburgischen Vorderösterreich gehörten, wie zum Beispiel der Breisgau, die Grafschaften Hauenstein, Hohenberg, Sigmaringen, Tettnang, die Landvogtei Schwaben, oder enge Verbündete der Habsburger waren wie unter anderem Hessen-Darmstadt, wo man kaum mit der Behinderung der Auswanderung rechnen mußte. Die ausgedehnten vorderösterreichischen Güter wurden in die Auswanderungsbewegung nicht nur eingespannt, die Auswanderung aus diesen Gebieten strahlte auch auf die Nachbargebiete aus. Selbst die durch die Ortschaften bis zum nächstliegenden Donauhafen ziehenden Auswanderergruppen übten Einfluß aus. Als die Auswanderer aus dem württembergischen Schönaich 1790 durch den Nachbarort Steinenbronn zogen, ergriff das Auswanderungsfieber auch das Nachbardorf. Der Pfarrer und der Schultheiß berichteten dem Stuttgarter Oberamt: »Seitdem ... in abgewichenem Jahr aus dem benachbarten Böblingischen Amtsort Schönaich eine beträchtliche Anzahl von Emigranten durch den hiesigen Ort weggezogen sind, scheint sich diese Sucht auch einigen hiesigen Bürgern mitgeteilt zu haben.«[126]

Es bildeten sich entsprechend der unterschiedlichen Form der Kolonisation Abweichungen auch in der Werbung heraus. Die staatliche Kolonisation hatte während des ganzen 18. Jahrhunderts die größten finanziellen Mittel und Möglichkeiten zur Kolonistenwerbung. In der karolinischen Zeit war man vor allem in und um Vorderösterreich tätig. Neben den Mitteln der staatlichen Autorität, die Ansiedlungspatente von den Kanzeln verlesen zu lassen, nutzte man vielfach die Möglichkeit, Agenten auszusenden, die die Kolonisationsbedingungen mündlich oder durch Werbezettel bekannt machten. Mit der Werbung um Kolonisten aus nichtösterreichischen Gebieten wie aus Hessen und der Pfalz ins Banat wurde der Kameralbeamte Franz Albert Kraussen beauftragt, der zusammen mit Johann Franz Falck ein Werbe- und Intradierungsbüro in Worms und ein Büro in Regensburg einrichtete.

Mit der Systematisierung der Bevölkerungspolitik und der Kräftigung der Gesamtstaatsidee unter Maria Theresia verlagerte sich der Schwerpunkt der Werbung aus Vorderösterreich auf die westlichen und nordwestlichen Gebiete des Reiches. An drei Punkten im Reich, in Frankfurt am Main, in Koblenz und in Rottenburg am Neckar, wirkten Amtsstellen der Monarchie, die mit der Anwerbung, Belehrung und Abfertigung der Kolonisten beauftragt waren. Frankfurt war hauptsächlich für die kurpfälzischen, hessischen, nassauischen und saarländischen Auswanderer, Koblenz für die rhein- und moselländischen Kolonisten und Rottenburg für die Auswanderer aus dem Elsaß, aus Lothringen, Baden und Württemberg zuständig.

Joseph II. setzte das Werbungssystem seiner Mutter fort, ließ allerdings die Aufklärungsarbeit durch Werbeagenten intensivieren. Man berichtete in den Zeitungen über die Bedingungen der Auswanderung, schickte Auswanderungsagenten, in der Regel Offiziere, in die Dörfer, die Auswanderungswillige belehrten. Die Werbung verlagerte sich jetzt auf die oberrheinischen Gebiete. Nach Ansicht des Kaisers, der bestrebt war, die noch in ausreichendem Ausmaß vorhandenen, zum Teil jedoch nur extensiv bewirtschafteten Bodenflächen für eine höhere Produktion zu erschließen, erfüllten die dortigen Bauern am ehesten die Voraussetzungen.

Die Kameralansiedlung brachte ein bescheidenes Werbungssystem hervor. Den Zielen der Kameralansiedlung entsprechend warb man im allgemeinen um wenige, aber um so vermögendere Kolonisten, um einerseits gute Landwirte ins Land zu bringen und andererseits die Kosten der Kammer niedrig zu halten. Als Werber wurden in der ersten Hälfte des 18. Jahrhunderts bereits an den Kameralbesitzen angesiedelte deutsche Bauern ausgeschickt, die die deutschen Verhältnisse noch kannten und auch persönliche Beziehungen zu ihren Heimatorten pflegten. Auch diejenigen, die aus irgendeinem Grund noch einmal in die alte Heimat rückkehren mußten, wurden beauftragt, unterwegs um Kolonisten zu werben. Die 4000 Gulden, die nach Grassalkovichs Angabe für die gesamte ältere Kameralansiedlung ausgegeben wurden, waren ausschließlich für die Werbungskosten aufgewendet worden. Die Kolonisten, von denen man ein Mindestvermögen von 500 Gulden verlangte, finanzierten selbst ihre Reise und Ansiedlung. Als die Einwanderung seit der Mitte des 18. Jahrhunderts in Gang gekommen war, verzichtete man sogar auf die Werbung und begnügte sich mit der spontanen Einwanderung. Eine wichtige Rolle spielte dabei die Korrespondenz zwischen den Ausgewanderten und den Daheimgebliebenen.

Die Methoden der staatlichen Kolonistenwerbung der Habsburgermonarchie waren im europäischen Vergleich äußerst bescheiden. Die von den anderen Staaten bevorzugten Werbungsformen, das Lokatoren- und das Entreprisesystem, wonach ein privater Unternehmer die Werbung und Ansiedlung übernahm, wurde in der Monarchie nur ansatzweise angewandt. Die Werbung erfolgte meist mit Hilfe von Agenten. Die Werbeagenten, die nach der Zahl der angeworbenen Personen und Familien bezahlt wurden, waren am Erfolg interessiert. Unter ihnen gab es Gelegenheitswerber, wie in die alte Heimat fahrende Bauern und Soldaten und eifrige Beamte im kaiserlichen Dienst; es gab von der Regierung beauftragte und bezahlte Agenten und schließlich gab es Vertrauensmänner im Reich, die die Konjuntur der Massenauswanderung für sich und für ihre Kommune auszunutzen wußten. Einer von ihnen war der Oberamtsrat und Rentmeister von Sartori in Günzburg. Als man in Günzburg die in den sechziger Jahren erneut einsetzende kaiserliche Kolonisation als eine Möglichkeit für die Entwicklung der Stadt erkannte, bemühte sich Sartori, Günzburgs Bedeutung als Einschiffungsplatz für die Auswanderer zu heben. Im Rheinland fand sich mit dem Freiherrn Franz Hauer von und zu Heimbach eine Vertrauensperson, die in der Hoffnung auf einen kaiserlichen Orden sogar das eigene Vermögen für die Kolonistenwerbung einsetzte.[127]

Auch die Privatherren arbeiteten mit einheimischen und ausländischen Agenten. Aus den Auswanderungsgebieten suchten Bauern und Beamte die Beziehung zu ungarischen Grundherren und boten sich förmlich an. 1712 stellte Graf Dőry Jakob Hueber und Jakob Kunz aus Schwaben, die ihn in Wien aufgesucht hatten, ein Zeugnis aus, daß sie als Untertanen in seine Herrschaft Tevel aufgenommen wurden, bei ihm in Wien

Kirchenkastell Trappold in Siebenbürgen zu Beginn des 20. Jahrhunderts.
Die Verbindung von Kirche und Verteidigung der Nationalität blieb auch nach den Türkenkriegen charakteristisch für die Siebenbürger Sachsen, die bis auf geringe Ausnahmen der lutherischen Kirche angehörten. Volkstum und Nationalität bildeten eine fast vollkommene Einheit. Vor allem nach dem österreichisch-ungarischen Ausgleich von 1867 hat das sächsische Volk in seinem nationalen Leben den stärksten Rückhalt in der Kirche gefunden.

gewesen sind und zurück ins Schwabenland reisen, um Kolonisten zu werben. Wahrscheinlich um diese Zeit nahm auch der Biberacher Amtmann Franz Felbinger Beziehung zu Dőry auf. Felbinger, der die Güter seiner Frau in Belgrad zurückbekommen wollte und dafür einflußreiche Unterstützung suchte, schloß mit Dőry einen Kontrakt ab, wonach er aus Schwaben mehrere hundert Kolonisten abzuschicken hatte. Graf Károlyi sandte 1720 zwei Werber, darunter einen seiner schwäbischen Kolonisten, Anton Elmajer aus Schinal, nach Schwaben. Nach ihrer Abrechnung durchreisten sie zahlreiche Ortschaften zwischen Ulm und Ravensburg und warben in den Wirtshäusern und vor den Kirchen um Kolonisten.

Sowohl die privaten als auch die staatlichen Werber täuschten ein idyllisches Bild von Ungarn und den dortigen Lebensbedingungen vor, das sich allenfalls für die nächste Generation nach der Urbarmachung der Felder bewahrheitete. Der kaiserliche Werbungskommissar Joseph Anton Vogl versprach in einem in Südwestdeutschland verbreiteten Werbezettel für das Banat, daß die Auswanderer im Banat »weder an frischem Wasser noch an Fruchtbarkeit der Erden im mündesten ermanglen« werden und daß sie soviel Land erhalten können, »als einer von den vermöglichsten Bauern in Deutschland schwerlich wird zu genießen haben«.[128] In seinem Ansiedlungspatent versprach auch der oberungarische Grundbesitzer Schönborn seinen auswanderungswilligen Untertanen aus Deutschland soviel Feld, »als ein Bauersmann nach fränkischem Landesgebrauch mit zwei Pferden oder zwei Paar Ochsen anzubauen und mit nötiger Arbeit zu bestreiten sich getrauet«.[129]

Die besseren Verhältnisse in der Ferne, schon allein die Hoffnung darauf, konnten zur Auswanderung führen. Als Ernst Moritz Arndt während seiner Reise nach Ungarn 1798 den Sohn einer auswandernden Schwabenfamilie befragte, wohin sie denn auswandern wollen, antwortete dieser: ins Paradies. Arndt schrieb: »Diese armen Schwaben gehen häufig als Kolonisten ins Banat, und träumen da goldne Berge.«[130]

In der Vorstellung der Deutschen war das Bild Ungarns äußerst vielversprechend. Das Land war durch seine Vieh-, Wein- und Metallexporte in ganz Europa schon seit dem Mittelalter wohlbekannt. Das an Risthöhe und Körpergewicht alle zeitgenössischen Rassen überragende weißgraue ungarische Rindvieh war auch auf den deutschen Märkten sehr gefragt. Seit dem 15. Jahrhundert waren Endpunkte des ungarischen Viehhandels in Deutschland Nürnberg, Frankfurt am Main, Köln und Straßburg. Seit dem Mittelalter gehörte Deutschland auch zu den Abnehmern von ungarischen Weinen, besonders gefragt waren die feinen Ausbruchsweine. Ebenfalls guten Absatz fanden auf den deutschen Märkten das ungarische Gold und Kupfer. Bis zum 19. Jahrhundert spielte vor allem das Kupfer aus Neusohl eine große Rolle, welches sich zwar für die Messingproduktion zumeist als ungeeignet erwies, doch in der Waffenindustrie vielfältig verwendet wurde. Dieses bis ins 18. Jahrhundert vorherrschende Bild eines an Natur- und Bodenschätzen reichen Landes verstärkten auch die Werber. Das bezeugt unter anderem ein aus dem 18. Jahrhundert stammendes schwäbisches Auswandererlied:

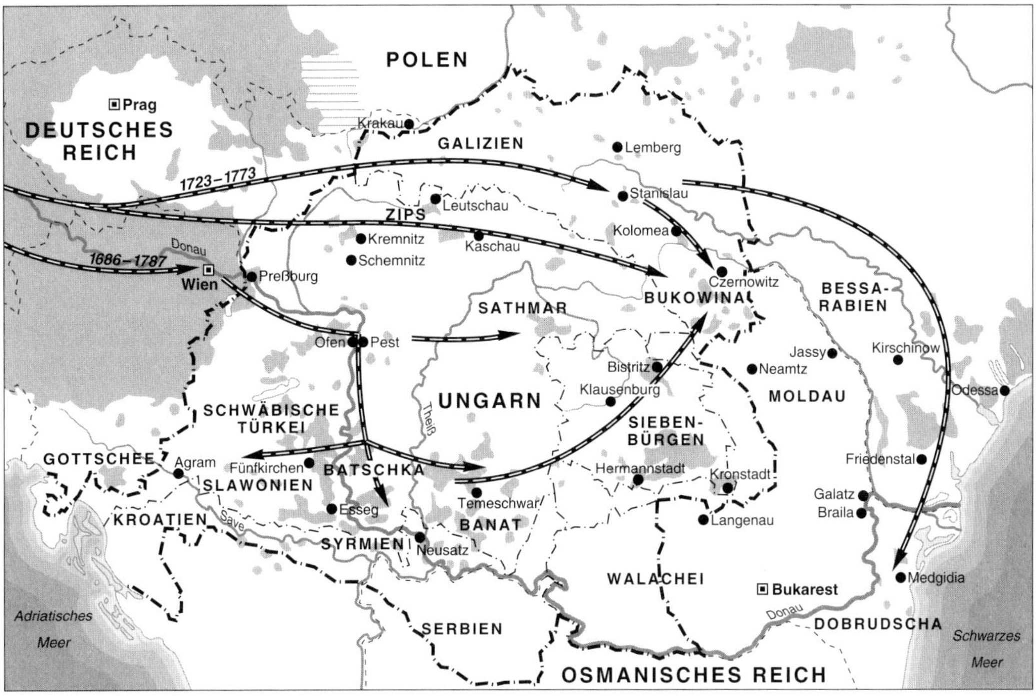

Deutsche Siedlungszüge in den Südosten.

»Das Ungarland ist's reichste Land,
Dort wächst viel Wein und Treid,
So hat's in Günzburg man verkünd't,
Die Schiff' stehn schon bereit,
Dort geits viel Vieh und Fisch und G'flüg,
Und taglang ist die Weid',
Wer jetzo zieht ins Ungarland,
Dem blüht die gold'ne Zeit.«[131]

War das Bild von Ungarn bis ins 16. Jahrhundert ausschließlich durch seine fruchtbaren Böden, edlen Weine und gold- und fischreichen Flüsse gekennzeichnet, so entstand nach der türkischen Besetzung des Landes das Bild der leidenden und heroisch kämpfenden Ungarn. Die auch Westeuropa drohenden Türkeneinfälle durchbrachen mit einem Male die Enge des europäischen Bewußtseins, und die Kämpfe der Ungarn gegen die Türken drangen tief in den Alltag der Menschen auch in Deutschland ein.[132] Zahlreiche Flugschriften und Zeitungsblätter berichteten über die Not und die Kämpfe Ungarns.

Die deutschen Stände hatten sich auf dem Reichstag zu Speyer bereiterklärt, beim Feldzug gegen die Türken finanzielle Hilfe zu gewähren. Um diese Zusage zu erfüllen, schrieb man vielerorts eine zusätzliche Steuer, die sogenannte Türkensteuer aus, die im wesentlichen eine Vermögensabgabe von etwa einem halben Prozent vorsah. Im 17. Jahrhundert wurden auch immer mehr Truppen aus Baden, Schwaben, Bayern und Brandenburg ins Kriegsgebiet geschickt. In den Kirchen betete man nicht nur für die im Türkenkrieg gefallenen Familienväter, sondern auch für das Land Ungarn, die Vormauer der Christenheit. Herzog Christoph von Württemberg hatte bereits im Jahre 1566 wegen der Bedrohung durch die Türken verordnet, »daß von allen Kanzeln die obschwebende Gefahr den Zuhörern beweglich vorgestellt, ein gewisses Gebet in den öffentlichen Gottesdiensten und von männiglich privatim gebetet, auch täglich um 12 Uhr eine besondere Glocke, die Türkenglocke geläutet werden solle, eine halbe Viertelstunde lang«.[133]

Nach den Türkenkriegen ging von Ungarn, »von diesem schönen, vom Himmel reichlich gesegneten, von Menschen reichlich zerstörten und niedergetretenen Land«, eine große Aufbruchsstimmung und Anziehungskraft aus. Doch der Neubeginn in den fast verwüsteten Gebieten war selbst für die Ungarn schwierig; für die Fremden, die sich weder über die tatsächlichen Verhältnisse informiert noch an die dortigen Klima- und Lebensbedingungen gewohnt waren, fiel die Anpassung noch schwerer. Bittere Briefe wurden als Warnung in die alte Heimat geschrieben. Maria Katharina Mertz, die mit ihrem Mann und fünf Kindern am 21. Mai 1791 ins Banat auswanderte, schrieb nach dem Tod ihres Mannes am 16. Oktober 1793 über ihr großes Elend und warnte ihre Verwandten in Holzgerlingen vor der Auswanderung mit den Worten: »... bleibe im Land und nähre dich redlich.«[134] Für manche waren die Lebensbedingungen so unerträglich, daß sie bereits innerhalb eines Jahres in die alte Heimat zurückkehrten. Der

Hauptgrund der Rückwanderung war in den meisten Fällen der Tod des Familienvaters oder der Mutter. Viele Familien fielen auseinander: verwaiste Kinder wanderten allein in die alte Heimat zurück, andere entschlossen sich nach der Ankunft in der alten Heimat, nach Amerika weiterzuwandern.

Die Mehrheit der Auswanderer gehörte zu den Kleinbesitzern und Handwerkern, deren Existenzgrundlage bei Kriegen und Hungersnöten am meisten bedroht war und die deshalb am ehesten zur Auswanderung genötigt wurden. Ein wichtiger Grund für die Auswanderung dieser Schichten war, daß sie sozial und finanziell nicht absinken wollten und deshalb bereit waren, eine neue Existenz in der Fremde zu suchen. Johann Eimann, der Kolonist aus der Pfalz, berichtete, wie schwierig die wirtschaftliche Etablierung in der neuen Heimat war: Es ist »bemerkungswürdig, daß während denen Frey-Jahren in allen Zweigen der Landwirtschaft keine merkliche Fortschrite gemacht wurden, als müßte man bald sagen: daß zehn Jahre zur Erholung und Angewöhnung fremder Ansiedler erforderlich seyen. Kaum waren aber die Frey-Jahre verschwunden ... so erwachte der angeborene Fleiß«.[135]

Eimann vermittelte keineswegs nur ein Selbstbildnis der deutschen Kolonisten. Nach dem Abschluß der Masseneinwanderung, in den ersten Jahrzehnten des 19. Jahrhunderts, analysierten auch ungarische Fachleute die Unterschiede in der Wirtschaft der deutschen und ungarischen Bauern. »Den Fleiß der Deutschen kann man gleichermaßen an ihren Häusern, Tieren und Feldern sehen«, schrieb der Botaniker Pál Kitaibel.[136] Der Geograph Pál Magda meinte: »Die Deutschen sind überall fleißiger ... betrachte nur die Deutschen in der Zips, im Banat, in Tolna oder anderswo.«[137] Der Politiker József Graf Dessewffy suchte nach den Gründen der besseren Wirtschaft der Deutschen und stellte fest: »Ihre Vorfahren kamen aus Ländern zu uns, wo man den Fleiß kannte und wo der Fleiß ein vom Vater auf Sohn geerbtes Gebrauch wurde.«[138] Der Dichter und Grundbesitzer Dániel Berzsenyi, der der ungarischen Landwirtschaft aus ihrer trostlosen Lage helfen wollte, setzte sich mit den unterschiedlichen Wirtschaftsformen der ungarischen, slowakischen und deutschen Bauern in Transdanubien auseinander und stellte die Deutschen als Vorbild hin, denn die Deutschen lebten auch in den für die Landwirtschaft ungünstigen Gebieten »in geschmückten Häusern mit Ziegeldach und sie sind reich, obwohl sie nur solche Felder bestellen, die die Ungarn nicht haben wollten. Da jedoch sie die Seele der Industrie und der Sparsamkeit mitbrachten, wurden sie reich und holten auch die alten Bewohner mit den besten Feldern ein.«[139]

Berzsenyi beobachtete auch die von der ungarischen abweichende Werteordnung der deutschen Bauern. Die deutschen Bauern kamen aus einem Gebiet Europas, schrieb er, wo die Beziehungen zwischen Dorf und Stadt, Bauer und Markt wesentlich stärker waren als in Ungarn. Die Lebensform sei außerdem durch das System der Stammerbfolge charakterisiert, was von vornherein ein viel dynamischeres Einschalten in die Geldwirtschaft bedeute. Kennzeichnend sei, daß ihre Wirtschaft viel stärker marktorientiert sei als die der ungarischen Bauern. In der Werteordnung spielten die bürgerlichen Tugenden wie Fleiß und Sparsamkeit die entscheidende Rolle. Berzsenyi notierte: »... ich gestehe, daß ich welche Barabarei darin sehe, wenn der Deutsche durch sein Weib und seine Tochter dreschen, mähen, ackern usw. läßt, obzwar ich andererseits auch das gestehen muß, daß einen großen Teil des deutschen Fleißes eben das macht, daß an einer jeden Arbeit beide Geschlechter gleichmäßig teilnehmen, und während der Magyare den Winter hindurch nur raucht und pfeift, der Deutsche mit den Weibern spinnt, strickt, näht.«[140]

Die deutschen Einwanderer, die vom freien Raum und von den vermeintlich höheren wirtschaftlichen und sozialen Chancen in Ungarn angelockt wurden, paßten ihre Arbeits- und Lebensgewohnheiten, soweit notwendig, den örtlichen Gegebenheiten an. Andererseits beeinflußten auch sie ihre Umgebung, soweit die anderen Ethnien an der Vermittlung von neuen Wirtschaftsformen und Werten Interesse zeigten. Somit kann die deutsche Ungarnwanderung als Bewegung zum Ausgleich des wirtschaftlichen, sozialen und kulturellen Gefälles zwischen zwei voneinander entfernten Räumen definiert werden. Das Spezifikum der Kolonisation in Ungarn besteht im Nebeneinander der staatlichen und privaten Ansiedlung. Die Kolonisationsaktionen waren weder aufeinander abgestimmt noch konsequent durchgeführt und hatten nur ein einziges Ziel: die nach der Türkenzeit entstandenen Lücken möglichst schnell zu füllen. Gerade dadurch konnten im Karpatenbecken eine ethnische und religiöse Vielfalt und eine Symbiose der verschiedenen Kulturen entstehen.

Ungarns Weg in die Habsburgermonarchie (1526–1790)

REINHARD RUDOLF HEINISCH

Mohács und die Folgen

Seit dem 15. Jahrhundert waren die Länder der Stephanskrone zunehmend militärischem und politischem Druck aus dem europäischen Südosten ausgesetzt. In einem rasanten Aufstieg hatten sich die osmanischen Türken innerhalb weniger Generationen von einem asiatischen Kleinstaat zur Großmacht entwickelt, die im Spätmittelalter auf dem Balkan festen Fuß fassen konnte. Ähnlich wie das gesamte Abendland war auch das Königreich Ungarn in seinen Entscheidungen gespalten, da sich eine Hof- und eine Nationalpartei auf keinen gemeinsamen Abwehrkurs einigen konnten. Die Folgen waren verheerend: Sultan Süleyman I., »der Gesetzgeber«, ging gegen Europa in die Offensive und eroberte 1521 nach einmonatiger Belagerung die wichtige Festung Belgrad, die noch jahrhundertelang sowohl für die christliche als auch für die osmanische Seite einen wichtigen Stützpunkt bilden sollte. Fünf Jahre später wandte sich der Sultan gegen das Königreich Ungarn, das einen Puffer zwischen der Pforte und dem Habsburgerreich darstellte.

König Ludwig II. aus dem Hause Jagiello stand dem starken türkischen Heer mit völlig unzureichenden eigenen Mitteln gegenüber. Konnten die Osmanen rund 100 000 Mann auf den ungarischen Kriegsschauplatz führen, so standen dem jungen König höchstens 25 000 Soldaten zur Verfügung; weitere 10 000 Mann des Woiwoden von Siebenbürgen, Johann Szapolyai, waren aufgrund der widersprüchlichen Befehle der königlichen Berater noch weit von der militärischen Gefahrenzone entfernt. König Ludwig sah sich am 29. August 1526 bei Mohács gezwungen, den ungleichen Kampf aufzunehmen, der fast zwangsläufig mit einer Katastrophe enden mußte. Die ungarischen Truppen setzten zwar unter der Führung von Pál Tomori, dem Erzbischof von Kalocsa, zum Sturm an, wurden aber im türkischen Feuer völlig aufgerieben. Der König ertrank auf der Flucht im Hochwasser führenden Bach Csele, die Hälfte des ungarischen Heeres, darunter viele Adelige und hohe geistliche Würdenträger, kam in den Kämpfen um; das Ende des mittelalterlichen und auch des jagellonischen Ungarn war damit besiegelt.[1]

Für Ferdinand I. aus dem Hause Habsburg, der seit 1521/22 in den deutschen Erbländern seines Hauses an der Donau und in den Alpen regierte, ergab sich mit Mohács die Chance einer Wiederherstellung der Verbindung seiner Länder mit Böhmen und Ungarn, wie sie schon unter Albrecht V. in den Jahren 1438 und 1439 bestanden hatte. Voraussetzung dafür war allerdings die Durchsetzung seiner Rechte aus den Verträgen von 1491 und jenen aus der Wiener Doppelhochzeit von 1515; damals hatte Ludwig die Habsburgerin Maria geheiratet, während seine Schwester Anna die Gemahlin Ferdinands I. wurde. Ungarn war allerdings nach wie vor eine Wahlmonarchie, deren Überlebensmöglichkeit aber nicht mehr aus eigenen Kräften gewährleistet sein konnte. Trotzdem wählte im November 1526 eine starke Adelspartei aus Ungarn, Siebenbürgen und Slawonien den Woiwoden Szapolyai zum Nachfolger des kinderlosen Königs Ludwig. Szapolyai, der Schwager König Sigismunds I. von Polen, stand nach der drakonischen

Niederwerfung eines Bauernaufstandes in diesen Jahren auf dem Gipfel seiner Macht, so daß die Stuhlweißenburger Wahl nur folgerichtig war. Die Zahl der Anhänger Ferdinands I. war zahlenmäßig geringer; zu ihnen gehörten die politisch geschickte Königinwitwe Maria, der Palatin Stephan Báthori, einige Magnaten, die »Sachsen« aus der Zips und aus Siebenbürgen sowie die Kroaten. Sie wählten am 17. Dezember 1526 in Preßburg den Habsburger Ferdinand zum ungarischen König.[2]

Dem Ländergewinn und der durch die Doppelwahl von 1526 geschaffenen neuen Situation versuchte Ferdinand I. durch eine umfassende Verwaltungsreform Herr zu werden. In der »Hofstaatsordnung« vom 1. Januar 1527 war ursprünglich der Hofrat als oberste Justizbehörde auch für die Länder der Stephanskrone zuständig, eine Abteilung der Hofkanzlei wurde für Ungarn eingerichtet und eine Länderkammer der Hofkammer, der obersten Finanzbehörde, hatte ihren Sitz in Preßburg. Die zu erwartenden Kämpfe mit den Osmanen in und um Ungarn sollten durch einen Hofkriegsrat koordiniert werden, dessen Gründung allerdings bis 1556 auf sich warten ließ. Naturgemäß wurden in alle militärischen Überlegungen Wiens von Anfang an auch die Absichten gegen den Gegenkönig Szapolyai mit eingebunden.[3] Die nun ausbrechenden Kämpfe der Habsburger gegen die Türken und gegen die ungarischen Konkurrenten sollten bis ins 18. Jahrhundert hinein eine Konstante der österreichisch-ungarischen Beziehungen bleiben: eine ständig wiederkehrende Situation, die durch die Reformation und die damit verbundenen religiösen Gegensätze noch überhöht wurde. Schließlich ist auch der habsburgische Absolutismus von den Magyaren immer wieder in seine Schranken gewiesen worden, nicht immer zum Vorteil für beide Seiten.

Nachdem sich die Türken nach dem Sieg von Mohács aus Ungarn zurückgezogen hatten, war der Weg für den militärisch stärkeren Ferdinand I. frei. Johann Szapolyai mußte, obwohl er sich die Unterstützung des osmanischen Sultans wie auch der habsburgfeindlichen Franzosen sichern konnte, nach Polen flüchten. Am 3. November 1527 wurde Ferdinand I. in Stuhlweißenburg zum ungarischen König gekrönt, womit die Reihe der Habsburger auf dem ungarischen Thron begann, die bis 1918 nicht mehr abreißen sollte. Als vorerst unmöglich erwiesen sich jedoch alle Bemühungen von habsburgischer Seite, die Türken zu einer Anerkennung der Rechte Ferdinands in Ungarn zu bewegen.[4]

Sultan Süleyman hatte seine alten Eroberungspläne nicht aufgegeben. Nach wiederholten Einfällen in Krain im Jahre 1528 wurden ein Jahr später die ungarischen Stellungen Ferdinands überrollt und erstmals Wien belagert. Nachdem ein letzter Sturm auf die Stadt am 14. Oktober 1529 gescheitert war, traten die türkischen Truppen unter furchtbaren Verwüstungen den Rückzug an, wobei ihnen die schlechten Witterungsverhältnisse besonders zusetzten. Im Gegenstoß gelang es Ferdinand I., sich in Ungarn einer Reihe von wichtigen Festungen zu bemächtigen, was sich später als bedeutsam erweisen sollte. So wurden Raab, Komorn und Gran mit habsburgischen Besatzungen versehen, später konnten auch Erlau und Tokaj gewonnen werden. 1531 wurden Friedensverhandlungen sowohl mit den Türken als auch mit Johann Szapolyai aufgenommen, beide waren aber zum Scheitern verurteilt. Ein Jahr später traten die Osmanen noch

Als diese Ansicht von Ofen und Pest in »Neuwe Chronica von Leunclavius« (Frankfurt am Main, 1595) erschien, herrschten die Türken bereits 53 Jahre über die beiden Städte. Die Ansicht belegt, daß sie sich längst eingerichtet hatten: aus den Kirchen waren Moscheen geworden, statt der Kirchtürme bestimmten Minarette das Bild.

einmal zur Offensive gegen Wien an, wurden aber durch die Verteidigung der kleinen ungarischen Grenzfestung Güns von ihrem Vorhaben abgebracht. Ein Gegenstoß gegen die Türken gelang nicht, da die im Wiener Raum stehenden Reichstruppen dazu nicht verwendet werden konnten. Damit wurde die Gelegenheit zur Rückeroberung der ungarischen Gebiete versäumt.[5]

Im Jahre 1537 versuchte Ferdinand I. neuerlich, mit Truppen in Ungarn einzurücken, wobei die für den türkischen Vormarsch wichtige Stadt Esseg erobert werden sollte. Die königlichen Truppen erlitten jedoch eine Niederlage. Ein Jahr später kam es zu Geheimverhandlungen in Großwardein und zu einem Friedensschluß mit Johann Szapolyai, der dem Habsburger für den Fall seines Todes die Herrschaft über ganz Ungarn zugestand. Dieser vielversprechende Vertrag blieb allerdings nur Papier, da er nach dem Tod des Gegenkönigs im Jahre 1540 nicht eingehalten wurde, vielmehr wurde sein noch im Säuglingsalter stehender Sohn Johann Siegmund von seinen Anhängern zum ungarischen König ausgerufen. Ferdinands Truppen belagerten das Zentrum Ofen zweimal, jedoch erfolglos. 1541 endeten diese Bemühungen mit der Vernichtung des habsburgischen Heeres. Das hatte verhängnisvolle Folgen, denn nun setzten sich die Türken in Ofen und in Mittelungarn fest und eroberten 1542 die wichtigsten städtischen Zentren zwischen dem Plattensee und der Theiß, nachdem ein militärischer Gegenstoß des Markgrafen Joachim von Brandenburg gescheitert war. Schließlich kam es 1547 im Zuge der Anbahnung von diplomatischen Kontakten zwischen Wien und Konstantinopel zum Abschluß eines Waffenstillstands: in Zukunft konnte sich König Ferdinand den Status quo nur durch ein jährliches »Ehrengeschenk«, also eine Tributzahlung, in Höhe von 30 000 Dukaten sichern.[6]

Weitaus gravierender als für die Habsburger entwickelte sich die machtpolitische Situation für die Ungarn selbst. In diesen Jahren zeichnete sich bereits eine Dreiteilung der Länder der Stephanskrone ab, wie sie bis zum Ende des 17. Jahrhunderts Gültigkeit behalten sollte. Das »königliche«, also habsburgische Ungarn bestand aus dem nordwestlichen Teil des Königreichs Kroatien und aus den angrenzenden ungarischen Gebieten westlich des Plattensees; die Grenze kreuzte dann östlich von Raab die Donau und reichte im nordöstlichen Oberungarn mit wechselnden Einflußbereichen bis über die Zips hinaus. Im Nordosten Ungarns lag die Herrschaft des jungen Szapolyai und der späteren Fürsten von Siebenbürgen, die auch einen vorgelagerten Streifen der Ungarischen Tiefebene beherrschten. Ihr Machtbereich war quasi souverän, unterstand allerdings tributpflichtig der Pforte. Das eigentliche Zentrum Ungarns vom Mittelgebirge bis über die Theiß und seit 1551 einschließlich des Banats von Temeschwar ging an die Türken verloren; sie errichteten hier ein Paschalik, das Konstantinopel direkt unterstand.

Eine Wende schien sich im Jahre 1551 anzubahnen. Königin Isabella, die Witwe Johann Szapolyais, erklärte sich zu einem Verzicht auf Siebenbürgen zugunsten Ferdinands I. bereit und unterzeichnete in Karlsburg ein entsprechendes Abkommen. Aber gleichzeitig mit den Truppen Ferdinands rückten auch die Osmanen ein, die Temeschwar eroberten. Die habsburgischen Truppen unter General Castaldo ließen sich extreme Ausschreitungen zuschulden kommen; dies und die Ermordung des Beraters von

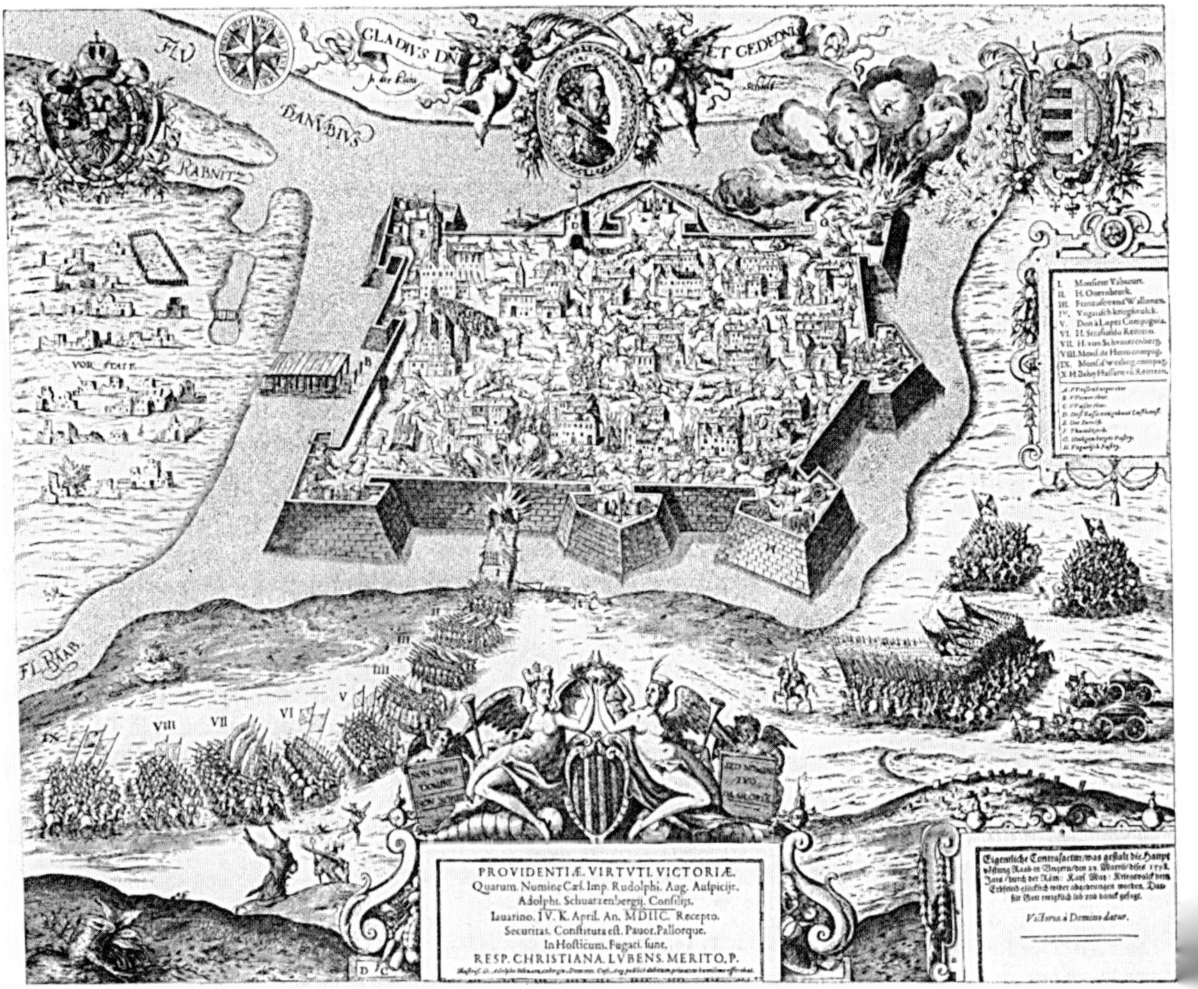

Raab galt zur Zeit der türkischen Besetzung als eine Wien vorgelagerte Festung, weshalb die Stadt und die Festungsanlagen nahezu ununterbrochen ausgebaut wurden. Am 29. September 1594 gelang es den Türken unter Sinan Pascha dennoch, die Stadt und die Festung einzunehmen. Der Wiener Kriegsrat verurteilte daraufhin den besiegten Festungskommandanten Ferdinand Hardegg zum Tode. Vier Jahre später gelang Miklós Pálffy die Rückeroberung Raabs.

Isabella, des Kardinals Georg Utissenitsch, auch Martinuzzi oder Bruder Georg genannt, führte zum Stimmungsumschwung. Johann Siegmund Szapolyai wurde in Siebenbürgen und in den angrenzenden Komitaten als König anerkannt, die Gebiete kehrten unter die Oberhoheit des Sultans zurück.[7] An der Theiß wurde nun rund zehn Jahre lang um die Festlegung der Grenzen zwischen den beiden ungarischen Staaten gekämpft, eine türkische Offensive gegen Westen scheiterte an der Festung Szigetvár. 1562 sicherte der Vertrag von Konstantinopel, den der habsburgische Gesandte Ogier Ghislain de Busbeck aushandelte, den Besitzstand aller Beteiligten in Ungarn, womit allerdings die jahrzehntelangen blutigen Grenzkämpfe, die die ungarische Bevölkerung schwer in Mitleidenschaft zogen, keineswegs ein Ende fanden.

Trotz einer neuerlichen Bewährung ungarischer Truppen unter Nikolaus Zrínyi bei Szigetvár im Jahre 1566 zeigte Ferdinands Nachfolger als ungarischer König, Maximilian, keinerlei Ambitionen zur Änderung der Verhältnisse im ungarischen Raum. Zu sehr war er mit den konfessionellen Auseinandersetzungen im Römisch-Deutschen Reich und in den Erbländern beschäftigt; auch die Interventionspolitik Frankreichs stand trotz der Bindung durch die Hugenottenkriege als Drohung im Raum. 1568 schloß König Maximilian mit dem osmanischen Sultan Selim II. in Adrianopel neuerlich einen Waffenstillstandsvertrag, der den Türken alle Eroberungen in Ungarn überließ, andererseits aber den tagtäglichen Kleinkrieg an den Grenzen prolongierte. 1570 entschloß sich Johann Siegmund Szapolyai, mit den Habsburgern den Vertrag von Speyer abzuschließen, in dem er formell auf die Ungarische Krone verzichtete und sich mit dem Titel eines Fürsten von Siebenbürgen sowie den Teilen Ungarns östlich der Theiß begnügte. Viel energischer trat sein Nachfolger Stephan Báthori gegen die habsburgischen Ansprüche auf, der seinen Konkurrenten 1576 sogar die polnische Königskrone streitig machen konnte. Das sich immer mehr als Machtfaktor im ungarischen Raum etablierende Fürstentum Siebenbürgen wurde durch Stephan Báthoris zum Woiwoden ernannten älteren Bruder Christoph regiert, so daß praktisch eine Union zwischen Polen und Siebenbürgen entstand. Siebenbürgische, hauptsächlich szeklerische Söldner kämpften so gegen den Zaren Iwan den Schrecklichen, womit der Grundstein zu einer siebenbürgischen Armee aus befreiten Leibeigenen gelegt wurde, die später auch erfolgreich gegen die Türken kämpfte.[8]

Nachdem 1572 der älteste Sohn Maximilians als Rudolf I. – als Kaiser Rudolf II. – ungarischer König geworden war, flammten nach wenigen Jahrzehnten relativer Ruhe die Kämpfe gegen die Türken wieder auf. Aus lokalen Geplänkeln entwickelte sich rasch der sogenannte lange Türkenkrieg Rudolfs, der mit dem Angriff von Hassan Pascha von Bosnien gegen die Festung Sissek im Jahre 1592 begann. Das aus deutschen und ungarischen Söldnern bestehende Heer errang unter Rupprecht von Eggenberg erste Siege bei Sissek und Pákozd, dann mußte jedoch die wichtige Festung Raab aufgegeben werden. 1598 wurde die Festung zwar wieder zurückgewonnen, in den folgenden Jahren wechselten jedoch Siege mit Niederlagen, an denen vielfach unfähige habsburgische Offiziere und finanzielle Korruption Schuld trugen; die Festungen Gran, Veszprim und Stuhlweißenburg wechselten mehrmals den Besitzer.[9]

Siebenbürgen stand seit 1595 auf seiten des habsburgischen Königs, wurde aber ins gegnerische Lager gedrängt, als nach dem Herrschaftsverzicht Sigismund Báthoris habsburgische Truppen unter General Georg Graf Basta das Land besetzten und sofort mit gegenreformatorischen Maßnahmen gegen die nichtkatholische Bevölkerung begannen. Báthori widerrief seinen Verzicht und schloß sich den Türken an; auch der walachische Woiwode Michael griff in die Kämpfe ein, wurde aber auf Befehl Bastas ermordet. Nachdem sein Nachfolger Radul Scherban Erfolge gegen die Türken und ihre Anhänger erzielen konnte, wiederholte Báthori 1602 seinen Thronverzicht. In seltener Verkennung der Tatsachen und der Lage verschärfte daraufhin der Wiener Hof seine gegenreformatorischen Maßnahmen gegen den ungarischen Protestantismus. Als Folge davon wandten sich die überwiegend deutschen und lutherischen Bergstädte Oberungarns und auch die Siebenbürger Sachsen vom habsburgischen König ab; Basta konnte auch durch drakonische Maßnahmen die Situation nicht retten. Als Rudolf I. Forderungen des ungarischen Landtags ablehnte, trat der bisher loyal auf königlicher Seite kämpfende Stephan Bocskai an die Spitze der antihabsburgischen Bewegung, die ihn zum Fürsten von Siebenbürgen wählte. Die Truppen König Rudolfs mußten sich nach Westen zurückziehen, die Türken stießen in ihre alten Stellungen nach, und Bocskai mußte dem Großwesir den Huldigungseid leisten.

In einer Situation der verspielten Möglichkeiten gelang schließlich dem jungen Erzherzog Ferdinand von Innerösterreich 1606 in Wien ein Frieden mit den Ungarn: ihnen wurde Religionsfreiheit zugestanden, die auch auf die Kalvinisten ausgedehnt wurde. Bocskai erhielt zu Siebenbürgen einige nordostungarische Komitate dazu, die an das Haus Habsburg zurückfallen sollten, falls er ohne männliche Erben sterben würde.[10] Im November desselben Jahres kam es auch zum Friedensschluß mit den Osmanen, dem ersten in der Geschichte der beiderseitigen Beziehungen. Auf der Grundlage des bisherigen Besitzstandes wurde der römisch-deutsche Kaiser erstmals von den Türken als gleichberechtigte Macht anerkannt und das jährliche Tribut-»Geschenk« durch eine einmalige Geldzahlung abgelöst. König Rudolf, der diese Abmachungen sabotieren wollte, mußte sich schließlich dem Druck auch der Ungarn beugen, deren Wortführer, der Lutheraner Stephan Illésházy, im Jahre 1608 zum Palatin gewählt wurde. Stephan Bocskai selbst überlebte die beiden Friedensabkommen nicht lange; nach seinem Tod wählten die Siebenbürger Siegmund Rákóczi zum Fürsten, der aber bald zugunsten eines Mitglieds einer der angesehensten Familien des Landes, Gabriel Báthori, zurücktrat.

Gabriel Bethlen und seine Nachfolger

Zu einer der legendärsten Gestalten der neueren ungarischen Geschichte gehört sicherlich Gabriel Bethlen, der 1613 zum Fürsten Siebenbürgens gewählt wurde und bereits sechs Jahre später in die große antihabsburgische Ständekonföderation und damit in die Ereignisse des Dreißigjährigen Krieges eingriff. In seiner Innenpolitik war Bethlen seit dem Tod von König Matthias Corvinus der erste, der erfolgreich die Zentralgewalt nach den Grundsätzen eines modernen Absolutismus gestaltete. In seiner Wirtschaftspolitik verfolgte er weitgehend die Prinzipien des damals aufkommenden Merkantilismus, und in Fragen der Leibeigenschaft verhielt er sich konzilianter als manche seiner Vorgänger und Nachfolger. Kulturpolitisch wurde er bedeutsam durch die Errichtung einer Hohen Schule im oberungarischen Tyrnau, die später nach Kaschau und schließlich nach Karlsburg verlegt wurde. Obwohl Bethlen für seine reformierte Konfession auch Druckereien und Bibliotheken gründete, war er für seine Zeit erstaunlich tolerant: Er holte die aus Siebenbürgen vertriebenen Jesuiten zurück und unterstützte auch sonst Katholiken, griechisch-orthodoxe Rumänen und Juden. Sein Hofstaat, seine Bautätigkeit und sonstige künstlerische Unternehmungen, vor allem im Bereich der Musik, sind nicht nur von den Zeitgenossen gerühmt worden.[11]

Nachdem die ungarischen Stände bereits seit 1608 mit dem mährischen, schlesischen und österreichischen Adel in einem Bündnis, einer sogenannten Konföderation, zusammengeschlossen waren, ergab sich seit dem Prager Fenstersturz vom Mai 1618 neuerlich die Möglichkeit einer engeren Zusammenarbeit, in der die antihabsburgischen Interessen bald im Mittelpunkt standen, so daß mitunter von einem Befreiungskampf gegen das Haus Habsburg gesprochen wird. Dem 1618 auch in Ungarn zum König gewählten Ferdinand II. erwuchs in den aufständischen Böhmen rasch eine existenzbedrohende Gefahr, vor allem auch durch die bald angeknüpften Verbindungen zur osmanischen Pforte.[12] Gabriel Bethlen beteiligte sich an der großen antihabsburgischen Ständekonföderation vom Sommer 1619, an der neben den Ständen der Wenzelskrone auch diejenigen Ober- und Niederösterreichs teilnahmen. Bethlen stand mit den verbündeten Truppen schon vor der Haupt- und Residenzstadt Wien, wurde aber durch eine polnische Intervention zum Rückzug gezwungen. 1620 eroberte er neuerlich das königliche Ungarn und bereitete schließlich König Ferdinand das gleiche Schicksal wie die böhmischen Stände: der Habsburger wurde abgesetzt und Gabriel Bethlen am 25. August 1620 in Neusohl in Oberungarn zum neuen Träger der Stephanskrone gewählt.

Während das böhmische Experiment nach der Schlacht am Weißen Berg im Herbst 1620 blutig niedergeschlagen wurde, kämpfte Siebenbürgens ungarischer König weiter gegen das Haus Habsburg. 1621 gelang es ihm im Frieden von Nikolsburg, die ungarische ständische Selbstverwaltung und die protestantische Glaubensfreiheit sowie für sich selbst auch einige Komitate zu sichern. 1623 griff er jedoch an der Seite der deutschen Evangelischen und 1626 im Bündnis mit den protestantischen Mächten Westeuropas neuerlich in den Krieg gegen das Haus Habsburg ein. Trotz einer Sicherung der internationalen Bedeutung Siebenbürgens und einer relativen Unabhängigkeit von den Türken blieben die außenpolitischen Erfolge mit dem Anschluß von sieben oberungarischen Komitaten an das Fürstentum Siebenbürgen relativ gering. Wenn die ungarischen Magnaten auch vielfach Bethlen die Gefolgschaft verweigerten, bewährt hat sich unter seiner Regierung vor allem die aus Heiducken und Szeklern bestehende Armee.[13]

1630 trat Georg I. Rákóczi das Erbe Gabriel Bethlens an. Er überließ dem königlichen Ungarn die sieben neuen Komitate aus dem Vertrag mit den Habsburgern, allerdings gegen die Bestätigung der Freiheiten der Heiducken, denen er den Thron zu verdanken hatte. Mit dem Habsburgerkönig Ferdinand II. konnte er einen weiteren Friedensvertrag schließen, der diesem eine wichtige Entlastung während des Dreißigjährigen Krieges brachte. Rákóczis Gegenspieler, der Palatin Nikolaus Esterházy, der die Vereinigung Siebenbürgens mit dem königlichen Ungarn anstrebte, geriet vor allem durch einen Bauernaufstand unter Druck, der unter der Führung von Peter Császár 1631 in Oberungarn aufflammte und erst von Rákóczis siebenbürgischen Truppen niedergekämpft werden konnte. Georg Rákóczi behauptete sich aber auch gegen Ansprüche seines jüngeren Bruders Stephan im Jahre 1636, als dessen verbündetes Türkenheer in die Flucht geschlagen werden konnte. Die osmanische Macht war in diesen Jahren durch Perserkriege und Janitscharenaufstände bereits weitgehend aufgeweicht, so daß die Pforte den außenpolitischen Ambitionen Fürst Georgs nur noch wenig in den Weg legen konnten. So schloß dieser 1643 ein Bündnis mit den gegen Habsburg kriegführenden Schweden, versuchte 1644 die Eroberung des königlichen Ungarn und marschierte 1645 auch in Mähren ein. Vor der Hauptstadt Brünn vereinigte er sich mit dem schwedischen Feldherrn Torstenson, mußte sich jedoch auf Anordnung des argwöhnischen Sultans zurückziehen und mit König Ferdinand III. in Linz Frieden schließen: Wieder wurden ihm auf Lebenszeit die sieben Komitate überlassen und die protestantische Glaubensfreiheit auch im königlichen Ungarn garantiert.

1648 erbte Georg II. Rákóczi den Thron und die Reichtümer seines Vaters, aber auch den Gegensatz zu den Habsburgern, die nach dem Westfälischen Frieden freie Hand in Ungarn zu haben glaubten. Eine Wahl Rákóczis zum König von Ungarn von Gnaden des Palatins Paul Pálffy und des kroatischen Banus Nikolaus Zrínyi scheiterte; 1657 wurde Leopold I. unter dem Einfluß des Klerus zum König und Franz Wesselényi zum Palatin gewählt. Vertrauend auf die innere Regenerationsphase des Osmanischen Reiches unter den Reformwesiren aus der Familie Köprülü betrieb Georg II. Rákóczi eine abenteuerliche Außenpolitik: Er eroberte die beiden rumänischen Woiwodschaften und rückte mit Waffengewalt in Polen ein, um dort die Königskrone zu erringen. Die Pforte ahndete diese Mißachtung der türkischen Oberhoheit durch einen Tatareneinfall und durch die Absetzung Rákóczis; 1658 wurde Karlsburg von türkischen Truppen geplündert und Siebenbürgen verwüstet. Trotz dringender Hilferufe wurde Georg II. von Wien mit einiger Schadenfreude im Stich gelassen. Er fiel am 22. Mai 1660 bei Klausenburg gegen die Türken; mit der wichtigen Grenzfestung

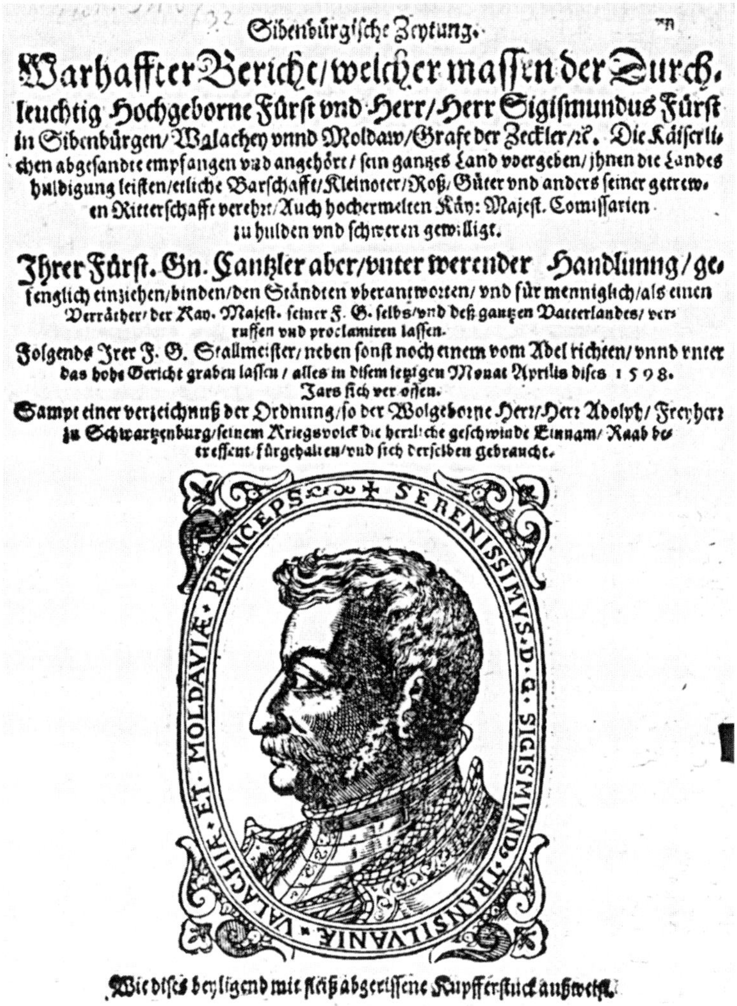

Sibenbürgische Zeytung.

Warhaffter Bericht/welcher massen der Durchleuchtig Hochgeborne Fürst vnd Herr/Herr Sigismundus Fürst in Sibenbürgen/Walachey vnnd Moldaw/Grafe der Zeckler/etc. Die Käiserlichen abgesandte empfangen vnd angehört/sein gantzes Land vbergeben/jhnen die Landes huldigung leisten/etliche Barschafft/Kleinoter/Roß/Güter vnd anders seiner getrewen Ritterschafft verehrt/Auch hochermelten Käy: Majest. Comissarien zu hulden vnd schweren gewilligt.

Ihrer Fürst. Gn. Cantzler aber/vnter werender Handlung/gefenglich einziehen/binden/den Ständten vberantworten/vnd für menniglich/als einen Verräther/der Kay. Majest. seiner F. G. selbs/vnd deß gantzen Vatterlandes/verruffen vnd proclamiren lassen.

Folgends Irer F. G. Stallmeister/neben sonst noch einem vom Adel richten/vnnd vnter das hohe Gericht graben lassen/alles in disem jetzigen Monat Aprilis dises 1598. Jars sich ver offen.

Sampt einer verzeichnuß der Ordnung/so der Wolgeborne Herr/Herr Adolph/Freyherr zu Schwartzenburg/seinem Kriegsvolck die herrliche geschwinde Einnam/Raab betreffent/fürgehalten/vnd sich derselben gebraucht.

SERENISSIMVS. D. D. SIGISMVND. TRANSILVANIÆ. VALACHIÆ. ET. MOLDAVIÆ. PRINCEPS

Wie dises beyligend mit fleiß abgerissene Kupfferstuck außweist.

Fürst Sigismund Báthori von Siebenbürgen (1572 – 1613), verbündete sich 1593 mit den Habsburgern, um nach der Vertreibung der Türken die bedingungslose Kapitulation Siebenbürgens abzuwenden. Er rechnete mit der oppositionellen Türkenpartei blutig ab, die Szekler gewann er, indem er ihnen ihre Freiheiten zurückgab, die Woiwoden der Walachei und der Moldau verpflichtete er durch Treueeide. Diese Maßnahmen versetzten ihn in die Lage, als gleichrangiger Partner ein Bündnis mit Rudolf II. zu schließen. Als sich der Krieg gegen die Türken jedoch in die Länge zog und der Gegner von Sieg zu Sieg eilte, ließ Báthori alle Hoffnung fahren und verzichtete 1598 zugunsten der Habsburger auf Siebenbürgen.

Großwardein geriet auch das ganze Land in die Hände der Türken. Siebenbürgen hatte seine außenpolitische Entscheidungsfreiheit verloren.[14]

Wenn auch der Wiener Hof durch die siebenbürgische Politik des 17. Jahrhunderts vielfach vor vollendete und damit nicht sehr erfreuliche Tatsachen gestellt worden ist, eine vollständige Unterwerfung durch die Pforte wollte und konnte man nicht zulassen. Ein kaiserliches Heer unter der Führung von Raimund Graf Montecuccoli wurde zur Unterstützung Johann Keménys, eines früheren Feldherrn Rákóczis, in Marsch gesetzt, während die Türken den Thronprätendenten Michael Apafi unterstützten. Nach dem Rückzug der Kaiserlichen fiel Kemény bei Schäßburg gegen Apafi, und nun setzten Verhandlungen über die Zukunft des Landes zwischen der Pforte und Wien ein. Der schleppende Verlauf wurde von den Osmanen als Provokation empfunden – die habsburgischen Diplomaten hätten gerne den Frieden erhalten –, und so begannen sie im Frühjahr 1663 mit dem Angriff; es war die erste Kampfhandlung zwischen Habsburg und der Türkei seit dem Frieden von Zsitvatorok im Jahre 1606. Nach der Eroberung der Festung Neuhäusel durch die Türken sammelte sich ein christliches Heer von bisher ungeahnten Dimensionen: die Kaiserlichen, Einheiten aus dem Reich mit brandenburgischen und sächsischen Kontingenten, der Rheinbund und erstaunlicherweise sogar Frankreich – entgegen seiner traditionellen Politik des Bündnisses mit den Osmanen; auch ungarische Aufgebote unter dem Feldherrn und Dichter Nikolaus Zrínyi stießen zur Armee der Verbündeten. Nach kleineren Gefechten kam es schließlich zur entscheidenden Schlacht von europäischer Bedeutung: am 1. August 1664 griff Montecuccoli das über die Raab setzende türkische Heer bei Mogersdorf nördlich von St. Gotthard in Westungarn an und errang einen überwältigenden Sieg; nach Lepanto nun auch den ersten Landsieg über die Türken.[15]

Unter dem Eindruck dieser schweren Niederlage drängte der Großwesir Ahmed Köprülü auf rasche Aufnahme von Friedensverhandlungen. Schon am 10. August 1664 wurde in Eisenburg ein Friede geschlossen, der kein Glanzstück kaiserlicher Diplomatie war und dessen Bedingungen dem Mogersdorfer Sieg in keiner Weise entsprachen. Der türkische Vasall Apafi blieb Fürst von Siebenbürgen, kein Quadratmeter ungarischen Bodens wurde den Osmanen abgerungen, im Gegenteil: Wieder wurde ein »Ehrengeschenk« in Höhe von 200 000 Talern geleistet, und überdies wurden den Türken Großwardein und Neuhäusel überlassen. Alles in allem ein nicht nur für Ungarn völlig unbefriedigendes Resultat, das aber mit der Angst vor drohenden französischen Interventionen im Reich und mit der Fehleinschätzung der osmanischen Macht erklärt werden kann.[16]

Der Eisenburger Friede löste in ganz Ungarn Bestürzung aus; man sah Ungarns Interessen durch Habsburgs Egoismus im Westen des Reiches verraten, man fühlte sich hilf- und schutzlos; vom Schattendasein Apafis in Siebenbürgen war nichts zu erhoffen. Der protestantische Teil des ungarischen Adels fühlte sich überdies durch neuerliche Gegenreformationsmaßnahmen der Habsburger bedroht, aber auch Katholiken gingen in Opposition. Gerade die höchsten Würdenträger der Stephanskrone entschlossen sich in dieser Situation zum Vorgehen gegen Wien: der Palatin Franz Wesselényi, der ungarische Primas und Erzbischof von Gran, Georg Lippay, der Hofrichter Franz Nádasdy, der Banus von Kroatien, Peter Zrínyi, und der gewählte Fürst von Siebenbürgen, Franz I. Rákóczi; diese Aristokraten, alle katholisch und königstreu, waren die mächtigsten Großgrundbesitzer in Transdanubien und Oberungarn. Die Verschwörer planten einen bewaffneten Aufstand und traten diesbezüglich in Kontakt zu Frankreich, Polen und zur Pforte, ihre Pläne waren aber wenig konkret und vor allem ohne Ziele, was den Kleinadel und die Bauern betraf. Nach dem Tod Wesselényis und Lippays entschloß man sich 1670 endlich zum Aufstand, der unter Rákóczis militärischer Führung ohne Rückhalt in der Bevölkerung und daher völlig erfolglos blieb. Zrínyi und sein Schwager Franz Frangepán verrieten die Verschwörung in Wien, kaiserliche Truppen stießen auf keinen bewaffneten Widerstand.

Die Regierung des königlichen Ungarn statuierte ein Exempel: Die Führer der Magnatenverschwörung wurden in Österreich vor ein Sondergericht gestellt, 1671 wurden Zrínyi und Frangepán in Wiener Neustadt, Nádasdy in Wien enthauptet; die Witwe des Palatins, Maria Széchy, wurde in ein Kloster gesperrt und ihr Vermögen eingezogen. Während auch der Kleinadelige Franz Bónis hingerichtet wurde, kam Franz I. Rákóczi mit der Zahlung eines gewaltigen Lösegelds davon. Ungarns Verfassung wurde unter Hinweis auf die Verschwörer eingeengt, ein Reichsverweser trat an die Spitze des Landes, hunderte Adelige wurden vor Gericht gestellt und ihr Vermögen beschlagnahmt. Das Land wurde eine »deutsche Garnison«, den Bauern wurden höhere Steuern auferlegt, die Protestanten verfolgt, Kirchen und Schulen konfisziert, es gab Vertreibungen und Todesurteile, 42 Prediger wurden in Neapel als Galeerensklaven verkauft. In das Fürstentum Siebenbürgen setzte eine regelrechte Fluchtbewegung ein.[17]

An den Grenzen Siebenbürgens organisierten sich die Flüchtlinge militärisch. Erfolge gegen die Kaiserlichen erzielten diese sogenannten Kuruzzen aber erst unter der Führung des jungen Grafen Emmerich Thököly; sie begannen 1678 mit dem Angriff gegen die »Labantzen« genannten kaiserlichen Truppen und nahmen in knapp zwei Jahren ganz Oberungarn in Besitz. Anfang 1680 wurde Thököly zum obersten Feldherrn gewählt; seine Ehe mit Helene Zrínyi, der Witwe Franz Rákóczis, sicherte seine wirtschaftliche Unabhängigkeit. Enge diplomatische Kontakte zu Frankreich brachten Subsidien, Verbindungen zur Türkei 1682 die Ernennung zum König von Ungarn. Um Thököly den Wind aus den Segeln zu nehmen, setzten die Wiener Verantwortlichen auf dem Ödenburger Landtag von 1681 die ungarische Verfassung wieder in Kraft, und mit Paul Esterházy wurde auch wieder ein Palatin gewählt. Trotzdem setzte Thököly den Kampf um einen unabhängigen Nationalstaat fort, der gescheiterte türkische Vorstoß auf Wien im Jahre 1683 machte aber alle seine Hoffnungen zunichte. Die Kuruzzen schlossen sich den Kaiserlichen an; mit wenigen Getreuen kämpfte Thököly in der türkischen Armee weiter gegen Habsburg. Nach seiner im Frieden von Karlowitz beschlossenen Verbannung starb er 1705 in der kleinasiatischen Türkei.[18]

Befreiung von der Türkenherrschaft und Festigung der habsburgischen Herrschaft

Die zweite erfolglose Belagerung Wiens durch die Türken im Jahre 1683 hat nicht nur das Schicksal Thökölys besiegelt, sondern auch das seines Königreichs Ungarn. Nach der wochenlangen Verteidigung der Stadt und der Entsatzschlacht vom Kahlenberg am 12. September 1683 kam es zur vernichtenden Niederlage der Türken und zur Offensive des Entsatzheeres unter der Führung des Herzogs von Lothringen, dem am 26. Oktober die Einnahme von Gran gelang. Erstmals schien ein militärischer Gegenstoß in Ungarn Aussicht auf Erfolg zu haben. Durch ein Angriffsbündnis mit Polen und der Republik Venedig, die sogenannte »Heilige Liga«, suchte man dies abzusichern.[19]

Die nächsten Jahre brachten den in Ungarn kämpfenden Truppen der Kaiserlichen und ihrer Verbündeten unter der Führung des Herzogs Karl von Lothringen eine ganze Reihe von bedeutenden Erfolgen: im August 1685 wurde Neuhäusel erobert, nach dem Anschluß Brandenburgs an die habsburgische Politik fiel im September 1686 nach längerer Belagerung Ofen. Die kaiserlichen Truppen eroberten in einem wahren Siegeslauf die wichtigsten ungarischen Festungen, und am 12. August 1687 siegte der lothringer Herzog gemeinsam mit dem bayerischen Kurfürsten Max Emanuel bei Harsány in der Nähe des schicksalsträchtigen Schlachtenortes Mohács.

Diese militärischen Erfolge ermöglichten auch ein Vorgehen in Siebenbürgen, wo man allerdings glaubte, die Möglichkeiten zur Errichtung eines absolutistischen Regimes nützen zu müssen; besonders General Caraffa machte sich durch sein drakonisches Vorgehen verhaßt. Daneben gab es aber auch positive Ansätze zur Entwicklung einer neuen Lage in Ungarn: 1687 führten die Verhandlungen mit dem ungarischen Reichstag zur Abschwächung der doch recht anachronistisch anmutenden gegenreformatorischen Maßnahmen durch die Habsburger. Auf der anderen Seite verzichteten die ungarischen Stände auf das Widerstandsrecht, das ihnen im Jahre 1222 durch die Goldene Bulle König Andreas' II. zugestanden worden war. Schließlich erkannten sie bei den Preßburger Verhandlungen den Erbanspruch des habsburgischen Mannesstammes an; damit waren auch die Länder der Stephanskrone den gleichen Weg in die Erbmonarchie gegangen wie fast genau sechzig Jahre zuvor die Stände der Wenzelskrone. Fast gleichzeitig fiel Siebenbürgen endgültig an die Habsburger, und auch im Süden konnten mit der Eroberung Belgrads Erfolge erzielt werden, die allerdings 1693 wieder verloren gingen. Die Folge war für Ungarn die Einwanderung von zahlreichen serbischen Flüchtlingen unter der Führung des Patriarchen Arsenije Crnojević in Südungarn. Nach einem Sieg bei Slankamen schleppte sich der Türkenkrieg weiter hin, ohne nennenswerte Ereignisse aufzuweisen.[20]

Eine Änderung der Lage ergab sich erst durch den Prinzen Eugen von Savoyen, der im Jahre 1697 den Oberbefehl über die kaiserliche Armee in Ungarn erhielt. In kürzester Zeit schuf er ein schlagkräftiges militärisches Instrument, das am 11. September

Wandgrabmal des Markgrafen Ludwig Wilhelm I. von Baden (1655–1707) in der Pfarrkirche St. Peter und Paul in Baden-Baden, 1752/73 von Johann Schütz.
Ludwig Wilhelm von Baden errang militärischen Ruhm als kaiserlicher Feldherr gegen die Türken. In zahlreichen Kämpfen focht der »Türkenlouis« für Kaiser und Reich im Südosten. Seine Taktik, die Schlacht mit einem entscheidenden Kavalleriesturm zu beenden, brachte ihm die Siege bei Harsány (1687), bei Nisch (1689) und bei Slankamen (1691).

1697 bei Zenta einen entscheidenden Sieg über die türkischen Truppen errang. In Anbetracht des drohenden Krieges um das spanische Erbe war das Habsburgerreich friedensbereit, ebenso die Pforte, deren Heere fast gleichzeitig gegen Polen und Venedig wenig erfolgreich gekämpft hatten. Verhandlungen bei Karlowitz im Süden von Peterwardein führten schließlich am 26. Januar 1699 zum Friedensschluß, der für das Haus Österreich und seine Absichten in Ungarn einen großen Erfolg darstellte. Die Friedensbedingungen sahen vor, daß König Leopold I. ganz Ungarn einschließlich Siebenbürgens und dem größten Teil Slawoniens, allerdings unter Ausschluß des Temescher Banats, erhalten sollte.[21]

Die Rückeroberung Ungarns wird von den Zeitgenossen und vor allem von der ungarischen Geschichtsschreibung nicht nur als ersehnte Befreiung vom türkischen Joch aufgefaßt worden sein. Vielfach sind der habsburgische Absolutismus und seine Auswirkung in den »Neoacquisita« auf Kritik gestoßen; es gab konfessionellen und steuerlichen Druck, es gab Gerichtsurteile gegen unbotmäßige Untertanen. Die zweifellos vorhandene Erbitterung über die neuen Herrn führte zu Bauernaufständen und schließlich zur Rebellion des jungen Franz II. Rákóczi, einem Nachkommen von Teilnehmern der Magnatenverschwörung. Zusammen mit anderen Adeligen plante er eine Wiederholung dieser früheren Unternehmung zur Rettung Ungarns und wandte sich an Ludwig XIV. von Frankreich um Unterstützung. Die oft als nationaler Freiheitskampf bezeichnete Aktion Rákóczis lief fast gleichzeitig mit dem Spanischen Erbfolgekrieg ab und war daher für die Habsburger doppelt gefährlich. Nachdem im Juni 1703 dieser neuerliche Kuruzzenaufstand ausgebrochen war, wählte der Karlsburger Landtag im Sommer 1704 Rákóczi zum Fürsten von Siebenbürgen; ein Jahr später riefen ihn die ungarischen Stände zum Fürsten von Ungarn aus. Nachdem der Reichstag von Ónod 1707 die Absetzung der Habsburger ausgesprochen hatte, wurden die Kuruzzen militärisch immer mehr in die Defensive gedrängt und 1708 durch General Heister bei Trentschin besiegt. Der Frieden von Sathmar im April 1711 sicherte den Rebellen Amnestie zu und bestätigte die ungarische Glaubensfreiheit. Franz II. Rákóczi machte davon keinen Gebrauch, er ging ins polnische, später ins französische und schließlich ins türkische Exil.[22]

Der Festigung der habsburgischen Herrschaft in Ungarn blieben vorerst nur wenige Friedensjahre für einen gedeihlichen Integrationsprozeß. Seit dem Frieden von Karlowitz erholte sich die Türkei immer mehr, so daß sie gegen Rußland einen recht erfolgreichen Kampf in Bessarabien aufnehmen konnte. Auf Betreiben des Großwesirs Damad Ali wurde auch der Republik Venedig der Krieg erklärt und die Halbinsel Morea erobert. Auf eine diplomatische Intervention Österreichs zugunsten der Venezianer folgte eine schroffe türkische Ablehnung und darauf die österreichische Kriegserklärung. Wieder standen die kaiserlichen Truppen unter Prinz Eugen, der sie im Sommer 1716 bei Peterwardein zum Sieg führte. Im Oktober desselben Jahres wurde die Sumpffestung Temeschwar im Banat genommen, im August 1717 erfolgte schließlich die sicher volkstümlichste aller Waffentaten des Savoyers, die Einnahme der Festung Belgrad, die im bekannten Reitermarsch Ausdruck gefunden hat.[23] Der im Jahr darauf

Die erstmals 1120 in einer polnischen Chronik erwähnte Zipser Burg bei Kirchdrauf hat dem Komitat und der Landschaft den Namen gegeben. Die zunächst einzige ungarische Grenzbefestigung gegen Norden verdankt ihren Ausbau zu einer der stärksten Festungsanlagen in ganz Ungarn König Béla IV. (1235–1270), der damit das Zipser Kapitel beauftragt hatte. Die deutsche Siedlung in der Zips hat schon in ihren Anfängen die Bestimmung erfahren, sich als Städtegemeinschaft zu verwirklichen. Planvoll gegründet und gestaltet, im Regelfall nicht erst aus einer Burgsiedlung abgeleitet, sucht die – seit dem 13. Jahrhundert stadtrechtbegabte – Bürgergemeinde ihren vielfach gefährdeten Weg zwischen Kirche und Herrschaft, als deren Symbol sich die Zipser Burg über die Hernadhochfläche erhebt.

Das Donaubecken ist ein fruchtbares, reizvolles Land mit sanften Bergrücken und weiten Tälern. Die Dimensionen erfordern keine übermäßigen Anstrengungen: der Weinberg erhebt sich am Rande des Dorfes, die sanften Hänge sind leicht zu besteigen.

abgeschlossene Frieden von Passarowitz wurde zum gewaltigen Erfolg für das Haus Österreich, das damit die größte Besitzausdehnung seiner Geschichte erreicht hat. Die neue Grenzziehung entsprach dem Verlauf der militärischen Aktionen: die Pforte mußte das Temescher Banat, den bisher türkisch gebliebenen Teil Syrmiens, die kleine Walachei bis zur Aluta, das nördliche Serbien und einen Grenzstreifen im nördlichen Bosnien an Österreich abtreten. Ein günstiger Handelsvertrag ergänzte diesen großen habsburgischen Sieg, durch den Ungarn noch fester in die Gesamtmonarchie eingebunden wurde.

Diesem ersten Türkenkrieg König Karls III. (VI.) war eine weniger erfolgreiche Fortsetzung gegen Ende seiner Regierungszeit beschieden. In krasser Unterschätzung der osmanischen Möglichkeiten begannen zwar die österreichischen Operationen im Sommer 1737 mit der Eroberung von Nisch, aber dann folgte ein Mißerfolg nach dem anderen. Auch neue Kommandanten – Prinz Eugen war 1736 gestorben – konnten keine Wende bringen, und im Juli 1739 erlitten die Österreicher die Niederlage von Grocka. Auch die folgenden Friedensverhandlungen sahen unsichere und unentschlossene habsburgische Diplomaten. Der österreichische Bevollmächtigte Graf Neipperg gab schließlich die meisten Eroberungen aus dem Friedensschluß von Passarowitz wieder auf, darunter die Festung Belgrad mit Nordserbien sowie dem österreichischen Anteil an Bosnien und die kleine Walachei.[24]

Für Ungarn bedeutsam – wenn auch nicht nur im positiven Sinn – wurden die beiden Türkenkriege Karls III. durch die danach einsetzende Binnenkolonisation in den neu gewonnenen Gebieten, vor allem im Banat. Private Kolonisation durch Prinz Eugen von Savoyen oder den Grafen Mercy wurde ergänzt durch die staatliche, und in drei großen »Schwabenzügen« kamen deutsche Kolonisten nach Ungarn. Unter Karl III., Maria Theresia und Joseph II. wurden deutsche Siedlungsgebiete angelegt, die sich teilweise bis ins 20. Jahrhundert gehalten haben. Auch wenn sie dem Gesamtverband der Länder der Stephanskrone vieles gebracht haben, vor allem in wirtschaftlicher und kultureller Hinsicht, ist die Leistung der »Schwaben« doch auch oft recht kritisch und voreingenommen gesehen worden. Sicher haben sie einiges dazu beigetragen, Ungarn fester an das Haus Österreich zu binden.[25]

Mit dem Tod König Karls III. am 20. Oktober 1740 ist der habsburgische Mannesstamm auch in Ungarn erloschen. Der auf dem Thron folgenden Maria Theresia war die Erbfolge durch die Pragmatische Sanktion von 1713 ermöglicht worden, deren Anerkennung die meisten Mächte Europas ebenso garantiert hatten wie die Stände der Erbkönigreiche und -länder, wie die Habsburgermonarchie oft bezeichnet wurde. Am schwierigsten war die Annahme des Staatsgrundgesetzes, wie es die Pragmatische Sanktion darstellte, naturgemäß in Ungarn gewesen, wo das Mißtrauen gegen die Habsburger jahrhundertelang verwurzelt war. Man ging zwar recht diplomatisch vor, ausschlaggebend war aber sicher der Prestigegewinn König Karls im ersten Türkenkrieg sowie die vorweggenommene Zustimmung von Kroatien im Jahre 1721 und von Siebenbürgen im März 1722. Nach einer mitreißenden Rede des Preßburger Komitatsnotars Franz Szluha nahmen aber auch die »Tafeln« der ungarischen Stände und Magnaten das Gesetz ein-

Ungarn in der frühen Neuzeit.

stimmig an, was für die rechtliche Sicherung der habsburgischen Herrschaft in Ungarn für die nächsten beiden Jahrhunderte von großer Bedeutung war.[26]

Obwohl einige Mächte die frühere Zustimmung mit Waffengewalt rückgängig zu machen suchten, standen die Ungarn zu ihrer Entscheidung und wählten Maria Theresia im Juni 1741, also bereits während des Österreichischen Erbfolgekrieges, in Preßburg zur Königin von Ungarn. In ihrer mehr als schwierigen Lage wandte sie sich gleichzeitig an die ungarischen Stände um Hilfe; am 11. September 1741 stimmte der Adel auf dem Reichstag unter dem Motto »Unser Leben und unser Blut für unsere Königin Maria Theresia« für die militärische Unterstützung. Die ungarischen Regimenter brachten zwar eine Entlastung auf dem Kriegsschauplatz, konnten den Verlust Schlesiens aber auch nicht verhindern. Maria Theresia, deren von der Aufklärung nur am Rande berührte Reformen natürlich auch für Ungarn galten, wurde gerne als Freundin der Ungarn gesehen, wobei aber sicher die Staatsräson im Vordergrund ihrer Überlegungen gestanden hat. Immerhin hat sie die an Polen verpfändeten dreizehn Zipser Städte, den Hafen von Fiume und das unter Militärverwaltung stehende Temescher Banat der Ungarischen Krone zurückgegeben; auch sonst stellt ihre Regierungszeit für die Länder der Stephanskrone eine Zeit des Wiederaufbaus und der Regeneration dar.[27]

Nach dem Tod Maria Theresias bestieg der große Reformer im Sinne der Aufklärung, der bereits seit 1765 als römisch-deutscher Kaiser regierende Joseph II. auch den ungarischen Thron. Wenn er auch die Privilegien der oberen Stände einschränkte und die bürgerlichen und bäuerlichen Unterschichten förderte, so war er in Ungarn doch zeitweise mehr als umstritten. Um nicht durch Eid an alte Rechte gebunden zu sein, ließ er sich nicht zum ungarischen König krönen, sondern die Stephanskrone nach Wien in die Schatzkammer bringen. Der »kalapos király« (König mit Hut) berief auch keinen Reichstag ein und erließ alle Reformen auf dem Verordnungswege. Auch für Ungarn bedeutungsvoll wurden seine Kirchenreformen, das Toleranzpatent von 1781 für Lutheraner, Kalvinisten und Orthodoxe sowie das Judenpatent von 1782, das neue Wege zur Emanzipation dieser Bevölkerungsgruppe eröffnete. Wenig Freunde machte sich der Herrscher bei den rumänischen Leibeigenen des Königreichs Ungarn, die 1784 einen Aufstand wagten. Im selben Jahr erließ Joseph II. das wohl folgenschwerste Dokument für den Bereich der Stephanskrone: Deutsch wurde auch hier zur Amtssprache in der Verwaltung, bei Gericht und in den Schulen, sicher nicht aus einem deutschen Nationalismus heraus, sondern aus Gründen der Nützlichkeit auch im Interesse eines staatlichen Zentralismus. Die Empörung in Ungarn führte zu einer neuen Welle nationaler Begeisterung, im 1788 beginnenden letzten Türkenkrieg Österreichs schwoll der Widerstand an und zur Zeit der 1789 ausgebrochenen Französischen Revolution flammten auch in der Habsburgermonarchie nationale Aufstände auf. Neben den Niederlanden war es vor allem Ungarn, wo sich der Adel offen zu organisieren begann. Noch auf dem Totenbett nahm der König am 26. Januar 1790 die meisten Reformen zurück mit Ausnahme der Toleranz-, Kirchen- und Bauerngesetze. Mit seinem Tod begann aber auch für Ungarn ein neuer Weg im aufgeklärten Absolutismus der Habsburgermonarchie.[28]

Wie sehr Minderheiten das politische, wirtschaftliche und vor allem das kulturelle Leben der Mehrheitsbevölkerung eines Staates beeinflussen können, ist auch am Beispiel Ungarns sehr deutlich abzulesen. Wenn auch die Kulturströmungen von Renaissance und Barock durch die besondere Situation zwischen Türken und Habsburgern gewisse Beschränkungen erfahren haben, so ist das geistige Leben doch sehr stark von Reformation und Gegenreformation geprägt worden. Die Reformation begann sich schon vor der Schlacht von Mohács zu verbreiten, sie wurde jedoch verfolgt und ihre Anhänger durch ein Gesetz von 1523 zum Tod auf dem Scheiterhaufen verurteilt. Durch den Wegfall einer Zentralgewalt nach 1526 ist die überwiegende Mehrheit der Bevölkerung Ungarns protestantisch geworden, obwohl die Könige dem alten Glauben treu blieben. Zuerst stellten die deutschen und ungarischen Städte, dann die Magnaten und Adeligen protestantische Prediger an. Bedeutsam wurde auch der Anschluß vieler Franziskaner an die Reformation, aus deren Reihen wichtige Protestanten gekommen sind, so etwa Matthias Dévai Bíró, der »ungarische Luther«, oder der Bahnbrecher und international berühmte Theologe der reformierten Konfession, Stephan Szegedi Kis, durch dessen Wirken bei den meisten Ungarn das Luthertum durch den Kalvinismus ersetzt wurde. Unter Stephan Báthori setzte dann mit der Berufung der Jesuiten bereits die Gegenbewegung ein, die später von den Habsburgern so sehr gestützte Gegenreformation, die ihrerseits wieder Minderheitsbildungen beschleunigte, wenn auch festgehalten werden muß, daß gerade Siebenbürgen bereits im 16. Jahrhundert ein wichtiges Zentrum des Toleranzgedankens war. Hier sind die »Sachsen« übrigens durch den Kronstädter Stadtpfarrer Johannes Honter zum Luthertum bekehrt worden. Seine »Kirchenordnung aller Deutschen in Sybembürgen« wurde 1550 von der Nationsuniversität aller sächsischen Gemeinden als verbindlich vorgeschrieben. Von den katholischen Reformatoren sei der Jesuit Péter Pázmány erwähnt, der später Erzbischof von Gran wurde und den Großteil des ungarischen Adels wieder der katholischen Kirche zuführte.[29]

Von nationalen und sprachlichen Minderheiten ist Ungarn schon in der frühen Neuzeit geprägt worden wie kaum ein anderes Land. Neben den Kroaten und Slowaken, deren »Emanzipation« zu dieser Zeit noch viele Fragen aufwirft, sowie den Rumänen sind es vor allem die schon seit dem Mittelalter in Ungarn siedelnden Deutschen, die in diesem Zusammenhang interessieren. Auch sie haben wie ihre magyarischen Mitbürger trotz aller zeitbedingten Schwierigkeiten zur Entwicklung des ungarischen Staates in den ersten neuzeitlichen Jahrhunderten viel beigetragen.

Die Deutschen in den Ländern der Ungarischen Krone (1790–1867)

FRIEDRICH GOTTAS

Nationale Erneuerung

Von den vielen, zumeist vom Geist des aufgeklärten Absolutismus getragenen josephinischen Staats- und Wirtschaftsreformen blieb außer dem Toleranz- und dem Leibeigenenpatent vor allem auch jener Anstoß, der an der Wende vom 18. zum 19. Jahrhundert den Prozeß der nationalen Erweckungsbewegung einleitete. Die Ursache hierfür lag darin, daß Kaiser Joseph II. im Jahr 1784 die deutsche Sprache an Stelle der lateinischen zur Verwaltungs- und Amtssprache erhob. Als ein Mittel der Zentralisierung und Vereinheitlichung der Verwaltung gedacht, stieß diese Maßnahme im nicht nur in territorialer und sozialer, sondern vor allem auch in nationaler Hinsicht stark zergliederten Habsburgerreich auf Widerstand. Die josephinische Sprachverordnung wurde vor allem von den Ständen als Fremdbestimmung empfunden – in den böhmischen Ländern ebenso wie in Ungarn. Allerorten wurde das Schreckbild der Germanisierung heraufbeschworen.

Wenn dieser Spracherlaß auch keine germanisierenden Ziele verfolgte, so war er doch eine wesentliche Ursache dafür, daß die nichtdeutschen Völker in der Folge ein eigenes Nationalbewußtsein entwickelten – und dies, obwohl unter Josephs II. Nachfolger Leopold II. die deutsche Amtssprache fiel. Dieses vorerst mit den Mitteln der eigenen Sprache erneuerte nationale Selbstbewußtsein bedeutete damals freilich noch keinen »Nationalismus« im Sinne der revolutionären Ideen von 1789. Der Nationalismus sollte das beherrschende Thema erst des folgenden Jahrhunderts werden.

In Ungarn begann die Ende des 18. Jahrhunderts einsetzende nationale Erneuerungsbewegung mit der magyarischen geistig-literarischen Reformbewegung um den Schriftsteller und Philosophen György Bessenyei (1747–1811), der die Hauptgestalt des ersten Abschnitts der ungarischen Aufklärung war. Sein Bestreben sowie das der übrigen Reformer war es, sich bei der Verbreitung der aufklärerisch-fortschrittlichen Ideen der Sprache des Volkes zu bedienen. Dazu war es notwendig, die magyarische Sprache und Literatur nach westlichen Vorbildern zu erneuern.

In der Folge bildeten sich zwei literarische Gruppen: die eine sammelte sich um Ferenc Kazinczy (1759–1831), Schriftsteller und Kopf des ungarischen Geisteslebens zu Beginn des 19. Jahrhunderts, die andere stand unter der Führung des Dichters Sándor Kisfaludy (1772–1844) und war der klassischen lateinischen Literatur verpflichtet. Indem gerade diese lateinisch gebildete Reformgruppe sich der eigenen Sprache zuwandte, begann sie das magyarische Volkstum mit dem ungarischen Land und der »natio hungarica« gleichzusetzen.

Dabei mußten die Reformer feststellen, daß die Magyaren im vielsprachigen Ungarn in der Minderheit waren. Kisfaludy beschrieb diese Entdeckung auf einer Reise durch Siebenbürgen 1792 folgendermaßen: »Auf meiner Reise durch Ungarn ... habe ich ... mehr Slowaken, Schwaben, Walachen und Deutsche angetroffen als Ungarn. Als ich die gleichen Verhältnisse in Siebenbürgen sah, schrie ich auf ... : Verloren ist das ungarische Volk ... [So] habe ich mich entschlossen, daß ich ... die Kraft erwecke, mit der ich unsere untergehende ungarische Nation durch ungarische Sprache, Gefühl und Schrift weiter am Leben erhalte.«[1]

Der Gedanke des Nationalstaates, ein Ergebnis der Französischen Revolution, wurde nun von den magyarischen Reformern aufgegriffen. Die Erreichung der einheitlichen ungarisch-magyarischen Nation schien ihnen nur durch die Assimilierung der Nichtmagyaren an das Magyarentum möglich. Kazinczy formulierte das in dem in Wien erscheinenden ungarischen Blatt *Hadi és más nevezetes történetek* (Kriegs- und andere berühmte Geschichten) wie folgt: »Wenn die ungarische Sprache eingeführt wird ... wird unsere Nation erst zu einer selbständigen Nation. Die Sprache wird zu einer ewigen Mauer, die zwischen Ungarn und dem Nichtungarn aufgerichtet ist, der Fremde wird entweder Ungar werden oder er mag untergehen.«[2] Als sich Anfang der vierziger Jahre des 19. Jahrhunderts bereits abzeichnete, daß die magyarische Sprache an Stelle der lateinischen zur Amtssprache werden würde, stellte 1842 Kisfaludy fest: »Die Folge werden in einem Vierteljahrhundert 12 Millionen Ungarn sein. Von dieser großen und schönen Ernte ist, ich kann es mit Stolz feststellen, wenigstens eine Garbe mein Verdienst.«[3]

Das Ergebnis der Reformarbeit war also ein zweifaches: einerseits erfolgte bereits in der nachfolgenden Generation ein großartiger Aufschwung der magyarischen Literatur – genannt seien etwa der Dramatiker József Katona (1791–1832), der Romanschriftsteller Baron Miklós Jósika (1794–1865) sowie der Dichter Mihály Vörösmarty (1800 bis 1855); andererseits barg die Arbeit der Reformer auch den Keim für die Nationalitätenkämpfe des 19. Jahrhunderts in sich. Dabei konnten die nichtmagyarischen Völker und Volksgruppen zwischen den Möglichkeiten »wählen«, entweder sich selbst aufzugeben oder gegen den magyarischen Assimilationsanspruch aufzutreten.

Ganz allgemein ist festzustellen, daß dies kaum eine Gegenbewegung der Deutschen hervorrief, was zweifellos auch dadurch verhindert wurde, daß die Deutschen im Lande verstreut lebten, teils als Leibeigene, teils als Privilegierte in ihrer jeweiligen Gegend, teils als Bürger der königlichen Freistädte. Diasporasituation und unterschiedliche gesellschaftliche Stellung waren einem akkordierten Handeln der Deutschen also nicht förderlich. Die große Mehrheit der »schwäbischen« Neusiedler aus dem 18. und beginnenden 19. Jahrhundert war in ihren südungarischen Siedlungsgebieten viel zu stark mit der Schaffung und Sicherung ihres wirtschaftlichen Daseins beschäftigt, um die magyarischen Signale der damaligen Zeit überhaupt zu erkennen.

Das städtische Deutschtum hingegen, dessen Ansiedlung zumeist schon auf das Mittelalter zurückging, fühlte in der ersten Phase der Magyarisierung vom ausgehenden 18. Jahrhundert bis in die Reformzeit ungarisch-patriotisch. Dies traf vor allem auf die deutschen Bürger in den oberungarischen Städten zu, weniger auf die Siebenbürger Sachsen. Bei diesem nicht national ausgeprägten Landespatriotismus kann man also noch keineswegs von einer gewaltsamen Assimilierung, sondern eher von einer gesinnungsmäßigen Magyarisierung beziehungsweise von einer spontanen Assimilation an das Magyarentum sprechen.[4] Von diesem Prozeß wurden übrigens nicht nur die Deutschen, sondern auch die anderen nichtmagyarischen Nationalitäten erfaßt.

Die eben beschriebene »Qualität« des Assimilationsprozesses sollte sich im Reformzeitalter (1825–1848) nur unwesentlich verändern. Und doch war mit den vierziger Jahren ein Wendepunkt in der Geschichte der Magyarisierung insofern erreicht, als damals im Zusammenhang mit der Debatte um die Amtssprache, also der Ablösung des Lateinischen durch das Magyarische, eine Auseinandersetzung um den Stellenwert der Sprache einsetzte, an der auch eine Reihe von bedeutenden deutschen Persönlichkeiten aus Ungarn beziehungsweise Siebenbürgen – so etwa Eduard Glatz (1812–1889) oder Stephan Ludwig Roth (1796–1849) – teilnahmen.

Mit Ungarns Eintritt in das Reformzeitalter wandelte sich die literarische Erneuerungsbewegung zur politischen Reformbewegung. Nach jahrzehntelanger Pause wurden in den Jahren 1825 bis 1827 jene Reformvorschläge wieder aufgenommen, die von einigen vom Landtag 1790/91 gebildeten Ausschüssen ausgearbeitet worden waren. Diese Vorschläge juristischen, wirtschaftlichen und kulturellen Charakters, auch Operata genannt, wurden dann zwischen 1828 und 1830 noch einmal überarbeitet und bildeten gleichsam den Kristallisationspunkt für die in Ungarn verstreut entfalteten Reformbestrebungen. Die Operata enthielten unter anderem die Forderung nach einer Verfassung, die die Rechte und Freiheiten der Bürger des Landes wahrt, nach Aufteilung der gesetzgebenden Gewalt zwischen Herrscher und Volksvertretung, nach Kontrolle der Exekutive durch die Volksvertretung und nach weitgehender Selbstverwaltung.

In erster Linie bezweckten diese Reformvorschläge, die rechtlosen Bewohner Ungarns, also die Bauernschaft und das städtische Bürgertum, durch Zugeständnisse zur Unterstützung der politischen Erneuerungsbewegung zu gewinnen. Angeregt, getragen und bis zur Revolution von 1848 betrieben wurde diese Bewegung von einem großen Teil des Adels, wobei neben diesem ungarischen Charakteristikum auch noch die außerordentlich heterogene Basis der adligen Reformer typisch war – Aristokraten, grundbesitzende mittlere Adlige, Adlige mit Kleinbesitz sowie adlige Intelligenz.

Im Zentrum der gesellschaftlichen Pläne der ungarischen liberalen Reformbewegung stand »eine im Verlauf der bürgerlichen Umgestaltung in Europa einzigartige Konzeption des Interessenausgleichs«.[5] Dabei ging es darum, die Interessen der Privilegierten (Adel, Grundbesitzer, Magyaren) mit denen der Unterprivilegierten (Bürger, Leibeigene, Besitzlose, Nichtmagyaren) auszugleichen. Eng verquickt mit dem Programm der gesellschaftlichen Umwandlung war schließlich die bürgerlich-liberale Umgestaltung der Staatstheorie, die Durchsetzung der nationalen Selbstbestimmung. Letztere beinhaltete vor allem den Anspruch auf volle Selbständigkeit gegenüber Wien, die Wiedervereinigung Siebenbürgens mit Ungarn sowie die Verwirklichung der Volksvertretungsgesetzgebung.

An der Spitze der ungarischen liberalen Reformer, die sich in Opposition zu den vom Wiener Hof unterstützten und gelenkten Konservativen befanden, stand Graf István Széchenyi (1791–1860). Széchenyi entstammte einer alten, reichen, dem Hofe immer treu ergebenen Magnatenfamilie; sein Vater, Graf Ferenc Széchényi, war der Begründer des Ungarischen Nationalmuseums. Nach leichtlebigen Jugendjahren in Wien und einer langen Militärdienstzeit führten den jungen Grafen mehrere Reisen nach Deutschland und England, die ihm den immensen wirtschaftlichen und sozialen Rückstand Ungarns gegenüber seinen westlichen Nachbarn vor Augen führten. Széchenyi wandte sich daraufhin mit großem Engagement der Erneuerung seines Landes und Volkes zu. Im November 1825 stiftete er ein Jahreseinkommen aus seinem großen Grundbesitz für die Gründung einer ungarischen Akademie der Wissenschaften. Bald darauf schuf er Zentren in gesellschaftlichem Sinne, so etwa ein Casino (1827) und eine Reihe von Gesellschaften.

Politisch trat Széchenyi vor allem durch seine Flugschriften »Hitel« (Kredit, 1830), »Világ« (Welt, 1831) sowie »Stadium« (1833) vor die Öffentlichkeit. In seinen Arbeiten analysierte er die Krisenerscheinungen der ungarischen Landwirtschaft und unterstrich die Notwendigkeit wirtschaftlicher und sozialer Reformen – von der Modernisierung der veralteten Wirtschaftsweise bis hin zur Abschaffung der Adelsprivilegien. Széchenyis politische Schriften bildeten nicht nur die Voraussetzungen für den Zusammenschluß der Reformbestrebungen, sondern stellten auch eine gewisse Vereinheitlichung der in den einzelnen Komitaten zum Teil abweichend formulierten Ziele der liberalen Ideen dar.

Die führende Rolle Széchenyis im liberalen Oppositionslager sollte mit dem Eintritt von Lajos Kossuth (1802–1894) in die politische Arena ihr Ende finden. Kossuths erstes politisches Auftreten fällt in die Zeit des Landtages von 1832 bis 1836. Damals redigierte der aus einer verarmten kleinadligen Familie im Komitat Zemplén stammende und den Beruf eines Advokaten ausübende Kossuth unter Umgehung der Zensur eine Zeitung, in der Berichte vom Landtag publiziert wurden. Sie sollten sehr rasch eine breite Öffentlichkeit erreichen, die nun die Bestrebungen der liberalen Reformpartei unterstützte. Die Verhaftung Kossuths wegen »regierungsfeindlicher« Betätigung, das darauf folgende Gerichtsverfahren sowie die Verurteilung zu mehrjährigem Gefängnis taten seiner Popularität im Lande allerdings keinen Abbruch. Sie nahm ganz im Gegenteil noch zu, als der begabte Publizist Kossuth im Jahre 1841 die Zeitung *Pesti Hírlap* (Pester Journal) gründete und damit der verstreut in Erscheinung tretenden liberalen Bewegung wieder ein wirkungsvolles Forum und Organisationszentrum gab.

Damals traten auch die Gegensätze zwischen Kossuth und Széchenyi offen zutage. Wollte Széchenyi Ungarn auf evolutionärem Wege aus seiner Rückständigkeit herausführen und eine gemäßigte bürgerliche Umgestaltung durchführen, so betrat Kossuth innerhalb der liberalen Oppositionspartei einen radikalen Weg: Er forderte die endgültige Abschaffung des Urbarialwesens, die Beseitigung der adligen Privilegien sowie die wirtschaftliche Selbstbestimmung des Landes. Eine weitere Forderung Kossuths und seiner zumeist nationalistisch eingestellten Anhänger bestand darin, die magyarische Sprache und Nationalität zu verbreiten – ein Umstand, der die Lebensrechte der nichtmagyarischen Nationalitäten in Frage stellte. Ein Ergebnis dieser Bestrebungen war das bereits mehrmals erwähnte Sprachgesetz, welches nach den vorbereitenden Schritten auf den vorangegangenen Landtagen schließlich auf dem Landtag von 1843/44 verabschiedet wurde. Durch dieses Gesetz wurde die magyarische Sprache an Stelle der lateinischen auf fast allen Gebieten des nationalen Lebens zur Amtssprache erhoben: in der Gesetzgebung, bei den staatlichen Behörden, im Unterrichtswesen und in den Kirchen. Die nationale Sprache konnte somit als starkes Bindeglied der Einheit des entstehenden bürgerlichen Staates wirken. Das neue Sprachgesetz bedeutete einerseits die Erfüllung der von magyarischer Seite immer wieder aufgestellten Forderungen, andererseits wurde es aber durch die zwangsweise Ausbreitung der magyarischen Sprache auf die von nationalen Minderheiten bewohnten Landesteile zu einem Mittel der Unterdrückung nichtmagyarischer Völker und führte zu einer Verschärfung der nationalen Gegensätze.[6]

Überhaupt machte der spezielle Charakter Ungarns als Vielvölkerstaat die Realisierung der liberalen Ideen äußerst schwierig. Auf der einen Seite rechneten die Politiker des Interessenausgleichs in der Erreichung ihrer Ziele auch mit der Unterstützung der Nationalitäten, sollten doch Bauernbefreiung und die Ausweitung der politischen Freiheitsrechte auch ihnen zugute kommen. Durch diese Vergünstigungen würden die anderssprachigen Völker – in der Argumentation der damaligen Zeit – schließlich ihre Nationalität aufgeben und sich mit dem Magyarentum verschmelzen. Hinter diesem Assimilationsstreben, und das ist die andere Seite, verbargen sich neben nationalistischen Gedanken auch panische Ängste der Magyaren vor dem nationalen Untergang. Hier liegt wohl der nur tiefenpsychologisch erklärbare Hintergrund für den magyarischen Nationalismus.

Daß die Ängste der Magyaren freilich nicht völlig unbegründet waren, zeigt ein Blick auf die vorhandenen statistischen Daten, die für die erste Hälfte des 19. Jahrhunderts aber noch keineswegs ausreichend und zuverlässig und somit lediglich Annäherungswerte darstellen.[7] Demnach machten in den vierziger Jahren die Magyaren nicht einmal die Hälfte der Gesamtbevölkerung des Landes aus. Unter den etwa vierzehn Millionen Bewohnern Ungarns, seiner Nebenländer, Siebenbürgens und der Militärgrenze waren demnach zirka sechs Millionen Magyaren. Die Zahl der im Lande verstreut wohnenden Deutschen betrug rund 1,3 Millionen. Manche Autoren nennen sogar eine Zahl von fast zwei Millionen Deutschen. Möglicherweise sind in dieser Ziffer die damals in Ungarn lebenden annähernd 240 000 Juden einbezogen. Diese Vermutung beruht auf der Tatsache, daß die Juden in Ungarn – nach ständischer Auffassung als Nationalität geltend – bis in die vierziger Jahre in ihrer Mehrheit deutschsprachig waren. Erst nach ihrer auf dem Landtag von 1839/40 ausgesprochenen Emanzipation, die vor allem wirtschaftliche Rechte betraf, sowie nach der Verabschiedung des Sprachgesetzes begannen sich die Juden zu assimilieren, indem sie die magyarische Sprache übernahmen und sich in die magyarische Gesellschaft integrierten.

Nach den Magyaren waren die Rumänen die zahlenmäßig größte Nationalität des Landes. Ihre Zahl betrug insgesamt 2,2 Millionen (1,2 Millionen in Siebenbürgen sowie eine Million im engeren Ungarn). Im Norden des Landes lebten an die 1,7 Millionen Slowaken und überwiegend in Südungarn 1,2 Millionen der verschiedensten Südslawen, hauptsächlich Serben. Im Nebenland Kroatien wohnten die meisten der 800 000 Kroaten, und außerdem gab es im Lande noch etwa eine halbe Million Karpato-Ukrainer sowie einige zahlenmäßig kleine Nationalitätengruppen. Die angeführten Zahlen illustrieren also sehr deutlich die multinationale Struktur des Landes, die gleichermaßen Auswirkungen hatte auf die Politik der Magyaren – vor allem in Form des magyarischen Nationalismus – wie der Nichtmagyaren, also auch der Deutschen.

Für den magyarischen Nationalismus der damaligen Zeit läßt sich an einem Beispiel zeigen, daß auch der Bereich des protestantischen kirchlichen Lebens davon nicht verschont blieb. Gemeint sind der magyarisch-slowakische evangelische Kulturkampf sowie die in den beginnenden vierziger Jahren auftretenden Bestrebungen zu einer Union der reformierten und der lutherischen Kirche, das heißt der Kirchen Helvetischen und Augsburgischen Bekenntnisses.[8] Die Bemühungen gingen vom Generalinspektor der ungarischen lutherischen Kirche, dem Grafen Károly Zay, aus und verfolgten das Ziel, auf dem Wege der Forcierung der magyarischen Sprache die Magyarisierung der vorwiegend der Kirche Luthers angehörenden Slowaken und Deutschen voranzutreiben.

Durch die Union sollte vor allem der Einfluß »der widerspenstigen slowakischen Evangelischen durch die magyarische kalvinistische Mehrheit ... neutralisiert« werden.[9] Zwei Aussagen von Zay illustrieren vielleicht am besten dessen Absichten: »Protestantismus und Magyarismus gehen Hand in Hand«, und an anderer Stelle: »Seien wir weder Lutheraner noch Calviner, weder Orthodoxe noch Römisch-Katholische, seien wir aber Magyaren.« Besonders am bekenntnismäßig wie national motivierten heftigen Widerstand der slowakischen Lutheraner, die befürchteten, von den magyarischen Kalvinisten majorisiert zu werden, sollte dieser Unionsplan schließlich scheitern.

Dieses Beispiel ist ein Indiz dafür, daß sich damals die im Lande lebenden nichtmagyarischen Völker – hier eben die Slowaken – gegen den magyarischen Nationalismus bereits zu artikulieren wußten. Die sprachlichen und kulturellen Bewegungen der meisten Nationalitäten in Ungarn begannen sich schon um die Jahrhundertwende zu entfalten. In den dreißiger und vierziger Jahren sollten dann die Bemühungen der nichtmagyarischen Völker um ihre Sprachen, ihre Literatur und ihre Geschichte erste Erfolge zeitigen.

So schuf etwa der streng evangelisch-pietistisch erzogene L'udovít Štúr (1815 bis 1856), Schüler der deutschen Romantik und Hegels, 1843 gemeinsam mit den evangelischen Pfarrern Jozef Miloslav Hurban (1817–1888) und Michal Miloslav Hodža (1811 bis 1870) die slowakische Schriftsprache und gründete 1845 eine slowakische Zeitung. Bereits etwas früher erreichte die kroatische Nationalbewegung konkrete Ergebnisse. Führer der illyrischen Bewegung wurde Ljudevit Gaj (1809–1872), der Sohn eines deutschen Apothekers. Gaj war an der Schaffung der serbokroatischen Schriftsprache wesentlich beteiligt. 1834 konnte er trotz des energischen magyarischen Widerstandes die Herausgabe einer politischen und kulturellen Zeitung in kroatischer Sprache durchsetzen.[10] In den vierziger Jahren sollte sich der magyarisch-kroatische Gegensatz dann immer mehr vertiefen.

Nationale Bestrebungen gab es in dieser Zeit auch bei den Serben. Die bedeutendste Persönlichkeit in der serbischen Kultur- und Geistesgeschichte der ersten Hälfte des

19. Jahrhunderts war der Sprachforscher und -reformer, Volksliedsammler und Historiker Vuk Stefanović Karadžić (1787–1864).

Anders als bei den angeführten nichtmagyarischen Nationalitäten ist in den vierziger Jahren eine deutsche nationale Bewegung kaum zu konstatieren. Aufgrund der verstreuten Lage ihrer Siedlungsgebiete und der unterschiedlichen sozialen Struktur stellten die Deutschen als nationale Gruppe keine »Gefahr« für die Magyaren dar. Sehr wohl gab es aber, etwa mit Glatz und Roth, im ausgehenden ungarischen Vormärz einzelne Stimmen aus dem Deutschtum Ungarns und Siebenbürgens, die sich zu einer Reihe von Problemen der damaligen Zeit wie den Magyarisierungsbestrebungen, der Rolle und Aufgabe des Ungarndeutschtums oder zum politischen Kampf um die Sprache kritisch äußerten. Zu diesen zählt auch der Preßburger Schulmann Tobias Gottfried Schröer (1791–1850).

Schröer war Professor für deutsche Sprache und Literatur, für Rhetorik und Geschichte am evangelischen Lyzeum seiner Vaterstadt. Sein umfangreiches literarisches Werk umfaßte sowohl wissenschaftliche wie auch poetische und dramatische Arbeiten, die teils in deutscher, teils in lateinischer Sprache erschienen waren. Beeindruckt durch das politische Auftreten Széchenyis und besonders durch dessen 1830 publizierte Schrift »Hitel« veröffentlichte Schröer im Jahre 1833 unter einem Pseudonym in Leipzig seine Arbeit »Über Erziehung und Unterricht in Ungarn«. Darin bezog auch er zum Problem der Magyarisierung Stellung. So stimmte Schröer, dessen Haus einen kulturellen Mittelpunkt des Preßburger Deutschtums darstellte, überraschenderweise den magyarischen Bemühungen zu, daß das Lateinische aus Schule und Öffentlichkeit zu verbannen sei und an dessen Stelle auch für die nichtmagyarischen Bewohner Ungarns einzig und allein die magyarische Sprache zu treten habe.

Er begründete diese Haltung damit, daß die nichtmagyarische Bevölkerung des Landes angeblich »eines besonderen eigenen Volkscharakters« ermangelt. Es handle sich vielmehr um »teils eingewanderte, teils von größeren Völkerschaften zurückgebliebene Ansiedler, die keinen Sinn für Nationalität behalten haben, auch an den Interessen ihrer Nationen, von denen sie abstammen, außer Lande keinen Anteil nehmen«. Ferner, weil »sie sich ihrer Nationalität schämen und es gerne sehen, wenn man sie für echte Magyaren hält … Ja, schon bei der Jugend findet man auffallende Vorliebe für alles Magyarische.«[11] Lediglich eine Beschränkung machte Schröer. Die Magyarisierung dürfe nicht durch Zwang erfolgen, denn Zwang errege aus bloßem Eigensinn Widerstand. Ferner dürfe sie nicht übereilt werden. In wenigen Jahren, wie sich dies die Magyaren vorstellten, sei das Ziel keineswegs zu erreichen, dazu benötige man wenigstens ein Menschenalter.

Diese aus der Feder eines so namhaften Vertreters des Deutschtums in Ungarn stammende Stellungnahme mag verblüffen. Der scheinbare Widerspruch – hier Pflege deutschen Bewußtseins, dort Eintreten für die magyarische Sprache – ist damit zu erklären, daß Schröer eine typische, nämlich schwankende, national zum Teil indifferente Haltung des deutschen Elementes in Ungarn verkörperte. In diesem Zusammenhang ist hinzuweisen auf eine Arbeit des deutschen Südosteuropaforschers und Kulturhistorikers Fritz Valjavec (1909–1960) über die Entstehung des deutschen Volksbewußtseins in Ungarn, in der dieser Fachmann für die weit verzweigten Probleme der deutsch-ungarischen Beziehungen die Meinung vertritt, daß »Schröer seine Ansicht in völkischen Fragen dreimal gewechselt« habe.

»In seiner Jugendzeit im weltbürgerlichen Klassizismus verwurzelt, war er von einem deutschen Kulturbewußtsein erfüllt, das freilich unpolitisch war. Die Wucht der ungarischen Reformbewegungen, das liberale Programm ›zeitgemäßer‹ Zielsetzungen, die Macht der nationalen Dynamik scheint ihn dann am Anfang der 30er Jahre mitgerissen zu haben, woraus sich ein stärkeres Verständnis für die ungarische Sprachpolitik, die angestrebte Vorherrschaft der magyarischen Sprache ergab. Die weiteren Vorstöße und Erfolge des ungarischen Nationalismus scheinen aber dann bei ihm zu einer gewissen psychologischen Reaktion geführt zu haben, so daß er später wieder die sprachlichen Rechte der nichtmagyarischen Volksgruppen, vor allem die des Deutschtums, in einer mutigen Weise verteidigte.«

Valjavec gelangt zu der zweifellos richtigen Erkenntnis, »daß sich das deutsche Bürgertum Ungarns in der gärenden Zeit des nationalen Aufbruchs des magyarischen Volkes eben nicht sofort zurechtgefunden habe, ganz besonders deshalb nicht, weil dieser Aufbruch gleichzeitig liberale Ideen verkündete, die dem deutschen Bürgertum an sich sympathisch sein mußten. Erst nach längeren Tastversuchen gewann es Klarheit und Überblick über die für das Deutschtum in Ungarn so gefährliche Verkoppelung liberaler und nationalistischer Tendenzen in der ungarischen Reformbewegung und der ungarischen Politik. Für dieses Widerspiel der psychologischen Kräfte mit allen ihren Gegensätzen und Schwankungen sei gerade die völkische Entwicklung Schröers ein bezeichnendes Beispiel.«[12]

Einen anderen Typus stellt Eduard Glatz dar, der beispielhaft geworden ist für die politische Haltung jener Deutschen in Ungarn, die ihrem angestammten Volkstum unter allen Umständen die Treue zu halten bereit waren. Der namhafte Publizist, der zweifelsohne zu den wichtigsten Vertretern des Deutschtums im Ungarn des Vormärz zählt, gehörte in seiner Preßburger Zeit – mit Unterbrechungen zwischen 1824 und 1844 – zum Kreis um Schröer. Glatz war der Sohn des aus der Zips stammenden Theologen, Pädagogen und Schriftstellers Jakob Glatz (1776–1831), der bereits an der Wende vom 18. zum 19. Jahrhundert Einfluß auf die Entwicklung des deutschen Volksbewußtseins in Ungarn nahm und als erster in seinen Schriften die Andersartigkeit der Deutschen in Ungarn angesprochen und ihre Eigenart hervorgehoben hat.

Geprägt durch das geistig überaus regsame protestantische Vaterhaus, ausgebildet als Theologe und bewährt als Gymnasiallehrer, bezog Eduard Glatz Anfang der vierziger Jahre Stellung zu aktuellen Problemen. Noch bevor er im Herbst 1844 nach Pest ging und die seit Ende März 1845 erscheinende politische *Pester Zeitung* als verantwortlicher Redakteur zu leiten begann, hatte er drei Werke in Buchform herausgebracht. 1842 erschienen anonym in Leipzig die »Deutschen Xenien aus und für Ungarn«, 1843, ebenfalls anonym in Leipzig »Das deutsche Element in Ungarn und seine Aufgabe. Eine Zeitfrage, besprochen von einem Deutschungar« und 1844 unter seinem Namen in Leipzig »Portfolio oder Beiträge zur Beleuchtung ungarischer Zeitfragen«.

In den »Deutschen Xenien«, denen auch einige gereimte »Schwänke« und Allegorien beigegeben waren, geißelt Glatz die Magyarisierungsbestrebungen seiner Zeit etwa in der Art des Vierzeilers:

»Alle wollt Ihr zwar bekehren, doch am meisten kommt gelegen
Euch ein Deutscher, ein geschulter, der zum Ungar sich läßt prägen.
Schade nur, daß von der Kreuzung edle Zucht nicht zu erwarten,
Denn die Rasse, hör ich sagen, soll im zweiten Wurf entarten.«

Freilich können die „Xenien« kaum als Meisterwerke der Wortkunst bewertet werden, dessen scheint sich auch der Dichter bewußt gewesen zu sein. Nur so ist die Glosse über sich sowie über die damals in großer Eile erbrachten ungarischen Sprach- und Schulreformgesetze zu verstehen:

»Ja, meinen Versen fehlt die Feile.
Ob mancher auch das Ohr verletze,
Was tut's? Sie sind ein Kind der Eile,
Ich mache sie, wie Ihr – Gesetze.«[13]

Der Prosastil von Glatz dagegen ist gewandt und reich an Sprachschatz, seine Ausdrucksweise zwar bildungsgesättigt, aber doch nicht übertrieben gelehrt. In seiner Schrift »Das deutsche Element in Ungarn und seine Aufgabe« schildert Glatz zunächst die historische Entwicklung des ungarländischen Deutschtums von den Anfängen bis zu seiner Zeit. Dabei ist er bestrebt aufzuzeigen, daß dieses Deutschtum »den eigentlichen zivilisatorischen Kitt bilde, durch den Ungarn den europäischen Kernlandschaften angeschlossen worden sei«. Es hieße »diese Leistung vieler Jahrhunderte aufs Spiel setzen«, meint er, »wolle sich Ungarn jetzt politisch und kulturell vom Herzen Europas loslösen und die Eigenstaatlichkeit auf rein nationaler Basis anstreben«.

In seinem Überblick über die zahlenmäßige und geistige Stärke des Deutschtums in Ungarn kommt der Autor freilich auch darauf zu sprechen, daß das deutsche Bürgertum sich magyarisieren lasse. »Unsere Städte sind aber den größten Teil nach noch deutsch, und zwar so deutsch, daß sie kaum noch irgendein Merkmal der Magyarisierung verraten (in Preßburg zum Beispiel ist jedes dritte Jahr Landtag und die ganze Kraft des Magyarismus, der sich von Zeit zu Zeit in seinen Mauern versammelt, glitt erfolglos an dessen Einwohnern ab), die Industrie in unserem Vaterlande ist deutsch, der Handel seinem Wesen nach deutsch.«

Sodann beschäftigt sich Glatz im Detail mit der in den beginnenden vierziger Jahren geplanten großen Schulreform, dem Hauptwerkzeug der Magyarisierungspolitik, um zu folgendem Schluß zu kommen: »Wir haben nichts gegen die ungarische Sprache als solche. Es ist eine schöne Sprache, volltönend und kräftig im Rate der Männer, von süßer, einschmeichelnder Melodie im Munde des liebenden Mädchens, wohl wert, daß mit ganzer Seele der Magyare an ihr hänge und stolz sei auf sie. Auch der Slawe, Deutsche in Ungarn mag sie gern lernen und sprechen, wenn sie ihm nicht verleidet wird durch Angriffe auf die seine, an der auch er treu und begeistert hängt. Auch den Magyarismus begrüßen wir freudig als erhöhtes Nationalgefühl der Magyaren, solang er daheim bleibt und sich redlich nährt im Vaterlande. Wenn er aber, zu blindem Rausche gesteigert, täppisch verletzend über seine Schranken greift, treten wir mit blankem Schilde der Abwehr ihm gerüstet entgegen.«[14]

In seinem umfangreichsten Werk »Portfolio oder Beiträge zur Beleuchtung ungarischer Zeitfragen« wandelte Glatz die Themen der eben skizzierten Schrift zunächst in einer neuen Form ab. Das »Portfolio« besteht aus drei Teilen, wobei der Verfasser im ersten Abschnitt wieder »Den Gesetzvorschlag über Volkserziehung«, das heißt die geplante ungarische Schulreform behandelt. Er tut dies auf eine höchst fachmännische Weise, die nicht nur von seiner Belesenheit und gediegenen Bildung zeugt, sondern auch von seiner reichen praktischen Erfahrung auf dem Gebiet der Pädagogik. Im zweiten Teil des »Portfolio« widmete sich Glatz dem Sonderthema »National- und Unterrichtssprache«. Er vertritt darin den Standpunkt, daß »das einfache Volk überall auf der Welt nur in seiner Muttersprache gebildet werden könne«, und leitet daraus die Forderung nach deutschen Volksschulen für die deutschsprachigen Bewohner Ungarns ab. Freilich müsse in allen höheren Schulen mit deutscher Unterrichtssprache die magyarische Sprache gelehrt werden, und der Unterricht müsse so beschaffen sein, daß der Schüler »mit einer genügenden Kenntnis des Magyarischen die Schule verlasse«.

Andererseits fordert Glatz, daß in den gleichrangigen Schulen mit magyarischer Unterrichtssprache auch »der deutschen als ›Kultursprache‹ von größter Wichtigkeit« für die Bevölkerung von Ungarn eine »gebührende Stelle im Unterrichtswesen zuerkannt werde. Alle unsere ausgezeichneten Schriftsteller, Dichter, Redner, Politiker, Staatsmänner sind deutsch gebildet und haben uns zugleich den Beweis geliefert – was die Ängstlichen beruhigen möge –, daß man Deutsch lernen könne, ohne sich zu germanisieren, ohne eine Einbuße an Patriotismus und Nationalität zu erleiden«.[15]

Im dritten Teil seines »Portfolio« schließlich behandelt Glatz die »Deutsche Einwanderung in Ungarn« beziehungsweise in den Südosten Europas. Dabei bezog er sich auf jene Aktion, die das Ziel verfolgte, eine größere Anzahl von württembergischen Bauern in Siebenbürgen anzusiedeln, um mit ihrer Hilfe eine Verbesserung der Landwirtschaft unter den Sachsen zu erreichen. Stephan Ludwig Roth fiel bei dieser Schwabenkolonisation, der letzten deutschen Kolonisation Siebenbürgens, eine entscheidende Aufgabe zu. Er leitete diese Aktion ein, die übrigens nur teilweise erfolgreich war, da im Laufe des Frühjahres 1846 lediglich 407 schwäbische Familien mit insgesamt 1886 Mitgliedern in Siebenbürgen eintrafen.[16]

Genau wie Roth war auch Glatz der Meinung, daß es »in dem wohlverstandenen Interesse Ungarns sowohl als Deutschlands liege«, von der großen deutschen Emigrationswelle, die sich um diese Zeit jährlich nach Amerika ergoß, »wenigstens einen Arm nach Ungarn und den europäischen Südosten abzuleiten«. Im Gegensatz zu Roth, der diese Einwanderung in erster Linie aus ökonomischen Gründen herbeizuführen beabsichtigte, schwangen bei Glatz auch ausgesprochen politische Überlegungen mit. So vertrat er etwa die Ansicht, »daß es ein gemeinsames Anliegen Deutschlands wie auch Ungarns sein müsse, die offene ungarische Südgrenze durch eine dichte, wohlgesinnte und verläßliche Bevölkerung gegen alle Eventualitäten zu schützen«. Deren Schauplatz könnte das Osmanische Reich sein, womit Glatz vor allem den ganzen unruhigen Balkan meinte.

Ihm schienen deutsche Ansiedler am besten dafür geeignet zu sein, an der ungarischen Südgrenze einen Schutzgürtel zu errichten. Den Bedenken der Ungarn gegen die deutsche Einwanderung suchte Glatz zu begegnen, indem er sich auf das Werk des Nationalökonomen Friedrich List (1789–1846) berief. Dieser war in Wort und Schrift für eine deutsche Auswanderung nach Ungarn eingetreten. Freilich unterschieden sich die Ansichten von Glatz und List in jenem Punkt, in dem es um eine mögliche Magyarisierung der deutschen Immigranten ging. Trat List kategorisch dafür ein, war Glatz teils der Meinung, »daß sich die Einwanderer ihrer Muttersprache nicht zu entäußern brauchen, am allerwenigsten dann, wenn sie einer höheren Stufe der Kultur teilhaftig bleiben wollen«. Teils gab er auch einem »besonnenen Magyarismus« die Chance, »daß er, wenn er sich nicht selbst ins Gesicht schlägt, die anderen nationalen Elemente sich immer näher auf naturgemäßem und loyalem Weg befreunden und, je mehr er sie sich befreundet, auch assimilieren wird. Auch die einwandernden Deutschen werden sich der Assimilierungskraft der herrschenden Nationalität nicht entziehen, sowenig wie die einheimischen. Die Einwanderung führt vielmehr dem Magyarismus, der auf Werbung ausgezogen, neue Rekruten zu.«[17]

Tobias Gottfried Schröer und Eduard Glatz waren aber nicht die einzigen repräsentativen Vertreter des Deutschtums im Ungarn beziehungsweise Siebenbürgen der damaligen Zeit. In diese Reihe gehört zweifellos auch der sächsische Pädagoge und evangelische Pfarrer, Nationalitätenpolitiker und Publizist Stephan Ludwig Roth. In seinem vielfältigen Wirken – etwa als von den revolutionären Methoden des schweizerischen Pädagogen Johann Heinrich Pestalozzi (1746–1827) stark beeinflußter Reformator des rückständigen sächsischen Schulwesens oder als Vordenker im volks- und landwirtschaftlichen Bereich – nahmen nationalitätenpolitische Fragestellungen einen zentralen Stellenwert ein. So forderte er neben der Abschaffung der Leibeigenschaft auch die Gleichberechtigung für alle Nationen Siebenbürgens, besonders für die damals noch rechtlose rumänische Bevölkerung. Diese Haltung kommt sehr deutlich auch im Zusammenhang mit der Anfang der vierziger Jahre immer aktueller werdenden Sprachenfrage zum Ausdruck.

Die Ursache für das Entstehen dieser Frage liegt in dem schon mehrfach angesprochenen magyarischen Nationalismus, der zunehmend erstarkte und von dem auch die überwiegende Mehrheit der Abgeordneten des im November 1841 in Klausenburg zusammentretenden und im Februar 1843 geschlossenen siebenbürgischen Landtages ergriffen wurde. In diesem Zusammenhang sei darauf hingewiesen, daß Siebenbürgen in der ersten Hälfte des 19. Jahrhunderts ein Großfürstentum bildete und somit ein vom Königreich Ungarn getrenntes staatspolitisches Gebilde darstellte. Das Großfürstentum stand – genau wie Ungarn auch – unter habsburgischer Herrschaft. Es wurde vom öster-

Großau im Gebiet von Hermannstadt läßt noch heute deutlich die charakteristische Siedlungsstruktur der deutschen Dörfer in Siebenbürgen erkennen: die Giebelseiten der Häuser und die Hofmauern mit den großen Toren bilden eine geschlossene Straßenfront. Auf der Rückseite erstrecken sich weit nach hinten die Höfe mit den Wirtschaftsgebäuden. Der Ort, 1223 bereits urkundlich erwähnt als »Insula cristiana«, wurde 1493 von den Türken niedergebrannt. In der ersten Hälfte des 18. Jahrhunderts trafen hier Gruppen von »Landlern« aus dem Salzkammergut ein, die im Zuge gegenreformatorischer Maßnahmen auf dem Wasserweg nach Temeschwar gebracht und dann in Siebenbürgen zwangsangesiedelt wurden.

Hermannstadt, 1223 erstmals als »Hermannsdorf« beurkundet, wächst im Laufe der Jahrhunderte als Sitz unter anderem des »Sachsengrafen« und im 17. Jahrhundert als Zentrum des Fürstentums Siebenbürgen in die Aufgaben einer Hauptstadt. Zwischen Kirchen, Türmen und Torbogen erscheint der Kleine Ring als Sinnbild sächsischer Selbstbehauptung auch in der neuesten Zeit. Das Palais des 1491 verstorbenen Hermannstädter Bürgermeisters Thomas Altemberger (1470–1490) wurde im 16. Jahrhundert städtisches Rathaus. Altemberger war zwar nicht »Sachsengraf«, nicht der höchste Repräsentant seines Volkes, gilt aber als der »Architekt« der siebenbürgisch-sächsischen »Nationsuniversität«, nachdem er 1486 die Bestätigung des Andreanischen Freibriefes von 1224 für alle deutschen Siedlungsgebiete in Siebenbürgen durch König Matthias Corvinus erwirkt hatte.

reichischen Kaiser durch die sogenannte siebenbürgische Hofkanzlei in Wien regiert, besaß aber durch den vom Kaiser fallweise einberufenen siebenbürgischen Landtag eine Art Selbstregierung. In diesem Landtag waren herkömmlicherweise die drei sogenannten Nationen oder privilegierten Stände des ungarischen Adels, der freien Szekler und der Sachsen vertreten. Vorerst noch keine politische Vertretung besaßen die Rumänen, da sie nicht zu den drei siebenbürgischen Nationen gehörten.

Auf dem siebenbürgischen Landtag des Jahres 1842 in Klausenburg hatte das kleine Häuflein von 35 sächsischen Abgeordneten gegenüber dem zahlenmäßigen Übergewicht von 275 Vertretern des ungarischen Adels und der Szekler einen schweren Stand. Diese hatten seit Jahren schon die politische Wiedervereinigung Siebenbürgens mit Ungarn, die sogenannte Union, gefordert. Als Vorbereitung dazu sollte die Erhebung des Magyarischen zur allgemeinen Landessprache dienen. Demgegenüber verteidigte Roth, der übrigens nicht zu den deutschen Abgeordneten des Klausenburger Landtags gehörte, in seiner 1842 in Kronstadt erschienenen Schrift »Der Sprachkampf in Siebenbürgen. Eine Beleuchtung des Woher und Wohin?« vehement das Recht der nichtmagyarischen Siebenbürger auf die deutsche und rumänische Sprache. Die in acht Kapitel gegliederte Schrift löste den ersten Zusammenstoß Roths mit den Magyaren aus.

Im ersten Abschnitt weist Roth auf die im Vergleich mit den übrigen Landesbewohnern verhältnismäßig geringe Volkszahl der Magyaren in Ungarn und in Siebenbürgen hin. Um dieses Mißverhältnis in der Zukunft aus der Welt zu schaffen, seien die Magyaren auf das »Mittel« der Magyarisierung der anderen dort lebenden Völker verfallen. Sie zu verwirklichen, sollte vor allem mit Hilfe der magyarischen Sprache versucht werden. Gegen diese Absicht spricht sich Roth im dritten Kapitel seiner Schrift aus, das er mit dem Titel »Die Unnötigkeit der Magyarisierung und ihre Unvorteilhaftigkeit« überschreibt. Roth hält die »Sprachverschiedenheit« Siebenbürgens vielmehr »für eine Begünstigung des Himmels, für einen Vorteil für das magyarische Volk und für uns alle. Man sollte diese Verschiedenheit herbeiwünschen, wäre sie nicht bereits auf dem Wege der Ereignisse faktisch vorhanden. Die Magyarisierung der Neben- und Mitvölker hat daher nicht Not, sie ist für den Charakter und Sprache der Magyaren, also für ihre Nationalität, kein unumgängliches Bedürfnis wie Feuer und Wasser.«[18]

Am Beginn des folgenden Abschnitts tritt Roth massiv für die Beibehaltung des »toten« Latein als Diplomatensprache ein, weil er nicht weiß, »ob die Sprache der Magyaren bereits so ausgebildet sei, um für alle Bedürfnisse der damaligen Kultur auszureichen«. Und Roth weiter: »Soviel höre ich aber von klügeren und verständigeren Männern, daß es der magyarischen Sprache weder Schaden noch Schande gebracht hätte, wenn sie die alte lateinische Gouvernante, wenigstens eine Zeitlang noch, als Gesellschaftsfräulein beibehalten hätte, ehe man jene zur alleinigen und ausschließlichen Dolmetscherin zwischen Thron und Land, Volk und Völker gestellt hätte.«[19] Gerade dieser Vorschlag Roths sollte vehemente Kritik von magyarischer Seite hervorrufen. Dasselbe trifft auf das sechste Kapitel zu, das dem »Panslawismus, oder Walachen und Adel« gewidmet ist. Gleich eingangs heißt es da: »Die Herren auf dem Landtage in Klausenburg mögen eine Kanzleisprache [nämlich die magyarische] gebäret haben und sich

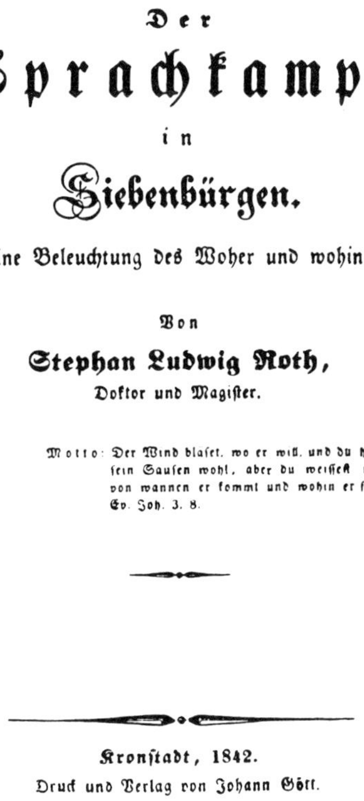

Der
Sprachkampf
in
Siebenbürgen.
Eine Beleuchtung des Woher und wohin?

Von
Stephan Ludwig Roth,
Doktor und Magister.

Motto: Der Wind blaset, wo er will, und du hörest sein Sausen wohl, aber du weissest nicht, von wannen er kommt und wohin er fahrt. Ev. Joh. 3. 8.

Kronstadt, 1842.
Druck und Verlag von Johann Gött.

Der sächsische Pfarrer und Pädagoge Stephan Ludwig Roth (1796–1849) trat für die Gleichberechtigung aller nationalen Gruppen in Siebenbürgen ein. Vehement verteidigte er in seiner Schrift »Der Sprachkampf in Siebenbürgen« das Recht der dort lebenden Ungarn, Deutschen und Rumänen auf ihre jeweilige Muttersprache und geriet damit in Gegensatz zu den Magyaren, die Ungarisch zur allgemeinen Landessprache Siebenbürgens machen wollten. Diese Haltung hat wohl dazu beigetragen, daß der »Revolutionär« Roth 1849 in Klausenburg durch ein ungarisches Standgericht »zum Tode durch Pulver und Blei« verurteilt wurde. Das Urteil wurde am 11. Mai desselben Jahres vollstreckt.

nun freuen, daß das Kind zur Welt gebracht ist – eine Sprache zur Landessprache zu erklären hat nicht Not. Denn eine Landessprache haben wir schon. Es ist nicht die deutsche, aber auch nicht die magyarische, sondern die walachische!« Diese Feststellung resultierte aus folgender Beobachtung: »Sobald zwei verschiedene Nationsgenossen zusammenkommen, die ihre Sprache nicht können, ist gleich das Walachische als dritter Mann zum Dolmetschen da. Man mache eine Reise, man begebe sich auf einen Jahrmarkt. Walachisch kann jedermann. Ehe man den Versuch macht, ob dieser deutsch oder jener magyarisch kann, beginnt die Unterredung in walachischer Sprache.« Ein ähnlicher Gedanke, erweitert durch den quantitativen Aspekt, findet sich im letzten Teil des »Sprachkampfes«: »Sieht man auf die Anzahl der Sprechenden, so muß der allergnädigste Kaiser walachisch zu den Siebenbürgern sprechen.«[20]

In diesem letzten Teil von Roths Schrift geht es dann noch einmal um die Frage, welcher der beiden anderen siebenbürgischen Sprachen – dem Deutschen oder dem Magyarischen – ein Privileg zustehe: »Beruft sich der Magyare zur Erlangung des Vorrechtes und Bevorzugung seiner Sprache auf sein Schwert und die Eroberung: steht es dem Deutschen frei, auf Verträge und Bebauung des Landes zu weisen. Zeigt er auf frühere Beschützung des Landes: wir haben dasselbe getan.« Um weitere Konflikte zu vermeiden, sucht Roth einen gütlichen Ausweg, nämlich den, daß beide Sprachen nebeneinander bestehen mögen. Für eine siebenbürgische Sprachregelung macht er schließlich folgende konkrete Vorschläge: »I. Die Gesetze werden in drei Kolumnen gedruckt, vorne lateinisch, in der Mitte magyarisch, zuletzt deutsch. II. Auf den Landtagen wird [also auch von der sächsischen Minderheit] ausschließlich magyarisch verhandelt.« Punkt III besagt, daß im schriftlichen Verkehr zwischen Deutschen und Magyaren beide Sprachen zulässig sein sollten, notfalls auf die Art, daß jeder Schreiber seine Muttersprache gebraucht und natürlich gewärtig sein muß, die Antwort in der fremden zu erhalten. »IV. Die hohe Landesstelle läßt sich in magyarischer, deutscher, lateinischer und walachischer Sprache schreiben. V. Die Korrespondenz zwischen Thron und Land ist und bleibt Latein. VI. Das Generalkommando als dem deutschen Heerwesen zugeteilt und das Thesaurariat als dem deutschen Herrscher zugehörig, bleibet deutsch.«[21]

Daß sich Roths Anschauungen nicht unbedingt mit der Meinung der offiziellen Führer der Sachsen deckten, zeigte sich bereits im Vorfeld der Debatte über die Sprachenfrage auf dem Klausenburger Landtag. Noch vor diesem einigte man sich bei einer lutherischen Konsistoriumssitzung auf einen einheitlichen Standpunkt in der Frage der Regelung der Amtssprache. Wortführer war Joseph Bedeus von Scharberg (1782 bis 1858), den der Landtag 1837 zum Oberlandeskommissar und somit zum höchstrangigen sächsischen Landesbeamten jener Periode gewählt hatte. Er schlug vor, daß man in Landesangelegenheiten das Magyarische als Amtssprache akzeptieren solle, »denn eigentlich ist dieß für uns ja auch nichts Neues, da schon unter den National-Fürsten alle Geschäfte in der ungrischen Sprache verhandelt, auch die Gesetze ungrisch verfaßt wurden.«[22] Diese zum Ausgleich ermunternden Worte wurden allerdings von den tonangebenden sächsischen Politikern nicht gutgeheißen. Sie stellten sich vielmehr auf den Standpunkt der ständischen Gleichberechtigung, indem sie die völlige Gleichstellung des Deutschen mit dem Magyarischen forderten – eine Haltung, die übrigens auch die sächsischen Landtagsabgeordneten in Klausenburg einnahmen, ohne freilich damit den von magyarischer Seite eingebrachten Gesetzesvorschlag, das Magyarische zur allgemein gültigen Landessprache Siebenbürgens zu erheben, verhindern zu können.

Betrachtet man den chronologischen Ablauf der Ereignisse, so wird klar, daß Roths Anschauungen aus dem »Sprachkampf« den sächsischen Vertretern am Landtag noch nicht bekannt sein konnten. Denn die Debatte über die Sprachenfrage wurde Ende Februar 1842 beendet, und erst im Mai desselben Jahres setzte der seit 1837 als Pfarrer von Nimesch tätige Roth sein »Dixi« unter seine einzige ausgesprochen politische Schrift. Trotzdem stimmten Roth und die führenden sächsischen Politiker weitgehend in ihren Ansichten überein – und zwar in der Sorge um das Schicksal des siebenbürgischen Deutschtums und vor allem auch der deutschen Sprache.

Über die politische Bedeutung hinaus war die Sprache für Roth aus pädagogischen Gründen äußerst wichtig, vertrat er doch die Meinung, daß die sprachliche Erziehung von Kindern zuerst in der Muttersprache zu erfolgen habe; erst dann könne man sie an die Fremdsprachen heranführen. Neben der Überzeugung von der Bedeutung der Muttersprache für jeden Menschen trat Roth auch für die grundsätzliche Gleichberechtigung aller Sprachen innerhalb eines gemischtsprachigen Landes ein. Beide Einstellungen gehen auf den Einfluß Pestalozzis zurück. Geprägt durch seine Schweizer Erfahrungen in den Jahren 1818 bis 1820 verfocht Roth dann zwanzig Jahre später eben im »Sprachkampf« die Gleichstellung der drei siebenbürgischen Sprachen, des Deutschen, des Magyarischen und des Rumänischen, und damit überhaupt die politische Gleichberechtigung der drei Bevölkerungsgruppen.

Aufgrund seines Eintretens für ein gleichberechtigtes Nebeneinander der ethnischen Gruppen Siebenbürgens und ihrer Sprachen wurde Roth in der wissenschaftlichen Literatur zuweilen mit jenen wenigen magyarischen Staatsmännern Ungarns in eine Reihe gestellt, die davor warnten, einen ungarischen Nationalstaat durch Vergewaltigung, das heißt durch forcierte Assimilierung aller Nichtmagyaren errichten zu wollen. Das mutigste Wort in dieser Hinsicht sprach Graf István Széchenyi, der einerseits stark von deutscher Kultur geprägt war und seine Tagebücher bis an sein Lebensende in deutscher Sprache führte, dem aber andererseits besonders die Pflege der magyarischen Sprache am Herzen lag. Dies geht etwa auch aus seinem Ausspruch »nyelvében él a nemzet« (in der Sprache lebt die Nation) sehr schön hervor.[23] Bei aller Begeisterung für das Magyarische aber wurde Széchenyi in erster Linie immer wegen seiner beispielhaft toleranten, einsichtigen und vornehmen Haltung den nichtmagyarischen Völkerschaften gegenüber gerühmt. Seine staatsmännische Größe und Geisteshaltung zeigt sich darin, daß er nicht müde wurde, vor den Irrwegen nationaler Unduldsamkeit zu warnen.

Dies tat er auch in seiner kurze Zeit nach dem Erscheinen von Roths »Sprachkampf« gehaltenen, berühmten Akademierede vom 27. November 1842. Nicht nur wegen der zeitlichen Nähe der Publikation, sondern auch wegen des gleichen Themas, nämlich das der Sprache und deren Pflege, stellte der – ebenso wie Roth – aus Mediasch in Siebenbürgen stammende Historiker Otto Folberth (1896–1991) in seinem Buch »Der Prozeß Stephan Ludwig Roth« Roths »Sprachkampf« und Széchenyis Akademierede einander gegenüber. Das Ergebnis ist deshalb verblüffend, weil der Vergleich von Roths Schrift und Széchenyis Rede viele gedankliche Übereinstimmungen offenbart, etwa die wahren Ursachen des Völkerhaders in Ungarn und in Siebenbürgen betreffend, oder die nationale Intoleranz, die Kunst der Assimilierung oder die Wichtigkeit der geistigen – und nicht der zahlenmäßigen – Überlegenheit. Aus der wesentlich übereinstimmenden Haltung der beiden Männer schließt Folberth, daß eine politische Verständigung zwischen Széchenyi und Roth – im Falle einer Begegnung – möglich gewesen wäre.[24]

Bei dem hochpolitischen Charakter von Roths Schrift darf es nicht verwundern, daß die Reaktionen in der Presse und in der Öffentlichkeit unterschiedlich ausfielen. Roths Zeitgenosse Georg Daniel Teutsch (1817–1893), der Historiker und spätere Sachsenbischof, bekennt, daß der »Sprachkampf« »... durch die Höhe seiner Gesichtspunkte, durch den Adel und die Glut der Darstellung geradezu überwältigend wirkte«. Wie die anderen Schriften Roths sei auch diese ausgezeichnet »durch umfassende Kenntnisse, edelste Wahrheitsliebe, sittlichen Ernst, eine Beherrschung der Sprache und eine volkstümliche Darstellungsgabe, in der keiner seiner Zeit- und Standesgenossen ihn erreichte, die immer anschaulich, klar, schlagend, mit den wärmsten ergreifendsten Tönen zu dem Herzen des Volkes zu reden vermochte«. Und der Roth-Biograph Franz Obert weiß über die Wirkung der Schrift zu berichten: »Die gebildete sächsische Jugend jubelte auf. Es gab kein Haus in den sächsischen Städten, welchem die Schrift unbekannt blieb, kein sächsisches Dorf, in welchem von ihr nicht gesprochen wurde.«[25] Auch in der sächsischen Presse wurde sie mit großer Zustimmung aufgenommen.

Schärfste Zurückweisung hingegen erfuhr Roths »Sprachkampf« sogleich nach dessen Publikation von magyarischer Seite. Folberth führt in diesem Zusammenhang eine Reihe von gegnerischen Stellungnahmen bedeutender ungarischer Politiker und Publizisten an. Ganz vorne reihte sich dabei der Redaktionsstab der Klausenburger Zeitung *Erdélyi Hiradó* (Siebenbürgischer Bote) ein. Dieses Blatt stellte das wichtigste siebenbürgisch-ungarische Journal der Epoche dar und war während des Klausenburger Landtags von 1841 bis 1843 das erklärte Sprachorgan der magyarischen Opposition. Unter den Mitarbeitern ragte der siebenbürgische Baron Zsigmond Kemény (1814 bis 1875) besonders hervor. Der auch als Historiker und Romanschriftsteller bekannt gewordene Kemény sollte nun der erste namhafte Journalist sein, der gegen Roth zu Felde zog und in mehreren Nummern des *Erdélyi Hiradó* im Dezember 1842 einen Aufsatz in drei Teilen über die Sprachenfrage veröffentlichte. Sein Hauptargument gegen Roths Schrift war, daß die Erweckung des ungarischen Sprachbewußtseins durch die Germanisierungsbestrebungen Josephs II. hervorgerufen worden sei. Diesem allein verdanke die magyarische Öffentlichkeit ihr gesteigertes Interesse an der nationalen Literatur, das sich nach zähen Kämpfen auf dem ungarischen Landtag der Jahre 1825 bis 1827 durch die Errichtung einer wissenschaftlichen Gesellschaft – angespielt wird

WIR Ober, und Unter Vorsteher der verei,
nigten Zünften deren bürgl. [illegible] in den Hochgräflichen Markt Wukovar
bescheinen hiermit daß gegenwärtiger Gesell Nahmens [illegible] von [illegible]
[illegible] gebürtig, so 16 Jahr alt und von Statur [illegible] auch [illegible] Harren ist bey
uns alhier = Jahr 24 Wochen in Arbeit gestanden und sich der Zeit über treu fleißig friedsam, und
ehrlich, wie es einen jeden Handwerks Gesellen gebühret verhalten hat, welches wir alle attestiren und dessenthalben unsere
sämtliche Mitmeister diesen Gesellen nach Handwerks Gebrauch überall zu befördern geziemend ersuchen wollen.
Als Obervorsteher Wukovar den 19 April ANNO 1822 Als Untervorsteher
Johan [illegible] Meister wo obiger Gesell in Arbeit gestanden ist [illegible]

Der Gesellenbrief aus dem Jahre 1822 zeigt die Stadt Wukowar, an der Mündung der Vuka in die Donau gelegen, vom Schwabenberg aus. Links der Vuka liegt das nach dem Ende der Türkenherrschaft entstandene Neu-Wukowar mit der Rochuskirche und dem Schloß der Grafen Eltz. Nachdem Maria Theresia Wukowar zur Hauptstadt Syrmiens erklärt hatte, kam es dort zu einer raschen Entwicklung, an der die deutschen Bewohner maßgeblichen Anteil hatten.

WIr Ober. und Unter Vorsteher des ehrsa
men Handwerks deren bürgerlichen Meistern in dem
hochgräflichen Markt Wukowár in Syrmien bescheinigen hiemit daß
gegenwärtiger Gesell Namens von aus Croatien
gebürtig so Jahr alt und von Statur auch Haaren ist
bei uns alhier — Jahr 3 Wochen in Arbeit gestanden und sich solcher Zeit
über treu fleißig friedsam und ehrlich wie es einem jeden ehrlichen Gesellen gebühret
verhalten hat welches wir also attestiren und dessenthalben unsere sammentliche Mitmeister
diesen Gesellen nach Hanwerks gebrauch überall zu befördern geziemend ersuchen
wollen Gegeben in dem hochgräflichen Markt Wukowár im
Syrmier Komitat den im Jahr 1825
Obervorsteher Untervorsteher
Alexa

Der Gesellenbrief aus dem Jahre 1825 zeigt ebenfalls eine zeitgenössische Ansicht von Wukowar, diesmal vom Nordufer der Donau aus. Die Wassermühlen auf dem Fluß waren in dieser Form fast bis zum Ende des Zweiten Weltkrieges in Betrieb. Die Brücke in der Bildmitte ließ Süleyman II. im Jahre 1526 errichten. Unterschrieben haben den Gesellenbrief »Ober- und Untervorsteher des ehrsamen Handwerks«, beide tragen slawische Namen, was darauf hinweist, daß die verschiedenen in der Stadt lebenden Volksgruppen gleichberechtigt waren.

hier auf die Gründung der Ungarischen Akademie der Wissenschaften – belohnt gesehen habe.[26]

Etwas später, im Jahre 1843, folgte dann die kritische Reaktion von Baron Miklós Wesselényi d.J. (1796–1850), und zwar in seinem politischen Hauptwerk »Szózat«, das ein Jahr darauf in deutscher Übersetzung mit dem Titel »Eine Stimme über die ungarische und slawische Nationalität« erschienen ist. Wesselényi, eine in der siebenbürgischen und ungarischen Öffentlichkeit gleichermaßen bekannte Persönlichkeit, kritisierte in seiner Auseinandersetzung mit Roths »Sprachkampf« alles, »was er gegen die von den Sachsen eingenommene politische Haltung im Vormärz, wie sie sich auf dem Klausenburger Landtag von 1842/43 und in der sächsischen Presse manifestiert hatte, vorzubringen hat«. Seine Polemik versuchte die Sachsen darüber zu beruhigen, »daß – genau wie in Kroatien – die ungarische Sprache nicht ihre eigene verdrängen wolle, sondern die lateinische. Im übrigen ist ihm das zähe Festhalten der Sachsen an ihrer deutschen Nationalität völlig unverständlich. Denn an welche größere deutsche Gruppe könnten sie sich einmal anschließen? An die Deutschen in Ungarn? In der Bukowina? In Galizien?«

Von seinem nationalstaatlichen Standpunkt aus folgerte Wesselényi, daß sich die Sachsen »möglichst eng an die ungarische Nation anschließen« sollten. »Durch diesen Anschluß an die ungarische Nation und den Verzicht auf ihre eigene Nationalität würden sie auch der großen deutschen Nation am besten dienen, die dazu berufen sei, einst mit der erstarkten und gefestigten ungarischen Nation zusammen der Bedrohung Europas durch Rußland Widerstand zu leisten.« Trotz eines gewissen Verständnisses, die nichtmagyarischen Nationalitäten im Gebrauch ihrer Sprache außerhalb des staatlichen Lebens, also im privaten Bereich, nicht zu beschränken, trat Wesselényi sehr entschieden für einen magyarischen Einheitsstaat mit einer einzigen politischen Staatssprache ein. Er forderte daher in seinem »Szózat« folgerichtig, »daß die Sprache des öffentlichen Unterrichtes die ungarische sei« und »daß in allen Volksschulen auf dem Lande und in den Städten die ungarische Sprache die Lehr-, in den Kleinkinderbewahranstalten aber die Umgangssprache sei«.[27]

Hatten sich Wesselényi und Kemény, die sich übrigens genau kannten, bereits wenige Monate nach der Publikation von Roths »Sprachkampf« zu Wort gemeldet, so kam es Jahre später zu einer weiteren bedeutungsvollen Erwiderung der Schrift von magyarischer Seite, gleichzeitig der massivsten Kritik. Diese gegnerische Stellungnahme erschien als selbständige Broschüre ohne Nennung eines Verfassers 1847 in Leipzig in deutscher Sprache unter dem Titel »Der Sprachkampf in Siebenbürgen«. Aus dem Vorwort dieser Gegenschrift erfährt man deren Zielsetzungen, etwa jene, der »ungefärbten Wahrheit« Raum zu geben. Inhaltlich folgt die Arbeit im großen und ganzen der Darstellung Roths, indem sie der Reihe nach zu den einzelnen Kapiteln seiner Schrift Stellung bezieht. So heißt es zur von Roth bezweifelten Eignung der magyarischen Sprache als Staatssprache: »Weder die Nation, deren Eigenthum diese Sprache ist, steht an Ideen, Begriffen, Urtheilen und Erfahrungen irgend einer anderen in unserem Welttheil (doch offenbar dem gebildetsten des Erdballs), in irgend einer Weise nach, noch ist die Bildsamkeit und Biegsamkeit der Sprache selbst und ihr Formenreichthum und ihre Wortfülle, ihre Tonbarkeit (selbst in musikalischer Beziehung), hinter irgend einer Aufgabe zurückgeblieben, welche die europäische Civilisation auf ihrer jetzigen Höhe an alle ihre Theilnehmer stellt.«

Für die Geisteshaltung des Verfassers scheint jene Stelle charakteristisch zu sein, in der er unumwunden zugibt, daß von seiten der Magyaren niemand verhehlt habe, daß »man hoffe mit der Zeit diese Sprache zur allgemeinen, des materiellen wie des geistigen Verkehrs, erhoben zu sehn«. Damit sollte vor allem ein Ziel erreicht werden: »Freiheit, Freiheit unter dem Gesetz, Theilnahme, wenn auch nur mittelbare, an der Gesetzgebung, und Einfluß, öffentlicher Einfluß auf die Verwaltung der öffentlichen Angelegenheiten. Man zeige uns die Möglichkeit, dieß vor Gott und der Welt nicht nur erlaubte, sondern von der Natur vorgesteckte Ziel durch eine andere Sprache der Monarchie zu erreichen, und wir stehn ab von der Idee und huldigen dem fremden, beglückenden Laut. Bis dahin aber verzeihe man uns, wenn wir darauf bestehn, daß nur in der Sprache des freisinnigsten Volks die Freiheit fortgepflanzt werden mag!«[28]

Im Zusammenhang mit der Frage nach dem Urheber der Schmähschrift hat der ungarische Literaturhistoriker Béla Pukánszky (1895–1950), ein hervorragender Kenner des deutsch-ungarischen Schrifttums, die Vermutung geäußert, daß als Autor der in den vierziger Jahren des 19. Jahrhunderts als Publizist tätige Ferenc Pulszky (1814 bis 1897) in Frage kommt. Diese Annahme stützt sich auf den Vergleich der Gegenschrift mit der 1844 ebenfalls in Leipzig, aber in ungarischer Sprache erschienenen und von Pulszky verfaßten Schrift »Die Sprachenfrage in Ungarn«. Bei der Gegenüberstellung des Gedankenganges und der Argumentation beider Schriften ergeben sich auffallende Übereinstimmungen. So hat zuletzt auch Folberth mit großer Wahrscheinlichkeit angenommen, daß die deutschsprachige Gegenschrift »Der Sprachkampf in Siebenbürgen« von Pulszky verfaßt, zumindest aber von ihm inspiriert worden ist.

Roths »Sprachkampf« hat also auf magyarischer Seite eine ganze Reihe von kritischen Stellungnahmen hervorgerufen. Bemerkenswert ist, daß Roth weder auf das eben beschriebene Pamphlet noch auf die Polemiken Keménys und Wesselényis öffentlich geantwortet hat. Das Entstehen dieser Schrift kann lediglich aus der politischen Situation der ausgehenden dreißiger Jahre erklärt werden; eine unmittelbare Auswirkung war der erste Zusammenstoß Roths mit den Magyaren, die unheilvollste politische Folge schließlich die Hinrichtung Roths am 11. Mai 1849 in Klausenburg, wobei das Urteil zwar auch dem Autor des »Sprachkampfes«, in erster Linie aber dem unbeugsamen, zum Gegner gestempelten Kämpfer galt. Daß dabei gegenseitiges Unverständnis für die eigentlichen Anliegen beider Seiten eine wesentliche Rolle spielte, zeigt Roths Bekenntnis in seiner Todesstunde: »Mit meiner Nation habe ich es wohl gemeinet, ohne es mit den anderen Nationen übel gemeinet zu haben.«[29]

Es ist bereits angeklungen, daß es im Vormärz aus verschiedenen Gründen keinen wirklichen Widerstand der Deutschen gegen die Magyarisierungsbestrebungen gegeben hat. Das heißt freilich nicht, daß in dieser Frage zwischen den Deutschen in Ungarn und den Siebenbürger Sachsen beziehungsweise deren jeweiligen führenden Persönlichkeiten keinerlei Kontakte bestanden hätten. Als Beispiel sei wiederum Stephan Ludwig Roth angeführt, der Eduard Glatz zum Beispiel zweimal in Pest begegnete: das erste Mal im August 1845 auf seiner Reise nach Württemberg und das zweite Mal, wenn vermutlich auch nur für wenige Stunden, im Dezember desselben Jahres auf der Rückreise von Württemberg nach Siebenbürgen. Beim ersten Zusammentreffen ging es Roth vor allem darum, sich über die damalige politische Situation in Ungarn zu informieren beziehungsweise informieren zu lassen, und zwar sowohl über die Konflikte der führenden magyarischen Politiker untereinander – man denke etwa an den Gegensatz zwischen Széchenyi und Kossuth – wie auch über die besonderen Auseinandersetzungen der letzten Jahre zwischen der magyarischen Öffentlichkeit und dem ungarländischen Deutschtum. Nach Meinung Folberths wäre als Informant niemand geeigneter gewesen als eben Glatz, und zwar schon deshalb, »weil die zwei Männer infolge ihrer persönlichen Anlagen, ihres Bildungsganges, ihres Charakters, ihrer geistigen Neigungen und politischen Überzeugungen eine ganze Anzahl von Berührungspunkten besaßen, die jedem von ihnen die Begegnung mit dem anderen willkommen erscheinen lassen mußte«.[30] Unabhängig davon, ob nun Glatz und Roth die Werke des jeweils anderen gekannt haben, so war die politische Haltung der beiden in den für das Deutschtum Ungarns und Siebenbürgens besonders wichtigen Fragen – etwa Magyarisierungspolitik oder Bedeutung der deutschen Muttersprache – gleich.

Stephan Ludwig Roth verharrte als Politiker bis zum letzten Atemzug auf dem Standpunkt seiner gedruckten Schriften. In diesen forderte er über den Vormärz hinaus bis in das Revolutionsjahr 1848 die Gleichberechtigung der Völker und Sprachen Siebenbürgens sowie ihre gegenseitige Anerkennung. Dies betraf vor allem die bis dahin politisch völlig rechtlosen Rumänen. Aus diesem Verständnis für die Belange der rumänischen Bevölkerung heraus nahm Roth auch an der Volksversammlung zu Blasendorf am 15. Mai 1848 teil und ließ sich am 21. Oktober in den »Pazifikationsausschuß« berufen, wo er eng mit den Rumänen zusammenarbeitete. Sein Eintreten für die Gleichstellung der Magyaren, Rumänen und Sachsen brachte ihn unweigerlich in Gegensatz zu den auf die Errichtung eines einheitlichen ungarischen Nationalstaates mit Einschluß Siebenbürgens und Kroatiens gerichteten Bestrebungen der österreichfeindlichen Anhänger Kossuths. Dieser ließ Roth in den kriegerischen Wirren der Jahre 1848/49 ergreifen und durch ein ungarisches Standgericht zum Tode durch Pulver und Blei verurteilen.

Neben Stephan Ludwig Roth, Eduard Glatz und Tobias Gottfried Schröer, namhaften Vertretern der Deutschen in Siebenbürgen beziehungsweise in Ungarn, die zu ihrem Deutschtum standen, gab es andererseits unter den ungarländischen Deutschen auch Persönlichkeiten, die bereits im Zeitalter des Vormärz in das magyarische Lager hinüberwechselten. Zu ihnen gehörte zum Beispiel der bekannte Philologe und Ethnologe Paul Hunfalvy (1810–1891),[31] der in Großschlagendorf in der Zips als Sohn des Landwirts Johann und dessen Frau Maria Hunsdorfer geboren wurde. Die Studien der Rechtswissenschaft, Theologie und Philosophie absolvierte er in Käsmark, Miskolc und Pest, wobei er in Miskolc außerdem das Ungarische erlernte. Nach dem Abitur war er zunächst als Erzieher tätig, um dann im Jahre 1838 sein Jurastudium abzuschließen. 1842 wurde er als Professor an die rechtswissenschaftliche Abteilung des Käsmarker Lyzeums berufen. Im selben Jahr ließ er seinen Namen magyarisieren: Hunsdorfer ist gleich Hunfalvy. Bereits zu Beginn der vierziger Jahre war er Mitglied der Ungarischen Akademie der Wissenschaften und der Kisfaludy-Gesellschaft zu Pest. Im Revolutionsjahr 1848 wurde er, wie übrigens auch sein Bruder Johann Hunfalvy (1820–1888) – ein berühmter Geograph, der ursprünglich natürlich auch Hunsdorfer hieß – von der nationalen Welle der Magyaren mitgerissen. Nach den Revolutionswirren lebte Paul Hunfalvy in Pest und wandte sich dem Studium der vergleichenden Sprachwissenschaften zu. Im Zusammenhang mit seinen philologischen Forschungen schuf er auch wesentliche Grundlagen der ungarischen Volkskunde.

Aus dem Zipser Deutschen Paul Hunsdorfer wurde also der große ungarische Gelehrte Paul Hunfalvy. Dem Weg, den er eingeschlagen hat, sollten bis zum Ende der Habsburgermonarchie noch viele Deutsche aus Oberungarn folgen. Im Gegensatz zur zweiten Hälfte des 19. Jahrhunderts aber, als die Magyarisierung vom Staat gefördert wurde, war Hunfalvys Weg ins Magyarentum seine persönliche Entscheidung. Dies gilt übrigens auch für andere oberungarische Deutsche, die sich magyarisieren ließen. Als Käsmarker Schüler gehörte Paul Hunfalvy noch dem im Jahre 1821 gegründeten deutschen Selbstbildungsverein an, der sich der Pflege der deutschen Literatur widmete. Erst als am Käsmarker Kollegium, das ja immer schon von deutschen, slowakischen und ungarischen Schülern besucht wurde, 1824 der magyarische Selbstbildungsverein entstanden war, wuchs auch das Interesse für die ungarische Literatur. Daß sich Hunfalvy diesem Verein anschloß, ist zweifellos aus der damaligen Situation zu erklären, in der das Deutschtum häufig eine schwankende, national zum Teil indifferente Haltung an den Tag legte. Als Professor in Käsmark ist Hunfalvy für die magyarische Unterrichtssprache eingetreten, wenn er auch später bedauern sollte, daß die deutsche Sprache am Lyzeum in Käsmark nicht mehr gepflegt werde.

In diesem Zusammenhang muß noch einmal das Judentum erwähnt werden,[32] das bis zur Jahrhundertmitte in seiner überwiegenden Mehrheit deutschsprachig war. Die annähernd 240 000 Juden, die damals in Ungarn lebten, waren seit eh und je überwiegend Stadtbewohner. Große jüdische Gemeinden gab es etwa in Gran, Tyrnau und Ödenburg. Von den alten jüdischen Gemeinden wiesen Ofen und Preßburg die höchsten jüdischen Einwohnerzahlen auf.

Die Umgangssprache aller aschkenasischen Juden war das Judendeutsche, seit der Jahrhundertwende auch als Jiddisch bezeichnet. Das Jiddische ist eine deutsche Nahsprache, 70 bis 75 Prozent des Wortgutes sind deutsch. Im Laufe der Jahrhunderte bildeten sich zwei Formen aus, das West- und das Ostjiddische. Dies betrifft Ungarn insofern, als die sprachliche und vor allem kulturelle Grenzlinie innerhalb des Jiddischen mitten durch das Land geht. Das westlich orientierte Judentum Westungarns und Budapests gab nach und nach seine judendeutsche Umgangssprache, die von Deutschen ja gut verstanden werden konnte, zugunsten der deutschen beziehungsweise magyarischen Sprache auf.

Im ungarischen Reformzeitalter setzte schließlich ein Prozeß ein, der von fortschrittlichen Juden Ungarns initiiert wurde und sich eine systematische Magyarisierung zum Ziel setzte. Zu dessen Erreichung wurden verschiedene Vereine gegründet. Kulturell wurde die vollkommene Assimilierung mit den Magyaren betont. Beschleunigt wurde dieser Vorgang zweifellos auch durch die auf dem ungarischen Landtag von 1839/40 ausgesprochene, vor allem wirtschaftliche Belange betreffende Emanzipation der Juden sowie durch die Verabschiedung des Sprachgesetzes auf dem Landtag von 1843/44. Damit verbunden war nicht nur eine Zunahme des jüdischen Einflusses im wirtschaftlichen Leben Ungarns, sondern auch die weitgehende Übernahme der magyarischen Sprache sowie die dadurch bedingte völlige Integration in die magyarische Gesellschaft.

Die ungarische Revolution von 1848

Die europäische Revolutionswelle von 1848, der »Völkerfrühling«, stellte auch im habsburgischen Vielvölkerstaat das überkommene, spätabsolutistische Herrschafts- und Sozialgefüge in Frage. So forderte der damals gerade zusammengetretene letzte ungarische Ständelandtag von den Wiener Regierungskreisen die Annahme des gesamten im Reformzeitalter erstellten Programms. Die Pester Revolution vom 15. März 1848 – sie war zwei Tage nach den revolutionären Ereignissen in Wien ausgebrochen – hatte insofern Erfolg, als nach Wochen der Verhandlungen die vom Herrscher sanktionierten sogenannten Aprilgesetze erlassen wurden. Sie bedeuteten das endgültige Ende des mehrhundertjährigen Feudalsystems in Ungarn, den Beginn der bürgerlichen Umgestaltung, die Verankerung der liberalen Verfassungsmäßigkeit sowie die nationale Unabhängigkeit des Landes. Der gesellschaftliche Wandel manifestierte sich in der Bauernbefreiung, der bürgerlichen Rechtsgleichheit sowie in einer die Selbstbestimmung der Bürger ausübenden Volksvertretung. Die Union mit Siebenbürgen wurde deklariert, so daß das in Pest versammelte Parlament das gesamte, innerhalb des Reiches nun völlig selbständige Ungarn repräsentierte. Das war die eine Seite der ungarischen Revolution.

Auf der anderen Seite brachten die revolutionären Vorgänge den Konflikt mit den monarchisch-konservativen Kräften in Wien sowie die Auseinandersetzungen mit den nichtmagyarischen Nationalitäten des Landes – den Serben, Kroaten Slowaken und Rumänen. Der Grund für diese Probleme lag in einem gravierenden Mangel der Aprilgesetze von 1848: Es fehlten darin konkrete Sprachvergünstigungen für die Nationalitäten. Wenn von diesen auch die Erkämpfung der bürgerlich-demokratischen Freiheitsrechte im allgemeinen begrüßt wurde, die Nichtbeachtung der mit Ausbruch der Revolution von Anfang an artikulierten nationalen Ansprüche sollte nicht akzeptiert werden. Daß die Wünsche der auch von Wien ermutigten Nationalitätenpolitiker zum Teil sehr weitreichend waren, zeigt der Umstand, daß sie auch territoriale Autonomie beanspruchten. Ihre Aktivitäten mündeten schließlich in bewaffneten Aufständen.

Typisch für die ungarländischen Deutschen war ihre uneinheitliche Haltung während der Revolution: Es gab Differenzen nicht nur zwischen den einzelnen deutschen Siedlungsgruppen – etwa den Siebenbürger Sachsen und den Schwaben –, sondern auch innerhalb des Schwabentums selbst. Während die Siebenbürger Sachsen wegen der Vereinigung mit Ungarn um ihre jahrhundertealte Autonomie besorgt waren – freilich gab es neben den Gegnern auch Befürworter der Union –, ging es den Schwaben im allgemeinen mehr um die durch die Revolution errungenen bürgerlichen Freiheitsrechte und weniger um nationale Forderungen.

In manchen Fällen sind aber diese Elemente nicht zu trennen. Als Beispiel sei das Manifest der deutschen Bürger von Esseg, dem Zentrum des kulturellen und wirtschaftlichen Lebens der Deutschen in Slawonien, vom April 1848 angeführt, in dem es heißt: »Erstens wollen wir mit Kroatien wie bisher vereint bleiben, ohne jedoch den Verband mit Ungarn aufzulösen. Zweitens: Wir nehmen die Einführung der slawonischen Sprache und Protokolle in allen städtischen Angelegenheiten im Grundsatz freudig an, jedoch fordern wir, daß dieses Statut die deutsche Sprache nicht ausschließe«; sie soll in den Debatten gleichberechtigt sein. »Wir verlangen nichts Unbilliges und reichen vertrauensvoll unseren slawonischen Brüdern die Hand zum Unterpfand der Freiheit, Gleichheit und Bruderliebe ...«[33] Daß die Kroaten zu keinerlei Entgegenkommen bereit waren, ist zweifellos auch mit ein Grund dafür, daß das liberale Bürgertum der Stadt Esseg eher auf der Seite der Magyaren zu finden war.

In seiner Mehrheit bekundete das Schwabentum große Sympathien für die revolutionäre Bewegung der Magyaren.[34] Dies gilt im besonderen für den liberalen Teil seines Bürgertums in den Städten, aber auch für jene zahlreichen Nationalgarden der deutschen Landgemeinden, die in den Reihen der magyarischen Rebellen kämpften. Der Großteil des traditionsgebundenen deutschen Bürgertums wiederum stand eher auf kaiserlicher Seite. Daß sich Kaisertreue und Sympathie für die ungarische Revolution einander keineswegs ausschließen mußten, zeigt das Verhalten der deutschen Bürger von Temeschwar im Jahre 1848. Mit Bürgermeister Johann Nepomuk Preyer (1805 bis 1888) – der übrigens später auch als Dichter hervortrat – an der Spitze begrüßten sie im März die Ideen der Revolution. Diese Begeisterung währte allerdings nur bis zum Oktober, als der Wiener Hof den im Juli eröffneten ungarischen Landtag auflöste, die von diesem erlassenen Gesetze annullierte und über Ungarn das Kriegsrecht verhängte. Der Landtag erklärte daraufhin diese Verfügungen für nichtig und übertrug dem von Kossuth geleiteten Landesverteidigungsausschuß jene Vollmachten, die zur Organisierung der Verteidigung des Landes nötig waren. Diese Ereignisse führten dazu, daß sich die Temeschwarer Bürger von Kossuth ab- und wieder dem Kaiser zuwandten.

Wie schon angedeutet, hat die Vereinigung Siebenbürgens mit Ungarn unterschiedliche Reaktionen hervorgerufen. Die ungarische Führung in Siebenbürgen hielt vom Standpunkt der nationalen Freiheit aus die Verwirklichung der Union für selbstverständlich, ganz zu schweigen davon, daß der ungarische König, der ja auch gleichzeitig Großfürst von Siebenbürgen war, die Vereinigung in den Aprilgesetzen bereits sanktioniert hatte. Die siebenbürgischen Rumänen sprachen sich auf ihrer Nationalversammlung in Blasendorf vom Mai 1848 vehement gegen die Union aus. Bei den Siebenbürger Sachsen gab es Gegner und Befürworter der Vereinigung.

Bereits am 25. April 1848 sandten die Sachsen eine Deputation zum Kaiser nach Wien, um gegen die Union zu protestieren.[35] Eine solche Vereinigung würde Siebenbürgen degradieren und zu einem »bloßen Bruchteil Ungarns« herabwürdigen, obendrein eines Ungarn, das »auf schwankendem, durch die Revolution aufgewühltem Boden stehe und das sich immer unabhängiger von Österreich machen wolle. Die siebenbürgische Bevölkerung wünsche aber vom Kaiser regiert zu werden«. Die Delegation argumentierte weiter, daß eine Union auch nicht im Interesse Österreichs liegen könne, »denn damit würde Siebenbürgen mit seinen bedeutenden staatlichen Einkünften an ein Ungarn angeschlossen, das sich eben von Österreich losreiße«. Eine Vereinigung möge unter die königlichen Propositionen (Gesetzesvorschläge) für den für Ende

Mai 1848 einberufenen siebenbürgischen Landtag nicht aufgenommen werden. Des weiteren versicherten die Delegationsmitglieder dem Kaiser ihre unverbrüchliche Treue und Anhänglichkeit.

Von einer eindeutigen Ablehnung der Union durch die Sachsen konnte vorläufig allerdings noch nicht die Rede sein, denn auch sie wurden vom anfänglichen Freiheitsjubel erfaßt. Die Bürger von Kronstadt sollten sich auch später zum Gedanken einer Vereinigung Siebenbürgens mit Ungarn bekennen, denn sie erwarteten sich davon eine freiere wirtschaftliche Entwicklung. Schäßburg und Reps standen bis zum Herbst zur revolutionären Bewegung der Magyaren. Die Mehrheit aber, und das betraf vor allem das deutsche Zentrum Siebenbürgens in Hermannstadt, stellte sich immer entschiedener gegen die ungarische Revolution und damit auch gegen die Union.

Der am 29. Mai 1848 in Klausenburg – noch im alten ständischen Rahmen – zusammengetretene siebenbürgische Landtag beschäftigte sich natürlich auch mit der Frage der Union. Zweifellos hätten die sächsischen Abgeordneten mit einer einheitlichen nationalen Stimme gegen das Unionsgesetz Einspruch erheben können. Jedoch wagten sie diesen Schritt nicht, weil sie befürchteten, Volksmassen könnten vor dem Gebäude des Landtags aufmarschieren und für die Union demonstrieren. So stimmte die Mehrheit der Abgeordneten für die Vereinigung. Einige Tage später wurde die Nationsuniversität, das sächsische Selbstverwaltungsorgan, ersucht, gegen die Unionspläne Protest einzulegen. In einer neuen Petition mit 20 000 Unterschriften wurde der Kaiser gebeten, das Unionsgesetz nicht zu sanktionieren. Die national angespannte Situation der damaligen Zeit läßt sich aus den Worten herauslesen, die der sächsische Schriftsteller und Politiker Josef Marlin, übrigens ein Befürworter der Union Siebenbürgens mit Ungarn, in einem Artikel vom 25. Mai 1848 in der *Pester Zeitung* schrieb: »Es ist das Unglück der magyarischen Nationalität, daß sie den verschwisterten Nationalitäten gegenüber keine Mäßigung kennt.«

Von den bewaffneten Aufständen blieb im Laufe des Jahres 1848 auch die multinationale Region des Banats nicht verschont. Hier lebten Deutsche in engster Nachbarschaft mit Rumänen, Serben und (oder) Magyaren zusammen. Als die Wünsche der Banater Serben nach Selbstverwaltung – gefordert wurde die Errichtung einer serbischen Woiwodschaft – von seiten der Magyaren nicht erfüllt wurden, kam es zu jener Bewegung, in deren Verlauf die Serben versuchten, in den Gemeinden und Städten des Banats die nichtserbische Bevölkerung mit Gewalt unter ihre Oberhoheit zu bringen. Bald erkannten auch die Deutschen die ihnen drohende Gefahr, ihre Lebensexistenzen sowie ihre nationalen und kulturellen Freiheiten zu verlieren. Im Interesse der eigenen Sicherheit und Zukunft wehrten sie sich nun gegen die Ausschreitungen der rebellierenden Serben.

Auch der größtenteils von Deutschen bewohnte Hauptort des Illyrisch-Banater Grenzregiments Weißkirchen wurde zum Schauplatz revolutionären Geschehens.[36] Als die serbischen Streitkräfte die Übergabe der Stadt verlangten, kam es am 19. und 20. August 1848 zu folgenschweren Kämpfen, die 51 deutsche Bürger von Weißkirchen sowie etwa ebensoviele Serben das Leben kosteten. Ende August erfolgte ein zweiter Angriff der Serben auf die bedrängte Stadt. Auch dieser wurde mit Unterstützung von Nationalgardisten und Honvéd-Soldaten zurückgeschlagen. Während dieses Mal die siegreichen Weißkirchner nur vier Tote und neun Verwundete zu beklagen hatten, schätzte man den Verlust der Serben auf rund 300 Tote und Verwundete. Den Kämpfen um die Stadt Weißkirchen, in denen der Gegensatz zwischen Banater Deutschen und Serben wohl am stärksten zum Ausbruch kam, folgte ein monatelanger Kleinkrieg in der Weißkirchner Gegend. In diese Zeit fällt übrigens auch die Schlacht um Pantschowa – Sitz des Deutsch-Banater Grenzregiments und Zentrum der serbischen Aufständischen –, in der es den österreichisch-serbischen Truppen gelang, die Anfang Januar 1849 auf Pantschowa vorrückenden ungarischen Heeresverbände zurückzudrängen.

Nach dem Abzug der ungarischen Honvéds aus dem Weißkirchner Kampfgebiet wurde die Stadt kurzfristig von Serben besetzt und verwaltet. Das abermalige Vordringen ungarischer Truppen nach Südungarn und die Einnahme des Banats blieben allerdings nur Episode, da General Artúr Görgey (1818–1916), der letzte Oberbefehlshaber des ungarischen Revolutionsheeres, am 13. August 1849 bei Világos nahe Arad vor den kaiserlichen und russischen Truppen kapitulierte. Damit war der kurzen Eigenständigkeit Ungarns, die durch die Debrecziner Unabhängigkeitserklärung und die Entthronung der Habsburger im April 1849 erreicht wurde, ein Ende gesetzt. Der Waffenstreckung von Világos folgte die militärische Besetzung des Landes und dessen »Befriedung« durch den österreichischen Feldzeugmeister Julius Freiherr von Haynau (1786 bis 1853). Das zweifelhafte Mittel zur Pazifikation Ungarns war die Hinrichtung von dreizehn ungarischen Generälen in Arad am 6. Oktober 1849 sowie des Ministerpräsidenten der ersten unabhängigen ungarischen Regierung, Lajos Graf Batthyány (1806 bis 1849), in Pest. Der Niederschlagung des Freiheitskampfes folgte die nur sehr kurze Epoche des Neoabsolutismus (1849–1860), die auf der persönlichen Herrschaft des Herrschers beruhte, sich auf die Armee und eine streng zentralisierte, in deutscher Sprache amtierende Bürokratie stützte und alle Autonomieansätze beseitigte.

Als die Revolution in Wien bereits besiegt und eine neue Regierung unter Fürst Felix Schwarzenberg (1800–1852) gebildet worden war, oktroyierte der neue Kaiser Franz Joseph im März 1849 eine zentralistische Verfassung, die Österreich zusammen mit Ungarn als Gesamtstaat erhielt, Siebenbürgen, Kroatien-Slawonien und der Woiwodina mit dem Temescher Banat aber als selbständigen Kronländern territoriale Autonomierechte zubilligte.[37] Ziel dieser vom gemäßigt konservativ gesinnten Innenminister im Kabinett Schwarzenberg, Franz Graf Stadion (1806–1853), erstellten Verfassung war es, die einzelnen Nationalitäten durch Mitverantwortung an das Reich zu binden. Stadion plante also, den Staat von seinen wichtigsten Völkern her neu zu gestalten. Dazu übernahm er es, »Vertreter der Nationalitäten heranzuziehen, die in eigenen Denkschriften und Stellungnahmen zu bestimmten Fragen die eigene nationale Lage beurteilen, Maßnahmen zur Beseitigung nationaler Mißstände und Einrichtungen zur Sicherung der eigenen nationalen Existenz und Zukunft vorschlagen sollten«.[38] So forderte Stadion am 22. März 1849 auch zwei Vertreter des deutschen Bürgertums in Ungarn auf, ihre Vorstellungen über eine Neuordnung des Reiches zu entwickeln. Die

Schlacht bei Hermannstadt am 21. Januar 1849, zeitgenössische Lithographie von F. Werner.
Mitte Dezember 1848 war General Bem, einem Polen, von Kossuth das Oberkommando über einen Feldzug in Siebenbürgen übertragen worden. Am 20. Januar stand Bem mit seinem Heer, in dem unter anderen Rumänen, Italiener und Wiener Studenten kämpften, bereits vor Hermannstadt. Obwohl die kaiserlichen Truppen russische Waffenhilfe erhielten, nahm Bem die Stadt am 11. März ein. Während der General sich um eine humane Verwaltung Siebenbürgens und eine demokratische Entwicklung bemühte, setzte der von Kossuth ernannte Regierungskommissar László Csányi Gerichte ein, die Tausende von Siebenbürgern, vor allem Rumänen, aber auch Sachsen und Magyaren, zum Tode verurteilten, unter ihnen Stephan Ludwig Roth.

beiden Vertrauensleute waren der Bürgermeister von Ödenburg und Landtagsabgeordnete Franz Wagner von Vághy sowie Georg Tretter von Járy, Stadtrichter von Pest.

Die von den deutschen Vertrauensleuten eingereichten Vorschläge waren zwar von der Sorge um die Erhaltung des ungarländischen Deutschtums getragen, schöpften allerdings den Spielraum nicht aus, den ihnen die Fragen von Stadion einräumten. So verlangte Wagner von Vághy in seiner Stellungnahme zur Sicherung der Gleichberechtigung der Deutschen in Ungarn etwa deutsche Elementar-, Bürger- und Fachschulen sowie eine deutsche Lehrerausbildung und deutsche private Gymnasien. Die öffentlichen Gymnasien sollten seiner Meinung nach aber magyarisch geführt werden. Örtliche Selbstverwaltung sei nur auf der Ebene von Dorf-, Bezirks- und Kreisgemeinden notwendig, da das deutsche Bürgertum der Städte national ja nicht gefährdet sei – zweifellos eine Fehleinschätzung der damaligen Situation. Trotz der nach Meinung der Vertrauensperson nicht gegebenen Gefährdung müsse auf der Erhaltung der deutschen Sprache in Verwaltung, Gericht, Schule und Kirche bestanden werden. Ähnliche Vorstellungen fanden sich auch in der Stellungnahme von Tretter von Járy über den Schutz der deutschen Nationalität vor magyarischen Übergriffen. Darüber hinaus vertrat er die Meinung, daß auf unterer Ebene Verwaltungsbezirke nach dem ethnischen Prinzip auch für Deutsche entstehen müßten, etwa in den Komitaten Pest, Baranya, Tolna und Bács. Dies praktisch durchzuführen war schwierig. Deshalb dachte Tretter von Járy auch nicht an die Schaffung eigener autonomer Provinzen, die Wien für das Deutschtum in Westungarn, in der Zips und im Banat aber sehr wohl vorsah.

Den beiden deutschen Vertrauensleuten genügte die Erhaltung der deutschen Sprache im öffentlichen Bereich, Vorschläge zu ihrer Sicherung machten sie nicht. Im Zusammenhang mit der Frage nach der Abgrenzung eigener deutscher Provinzen gaben sie sich mit dem autonomen Prinzip auf der untersten Bezirksebene zufrieden. Zwar wurden diese Überlegungen und Pläne durch den Fortgang des ungarischen Freiheitskampfes und die spätere Aufhebung der Märzverfassung des Jahres 1849 durch das Silvesterpatent vom 31. Dezember 1851 hinfällig, »sie offenbaren allerdings, daß die bürgerlichen Sprecher des Deutschtums mit der politischen Verantwortung für das gesamte ungarländische Deutschtum überfordert und hinsichtlich der Verhältnisse ihrer Landsleute auf dem Lande kaum unterrichtet waren.«[39]

Während die bürgerlichen Sprecher noch lahme Vorschläge machten, kam es wenig später zu den ersten, von den Deutschen im Banat und in der Batschka ausgehenden nationalpolitischen Willenskundgebungen. Ihren Niederschlag fanden sie vor allem in den Bittschriften von Bogarosch und Hatzfeld vom Oktober und November 1849 an den Kaiser. Diese Petitionen waren von einem selbstbewußten Ton geprägt. Auslöser war die den schwäbischen Vorstellungen vorangegangene Forderung der Serben nach einer eigenen Woiwodschaft.

In der vom 2. Oktober 1849 datierten, von dem katholischen Pfarrer und Dechanten von Bogarosch, Josef Nowak (1803–1880), verfaßten »Bogaroscher Petition« an den Kaiser wird eingangs auf die großen wirtschaftlichen und kulturellen Leistungen der im Banat und in der Batschka angesiedelten Deutschen hingewiesen, die aus »öden Wü-

Am 16. Juli 1854 veröffentlichte die Leipziger *Illustrirte Zeitung* diese Darstellung von der Heerschau des Feldzeugmeisters Baron von Heß in Hermannstadt in Anwesenheit des Erzherzogs Albrecht von Österreich. Die Demonstration der Stärke des österreichischen Heeres erfolgte nicht von ungefähr in Hermannstadt, das nicht allzuweit entfernt war vom Schauplatz des zwischen Türken und Russen ausgebrochenen Krimkrieges.

sten« eine »Kornkammer des Landes« geschaffen haben.[40] Nirgends werden im Lande die Steuern »pünktlicher entrichtet, die öffentlichen Lasten nirgends williger getragen, dagegen gröbere Verbrechen nirgends seltener vorkommen« als in den deutschen Gemeinden des Banats. Diese Tatsachen aber – so heißt es in der Eingabe weiter – »können uns nie verleiten, vor anderen uns umwohnenden Völkerstämmen einen Vorzug beanspruchen zu dürfen, wohl aber verpflichten sie uns, jede andere Nationalität zu achten und zu ehren«. Nur den Ruhm wagen die Bittsteller zu beanspruchen, »daß wir nicht ganz unnütze Glieder in der großen Völkerkette der österreichischen Monarchie sind«. Und weiter: »Arbeit nur war unsere Element, das Stückchen Feld, das wir bebauten, unsere Welt, das einzige Ziel, nach welchem wir gemeinschaftlich strebten war: Fleißige Bauern und treugehorsame Unterthanen zu sein.«

Das Jahr 1848 mit seinem lauten Ruf nach Gleichberechtigung aller Nationalitäten habe auch die Schwaben »aus dem Schlummer politischer Unthätigkeit« erweckt. Glaubten sie anfangs, »den Drang nach Gleichberechtigung mit den übrigen Nationen und Mitbewohnern unseres Vaterlandes … verbergen zu müssen«, so irritierte sie die nach der Niederwerfung des ungarischen Unabhängigkeitskampfes von den Serben unverändert aufrechterhaltene Forderung nach Errichtung einer eigenen Woiwodschaft. Denn: »Wenig würde uns solches Begehren kümmern, wenn nicht eben wir, die Torontaler, [die] Bacser und ein Theil der im Temescher Comitat wohnenden Deutschen einen integrierenden Theil dieser Woiwodschaft ausmachen sollten.«

Der Wunsch der Schwaben nach eigener Vertretung wird am Ende des Majestätsgesuches artikuliert: »Wir wünschen nichts sehnlicher, als unter dem unmittelbaren Schutze Euer Majestät, Glieder der großen österreichischen Monarchie zu sein; doch sollte es Euer Majestät gefallen, den Serben zur Wahrung ihrer Nationalität einen Woiwoden, den Rumänen einen Capitain, den Slowenen [muß heißen Slowaken] Oberungarns ein eigenes Oberhaupt zu geben; so wagen wir auch demüthigst Gefertigte im Namen Aller deutschen Gemeinden kniefällig zu bitten: Allerhöchstdieselben möge auch uns, etwa unter dem Namen eines deutschen Grafen, nach dem Vorbilde des Sachsen-Grafen in Siebenbürgen, ein unmittelbares Oberhaupt einzusetzen geruhen …, unter dessen Schutz unsere Angelegenheiten, Gerichtspflege und öffentliche Verwaltung in deutscher Sprache und nach deutscher Sitte behandelt, gepflogen und geleitet werde.«

Die Petition enthält eine ganze Reihe von Äußerungen und Vorstellungen, die von einem ausgesprochen nationalpolitischen Grundton geprägt waren: so etwa das Bewußtsein der Schwaben, eine eigene Gemeinschaft zu sein, ferner der Wunsch nach Gebrauch der deutschen Sprache auch in Verwaltung und Gericht (und nicht nur in Schule und Kirche) sowie schließlich die Forderung nach Gleichberechtigung mit den anderen nichtmagyarischen Nationalitäten auch in Hinsicht auf ein eigenes Oberhaupt – eben einen schwäbischen Grafen.

Die von Pfarrer Josef Nowak und weiteren Vertretern von dreizehn Banater Gemeinden unterzeichnete Bittschrift führte zu gewissen Zusagen des Wiener Hofes. Dies geht aus einer zweiten, ebenfalls im Herbst 1849 entstandenen Petition hervor. In dieser wiederum von Nowak verfaßten und vom 8. November 1849 in Hatzfeld datierten

Bittschrift richtet man – ermuntert durch die »huldvolle Versicherung« – ein zweites Mal die Bitte an den Kaiser, »daß wir banater Deutsche Gemeinden zu einem eugenen [sic!] Districte vereinigt, ein eigenes deutsches Oberhaupt erhalten«. Das Bild eines solchen schwäbischen Oberhauptes wird in der Hatzfelder Petition folgendermaßen gezeichnet: »Was die Allerhöchsten Ansprüche an die Individualität unseres künftigen Oberbeamten betrifft, darüber ein Urtheil zu fällen, steht uns demüthigst Gefertigten nicht zu, allein unserer geringen Meinung nach glauben wir, daß H.: Carl v. Arizi auch diesen vollkommen entspräche, denn in Kenntnis der Sprache, des Geschäftsganges der Individuen nicht nur im Temeser Comitat, wo er durch zwanzig Jahre amtirte, sondern auch im Torontaler Comitat, wo er stets im Interesse der Hohen Regierung an dem politischen Leben den eifrigsten Antheil nahm, kurz in Kenntnis aller Umstände in dieser Gegend, mag ihn vielleicht mancher erreichen, doch keiner übertreffen ...«[41] Auch die Hatzfelder Bittschrift ist – neben der Bogaroscher und einigen Petitionen aus Gemeinden der Batschka – ein gutes Beispiel für die damaligen nationalpolitischen Vorstellungen des südungarischen Deutschtums.

Im übrigen sollte der Wunsch der Deutschen Südungarns nach dem »Schwaben-Grafen« Arizy (1804–1870) nicht in Erfüllung gehen, denn die Bitte nach einem eigenen Oberhaupt stand im Widerspruch zu der unmittelbar nach dem ungarischen Freiheitskampf erfolgten staatlichen Neuordnung der Monarchie. Im Zuge der im Herbst 1849 vom Wiener Hof durchgeführten Reorganisation der Staatsverwaltung erfolgte nicht nur die Neueinteilung des ungarischen Stammgebietes in fünf Verwaltungsdistrikte mit den Zentren Ödenburg, Preßburg, Kaschau, Großwardein und Ofen-Pest, sondern gemäß des kaiserlichen Patents vom 18. November 1849 auch die Bildung des Kronlandes »Serbische Woiwodschaft und Temescher Banat« mit der Hauptstadt Temeschwar. Mit diesem neugeschaffenen Kronland, das die schwäbischen Kerngebiete im Banat, in Syrmien und in der Batschka umfaßte und an dessen Regierungsspitze ein kaiserlicher Statthalter stand, kam die Wiener Zentrale den deutschen Wünschen zum Teil entgegen.

Von der Errichtung dieses Verwaltungsgebietes, in dem Deutsch die Amtssprache war, profitierten von den dort lebenden Nationalitäten ohne Zweifel die Schwaben am meisten. Ihre wirtschaftliche und kulturelle Entwicklung erhielt neue Impulse. Und in nationaler Hinsicht gewährte ihnen die Einrichtung des Kronlandes bis gegen Ende der fünfziger Jahre einen gewissen Schutz vor magyarischen Übergriffen. Die Deutschen Südungarns erlebten daher gerade jetzt ihr »goldenes Zeitalter«. Dieses sollte allerdings nicht allzulange währen, da das Oktoberdiplom vom 20. Oktober 1860 dem Verwaltungsgebiet »Serbische Woiwodschaft und Temescher Banat« praktisch ein Ende bereitete. Es wurde durch kaiserliches Handschreiben vom 27. Dezember 1860 mit Wirkung vom 1. Januar 1861 aufgelöst und sein Territorium nach Wiedererrichtung der Komitatsverwaltung Ungarn aufs neue einverleibt.

Abseits von den schwäbischen Hauptsiedlungsgebieten in Südungarn kämpften in der Epoche des Neoabsolutismus die Sathmarer Schwaben hingegen um ihr nationales Überleben.[42] Sie besaßen zwar bis 1848 einen eigenen Stadtrichter als ihren Vertreter, aber keine deutschen Schulen oder sonstigen »nationalen« Einrichtungen. Zu einem Zeitpunkt, als ihre Magyarisierung bereits weit fortgeschritten war, kam 1856 Michael Haas (1810–1866) aus Fünfkirchen auf den freigewordenen Sathmarer Bischofsstuhl und wurde ihr »Retter«. Während seines achtjährigen Wirkens als Bischof verhalf er der in Kirche und Schule unterdrückten deutschen Sprache wieder zu ihrem Recht. So gab er deutsche Kirchengesangbücher heraus und pflegte in schwäbischen Mehrheitsgemeinden erneut die deutsche Predigt. Den Unterricht an schwäbischen Schulen ließ er wieder in der deutschen Sprache abhalten, ohne das Ungarische deshalb abzuschaffen. So ist es ihm gelungen, die nationale Überfremdung abzuschwächen, teilweise sogar rückgängig zu machen. Doch handelte der auf Ausgleich bedachte Bischof Haas stets nach dem Prinzip, »den Ungarn ein Ungar, den Deutschen ein Deutscher« zu sein.

Die »Schwabenpetitionen« oder das Vorgehen des Bischofs Haas belegen, daß es um die Mitte des 19. Jahrhunderts also eine ganze Reihe von nationalpolitischen Vorstellungen beziehungsweise Initiativen zur Rettung einzelner deutscher Gruppen gab. Ein Blick auf das deutsche Bürgertum in Ungarns Städten zeigt allerdings, daß seine Lage bereits damals besorgniserregend war. Zug um Zug ging seine einstige Stärke und Rolle verloren – ein Prozeß, der im Verlauf des gesamten 19. Jahrhunderts zu beobachten ist. Von den um 1800 etwa 300 000 deutschen Einwohnern – in dieser Zahl sind die Siebenbürger Sachsen und die Deutschen in den oberungarischen Bergstädten allerdings nicht enthalten – lebte mindestens die Hälfte in Städten.[43] Das städtische Deutschtum repräsentierte fast ausschließlich den bürgerlichen Stand in Ungarn; wirtschaftlich und kulturell spielte es eine führende Rolle. Fehlendes Standesbewußtsein führte häufig zum Anschluß des Stadtbürgertums an die politisch wie gesellschaftlich dominierende Schicht des ungarischen Adels. Dieser Vorgang war oft mit einer schrittweisen Magyarisierung verbunden, zumindest aber mit der Gefahr einer Assimilation des deutschen Bürgertums an das Magyarentum. Eine erste Phase dieses Assimilationsprozesses scheint in der Mitte des 19. Jahrhunderts bereits abgeschlossen zu sein.

Mit diesem Prozeß engstens verbunden war ein anderer einschneidender Wandel, der sich allgemein um die Jahrhundertmitte abzeichnete. Gemeint ist der vor allem durch die Aufhebung des Zunftwesens im Jahre 1848 bedingte wirtschaftlich-gesellschaftliche Niedergang des deutschen städtischen Bürgertums.[44] Davon am stärksten betroffen waren die alten deutschen Städte in Oberungarn und in der Zips sowie – wenn auch in einem etwas geringeren Ausmaß – in Westungarn. In Ofen-Pest, wo noch 1846 die meisten Gewerbetreibenden Deutsche waren, wurde mit zunehmender Industrialisierung die einst führende deutsche Handwerkerschicht im Wirtschaftsleben der Hauptstadt zu einem weitgehend unbedeutenden Faktor. Vom allgemeinen wirtschaftlichen Verfall blieben nur die Bürger der jungen deutschen Städte in Südungarn – wie etwa Temeschwar, Werschetz oder Weißkirchen – verschont.

Der lange Weg zum Ausgleich

Mit dem schon erwähnten Oktoberdiplom von 1860 sowie mit dem am 26. Februar 1861 erlassenen »Februarpatent« – beide Verfassungsgesetze markierten das Ende der neoabsolutistischen Ära und dienten der Durchführung des Staatsumbaus – wurden Anstöße gegeben, um den konstitutionellen Weg zu beschreiten. Erstmals nach 1848 wurde 1861 wieder der ungarische Landtag einberufen, auf dem sich sehr bald zwei Richtungen herauskristallisierten: Die eine Gruppe setzte sich aus liberalen Aristokraten und dem rechten Flügel des mittleren Adels zusammen, die andere aus »links« eingestellten Adligen verschiedener Gruppierungen. Die erstgenannte Partei stand unter der Führung des geschickten, gemäßigt liberalen und von Baron József Eötvös (1813 bis 1871) stark unterstützten Ferenc Deák (1803–1876), der im Vormärz zu den führenden Gestalten der Reformlandtage gezählt und in der ersten verantwortlichen ungarischen Regierung von 1848 das Amt des Justizministers bekleidet hatte. Nachdem die Ergebnisse des Landtags von 1861 von Franz Joseph abgelehnt worden waren, erfolgte dessen Auflösung, die eine neuerliche passive Resistenz der ungarischen adligen Führungsschicht nach sich zog.

Für die Jahre 1861 bis 1865 trat eine einstweilige Verfügung, das sogenannte Provisorium in Kraft, welches die Verwaltung des Landes im Sinne des Absolutismus neuer Prägung regelte. Einen Wendepunkt in der Geschichte Ungarns stellte dann zweifellos der berühmte »Osterartikel« von Deák dar, der am 26. April 1865 im *Pesti Napló* (Pester Tageblatt) publiziert wurde. Mit dem Zugeständnis der gemeinsamen Angelegenheiten Ungarns und Österreichs konnte gleichsam ein Durchbruch zum Kompromiß erreicht werden. Die Ausgleichsverhandlungen mit Ungarn erfuhren durch den für Österreich verlorengegangenen Krieg gegen Preußen bei Königgrätz im Juli 1866 eine Beschleunigung. Von seiten Österreichs verhandelte der Minister des Äußern Freiherr Ferdinand von Beust (1809–1886) mit den Ungarn, an deren Spitze neben Ferenc Deák besonders der temperamentvolle und beredte Gyula Graf Andrássy d. Ä. (1823–1890) hervortrat. In Kaiserin Elisabeth fanden die ungarischen Politiker eine leidenschaftliche Fürsprecherin für einen Ausgleich.

Mitte beziehungsweise Ende 1867 erfolgten schließlich die Sanktionierungen des ungarischen Gesetzesartikels beziehungsweise des österreichischen Gesetzeswerkes durch Franz Joseph. Mit dem Ausgleich von 1867 wurde der österreichische Einheitsstaat von der Doppelmonarchie Österreich-Ungarn abgelöst. Der Absolutismus machte der dualistischen Verfassung Platz. Der Konstitutionalismus als das Grundprinzip des Ausgleichs erschien sowohl Franz Joseph als auch der deutschösterreichischen wie der ungarischen Führungsschicht wohl am besten geeignet für die Sicherung der Großmachtstellung der Habsburgermonarchie.

Doch kehren wir wieder zum zeitlichen Ausgangspunkt dieses Beitrags, an das Ende des 18. Jahrhunderts, zurück. Im folgenden wird es darum gehen, einige Aspekte der Geschichte der Deutschen in Ungarn und Siebenbürgen beispielhaft und für den gesamten untersuchten Zeitraum, also bis 1867, zu behandeln. Dabei gilt es, die deutschen Entwicklungen nicht isoliert zu betrachten, sondern diese in den Rahmen der ungarischen beziehungsweise siebenbürgischen Gesamtgeschichte zu stellen.

Wenn im folgenden einige Angaben über die zahlenmäßige Stärke des ungarländischen Deutschtums präsentiert werden, so geschieht dies keineswegs in der Absicht, aus dessen numerischer Größe Rückschlüsse auf seine wirtschaftlichen und kulturellen Leistungen zu ziehen. Und doch bestehen insofern Bezugspunkte, als aus dem demographischen Befund wertvolle Hinweise zum Verständnis von ökonomischen, sozialen und politischen Fragen resultieren, mit denen die Deutschen vor allem seit der Jahrhundertmitte konfrontiert wurden.

Es wurde bereits erwähnt, daß nach Schätzungen in den vierziger Jahren des 19. Jahrhunderts in Ungarn, seinen Nebenländern, Siebenbürgen und in der Militärgrenze vierzehn Millionen Menschen lebten. Der Anteil der Deutschen an der Gesamtbevölkerung betrug dabei rund 1,3 Millionen. Wie hoch der deutsche Bevölkerungsanteil in einzelnen Regionen war, illustrieren folgende Angaben: Im Jahre 1840 gab es im Banat insgesamt 1 082 550 Einwohner, davon waren 207 720 Deutsche, was einem Prozentsatz von zirka 19,2 entspricht; die Batschka hatte damals 458 623 Einwohner, wobei die Deutschen 91 200 ausmachten (rund 19,9 Prozent).[45] Nach einer Erhebung aus dem Jahre 1841 gab es unter der Bevölkerung des Großfürstentums Siebenbürgen 213 133 Deutsche, was einem Anteil an der Gesamtbevölkerung von ungefähr zehn Prozent entsprach.[46] Relativ kompakt siedelten die Deutschen in den westungarischen Komitaten, so waren im Jahre 1843 etwa 35 Prozent des Eisenburger, 40,2 Prozent des Ödenburger und 67,25 Prozent des Wieselburger Komitats deutsch.[47]

Gezielt festgestellt wurde die Volkszugehörigkeit der Bewohner der einzelnen Provinzen des österreichischen Kaiserstaates erstmals bei der Konskription von 1851.[48] Danach betrug die Bevölkerung Ungarns, der Serbischen Woiwodschaft und des Temescher Banats, ferner Kroatiens und Slawoniens, Siebenbürgens sowie der Militärgrenze 13 191 553 Menschen. Davon waren wiederum 1 356 652 Deutsche, die sich auf die einzelnen Kronländer beziehungsweise Regionen folgendermaßen aufteilten: Ungarn 756 420, Serbische Woiwodschaft und Temescher Banat 335 080, Kroatien und Slawonien 7 903, Siebenbürgen 219 374 und Militärgrenze 37 875. Daß das Deutschtum damals auch im Kronland Serbische Woiwodschaft und Temescher Banat relativ stark vertreten war, zeigt ein Blick auf die nationale Zusammensetzung der Bevölkerung: Nach den österreichischen Angaben von 1851 hatte dieses Kronland – ohne Militärgrenze – eine Bevölkerung von 1 426 221 Menschen. Neben den schon angeführten 335 080 Deutschen wohnten hier außerdem noch 442 070 Serben, 221 845 Magyaren, 400 279 Rumänen, 11 440 Zigeuner sowie 15 507 Juden. Der Anteil der Deutschen an der Gesamtbevölkerung betrug somit 23,5 Prozent.

Werfen wir schließlich noch einen Blick auf städtische Agglomerationen, so lassen sich hier, die deutsche Einwohnerschaft betreffend, ausgesprochene Ballungszentren konstatieren.[49] Im Jahre 1842 waren noch etwa 72 Prozent der Einwohner von Ofen Deutsche, und der deutsche Anteil an der Gesamtbevölkerung von Pest betrug damals immerhin noch 29 Prozent. Nicht minder stark war das deutsche Bürgertum in Oberungarn: Im Zipser Komitat lebten 1857 beispielsweise von den 44095 Deutschen – dies entsprach einem Prozentsatz von gut 36 an der gesamten Bevölkerung des Komitats – nicht weniger als 31963 in den sogenannten Zipser Städten und in Leutschau und Käsmark. Von den 42942 deutschen Einwohnern des Preßburger Komitats waren etwa siebzig Prozent (oder 29890) in der Stadt Preßburg konzentriert. In den westungarischen Städten Ödenburg und Güns war der deutsche Anteil 1857 besonders bedeutend, nämlich 92,3 beziehungsweise 87,6 Prozent. Im südungarischen Gebiet gab es eine Reihe von Städten mit kompakten deutschen Mehrheiten: In Temeschwar, wo 1851 von den über 17600 Einwohnern rund 9000 Deutsche, 4000 Rumänen, über 2000 Magyaren und knapp 2000 Serben waren, sowie in Werschetz, Orawitz, Weißkirchen, Franzfeld und Apatin. In anderen Städten wiederum lebten starke deutsche Minderheiten, etwa in Fünfkirchen, Sombor, Neusatz, Arad oder Groß-Betschkerek. Im kroatisch-slawonisch-syrmischen Bereich gab es in folgenden Städten einen größeren Anteil von Deutschen: Esseg, Peterwardein und Semlin. Schließlich noch zwei Beispiele aus Siebenbürgen: Im Jahre 1844 lebten in Kronstadt etwa 24000 Menschen, davon 47,54 Prozent Rumänen, 32,13 Prozent Sachsen und 20,33 Prozent Magyaren. In Hermannstadt, das damals von ungefähr 18000 Menschen bewohnt wurde, waren es siebzig Prozent Sachsen, zwanzig Prozent Rumänen und zehn Prozent Magyaren.

Die angeführten demographischen Daten belegen die zahlenmäßige Stärke des ungarländischen Deutschtums in der ersten Hälfte des 19. Jahrhunderts zur Genüge. Daß das deutschsprachige Bürgertum damals kulturell und wirtschaftlich die absolut führende Rolle im Lande spielte, wurde bereits erwähnt. Dies sollte sich in der Mitte des Jahrhunderts und vor allem in dessen zweiter Hälfte grundlegend wandeln, als parallel zum beachtlichen Anwachsen der Magyaren der deutsche Anteil an der Gesamtbevölkerung ständig sank. Ursachen für diese Änderungen waren die stärkere Bevölkerungszunahme der Magyaren, ihr geringerer Anteil an der Auswanderung sowie schließlich die gezielte Magyarisierung, gegen die die Deutschen, mit Ausnahme der Siebenbürger Sachsen, wohl den geringsten Widerstand leisteten.

KIRCHEN UND KONFESSIONEN

Einige Aspekte des reichen Kultur- und Geisteslebens der Deutschen, um dessen Pflege Kirchen, Schulen, Vereine, Kunst, Wissenschaft und Presse gleichermaßen bemüht waren, sollen hier behandelt werden. Daß diese Institutionen und Bereiche auch für das nationale Leben relevant waren, wird ebenfalls zu zeigen sein.

Bekanntlich waren die Länder der Ungarischen Krone nicht nur multinational geprägt, sondern zeichneten sich auch durch ihren multikonfessionellen Charakter aus. Dabei waren die einzelnen Glaubensbekenntnisse häufig mit der Zugehörigkeit zu einer bestimmten Nationalität gekoppelt. Gilt der Kalvinismus als »ungarische Religion«, so deckten sich Volkszugehörigkeit und Konfession zum Beispiel auch bei den überwie-

Jakobskirche, Minoritenkloster und Rathaus bilden das Zentrum von Leutschau in der Zips, der an spätgotischen Denkmälern reichsten Stadt dieses Raumes. In der 1280 begonnenen Kirche St. Jakob (rechts im Bild) befindet sich der prachtvolle Hochalter des Meisters Paul. Während der Reformationszeit wurden die Jakobskirche und die Minoritenkirche protestantisch, 1674 im Zuge der Gegenreformation wieder katholisch.

gend griechisch-orthodoxen Serben weitgehend. Nicht an nur eine Volksgruppe gebunden waren hingegen die katholische Kirche sowie die evangelische Kirche Augsburgischen Bekenntnisses. Katholiken wie auch Lutheraner setzten sich sprachlich und ethnisch vorwiegend aus dem magyarischen, dem deutschen und dem slowakischen sowie dem kroatischen Element in Kroatien und Slawonien (hier allerdings nur aus Katholiken) zusammen.

Freilich spielte die Konfession für die einzelnen Nationalitäten eine unterschiedliche Rolle. Erfüllte beispielsweise die evangelische Kirche für die slowakischen Lutheraner in gewisser Hinsicht nationale Aufgaben, so bot sie den im Lande verstreut lebenden evangelischen Deutschen in dieser Beziehung nur eine geringe Stütze. Das Fehlen einer eigenen nationalen kirchlichen Organisation erwies sich mit als ein Grund für das kaum ausgeprägte Nationalbewußtsein des Deutschtums. Eine Sonderstellung unter den Deutschen nahmen hier allerdings die Siebenbürger Sachsen ein, die bis auf geringe Ausnahmen der lutherischen Kirche angehörten. Bei ihnen bildeten Volkstum und Konfession eine fast vollkommene Einheit. Das sächsische Volk sollte in seinem nationalen Leben dann vor allem nach dem österreichisch-ungarischen Ausgleich von 1867 den stärksten Rückhalt an der Kirche finden.

Ganz allgemein muß aber gesagt werden, daß sich die ungarländischen Deutschen vorwiegend zum römisch-katholischen Glauben bekannten und nur etwa zu einem Fünftel zum Luthertum. Protestantische Ballungszentren waren neben den von Sachsen bewohnten Regionen Siebenbürgens noch Oberungarn, insbesondere das Komitat Szepes, der westliche Teil jenseits der Donau und die Kleine Tiefebene. Hauptverbreitungsgebiete der deutschen Katholiken stellten Südungarn – vor allem das Banat, die Batschka, aber auch die Schwäbische Türkei –, wiederum Westungarn, ferner Kroatien und Slawonien sowie Ofen-Pest dar.

Welche Rolle die Konfession für die nationale Identität mancher Minderheiten spielte, zeigt das Beispiel der Schwaben. In der Zeit ihrer Ansiedlung hatte die Kirche ohne Zweifel eine volkstumerhaltende Wirkung. Die Übereinstimmung nationalen Empfindens bei Geistlichkeit und Kirchenvolk währte allerdings nur bis in die ersten Jahrzehnte des 19. Jahrhunderts. Bereits damals sind – wie beispielsweise bei den fast rein katholischen Sathmarer Schwaben – Ansätze zur sprachlichen Assimilation der Deutschen durch die Magyaren erkennbar. Dies zeigte sich nicht nur im Bereich des Schulwesens, sondern auch auf kirchlichem Gebiet. Ausdruck der ersten Magyarisierungswellen, von denen übrigens die katholische wie die protestantische Geistlichkeit gleichermaßen ergriffen war und die meist von ihnen auch getragen wurden, waren etwa Verordnungen, die den Akten- und Dienstverkehr der Kirchen zugunsten der magyarischen Sprache regelten oder aus gemischtsprachigen Gemeinden stammende Visitationsberichte, die verstärkt die ungarische Predigt forderten. In diesem Zusammenhang sei an die bereits erwähnten Unionsbestrebungen des Grafen Károly Zay zu Beginn der vierziger Jahre erinnert, in denen es letztlich um die Unterordnung der lutherischen Slowaken und Deutschen Oberungarns unter die rein magyarische reformierte Kirche ging.

Einweihung der neuen deutschen evangelischen Kirche in Semlin am 10. November 1929.
Die Neubesiedlung Syrmiens lag zunächst in den Händen des Adels und der Geistlichkeit und wurde später von der Wiener Hofkammer planmäßig vorangetrieben, wobei Semlin an die Grafen Schönborn fiel. Syrmien zählte aufgrund dieser Entwicklung zu den deutschen Siedlungsgebieten in Ungarn, in denen der Katholizismus überwog. Dennoch gab es auch Protestanten unter der Bevölkerung. Gerade sie begrüßten das ungarische Protestantenpatent von 1859, das ihnen die lange ersehnte Religionsfreiheit zuerkannte.

Daß sich einzelne Amtsträger der Kirche sehr wohl für die nationalen Belange der Schwaben einsetzten, zeigt das Beispiel des katholischen Pfarrers Josef Nowak, der die »Bogaroscher Petition« von 1849 – jene erste nationalpolitische Willenskundgebung des Banater Deutschtums – verfaßte. Ebenso wurde bereits das Wirken des katholischen Bischofs Michael Haas, des »nationalen Retters der Sathmarer Schwaben«, angeführt.

Entgegengesetzte Tendenzen gilt es für die deutsche katholische Geistlichkeit der Batschka zu konstatieren. Sie war es, die in den sechziger Jahren immer stärker in nationalungarischem Sinne aktiv wurde. So war etwa die Erziehung in dem seit 1860 von den Jesuiten geleiteten Gymnasium von Kalotscha von Anfang an betont magyarisch gehalten. Noch unmittelbarer wirkten damals auf breitere Bevölkerungsschichten die Schulschwestern. Durch ihre Lehrtätigkeit in den Dorfschulen und durch ihr Lehrerinnenseminar wurden sie zu einem wichtigen Faktor der Magyarisierungspolitik in den katholischen schwäbischen Dörfern. In derselben Richtung arbeiteten auch einige katholische Gesellschaften – so etwa die Vereinigungen »Vom Herzen Jesu« oder »Vom lebenden Rosenkranz« –, die auf dem Weg über das gesellschaftliche Leben in der Batschka Deutsche zu Magyaren zu machen versuchten.[50]

In den Bereich Kirche und Konfession gehört auch das ungarische Protestantenpatent vom 1. September 1859, das den evangelischen Kirchen beider Bekenntnisse die gesetzliche Grundlage für einen einheitlichen und eigenständigen Aufbau einer Kirchenordnung geben sollte.[51] Das Patent führte zu einer Vermehrung der Superintendenzen von je vier auf je sechs lutherische und reformierte. Daß diese Maßnahme der Wiener Regierung aus nationalitätenpolitischen Rücksichten erfolgte, wird daraus ersichtlich, daß die oberungarischen slowakischen Gemeinden in der Preßburger Superintendenz und die südungarischen deutschen Kirchengemeinden in der Neuwerbaßer Superintendenz zusammengefaßt wurden. Die neue Grenzziehung zwischen den Kirchendistrikten verfolgte das Ziel, eine slowakische beziehungsweise eine deutsche Gemeindemehrheit zustande zu bringen. Diese Minderheiten sollten sich im Kampf um ihre nationale Existenz besser geltend machen und kompakter gegen die auch im kirchlichen Bereich um sich greifende nationalungarische Bevormundung auftreten können. Beide genannten Superintendenzen haben sich dann auch tatsächlich für das Patent entschieden.

Die Oktroyierung des Patents beschwor im ganzen Land einen Sturm der Entrüstung herauf. Vor allem die Auseinandersetzungen um die im Patent verankerten kirchenrechtlichen Grundlagen führten sehr rasch zum Kirchenkonflikt. Die Kämpfe endeten schließlich mit der Zurücknahme des Patents am 15. Mai 1860. Im Verlauf des Streits kristallisierten sich bald zwei Parteien heraus, die einander auf das heftigste bekämpften. Auf der einen Seite standen die »Patentisten«, die das Patent begrüßten; in ihren Reihen befanden sich – aus politischen und nationalen Gründen – vor allem die slowakischen Lutheraner. Die Vertreter der Gegenpartei, die »Autonomisten«, sahen in dem Patent einen Angriff auf die kirchliche Autonomie der Protestanten und lehnten es daher entschieden ab. Zu den Gegnern zählten insbesondere die magyarischen Reformierten und Lutheraner.

Unter den deutschen Lutheranern gab es sowohl »Patentisten« als auch »Autonomisten«. Zu letzteren gehörte vor allem das Zipser Deutschtum Oberungarns. Eine nicht nur vereinzelt auftretende patentfreundliche Haltung ist in den deutschen Kirchengemeinden West- und Südungarns feststellbar. So entschieden sich neben einer Reihe von deutschen Siedlergemeinden der Schwäbischen Türkei zwei vorwiegend deutsche Seniorate für das Patent: das Batschka-Syrmier beziehungsweise Neusatzer Seniorat sowie das Banater Seniorat. Dafür spricht schon der auf der Grundlage des Patents neugegründete Kirchendistrikt der Neuwerbaßer Superintendenz. Die deutschen Gemeinden in Kroatien-Slawonien waren vom Patent schon deshalb begeistert, weil es den Protestanten die volle Religionsfreiheit brachte.

Der hartnäckige Widerstand des überwiegenden Teils der ungarländischen Protestanten sowie außenpolitische Schwierigkeiten – etwa die italienischen Niederlagen des Jahres 1859 und ihre Folgen – besiegelten das Schicksal des Patents. Nach der im Mai 1860 erfolgten Zurücknahme reinkorporierte sich die nach dem Patent koordinierte und organisierte Neuwerbaßer Superintendenz wieder in die Montansuperintendenz und hörte somit faktisch auf zu bestehen. Die Preßburger Superintendenz blieb übrigens noch bis zum 15. Mai 1867, dem Tag der endgültigen Aufhebung des Patents, bestehen. Mit eine Folge der Zurücknahme und Aufhebung des ungarischen Protestantenpatentes vom 1. September 1859 war es, daß sich das nationalungarische Element in den protestantischen Kirchen Transleithaniens vollends durchsetzen konnte und daß nach dem Ausgleich von 1867 auch diese Kirchen – vor allem die lutherische – als verlängerter Arm des ungarischen Staates für die Magyarisierung aller nichtmagyarischen Bevölkerungsteile des Stephansreiches eingespannt wurden.

Ähnliche Tendenzen lassen sich im übrigen auch für das deutsche Schulwesen feststellen, das ja neben beziehungsweise im Verein mit der Kirche lange Zeit hindurch eine der stärksten Stützen des verstreut siedelnden Deutschtums war und nun anhand einiger Beispiele behandelt wird.

SCHULEN, EIN ZANKAPFEL DER NATIONALITÄTEN

Ganz allgemein sei vorausgeschickt, daß die Institution »Schule« in Regionen, in denen mehrere Völker nebeneinander lebten – also auch in Ungarn und Siebenbürgen –, eine ganz besonders große Rolle spielt. Jede Volksgruppe tritt aus dem Bestreben, ethnisch weiterexistieren zu können, für die Erhaltung von Schulen ihrer Muttersprache ein, um den Schülern in dieser Bildung und Wissen zu vermitteln. Diesen Wünschen stehen die Forderungen anderer Nationalitäten entgegen, die ihre Sprache zur Unterrichtssprache für alle Minderheiten machen wollen. Die daraus resultierende Konfliktsituation führte im 19. Jahrhundert zu zahlreichen schulpolitischen Auseinandersetzungen. In Ungarn mündeten sie meist in eine Assimilierungspolitik, die ihren Ausdruck in der Magyarisierung fand – ein Prozeß, der vor allem in der zweiten Jahrhunderthälfte in den meisten Fällen den Verlust des Minderheitsschulwesens nach sich zog.

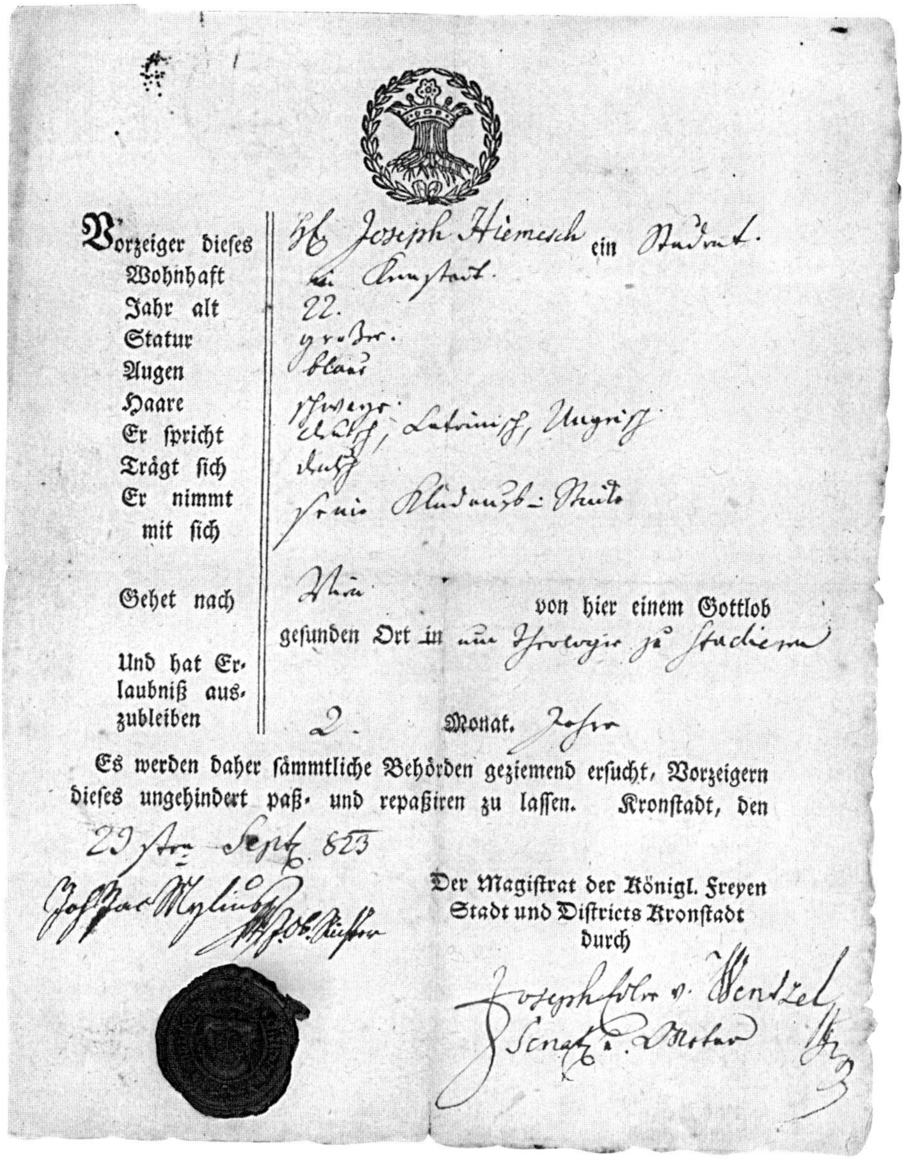

Vorzeiger dieses Hr. Joseph Hiemesch ein Student.
Wohnhaft in Cronstadt.
Jahr alt 22.
Statur
Augen blau
Haare
Er spricht Deutsch, Lateinisch, Ungarisch
Trägt sich deutsch
Er nimmt mit sich
Gehet nach Wien von hier einem Gottlob gesunden Ort in um Theologie zu studieren
Und hat Erlaubniß auszubleiben 2. Monat. Jahre
Es werden daher sämmtliche Behörden geziemend ersucht, Vorzeigern dieses ungehindert paß- und repaßiren zu lassen. Kronstadt, den 29ten Sept. 823

Der Magistrat der Königl. Freyen Stadt und Districts Kronstadt durch

Joseph Edler v. Wentzel
Senats Notar

Seit dem Mittelalter besuchten Hunderte ungarländischer Studenten aus den begüterten adligen Familien und aus den ökonomisch erstarkten Städten die berühmten Bildungsstätten in Europa und kehrten mit neuen Ideen in die Heimat zurück. Das Ideengut der Aufklärung verbreitete sich im 18. Jahrhundert zum Teil gerade durch die Vermittlung der deutschen protestantischen Universitäten unter anderem in Halle, Leipzig und Göttingen.

Auch die Deutschen in Ungarn und Siebenbürgen erkannten die Bedeutung der Schulen als notwendige Voraussetzung für die Erhaltung der eigenen Sprache, für die Teilhabe am deutschen Geistes- und Kulturleben und für die Wahrung der nationalen Eigenart. So wurden ihre Schulen von Beginn an ein wesentlicher Bestandteil deutschen Gemeinschaftslebens. Dabei war das Schulwesen der Deutschen Angelegenheit ihrer Gemeinden, Kirchen und des Volkes, auch wenn der Staat in der zweiten Hälfte des 18. Jahrhunderts durch allgemeine Schulordnungen stärkeren Einfluß auf das Bildungswesen gewann.

Die deutschen Schulen in Südungarn beziehungsweise ihre Lehrer konnten ihre volksbildende und wissensvermittelnde Funktion in der Muttersprache der Schüler relativ unbeeinträchtigt bis in das dritte Drittel des 19. Jahrhunderts ausüben. Trotz gelegentlicher Magyarisierungsversuche konnte das schwäbische Schulwesen vor 1848 im allgemeinen seinen deutschen Charakter bewahren. Zwischen 1849 und 1860 erreichte es dann nochmals eine vorübergehende Blüte, die vor allem das neugeschaffene Kronland Serbische Woiwodschaft und Temescher Banat, in geringerem Maße aber auch die anderen schwäbischen Siedlungsgebiete betraf. Hinsichtlich seines Umfangs hatte das Schulwesen im gesamten schwäbischen Bereich in der Ära des Neoabsolutismus sowie im anschließenden Übergang zum Ausgleich von 1867 den Höchststand seiner Entwicklung erreicht. Andererseits sind bereits im Zeitalter zwischen 1849 und 1867 für das deutsche Schulwesen ungünstige Tendenzen zu konstatieren, die sich nach dem Ausgleich noch verstärken sollten. Es sind dies jene Bemühungen von ungarischer Seite, der magyarischen Sprache in allen Bereichen größtmöglichen Einfluß zu sichern – sei es auf dem Gebiet der Kirche oder im Wirkungsbereich der Schule. Beide Institutionen waren für die nationale Entwicklung der Schwaben bis über die Mitte des 19. Jahrhunderts hinaus von größter Bedeutung, denn Geistliche und Lehrer förderten gleichermaßen das kulturelle Leben und die deutsche Sprache. Die Verbindung zwischen Kirche und Schule war deshalb so eng, weil die Kirchen meist die Erhalter der Schulen waren und die Lehrer bezahlten. So verwundert es nicht, wenn dann gerade über die Kirche eine Beeinflussung des stark ausgeprägten schwäbischen konfessionellen Bildungswesens in magyarischem Sinne eingeleitet wurde.

Es wurde bereits erwähnt, daß sich das weitgehend aus eigenen Mitteln aufgebaute umfassende deutsche Volksschulwesen in der Batschka und im Banat bis zum Ausgleich von 1867 praktisch ungehindert entwickeln konnte. So existierten 1859 insgesamt 155 konfessionell einheitliche und sieben konfessionell gemischte Gemeindeschulen, auf dem Gebiet der Militärgrenze gab es elf beziehungsweise sieben solcher Schulen, und daneben bestanden noch zwölf staatliche Volksschulen – sämtliche Schulen hatten Deutsch als Unterrichtssprache.[52] Um dem Mangel an deutschen Lehrern abzuhelfen, wurde 1852 in Werschetz eine katholisch-deutsche Lehrerbildungsanstalt errichtet, die so hervorragende Schulmänner hervorbrachte wie den auch als Historiker bekannten Johann Heinrich Schwicker (1839–1902). Diese Bildungseinrichtung bestand allerdings nur knapp zwei Jahrzehnte, 1871 wurde sie aufgelöst und mit der Szegediner ungarischen Lehrerbildungsanstalt vereinigt.

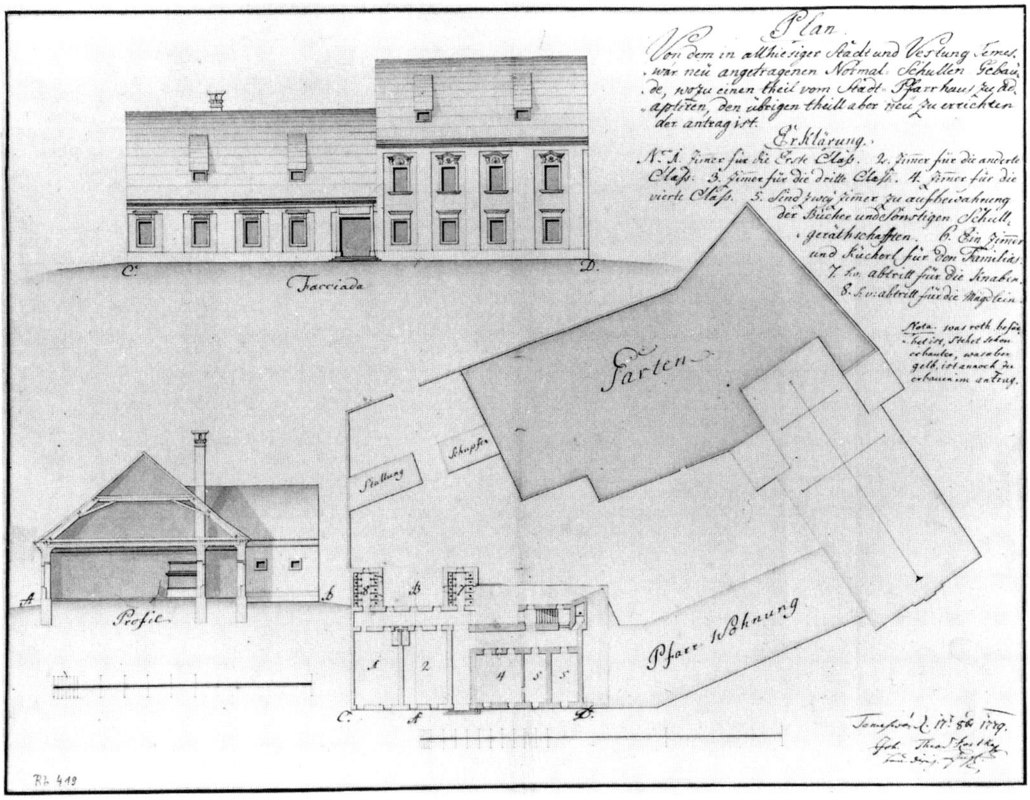

Das Schulwesen in Ungarn nahm nach der von Maria Theresia 1777 in Kraft gesetzen »Ratio educationis« einen beachtlichen Aufschwung. Der Plan der Normalschule in Temeschwar entstammt einem umfangreichen Akt zur Errichtung dieser Schule. Grundriß, Aufriß und Querschnitt wurden 1779 von Johann Theodor Kostka entwickelt, die Baukosten beliefen sich auf 3400 Gulden.

In die ausgehenden fünfziger Jahre fiel dann die Errichtung der ersten Realschulen des Banats in Pantschowa, Werschetz und Großkikinda. Außerdem gab es 1859 Gymnasien in Temeschwar, Groß-Betschkerek und Arad sowie ein Untergymnasium in Lugosch. Signalwirkung für die sich anbahnende Magyarisierung des Mittelschulwesens hatte das Gymnasium von Temeschwar, in dem die Piaristen bereits 1861 die magyarische Sprache an Stelle der deutschen als Unterrichtssprache einführten. Die übrigen Gymnasien folgten diesem Beispiel; damit waren die höheren Schulen bald magyarisiert. Die Volksschulen zogen ebenfalls nach, erst recht als die ungarische Sprache 1879 obligatorisches Lehrfach in allen Schulen wurde.

Auch in der Batschka war bis zum Ausgleich das vor allem konfessionelle deutsche Elementarschulwesen noch intakt. Noch im Jahr 1869 gab es hier 77 Schulen mit Deutsch als Unterrichtssprache. Daneben wurde in 49 Schulen teilweise in deutscher Sprache unterrichtet, und zwar in dreißig Anstalten neben dem Ungarischen, in drei neben dem Serbischen, in je einer Schule neben dem Ungarischen und Rumänischen beziehungsweise neben dem Ungarischen und Serbischen, in dreizehn Schulen neben dem Ungarischen und Kroatischen sowie in einer Schule neben dem Slowakischen. Insgesamt wurde also in 126 Schulen deutsch unterrichtet.[53]

Als Beispiel für das höhere deutsche Schulwesen in der Batschka sei die wechselvolle Geschichte des Gymnasiums in Neuwerbaß kurz geschildert.[54] Das 1809 als vierklassige private Schule mit Deutsch als Unterrichtssprache errichtete Gymnasium ging nach dem Tode seines Gründers im Jahr 1816 wieder ein. Aber bereits im Jahre 1822 wurde der Grundstein für eine ebenfalls vierklassige evangelische Seniorats-Lateinschule gelegt, die als Untergymnasium dann bis in das Jahr 1871 bestehen sollte. Von 1871 an wurde die Anstalt als Patronatsgymnasium weitergeführt. Die bereits in den dreißiger Jahren einsetzenden Versuche, in dieser Schule das Ungarische zur Unterrichtssprache zu machen, wurden auch nach 1848 konsequent fortgesetzt – mit dem Erfolg, daß 1857 das Ungarische als Lehrgegenstand und 1871 als Unterrichtssprache eingeführt wurde. Diese Entwicklung liegt auf derselben Ebene, wie die bereits bekannten Beispiele der Erziehungsarbeit von Jesuiten und Schulschwestern, deren Lehranstalten der Magyarisierung dienten.

In den Regionen Westungarn, Oberungarn und Siebenbürgen spielte vor allem das höhere deutsche evangelische Bildungswesen eine große Rolle. So kam es in Westungarn unter dem bedeutenden evangelischen Kirchenmann Gottlieb August Wimmer (1791–1863) zur Gründung der deutschen evangelischen Schul- und Erziehungsanstalten in Oberschützen, heute im österreichischen Burgenland gelegen. Wimmer kam 1818 als Pfarrer nach Oberschützen, wo er dreißig Jahre lang eine äußerst segensreiche Tätigkeit entfaltete. Durch zähe Beharrlichkeit rief er eine »Musterschule« mit drei Klassen, ein Lehrerseminar samt Internat und eine Anstalt für die Erziehung von Kindern aus gebildeten Familien ins Leben. Diese Erziehungsstätten komplettierte er noch durch eine Bibliothek, ein physikalisches Museum sowie eine Naturaliensammlung. Die Gründung der ersten evangelischen Lehrerbildungsanstalt für Ungarn und Österreich fiel in das Jahr 1845. Den ungarischen Freiheitskampf von 1848 begrüßte übrigens

Wimmer aus zwei Gründen auf das lebhafteste: erstens versprach er sich davon den Sieg der fortschrittlichen Ideen, zweitens die Gleichstellung der protestantischen Kirche mit der katholischen.[55]

Auf eine entschieden längere Tradition können zwei Institutionen zurückblicken, die Beispiele für das gut entwickelte deutsche evangelische Schulwesen in Oberungarn sind: die Gymnasien von Käsmark und Preßburg.[56] Das bis 1945 bestehende Deutsche Evangelische Gymnasium A.B. in Käsmark existierte seit dem 16. Jahrhundert. Im 18. Jahrhundert wurde das Gymnasium eine Hochschule (Lyzeum), an der neben der Theologie und der Philosophie die Rechtswissenschaften vorgetragen wurden. Noch bis in die erste Hälfte des 19. Jahrhunderts bot das Käsmarker Lyzeum ein Vorbild für das Zusammenleben von Völkern an dem Musterbeispiel von Schülern verschiedener Volkszugehörigkeit, die es in ungestörter Eintracht besuchten, ohne daß es auch nur einmal in den langen Jahrhunderten seiner Geschichte zu Gegensätzen gekommen wäre. Im Jahre 1825 wurden am Lyzeum 58 deutsche, fünfzehn slowakische, 59 ungarische und 25 serbische Schüler neu aufgenommen.

Bis zum ungarischen Sprachgesetz von 1844 war im Käsmarker Lyzeum – wie in allen höheren Lehranstalten Ungarns auch – das Lateinische Unterrichtssprache. Damals trat auch im Schulwesen an die Stelle der lateinischen Sprache die magyarische. Eine Veränderung ergab sich in sprachlicher Hinsicht während des Neoabsolutismus. Der österreichische »Organisationsentwurf« des Kultusministers Leo Graf Thun (1811 bis 1888) vom Jahre 1849, der damals auch in Ungarn Geltung erlangte, bestimmte die Anforderungen, die an eine höhere Lehranstalt zu stellen waren. Deutsch als Unterrichtssprache war demnach gesichert. Es mußten aber an einem Gymnasium acht Klassen mit zwölf Lehrkräften bestehen. Darüber hinaus wurde nur solchen Schulen, die den neuen Lehrplan annahmen, das Öffentlichkeitsrecht zuerkannt. Da die Einführung des neuen Lehrplans in Käsmark alle Mittel der Kirche in Anspruch nahm, konnten die akademischen Lehrgänge nicht erhalten bleiben und wurden im Jahre 1851 eingestellt, das Lyzeum aber zu einem achtklassigen Gymnasium umgestaltet.

Ebenso bedeutsam war das evangelische Schulwesen in Preßburg. Hier kam es bereits 1606 zur Gründung eines deutschen Gymnasiums, in dessen oberster Klasse theologische und philosophische Fächer gelehrt wurden. Der gute Ruf des Preßburger Lyzeums manifestiert sich darin, daß diese höhere Schule mit akademischen Lehrgängen im 18. und in der ersten Hälfte des 19. Jahrhunderts Schüler nicht nur aus ganz Ungarn und Siebenbürgen besuchten, sondern auch aus Österreich, besonders aus Böhmen – der berühmte tschechische Historiker und Politiker František Palacký (1798–1876) hat in Preßburg studiert –, wie auch viele der bedeutendsten Slowaken, so der bereits bekannte Schöpfer der slowakischen Schriftsprache L'udevít Štúr. Zu den Schülern des Lyzeums zählten viele hervorragende Männer und Gelehrte, unter ihnen Tobias Gottfried Schröer und Eduard Glatz. Infolge des »Organisationsentwurfs« von Kultusminister Thun geriet die Schule, da die Gemeinde für die Anforderungen die Mittel nicht aufbringen konnte, in eine schwere Krise. Es wurde ihr das Öffentlichkeitsrecht entzogen, das sie erst 1860 wieder erlangte.

Das Evangelische Gymnasium in Hermannstadt zählt zu den fünf öffentlichen kirchlichen höheren Schulen Siebenbürgens, die 1849 aufgrund des österreichischen »Organsiationsentwurfs« umgestaltet wurden. Sie blieben jedoch als kirchliche Lehranstalten erhalten. Das konfessionelle lutherisch-sächsische höhere Schulwesen in Siebenbürgen, das mit seinen Wurzeln bis in die Reformation zurückreicht, blieb auch nach 1867 – trotz wiederholter Magyarisierungsversuche – Träger des nationalen Lebens der Sachsen. Vor der Schule steht noch heute das Denkmal des Bischofs Georg Daniel Teutsch, der sich nicht nur als kirchlicher Amtsträger, sondern zugleich auch als Führer der Sachsen verstand.

Eine andere Entwicklung als die beiden eben beschriebenen oberungarischen Gymnasien, in denen nach 1867 der Unterricht in deutscher Sprache schrittweise zurückgedrängt und durch das Magyarische ersetzt wurde, nahm das ebenfalls traditionsreiche, in seinen Wurzeln auf die Reformation zurückreichende konfessionelle lutherisch-sächsische höhere Schulwesen in Siebenbürgen. Das Oberkonsistorium der evangelischen Kirche rühmte im Jahre 1821 das Interesse der Sachsen für ihre Schulen mit den Worten: »Die ärmste Gemeinde hat ihre Schule und würde ihren Untergang vor sich sehen, wenn sie die Schule müßte eingehen lassen.«[57] Diesem Verantwortungsgefühl trugen alle Sachsenbischöfe stets Rechnung, auch wenn es – wie im Zeitalter des Neoabsolutismus – um die von der Wiener Regierung geförderte Modernisierung der sächsischen Gymnasien ging. So wurden die fünf bestehenden öffentlichen kirchlichen höheren Schulen in Hermannstadt, Schäßburg, Kronstadt, Mediasch und Bistritz auf der Grundlage des österreichischen »Organisationsentwurfs« von 1849 umgestaltet. Diese auf hohem Niveau stehenden Gymnasien erfuhren keine Umwandlung in Staatsanstalten und konnten mit den Mitteln der vermögenden sächsischen Nationsuniversität als kirchliche Anstalten erhalten bleiben. Das konfessionelle evangelische Schulwesen blieb in Siebenbürgen nach 1867 von den wiederholten Magyarisierungsversuchen der Regierungen verschont und wurde so mit der Sachsenkirche zu einem Beschützer des Deutschtums und Träger des nationalen Lebens.

DAS VEREINSLEBEN

Neben den Schulen zählten ohne Zweifel auch die Vereine zu jenen Kulturinstitutionen, die nicht nur der Mobilisierung der Gesellschaft, sondern zugleich auch nationalen Aufgaben dienten. Dies trifft bereits in der ersten Hälfte des 19. Jahrhunderts auf das sächsische Vereinswesen zu, mit einer zeitlichen Verzögerung aber auch auf die Vereinsbewegung der Deutschen in Südungarn.

Bei der Betrachtung der Vereine der Deutschen in Siebenbürgen zeigt sich rasch, daß diese praktisch in alle Lebensbereiche der sächsischen Gesellschaft hineinspielten.[58] Bereits im Jahre 1842 kommt es in Schäßburg zur Konstituierung eines wissenschaftlich-kulturellen Vereins, der über die Pflege und Organisation der Wissenschaften hinaus auch eine nationalpolitische Funktion erfüllte. Gemeint ist der »Verein für siebenbürgische Landeskunde«, der sich zum Ziel setzte, den Kantönligeist der verschiedenen Kreise, Kapitel und Stühle auszumerzen. Man hoffte, daß »wir aufhören werden, Hermannstädter, Mediascher, Schäßburger, Kronstädter zu sein, sondern, daß wir Sachsen sein und als solche fühlen werden«. Gleichzeitig sollte der Verein »die Liebe zum Vaterland« beleben, »vereinigen, nicht trennen ..., versöhnen, nicht aufreizen«. Entsprechend diesen Zielsetzungen hat man die Publikation »von Forschungen statuiert«, die dann meist sächsische Persönlichkeiten und Quellen zur Geschichte Siebenbürgens betrafen und in dem seit 1843 erscheinenden »Archiv des Vereins für siebenbürgische Landeskunde« veröffentlicht wurden. Die Generalversammlungen und

Sitzung des deutschen Vaterlandsvereins im Theater in Hermannstadt, 1844.
Die Vereine der Deutschen in Siebenbürgen wirkten in alle Lebensbereiche der sächsischen Gesellschaft hinein. Das galt vor allem für den 1842 in Schäßburg gegründeten »Verein für siebenbürgische Landeskunde«, der das Ziel hatte, den nationalen Zusammenhalt der Sachsen zu fördern. Die Generalversammlungen und Jahressymposien des Vereins, die jeweils in einer anderen Stadt abgehalten wurden, entwickelten sich im Laufe der Zeit gleichsam zu sächsischen Nationalfeiertagen.

Jahressymposien, die jeweils in einer anderen Stadt abgehalten wurden und zu denen jedermann Zutritt hatte, wurden vor allem dann in der zweiten Jahrhunderthälfte gleichsam zu sächsischen Nationalfeiertagen.

In einem beschränkteren Wirkungskreis und mit geringerer Werbekraft als der Landeskundeverein betätigte sich der im Revolutionsjahr 1849 gegründete »Siebenbürgische Verein für Naturwissenschaften«. Der Verwirklichung des Vereinsziels, die Naturwissenschaften nach allen Seiten hin, mit besonderer Rücksicht auf Siebenbürgen, zu pflegen, sollte gemäß den Statuten durch »Besprechung naturwissenschaftlicher Gegenstände in Versammlungen, Anlegen einer naturwissenschaftlichen Sammlung in Hermannstadt, Anschaffung einschlägiger Zeitschriften und Bücher, sowie durch Gründung einer Vereinsbibliothek und durch Veröffentlichung seiner Verhandlungen« angestrebt werden. Publikationsorgan des Vereins waren die *Verhandlungen und Mitteilungen*. Zu seinen Mitgliedern zählte der Verein auch bedeutende Vertreter der rumänischen und magyarischen Kultur und Wissenschaft. Gelehrte von europäischem Ruf waren korrespondierende oder wie etwa Alexander von Humboldt oder Justus von Liebig Ehrenmitglieder des Vereins.

Greifbare Ergebnisse bei der Mobilisierung der sächsischen Gesellschaft erzielte die Vereinsbewegung auch im Bereich von Landwirtschaft und Gewerbe. Im Jahre 1845 wurde der »Siebenbürgisch-sächsische Landwirtschaftsverein« ins Leben gerufen, der dann einen wesentlichen Beitrag zur Entwicklung der Landwirtschaft der Siebenbürger Sachsen und ganz Siebenbürgens geleistet hat. Die meisten Vereinsmitglieder waren zwar Sachsen, doch mit dem Verein standen auch Rumänen in enger Verbindung. Der sächsische Landwirtschaftsverein unterhielt auch gute Kontakte zu dem 1855 in Klausenburg entstandenen »Ungarischen siebenbürgischen Landwirtschaftsverein«. Eine der wichtigsten Aufgaben des deutschen Vereins bestand darin, landwirtschaftliche Musterschulen zu errichten – ein Ziel, das in Hermannstadt realisiert werden konnte. Weitere Bemühungen mündeten in der Gründung von Ackerbauschulen, wobei die ihnen angeschlossenen Musterwirtschaften Zentren landwirtschaftlichen Fortschritts waren. Darüber hinaus veranstaltete der Verein auch immer wieder gutbesuchte Ausstellungen und Lehrschauen, die für die stärkere Verbreitung ertragreicherer Pflanzensorten, besserer Ackergeräte und landwirtschaftlicher Maschinen sorgten. Unterstützt wurden diese Aktivitäten durch die Tätigkeit landwirtschaftlicher Kreditinstitute und Genossenschaften. Die ersten sächsischen Geldinstitute entstanden bereits in den Jahren 1835 und 1841. In das zuletzt genannte Jahr fiel die Gründung der »Hermannstädter Allgemeinen Sparkasse«, die später einen beachtlichen Aufschwung verzeichnete.

Weniger Erfolg als der Landwirtschaftsverein hatten die sächsischen Gewerbevereine. Eine ungünstige Konjunktur und die staatliche Bevormundung verhinderten neue Entwicklungsmöglichkeiten des Gewerbes. Wirtschaftliche Zwänge erlaubten es nicht, die Mitglieder des 1840 gebildeten »Hermannstädter Bürger- und Gewerbevereins« auf die »Höhen der gegenwärtigen Kulturverhältnisse emporzuführen«. Gewerbevereine wurden zwischen 1841 und 1847 auch in Kronstadt, Bistritz und Mediasch gegründet. Den Kronstädter Gewerbeverein bildeten »nur Künstler und Handwerker, wel-

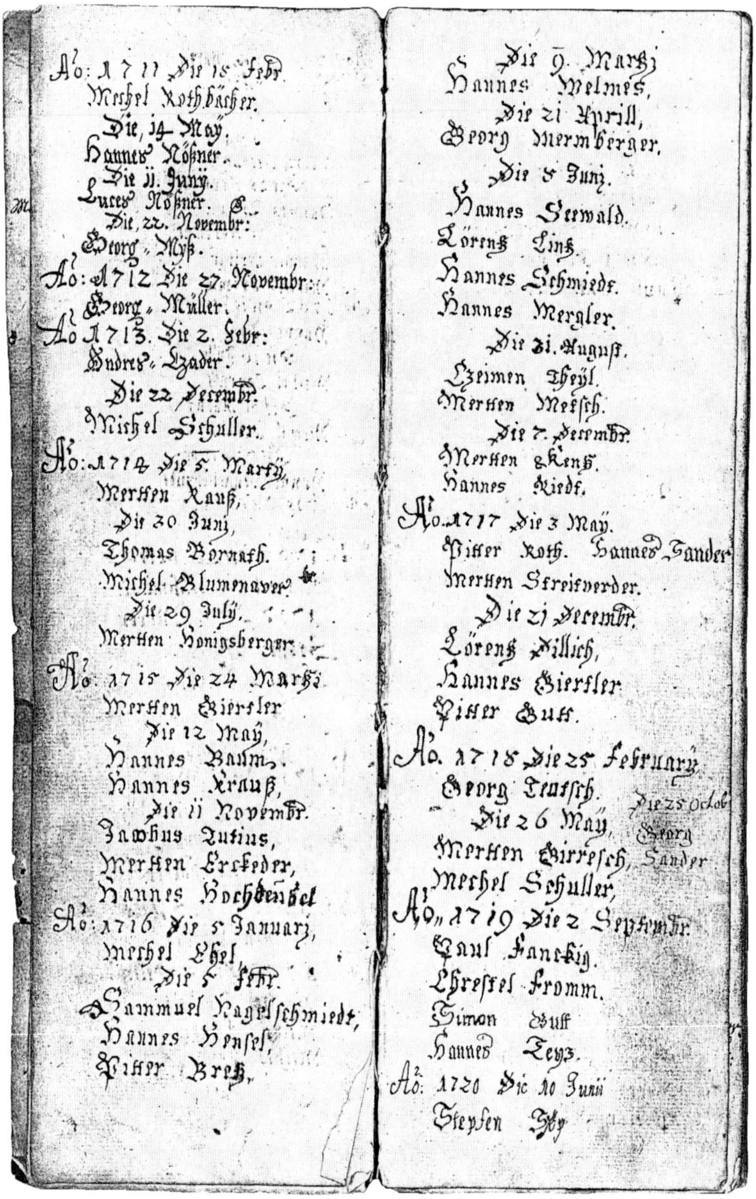

Ao: 1711 Die 18 Febr.
Michel Rothbächer.
Die 14 May.
Hannes Rößner.
Die 11 Juny.
Lucas Rößner.
Die 22. Novembr:
Georg Myß.
Ao: 1712 Die 27 Novembr:
Georg Müller.
Ao 1713. Die 2. Febr:
Andreas Zader.
Die 22 Decembr.
Michel Schuller.
Ao: 1714 Die 5. Martij.
Merten Krauß.
Die 30 Junij.
Thomas Bornath.
Michel Blumenauer.
Die 29 Julij.
Merten Honigsberger.
Ao: 1715 Die 24 Martij
Merten Giersler
Die 12 Maij.
Hannes Baum.
Hannes Krauß.
Die 11 Novembr.
Jacobus Lutius.
Merten Erkeder.
Hannes Hochbendel
Ao: 1716 Die 5 Januarij.
Michel Ehrl
Die 5 Febr.
Sammuel Nagelschmiedt.
Hannes Hensel.
Pitter Breß.

Die 9. Martij
Hannes Welmes.
Die 21 Aprill.
Georg Wermberger.
Die 8 Junij.
Hannes Seewald.
Lörenz Linß.
Hannes Schmiedt.
Hannes Mergler.
Die 21. Augusti.
Szeimen Theyl.
Merten Mesch.
Die 7. Decembr.
Merten Kenß.
Hannes Riedt.
Ao. 1717 Die 3 Maij.
Pitter Roth. Hannes Sander
Merten Streitvorder.
Die 21 Decembr.
Lörenz Rillich.
Hannes Giersler.
Pitter Gutt.
Ao. 1718 Die 25 Februarij.
Georg Teutsch. Die 25 Octob. Georg Sander
Die 26 Maij.
Merten Girresch.
Michel Schuller.
Ao. 1719 Die 2 Septembr.
Paul Fanckig.
Chrestel Fromm.
Simon Guff
Hannes Zeys.
Ao: 1720 Die 10 Junii
Stephen Bey

Bruderschaftsverzeichnis der Kronstädter Leineweberzunft, geführt von 1760 bis 1863 mit rückwirkenden Eintragungen bis 1689.
Die Zünfte haben auch in Siebenbürgen eine lange Geschichte, die in enger Verbindung mit der Entwicklung der Städte steht. Das Kronstädter Verzeichnis führt allein auf dieser einen Seite für Siebenbürgen so bedeutende Namen wie Teutsch, Honigsberger, Schuller und Roth auf.

che das Meisterrecht in Kronstadt besitzen, doch können auch andere Personen, welche sich für Industrie und Gewerbe interessieren, an demselben Teil nehmen«. Der Mediascher Gewerbeverein betrachtete es »als seinen Zweck, den Sinn für Erweiterung der Gewerbetätigkeit zu beleben, die dem zeitgemäßen Fortschritt der Gewerbe entgegenstehenden Hindernisse kennen zu lernen und zu beseitigen und überhaupt humane Bildung in den bürgerlichen Kreisen zu befördern«. Große Verdienste erwarben sich die Gewerbevereine mit der Errichtung von Sonntagsschulen für Lehrlinge sowie mit der Gründung von Fachbibliotheken.

Auch im kirchlichen Bereich kam es zur Gründung eines Vereins; seine Entstehung geht auf das Jahr 1859 zurück. Auf der damals im Herbst stattfindenden Synode der evangelischen Landeskirche in Siebenbürgen beantragte der Mediascher Stadtpfarrer Joseph Fabini (1794–1877) die Bildung eines siebenbürgischen Gustav-Adolf-Vereins. Obzwar die Verwirklichung dieser Vereinsgründung von seiten sowohl des Oberkonsistoriums der evangelischen Kirche als auch der österreichischen Statthalterei auf Widerstände stieß, ging Fabini zielsicher seinen Weg. In einer Eingabe vom Juni 1860 argumentierte er, daß »die Evangelischen in Siebenbürgen, dem Lande dreihundertjähriger konfessioneller Gleichberechtigung, dieselben Rechte für sich in Anspruch nehmen wie die Katholiken und ihre Vereine. Es wird daher auch niemand der Synode der ev. Geistlichkeit mit dem Superintendenten an der Spitze das Recht, mildtätige Liebesvereine zugunsten kirchlich bedrängter Gemeinden zu gründen und darin mit ihrem werktätigen Beispiel voranzugehen, bezweifeln oder gar absprechen können.« Der Eingabe wurde stattgegeben und im August 1861 fand in der Mediascher Stadtpfarrkirche die Gründungsversammlung des siebenbürgischen Hauptvereins statt. Die Vereinsarbeit entfaltete sich im Rahmen der zehn Kirchenbezirke in zehn Zweigvereinen und 253 Ortsvereinen. Die Zweigvereinsversammlungen (Vereinstage) entwickelten sich zu Volksfesten, und im Zusammenwirken mit anderen sächsischen Vereinen hatten sie schließlich eine ansehnliche Bilanz kultureller Leistungen vorzuweisen.

Gehen wir schließlich noch auf jene weltlichen Vereine ein, die sich vor allem der Pflege der Musik sowie der körperlichen Ertüchtigung verschrieben haben. Im Jahre 1840 hatten Musikfreunde in Hermannstadt den Musikverein gegründet, bestimmt »von der Überzeugung und dem häufig gegebenen Beispiel, wie die Veredelung der Tonkunst auf Sitten und Kultur so unberechenbar wohltätigen Einfluß nimmt«. Als Aufgabe des Vereins bezeichneten seine Statuten die »Vervollkommnung der ausübenden Mitglieder, unentgeltlicher Unterricht der Jugend in der Tonkunst und Vergnügen des Publikums«.

Auch die Statuten des Kronstädter Männergesangvereins werfen ein Licht auf seine Kunstbereitschaft. Die demokratische Absicht kommt darin zum Ausdruck, daß der Verein keinen Stand ausschließt, seine Mitglieder gleiche Rechte und Pflichten haben und zwei Ausschußmitglieder aus dem Gewerbestand gewählt werden müssen. Durch ähnliche Vereine in Schäßburg und Mediasch wurde die Musik Anliegen breiterer Bevölkerungsschichten, die in ihr nicht nur ästhetische Bildung suchten, sondern ihren Gebrauchswert auch im gesellschaftlichen Leben erkannten.

Als sich in der Ära des Neoabsolutismus dieses Leben wegen der fehlenden politischen Möglichkeiten häufig in die Vereinstätigkeit zurückzog, konnten im Gegensatz zu anderen die Musikvereine kaum etwas Wesentliches aufweisen. Erst am Ende dieses Zeitalters kam es hier zu einem Aufschwung. Im Jahre 1859 konstituierte sich der Kronstädter Männergesangverein. Auf seine Initiative fand im Juni 1862 in Kronstadt das erste siebenbürgisch-deutsche Sängerfest statt. Schon zwei Jahre zuvor war unter dem Namen »Concordia« in Hermannstadt eine Vereinigung von Angehörigen aller Stände »zum Genuß von Dichtkunst und Musik« entstanden. Der »Concordia« verdankt sowohl der Hermannstädter Musikverein wie auch die Hermannstädter Liedertafel »Hermania« 1862 ihre Gründung. In den Jahren zwischen 1862 und 1864 folgten in einer Reihe von siebenbürgischen Städten weitere musikalische Vereine. Alle sächsischen Musikvereine dienten nicht nur der Musik und Unterhaltung, sondern seit dem Beginn ihrer Tätigkeit auch nationalen Aufgaben – bei der Massenwirkung dieser Vereine und ihrer Veranstaltungen, den Feiern, Sängerfesten und -fahrten, von nicht zu unterschätzender Bedeutung.

Ähnlich verhielt es sich mit den Turnvereinen, da bei den Siebenbürger Sachsen im Vormärz der turnerische Aufschwung Hand in Hand gegangen war mit der nationalen Bewegung. Das Turnen war etwa für die Studenten der Rechtsakademie seit der Gründung des Hermannstädter Turnvereins im Jahre 1845 ein »großartiges auch geistiges Volkserziehungsmittel«. Unter diesem national-erzieherischen Gesichtspunkt ist das Turnen auch in anderen sächsischen Städten aufgefaßt worden. In Mediasch hatte Stephan Ludwig Roth bereits 1821 mit seinen Schülern geturnt. Im Sturmjahr 1848 hatte sich der sächsische Jugendbund bei seiner Gründung in Mediasch im August 1848 zum Ziel gesetzt, »die Kräftigung und Stärkung des Volksgeistes in deutscheigener Weise durch eine gesinnungstüchtige, eine tatkräftige und opferwillige Jugend herbeizuführen«. Als Mittel hierzu wurden das Turnen, der Gesang und Waffenübungen deklariert. Das Scheitern der Revolution zog auch die Auflösung der Turnvereine nach sich. In Kronstadt wurde erst 1861 wieder im Rahmen eines Vereins geturnt. Der Kronstädter Sächsische Turnverein regte eine Neubelebung der Turnpflege an. Schließlich wurden die »Vereinstage«, die jährlichen Versammlungen der Vereine, zu einem Anliegen auch der Bürger. Durch die Vereinstage wurde das nationale Bewußtsein zweifellos in weite Kreise des sächsischen Volkes hineingetragen.

Ähnliche Tendenzen sind für die Deutschen in Südungarn im Vormärz noch nicht zu erkennen. Hier kam es erst durch den gesellschaftlichen Umbruch der Jahre 1848/49 zur Entfaltung eines Vereinswesens, als im Zuge der beginnenden Verbürgerlichung durch verfassungsrechtliche Bestimmungen allen Staatsbürgern das Recht eingeräumt wurde, Vereine zu gründen – freilich nur solange, als Zweck, Mittel, Art und Weise weder rechtswidrig noch staatsgefährdend waren. Selbst politischen Vereinen gegenüber legte man eine liberale Haltung an den Tag; allerdings nur für kurze Zeit, weil das Vereinsgesetz aus dem Jahre 1852 wieder auf vormärzliche Direktiven zurückgriff.

Betrachten wir das südungarische deutsche bürgerliche Vereinswesen bis 1867 in den Regionen Banat, Batschka und Schwäbische Türkei, so läßt sich vorweg feststellen, daß auch hier Kultur, Bildung und Wirtschaft vielfach von Vereinen getragen wurden. Daraus ergab sich eine Vielfalt von Vereinstypen.

Schon bald nach der Jahrhundertmitte entstanden in fast allen deutschen Gemeinden des Banats Vereine, die sich die Vertiefung des religiösen Lebens zur Aufgabe machten.[59] Zu nennen wären hier etwa die Muttergottes- und Rosenkranzvereine. An weltlichen Vereinen seien in erster Linie die »Bürgerlichen Schützenvereine« angeführt, die neben der Pflege des geselligen Lebens der Ausbildung an der Schußwaffe zur Hebung der Landesverteidigung dienten. Im Berichtszeitraum wurden solche Schützenkorps etwa in Reschitz (1855), Temeschwar (1857), Orschowa (1862), Steierdorf (1866) und Orawitz (1867) gegründet.

In den Zeitraum zwischen 1845 und 1871 fällt auch die Entstehung der ersten Musik- und Gesangvereine, die durchwegs deutsche Gründungen waren. Der nach 1840 einsetzende bemerkenswerte Aufschwung in der Musikpflege manifestiert sich darin, daß bereits 1845 in Temeschwar der erste Musikverein ins Leben gerufen wurde. Diesem Beispiel folgten mit der Einrichtung von Musik- und Gesangvereinen 1852 Lugosch, 1853 Pantschowa, 1854 Weißkirchen, 1859 Orschowa, 1861 Werschetz und 1863 Orawitz, während der erste Philharmonische Verein 1871 in Temeschwar gegründet wurde. Auch in der Batschka entstanden mit den Liederkränzen und Gesangvereinen vielversprechende Pflegestätten der Kunst.[60] Von besonderer Bedeutung war der bereits seit den vierziger Jahren bestehende deutsche Gesangverein in Neusatz, der allerdings nach 1867 seinen deutschen Charakter völlig einbüßte. Der älteste Verein der Apatiner war der 1859 gegründete Männergesangverein.[61] Vor allem im Banat wurden die deutschen Gesangvereine häufig auch Vorbild für die andersnationalen – hier für rumänische und serbische – Gesangvereine.

Daß in ein- und derselben Institution verschiedensprachige Singkultur gepflegt wurde, zeigt das Beispiel des ersten in Fünfkirchen gebildeten bürgerlichen Gesangvereins »Pécsi Dalárda« (Fünfkirchener Gesangverein), der 1847 entstanden war. Nach nur einjährigem Bestehen wurde der Verein 1861 neu gegründet und 1862 behördlich bewilligt. Zur Zeit seiner Gründung wurden die Einladung zur Mitgliedschaft, die Vereinsstatuten, ja sogar das Programm des »Pécsi Dalárda« neben der ungarischen Fassung auch in deutscher Sprache veröffentlicht. Die Satzung legte fest, daß der Verein neben der ungarischen Singkultur auch die deutsche zu pflegen habe.[62] Dies ist nur auf dem Hintergrund der multinationalen Zusammensetzung der Fünfkirchener Bevölkerung zu verstehen.

Ein weiterer Beweis für die starke Ausbildung des deutschen Vereinswesens in Südungarn sind die Lesevereine oder »Fortschrittsvereine«, die seit der Mitte des 19. Jahrhunderts in einer Reihe von Gemeinden der Batschka geschaffen wurden. Hier fanden vielfach lebhafte Aussprachen – oft auch über politische Fragen – statt. Zu erwähnen wären noch die nahezu in jedem Ort entstehenden »Kasinos« mit festen Satzungen, Vereinsvermögen, oft auch einer Vereinsbücherei mit deutsch- und ungarischsprachigen Büchern. In den größeren Städten bildeten sich bald jeweils national getrennte Kasinos, also auch ein »Deutsches Kasino«, das der gesellschaftliche Mittelpunkt der Deutschen wurde. Der wichtigste Verein dürfte das 1840 gegründete Deutsche Kasino in Maria Theresiopel gewesen sein.

Unter den traditionellen bürgerlichen Vereinen müssen neben den Musik- und Lesevereinen schließlich noch die Fachvereine genannt werden, die sich als reine – meist landwirtschaftliche – Zweckorganisationen betätigten. Ihre Blüte fiel allerdings erst in die Zeit nach 1867. Dasselbe trifft auch auf die Freiwilligen Feuerwehrvereine zu, die Sportvereine oder die Vereine zur Pflege der Wissenschaft. Die Etablierung einer bürgerlichen Gesellschaftsordnung mit dem dazugehörenden Rechts- und Institutionensystem im Jahre 1867 wirkte sich auch auf das Vereinswesen fördernd aus.

Das vielfältige Vereinsleben war Ausdruck der Blüte des deutschen bürgerlichen Lebens. Alle angeführten Vereine waren meist unpolitisch und trugen vor allem religiösen, kulturellen, fortbildenden oder rein geselligen Charakter, soweit nicht besondere Zwecke wie etwa bei den Sportvereinigungen vorgesehen waren. Vereine mit ausgesprochen deutschen nationalpolitischen Zielen gab es nicht. Doch seit 1867 wurden die Vereine gerade im Banat zum Instrument für die Magyarisierung der Deutschen.

Beim Zusammenleben verschiedener Volksgruppen auf engstem Raum – wie das ja in den meisten ungarländischen deutschen Siedlungsgebieten der Fall war – kommt es fast zwangsläufig zu einem lebendigen Kulturaustausch zwischen den in naher Nachbarschaft siedelnden Menschen. In bezug auf das Ungarntum schreibt der ungarische Historiker Ferenc Glatz, daß es »in seine Brauchtums- und Verhaltenskultur mindestens ebensoviele schwäbische, jüdische, serbische usw. ›Eigenschaften‹ aufgenommen [hat] wie die nichtungarischen Völker ›magyarische‹«. Dies führt zu einer »einzigartigen Vielfarbigkeit«, die sich »bei den Festen dieser Völker, im täglichen Leben, bei der Gestaltung ihrer Umwelt, in den Veränderungen ihres Arbeitsrhythmus, in der Familienhierarchie, ja in den Einrichtungen ihrer Häuser« zeigt.[63]

Bezogen auf die Deutschen in Ungarn läßt sich auch für sie kein Bild ihrer Alltagskultur zeichnen, wenn man nicht die genannten Prozesse des interkulturellen Austausches, der brauchtumsmäßigen Anpassung in Rechnung stellt. Einigermaßen verbindliche Antworten auf die Frage, wie diese wechselseitige Beeinflussung sich im Detail vollzog, sind nach dem heutigen Stand der Forschung noch kaum möglich; vor allem deshalb nicht, weil die entsprechenden Studien zu dieser Thematik noch weitgehend fehlen.[64] Zudem ist es schwierig, die Anpassung, die sich auf der alltäglichen Ebene abspielte, in den Griff zu bekommen. Denn hier gibt es relativ wenig Meß- beziehungsweise Quantifizierbares. Um auch diesen noch nicht ausreichend erforschten Teil der Geschichte der Deutschen in Ungarn besser zu erfassen, bedarf es aber der Zusammenarbeit zwischen Historikern, Geographen, Soziologen, Ethnographen, Linguisten, Literaturwissenschaftlern, Volkskundlern. Eine solche Kooperation verschiedener Fachvertreter könnte zweifellos neue Erkenntnisse über das Leben der Deutschen in Ungarn liefern.

KULTUR

Auf dem Gebiet von Dichtung und Literatur seien zunächst Persönlichkeiten in Erinnerung gerufen, die uns bereits in einem anderen Zusammenhang begegnet sind. Gemeint sind hier die aus dem Deutschtum Oberungarns stammenden Jakob Glatz und Tobias Gottfried Schröer – beide Schriftsteller, die einen überregionalen Bekanntheitsgrad erreicht haben. Aus dem Banater Deutschtum stammte Nikolaus Lenau (1802 bis 1850), der Dichter des Weltschmerzes und Sänger der pannonischen Landschaft und ihrer Menschen. Seine Hauptschaffensperiode fällt in die Zeit vor 1848. Er entstammte mütterlicherseits der Ofner Schwabenkolonie und wurde eher zufällig im Banat geboren – und zwar in Csatád, dem späteren Lenauheim. Was sich in seinen Dichtungen an Heimaterinnerungen findet, empfing er nicht im Banat, sondern eher in Ofen, in Preßburg oder in Ungarisch-Altenburg. Trotzdem erfreute sich Lenau im Banat großer Verehrung. Zeugnisse eines bodenständigen Banater Schrifttums hingegen sind die Dichtungen von Stefan Millenkovich-Milow (1834–1915). Seine Vorfahren waren Serben, aber bereits sein Vater wurde im Banat eingedeutscht. Milow zeigte in seinen Werken, »welche Angleichungskraft Wiener Geistigkeit an der Militärgrenze durch das angesiedelte Deutschtum erhielt«.[65]

Das literarische Werk des Karl Wilhelm Ritter von Martini (1821–1885) erfuhr erst vor acht Jahren eine entsprechende Würdigung.[66] In Lugosch im Banat als Sohn eines Militärarztes geboren, hatte Martini in Temeschwar seine prägenden Bildungserlebnisse. Er studierte in Wien und wurde für die militärische Laufbahn ausgebildet. Seine erste berufliche Station führte ihn wieder ins Banat, wo er in Karansebesch, dem Stabsort des Rumänisch-Banater Grenzregiments, an der Kadettenschule Mathematik unterrichtete. 1847 kam er zur Linien-Infanterie nach Pest und nahm von hier aus an den revolutionären Ereignissen von 1848/49 teil. Mit dem Einzug des Fürsten Windischgrätz in Pest im Januar 1849 endete Martinis aktive Militärzeit. Es begann nun ein neuer Abschnitt seiner beruflichen Laufbahn. Er wurde Journalist, Reiseschriftsteller, Verfasser von Romanen und erfolgreicher Redakteur von Zeitungen und Zeitschriften in Prag, Graz und Wien.

Martinis reserviertes Verhältnis zur Führung der ungarischen Revolution wird sichtbar in seinem literarischen Werk, so etwa in den in Prag niedergeschriebenen und 1851 veröffentlichten »Bildern aus dem Honvédleben«, die 1854 einen Nachdruck wie eine stilistisch überarbeitete und um die »Haidebilder« erweiterte Neuauflage erlebten. Unter anderem gibt Martini in diesen Erzählungen, die übrigens seinen ersten Publikumserfolg darstellten, Erlebnisse wieder, die die fundamentalen Schwierigkeiten der revolutionären Regierung und der Honvédarmee, eine effiziente zivile und militärische Verwaltung aufzubauen, bloßlegen. Martini zeigt die Enttäuschung über die Revolution gerade auch beim »Mann auf der Straße«. Mit der patriotischen Begeisterung der Revolution war nämlich die Stimmung der Intoleranz und des Rassenhasses aller gegen alle eng verbunden. »Der Magyare wütet auf den Serben und den Deutschen, der Serbe auf die Magyaren und die Deutschen, jeder findet einen Grund, seinem Mitbürger mitzu-

Fester Bestandteil im Spielplan des alten, 1788 erbauten Stadttheaters von Hermannstadt waren die typischen Stücke des Wienerischen Volks- und Vorstadttheaters. Aber das Hermannstädter Publikum galt auch als besonders opernfreudig, und so wurden hier die Werke Mozarts oft schon kurz nach den Aufführungen in Wien gegeben.

spielen, weil er kein Magyare, Serbe, Deutscher ist. Groteske Szenen spielen sich ab, die magyarische Sprache ist das Schibboleth der Revolution: wer es wenigstens zu radebrechen versteht, darf an der Hochstimmung teilhaben; ausgeschlossen bleiben die Juden, ihnen hilft kein ungarischer Brocken weiter.«[67]

Nach den »Bildern aus dem Honvédleben« erschien 1854 Martinis bereits 1847 niedergeschriebener Roman »Stillleben eines Grenzofficiers«, in dem er die Gegenwart der Militärgrenze schildert.[68] Martinis Hauptwerk ist die zweibändige Romanerzählung »Pflanzer und Soldat. Bilder und Gestalten aus dem Banate«. Mit diesem ebenfalls 1854 erschienenen Roman »versucht Martini sich des Banates, nachdem er es verlassen hat, schreibend zu versichern«.[69] Er versetzt sich in die Zeit der frühen deutschen Ansiedlungen in den fünfziger Jahren des 18. Jahrhunderts zurück. Martini wird als der erste Banater deutsche Schriftsteller gewürdigt, der die Probleme und erstaunlichen Erfolge der deutschen Kolonisation im Südosten schildert und der stolz darauf ist, daß das »wilde« Banat des 18. Jahrhunderts, »bewohnt von Serben, Ungarn und Rumänen«, eben durch den Fleiß dieser Siedler zu einer Kulturlandschaft geworden ist.[70]

Das deutsche beziehungsweise deutschsprachige Theaterwesen hatte in Ungarn eine lange Tradition. Vor allem im Banat entwickelte sich das deutsche Theater bereits in der zweiten Hälfte des 18. Jahrhunderts. So entstand 1776 in Temeschwar das erste deutsche Theater, und schon im Jahre 1792 gab es hier ständige Spielzeiten ausländischer Reiseensembles, die jeweils einige Wochen auch in Hermannstadt gastierten. Einen besonderen Stellenwert nahm das deutsche Theaterwesen aber auch im Kulturleben Syrmiens, Slawoniens und Kroatiens ein. So wurde etwa Semlin schon im 18. Jahrhundert mehrmals im Jahr von deutschen Bühnentruppen besucht. Im Jahre 1774 wurde das deutsche Theater in Esseg errichtet und konnte zwei Jahre später seinen regelmäßigen Betrieb aufnehmen, und das deutsche Theater in Agram hatte fast ein Jahrhundert bestanden, ehe es zu Beginn der sechziger Jahre einging.

Schließlich sei noch das blühende deutsche Schauspielwesen in Ofen-Pest erwähnt, wo es bereits um 1800 drei bis vier deutsche Theater gab. Das große Pester deutsche Theater, das zur Zeit seiner Erbauung (1808–1812) als das größte der Welt galt, fiel allerdings 1847 einem Feuer zum Opfer. Ein ähnliches Schicksal sollte übrigens dann auch das deutsche Theater in der Wollgasse ereilen, das in der zweiten Jahrhunderthälfte ein Raub der Flammen wurde.

Weltweite Beachtung fand Johann Nepomuk Hummel (1778–1837). Der aus Preßburg gebürtige Komponist und Klaviervirtuose wurde von Wolfgang Amadeus Mozart wegen seiner Begabung zwei Jahre unentgeltlich unterrichtet. Nachdem er zahlreiche Konzertreisen unternommen hatte, war er in den Jahren 1804 bis 1811 auf Empfehlung Joseph Haydns Kapellmeister beim Fürsten Esterházy in Eisenstadt, dann Hofkapellmeister in Stuttgart (1816–1818) und seit 1819 in Weimar. Daneben trat er in Rußland und England als Pianist auf. In seinen Kompositionen ist der Einfluß Mozarts unverkennbar, er entwickelte jedoch einen eigenen Stil, der in seiner virtuosen Haltung, ornamentalen Ausprägung und klanglichen Differenziertheit zum Teil auf die Klaviermusik von Frédéric Chopin und Franz Liszt vorausweist.

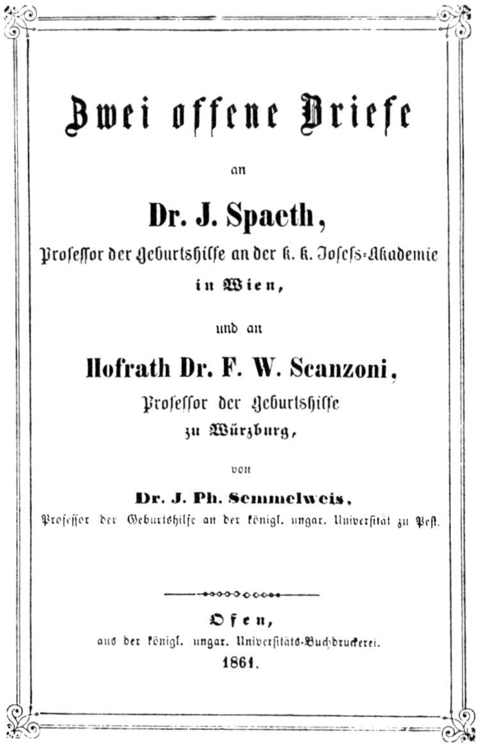

Zwei offene Briefe

an

Dr. J. Spaeth,

Professor der Geburtshilfe an der k. k. Josefs-Akademie

in Wien,

und an

Hofrath Dr. F. W. Scanzoni,

Professor der Geburtshilfe

zu Würzburg,

von

Dr. J. Ph. Semmelweis,

Professor der Geburtshilfe an der königl. ungar. Universität zu Pest.

Ofen,

aus der königl. ungar. Universitäts-Buchdruckerei.

1861.

Ignaz Philipp Semmelweis (1818–1865) ist eine der bekanntesten Persönlichkeiten des ungarländischen deutschen Bürgertums. Nach der Assistentenzeit in Wien war er lange Leiter der Gebärabteilung im St. Rochus-Spital in Pest, seit 1855 dann Professor für Geburtshilfe an der Universität Pest. Der als »Retter der Mütter« in die Geschichte eingegangene Arzt entdeckte die Ursachen des Kindbettfiebers. Wie die Publikationen von Semmelweis belegen, war für viele seiner Kollegen die Entdeckung, daß die Ärzte selbst den Wöchnerinnen durch Übertragung der Erreger von Wundinfektionskrankheiten den Tod brachten, nur schwer zu verkraften.

Zu den bekanntesten Persönlichkeiten des ungarländischen deutschen Bürgertums gehört ohne Zweifel der Gynäkologe Ignaz Philipp Semmelweis (1818–1865).[71] In Ofen geboren, besuchte er daselbst Normalschule und Gymnasium, um dann abwechselnd in Pest und Wien Philosophie, Rechtswissenschaft und Medizin zu studieren. Nach der Promotion 1842 wirkte Semmelweis in den Jahren 1846 bis 1849 als Assistent an der Geburtsklinik in Wien. In dieser Zeit entdeckte er die Ursache des Kindbettfiebers und wurde somit zum eigentlichen Begründer der antiseptischen und der darauf aufbauenden aseptischen Wundbehandlung. Im Jahre 1851 erhielt er die Leitung der Gebärabteilung im St. Rochus-Spital in Pest und 1855 wurde er zum ordentlichen Professor für Geburtshilfe an der Universität Pest ernannt. In die Geschichte der Medizin ging er als »Retter der Mütter« ein.

Im Zusammenhang mit besonderen Leistungen auf dem Gebiet der Geschichtsschreibung gilt es, Johann Nepomuk Preyer, Johann Heinrich Schwicker und Georg Daniel Teutsch zu würdigen.

Preyer war nicht nur Bürgermeister von Temeschwar und Autor dramatischer Historien, sondern auch Verfasser historischer Werke. Bereits 1838 forderte er in einem Buch über die soziale Gleichberechtigung die Befreiung von der Leibeigenschaft und eine gerechtere Verteilung des Grundbesitzes.[72] Seine Wirkung auf das Banater Schrifttum erzielte er aber vor allem durch seine »Monographie der königlichen Freistadt Temesvar«, die 1853 in Temeschwar erschien und in weiten Kreisen das historische Bewußtsein erweckte. Ebenfalls der Geschichtsforschung widmete sich der aus dem schwäbischen Deutschtum stammende Schwicker. Als Lehrer und Historiker erforschte er nicht nur die Geschichte seiner engeren und weiteren Heimat, sondern im besonderen auch die Entwicklung der Nationalitäten – der Deutschen ebenso wie der Serben und anderer Minderheiten. Damit trug er zweifellos auch dazu bei, das nationale Bewußtsein der Minoritäten zu beleben. An historischen Werken wären etwa Schwickers »Geschichte des Temeser Banats« (Groß-Betschkerek 1861), seine »Geschichte der österreichischen Militärgrenze« (Wien, Teschen 1883) oder die »Politische Geschichte der Serben in Ungarn« (Budapest 1880) zu nennen. Sein bereits zitiertes Buch über »Die Deutschen in Ungarn und Siebenbürgen« (Wien, Teschen 1881) ist die erste zusammenfassende Darstellung zu diesem Thema.

Mit einer historischen Forschungsarbeit trat auch der spätere Sachsenbischof Georg Daniel Teutsch hervor.[73] Von 1852 bis 1858 erschien erstmals in sechs Lieferungen seine »Geschichte der Siebenbürger Sachsen für das sächsische Volk«. Dieses Werk bildet den ersten Band einer später in vier Bänden vollendeten Synthese. Es behandelt die Geschichte der Siebenbürger Sachsen »von den ältesten Zeiten bis 1699« und stellt die erste ganz auf Quellen aufgebaute zusammenfassende Arbeit dar. Die Sachsengeschichte von Teutsch fand eine überaus gute Aufnahme und konnte dann in drei weiteren überarbeiteten Auflagen erscheinen. Durch seine weite Verbreitung prägte dieses Werk das Geschichtsbewußtsein der Siebenbürger Sachsen und machte dadurch »mit seiner Geschichtsschreibung Geschichte«. Die Wirkung dieser Geschichte ist auch einer ungewöhnlichen Kontinuität in der Historiographie zuzuschreiben. Das vom Vater begonnene Werk wurde vom Sohn Friedrich Teutsch (1851–1933) in weiteren drei Bänden vollendet und in der einbändigen »Kleinen Sachsengeschichte« einem noch breiteren Leserpublikum bekanntgemacht.

Ein breites Publikum zu erreichen, ist stets auch ein Anliegen der Presse. Die Traditionen der deutschsprachigen Publizistik reichten in Ungarn und Siebenbürgen bis ins 18. Jahrhundert zurück.[74] Bereits im Jahre 1764 wurde auf Anregung des ungarndeutschen Schriftstellers und Redakteurs Karl Gottlieb von Windisch (1725–1793) die *Preßburger Zeitung* gegründet. Sie stellte die älteste deutsche Zeitung im damaligen Ungarn dar und sollte bis 1929 erscheinen. Seit 1771 erfolgte die wöchentliche Herausgabe der *Temeswarer Nachrichten*, der ersten deutschen Zeitung Südungarns. Im Jahre 1784 folgte in Hermannstadt die erste deutsche politische Zeitung Siebenbürgens, die *Siebenbürgische Zeitung*, und schließlich kam seit den Jahren 1787/88 die *Ofner und Pester Zeitung* heraus. Schon die wenigen Beispiele zeigen, welche große Bedeutung in Ungarn und Siebenbürgen im ausgehenden 18. Jahrhundert dem in deutscher Sprache geschriebenen und gedruckten Wort zukam. Dabei wollte die Presse bis etwa ins erste Drittel des 19. Jahrhunderts vorwiegend bildungsfördernd und erzieherisch wirken.

Damals – also in den ersten drei Jahrzehnten des 19. Jahrhunderts – kam es aufgrund der neuerlichen strengen Zensur zu einem starken Rückgang der periodischen Presse Ungarns, und es erschienen meist nur noch kurzlebige Blätter. Die erste periodische Publikation von längerer Dauer war das von 1831 bis 1840 herausgegebene *Temesvarer Wochenblatt*. Ein gleichnamiges Blatt sollte dann von 1840 an erscheinen und ein knappes Jahrzehnt bestehen. Etwa zur gleichen Zeit entstand in Kronstadt ein Presseorgan, das eine der Hermannstädter Publizistik entgegengesetzte Ausrichtung hatte. Verteidigte etwa der bereits seit dem Ende des 18. Jahrhunderts bestehende Hermannstädter *Siebenbürger Bote* einen vom Wiener Hof unterstützten bürokratischen Konservativismus, übte das 1837 in Kronstadt gegründete *Siebenbürger Wochenblatt* mit seinen Beilagen scharfe Kritik an der damaligen Gesellschaft. In der unterschiedlichen Ausrichtung spiegelt sich auch die Konkurrenz der beiden Städte wider: Die Kronstädter wollten sich von der Hermannstädter Hegemonie befreien. Trotz vieler differenter Auffassungen bestand jedoch in einem Punkt Einmütigkeit zwischen ihnen, und zwar hinsichtlich der Verteidigung und Bewahrung des siebenbürgischen Sachsentums.

Die in den Aprilgesetzen des Jahres 1848 verankerte Pressefreiheit führte verstärkt zu Neugründungen auch deutschsprachiger Zeitungen. Allerdings konnten sich wegen ihres überwiegend politischen Charakters nur wenige einer längeren Erscheinungsdauer erfreuen. Trotz der nach 1849 wiederum bestehenden Pressebeschränkungen kam es zur Gründung und verstärkten Verbreitung weiterer deutschsprachiger Blätter. Gab es im Jahre 1829 in Ungarn erst vier deutsche Zeitungen, so existierten 1867 bereits 40 Zeitungen und Zeitschriften, von denen 21 in Ofen-Pest und neunzehn in der Provinz herausgegeben wurden. Von den neunzehn Provinzblättern waren sechs in Siebenbürgen, neun in Südungarn und je eine Zeitung in Kaschau, Leutschau, Preßburg und Fiume beheimatet.[75] Eines der neun südungarischen Blätter war die *Temesvarer Zeitung*, die im Jahre 1852 gegründet wurde und bis 1949 bestand.[76]

Temesvarer Wochenblatt
für
nützliche Unterhaltung und heimatliche Interessen.

N^ro 1. Sonnabend den 7. Jänner. 1843.

Redakteur: Dr. Dav. Wachtel. (Vierter Jahrgang.) Herausgeber: Joseph Beichel.

Aufruf.
Nach Andreas v. Fáy.

Ew'ger Kampf verheerte, Ungar!
Stets dein blühend Vaterland,
Und ein tieferbittert Schicksal
Schlang um dich sein eisern Band.

Doch du hattest Mauern, Kämpen,
Voll von Kraft und Heldenmuth,
Und im rastlos wackern Streite
Ward besiegt des Schicksals Wuth.

Weißt du wohl, was deine Stärke?
Ist's des Arms, der Veste Kraft?
Ist es Eisen? sind es Felsen,
Was dir Glück und Frieden schafft?

Hör', ich will dir's traulich flüstern:
„Einigkeit in Geist und Herz!"
Nichts kann deinen Glanz umdüstern,
Wahrst du ungetrübt dies Erz.

Lothar.

Maria Radna.
Original-Novelle von Isidor Parthenau.

1.

Es war Abend geworden. Sinkend warf die Sonne ihre letzten Strahlen auf die Ruinen der Veste Sólymos, die trauernd über den Gebeinen so vieler Edlen, die blutend unter ihren Mauern den Heldentod gefunden, hinabblickte auf die vergoldeten Wellen der vorüberrollenden Maros, als wollte sie sagen: „Kalte, Gefühllose! Du hast geseh'n, wie des Halbmonds bluttriefende Vasallen das Zeichen des Erlösers von meinen Zinnen gestürzt; wie sie die Bekenner des wahren Gottes, die tapfern Streiter für's Vaterland gemordet, oder in schmähliche Knechtschaft geführt, schmerzhafter, denn tausendfacher Tod: Du hast es geseh'n, und konntest ruhig bleiben; du hast es geseh'n, und deine tödtenden Wellen nicht herausgewälzt, die Verruchten auf ewig zu begraben in deinen Tiefen!" — Aber in ruhiger Majestät, wie seit Jahrtausenden, gleitet der mächtige Strom dahin, unbekümmert um die Geschicke der Reiche, die da entstehen und verschwinden, unbekümmert um die kleinen Menschenherzen, die da gerungen und gelitten, bis sie zu schlagen aufgehört. Und aus dem Kloster, das, auf des Berges Rücken gelehnt, den Flecken Radna beherrscht, und das wunderthätige Gnadenbild der unbefleckten Jungfrau beherbergt, ertönt die Abendglocke, die andachterregend die tiefen Klänge weit umher erschallen läßt. Mit entblößtem Haupte, die Hände gefaltet, fleht der Fischer da, und läßt, versunken im Gebete, die Arbeit ruhen. Schon war der müde Landmann, sich nach Ruhe sehnend, hinüber gerudert nach Lippa, stiller und immer stiller wurde die Gegend, und es schien, als wolle die Natur, so wie der Mensch, ermüdet, zu neuem Wirken sich im Schlummer stärken.

Aber am Fuße der Bergkette, welche sich von Radn'a bis Ménes und weiterhin erstreckt, sah man zwei Jünglinge Arm in Arm gegen Paulis hin wandeln, mit traulichem Gespräche die Zeit sich kürzend. Sie mochten sich auf der Jagd verspätet haben, wenigstens schienen sie von derselben zu kommen; denn es hingen beiden die zierlichen Weidtaschen und die blanken Doppelläufe von den Schultern herab. Der Eine war über die Mittelgröße, man könnte eher sagen, von hoher Gestalt, und schlankem Wuchse; der Abendwind spielte leicht mit den braunen Locken, die eine hohe, breite Stirn umschatteten, worin die schönste Seele sich ihren bleibenden Sitz gewählt zu haben schien, und wäre es nicht zu dunkel gewesen, um den Glanz des seelenvollen, himmelblauen Auges wahrzunehmen, so würde man darin Alles haben lesen können, was Gott seinen Auserwähl-

*

Das *Temesvarer Wochenblatt* war eines jener deutschen Blätter in Ungarn, die trotz der strengen Zensur im Vormärz über einen längeren Zeitraum regelmäßig erscheinen konnten. Ein beliebter Winkelzug zur Umgehung der Zensur war die Verbreitung politischer Aufrufe in Gedichtform.

Probeblatt.

Siebenbürger Wochenblatt.

Mit gnädigster Bewilligung.

Mittwoch Nr. 1. 24. Mai 1837.

Spanien.

Bayone, 30. April. Die Operationen der Christinos haben begonnen. Eine aus Passages ausgerückte Collone hat sich der Stellung von Lezo bemächtigt, die von den Carlisten schlecht vertheitigt wurde. Seit heute früh hört man unaufhörlich Kanonendonner. Ohne Zweifel ist Renteria angegriffen. Obgleich diese letztere Position nicht sehr bedeutend ist, böte sie doch den Vortheil, daß man 4 bis 5000 Mann darin unterbringen könnte, was für St. Sebastian eine große Erleichterung wäre. Die Truppen daselbst liegen zu eng aufeinander, besonders seit Ankunft der Verstärkungen aus Bilbao. Indessen werden erst in 5 bis 6 Tagen alle erwarteten Verstärkungen daselbst eingetroffen sein. — In Hernani sind mehrere Carlistischen Bataillone eingetroffen; noch mehrere werden erwartet. (Allgem. Zeit.)

Frankreich.

Nachrichten bis 16. April aus Bona melden, daß die Pest in Tripolis noch fortwährend wüthet. Der Bey hat, auf Andringen der Europäer, einen Gesundheits-Cordon gezogen, und hält diese Maßregel mit Festigkeit aufrecht, obwohl sie den religiösen Meinungen der Muhamedaner entgegen ist. Eine Anzahl Araber, welche den Cordon zu durchbrechen versuchten, sind geköpft worden. — Der Bey von Constantine hat einen Aufruf an die Stämme zum Kriege gegen die »Ungläubigen« erlassen. In den Umgebungen von Gelma zeigen sich seitdem bewaffnete Beduinenschwärme, und mehreren Soldaten, welche sich auf die Weite von vier Flintenschüssen von dem Platze entfernten, wurden die Köpfe abgeschnitten. (Wien. Zeit.)

Griechenland.

Ein Schreiben aus Patras vom 20. April meldet folgendes: In der Nacht vom 11. zum 12. d. M. hat die englische Brigantine Alceste, von einem äußerst heftigen Südoststurme getrieben, auf dem Strande von Petrochorie, eine Meile von Alt-Navarin, Schiffbruch gelitten. Mit Ausnahme des Schiffschreibers, ist die sämmtliche Mannschaft gerettet worden. Dieses aus Alexandrien kommende, und mit 535 Baumwollenballen, nebst anderen Waaren beladene Schiff war nach Triest bestimmt. Der Capitän gab die Ladung zu Gunsten der rechtmäßigen Eigenthümer auf, und der in Navarin residirende großbritanische Consul übernahm die Leitung bei der Rettung der Waaren, und ernannte zugleich den Capitän nebst einem Individuum aus dem Orte selbst zu Chefs des Rettungsgeschäftes. Bis zum 18. waren 309 Ballen Baumwolle und etwa 60 Stücke Leinwand gerettet worden; man weiß übrigens noch nicht in welchem Zustand sich das Schiff befindet. Aus Anlaß dieses Schiffbruches sind Navarin, Modon und die Umgebungen von Petrochori mittelst eines Militär-Cordons von dem übrigen Griechenland abgesperrt, und einer vierzigtägigen strengen Contumaz unterzogen worden. An demselben Tage, den 12., befand sich ein aus Volo kommendes, und mit türkischem Waizen und Baumwolle beladenes griechisches Schiff in großer Gefahr, da es aber einen Theil der Ladung ins Meer warf, konnte es sich nach Zante retten. Zu Agoloniza, nahe bei Cattacollo, wurden auf dem Strande 14 Ballen Baumwolle gefunden, worüber man nicht weiß, zu welchem Schiffe sie gehörten; und zu Pyrgos warf das Meer die Leichen von drei Personen, nämlich eines Geistlichen, eines Kindes und einer Frau, letztere mit diamantenen Ringen und Ohrgehängen, so wie mit einem Halsbande von Edelsteinen geschmückt ans Land.

Deutschland.

Aus Hildburghausen vom 2. Mai wird gemeldet: So eben geht die traurige Nachricht ein, daß am 30. April, Nachmittags gegen 4 Uhr, die verwitwete Herzogin von Sachsen-Meiningen, geborne Prinzessin von Hohenloh-Langenburg im 74sten Jahre ihres segenreichen Lebens verschieden ist.

Vermischte Nachrichten.

Am 28. März d. J. Abends 8 Uhr versank plötzlich unter donnerähnlichem Getöse ein mehr als 100 Fuß langer, mit Heidekraut bewachsener nahe am Ostseestrande gelegener Berg im Schmolziner Bruche (R. B. Köslin) auf 15 Fuß Tiefe. Nach den Spalten und Erdsenkungen der Umgegend zu urtheilen, beträgt der Durchmesser des Kessels, welcher zum Theil durch die nachstürzenden Sanddünen wieder ausgefüllt ist, gegen 200 Schritt. Es entstand dadurch eine Erdschiebung, die mehrere ziemlich große Bäume von ihrer Stelle rückte und selbst die Oberfläche der zunächstgelegenen Anhöhen 20 bis 30 Fuß aufwärts schob. Ob dieser Erdfall durch ein unter dem Berge befindliches Torfmoor oder durch Triebsand entstanden sei, ist noch noch nicht bekannt.

Das von Wilhelm Gött in Kronstadt begründete neue Wochenblatt war anders als der in Hermannstadt erscheinende *Siebenbürger Bote* dem vom Wiener Hof unterstützten bürokratischen Konservativismus gegenüber sehr kritisch eingestellt. In dieser unterschiedlichen Ausrichtung spiegelt sich auch die Konkurrez der beiden Städte wider: Die Kronstädter trachteten sich von der Hermannstädter Hegemonie zu befreien.

DIE WIRTSCHAFTLICHE ENTWICKLUNG

Ein Blick auf die wirtschaftlichen Verhältnisse der Deutschen zeigt, daß diese nur im gesamtungarischen Kontext gesehen werden können. Denn die Charakteristika der ungarischen Wirtschaft insgesamt finden sich auch bei dieser Volksgruppe. Dies wird im folgenden vor allem am Beispiel Südungarns gezeigt. Innerhalb der deutschen Siedlungsgebiete war dieser Raum am wenigsten vom allgemeinen wirtschaftlichen Verfall um die Mitte des 19. Jahrhunderts betroffen.

Zu den wirtschaftlichen Besonderheiten Ungarns zählte die starke Dominanz der Landwirtschaft und die schwache Entwicklung des industriellen Sektors. Daß der Prozeß der Industrialisierung jedoch im hier behandelten Zeitraum verstärkt einsetzte, zeigt das deutliche Anwachsen des Eisenbahnnetzes in der Epoche des Neoabsolutismus.[77] Dieser Trend hatte seine Auswirkungen auch auf die südungarische Region. So bedeutete der forcierte Eisenbahnbau nicht nur die Erschließung des dortigen Getreidezentrums – etwa durch die 1857 bis Temeschwar geführte Bahnlinie Wien–Pest–Szegedin. Die Verkehrserschließung war auch die Voraussetzung für den Aufschwung des ungarischen Kohlen- und Eisenbergbaus, dessen Zentren im Süden und Südosten des Landes lagen: in Fünfkirchen sowie im östlichen Banater Bergland in Steierdorf, Anina, Reschitz. Erschlossen wurden die zuletzt genannten Steinkohlenreviere übrigens durch die ebenfalls im Neoabsolutismus entstandene Banater Montanbahn.

Neben dem Ausbau des Eisenbahnnetzes setzte in der Jahrhundertmitte auch die Umgestaltung des ungarischen Handels ein, als im Jahre 1851 ein kaiserliches Patent einen kapitalistisch orientierten Handel ermöglichte und das gemeinsame Zollgebiet der Habsburgermonarchie verwirklicht wurde. Diese Entwicklung bescherte dem für die ungarische Wirtschaft so wichtigen Export landwirtschaftlicher Produkte eine wesentliche Erweiterung. So schnellte das Außenhandelsvolumen bis 1867 auf ungefähr das Fünffache der Zeit vor 1848 empor.

Eine zentrale Frage für den Fortschritt in der ungarischen Landwirtschaft, die bis 1867 im wesentlichen ungelöst blieb, war die mangelnde Kreditversorgung. Die daraus resultierende Rückständigkeit wird deutlich an der besonders geringen Mechanisierung der ungarischen Landwirtschaft. So waren beispielsweise in den sechziger Jahren landesweit über die Hälfte der Pflüge noch aus Holz. Ein weiteres Indiz für die rückständige Agrarentwicklung war der außerordentlich hohe Anteil von Brachland. In den Jahren um den Ausgleich lagen annähernd 22 Prozent des bebaubaren Ackerbodens brach. Wichtige Zweige der ungarischen Landwirtschaft waren neben dem Ackerbau noch der Wein- und Obstbau und auch die Viehzucht.

Nach dem Ausbau der Eisenbahnlinien erfolgte die industrielle Entwicklung in mehreren Phasen. Zunächst wurde die Zuckerindustrie ausgebaut. Es kam zu einem Aufschwung im Kohlenbergbau und in der Folge zur Einführung der Kohlenheizung in der Eisenindustrie. Die Produktion der Mühlen stieg mit Hilfe der Dampfmaschinen zwischen 1852 und 1863 auf fast das Dreizehnfache. Ähnlich bedeutende Erfolge erzielte in dieser Zeit die Spirituosenindustrie. Die kapitalistische Entwicklung der Landwirtschaft und der Eisenbahnbau führten schließlich ihrerseits zu vielversprechenden Anfängen im Maschinenbau.

Typisch war auch für die deutschen Siedlungsgebiete Südungarns die weitgehend landwirtschaftliche Prägung sowie die daraus resultierende bäuerliche Agrargesellschaft. Neben dem Ackerbau und der Viehzucht zählten – freilich mit unterschiedlicher Intensität – Bergbau, Handel und Handwerk zu den Hauptbeschäftigungen der Deutschen.

So wie die Landwirtschaft die Basis der Volkswirtschaft der Habsburgermonarchie insgesamt war, so stellte sie auch die Lebensgrundlage der schwäbischen Bevölkerung dar. Im Zeitraum zwischen 1848 und 1867 entwickelte sich der Westen des Banats mit der Batschka zur Kornkammer des mitteleuropäischen Wirtschaftsraums. Zeitgenössischen Publikationen ist zu entnehmen, daß das Gold des »Banater Weizens« damals europäischen Ruf hatte.[78]

Neben dem hochwertigen Weizen wurden im Banat und in der Batschka auch Mais, Hafer, Gerste, Hopfen, Rüben, Futterpflanzen und – meist für den Hausbedarf – Gemüse angebaut.[79] In größerem Maßstab erfolgte der Gemüseanbau nur in der Schwäbischen Türkei sowie in der Umgebung von Ofen-Pest. Besondere Bedeutung für das Banat hatte der Tabak. So wurde der Tabakbedarf der letzten Vormärzjahre von insgesamt 321 000 Zentnern jährlich mit 230 000 Zentnern aus Ungarn, dem Banat und aus Kroatien gedeckt.[80] Die Deutschen in der Batschka waren schließlich auch die Hauptproduzenten des Hanfs, der nach dem Getreide die wirtschaftlich wichtigste Kulturpflanze darstellte. Ein Beispiel war hierfür Filipowa, wo der Hanfbau bereits um 1820 eine der Hauptbeschäftigungen war.[81] Weitere Anbaugebiete des »weißen Goldes« lagen in Apatin und in Hodschag, wo schon zur Zeit der Ansiedlung Hanf gezogen wurde. In der ersten Hälfte des 19. Jahrhunderts entwickelte sich Hodschag dann auch zu einem Zentrum des Hanfhandels, und 1866 wurde in Apatin die erste ungarische Hanffabrik gegründet.[82]

Obst- und Weinbau wurde in der Batschka und zum Teil auch im Banat meist als Nebenerwerb oder nur zur Eigenversorgung betrieben. Über den Hausbedarf hinaus wurde Wein lediglich auf den sandigen Böden um Werschetz und in einigen anderen Banater Gemeinden – so etwa in Weißkirchen, Franzfeld, Marienfeld oder Triebswetter – gezogen. Als Obst- und Weinbauern betätigten sich auch die Deutschen im Ofner Bergland und in den Bergen um Fünfkirchen.

Neben dem Anbau von Pflanzen ist in der deutschen Wirtschaft des Banats, der Batschka und der Schwäbischen Türkei auch der Viehzucht ein hoher Stellenwert beizumessen, vor allem der Pferde-, Rindvieh- und Schweinezucht. Gewisse Bedeutung erlangten aber auch die Schafhaltung sowie die Bienen- und Geflügelzucht – letztere vor allem bei den Ofner Deutschen.

Die Gesellschaftsstruktur der deutschen Siedlungsgebiete Südungarns wurde in der Mitte des 19. Jahrhunderts noch weitgehend vom Bauernstand dominiert: von Getreidebauern, Viehzüchtern, Hanf-, Obst- und Weinbauern. Daneben gab es jedoch auch noch handwerklich-gewerbliche, kaufmännische sowie kleinindustrielle Betätigungen, die zumeist von der überwiegend agrarischen Grundordnung der Schwaben bestimmt waren. Handel, Handwerk und Industrie standen zur Landwirtschaft in einer vielschichtigen Wechselbeziehung. Auch die deutschen Getreide-, Hanf- und Weinhändler kamen zumeist aus dem Bauernstand. Eine wirtschaftliche Notlage war oft Ursache dafür, sich auf den Handel mit Getreide, Wein, Schweinen, Wolle und (oder) Hanf zu verlegen und großangelegte Geschäfte – bis hin nach England – abzuwickeln.

Das Handwerk war ebenfalls mit der Landwirtschaft eng verknüpft. Aufgrund der Hanfverarbeitung in Hodschag verwundert es daher nicht, daß dort 1853 nach zeitgenössischen Berichten an der Spitze der Handwerker die Weber standen – von insgesamt 115 Meistern stellten die Weber immerhin sechzehn.[83] Vergleicht man die Berufsstruktur der deutschen Bevölkerung mit der anderer Volksgruppen, so ist bei den Deutschen ein relativ hoher Anteil an Gewerbetreibenden zu konstatieren.[84] Freilich gab es dabei auch regionale Unterschiede. So war etwa der Prozentsatz der gewerblichen Bevölkerung in der Batschka zumeist höher als im Banat.

Die starke deutsche Beteiligung am Gewerbe blieb nicht auf das ländliche Kleinhandwerk beschränkt, sondern war auch im städtischen Bereich gegeben. So gehörten etwa unter der Gesamtbevölkerung von Neusatz immer schon sehr viel mehr Deutsche zu den Gewerbetreibenden als Magyaren oder Serben. Ähnlich war die Situation in Temeschwar, wo es während des gesamten 19. Jahrhunderts einen starken städtischen deutschen Mittelstand aus Gewerbetreibenden, Kaufleuten und Industrieunternehmern gab. In den Städten Pest und Ofen mit ihrem bis zur Mitte des 19. Jahrhunderts überwiegend deutschen Bürgertum waren noch im Jahre 1846 auch die meisten Handwerker Deutsche. Sehr bald jedoch sollte die in den Zünften zusammengeschlossene bürgerliche deutsche Handwerkerschicht aus der Führung des wirtschaftlichen Lebens der späteren Hauptstadt verdrängt werden. Die Ursache hierfür lag in den Veränderungen der Zunftordnung, die sich gerade um die Jahrhundertmitte vollzogen. Der Aufhebung des Zunftwesens 1848 folgte 1859 die endgültige Beseitigung des Zunftzwanges sowie die Einführung der Gewerbefreiheit.

Ähnlich wie viele gewerbliche waren auch industrielle Tätigkeiten vorwiegend mit der Landwirtschaft verbunden. Es muß freilich betont werden, daß von einer deutschen Industrie in größerem Maßstab bis 1867 kaum die Rede sein kann. Temeschwar nimmt hier allerdings eine Sonderstellung ein; seine relativ frühe und auch im 19. Jahrhundert weiterentwickelte Fabrikindustrie unterscheidet das Banater Zentrum von den anderen deutschen Städten in Ungarn. Sehr wohl gab es damals aber bereits eine Reihe von kleinindustriellen Betrieben im deutschen Siedlungsbereich Südungarns. Hier müssen in erster Linie die vielen Stätten der Hanfverarbeitung, wie Seilereien und Webereien, genannt werden. Zahlreich vertreten waren außerdem Ziegeleien, Korbflechtereien sowie Dampfmühlen und Zuckerfabriken, und zwar vor allem im Banat.

Der Abbau von Bodenschätzen durch die Deutschen in Süd- und Südostungarn erfolgte in den bereits erwähnten Kohlenbecken von Fünfkirchen sowie in den Kohlen- und Erzlagerstätten im östlichen Banater Bergland. Kohlen- und Eisenabbau haben schließlich zur Ausbildung einer bedeutenden Schwerindustrie mit dem Mittelpunkt in

Hauptschacht, Schmiede, Maschinenhaus und Kraftwerk der Bergbauanlagen in Krickerhau, Zustand in der Zwischenkriegszeit gezeichnet von Reinhold Evers.
Die Kohlevorkommen im Hauerland am Westrand der Niederen Tatra wurden 1784 auf Anordnung der Schemnitzer Bergkammer untersucht. Bedeutung gewann der Kohlebergbau in Krickerhau, als seit Mitte des 19. Jahrhunderts die Industrialisierung Oberungarns einen erhöhten Energiebedarf brachte.

der Hüttenstadt Reschitz geführt.[85] Im Jahre 1854 wurde die Eisenbahnlinie Orawitz–Weißkirchen–Basiasch – zunächst als Kohlenbahn – eröffnet, 1856 wurde die schon erwähnte Banater Montanbahn auch für den Personenverkehr zugänglich gemacht und 1857 die ebenfalls bereits angesprochene Strecke Temeschwar–Szegedin dem Verkehr übergeben. Im Jahr darauf erfolgte die Eröffnung der Linie Temeschwar–Werschetz–Jasenowa und 1863 der Anschluß der »Steierdorfer Gebirgsbahn« an die Montaneisenbahn.

Um die Darstellung des Sozialgefüges, die bisher den deutschen Landwirt, Gewerbetreibenden und Kleinindustriellen sowie die Banater berglanddeutsche Arbeiterschaft in der Schwerindustrie berücksichtigte, zu vervollständigen, muß ein weiteres Mal auf jene soziale Schicht hingewiesen werden, die im Zusammenhang mit Handel und Gewerbe bereits behandelt wurde: das städtische Bürgertum. Was das Bürgertum betrifft, hat es innerhalb der deutschen Siedlungsgebiete in Ungarn im Laufe des 19. Jahrhunderts zum Teil sehr unterschiedliche Entwicklungen gegeben. An anderer Stelle wurde schon ausgeführt, daß der bereits vor der Jahrhundertmitte einsetzende Wandel sich in einem wirtschaftlich-gesellschaftlichen Niedergang des deutschen Bürgertums manifestierte. Von diesem Prozeß waren die alten deutschen Städte in Ober- und Westungarn sowie die spätere Hauptstadt Ofen-Pest am stärksten betroffen.

Vom allgemeinen wirtschaftlichen Verfall ausgenommen waren lediglich die Bürger der jungen deutschen Städte in Südungarn. Ein Grund hierfür liegt wohl darin, daß sich die deutschen Einwohner dieser Städte nicht in dem Maße in die ungarische Gesellschaft eingegliedert haben wie das deutsche Bürgertum der übrigen Städte.

Diese elastischere Anpassung der Deutschen in Südungarn an die wirtschaftlichen Erschütterungen zeigen die Beispiele von Temeschwar und Werschetz.[86] Temeschwar unterschied sich von den anderen deutschen Städten durch seine im 18. Jahrhundert angesiedelte Beamten- und Militärführungsschicht und durch seine frühe und auch im 19. Jahrhundert fortdauernde industrielle Entwicklung. Das wirtschaftliche Leben von Werschetz war in den sechziger Jahren vor allem durch den Aufschwung des Weinhandels sowie durch die Gründung von Kreditanstalten, Industriegesellschaften und Zeitungen gekennzeichnet.

All dies kam auch im Erscheinungsbild dieser Städte zum Tragen.[87] Generell hatten die Städte des Banats – und zwar nicht nur Temeschwar und Werschetz, sondern auch kleinere Städte wie zum Beispiel Weißkirchen – schon im 19. Jahrhundert ein urbaneres Aussehen als jene großen Orte der Batschka, die sich von der »Dorfstadt« in ihrer äußeren Gestalt noch nicht sehr weit entfernt hatten. Das Fehlen eines städtischen deutschen Mittelpunktes war – wiederum mit der Ausnahme Temeschwar – sowohl für die Batschka als auch für das Banat typisch. Die verheißungsvolle Entwicklung von Temeschwar im 18. Jahrhundert als einer kleinen Residenzstadt wurde durch die Vereinigung des Banats mit Ungarn zwar für einige Jahrzehnte unterbrochen. Doch wurde in der Periode von 1849 bis 1860, in der Temeschwar nochmals Hauptstadt eines österreichischen Verwaltungsgebietes war, zumindest ansatzweise ein städtisches deutsches Zentrum geschaffen.

Charakteristisch für die ungarländische deutsche Gesellschaft der Mitte des 19. Jahrhunderts war es ferner, daß zwischen dem Bürgertum der Städte und dem Bauerntum in den Dörfern entweder gar keine oder nur sehr lose Verbindungen bestanden.[88] Daß das deutsche Bürgertum ein »Sonderdasein« führte und es »keinen Brükkenschlag zur schwäbischen Dorfgemeinschaft« gab, liegt in der unterschiedlichen Entstehungszeit und Herkunft der beiden sozialen Gruppen begründet. Während der Großteil des städtischen Deutschtums bereits im Mittelalter nach Ungarn gekommen war, siedelten sich die schwäbischen Bauern erst im 18. Jahrhundert an. Jene Deutschen aber, die zu dieser Zeit in die Städte zogen, nahmen eher mit den nichtdeutschen Bürgern und mit dem Bürgertum der übrigen Städte engeren Kontakt auf als mit den gleichzeitig nach Ungarn eingewanderten deutschen Bauern. Dies verhinderte das Entstehen einer einheitlichen Sozialstruktur der ungarländischen Deutschen respektive der Schwaben.

Die sich in den Städten langsam herausbildende Schicht der deutschen Intelligenz war im Vormärz noch relativ schmal, verstärkte sich im Umfeld der Veränderungen, wie sie sich um die Jahrhundertmitte vollzogen, aber ständig. So entstand in den Städten Südungarns – und hier wiederum vor allem des Banats – regelrecht eine neue deutsche Intelligenz. Ihr im Vergleich zu den übrigen Gebieten des Landes starkes Übergewicht erklärt sich zum Teil aus der lange währenden territorialen Sonderstellung des Banats. Eine weitere Besonderheit des deutschen gebildeten Bürgertums im Süden besteht in seiner Uneinheitlichkeit. Während ein Teil – vor allem die Intelligenz von Temeschwar – aus alten Bürger- und Beamtenfamilien stammte, setzte sich die andere Gruppe von Intellektuellen aus den Söhnen wohlhabender Bauern- oder Handwerkerfamilien zusammen.[89] Vor allem die zuletzt Genannten sollten dann in der deutschen nationalpolitischen Bewegung der folgenden Jahrzehnte eine gewichtige Rolle spielen.

Die Deutschen in Kroatien-Slawonien und Jugoslawien

HOLM SUNDHAUSSEN

Die Deutschen in Kroatien-Slawonien vom Beginn des 18. Jahrhunderts bis zum Ende des Ersten Weltkrieges

Nach den amtlichen Ergebnissen der Volkszählung im Königreich Jugoslawien vom März 1931 lebten in Kroatien-Slawonien und Syrmien rund 130 000 Deutsche gemäß Muttersprache.[1] Nur ein Zehntel davon entfiel auf das engere Kroatien, während sich die überwiegende Mehrheit auf jene zwei Landschaften zwischen Drau und Save beziehungsweise Donau und Save verteilte, die im folgenden im Vordergrund stehen sollen: auf Slawonien und Syrmien.

SLAWONIEN AM ENDE DER OSMANISCHEN HERRSCHAFT

Der territoriale Umfang Slawoniens, das im Rahmen des formal bis 1918 bestehenden »Regnum Dalmatiae, Croatiae et Sclavoniae« eine mehr oder minder stark ausgeprägte Sonderstellung einnahm, hat sich im Verlauf des Mittelalters und der Neuzeit wiederholt verändert. Im Mittelalter wurde der gesamte nördliche Teil des Königreichs Kroatien, das heißt der Teil nördlich des Kapela-Gebirges einschließlich der Hauptstadt Agram, als »Slawonien« bezeichnet. Erst nach der osmanischen Eroberung des mittleren und östlichen Territoriums zwischen Drau und Save dehnte sich der Name »Kroatien« auf Teile des mittelalterlichen Slawonien aus. Der Begriff »Kroatien« wurde dadurch ausgeweitet, derjenige »Slawoniens« eingeengt. Um dem häufig wechselnden Verständnis dessen, was »Slawonien« und »Syrmien« ist, aus dem Wege zu gehen, wird im folgenden unter »Slawonien« derjenige Teil des Landes zwischen Drau (Donau) und Save verstanden, der sich von der Ilova-Senke im Westen in einer Länge von fast 300 Kilometern ostwärts bis zum Zusammenfluß von Save und Donau bei Belgrad erstreckt.

Den östlichen Teil dieses Gebietes nimmt die frühere Gespanschaft Syrmien (Srem/Srijem) mit der Hauptstadt Vukovar ein. Die 1745 festgelegte Gespanschaftsgrenze gegenüber dem westlichen Teil Slawoniens verlief von der Umgebung Vukovars im Norden bis etwa zur Bosut-Mündung bei Županja im Süden. Ein Teil des syrmischen Gebiets hatte bereits im Mittelalter zu Slawonien gehört, während der andere Teil dem ungarischen König direkt unterstellt war. 1745 wurde ganz Syrmien Bestandteil des neuen Königreichs Slawonien, das von den Zeitgenossen gelegentlich noch als »unteres Slawonien« bezeichnet wurde.[2] Fast zwei Jahrhunderte später schlug die jugoslawische Verwaltungsreform von 1929 Syrmien zur Donau-Banschaft und trennte es damit von Kroatien-Slawonien, der Save-Banschaft, ab. Bei der neuerlichen Reform von 1931 wurden die drei westlichen syrmischen Bezirke Vukovar, Vinkovci und Županja der Save-Banschaft zugeteilt. Seither ist die frühere Gespanschaft Syrmien – mit einer kurzen Unterbrechung während des Zweiten Weltkriegs – zwischen Serbien und Kroatien geteilt:

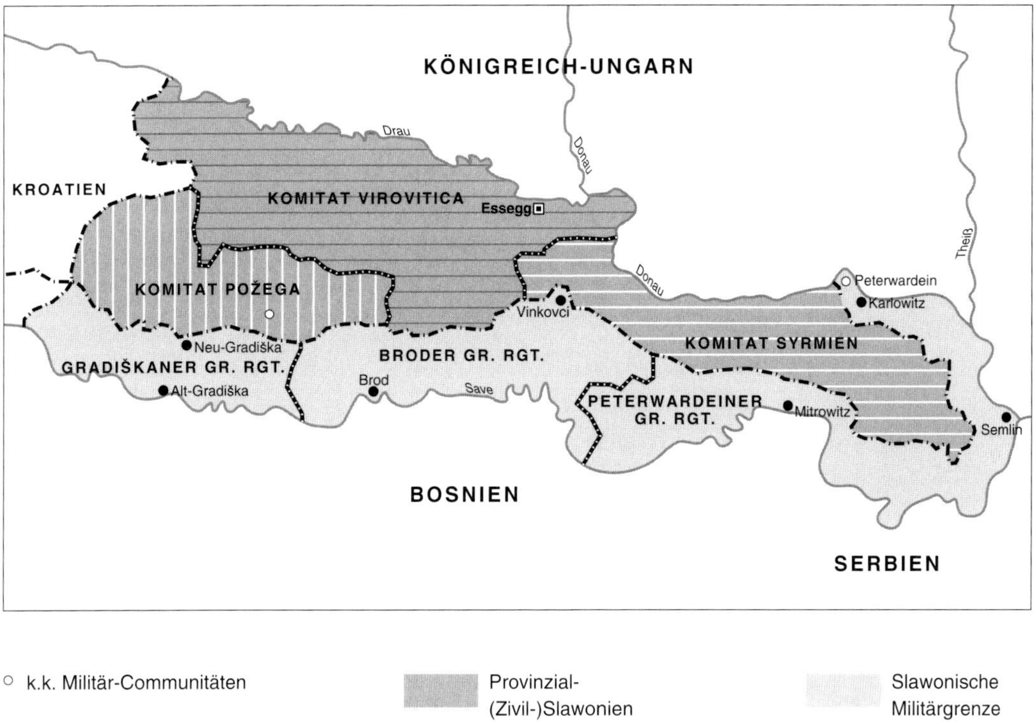

Slawonien und Syrmien im geographischen Überblick.

Der größere östliche Teil der Gespanschaft gehört zu Serbien, der kleinere westliche Teil, auch »Ostslawonien« genannt, zu Kroatien. Im folgenden wird unter »Syrmien« das gesamte Gebiet der ehemaligen Gespanschaft verstanden.

In der ersten Hälfte des 16. Jahrhunderts wurden Syrmien und Westslawonien von den osmanischen Heeren erobert. Zwischen 1521 und 1552 fielen die wichtigsten Brückenstädte an Donau, Save und Drau – Griechisch-Weißenburg/Belgrad, Šabac, Slawonisch Brod, Esseg und Peterwardein – sowie das Binnenland in osmanische Hand. Die Grenze zwischen dem Osmanischen Reich und Rest-Kroatien (»reliquiae reliquiarum Regni Croatiae«) stabilisierte sich an einem Streifen Niemandsland zwischen oberer Česma und Ilova. »Der Begriff Slawonien verlor sich während der Türkenzeit für das niederkroatische Gebiet diesseits [westlich] der Grenze und trat hinter dem der ›Varasdiner‹ und ›Kreutzer Grenze‹ zurück. Nach der Vertreibung der Türken aus dem südlichen Pannonien ... blieb der Begriff auf das Zwischenstromland östlich der Ilova beschränkt ...«[3] 1687 – vier Jahre nach der zweiten erfolgreichen Verteidigung Wiens gegen die Osmanen und dem Sieg der Habsburger bei Mohács – wurde Esseg, der bestgeschützte Drau-Übergang der Osmanen, von den habsburgischen Truppen eingenommen. Anfang Oktober erhielt der kaiserliche General Dünewald den Befehl, von der Drau südwärts zur Save vorzustoßen und das Zwischenstromland zu erobern. Im Herbst drangen die Österreicher in das Becken von Požega vor. Die Besatzungstruppen der osmanischen Grenzfesten am Rande des Psunj- und Papuk-Gebirges in Westslawonien zogen sich südwärts über die Save nach Bosnien zurück. Den Erfolgen der kaiserlichen Heere folgten kurzfristige Rückschläge. 1690/91 wehte zeitweilig noch einmal die Fahne des Propheten über Požega, Gradiška und Brod. Der nach den Siegen des Markgrafen Ludwig von Baden und des Prinzen Eugen bei Slankamen und Zenta geschlossene Friede von Karlowitz vom Januar 1699 beließ Slawonien und Westsyrmien dann endgültig – nach fast 180 Jahren osmanischer Herrschaft – unter kaiserlich-habsburgischer Hoheit. Die neue Grenze zwischen den beiden Imperien verlagerte sich für gut zwei Jahrhunderte in die Save-Niederung. Nach einem weiteren österreichisch-türkischen Krieg und abermaligen Siegen Prinz Eugens fiel auch Ostsyrmien im Frieden von Passarowitz 1718 an die Habsburgermonarchie.

Wie in anderen europäischen Provinzen des Osmanischen Reiches, so hatte die »Türkenherrschaft« auch für die Siedlungsverhältnisse in Slawonien einschneidende Konsequenzen. »Die hundertachtzigjährige Türkenherrschaft brachte für das westliche Slawonien eine Aus- und Umsiedelbewegung mit sich, von deren Ausmaß man sich gemeinhin kaum eine genügende Vorstellung macht. Es gibt im Ilova-Gebiet kaum ein Dorf, das nicht innerhalb dieser Zeitspanne ein oder gar mehrere Male seine Bewohnerschaft durch Ab- und Einwanderung gewechselt hätte. In der Drau- und Save-Niederung liegen die Verhältnisse gleich.«[4] Im Unterschied zu Syrmien, das bereits in vorosmanischer Zeit Einwanderungsgebiet (für Serben) gewesen war, wurde das übrige Slawonien erst nach Beginn der Osmanenherrschaft in jene permanenten Migrationen einbezogen, die charakteristisch sind für große Teile des neuzeitlichen Südosteuropa und insbesondere des Balkanraums.

Der serbische Anthropogeograph Jovan Cvijić hat diese Migrationen unter dem Begriff »metanastasische Wanderungen« zusammengefaßt. In deren Folge veränderte sich die ethnische Struktur vieler Gebiete grundlegend; betroffen waren vor allem die Regionen beiderseits der osmanisch-habsburgischen Grenze, das heißt Teile Kroatiens sowie Slawonien und Bosnien. Neben den permanenten Wanderungen sorgte der Übertritt bedeutender Teile der altansässigen christlichen Bevölkerung zum Islam für einschneidende und folgenreiche Veränderungen in der Bevölkerungsstruktur. Ein Großteil der in den Quellen des 18. Jahrhunderts als »Türken« bezeichneten Einwohner des Zwischenstromlandes waren zweifelsfrei Südslawen, die aus sozialen Erwägungen heraus den Glauben ihrer Väter aufgegeben hatten. Die Bevölkerung Slawoniens bot daher gegen Ende der osmanischen Herrschaft ein konfessionell und ethnisch gemischtes Bild. Von den etwa 220 000 Einwohnern waren gut die Hälfte Muslime unterschiedlicher ethnischer Herkunft; hinzu kamen 72 000 Katholiken, 33 000 Griechisch-Orthodoxe (»Walachen«[5]) und 2000 Ungarn.[6]

Zusammen mit den Truppen des Sultans verließ die gesamte muslimische Bevölkerung das Zwischenstromland und zog sich in die osmanischen Provinzen südlich der Save, nach Bosnien-Herzegowina zurück. Die Quellen enthalten keinerlei Anhaltspunkt dafür, daß auch nur ein Teil der muslimischen Bevölkerung in Slawonien geblieben wäre. Nach islamischem Recht bleibt dem Muslim, sofern das von ihm bewohnte Gebiet unter nichtmuslimische Herrschaft gerät und eine Änderung der Sachlage nicht erwartet werden kann, gar keine andere Wahl als die Auswanderung in das »Reich des Islam«. Die Fluchtbewegung betraf insbesondere die städtischen Siedlungen, in denen die Mehrheit der Muslime – von einigen Ausnahmen abgesehen – beheimatet gewesen war. Die strategisch wichtigeren Orte wurden obendrein vor dem Abzug der osmanischen Truppen zerstört. Die Kriegswirren veranlaßten auch einen Teil der christlichen Bevölkerung, ihre Dörfer zu verlassen und auf habsburgischem Territorium Zuflucht zu suchen. Die zurückgebliebenen Christen, »welche sich inzwischen in dem Gebirg versteckt gehabt, kommen nach und nach wieder herein, sich höchstens erfreuend über ihre Erlösung von dem so langwierigen Türkischen Joch«. Die kaiserlichen Befehlshaber nahmen die zurückgebliebenen Einwohner »in Protection und Schucz« und bemühten sich, sie »auf alle Weis (zu) conserviren und amousieren, damit sie auch die verlassene(n) Türckische(n) Dörffer bewohnen«.[7]

Nach dem Krieg befand sich das Zwischenstromland östlich der Ilova in einem desolaten Zustand. Viele der vorher besiedelten und wirtschaftlich genutzten Gebiete waren verödet. Ein Großteil der Bewohner, die das Land vorübergehend verlassen oder sich in die unwegsamen Wälder und Berge des westlichen Slawonien zurückgezogen hatten, kehrten nicht in ihre alten Wohnorte zurück, sondern nahmen die von den Muslimen verlassenen Siedlungen in Besitz, sofern diese günstigere Lebensbedingungen boten. Der Vorgang der zeitweiligen Entvölkerung ganzer Landstriche läßt sich am Beispiel der »Kleinen Walachei«, jenes Gebietes zwischen der Ilova im Westen und den Bergrändern von Papuk und Psunj im Osten,[8] infolge einer günstigen Quellenüberlieferung exemplarisch verdeutlichen. »Von 38 anläßlich der Zählung von 1701/02 genannten Siedlungen lagen 19 in der Zeit von 1687 bis 1695 ein oder mehrere Jahre – von ihren Bewohnern verlassen – wüst. Bei vier weiteren Dörfern ist es wahrscheinlich.«[9] Nicht viel anders gestalteten sich die Verhältnisse in den übrigen von den kaiserlichen Truppen eroberten Gebieten.

Nachdem sich der Friede stabilisiert hatte, begann die Wiederbesiedlung des Zwischenstromlandes, die in wechselnder Intensität bis ins 20. Jahrhundert hinein anhielt und abermals zu einer völlig neuen Bevölkerungsstruktur in den betroffenen Regionen führte. Träger der Siedlungsbewegung waren in erster Linie katholische und orthodoxe Slawen, die zum Großteil aus den angrenzenden osmanisch gebliebenen Provinzen, aus Bosnien, der Herzegowina und dem Pašaluk Belgrad, aber auch aus den früheren serbischen Fluchtgebieten in Mittelungarn und dem engeren Kroatien kamen. Unter den slawischen Einwanderern sind drei größere Gruppen zu unterscheiden: Kroaten, Bunjewatzen (eine aus dem Süden zugewanderte und mit den Kroaten eng verwandte Gruppe) und Serben, die zum Teil als »Walachen«, in der Regel aber als »Raitzen«[10] bezeichnet wurden. »Deutsche« Einwanderer spielten zahlenmäßig zunächst nur eine sehr geringe Rolle. Erst verhältnismäßig spät, nach Mitte des 19. Jahrhunderts, nahm ihre Bedeutung allmählich zu.

DIE ANSIEDLUNG DER DEUTSCHEN IM ZWISCHENSTROMLAND

Wenn im folgenden von »Deutschen« die Rede ist, so sind damit alle Personen gemeint, die aus den deutschsprachigen Gebieten des Heiligen Römischen Reiches Deutscher Nation oder aus deutschsprachigen Kolonisationsgebieten nach Kroatien-Slawonien einwanderten. Sie bildeten bis ins 20. Jahrhundert hinein keine integrierte Großgruppe im Sinne einer modernen Nation.[11] Pfälzer, Elsässer, Luxemburger, Egerländer, deutschsprachige Böhmen, »Schwaben« aus Südungarn und andere mehr, die sich vom 18. bis zum beginnenden 20. Jahrhundert im Zwischenstromland niederließen, entwickelten zumeist erst in der Zeit zwischen den beiden Weltkriegen ein »donauschwäbisches« Zusammengehörigkeits- und/oder deutsches Nationalbewußtsein. Für die Zeit davor können sie allenfalls in einem protonationalen Sinn als »Deutsche« bezeichnet werden. Ähnliches gilt für Kroaten und Serben, die etwas früher als die oft gestreut lebenden Deutschen ein modernes Nationalbewußtsein entwickelten, aber bis in die zweite Hälfte des 19. Jahrhunderts hinein ebenfalls nur als protonationale Gruppen verstanden werden können.

Deutsche im eben bezeichneten Sinn waren bereits in vorosmanischer Zeit ins Königreich Kroatien-Slawonien gekommen. Damals war der Einwandererstrom fast ausschließlich in städtische Siedlungen geflossen; und es waren hauptsächlich Handwerker und Kaufleute aus allen Gegenden des Römischen Reiches gewesen, die dort eine neue Heimat gefunden hatten. Die mittelalterlichen »Gäste«, die sich – dem Werberuf verschiedener Landesherren folgend – nach deutschem Recht – in den mittelalterlichen kroatisch-slawonischen Städten Varasdin, Weretz, Agram, Valkov, Petrinja, Samobor und anderen niedergelassen hatten, konnten sich – wenn überhaupt – nur in denjenigen Städten behaupten, die nicht unter osmanische Herrschaft fielen. In allen übrigen Städten verschwanden die Nachfahren der mittelalterlichen deutschen Einwanderer mit Beginn der osmanischen Herrschaft restlos.

Im Unterschied zur mittelalterlichen deutschen Einwanderung in die Städte trug die deutsche Siedlungsbewegung nach Slawonien in der Neuzeit vorwiegend bäuerlichen Charakter. Die Niederlassung deutscher Handwerker, Beamten und Soldaten in den Städten blieb nach dem Ende der osmanischen Herrschaft im Vergleich zur später einsetzenden bäuerlichen Einwanderung quantitativ gering, doch spielte sie beim Wiederaufbau der stark zerstörten und entvölkerten Festungen sowie der Handels- und Verwaltungszentren des Zwischenstromlandes eine qualitativ bedeutende Rolle. Dies gilt insbesondere für die Provinzhauptstadt Esseg, die zu einem wichtigen Militär- und Verwaltungszentrum der neuen Machthaber ausgebaut wurde.

Bis 1745 war Esseg Sitz der Kameralverwaltung für Slawonien, bis 1783 auch Sitz des Slawonischen Generalkommandos. In osmanischer Zeit soll die Stadt bis zu 15 000 Einwohner gezählt haben; nach dem Abzug der türkischen Truppen war die Bevölkerungszahl auf unter 3000 gesunken.[12] Bereits 1690 erhielt die Stadt eine Magistrats-Instruktion, eine Art Stadtrecht, das 1698 in detaillierter Form urkundlich verbrieft wurde und die absolutistischen Ordnungsvorstellungen der Zeit widerspiegelte. Die erste Konskription von 1697 belegt, daß der städtische Magistrat überwiegend aus Deutschen bestand: der Stadtrichter sowie zehn der dreizehn Ratsherren waren Deutsche. Auf den Ratssitzungen wurde deutsch verhandelt und die Ratsprotokolle sowie Kämmereirechnungen wurden ebenfalls in deutscher Sprache geführt. Das Stadtrecht von 1698 sah ausdrücklich vor, daß nur Katholiken das Bürgerrecht erwerben konnten: Da »das allgemeine Stattweesen nach der einhelligen Lehr der heiligen römischen christ= katholischen Kirche in guter Einigkeit des allein seelig machenden Glaubens desto besser eingerichtet und erhalten werde, [sollten] zu fordist alle und jede Ungläubige als da seyend Haiden, Juden und Türken, wie auch schismatische Griechen und Rätzen,[13] die Zigeiner und so forth und alle andere Ketzer und Unkatholische, welche der römischen katholischen Kirche nicht zugethan, was Orts und Nahmens dieselbe seyn mögen, ... auf keine Weis mehr« in der Stadt geduldet werden.[14]

Um 1700 lebten in der Festung Esseg rund 130 Familien mit deutschem Namen, die etwa fünfzig Prozent der Einwohner repräsentierten. In der Oberstadt stellten die Deutschen mit etwa dreißig Familien, in der Unterstadt mit knapp neunzig Familien zehn beziehungsweise dreißig Prozent der jeweiligen Bevölkerung.[15] »Obwohl die Deutschen unter den Einwohnern Essegs nur eine, wenn auch ansehnliche Minderheit waren, besaßen sie kraft ihrer Wichtigkeit für die städtische Infrastruktur und kraft ihrer Zugehörigkeit zur bürgerlichen oder militärischen Oberschicht auffallend großes Gewicht.«[16] Im Dezember 1703 wandten sich die deutschen Bürger der Esseger Ober- und Unterstadt an die Kapuziner in Ofen und baten inständig um »mehrere Teutsche Ordens Priester«, weil »die Allhiesigen Patres Franciscaner« – »lauter Bosniaken« – »der Teutschen Sprach nicht kündig und unß in solcher nicht tröstlich seyn können«.[17] Die in der Stadt bereits tätigen bosnischen Franziskaner legten umsonst Verwahrung gegen den Zuzug der Ordenskonkurrenten ein. Kaiser Leopold I. genehmigte persönlich die Niederlassung der Kapuziner in der Drau-Metropole, die dort bald eine rege seelsorgerische und missionarische Tätigkeit entfalteten. Der Zuzug deutscher Handwerker und Kaufleute, vor allem aus den österreichischen Erbländern, nach Esseg hielt während des ganzen 18. Jahrhunderts an, so daß die Stadt trotz des im 19. Jahrhundert einsetzenden prozentualen Rückgangs ihres deutschen Bevölkerungsanteils ein starkes mitteleuropäisches Gepräge bewahrte.

Im syrmischen Semlin, am Zusammenfluß von Save und Donau gegenüber der Festung Belgrad gelegen, ließen sich die ersten deutschen Siedler nach dem Passarowitzer Frieden (1718) nieder. Nach dem Friedensschluß von Belgrad im Jahre 1739 verstärkte sich die Zuwanderung noch einmal deutlich. Auch in anderen syrmischen Städten wie Peterwardein, Karlowitz, Mitrowitz und Vukovar wurden deutsche Handwerker und Kaufleute ansässig. Die Deutsche Gasse in Karlowitz sowie das Schwabendörfel und der Mayerhof in Peterwardein belegen die Präsenz der Zuwanderer. Die ersten Siedler in diesen Städten hatten mit großen Schwierigkeiten zu kämpfen. Das ungewohnte Klima und die sommerlichen Seuchen rafften viele Ankömmlinge hinweg, so daß sich die deutschen Kolonien oft nur dank weiterer Zuwanderungen erhalten konnten.[18]

Auf dem Lande wurde die Wiederbesiedlung des Zwischenstromlandes zunächst vor allem von slawischen Zuwanderern getragen, die eine extensive Viehwirtschaft betrieben. Im Vergleich zu den Hauptsiedlungsgebieten der deutschen Kolonisten im mittleren Donauraum, vor allem im Banat, in der Batschka und in der Schwäbischen Türkei, wies die Einwanderung deutscher Bauern nach Slawonien insofern ihre Besonderheiten auf, als sie nicht nur deutlich später einsetzte, sondern auch erheblich schwächer blieb. Dies lag zumTeil an den ökologischen Gegebenheiten, zum Teil an den politisch-herrschaftlichen Rahmenbedigungen des Siedlungsausbaus. Das Zwischenstromland östlich der Ilova mit seinen Teillandschaften – der Drau- und Save-Ebene im Norden beziehungsweise Süden, dem westslawonischen Bergland mit seinen eingelagerten Becken, dem Frankengebirge (Fruška gora) in Syrmien und der syrmischen Lößebene – war zu Beginn der habsburgischen Herrschaft über weite Strecken mit Urwald bedeckt. Die Wegelosigkeit, die ausgedehnten Sumpfgelände mit sommerlicher Fäulnis, das Räuberunwesen und die Wolfsplage ließen die Erschließung des Gebiets als Ackerland wenig attraktiv erscheinen. Noch 1777 berichtete Friedrich Wilhelm Taube über Syrmien, »daß das Ländchen so arg verwüstet erscheint, daß so viele Lachen und Moräste zu finden sind, daß hier eine äußerst ungesunde Luft herrscht, die nur von der illyrischen [südslawischen] Bevölkerung ertragen wird, die selbst nie an besseres gewöhnt war. Diese Einheimischen haben wenig ertragbares Land, sondern bloß einen größeren Viehstand. Besonders Schaf- und Schweinezucht wird betrieben, aber weniger findet man Pferde und Hornvieh. Alle diese Bewohner leiden sehr unter dem Druck der vielen Räubereien, die in diesem Lande herrschen.« Und an anderer Stelle heißt es: »Das ganze Königreich Slawonien war noch vor dreißig Jahren ein Räubernest. Ganze Marktflecken wurden von ihnen befehdet und gebrandschatzt. Hie und da lag in den

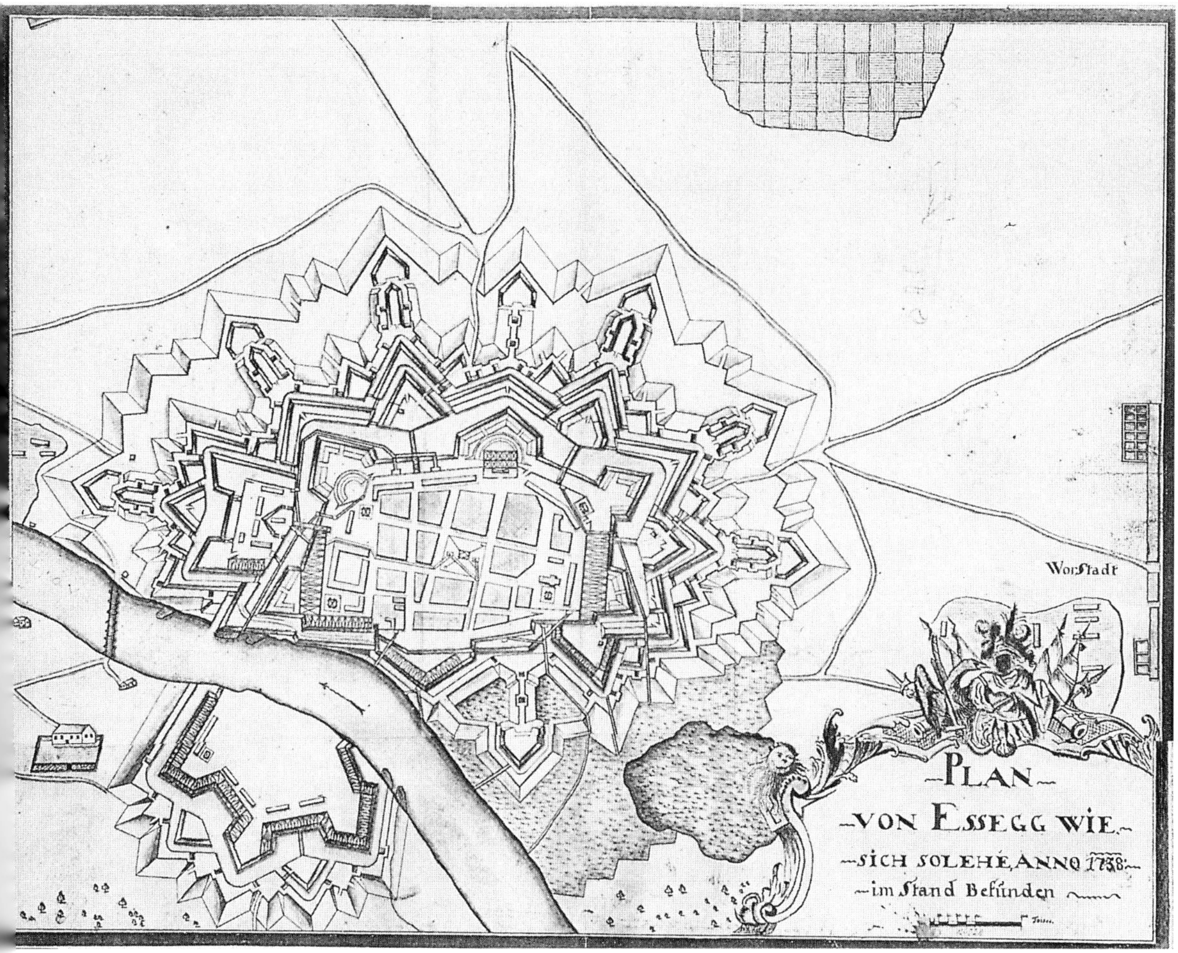

Plan der Festung Esseg von 1738.
Nachdem die Türken 1687 aus der Festung Esseg vertrieben worden waren, wurde die Stadt an der Drau zu einem wichtigen Stützpunkt der habsburgischen Truppen. Kaiser Karl VI. (1711–1740) ließ die Festung, die während des Türkenkriegs stark gelitten hatte, niederreißen und in größerer Form neu errichten. In ihr konnten bis zu 30000 Soldaten stationiert werden. Der Ausbau Essegs zu einem bedeutenden militärischen Bollwerk unterstreicht die Sorge Wiens, daß die Osmanen erneut einen Vorstoß nach Slawonien und Ungarn unternehmen könnten.

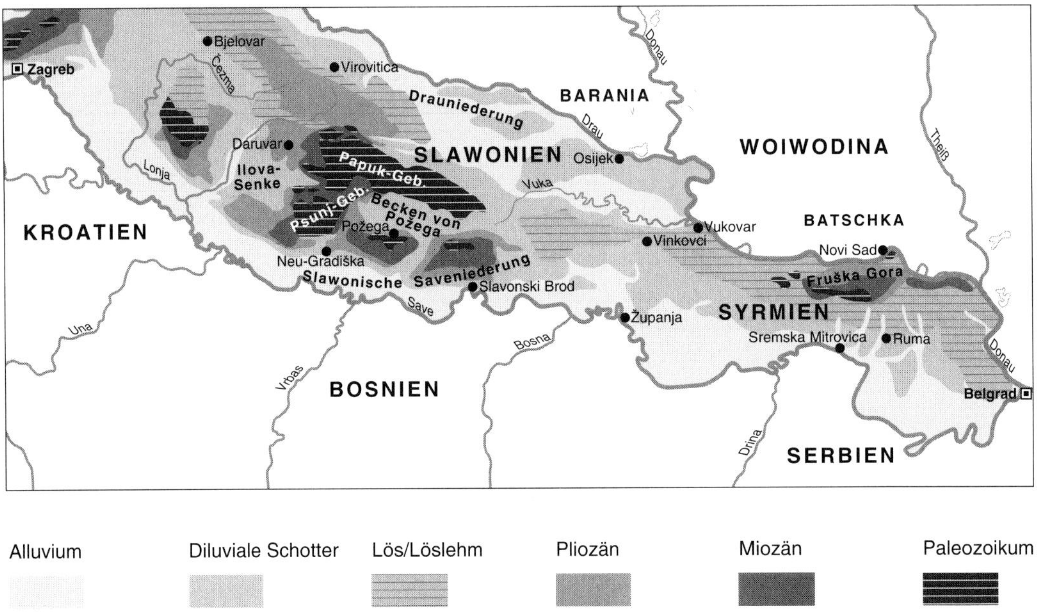

Provinzial- und Militär-Slawonien 1745 bis 1848.

tiefen Wäldern eine Rotte Waghälse verschanzt, welche von Zeit zu Zeit Ausfälle machte und das glatte Land unter Contribution setzte ... Was ist die Lust des Landlebens, wenn Furcht vor dem Tode sie unterbricht! ... Eines der wirksamsten Mittel [zur Herstellung der Sicherheit und zum Kampf gegen die Räuberei] war die Anlage von Dörfern, indem die zerstreut liegenden Häuser niedergerissen und an einem Orte wieder aufgebaut werden, damit ein Nachbar auf des anderen Thun und Lassen acht habe.«[19]

Angesichts der wesentlich günstigeren Siedlungsverhältnisse in den Nachbarebenen des Banats, der Batschka und der Schwäbischen Türkei kam die landwirtschaftliche Nutzung des Zwischenstromlands nur schleppend in Gang. Erschwert wurde der wirtschaftliche Aufschwung durch die zunächst unklare politische Situation. Nach Vertreibung der Osmanen brachte die Wiener Hofkammer Slawonien, einschließlich Syrmiens, als neuerworbene Provinz (Neoacquisticum) unter ihre Verwaltung und verwickelte sich in langwährende Auseinandersetzungen mit dem Wiener Hofkriegsrat, der aus militärischen Gründen seinerseits Ansprüche auf das Gebiet erhob. Erst zur Regierungszeit Maria Theresias erfolgte Ende 1745 die eindeutige territoriale Abgrenzung zwischen den Zuständigkeitsbereichen der Zivil- und Militärbehörden. Ein Teil des Zwischenstromlandes wurde nun der österreichischen Militärgrenze zugeschlagen, die von der kroatischen »Banal-Grenze« im Westen und den Regimentern von Kreutz und St. Georgen im Norden (Warasdiner Generalat) entlang der Save nach Osten verlängert wurde und in Ostsyrmien Anschluß an die Banater Militärgrenze fand. Von der Una-Mündung in die Save bis nach Belgrad bildeten die neuerrichteten Regimenter von Gradiška, Brod und Peterwardein fortan die »Slawonische Grenze« bis zu deren Auflösung und Vereinigung mit Kroatien 1871/81. Wie zuvor Kroatien, so war damit auch Slawonien in zwei Verwaltungsgebiete mit unterschiedlichen Sozialstrukturen geteilt: in die Militärgrenze entlang der Save auf der einen und Zivil- beziehungsweise Provinzial-Slawonien auf der anderen Seite.

Im »Militare« war »der Besitz des Einzelnen und der Familie Militärlehen unter Vorbehalt des S. Majestät zustehenden Obereigenthums«, an dem der Grenzer das »immerwährende erbliche Nutzeigenthum«[20] hatte. Im Unterschied zu den Bauern in Zivil-Slawonien waren die Grenzer keine adligen Untertanen oder »Leibeigene«, sondern freie Lehnsmänner, nur ihrem Landesherrn und dem von ihm ernannten Kommandanten zum Gehorsam verpflichtet. Die »Grenze« kannte keine adlige Grundherrschaft, kein adlig-bäuerliches Untertanenverhältnis und keinen Großgrundbesitz. An die Stelle der grundherrlichen Abgaben trat der Kriegsdienst, wo und wann der Kaiser ihn forderte. Über hundert Tage im Jahr versah der Waffenfähige, oft fern von seinem Heimatdorf, den Grenzdienst. Derartige Belastungen waren ohne die Institution der Großfamilie (Zadruga) undenkbar. »Damit die Wirtschaft der Grenzhäuser in Abwesenheit der Dienstmänner ununterbrochen fortbetrieben werden könne, ist das Zusammenleben einer großen Zahl von Menschen in dem nämlichen Hause oder die Hauskommunion unumgänglich notwendig.«[21]

Die Ansiedlung in der »Grenze« oder im »Cordon« folgte ausschließlich militärischen Zweckmäßigkeiten und wurde in erster Linie von griechisch-orthodoxen »Raitzen« getragen. Nur in den neu angelegten »Militärkommunitäten«, in denen sich die Grenzkommandanten mit ihren Familien sowie Handwerker und Kaufleute niederließen, waren auch deutsche Siedler in größerer Zahl zu finden, zum Beispiel in Neu-Gradiška, das 1748 gegründet wurde, in Neu-Slankamen (1783) oder in der Semliner Vorstadt (1787).

Nach Vertreibung der Osmanen hatte die Wiener Hofkammer das eroberte Land in »Grundherrschaften« eingeteilt, die den früheren, vorosmanischen Besitzern zurückgegeben werden sollten. Da aber nur einige der ehemaligen Grundherren ihre Rechtsansprüche urkundlich belegen konnten, ging die kaiserliche Kammer dazu über, die zumeist wüst liegenden Ländereien (Prädien) an einheimische und fremde Adlige sowie verdiente Offiziere zu verschenken oder zu verkaufen. Zu den Begünstigten zählten die Oberhäupter der christlichen Kirchen, der katholische Bischof von Djakovo und der serbische Patriarch in Karlowitz, sowie einflußreiche Geschlechter, unter ihnen die bekannten Familien der Pejačević in Mitrowitz und Naschitz, der Trenck in Požega, der Prandau in Walpach, der Eltz in Vukovar und der Schönborn in Semlin. Das der Kammer verbleibende Staatsland wurde bis zu seiner Veräußerung als »Kameralland« von Staatsbeamten treuhänderisch verwaltet. Mit der schrittweisen Restituierung der alten Besitzverhältnisse beziehungsweise mit Verkauf oder Schenkung der Prädien setzte die Refeudalisierung Slawoniens und die Wiederherstellung des Großgrundbesitzes ein. Im Unterschied zu Kroatien spielte der Besitz des mittleren und niederen Adels in Slawonien von nun an kaum eine Rolle.

Unklar blieb längere Zeit, wer für die Verwaltung Slawoniens zuständig sein sollte. Erst anläßlich der Vorbereitung der territorialen Abgrenzung zwischen Militär- und Zivil-Slawonien kündigte Maria Theresia 1741 für letzteres – auf Druck der ungarischen und kroatischen Stände – die Wiederherstellung der Komitatsverwaltung nach ungarischem Muster an, wodurch die Stellung des Adels zu Lasten des Landesherrn weiter gestärkt wurde. Die ländliche Bevölkerung befürchtete zu Recht, den Aristokraten völlig ausgeliefert zu werden. Die Ankündigung löste daher bei den Bauern in der »Kleinen Walachei«, im Becken von Požega und in anderen Teilen Slawoniens einen Aufstand aus, der blutig niedergeschlagen wurde. 1745 wurden schließlich die drei mittelalterlichen Komitate (Gespanschaften) Virovitica, Požega und Syrmien wiederhergestellt und gegenüber dem »Militare« abgegrenzt. Die slawonischen Komitate unterstanden der Gewalt des kroatischen Banus in dessen Eigenschaft als Statthalter des Königs, waren jedoch in Fragen der Landessteuer (Kontribution) – anders als Zivil-Kroatien – dem ungarischen Statthaltereirat direkt unterstellt. Von 1751 an entsandten sie ihre Vertreter nicht nur in die kroatische Ständeversammlung (Sabor), sondern auch unmittelbar in den ungarischen Reichsrat. Wie in vorosmanischer Zeit, so nahm Zivil-Slawonien somit auch weiterhin – bis zum ungarisch-kroatischen Ausgleich von 1868 – eine vom übrigen Kroatien unterschiedene Stellung ein, blieb aber formal Bestandteil des Regnum Croatiae.

Für die Wiederbesiedlung des Zwischenstromlandes hatte die Entwicklung der politischen und eigentumsrechtlichen Verhältnisse überaus nachteilige Konsequenzen. Auf

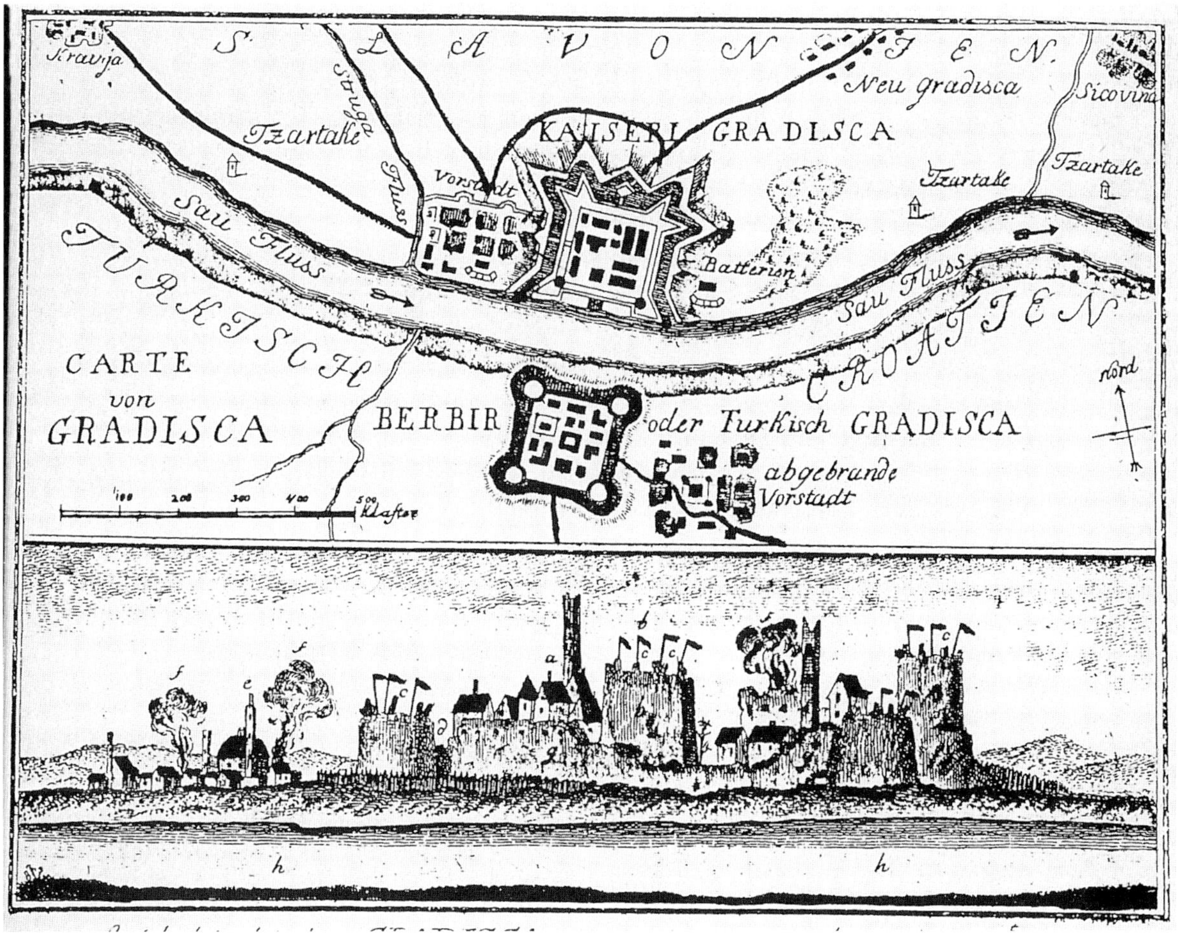

Nach dem Frieden von Karlowitz im Jahre 1699 verlagerte sich die Grenze zwischen der Habsburgermonarchie und dem Osmanischen Reich für gut zwei Jahrhunderte an die Save. Zu beiden Seiten des Flusses entstanden Befestigungsanlagen. Von der kaiserlichen Festung Gradiška am nördlichen Ufer der Save konnte man die türkische Festung auf der Südseite mit bloßem Auge erkennen. Die Ansicht aus dem Jahre 1788 zeigt die türkische Festung Bosanska Gradiška. Links im Bild – außerhalb der Festungsmauern – stand die größte gemauerte Moschee der Vorstadt.

den wiederhergestellten oder neu errichteten herrschaftlichen Ländereien wurden die Bauern von den Großgrundbesitzern rücksichtslos ausgebeutet. Durch ein Urbarial-Patent vom Mai 1737 (Carolina urbarialis regulatio) versuchte König Karl zwar, das Verhältnis zwischen Grundherren und Bauern in geregelte Bahnen zu lenken, doch blieb das Patent in der Praxis völlig wirkungslos. Ein Teil der Landbevölkerung, die nach den habsburgisch-türkischen Kriegen in das Zwischenstromland zurückgekehrt war, floh vor dem grundherrlichen Druck oder schloß sich marodierenden Banden an. Andere bemühten sich, als Wehrbauern nach den Regeln der »Grenze« angesiedelt zu werden. An eine Zusiedlung aus dem deutschen Reichsgebiet war unter diesen Umständen kaum zu denken, zumal weder der Staat noch die Grundherren – mit Rücksicht auf die unklaren politischen Verhältnisse – die Aufsiedlung mit gleicher Intensität betrieben wie jenseits von Drau und Donau.

Erst seit der Mitte des 18. Jahrhunderts kam die Gründung von »Stammsiedlungen« – das heißt mit Siedlern aus dem deutschen Reich – allmählich in Gang. Durch das Theresianisch-Slawonische Urbarium (Theresiana urbarialis regulatio) vom März 1756 wurden die Rechtsverhältnisse zwischen Grundherren und Untertanen normiert und denen in Ungarn und Zivil-Kroatien angepaßt. Gegen festgelegte Natural- oder Geldabgaben (Praestationen) und gemessene Frondienste (Robot, Kuluk) unterschiedlicher Art erhielten die Bauern Landbesitz zur Nutzung und waren dem Grundherrn untertan. Eigentümer des gesamten Bodens blieb der Grundherr, der einen Teil seines Landes – das Allodium – in Eigenregie bewirtschaftete und den übrigen Teil, das Urbarialland, an die Bauern ausgab. Der Urbarialgrund war in Sessionen unterteilt, die in der Regel so groß sein sollten, daß sie eine Bauernfamilie ernähren konnten.

Zu den Grundherren, die schon um die Mitte des 18. Jahrhunderts Kolonisten aus dem deutschen Reich auf ihren Ländereien ansiedelten, gehörten der legendäre Pandurenführer[22] Franz von der Trenck und der Baron Markus Alexander Pejačević. Trenck legte 1744 das als älteste deutsche Kolonistensiedlung geltende Dorf Deutsch-Mihaljevci auf seiner Herrschaft Mitrovac am Nordrand des Beckens von Požega an.[23] Und Pejačević führte seiner Besitzung Ruma in Zentralsyrmien 1746 die ersten deutschen Familien zu, vornehmlich aus der Oberpfalz sowie aus Ober- und Unterfranken. Bereits ein Jahr später verlieh Kaiserin Maria Theresia der Ortschaft das Marktprivileg.[24] Ruma entwickelte sich damit schnell von einer ländlichen Siedlung zu einem bedeutenden Marktflecken, zumal sich Pejačević um die Anwerbung neuer Siedler auch künftig intensiv bemühte. In einem »Freiheits-Brief« vom 1. Januar 1749 gewährte er den bereits Ansässigen sowie den Neuankömmlingen eine Reihe von Rechten, darunter die Zuteilung von fünf Joch[25] Ackerland, die Befreiung von der Robot sowie die Wahl eigener Richter und Gemeinderäte. Ferner übertrug er das Schankrecht sowie die Einkünfte zweier Jahrmärkte auf die Gemeinde. Der Brief richtete sich an siedlungswillige Deutsche, Ungarn und Slawen und wurde zum leichteren Verständnis »in Latein, Teutsch, Hungarisch und Illyrischer [südslawischer] Sprache« ausgefertigt.[26] Die unterschiedlichen Ethnien angehörenden Bürger wurden unter Androhung schwerer Sanktionen ermahnt, untereinander Frieden zu halten: »Als die vielen verschiedenen Ge-

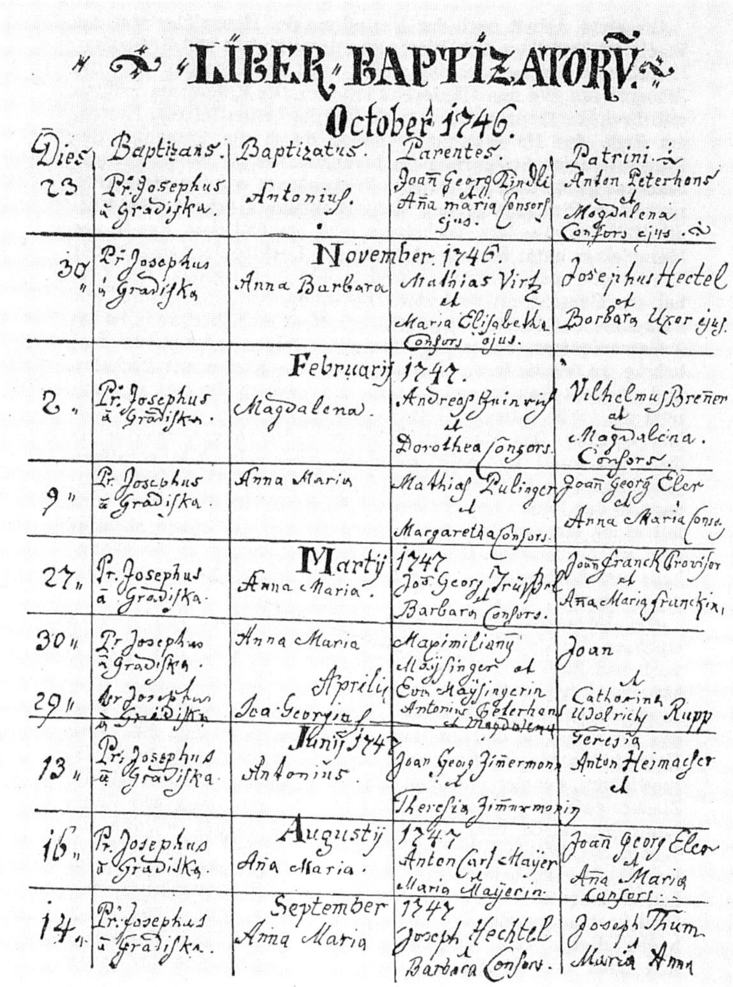

LIBER BAPTIZATORV.

October 1746.

Dies	Baptizans	Baptizatus	Parentes	Patrini
23	Pr. Josephus a Gradiska.	Antonius.	Joan Georg Rindli et Ana maria Consors ejus.	Anton Peterhons et Magdalena Consors ejus.
		November 1746.		
30	Pr. Josephus a Gradiska	Anna Barbara	Mathias Virt et Maria Elisabetha Consors ejus.	Josephus Hectel et Barbara Uxor ejus.
		Februarij 1747.		
2	Pr. Josephus a Gradiska.	Magdalena.	Andreas Bruinvis et Dorothea Consors.	Vilhelmus Brener et Magdalena. Consors.
9	Pr. Josephus a Gradiska.	Anna Maria	Mathias Pulinger et Margaretha Consors.	Joan Georg Eler et Anna Maria Consors.
		Martij 1747		
27	Pr. Josephus a Gradiska.	Anna Maria.	Jos Georg Trüssner Barbara Consors.	Joan Franck Provisor et Ana Maria Franckin.
30	Pr. Josephus a Gradiska.	Anna Maria	Maximilianus Maisinger et Eva Maisingerin	Joan et Catharina Udolrich
		Aprilis		
29	Pr. Josephus a Gradiska	Joa. Georgius	Antonius Geterhans et Magdalena	Rupp Teresia
		Junij 1747		
13	Pr. Josephus a Gradiska.	Antonius.	Joan Georg Zimermon et Theresia Zimmermanin	Anton Heimacher et
		Augustij 1747		
16	Pr. Josephus a Gradiska.	Ana Maria.	Anton Carl Mayer et Maria Mayerin.	Joan Georg Eler et Ana Maria Consors.
		September 1747		
14	Pr. Josephus a Gradiska.	Anna Maria	Joseph Hechtel et Barbara Consors.	Joseph Thum et Maria Anna

Das älteste Verzeichnis des Taufbuches der Ortschaft Ruma in Zentralsyrmien beginnt mit einem Eintrag vom 23. Oktober 1746, kurz nachdem die ersten deutschen Familien auf Initiative des Grundherrn Markus Alexander Pejačević in Ruma eingetroffen waren. Zwischen Oktober 1746 und September 1747 wurden von Pfarrer Josephus zehn Säuglinge deutscher Kolonisten getauft.

WIR Richter und Rath des privilegirten Markts Ruma geben hiemit zu wissen allen und jeden, denen es zu wissen gebühret; daß, nachdem der wohlbedachte und vorsichtige Johannes [illegible] in unten gesetztem Tage, und Jahre sich vor uns persönlich dargestellet, und schuldigst angehalten hat, wie er in die Zahl und Versammlung der Burgerschaft dieses privilegirten Marktflecks Ruma angenommen, und, gleich denen übrigen Mitburgern, aller burgerlichen Rechte, Freyheiten, und Nutzbarkeiten, wie diese verliehen worden sind, theilhaftig werden möge. Da uns demnach sein ehrliches Herkommen, und wohlgesitteter Lebenswandel in allweg wissend ist: so ist seinem bittlichen Ansuchen eingewilliget worden, und er, Johannes [illegible] (nachdem er die burgerliche Taxa vorgänglich erleget, und den Eid der Treue gegen Ihro Kais. Königl. Majestät des Allerdurchlauchtigsten Hauses Oesterreich, unserer Allergnädigsten Monarchin, der Löblichen Grundherrschaft, und der Mitburgerschaft in Gegenwart des Herrschaftlichen Beamten, und des Raths in vollständiger Zahl abgeschworen hat) in die Zahl und Versammlung aller übrigen Mitburger aufgenommen, auch dadurch aller burgerlichen Rechte, Freyheiten, und Nutzbarkeiten theilhaftig gemacht worden. Zu dessen Bestätigung, und immerdauernden Genuß des burgerlichen Rechtes ist gegenwärtiger Burgerbrief unter Corammisation des Herrschaftlichen Beamten mit unserem grösseren Communitätsinsiegel corroborirter extradirt worden. Ruma, den 17 ten Novembr Anno 1766

N. N. Richter und Rathmänner

Die Aufnahme in die Bürgerschaft eines rechtlich privilegierten Ortes erfolgte durch Ausstellung einer Urkunde. Der Antragsteller mußte einen »wohlgesitteten Lebenswandel« nachweisen, eine Aufnahmetaxe bezahlen sowie einen Treueeid gegenüber der Krone, dem Grundherrn, sofern sich die Ortschaft in dessen Besitz befand, und den Mitbürgern leisten. Mit Aushändigung der Urkunde – hier ein Exemplar des Rats der Ortschaft Ruma von 1766 – gelangte der Begünstigte in den Genuß »aller bürgerlichen Rechte, Freiheiten und Nutzbarkeiten«, die den Bewohnern des Marktfleckens verliehen worden waren.

schlechter und Völker sich in dem Marckt Rumma bereiths niedergelassen und ferners ankommen, deren Gemüther nicht einstimmig, folglich auch sich selbsten nachtheilig und schadhaft sein dörften, derowegen wird hiermit festgestellet und beschlossen, daß keiner, unter Kraft der Confiscation und Verlust all des seinigen, welcher den Eid abgelegt und unter die Zahl der Mitburger aufgenohmen worden, schadliche Aufruhr oder Zwistigkeit zu wecken ... sich unterfangen wolle ...«

Gleich Pejačević gingen auch andere private Grundherren in der theresianisch-josefinischen Epoche – unter dem Eindruck der »Impopulationspolitik« des Wiener Hofs und beeinflußt von der Lehre der Physiokraten – dazu über, Siedler anzuwerben, wo immer diese zur Verfügung standen oder – mit oft fragwürdigen Versprechungen – abgeworben werden konnten. So entstanden in der Umgebung von Esseg mehrere bäuerliche Siedlungen mit Kolonisten aus dem Reichsgebiet, wie Krawitz auf dem Besitz der Pejačević, das ab 1769 deutsche Siedler erhielt, Hirschfeld, das im selben Jahr von Johann Graf Pálffy gegründet wurde, oder Deutsch-Rieddorf, das zwischen 1768 und 1770 neben dem gleichnamigen magyarischen Retfalva entstand. 1786 legte die Herrschaft des Freiherrn Prandau die Siedlung Josefsdorf unmittelbar neben Krawitz an. Die ersten Siedler kamen aus den südwestdeutschen Länder, später aus Böhmen. 1792 gründeten Einwanderer aus Württemberg die Esseger Neustadt.[27]

Aus josefinischer Zeit stammen auch die beiden einzigen deutschen Stammsiedlungen Zivil-Slawoniens, die von seiten des Staates ins Leben gerufen wurden. Auf dem Kameralgut Kutjevo am Nordostrand des Beckens von Požega legte die Hofkammer zwischen 1785 und 1787 die Siedlungen Josefsfeld-Kula und Josefsdorf-Poreč an. Die Kolonisten kamen hauptsächlich aus Luxemburg, Elsaß-Lothringen und der Pfalz.[28]

»Betrachtet man die geographische Verteilung jener Orte, wo sich Deutsche festsetzten, ergibt sich folgendes Bild. Das eine Gebiet ... ist das Umland von Esseg mit den Dörfern Josefsdorf (1786), Rieddorf (1770), Deutsch-Bresnitz (1779) und Hirschfeld (1769). Die zweite Gruppe von Dörfern befindet sich in der Umgebung von Virovitica mit den Orten Lukač (1750), Antonsdorf (1786), Zabuna (1782) und Suhopolje-Terezovac (1770). Das dritte Zentrum slawonisch-deutschen Bauerntums liegt im Becken von Požega mit den Ortschaften Deutsch-Mihaljevci (1754), Alaginci (1770), Raisavci (1769), Poreč (1787) und Kula (1786) ...«[29] Hinzu kamen die bereits erwähnten Ansiedlungen im Komitat Syrmien.

Gemeinsam war den von Mitte bis Ende des 18. Jahrhunderts in Zivil-Slawonien angelegten deutschen Siedlungen, daß die Zahl ihrer Bewohner gering war, daß die Siedler – wenn auch auf Umwegen – aus dem Reichsgebiet kamen und daß die Ansiedlung von einem Grundherrn beziehungsweise in zwei Fällen von der Hofkammer durchgeführt wurde. Der Grundherr richtete eine Anzahl von Hofstellen ein und stellte dazu das Feld zur Verfügung, während die Bauern bestimmte Abgaben zu leisten hatten. Nach dem Muster der Kameralansiedlung bekam jeder Kolonist ein Joch Hausplatz und – je nach Arbeitskräften und Gutdünken der Herrschaft – eine halbe bis achtel Session Feld, teilweise auch weniger. Dabei sollten in der Regel von einer Session (= 36 Joch) 24 Joch Acker, sechs Joch Wiesen und sechs Joch Weiden sein. Zumeist waren nur die Hausplätze und etwas Gartenland ausgestockt; dagegen mußten die Siedler den Wald selbst roden. Oft stellte ihnen die Herrschaft Baumaterial und Gerätschaften zur Verfügung. Alles Land blieb aber im Eigentum der Herrschaft, die allein darüber verfügen konnte, wenngleich sie durch langfristige Verträge gebunden war. Die Ansiedler mußten für ihr Nutzungsrecht »Zinsen« zahlen: für eine Session waren jährlich drei Gulden, für eine halbe Session ein Gulden und 30 Kreuzer an den Grundherrn abzuführen. Verhaßter als dieser Geldzins war die Robot: Der Inhaber einer Session hatte pro Jahr 48 Tage, sofern er sein eigenes Pferd und seinen Wagen benutzte 24 Tage für die Herrschaft unentgeltlich zu arbeiten. Der Robottag dauerte im allgemeinen von Sonnenaufgang bis Sonnenuntergang. Erschien der Frondienstpflichtige nicht pünktlich zum festgesetztenTermin, erhielt er zwei bis vier Stockhiebe, die Frauen Rutenhiebe. Die kleinsten Mißgeschicke bei der Arbeit wurden mit Prügel geahndet, auch wenn dies im Widerspruch zu den Urbarialbestimmungen stand.[30]

Der Siedlungsausbau Slawoniens wurde seitens der Grundherren und der Einwanderer von den gleichen Motiven bestimmt wie in anderen donauschwäbischen und sonstigen neuzeitlichen Kolonisationsräumen. Hier wie dort ging es um die Erschließung ökonomischer Ressourcen und die Behebung des endemischen Menschenmangels, der zu den herausragenden Merkmalen weiter Teile des östlichen und südöstlichen Europa gehörte. Das 18. Jahrhundert ist gekennzeichnet durch die scharfe Konkurrenz von Landes- und Grundherren im Kampf um neue Siedler für die traditionell dünn bevölkerten Gebiete östlich von Elbe und Leitha. Willkommen waren alle Siedlungswilligen unabhängig von ihrer ethnischen Zugehörigkeit. Nationalitätenpolitische Erwägungen spielten keine maßgebliche Rolle bei der Anwerbung. Daß Kolonisten bevorzugt wurden, die nach den Maßstäben der Zeit über »moderne« Bewirtschaftungsmethoden und Fertigkeiten verfügten, entsprach der ökonomischen Ratio der Landes- und Grundherren. In den teils übervölkerten Kleinstaaten im Südwesten des Heiligen Römischen Reiches war ein Siedlerpotential vorhanden, das diesen Ansprüchen genügte und infolge unterschiedlicher Nöte und Mißstände zur Auswanderung bereit war. Viele Bauern aus dieser Region folgten daher den Aufrufen der Landes- und Grundherren, weil sie hofften, in den Ansiedlungsgebieten ausreichend Land und akzeptable Bedingungen für den Aufbau einer gesicherten bäuerlichen Existenz zu finden.

Doch die Periode der großen Bauernzüge aus den südwestdeutschen Gebieten in den mittleren Donauraum war im wesentlichen mit dem Tod Josephs II. im Jahre 1790 beendet. An die Stelle der Auswanderung in die östliche Hälfte der Habsburgermonarchie trat im Verlauf des folgenden Jahrhunderts die Landflucht in die aufblühenden Industriestädte Mitteleuropas oder die Emigration nach Übersee. Auch im mittleren Donauraum veränderten sich die Verhältnisse. In denjenigen Teilen des deutschen Kolonisationsgebietes, die besonders intensiv von der staatlichen und grundherrlichen »Impopulationspolitik« geprägt worden waren, wurde guter Boden zunehmend knapp, und die Grundstückspreise begannen zu steigen. Das unter deutschen Siedlern noch weit verbreitete Anerbenrecht verschärfte die Nachfrage nach Boden, da der Hof geschlossen an den ältesten Sohn vererbt wurde, während die übrigen Kinder abgefunden werden mußten. Entweder erlernten diese ein Handwerk oder gründeten neue Bauernstellen durch Ankauf von Land. Aufgrund der hohen Kinderzahl und der steigenden Bodenpreise konnten sich ärmere Familien den Zukauf von Land bald nicht mehr leisten und sahen sich gezwungen, in andere Gebiete umzusiedeln. Als Einwanderungsland bot sich die Region zwischen Drau und Save an, die noch immer wenig erschlossen und relativ dünn besiedelt war.

Die deutschen Einwanderer in das Zwischenstromland kamen daher seit Anfang des 19. Jahrhunderts nicht mehr aus dem Reichsgebiet, sondern vorwiegend aus den donauschwäbischen Kolonisationsräumen jenseits von Donau und Drau, vor allem aus der Batschka und der Schwäbischen Türkei. Ihre Ansiedlung vollzog sich entweder durch Gründung kompakter »Tochtersiedlungen« oder – seit Mitte des 19. Jahrhunderts – in Form von »Einsiedlungen«. Die Anlage von Tochtersiedlungen, die sich von den Stammsiedlungen nur dadurch unterschieden, daß ihre Bewohner nicht mehr aus den Reichs-, sondern aus anderen Kolonisationsgebieten stammten, erfolgte zumeist auf Initiative der Grundherren, die dazu spezielle Ansiedlungsverträge abschlossen. Ihre Motive kommen in den Verträgen klar zum Ausdruck. So heißt es zum Beispiel in einem Kaufvertrag für das seit 1865 von deutschen Siedlern bewohnte Dorf Blagorodowatz in der Ilova-Senke: »Die Herren der Domäne überzeugt, daß ihre Domäne zu wenig bevölkert sei, demnach weder zur Betreibung der Landwirtschaft noch zur Bildung industrieller Unternehmungen die nötigen Arbeitskräfte vorhanden sind, findet sich bestimmt, auf Grund des Ansiedlungsgesetzes a. h. kaiserlicher Verordnung vom 23. XII. 1858 durch Parzellenverkauf dem oben erwähnten Übelstand abzuhelfen und dadurch gleichzeitig die Nationalökonomie zu heben.«[31] Ähnlich heißt es im Ansiedlungsvertrag für das vom Grafen Pejačević 1885 für deutsche evangelische Siedler aus der Batschka gegründete Dorf Welimirowatz unweit von Naschitz, daß der Initiative »hauptsächlich die beiden volkswirtschaftlich wichtigen Zwecke zugrunde« lägen, »daß das dermalen bestehende ungünstige Verhältnis in der agrarischen Verteilung dieses Großgrundbesitzes, nach welchem gegenwärtig noch 82 v. H. Waldboden und nur 18 v. H. Fläche an landwirtschaftlichem Gelände vorhanden ist, teilweise gebessert – und daß zur Behebung des fühlbaren Mangels an hinreichenden Arbeitskräften eine Vermehrung der Bevölkerung erzielt werde ... «[32]

Einige Grundherren bezogen sich in ihren Verträgen auf die kaiserliche Verordnung vom 23. Dezember 1858, in der die Rahmenbedingungen für die Ansiedlung sowie eine Reihe steuerlicher Vergünstigungen vorgesehen waren.[33] Daneben entstanden Siedlungen, die völlig unabhängig von diesen Bestimmungen nach dem Gutdünken des Grundherrn durchgeführt wurden und vordringlich dem Ziel dienten, Landarbeiter als Ausgleich für die abgeschaffte Robot zu finden. Die Konditionen waren in diesen Fällen oft unbefriedigend und führten über kurz oder lang zur Entstehung von reinen Landarbeitersiedlungen, wie zum Beispiel im Fall von Ernestinenhof, südlich von Esseg, (1865) oder Adolfsdorf, östlich von Slatina, (1866).

Die Ansiedlungsverträge wurden als privatrechtliche Vereinbarungen verstanden, auf die der Staat keinen direkten Einfluß nehmen konnte, sofern sie sich im Rahmen bestehender Gesetze bewegten. Die Grundbesitzer versuchten, so viel wie möglich aus den Siedlern herauszuholen, und da diese ohne Beratungs- und Rechtsbeistand waren, konnten sie leicht übervorteilt werden. Die Folge waren endlose Streitigkeiten und Prozesse, bei denen die rechtsunkundigen Siedler oft das Nachsehen hatten.

Die herrschaftlichen Tochtersiedlungen, die zum Teil »aus wilder Wurzel« als Rodungssiedlungen angelegt oder als Zusiedlungen in bereits vorhandene Dörfer durchgeführt wurden, verteilten sich während des 19. Jahrhunderts über das gesamte Zwischenstromland mit Schwerpunkten in Syrmien, in der Drau-Niederung und der Ilova-Senke. Die Anlage von Rodungssiedlungen vollzog sich in fast allen Fällen nach demselben Muster. Ein Teil des Waldes wurde zur Ansiedlung freigegeben und von Vermessungsbeamten ausgemessen. Dann wurden den Bewerbern die einzelnen Siedlungsparzellen angewiesen. Zuerst wurden die Dorfstraße und die jeweiligen Hofstellen gerodet, später folgte das Außenfeld.

Neben den Tochtersiedlungen war seit Beginn des vorigen Jahrhunderts eine weitere Form der Ansiedlung zu registrieren: die Einsiedlung. »Wir verstehen darunter«, schreibt Wilhelm Sattler, »das Einkaufen deutscher Familien oder Familiengruppen in schon bestehende Ortschaften, wo sie, unabhängig vom Grundherrn, den Einheimischen Boden und häufig auch Hausplätze abkaufen und sich inmitten fremdvölkischer Dorfgenossen niederlassen. Im Unterschied zu den Zusiedlungen, die auf einen Ansiedlungsakt zurückgehen und die Ausbildung eines deutschen Ortsteiles zur Folge haben, ist die Einsiedlung weder zeitlich abzugrenzen ... noch kann man sie im Dorf räumlich festlegen.«[34] Obwohl Fälle von Einsiedlungen bereits in der ersten Hälfte des 19. Jahrhunderts zu beobachten sind,[35] nahm diese Form der Ansiedlung erst nach der Jahrhundertmitte massiv zu.

Zwei Faktoren haben die Einsiedlungsbewegung entscheidend gefördert. Zum einen wurde die mit der bäuerlichen Erbuntertäntigkeit (perpetua rusticitas) verbundene Einschränkung der Freizügigkeit – die Schollenbindung – durch die Bauernbefreiung von 1848 aufgehoben, wodurch die Abwanderung von Landhungrigen aus den südungarischen Komitaten wesentlich erleichtert wurde. Zum anderen dehnte das am 1. September 1859 erlassene Protestantenpatent die Religionsfreiheit in vollem Umfang auch auf Kroatien und Slawonien aus, wodurch ein neues Siedlerpotential erschlossen werden konnte.

Die Bauernbefreiung leitete auch in den Ansiedlungsgebieten einschneidende Veränderungen ein. In einem Brief vom 25. April 1848, welcher in allen Gemeinden verlesen wurde, garantierte der kroatische Banus Josip Jelačić den Bauern Zivil-Kroatiens und Zivil-Slawoniens die Abschaffung der Urbarialabgaben, der Robot und des kirchlichen Zehnts. Der kroatische Landtag von 1848 bestätigte das Dekret und hob die Urbarialabgaben, die Jurisdiktion der Grundherren über die Bauern sowie die Steuerbefreiung der privilegierten Stände auf. Den bisherigen Untertanen wurde das uneingeschränkte Eigentum an ihren Sessionen versprochen. Viele Fragen, wie die Entschädigung für die Grundherren, die Abgrenzung zwischen Herrschafts- und Bauernland, blieben jedoch weiterhin ungeklärt. Die Vorbereitung des Grundentlastungsgesetzes

Auf beharrliches Drängen des ungarischen und kroatischen Adels stellte Maria Theresia die Komitatsverwaltung für Zivil-Slawonien wieder her und stärkte damit die Position der adligen Grundbesitzer gegenüber den Zentralbehörden in Wien. Das Wappen und Siegel des Komitats Syrmien hält 1745 als Jahr der »Inkorporation« in die ungarisch-kroatische Zivilverwaltung fest.

Freiherr Markus Alexander Pejačević (ca. 1694–1762) gehörte zu jenem Dutzend slawonischer Großgrundbesitzer, die Mitte des 18. Jahrhunderts ausländische Siedler in das stark entvölkerte Zwischenstromland holten. Pejačević war der erste Obergespan des 1745 eingerichteten Komitats Syrmien und Gründer des Marktfleckens Ruma. Das Geschlecht Pejačević stellte bis zur Auflösung der Habsburgermonarchie mehrere einflußreiche kroatisch-slawonische Politiker.

nach der niedergeschlagenen Revolution von 1848 verzögerte sich bis 1853. »In der Zwischenzeit gab es keine rechtliche Grundlage für die Beurteilung der Zugehörigkeit des jeweiligen Grundstückes zur Herrschaft oder zur Bauernfamilie. In den Streitigkeiten zwischen Adel und Bauern stellten sich die Richter meistens auf die Seite der Herrschaften, die sich den gesamten außersessionalen Besitz [vor allem Weiden, Wälder und Weinberge] aneignen wollten und Abgaben auch von jenen Grundstücken beanspruchten, die nach den Entscheidungen von 1848 eindeutig dem bäuerlichen Besitz zuzurechnen waren. In der Folge verweigerten viele Bauern alle Abgaben, verkauften ihren Grundbesitz und lösten die Hausgemeinschaften auf.«[36]

Auch die während des Neoabsolutismus erlassenen Grundentlastungspatente der Wiener Regierung von 1853 und 1857 konnten die erbitterten Streitigkeiten in Zivil-Kroatien und -Slawonien zwischen ehemaligen Feudalherren und Bauern über die Aufteilung der gemeinsamen Wälder und Weiden und die Kommassierungen der Grundstücke nicht beenden. Sowohl Adlige als auch Bauern standen unter starkem Anpassungsdruck; viele der vormaligen Feudalherren sahen ihre Güter vom Ruin bedroht. »Tatsächlich konnte ... der Grundbesitz weder zu seinem wahren Wert verkauft noch intensiv bewirtschaftet werden, weil der Frondienst und die Mehrzahl der Abgaben wegfielen und die Bauern sich nicht als Feldarbeiter für einen niedrigen, der Preisentwicklung nicht entsprechenden Tageslohn verdingen wollten. Ein großer Teil der Gutsflächen lag daher brach, ohne daß ihren Besitzern deshalb (die) jährliche Steuerprogression erspart geblieben wäre.«[37] Die vormaligen Feudalherren bestürmten die politischen Behörden mit Forderungen und beschwerten sich bei den Ministern und beim Kaiser. Wiederholt forderten sie den Einsatz von Maßnahmen, die die Bauern bei niedrigem Tageslohn zur Arbeit auf den Herrschaftsgütern und zur früheren Unterwürfigkeit zwingen sollten.

Die Abschaffung der Feudalverhältnisse, die Einführung eines modernen, den Grundsätzen des Bürgerlichen Gesetzbuches entsprechenden Eigentumsrechts (Individual- statt Kollektivbesitz) sowie die individuelle Steuerveranlagung anstelle der zuvor von den Grundherren abgeführten Kollektivsteuern zerstörten die traditionellen Formen der bäuerlichen Naturalwirtschaft und der südslawischen Hauskommunion. Viele der noch ganz in traditionellen Bewirtschaftungsformen verhafteten Bauern waren den Herausforderungen der kapitalistischen Wirtschaftsordnung nicht gewachsen, nahmen Kredite auf, die sie nicht zurückzahlen konnten, und mußten schließlich ihr Land zum Verkauf anbieten. Die Zahl der Versteigerungen von überschuldeten Bauernwirtschaften erreichte bald ein sozial bedenkliches Ausmaß. Die dadurch verursachte Bewegung auf dem Grundstücksmarkt wurde durch den raschen Zerfall der Hauskommunionen noch verstärkt.

Die einsetzende Kommerzialisierung des Bodens und der bäuerlichen Landwirtschaft kam naturgemäß demjenigen Teil der Landbevölkerung zugute, der bereits mit »modernen« Wirtschaftsweisen und Marktproduktion vertraut war, der sich nicht mehr am traditionellen »Bedarfsdeckungsprinzip« und der Subsistenzwirtschaft, sondern am kapitalistischen Gewinnstreben orientierte. Dies galt insbesondere für einen Großteil der deutschen Kolonisten. Während jenseits von Drau und Donau die Bodenpreise infolge der Landknappheit immer weiter stiegen, so daß Neuerwerbungen kaum noch möglich waren, sorgte das Überangebot an Boden in Westslawonien und in einigen Teilen Syrmiens für sehr niedrige Grundstückspreise. Noch gegen Ende des vorigen Jahrhunderts betrug der Bodenpreis pro Joch in Slawonien fünfzig bis hundert Gulden, in Ungarn dagegen bereits das Zehnfache. Dieses Preisgefälle zog Abfindlinge aus den deutschen Siedlungen der Batschka und der Schwäbischen Türkei magnetisch an. Auch Bauern, deren Gründe infolge der Erbteilung schon so zusammengeschmolzen waren, daß sie den Besitzer mit seiner oft großen Familie kaum noch ernährten, verkauften ihren Hof in Südungarn, um mit dem Erlös eine weit größere Wirtschaft in Slawonien, oft auf dem Weg der Ersteigerung, zu erwerben.

Die Einsiedlungen in viele Ortschaften Westslawoniens und Teilen Syrmiens nahmen daher während der zweiten Hälfte des 19. Jahrhunderts und mitunter noch nach der Jahrhundertwende ein beachtliches Ausmaß an. Auch im Gebiet der Militärgrenze kam es schon vor deren Auflösung im Jahre 1871 zu Einsiedlungen beziehungsweise zu Einkonskribierungen von Donauschwaben in südslawische Hauskommunionen. Auch wenn das Ausmaß der Einsiedlungen statistisch schwer erfaßbar ist, »kann man mit hoher Wahrscheinlichkeit feststellen, daß die Einsiedlungsbewegung den größeren Teil der deutschen Bevölkerung ins Land gebracht hat«.[38] »Zwei Drittel des slawonischen Donauschwabentums waren Einsiedler.«[39] Die Einsiedlung »war in einzelnen Fällen so stark, daß sie binnen weniger Jahre ursprünglich rein slawische Dörfer in Siedlungen mit deutscher Mehrheit umwandelte, zum Beispiel Schider Banovci (64 Prozent), Gašinci (53 Prozent), Mrzovič (57 Prozent), Slatinik (60 Prozent), Tomašanci (65 Prozent), Pisak (75 Prozent), Vučevci (92 Prozent); aber in noch mehr Fällen blieb sie auch so schwach, daß die dort vereinzelt siedelnden Deutschen schon nach einer Generation im Slawentum aufgingen.«[40] Neben Deutschen hat die Einsiedlungsbewegung auch Magyaren, Tschechen, Slowaken und Ukrainer nach Slawonien gebracht.

Die letzte Phase der deutschen Siedlungsbewegung in Slawonien bildeten die Meierhofkäufe. Meierhof hieß ein Gutsbetrieb, der selbständig und abseits des eigentlichen Herrschaftsgutes bewirtschaftet wurde. Er war mit dem Vorwerk des nordostdeutschen Großgrundbesitzes vergleichbar. Reichere deutsche Bauern aus der Batschka oder aus Syrmien taten sich in kleinen Gruppen zusammen und pachteten oder kauften einen Meierhof von einer Herrschaft.

Auch innerhalb der engen Grenzen Slawoniens war eine deutsche Wanderungsbewegung festzustellen. Einige der Stammsiedlungen des 18. Jahrhunderts gründeten in ihrer Nachbarschaft verschiedene Tochtersiedlungen, und mitunter wechselten die Zuwanderer aus den Gebieten jenseits von Drau und Donau wiederholt ihren Ansiedlungsort, bevor sie sich endgültig niederließen.

Nach den amtlichen Ergebnissen der vier Volkszählungen in Kroatien-Slawonien zwischen 1880 und 1910 nahm die Zahl der Deutschen (gemäß Muttersprache) von 83 000 auf 134 000 Personen zu. Ihr Anteil an der Gesamtbevölkerung, die 1910 rund 2,6 Millionen zählte, schwankte um fünf Prozent. Nach Kroaten und Serben, die als sprachliche Gemeinschaft erfaßt wurden, stellten die Deutschen 1910 die zweitstärkste Gruppe, gefolgt von Magyaren, Tschechen, Slowaken und Slowenen. Rund drei Viertel der Deutschen gehörten zur römisch-katholischen, die Mehrheit des verbleibenden Viertels zur evangelisch-lutherischen Kirche.

Bevölkerung Kroatien-Slawoniens nach Muttersprache (1880–1910)

Sprache	1880	1890	1900	1910
Kroatisch/Serbisch	1 712 353	1 921 719	2 101 580	2 283 309
Deutsch	83 139	117 493	136 121	134 078
Magyarisch	41 417	68 794	90 781	105 948
Tschechisch	15 584	27 521	31 888	32 376
Slowakisch	9 078	16 614	17 476	21 613
Slowenisch	20 102	20 987	19 875	15 776
Sonstige	11 826	16 282	18 583	28 854
Insgesamt	1 893 499	2 189 410	2 416 304	2 621 954

Quelle: Popis žiteljstva od 31. prosinca 1910 u kraljevinama Hrvatskoj i Slavoniji. Publikacije kr. zemaljskog statističkog ureda u Zagrebu. Zagreb 1914., S. 52, 54*.*

In den kroatischen Gespanschaften war der deutsche Bevölkerungsanteil verschwindend gering und erreichte nur in wenigen Städten einen nennenswerten, in der Regel rückläufigen Wert. In Zagreb belief er sich 1910 auf 5,6 Prozent und in Varasdin auf 4,4 Prozent. Anders lagen die Verhältnisse in den slawonischen Komitaten. 1910 wurden in Syrmien 61 500 Deutsche gezählt, das waren 15,5 Prozent der Gesamtbevölkerung. Im Komitat Weretz waren es 19 500 Personen, das entsprach 12,3 Prozent der Bevölkerung; und in der Gespanschaft Požega waren es 13 150 Personen beziehungsweise fünf Prozent der Bevölkerung. Hinzu kamen die beiden Stadtbezirke Esseg und Semlin. In Esseg repräsentierten die Deutschen mit 11 300 Personen knapp 38 Prozent, in Semlin mit 6500 Personen rund 41 Prozent der Einwohner. Insgesamt lebten somit in Slawonien etwa 112 000 Deutsche, deren Siedlungsschwerpunkte sich von Syrmien über das angrenzende Dreieck zwischen Vukovar, Esseg und Djakovo bis zur Ilova-Senke im Westen erstreckten. Mehr als die Hälfte der Slawonien-Deutschen war in Gemeinden mit einer deutschen Bevölkerungsmehrheit beheimatet.

Die amtlichen kroatischen Zählergebnisse sind von deutscher Seite immer wieder scharf kritisiert worden. Es sei »eine Lächerlichkeit ohnegleichen, in Kroatien nur von 134 078 Deutschen zu sprechen«, erregte sich das *Deutsche Volksblatt für Syrmien* im November 1912.[41] Der Streit um die »tatsächliche« Zahl der Deutschen in Kroatien-Slawonien ist seitdem nicht mehr verstummt.

Die Deutschen in Jugoslawien von 1918 bis zum Ende des Zweiten Weltkrieges

VON DEN SIEDLERGEMEINSCHAFTEN ZUR »DEUTSCHEN VOLKSGRUPPE«

Nach dem Zerfall Österreich-Ungarns fanden sich die Deutschen des Zwischenstromlands zusammen mit den deutschen Siedlern im bisherigen Südungarn, im Westbanat, der Batschka und Südbaranja sowie den deutschen Minderheiten in Slowenien und Bosnien im »Königreich der Serben, Kroaten und Slowenen« wieder. Vergeblich hatten die Vertreter der deutschen Bevölkerung gegen die Teilung des Banats zwischen Rumänien und Jugoslawien protestiert. Der neue südslawische Vielvölkerstaat, der sich auf der Friedenskonferenz als Nationalstaat präsentierte, war am 1. Dezember 1918 proklamiert worden, 1929 wurde er in »Königreich Jugoslawien« umbenannt. Die Jugoslawiendeutschen bildeten Anfang der zwanziger Jahre mit reichlich einer halben Million Menschen rund 4,1 Prozent der Gesamtbevölkerung. Die zahlenmäßig bedeutendste deutsche Bevölkerungsgruppe, annähernd zwei Drittel aller Jugoslawiendeutschen beziehungsweise etwa 330 000 Personen, war in der Woiwodina, den vormals südungarischen Gebieten zwischen Donau und jugoslawisch-rumänischer Grenze, beheimatet. Dort stellten sie 1931 fast 22 Prozent der Bevölkerung (im Banat 20,5 Prozent, in der Batschka 22 Prozent und in der Baranya 29,8 Prozent). Im östlichen Teil Syrmiens erreichten die Deutschen etwa fünfzehn Prozent der Gesamtbevölkerung. In Kroatien-Slawonien und in Slowenien lag ihr Anteil unter drei Prozent, in Bosnien-Herzegowina unter einem Prozent.[42]

Die Jugoslawiendeutschen gliederten sich in eine Vielzahl heterogener Gruppen, die aufgrund unterschiedlicher regionaler Herkunft, unterschiedlicher Konfession, unterschiedlicher Mundarten und Bräuche nur wenig Gemeinsamkeiten aufwiesen. Dies galt nicht nur hinsichtlich so extrem andersartiger Gruppen wie der altansässigen Gottscheer in Slowenien[43] auf der einen und den neuzeitlichen Siedlern im donauschwäbischen Kolonisationsgebiet oder in Bosnien[44] auf der anderen Seite, sondern auch für die deutsche Stadtbevölkerung im Unterschied zur deutschen Landbevölkerung.

Die neuzeitlichen Siedler im Donauraum, die immer mehr unter dem Sammelbegriff »Donauschwaben« zusammengefaßt wurden, hatten sich erst in einem längeren Prozeß einander annähern müssen. Der deutsche Kolonist Johann Eimann schrieb 1822 über die Siedler in der Batschka: »Durch den Zusammenfluß dieser Reichsmitglieder aus den verschiedenen Gegenden entstand ein lächerliches Mischmasch in der Sprache. Die Hessen, deren Sprache sich dem Plattdeutschen nähert, waren am schwersten zu verstehen, minderer war dieses der Fall bei denen Nassau-Saarbrückern und Hunsrückern, wie auch bei denen Braunfelsern. Die Sprache zwischen Mosel und Rhein, wie die Pfälzer solche sprachen, behielt dahier den Sieg und wird solche in allen evangelischen Kolonikaldörfern gleichförmig gesprochen.«[45] Und zu den unterschiedlichen Trachten bemerkt derselbe Autor: »Die Verschiedenheit in der Kleidertracht war lächerlich ... Viele Jahre verstrichen, bis sich diese alten Moden ausarteten. Jetzt ist die Kleidertracht beim männlichen und weiblichen Geschlecht für Bauersleute sehr geschmackvoll, und die schön geformte Pfälzerhaube ist eine wahre Zierde der Weiber in den evangelischen Orten.«

Während sich die Unterschiede in den Mundarten und Trachten zumeist in der zweiten oder dritten Generation verwischten, blieben die konfessionellen und Statusunterschiede auch weiter bestehen. Etwa drei Viertel der Jugoslawiendeutschen gehörten zur römisch-katholischen Kirche, die überwiegende Mehrheit des restlichen Viertels bekannte sich zu den protestantischen Kirchen.[46] Die älteren katholischen Geistlichen in der Woiwodina nahmen in Volkstumsfragen eine »indifferente« Haltung ein. »Dies war eine Folge der konsequenten Magyarisierungspolitik der vergangenen Jahrzehnte, die alle im Bereich der Stephanskrone lebenden Nationalitäten unter Führung der magyarischen Kultur und Sprache zu vereinheitlichen und ihre Ziele durch das magyarisierte Schulwesen, aber auch durch die kirchlichen Institutionen zu erreichen suchte. Daraus ergab sich ein kultureller und geistiger Abstand zwischen dem auf magyarischen oder kroatischen Hochschulen und Priesterseminaren ausgebildeten Klerus und der deutschsprechenden Bevölkerung.«[47] Viele katholischen Geistliche gingen zu den »deutschen Erweckungsbestrebungen« in der Zwischenkriegszeit, hinter denen sie protestantische Tendenzen vermuteten, auch weiterhin auf Distanz. Im Unterschied zu ihnen unterstützten namhafte Mitglieder der 1930 konstituierten »Deutschen Evangelischen Christlichen Kirche Augsburgischen Bekenntnisses im Königreich Jugoslawien« unter Leitung des Bischofs Philipp Popp, der 1945 zum Tode verurteilt wurde, die nationale beziehungsweise nationalistische Abgrenzung.

Die Statusunterschiede standen der Formierung eines donauschwäbischen oder deutschen Gemeinschaftsgefühls ebenfalls lange Zeit im Wege. Die Zusiedler, die aus der Schwäbischen Türkei nach Slawonien kamen, betrachteten zum Beispiel die Einwanderer aus der Batschka »als stolz, geld- und landgierig und sich selbst dagegen als einfacher und bescheidener«, heißt es noch um 1940. »Im Hausbau wird dieser Unterschied leicht sichtbar. Neben dem mitunter protzigen Batschkerhaus mit großer Straßenfront, breitem Gang und hohen Fenstern steht das ebenso gediegene und saubere, aber einfachere und ›bäuerlichere‹ Haus des Siedlers aus der Schwäbischen Türkei. Dazu trat die ursprüngliche Verschiedenheit der Mundart, die allmählich immer mehr verschwindet. Noch ist die Erinnerung an die verschiedene Herkunft lebendig.«[48] Selbst in der Zeit zwischen den beiden Weltkriegen existierten auf engstem Raum noch erhebliche Differenzen und Vorurteile: »Die katholischen und evangelischen Deutschen aus der Schwäbischen Türkei«, schrieb Egon Lendl 1941 über die Siedler in der Ilova-Senke, »sind in der Tracht und der ganzen Lebensart bis vor wenigen Jahren sehr stark voneinander abgeschlossen gewesen. Erst die völkische Erneuerungsbewegung hat Beziehungen unter den verschiedenen Deutschen in den konfessionell andersartigen Dörfern überbrückt. Die evangelischen Deutschen sind ihrer ganzen Haltung nach konservativer und dadurch im allgemeinen in weit größerem Ausmaß als die katholischen

Deutschen in ihrem Deutschtum verharrend, während bei den Katholiken (die) gemeinsame Kirchenangehörigkeit Beziehungen zu magyarischen und auch einzelnen Gruppen von Kroaten und Tschechen erleichterten.«[49]

Für die Formierung eines donauschwäbischen Zusammengehörigkeitsbewußtseins waren nicht nur die Unterschiede innerhalb der eigenen Zielgruppe, sondern auch die Unterschiede gegenüber den andersnationalen Nachbarn von Bedeutung. Während erstere den Integrationsprozeß erschwerten, haben letztere ihn befördert und vorangetrieben, denn ohne Abgrenzung nach außen gibt es keine Nation. Bei Ungarn, Kroaten und Serben hatte der Nationsbildungsprozeß im Verlauf des 19. Jahrhunderts eingesetzt. In Kroatien-Slawonien war er seit dem Vormärz maßgeblich durch die Auseinandersetzung zwischen den südslawischen Nationalbewegungen und dem ungarischen Nationalismus geprägt worden. Damit hatte ein Prozeß wechselseitiger Abgrenzungen eingesetzt, der die schon vorher nicht immer problemlosen interethnischen Beziehungen zunehmend belastet und schließlich auch die Deutschen in Kroatien-Slawonien – zuvorderst in den Städten – vor unliebsame Entscheidungen gestellt hatte. Zunächst hatte das deutschsprachige Bürgertum die Nation nicht als ethnischen, sondern als politischen Begriff verstanden. Ihre Vertreter fühlten sich als »Kroaten« oder »Slawonier«, weil sie im Königreich Kroatien-Slawonien lebten und sich mit diesem identifizierten.

Ein Teil der Intelligenz schloß sich der jungen südslawischen Nationalbewegung an und nahm darin führende Positionen ein, wie etwa Ljudevit Gaj, der Begründer der kroatisch-illyrischen Nationalbewegung, oder Bischof Josef Georg Strossmayer, der Vorkämpfer der jugoslawischen Idee. Das war nichts Ungewöhnliches in einer Zeit, da die Nation noch nicht ausschließlich als Abstammungsgemeinschaft begriffen wurde. Und es war auch nichts Ungewöhnliches, wenn sich das Bekenntnis zur kroatischen (politischen) Nation mit dem Gebrauch der deutschen Sprache verband, wobei es unerheblich war, ob jemand auf eine deutsche oder südslawische Herkunft zurückblickte. »Die deutsche Sprache hatte ihre gesellschaftliche Basis in der polyethnischen, aus allen Teilen der Monarchie zugewanderten Einwohnerschaft der Städte und größeren Märkte; die beiden Wirtschaftszentren Slawoniens, Esseg und Semlin, waren noch gegen Ende des 19. Jahrhunderts ›deutsch‹ ... Deutsch war selbstverständlich die Sprache zivilrechtlicher Verträge ... Die Stadtschulen unterrichteten die deutsche Sprache neben der Landessprache keineswegs als Fremdsprache; die Kenntnis des Deutschen wurden sozusagen ›auf der Straße‹ vermittelt.«[50]

In dem Maße jedoch, wie sich der politische in einen ethnischen Nationsbegriff wandelte und die Sprache von einem bloßen regionalen und/oder professionellen beziehungsweise ständischen Kommunikationsmittel zu einem ethnonationalen Definitionsmerkmal wurde, verlor auch der politische Nationsbegriff seine vormalige Bedeutung und wurde schließlich obsolet. Der allenthalben aufkeimende Sprachnationalismus spielte im Prozeß der ethnischen Ab- und Ausgrenzung eine Schlüsselrolle. Seine Anfänge reichten in die vornationale Phase zurück. So wie die ungarische Oberschicht einst gegen die Einführung der deutschen Amtssprache unter Joseph II. opponiert und wie sich Vertreter der kroatisch-illyrischen Bewegung im Vormärz gegen die Einführung der magyarischen Amtssprache zur Wehr gesetzt hatten, so verwahrte sich 1848 das deutsche Bürgertum in Esseg gegen die Einführung der kroatischen Amtssprache. Als es damit keinen Erfolg hatte, schlug es sich im ungarisch-kroatischen Konflikt auf die Seite der Magyaren. In Syrmien spaltete der ungarisch-südslawische Konflikt die deutschen Siedler zeitweilig in ein proserbisches und ein promagyarisches Lager.[51]

Der Siegeszug des Ethnonationalismus konnte durch die Niederschlagung der Achtundvierziger Revolution und die anschließende Periode des Neoabsolutismus nicht mehr aufgehalten werden. Wie anderenorts – ob im Deutschen Reich oder in den »Nationalstaaten« des Balkanraums –, so war er auch in Ungarn und Kroatien-Slawonien mit Intoleranz gegenüber den Minderheiten verbunden. Überall galt, was ein Vorkämpfer des deutschen Nationalismus, Paul de Lagarde, 1855 formuliert hatte: »Es ist zweifellos nicht statthaft, daß in irgendeiner Nation eine andere Nation bestehe; es ist zweifellos geboten, diejenigen, welche ... jene Dekomposition befördert haben, zu beseitigen: es ist das Recht jedes Volkes, selbst Herr auf seinem Gebiet zu sein, für sich zu leben, nicht für Fremde.«[52] Diesem Postulat gemäß versuchte die kroatische Führungsschicht, die deutsche Sprache aus den städtischen Verwaltungen und höheren Schulen schrittweise zu verdrängen, zumal der anhaltende Zustrom von Donauschwaben in das Zwischenstromland in Teilen der kroatischen Presse heftige Reaktionen und Überfremdungsängste ausgelöst hatte.

Die Zeit, da Multiethnizität und Multikulturalität als Selbstverständlichkeit begriffen worden waren, ging in der zweiten Hälfte des 19. Jahrhunderts unwiderruflich ihrem Ende entgegen. Auch die deutschen Siedler konnten sich diesem Umbruch nicht entziehen. Dennoch taten sie sich bis in die Zwischenkriegszeit hinein schwer, ein überregionales Zusammengehörigkeitsbewußtsein zu entwickeln. Die Verantwortung für diese Verzögerung weist Valentin Oberkersch dem deutschen Städtebürgertum zu: »Dieses Bürgertum besaß fast keine Verbindungen zu den schon bestehenden und noch weniger zu den in der zweiten Hälfte des (19.) Jahrhunderts sprunghaft anwachsenden deutschen Bauernsiedlungen, und es suchte sie auch nicht, weil ihm der Gedanke einer eigenständigen deutschnationalen Politik auf Landesebene fernlag. Es glaubte für eine kurze Zeit, seine politischen Aktionen weiterhin auf die Gemeindepolitik beschränken zu müssen und zu können, und übersah, daß diese nur mehr ein Anhängsel der Landespolitik war. Neben dieser politischen Fehleinschätzung mögen gesellschaftliche Gründe für die mangelnden Kontakte zwischen Stadt und Land mitgespielt haben, sicherlich auch bis zu einem hohen Grade stammesmäßige Unterschiede, denn das städtische Bürgertum war hauptsächlich österreichisch-bayrischen Ursprungs, die überwiegend bäuerliche Bevölkerung schwäbisch-fränkisch-allemannischer Herkunft.«[53] Wenige Zeilen später fügt der Autor – nun ganz in der Diktion der deutschen »Volkstumsforschung« hinzu: »Es läßt sich also feststellen, daß in den achtziger Jahren des 19. Jahrhunderts das deutsche Bürgertum und das deutsche Bauernvolk weitgehend voneinander isoliert dastanden, und das Ende beider Gruppen war abzusehen. Dem Bürgertum fehlte die biologische Substanz, aus der es sich ständig erneuern und

Kasino und Stadttheater von Esseg, Aquarell von Branko Senoa.
Die slawonische Hauptstadt Esseg entwickelte sich zu einem Handels- und Verkehrszentrum von überregionaler Bedeutung. Sie wurde im Verlaufe des späten 19. Jahrhunderts zu einem der vitalsten Zentren der Wechselbeziehungen zwischen Kroaten, Serben, Juden und Deutschen.

stärken konnte, dem Bauerntum die mittelständische Führungsschicht, die erst aus der ungeformten Masse eine lebendige Gemeinschaft gemacht hätte.«

Von einer »ungeformten Masse« und leblosen Gemeinschaft konnte mitnichten die Rede sein. Bis ins 19. und mitunter bis ins 20. Jahrhundert hinein war der gesellschaftliche Bezugspunkt der Landbevölkerung eben nicht die Nation, sondern jene überschaubaren Gruppen von Personen, die bestimmte Merkmale miteinander teilten, die einander persönlich kannten und gemeinsam in der bäuerlichen Lebenswelt verhaftet waren.[54] Es bedurfte beträchtlicher Mobilisierungsanstrengungen, um die höchst abstrakte Idee der Nation in den ländlichen Gemeinschaften zu verankern. Die Vorkämpfer der Nationsbildung in Südosteuropa wählten die Sprache als Definitionsmerkmal der Nation und kombinierten dieses von Fall zu Fall mit anderen Merkmalen wie Konfession, gemeinsame Geschichte, gemeinsame Abstammung oder ähnlichem. In gemischt besiedelten Gebieten führte die Ausbreitung des Nationalgedankens zu verschärften Abgrenzungen und Konfrontationen und löste fast zwangsläufig eine Spirale wechselseitiger Eskalationen aus.

Es ist müßig, darüber zu streiten, welche Seite in dem einsetzenden Nationalitätenkampf mehr »Recht« oder »Unrecht« auf sich geladen hat. Die Muster der Auseinandersetzung waren nahezu immer ähnlich. Politisch, kulturell oder wirtschaftlich motivierte Opposition gegen die Maßnahmen einer »staatstragenden Nation« stärkte den Zusammenhalt der ethnischen Minderheit, die dann – sobald sie unter veränderten politischen Bedingungen zur Mehrheit geworden war – ihrerseits gegenüber anderen Minderheiten dieselben Maßnahmen ergriff, gegen die sie sich einst aufgelehnt hatte. Und alle glaubten, dabei im »Recht« zu sein und einer »großen Idee« zu dienen. Dies gilt, um auf das bereits erwähnte Beispiel zurückzukommen, für das Verhältnis der Magyaren gegenüber den Germanisierungsbestrebungen in der Habsburgermonarchie vor dem österreichisch-ungarischen Ausgleich von 1867 ebenso wie für das Verhältnis der Kroaten gegenüber den Magyarisierungsbestrebungen in der ungarischen Reichshälfte nach 1867 oder für das Verhältnis der Deutschen gegenüber den Kroatisierungsbestrebungen im Königreich Kroatien-Slawonien beziehungsweise im jugoslawischen Staat seit Ende des 19. Jahrhunderts und in der Zwischenkriegszeit. Daß die Slawoniendeutschen in diesem Beispiel am Ende der Kette stehen, bedeutet nicht, daß sie gegen den eben skizzierten Mechanismus immun gewesen wären, wie die Ereignisse im Zweiten Weltkrieg belegen sollten. Assimilation war immer dann gut, wenn sie die zahlenmäßige Stärke der eigenen Nation oder nationalen Gruppe förderte; und sie war immer verwerflich, wenn sie einer anderen Nation oder Gruppe zugute kam. Mit der Entstehung einer »lebendigen Gemeinschaft« hatten diese Prozesse nichts zu tun.

Der gewaltige Mobilisierungseffekt des Ersten Weltkriegs, die Durchsetzung des Prinzips der nationalen Selbstbestimmung oder dessen, was als Selbstbestimmung deklariert wurde, sowie die völlige Neugestaltung der politischen Landkarte des Donauraums am Ende des Krieges verstärkten den nationalen Entscheidungsdruck auf die deutschen Kolonisten. Entweder verstanden sie sich als Einwanderer und integrierten sich in die neue nationale Umgebung, was ein erheblicher Teil von ihnen – vor allem unter dem Einfluß des kroatisch oder magyarisch orientierten katholischen Klerus – bereits getan hatte, oder sie versuchten, sich durch Entwicklung eines eigenen Nationalbewußtseins von den Vereinnahmungsbestrebungen ihrer Umwelt abzugrenzen. Verkürzt lautete die Alternative: Assimilation oder Dissimilation. Die Entscheidung für die eine oder andere Alternative wurde von vielen Faktoren bestimmt, von denen hier nur einige herausgegriffen werden können.

Für die Deutschen in Kroatien-Slawonien – wie für die Jugoslawiendeutschen insgesamt – lassen sich neben Herkunft, Konfession und Sprache auch soziostrukturelle Merkmale benennen, die sie von den südslawischen Nachbarn mehr oder minder deutlich abgrenzten. Dies betrifft in erster Linie die Erwerbsstruktur. Während Anfang der dreißiger Jahre noch über 76 Prozent der Erwerbstätigen in Jugoslawien von der Landwirtschaft und nur knapp elf Prozent von Gewerbe und Industrie lebten, war bei den Jugoslawiendeutschen der Anteil der im sekundären Sektor beschäftigten Personen in allen Siedlungsgebieten deutlich höher. In Slawonien zum Beispiel waren nur noch 46 Prozent der erwerbstätigen Deutschen als Voll-Landwirte tätig, während bereits 40 Prozent in Gewerbe und Industrie und der Rest im tertiären Sektor beschäftigt waren.[55] In den vormals südungarischen Gebieten, das heißt in der Woiwodina, waren 55 Prozent der Beschäftigten in der Landwirtschaft und 26 Prozent im verarbeitenden Gewerbe tätig. Ein erheblicher Teil der industriellen Produktion, insbesondere die Hanf-, Mühlen- und Ziegelproduktion, befand sich in deutschem Besitz. Einer der bedeutendsten Unternehmer in Serbien vor und in Jugoslawien nach dem Ersten Weltkrieg war der aus Pantschowa im Banat stammende Georg Weifert, Inhaber der dortigen Brauerei, Bergbau-Unternehmer, Mitbegründer und langjähriger Gouverneur der serbischen Nationalbank, Ehrenvorsitzender der serbischen Industriekammer, Dollar-Milliardär und Großmeister der Freimaurerloge »Jugoslavija«.

Überproportional war der Anteil der Deutschen auch unter den ländlichen Handwerkern. Besonders häufig waren sie als Schneider, Weber, Maurer, Drechsler, Riemer, Stricker und Friseure tätig. »Es sind Handwerke, die der kroatische und serbische Bauer bei seiner in vieler Hinsicht noch autarken Hauswirtschaft durch eigene Arbeit entbehrlich machen kann, während der deutsche Bauer die bessere, fachmännische Arbeit des Handwerkers vorzieht und somit zu einer Sonderung der Berufe schreitet.«[56] In allen Regionen wiesen die Deutschen eine wesentlich stärkere berufliche Differenzierung auf als der gesamtjugoslawische Bevölkerungsdurchschnitt. Gering war jedoch die Zahl der deutschen Industriearbeiter, die auf etwa 15 000 geschätzt wurden. Sie waren vorwiegend in der Hanf-, Nahrungsmittel- und Textilindustrie sowie in Ziegeleien beschäftigt.[57]

Die meisten deutschen Landwirte fielen in die Kategorie der Klein- und Mittelbauern. Während in Kroatien-Slawonien der kleinbäuerliche Besitz mit Flächen zwischen zwei und zehn Hektar dominierte, überwog bei den Deutschen im Banat und in der Batschka der mittelbäuerliche Besitz ab fünf Hektar. Im Durchschnitt besaßen die deutschen Bauern vor der in den zwanziger Jahren durchgeführten Agrarreform rund 5,4 Katastraljoch Land (ein Katastraljoch entspricht 0,575 Hektar), während die südslawischen Bauern durchschnittlich nur 3,6 Katastraljoch zur Verfügung hatten.[58] Obwohl die Zahl der Kleinst- und Zwergbetriebe auch in den donauschwäbischen Siedlungsgebieten Jugoslawiens relativ hoch war, wurden die Interessen der deutschen Zwergbauern und Landlosen bei der Durchführung der Agrarreform in den zwanziger Jahren »komplett ignoriert«.[59] Diese von nationalitätenpolitischen Erwägungen getragene Benachteiligung schlug sich in einer relativ hohen Auswanderungsquote der deutschen Landarmen nieder und führte zu wiederholten Auseinandersetzungen zwischen Vertretern der deutschen Minderheit und der Regierung.

Die wirtschaftliche Effizienz der deutschen Bauern war im allgemeinen höher als die ihrer südslawischen Nachbarn. Während letztere im slawonischen Zwischenstromland bis weit ins 19. Jahrhundert hinein eine extensive Viehwirtschaft betrieben hatten, brachten die deutschen Siedler eine für damalige Verhältnisse fortschrittliche Ackerbautechnologie ins Land, die ihnen noch im 20. Jahrhundert einen wirtschaftlichen Vorsprung sicherte. Dank eines leistungsfähigen landwirtschaftlichen Genossenschaftswesens nach dem Raiffeisen-Modell und nicht zuletzt dank wirtschaftlicher Unterstützung aus dem Deutschen Reich konnte sich die Mehrheit der deutschen Bauern selbst in der Weltwirtschaftskrise Anfang der dreißiger Jahre relativ gut behaupten und ihren Landbesitz durch Zukäufe vergrößern, was die interethnischen Spannungen nahezu zwangsläufig verschärfte.[60]

Die Wettbewerbsvorteile der Deutschen waren unter anderem auf ihr vergleichsweise gutes Bildungsniveau zurückzuführen. 1921 gab es unter der deutschsprachigen Bevölkerung Jugoslawiens nur noch 10,7 Prozent Analphabeten, während deren Anteil an der »dreinamigen Nation« von Serben, Kroaten und Slowenen noch bei 53 Prozent lag mit großen regionalen Unterschieden von Nordwesten nach Südosten.[61]

Hinsichtlich Lebensweise und Volkskultur wies die deutsche Landbevölkerung entsprechend ihrer unterschiedlichen Herkunft zwar ein breites Spektrum von Varianten auf, doch waren die Unterschiede zu den ethnischen Nachbarn insgesamt größer als die Variationen untereinander. Das Prinzip der ethnischen Endogamie blieb auf dem Lande, und zwar nicht nur bei den Deutschen, weitgehend ungebrochen und übernahm nicht zuletzt eine rollenstabilisierende Funktion: Neben der ethnischen Zugehörigkeit spielten Religion und sozialer Status bei der Partnerwahl eine wichtige Rolle. Unter der Überschrift »Volkscharakter und Lebensweise« hat Andreas Dammang den deutschen Bauern als »praktisch veranlagten Egoist(en) und großen Sparer« charakterisiert und seine »ausgeprägten Neigungen zur Kapitalbildung« sowie die »Vorliebe für materielle Gütererzeugung« hervorgehoben.[62] Entsprechend ausgeprägt waren die sozialen Hierarchien im Dorf. »Zum donauschwäbischen Volksstamm zu gehören, bedeutete ein Rollenselbstverständnis, aus dem auszubrechen ebenso undenkbar war wie die Emanzipation aus dem sozialen Schichtungscharakter der Dorfordnung.«[63]

Wo deutsche Bauern kompakt siedelten, erschwerte die stabile Sozialstruktur der Dorfgemeinschaft die Angleichung an eine Nachbarnation. Deutlich anders verhielt es sich mit den vertikal oder horizontal mobilen Schichten der deutschen Bevölkerung,

Jakob Kniesel mit seiner einfachen Eisenwarenhandlung im syrmischen India (um 1930) war ein typisches Beispiel für jene kleinen und mittleren Händler und Handwerker, die unter der deutschen Bevölkerung Slawoniens und Syrmiens zunehmende Bedeutung gewannen. Das Firmenschild gibt den Namen des Inhabers in kyrillischer und lateinischer Schrift wieder.

zum Beispiel den Angehörigen der Intelligenz und den Lohnarbeitern. Über verschiedene Stufen der Akkomodation und Akkulturation wurde die Assimilation, das heißt die »vollständige« Übernahme der Kultur der Mehrheitsgruppe, vorbereitet. Ein entscheidender Schritt war die sprachliche Angleichung beziehungsweise die allmähliche Aufgabe der eigenen Sprache zugunsten der Mehrheitssprache. In Zagreb zum Beispiel konnten bei Beginn des Zweiten Weltkriegs rund siebzig Prozent derjenigen, die der »Deutschen Volksgruppen«-Organisation angehörten, kein Deutsch mehr.[64] Relativ schnell assimiliert wurde auch die Gruppe der städtischen und ländlichen Handwerker. Wilhelm Sattler hat in seiner Untersuchung über die Slawoniendeutschen die »Volksdeutschen« nicht wie bei den offiziellen Volkszählungen nach Muttersprache, sondern aufgrund einer Namensanalyse und damit nach dem Kriterium Abstammung zu ermitteln versucht. Das Ergebnis war – wie nicht anders zu erwarten –, daß die Zahl der »Abstammungsdeutschen« wesentlich höher ausfiel als die Zahl derjenigen mit deutscher Muttersprache. Selbst in rein deutschen Ortschaften konstatierte Sattler während der zweiten Hälfte der dreißiger Jahre »in verschiedenem Ausmaß Erscheinungen, die zu einer Umvolkung hinführen können, teilweise auch schon recht bedenkliche Folgen gezeigt haben. Sie konnten eintreten, weil den fremden Einflüssen, gegen die der einzelne machtlos ist, nichts entgegengestellt werden konnte, müssen aber in dem Maße wieder weichen, wie das deutsche Volksbewußtsein auch in Slawonien sich entwickelt. Daß ein solches sich immer mehr durchsetzt, zeigen die zahlreichen Ortsgruppengründungen in den letzten Jahren und die Erfolge, wie sie an einzelnen Beispielen deutlich zum Ausdruck kamen.«[65]

Nach dem Zusammenbruch des wilhelminischen Kaiserreichs hatte nicht nur in Deutschland, sondern auch in den deutschen Siedlungskolonien des Auslands das Interesse für die »Volksdeutschen« massiv zugenommen. Es bildete eine Kompensation für die zerplatzten Weltmachtträume. Unter »Volk« wurde eine auf gemeinsamer Abkunft und Sprache beruhende Gemeinschaftsbildung verstanden, die geschichtliche Dauerhaftigkeit und Größe implizierte und dem politisch-etatistischen »Nations-« und »Nationalstaatsprinzip« gezielt entgegengesetzt wurde. Damit kam jenes Wir-Gruppenverständnis zum Zuge, das sich auch in weiten Teilen Südosteuropas seit Mitte des 19. Jahrhunderts allmählich durchgesetzt hatte: das Verständnis von »Volk« als Abstammungsgemeinschaft, als genetisch-biologische Gruppe und geschlossene Gesellschaft, in die man weder ein- noch austreten kann, ohne damit gegen die »natürliche« Ordnung zu verstoßen. Für die Zugehörigkeit zum »Volk« war daher nicht das subjektive Bekenntnis, sondern das objektive Kriterium der Abstammung ausschlaggebend.

An sich ist dieses Kriterium unproblematisch, da man die Abstammung weder wählen noch ablegen kann. Problematisch wird es erst dann, wenn es um die gemeinsame Abstammung einer größeren Zahl von Menschen geht und diese weit in die Vergangenheit zurückprojiziert werden soll. Da der Nachweis in vielen Fällen an der Quellenüberlieferung scheitert, werden der Manipulation Tür und Tor geöffnet. Ein denkwürdiges Produkt dieses Volksverständnisses ist der Imperativ der »Eigentlichkeit« in ethnischen Mischgebieten. Menschen sind hinsichtlich ihrer nationalen Zuordnung nicht das, was sie sein wollen, sondern das, was sie »eigentlich« – gemäß tatsächlicher oder vermuteter Abstammung – zu sein haben. Nicht nur der eben erwähnte Wilhelm Sattler, sondern auch die jugoslawischen Behörden haben sich der Namensanalyse bedient, um die »korrekte« Abstammung »entfremdeter« Personen nachzuweisen. »Die Namensanalyse wurde von den jugoslawischen Behörden mit der Begründung eingeführt, daß die unter ungarischer und österreichischer Verwaltung magyarisierten oder eingedeutschten Slawen wieder ihrem ursprünglichen Volkstum zugeführt werden müßten.«[66] Obwohl dieses Verfahren von deutschen Autoren heftig kritisiert wurde,[67] haben sich die »Verteidiger des Deutschtums« derselben Methode – wenn auch mit national veränderter Zielsetzung – bedient. Dies erklärt, warum die Angaben über die Zahl der Deutschen in Kroatien-Slawonien wie in Jugoslawien insgesamt so heftig umstritten waren und sind.

Die Behörden im jugoslawischen Staat der Zwischenkriegszeit maßen dem Sprachkriterium eine Schlüsselbedeutung für die nationale Gliederung der Bevölkerung zu. Aber dort, wo sich unterschiedliche Familien-, Umgangs-, Kirchen- und Amtssprachen nebeneinander in Gebrauch befanden, wo der Bi- oder Multilinguismus weit verbreitet war und das Sprachkriterium für die nationale Zuordnung schlechterdings nicht ausreichte oder die befragten Personen noch kein eigenes Nationalbewußtsein entwickelt hatten, also national »unentschieden« waren, gibt auch die Zählung nach der Muttersprache keinen zuverlässigen Aufschluß über die nationale Zusammensetzung der Staatsbürger. Insofern sind die jugoslawischen Volkszählungen von 1921 und 1931 in der Tat angreifbar. Diesen Umstand machten sich die Vertreter der Jugoslawiendeutschen zunutze, indem sie ihrerseits ebenso angreifbare Zahlen vorlegten, die hinsichtlich der Deutschen weit über den offiziellen Ergebnissen lagen.

Bei der ersten jugoslawischen Volkszählung Ende Januar 1921 gaben über eine halbe Millionen Menschen beziehungsweise 4,3 Prozent der Gesamtbevölkerung Deutsch als Muttersprache an, darunter auch mehrere tausend deutschsprachiger Juden. Zehn Jahre später, Ende März 1931, war die Zahl der Deutschsprechenden leicht auf knapp eine halbe Million Menschen gesunken, während die Gesamtbevölkerung auf rund vierzehn Millionen angewachsenen war. Im Vergleich zur österreichisch-ungarischen Volkszählung von 1910, die für dieselben Siedlungsgebiete eine Zahl von knapp 600 000 Deutschen ergeben hatte, war somit das Deutschtum innerhalb von zwei Jahrzehnten um fünfzehn Prozent zurückgegangen. Inwieweit dieser absolute und prozentuale »Verlust« allein auf Abwanderung und den nachweisbaren Geburtenrückgang zurückzuführen ist, läßt sich verläßlich nicht entscheiden. Von Vertretern der deutschen Minderheit sind die statistischen Angaben von 1921 und 1931 nachdrücklich in Zweifel gezogen worden. Nach ihrer Auffassung war die Zahl der Deutschen – sofern neben der Muttersprache auch die Abstammung berücksichtigt wurde – um 100 000 bis 200 000 höher.[68]

Wenn es aber keine allgemeinverbindliche Antwort auf die Frage gibt, wer und was ein »Deutscher« ist, dann lassen sich auch keine widerspruchsfreien Zahlen ermitteln. Und wenn mit Blick auf die komplizierten ethnischen Verhältnisse in weiten Teilen

Die Donauschwaben besaßen eine reiche Tradition an Trachten, in der sich die unterschiedliche Herkunft der Siedler und die wechselseitige Beeinflussung mit den Trachten anderer ethnischer Gruppen niederschlug. Während die Kleidung der Männer in der ersten Hälfte des 20. Jahrhunderts immer stärker von städtischen Einflüssen geprägt wurde, blieben die Frauen den traditionellen Gewändern treu. Auch die Kindertracht blieb bis zum Zweiten Weltkrieg in Gebrauch. Die Aufnahmen aus dem syrmischen Franztal bei Semlin entstanden Anfang der vierziger Jahre.

Frauen nach dem Kirchgang in Neudorf (Syrmien), ein Anblick, der nach dem Ende des Zweiten Weltkriegs in der Bundesrepublik auftauchen sollte, wenn sich unter die sonntäglichen Kirchgänger zum Beispiel im alten Schwaben die Vertriebenen in ihren schwarzen Trachten mischten.

Jugoslawiens, wie in Südosteuropa insgesamt, immer wieder von einem »schwebenden Volkstum« und »nationalem Opportunismus und Renegatentum« gesprochen wird, dann besteht kein überzeugender Grund, die deutsche Minderheit und ihr Umfeld dabei auszuklammern. Nicht alle Personen, deren Vorfahren aus dem deutschsprachigen Raum gekommen waren, verstanden sich in der Zwischenkriegszeit noch als Deutsche. Und nicht alle, die sich zur deutschen Muttersprache bekannten, besaßen auch eine deutsche Abstammung. So gaben zum Beispiel von den 68 000 Juden, die 1931 gezählt wurden, etwa 10 000 Deutsch als Muttersprache an. Wählt man die Selbstidentifikation einer Person zur Grundlage ihrer nationalen Zuordnung, so wird man die Zahl der Jugoslawiendeutschen vor dem Zweiten Weltkrieg – ausgehend von den Zensusergebnissen des Jahres 1931 – auf reichlich eine halbe Million ansetzen dürfen.[69]

Bevölkerung Jugoslawiens nach Muttersprache am 31. März 1931

Region/Sprache	Deutsch	Serbokroatisch	Slowenisch	Albanisch	Magyarisch	Rumänisch	Türkisch	sonstige	insgesamt
Batschka	173 058	284 370	1 442	361	269 141	987	122	55 415	784 896
Banat	120 450	273 573	875	218	95 760	62 284	91	32 298	585 549
Baranya	15 751	21 547	190	2	13 973	587	2	794	52 846
Ostsyrmien	49 345	229 929	1 348	61	12 846	251	45	22 619	316 444
Kroatien-Slawonien	80 519	2 493 679	34 765	736	54 758	382	163	75 960	2 740 962
Slowenien	28 998	24 136	1 077 679	271	7 961	41	36	5 176	1 144 298
Bosnien-Herzegowina	15 500	2 259 010	4 465	895	2 956	1 363	180	39 186	2 323 555
Stadt Belgrad	10 471	195 264	5 650	956	5 792	1 044	740	18 158	238 775
übrige Gebiete	5 877	4 959 315	8 996	501759	4 998	70 939	131 545	73 284	5 756 713
Gebiete insgesamt	499 969	10 730 823	1 135 410	505259	468 185	137 879	132 924	323 589	13 934 038

Quelle: Dokumentation der Vertreibung der Deutschen aus Ost-Mitteleuropa, Bd. V, S. 11 E.

Mit Rücksicht auf die vielen ethnischen Mischzonen im Donauraum hatten sich die alliierten Hauptmächte auf der Pariser Friedenskonferenz entschlossen, die Rechte der jeweiligen Minderheiten durch besondere Schutzverträge zu sichern. Dieses Verlangen der Großmächte löste eine schwere Krise in der jugoslawischen Verhandlungsdelegation und den Rücktritt der Regierung in Belgrad aus. Die jugoslawischen Politiker erblickten im Minderheitenschutzvertrag nicht nur eine Schmälerung der staatlichen Souveränität, sondern ihre serbischen Vertreter befürchteten darüber hinaus und vor allem, daß auch die Mazedonier und Kosovo-Albaner in den Genuß des Minderheitenschutzes gelangen könnten. Bereits hier wurde deutlich, daß die Position der Jugoslawiendeutschen nicht isoliert, sondern nur im Kontext mit der komplizierten nationalen Frage in Jugoslawien und den großserbischen Tendenzen in Belgrad gesehen werden mußte. Von einer dezidiert »antideutschen Stoßrichtung« in der jugoslawischen Politik nach dem Ersten Weltkrieg kann allenfalls dort gesprochen werden, wo die deutsche Minderheit – wie in Slowenien – in unmittelbarer Nachbarschaft zum geschlossenen deutschen Siedlungsraum lebte.

Erst auf massiven alliierten Druck hin unterzeichnete die Delegation des »Königreichs der Serben, Kroaten und Slowenen« am 5. Dezember 1919 die Konvention zum Schutz der Minderheiten.[70] Die Umsetzung dieser völkerrechtlichen Verpflichtung blieb jedoch weit hinter den Erwartungen der Betroffenen zurück, worunter wiederum nicht nur die Deutschen, sondern auch – und insbesondere – andere Nationalitäten in Jugoslawien, von den Mazedoniern und Albanern bis zu den Ungarn, zu leiden hatten. Jahrelang hatten serbische Politiker und Intellektuelle die Österreichisch-Ungarische Monarchie als »Völkerkerker« gebrandmarkt, doch kaum hatte sich das Blatt zu ihren Gunsten gewendet, fanden sie unter dem Eindruck der nationalen Psychose in Europa nichts Eiligeres zu tun, als den »jugoslawischen« Nachfolgestaat in einen neuen »Völkerkerker« zu verwandeln. Selbst Slowenen und Kroaten, die nach der amtlichen Diktion zur staatstragenden »dreinamigen Nation« zählten, blieben von dieser Politik nicht verschont.

Infolge der neuen Grenzen waren die gewachsenen kulturellen und politischen Bindungen zwischen den deutschen Landsleuten in den einzelnen historischen Provinzen an vielen Stellen zerrissen, und ein neues Zusammengehörigkeitsbewußtsein mußte sich erst mühsam entwickeln. Dies war schon deshalb schwierig, weil sich die Lage der deutschsprachigen Bevölkerung sehr unterschiedlich gestaltete, je nachdem ob es sich um Grenzlanddeutsche oder Donauschwaben, um kompakte Siedlergruppen oder um verstreut siedelnde Deutsche handelte. Es waren nicht zuletzt die minderheitenfeindlichen Maßnahmen der Belgrader Regierung – die Zerschlagung organisatorischer und kultureller Einrichtungen des Grenzraumdeutschtums in Slowenien, die Vernachlässigung der Donauschwaben bei der Agrarreform in den zwanziger Jahren, die ausschließlich von nationalen Erwägungen geleitete »Kolonisationspolitik« in den vormals südungarischen Gebieten, die inkompetente und intolerante Schul- und Bildungspolitik sowie andere als Diskriminierung empfundene Maßnahmen –, die das Eigen- und Zusammengehörigkeitsbewußtsein der über das ganze Land verstreuten Jugoslawiendeutschen allmählich weckten und festigten.

Vorangetrieben wurde die »Erweckung« des Volksbewußtseins durch die jugoslawiendeutsche Führungsschicht. Die erste Phase volksdeutscher Organisationsarbeit umfaßte die Zeit von 1920 bis 1924. Am 20. Juni 1920 gründete eine kleine Gruppe von Akademikern in Neusatz den »Schwäbisch-Deutschen Kulturbund«, der die Pflege der »Volkstumsüberlieferung«, die Verbreitung deutschsprachiger Bücher und Filme, die Ausbildung deutscher Geistlicher und Lehrer sowie die Förderung sozialer und wirtschaftlicher Einrichtungen übernehmen wollte. Bis 1924 entstanden 122 örtliche Kulturbund-Organisationen mit 55 000 Mitgliedern und eindeutigem Schwerpunkt in der Woiwodina. Den dortigen 108 Ortsgruppen standen dreizehn in Syrmien und eine in Slowenien gegenüber.[71] Mit dem »Kulturbund« war ein Zentralverband völkischer Mobilisierung geschaffen worden, den die Regierung – gerade wegen seiner erfolgreichen Tätigkeit – 1924 vorübergehend auflöste, nachdem volksdeutsche Politiker gewagt hatten, Kritik an der Nationalitätenpolitik der Regierung zu üben. Drei Jahre später begann eine neue Aufbauphase, die mit Proklamierung der Königsdiktatur im Januar 1929 abermals für mehr als zwei Jahre unterbrochen wurde.

Bereits am 17. Dezember 1922 war in dem nahe der jugoslawisch-rumänischen Grenze gelegenen Hatzfeld die »Partei der Deutschen im Königreich der Serben, Kroaten und Slowenen« (PdD) gegründet worden. Sie knüpfte an die Tradition der 1906 begründeten »Ungarländischen Deutschen Volkspartei« an und fand zunächst vor allem bei den Landsleuten in der Woiwodina starke Unterstützung. Die von Ludwig Kremling, Stefan Kraft und anderen geführte Partei verlangte für die Jugoslawiendeutschen das Recht, sich als »einheitliches Volkstum« zu organisieren sowie Schulen und Bildungsanstalten aller Art auf eigene Kosten errichten und verwalten zu können. Sie forderte das Recht der Eltern auf freie Schulwahl für ihre Kinder und setzte sich für den ungehinderten Gebrauch der deutschen Sprache im schriftlichen wie mündlichen Verkehr mit den Behörden sowie in der Öffentlichkeit ein. Sie forderte die Beendigung der nationalen Diskriminierung bei der Durchführung der Agrarreform, die Einführung der kommunalen Selbstverwaltung und die Beachtung der bürgerlichen Grundrechte sowie des Prinzips der nationalen Gleichberechtigung. In der Regel arbeitete die »Partei der Deutschen« auf der Grundlage von Wahlversprechen mit dem jeweiligen Regierungsblock zusammen. Doch die Versprechen wurden nur selten eingelöst. Bei den Wahlen von 1923 erzielte die PdD acht Mandate, das waren siebzehn Prozent der Stimmen in der Woiwodina, wohingegen sie in Kroatien-Slawonien nur 0,7 Prozent der Stimmen erreichte. 1925 erhielt sie fünf und 1927 sechs Mandate. Erst nach wiederholten Interventionen der deutschen Parlamentsabgeordneten wurden 1927 in der Woiwodina Kommunalwahlen abgehalten, wodurch die deutsche Bevölkerung einen stärkeren Anteil an der Verwaltung auf unterster Ebene erhielt.[72]

Die zwanziger Jahre bedeuteten im wesentlichen eine Phase des organisatorischen Aufbaus und der volkspolitischen Mobilisierung. Das Mißtrauen der Belgrader Regierung beantwortete die gemäßigt-konservative Führungsriege des 1927 neu konstituierten »Kulturbundes« mit der Selbstbeschränkung auf kulturelle Aktivitäten, den Aufbau der Ortsgruppen sowie die Gründung von Gesangs- und Sportvereinen. 1922 war mit der »Agraria« auch ein Zentralverband des deutschen Genossenschaftswesens installiert worden. 1926 verfügte er bereits über 59 Filialen, davon 25 in der Batschka, neunzehn im Banat, zehn in Syrmien, vier in Slawonien und eine in Bosnien.[73]

Nachdem der jugoslawische Staat infolge seiner inneren Zerrissenheit und seiner gewaltigen Integrationsprobleme unregierbar zu werden drohte, proklamierte König Alexander Karadjordjević am 6. Januar 1929 sein diktatorisches Regime. Gleich allen anderen Parteien und Vereinen auf »stammlicher«, das heißt nationaler, oder konfessioneller Grundlage wurden auch die PdD und der »Kulturbund« verboten. Für die Partei war dies das Ende. Auch die im September 1931 oktroyierte Verfassung änderte am Verbot nichts, denn zur Kandidatur wurden in der Folgezeit nur überregionale Listen zugelassen, für deren Aufstellung eine Unterstützung der Bürger in *allen* Wahlkreisen des Landes erforderlich war. Die deutschen Politiker kandidierten daraufhin auf der Liste der Regierung und schlossen sich Anfang 1936 der »Jugoslawischen Radikalen Union« (JRU) an, einer vom amtierenden Ministerpräsidenten Milan Stojadinović begründeten Regimepartei. Die weitgehenden Versprechungen, die der deutschen Minderheit anläßlich des Beitritts ihrer Abgeordneten zur JRU gemacht worden waren, wurden zwar nur zum Teil erfüllt, doch besserte sich die Lage der Minderheit im Vergleich zu den zwanziger Jahren erheblich. Stojadinović war ebenso wie die Reichsregierung in Berlin an ungetrübten deutsch-jugoslawischen Beziehungen interessiert. Er war deshalb zu Konzessionen an die deutsche Minorität bereit, während sich die Berliner Regierung Zurückhaltung bei der Einmischung in innerjugoslawische Angelegenheiten, vor allem in der »kroatischen Frage«, auferlegte.

Als Interessenvertreter einer kleinen Minderheit haben die jugoslawiendeutschen Politiker während der Zwischenkriegszeit fast immer das Bündnis mit den Herrschenden gesucht. Sie hatten auch kaum eine andere Wahl, denn die jeweiligen serbisch dominierten Regierungen zögerten nicht, mißliebige kleinere Gruppierungen durch rücksichtslose Repression und massive Wahlmanipulation zu vernichten oder ihre Formierung von vornherein zu verhindern. Diese Erfahrung mußte beispielsweise die Partei der türkischen und albanischen Bevölkerung – »Džemijet« – machen, als sie 1925 versuchte, in Opposition zur Regierung zu gehen. Die Mazedonier erhielten nie die Chance zur Bildung einer eigenen politischen Vertretung; und selbst die »Kroatische Bauernpartei«, die die Mehrheit der kroatischen Wähler auf sich vereinigte, war vor Verfolgung und Manipulation nicht geschützt.

Im Unterschied zur PdD konnte der »Kulturbund« nach dem Verfassungsoktroi von 1931 seine Tätigkeit wieder aufnehmen. Im November 1933 verfügte er bereits wieder über 95 Ortsgruppen mit 12 000 Mitgliedern. Ein Jahr später war die Zahl der Ortsgruppen auf 139 gestiegen. Zu diesem Zeitpunkt gab es 35 deutschsprachige Zeitungen und Zeitschriften, davon vier Tages- und acht Wochenschriften. Auch im »Schulkampf« zeichneten sich Fortschritte ab. Im Dezember 1929 – elf Jahre nach der jugoslawischen Staatsgründung – wurde das Volksschulwesen erstmals einheitlich geregelt. Den Vertretern der deutschen Minderheit gelang es nach komplizierten Verhandlungen, die Voraussetzungen für den Aufbau eines deutschen Volksschulunterrichts zu schaffen. 1931 gründeten sie die »Deutsche Schulstiftung«, mit deren Hilfe Ausbau und Finanzierung deutscher Schulen und Minderheitenklassen vorangetrieben werden konnte. 1932 wurden immerhin 78 Prozent der volksdeutschen Schüler in 203 Minderheitenschulen in deutscher Sprache unterrichtet. Schließlich konsolidierte sich auch die wirtschaftliche Organisation der Volksdeutschen mit dem weiteren Ausbau des Genossenschaftswesens.[74] »Verglichen mit der Situation des Deutschtums in anderen ost- und südosteuropäischen Staaten, vor allem im benachbarten Ungarn, war … die Lage des Jugosla-

Die kulturelle, politische und wirtschaftliche Organistion der Jugoslawiendeutschen in der Zwischenkriegszeit wurde maßgeblich von Dr. Stefan Kraft (1884–1959) geprägt. Der Sohn donauschwäbischer Eltern war Mitbegründer des Schwäbisch-Deutschen Kulturbundes, Präsident der deutschen Genossenschaftszentralen, Begründer der deutschen Schulstiftung und Vorsitzender der »Partei der Deutschen«, für die er 1923 ins Belgrader Parlament einzog. Vergeblich stellte sich der konservative Politiker den nationalsozialistischen »Erneuerern« entgegen und schied Ende der dreißiger Jahre auf deren Druck hin aus dem politischen Leben aus. Sein Rücktritt machte den Weg zur totalen »Gleichschaltung« der deutschen »Volksgruppe« frei.

wiendeutschtums in der zweiten Hälfte der dreißiger Jahre erträglich, sein Verhältnis zum Staat normalisiert und sein innerer Zusammenhalt gefestigt.«[75]

Der jüngeren Generation volksdeutscher Politiker genügten diese Erfolge nicht. Geblendet vom Aufstieg der NSDAP in Deutschland strebten sie eine völlige Kehrtwende in der jugoslawiendeutschen Politik an. Schon vor der Machtergreifung Hitlers hatte sich 1932 in Jugoslawien ein Oppositionskreis jüngerer Akademiker gegen die alte Kulturbundführung formiert. Die jungen Fanatiker unter dem Banater Arzt Jakob Awender propagierten die nationalsozialistische Ideologie und begeisterten sich für das »Führerprinzip«. Die »Erneuerer« – wie sich die Vorkämpfer der nationalsozialistischen Bewegung in Jugoslawien seit 1934 nannten – gründeten die Jugendorganisation »Kameradschaft der Erneuerungsbewegung« sowie ein eigenes Presseorgan, die *Pantschowaer Post*, später *Volksruf*. Ihre Versuche, die alte Kulturbundführung zu unterwandern, erlitten im Dezember 1934 einen Rückschlag, als drei »Erneuerer« wegen ihrer den »Bundeszweck schädigenden Tätigkeit« ausgeschlossen wurden. Gleichzeitig löste die Kulturbundführung einzelne, sich offen zum Nationalsozialismus bekennende Organisationen auf. Die »Erneuerer« gründeten daraufhin am 29. März 1935 die »Kultur- und Wohlfahrtsvereinigung« unter Branimir Altgayer und Jakob Lichtenberger mit Sitz in Esseg und publizierten seit 1936 ihre Thesen im *Slawonischen Volksboten*. Vergeblich bemühte sich die Kulturbundführung, die Einflußnahme reichsdeutscher Organisationen, darunter des »Volksbunds für das Deutschtum im Ausland« (VDA), auf die innere Organisationsarbeit in Jugoslawien zu unterbinden. Ende 1937 verfügten die »Erneuerer«, die ihr Zentrum in das vom »Kulturbund« lange vernachlässigte Slawonien verlagert hatten, bereits über 74 Ortsgruppen in zehn Kreisen. Sie stellten bewaffnete Stoßtrupps auf, führten den faschistischen Gruß ein und organisierten sich gemäß dem »Führerprinzip«. Mit Gründung dieser konkurrierenden Volksgruppenorganisation war das Jugoslawiendeutschtum politisch gespalten, und da der fortdauernde Konflikt die ohnehin komplizierte Position der deutschen Minderheit zusätzlich schwächte, geriet die ältere Politikergeneration immer mehr unter Druck, dem sie auf Dauer nicht standzuhalten vermochte.

Im Frühjahr 1939 trat die Führung des »Kulturbunds« zurück. Zum neuen Vorsitzenden wurde auf Intervention der »Volksdeutschen Mittelstelle« (VOMI) in Berlin[76] der »Erneuerer« und spätere Volksgruppenführer im Banat, Sepp Janko, eingesetzt. In die zentralen Positionen des »Kulturbunds« und der Genossenschaftsbewegung rückten nun die Anhänger der »Erneuerungsbewegung« ein, die freilich bei der älteren Generation und in konservativ-katholischen Kreisen nach wie vor auf Mißtrauen und Vorbehalte stießen. Zum Sprachrohr dieser Opposition entwickelte sich die 1935 in Apatin (Batschka) gegründete Wochenzeitung *Die Donau* unter Leitung von Adam Berenz.[77]

Die neue Kulturbundführung forderte die Anerkennung der zentralen Grundsätze des nationalsozialistischen Volksgruppenrechts, also die Anerkennung der »völkischen Eigenständigkeit« in Verfassung und Gesetz, die Bestätigung der Volksgruppe als Körperschaft des öffentlichen Rechts sowie die Garantie der nationalsozialistischen Weltanschauung.[78] Ihr Ziel war es, eine Volksgruppe zu schaffen, die sich als »Vorposten des

Reiches« fühlte, und die im fremden Volkstum aufgegangenen Deutschen zurückzugewinnen nach dem Grundsatz »kein Deutscher darf dem Hundertmillionenvolk verloren gehen«.[79] In den volksdeutschen Siedlungsgebieten wurde eine intensive Agitation »von Hof zu Hof« betrieben. Anfang 1941 waren angeblich 95 Prozent der deutschen Höfe vom »Kulturbund« erfaßt worden. Die gesamte Volksgruppe wurde nach nationalsozialistischem Muster umorganisiert und »gleichgeschaltet«. Immer mehr entwickelte sich die Organisation zu einem bloßen Ausführungsorgan der Reichspolitik. Während die alte Kulturbundführung bestrebt gewesen war, ihr Bekenntnis zum deutschen Volkstum mit der Loyalität gegenüber dem jugoslawischen Staat, also »Volkstreue und Staatstreue« miteinander zu verbinden, stellten sich die Initiatoren der »Erneuerungsbewegung« – zumeist evangelische Intellektuelle mit Hochschulabschluß oder Studenten im Alter zwischen 20 und 35 Jahren – von vornherein bedingungslos in den Dienst des Nationalsozialismus.[80] Im Unterschied zu den älteren Kulturbundvertretern, die sich vordringlich auf kulturelle Belange konzentriert hatten, ging es den »Erneuerern« um die totale Mobilisierung aller Abstammungsdeutschen und um deren Einsatz für die Ziele des Nationalsozialismus.

DIE VOLKSDEUTSCHEN IM »UNABHÄNGIGEN STAAT KROATIEN« 1941 BIS 1945

Nach der Kapitulation Jugoslawiens am 17. April 1941 spaltete Hitler mit seinen Verbündeten Italien, Ungarn und Bulgarien das Land in ein buntes Mosaik annektierter, besetzter und scheinsouveräner Gebilde auf. Auch für die Jugoslawiendeutschen entstand damit – zum zweiten Mal innerhalb einer Generation – eine gänzlich neue Situation. Ihre in der Batschka und Baranja lebenden Landsleute kamen an Ungarn und unterstanden künftig der dortigen Volksgruppenführung. Die Deutschen im Banat, das ebenso wie Serbien vom »Dritten Reich« besetzt wurde, erhielten eine »selbständige« Volksgruppenorganisation unter Führung Sepp Jankos. Die deutschsprachige Minderheit im »Unabhängigen Staat Kroatien«, der außer Kroatien-Slawonien und Ostsyrmien auch ganz Bosnien und die Herzegowina umfaßte, wurde zu einer eigenen Volksgruppe unter Leitung Branimir Altgayers zusammengefaßt. Der Nordteil Sloweniens fiel an das Deutsche Reich. Die Gottscheer, deren Heimat Italien zugesprochen worden war, sowie die gestreut siedelnden Deutschen in Bosnien und Serbien, insgesamt rund 32 000 Menschen, wurden 1941/42 von reichsdeutschen Behörden zur Festigung »volkspolitisch gefährdeter Grenzgebiete« in die Untersteiermark und das besetzte Polen umgesiedelt.[81]

Die im Banat und im kroatischen Satellitenstaat beheimateten Deutschen beziehungsweise ihre Organisationen erlangten während des Krieges eine überaus privilegierte Stellung und bildeten eine Art »Staat im Staate«.[82] Die Führungsorgane beider Volksgruppen erwiesen sich im Gegenzug als willfährige Instrumente nationalsozialistischer Hegemonialpolitik. Durch den mehr oder minder freiwilligen Eintritt der tauglichen Männer in die Waffen-SS, allen voran in die 7. SS-Freiwilligen-Gebirgsdivision

»Prinz Eugen«, durch den Einsatz volksdeutscher Verbände zur Partisanenbekämpfung und durch die bedingungslose Mitwirkung der Volksgruppenorganisationen bei der Sicherung der nationalsozialistischen Herrschaft und Kriegswirtschaft entwickelte sich die deutsche Bevölkerung – von der Mehrheit ungewollt – zu einem Rad in der Unterdrückungsmaschinerie des Hitler-Regimes und seiner Kollaborateure. Zwangsläufig zog sie damit den Haß der Verfolgten auf sich.

Den Status der »Deutschen Volksgruppe in Kroatien« (DVGK) definierte die vom Staatsoberhaupt Ante Pavelić, dem Führer der großkroatisch-rechtsextremistischen Ustascha-Bewegung, erlassene Gesetzesverordnung über die vorläufige Rechtsstellung wie folgt: »Die DVGK ist die Zusammenfassung der in Kroatien lebenden Deutschen unter dem Volksgruppenführer, soweit sie nicht deutsche Staatsangehörigkeit besitzen. Sie ist ein besonderer Teil des kroatischen Staates. Sie genießt für ihre Arbeit im Rahmen der allgemeinen Gesetze das uneingeschränkte Recht zu politischer, kultureller, wirtschaftlicher und verwaltungsmäßiger Arbeit.« Ausdrücklich wurde den Mitgliedern der DVGK »das ungehinderte Bekenntnis zu ihrer nationalsozialistischen Weltanschauung sowie die ungestörte Entwicklung ihres eigenständigen deutschen nationalen Lebens und die ungehinderte Anbahnung und Aufrechterhaltung nationaler und kultureller Beziehungen zum deutschen Muttervolk« zugesichert.[83] Als Volksgruppenführer übernahm Branimir Altgayer, der sich schon als »Gauleiter« von Kroatien und Slawonien bewährt hatte, die politische und weltanschauliche Führung der Volksdeutschen im »Unabhängigen Staat Kroatien« (USK). »Die Volksgruppe ist keine auf Grund eines von Menschen erdachten Gesetzes oder irgendwelcher Satzungen geschaffene Organisation«, erklärte Altgayer in einer Anordnung vom Oktober 1941, »sondern eine blutsgebundene Gemeinschaft, in die man hineingeboren wird und aus der man nicht austreten kann, außer man wird aus ihr wegen Volksverrates ausgestoßen.«[84] Mit Agitation und Druck wurden die Deutschen zum Eintritt in die Volksgruppenorganisation gedrängt, so daß selbst der deutsche Gesandte in Zagreb, SA-Obergruppenführer Siegfried Kasche, Anfang 1942 Bedenken geltend machte: »Wir haben es nicht nötig, unser Volk krampfhaft zu vergrößern. Das deutsche Volk soll als etwas Wertvolles dastehen, nicht aber als Sammelstätte gewandter Gesinnungslumpen und schwächlicher Elemente.«[85]

Die DVGK wurde nach dem unbedingten »Führerprinzip« organisiert. Altgayer und sein Stab residierten in Esseg. Als politische »Ausleseorganisation« wurde die »Nationalsozialistische Deutsche Gefolgschaft Kroatiens« (NSDGK) zum »einzigen und alleinigen politischen Willensträger der DVGK« erklärt. Deren Gliederungen – die »Deutsche Mannschaft«, die »Deutsche Frauenschaft« und die »Deutsche Jugend«[86] – wurden in Anlehnung an reichsdeutsche Vorbilder eingerichtet. Alle gesellschaftlich relevanten Bereiche – von der Schule über Kultur und Presse bis zur Wirtschaft – wurden zügig »gleichgeschaltet«.

Was von der nationalsozialistischen Führung im Reich verlangt wurde, vollzog die unterwürfige Volksgruppenführung bedingungslos. Die Beteiligung der DVGK an der antisemitischen Hetze war nur ein Beispiel von vielen. Im offiziellen Organ der

Volksgruppenführung *Grenzwacht* hieß es beispielsweise im Mai 1942: »Das Esseger Deutschtum will die Juden nicht mehr in Esseg wissen. Sie gehören in ein Ghetto, zur Zwangsarbeit, nach Palästina oder an den Galgen.«[87]

Die wahnsinnige Ausrottungspolitik der Ustascha-Bewegung gegenüber den Serben, die ein Drittel der Bevölkerung des »Unabhängigen Staates Kroatien« stellten, stürzte den neuen Staat – kaum daß er gegründet worden war – in Chaos und inneren Krieg. Zur Bekämpfung des sich rasch ausbreitenden Widerstands schickte Reichsführer-SS Heinrich Himmler aufgrund einer »Führerweisung« vom 10. März 1943 den SS-Brigadeführer Konstantin Kammerhofer zur Leitung des deutsch-kroatischen Polizeieinsatzes in den Satellitenstaat.[88] Am 16. Juli 1943 befahl Himmler die Unterstellung der Volksgruppe unter seinen Beauftragten Kammerhofer, da sich dessen Aufgaben »nur mit einer völlig intakten Volksgruppe durchführen« ließen: »Bis auf weiteres ist die Volksgruppe im Lande organisatorisch und intern dem Beauftragten des RFSS in Kroatien unterstellt ... Der Dienstweg des vorgesetzten Hauptamtes VOMI zur Volksgruppe und umgekehrt läuft in allen organisatorischen und innervolksdeutschen Fragen über den Beauftragten der VOMI in Kroatien.«[89] Damit war die Volksgruppe der Gesamtorganisation-SS unterstellt. Immer mehr wurden ihre Mitglieder als bloßes Rekruten- und Arbeitskräftepotential betrachtet und ihr Leben fortschreitend militarisiert. »Es gibt in der Volksgruppe überhaupt keine Privatpersonen mehr, sondern nur noch Soldaten. Die einen stehen mit der Waffe an der Front, die anderen bilden das große Heer der nicht weniger wichtigen Heimatfront.«[90]

Eine erste SS-ähnliche Formation der Volksdeutschen im USK war unter der Bezeichnung »Deutsche Mannschaft« (DM) bereits im Juli 1941 aufgestellt worden. Entsprach diese Institution in etwa dem reichsdeutschen Vorbild der Allgemeinen SS, so wurde mit der Aufstellung der »Einsatzstaffel« (ES) der »Deutschen Mannschaft« eine Parallele zur Waffen-SS geschaffen. Die Auswahlkriterien für die Aufnahme in die ES machen die Parallele deutlich. Verlangt wurde neben einem Alter zwischen siebzehn und zwanzig Jahren und einer Mindestgröße von 170 Zentimeter: gesunder Körperbau, »rassische Eignung« sowie »moralische und politische Zuverlässigkeit«. Die ES/DM wurde formal im Rahmen der Ustascha-Miliz aufgestellt und zur militärischen Bekämpfung der Partisanen eingesetzt. Ihre durchschnittliche Stärke betrug etwa 2500 Mann. Nach langwierigen Auseinandersetzungen zwischen Himmler und dem Oberkommando der Wehrmacht sowie dem Auswärtigen Amt wurde die »Einsatzstaffel« Anfang 1943 der 7. SS-Freiwilligen-Gebirgs-Division »Prinz Eugen« unterstellt.

Die Entscheidung war symptomatisch. Sie machte deutlich, daß es den Nationalsozialisten in Berlin vor allem um die Anwerbung neuer Rekruten für die reichsdeutschen Verbände von Wehrmacht oder Waffen-SS ging und nicht um die – wie immer gearteten – Belange der Volksdeutschen. Und je länger der Krieg dauerte, desto größer wurde der Bedarf an zusätzlichen Soldaten. Nach einem aufreibenden Konkurrenzkampf mit der Wehrmacht fiel der Waffen-SS schließlich die Priorität zu.[91] Auf beharrliches Drängen Himmlers entschied das Oberkommando der Wehrmacht Mitte Mai 1942, daß die Erfassung, Einstellung und Ausbildung der wehrfähigen Volksdeutschen

»im Südostraum« allein durch die SS erfolgen solle. Die Versuche des deutschen Gesandten in Zagreb, Siegfried Kasche, unter Hinweis auf die kroatische »Souveränität« den Zugriff der SS auf die Volksdeutschen zu vereiteln, schlugen fehl. Am 14. Juli 1942 teilte ihm Außenminister Ribbentrop mit: »Die Erfordernisse der Kriegführung machen es zur unbedingten Notwendigkeit, alle wehrfähigen deutschen Männer zum Einsatz an der Front heranzuziehen. Dies gilt auch für die deutschen Volksgruppen in den verschiedenen mit uns verbündeten europäischen Ländern ... Es besteht die Notwendigkeit, die Werbungsaktion in verstärktem Maße ... nun auch auf Kroatien auszudehnen.«[92]

Die Anwerbung von Rekruten für die Waffen-SS fiel in die Zuständigkeit des Himmler unterstellten SS-Hauptamtes unter Obergruppenführer Gottlob Berger. Dieser hatte sich bereits seit 1939 für die Volksdeutschen im Ausland, insbesondere in Südosteuropa, interessiert. Schon wenige Tage nach Proklamierung des »Unabhängigen Staates Kroatien« war am 18. April 1941 eine Werbekommission der Waffen-SS in Kroatien eingetroffen, um neue Rekruten für die SS auszuheben. Bei der »Aktion 20 000 Mann« konnte jedoch schon bald von einer Freiwilligen-Werbung keine Rede mehr sein. In einer Aufzeichnung des SS-Hauptamtes vom Juli 1942 heißt es: »Gegen außen hin muß die Einziehung auf freiwilliger Basis erfolgen – intern mit energischen Maßnahmen.«[93] Kurz zuvor hatte Himmler »als der vom Führer bestimmte Verantwortliche für die Volksdeutschen in der Welt« erklärt: »Die deutschen Volksgruppen im gesamten Südosten müssen sich darüber klar sein, daß für sie zwar nicht gesetzlich, aber aus dem ehernen Gesetz ihres Volkstums heraus Wehrpflicht besteht und zwar vom 17. bis 50., im Notfall 55. Lebensjahr.« Auf diese Weise müsse »die deutsche Wehrkraft und vor allem die Wehrkraft der SS gestärkt« werden. Zugleich sollten die wehrpflichtigen Volksdeutschen durch eine intensive weltanschauliche Schulung in der Waffen-SS noch enger mit ihrem »eigentlichen Vaterland« verbunden werden. Am 13. Juli 1942 wies Himmler den Chef der »Volksdeutschen Mittelstelle« an, die Volksgruppenführer »einzeln und vertraulich mündlich zu unterrichten. Schriftliche Unterrichtung verbiete ich.«

Dieser Befehl konnte als die Erklärung der »völkischen Wehrpflicht«[94] bezeichnet werden und wurde von allen SS-Dienststellen blindlings befolgt. Die Gegensteuerungsversuche Kasches und der Deutschland-Abteilung im Auswärtigen Amt beantwortete Himmler mit massiven Drohungen. Im September 1942 teilte Unterstaatssekretär Luther seinem Vorgesetzten, dem Reichsaußenminister, mit: »Der RFSS ist über die Tatsache, daß ihm für die Aufstellung seiner Waffen-SS-Einheiten in Kroatien so große Schwierigkeiten gemacht werden, auf das höchste erbost. Er hat an die VOMI und an das Stabshauptamt des Reichskommissars für die Festigung des deutschen Volkstums bereits die Weisung erteilt, mit dem Auswärtigem Amt sofort die Verbindung aufzunehmen, um die Umsiedlung der gesamten deutschen Volksgruppe in Kroatien durchzuführen. Der Reichsführer beabsichtigt, sich auf dem schnellsten Wege zum Führer zu begeben und von diesem die Zustimmung zur Aussiedlung der Volksgruppe aus Kroatien zu erwirken.«

Da das Auswärtige Amt unter allen Umständen die Aussiedlung verhindern wollte, gab es den Widerstand gegen die SS-Werbungen auf. Über die Volksgruppenführung in Kroatien wurde mit den üblichen Einwirkungsmitteln autoritärer Führung – Erziehung, Einschüchterung und Androhung von Repressalien – massiver Druck auf die Volksdeutschen ausgeübt. Berger formulierte seine Erwartungen mit den Worten: »Wenn eine Volksgruppe halbwegs passabel geführt wird, dann melden sich schon alle freiwillig und diejenigen, die sich nicht freiwillig melden, bekommen eben die Häuser zusammengeschlagen.«[95] Altgayer und seine Gehilfen beeilten sich, den Erwartungen Bergers gerecht zu werden. Auf dem Plakat der Ortsgruppe Ruma für die Musterung zur Waffen-SS am 2. und 3. Oktober 1942 stand in fettgedruckten Lettern: »Nichterscheinende werden zur Verantwortung gezogen«. Im Aufruf der Ortsleitung Semlin hieß es noch unmißverständlicher: »Möge sich jeder darüber im Klaren sein, daß es heute bei uns Deutschen keine Frage mehr gibt ob freiwillig oder muß, sondern daß wir Deutsche heute nur noch Eines kennen und das ist unser Bekenntnis zur Pflicht!«[96]

Die Betroffenen leisteten den Aufrufen Folge, wenn auch in der Regel widerwillig. »Was die Widerstände gegen die Musterung und Einberufung zur Waffen-SS betrifft, hat sich bei uns keiner bemerkbar gemacht, und ich wüßte auch keinen Fall von Widerstand oder auch Desertion von dieser Formation«, berichtete rückblickend ein ehemaliger Einwohner des Dorfes Račinovci im slawonischen Bezirk Županja. »Es gab belesene Bauern bei uns, die oftmals sagten: Ja, ja, nun sind wir verkauft, und wenn Deutschland den Krieg verspielt, elend verloren. – Leider bewahrheitete sich dieser Spruch wirklich. – Dienstverweigerer zur Einberufung, ob SS, Hilfspolizei, ES oder Wehrmacht, hat es bei uns keine gegeben, auch nicht, als man den Krieg schon zu 75 Prozent verspielt sah; man ist es gewohnt gewesen, immer das zu tun, was von oben (dem Staat) angeordnet wurde, weil ja das Bürgerpflicht ist.«[97]

Wo sich ungeachtet aller ideologischen Indoktrination und dem Obrigkeitsdenken zum Trotz dennoch Protest gegen die Einberufungen erhob, wurde er mit drastischen Maßnahmen gebrochen. Diese Erfahrung machten zum Beispiel die Einwohner von Franzfeld im Banater Bezirk Pantschowa im Frühsommer 1941. Dort gingen Einheiten der »Deutschen Mannschaft« , die »Schwarze Polizei«, massiv gegen die Protestierenden vor. »Die ›Kriegsdienstverweigerer‹ wurden ins Gemeindehaus geholt. Wieder fand sich eine Gruppe, die mit Protestkundgebungen vor das Gemeindehaus zog. Unter ihnen war auch eine Frau, Gottliebe Reiser, die zu den erbittertsten Gegnern der Erneuerer zählte. Auch diese Gruppe von Protestierenden wurde verhaftet und zu den ›Kriegsdienstverweigerern‹ eingesperrt. Insgesamt dürften es ca. 70 Personen mit den Kriegsdienstverweigerern gewesen sein. Sämtliche, ausgenommen Frau Reiser, wurden auf den Fußsohlen geprügelt. Daraufhin wurden sie mit Schnüren aneinandergebunden und durch die Hauptstraße zum Bahnhof getrieben, voran Frau Reiser mit einer Tafel ›Wir sind die Schande von Franzfeld‹. Eine große Menge empörter Dorfinsassen fand sich angesichts dieses Terrors der ›Schwarzen Polizei‹ auf den Straßen ein und begleitete mit stummen Protest die Kriegsdienstverweigerer und die Protestierenden die Hauptstraße entlang an den Bahnhof... Als sich nach diesen brutalen Ausschreitungen

Nach Hitlers »Blitzfeldzug« vom 6. bis 17. April 1941 wurde Jugoslawien aufgeteilt. Serbien und das Banat kamen unter deutsche Besatzung. Um den Widerstand in Teilen der Zivilbevölkerung zu brechen, drohte die deutsche Wehrmacht mit der Hinrichtung von Geiseln. In der Banater Stadt Pantschowa nördlich von Belgrad wurden bereits im April 1941 serbische Bewohner als Geiseln abgeführt und am 22. April zum Teil erhängt, zum Teil erschossen. Die in den folgenden Monaten eskalierenden »Vergeltungsmaßnahmen« der Besatzungsmacht konnten die Ausbreitung des Widerstands jedoch nicht verhindern.

herumgesprochen hatte, daß es für die Volksdeutschen keinen Ausweg mehr geben wird und sie zur SS ›freiwillig‹ gepreßt werden, meldeten sich 40 junge Leute – nun tatsächlich freiwillig – zur Deutschen Wehrmacht ... Große Empörung, aber noch mehr Angst bemächtigte sich der Bevölkerung. Solcher Methoden war man sich aus der schlechtesten Zeit eigentlich nicht bewußt. Es war eine große Enttäuschung, weil in der Vorstellung unserer Menschen doch das Deutschtum in den schönsten Farben lebte. Nach kurzer Zeit begannen dann die regelrechten Einberufungen zur Prinz-Eugen-Division. Von dieser Zeit sind dann keine Rebellionen mehr bekannt. Die Leute haben sich geduldig und gehorsam, wie unsere Schwaben schon sind, dem Druck gefügt.«[98]

Ende Dezember 1942 befahl Hitler, die aus Volksdeutschen im Banat aufgestellte SS-Division »Prinz Eugen« nach Kroatien zu verlegen. Im Zusammenhang damit sollten ihr die im Rahmen der kroatischen Wehrmacht eingerichteten volksdeutschen Truppenteile sowie die Einsatzstaffel der »Deutschen Mannschaft« zur Verfügung gestellt werden. Mitte April 1943 standen von den 32 500 volksdeutschen Männern in Kroatien zwischen siebzehn und fünfzig Jahren über 10 000 im deutschen Wehrdienst, vorwiegend in der Waffen-SS, 8650 im kriegswichtigen Arbeitseinsatz und 5000 im kroatischen Heeresdienst. Außerdem lagen noch knapp 3000 »Meldungen« zur Waffen-SS vor. Berger bemühte sich in der Folgezeit, auch noch das restliche Potential voll auszuschöpfen. Ende Juni 1943 berichtete der Gesandte Kasche: »Männer im Alter von 18 bis 35 Jahren sieht man in den (volksdeutschen) Dörfern nur in vereinzelten Fällen, in denen die Betreffenden UK gestellt wurden. Was sonst noch an männlicher Bevölkerung vorhanden ist, sind alte Männer.«[99]

Mit der Verlegung der 7. SS-Division »Prinz Eugen« nach Kroatien hatte die eigentlich militärische Geschichte der Waffen-SS im Ustascha-Staat begonnen. Die Division blieb dort bis Kriegsende im Kampf gegen die Partisanenbewegung und wurde unterdessen mit kroatischen Volksdeutschen aufgefüllt. Ihr erster Kommandeur, SS-Obergrupppenführer Arthur Phleps, forderte im Juli 1944 in einem persönlichen Schreiben an Himmler außer der Einführung der deutschen Militärverwaltung auf dem gesamten kroatischen Territorium und der Ablösung des Gesandten Kasche: »Konzentrationslager, Arbeitskolonnen und die Todesstrafe müssen Hand in Hand die Übeltäter fassen, weil der Balkanmensch die milde Hand nicht verträgt. Er muß die Peitsche fühlen!«[100]

In seiner Monographie zur Geschichte der Waffen-SS schreibt George H. Stein: »Wohl das entsetzlichste Material gegen die Waffen-SS wurde von der jugoslawischen Delegation [bei den Nürnberger Kriegsverbrecherprozessen] vorgetragen. Es betraf die verbrecherischen Handlungen der 7. SS-Gebirgs-Division ›Prinz Eugen‹ und bot anschauliche Beschreibungen der Niederbrennung von Dörfern, der Abschlachtung ihrer Einwohner und der Folterung und Ermordung gefangener Partisanen. Ein unwiderlegliches Beweisstück war u. a. ein Foto, das ein Waffen-SS-Gefangener gemacht hatte und das die Enthauptung eines Jugoslawen mit einer Holzfälleraxt zeigt, während grinsende SS-Männer zuschauen.«[101]

Die von der nationalsozialistischen Führung mißbrauchten Jugoslawiendeutschen sahen sich bei Kriegsende dem Vorwurf der kollektiven »Kollaboration« mit dem »Dritten Reich« ausgesetzt. Sofern sie nicht rechtzeitig geflohen oder evakuiert worden waren, unterlagen sie scharfen Vergeltungsmaßnahmen des Tito-Regimes. Jarak in der Batschka war einer jener zahlreichen Orte, in denen gegen Ende des Zweiten Weltkriegs Internierungslager für Volksdeutsche eingerichtet wurden. Von der Gründung des Lagers Anfang Dezember 1944 bis zu dessen Auflösung im April 1946 sollen über 9000 Menschen in Jarak ums Leben gekommen sein.

DAS ENDE DER DEUTSCHEN MINDERHEIT IN JUGOSLAWIEN: UMSIEDLUNG, FLUCHT, VERGELTUNG

Schon im Herbst 1942 hatte man in Berlin Überlegungen angestellt, wie die durch Widerstandsbewegungen und Bürgerkrieg gefährdeten Deutschen in Streusiedlungen Kroatiens in Sicherheit gebracht werden konnten. Am 30. September 1942 war mit der Zagreber Regierung eine Vereinbarung »über die Umsiedlung von Angehörigen des deutschen Volkstums aus bestimmten Gebieten des USK in das Deutsche Reich« geschlossen worden.[102] Die Maßnahme betraf rund 18 000 Bosniendeutsche. Im Januar 1943 wurde beschlossen, etwa 23 000 Deutsche aus Westslawonien sowie weitere 5000 Personen aus Bosnien nach Ostsyrmien und in die Umgebung von Esseg umzusiedeln,[103] wo sie provisorisch bei deutschen Familien und auf verlassenen serbischen Gehöften untergebracht wurden. Im Januar 1944 schließlich schlug die Volksgruppenführung die völlige Evakuierung Slawoniens und Syrmiens für den Herbst vor, da auch die dortigen deutschen Siedlungen vom »bolschewistischen Bandenunwesen« betroffen waren. Die Aktion wurde unter Leitung Kammerhofers und mit Hilfe der Wehrmacht im Oktober durchgeführt. »Durch die Baranja und Südungarn, unterhalb des Plattensees her ihren Weg nehmend, erreichten (die Trecks) bis Ende Oktober die damalige Reichsgrenze.«[104] Am 7. November registrierte die »Volksdeutsche Mittelstelle« 90 000 Evakuierte aus dem »Unabhängigen Staat Kroatien«. Unter Berücksichtigung der 28 000 Waffen-SS-Soldaten und weiterer 15 000 Arbeitskräfte, die sich bereits im Reich aufhielten, beurteilte sie den Erfolg der Aktion mit »sehr gut«.[105]

Während die Deutschen in Syrmien und Slawonien somit zum Großteil noch im Herbst 1944 aus ihrer Heimat evakuiert werden konnten, waren für die Rettung ihrer Landsleute in den Hauptsiedelgebieten der Woiwodina nur unzureichende Vorkehrungen getroffen worden. An die Stelle der organisierten Evakuierung trat dort die regellose Flucht: »War es in der Batschka und Baranja etwa die Hälfte der Deutschen, der die Flucht gelungen sein mochte, so bei den Banater Schwaben weniger als einem Zehntel.«[106] Schätzungsweise 200 000 Deutsche blieben »im Bewußtsein, nichts Unrechtes getan zu haben«, in Jugoslawien zurück.

Mit der schrittweisen Übernahme der Macht durch die »jugoslawische Volksbefreiungsbewegung« unter Titos Führung setzte die Abrechnung mit »Kriegsverbrechern und Kollaborateuren« ein. Die im Land verbliebenen Jugoslawiendeutschen sahen sich ähnlich wie die Ungarn in der Woiwodina als »fünften Kolonne« des Hitler- respektive Horthy-Regimes dem kollektiven Vorwurf der »Kollaboration« ausgesetzt.[107] Die erste Verhaftungs- und Vernichtungswelle erfaßte Mitglieder der »Deutschen Mannschaft«, der Waffen-SS, Vertreter deutscher Organisationen sowie Männer im wehr- und arbeitsfähigen Alter, die in improvisierte Lager getrieben oder mitunter an Ort und Stelle exekutiert wurden.[108] Der katholische Kaplan Paul Pfuhl aus Filipovo im Batschkaer Bezirk Hodschag berichtet von 240 Männern aus seinem Dorf, die am 25. November 1944 von Partisanen weggeführt wurden; von ihnen »hörte man nie mehr wieder. Erst lange Tage nachher sickerten Stimmen durch, daß sie alle, ungefähr 5 km vom Dorf entfernt, auf grausamste Weise niedergemetzelt wurden ... Wie es bei der Ermordung zugegangen ist, erzählte mir später ein Bursche aus dem Bezirksort Hodschag ... Dort war einige Tage vorher das gleiche vorgefallen. Dort waren 180 Männer zusammengefangen und in ein Haus eingesperrt worden. In der Nacht mußten sie sich splitternackt ausziehen und wurden unter starker Bewachung aus dem Dorf getrieben. Dort mußten sie eine Grube schaufeln. Als diese fertig war, fielen die Partisanen über sie her mit Spaten, Gewehrkolben und schlugen sie in die Grube.«[109]

Tausende von Deutschen fielen diesen Massenhinrichtungen zum Opfer. Andere verbrachten qualvolle Jahre in einem der zahllosen Lager. Über die dortigen Verhältnisse berichtete der Batschkaer Landwirt Jakob Pleesz aus dem Dorf Šajkaški Sveti Ivan im Bezirk Titel: »In den ersten Tagen nach der Machtübernahme durch Titos Partisanen wurden alle deutschstämmigen Männer eingesperrt und mißhandelt ... Wir wurden alle zusammengetrieben und von dort nach Bački Jarak geführt. Bački Jarak war früher eine deutschsprachige und rein evangelische Gemeinde mit rund 2000 Seelen. Sie wurde in ein großes Vernichtungslager für Deutschstämmige, aus der Batschka umgewandelt ... In diesem Lager wurden hauptsächlich ältere Personen und Mütter mit kleinen Kindern, durchwegs Deutschstämmige, interniert. Die arbeitsfähigen jüngeren Jahrgänge ... wurden noch zu Weihnachten 1944 nach Rußland verschleppt. Die Zahl der Lagerinsassen betrug durchschnittlich 14 000 bis 15 000.

Die Behandlung der Lagerinsassen war seitens der Partisanen insbesondere 1945 äußerst roh. Wir hatten damals eine serbische Frau, eine Partisanin, als Lagerkommandantin. Sie trieb alte Leute auf die Straße und befahl, das Gras mit den Fingernägeln herauszuscharren, sie schlug Männer und Frauen wegen Kleinigkeiten ... In einem Massengrab, 2 m breit und 2 m tief, hatten wir 500 bis 700 Tote in vier bis fünf Schichten aufeinandergelegt. Den Friedhof durften nur die Totengräber betreten. Es gab damals insgesamt 16 Totengräber ... Vier Totengräber führten die Toten aus dem Lager auf den Friedhof, entkleideten sie und schichteten sie in die ausgehobenen Gräber. Die Toten wurden auf Befehl der Partisanen nackt beerdigt; die Kleider mußten von den Totengräbern in einem Magazin abgegeben werden. Insgesamt sind vom 3. 12. 1944 bis zur Auflösung des Lagers am 17. 4. 1946 rund 9300 Personen gestorben.«[110]

Von der im Bericht erwähnten Deportation zum Arbeitseinsatz in die Sowjetunion an der Jahreswende 1944/45 waren zwischen 27 000 und 30 000 Jugoslawiendeutsche betroffen. Ein erheblicher Teil von ihnen kam unter den Strapazen der Zwangsarbeit ums Leben, der Rest wurde Ende 1949 entlassen.

Ein formaler Beschluß zur Vertreibung der im wiederhergestellten Jugoslawien verbliebenen Deutschen ist – soweit bisher bekannt – nie gefaßt worden. Der »Antifaschistische Rat der Volksbefreiung Jugoslawiens« (AVNOJ) – das oberste provisorische Staatsorgan der Tito-Bewegung – hatte allerdings bereits am 21. November 1944 die Enteignung der Deutschen und die Aberkennung ihrer Bürgerrechte beschlossen. »Sämtliches Vermögen von Personen deutscher Volkszugehörigkeit außer dem derjenigen Deutschen, die in den Reihen der Nationalen Befreiungsarmee und der Partisaneneinheiten Jugoslawiens gekämpft haben« sowie »sämtliches Vermögen der Kriegs-

Aus Schäßburg stammt die älteste Urkunde (1526), die auf die Existenz der sächsischen Nachbarschaften in den Städten hinweist. Die Nachbarschaften, die Gesamtheit der Hausbesitzer, übernahmen als selbständige Körperschaften Aufgaben in der kommunalen Selbstverwaltung, unter anderem bei der Überwachung der Stadttore, der Nachtwache in den Straßen oder beim Eintreiben der Steuern.

Temeschwar, die letzte wichtige Bastion des Osmanischen Reiches in den Ländern der Stephanskrone, zwang »Son Altesse Le Serenissime et Victorieux Eugenes Prince de Savoye« am 17. Oktober des Jahres 1716 zur Aufgabe. Der Besitz des Banats und Mercys Einrichtungswerk waren somit gesichert, und die österreichische Großmachtbildung näherte sich ihrer weitesten territorialen Ausdehnung. Der Friede von Passarowitz schrieb die Ergebnisse dieses machtpolitischen Gestaltungswandels des Südostens am 21. Juli 1718 fest. Der Ausbau Temeschwars zum Mittelpunkt des Banats begann. Für den bestimmenden Machtanspruch des Kaisers gegenüber Kirche und ungarischen Ständen ist charakteristisch, daß der Dom von Temeschwar, zwischen 1736 und 1774 erbaut, nicht als Bischofskirche, sondern im Auftrag Kaiser Karls VI. vom Wiener Hofbauamt entworfen wurde.

verbrecher und ihrer Helfershelfer ohne Rücksicht auf ihre Staatsbürgerschaft« ging in das Eigentum des Staates über.[111] Mit fast 640 000 Hektar enteigneter Fläche stellte die deutsche Minderheit etwa vierzig Prozent des gesamten Bodens, der durch die im August 1945 beschlossene Agrarreform neu verteilt wurde.

Ebenfalls im August 1945 wurde ein Gesetz über die Wählerlisten erlassen, das eine Reihe diskriminierender Klauseln enthielt, die den Volksdeutschen das Wahlrecht verweigerten. Auch das wenige Tage später verabschiedete Staatsbürgerschaftsgesetz enthielt weitgefaßte Bestimmungen, mit deren Hilfe die Deutschen zu staatenlosen Bürgern zweiter Klasse degradiert werden konnten. Ob auf diese Weise doch noch eine Vertreibung der Deutschen vorbereitet werden sollte, bleibt unklar. Ein im Januar und erneut im Mai 1946 der amerikanischen Botschaft in Belgrad überreichtes Aide-mémoire der jugoslawischen Regierung, in dem unter fälschlicher Berufung auf das Potsdamer Abkommen der »Transfer der gesamten deutschen Minderheit« nach Deutschland gefordert wurde, blieb infolge der amerikanischen Ablehnung ohne jede Wirkung. Zu einer direkten Vertreibung kam es deshalb nur partiell, nämlich in Slowenien und Teilen Slawoniens. Die Deutschen in den anderen Gebieten Jugoslawiens wurden in Lagern zusammengefaßt und zur Zwangsarbeit eingesetzt. Viele Tausende ließen dabei ihr Leben, andere konnten aus den Lagern fliehen. Die Flucht nahm immer größere Ausmaße an und wurde schließlich von den Behörden bewußt geduldet oder gar gefördert. Der Rest der Deutschen konnte aufgrund von Ausreiseanträgen seit Ende der vierziger Jahre das Land legal verlassen.

Hitlers Balkanfeldzug vom April 1941 und die anschließenden Ereignisse ließen die Jugoslawiendeutschen infolge von Umsiedlung, Flucht, Vertreibung und Vernichtung zu einer unbedeutenden Minderheit zusammenschmelzen. Bei der ersten Nachkriegszählung von 1948 wurden lediglich 55 000 Deutsche in Jugoslawien registriert. Mehrere tausend Personen, die zuvor zur »Deutschen Volksgruppe« gezählt hatten, gaben sich nun als Ungarn, Serben, Kroaten oder Slowenen aus. Nach einem vorübergehenden statistischen Anstieg bei der Volkszählung von 1953 nahm die Zahl der Deutschen infolge Auswanderung seit Mitte der fünfziger Jahre kontinuierlich ab und belief sich 1981 auf weniger als 9000 Personen.[112] Schätzungsweise 29 000 Männer waren im Verlauf des Zweiten Weltkriegs gefallen, und weitere 69 000 Zivilpersonen – Frauen, Männer und Kinder – hatten in Internierungslagern, auf der Flucht oder infolge von Gewaltakten bei Kriegsende den Tod gefunden.[113]

Rund zweihundert Jahre hatten die Deutschen »in guter Nachbarschaft mit Serben, Kroaten, Ruthenen, Slowaken, mit Juden und Zigeunern (gelebt). Alle diese Völkerschaften waren vertreten in den Gebieten, in welchen die Deutschen siedelten, eine Völkergemeinschaft wie nirgends sonst in der Welt. Es gab einzelne Dörfer, wo gleichzeitig Angehörige von vier und fünf Völkern nebeneinander friedlich mitsammen lebten.«[114] Mit dem Siegeszug des exklusiven Abstammungsnationalismus war dieses Miteinander zunehmend in Frage gestellt worden. Aber erst die nationalsozialistische Agitation der »Erneuerer« in den dreißiger Jahren sowie Hitlers Überfall auf Jugoslawien und seine katastrophalen Folgen haben dem jahrhundertelangen Zusammenleben der Deutschen mit Angehörigen anderer ethnischer Gruppen im jugoslawischen Raum ein jähes, oft qualvolles Ende bereitet. Die Deutschen wurden seit Ende 1944 nicht in erster Linie aus ethnischen Gründen verfolgt, weil sie deutsch waren, sondern weil ihr Deutschtum seit den dreißiger Jahren politisch und ideologisch besetzt und überformt worden war. Für die Einsicht, daß die Mehrheit der Deutschen von ihrer eigenen Führung und vom Hitler-Regime skrupellos mißbraucht worden war, bestand in der aufgeladenen Atmosphäre bei Kriegsende kein Raum. Die Eskalation der Gewalt auf jugoslawischem Boden, die durch Hitlers Überfall ausgelöst worden war und schnell ihre Eigendynamik entwickelt hatte, konnte nicht von heute auf morgen angehalten werden, selbst wenn die politisch Verantwortlichen dies gewollt hätten, was aus triftigen Gründen bezweifelt werden muß.

Die zeitgeschichtliche Forschung in Jugoslawien nach 1945 stand im Dienst historischer Mythenbildung und war an einer unvoreingenommenen Analyse der Kriegsereignisse nicht interessiert. Auch die jugoslawiendeutschen Autoren taten und tun sich schwer, mit jenem Teil ihrer Vergangenheit ins Reine zu kommen, der Umsiedlung, Flucht und Vergeltung unmittelbar vorausging.

Am Rande des Reiches, am Rande der Nation: Deutsche im Königreich Ungarn (1867–1914/18)

GÜNTER SCHÖDL

Vielvölkerreich und ungarische Staatsbildung

NATION – MINDERHEIT – NATIONALISMUS

Der staatlich-politische Rahmen für die Entfaltung der südostdeutschen Minderheit wurde 1866/67 durch eine nations- und reichspolitische Weichenstellung geschaffen.[1] Die deutsche Nationalbewegung wurde auf ein kleindeutsch-preußisches Minimalprogramm zurechtgeschnitten. Die Habsburgermonarchie wurde auf den Status eines multinationalen Doppelstaates jenseits der deutschen nationalen Staatsbildung abgedrängt. Die im »Reichsrat vertretenen Königreiche und Länder« ebenso wie die »Länder der Ungarischen Krone« nahmen der deutschen Bevölkerung die Chance einer Nationalpolitik mit dem Ziel gemeinsamer Staatsbildung. Was blieb, war die Erinnerung an eine deutsche Kulturnation, in mehr oder weniger ausgeprägter Form auch deutscher Nationalismus. Die Deutschen, die in Monarch und Dynastie keine nationalpolitische Stütze erblicken konnten, waren durch den »dualistischen« Umbau der Habsburgermonarchie in beiden Reichsteilen zur Minderheit geworden. Weder Cis- noch Transleithanien ließen ihrer deutschen Bevölkerung eine nationalpolitische Perspektive. Zwar wurde in Österreich der nationale, der »deutschnationale« Impuls bürgerlich-liberaler Politik nicht völlig von der vor- und übernationalen deutschen Wirklichkeit absorbiert. Hier sollte im Verlaufe der achtziger Jahre eine junge liberale Generation sogar beginnen, das Fehlen einer übernationalen österreichischen Staatsidee mit einem – aber eher nur emotionalen – Bekenntnis zur deutschen Nation zu überdecken. Dieser letztlich »systemkonforme« deutsche Nationalismus, der eigentlich eine deutschösterreichische Integrationsideologie war, wurde am Ausgang des Jahrhunderts zur stärksten deutschen Parlamentsfraktion zwischen Christlichsozialen und Sozialdemokraten. Dagegen scheiterte die radikale »alldeutsch«-schönerianische Partei, die mit Teilen einer deutschen Schutzvereinsbewegung in Österreich eng verbunden war. Sie mußte – nach Anfangserfolgen während der Krise des großbürgerlichen deutschen Liberalismus und an der Jahrhundertwende im Zeichen der zugespitzten deutsch-tschechischen Spannungen – schließlich anerkennen, daß es keine gesamtdeutsche Nationalbewegung mehr geben konnte, mithin auch nicht die geforderte Vervollständigung Preußen-Deutschlands zum großdeutschen Nationalstaat auf den Trümmern der Habsburgermonarchie.[2]

Noch weniger Resonanz als bei der deutschösterreichischen Bevölkerung und im Deutschen Reich selbst erzielte dieses »deutschvölkische« Programm bei der deutschen Bevölkerung Ungarns. Im Grunde waren hier schon vor der deutschmitteleuropäischen Zäsur von 1866/67 die Weichen zuungunsten einer Politisierung in deutschnationalem Sinne gestellt worden. Weder Mobilisierung und Politisierung noch Sogkraft der deutschen Nationalbewegung waren stark genug ausgeprägt gewesen, die Deutschen in Ungarn zu einen und auf das Ziel staatlicher Einheit hin auszurichten. Soweit die deutschungarische Bevölkerung überhaupt politisch aktiv wurde, was im wesentlichen nur Teile des Stadtbürgertums sowie die Sprachinseln der Siebenbürger und Zipser Sachsen betraf, war unübersehbar: was an kulturnationaler Verbundenheit und dynastischer Loyalität vorhanden war, genügte nicht mehr zur Überwindung der großen räumlichen, auch politisch-wirtschaftlichen »Entfernung« von dem entstehenden Preußen-Deutschland. Statt dessen verstärkte sich, was während der Erhebung von 1848/49 gegen Wien und während des Neoabsolutismus hie und da im deutschen Stadtbürgertum schon zu beobachten gewesen war. Ehe die deutschen Bevölkerungsgruppen Ungarns insgesamt von der Politisierung erfaßt waren, hatte es eine Vorentscheidung gegeben: zum einen gegen eine einheitliche politische Bewegung aller Deutschen, zum anderen zugunsten eines »ungarischen«, staatsbezogenen Patriotismus; dieser ist allerdings nicht gleichzusetzen mit einer Bindung an das »magyarische« Ethnikum oder gar an die »magyarische« Nation. Was sich in diesem Sinne etwa in den Zipser Städten bereits abzeichnete, fand in Siebenbürgen keineswegs Anklang. Es konnte die Masse der deutschen Bauern im Landesinnern und im Süden überhaupt nicht erreichen. Diese befanden sich letztlich noch immer in einem vor-nationalen Stadium politischer Passivität.

Insgesamt war unübersehbar: Die deutsche Bevölkerung Ungarns war in der Mitte des 19. Jahrhunderts, als sich gleichzeitig kleindeutsches Bewußtsein und ungarischer Staatspatriotismus festigten und durchsetzten, ganz anders als die deutsche Bevölkerung Österreichs nicht von der deutschen Nationalbewegung durchdrungen worden.[3] Das weithin vorhandene kulturnationale Zusammengehörigkeitsbewußtsein hatte dafür nicht einmal bei den protestantischen Siebenbürger Sachsen eine geeignete Grundlage abgegeben. In dieser Situation kommt der Durchbruch der magyarischen Nationalbewegung 1867: die Erneuerung der ungarischen Staatlichkeit gegen Wien und gegen den – durch preußisch-deutsche und italienische Staatsbildung geschwächten – deutschösterreichischen Zentralismus bindet politisches Interesse und politisches Sentiment der Deutschen in Ungarn zumindest außerhalb Siebenbürgens in hohem Maße. Nicht Wien und nicht das weit, zu weit entfernte Preußen wurden zum Orientierungspunkt der deutschungarischen Bevölkerung, soweit sie überhaupt vom Politisierungsprozeß erfaßt wurde, sondern die ungarische Hauptstadt und die hocharistokratische Führungsschicht des jungen Staates.

DIE TEILUNG DER MACHT: DER »AUSGLEICH« VON 1867 UND DIE UNGARISCHE NATIONALITÄTENPOLITIK

Die politischen Voraussetzungen der magyarischen Vorherrschaft in Ungarn wurden durch die Verfassungsreform des Jahres 1867, durch den österreichisch-ungarischen »Ausgleich« geschaffen. Die Bereitschaft der Krone, Ungarns Staatlichkeit wiederherzustellen und wesentlich aufzuwerten, wurde zunächst im Laufe des Jahres 1867 signalisiert. Die 1849, als Ungarn zu einem österreichischen Kronland degradiert worden war, außer Kraft gesetzte ungarische Verfassung und ein eigenes ungarisches Ministerium wurden nun zu Symbolen einer zugunsten Ungarns veränderten Machtverteilung. Schließlich folgte Franz Josephs Krönung zum ungarischen König am 8. Juni 1867.

Ohne daß in der Folgezeit bis zum Ende Österreich-Ungarns im Jahre 1918 jemals das Ausmaß der ungarischen Selbständigkeit beziehungsweise der verbliebenen Gemeinsamkeit allgemein anerkannt geklärt worden wäre, wurde der neu geschaffene Staat zu einer Art Juniorpartner der Krone. Ob man die Doppelstaatlichkeit oder die Einheit zweier Reichshälften betont, der Krone war es jedenfalls gelungen, nach den Niederlagen gegen die italienische und die deutsche Nationalbewegung den gefährlichsten verbliebenen Gegner des Reiches, die magyarische Nationalbewegung, als interessierten Teilhaber der Monarchie zu gewinnen. Die magyarische Nationalbewegung machte eine Metamorphose zur wertvollen Stütze von Zusammenhalt und Großmachtstellung der Habsburgermonarchie durch. Für die nationalen Minderheiten Ungarns bedeutete dies, daß sich zwischen sie und die Krone die magyarische Nationalbewegung als Träger ungarischer Staatlichkeit schob. Die deutschen Bevölkerungsgruppen Ungarns mußten sich fortan auf veränderte Existenzbedingungen einstellen. Nicht mehr das übernationale Reich einer deutschen Dynastie unmittelbar, sondern ungarische Politik, die einen magyarischen *Nationalstaat* schaffen wollte, war der Bezugspunkt des eigenen Politisierungsprozesses geworden.

Den dualistischen Charakter des reformierten Staatswesens bestimmte nicht etwa eine gemeinsame Verfassung, sondern das Nebeneinander zweier Staatsgrundgesetze, des ungarischen Gesetzartikels XII vom 12. Juni und des österreichischen Staatsgrundgesetzes vom 21. Dezember 1867. Letztlich auf die Pragmatische Sanktion von 1713/23 zurückverweisend, legt das Ausgleichswerk in parallelen österreichischen und ungarischen Gesetzen eine Reihe unabänderlicher sowie weiterer variabler Gemeinsamkeiten der beiden – staatsrechtlich selbständigen – Reichshälften fest. Die für den Ausgleich konstitutiven Vereinbarungen bestimmten zunächst als unabänderliche gemeinsame Angelegenheiten der beiden Staaten die auswärtigen Angelegenheiten, das Militär und das darauf bezogene Finanzwesen; als gemeinsame k.u.k. Reichsministerien werden das Ministerium des Äußern, das Reichskriegsministerium und das Reichsfinanzministerium genannt. Ihnen korrespondieren als parlamentarische Vertretungskörper die sogenannten Delegationen der beiden Zentralparlamente, die ihrerseits – auf ungarischen Wunsch – keinesfalls als gemeinsames Parlament gedacht waren. Dazu kam die Definition des gemeinsamen Herrschers als Träger zweier staatsrechtlich getrennter Monarchenfunktionen, derjenigen als Kaiser von Österreich und derjenigen als König von Ungarn. Als weitere, aber alle zehn Jahre neu zu verhandelnde, gemeinsame Angelegenheiten wurden »Quote« sowie »Zoll- und Handelsbündnis« genannt. Ersteres betraf den anteiligen finanziellen Beitrag der beiden Reichshälften zu den gemeinsamen Angelegenheiten und zur allgemeinen Staatsschuld, letzteres galt der Gesamtheit der österreichisch-ungarischen Wirtschafts- und Finanzpolitik. Zwar erforderten die Übernahme der Verwaltung Bosnien-Herzegowinas 1878 als gemeinsame Aufgabe und – angesichts des wachsenden ungarischen Unabhängigkeitsstrebens – 1907 das vierte Zoll- und Handelsbündnis eine gewisse Modifizierung des Ausgleichs. Aber selbst die lockerere Form eines bloßen Handelsvertrages führte nicht zur Anerkennung zweier zollpolitisch getrennter Wirtschaftsgebiete. Die rechtliche Grundlage des Ausgleichs blieb also

Der Franz-Joseph–Platz (heute Roosevelt-Platz) am Pester Donauquai, die Bühne der österreichisch-ungarischen Ausgleichs im Jahre 1867: Im Gebäude der 1828 gegründeten Akademie der Wissenschaften fanden erste Reichstagssitzungen statt, und auf dem Krönungshügel davor zeigte sich der Monarch am 8. Juni 1867 als König von Ungarn.

im wesentlichen erhalten, auch wenn die politische Identifizierung hiermit auf ungarischer Seite fortwährend abnahm.

Anders als es die damit verbundene ungarische Selbstdarstellung besagte, war nicht nur Österreich, sondern auch Ungarn noch kein vollintegrierter Einheitsstaat. Dieser Umstand war – zusammen mit dem Bewußtsein, von deutscher Bevormundung und slawischer zahlenmäßiger Übermacht in der eigenen nationalen Identität bedroht zu sein – eine Quelle der herausragenden Dynamik der magyarischen Politik. Die öffentliche Meinung sah die Erhaltung der bedrohten magyarischen Identität und die Vereinheitlichung Ungarns per »Magyarisierung« als unlöslich miteinander verbunden an. Insgesamt erforderte dies eine kollektive Willensanstrengung unter Herausbildung einer nationalen Elite eindeutig vor Entfaltung jener wirtschaftlichen und gesellschaftlichen Schichtung, die aber weithin in der modernen Nationalismustheorie als Voraussetzung von Mobilisierung und Nationalisierung der politischen Kultur gilt. Diese Impulse von Selbstbewußtsein, Elitenbildung und politischem Handlungswillen gesamtungarischen Zuschnitts wurden auch prägend für das politische Verhalten der deutschen Bevölkerung, und zwar bis zum Ende der Monarchie, in manchen Gebieten auch darüber hinaus. Man kann diese Haltung wohl als eine Art vormodernen, übernationalen Patriotismus bezeichnen. Er bezog sich – so schlecht dies zeitweise auch miteinander zu vereinbaren war – zugleich auf ungarischen Staat und habsburgische Dynastie. Die Deutschen konnten sich dieser kollektiven Verhaltensprägung nicht entziehen. Eine gewisse Einschränkung ist nur für die Siebenbürger Sachsen zu machen.

Dieser Zustand politisch-kultureller Homogenisierung war das Ergebnis gemeinsamer Verweigerung gegenüber den Wiener Zumutungen von Absolutismus, Zentralismus und Germanisierung seit 1849. Die Intensität des kollektiven, langfristig verhaltensprägenden Motivationsschubs läßt sich durch einen Blick auf die seit der Katastrophe von 1849 erhobenen und schließlich erreichten Kardinalforderungen ungarischer Politik erfassen. Da ging es um die Anerkennung einer geschichtlichen Kontinuität ungarischen Staatsrechts. Noch das Oktoberdiplom von 1860 schrieb kollegiale, parlamentarisch nicht verantwortliche Hofkanzleien für Ungarn, Siebenbürgen und Kroatien fest. Dies sollte ein Damm gegen die Zeit sein, gegen nationale ungarische Ministerien, wie sie 1848 geschaffen worden waren. Im April 1861 verbindet der ungarische Landtag in offener Wendung gegen das Februarpatent als oktroyierter Anti-Verfassung die Weigerung, Deputierte zum Wiener Reichsrat zu wählen, mit der Forderung, seinerseits als Parlament der ungarischen Länder die überfällige Vervollständigung durch siebenbürgische und kroatische Deputierte zu erhalten.

Dieser Kampf um die territoriale Definition eines künftigen ungarischen Staates bezog sich zum einen auf das Königreich Kroatien-Slawonien-Dalmatien einschließlich Rijeka, dessen Unabhängigkeit von Ungarn die Krone noch im Reskript vom 12. November 1861 sanktionierte und, was Dalmatien betrifft, dessen – rechtlich nur provisorische – Verbindung mit Österreich sie 1861/67 auch bekräftigte. Zum anderen ging es um Siebenbürgen, dessen eigene Entwicklung noch 1863 durch die Teilnahme »sächsischer« Deputierter am Wiener Reichsrat als einziger transleithanischer Vertreter dokumentiert wurde. Erst am 6. Dezember 1865 endete durch Landtagsbeschluß die staatsrechtliche Existenz Siebenbürgens. Die eigentliche Fusion Siebenbürgens – mit den Einschränkungen des kroatisch-ungarischen Ausgleichs von 1868 – kam erst 1867 zustande, die volle Integrierung der »Militärgrenze« zwischen 1871 und 1881. Ein weiteres Feld nationaler Selbstbehauptung wurde die Nationalitätenpolitik. Zwar enthielt auch das Februarpatent keine grundsätzliche nationalitätenpolitische Regelung, aber im Oktoberdiplom von 1860 hatte die Krone bereits grundsätzlich auf den gesamtstaatlichen Vorrang der deutschen Sprache verzichtet. Dies war ein Signal für die sprachliche Nationalisierung beziehungsweise Magyarisierung Ungarns, wo die magyarische Amtssprache wieder eingeführt wurde. Auch wenn die Krone wiederholt die Gleichberechtigung der nichtmagyarischen Minderheitssprachen in Siebenbürgen, der serbischen Woiwodschaft und dem Temescher Banat entgegen jeder gezielten Druckausübung betont hatte.

Dennoch waren nun die Weichen gestellt für die Vorrangposition des Magyarischen seit 1867 als Sprache einer Staatsnation. Das ungarische Nationalitätengesetz von 1868 stellt klar: Es gibt eine – magyarische – Staatsnation, mit der sich die gesamte Bevölkerung identifizieren soll, und nur eine Staatssprache. Diese parteiische Festlegung des Gesetzgebers, die zugleich ein Indiz ist für Dynamik und unfertige Grundorientierung der ungarischen Politik, steht im bemerkenswerten Gegensatz zu der großzügig souveränen, obwohl ebenfalls nicht befriedigenden Formulierung des österreichischen Staatsgrundgesetzes, die noch auf den Kremsierer Verfassungsentwurf von 1849 zurückging: »Alle Volksstämme des Staates sind gleichberechtigt. Und jeder Volksstamm hat ein unverletzliches Recht auf Wahrung und Pflege seiner Nationalität und Sprache. Die Gleichberechtigung aller landesüblichen Sprachen in Schule, Amt und öffentlichem Leben wird vom Staate anerkannt.«[4] Demgegenüber das ungarische »Nationalitätengesetz«, Gesetzartikel XLIV, das am 24. November beziehungsweise 6. Dezember im ungarischen Reichstag diskutiert und vom König sanktioniert worden ist: Das Gesetz ist durchdrungen vom unbedingten Vorsatz, Ungarn als einen magyarisch-nationalen Staat zu gestalten.

Die Definition des kaum die Hälfte der Bevölkerung stellenden magyarischen Ethnikums als Staatsnation ließ den anderen ethnischen und nationalen Gruppen nur den Rang von Minderheiten beziehungsweise »Nationalitäten«. Dieser konzeptionelle Kern der ungarischen Nationalitätenpolitik blieb bis zum Ende der Monarchie erhalten. Der Staat Ungarn sollte sich als folgerichtiges Ergebnis der magyarischen Nationalbewegung entwickeln. Trotz aller Rücksicht auf das Ausgleichswerk als Ganzes hielten selbst Pragmatiker und Reformer wie Ferenc Deák und Baron József Eötvös am Vorrang der magyarischen Nation und der politisch territorialen Homogenität Ungarns fest. Dieser Grundgedanke einer Nation, die ihr Avancement von der Rolle des Staatsfeindes zum Juniorpartner der Krone stets gefährdet sah, ließ es nicht zu, der knappen nichtmagyarischen Mehrheit irgendeine Aussicht auf Gleichberechtigung oder gar Autonomie zu eröffnen. Daher wurden in die Vorbereitung der Gesetzesvorlage die Memoranden rumänischer, slowakischer und serbischer Nationalitätenpolitiker, entsprechend der sprachlich-ethnischen Gliederung Ungarns abgerundete Gebiete mit Selbstverwaltungskompetenzen zu schaffen, überhaupt nicht einbezogen. Eine Ausnahme wurde nur für Kroatien gemacht, dessen historisch-staatsrechtlichen Anspruch auf partielle Autonomie man schon deswegen anerkennen mußte, weil man sonst die eigene, ähnlich angelegte Argumentation gegenüber der Krone entwertet und die Hoffnung auf einen Anschluß Dalmatiens selbst zerstört hätte. Der positive Inhalt des Gesetzes beschränkte sich weitgehend auf Detailbestimmungen zum Sprachgebrauch in Verwaltung, Bildungswesen und Öffentlichkeit. Damit, so lautete die Rechtfertigung, sei der einzig denkbare Bereich einer Benachteiligung von Minderheitsangehörigen abgedeckt, denen ansonsten die gleichen Rechte zustünden wie jedem Bürger Ungarns. Einen darüber hinausreichenden Regelungs- beziehungsweise Schutz- oder gar Förderungsbedarf gebe es nicht.

Im einzelnen wurde unter anderem der Sprachgebrauch bei Komitaten und Munizipalstädten geregelt. Hier konnten Sprachen der Nationalitäten neben beziehungsweise statt des Magyarischen gebraucht werden, wenn dies zwanzig Prozent der Volksvertreter befürworteten. Redner in Komitatsversammlungen konnten ebenso wie die Beamten in Komitat und Munizipien sowie Parteien vor Gericht unter bestimmten Bedingungen das an sich anzuwendende Magyarische durch Nationalitätensprachen mehr oder weniger ausgedehnt ersetzen. Auch in den Gemeindeverwaltungen sollte jedermann das Recht haben, die ihm geläufige Sprache zu gebrauchen. Den Kirchen, vor allem den griechisch-orthodoxen Kirchen der Rumänen und Serben sowie der griechisch-katholischen Kirche, würde durch weitere Regelungen eine großzügig bemessene Autonomie zugestanden. Während an Universitäten, wo es Lehrstühle für Minderheitensprachen geben mußte, das Magyarische Pflichtsprache war, konnte in den Schulen der jeweilige Träger unter Umständen besondere Unterrichtssprachen wählen. Grundsätzlich mußte im Siedlungsgebiet von Nationalitäten die schulische Ausbildung in der Muttersprache bis hin zur Hochschulreife gesichert sein.

In der modernen, liberalen Gesellschaft gleichgestellter Bürger bestehe, so argumentierte man gemeinhin, zwischen der Rechtssituation des einzelnen einerseits und seiner eventuellen Zugehörigkeit zu sprachlichen oder ethnischen Minderheiten andererseits kein Zusammenhang. Demnach, so später die rechtliche Rückendeckung für massive Magyarisierungsbestrebungen, bedürfe es keiner rechtlichen Absicherung oder gar positiven Diskriminierung national motivierter Gruppen-, Parteibildung und ähnlichem.

Diese Auffassung von den Aufgaben einer gesetzlichen Regelung der Nationalitätenangelegenheiten hatte eine klare Stoßrichtung. Sie war letztlich darauf gerichtet, eine Politisierung der Nationalitäten zu verhindern. Die Angehörigen ethnischer Minderheiten sollten lediglich als Individuen, nicht aber als Gruppen am politischen Prozeß teilhaben. Auf diese Weise sollte die Politisierung zur Identifizierung mit dem ungarischen Staat und mehr oder weniger auch der magyarischen Staatsnation führen. Was nach Karl Deutsch und anderen an sich die gegebene Konsequenz des Politisierungsprozesses für ethnische Minderheiten darstellt, sollte dagegen unterbleiben, nämlich ihre Nationalisierung, ihre Aktivierung und zugleich Homogenisierung durch eine eigene nationale Identität.

Es war nicht nur die politische Tradition ungarischer Staatlichkeit und magyarischen Selbstbewußtseins, die der ungarischen Politik diese Zielrichtung vorgab. Darüber hinaus kam auch eine defensive Überlegung, vielfach wohl sogar Existenzangst bis an den Rand der kollektiven Paranoia, zum Tragen. Es gehörte zum Fundus politischen Bewußtseins, daß die Magyaren von den anderen, vor allem den Slawen, umgeben und bedroht seien. Tatsächlich war die Bevölkerung des mühsam errungenen eigenen Staates mehrheitlich nicht magyarisch. Falls die Nationalitäten als solche die politisch-staatliche Emanzipation einklagten, konnten sie sich sogar auf das magyarische Vorbild der Auseinandersetzung mit Wien und der Krone berufen. Dieser Gefahr, im eigenen Staate zur Minderheit zu werden oder doch weitgehend in die Isolation zu geraten, glaubte man also begegnen zu müssen. Da bot es sich an, den durch Ausgleich und Industrialisierung ohnehin notwendig werdenden gesellschaftlichen Umbruch auch zur Auflösung der kollektiven Identität ethnischer Minderheiten zu nutzen und möglicherweise deren Mobilisierung als politische Gruppen zu verhindern.

Selbstverständlich bezog sich diese minderheitenpolitische – im zeitgenössischen Sprachgebrauch »nationalitätenpolitische« – Zielstellung der ungarischen Politik im Zeitalter des Dualismus auch auf das Verhalten gegenüber den Deutschen, die eine der nichtmagyarischen Minderheiten darstellten. Sprache und Herkunft, dynastische, aber auch konfessionelle und kulturelle Bindungen machten sie ohnehin zum geborenen Partner, wenn nicht zum Trojanischen Pferd Wiens in der transleithanischen Reichshälfte. Und doch ist diese an sich naheliegende Beurteilung der Lage der Deutschen nicht ganz zutreffend. Sie galten ja nach magyarischer Einschätzung – so könnte man zugespitzt sagen – keineswegs ohne weiteres als Deutsche, konsequenterweise auch nicht eigentlich als eine deutsche Minderheit. Diese weitverbreitete Gewohnheit, ihnen den Minderheitsstatus gar nicht zuzubilligen, war mehr als ein definitorischer Kunstgriff, mit dem man einem geschlossenen politischen Auftreten der Deutschen von vornherein die Grundlage entzog, es lag darin auch die langfristig gewachsene Kenntnis ihres Verhaltens.

Zwar war die Bedeutung der deutschen beziehungsweise nur deutschsprachigen Bevölkerung Ungarns gar nicht zu übersehen. Schließlich handelte es sich um die nach der rumänischen zweitgrößte unter den zahlreichen nichtmagyarischen Bevölkerungsgruppen. Hinzu kam die Tatsache existenznotwendiger enger Beziehungen zum benachbarten deutschen Sprachraum. Diese mußten zusammen mit dem vielerorts überproportionalen Gewicht im Wirtschaftsleben Ungarns insgesamt die Bedeutung der Deutschen weit über den bloßen Bevölkerungsanteil hinaus steigern. Sicherlich kann nicht wie im Falle der spätmittelalterlichen, vorosmanischen Blütezeit des Königreichs Ungarn von einer »(ober)deutschen Hegemonie« in Städtewesen und Wirtschaftsleben gesprochen werden,[5] wohl aber von einer geradezu konstitutiven Rolle der Deutschen als einziger Minderheit Ungarns. Und dennoch – so paradox dies klingt – ist die in Ungarn von jeher weit verbreitete Auffassung, es gebe überhaupt keine deutsche

Minderheit, nicht ohne Grundlage gewesen. Vor allem zielte sie auf eine historische Erfahrungstatsache: Die Deutschen kamen von jeher wegen ihrer besonderen Beziehungen zu Krone und Reich sehr viel weniger als die anderen Nationalitäten für eine oppositionelle Rolle in Frage. Außerdem hatten die Magyaren sie in der Geschichte nie als geschlossene Gruppe erfahren, »deutsche« Bevölkerung und »deutscher« Einfluß waren in Ungarn im Grunde immer, von den Anfängen der Arpadenzeit an, präsent gewesen. Und auch »deutsche« Zuwanderung, insofern man sie im Hinblick auf das Mittelalter so nennen kann,[6] war geradezu eine Konstante der Geschichte des Landes.

Stufen der Nationalisierung: von »Deutschungarn« zur »ungarndeutschen Gemeinbürgschaft«

DEUTSCHE IM SÜDOSTEN: ZWISCHEN DIASPORA UND MINDERHEIT

Die Deutschen sind also zu verschiedenen Zeiten zugewandert. Sie haben sich ohne Siedlungszusammenhang niedergelassen. Nie bildeten sie ein geschlossenes oder wenigstens einigermaßen zusammenhängendes Netzwerk funktionaler und bewußtseinsmäßiger Wechselbeziehungen. In der Mitte des 19. Jahrhunderts war daher weder für die Magyaren noch für die Betroffenen selbst eine deutsche, sozusagen eine »ungarndeutsche« Einheit zu erkennen. Weder eine nationale Elite, die eine solche gemeinsame Identität inhaltlich formuliert hätte, noch ein einheitliches politisch-gesellschaftliches Auftreten zeichneten sich ab. Statt dessen prägte die multipel-zusammenhanglose Schwerpunktbildung im Laufe nahezu eines Jahrtausends nunmehr die Ausgangssituation der Deutschen im wiederhergestellten Königreich Ungarn.

So wenig ausschlaggebend der Mangel allein schon an siedlungsmäßigem Zusammenhang für das tatsächliche Gewicht der Deutschen im Donauraum jahrhundertelang auch gewesen war – nach 1867 und angesichts der tendenziellen Ausgestaltung Ungarns zu einem nationalmagyarischen Staat fanden sich die Deutschen in der kraß andersartigen Lage einer Diaspora. Ihre ethnische Existenz war gefährdet. Zu unterschiedlich waren ihre Lebensumstände und Lebensauffassungen, zu weit auseinander lagen ihre Wohngebiete. Ihre weitere, moderne Entfaltung zu nationaler Bewegung und politischer Handlungsfähigkeit lief Gefahr, zur Anpassung an das Staatsvolk, zur »Magyarisierung« umgebogen zu werden. Ein Teil der deutschen Siedlungsschwerpunkte war schon im Mittelalter entstanden. Die – im vor-nationalen Sinne – deutsche Zuwanderung zu Beginn dieses Jahrtausends stand in engem Zusammenhang mit dem inneren Landesausbau und der territorialen Ausdehnung des frühen ungarischen Staates. Im Norden und Osten bis an den Karpatenbogen und im Süden nach Kroatien-Slawonien reichend, erfuhr dieser eine weitere Phase verdichteter Zuwanderung zwischen der Mitte des 12. und dem Ende des 14. Jahrhunderts. Diese nach dem Mongolensturm in der Mitte des 13. Jahrhunderts verstärkte Zuwanderung kam in ihren wesentlichen Folgen für die Gesamtentwicklung Ungarns erst im späten 15. Jahrhundert voll zum Tragen. Bereits im späten 14. Jahrhundert begann die Ablösung einer mit dem Adel verbundenen Grundherren-Patrizier-Schicht durch ein neues Großhändler-Patriziat. Dieses wurde zu einem wesentlichen Bestandteil der weiteren Entfaltung von Städtewesen, Bürgertum und Wirtschaftsleben überhaupt bis zur Mitte des 15. Jahrhunderts.

Dann begann diese »ober(süd-)deutsche Hegemonie« (Jenő Szűcs) auch negative Zeichen einer Krise erkennen zu lassen. Sie war das Scharnier zwischen dem rückständigen, rohstoffreichen Land und der oberdeutschen, führenden Region des europäischen Handels. Dabei geriet Ungarn allmählich in die abhängig-passive Rolle eines bloßen Lieferanten von Rohstoffen und Agrarprodukten. Der Hinweis auf diese strukturbedingte Hemmschwelle für weitere »Verwestlichung« im späten Mittelalter sollte im 19. Jahrhundert ein wichtiges Versatzstück ungarischen Selbstverständnisses, ungarischer Selbstrechtfertigung und Selbststilisierung werden: Man behauptete im Hinblick auf die Gegenwart eine jeweils ähnliche Rolle des deutschen Einflusses. Zunächst sei er Motor, später aber Hindernis umfassender wirtschaftlich-gesellschaftlicher Modernisierung gewesen. Diese tiefen, nationalisierten Erinnerungen an wiederholte, stets unvollendete Modernisierungsspurts Ungarns waren unverzichtbar für das nationale Selbstbewußtsein, das die National- und Reformbewegung des 19. Jahrhunderts prägte. Selbst in gegenwärtigen Auseinandersetzungen über die Gestaltung einer Bürgergesellschaft westlichen Typs ist dieses inhaltliche Motiv zuweilen herauszuhören: die emotionalisierte Umdeutung vor-/nichtnationaler Gegensätze und Wechselbeziehungen in einen Kampf der Nationen, überhaupt die Deutung deutscher Präsenz in Ungarn als Ausdruck eines steten »Drangs nach Osten«, als eine Frühform des deutschen Imperialismus. In derartigen Auffassungen war ein Bestreben am Werk, ungarisches Eigenstereotyp und Selbstbewußtsein zu entlasten von der Verantwortung für das mehrfache Scheitern forcierter »Europäisierung«.

Es ist ein Indiz für die Nationalismusanfälligkeit einer politischen Kultur, wenn bestimmte historische Sachverhalte ignoriert werden, etwa die vielfältige Zusammensetzung der deutschsprachigen Bevölkerung, die aus mittel- und moselfränkischen Teilen des Reiches stammte, aus Flandern oder vom Niederrhein, aus Oberdeutschland und aus österreichischen Gebieten; oder die Tatsache, daß soziale Konflikte, selbst wenn sie mit ähnlichen Kampfformeln wie in modernen Zeiten ausgefochten wurden, noch nicht national bestimmt waren. So gab es vornationale Kampfkonstellationen zwischen magyarischen Patriziern und deutschen Handwerkern einerseits und deutschen Handelspatriziern andererseits. Ähnliches gilt für das Urteil über die deutsche Zuwanderung während des Zeitalters der Schwabenzüge zwischen dem Ende des 17. Jahrhunderts und dem frühem 19. Jahrhundert,[7] die eine nationalistische Umdeutung eben als Teil magyarischer Identitätssuche erfuhr. Neues Land zur Ansiedlung stand hier nach dem Sieg gegen die Osmanen vor allem in der Batschka und dem Banat sowie in bestimmten Teilen Innerungarns zur Verfügung. Die Krone beziehungsweise die königliche Kammer sowie die privaten Grundherren waren überzeugt, die Erschließung des Südostens sei nur mit Hilfe von Zuwanderern aus dem Westen zu erreichen. Dabei waren die deutschen Zuwanderer im Zusammenwirken mit Spaniern und Franzosen, Magyaren und Slowaken, Südslawen, Rumänen, Ukrainern und anderen über die Jahrhunderte zu einer erst im Zweiten Weltkrieg zerstörten Form multiethnischer Koexistenz gelangt. Nach ungesicherten, weit auseinandergehenden Schätzungen waren es etwa 100 000 bis 150 000 deutsche Zuwanderer aus dem Reich, die – bis zum Abschluß der klassischen Ansiedlungsphase im frühen 19. Jahrhundert – über die deutschen Siedlungsschwerpunkte entschieden. Die Zuwanderung aus nahezu allen süd- und mitteldeutschen Landschaften, darunter besonders aus Franken und Hessen, auch aus dem Bayerischen, dem Pfälzischen, aus Baden und Lothringen schuf ein Dutzend Siedlungsgebiete, in denen am Vorabend des Ersten Weltkrieges etwa zwei Millionen Deutsche leben sollten:[8]

- im Leitha-Gebiet (Komitat Moson)
- im Raab-Gebiet (Komitate Sopron und Vas)
- im Bakony-Gebiet (Komitat Veszprém)
- im Gebiet des Schildgebirges (Komitate Fejér, Komárom und Pest)
- im Mecsek-Gebiet (Komitate Tolna und Baranya = Schwäbische Türkei)
- in Südungarn (Komitat Bács-Bodrog = Batschka; Komitate Torontál, Temes und Krassó-Szörény, Banat und Komitat Arad)
- im Kraszna-Gebiet (Komitat Szatmár)
- im Tatra-Gebiet (Zips/Komitat Szepes)
- im Fatra-Gebiet (Komitate Turócz, Nyitra und Bars)
- in Streusiedlungen in Kroatien und Slawonien
- in Siebenbürgen.

Weitere Siedlungsschwerpunkte lagen in der Bukowina und in Galizien, in Bessarabien und der Dobrudscha. Am Ende des 19. Jahrhunderts stellten die Deutschen im Westen Ungarns sowie in der Schwäbischen Türkei im Durchschnitt etwa 65 Prozent der Bevölkerung, in einzelnen Bezirken aber über achtzig Prozent. In der Mehrheit der Siedlungsgebiete lagen die entsprechenden Anteile aber weit niedriger, etwa zwischen 35 und fünfzig Prozent. Dagegen machten die Deutschen in Siebenbürgen um 1900 kaum noch zehn Prozent der Gesamtbevölkerung aus. Eine knappe relative Mehrheit hatten sie im Komitat Groß-Kokel. Besondere Verhältnisse waren in den Städten gegeben: Während in Preßburg, Ödenburg, Temeschwar und Werschetz der deutsche Bevölkerungsanteil um 1900 bei vierzig bis fünfzig Prozent lag, waren es in Ofen (Buda, einschließlich Altofen) nur noch 27,2 Prozent (31 466 von 115 537) nach noch ungefähr siebzig Prozent im Jahre 1850. In Budapest insgesamt sinkt der deutsche Anteil zwischen 1880 und 1910 von 34,4 Prozent auf 9,0 Prozent (122 454 von 355 682 beziehungsweise 78 882 von 880 371).

Die statistischen Angaben machen deutlich, wo quantitativ das Schwergewicht der deutschen Bevölkerung in Ungarn lag. Vor allem lassen sie auch bestimmte Folgen des politisch-staatlichen und wirtschaftlich-gesellschaftlichen Wandels erkennen, die seit der Jahrhundertmitte für die deutsche Minderheit wichtig wurden, etwa daß die Deutschen eben nicht in einem einzigen, kompakten Gebiet lebten, sondern in mehreren Landesteilen siedelten, und zwar jeweils ohne einen Ort mit unbestrittenen Hauptstadtfunktionen. Dies gilt sogar für Siebenbürgen, wo ein Teil der Sachsen vergleichsweise zusammenhängend wohnte. Auch hier war das Zusammenleben mit Rumänen und Magyaren beziehungsweise Szeklern die Regel. Und auch hier gab es mehrere Städte, die in der Kommunikation der Minderheit eine zentrale Rolle spielten.

Diese beiden für die deutsche Minderheitsexistenz charakteristischen Sachverhalte – weder räumliche noch ethnische Geschlossenheit – treten bei einem Blick auf andere deutsche Siedlungsgebiete noch stärker hervor. Weit voneinander entfernte und multiethnische größere Orte wie im Süden Fünfkirchen und Werschetz sind auch

Bevölkerungsanteil der Deutschen in ausgewählten Städten[9]

		1880		1910		1919/1920/1930		
Region	Stadt	%	abs.	%	abs.	%	abs.	Jahre
	Budapest	33,0	119 902	8,9	78 882	6,4	60 425	1919
Oberungarn	Kaschau	16,7	4 358	7,2		5,2	3 354	1930
	Neusohl	20,0	1 434	8,2		4,4		1930
	Schemnitz	10,3	1 572	5,6		1,5		1930
	Thyrnau	26,4	2 861	15,0				
Zips	Käsmark	74,4	3 222	51,3		57,6	3 497	1919
	Göllnitz	73,8	3 105	54,7		63,7		1919
	Zipser Neudorf	31,2	2 249	17,0		18,4		1919
Westungarn	Preßburg	65,6	31 492	41,4		28,9	35 790	1930
	Ödenburg	73,7	16 425	51,1		48,0	16 911	1919
	Güns	74,8	5 290	36,4		39,0	3 314	1919
Südungarn	Fünfkirchen	18,0	5 121	13,5	6 356	10,6	5 034	1919
	Neusatz	25,1	5 353	17,6	5 918			
	Werschetz	57,5	12 839	49,6	13 556			
	Ungarisch-Weißkirchen	69,4	6 825	52,6	6 062			
	Temeschwar	56,6	18 539	43,6	31 644	35,3	29 188	1920
Siebenbürgen	Kronstadt	32,4	9 599	26,5	10 841	30,7	12 393	1920
	Hermannstadt	72,3	14 061	50,2	16 832	55,6	18 218	1920
	Mediasch	53,4	3 470	44,8	3 866	44,4	4 691	1920
	Bistritz	61,4	4 954	45,0	5 835	41,7	5 163	1920

an der westungarischen Peripherie mit Preßburg und Güns oder im Norden mit Schemnitz und Käsmark die städtischen Pfeiler zersplitterter deutscher Bevölkerungsteile. Unter den sehr verschiedenartigen wirtschaftsgeographischen und ethnisch-kulturellen Bedingungen zwischen dem Neusiedlersee im Westen und den Karpaten im Osten, zwischen der Hohen Tatra im Norden und der slawonischen Flußlandschaft im Süden waren die Deutschen anders als etwa Kroaten und Serben, Rumänen und Slowaken selbstverständlich nicht dazu disponiert, sich im neuen Staat der Magyaren als eine Minderheit zu organisieren. Auch in konfessioneller Hinsicht waren sie gespalten; während die Zipser und Siebenbürger Sachsen von der Reformation erfaßt worden waren, blieben die übrigen Deutschen katholisch – abgesehen wiederum von späteren evangelischen und reformierten Zuwanderern, besonders in den Städten.

Zwischen 1880, als die amtliche Statistik zuverlässige Daten zur konfessionellen Gliederung zu liefern beginnt, und 1910 bleibt diese Zuordnung im wesentlichen erhalten. Einer klaren katholischen Mehrheit von 66,52 beziehungsweise 67,33 Prozent (1 299 841 beziehungsweise 1 372 103 Einwohner) der Deutschen in Ungarn stehen unter anderem 20,26 beziehungsweise 21,08 Prozent Evangelische gegenüber (395 879 beziehungsweise 429 687 Einwohner) und 1,29 beziehungsweise 1,32 Prozent Reformierte (25 283 beziehungsweise 26 964 Einwohner). Der Anteil deutscher Juden be-

Schlachtenglück und politische Macht des Türkenbezwingers Prinz Eugen (1663 – 1736) faßte Johann L. von Hildebrandt in die architektonische Formensprache des Barock, als er 1701/02 in Ráckeve auf der 1698 erworbenen Insel Csepel ein ungarisches »Belvedere« errichtete.

Incipit probemium in tractatum de moribus condictionibus
et nequicia Turcorum.
Inmanissima persecutionum genera non tam humana quam
diabolica tribulationes ⁊ angustias ⁊ terrores nouissimorum
temporum que humano generi futura predicta sunt. et adhuc
cottidie annunciantur in serie tam noui quam veteris testamenti in hor
rendis traconum et bestiarum figuris Et stupendis coelorum et elemē
torum motibus et coelestium spirituum tam in solitis actibus et gesti
bus hactenus in codicibus legebamus. Nunc autem non multis exem
plaribus opus est cum manifestis experientiis luce clarius docemur ea
in foribus nostris adesse et ceruicibus nostris incessanter et indubitan
ter incumbere Uel forte non videmus illam cruentissimam beluam in
imicum crucis christi Draconem crudelissimum sectam dico et cateruā
turchorum infidelissimorum: demolitis cunctis partibus orientalibus
⁊ afflatu suo populi christiani multitudine infinita veneno sue infidelita
tis infecta finibus ytalie appropinquare et ad ruinam Romane ecclesie
quam solam dereliquerat totis viribꝰ inhiare. O quis non doleat super
tot ⁊ tantorum animarum morte quas cottidie apertis faucibus insatia
biliter deuorat. et sue dampnationis heredes facit. O perniciosa ⁊ cru
delis nimis persecutio O a seculis inauditum scelus. Non enim in cor
pora sicut ceteri persecutores sed in animas seuit. ⁊ dum corpora exte
rius fouendo sub pietatis specie non occidit interius fidem auferendo
animas sua diabolica astucia occidere intendit. Huius rei testimoniū
innumerabilis multitudo fidelium esse potest. Quorum multi promtissi
mi essent pro fide christi et suarum animarum salutem in fide christi mo
ri. quos tamen conseruando a morte corporali et ductos in captiuitatē
successum temporis suo infectos veneno fidem christi turpiter renegar
facit. huius rei veritatem et in meipso expertus didici. qui cum multo
mentis gaudio expectabam mortem pro fide christi subire. et tamen ut
inferius declarabo de igne feminarum extractus ⁊ vite redditus p suc
cessum temporis detentus in manibus eorum veneno erroris eorū q̄si
infectus de fide christi non modicum dubitaui et nisi misericordia dei
mihi affuisset et me custodisset turpiter eam negassem. Igitur mee intē
tionis in hoc tractatu est ea que de actibus condictionibus moribus et
nequiciis turcorum experientia me docuit memorie et scriptis recomē
dare. Ut si secunda vice quod deus auertat licet adhuc satis timeā me

Eines der ersten Bücher, die das Abendland über die Türken informierten, war ein anonymer Traktat, den ein 1438 nach der Eroberung von Mühlbach in Siebenbürgen für zwanzig Jahre in türkische Gefangenschaft geratener Schüler 1480 zur Warnung über »die Arglist der Türken« in Rom als Dominikanermönch schrieb. Ein Exemplar des Erstdrucks von 1481 verwahrt die Vatikanischen Bibliothek. Luther ließ das Werk 1530 in deutscher Übersetzung in Nürnberg drucken. Zwei Jahrhunderte später stehen die Türken dann vor Wien, eine Bedrohung des gesamten Abendlandes. Noch heute, so scheint es oft, ist dieses Trauma nicht überwunden.

trägt im Jahre 1880 noch 11,34 Prozent (223 449 Einwohner) und sinkt bis 1910 auf 9,97 Prozent (203 230 Einwohner). Der besonderen Struktur der deutschen Bevölkerung entsprechend muß man diese gesamtstaatlichen Angaben auf einzelne Landesteile beziehen, da sonst das eindeutige Dominieren der evangelischen Konfession bei den Deutschen in Siebenbürgen und in der Zips übersehen werden würde, desgleichen die relative Stärke des statistisch unbedeutenden evangelischen und reformierten Stadtbürgertums unter anderem in Pest.

Der konfessionelle Gegensatz war ein Grund dafür, daß die siebenbürgisch-sächsische Elite eben nicht zur Bezugsgruppe für die Deutschen Ungarns insgesamt werden konnte, deren politische Mobilisierung eher die Tendenz zur Herausbildung mehrerer deutscher Minderheiten zeigte. Vor diesem nationalpolitisch leeren Hintergrund machten sich im letzten Drittel des 19. Jahrhunderts zwei gegensätzliche Entwicklungstendenzen bemerkbar, die in mehreren Landesteilen gleichzeitig, aber weitgehend unabhängig voneinander auftraten: die Überleitung der allgemeinen Mobilisierung in die Assimilierung an die Staatsnation; zum anderen – viel schwächer ausgeprägt – das Interesse an einer ganz ungeklärten Art deutscher »Kulturnation« und überstaatlicher »Volksgemeinschaft«.

Letzteres war nach Wiederherstellung des ungarischen Staats auch deswegen wenig überzeugend, weil es zunächst einen deutschen Nationalstaat ja noch gar nicht gab. Und nach 1871 änderte sich daran gar nichts, da von den Deutschen in Österreich kein Solidarisierungsimpuls ausging. Weder im Verhältnis zur über-/multinationalen Monarchie noch zwischen alpen- und sudetenländischen Deutschen war das Problem der nationalen Identität bewältigt. Die Deutschen in Österreich hatten diesen Staat so nicht gewollt. Im Grunde fanden sie bis zum Ende der Habsburgermonarchie weder zu einer österreichischen Staatsidee noch zu einer nationalen Identität. Andererseits strahlte auch der kleindeutsche Hohenzollernstaat kaum integrierende Kraft aus. Sein Zentrum war zu weit entfernt. Vor allem konnte dieses preußisch-protestantische Staatswesen die Mentalitäts- und Konfessionsbarriere zu den Deutschen im Südosten nicht überwinden. Die schwachen Kontakte, die besonders seit den achtziger Jahren geknüpft wurden, blieben zunächst Sache der Siebenbürger Sachsen, deren akademischer Nachwuchs großenteils im Deutschen Reich ausgebildet wurde, und enger Zirkel des städtischen Bürgertums. Dagegen wurde die Masse der bäuerlichen Deutschen in Ungarn von einer politischen Mobilisierung kaum erfaßt, da ein weiteres Solidarisierungshindernis, die Schranke zwischen Stadt und Land, zunächst bestehen blieb. Die wenigen deutschen Bauern, die dank ihres persönlichen Reichtums und des sozialen Aufstiegs ihrer studierenden Söhne über den engen Horizont der dörflichen Umwelt hinauszudenken begannen, wurden zunächst in den Bann jener aristokratischen magyarischen Elite und jenes modernen Lebensstils gezogen, für die Budapest zum Symbol werden sollte.

Hinzu kommt, daß gerade im Süden des Landes, wo die Masse der Schwaben lebte (1880 waren das 694 400 und 1910 schließlich 765 000), im Laufe des späten 19. Jahrhunderts Kirche und Schule immer mehr zu Instrumenten der Assimilation wurden. Anders als die deutschen Streusiedlungen im westlichen Landesinnern, besonders in

Ofner Bergland und Bakony, und an der westungarischen Peripherie fielen hier die südlichen Siedlungsgebiete im Banat, der Batschka und der Schwäbischen Türkei ins Gewicht. Dabei wird der Stadt-Land-Gegensatz eigentlich nur in der Zips und in Westungarn überbrückt. Während in städtisch strukturierten Gebieten die Deutschen nur eine kleine Minderheit darstellen (1910 sind es 9,9 Prozent der Bevölkerung der Städte Ungarns einschließlich Kroatien-Slawoniens, was wiederum 19,2 Prozent der deutschen Gesamtbevölkerung ausmacht), erreicht ihr Anteil im Banat, der Batschka und der Schwäbischen Türkei im Jahre 1910 etwa 24,5 beziehungsweise 23,5 und 30,1 Prozent.[10] Aber das zahlenmäßige Gewicht und der vergleichsweise enge siedlungsmäßige Zusammenhang der Deutschen im Süden kamen nationalpolitisch zunächst nicht zum Tragen. Es fehlten Organisationen mit kommunaler Autorität, wirtschaftlich unabhängige Elitegruppen und städtisch verdichtete Resonanzmilieus. Vor allem mangelte es an der Programmbildung für eine nationale Bewegung der Deutschen im Südosten.

Der Wandel aller Lebensbedingungen und die Veränderungen der politisch-staatlichen Ordnung im Zeichen von Industrialisierung, Massenpolitisierung und Nationalismus drängten aber zu einer Neuorientierung. Als letztlich unvermeidbar erwies sich das Überdenken tradierter Wertvorstellungen und Verhaltensweisen, die Überprüfung aller individuellen und kollektiven Lebenspläne. Wandel und Verunsicherung nahmen zu. Als Angebot für umfassende Sinngebung und neue Sicherheit war zunächst nur der Appell zur Identifizierung mit dem ungarischen Staat und der magyarischen Nation in Sicht.

In der ungarischen Entwicklung seit der dualistischen Reichsreform waren die nationale Verselbständigung und die wirtschaftlich-gesellschaftliche Modernisierung des Landes untrennbar miteinander verbunden.[11] Zwischen den Strömungen und Parteien, die seit dem Ausgleich nun das politische Leben zu strukturieren begannen, entbrannten bis 1918 fortdauernde Grundsatzdebatten. Sie bezogen sich unter anderem auf die eventuelle völlige Trennung von der Habsburgermonarchie und auf Teilfragen des Modernisierungsprozesses, so die Möglichkeiten kultureller Verwestlichung oder die Verbindung von De-Agrarisierung und Verbürgerlichung, von antiaristokratischer Umschichtung der Gesellschaft und Umverteilung der politischen Macht durch Wahlrechtsreform und ähnliches. Aber in allen Auseinandersetzungen dieser Art, die im wesentlichen den Inhalt ungarischer Innenpolitik bis 1918 ausmachen sollten, blieb doch dies eine übergeordnete Ziel ungefährdet: die Kombination von gesamtgesellschaftlicher Innovation und durchgreifender Nationalisierung aller Lebensbereiche in einem bewußt magyarischen Sinne.

DEUTSCHE UNGARN – UNGARISCHE DEUTSCHE: ASSIMILATION ODER NATIONALE IDENTITÄT?

Zum äußeren Stilmerkmal und gleichermaßen dynamischen Existenzprinzip Ungarns als Nationalstaat letztlich ohne Nation und Souveränität avancierte jenes konfliktträchtige Neben- und Ineinander von Aggressivität und Existenzangst, das für nationale Bewegungen und Nationalismen überhaupt charakteristisch erscheint. Unlöslich miteinander verklammert trieben sich die Forderung nach ungarischer Unabhängigkeit und die Furcht vor der nichtmagyarischen Umwelt fortwährend gegenseitig an. Das übersteigerte Selbstbewußtsein der nationalistischen Mission eines magyarischen Ungarn war nicht mehr zu trennen von der gebetsmühlenhaften Beschwörung des notwendigen Abwehrkampfes gegen Slawen, Deutsche, Juden, gegen »Feinde ringsum«. Diese gleichermaßen aggressive und paranoide Haltung ließ weder einer realistischen Wahrnehmung der Minderheiten noch deren Entfaltung den notwendigen Raum. Allen Forderungen nach Sicherung oder gar »positiver Diskriminierung« von nationalen Gruppen begegneten die Vertreter der Staatsnation ablehnend. Unter Hinweis auf die Garantien individueller Rechte und allgemeiner Rechtssicherheit lehnten sie die Gewährung staatlichen Schutzes für kollektive Interessen nationaler Art ab.

Neben dieser abstrakt-defensiven Verweigerung eines Minderheitenschutzes waren es der aktive, politische und administrative Assimilationsdruck und schließlich die Logik des Lebens selbst, die die Magyarisierung der Deutschen förderten. Assimilation wurde in der zweiten Hälfte des 19. Jahrhunderts zur bestimmenden Entwicklung der deutschen Bevölkerung in Ungarn, soweit sie nicht passiv in ihren überkommenen Lebensumständen verharrte, was im Zeichen von Massenmobilisierung, Fundamentalpolitisierung und Industrialisierung nur einem immer kleineren Teil der Minderheit möglich war. Wer sich unter den Bedingungen des gesamtgesellschaftlichen Modernisierungsprozesses aus den bäuerlichen Verhältnissen zu lösen suchte, wer es unternahm, sich besonders in der nichtdeutschen Umgebung der größeren Städte als Industriearbeiter, Handwerker, in der Verwaltung, im Kulturbetrieb oder im Wirtschaftsleben durchzusetzen, war einem anonymen, einem strukturellen Zwang zur Anpassung, zur Magyarisierung ausgesetzt. Es war paradoxerweise die besondere Vitalität der Deutschen sowie der deutschsprachigen Juden in der Wirtschaft und Kultur Ungarns, die diese gewissermaßen zum logischen Objekt der Assimilation werden ließ. Ohne den Eigenbedarf einer relativ geschlossenen Minderheit im Rücken mußten sich die Deutschen auf dem freien Markt durchsetzen. Nur das Aufgehen in der Staatsnation konnte die deutschsprachige Bevölkerung befähigen, aus dem Defizit der ungarischen Gesellschaft in punkto Mittelschichten, Unternehmertum, Bürgergesinnung Nutzen zu ziehen.

Ist es richtig, hierüber das Verdikt »Verrat am eigenen Volke« zu verhängen? Kann es angesichts des zeitlichen Abstandes immer noch sinnvoll sein, zwischen der individuellen Anpassung an Existenznotwendigkeiten und übertriebenem Ehrgeiz unterscheiden zu wollen, aufgrund derer die Bereitschaft zur Assimilierung entschuldbar beziehungsweise nicht gerechtfertigt gewesen wäre? Ist hier mit wissenschaftlichen Methoden und Maßstäben eine Aussage über menschliche Schuld möglich oder eben doch nur ein nachprüfbares, behutsames Rekonstruieren von Ursachen? Fragwürdig ist auch ein unbedachtes Gleichsetzen mit anderen Vertreibungsgebieten, etwa der preußischen Provinz Posen oder den Gebieten an der deutsch-tschechischen und der deutsch-slowenischen Sprachgrenze in Österreich, da das Verhalten beziehungsweise die Assimilationsbereitschaft in kompaktem deutschen Siedlungs- und Politikzusammenhang andere Urteilskriterien erfordert als die alltägliche Selbstbehauptung des einzelnen und der Gruppe in einer nichtdeutschen Umgebung.

Hierher gehört auch die Beurteilung des sogenannten schwebenden Volkstums. Wer sich, um seine Existenz zu sichern, etwa in Debreczin oder Fünfkirchen zwar deutscher Solidarisierung verweigerte und statt dessen rückhaltlos mit der magyarischen Staatsnation identifizierte, sich aber zugleich der deutschen Kulturnation zugehörig fühlte, hat Anspruch auf andere Maßstäbe als jemand, der dies in Brünn oder Karlsbad, in Bromberg oder gar in Breslau tut. Es stellt ein geschichtswidriges Verkennen der Lebensbedingungen südostdeutscher Minderheitsangehöriger des späten 19. Jahrhunderts dar, zugleich ein geradezu pseudoreligiöses Absolutsetzen der Volkstumskämpfe in der Zwischenkriegszeit und während des Zweiten Weltkriegs, wenn noch heute im Sinne eines nationalpolitischen Schwarz-Weiß-Denkens nur unterschieden wird zwischen Deutschen und Magyaronen, zwischen Treue und Verrat gegenüber dem eigenen Volkstum. Das Leben von Minderheiten kennt viele Graustufen und die Schwarz-Weiß-, Verrat- oder Treueoption existiert oft nur als programmatische Forderung oder spätere wissenschaftliche Konstruktion. Es ist – auch vor dem sicherlich bedrückenden Hintergrund gegenwärtiger Erörterungen über Bleiben oder Gehen in Siebenbürgen – außerordentlich wichtig, den Blick auf die besondere südostdeutsche Lebenswirklichkeit vor dem Ersten Weltkrieg nicht zu verstellen durch das Anlegen von Maßstäben späterer Generationen. Es handelte sich bei den Deutschen im Südosten eben nicht einfach um schlechtere Deutsche als in Schlesien oder Böhmen, sondern um Angehörige ausgesprochener Minderheiten, die sich auf fundamental andere Existenzbedingungen einzustellen hatten als die Deutschen im geschlossenen Sprachraum. In diesem Sinne empfehlenswerte Anschauung kann die Betrachtung der – Generationen in Anspruch nehmenden – Hinwendung südostdeutscher Familien zur Assimilation geben. Es ist oftmals ein weiter Weg von der »Sehnsucht nach Deutschland« (Matthias Gratz)[12] der Mitte des 19. Jahrhunderts, die dann in der nächsten Generation zum unfreiwilligen Schwanken zwischen deutscher Identität und magyarischer Loyalitätsforderung führt, schließlich in der übernächsten Generation zur funktionalen und mentalen Integration in die Staatsnation. Dabei können in vielen Fällen die private, familiäre Existenz, oft auch nichtverbale Ausdrucksformen eine deutsche Prägung behalten. Ohnehin kommt der Kategorie nationale Bindung angesichts gegenwärtiger gesamteuropäischer Erfahrungen mit Integrations- und Wanderungsphänomenen nicht mehr jene Gültigkeit zu, die sie im politischen Denken der Zwischenkriegszeit hatte.

Überlegungen dieser Art erscheinen angebracht, wenn es um die Erörterung einer der wichtigsten und schwierigsten und emotional besonders belasteten Fragen der süd-

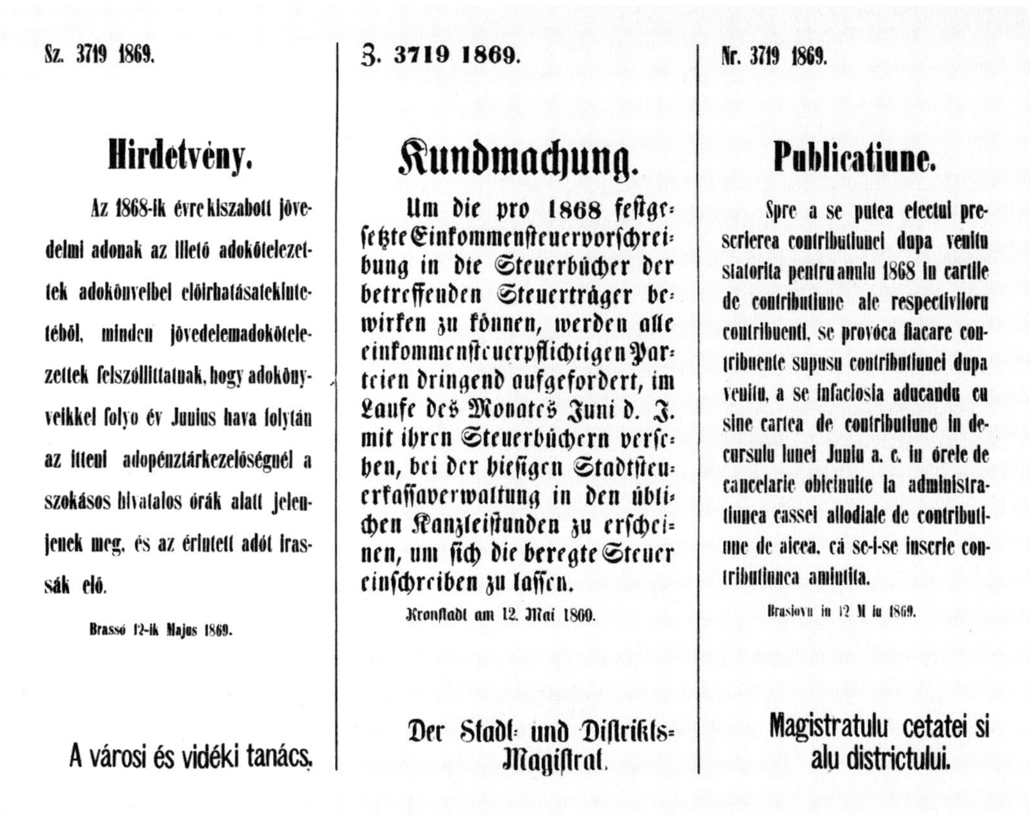

Sz. 3719 1869.

Hirdetvény.

Az 1868-ik évre kiszabott jövedelmi adonak az illető adókötelezettek adokönyvelbel előirhatásateklintetéből, minden jövedelemadokötelezettek felszóllittatnak, hogy adokönyveikkel folyo év Junius hava folytán az itteni adopénztárkezelőségnél a szokásos hivatalos órák alatt jelenjenek meg, és az érintett adót irassák elő.

Brassó 12-ik Majus 1869.

A városi és vidéki tanács.

Z. 3719 1869.

Kundmachung.

Um die pro 1868 festgesetzte Einkommensteuervorschreibung in die Steuerbücher der betreffenden Steuerträger bewirken zu können, werden alle einkommensteuerpflichtigen Parteien dringend aufgefordert, im Laufe des Monates Juni d. J. mit ihren Steuerbüchern versehen, bei der hiesigen Stadtsteuerkassaverwaltung in den üblichen Kanzleistunden zu erscheinen, um sich die beregte Steuer einschreiben zu lassen.

Kronstadt am 12. Mai 1869.

Der Stadt- und Distrikts-Magistrat.

Nr. 3719 1869.

Publicatiune.

Spre a se putea electul prescrierea contributiunei dupa venitu statorita pentru anulu 1868 in cartile de contributiune ale respectiviloru contribuenti, se provóca fiacare contribuente supusu contributiunei dupa venitu, a se infaciosia aducandu cu sine cartea de contributiune in decursulu lunei Juniu a. c. in órele de cancelarie obicinuite la administratiunea cassei allodiale de contributiune de aicea, cá se-i-se inscrie contributiunea amintita.

Brasiovu in 12 M iu 1869.

Magistratulu cetatei si alu districtului.

Von der Modernität des Vor-Nationalen zeugt die »Nationsuniversität«, die als höchste politische Verwaltungs- und Gerichtsbehörde von 1486 bis 1876 die Gesamtheit der Sachsen noch ohne nationalistische Einengung repräsentierte. Die mehrsprachige »Kundmachung« des Kronstädter Magistrats in Steuersachen von 1869 ist ein Beispiel für diese Haltung.

ostdeutschen Geschichte geht, derjenigen der Assimilation. Von einer unvoreingenommen-rationalen, überprüfbaren oder gar einigermaßen anerkannten Darstellung kann bis heute nicht die Rede sein.[13] Nur wenige Autoren haben sich überhaupt hierzu geäußert. Jedenfalls steht die Forschung hier erst am Anfang. Es kann nicht richtig sein, dieses Thema mit dem Hinweis, die Assimilierten gehörten überhaupt nicht zur südostdeutschen Geschichte, einfach unter den Tisch fallen zu lassen oder die ohnehin äußerst lückenhafte einschlägige Statistik ungewichtet wiederzugeben. Auch die Kontroverse, ob die Magyarisierung erzwungen wurde oder freiwillig geschah, hat bisher eher zur Emotionalisierung als zur systematischen Detailforschung geführt. Wichtig sind zunächst eine Bestandsaufnahme und der systematische Vergleich, denn erst auf dieser Grundlage kann die Ermittlung des entwicklungsgeschichtlichen Gewichts der Assimilation als Element der deutsch-osteuropäischen Wechselbeziehungen unter anderem in Kultur und Wirtschaft erfolgen. Daran kann sich im Detail die Herleitung von Motivierung und Entfaltung der Assimilation aus der Lebenswirklichkeit einer Minderheit anschließen. Dies sind die – weithin erst noch zu klärenden – methodischen Voraussetzungen von Verallgemeinerung und Theoriebildung.

Entstehung, Ablauf und Folgen des Assimilationsvorgangs als Teil der südostdeutschen Entwicklung im späten 19. Jahrhundert[14] sind beim gegenwärtigen Forschungsstand also nur bruchstückhaft darzustellen. Jedenfalls handelte es sich um die Fortsetzung von Prozessen, die seit den frühen mittelalterlichen Anfängen des ungarischen Staates zu einem seiner prägenden Gestaltungsfaktoren gehörten. Durch den gesamtgesellschaftlichen Wandel im Zeichen der Industrialisierung kam es aber ohne Zweifel zu einer qualitativen Verstärkung. Es sah im späten 19. Jahrhundert so aus, als ob die Magyarisierung überhaupt die einzige politische Zukunft der nahezu zwei Millionen Deutschen sein werde. Eine Ausnahme stellten die etwa 212 000 beziehungsweise 234 000 (1880 beziehungsweise 1910) Siebenbürger Sachsen dar. Allerdings machten sie nur etwa 10,9 beziehungsweise 11,5 Prozent der deutschen Bevölkerung Ungarns sowie 10,2 beziehungsweise 8,7 Prozent der Bevölkerung Siebenbürgens aus.[15] Der Grund hierfür, die besondere Art langfristig gewachsener Erfahrung in kirchlich-kulturell fundierter Selbstorganisation der Deutschen Siebenbürgens, isolierte diese eher von den übrigen Deutschen als sie zum – dringend benötigten – Vorbild avancieren zu lassen.

Eine gewisse Vorstellung von Beschleunigung und quantitativem Ausmaß der Assimilation vermitteln einige, wenngleich nur fragmentarische statistische Angaben. So dürften zwischen den Volkszählungen von 1880 und 1910 etwa eine halbe Million Deutsche die Magyarisierung vollzogen haben.[16] Während etwa Ofen und Pest in der Mitte des 19. Jahrhunderts noch über einen deutschen Bevölkerungsanteil von rund 65 beziehungsweise vierzig Prozent verfügen,[17] sind es 1880 beziehungsweise 1910 in der Hauptstadt nur 34 Prozent (123 300 Einwohner) beziehungsweise 8,8 Prozent (rund 75 000 Einwohner), 1930 sogar nur noch 3,8 Prozent (38 400 Einwohner).[18] Der Rückgang in Budapest ist noch drastischer, wenn man die beträchtliche Zuwanderung deutschsprachiger Arbeitskräfte, besonders aus dem Landesinnern und aus Österreich, berücksichtigt.[19] Zahlreiche Magyaren aus Budapest wanderten zugleich in neue industrielle

Zentren Oberungarns und Südsiebenbürgens, aber auch nach Slawonien und in das Banat ab. So wurde diese Stadt mit ihrer industriellen Peripherie zu einer Art Schmelztiegel. Alle Impulse und Abläufe ethnischer Mischung und Assimilation kamen hier in besonderer Intensität zum Tragen. Die Zuwanderung von Arbeitskräften – 1910 waren in Ungarn rund 260 000 Ausländer, darunter auch Deutsche, registriert – glich den Auswanderungsverlust wieder aus. Während der Rückgang der deutschen Bevölkerung in manchen Städten nicht ohne weiteres auf die Assimilation zurückzuführen ist, da auch eine deutsche Auswanderung oder eine besonders starke nichtdeutsche Zuwanderung als Ursache in Frage kommen, ist sicher, daß die Zips ein Beispiel für besonders hohe Assimilationsraten in ausgedehnteren Gebieten darstellt. Was hier schon seit dem Vormärz im Zusammenhang mit dem wirtschaftlichen Niedergang in Bergbau und städtischer Bürgerschaft zu beobachten ist, verstärkt sich ebenfalls seit den achtziger Jahren.

Während sich die Gesamtbevölkerung der Zips 1847 auf 191 523 beläuft, 1880 auf 172 881 und 1910 auf 171 725 und der deutsche Bevölkerungsanteil von 63 833 über 48 169 auf 38 434 Einwohner fällt, steigt der magyarische noch spektakulärer von 500 auf 3 526 und schließlich 18 658 im Jahre 1910, geht aber 1919 wieder auf 11 476 Einwohner zurück.[20] Trotz der gesinnungsmäßigen Annäherung der städtischen Oberschicht schon seit den vierziger Jahren, der schulisch-administrativen seit den sechziger Jahren und der Forcierung dieser Entwicklung in den achtziger Jahren blieben dennoch in Handwerkerschaft und Kleinbürgertum insgesamt Vorbehalte. Sie werden schließlich unter veränderten Bedingungen nach 1918 die Magyarisierung teilweise rückgängig machen. Dies kommt in der wehmütig-kritischen Selbstreflexion eines Zipser Zeitgenossen zum Ausdruck:

»Gejh ich säü durch die Zëpser Stäjdt,
Däü wird's ëms Herz mer gor sehr lejd,
denn Tog far Tog
Verschwendt der Zëpser Stamm und Schlog
und hënder nen kimmt der Palock!«[21]

Insgesamt hat sich die magyarische Bevölkerung zwischen 1850 und 1910 von 5,2 Millionen auf 10,1 Millionen erhöht, also fast verdoppelt, wodurch ihr Anteil an der Bevölkerung Ungarns von 36,5 auf 48,1 Prozent stieg.[22] Diese demographische Revolution zugunsten der Magyaren nach Cholera, Mißernten und Hungersnöten in den siebziger Jahren war teilweise auf die Assimilation von Deutschen zurückzuführen. Insgesamt dürften zwischen 1850 und 1910 etwa zwei Millionen Binnen- und Einwanderer magyarisiert worden sein,[23] darunter als zweitgrößte Teilgruppe ungefähr 600 000 Deutsche, ferner etwa 700 000 Juden, die sich bis in die achtziger Jahre mehrheitlich als deutschsprachig registrieren ließen und auch weiterhin größtenteils die deutsche Sprache beherrschten.

Offensichtlich betraf die Magyarisierung vor allem Slowaken und Deutsche und bewegliche, besonders gut ausgebildete, für moderne industriell-gewerbliche Berufe geeignete und von der urbanen Lebensweise angezogene Personen.

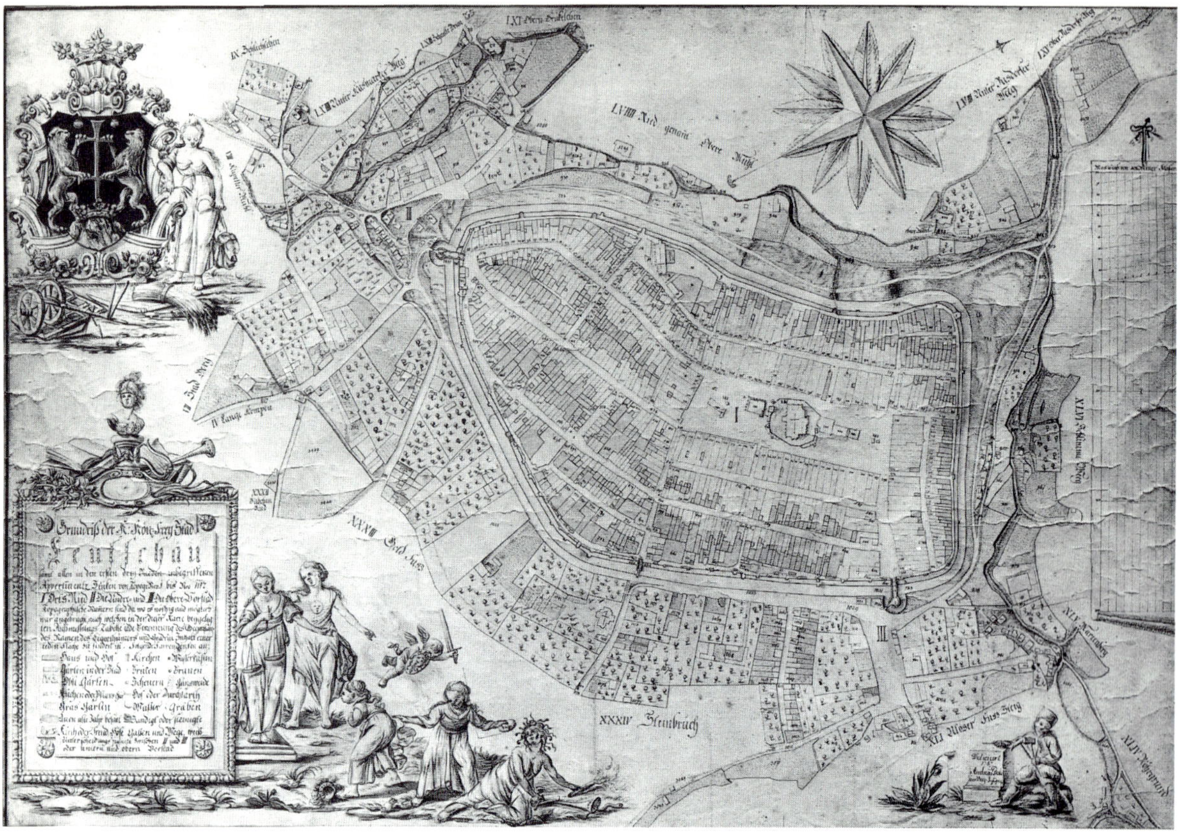

Der Stadtplan von Leutschau aus dem Jahre 1787 läßt die charakteristische Zentrierung auf einen längsrechteckigen Marktplatz erkennen. Von König Stephan V., der die Rechte der in Oberungarn angesiedelten Deutschen erweiterte, wurde Leutschau 1271 als »civitas provinciae capitalis« zum Sitz des Zipser Sachsengrafen bestimmt. Dieses bald wichtige Gewerbe- und Handelszentrum im Norden ging im 16. Jahrhundert – wie die Mehrheit der Zipser Sachsen – zur Reformation über. Die Stadt war zwar den Habsburgern gegenüber loyal, doch die Bürger sympathisierten offen mit den unagrischen »Rebellen«, unter anderem mit Franz Rákóczi II.

Die Häuserzeilen am Ring in Leutschau, oftmals auf mittelalterlichen Fundamenten ruhend, wurden in der Renaissance, im Barock – unter gleichzeitiger Niederlegung der Festung nach 1723 – und schließlich im bürgerlichen Zeitalter immer wieder modernisiert. Das war zurückzuführen auf die wirtschaftliche Bedeutung des Städtewesens in der Slowakei, die für eine im Südosten ungewöhnliche Kontinuität von Entwicklung und Neuerung sorgte.

Dabei läßt sich ein Zusammenhang erkennen zwischen Zweisprachigkeit, sozialem Wandel und ethnischer Herkunft, und dies unter bezug auf sprachliche Orientierung, einem Zuordnungsindiz, das in der ungarischen Nationalitätenstatistik und – in der Folge – im Bewußtsein der Betroffenen eine besondere Rolle spielte. Bei den Volkszählungen seit 1880 wurde nach der »Muttersprache« (anyanyelv) gefragt. Dabei wird in der Anweisung zu dieser Erhebung ausdrücklich darauf hingewiesen, daß damit nicht nur die ursprünglich erworbene Sprache gemeint sein muß, sondern unter Umständen auch diejenige Sprache, welche »die betreffende Person als ihre eigene ansieht« oder die sie sich in Kindergarten, Schule und durch »sonstige gesellschaftliche Kontakte«[24] angeeignet hat. Eine umfassende Betrachtungsweise sollte unter Assimilation also nicht nur den radikalen nationalen Identitätswechsel verstehen und von vornherein stigmatisieren; es ist zu berücksichtigen, daß Assimilierung nicht nur sprachliche Anpassung, nicht nur »Magyarisierung« bedeutete, sondern sehr wohl auch Beeinflussung des Assimilierenden durch den Assimilierten sein konnte. Da die ungarische Statistik einen möglichst hohen magyarischen Bevölkerungsanteil nachweisen wollte, wurde vielfach als muttersprachlich magyarisch gezählt, wer in Wirklichkeit noch zweisprachig war und als Angehöriger eines »schwebenden Volkstums« den nationalen Identitätswechsel weder vollständig noch endgültig vollzogen hatte. Assimilation ist also nicht nur als binationales Kräftemessen zu begreifen, sondern auch von den zugrundeliegenden kulturellen, sozialen, wirtschaftlichen Bedingungen analytisch herzuleiten sowie in politische Macht-, Entscheidungs- und Ereigniszusammenhänge einzuordnen.

Das Fundament für die weitere Entwicklung Ungarns, gerade auch für diejenige des Verhältnisses zwischen Nation und nichtmagyarischen Minderheiten, war Ende der sechziger Jahre gelegt. Seitdem sollte Nationalitätenpolitik nicht nur ein Mittel sein zur Regulierung der Wechselbeziehungen, sondern darüber hinaus zur Umgestaltung des neuen ungarischen Vielvölkerstaates im Sinne des magyarischen Nationalstaatskonzepts. Reichspolitisch wurde diese programmatische Grundlage der Nationalitätenpolitik zunächst gegen frühe, von österreichischer Seite ausgehende Reforminitiativen föderalistischer Art abgeschottet. So etwa gegen die zeitweilige Initiative des österreichischen Kabinetts Hohenwart, das durch Aufwertung der Tschechen den dualistischen Staatsaufbau in einen trialistischen umformen wollte. Indirekt hätte das eine Abwertung Budapests, hingegen eine Aufwertung der Nationalitäten Ungarns bedeutet. Dies wäre auch im Interesse der deutschen Bevölkerung, der Ankurbelung ihrer Politisierung gewesen. Aber hier zeigt sich eine hinderliche Konstellation innen- und außenpolitischer Faktoren, die fortan bis zum Ende der Monarchie, leicht abgewandelt überhaupt bis 1945, ein fester Bestandteil deutscher Minderheitspolitik bleiben sollte: Nicht nur die aristokratisch-großagrarische Elite setzte alles daran, das 1867 erreichte Junktim von dualistischer Reichsordnung und magyarisch-nationaler Innenpolitik zu zementieren, sondern auch Berlin wirkte in diesem Sinne. Für Bismarck nicht anders als danach in der wilhelminischen Ära besonders für Reichskanzler Bülow, schließlich für Hitler zumindest bis Kriegsbeginn sollten die Belange deutscher Minderheitspolitik stets zweitrangig bleiben gegenüber der inneren Stabilität Ungarns als Bündnispartner.

Eben diese Rückendeckung von außen, sei es von Österreich oder von Preußen-Deutschland, hätten die Deutschen im Südosten gebraucht, um eine nationale Bewegung wie die anderen Minderheiten in Gang zu setzen.[25] Es sollte erst vergleichsweise spät, erst seit der Jahrhundertwende zu nennenswerten Bestrebungen dieser Art kommen. Zunächst aber bestimmten innen- und außenpolitische Einflüsse zusammen mit der Assimilationsdynamik des gesellschaftlichen Modernisierungsprozesses die Wirklichkeit der Deutschen in Transleithanien. Demgegenüber war die Aussicht auf Realisierung des Nationalitätengesetzes von 1868 oder des gleichzeitigen Volksschulgesetzes gering. Die tatsächliche Praxis der Nationalitätenpolitik zielte ganz im Gegenteil auf einen Abbau des Gebrauchs von Minderheitensprachen in der niederen Gerichtsbarkeit, in Verwaltung und Schulen. Und anders als der Sinn dieser Gesetze es vorsah, wurde die Garantie individueller Rechte des Bürgers allmählich umgeschmiedet zu einem Instrument gegen dessen oppositionelle Selbstorganisation. So kam es letztlich zur antiliberal-antimodernistischen Zweckentfremdung vielfach durchaus moderner, liberaler Gesetze und Einrichtungen. In der Regel erwiesen sich die liberalen Garantien individueller Rechte und Entfaltungschancen sogar als Bestandteil einer umfassenden Strategie, nach der die gesellschaftliche Modernisierung nur im Rahmen des übergeordneten Magyarisierungsvorsatzes, die individuelle Mobilisierung nur als Mittel zum Zweck, zu Vereinheitlichung und Assimilierung zugelassen war.

Diese Art von sekundärer, indirekter Integration und Bevormundung lebte vom Prinzip partieller, manipulativ genutzter Modernisierung. Insofern zeigte das Ungarn des Ministerpräsidenten Kálmán Tisza (1875–1890) eine strukturelle Ähnlichkeit mit dem Österreich des Ministerpräsidenten Eduard Graf Taaffe (1879–1893) und seiner Innenpolitik des Eisernen Rings und dem Deutschland im späten System Bismarck (1878–1890). Diese übergeordnete Aufgabenstellung der ungarischen Innen-/Nationalitätenpolitik kam zum Beispiel in einem außerordentlich eingeengten Wahlrecht zum Ausdruck. Eine Nebenwirkung dieser Politik war die Erschütterung des sozialen Gefüges des magyarischen Ethnikums; ferner wurde mit dem Mittel eines forcierten Nationalismus die entstandene Unruhe in Dynamik einerseits gegen Wien, andererseits gegen die Nationalitäten umgeformt und so entschärft.

Es gab noch kein gefestigtes, magyarisches Sozialmilieu bürgerlich-liberalen Zuschnitts, in dem die vielen verarmten mittleren und kleinen Grundbesitzer und Bauern ohne weiteres eine neue Existenz hätten finden können. So entstand eine auf den Nationalismus als »kollektiven Trost« angewiesene Massenbasis der Regierungspolitik. Viele dieser Parteigänger drängten in den Staatsdienst, andere wurden in der Hoffnung auf zoll- und steuerpolitische Subventionierung von der Regierung abhängig. Nationalismus, Magyarisierung von Staat und Gesellschaft sowie repressive Nationalitätenpolitik wurden so für die Tisza-Koalition des späten 19. Jahrhunderts, die vor allem aus gemäßigten Epigonen der Revolution von 1848 und Anhängern des Ausgleichs bestand, ein systemnotwendiges Mittel innenpolitischen Krisenmanagements. Auf lange Sicht freilich drohte sich dieser Nationalismus, den die Regierung als Manöver zur Ablenkung von den übermächtigen Problemen der Wahlrechtserweiterung und Komitatsverwaltung, von Bodenverteilung und sozialer Not bewußt hochzüchtete, in unkontrollierbarer Weise zu verselbständigen. Erstes Indiz hierfür und ein Vorspiel des späteren Zusammenbruchs war das Scheitern der Regierung Tisza 1890, die die von ihr selbst herangezogene nationalistische Woge in der magyarischen Öffentlichkeit nicht mehr regulieren konnte, als sich diese gegen die Regierung selbst wandte. Der Grund war die sachlich notwendige Erneuerung des Zoll- und Handelsbündnisses mit Österreich und die Vorbereitung einer Heeresreform gewesen, wobei die Regierung Tisza Kompromißbereitschaft gegenüber Wien gezeigt hatte.

Erst vor diesem Hintergrund ungarischer Innenpolitik insgesamt ist es möglich, den Sinn der einzelnen nationalitätenpolitischen Regelungen zu erfassen und den engen Spielraum der deutschen Minderheitspolitik abzuschätzen. Als Beispiel sei die Schulpolitik hervorgehoben, sicherlich bis in unsere Tage eine Konstante deutscher Minderheitsentwicklung im Südosten und als Bestimmungsfaktor der Minderheitsexistenz ähnlich mächtig wie Bevölkerungsentwicklung und Assimilation, die Gesamtsituation der Habsburgermonarchie und die Reaktionen von seiten der magyarischen Nationalbewegung.

Die Regierung gedachte die für den magyarisch-nationalen Charakter Ungarns notwendige assimilative Einschmelzung der großen deutschen Minderheit durch den Kampf um die junge Generation zu entscheiden. Schon die instrumentelle Aufbereitung der Volkszählungen zeigte, daß das Bekenntnis zum Magyarischen als »Muttersprache« oder bevorzugter Sprache als Indiz für die Fortschritte beim herbeizuführenden kollektiven Identitätswechsel der Deutschen gefördert werden sollte.[26] Dieser Wechsel war jedoch ohne sprachlich-nationale Umpolung der jungen deutschen Generation nicht möglich. Es lag daher in der Konsequenz der reichs-, innen- und nationalitätenpolitischen Haltung Budapests, daß das Kabinett Eötvös nach einer gewissen ausgleichsbedingten Anstandsfrist damit begann, die hinderlichen gesetzlichen Bestimmungen betreffs Gleichberechtigung der Nationalitäten aufzuweichen, was zunächst die Ansprüche der nationalen Minderheiten auf ein muttersprachliches Bildungswesen betraf.

Dieser Absicht diente ein neues Volksschulgesetz, der Gesetzartikel 1879: XVIII.[27] Ausdrücklich wurde nun das Magyarische – über seine notwendige Vorrangstellung als Staats- und Verkehrssprache hinaus – als Pflichtfach in allen Volksschulen eingeführt. Für die damit tatsächlich verbundene assimilative Zielsetzung war folgende Bestimmung besonders charakteristisch: Die Weiterbeschäftigung der Lehrkräfte wurde davon abhängig gemacht, ob sie Kenntnisse des Magyarischen besaßen beziehungsweise erwarben, die für den staatssprachlichen Unterricht notwendig waren. Das rief den Protest nicht nur der Vertreter der Minderheiten, sondern auch der oppositionell-liberalen Unabhängigkeitspartei hervor. Eine konsequente Anwendung des Gesetzes hätte nämlich gerade das hochentwickelte Schulwesen der Deutschen in Siebenbürgen, das zugleich ein unentbehrlicher Stützpfeiler ihrer politischen Organisation und Kultur war, ruiniert. Ansonsten mußte es die Entfremdung der schwäbischen Jugend, die anders als die Stadtbevölkerung nicht schon durch den gesellschaftlichen Modernisierungsprozeß zur vollen sprachlichen Integration gedrängt wurde, von der Muttersprache vorbereiten.

Die Ergebnisse zeigten sich schon um 1900, als zu beobachten war, daß Schwaben weder die deutsche Hochsprache noch das Magyarische beherrschten. Ergänzende Regelungen kamen hinzu, so 1883 der Gesetzartikel XXX zu den höheren Schulen, der den Anwendungsbereich des Magyarischen wesentlich erweiterte und die staatssprachliche Abschlußprüfung zur Pflicht machte. Zusammen mit dem Kindergartengesetz – Gesetzartikel 1891: XV – vervollständigte er die Bestrebungen zur Magyarisierung des Erziehungspersonals auch der Nationalitäten und zur Integrierung der jüngeren Deutschen in die Staatsnation. Den Schlußpunkt bildete 1907 die nach dem Kultusminister benannte »Lex Apponyi«, Gesetzartikel XVII. Dieses sogenannte Janitscharengesetz[28] verpflichtete alle Lehreinrichtungen und Lehrkräfte dazu, den Kindern das Bewußtsein der Zugehörigkeit zur Staatsnation zu vermitteln. Jeder Schüler sollte nach vier Schuljahren imstande sein, sich in magyarischer Sprache auszudrücken.

Die nationalstaatlichen kirchlichen und kommunalen Schulträger wurden mehrfach unter Druck gesetzt, finanziell durch die Festsetzung höherer Lehrergehälter, die sie in der Folge zahlen mußten, disziplinarisch durch die Drohung, Lehrer und Schulen, die den geforderten Lehrerfolg im Magyarischunterricht nicht erzielten, mit Strafen bis hin zur Zwangspensionierung beziehungsweise Auflösung oder Verstaatlichung zu belegen. Diese politisch- beziehungsweise national-pädagogische Wirkung der Schule wurde ergänzt und verstärkt durch weitere Träger der Modernisierungsstrategie im außerschulischen Bereich, etwa die katholische Kirche, denn die Zöglinge der magyarisch bestimmten Priesterseminare trugen – teils unbewußt – erheblich zur Entnationalisierung der deutschen Landbevölkerung bei. Vielerorts entstanden magyarische »Kulturvereine«, die seit den frühen achtziger Jahren besonders in Oberungarn, im Süden und in Siebenbürgen national-magyarisch zu missionieren versuchten, und nicht zuletzt kam die Signal- und Vorbildwirkung der Namenmagyarisierung von Prominenten hinzu wie den Künstlern Mihály Munkácsy (vorher Lieb) und Ferenc Herczeg (Herzog), den Wissenschaftlern Paul und Johann Hunfalvy (Hunsdorfer), Franz Toldy (Schedel), Arnold Ipolyi (Stummer) oder Politikern wie Kálmán Darányi (Grieskorn) und Dániel Irányi (Halbschuh).[29]

Das Schulwesen der Deutschen, das schon in den zehn Jahren nach dem Ausgleich 365 Schulen verloren hatte, verfügte 1899/1900 nur noch über 383 Volksschulen mit Deutsch als Unterrichtssprache, allein 266 davon standen den Siebenbürger Sachsen zur Verfügung. In den nur noch 713 gemischtsprachigen deutsch-magyarischen Schulen, die es zu Beginn des Jahrhunderts gab, wurde vor allem in den höheren Klassen die deutsche Sprache systematisch zurückgedrängt. Bis 1910 waren diese Einrichtungen aufgelöst, nur ein kleiner Teil war deutschsprachigen Schulen zugeordnet. Dies ist der Grund für die geringfügige Zunahme deutschsprachiger Volksschulen bis 1913 auf 449. Allerdings schritt der Abbau des deutschsprachigen Schulwesens unterschiedlich schnell voran. Was in Siebenbürgen unter anderem aufgrund der zeitweiligen Zusammenarbeit der Sachsen im Reichstag mit der Regierung vermieden werden konnte, war zur Jahrhundertwende in der Zips nahezu abgeschlossen, im Westen und im Süden strategisch entschieden. So gab es 1912/13 in den Komitaten Temes und Torontál für jeweils rund 165 000 Deutsche nur achtzehn beziehungsweise dreizehn Volksschulen mit Deutsch als Unterrichtssprache, in der Batschka für rund 190 000 Deutsche (1910) nur neunzehn (Schuljahr 1914/15);[30] während in den Komitaten Temes, Torontál und Bács-Bodrog 1910 auf rund 10 600 Deutsche eine muttersprachliche Volksschule kam, war dies bei Rumänen bereits für rund 1 500, bei Serben für rund 2 200 und bei Slowaken für rund 3 000 Einwohner der Fall.[31]

Anders war die Situation in Siebenbürgen auch bei den weiterführenden Schulen. Die Sachsen verfügten 1910 über fünf Obergymnasien in Hermannstadt, Schäßburg, Mediasch, Kronstadt und Bistritz, außerdem über einige Untergymnasien, über Real- und berufliche Fortbildungsschulen. Da das Schulwesen in Siebenbürgen weitgehend von der evangelischen Kirche getragen wurde, konnte der Staat sein Junktim von finanzieller Unterstützung und Magyarisierung nicht durchsetzen. Kirche und Schule erwiesen sich hier als Rückgrat des Zusammengehörigkeitsbewußtseins und der politischen Handlungsfähigkeit einer deutschen Minderheit in der Minderheit.

Außerhalb Siebenbürgens gab es keine weiterführenden deutschen Schulen oder Lehrerbildungsanstalten. Von den Hochschulen wurde das Deutsche als Sprache der Lehre völlig verdrängt, mit Ausnahme einiger weniger Germanistik-Dozenturen. Dies war ein trauriges Bild angesichts der außerordentlich engen wissenschaftlichen Verbindungen zum deutschen Sprachraum und der herausragenden Rolle des deutschsprachigen, das heißt deutschen und deutsch-jüdischen Elements im ungarischen Hochschul- und Kulturleben.

Ergänzt wurden die gesetzlich-verwaltungsmäßigen Initiativen zur nationalen Vereinheitlichung Ungarns durch einen entsprechenden Wandel der Verwaltungspraxis und des öffentlichen Lebens überhaupt. Ausdruck dieser allmählichen Nationalisierung politischer Zustände und sozialer Beziehungen waren weitere Modernisierungsimpulse der Regierung,[32] etwa die gesetzlichen Maßnahmen zur Magyarisierung von Familien- und Ortsnamen. Sie trafen bereits auf eine gewisse Anpassungsbereitschaft vieler Deutscher. Widerstand gab es kaum, den breiten Widerstand einer deutschen Nationalbewegung gar nicht. Außerhalb Siebenbürgens hatten alle diese Maßnahmen beträchtliche Wirkung. Vor allem die Sorge um den Lebensunterhalt und die berufliche Existenz, in vielen Fällen überhaupt das Streben nach sozialem Aufstieg, die Anziehungskraft moderner Berufe in Verwaltung, öffentlichem Leben und Wirtschaft sowie insgesamt die Sogkraft des modernen, urbanen Lebens, das eben mit Budapest und seinen Eliten gleichgesetzt wurde, förderten die Assimilation.

Minderheit und deutsche Nation am Vorabend des Ersten Weltkrieges

Die beträchtlichen Unterschiede in Ausmaß und Zeitpunkt, auch im Zustandekommen der Assimilation sind zugleich ein Indiz für die allgemeine Entwicklung, insbesondere den Grad politischer Entfaltung der einzelnen deutschen Bevölkerungsgruppen im Südosten. Damit soll keineswegs einer schematischen Gleichsetzung von gesellschaftlichem und politisch-kulturellem Wandel, letztlich von Industrialisierung und Politisierung – womöglich zugleich von Nationalisierung – das Wort geredet werden. Die kraß gegensätzliche Haltung der fortgeschrittensten Gruppen, nämlich des Stadtbürgertums und der Siebenbürger Sachsen, dürfte ohnedies Warnung genug sein vor Theorienbildung solcher Art.

Gewissermaßen Vorreiter modernen politischen Bewußtseins bei den deutschen Minderheiten war das »Völkchen« der Siebenbürger Sachsen.[33] Sie stellten etwa ein Zehntel der deutschen Bevölkerung Ungarns und waren spätestens in der Mitte der siebziger Jahre als erste und zudem als Gruppe auf der Ebene von Eliten-, Partei- und Öffentlichkeitsbildung angelangt. Weithin hatten sie sogar das Stadium programmatisch-ideologischer Fraktionierung und gesamtstaatlich-parlamentarischer Mitwirkung erreicht. Dies trennte sie von den Konnationalen: Sie waren Vorreiter, nicht aber Vorbild.[34] Die Masse der »Schwaben« im Landesinnern, im Süden und in Slawonien, im Sathmargebiet, in Bessarabien und der Dobrudscha nahm an der dauerhaften Politisierung noch kaum Anteil. Vor allem eine ausgesprochen minderheitspolitische Orientierung war außerhalb Siebenbürgens vor der Jahrhundertwende kaum zu bemerken. Im Norden, vor allem in der gehobenen Stadtbevölkerung der Zips, war sie von vornherein nahezu ausgeschlossen. Ähnliches galt für Akademiker und Gewerbetreibende, Großbauern und Industriearbeiter. Die soziale Innovation, ob als Hinwendung zum modernen Beruf oder Lebensstil überhaupt, zwang zugleich zu einer neuartigen Entscheidung: Man konnte nicht mehr wie selbstverständlich Deutscher *und* Ungar sein, die naive Doppelloyalität des verbreiteten Selbstverständnisses als »Deutschungar« hatte sich überlebt, andererseits war man noch weit davon entfernt, sich als »Ungarndeutscher« zu definieren, was eben eine nationale, deutsche Prioritätensetzung bedeuten mußte.

Bei allen Unterschieden im einzelnen kam es doch in gewisser Hinsicht zu einer gemeinsamen frühen Prägung. Was sich im frühen 19. Jahrhundert als Kombination von Loyalität zur Krone und vornationaler, weitgehend unpolitischer Haltung geformt hatte, erfuhr unter dem Eindruck der Nationalisierung Ungarns eine betont etatistische Einengung auf gleichermaßen dynastischen *und* magyarischen Patriotismus. Seit der Jahrhundertwende erst sollte eine konkurrierende Haltung Breitenwirkung erzielen, die in endgültiger Absage an die Assimilation nunmehr auf den Gedanken der ethnisch-kulturellen und politisch-nationalen Zusammengehörigkeit mit »Deutschmitteleuropa« gerichtet sein sollte. Trotz unterschiedlicher Intensität und trotz unterschiedlichem Zeitpunkt war es weniger eine Verfassungs- und Nationalbewegung modernen Zuschnitts, weniger autonome Elitenbildung samt eigenständiger Formung eines Minderheitsbewußtseins, die die moderne politische Kultur der Deutschen im Südosten prägte. Wichtiger im Sinne einer dauerhaften Einstellung war eine Disposition zur vergleichsweise unpolitischen Selbstbeschränkung auf die bloße Existenzsicherung. In wesentlich höherem Maße als bei den Konnationalen in den späteren ostdeutschen Vertreibungsgebieten oder den Sudetenländern blieb auch das öffentliche, das politische Auftreten der Deutschen in Ungarn bestimmt von der Einbindung des einzelnen in die kleinen gewachsenen Gemeinschaften, in die angestammte Lebenswelt von Familie und Nachbarschaft. Insgesamt war dies eine Verhaltensweise, die nur zögerlich und schwer einen Zugang zum politischen Leben auf regionaler oder gesamtstaatlicher Ebene eröffnen konnte. Gerade die Begüterten als mögliche Träger deutscher Minderheitspolitik zeigten eine gewisse Reserviertheit gegenüber Politik und Ideologie, die auch zeitgenössische schwäbische Beobachter wie Adam Müller-Guttenbrunn als Hindernis politischer Willensbildung erkannten.[35]

Der Vorrang, den deutsche Großbauern und Unternehmer, Beamte und Intellektuelle gemeinhin dem Geschäfts- und Prestigeerfolg in ihrer jeweiligen unmittelbaren Umwelt einräumten, war im Südosten ausschlaggebend für das politische Verhalten der Deutschen, vor allem der bäuerlichen Bevölkerung. Ähnliches Gewicht kommt der Verzögerung von ideologisch-interessenpolitischer »Ausdifferenzierung« der einzelnen deutschen Bevölkerungsgruppen zu: Sie mußte sich aus der Konzentration auf minderheitsspezifische Ziele wie Identität und gemeinsame Existenzsicherung ergeben. Eine Folge der minderheitspolitischen Organisations- und Programmbildung war die charakteristische Hinwendung zu der eher unpolitischen, praxisnahen Organisationsform nationaler Vereine. Kam es überhaupt zur Gründung von Parteien, so handelte es sich dabei eher um »Schutzvereine«.[36] Diese lokalen Netzwerke aus Wirtschafts- und Bildungs-, Geselligkeits- und Turnvereinen in Ungarn und Siebenbürgen, im russischen Kaiserreich und im Baltikum galten als eine Art Alleinvertretungs- und Allzweckorganisation der betreffenden deutschen Bevölkerungsgruppen. Sie unterschieden sich von den Schutzvereinen und nationalen Verbänden in Österreich und im Deutschen Reich[37] insofern, als sie eher eine außer- und antiparlamentarische Ergänzung oder auch Konkurrenz zu etablierten bürgerlich-liberalen Parteien darstellten.

Anders als jene, die seit den achtziger und neunziger Jahren größtenteils zu Trägern des »völkischen« Nationalismus wurden, wiesen die Schutzvereine und ähnliche Organisationen dank ihrer Praxisnähe zunächst eine gewisse Immunität gegen die nationalistische Radikalisierung auf. Trotz dieser Unterschiede hatten die deutschen Schutzvereine und die schutzvereinsähnliche Parteienvariante im Südosten den gleichen Hintergrund von Motiven und Ausdrucksformen wie das nationale Vereinswesen im deutschen Sprachraum selbst. Da war – mehr oder weniger bewußt – das Unbehagen an dem von oben geschaffenen Nationalstaat kleindeutschen Zuschnitts; da war zugleich in Preußen etwa angesichts der slawischen Zuwanderung und zunehmend effek-

Mediasch, Name und Silhouette dieser siebenbürgischen Stadt verkörpern den nationalpolitischen Weg der Sachsen seit dem 19. Jahrhundert. Der erste Sachsentag von 1872, eine Art vorparlamentarischer Volksversammlung, und nach der Auflösung der Habsburgermonarchie die Mediascher Anschlußerklärung gegenüber Rumänien im Jahre 1919 gelten als Marksteine. Sie besiegelten die Einfügung zunächst in den Staat der Magyaren, danach in denjenigen der Rumänen.

tiveren polnischen Selbstorganisation in der Provinz Posen[38] ein Gefühl wachsender Unsicherheit. Daraus ergaben sich Ähnlichkeiten zu den Verhältnissen an der sudeten- und alpenländischen Sprachgrenze Österreichs und zu dem dort vorherrschenden Eindruck, man müsse sich angesichts ohnmächtiger oder verständnisloser Regierungen zu einer volksbezogenen Einheit zusammenfinden. Nur so, nur durch eine derart geschlossene und autarke »Volksgemeinschaft« werde man der Gefahr für Existenz und Identität begegnen können, die im Osten, von der »slawischen Flut«, von Magyaren, Rumänen und anderen drohe.

Beweggründe dieser Art für politische Aktivitäten im »völkischen« Sinne jenseits der amtlichen Ebene von Staaten und Regierungen haben gerade in der deutschen Diaspora eine Rolle gespielt, denn hier war beides gegeben: die Verunsicherung und die »Bewegung« als Folge einer anonym-elementaren Veränderungsmacht des beschleunigten gesellschaftlichen Modernisierungsprozesses ebenso wie als Erlebnis der Ohnmacht gegenüber der drängenden politischen Initiative der anderen. Wie man sich in dieser Lage ohne Beispiel zu verhalten habe, wo die Schmerz- beziehungsweise Kompromißgrenze eigentlich liege, bis zu der man beim Einsatz für die soziale Existenz und die nationale Identität gehen könne, diese Fragen bestimmten seit den Anfängen der dualistischen Ära zunächst besonders die siebenbürgisch-sächsische Politik.

CHANCEN UND GEFAHREN DER INTEGRATION: DAS »SACHSENVOLK«

Die Reaktion der Siebenbürger Sachsen auf die ungarische Nationalitätenpolitik, die fast ununterbrochenen internen Auseinandersetzungen um den richtigen Weg zur Erhaltung von Existenz und Identität waren letztlich von einer einzigen Frage bestimmt: Ist dieses Ziel durch Konfrontation oder Kooperation, Kampf oder Kompromiß zu erreichen? Und im Falle des Kompromisses war zu klären, wo die Grenze zwischen Zusammenarbeit und Selbstaufgabe, Anpassung und Assimilation verlaufen sollte.

Die Richtungskämpfe bei den Sachsen, bis zum Ende der Monarchie immer wieder mit Elitenaustausch und Generationenkonflikt verbunden, setzten mit der Stellungnahme zum Ausgleich bereits ein, eine vorläufige Einigung ließ allerdings bis zum Sächsischen Nationalprogramm von Mediasch am 4. Juni 1872 auf sich warten:

»Angesichts der bevorstehenden Reichstagswahlen und der gleichfalls nicht mehr fernen Reform des sächsischen Munizipal- und Gemeindewesens ist es ein brennendes Bedürfnis: 1. die Stellung und nächsten Ziele der sächsischen Nation im Staatsleben klarzustellen ... 3. Alles, was erforderlich ist, den ungarischen Staat mehr und mehr zu einem Rechtsstaat zu gestalten, muß demselben bereitwilligst zugestanden werden ... Dagegen darf die an sich vollberechtigte Staatsidee, die notwendige Einheit, die Existenz des Staates niemals vorgeschützt werden, um Übergriffe auf andere gleichfalls berechtigte Lebensgebiete zu beschönigen, um ihn für einseitige Zwecke einer Partei, einer Nationalität, einer Coterie, einer begünstigten Klasse, Gegend oder Stadt auszubeuten ... 5. Die Staatssprache als solche hat ihre unzweifelhafte Berechtigung. Nachdem jedoch durch das Sprachgesetz vom Jahre 1868 und dessen Handhabung das richtige Maß im Gebrauch der madjarischen Sprache als Staatssprache überschritten worden ist, ist die Revision jenes Gesetzes ein dringendes Bedürfnis.«[39]

Im Mediascher Programm bekannte man sich zu der Neuordnung, die der Ausgleich geschaffen hatte. Die »Altsachsen«, noch in Erinnerung an ihre enttäuschenden Erfahrungen mit der magyarischen Nationalbewegung von 1848/49, dämmten ihr Mißtrauen gegen Budapest und seinen Herrschaftsanspruch ein. Die »Jungsachsen« wiederum ordneten ihre Vorstellungen von der Gunst der Stunde zur engeren Zusammenarbeit mit der magyarischen Führung dem einen, gemeinsamen Existenzinteresse der Sachsen unter. Man fügte sich in die wiederhergestellte Union mit Ungarn und in den Ausgleich. Dies schien notwendig, damit der territoriale Kristallisationskern der sächsischen Existenz, der »Königsboden«, vor der Absorption durch die ungarischen Komitatsorganisationen bewahrt, die deutsche Amtssprache und »Nationsuniversität« erhalten blieben.

Es hatte sich aber schon mit der Krönung Franz Josephs am 8. Juni 1867 zum ungarischen König und dem Rückzug der Krone aus dem jahrhundertealten unmittelbaren Verhältnis zur Sächsischen Nation gezeigt, daß die Selbstverwaltungsbefugnisse der Sachsen, die in Siebenbürgen selbst gegenüber Szeklern und Magyaren sowie immer stärker zuwandernden Rumänen längst zu einer kleinen Minderheit (1880: 10,2 Prozent = 211 748; 1910: 8,7 Prozent = 234 085) geworden waren, dem Vereinheitlichungsstreben Budapests nicht standhalten würden. Dieser Veränderungsdruck war bedrohlich, weil er eine nationalpolitische Offensive gegen die Sachsen als politisch selbstbewußte, regionale Funktionselite nach sich zog. Beispielhaft kam dies im »Provisorischen Regulativ bezüglich der Wahl der Vertretungskörper sowie der Schul-, Distrikt- und Gemeindebeamten auf dem Königsboden«[40] von März 1869 zum Ausdruck. Unabhängig davon konnten Budapests Planspiele eine zusätzliche Rechtfertigung in der unbestreitbaren, aber eher von der Krone als den Sachsen verschuldeten Tatsache finden, daß sich die politisch-rechtliche Ordnung des Sachsenlandes überlebt hatte.

Das »Sachsenland« setzte sich zusammen aus der »Hermannstädter Provinz«, die ihrerseits aus den »Stühlen«, das sind Verwaltungs- und Gerichtsbezirke, Broos, Mühlbach, Reußmarkt, Leschkirch, Schenk, Reps und Schäßburg bestand, ferner aus den sogenannten zwei Stühlen Mediasch und Schelk sowie den Distrikten Bistritz und Kronstadt. Dieses eigene Munizipium hatte als oberste Vertretung die »Nationsuniversität«, die zugleich oberste Verwaltungs- und Gerichtsbehörde war. Dies war, so formulierte Friedrich Teutsch das sächsische Selbstverständnis, auf der Grundlage des Andreanischen Freibriefes von 1224 eine »bewußte Schöpfung« des sächsischen Volkes, »ein Volksstamm als politische Individualität ... und jede Lebensäußerung war deutsch«. Wie stark der anonyme Veränderungsdruck – »von unten die Rumänen, von oben die Magyaren«[41] – geworden sein mußte, der von sozialem Wandel und Bevölkerungsverschiebungen ausging, läßt das extreme Beispiel des Brooser Stuhls ermessen: Auf einem Gebiet von fast sechs Quadratmeilen gab es insgesamt dreizehn Gemeinden, davon waren mittlerweile elf nichtsächsisch, aber auch der Rest nicht mehr rein sächsisch.

Im internen Richtungskampf hatten sich als programmatisches Minimum sächsischer Politik einige wenige Forderungen durchgesetzt. Die politische Passivität, »Denkfaulheit und Schlafsucht«,[42] so das *Siebenbürgisch-Deutsche Wochenblatt*, wichen aber erst, als zum Beispiel in Hermannstadt anläßlich der Reichstagswahlen von 1869 eine größere öffentliche Wählerversammlung stattfand. Das Programm, auf das sich Altsachsen wie Josef Gull (1820–1899), Jakob Rannicher (1823–1875) und Gustav Kapp (1831 bis 1884) und die Minderheit der Jungsachsen unter Georg Lindner (1836–1909) letztlich einigten, sah vor, daß die nationale Identität gesichert bleiben sollte, desgleichen die sächsische Munizipaleinheit im überkommenen Ausmaß gemeinschaftlicher Selbstverwaltungsrechte. Das Deutsche sollte Amts- und Gerichtssprache sein und die Autonomie von Kirche und Schule gewahrt werden. Trotz zeitweiliger begrenzter Zusammenarbeit mit der regierenden Deák-Partei im Reichstag gegen die noch »schlimmere« kossuthistische Opposition konnte das drohende Unheil nicht verhindert werden. Die Weichenstellung des Jahres 1876 zeichnete sich schon ab, unter anderem durch wirtschaftliche Krisenerscheinungen, durch die Reform der Gerichtsorganisation und die durchgängige Aufwertung der magyarischen Sprache. Gefördert wurde diese Entwicklung durch die Uneinigkeit der politischen Führung der Sachsen selbst.

In der Nationsuniversität wie auch im Auftreten vor Regierung und Reichstag wurde die Position der Altsachsen – für zeitgemäße Reformen und gegen die Schmälerung von Privilegien und Selbstverwaltung – nachhaltig erschüttert, als die achtzehn Jungsachsen sich 1871 mit den – lediglich vier rumänischen, neben einem einzigen magyarischen! – Vertretern der erdrückenden Bevölkerungsmehrheit verbündeten und eben eine stärkere Berücksichtigung der Interessen von nichtsächsischer Bevölkerung und ungarischer Regierung als unvermeidlich akzeptierten. Zwar hat die Begeisterung der Sachsen über die Gründung eines deutschen Nationalstaats 1871 eine Art Politisierungsschub und vermehrte Hinwendung zum Gedanken einer gesamt-/großdeutschen kulturellen Gemeinschaft hervorgebracht. Allerdings hatte sie sich als zu schwach zur Einigung der sächsischen Führung selbst erwiesen.

Nach der Reichstagswahl von 1875, nach dem Tode magyarischer Politiker mit innen- und nationalitätenpolitischem Augenmaß wie Deák und Eötvös kam es unter Ministerpräsident Kálmán Tisza zu einer Verhärtung der amtlichen Nationalitätenpolitik. Als am 1. Dezember 1875 eine sächsische Delegation einen letzten Versuch machte, den Ministerpräsidenten von der Beseitigung der Einheit des Königsbodens abzubringen, kam es zu einer Szene, die überhaupt im Hinblick auf deutsche Präsenz im Donauraum von beträchtlichem Symbolgehalt ist: Tisza, der überzeugte Schrittmacher eines magyarisch-nationalen Ungarn, antwortete in deutscher Sprache, der Fortbestand des Königsbodens und die Ausnahmestellung der Sachsen vertrügen sich nicht mit den Erfordernissen einer neuen Zeit.

Auch ein Zeichen der Zeit, ein Zeichen des zwar beschleunigten, aber noch labilen Politisierungsprozesses bei den Sachsen war, daß sich zwei ihrer Abgeordneten, nämlich Friedrich Wächter und Carl Fabritius, die mit nichtdeutschen Stimmen gewählt worden und in die Regierungsfraktion eingetreten waren, dem Mediascher Programm und dem parlamentarischen Widerstand des Sächsischen Klubs im März 1876 gegen das Gesetz über den Königsboden verweigerten. Der Königsboden wurde schließlich unter Komitate aufgeteilt; die Nationsuniversität sollte nur noch als Behörde für die Verwaltung ihres Vermögens erhalten bleiben, das wiederum lediglich für kulturelle Zwecke zur Verfügung stehen sollte, und zwar nicht nur für diejenigen der deutschen Bewohner.

Damit hatte die sächsische Politik eine gewissermaßen paradoxe Entwicklung genommen: Die Deutschen in Siebenbürgen waren als letzte der Konnationalen im Südosten von ihrer Umwelt darüber belehrt worden, daß sie – zuvor eine gewachsene Funktionselite ihrer Region – nichts anderes mehr waren als eine Minderheit, geradezu ein Fremdkörper in einem Land, das sie seit nahezu acht Jahrhunderten mitgeprägt hatten. Diese Zurückdrängung auf den bedrohten Status einer Randgruppe sollte nicht folgenlos bleiben: Die Politisierung breiterer Schichten der Sachsen schritt nun stärker voran. Zugleich wuchs die Einsicht, daß ihre Existenz und Identität neue Stützen brauchten. So kam es 1876 zu einer weiteren Weichenstellung: Die Deutschen in Siebenbürgen begannen – früher als diejenigen im übrigen Donau- und Karpatenraum – das politische Potential von Kirche und Schule, zugleich dasjenige der wirtschaftlich-gewerblichen Dynamik bewußt zu fördern und politisch, nun wirklich minderheitspolitisch, zu nutzen.

Kurz vor dem einschneidenden Wandel der politisch-verfassungsmäßigen Ordnung hatte sich eine Festigung und Belebung der Kirche durchgesetzt. Die gesetzlichen Regelungen von 1868 unter anderem zu Schule, Religion und Eherecht hatten – aus sächsischer Sicht das Wichtigste – trotz erweiterter Kompetenzen des Staates letzten Endes die Kirche als Träger von Schulen und Lehrerbildungsanstalten doch nicht in Frage gestellt. Der am 19. September 1867 gewählte Bischof (1867–1893) mit dem symbolträchtigen Namen Georg Daniel Teutsch war – nach dem Studium in Wien und Berlin, unter anderem bei Ranke – gleichermaßen Lehrer und Pfarrer, Historiker und parlamentarischer Vertreter des Sachsenvolkes. Seine »Geschichte der Siebenbürger Sachsen für das sächsische Volk« erschien zwischen 1852 und 1858. Er ließ sich von der Auffassung leiten, daß die Kirche – so im Rückblick sein Sohn Friedrich Teutsch, der ihm 1906 im Amt nachfolgte – »eine Burg für die nationalen Güter« sei und für »die Erhaltung des Volkstums zu sorgen« habe.[43] Der »Sachsenbischof« kannte die Lebensverhältnisse seiner Glaubensgenossen vom Königsboden und auch außerhalb gut genug, um zu wissen, welch energische Anstrengungen notwendig waren. Er wollte Kirche und Schule, Wirtschaft und Politik der Sachsen so voranbringen, daß ihre überkommene Vorrangstellung in der sich abzeichnenden nationalen Konkurrenzsituation erneuert werden konnte.

So waren die schulischen Zustände inzwischen weit entfernt vom verbreiteten Bild einer erfreulichen sächsischen Situation anders als sonst in Siebenbürgen oder gar in Ungarn, vielerorts entsprach das äußere Bild der Schulen ihrem tatsächlich äußerst niedrigen Niveau: »Schiefe Wände aus Bollwerk, die den Umsturz drohen, ein Dach aus Stroh, geschwärzt vom Rauch, den kein Rauchfang hinausführt, Fenster, die kein Licht hineinlassen, der Fußboden von Lehm. Dazu die kleinen Zimmer bisweilen von der ungehobelten Bretterwand durchschnitten, die dem Lehrer, seiner Frau und seinen Kin-

Die beiden Sachsenbischöfe Georg Daniel Teutsch (1817–1893) und Friedrich Teutsch (1852–1933) hatten wesentlichen Anteil an der Formulierung eines neuen Selbstverständnisses der Sachsen seit der Mitte des 19. Jahrhunderts. Sie trugen nicht nur als Repräsentanten der Kirche, sondern auch als Politiker und als Geschichtsschreiber der Sachsen wesentlich dazu bei, daß diese sich als Kirchenvolk in gesamtdeutschem Zusammenhang sehen lernten. Beide, Vater und Sohn, wurden auf diese Weise zu Leitfiguren der Minderheit.

dern den ihnen gehörigen Raum abgrenzt ..., das war das bisweilen tief erschütternde Bild jener Schulen.«[44] Was man in den siebziger Jahren an neuen Schulbauten und Unterrichtsplanung, an Lehrerbildung und Fortbildung in Gang brachte, wirkte sich in der Tat seit den neunziger Jahren wirtschaftlich und politisch aus. Der wirtschaftliche Niedergang wurde aufgehalten; die teils schon in sektiererisch anmutenden Prinzipienstreitereien befangenen engeren Führungszirkel öffneten sich zaghaft der Mitwirkung breiterer Schichten. Die sächsische Politik wurde lebensnäher und praktischer, wenn auch nicht harmonischer als in den siebziger und achtziger Jahren.

Das Zentrum sächsischer Politik während dieser Jahre war der Freundeskreis des Bischofs. Um diesen sammelten sich in Hermannstadt Pfarrer und Lehrer ebenso wie Rechtsanwälte, Journalisten und Vertreter von Handel und Gewerbe, die meisten zugleich Politiker. Dies war das Führungspersonal der Sachsen – beispielhaft auch für seine soziale Zusammensetzung in der zweiten Hälfte des 19. Jahrhunderts: der Stadtpfarrer von Hermannstadt, Friedrich Müller, weitere Geistliche, die zugleich siebenbürgische Literatur-, Geschichts- und Naturkunde betrieben, außerdem vielseitige, auch wirtschaftlich und politisch tätige Juristen wie Joseph Bedeus von Scharberg, Wilhelm Bruckner und Carl Wolff. Daß die kulturellen, wirtschaftlichen und politischen Reformvorstellungen allmählich in den breiteren Schichten Anklang finden konnten, war auch dem Ausbau und der stärkeren politischen Nutzung von Presse und Vereinswesen zuzuschreiben. So wurde das am 1. Januar 1874 gegründete *Siebenbürgisch-Deutsche Tageblatt*,[45] zuvor *Siebenbürgisch-Deutsches Wochenblatt*, unter Wolffs Leitung das Forum deutscher Politik in Siebenbürgen. Ein frühes Signal sächsischen Interesses auch an die übrigen Deutschen in Ungarn. Diese sollten sich, wie Friedrich Teutsch es ausdrückte, ebenfalls »um das Tageblatt scharen ..., doch gelang es zunächst nicht, und erst den Verhältnissen blieb es vorbehalten, jene aus dem Schlaf zu wecken«.[46]

Zusammengehörigkeitsbewußtsein und tätigen Zusammenhalt zu fördern, hieß auch, die großen Entfernungen in Siebenbürgen als Hindernis politischer Solidarisierung zu überwinden. So hatte beispielsweise nach dem deutschen Sieg bei Sedan im Krieg gegen Frankreich der spätere Bischof Friedrich Müller (1893–1906) aus Leschkirch an seine Hermannstädter Amtskollegen geschrieben: »Ihr Glücklichen ... habt die große Mär 24 Stunden vor uns gewußt!«[47] Die Kirchenorganisation und die Presse, allen voran das *Siebenbürgisch-Deutsche Tageblatt*, das in den siebziger Jahren bis zu tausend Abonnenten hatte, sorgten für ein engeres Heranrücken etwa von Nösnerland und Bistritz im Norden wie des Burzenlandes mit Kronstadt im Südosten an den Königsboden. Dem Versuch, die Sachsen als Ganzes politisch handlungsfähig zu machen, diente auch die Hinwendung zur Geschichte, wo sich der Bischof Teutsch selbst als Schrittmacher erwies. Seine bis 1699 zurückreichende Sachsengeschichte, deren erste Auflage in den Jahren 1852 bis 1858 erschienen war, kam 1874 neu in Leipzig heraus. Zugleich nahm er als Vorsitzender des »Vereins für Siebenbürgische Landeskunde« durch das Medium der Geschichtsbetrachtung auf das Selbstverständnis und die Zukunftsvorstellungen der Sachsen Einfluß. Vor dem Hintergrund der nationalen Begeisterung von 1870/71 brachte der Berliner Historiker Wilhelm Wattenbach, Ehrenmitglied dieses Vereins, derlei Empfindungen und Ziele gültig und zeitgemäß zum Ausdruck: »Das deutsche Volk in Waffen zeigt sich in seiner alten Kraft ... auch diejenigen deutschen Brüder, die an diesem Kampf keinen Anteil haben, begleiten uns mit ihren Wünschen, und der neue Glanz des deutschen Namens, dessen auch sie sich erfreuen, wird sie stärken in ihrem Volksbewußtsein!«[48]

Es wäre nicht richtig, Formulierungen und Verhaltensweisen dieser heute gleichermaßen romantisch-naiv und nationalistisch-aggressiv erscheinenden Art nur mit ironischer Nostalgie oder ausschließlich vom schlimmen Ende, von Krieg und Vertreibung her zur Kenntnis zu nehmen. Sie und mit ihnen die nun im Südosten, zuerst in Siebenbürgen, beginnende Nationalisierung von Selbstverständnis und Politik der Deutschen haben einen Anspruch darauf, als Phänomen eben dieser Epoche betrachtet und beurteilt zu werden. Was heutzutage, angesichts der Selbstwiderlegung des Nationalismus, gleichermaßen nach bildungsbürgerlich-nationaler Stickerei im Goldrahmen und nach »Schwert in meiner Linken« klingt, war ein trotzig-optimistischer Versuch, Menschen ohne Zwang oder Aussicht auf materielle Vorteile zu einer gemeinsamen Verhaltensänderung zu veranlassen. Es war nicht die paranoid-aggressive völkische Utopie von Lagarde und Langbehn, Claß und Schönerer, auch nicht die zweckrational-kalkulierte Gewalttätigkeit der Kriegssituation in der Mitte des 19. Jahrhunderts,[49] die nun in Siebenbürgen Einfluß zu nehmen begannen. Es waren vielmehr begründetes Krisenbewußtsein und berechtigte Sorge angesichts einer nationalistischen nichtdeutschen Umwelt.

Der deutschen Minderheit in Siebenbürgen wurde klargemacht, daß dynastische Loyalität und konfessioneller Zusammenhalt durch die – damals eben noch nicht diskreditierten – Formen und Motive nationaler Geschlossenheit zu ergänzen, »auf die Höhe der Zeit« zu bringen seien. Auf »die Höhe der Zeit« heißt hier: Man zog aus den Erfahrungen der Übergangs- und Umbruchepoche zwischen der ungarischen Revolution von 1848/49 und der Staatsbildung von 1867 Lehren für ein minderheitspolitisches Selbstverständnis. So schickte man sich in Siebenbürgen an, die überkommene, »sächsische« Identität zu überdenken. Man versuchte, Einsamkeit und Ohnmacht der Diaspora nunmehr durch die Selbstaufwertung zu einem Teil der gesamtdeutschen Kultur, in gewissem Sinne auch Bewußtseinsgemeinschaft auszutarieren. Insofern war Siebenbürgen Vorreiter für die politische Bewußtseinsbildung der Deutschen im Südosten insgesamt. Dies war nicht nur das Ergebnis einer elitären politischen Lehrfunktion von Kirche und Geschichtsschreibung, sondern rührte auch daher, daß die sächsische Öffentlichkeit darauf eingestellt war. Ein kulturell-sprachliches Symptom begleitete diesen mehr als ein halbes Jahrhundert währenden Bewußtseinswandel: Das angestammte Sächsisch, das »Detsch«, wurde zwischen 1850 und 1900 als Predigt- und Schulsprache allmählich durch das »Deutsche«, durch die Hochsprache zurückgedrängt.[50] Zur Zeit des Volksgruppenführers Andreas Schmidt kam es dann zum logischen Abschluß dieser Entwicklung, zum Verbot der Mundart als eigener Sprache der Sachsen in amtlichen Dienststellen.

Diese Art gesamtdeutsch-nationaler »Bewußtseinserweiterung« war am Ausgang des Jahrhunderts weitgehend schon selbstverständlich geworden. Insofern war es bezeichnend, daß der Kantor der »Schwarzen Kirche« in Kronstadt, als er die Orgel einer ungarischen Regierungsabordnung vorführen sollte, lupenrein deutschnational-protestantisch reagierte. Er ließ mit vollem Werk die »Wacht am Rhein« erschallen.[51] Es war – in der Wirkungsweise weitgehend analog – eine nationale »Para-Liturgie«, die gewissermaßen in der Nachfolge der kirchlichen Liturgie die sächsische Lebensordnung umfassend in eine siebenbürgisch-deutsche umzuformen begann. Die zunehmende Einsicht in das Labile der Minderheitsexistenz, eine trotz allen volksbezogenen Bramarbasierens letztlich defensiv-pessimistische Eintrübung politischen Denkens schuf eine Disposition für die überstaatliche nationale Integration, für den inneren Anschluß an das Deutsche Reich.

Die Möglichkeit zerstörerisch-selbstzerstörerischer Radikalisierung des Nationalismus, mithin nationaler Minderheitspolitik, war hier von Anfang an enthalten, aber dies war sicherlich nicht das Ziel, das die Sachsen der Ära Teutsch angestrebt hätten. Es hätte das Vorstellungsvermögen dieser Pfarrer-Politiker geradezu gesprengt, die von Berufs wegen über die inneren und äußeren Krisensymptome der sächsischen Minderheit mehr erfahren hatten als andere. Es hätte auch das Vorstellungsvermögen jener gutbürgerlichen Juristen überschritten, welchen die Zeichen politischer Ahnungslosigkeit und wirtschaftlicher Erschlaffung der breiteren Schichten ein Bewußtsein ihrer umfassenden »gesellschaftspolitischen« Verantwortung als »wissender Elite« eingaben.

Selbstreflexion und nationale Neuorientierung der deutschen Minderheiten im Südosten, insbesondere der Sachsen, kann aber nicht verdecken, daß der Alltag der sächsischen Politik bis 1914/18 diesem Niveau von Lageanalyse und Verantwortungsbewußtsein kaum gerecht wurde. Vor allem wiederholte sich, verbunden mit Generationengegensatz und Elitenerneuerung, mehrmals jene Auseinandersetzung über das richtige Maß der Kompromißbereitschaft gegenüber Budapest. Sie hatte schon Alt- und Jungsachsen entzweit. Die Regierung Kálmán Tisza und ihre Statthalter in Siebenbürgen, die Obergespäne der neugebildeten siebenbürgischen Komitate mit Sitz unter anderem in Hermannstadt und Groß-Kokel, Bistritz und Kronstadt verschärften die innere Spannung dieser Richtungsdiskussion, indem sie durch autoritäres Auftreten die Ohnmacht der Sachsen bloßlegten, etwa nach dem Motto des Grafen Gábor Bethlen als Obergespan in Groß- und Klein-Kokel: »Én vagyok a Geschäftsordnung!« (Die Geschäftsordnung bin ich!).[52]

An dieser Tendenz zu Zersplitterung und gezielter Isolierung konnte auch die von der sächsischen Führung gegründete »Sächsische Volkspartei« nichts ändern. Seit 22. Oktober 1876 bemühte sie sich, geleitet von einem »Zentralausschuß« unter Franz Gebbel, um eine einheitliche politische Linie der Sachsen. Dabei signalisierte man der Regierung durchaus eine gewisse Bereitschaft zur Zusammenarbeit. Dennoch rückten Repression und Magyarisierungsgefahr immer mehr ins Zentrum der politischen Diskussion. Spätestens bei der Reichstagswahl von 1881 war das klar. 1882 schließlich zeigte sich in desillusionierender Weise die Zerrissenheit und Ohnmacht der politischen Lage der Deutschen in Ungarn überhaupt: Als der reichsdeutsche »Deutsche Schulverein« von außen die ungarische Nationalitätenpolitik angriff, organisierte die

Verwaltung Gegendemonstrationen von Deutschen, besonders im Norden, beispielsweise in Leutschau, und im Süden in Temeschwar und Pantschowa. Auf diese wiederum reagierten die Deutschen in Siebenbürgen monatelang mit »Schulvereinsdemonstrationen«. Im Reichstag selbst mußten sich die sächsischen Abgeordneten fortwährend gegen schul-, kirchen-, sprachenpolitische Offensiven der Regierung wehren. Sie behielten aber ihre Linie bei und zeigten sich auch weiterhin entschlossen, Staatstreue und Erhaltung ihrer deutschen Nationalität miteinander zu verbinden. Die Wiederholung der alt-jungsächsischen Kontroversen bereitete sich vor, als die Sächsische Volkspartei unter Führung von Carl Wolff eine pragmatische Annäherung an die Regierung vorbereitete.

Das neue sächsische »Volksprogramm« des Hermannstädter Sachsentages von 1890 und der Eintritt fast aller sächsischen Abgeordneten – bis 1918 maximal dreizehn – in die Regierungsfraktion, der sie bis 1897 und dann wieder von 1903 an angehörten, beschleunigten letztlich nur das erneute Hervortreten einer Oppositionsgruppe. Die meist jüngeren Intellektuellen, die »Grünen«,[53] wenden sich 1893 gegen das pragmatische Verhalten der »Regierungssachsen«, der »Schwarzen«, im Reichstag. Die Grünen mit ihrer Burzenländer sächsischen Bürger- und Bauernpartei, 1894 in Kronstadt von Karl Lurtz und Lutz Korodi im Umkreis der *Kronstädter Zeitung* gegründet,[54] erweisen sich nach einem zwischenzeitlichen Abflauen dann seit der Jahrhundertwende in Siebenbürgen als ein personelles und programmatisches Scharnier zwischen sächsischer interner Richtungsdiskussion und beginnender »deutschnationaler« Orientierung. Dies gilt auch in Teilen der »schwäbischen« Bevölkerung Ungarns insgesamt, wo sie zur Brücke für reichsdeutsche und deutschösterreichische Einflüsse wird.

Vorbereitet bereits in den achtziger Jahren durch die Kreise um den Kronstädter Stadtpfarrer Franz Obert und den Hermannstädter Bürgermeister Josef Drotleff, auch durch Impulse seitens des Berliner Deutschen Schulvereins kristallisierte sich allmählich eine Opposition zur pragmatischen Annäherung des Zentralausschusses an die Regierung heraus. Zusätzlichen Antrieb gaben hier der Generationengegensatz und ein gewisser Affekt gegen den Hermannstädter kirchlich-politischen Filz, vielleicht auch schon ein politisches Drängen der bisher weithin bevormundeten unteren Schicht städtischen Bürgertums.

Was hier unter Bezug auf das Mediascher »Sächsische Nationalprogramm« von 1872 und das Kronstädter Reichstags-Wahlprogramm von 1881 der Volkstag unter der Regie von Carl Wolff als neuem Vorsitzenden des Zentralausschusses proklamierte, sollten die ausschließlich geltenden gemeinsamen Richtpunkte sächsischer Politik sein: Man arbeitete fortan – außer zwischen 1898 und 1904 – im Reichstag mehr oder weniger eng mit der Regierungsfraktion zusammen. Nach Tiszas Ablösung durch Gyula Graf Szapáry am 13. März 1890 plädierte Wolff entschieden dafür, die Chance zur Zusammenarbeit zu nutzen. Er dachte dabei an die Absicherung der Kirchenordnung ebenso wie an die staatliche Unterstützung für die geplanten genossenschaftlichen Anstrengungen zur Verbesserung der wirtschaftlichen Lage. Zwar enthielt das Programm wegweisende Vorschläge hierfür und verwahrte sich energisch gegen Übergriffe der Exekutive, zugleich signalisierte es aber die Bereitschaft zur Mitarbeit in der Regierungsfraktion des Reichstags. Dies zeigten die Aussagen zum Nationalitätengesetz und zum Geltungsanspruch der Staatssprache und auch die zustimmenden Aussagen über den dualistischen Status quo, also über die siebenbürgisch-ungarische »Union«, die nun als Existenzbedingungen der Monarchie überhaupt galten:

»Vom Drange beseelt, das siebenbürgisch-sächsische Volk seiner Kulturbestimmung auch unter den veränderten Zeitverhältnissen als ein entwicklungs- und leistungsfähiges Glied des ungarischen Staatsganzen, mit dessen Bestand sein Geschick eng verknüpft ist, zu erhalten, haben die in Hermannstadt am 17. Juni 1890 versammelten Vertrauensmänner des sächsischen Volkes ... die folgenden, bis zu deren Aenderung durch einen Beschluß des Volkstags ausschließlich geltenden gemeinsamen Richtpunkte festgestellt ... Der an sich vollberechtigte Staatsgedanke sowie die notwendige Einheit und die Existenz des Staates dürfen jedoch niemals zum Vorwande für etwaige Eingriffe dienen, durch welche berechtigte Lebensgebiete des sächsischen Volkes gefährdet oder geschädigt werden könnten. Auch die innere Teilnahme der Staatsbürger an der staatserhaltenden und kulturfördernden Selbstverwaltung in Gemeinde und Munizipium, in Kirche und Schule darf durch übermäßige Zentralisation und Vielregiererei nicht ertötet werden ... 4. Die Staatssprache als solche hat ihre Berechtigung. Die Bestimmungen des 44. Gesetzartikels vom Jahre 1868 über die Gleichberechtigung der Nationalitäten und die später zustande gekommenen Gesetze, inwieweit sie das der Staatssprache durch den obigen Gesetzartikel eingeräumte Uebergewicht zum Nachteile der Nationalitäten nicht vermehren – enthalten das mindeste Maß von Freiheit und Berechtigung, welche den nichtmadjarischen Nationalitäten dieses Landes gebührt ... 6. Den Reichstagsabgeordneten der sächsischen Wahlkreise steht es frei, im Einverständnis mit ihren Wählern außerhalb der Parteien des Abgeordnetenhauses zu bleiben oder einer und derselben Partei oder auch verschiedenen Parteien beizutreten, inwieferne diese auf der Basis des staatsrechtlichen Ausgleichs von 1867 stehen (Punkt 1 dieses Programmes).«[55]

Dagegen formulierten die Grünen beziehungsweise die »Jungen« ihre Plattform bei einer Zusammenkunft in Kronstadt 1893. Bei dieser Erklärung handelt es sich weniger um ein neues Programm – man bekannte sich ausdrücklich zum Programm von 1890 – als um einen Appell an die Sachsen. Im Rahmen der gegebenen Verfassungsordnung sollten sie endlich geschlossen ihre Rechte und »sächsisch-nationale« Existenzbedingungen einklagen, auch gegen die Regierung. Eine Zusammenarbeit mit den Parteien im Reichstag könne es derzeit nicht geben. Eher erzieherische Empfehlungen dieser Art stehen im Vordergrund, während etwa die Wirtschaftspolitik nur pauschal abgehandelt wird. Charakteristisch und neu ist, daß die Sachsen insgesamt zu politischer Aktivität ermuntert werden, und zwar gegen Cliquen- und Standesgrenzen, gegen die Arroganz alter Familien und bestimmter Orte. Eine »Volksgemeinschaft« soll geschaffen werden, deren Mitglieder ein allen gemeinsames »treues, für sein Volkstum erglühendes Herz« einen soll. Bemerkenswert im Hinblick auf die weitere politische Entwicklung der Deutschen im Südosten insgesamt ist die Definition des »Sachsentums« als

»Inbegriff der national-deutschen Bestrebungen«, allerdings immer noch mit dem einengenden Zusatz »in Siebenbürgen«. Noch also ist nicht die Rede von einer »ungarndeutschen« Minderheit oder gar von deutsch-mitteleuropäischer Solidarisierung.

Eben letzteres sollte bei den sächsischen Prinzipiendebatten immer mehr in den Vordergrund rücken. Besonders von 1897 an, als Ministerpräsident Baron Dezső Bánffy (seit 15. Januar 1895) das ganze repressive Instrumentarium durch Initiativen zur Ortsnamenmagyarisierung und zur Ein- beziehungsweise Unterordnung der sächsischen Kirche in die gesamtungarische sowie zu schulpolitischem Druck erneut zu nutzen begann. Dies konnte nur kurzfristig die Sachsen im Protest einen. Spätestens der Wiedereintritt der Abgeordneten in die Reichstagsfraktion der Regierung des jüngeren Tisza (3. November 1903 bis 14. Februar/18. Juni 1905) und damit die Bestätigung des früheren Appeasement-Kurses machten endgültig klar, daß die sich stärker deutschnational konturierenden Grünen in das taktische Konzept der Führungsgruppe nicht mehr voll und ganz zu integrieren sein würden.

ZWISCHEN »GROSS-ÖSTERREICH« UND DEUTSCHER »VOLKSGEMEINSCHAFT«

Inzwischen hatten weiter zurückliegende politische Kontakte einzelner siebenbürgischer Politiker sowie einiger Grüner zu Deutschen in Hermannstadt und im Süden eine gewisse Bedeutung für die Anfänge einer schwäbischen beziehungsweise deutschen Minderheitspolitik[56] erlangt. Vorausgegangen war bei allen Beteiligten ein Lernprozeß. Er hatte ihre Vorstellungen von den Möglichkeiten einer deutschen Minderheitspolitik in Ungarn insgesamt beträchtlich korrigiert. In eben den frühen neunziger Jahren, als der Rechtsanwalt Dr. Ludwig Kremling und seine Gesinnungsgenossen aus Ungarisch-Weißkirchen im Banat engere Verbindung zu den Grünen herstellten, zog sich ein anderer Schrittmacher deutscher Minderheitspolitik, Edmund Steinacker, von seiner bisherigen Zusammenarbeit mit der sächsischen Führung und von den Bemühungen um die politische Mobilisierung des deutschen Stadtbürgertums zurück. Die Lektion bestand in der Einsicht, daß deutsche Minderheitspolitik nicht mehr auf das – an sich zur Trägerschaft berufene – Stadtbürgertum rechnen konnte. Wenn sie überhaupt noch möglich war, dann nur mit der bäuerlichen Bevölkerung, vor allem mit den »Schwaben« im Süden, als sozialer Basis.

Eben diese notwendige Voraussetzung einer innenpolitisch relevanten deutschen Minderheitsorganisation, nämlich Breitenwirkung und überregionale Ausbreitung, war im Stadtbürgertum nicht mehr gegeben. Der forcierte gesellschaftliche Wandel unter dem Eindruck der Industrialisierung, die Assimilation in all ihren Varianten und schließlich die Abkoppelung der Deutschen Transleithaniens vom geschlossenen deutschen Sprachraum infolge der Entscheidungen von 1867 hatten spätestens in den achtziger Jahren für diese Entwicklung gesorgt. Das deutsche Stadtbürgertum, fast überall ohne Zusammenhang mit den schwäbischen Bauern, war nicht mehr zu erreichen. Seine überlieferte »deutschungarische« Haltung war zu sehr in den tatsächlichen Existenzbedingungen und in der gewachsenen Lebenswirklichkeit ungarischer Städte verwurzelt, als daß man es aus der ungarischen Gesellschaft hätte herausfiltern können. Es konnte nicht mehr zum »deutschnationalen« Bezugspunkt einer ganzen Reihe kaum verbundener »ungarndeutscher« Bevölkerungsgruppen werden. Wenn es überhaupt noch eine Chance gab, gesellschaftliche Existenz und nationale Identität zugleich zu sichern, dann mußte man fast bei Null anfangen. Die Ausgangslage dieser zunächst in den Städten scheiternden, dann im Süden gelingenden Entwicklung von »deutschungarischer« zu »ungarndeutscher« Politik sei an einigen regionalen Beispielen angedeutet.

Nicht nur im Norden und Westen, auch im Landesinnern und im Süden herrschte bis in die siebziger und achtziger Jahre weitgehend Passivität vor. Trotz mancher Regungen eines Willens zu Mitbestimmung und Assimilationsabwehr in den Umbruchphasen von 1848/49 und um 1867, ungeachtet auch der Organisationsansätze, die in der Entfaltung des schwäbischen Vereinswesens zum Tragen kamen, verharrte man weitgehend noch in einem vorpolitischen Stadium. Ein indirektes Indiz für das Politisierungsdefizit der Schwaben, von ihrem Nationalisierungsdefizit ganz zu schweigen, bietet die Entwicklung der kirchlich gesteuerten »Katholischen Volkspartei« seit 1894/95. Vorrangig zwar gegen die kirchenpolitische Gesetzgebung als Teil der liberal-nationalistischen Regierungspolitik gerichtet, wandte sie sich in zweiter Linie und nach dem Vorbild der österreichischen Christlichsozialen sowie des deutschen Zentrums durchaus der sozialen Frage zu, daneben aber als einzige größere Partei auch dem Anliegen der Nationalitäten. Sie verband sich mit dem »Katholischen Volksverein« unter Vorsitz von Johannes Huber, der zeitweise bis zu 50 000 deutschsprachige Mitglieder umfaßte, sowie mit den deutschsprachigen Zeitungen *Christliches Volksblatt* und *Der Landbote*.[57] Aber sie konnte die Masse der Schwaben im Süden nicht gewinnen. Diese wählten offenkundig unbeirrbar »liberal«, also die Regierungspartei. Selbst gröbste, ansonsten durchaus wirksame Anti-Agitation der Volkspartei, vorzugsweise gegen den »liberalen Satan«, gegen Freimaurer und Juden, änderte nichts daran, daß sich die Deutschen im Reichstag von »Regierungsschwaben« repräsentieren ließen. Daß man die Werbung um die Deutschen im Zeichen von »Éljen« (Hoch!) und »Isten áldja kezünk munkáját!« (Gott segne unsrer Hände Arbeit!)[58] betrieb, sagt viel über Zustand und Perspektiven der politischen Bewußtseinsbildung bei den Schwaben am Ausgang des Jahrhunderts aus.

Die deutschsprachigen Zeitungen fügten sich hier ein. Es war geradezu selbstverständlich, daß ihre gesellschaftliche Wirksamkeit auf eine Verbindung von staats- und dynastieorientierten Patriotismus mit unpolitischem Praxisbezug zu gründen war. Eine emanzipatorische nationale Bewegung mit außerungarischem Bezugspunkt hätte im bäuerlichen Sozialmilieu keine Resonanz gefunden. Dies noch weniger als im Stadtbürgertum, wo es wenigstens das Bewußtsein einer deutschungarischen Prägung gab. Daher blieben Proteste wie 1848/49 die Denkschriften von Franz von Vághy und Georg Tretter von Járy (»Zum Schutze der deutschen Nationalität in Ungarn«) und, im Vorfeld der Errichtung des neuen Kronlandes »Serbische Woiwodschaft und Temescher Banat«, die »Schwabenpetitionen« in Banat und möglicherweise auch der Batschka letztlich isolierte Erscheinungen.[59] Ohne deutschnationale Ausrichtung waren zunächst

Magyaren und Judäomagyaren.

Einst: „Moriamur pro rege nostro Maria Theresia!"

Jetzt: Etwas e Ausgleich vün 30%, und nix um ainen Fillér mehr!

Zum wachsenden Antisemitismus – hier eine Karikatur aus dem *Kikeriki* von 1896 – gehörte der Versuch, jüdischen Einfluß auf die magyarische Führungsschicht verantwortlich zu machen für Budapests Verhalten gegenüber Wien wie auch gegenüber den Nationalitäten. Diese Agitation konnte auch nicht durch Tatsachen wie die erfolgreiche jüdisch-deutschen Synthese in der Hauptstadt eingedämmt werden.

auch die wenigen deutschsprachigen Zeitungen, zum einen prononciert katholische Blätter, Zeitungen also nicht für das deutsche, sondern für das »katholische Volk«, wie *Der Landbote* im Untertitel ankündigte: »Christliches Volksblatt, gegründet 1896 in Budapest von Pfarrer und Mitglied des Reichstags Johann Molnár, zugleich Mitbegründer der Christlichen Volkspartei«. *Der Freimüthige*, redigiert vom Abgeordneten Franz Blaskovics, Temeschwar, galt als Blatt des »Südungarischen Bauernvereins« (Délvidéki Földmůvelők Gazdasági Egyesülete), ferner gab es seit 1896 das *Preßburger Tagblatt*, sodann ohne kirchliche Abhängigkeit das *Ungarisch-Weißkirchener Volksblatt* und die *Neue Werschetzer Zeitung*.[60] Erst an der Jahrhundertwende werden diese Presseorgane, ferner die *Großkikindaer Zeitung* und vor allem seit 16. Dezember 1900 in Temeschwar das *Deutsche Tagblatt für Ungarn* zu Schrittmachern der Politisierung in deutschnationalem Sinne.

Das Vereinswesen, das – anders als in Siebenbürgen – aufgrund des Fehlens einer steuernden Elite nicht politisch aktiv werden konnte, verfügte immerhin über gewisse lokale Schwerpunkte. In Orten wie Werschetz und Ungarisch-Weißkirchen, Temeschwar und Neusatz bildeten sich allmählich kleine Gruppen von Gegnern des Assimilationsprozesses. Wie im Pressewesen Jakob Schümichen, Dr. Eduard Rittinger, Arthur Korn, so treten hier neben anderen der Rechtsanwalt Dr. Ludwig Kremling und Johann Anheuer hervor. Letzterer hatte zunächst beim Aufbau des unpolitischen Südungarischen Bauernvereins mitgewirkt. Zusammen mit den katholischen Volks-, Lese- und Gesellenvereinen sollte auch der Bauernverein (gegründet am 10. Dezember 1891 in Temeschwar) im vorpolitischen Raum verharren. Er war vor allem im Banat tätig und verfügte 1900 über rund 9 500 Mitglieder in 120 Orten. Sein Ziel war es, Krisenerscheinungen in der Landwirtschaft entgegenzuwirken, etwa durch die Organisation von Kreditversorgung, Versicherungen und Absatz, durch berufliche Fortbildung bis hin zur Prämierung und Ausstellung herausragender Leistungen und Anregung von Neuerungen bei Anbau und Geräten. Der Bauernverein, in dem auch wichtige Vertreter der späteren »Deutschen Bewegung« wie Johann Röser einigen Einfluß nehmen konnten, geriet zwischen die Fronten, als ihm von magyarischer Seite, zumal er die deutsche Verhandlungssprache beibehielt, vorgeworfen wurde, die im Statut festgelegte nationalpolitische Enthaltsamkeit nicht zu beachten, und andere wiederum ihn beschuldigten, der bedrängten Minderheit die mögliche Hilfe zu verweigern.

Angesichts des – in der eindeutigen Mehrheit – katholischen Staatsvolkes und der vielen Gebiete mit außerordentlich komplizierten ethnischen Mischkonstellationen sowie der Kooperationserwartungen der Regierung war die Lage der katholischen Kirche in dieser Zeit zwischen dem Durchbruch der magyarischen Nationalstaatsutopie und wechselseitiger nationalistischer Radikalisierung unvergleichlich schwieriger als diejenige des evangelischen Kirchenvolks in Siebenbürgen. Das Manövrieren der katholischen Kirche in einer Situation ohne Vorbild illustriert eine Äußerung des Bischofs von Tschanad, Alexander Dessewffy (1889–1901/04). Er sah seinerseits an sich keinen Zusammenhang zwischen Nationalitäts- und Glaubensfrage, lobte dennoch seinen Klerus, der »zwar zum größten Teil deutscher Abstammung ist, dem aber die Magyarisierung

[illegible]erbündniss
der frommen Marianischen Gesellschaft zu Bátaszék
unter der Benennung:
Mariazeller-Bruderschaft.

Der Zweck der Bruderschaft ist: die Ehre des Dreieinigen Gottes und der seligsten Jungfrau Maria zu vermehren, die Auferbauung der Christkathol[illegible] und das Heil der unsterblichen Seele zu befördern; und darum:

1. Ein jedes [illegible] der Bru[illegible]erschaft machet täglich die gute Meinung: ein frommes [illegible] Leben zu führen, und dazu auch seine Hausgenossen anzueifern.

2. Verpflichten sich [illegible] und Schwestern am Tage der öffentlichen feierlichen Anbetung des ausgesetzten allerheiligsten Altars-Sakramentes von [illegible] Mittag der Anbetung beizuwohnen.

3. Am Himmelfahrts-[illegible] am Maria Namensfest werden sämmtliche Mitglie[illegible] durch das h. Buß-Sakrament ihr Gewissen reinigen, und am T[illegible] [illegible]cheinen.

4. Jedes Mitglied [illegible] verbindet sich, wenn ein Mitglied abstirbt, zu dessen Beg[illegible] zu erscheinen, [illegible] nach dessen Beerdigung den nächsten Sonnt[illegible] [illegible] Nachmittag in der Mutterkirche einen Rosenkranz zu [illegible].

5. Endlich verbindet sich die [illegible] Bruderschaft jedes Jahr am 1. Mai für alle lebende und ver[illegible]rbene Mitglieder [illegible] feierliches Meßopfer, nach dem Ableben a[illegible] eines jeden Mitgliedes — für den Verstorbenen [illegible] ein Seele[illegible] Amt ver[illegible] zu lassen.

Báttaszék, am Feste der heiligsten Dreifaltigkeit 1872.

Fünfkirchen, Lyz.-Druck. K. Ramazetter.

Die Mariazeller Bruderschaft zu Bátaszék ist ein Beispiel dafür, wie die Teilnahme am öffentlichen Leben und die Elitenbildung und Einflußverteilung in den Gemeinden im großen und ganzen durch katholisch-kirchliche Einrichtungen aufgefangen und reguliert worden sind. Diese Unterordnung des politischen Lebens unter das kirchliche sorgte in gewissem Sinne für Politik ohne Politisierung, letztlich für die lange Aufrechterhaltung einer unpolitischen Grundhaltung der Donauschwaben.

vieler Schulen und die patriotische Haltung vieler Gemeinden zu verdanken ist«.[61] Man hat sich dennoch ein Gespür für das Gefährliche nationaler Spannungen bewahrt und war trotz umfangreicher Mitwirkung an der Magyarisierung imstande, immer wieder sensible Regelungen zu finden, die auf die Lebenswirklichkeit und die gewachsene Vielfalt multinationaler Beziehungen virtuos abgestimmt waren. Dies zeigt beispielhaft die Sprachordnung der Pfarrei Batsch von 1870: »Zu Weihnachten, Ostern, Pfingsten und an allen hohen Festtagen ist das Hochamt immer schokatzisch (= kroatisch), wie auch die Vesper und die Prozession. Die Sonntage des Jahres werden so aufgeteilt: der erste Sonntag im Monat und der Neumondsonntag sind schokatzisch; der dritte und der vierte Sonntag ungarisch und deutsch. Die Sprachenordnung beginnt jeweils mit dem ersten Advents- und mit dem ersten Fastensonntag, so, daß der erste Sonntag schokatzisch ist, die darauffolgenden ungarisch und deutsch, wobei darauf zu achten ist, daß der Neumondsonntag im Monat immer schokatzisch ist. Am zweiten Weihnachts- und am zweiten Pfingsttag ist das Hochamt immer ungarisch, am Neujahrstag und am Ostermontag deutsch. Zu Peter und Paul, das heißt am Kirchweihfest, wird das Hochamt in allen drei Sprachen gehalten ... Am Fest des hl. Antonius von Padua werden drei hl. Messen und Predigten für alle drei Nationalitäten abgehalten.«[62]

Diese Strategie der katholischen Kirche, tätige Loyalität gegenüber dem Regierungskurs mit pragmatischer Rücksichtnahme vor Ort zu verbinden, war auch Ausdruck des Bewußtseins, im »Kampf um die Seelen« bestehen zu müssen. Die »katholische Erneuerung«, die mit dem Auftreten einer neuen, geistlich und sozial kämpferischen, »christlichsozialen« Priestergeneration einherging, war die ungarische Antwort der katholischen Kirche auf nie dagewesene Konkurrenz. Als solche faßte man Säkularisierung, Materialismus und Nationalisierung auf und war überzeugt, alle großen Parteien hätten diese weltanschaulich-programmatischen Versatzstücke in unterschiedlicher Kombination zu ihrer Sache gemacht. Daneben schien in bestimmten Gebieten die überkommene Bindung zwischen Kirche und Gläubigen auch von der Arbeiterbewegung und Bestrebungen der Nationalitäten bedroht. Aus der Perspektive der katholischen Kirche war dies auch im Falle der Schwaben so. Gerade in deren Hauptsiedlungsgebiet, im Banat und der Batschka, mußte eine Entwicklung wie in Österreich verhindert werden. Die Sezessionsdrohung einer Los-von-Rom-Bewegung, die in Österreich um 1898 in Gang gekommen war, hoffte man noch abwenden zu können. Um jeden Preis verhindern wollte man jene Destabilisierung der Monarchie, des Bündnisses von Dynastie und Kirche, durch Nationalitätenmobilisierung und »völkischen« Nationalismus. Was während der Badeni-Krise in Zisleithanien geschehen war, sollte sich in Ungarn keinesfalls wiederholen dürfen.

Daß und warum dennoch auch hier vor allem seit der Jahrhundertwende deutschnationale Politik eine Chance erhalten konnte, daß und warum ein wachsender, wenn auch insgesamt nur kleiner Teil der Deutschen dem deutschnationalen Solidarisierungsappell mehr Gehör schenkte als kirchlicher Gehorsamspflicht und staatlich-administrativer Integrationsofferte, sollen einige biographische Beispiele verdeutlichen.

Wandel und Richtung der deutschen Politik in Ungarn zwischen dem späten 19. Jahrhundert und dem Ersten Weltkrieg, Entwicklungsstufen und Verhaltensmotive sind in gewissem Maße ablesbar am Werdegang Edmund Steinackers, der sich aus der gewachsenen »deutschungarischen« Symbiose löst und versucht, eine »deutschbewußte«, »ungarndeutsche« Politik zu betreiben. Damit ist bei ihm keineswegs die Absicht verbunden, die Habsburgermonarchie einem »völkischen« Großdeutschland zu opfern. Dagegen repräsentieren Rudolf Brandsch und Gustav Gratz die beiden gegensätzlichen Reaktionen der jüngeren deutschen Generation auf gesellschaftliche Modernisierung und Magyarisierungsdruck. Zum einen die allmähliche Hinwendung zur Solidarisierung mit der deutschen Nation und mit allen Deutschen in Ungarn; zum anderen Ablehnung einer konsequenten deutschen Minderheitspolitik, statt dessen Bereitschaft zur Einfügung in eine magyarisch-nationale Gesellschaft, dies möglichst ohne Aufgabe der deutschen kulturnationalen Identität.

Steinacker, der Angehörige einer älteren Politikergeneration, war 1839 in Debreczin als Sohn des Pfarrers Gustav Steinacker und dessen Frau Aurelie Westher, einer aus der Zips stammenden »glühenden ungarischen Patriotin«, geboren worden.[63] Die regionale Vielfalt der deutschen Bevölkerung in Ungarn erlebte er schon während seiner Jugendjahre in der Zips und in Triest, in Ödenburg und in Ofen-Pest, stets vorwiegend aus der Perspektive des »deutschungarischen« Stadtbürgertums. In einer zugleich liberalen und ungarisch-patriotischen Familie sammelte er frühzeitig fundierte Kenntnisse über die langjährigen Auseinandersetzungen zwischen Neoabsolutismus und ungarischer Nationalbewegung, bald auch über die Gefahren »großdeutscher« Mitteleuropa-Politik und des liberalen deutschösterreichischen Zentralismus.

Noch vor der nationalpolitischen Weichenstellung von 1866 absolvierte er Gymnasial- und Hochschuljahre in Weimar und Stuttgart, die zu einem Ingenieurexamen führten. Die nationale und liberale Prägung, die er in Mittel- und Südwestdeutschland erfahren hatte, verstärkte sich während seiner folgenden Aufenthalte in Frankreich und England. Das Jahr 1867 und das liberal-reformerische Image des Kabinetts Andrássy waren für ihn Signal zur Rückkehr nach Ungarn. Er erwartete einen umfassenden Modernisierungsprozeß nach südwestdeutschem und westeuropäischem Vorbild. Als Mitarbeiter zunächst des ungarischen Landesindustrievereins, danach der Handels- und Gewerbekammer Budapest, mußte er sich bald in die Grenzen gesamtgesellschaftlicher Innovation finden – in strukturelle und machtpolitische. Als Vertreter der siebenbürgischen Wahlkreise Bistritz und Heltau im ungarischen Reichstag von 1875 bis 1878 und 1881 bis 1888 mußte er in der Ära Tisza erfahren, daß das Interesse einer großagrarischen Aristokratie an der Bewahrung des politisch-gesellschaftlichen Status quo erneut bestimmend wurde. Er sah sich allmählich in die Resignation gezwungen, da es immer weniger um Modernisierung und eigentlich nur noch um die Verhinderung einer dauerhaften Entwicklungsdeformation ging, um eine Politik, die auf Bevormundung des städtischen Bürgertums und Magyarisierung der Nationalitäten zielte. Seine Vorstellungen von wirtschaftlicher Modernisierung und konstitutioneller Erneuerung, von »organischer« Weiterentwicklung des Ausgleichs durch wirtschaftliche Zusammenarbeit wurden zum Anachronismus. Der liberale Steinacker, der das Stadtbürgertum, gerade das deutschungarische, als Motor umfassender Verwestlichung nutzen wollte, wurde regelrecht umprogrammiert zum Schrittmacher deutscher Minderheitspolitik: Liberalismus und Modernisierung befürwortete er zwar weiterhin, aber nicht mehr als gesamtgesellschaftliches Entwicklungsziel, sondern allenfalls als Mittel zum – minderheitspolitischen – Zweck.

Nachdem Steinacker 1888/92 aus Parlament und Handelskammer, aus Politik und Beruf verdrängt worden war, verlegte er seinen Wohnsitz nach Wien. Er zog minderheitspolitische Konsequenzen aus seiner unfreiwilligen Umprägung. Vom deutschungarischen Innen- und Wirtschaftspolitiker zum ungarndeutschen Minderheitspolitiker gewandelt, begann er von Wien aus, Beziehungen und Aktivitäten umzugruppieren. In Österreich selbst gewann er vor allem deutschnationale Gesprächspartner. Er konnte aber auch Kontakte zu den späteren Ministerpräsidenten Beck und Koerber herstellen, zu dem Industriellen und Mitteleuropa-Propagandisten Alexander von Peez, zur Leitung der evangelischen Kirche und einigen Schutzvereinen. In den Vordergrund traten aber allmählich Beziehungen zu reichsdeutschen Partnern. Er arbeitete – noch immer Presbyter der deutsch-evangelischen Gemeinde Budapest – im Gustav-Adolf-Verein mit, dessen Hilfe wiederum für die evangelische Kirche vor allem in Siebenbürgen wichtig war. Spätestens seit 1898/99 hatte er Kontakt zum »Alldeutschen Verband« (ADV), schon vorher zum Deutschen Schulverein, hergestellt unter Vermittlung siebenbürgischer Grüner. Gestützt auf diese reichsdeutschen und deutschösterreichischen Verbindungen trat Steinacker im Laufe des Jahres 1900 der Gründung einer deutschen Minderheitsbewegung wesentlich näher. Dabei nutzte er Kontakte zu Kommunalpolitikern und Zeitungen vor allem in Südungarn, so in Ungarisch-Weißkirchen und Werschetz, in Temeschwar und Neusatz, die er schon seit den siebziger Jahren hatte aufbauen können.

Als Rudolf Brandsch, der am 22. Juli 1880 in Mediasch geborene Sproß einer siebenbürgisch-sächsischen Pfarrer- und Lehrerfamilie,[64] kurz nach der Jahrhundertwende politisch hervortrat, war die grundlegende Entscheidung, die Steinacker lange Jahre hindurch beschäftigt hatte, nämlich das Ja zu ungarndeutscher Minderheitspolitik, bereits gefallen. Die Anfänge der Programm- und Organisationsbildung im Banat und der Batschka waren bereits gemacht. Es waren Steinacker und die sächsischen Grünen, die diese Weichenstellung während der neunziger Jahre noch besorgt hatten. Auf die junge Generation deutscher Politiker wartete eine andere Aufgabe. Man mußte – jenseits von Organisations-, Finanz- und Agitationsfragen im einzelnen vor allem eine Entscheidung darüber herbeiführen, wie ungarndeutsche Minderheitspolitik im immer komplizierter werdenden Beziehungsgeflecht der ungarischen Innenpolitik, der Reichspolitik und der internationalen Bedingungen zu positionieren sei.

Darauf war der junge Brandsch vorbereitet: zunächst durch das Erlebnis der nationalpolitischen Grundlagendiskussion zwischen Schwarzen und Grünen in Siebenbürgen; sodann durch Eindrücke, die er während seines Studiums der evangelischen Theorie und der Philologie im Deutschen Reich zwischen 1898 und 1903 in Marburg, Berlin und Jena gewonnen hatte. Wesentlich trug dazu seine Zugehörigkeit zu einer nationalliberal-»völkischen« Burschenschaft bei, die dem Alldeutschen Verband nahestand. Dieser inneren Ausrichtung auf das Deutsche Reich, auf die volksbezogene Einheit der Deutschen entsprach, daß er – anders als Steinacker – kaum noch eine innere Bindung an Österreich und die Dynastie verspürte. Nach dem Lehrerexamen 1903 an der Universität Klausenburg und der theologischen Abschlußprüfung 1904 in Hermannstadt war er bis 1913 im siebenbürgischen Schuldienst tätig.

In dieser Zeit profilierte Brandsch sich zugleich als Wortführer jüngerer Hermannstädter Kritiker der offiziellen sächsischen Politik. So wurde er 1910 als Vertreter des zweiten Hermannstädter Wahlkreises in den Reichstag gewählt. Seine Rolle als eine Art Juniorpartner von Steinacker – spätestens seit 1905 – war begleitet vom Kampf gegen die 1903 erneuerte Zusammenarbeit der sächsischen Reichstagsgruppe mit der Regierung. Er hielt dies für eine nur kurzfristig taugliche Taktik zur Sicherung der Zukunft der Sachsen, die langfristig nicht auf Budapests Wohlwollen zu gründen sei, sondern auf die Zusammenarbeit mit den Deutschen in Ungarn und mit den anderen Nationalitäten, gerade mit den Rumänen. Dieser Strategie lagen einige Vorentscheidungen zugrunde: (1.) Ablehnung der Assimilation: Es muß den Deutschen in Ungarn klargemacht werden, daß die Loyalität zu Dynastie und Staat nicht notwendigerweise die assimilative Einfügung in die magyarische Nation bedingt. Mit dieser Position der Grünen war (2.) die Forderung verbunden, den Deutschen in Ungarn endlich ein Bewußtsein der Zusammengehörigkeit zu vermitteln. Zu diesem Zweck seien Organisationen, Presseorgane und eine neue »südostdeutsche« Elite zu schaffen. Dazu gehöre (3.) vor allem auch der Aufbau eines landwirtschaftlichen Genossenschaftswesens nach reichsdeutschem Vorbild. Innenpolitisch komme es darauf an, mit allen Gegnern des dualistischen Systems zusammenzuarbeiten. Damit meinte er zunächst die deutschnationalen und alldeutschen Gruppen in Österreich und vor allem im Deutschen Reich, sodann die Abgeordneten der anderen Nationalitäten im ungarischen Reichstag. Erst in den Jahren nach der Annexionskrise kam die »groß-österreichische« Modifizierung dieses Antidualismus-Konzepts hinzu. Letztlich ging es für den jungen Brandsch nicht mehr um die Frage, ob man konsequente deutsche Minderheitspolitik in Ungarn betreiben solle. Wichtiger war ihm eine strategische Entscheidung über den eigenen Standort zwischen magyarischem Nationalstaatsdogma, Reichsreformplanung und »völkischem Nationalismus« reichsdeutscher Provenienz.

Eine um 1900 eindeutig noch bevorzugte andere Möglichkeit der politischen Orientierung, die jungen Deutschen mit politischem und beruflichem Ehrgeiz offen stand, wählte Gustav Gratz.[65] Er war wie Brandsch Angehöriger der jüngeren Generation und sächsischer Abgeordneter im ungarischen Reichstag. Nach dem Ersten Weltkrieg war er zeitweilig Regierungsmitglied und stand an der Spitze der deutschen Minderheitsorganisation. Im Laufe der dreißiger Jahre wurde er von einer neuen, »völkischen« Generation ins Abseits gedrängt. Doch diese Ähnlichkeiten im Lebensweg täuschen: Gratz entschied sich schon zu Beginn seiner Laufbahn, in gewissem Sinne schon während seiner Ausbildung, gegen die deutschnationale Opposition, wenn auch noch nicht endgültig zugunsten der Assimilation.

Den Weg zu dieser Position aus einem deutschungarischen, liberal-evangelischen Elternhaus hatte er bis 1903/05 bereits zurückgelegt. 1875 im oberungarischen Göllnitz als Sohn eines evangelischen Pfarrers geboren, erfuhr er früh die konfliktträchtige Wirklichkeit der multinationalen Konkurrenz- und Toleranzzone, zunächst im westungarischen Grenzgebiet, aus dem die meisten seiner Vorfahren stammten, sodann in Oberungarn und Siebenbürgen als Schüler der deutschsprachigen Gymnasien von Iglau und Bistritz, später im Alltag seiner damals schon magyarisch bestimmten »zweiten Heimat« Klausenburg, wo sein Vater Stadtpfarrer war. So eng seine Einbindung in die Familie auch war, er mußte schon früh die Lektion lernen, daß der erstrebte soziale Aufstieg, insbesondere ein akademischer Beruf, ohne Einfügung in die Staatsnation nicht möglich sein würde. Diese war der Endpunkt einer für die deutschungarische Bevölkerung im 19. Jahrhundert weithin typischen Entwicklung: Hatte der aus einer Preßburger Weinhauerfamilie stammende Großvater (1801–1867) als Lehrer zeitlebens eine »Sehnsucht nach Deutschland«[66] bewahrt, so war der Vater, obwohl er sich noch voll und ganz als Deutscher verstand, doch zugleich bereits ein liberaler ungarischer Patriot, der wiederum seinen Sohn Gustav mit der ungarischen Literatur und der magyarischen Sprache vertraut machte; er litt als Pfarrer in der siebenbürgischen Universitätsstadt Klausenburg darunter, daß er nicht mehr zu einer klaren Entscheidung zwischen Staatsnation und Minderheit fand. Daraus ergab sich eine gewisse Programmierung des politischen Verhaltens seines Sohnes in frühen Jahren: Außer der Entscheidung gegen eine konsequente Minderheitspolitik mit deutschnationaler Orientierung war dies zum einen eine grundsätzliche Distanz zu Nation und Nationalismus, zum anderen eine kritisch-liberale Hoffnung auf das Toleranzpotential eines zügigen Modernisierungsprozesses.

Als Student der Rechts- und Staatswissenschaften, die Promotion erfolgte 1898 in Klausenburg, und seit 1896 bereits als Journalist folgte Gratz westlich-liberalen Reformvorstellungen. Schließlich arbeitete er im Gedankenaustausch etwa mit Oszkár Jászi und Ervin Szabó von 1899 bis 1906 an der reformintellektuellen Zeitschrift *Huszadik Század* in Budapest mit. Ernüchterung und pragmatische Anpassung erfuhr sein Liberalismus während der Reichskrise von 1905/06. Als nunmehr sächsischer Abgeordneter des Kreises Leschkirch identifizierte er sich zunächst mit der Andrássy-Partei, dann seit 1910 mit der Linie von István Graf Tisza und Sándor Wekerle. Dennoch verweigerte er sich weiterhin jeglichem Chauvinismus, sei es in der Schul- und Sprachenpolitik gegenüber den Nationalitäten, sei es in der staatsrechtlichen Dauerkontroverse mit Wien um die Attribute ungarischer Souveränität. Außerdem blieb er Anhänger des Ausgleichs, Gegner eines vollständig souveränen magyarischen Nationalstaates. Dem Bürgersohn, Aufsteiger und Angehörigen einer nationalen Minderheit war es geradezu bestimmt, zum Befürworter liberaler Politik und durchgreifender Verwestlichung Ungarns zu werden. Pragmatisch-konservative Züge kamen mit wachsender Erfahrung hinzu: In der Krise von 1905/06 lehrte ihn die Anschauung des sozialen und nationalen Radikalismus die Vorzüge des langfristig Gewachsenen schätzen. Diese Haltung bewahrte er, als er seit 1917 in der Habsburgermonarchie und dann in Ungarn mehrmals Ministerämter übernahm, als er in Diplomatie und Parlament, wirtschaftlicher Interessenvertretung und Publizistik das Gesicht Trianon-Ungarns mitfomte. Er verharrte bei einer liberal-westlichen, rational-kritischen Einstellung zu Nation und Nationalismus, auch zu einer konsequenten ungarndeutschen Minderheitspolitik.

Zu seinen frühen politischen Lektionen gehörte auch die dauerhafte Überzeugung, daß man nationale Gruppen und Massenstimmungen sich nicht selber überlassen dürfe: Auf Dauer nicht domestizierbare Dynamik mache eine historisch legitimierte Dynastie als relativ neutralen Ordnungsfaktor notwendig, desgleichen eine übernationale Wirtschaftsgemeinschaft im Donau- und Karpatenraum, die das Interesse der Völker wieder auf die Dinge des Lebens lenken könne. Er warnte während der Zwischenkriegszeit in erbitterter Auseinandersetzung mit den Wortführern der deutschen Minderheitspolitik davor, die letztlich unkontrollierbare Radikalisierung der Nationalismen in Ungarn herauszufordern. Er blieb, was er schon zu Beginn des Jahrhunderts in der Auseinandersetzung mit den sächsischen Grünen und den schwäbischen Deutschnationalen geworden war: ein Anhänger gleichermaßen prä- und postnationaler Politik, für das frühe 20. Jahrhundert also zu altmodisch und gleichzeitig zu modern. Ein konservativer Liberaler und liberaler Monarchist, der früh ein Gespür für das Irrational-Unkontrollierbare des Nationalismus als Massenereignis erworben hatte.

Angesichts dieser Optionen politischen Verhaltens ist es eher überraschend, daß Steinacker und Brandsch trotz gravierender Niederlagen aus dem Stein nochmal Feuer schlagen konnten. Etwa seit 1900 machten sich Aktivitäten deutschnationaler Art im Banat und in der Batschka bemerkbar, wenig zusammenhängend und stets gefährdet zwar, aber letztlich doch Ende 1906 zur Gründung einer Partei führend. Daß die weit vorangeschrittene Assimilierung des deutschungarischen Stadtbürgertums vor allem in Oberungarn am Ende doch nicht auf die Masse der schwäbischen Bevölkerung im Süden übergegriffen hatte, war zumindest aus zeitgenössischer Sicht eher überraschend. Ein Bericht des für das Banat zuständigen Bischofs Alexander Dessewffy bringt dies zum Ausdruck. Der Bischof unterrichtete die Regierung in einem Gutachten vom 26. Juni 1902: »Unbestreitbare Tatsache ist, daß in der letzten Zeit, etwa seit zwei bis drei Jahren, unter der deutschsprachigen Bevölkerung Südungarns eine solche nationale Bewegung anhob, daß sie die in den beiden letzten Jahrzehnten des vergangenen Jahrhunderts sich erfreulicherweise ausbreitende Magyarisierung in mehreren Orten abgebrochen hat. Die südungarische deutsche Bevölkerung, die unter besseren materiellen Verhältnissen lebt als die übrige Bevölkerung des Landes, beschritt mit aller Bereitwilligkeit den Weg der Magyarisierung und bekannte sich mit Leib und Leben als magyarisch ... Die Deutschstämmigen, die mittlere oder höhere Studien absolviert haben, wurden zu den aufrichtigsten Anhängern und Verbreitern der ungarischen Staatsidee ... Die Lage ist im allgemeinen noch ziemlich günstig, in vielen Ortschaften hat sie sich dagegen entschieden zum schlechteren gewendet ... Dieser Umschwung der Dinge wurde durch nichts anderes bewirkt als nur durch äußere Beeinflussung, und deshalb ist dem Übel nur durch ein energisches Einschreiten und Zurückdrängen der Einflüsse beizukommen.«[67] Als Beispiele für diese »äußere Beeinflussung« der deutschen Bevölkerung

»Das« schwäbische Dorf – hier Großmanok im Komitat Tolna – blieb vor 1914 allen Versuchen politischer Mobilisierung weitgehend unzugänglich. Zwar lockerte sich die überlieferte Dorfgemeinschaft, da Reichtum wie Armut immer schärfer hervortraten. Dennoch setzten sich Parteiorganisationen und interessenbezogene Ideologien noch nicht durch. Dies wiederum sollte sich nach dem Ersten Weltkrieg als günstige Voraussetzung für all diejenigen politischen Richtungen erweisen, die den Zusammenhalt der Minderheit an sich, die Minderheitsexistenz überhaupt allen anderen politischen Aspekten voranstellten.

nennt der Bischof neugegründete »deutschnationale« Zeitungen; außerdem »fremdes Geld«, vor allem aus Siebenbürgen, womöglich aus dem Ausland; zugleich Einflußnahme der alldeutschen Bewegung in Österreich, die den Austritt aus der katholischen Kirche letztlich als Vorbereitung einer deutschnationalen Offensive gegen die Habsburgermonarchie propagiere.

Die weitere Entwicklung der Deutschen in der transleithanischen Reichshälfte insgesamt war sicherlich noch nicht von einer landesweiten folgerichtigen Entfaltung jener »Deutschen Bewegung« bestimmt, die von der neueren Fachliteratur überproportional in den Vordergrund gerückt wird. Es war eher so, daß zur Jahrhundertwende in der Stadt die Assimilation, auf dem Lande ein Nebeneinander von politischer Teilnahmslosigkeit und der Anpassungsvariante à la Gustav Gratz das Bild bestimmten.

Zwar war es wegweisend, daß sich seit der Jahrhundertwende eben »deutschnationale« Bestrebungen gewissermaßen in letzter Minute gegen die Assimilation wandten. Es entspricht aber nicht den Tatsachen, daß nun eine Deutsche Bewegung als überall anerkannte Minderheitsorganisation aufgetreten wäre. Steinackers deutschnationale Initiativen bis hin zur Parteigründung 1906, auch die intensivierten Bemühungen um parlamentarische Präsenz und außerungarische Rückendeckung gelangten trotz aller Fortschritte nie über das Stadium einer innenpolitischen Randerscheinung hinaus. Für die Mehrheit der Deutschen wurde dies vor dem Ersten Weltkrieg keinesfalls *die* Organisation der Deutschen in Ungarn.

Steinacker, Brandsch und die Anfänge »ungarndeutscher« Minderheitspolitik sind aber – über ihr tatsächliches politisches Gewicht hinaus – dennoch aus heutiger Sicht von Interesse. Dies vor allem deswegen, weil hier eine besondere Variante des ostmitteleuropäisch-südosteuropäischen Problems nationaler Minderheiten zu betrachten ist; außerdem, weil vielleicht auch langfristig wichtige Weichenstellungen für die spätere Radikalisierung der Minderheit, für die Formierung der »Volksgruppe« vorbereitet wurden. Man sollte sich aber vor Überschätzungen hüten, zu denen Anhänger und Gegner dieser Deutschen Bewegung schon immer neigten. Die ersteren stilisieren sie zum notwendigen »Erwachen« der Deutschen, zum Ausdruck eines natürlichen Strebens der Ungarndeutschen nach nationaler Minderheitspolitik, die anderen wiederum sind auf Übertreibungen dieser Art geradezu angewiesen, um den eigenen Nationalismus und die eigene Aggressivität als bloße Verteidigung gegen eine gefährliche »fünfte Kolonne« des deutschen »Drangs nach Osten« zu bemänteln. Beide Interpretationen entsprechen nicht der Wirklichkeit. Sie stellen eher eine Fortsetzung des »Volkstumskampfes« der Zwischenkriegszeit dar.

Für Steinacker jedenfalls und seine Gesinnungsfreunde hätte das Verhalten der Deutschen selbst eigentlich entmutigend sein müssen. Kaum anders als zu Beginn der Dualismusära, so etwa 1876 in Apatin, war es auch um 1900 noch: Es konnte allenfalls die Rede sein von einem »vollauf vorhandenen, aber unklaren und von den Behörden auf jede nur mögliche Weise unterdrückten nationalen Bewußtsein der schwäbischen Bevölkerung«.[68] Dort, wo sein Appell an das deutsche Bewußtsein Anklang fand, etwa in der Batschka, mußte er bemerken, daß dieses »leider hauptsächlich auf dem wachsen-

Auf Temeschwar als größter Stadt des Banats wie auf andere größere Städte in schwäbischer Umgebung fiel durchaus ein gewisser Abglanz des hauptstädtischen Modernisierungsprozesses. Aber vor allem in politischer und kultureller Hinsicht genügte dies nicht, um eine entsprechende Sogwirkung auf die Landbevölkerung auszuüben.

Neusatz, ähnlich auch Ungarisch-Weißkirchen und Werschetz gehörten zu jenen südungarischen Kleinstädten, die anders als etwa Temeschwar oder Szegedin eine enge Bindung an das bäuerliche Umland aufwiesen. Dies erwies sich ebenso wie ihre multinationale Bevölkerungsstruktur als Ansatzpunkt für die Tätigkeit der Ungarländischen Deutschen Volkspartei (UDVP).

den Gegensatz zu den serbischen Mitbürgern und auf einem gewissen Stolze auf die kulturelle Überlegenheit fußte«.[69]

Unübersehbar waren die Einflüsse, die diesen Zustand auch weiterhin fast unangreifbar machten: Viele Bauern zeigten sich zwar aufgrund der landwirtschaftlichen Krise der achtziger Jahre beunruhigt und an Orientierungswissen über ihre Lage interessiert. Aber diese Nachfrage nach Sinn und Bindung hatte die »Konkurrenz« ebenfalls längst entdeckt. Zum einen boten die Regierungen – seit Tisza d. Ä. wenig abgewandelt – zugleich agrarpolitische Subventionierung und magyarisch-nationale Identität an; zum anderen bemühte sich die katholische Kirche mit der beginnenden »Erneuerung« um die Beruhigung ihrer Mitglieder. Sie wandte sich dabei gegen jegliche minderheitenpolitisch-nationale Fraktionierung ihrer multinationalen gläubigen Gemeinschaft.

Zu all dem kam verstärkend ein beträchtliches Maß staatlich-administrativen Drucks. So war das Wahlrecht an rigide Besitzbedingungen gekoppelt, was dazu führte, daß nur ein kleiner Teil, zunächst nur sechs Prozent der Bevölkerung, überhaupt wählen durfte. Die Masse der Deutschen auf dem Lande war deshalb gar nicht zur Wahl zugelassen, was bei vielen erst das zählebige Desinteresse an der Politik züchtete, und dies um so mehr, als das politische Leben schwerlich den Gedanken an Selbstbewußtsein und Emanzipation aufkommen ließ. Selbst der Wahlvorgang trug dazu nicht bei, wenn »die Wähler der einzelnen Gemeinden von Gendarmen eskortiert einrückten und auf Kommando das ihnen diktierte Votum auf einen ihnen ganz unbekannten, fremdnationalen madjarischen Kandidaten abgeben mußten«.[70] Außerdem waren die Schrittmacher deutschnationaler Minderheitspolitik schon aus finanziellen Gründen nicht imstande, der Regierungskoalition oder der katholischen Kirche Paroli zu bieten. So setzte sich der Beifall der bäuerlichen Teilnehmer auf Steinackers Versammlungen schon deswegen nicht in entsprechendes politisches Verhalten um, weil der Brauch, die Wähler großzügig zu bewirten, nicht finanziert werden konnte. Beispielsweise zog Steinacker im Zipser Wahlkreis Georgenberg, wo er in der Nachfolge von Eduard Zsedény antreten wollte, den kürzeren gegen Professor Paul Hunfalvy: der genoß nicht nur den üblichen amtlichen Beistand, sondern er hatte auch den »mächtigen Einfluß des Zipser Bischofs für sich, der nicht mit dem Branntwein sparte, so daß einer der Hunfalvyschen Wähler sich zu Tode trank«.[71]

Es war also ein steiniges Feld, das die Quartiermacher der deutschnational-»völkischen« Sache um 1900 betraten. Immerhin waren sie nicht unvorbereitet. Schon seit den siebziger Jahren hatte zum Beispiel Steinacker jenes Netz von Partnern und Einrichtungen zu schaffen begonnen, das er nun zu aktivieren suchte. Hilfreich war dabei seine langjährige journalistische Mitarbeit an überlegt plazierten Zeitungen gerade in der Provinz gewesen: beim *Siebenbürgisch-Sächsischen Tageblatt*, Hermannstadt, und bei der *Kronstädter Zeitung*, im Norden bei der *Pannonia* in Kaschau, im Westen bei der *Preßburger Zeitung* und *Ödenburger Zeitung*, schließlich im Süden bei der *Neuen Temeschwarer Zeitung*, beim *Werschetzer Gebirgsboten* und der *Bács-Bodroger Presse* in Neusatz. Außerdem hatte er beruflich als einer der Organisatoren der ungarischen Industrialisierung durch unzählige Reisen und schließlich als langjähriger Parlamentarier eine Reihe persönlicher Stützpunkte schaffen können. Dies vor allem im Banat und in der Batschka, in Orten wie Temeschwar, Werschetz, Ungarisch-Weißkirchen, Neusatz, Großkikinda, Pantschowa und Neupetsch, alles Orte, die nun zu Kristallisationspunkten der Minderheitenpolitik werden sollten. Vor allem aus Werschetz und Weißkirchen, die wegen der Zugehörigkeit zur Militärgrenze anfangs besonders viel Freiraum geboten hatten, stammte eine ganze Reihe von Führungsmitgliedern der frühen deutschnationalen Initiative, etwa Julius Neukomm, Wilhelm Wettel, Eduard Rittinger und Reinhold Heegn sowie Dr. Ludwig Kremling und Franz Greiner. Dem Zusammenwirken vor allem des Neupetscher Sparkassendirektors Johann Anheuer mit Steinacker, der dabei Verbindung unter anderem zu dem Budapester Professor und Reichstagsabgeordneten Johann Heinrich Schwicker, zu dem Grünen Lutz Korodi und zu Adam Müller-Guttenbrunn hielt, entsprang schließlich die Gründung einer Zeitung in Temeschwar, der trotz rascher Magyarisierung noch immer überwiegend deutsch bestimmten, wichtigsten Stadt des Banats. Das *Deutsche Tagblatt für Ungarn* wurde am 16. Dezember 1900 gegründet; es stand unter redaktioneller Leitung des Siebenbürger Sachsen Alwin Kramer. Als Vorläufer einer späteren politischen Organisation sollte es in der südungarischen Öffentlichkeit tägliche Präsenz zeigen. Auf diese Weise sollte es zu einem festen Punkt für alle Interessierten in dieser Region werden und aufgeschlossene Lokalblätter – wie die *Groß-Kikindaer Zeitung*, die *Südungarische Bürgerzeitung*, die *Torontaler Zeitung* und die *Südungarische Presse* – in einen engeren, dauerhaften Zusammenhang bringen.

Die Öffentlichkeit, aber auch Justiz und Polizei registrierten diese Bestrebungen, wie der Bericht des Tschanader Bischofs Dessewffy zeigt, sehr schnell. Die Folge waren Presseprozesse und weitere Versuche, Druck auszuüben. Das bemerkenswert Neue war, daß nun die durch Steinacker von Wien aus organisierte deutschnationale Schwerpunktbildung nicht mehr verhindert werden konnte. Zwar war sie lokal eingegrenzt, aber die erste Breitenwirkung der »pangermanischen Agitation« war doch nicht mehr abzublocken. Lediglich ein zeitweiliges Abbremsen war noch möglich. Für die inhaltliche Programmierung der amtlichen Beobachter wie auch für Aussage und Stil dieser Frühphase der Deutschen Bewegung charakteristisch ist ein Programmgedicht des Redakteurs der *Groß-Kikindaer Zeitung*, Artur Korn. Den Zorn der Staatsgewalt hatte Korn, der 1902 kurzzeitig inhaftiert und sodann zum deutschnationalen Märtyrer erhoben worden war, nicht durch sein poetisches Niveau erregt, sondern durch Formeln, die im »Volkstumskampf« an der deutsch-slawischen Sprachgrenze in Preußen und Österreich als Programm dienten: (1) »Gedenke, daß Du ein Deutscher bist!«[72] (2) Die Deutschen insgesamt sind durch eine »slawische Flut«, durch die Völker des Ostens überhaupt, bedroht. (3) Der Deutsche repräsentiert im Osten Kultur und Entwicklung.

Trotz oder sogar wegen weiterer Repressionen und Gerichtsverfahren gegen Zeitungen und Personen dieser locker gefügten deutschnationalen Gruppierung im Banat, etwas verzögert auch in der Batschka, erweiterte sich der Führungskreis unter anderem durch Johann Röser und Friedrich Heß. Auch die Resonanz nahm sichtlich zu. Allerdings kam es im Jahre 1903 zu einem schweren Rückschlag. Der zunehmende amtliche Druck zeigte allmählich doch Wirkung. Den Trägern und Anhängern dieser Richtung fehlte zu sehr der Rückhalt einer verläßlichen Organisation. Außerdem war die eigentliche Autoritätsfigur, Edmund Steinacker, der von Wien aus die Fäden zog, im Lande selbst nicht präsent. Als auch noch finanzielle Schwierigkeiten hinzukamen, war 1903 die Gefahr eines vorzeitigen Scheiterns sehr groß. Zu diesem Zeitpunkt mußte das Flaggschiff der Deutschen Bewegung, das *Temeschwarer Tagblatt*, eingestellt werden. Es konnte lediglich durch das unpolitische Wochenblatt *Deutsch-Ungarischer Volksfreund* ersetzt werden, und dies geschah in einer denkbar schwierigen innenpolitischen Situation. Zum einen entschied sich der Sächsische Zentralausschuß, die Zusammenarbeit mit der Regierung wieder aufzunehmen und auf die Zusammenarbeit mit den übrigen Deutschen sowie den Nationalitäten zu verzichten. Dies erfolgte in Übereinstimmung mit Signalen reichsdeutscher Diplomaten, das gute Verhältnis Berlins zu Budapest nicht zu belasten, und in der Hoffnung, das in der Tat existentiell gefährdete sächsische Kirchenvolk aus der Stoßrichtung der Regierung herauszumanövrieren. Zum anderen war es ungünstig für die Deutsche Bewegung, daß die sich anbahnende Reichskrise, die Auseinandersetzung zwischen Budapest und der Krone um die Armeepolitik und den Ausgleich sowie das Aufkommen der Opposition insgesamt, den Gegner noch kämpferischer und unduldsamer werden ließ.

In dieser akuten Krise kamen Einflüsse von außen, die nicht mehr vollständig zu rekonstruieren sind, zum Tragen. Viel wichtiger als die untereinander zerstrittenen deutschösterreichischen Partner war dabei eine reichsdeutsche Organisation, der 1890 gegründete Alldeutsche Verband (ADV).[73] Dieser erblickte seine Aufgabe darin, als »nationale Opposition«, als überparteilich-außerparlamentarischer Motor die – seit Bismarcks Rücktritt 1890 verunsicherte – deutsche Politik im Sinne des »völkischen Nationalismus« mit neuer Dynamik zu versehen. Das Eingreifen des Alldeutschen Verbandes dürfte in der schwierigen Phase von 1903/04 entscheidend gewesen sein. Nachdem sich der Ungarn-Beauftragte des ADV, Professor Paul Samassa, gemeinsam mit Steinacker in Südungarn ein Bild von der Lage gemacht hatte, entschloß sich der ADV zwar nicht zu einer überwältigenden, aber doch als Überlebenshilfe zunächst einmal unbedingt notwendigen Unterstützung. So konnte die Wochenzeitung als kommunikatives Rückgrat aller deutschnationalen Bestrebungen trotz eklatantem Abonnentenmangel, der bis 1906 anhielt, weiterhin erscheinen. Journalisten, die von Berufsverbot bedroht waren, erhielten finanzielle Unterstützung, begabte schwäbische Schüler erhielten Stipendien. Dies und ähnliches sollte die langfristige Bildung einer schwäbischen Elite fördern.

Die zur Verfügung stehenden Archivalien, die aber nicht lückenlos erhalten sind, erlauben zumindest einige Aussagen zur Herkunft der finanziellen Mittel. Sie stammten zu dieser Zeit nicht etwa von der deutschen Regierung oder direkt von wirtschaftlichen Interessenverbänden, etwa aus dem schwerindustriell-großagrarischen, nationalliberal-konservativen Block des Deutschen Reiches, sondern waren Eigenmittel des ADV, der durch seine Einmischung in Ungarn eher die Bemühungen Berlins um ein gutes Verhältnis zu Budapest störte. Finanzielle Rückendeckung von industrieller Seite, etwa durch den Rottweiler Rüstungsproduzenten M. Duttenhofer, oder durch benachbarte politische Organisationen wie dem Deutschen Schulverein ergaben sich nur durch die Vermittlung von Einzelpersonen wie Steinacker und Samassa. Kaum eine nennenswerte finanzielle Unterstützung wurde erstaunlicherweise von österreichischer und von sächsischer Seite geleistet. Die wesentlichen Geburtsfehler der Deutschen Bewegung blieben zunächst erhalten, als da waren Geldmangel, das Fehlen einer handlungsfähigen Elite samt organisatorischem Unterbau und vor allem öffentlicher Resonanz. Diesbezüglich zeigte sich seit etwa Anfang 1905 ein Hoffnungsschimmer. Das eher subkutane nationale Zusammengehörigkeitsbewußtsein der Deutschen wurde durch die Dramatik der ungarischen Krise geradezu provoziert, allerdings auch der magyarische Nationalismus. Dazu trugen der Zusammenbruch der jahrzehntelangen »liberalen« Alleinherrschaft bei, ferner die folgende Unregierbarkeit Ungarns und das unmittelbare Eingreifen der Krone beziehungsweise eines von ihr eingesetzten Notkabinetts unter General Géza von Fejérváry. Nicht zuletzt spielten die Wechselwirkung zwischen russischer Revolution und wachsender Unruhe in den sozialen und nationalen Massenbewegungen Österreich-Ungarns sowie die Regierungsübernahme durch die bisherige neokossuthistische Opposition eine Rolle.

Der um 1905/06 erweiterte Spielraum konnte auch deswegen genutzt werden, weil die reichsdeutschen Partner ihre internen konzeptionellen Meinungsverschiedenheiten überwanden. Man setzte nicht mehr auf die militärische oder selbstverschuldete Auflösung der Habsburgermonarchie. Statt dessen schenkte man den Deutschnationalen in Österreich mehr Beachtung. Dies galt auch für die deutschen Minderheiten in Ungarn, in denen man ebenfalls einen künftigen »völkischen« Stützpfeiler gegen eine »Slawisierung« der Donaumonarchie, auch im Falle einer militärischen Auseinandersetzung mit Rußland und den Völkern Osteuropas erblickte. Den Zweifeln der schwäbischen Partner, so des späteren Parteivorsitzenden Ludwig Kremling im Juni 1904, der wissen wollte, ob man in Berlin »nicht mehr in Mode«[74] sei, begegnete man durch die systematisch vorbereitete Gründung einer tragfähigen Organisation für die politische Mobilisierung der Deutschen in Ungarn. Als unentbehrlich erwiesen sich dabei das taktische Geschick und die menschliche Autorität des unermüdlich anregenden und vermittelnden Edmund Steinacker und seines Assistenten Rudolf Brandsch. Ihnen gelang es, die ständigen Reibereien zwischen reichsdeutschen »völkischen« und schwäbischen Politikern im Banat und in der Batschka zu entschärfen.

Das greifbare Ergebnis war die Gründung einer Partei. Sie sollte für alle Deutschen in der transleithanischen Reichshälfte – abgesehen von Kroatien-Slawonien mit seiner eigenständigen deutschnationalen Initiative in Syrmien und abgesehen von Siebenbürgen – sprechen. Am 30. Dezember 1906 wurde in Werschetz, wo es bereits eine nur lokal tätige »Bürgerpartei« als Vorläuferin gab, die »Ungarländisch-Deutsche Volkspartei« (UDVP) gegründet. Ihren Vorsitz hatten Ludwig Kremling und als Stellvertreter Johann Röser inne. Nachdem unter anderen der mit Steinacker befreundete serbische Abgeordnete Mihailo Polit im Reichstag erneutem administrativem Druck begegnet war, konnte schließlich am 2. Dezember 1907 ebenfalls in Werschetz die öffentliche Gründungsversammlung stattfinden. Bei der Vorbereitung der Gründung hatte sich eine zwi-

Am Neujahrstag 1896 hörten die Glocken Budapests nicht auf zu läuten. Sie verkündeten das »Millenium«, das »Tausend-Jahre-Landnahme«-Jubiläum. Anläßlich der Feierlichkeiten wurden die Galerie der Schönen Künste, der Palast des Obersten Gerichts, die erste elektrische Untergrundbahn Europas und die letzte Strecke der Pester Ringstraße fertiggestellt. Die Einweihungsfeier des neuen (und noch unvollendeten) Parlamentsgebäudes im Beisein von Franz Joseph und Königin Elisabeth brachte wie die anderen Festlichkeiten des Jahres den ungarischen Souveränitäts- und Großmachtanspruch zum Ausdruck.

schen Steinacker und der ADV-Führung getroffene, auch nach der Gründung gültig bleibende Sprachregelung als nützlich erwiesen, die die alldeutsche Mitwirkung möglichst im Verborgenen hielt. So wollte man vermeiden, den Argwohn der magyarischen Öffentlichkeit, auch der Beobachter in Presse, Justiz und Reichstag, hervorzurufen. Außerdem ging es darum, die wiederholten Versuche der sächsischen Führung, besonders ihres parlamentarischen Sprechers Wilhelm Melzer,[75] die Politisierung der Schwaben zu behindern, abzuwehren. Budapest hatte bereits wiederholt, zum Beispiel Ministerpräsident Kálmán Széll schon 1902, über den deutschen Generalkonsul und siebenbürgisch-sächsische Abgeordnete auf die deutsche Reichsregierung eingewirkt, um das Eingreifen der Alldeutschen in Ungarn abzublocken.[76] Allerdings ließen sich die Alldeutschen und ihre Helfer im gesamten konservativ-nationalliberalen Milieu durch wiederholte öffentliche Abmahnungen seitens der Reichsregierung kaum stören. Sie verachteten die Reichskanzler der Jahrhundertwende geradezu, den »verschrumpelten« Chlodwig Fürst Hohenlohe wie den »schmalzigen« Bernhard von Bülow, der ihnen zwar hinter den Kulissen mit »schmalzigen Redensarten und plumpen Komplimenten« aufwartete, der ADV-Führung aber als »die personifizierte Falschheit«[77] erschien.

Um in Ungarn tatsächlich ungestört von Sachsen und Reichsregierung agieren zu können, einigten sich Steinacker und die ADV-Führung auf Geheimhaltung ihrer Aktivitäten. Der neue Verbandsvorsitzende Heinrich Claß, Justizrat und als Historiker Schüler von Treitschke, erinnerte Steinacker daran, »daß Sie darauf hinausgehen müssen: 1) weder Sie 2) noch den ADV zu nennen. Beides wäre der Tod der Bewegung – das zweite vielleicht noch verderblicher.«[78] So lief die Korrespondenz zwischen Steinacker und dem Alldeutschen Verband teilweise über die phantasievollen Deckadressen Olga Urbanek, Wien, und Musikverein Berlin. Diese Sprachregelung, die selbst in den »Lebenserinnerungen« von Edmund Steinacker beachtet wurde, hat in der donauschwäbisch-landsmannschaftlichen Literatur weithin noch heute Gültigkeit, obwohl sie bereits 1972/73 anhand des Nachlasses Steinackers nachgewiesen worden ist. Jedenfalls gelang auf diese Weise die Gründung der Ungarländisch-Deutschen Volkspartei als schwerpunktmäßig in Südungarn aktiver Mischform eines Schutzvereins der deutschen Minderheit und zugleich einer Partei, die auf gesamtstaatlich-parlamentarischer Ebene tätig werden wollte.

Der neuen Partei wurden als Hauptaufgaben zunächst die Zusammenfassung der Deutschen zu einer politisch handlungsfähigen Minderheit und die Vorbereitung auf die Reichstagswahl 1910 zugewiesen. Das programmatische Hauptziel der UDVP sollte die Schaffung einer ungarndeutschen »Gemeinbürgschaft« sein. Die Deutschen in Ungarn sollten als solche und geschlossen ihre Interessen in der ungarischen Politik zur Geltung bringen, und zwar in Abstimmung mit einer allmählich zu formierenden Bewußtseins- und Aktionsgemeinschaft aller Deutschen in Mittel- und Osteuropa. Das Programm der UDVP konnte diese übergeordnete Zielstellung nur indirekt anklingen lassen, da sonst ein Verbot der Partei gedroht hätte.[79]

»A. Wir deutschsprachigen Bürger Ungarns wollen, unbeschadet unserer bewährten Staatstreue, unser Volkstum aufrecht erhalten und fordern darum als wesentlichen

Bestandteil unserer staatsbürgerlichen Rechte die strikte Durchführung der zum Schutz aller Nationalitäten wohl schon bestehenden, aber nicht eingehaltenen Gesetze und die Schaffung neuer Gesetze zu diesem Zwecke und fordern dies ebenso entschieden, als wir die uns als Bürger unseres Vaterlandes Ungarn obliegenden Pflichten bis jetzt immer treu erfüllt haben und auch in Zukunft treu erfüllen wollen und werden.

C. Insbesondere fordern wir als freie gleichberechtigte Staatsbürger die gesetzlich begründete Achtung und freie Benützung unserer deutschen Muttersprache im Gemeinde- und Munizipalleben, die deutsche Protokollsprache, wo wir dazu berechtigt sind, und den freien Gebrauch der Muttersprache im Verkehr mit den Staatsbehörden innerhalb der vom Gesetze gezogenen Schranken.

D. Wir verwahren uns gegen jede immer wieder versuchte Einschränkung des Gebrauches unserer Muttersprache in Kirche und Schule und gegen jede Verletzung des auf dem Gebiete derselben uns zustehenden Selbstbestimmungsrechtes, insbesondere in Betreff der für die Erhaltung unserer Kultur unentbehrlichen Volksschulen mit deutscher Unterrichtssprache. Solange der Staat seiner noch heute bestehenden gesetzlichen Verpflichtung, Schulen mit der Unterrichtssprache aller Bewohner Ungarns zu errichten, die zu fordern wir nicht müde werden, nicht nachkommt, bekämpfen wir jede Verstaatlichung von konfessionellen oder Gemeindeschulen.

H. Wir fordern das allgemeine, geheime, direkte, gleiche Stimmrecht und gemeindeweise Abstimmung für die Reichstagswahlen in gerecht und zweckmäßig eingeteilten, völkisch möglichst einheitlichen Wahlkreisen, ...

J. Wir fordern eine Reform des verrotteten Komitatswahlsystems und die Beseitigung des mit dem Begriffe der munizipalen Autonomie betriebenen Mißbrauchs ...

M. Wir fordern die Schaffung eines Heimstättengesetzes zum Schutze und zur Erhaltung des Bauernstandes ... «

Die UDVP bekundet ausdrücklich, daß die »deutschsprachigen Bürger« sich loyal zum »Vaterland Ungarn« verhalten, zugleich aber auch ihr deutsches »Volkstum« bewahren wollen. Das Nationalitätengesetz stelle dafür eine endlich zu gewährende minimale Voraussetzung dar. Aus dieser Grundsatzposition werden dann die Einzelforderungen, die für eine ungarndeutsche Minderheitspolitik konstitutiv sind, abgeleitet. Sie gelten einigen zentralen Bereichen – der Schul- und Sprachenpolitik, der Verwaltungsreform sowie der Förderung vor allem der Landwirtschaft durch Steuerpolitik, Genossenschaftswesen, Aufteilung von Staatsgütern und so weiter. Abschließend wird nochmals der Wille betont, im Rahmen der »ungarischen [nicht magyarischen] Nation« loyal am »Ausbau eines wahrhaften Rechtsstaates«, der Ungarn aber noch nicht sei, mitzuwirken.

Daß in diesem Programm jeglicher Hinweis auf den deutschnational-»völkischen« Kontext der UDVP fehlt, ist das Ergebnis wohlbegründeter taktischer Vorsicht. In dieser Hinsicht ist das UDVP-Programm also doch gemäßigter als weithin die politische Praxis und das politische Bewußtsein der Siebenbürger Sachsen mit ihrem forcierten Bekenntnis zur deutschen Identität und zur kulturnationalen Gemeinschaft aller Deutschen. Aus der Tatsache, daß man aus Vorsichtsgründen die eigentlich weiterreichenden nationalpolitischen Ziele nicht ins Programm aufgenommen hat, kann natürlich nicht umgekehrt gefolgert werden, daß die UDVP wegen ihrer engen organisatorisch-finanziellen Verbindung zum Alldeutschen Verband auch dessen nationalpolitische Grundsätze voll und ganz übernommen hätte. Andererseits wäre die unbezweifelbare Zusammenarbeit mit dem ADV natürlich nicht möglich gewesen, wenn es in der zentralen, nationalpolitischen Frage keine Gemeinsamkeit gegeben hätte. Daher sei kurz auf die Satzungen des Alldeutschen Verbandes vom 10. Mai 1903 verwiesen: »(1) Der Alldeutsche Verband erstrebt Belebung der deutschnationalen Gesinnung, insbesondere Entwicklung und Pflege des Bewußtseins der rassenmäßigen und kulturellen Zusammengehörigkeit aller deutschen Volksteile. (2) Diese Aufgabe schließt in sich, daß der Alldeutsche Verband eintritt: 1. für Erhaltung des deutschen Volkstums in Europa und Übersee und Unterstützung desselben in bedrohten Teilen; 2. für Lösung der Bildungs-, Erziehungs- und Schulfragen im Sinne des deutschen Volkstums; 3. für Bekämpfung aller Kräfte, die unsere nationale Entwicklung hemmen; 4. für eine tatkräftige deutsche Interessenpolitik in der ganzen Welt.«[80]

Der ADV, mit dem Steinacker seit den späten neunziger Jahren zusammenarbeitete, wurde vor allem von Angehörigen des nord-, mittel- und südwestdeutschen protestantischen Bildungsbürgertums und einigen Unternehmern getragen. Er war in gewissem Sinne eine Ergänzung zum Deutschen Schulverein sowie den Schutz- und Kolonialvereinen. Anders als diese Organisationen trat er nicht für ein bestimmtes politisches Ziel ein, sondern für eine umfassende Neuorientierung der wilhelminischen Politik im Sinne des »völkischen« Nationalismus. Vor allem nach der Jahrhundertwende gewann er einigen Einfluß auf konservative und nationalliberale Politiker, auch auf schwerindustrielle und landwirtschaftliche Interessen. Die alldeutsch-»völkische« Konzeption enthält, wenn man sie durch charakteristische Elemente der Programmatik österreichischer Deutschnationaler und Alldeutscher ergänzt, in den Grundzügen größtenteils bereits die spätere nationalsozialistische »Weltanschauung«. Aggressiv-fatalistische, agrarromantisch-antimodernistische Auffassungen verbanden sich mit dem Grundsatz, daß die (reichs)deutsche Politik nicht nur kleindeutschen Interessen zu dienen habe, sondern dem Existenzinteresse des gesamten deutschen Volkes in Mittel- und Osteuropa. Im einzelnen wurden folgende Forderungen daraus abgeleitet: machtpolitisch-militärische Stärkung des Kaiserreichs bis zur Unangreifbarkeit; wirtschaftliche Autarkie und absolute Geschlossenheit der »Volksgemeinschaft«; mitteleuropapolitische und »völkisch«-großdeutsche Vervollständigung des kleindeutschen Nationalstaates von 1871, was nicht nur die weltpolitisch-globale Konkurrenz mit Großbritannien bedeutete, sondern auch die Vorbereitung auf den allesentscheidenden »Rassenkampf« gegen die Slawen, für den erste Anzeichen im »Volkstumskampf« an der osteuropäischen Sprachengrenze bereits zu bemerken seien.

Aus dieser Perspektive betrachtete man die mehr als zwei Millionen Deutschen im Donau- und Karpatenraum als eine äußerst wertvolle strategische Stütze des Deutschen Reiches. Dies wiederum war der Grund dafür, daß der ADV alles unternahm, um die Gefahr einer Assimilierung der Deutschen in der transleithanischen Reichshälfte zu verhindern. Über grundlegende strategische Fragen war man sich allerdings im ADV noch nicht schlüssig geworden. Immerhin war unübersehbar, daß um 1900 der Verbandsvorsitzende, Ernst Hasse, und einer der wichtigsten Experten im ADV für Fragen der Donaumonarchie, Paul Samassa, nicht mehr unbedingt die Auflösung der Habsburgermonarchie für notwendig hielten. Man entfremdete sich deswegen den österreichischen Alldeutschen, die sich ihrerseits in Schönerianer und Wolf-Anhänger aufsplitterten.[81] Der ADV begann daraufhin zu erkunden, inwieweit die Habsburgermonarchie durch Aktivierung der ungarischen Nationalitäten, einschließlich der Deutschen, stabilisiert und der drohenden Slawisierung entzogen werden könne. Dies ist der Hintergrund dafür, daß er sich im Jahre 1903 finanziell und organisatorisch bemühte, die Steinacker-Bewegung zu stärken.

Dagegen kann aufgrund der kurz zuvor eingetretenen Distanzierung von den Schönerianern keinesfalls eine ähnliche programmatische Nähe zu den österreichischen Alldeutschen behauptet werden. Diese hatten in ihrem »Alldeutschen Grundprogramm« von 1901 kaum verklausuliert die Anbindung jener Teile der Habsburgermonarchie an das Deutsche Reich gefordert, die einst zum Deutschen Bund gehört hatten. Auch die grundsätzliche Forderung, »unser Volkstum von jedem fremden, daher auch vom jüdischen Einfluß rein zu halten und uns von Rom loszusagen, halten wir für unsere selbstverständliche Pflicht«,[82] entsprach in dieser Entschiedenheit keinesfalls den Überzeugungen des UDVP-Führungskreises und hätte mit Sicherheit in der damaligen schwäbischen Bevölkerung keinerlei Anklang gefunden. Enger, teilweise aber wiederum durch den Alldeutschen Verband vermittelt, war die Beziehung zum »Deutschen Nationalverband«, der größten deutschen Fraktion im österreichischen Zentralparlament. Die deutschnationalen Parteien Österreichs lehnten – entsprechend dem inzwischen aber weiterentwickelten »Linzer Programm« von 1882 – die dualistische Ordnung der Habsburgermonarchie ab, ohne sich aber an das Deutsche Reich binden zu wollen. Sie empfahlen, das Verhältnis zwischen Österreich und Ungarn zur bloßen »Personalunion« zu verdünnen. Ungarn sollte durch die mehr oder weniger enge Angliederung Galiziens und der Bukowina sowie Dalmatiens und Bosnien-Herzegowinas so sehr aufgebläht werden, daß der magyarische Anteil an der Bevölkerung und der politischen Macht radikal abgewertet worden wäre.

Auffassungen dieser Art wurden zum Teil durch Steinacker und seinen Kreis, aber auch direkt durch österreichische Gesprächspartner und einzelne Organisationen in die interne Diskussion der UDVP eingebracht. Es gelang Steinacker zu verhindern, daß damit auch die Richtungskämpfe des deutschnationalen Lagers Österreichs importiert wurden. Dies war auch deswegen wichtig, weil nach Beendigung der ungarischen Krise im Frühjahr 1906 im Zeichen des Neokossuthismus der repressive Druck auf alle Nationalitätenorganisationen wieder deutlich zunahm. »Nationalismus nach innen« und die Tendenz zum bürokratisch-autoritären Regieren, dies war letztlich der Weg des Ausweichens vor überfälligen verfassungsmäßigen Reformen und dem Abbau des wirtschaftlich-gesellschaftlichen Entwicklungsgefälles, was man sich angesichts der Labilität des Staatswesens eigentlich nicht mehr zutraute.

Wie weit die Krisenanfälligkeit des dualistischen System[83] bereits gediehen war, hatte die Ausweitung eines deutschböhmisch-tschechischen Zusammenstoßes im Jahre 1897, die lediglich durch sprachenpolitische Verordnungen ausgelöst worden war, bis hin zur fundamentalen Staatskrise bereits gezeigt. So blieben eine gewisse Stabilisierung Zisleithaniens unter dem Kabinett Ernest von Koerber (1900–1904) und der Reformversuch des Kabinetts Max Vladimir Freiherr von Beck (1906–1908) auf der Strecke. Und in der transleithanischen Reichshälfte erhielt sich trotz aller dramatischen Ereignisse der innenpolitisch-gesellschaftliche Vorrang einer hocharistokratischen Großgrundbesitzerschicht, der mit ihr verbundenen Gentry und einer zunehmenden Zahl von Industriellen. Möglicherweise hat die Krone ihre letzte Chance zu einer reformerischen Initiative in Ungarn und zu einer durchgreifenden Reichsreform bereits im April 1906 vertan, als sie in einen Kompromiß mit der Opposition einwilligte. Der Monarch konnte fortan nicht mehr, wie sich dies 1905/06 immerhin andeutete, zugunsten bestimmter Reformansätze bei Wahlrecht, ländlicher Besitzstruktur und Nationalitätenpolitik eingreifen. Er war zum Stillhalten, zum Enttäuschen der mittlerweile geweckten Erwartungen besonders der Nationalitäten verurteilt.

Daran änderte sich im Grunde auch nichts, als nach dem Kabinett Sándor Wekerle wieder für die Krone bequemere produalistische Kabinette folgten: Khuen-Héderváry II. (Januar 1910 bis April 1912), Lukács (bis Juni 1913) und István Tisza II. (bis Juni 1917). Dies bedeutete, daß Stagnation geradezu zum Existenzprinzip der dualistischen Ordnung wurde. Die auf Veränderung drängenden Kräfte, zu denen gerade die Nationalitäten gehörten, in erster Linie die Südslawen, aber auch die Deutschen, konnten insofern nicht auf wachsende Lernfähigkeit des Systems zählen. Unter diesen Bedingungen mußte 1908/09 der Versuch des Außenministers Aehrenthal, mit dem Prestigegewinn via Annexion Bosniens und der Herzegowina Stärke und Handlungsfähigkeit gerade im Südosten zu demonstrieren, im Innern ohne Effekt bleiben. Die Tendenz zu Auskreisung und Isolierung der verbündeten Mittelmächte verstärkte sich nunmehr. Die zwischen 1906 und 1908 in beiden Reichshälften erreichten bürokratisch-autoritären Kompromißregelungen konnten den internen Veränderungsdruck zurückstauen, aber den zunehmenden exogenen Krisendruck, der das Nationalitätenproblem potenzieren mußte, konnten sie nicht beeinflussen.

Ob diese Tendenz zur abnehmenden Reformierbarkeit der Donaumonarchie ein notwendiges Ergebnis der dualistischen Ordnung überhaupt oder ein später Fehler war, ob sie systemnotwendig oder doch zeitweise korrigierbar war, stellt noch immer ein offenes Problem der Forschung dar; jedenfalls mußten die Träger der UDVP damit rechnen, daß sich erstens die Haltung Budapests verhärten und zweitens offene Unterstützung von seiten Wiens oder Berlins nicht einstellen würde. Diese Generaltendenz der Gesamtentwicklung Österreich-Ungarns bestimmte zugleich die Existenzbedingungen auch der Ungarländisch-Deutschen Volkspartei seit ihrer Gründung. Für die Erledigung der erstgenannten Aufgabe der UDVP, für die Mobilisierung der Deutschen, war eine eigene Presse notwendig. Die UDVP setzte weiterhin auf den *Deutsch-Ungarischen Volksfreund*, der zum Parteiorgan erklärt wurde, außerdem vor allem auf den *Südungari-*

schen Generalanzeiger in Werschetz und das *Pancsovaer Volksblatt.* Unterstützend kamen hinzu die Verteilung eines »Deutsch-Ungarischen Katechismus«, der in Südungarn bei der magyarischen Öffentlichkeit und den Behörden für Aufregung sorgte, ferner der Vertrieb der *Deutschen Wochenschrift*, worunter sich nichts anderes als das Organ des Alldeutschen Verbands *Alldeutsche Blätter* verbarg.

Hierher gehört auch das Erscheinen des von Peter Rosegger protegierten politischen Schlüsselromans »Götzendämmerung« aus der Feder des aus dem Banat stammenden Adam Müller-Guttenbrunn im Jahre 1907.[84] Der Verfasser wollte den gesellschaftlichen Zusammenhang der magyarisch-schwäbischen Auseinandersetzung darstellen, zugleich das Pro und Contra des sächsischen Appeasement. Er versucht der schwäbischen Bevölkerung klarzumachen, daß nicht Magyarisierung eine Lösung aller Probleme bedeute, sondern die längst überfällige politische, kulturelle und wirtschaftliche Reform. Unter Hinweis auf den kommenden Kaiser, Franz II., wird für eine Kombination von Umwandlung des Dualismus in eine multinationale Föderation mit starker monarchischer Spitze und antimagyarischem Bündnis der Nationalitäten, einschließlich der Ungarndeutschen, geworben. Dies sei der Weg zur »Götzendämmerung«, zum Sieg unterdrückter ethnischer und sozialer Schichten gegen die überlebte Herrschaft reformfeindlicher magyarischer Götzen. Müller-Guttenbrunn ist ein beliebtes Objekt von Legendenbildung geworden. Während ihn die einen seit Jahrzehnten verbissen als pangermanischen Agitator, später als Verfechter »der Germanisierung Ungarns und damit letzten Endes [der] Vorbereitung des Anschlusses an den deutschen Imperialismus« brandmarken, wird er auf der anderen Seite als »Volkserwecker« oder in der NS-Propaganda als »geistiger Erzieher« zur deutschen »Südost-Sendungsidee« geradezu messianisch verklärt. Ein expansionistischer Propagandist allerdings, der die Liebe zum ungarischen Vaterland anpreist und sogar in der nationalistischen Hysterie des Ersten Weltkriegs Friedrich Naumanns »Mitteleuropa« kritisiert: Er warnt davor, daß die national-individuelle Vielfalt des Ostens »übertüncht und entmannt« wird »unter dem Gesichtspunkt des Handels, des Gewerbes, des Wohlstandes«; vor dem »deutschen Arbeitsteufel« warnt er, da dieser nicht dulde, »daß es noch romantische Völker auf Erden gibt«.[85] Zum anderen widerspricht es natürlich der Kanonisation als schwäbischer Erwecker, daß sein nationaler Bestsellerruhm während dieser ersten Jahre sich eben nicht auf die Resonanz bei den Schwaben gründete, die ihn zunächst kaum gelesen haben.

Wie der ADV durch Verteilungsaktionen in Südungarn für die Resonanz der »Götzendämmerung« gesorgt hat, so auch für die unentbehrliche finanzielle Absicherung eines großen Teils der sonstigen politischen Aktivitäten der UDVP, läßt sich beim jetzigen Stand der Quellenkenntnis über die finanzielle Lage der UDVP noch nicht im einzelnen rekonstruieren. Aber es steht fest, daß sie abhängig war zumindest von zusätzlicher Unterstützung aus dem Deutschen Reich, in erster Linie seitens des ADV, außerdem seitens einiger Unternehmer, deren Hilfe der ADV vermittelt hatte. Dies gilt etwa im Rhein-Ruhr-Gebiet für namhafte Schwerindustrie-Repräsentanten wie Emil Kirdorf und Hugo Stinnes sowie Alfred Hugenberg, des zeitweiligen Vorsitzenden des Direktoriums von Krupp. Das allerdings fragmentarische Wissen über den finanziell-organisatorischen Hintergrund der deutschnationalen Bewegung in Ungarn legt die Annahme nahe, daß in der Anfangsphase – bis etwa zur Reichtagswahl von 1910 – der ADV zwar nicht bestimmender Träger, aber doch unentbehrlicher Helfer der UDVP gewesen ist; und daß – etwa nach 1910 – die wachsende Eigendynamik der UDVP sowie Beziehungen zum Thronfolger-Kreis das Gewicht der alldeutschen Beteiligung, die aber weiterhin wichtig blieb, doch zu relativieren begannen. Dazu trug auch bei, daß die innere Bindung Steinackers an Dynastie und Reich sowie das wachsende Selbstbewußtsein der schwäbischen Führung in Ungarn sich nur begrenzt mit dem großpreußisch-germanischen Stil der alldeutschen »Erweckungs«-Berater vereinbaren ließen.[86]

Um eine Dämonisierung des alldeutschen Einflusses auf die UDVP zu vermeiden, sei auch darauf hingewiesen, daß der ADV – obwohl Geldgeber – dennoch nicht einfach schalten und walten konnte: Zwar hatte der Alldeutsche Verband bestimmte Zweckvorgaben für seine finanzielle und organisatorische Hilfe festgelegt, aber Steinacker wiederum war wesentlich an der Formulierung dieser Bedingungen beteiligt gewesen. Der ungarndeutsche Einfluß auf die Unterstützung erhöhte sich zusätzlich dadurch, daß die ADV-Führung – vor allem seit 1908 unter dem neuen Vorsitzenden Heinrich Claß, den ein enges Vertrauensverhältnis mit Steinacker verband – mit der Begutachtung schwäbischer Unterstützungsanträge meistens niemand anders beauftragte als eben Steinacker und seine engsten Mitarbeiter.

Die andere Aufgabe, die Vorbereitung des Wahlkampfes im Jahre 1910, trat von 1908 an in den Vordergrund. Im Juli 1908 teilt Claß Steinacker mit, er wolle »die von uns aufzubringenden Mittel für Wahlzwecke zurückstellen, weil ich dies für unendlich wichtig halte«.[87] Steinacker selbst resümierte später im Rückblick auf den Wahlkampf, ohne ADV-Hilfe hätte man nur drei oder vier Kandidaten statt der tatsächlich zehn nominieren können; außerdem wäre die Finanzierung des Wahlkampfes und die Absicherung des Parteiorgans *Deutsch-Ungarischer Volksfreund* wie des *Südungarischen Generalanzeigers* einschließlich der Druckereien nicht möglich gewesen. Freilich zeigte sich während der Wahlkampagne sehr deutlich, daß kaum Aussicht auf den Gewinn auch nur eines einzigen Mandats bestand. Dies lag nicht daran, daß man zu wenig Aufmerksamkeit gefunden hätte. Im Gegenteil: Im Süden, zuweilen auch im Westen Ungarns, machte die Mobilisierung der Minderheit durchaus Fortschritte, und örtlich mehrten sich die Zeichen spontaner Zustimmung.

Es gab aber offensichtlich keine Chance, gegen die verbreiteten Bestechungs- und Einschüchterungspraktiken der großen Parteien etwas auszurichten. Ohne greifbares Ergebnis blieben auch alle Bündnissondierungen, sei es beim Sächsischen Zentralausschuß oder bei der bürgerlich-radikalen Partei des einstigen Fejérváry-Innenministers József Kristóffy oder bei Ministerpräsident Khuen, die unter Tiszas kompromißlosem Einfluß zurückschreckten. Selbst die prinzipielle Einigkeit mit Rumänen und Serben über die Ablehnung der magyarischen Suprematie änderte nichts an den Wahlaussichten. Angesichts dessen ist es nicht überraschend, daß sich zunächst außer Kremling und Steinacker niemand als UDVP-Kandidat aufstellen lassen wollte. Die zehn Kandidaten fielen schließlich samt und sonders durch. Immerhin fand die Sache der UDVP im neuen Reichstag aber eine Vertretung nicht nur durch Rudolf Brandsch und Wilhelm Kopony, sondern auch durch den vom kroatischen Sabor delegierten Bürgermeister der syrmischen Stadt Ruma, Ferdinand Riester.

Sosehr der Wahlausgang den Willen der schwäbischen Bevölkerung zuungusten der UDVP verzerrte, er zwang diese doch zu einer Bilanz und konzeptionellen Überprüfung. Das Nahziel, die Vertretung im Zentralparlament, mußte vorerst aufgegeben werden. Es hatte sich auch gezeigt, daß die Mobilisierung der Minderheit nicht an einer bestimmten Politisierungsschwelle erdrutschartig zustande kommen, sondern daß sie langfristige organisatorisch-aufklärerische Kleinarbeit erforderlich machen würde. Die Hoffnung auf eine gewissermaßen selbsttragende Anschlußbewegung der schwäbischen Wähler zumindest im Süden an die UDVP oder gar an eine Nationalitätenkoalition gegen die magyarische Adels- und Advokatendominanz hatte offensichtlich getrogen. Aber das Fernziel blieb erhalten: Es sollte weiterhin darum gehen, eine ungarndeutsche »Gemeinbürgschaft« zu schaffen – zugleich ein Aktionsbündnis mit den anderen Nationalitäten, gegebenenfalls auch mit oppositionellen magyarischen Parteien, einschließlich der Sozialdemokraten.

Außerdem galt es, gewisse interne Schwierigkeiten konzeptioneller und personeller Art zu bewältigen. Bestimmte »Irrlehren«, die vor allem bei den österreichischen Deutschnationalen noch immer das Interesse an den Ungarndeutschen minderten, mußten endlich überwunden werden. Dazu gehörte die verbreitete Vorstellung, die Deutschen seien im bevorstehenden »Rassenkampf« gegen die »slawische Gefahr« förmlich angewiesen auf ein engeres Zusammenrücken gerade mit den Magyaren. Außerdem machten die österreichischen Alldeutschen unter Georg Ritter von Schönerer entschlossen Front gegen die von Claß und Samassa repräsentierte neue Südostpolitik des ADV, gegen die Bereitschaft, auf die Errichtung eines großdeutschen Nationalstaates nach dem Untergang der Habsburgermonarchie zu verzichten. Personelle Schwierigkeiten hatten sich vor allem unter dem Eindruck des Mißerfolgs ergeben, als die lokalen Sprecher der UDVP kein Hehl mehr machten aus ihrer Furcht vor finanziellem Ruin und amtlicher Repression. So schrieb Reinhold Heegn, der in drei Wahlgängen einem Mandatsgewinn in Werschetz am nächsten gekommen war, trotz der erkennbar stärkeren Resonanz und langfristig guter Aussichten trage er sich mit dem Gedanken aufzugeben: »Wenn es so weitergeht (ewige Geldsorgen), dann hören wir auf, Politik zu machen … Mich hat man in einen dreimaligen Wahlkampf hineingehetzt … Wenn die achttausend Kronen nicht gezahlt werden und die materielle Lage des Blattes auch in Zukunft nicht gesichert wird, dann mögen die Herren alleine Politik machen.«[88] Die Herren vom Berliner Musikverein hatten sich aber schon entschieden: Der ADV-Vorsitzende Claß teilte Steinacker bereits im Juni 1910 mit: »Meine Auffassung ist folgende: 1. Die Unterstützung des ungarländischen Deutschtums ist jetzt erst recht die wichtigste Aufgabe des Alldeutschen Verbandes. 2. Die Volkspartei hat ihr Recht zum Dasein bewiesen und ist nötiger wie je. 3. Ein noch engeres Zusammengehen mit den Nationalitäten ist anzustreben«,[89] und er versichert: »Ich werde Sorge dafür tragen, daß wir stets für Ungarn Geld bereitliegen haben.«[90]

Dorf und Kleinstadt besonders des ungarischen Südens blieben eine Welt für sich. Was es an modernen Einflüssen in Lebensstil und Mode gab, wußte man in das Überkommene einzupassen. So feierte man 1903 auch in den kleinbürgerlichen Kreisen von Filipowa/Batschka »Kukuruzkehrweih« am Tage des Heiligen der Pestkranken, Sankt Rochus, in moderner Kleidung.

Die weitere Tätigkeit der UDVP seit der Reichstagswahl – insoweit sie sich in der Öffentlichkeit vollzog – war gleichermaßen auf einer kommunalpolitischen und einer schutzvereinsmäßigen Ebene angesiedelt. Sie beteiligte sich an den Versammlungen der anderen Minderheiten und oppositionellen Parteien und nahm mit einem gewissen Erfolg auch an Wahlen für Gemeinderäte, Schul- und Kirchenstühle sowie Komitatsvertretungen teil. Sondierungen zwischen Steinacker und Ministerpräsident Lukács sowie dessen Amtsnachfolger István Tisza, die der sächsische Abgeordnete Rudolf Schuller angeregt hatte, scheiterten 1913 wegen der – nach Tiszas Auffassung – »staatsfeindlichen« Tätigkeit Brandschs. Die schutzvereinsmäßige Tätigkeit bestand in der Förderung von Bauern- und Raiffeisenvereinen, in kulturpolitischen Initiativen, ferner in der Erweiterung des deutschen nationalen Pressespektrums und der Ausdehnung der Parteiorganisation über Banat und Batschka hinaus. Weiterhin wurde Steinackers Adlatus Brandsch bei seiner Tätigkeit in Siebenbürgen unterstützt, und zwar dessen Hermannstädter »Bürgerabend« und die seit 6. Dezember 1909 in Hermannstadt erscheinende *Deutsche Bürgerzeitung*, das Organ der innersächsischen deutschnationalen Opposition.

Um die Deutschen in Ungarn begannen sich nun weitere Organisationen zu kümmern. Wien, vor allem die Koordinatoren Steinacker und Claß' Beauftragter für Österreich-Ungarn, Paul Samassa, wurden zur Schaltstelle. So wurde im Februar 1911 der Deutsch-Ungarische Kulturrat, die spätere Südostdeutsche Schulstiftung gegründet, der langfristig eines der schwerwiegendsten strukturellen Defizite deutscher Minderheitspolitik in Ungarn beseitigen sollte, nämlich das Fehlen einer schwäbischen Elite. Der Kulturrat sollte begabte schwäbische Schüler und Studenten soweit fördern, daß sie nicht mehr zur Magyarisierung gezwungen waren. Bis zu sechzig Gymnasiasten unterstützte der Kulturrat, und er plante außer zwei Privatgymnasien in Süd- und Westungarn in Hermannstadt ein schwäbisches Konvikt zu errichten. Mißlich war, daß der auch für das Schulwesen zuständige Sachsenbischof Friedrich Teutsch aus Sorge, die Regierung könne an einer Zusammenarbeit mit Brandsch Anstoß nehmen, im November 1912 Distanz signalisierte. Eine weitere Einrichtung auf Schutzvereinsebene, eigentlich eher ein Hindernis für die Entwicklung der UDVP, stellte der österreichische »Verein zur Erhaltung des Deutschtums in Ungarn« (VDU) dar, der von österreichischen Alldeutschen getragen wurde.

In Ungarn selbst kamen auf dieser Ebene einige weitere Initiativen hinzu. So gründete der zweite Vorsitzende der UDVP, Johann Röser, 1913 in Werschetz einen »Deutschen Bauernbund« mit der Zeitung *Deutsches Bauernblatt*, um die Monopolstellung des angestammten Südungarischen Bauernvereins, der sich nicht zu einer deutschnationalen Orientierung durchringen konnte, anzugreifen. Im Rahmen der Pressearbeit konnte man im selben Jahr endlich auf eines der großen Budapester Blätter, auf das *Budapester Tageblatt*, das für »Groß-Österreich« und die Nationalitäten eintrat, über Brandsch Einfluß nehmen. Banken wurden ermutigt, das wirtschaftliche Vereinswesen nachhaltig zu unterstützen und ein neues Projekt anzukurbeln, nämlich – nach dem Vorbild der preußischen »Ansiedlungskommission« für Posen und Westpreußen – die »innere Kolonisation« durch deutsche Bauernsiedlungen auf parzellierten Gütern.

Eine »Vereinigung deutscher Hochschüler aus den Ländern der Ungarischen Krone«, die sich vor allem für schwäbische Studenten in Österreich einsetzte, förderte den Einsatz dieser Studenten während der Semesterferien in bäuerlichen Gegenden Ungarns. Der Wiener VDU wiederum leistete Schrittmacherdienste für die UDVP in Oberungarn, das ihr bisher vollkommen versperrt geblieben war.

Freilich mußte man immer wieder feststellen, daß sich die Masse der Schwaben trotz weiterer Entfaltung der deutschnationalen Politik noch immer unzugänglich zeigte. Wer einen nichtbäuerlichen Beruf ergreifen, sozial aufsteigen wollte, fand sich weithin immer noch zur Assimilation bereit. Weit zurückreichende Erinnerungen an die Gegenreformation und die Ära Metternich hielten die emotionale Bindung an magyarische Politiker wie Kossuth d. Ä. und anti-österreichische Ressentiments am Leben. Viele Schwaben konnten sich nach wie vor nicht aus der materiell-beruflichen Orientierung und der lokalen Enge lösen.

Für die gesamte weitere politische Entwicklung der Deutschen in Ungarn außerordentlich wichtig wurden die Bestrebungen zur konzeptionellen Bilanz und strategischen Planung, die nun intensiviert wurden. Der Ausgang der Reichstagswahl, die erneute Machtübernahme in Ungarn durch das dualismustreue Lager und schließlich die Veränderungen der Gesamtsituation im Donau- und Karpatenraum als Folge der bosnisch-herzegowinischen Annexionskrise machten dies notwendig. Dabei zeigte sich, daß die lokalen schwäbischen Führungszirkel im Süden Ungarns zwar zunehmend selbstbewußt auftraten und ihre Vorstellungen auch gegenüber reichsdeutschen und österreichischen Partnern stichhaltiger zur Geltung bringen konnten. Aber die großen Linien künftiger ungarndeutscher Minderheitspolitik wurden nicht hier projektiert, sondern im immer dichteren Meinungsaustausch zwischen allen deutschnational-»völkischen« Parteien und Vereinen, wobei sich Wien zum Schnittpunkt der Meinungen und Einflußnahmen entwickelte. Es waren fast ausschließlich die externen Mitglieder der UDVP-Führung, die deren Interessen in die Waagschale warfen und ungarndeutsche Zielvorstellungen dem tatsächlich gegebenen Spielraum anpaßten. Mit anderen Worten: Es hat nie eine Phase der Deutschen Bewegung in Ungarn gegeben, wo diese nur Sache der Ungarndeutschen selbst gewesen wäre. Organisatorisch-finanzieller und politisch-konzeptioneller Einfluß von außen, vom Deutschen Reich und Österreich, war in der ungarndeutschen Minderheitspolitik immer schon präsent und immer schon unentbehrlich.

Zum Teil wurden die fehlenden strukturellen Voraussetzungen politischer Mobilisierung durch Entwicklungsimpulse ersetzt, die aus der Abwehr politischer Bevormundung und stärkeren Assimilationsdrucks erwuchsen. Insofern war die Deutsche Bewegung im engeren Ungarn, war die UDVP in einer besonderen Lage: Als einzige der deutschen Organisationen im Südosten erhielt sie systematisch angelegte Hilfe von außen. Zunächst besonders von den Alldeutschen des wilhelminischen Reiches im Kontext des »völkischen« Nationalismus; schließlich bereitete sich seit der bosnisch-herzegowinischen Krise von 1908/09 ihre künftige bevorzugte Rolle im »groß-österreichischen« Reichsreformkalkül der Thronfolger-Umgebung vor. Aber »Sarajevo«, der Tod

Es dauerte bis in die zwanziger Jahre, ehe wohlhabende Mittelbauern, Dorfintelligenz (»Herreleit«) und städtischer Mittelstand sich nicht nur nach beruflichem Status, sondern auch im Lebensstil stärker von ihrer Umwelt abhoben und es zur Entstehung eines schwäbischen Bürgertums kam.

Franz Ferdinands von Österreich-Este, zerstörte diese Hoffnung. Das »Groß-Österreich«-Projekt, falls überhaupt realisierbar, war an die Person des Thronfolgers gebunden. Edmund Steinacker und die Führung der UDVP wurden von lähmendem Entsetzen befallen. Man wußte, ungarndeutsche Minderheitspolitik konnte ohne Hilfe von außen nicht bestehen. Die Starthilfe der Alldeutschen genügte nicht auf Dauer. Die notwendige reform- und innenpolitische Dimensionierung, ohne die der qualitative Sprung zu dauerhafter Breitenwirkung nicht gelingen konnte, wäre gegen Budapests Widerstand nur mit Rückendeckung durch die Krone zu bewältigen gewesen.

Damit ist eine jener Kontroversen berührt, die weder im Selbstverständnis der Ungarndeutschen und ihrer südostlichen Nachbarn noch in der Forschung überhaupt ausgestanden erscheint. Während etwa auf donauschwäbisch-landsmannschaftlicher Seite in Nachfolge der UDVP-ADV-Sprachregelung äußere Einflüsse auf die UDVP und die Anfänge ungarndeutscher Minderheitspolitik geleugnet wurden, hat in der Sicht der Nachbarvölker eine Verbindung von zeitgenössischer »Pangermanen«-These und dem späteren »Fünfte-Kolonne«-Vorwurf weithin den Ton der Diskussion bestimmt. Man verbaut sich aber den Blick auf die Wirklichkeit mehrerer, durchaus konkurrierender Ansätze und Perspektiven deutscher Politik im Donau- und Karpatenraum, wenn von vornherein und unbeeinflußbar die Deutsche Bewegung als reine Notwehrunternehmung der bedrängten schwäbischen Minderheit aufgefaßt wird. Ähnlich, wenn sie – inhaltlich entgegengesetzt, aber methodisch ebenfalls unzulässig politisiert – als unselbständige, von außen gesteuerte Hilfstruppe eines reichsdeutschen »Drangs nach Osten«, als unmittelbare Vorstufe von »Drittem Reich« und Volksgruppen negative Stilisierung erfährt. In beiden Fällen werden die Maßstäbe und Kampfkonstellationen einer späteren Zeit auf die Jahre vor dem Ersten Weltkrieg projiziert, auf Personen wie Steinacker, Kremling und Claß und auf Konzepte des 19. Jahrhunderts. Unter Berücksichtigung des Forschungsstandes und des zugänglichen Quellenmaterials scheint dagegen eine Charakterisierung der Anfänge deutscher Minderheitspolitik in Ungarn angebracht, die weniger entschieden und abschließend ausfallen wird:

Erstens: Träger »ungarndeutscher« Minderheitspolitik vor dem Ersten Weltkrieg waren in Siebenbürgen der Sächsische Zentralausschuß und im Süden die UDVP beziehungsweise ihre lokalen schwäbischen Wegbereiter. Diese waren ihrerseits auf die führende Mitwirkung einzelner Angehöriger des deutschungarischen Stadtbürgertums und der kulturnationalen oder völkisch-nationalistischen Opposition der Sachsen angewiesen.

Zweitens: Während das politische Leben des sächsischen Kirchenvolkes eine langfristig geprägte, selbsttragende Dynamik aufwies, konnte die UDVP nur in Teilen der deutschen Bevölkerung, vor allem in Banat und Batschka, eine gewisse Wirkung erzielen. Die Deutsche Bewegung der Schwaben war daher in den Anfängen wie während der Krisen von 1903/04 und 1910 sowie bei der Parteigründung 1906/07 abhängig von außerungarischer Hilfe. Dies war Sache einerseits österreichischer Partner – deutschnationaler Parteien und Schutzvereine, seit 1908 auch der Militärkanzlei des Thronfolgers –, vorrangig aber des reichsdeutschen Alldeutschen Verbandes, der zeitweise auch geringfügige Unterstützung durch andere Organisationen, durch das Auswärtige Amt und einzelne Reichstagsabgeordnete, vermittelte.

Drittens: Während die reichsdeutsche Einflußnahme bei den Sachsen weitgehend auf geistig-kulturnationale Wechselbeziehungen, auf Außenkulturpolitik beschränkt blieb, war sie für die Deutsche Bewegung Südungarns finanziell-organisatorisch von Anfang an existenznotwendig. In programmatisch-inhaltlicher Hinsicht war sie weniger bestimmend. Die UDVP wurde daher nicht zum vollständig außengesteuerten Instrument des ADV, nicht zur »fünften Kolonne« eines reichsdeutschen Ostexpansionismus. Statt dessen bestand ihre Zielvorstellung in einer Verbindung von kulturnationalem deutschen Zusammengehörigkeitsbewußtsein mit einer Stabilisierung der Habsburgermonarchie durch eine groß-österreichisch-antidualistische Reichsreform.

Viertens: Diese Ausrichtung auf Krone und Reichsreform ermöglichte der UDVP Loyalität zum ungarischen Staat, desgleichen Zusammenarbeit mit slawischen und rumänischen Partnern sowie die Nutzung reichsdeutscher Unterstützung.

Diesen Einfluß, wie in der einschlägigen Literatur weithin üblich, erst spät anzusetzen und für die Radikalisierungsphase der dreißiger und vierziger Jahre des 20. Jahrhunderts anzuerkennen, stellt eine unzutreffende und unnötig apologetische Interpretation ungarndeutscher Minderheitspolitik dar. Unnötig apologetisch ist diese Interpretation deswegen, weil sich die schwäbische defensive Minderheitspolitik durchaus nicht als Instrument eines reichsdeutschen Ostexpansionismus und als deckungsgleiche Spielart des extremen »völkischen« Nationalismus à la ADV entwickelt hat. Dies zeigt das Auftreten der UDVP-Repräsentanten Steinacker und Brandsch bei der wichtigsten Strategiedebatte aller deutschnationalen Gruppierungen, Schutzvereine und alldeutschvölkischen Organisationen Mittel- und Osteuropas im August 1911 in Linz.[91] Unter der Leitung von Julius Sylvester, dem deutschnationalen Präsidenten des österreichischen Abgeordnetenhauses, von Josef Titta, dem Obmann des Deutschen Volksrates für Böhmen, und von Heinrich Claß rückte die ungarndeutsche Thematik als Teilaspekt des Reichsreformproblems in den Mittelpunkt der Diskussion. Trotz aller Ängste, vor allem der österreichischen Deutschnationalen, vor dem Egoismus der Dynastie und einer eventuellen antideutschen Wendung eines slawisierten habsburgischen Vielvölkerstaates einigte man sich doch auf eine künftige programmatische Leitlinie: Ein deutschnationaler Verzicht auf die Zertrümmerung der Habsburgermonarchie stelle keinen Gegensatz zu deutschvölkischen Interessen dar, sondern sei sogar eine Voraussetzung für den vollständigen Nationalstaat aller Deutschen und ihr Bestehen in der »Rassenkonkurrenz« Osteuropas. In dieser mitteleuropapolitischen und reichsreformerischen Perspektive gewann die UDVP eine über sich selber hinausweisende Bedeutung als Stützpfeiler der Monarchie; eine Vorpostenrolle im Interesse von Habsburgermonarchie und deutscher Nation, die der deutschen Bevölkerung Ungarns sicherlich nicht bewußt, jedenfalls nicht so wichtig gewesen sein dürfte.

Es ist aber wichtig, den wesentlichen Unterschied zu späterer Außensteuerung festzuhalten, der die ungarndeutsche Minderheitsexistenz zur Zeit des »Dritten Reiches« prägen sollte: Zum einen war die deutsche Minderheit Ungarns überhaupt noch nicht als solche organisiert und zum anderen gab es im Deutschen Reich weder eine alles beherrschende Einheitspartei noch eine amtliche Strategie, deutsche Minderheiten als Instrument von Expansion und Kriegführung zu benutzen. Die gleichwohl existierende enge Beziehung der Alldeutschen und Deutschnationalen zur UDVP, die sie trotzdem nicht zur Frühform einer »fünften Kolonne« von deutscher Expansionspolitik und »völkischem« Nationalismus machte, wurde in Linz sowohl von sudetendeutscher Seite kritisiert, die der Krone immer noch Slawisierungsabsichten unterstellte, als auch und vor allem von siebenbürgisch-sächsischer Seite. Der sächsische Reichstagsabgeordnete Emil Neugeboren konnte sich jedoch nicht mit seiner Auffassung durchsetzen, die intensivierte Unterstützung der Deutschen Bewegung Ungarns entziehe nicht nur den deutschböhmischen Schutzvereinen, sondern eben auch den Deutschen in Siebenbürgen jene Unterstützung, die sie für die Selbstbehauptung gegen Tschechen beziehungsweise Rumänen unbedingt benötigten.

Neugeboren stellte die dramatische Behauptung auf, den Sachsen drohe angesichts der rumänischen Bevölkerungszunahme in Siebenbürgen am Ende der sichere »Volkstod«. Einziges Gegenmittel sei eine dauerhafte Koalition mit der ungarischen Regierung. Da die UDVP in Zusammenarbeit mit den Nationalitäten, einschließlich den Rumänen, das allgemeine Wahlrecht fordere, was die Sachsen der rumänischen Mehrheit in Siebenbürgen völlig ausliefern würde, sei eine sächsisch-schwäbische Aktionseinheit unmöglich. Der ADV solle sich ungarnpolitisch darauf beschränken, einen Appell zur Realisierung des ungarischen Nationalitätengesetzes an Budapest zu richten. Gegen diesen Standpunkt wandte sich Rudolf Brandsch im Sinne von ADV und UDVP. Mit Nachdruck forderte er gerade die Einführung des allgemeinen Wahlrechts, um »neue Gruppen und Klassen der Bevölkerung ... auf die politische Bühne« zu führen, »mit welchen wir Beziehungen aufnehmen können und unter unserem Einfluß halten können«. Bezeichnend für die jüngere deutschnationale Generation, die entschiedener war als ein Steinacker oder Kremling, ist Brandschs Zusatzbemerkung: »Die Zusammenarbeit mit anderen Nationalitäten bedeutet nicht ein Bündnis auf Leben und Tod. Wenn wir unsere Rechte erkämpft haben, stehen wir vor einer ganz anderen Lage.« Damit wollte er gleichermaßen den Sächsischen Zentralausschuß wie die österreichischen Deutschnationalen beruhigen: Die UDVP-Zusammenarbeit mit Rumänen und Slawen sollte nur Mittel zum Zweck sein, sollte nur solange dauern, wie sie für die politische Mobilisierung der Ungarndeutschen notwendig war.

Brandsch kritisierte zwar scharf den eklatanten Mangel der Schwaben an politisch brauchbarem Zusammengehörigkeitsbewußtsein – »jedes Dorf und jede Stadt ist noch heute ein für sich selbst lebendes Individuum« –, äußerte sich aber optimistisch über die langfristigen Aussichten der UDVP. Steinacker, der Brandschs Forderung nach weiterer alldeutscher Unterstützung der UDVP energisch bekräftigte, setzte ansonsten die Akzente etwas anders. Er bekannte sich weder zu der »völkisch«-nationalistischen Vorstellung von einem kommenden deutsch-slawischen »Rassenkampf«, noch war er bereit, eine reformierte Habsburgermonarchie dem Ziel eines groß- und gesamtdeutschen Nationalstaats zu opfern: »Vielmehr besteht das Interesse daran, daß hier ein großer Staat sei, in welchem das deutsche Element die führende Rolle ausfüllt.« Es komme lediglich darauf an, das dualistische System abzuschaffen. Die national-individuelle Eigenart und Vielfalt der Völker Südosteuropas sei gegen jede Einebnung und Bevormundung von außen zu schützen. Mit anderen Worten: Steinacker setzte der UDVP die Aufgabe, zum einen die Deutschen in Ungarn politisch zu organisieren, zum anderen im Interesse auch des Deutschen Reiches an der Stabilisierung der Habsburgermonarchie durch Schwächung Budapests mitzuwirken.

Nüchternes Kalkül national- sowie auch minderheitspolitischer Art und zugleich eine intakte innere Bindung an die Dynastie wie auch die Völkervielfalt des Südostens hinderten Steinacker daran, die deutsche Minderheitspolitik in Ungarn und die »Nibelungentreue« gegenüber der Habsburgermonarchie in der gleichen Weise wie Rudolf Brandsch nur insofern zu bejahen, als sie für deutsch-»völkische« Zwecke nutzbar zu machen waren. Auch wenn Diskussionen dieser Art nun nicht mehr abrissen, so waren doch die UDVP und deren alldeutsch-deutschnationale Unterstützung von einer klaren Mehrheit bejaht worden.

Für die UDVP war Linz eine wichtige programmatische Orientierung. Aber nun kam es darauf an, die dort geäußerte Forderung nach Reform und Stabilisierung der Habsburgermonarchie inhaltlich zu klären. Frühestens seit März 1907, spätestens seit 1908/09 arbeitete Steinacker im Beraterkreis des Thronfolgers Erzherzog Franz Ferdinand von Österreich-Este mit. Seine ganze Hoffnung, die Existenzbedingungen der ungarndeutschen Politik auf einen Schlag völlig zu verändern, gründete er auf die Reichsreformplanung des künftigen Monarchen.[92]

Die Berater und Experten, die im Auftrag des Thronfolgers das »Groß-Österreich«-Projekt ausarbeiteten, bildeten einen multinational zusammengesetzten Kreis. Die personelle Zusammensetzung war in gewissem Sinne auch von inhaltlicher Bedeutung: Die Vorliebe des künftigen Monarchen für katholische Südslawen und für Rumänen, auch für Slowaken und Ruthenen kam darin ebenso zum Ausdruck wie seine kritische Einstellung zu orthodoxen Südslawen, zur ungarischen Politik seit 1906, zu nationalistisch-liberalen Tschechen und schließlich zu radikalen Deutschnationalen. Insofern wäre die Mitarbeit Steinackers völlig unvorstellbar gewesen, wenn er sich mit alldeutsch-»völkischer« Politik identifiziert hätte. Es ist bezeichnend, daß Steinacker im Belvedere – so wurde die Militärkanzlei des Thronfolgers, die im unteren Belvedere in Wien ihren Sitz hatte und als administratives Dach des Beraterkreises galt – von dem rumänischen Politiker Alexander Vaida-Voevod empfohlen worden war. Die Reformpläne des Thronfolgers hatten zu diesem Zeitpunkt bereits einige Wandlungen hinter sich. Nach einer ersten Phase des Föderalismus nach USA-Vorbild (1895 bis etwa 1903) hatte er sich in der Zeit bis zur Annexionskrise vor allem mit der Möglichkeit einer trialistischen Umgestaltung der dualistischen Ordnung, also mit einer Aufwertung der Südslawen, besonders der Kroaten, beschäftigt. Aber die ungarische Krise um 1905, das erneute Aufkommen des magyarischen Emanzipationsstrebens und die aus seiner Sicht ungünstige, oppositionelle und »jugoslawistische« Umformung der kroatischen Politik veranlaßten ihn zu neuen Überlegungen.

In diesem Zusammenhang wurde Steinacker als Experte für ungarische Politik herangezogen. So hatte er 1912 zur Vorbereitung des allgemeinen Wahlrechts in Ungarn eine neue Wahlkreiseinteilung auszuarbeiten. Diese sollte die Ungarndeutschen bevorzugen, damit sie den zugedachten Part als Zünglein an der Waage zwischen Magyaren und Nationalitäten übernehmen konnten. In den damit verbundenen Plänen zur Umgestaltung Ungarns kam den Nationalitäten und hier gerade auch der deutschen Minderheit eine zentrale Aufgabe zu. Durch die Abschaffung des Dualismus und ein allgemeines Wahlrecht sollte der Einfluß der magyarischen Oligarchie in Ungarn und in der Gesamtmonarchie wesentlich verringert, zugleich eine Aufwertung der Nationalitäten Ungarns und der deutschen Bevölkerung in beiden Reichshälften ermöglicht werden.

Die innen- und außenpolitische Stabilisierung der Habsburgermonarchie sollte durch eine wesentliche Stärkung Wiens auf Kosten Budapests erfolgen, den übrigen Nationen und Nationalitäten außerhalb der gemeinsamen Bereiche von Außen-, Militär- und Wirtschaftspolitik eine partielle Föderalisierung des Reiches zugestanden werden. Zu diesem »Groß-Österreich«-Projekt gehörte in außenpolitischer Hinsicht die – allerdings noch nicht endgültig geklärte – stärkere Einflußnahme auf den Balkan.

Die Ermordung des Thronfolgers am 28. Juni 1914 brachte Steinacker an den Rand der Resignation: Seine gesamte Planung der ungarndeutschen Politik und der weiteren Entwicklung der UDVP war auf das Wohlwollen des Thronfolgers und auf die besondere Rolle der ungarndeutschen Minderheit zwischen Staatsvolk und Nationalitäten gegründet. Die Beziehung zum Belvedere-Kreis war für Steinacker in gewissem Maße auch ein Versuch gewesen, den allgegenwärtigen alldeutschen Einfluß auszugleichen.

Nach menschlichem Ermessen hatte Steinacker am Vorabend des Ersten Weltkrieges sein ungarnpolitisches Feld gewissermaßen gut bestellt. Die einige Jahre zuvor noch übermächtig erscheinende Tendenz zur Assimilierung der Deutschen in Ungarn war zumindest abgeschwächt worden; die UDVP als künftige ungarndeutsche Gesamtorganisation war gegründet und befand sich offenkundig trotz vieler Rückschläge und Enttäuschungen auf dem Weg zu wirklicher Breitenwirkung. Sie verfügte ohne Zweifel über das notwendige Mindestmaß langfristiger Programmatik und funktionsfähiger organisatorischer Infrastruktur, wurde mittlerweile von einer Vielzahl ergänzender beziehungsweise benachbarter Organisationen in- und außerhalb Ungarns unterstützt und konnte vor allem im Falle des Thronwechsels mit einer schlagartigen Veränderung ihrer politischen Existenzbedingungen im günstigen Sinne rechnen. Auch das finanzielle Problem war nicht mehr ganz so drückend wie vor 1910. Als zusätzlicher Geldgeber hatte sich das deutsche Auswärtige Amt während der letzten Vorkriegsjahre betätigt, ohne sich allerdings öffentlich dazu zu bekennen. Auch für das schwierige Verhältnis zwischen der UDVP und dem Sächsischem Zentralausschuß war auf längere Sicht mit einer Besserung zu rechnen: Im Falle des bevorstehenden Generationswechsels in der politischen Führung der Sachsen würde sich für Brandsch, Kopony und andere sicherlich die Chance eines deutschnationalen Schulterschlusses mit der jüngeren Generation sächsischer Politiker ergeben.

Franz Joseph I. und Wilhelm II. im Jahre 1897 bei einem gemeinsamen Manöverausritt.
Die Bündnistreue und Harmonie, die Hohenzollern- und Habsburgermonarchie bekundeten, gerade das Festhalten an diesem guten Verhältnis war ein Grund dafür, daß Budapest den Assimilationsdruck auf seine deutsche Bevölkerung ohne Behinderung durch Berlin verstärken konnte.

Zunächst freilich war dies noch nicht abzusehen. Im Gegenteil: Das Jahr 1910 brachte die Rückkehr der sächsischen Reichstagsabgeordneten zur Zusammenarbeit mit der Regierung, in diesem Falle mit dem Kabinett Khuen/István Tisza. Dies war gleichbedeutend mit einer noch stärkeren Distanzierung des Sächsischen Zentralausschusses von der UDVP. Diese Haltung der sächsischen Führung beruhte nicht nur auf innenpolitisch-parlamentarischer Taktik, sondern hatte ihre Grundlage auch im Selbstverständnis der Sachsen, insbesondere ihrer relativ hohen Selbsteinschätzung, ferner im konfessionellen Gegensatz und eben im Mangel an Bindungen zwischen Sachsen und Schwaben. Das Trennende, das weit in den Bereich von Mentalität und Emotion hineinreichte, brachte wohl die Stellungnahme des sächsischen Reichstagsabgeordneten Rudolf Schuller zum Ausdruck, der sich im Mai 1908 erneut gegen eine Zusammenarbeit mit der UDVP aussprach: »Wir wollen nicht Deutsche schlechthin, sondern Siebenbürger Deutsche sein, das heißt, wir wollen Deutsche sein, deren besondere Art in ihrem Wesen zum Ausdruck kommt. Wenn wir Deutsche schlechthin wären, so könnte wohl jemand von uns fordern, daß wir uns für das Schwabentum opfern sollten ganz ohne Rücksicht darauf, ob es uns schadet oder nicht, wenn dadurch nur eine größere Zahl Deutscher erhalten wird, als wir sind. Das abzulehnen, haben wir – meiner Überzeugung nach – ein Recht.«

Schullers Verweigerung gegenüber einer »völkischen« Dienstverpflichtung und Selbstaufopferung mutet nicht nur aus der Perspektive einer kleinen, in der Tat sehr bedrängten Diasporagruppe durchaus rational an, und sie ist insgesamt ein eindrucksvoller Beleg für die Grenzen der Vereinbarkeit von deutschnationaler Identität in Siebenbürgen und überregionaler deutsch-»völkischer« Solidaritätsforderung. Aber die grundsätzlich im Wesen des Nationalen liegende Tendenz zur ethnozentrischen Zuspitzung und Radikalisierung, zu einem deutsch-sächsischen Nationalismus wird ebenfalls bei Schuller deutlich: »Es ist wertvolles auserlesenes und auserwähltes Deutschtum, das wir vertreten, und wir haben keine Ursache, uns auf den Standpunkt von gleich zu gleich zu stellen ... Wir bekennen uns zu dem politischen, bis jetzt durch die Erfahrung bestätigten und durch nichts widerlegten Urteil, daß das übrige Deutschtum in Ungarn durch nichts gerettet werden kann.«[93]

So standen im weiteren Verlauf der sächsischen Politik bis zum Ersten Weltkrieg, abgesehen von den Dingen des politischen Alltags, vor allem die drei folgenden Probleme im Vordergrund: das Verhältnis zur Regierung – zum einen nach dem Machtwechsel 1906, zum anderen nach der Rückkehr der »Liberalen« an die Macht im Jahre 1910; sodann das Verhalten gegenüber den anderen ungarndeutschen Gruppierungen, vor allem gegenüber der UDVP; damit wiederum war die Stellungnahme der sächsischen Führung zur internen deutschnational-»völkischen« Opposition verbunden. Was den erstgenannten Punkt betrifft, so entschloß sich die sächsische Führung auch nach der Regierungsübernahme durch die bisherigen Oppositionsparteien, die Zusammenarbeit mit der Regierung fortzusetzen. Man assoziierte sich der »Verfassungspartei«, die unter dem Vorsitz von Gyula Graf Andrássy den Sachsen am ehesten Gewähr bot, ihre wesentlichen Anliegen zu respektieren, also die Autonomie von Kirchen- und Schulwesen zu achten und im Falle einer Wahlrechtsreform auf die sächsische Minderheit in Siebenbürgen Rücksicht zu nehmen. Man mußte trotzdem ein Jahr später bereits erleben, daß gerade die eigene Partei sich zugunsten des neuen Volkschulgesetzentwurfes von Apponyi engagierte.

Der Regierungswechsel 1910 änderte daran nichts Wesentliches: Die Rückkehr der »Liberalen« um Khuen-Héderváry und István Tisza an die Macht bedeutete zwar einen Rückgang an nationalistischer Agitation gegen Krone, Habsburgermonarchie und Nationalitäten, auch ein Abnehmen des gezielten Magyarisierungsdrucks, aber andererseits bekamen die Nationalitäten alle Nachteile eines grundsätzlich betont autoritären Regierens zu spüren. Die Sachsen schlossen sich, nachdem sie in etwa die gleichen Garantien wie 1906 von der Koalitionsregierung auch von der neuen Regierung erhalten hatten, im Reichstag an diese an und mußten schnell feststellen, daß ihr Spielraum wegen des Herr-im-Haus-Standpunktes von Tisza hier kleiner geworden war. Es zeigte sich sehr schnell, daß die neue Regierung ihre sächsischen Partner in hohem Maße nach deren Verhalten zur schwäbischen Bewegung beurteilte. Als die Regierung wiederholt von den Sachsen verlangte, jegliches Zusammenwirken mit der UDVP zu unterlassen und die sächsische Opposition an einer Unterstützung der UDVP zu hindern, mußte sich der Sächsische Zentralausschuß fügen: Die für das sächsische Gemeinwesen existenznotwendige großzügige Handhabung der neuen Schulordnung sowie die Stabilisierung der Autonomie der evangelischen Kirche, der ständig die zwangsweise Eingliederung in die gesamtungarische evangelische Kirche drohte, und schließlich die kommende Wahlrechtsreform, bei der für die Sachsen alles von der Einführung eines Bildungs- und Besitzzensus gegen das zahlenmäßige Übergewicht der Rumänen abhing, all dies waren Anliegen der sächsischen Führung, derentwegen sie die Regierung keinesfalls herausfordern durfte.

Nach wiederholten Vermittlungsversuchen innerhalb der sächsischen Abgeordnetengruppe durch Konferenzen im Oktober 1911 und im Juni 1913, kam es dennoch im Frühjahr 1914 zur Spaltung der sächsischen Politik: Nachdem Ministerpräsident Tisza am 20. März 1914 im Reichstag die UDVP und besonders die beiden sächsischen Abgeordneten Brandsch und Kopony scharf verurteilt und eine Stellungnahme des Sächsischen Klubs erzwungen hatte, blieb Wilhelm Melzer als Sprecher nichts anderes übrig, als jegliche Zusammenarbeit mit der UDVP abzulehnen und sich zur Beschränkung auf sächsische Angelegenheiten zu verpflichten. Nach dem Austritt von Brandsch und Kopony aus der sächsischen Abgeordnetengruppe besiegelte ein Beschluß der sächsischen Abgeordnetenkonferenz vom 2. Juli 1914 die Spaltung: »Wenngleich das sächsische Volk mit Teilnahme und Sympatie jede Bestrebung der ihm stammverwandten Brüder begleitet, die auf Pflege ihrer deutschen Muttersprache und auf die Pflege ihrer deutschen Kultur gerichtet ist, so hält der sächsische Zentralausschuß die politische Forderung dieser Bestrebungen nur innerhalb der durch die sächsischen Volksinteressen unverrückbar gezogenen Grenzen für möglich; er billigt demgemäß im Hinblick auf das Gebot der eigenen Volkserhaltung den dieser Forderung entsprechenden Standpunkt der Mehrheit der sächsischen Abgeordneten, daß die sächsische Reichstagspolitik die

Aus der langen Reihe ungarischer Ministerpräsidenten ragen Kálmán Tisza (links, 1830–1902) und István Tisza (rechts, 1861–1918) sowie – von schwäbischer Herkunft – Sándor Wekerle (Mitte, 1848 bis 1921) heraus. Sie sahen die Deutschen, vor allem das Stadtbürgertum und die schwäbischen Bauern, nicht eigentlich als nationale Minderheit an. Deshalb verurteilten sie die ersten Versuche deutscher Minderheitspolitik von 1914, wie sie Edmund Steinacker unternahm, als bloße Unruhestiftung.

Pflicht des Schutzes des sächsischen Volksinteresses zu erfüllen hat und jedes Verhalten vermeiden muß, das ihr die Erfüllung dieser Pflicht erschweren würde. Der Zentralausschuß gibt dem Bedauern darüber Ausdruck, daß durch das diesem Grundsatz nicht entsprechende Verhalten eines Teils der sächsischen Abgeordneten ... eine Spaltung hervorgerufen worden ist.«[94]

Am Vorabend des Ersten Weltkrieges machten sich also sowohl in der schwäbischen als auch in der sächsischen Politik viele Veränderungsimpulse bemerkbar, aber sie repräsentierten letzten Endes nur Minderheitsbestrebungen. Zwar wuchs bei der deutschen Bevölkerung im engeren Ungarn, vor allem im Banat und in der Batschka, das Bewußtsein, daß man durch den Assimilationsdruck und die eingeschränkten Möglichkeiten der politisch-kulturellen Selbstverwirklichung miteinander verbunden war, und vielerorts kam es infolge der Informations- und Organisationstätigkeit von Schrittmachergruppen, die sich als deutschnational verstanden, zu merklich wachsender Breitenwirkung. Doch ohne Zweifel war die Masse der deutschen Bevölkerung nach wie vor keine politisch handlungsfähige, klar konturierte Gruppe. Sie verfügte noch nicht über eine Programmatik, die die Loyalität zum ungarischen Staat mit der Zugehörigkeit zu einer überstaatlich-kulturellen deutschen Volksgemeinschaft verband.

In ähnlicher Weise noch keine Führung der Minderheit und auch keine repräsentative Stimme des kollektiven Selbstverständnisses war am Vorabend des Ersten Weltkrieges die deutschnationale innersächsische Opposition mit ihren Schwerpunkten in Hermannstadt und Kronstadt. Immerhin, die weitere Entwicklung der deutschen Minderheitsgruppen im Südosten, die von politischer Mobilisierung, Großgruppenbildung und engerer Anbindung an Berlin gekennzeichnet sein wird, erfährt durch diese deutschnational-»völkischen« Bestrebungen schon vor 1914 eine gewisse Vorbereitung. Auch die kleineren Gruppen deutscher Bevölkerung, die noch nicht an den Kreislauf der politischen Kultur der Schwaben und Sachsen angeschlossen waren, lassen unter dem Eindruck der Balkankriege neue Aktivität erkennen. Während im Süden, in Kroatien-Slawonien und hier besonders in Syrmien, etwa durch den Sabor- und Reichstagsabgeordneten Ferdinand Riester, eine politische Organisation aufgebaut wird, die trotz Zusammenarbeit mit der UDVP eine Eigenexistenz ausbildet, sind die neuartigen politischen Aktivitäten im Norden, in der Bukowina und in Galizien, in Bessarabien, in der Dobrudscha und in Altrumänien von vornherein auf einen programmatisch-organisatorischen Verbund mit den ungarndeutschen Initiativen insgesamt ausgerichtet.

Im Karpatenbogen versuchte die 1911 gegründete »Karpatendeutsche Bewegung«,[95] alle Organisationen von Schlesien im Nordwesten über Siebenbürgen im Osten bis hinunter nach Bosnien im Südosten organisatorisch und programmatisch zu koordinieren, und zwar nach dem Vorbild der deutsch-österreichischen Volksräte, die sich in bestimmten Regionen jeweils als Dachverband schul-, sprachen- und bodenpolitisch spezialisierter »Schutzvereine« verstanden. Gegründet und im wesentlichen getragen wurde die Karpatendeutsche Bewegung von Raimund Friedrich Kaindl, Professor für österreichische Reichsgeschichte und seit Dezember 1912 Rektor der Universität Czernowitz. Gerade aus der Erfahrung der Diasporasituation in der Bukowina und der dortigen ethnischen Mischkonstellation hielt Kaindl es für notwendig, neben die »allpolnische« und ukrainische, neben die rumänische und schließlich die neopanslawische Sammlungsbewegung eine ebenfalls staatenübergreifende deutschnationale Bewegung zu stellen. Er wollte also die einzelnen deutschen Minderheitsorganisationen im Karpaten- und Donauraum nicht etwa ersetzen, sondern besser koordinieren. Über den prosaischen Alltag von Assimilationsabwehr und parlamentarisch-parteimäßiger Selbstbehauptung hinaus sollten sie mit historischer Legitimierung und programmatischer Langzeitorientierung versehen werden.

Der Historiker Kaindl, der sich auf »Volkskunde« als historischer Teildisziplin konzentrierte, versuchte das politische Verhalten von Großgruppen aus einer »Volksseele« als psychischer und physischer Eigenart abzuleiten. Dabei faßte er »Volk« als organische Persönlichkeit auf, die durch Abstammung und Sprache, Siedlungs- und Lebensweise insgesamt bestimmt werde. Auf der Grundlage dieser volksbezogenen Geschichts- und Politikauffassung trat er seit 1911 zugleich als politischer Publizist auf. Charakteristisch für seine langfristigen Zielvorstellungen war die Ablehnung der österreichisch-alldeutschen Forderungen nach Konsolidierung des von der »slawischen Flut« bedrohten deutschen »Volkstums« durch ein Abstoßen beziehungsweise Rücksiedeln der osteuropäischen deutschen Diaspora. Statt dessen plädierte er für »die Hinwendung zum Großdeutschtum im mitteleuropäischen Sinne«. Unter ausdrücklicher Befürwortung der Loyalität gegenüber dem Hause Österreich formulierte er eine besondere Sendung von nahezu drei Millionen Karpatendeutschen im Karpatenbogen zwischen Oberschlesien und Bosnien für das ganze deutsche Volk. Es gehe letztlich darum, die überstaatliche deutsche »Volksgemeinschaft« gegen das weitere Vordringen der Slawen, als deren Vorboten die Tschechen in Wien, die Polen im Ruhrgebiet und die Slowenen in Kärnten bereits zu beobachten seien, abzuschirmen. Die Volkskraft der Deutschen solle nicht länger in Übersee vergeudet, sondern erhalten werden, indem man die deutsche Auswanderung künftig in den Osten lenke.

Vor dem Hintergrund dieser »völkischen« Utopie, die in alltäglichem »Volkstumskampf« für neue Dynamik sorgen sollte, wurden seit 1911 in Czernowitz, Ruma, Wien und im westgalizischen Biała »Tagungen der Karpatendeutschen« veranstaltet, die allmählich für eine organisatorische Infrastruktur sorgen sollten. Dazu gehörte auch die im siebenbürgischen Kronstadt erscheinende Zeitschrift *Meine Heimat* als Organ der Bewegung sowie die Vorbereitung unter anderem zur Gründung einer karpatendeutschen Bank sowie einiger Einrichtungen für Besiedlungs- und Verkehrsfragen. Dabei arbeiteten der österreichisch-schlesische »Schutzverein Nordmark« mit Sitz in Troppau, der »Bund der Christlichen Deutschen in Galizien« ebenso mit wie der »Verein der Christlichen Deutschen in der Bukowina« und der in Bukarest bestehende Verein »Transsylvania« für die Deutschen in Altrumänien, ferner der »Bund der Deutschen in Kroatien und Slawonien« im syrmischen Ruma und der »Verein der Deutschen in Bosnien und der Herzegowina« mit Sitz in Sarajevo. Hinzu kamen als ungarndeutsche Organisationen die sächsische Führung und der »Hermannstädter Bürgerabend« sowie die UDVP, die »Vereinigung deutscher Hochschüler aus den Ländern der Ungarischen Krone«

und der »Deutsch-ungarische Kulturrat« sowie der österreichisch-alldeutsche »Verein zur Erhaltung des Deutschtums in Ungarn«.

Wo die politische Mobilisierung vor 1914 überhaupt in Gang kam, zeigte sie sehr unterschiedliche Ergebnisse. An der überkommenen unpolitisch-pränationalen Haltung der großen Masse der schwäbischen Bauern änderte sich ebensowenig wie am ausgesprochen bürgerlich-liberalen, staatsbezogen-patriotischen »Deutschungarn«. Assimilation und deutschnationale Signale eines neuartigen bürgerlich-bäuerlichen Selbstbewußtseins rivalisierten auf engstem Raum. Alltägliche Lebenswirklichkeit und Selbstverständnis erfuhren die Politisierung in einer Ungleichzeitigkeit und Formenvielfalt, die kaum zu erfassen ist. An der Spitze der Entwicklung standen die Siebenbürger Sachsen, die nur etwa zehn Prozent der deutschen Bevölkerung Gesamtungarns stellten. Schon in der Mitte der siebziger Jahre hatten sie die Phase von Eliten-, Partei- und moderner Öffentlichkeitsbildung erreicht. Schnell schritt die ideologisch-programmatische Profilbildung nach innen und nach außen, gegenüber den siebenbürgischen Nationalitäten wie gegenüber dem Staatsvolk fort, desgleichen eine taktisch-souveräne Interessenvertretung auf gesamtstaatlich-parlamentarischer Ebene. Zu dieser Zeit von der Politisierung noch kaum erfaßt waren die bäuerlichen Schwaben Süd- und Innerungarns, Westungarns und Syrmiens, auch nicht die Deutschen im Sathmar-Gebiet und in Altrumänien, in Bessarabien und der Dobrudscha. Die Akademiker, Gewerbetreibenden und Arbeiter in den größeren Städten Ungarns und Kroatiens dagegen waren, ähnlich wie die Zipser Sachsen, weitgehend schon ohne minderheitspolitische Perspektive der kombinierten Wirkung von sozialem Wandel und Assimilierung ausgesetzt, sofern sie in die Phase der »modernen« Politisierung überhaupt noch bewußt als Deutsche eintraten.

Für diese frühe Phase politisch-kultureller Prägung ist ein bestimmtes Defizit charakteristisch, nämlich die Tatsache, daß selbst bei den Siebenbürger Sachsen die politische Kultur sehr viel weniger als in den späteren ostdeutschen Vertreibungsgebieten oder in den österreichischen Sudetenländern im Zeichen verfassungs- und nationalpolitischen Selbstbestimmungsstrebens steht. Vorherrschend bleibt eine minderheitenspezifische Disposition zu vergleichsweise unpolitischer Selbstbeschränkung auf die wirtschaftliche Existenz und kulturelle Identität. Die Ausrichtung auf kleine, primäre Gemeinschaften und die nachbarschaftlich-kommunale Lebenswelt als Forum der Selbstverwirklichung wird das politische Verhalten der Südostdeutschen insgesamt vergleichsweise stark prägen.

Charakteristisch und zweckmäßig sicherlich für die Existenzerhaltung einer Minderheit, stellte diese Verhaltensweise doch ein Hindernis für die politische Teilhabe auf gesamtstaatlich-parlamentarischer Ebene dar. Sie war verbunden mit einer skeptisch-distanzierten Grundhaltung gegenüber der großen Politik ebenso wie gegenüber dem parlamentarischen Betrieb. Wenn Parteien überhaupt zustande kamen, handelte es sich eher um »Schutzvereine« mit konkretem Auftrag oder um eine Mischform von nationalem Verein und fraktionsähnlichem Abgeordnetenklub.[96] Insgesamt ähnelte der südostdeutsche politische Organisationstyp seit dem späten 19. Jahrhundert weniger ostdeutschen und deutschösterreichischen Ausformungen als vielmehr der Organisationsbildung bei den Deutschen im Baltikum und im Innern des russischen Kaiserreiches. Parlamentarische Vertretungen und Parteien waren im Grunde ohne gesamtgesellschaftliche Gestaltungsabsicht; sie waren lediglich Spezialorganisationen für die Außendarstellung von Minderheiten, die sich vorrangig in einem selbstreferentiellen Netzwerk von Genossenschaften, Vereinen, informellen Zirkeln zu entfalten suchten.

Dieses Primat des Minderheitspolitischen mußte die ohnehin verzögerte Politisierungsdynamik des sozialen Wandels zusätzlich bremsen. Gewissermaßen natürliche Ziele der Politisierung wie die ideologisch-weltanschauliche und die sozial-interessenmäßige Ausdifferenzierung auf individueller und kollektiver Ebene wurden der minderheitspolitischen Identitätssicherung untergeordnet, desgleichen der soziale Ehrgeiz des einzelnen, die gesamtgesellschaftliche Einflußnahme der eigenen Gruppe. In einem gewissen Gegensatz zur modernen liberalen Bürgergesellschaft ergab sich ein Primat für das Existenzinteresse der Minderheit, des Ganzen gegenüber den einzelnen und den anderen. Dieses Verlangen, dem ständigen Bewußtsein existentieller Gefährdung und der sozialen und nationalen Konkurrenz mit einer übermächtigen Umwelt zu entgehen, war gleichsam zeitlos. Es sollte sich als strukturelle Voraussetzung für die wachsende Breitenwirkung antiliberaler, antimodernistischer Ordnungsofferten, für die Anziehungskraft zuerst der deutschnational-»völkischen«, schließlich der nationalsozialistischen Gemeinschaftsbildung erweisen.[97]

Unter den Bedingungen des »Volkstumskampfes«, überhaupt im Zeichen anonym-elementarer Radikalisierung aller Nationalismen bestand insofern eine hohe Wahrscheinlichkeit dafür, daß gerade kleinere, zerstreute Minderheiten sich der völkischen, religionsähnlichen Erwartung einer Erlösung durch die geschlossene und autarke »Volksgemeinschaft« öffneten. Es war letztlich nicht nur die nationalistische Radikalisierung an sich, auch nicht in erster Linie die Fremdbestimmung von reichsdeutscher Seite, die schließlich einen Teil der Südostdeutschen für den Nationalsozialismus anfällig machte. Wichtig war wohl auch dieses langfristig-strukturell vorbereitete, während der späten dreißiger Jahre zusätzlich provozierte, aber letztlich defensive Bedürfnis, »völkische Erneuerung« und Gemeinschaft als Alternative zu Existenzangst und Kampf, überhaupt als Politik-Ersatz anzunehmen. Es war eben dieser strukturelle Antimodernismus als Ergebnis der primär minderheitspolitischen Prägung südostdeutscher politischer Kultur, der dem Totalitär-Modernen der NS-Herrschaftstechnik jedoch auch eine Grenze setzte. Die Skizze des wirtschaftlich-gesellschaftlichen Hintergrundes der südostdeutschen politischen Kultur weist zwar auf einen strukturellen Bedarf an Nationalismus hin, aber dabei handelte es sich zunächst nur um eine Disposition. Die minderheitenpolitische Entstehung dieser Nationalismusnachfrage ist damit noch nicht ganz geklärt, und es ist auch nicht geklärt, weshalb die oder jene Variante des Nationalismus zu welcher Zeit bei welcher der südostdeutschen Minderheitsgruppen zum Tragen kam. Jedenfalls dürfte es als Antwort nicht genügen, auf Nations- und Nationalstaatsbildung als soziale Zustandsformen hinzuweisen, die eben jede Großgruppe auf dem Weg zur

Selbstverwirklichung, zur kollektiven Persönlichkeitsbildung gewissermaßen, zu absolvieren habe.

Einer solchen Auffassung widerspricht zum einen die Beobachtung, daß sich in der historischen Wirklichkeit die Bestimmungsfaktoren des Nationalen – Abstammung, Sprache, kulturelle Zusammengehörigkeit und anderes mehr – als weitgehend austausch- und manipulierbar erwiesen haben; zum anderen sind auf diese Weise die Unterschiede des zeitlichen Auftretens und der Gestaltung des Nationalen nicht zu erklären. Auch häufige Unterscheidungen, wie diejenige zwischen gesundem und aggressivem, gutem und bösem Nationalgefühl bleiben ungeklärt und damit unbrauchbar. Aber es ist ebenso problematisch, das Nationale als etwas gänzlich Überflüssiges und Beliebiges, als reine Erfindung zu bezeichnen. Dagegen spricht schon die dauerhafte Breitenwirkung, die der Nationalismus in der neueren europäischen Geschichte entfalten konnte. Die Darstellung und Beurteilung, beispielsweise die Frage nach der Radikalität eines bestimmten Nationalismusphänomens, hat nicht nur inhaltliche und modale, sondern auch funktionale Aspekte zu berücksichtigen: Es ist also nicht nur nach der Weltanschauung und dem äußeren Erscheinungsbild einer bestimmten Variante des Nationalen zu fragen, wichtig ist auch seine jeweilige gesellschaftliche Dienstleistung als Integrationsinstrument. In diesem Zusammenhang von gesellschaftlicher Mobilisierung und nationaler Integration kann Nationalismus also ein Hilfsmittel sein zur Durchsetzung des Modernisierungsprozesses innerhalb einer Großgruppe. Gerade diese Kombination von Mobilisierungs- und Integrierungsfunktion kann aber von oben, als Mittel antimodernistischer Herrschaftstechnik, manipuliert werden. Die Einordnung einer Großgruppe als Nationalität oder als Nation hängt davon ab, ob sie lediglich die politische Handlungsfähigkeit oder bereits eine eigene, nationale Staatsbildung anstrebt.

Im Hinblick auf Ost-, Mittel- und Südosteuropa sind selbstverständlich eine Reihe von weiteren Faktoren zu berücksichtigen. Allein schon ein Blick auf die sprachlich-kulturelle Mischkonstellation sollte davon abhalten, den Zusammenhang von Großgruppenmobilisierung und -integration als regelrechte Entwicklungsautomatik zu betrachten und die Nationalstaatsbildung gewissermaßen als natürliches Entwicklungsziel einer jeden Großgruppe. Die für das östliche Europa charakteristische Rolle ethnischer Gruppen, die nicht die Chance haben, über das Stadium der Nationalität, also der politischen Handlungsfähigkeit in Richtung auf eine eigene Staatsbildung, hinauszugelangen, ließe sich mit schematischen Vorstellungen dieser Art nicht erfassen, ja man würde zurückgeworfen werden auf jene unselige Tradition, den kleineren Völkern »Zwischeneuropas« Staats-, Entwicklungs-, überhaupt Lebensfähigkeit abzusprechen. Jedenfalls erweist sich unter bestimmten Bedingungen der gesamtgesellschaftlichen Modernisierung das Nationale in seinen unterschiedlichen Aggregatzuständen als gesellschaftlich nachgefragtes, wenn auch risikoreiches und manipulierbares Mittel der sozialen Orientierung. Diese funktionalisierende Sicht des Nationalen führt weg von der letztlich inhaltsleeren und oberflächlich-moralisierenden Belehrung über seine notwendige Bewältigung. Die Funktionalisierung des Nationalen darf allerdings nicht zu unbegründeter und überzogener Rationalisierung führen, da seine begehrte Dienstleistung, zu mobilisieren und zu integrieren, nicht ohne Nebenwirkungen und nicht unbegrenzt genutzt werden kann. Voraussetzung des an sich funktional neutralen Integrationsvermögens des Nationalismus ist eine ethnozentrisch eingeengte und kodierte Wirklichkeitserfassung. Jede Variante des Nationalen – dies ist das Kriterium für die Definition des extremen Nationalismus – birgt letztlich das Risiko, daß sich eine derart verformte Wirklichkeit im kollektiven Bewußtsein selbständig macht; der Zusammenstoß mit der Realität, Zerstörung und Selbstzerstörung werden so vorbereitet.

Gemessen an den soeben skizzierten Maßstäben befand sich das Nationale bei den Deutschen des Donau- und Karpatenraums noch in einer frühen Phase der Entfaltung, als nach der Ermordung des Thronfolgers Franz Ferdinand und der Julikrise von 1914 der Krieg mit elementarer Kraft in die vergleichsweise festgefügte Ordnung Transleithaniens einbrach. An eigenes Kriegserleben konnten sich allenfalls Angehörige der alten Generation noch erinnern, Krieg und »Kriegsgeschrey« waren in der Lebenswirklichkeit Ungarns trotz aller Krisen und Spannungen noch weniger gegenwärtig als in Zisleithanien oder gar im wilhelminischen Deutschland. Die ruhiger voranschreitende Entwicklung hatte im Südosten die Zuspitzung jener konfliktträchtigen Verwerfung von industriewirtschaftlicher Modernität und innenpolitisch-gesellschaftlichem Antimodernismus abgemildert. Dagegen konnten im Deutschen Reich die massenpsychischen Defizite einer manipulierten, deformierten Modernisierung allmählich nur noch durch die kalmierende Verbindung von Nationalismus und Paranoia, »Stahlbad«-Begeisterung und Zukunftsangst, Gewaltkult und politischer Romantik aufgefangen werden. Der Jubel über den Krieg gegen die »Feinde ringsum«, als »reinigendes Gewitter«, fiel hier nicht so laut aus wie Unter den Linden in Berlin; »Serbien muß sterbien!« war im Südosten auch viel weniger als im Angesicht der Wiener Hofburg Ausdruck längst erwogener Zielvorstellungen und Siegeserwartungen. Die pathetische Harmonie kollektiver Verhaltenssteuerung durch den Nationalismus traf hier noch nicht zusammen mit der uniform disponierten, aggressiv-nervösen Erwartungshaltung einer industriellen Massengesellschaft.

Die schwäbischen Bauern und das sächsische Kirchenvolk sind wohl dank ihrer Uneinheitlichkeit und des Politisierungsrückstandes davor bewahrt geblieben, sich dem Kult von Tat und Nation auszuliefern. Große Teile der deutschen Bevölkerung im engeren Ungarn verharrten im vorpolitisch-vornationalen Stadium. Auf dem bewußteren Forum sächsischer Politik wiederum kamen Stimmen der Besorgnis stärker zum Tragen als anderswo. Bei einer – nach obiger Begriffsbestimmung – politisch-handlungsfähigen, aber eben sehr kleinen Gruppe wie den etwa 230 000 Sachsen schlägt es unverhältnismäßig stark durch, wenn etwa fünfzehn Prozent von ihnen in den Krieg ziehen müssen und jeder Siebte nicht mehr zurückkommt.[98] Es war dieses charakteristische Nebeneinander von patriotischer Belehrung samt demonstrativer Siegeszuversicht und untrüglichem Gespür der stets gefährdeten Diaspora für die Unwägbarkeiten einer großen Umwälzung, welche »in tiefernster Zeit« die Landeskirchenversammlung der Sachsen 1916 zum Ausdruck brachte. Geradezu beschwörend wurde gleichsam als Losung

Die während des Ersten Weltkrieges wachsende reichsdeutsche Präsenz vor Ort und das Schützengrabenerlebnis sorgten in Siebenbürgen wesentlich für die Verstärkung eines gesamtdeutschen Zusammengehörigkeitsbewußtseins. Impulswirkung in diesem Sinne kam auch der Visite des bayerischen Königs Ludwig III. am 7. November 1916 in Schäßburg zu, wo er durch Honoratioren wie Obergespan, Bürgermeister und Stuhlrichter empfangen wurde.

ausgegeben, »daß das eigene Volk eine religiöse, ewige Größe ist und Gott in den Gedanken des Vaterlandes und des eigenen Volkstums erlebt werden kann«.[99] Über die Kampfgräben jahrzehntelanger interner Auseinandersetzungen hinweg verpflichtete und einigte man sich darauf, »daß ein Geschlecht erwachse, fromm und frei und bereit, ... in rechter Zucht der Gemeinschaft sich einzufügen, opferbereit die eigene Kraft in den Dienst des Volkes und Vaterlandes zu stellen«.[100] Die von Generation zu Generation erneuerten Kontroversen um national- und innenpolitische Orientierung des Sachsenvolkes traten zurück gegenüber der Sorge um die Existenzsicherung und den inneren Zusammenhalt.

Integrationsfeste im Gedenken an die Reformation und den Bischof Georg Daniel Teutsch brachten diese Haltung zum Ausdruck, ebenso die nationalen Solidarisierungsrituale etwa beim Besuch Kaiser Wilhelms II. im September 1917 in Hermannstadt oder das Kriegserlebnis selbst: »Das gab neue Beziehungen ..., die diese ferne deutsche Kolonie seelisch neu ans Mutterland banden, das auf dies vergessene deutsche Leben in fremdem Lande wieder aufmerksam geworden war.«[101] Es war, ohne daraufhin berechnet zu sein, von der tatsächlichen Auswirkung her eine politisch-kulturelle Einstimmung auf die spätere Absolutsetzung nationaler Geschlossenheit, wenn sich nun kirchliche Seelsorge und politische Pädagogik enger denn je miteinander verbanden. In »Angst und Sorge um die Heimat« wurde der parareligiöse Einheitsappell zum Programm: »Gott hat uns ... die Heimat wiedergegeben. Nun bleibt uns die Heimat geweiht. Heimat! Heilige Heimat!«[102] Und wie eine Antithese zu den internen Gegensätzen und der äußeren Bedrohung nahm sich der bis zur Entscheidungsreife gediehene, obgleich offensichtlich utopische Plan aus, durch Ansiedlung vertriebener Galiziendeutscher nunmehr die Sachsen im Norden und diejenigen im Burzenland näher an das Hermannstädter Zentrum heranzurücken.

Für die sächsische Politik in der Kriegszeit charakteristisch war auch das durch »Waffenbrüderschaft« begünstigte Bemühen, die deutsch-sächsische Identität und die Loyalität zum Staate Ungarn in Einklang zu bringen. Es waren in diesem Sinne Zeichen der Zeit, daß ein sächsischer Reichstagsabgeordneter, Gustav Gratz, im Juni 1917 im neuen Kabinett Esterházy ungarischer Finanzminister werden konnte; ferner, daß der starke Mann Vorkriegsungarns, István Tisza, am 25. Juni 1917 im Reichstag den politischen Druck auf Deutsche und Slowaken selbst kritisierte und schließlich die sächsische Führung Interesse an einer Zusammenarbeit mit den Schwaben signalisierte.

Die alltäglichen Lebensumstände der sächsischen Bevölkerung änderten sich in den ersten beiden Kriegsjahren nur verhältnismäßig wenig. Zwar kam es zur Getreiderequirierung, und die Ankunft von Flüchtlingen aus Galizien und der Bukowina schon seit August 1914 machte die Nähe des russischen Kriegsschauplatzes deutlich, doch die Lebensmittelversorgung war nie gefährdet. Erst 1917 kam es zur Teuerung, zum Holzmangel und zu gewissen Versorgungsproblemen.

Noch weniger unmittelbar berührt vom Kriegsgeschehen wurden die Schwaben, sofern sie nicht eingezogen worden waren. Aber das Kriegsgeschehen bedeutete in minderheitspolitischer Hinsicht, daß zunächst einmal eine gewisse Stagnation eintrat.

Dies betraf nur die Organisationen wie die UDVP mit allen Ortsgruppen, dem Pressewesen und den mehr oder weniger eng angeschlossenen bäuerlichen Genossenschaften. Ähnlich wie bei den Sachsen kam es unter dem Eindruck des Krieges und der engen Verbindung mit dem Deutschen Reich zu einer Art unorganisiertem Politisierungsschub unter deutschnationalem Vorzeichen. Das war nicht gleichbedeutend mit Programm und Organisation der UDVP, im Gegenteil: Im Laufe des Jahres 1917 meldete sich Jakob Bleyer mit einem eigenen Konzept schwäbischer Politik zu Wort, das er offensiv gegen die UDVP richtete. Trotz aller nationalen Politisierungsimpulse vor und während des Krieges könne ein realistisches Ziel der Minderheitspolitik nur sein, so Bleyer, die Masse der schwäbischen Landbevölkerung vor der Assimilierung zu bewahren, nicht aber, sie gegen Budapest zusammenfassen zu wollen.

Bevor diese minderheitspolitische Grundlagenkontroverse 1918 voll entbrannte, zeigte das politische Geschehen ein durchaus uneinheitliches Bild. Da war auf der einen Seite Steinacker, der von Wien aus zusammen mit seinen Partnern aus deutschösterreichischen Parteien und nichtdeutschen Nationalitäten, aus Wirtschaft und Wissenschaft Einfluß auf die Kriegszieldiskussion zu nehmen versucht hatte. Obwohl Steinacker nach dem Tode Franz Ferdinands die Hoffnung auf eine Reform der Habsburgermonarchie aus eigener Kraft verloren hatte, hielt er doch gleichermaßen im Interesse der Dynastie wie der Deutschen in Ungarn daran fest, dem drohenden Diktat reichsdeutscher »Mitteleuropa«-Politik gewisse Grenzen zu setzen. So beriet unter Steinackers Vorsitz seit dem 10. Dezember 1914 in Wien eine Gruppe vor allem von ehemaligen Mitarbeitern und Beratern der Militärkanzlei Franz Ferdinands wie Friedrich Funder, die Rumänen Aurel Popovici, Alexander Vaida-Voevod und Juliu Maniu, der spätere slowakische ČSR-Ministerpräsident Milan Hodža sowie der ehemalige ungarische Innenminister József Kristóffy über die Möglichkeit, aus dem »Groß-Österreich«-Projekt doch noch einen Plan für die Umgestaltung Österreich-Ungarns zu einer modernen Großmacht zu entwickeln.

Konkreter waren die Ergebnisse eines zweiten, um den Historiker Heinrich Friedjung gruppierten Diskussionskreises, in dem Steinacker ebenfalls mitarbeitete. Gegenüber der von diesem Kreis formulierten »Denkschrift aus Deutsch-Österreich«[103] hatte Steinacker allerdings Einwände, da sie ihm innenpolitisch zu konservativ, reichs- und außenpolitisch zu sehr von zisleithanischen Interessen bestimmt schien. Im Kern ging es hier unter Berufung auf Friedrich List und Karl Ludwig von Bruck darum, einen engen politischen, militärischen und wirtschaftlichen Verbund von Hohenzollern- und Habsburgermonarchie zu schaffen – ohne Infragestellung von Souveranität und territorialer Integrität. Diesem autarken Mitteleuropa sollten Südosteuropa und später auch Vorderasien angeschlossen werden. Die Habsburgermonarchie sollte stabilisiert werden, indem in Österreich die erneute Vormachtstellung der Deutschen für innere Stabilität und Zurückdrängung föderalistisch-slawischer Bestrebungen sorgte; außerdem wollte man unter Beibehaltung von Ungarns Staatlichkeit die Bindungen zwischen beiden Reichshälften verstärken und durch die Wahlrechtsdemokratisierung eine gerechtere Behandlung erreichen. Trotz alldeutscher Vermittlung – vor allem durch Heinrich

In Pantschowa, vor den Toren von Belgrad, wurden Stadtbürger unter der Führung von Simon Bartmann und Mittelbauern der umliegenden Dörfer zu einem frühen Stützpunkt der »Deutschen Bewegung«. Parallelen dazu gab es in Städten des Südens wie Neusatz und Werschetz, Weißkirchen und Großkikinda.

Claß – gelang es nicht, zwischen dem Friedjung-Kreis und ähnlichen Zirkeln im Deutschen Reich volles Einverständnis zu erzielen. Umstritten blieben unter anderem das souveräne Weiterbestehen der Habsburgermonarchie, ferner Einzelprobleme wie die polnische, ukrainische und belgische Frage.

Unter den besonderen Bedingungen der Kriegszeit konnten derartige Reichsreformpläne nicht unmittelbar in Aktivitäten der Deutschen Bewegung in Ungarn umgesetzt werden. Man rechnete damit, daß nur ein deutsch-mitteleuropäisches Dach, von Berlin gestützt, die Assimilierung der Schwaben noch abwehren oder rückgängig machen könne. Letzteres galt für die sehr kleinen deutschen Gruppen[104] in Serbien, Bosnien-Herzegowina und dem nordostungarischen Sathmar-Gebiet, wo bei Ausbruch des Ersten Weltkrieges nur ungefähr 6 000, 23 000 und 4 000 Deutsche lebten, und für Altrumänien, die Dobrudscha und das russische Gouvernement Bessarabien, wo es bei Kriegsbeginn jeweils etwa 30 000 beziehungsweise 7 500 und 65 000 Deutsche gegeben haben dürfte.

In besonderer Deutlichkeit zeigt die Sathmar-Siedlung, in welch verhängnisvoller Weise durch die kriegsbedingte Stagnation der UDVP, die hier nicht aktiv werden konnte, die assimilative Tendenz verstärkt worden ist. Einen beträchtlichen Anteil daran hatte die Haltung der katholischen Kirche. Das Wirken einzelner Kleriker, etwa des Erzbischofs Joseph Kunst[105] in Kalotscha (1854–1866) in der Batschka oder dasjenige des Bischofs und späteren Kardinals Laurenz Schlauch,[106] selbst ein Banater Schwabe, seit 1873 im Sathmar-Gebiet, zeigt, daß zur Zeit des Ersten Weltkrieges bereits ein halbes Jahrhundert assimilatorischer Entwicklung absolviert war, was von den Schwaben aus eigener Kraft und ohne Umbruch ihrer gesamten Lebenssituation kaum korrigiert werden konnte. Es ist für den heutigen Beobachter faszinierend und bedrückend zugleich, nachzuvollziehen, mit welch ruhiger und unbeirrbarer Folgerichtigkeit seit den fünfziger und sechziger Jahren zunächst die Ausbildung der Priester als Bezugsgruppe der ländlichen Bevölkerung und dann Schritt für Schritt – gerade durch Kleriker deutscher Abstammung – das Gemeindeleben magyarisch-»patriotisch« umgeformt wurde. Schon um 1900 war es in vielen Gemeinden soweit, daß die deutsche Hochsprache von den Schwaben, die sich zum großen Teil durchaus noch als solche betrachteten, nicht mehr verstanden oder gar gesprochen wurde. Die geistliche und disziplinarrechtliche Autorität des »püspök atya« (Vaterbischof) setzte die Kirche konsequent ein, um einzelne ältere Pfarrer, die deutsch predigen wollten, zum Schweigen zu bringen, und die sogenannte Rosenkranzandacht, bei der weder Priester noch Kaplan anwesend waren, wurde weithin zum letzten Refugium von deutscher Sprache beziehungsweise Mundart im Gemeindeleben.[107]

Fachkundige Beobachter kamen im Laufe des Ersten Weltkrieges zu der Überzeugung, man müsse einen letzten Versuch machen, um das Verschwinden der schwäbischen kulturellen und sozialen Identität aufzuhalten. So wandte sich Jakob Bleyer, an der Universität Budapest Professsor für Germanistik und bis zu diesem Zeitpunkt ohne jeden deutschnationalen oder politischen Ehrgeiz, im Jahre 1917 sowohl gegen die Assimilation als auch gegen den Aufbau einer deutschnationalen Gesamtorganisation.[108]

Es war vor allem die deutschnationale Richtung der UDVP mit ihrem parlamentarischen Sprecher Rudolf Brandsch, die sich als bisher einzige Alternative zur Assimilation herausgefordert sah. So begann mit Bleyer jene minderheitspolitische Grundlagendiskussion, auf deren Ergebnis die gesamte weitere ungarndeutsche Politik konzeptionell aufbauen sollte. Der 1874 in der Batschka, in Tscheb, als Sohn schwäbischer Bauern geborene Jakob Bleyer hatte nach dem Besuch der Gymnasien in Neusatz und Kalotscha in Budapest Philologie und Germanistik studiert und 1897 in ungarischer Sprache promoviert mit einer Arbeit über das Thema »Historische deutsche Volkslieder mit ungarischen Beziehungen bis 1551«. Anschließend war er in Budapest und Ödenburg als Gymnasiallehrer tätig. Nach Studienaufenthalten im Deutschen Reich in den Jahren 1903/04 habilitierte er sich 1905 in Budapest mit einer Arbeit über »Die germanischen Elemente der ungarischen Hunnensage«. Seine akademische Laufbahn führte 1908 zu einer Professur an der Universität Klausenburg, seit 1911 hatte er den Germanistik-Lehrstuhl an der Universität Budapest inne. Seine zahlreichen Veröffentlichungen und die von ihm seit 1929 herausgegebenen *Deutsch-Ungarischen Heimatsblätter* zeugen von seinem besonderen Interesse an den deutsch-ungarischen Wechselbeziehungen aus siedlungs-, kultur- und volkskundlicher Sicht.

Es waren daher nicht nur politische Eindrücke, sondern im weiteren Sinne auch kulturbezogene, die ihn im Laufe der Kriegszeit zum öffentlichen Engagement für die schwäbische Minderheit veranlaßten. So war es gerade für ihn unerträglich, beobachten zu müssen, welchen kulturellen Niedergang der Assimilationsdruck verursachte. Die Kinder lernten in der Schule weder die deutsche noch die magyarische Sprache richtig, viele Erwachsene waren nicht mehr imstande, auch nur einen korrekten deutschsprachigen Brief zu schreiben. Weltanschaulich war Bleyer katholisch-konservativ geprägt. Der deutsche Bauer und seine Lebenswirklichkeit waren seinem Urteil nach vor der Angleichung an die verstädterte Massengesellschaft zu bewahren; dies wiederum bedeutete in Bleyers Augen keinen Widerspruch zur Anerkennung einer einheitlichen politischen Nation in Ungarn. Bleyer identifizierte sich voll und ganz mit Ungarn: »Die alte österreichische Habsburg-Herrlichkeit ist für immer dahin und kann nimmermehr auferweckt werden. Daran tragen die Ungarn gewiß ... die größte Schuld. Aber aus ungarischem Gesichtspunkt ist diese Schuld der größte Erfolg, durch den das Ungartum seine nationale Existenz rettete.«[109] Ergänzend zu diesem Brief an Brandsch vom 14. August 1917 bekannte er im März 1918 öffentlich: »Jawohl, ich bekenne mich auch in meinen deutschen Schriften stolz und selbstbewußt als Ungar. Meine Nation ist die ungarische Nation. Mein Vaterland ist die ungarische Gesellschaft, die ungarische Kultur, die ungarische Wissenschaft. Die Luft des ungarischen Bodens ist die einzige Atmosphäre, in welcher ich atmen und leben kann. Ich habe keine andere Nation als die ungarische. Ich habe aber auch ein deutsches Volk. Und dieses, mein Volk, verleugne ich nicht; ich hänge an diesem Volk vielmehr mit einer Macht des Gefühls an, welche aus der Abstammung entspringt.«[110]

Kurz- und mittelfristig legte Bleyer keinen Wert auf einen organisatorischen Zusammenschluß aller Deutschen in Ungarn. Gerade zwischen Sachsen und Schwaben sah er einen vorläufig unüberbrückbaren kulturellen und politischen Entwicklungsunterschied. In beträchtlicher Distanz zu einer »Minderheitspolitik« im eigentlichen Sinne, begrenzte er seine Programmatik weitgehend auf die Forderung nach Erhaltung des schwäbisch-bäuerlichen Sozialmilieus. Die Erhaltung eines deutschsprachigen Volksschulwesens und die Absicherung der muttersprachlichen lokalen Kommunikation erschienen ihm notwendig, keineswegs aber die landesweit-einheitliche Organisation und die Bildung einer eigenen Elite als politischer Führungsgruppe sowie ein vollständiges Bildungswesen der Minderheit. So galt er den sächsischen Zeitgenossen als »Madjarone«, der sich in der Illusion wiege, gleichzeitig guter Ungar und guter Deutscher sein zu können. Dieses programmatische Minimum glaubte Bleyer nicht gegen, sondern gemeinsam mit der Staatsnation, die doch nicht am Niedergang der schwäbischen Bauern interessiert sein könne, verwirklichen zu können; es verband sich für ihn mit seiner »Auffassung von der ungarischen Rasse und ihrer Suprematie, ohne die das ungarländische Deutschtum verloren ist, nicht nur völkisch, sondern auch physisch«.

An der ungarisch-patriotischen Grundhaltung Bleyers, die im Grunde deutsche Minderheitspolitik und eine Deutsche Bewegung geradezu überflüssig machen sollte, scheiterte 1917/18 die Zusammenarbeit mit Rudolf Brandsch und der deutschnationalen Richtung. In einem Schreiben vom 11. August 1917 machte dieser die grundsätzliche Verschiedenheit ihrer Positionen deutlich: »Erstens muß die Tatsache, daß das Madjarentum mit seinem Bestand auf Leben und Tod an das Deutschtum angewiesen, zu einem Dogma werden, das heißt, daß die Grundwahrheit aller madjarischen Politik erkannt werde: Das Verhältnis der beiden Völker wird äußerlich und formell stets das von Gleichberechtigten sein und bleiben müssen. In der Praxis aber wird natürlich das Verhältnis sich so gestalten, daß das Madjarentum in eine gewisse Abhängigkeit vom Deutschtum kommt ... An diese Wahrheit, die einfach dem Naturgesetz entspricht, daß der Stärkere den Schwächeren anzieht, muß sich das magyarische Volk gewöhnen.«

In der Folgezeit verschärfte sich dieser Gegensatz zur offenen Auseinandersetzung. Dazu trug die Zuspitzung der Gesamtsituation bei: Trotz des Siegfriedens von Brest-Litowsk im März 1918 wurde im weiteren Jahresverlauf die militärische Lage der Mittelmächte unhaltbar, in der Folge auch ihre inneren Zustände. Gerade in der ungarischen Reichshälfte, wo repressiver als sonstwo in Mitteleuropa die Modernisierungsdynamik zurückgestaut worden war, bahnte sich eine eruptive Entladung der Spannungen an. Die Ermordung der Symbolgestalt des alten Ungarn im Oktober 1918, jenes István Tisza, während dessen Ministerpräsidentschaft das Land in den Krieg gegangen war, signalisierte: Keineswegs war zielbewußt-zügiges Aufholen eines gewissen Modernisierungsrückstandes zu erwarten; sehr viel wahrscheinlicher war eine gewalttätig-emotionale Entladung.

In dieser Situation war Handlungsdruck für alle Nationalitäten gegeben. Als Minderheiten waren sie durch die Risiken von Umbruch und Desorientierung stärker bedroht. Das nationale Problem, das Verhältnis zu Staatsvolk und Mutternation, komplizierte alle sonstigen Probleme zusätzlich. Am meisten war dies bei den Deutschen der Fall. Weniger als die anderen Nationalitäten agierten sie einheitlich, außerdem konnten sie sich nicht an einen benachbarten Nationalstaat anlehnen. Chaotisch vervielfachte Handlungsmöglichkeiten setzten vielfältige minderheitspolitische Initiativen frei, allerdings auch Rivalitäten ganz persönlicher Art, die mit dem eigentlichen Kampf der Konzeptionen und Interessen nur wenig zu tun hatten. Das sollte erst im Sommer 1920 mit dem Friedensvertrag und der Aufteilung des alten Ungarn, mit beginnender innenpolitischer Stabilisierung und durchgreifendem Wandel der deutschen Minderheitsexistenz ein vorläufiges Ende finden. Die vorherige konzeptionelle Diskussion zwischen Bleyer und Brandsch nahm seit Herbst 1918 den Charakter eines ausgesprochenen Führungskampfes an. Die konzeptionellen Meinungsunterschiede wurden dadurch potenziert.

So war der Kampf zwischen Bleyer und Brandsch weder inhaltlich noch taktisch unvermeidbar. Zwar hielt Bleyer insgesamt weitgehend an seinen weltanschaulichen Positionen aus der Vorkriegszeit ebenso fest wie an den Auffassungen der Jahre 1917 und 1918. Er blieb dabei: Die Deutschen, wobei er vorerst nur an die Schwaben dachte, seien existentiell angewiesen auf ihre geschichtlich geprägte Rolle als Juniorpartner der magyarischen Nationn, in einer erhaltenswerten Symbiose als schwächerer Partner. Nur das mit dieser Rolle zu vereinbarende Mindestmaß kulturnationaler Identität besonders der Landbevölkerung zu bewahren, könne das Ziel deutscher Minderheitspolitik sein, keineswegs aber die Emanzipation oder sogar Loslösung von Ungarn. Es gehe nicht um eigentliche Minderheitspolitik. Unter weitgehender Bewahrung des bisherigen Zustands, sogar unter Bejahung der Assimilation aufsteigender deutscher Schichten sei lediglich dafür zu sorgen, daß die Masse der Deutschen ihre überlieferte Identität beibehalten könne. Nur so werde sie dem drohenden Niedergang entgehen, der auch für den ungarischen Staat und den magyarischen Partner einen Verlust darstelle.

Eine Zusammenarbeit mit Brandsch hätte durchaus zustande kommen können. Dieser trat ja zunächst ebenso wie Bleyer für Loyalität zu Ungarn und Abwehr des kulturellen Niedergangs der Deutschen ein. Dieser beiden Kontrahenten auch bewußte[111] Konsens hielt aber der persönlichen Rivalität zwischen beiden nicht stand. Trotz der Meinungsverschiedenheit über die Notwendigkeit eines vollständigen deutschen Bildungswesens einschließlich Gymnasien, Lehrer- und Elitenbildung sowie wirtschaftlicher und parteimäßiger Organisation der Minderheit hätte man ja zunächst gemeinsam für die dringliche deutschsprachige Volksschule eintreten können, außerdem für Rückendeckung durch geeignete magyarische Partner. Die trennende Frage langfristiger und unbedingter Loyalität zu Ungarn hätte noch nicht in den Vordergrund gerückt werden müssen. Es geschah dennoch. Die Konkurrenz zwischen Bleyer und Brandsch gewann ihr eigenes Gewicht neben, ja zuweilen über allen Sachfragen.

So zeigte die tatsächliche Entwicklung der Ungarndeutschen, daß ihr politisches Potential nicht voll zum Tragen kommen würde. Wie Bleyer die fast schon assimilierten Angehörigen der Minderheit in Verwaltung und Politik, Wissenschaft und Wirtschaft hätte zurückgewinnen und repräsentieren können, so Brandsch die Anhängerschaft von UDVP und deutschnationaler Orientierung, auch in Siebenbürgen. Statt dessen kam es zu einer Zweiteilung und internen Schwächung des deutschen politischen Potentials – gerade in der schwierigen, zugleich chancenreichen Phase bei Kriegsende. Die alte Ordnung stand zur Disposition, aber man leistete sich den Luxus einer »doppelten« Minderheitspolitik.[112] Als seit Mitte Oktober 1918 unter dem Eindruck von bürgerlich-demokratischer Revolution und am 30. und 31. Oktober dem Auftreten eines ungarischen »Nationalrats« die Nationalitäten zur Gründung von »Volksräten« als eigenen Vertretungsorganen übergingen, mußte Bleyer die vorgezeichnete Annäherung an Brandschs Taktik vornehmen. Er mußte den Schritt gleichermaßen zu Minderheitspolitik und minderheitspolitischer Organisationsbildung vollziehen. Am 1. November 1918 war es so weit: Er gründete in Budapest den »Volksrat der Deutschen von diesseits des Königssteiges«. Brandsch konfrontierte diesen »deutschungarischen« Volksrat mit einer »ungarndeutschen« Gegengründung: Er schuf am 10. November den »Deutschen Volksrat für Ungarn«, und zwar ebenfalls in Budapest, ebenfalls als Einheitsorganisation der Minderheit. Letzteres, ein dezidierter Alleinvertretungsanspruch, lag in der Natur der Institution »Volksrat«. Er war in Deutschösterreich, vor allem in den deutsch-tschechischen Konflikten unter dem Eindruck von Badeni- und Annexionskrise 1897/98 und 1908/09 geprägt worden, und zwar als allumfassende Dachorganisation des Netzwerks deutschnationaler Vereine und Organisationen, insofern auch den Parteien übergeordnet. In dieser Phase des organisatorisch weiter dimensionierten Zweikampfes zwischen Bleyer und Brandsch, zwischen den Losungen »hie deutschungarisch« und »hie ungarndeutsch« wurden die gegensätzlichen Positionen nochmals verschärft.

Brandsch, der anders als Bleyer möglichst breite Kreise ansprechen wollte, beispielsweise auch die sozialdemokratische Arbeiterschaft, faßte seine Zielstellung einer national-emanzipativ verfaßten Minderheit sehr weit, um Raum für Koalitionsbildungen zu schaffen: »Wir stehen nach wie vor auf dem Boden des ungarländischen Vaterlandes und treten für dessen Unversehrtheit, solange es möglich ist, ein und verlangen dessen Demokratisierung. Wir beanspruchen gleich allen Völkern das Recht der Selbstbestimmung und wollen mit ihm, vor allem auch mit dem magyarischen Volke, in brüderlicher Eintracht als Gleichberechtigte leben. Wir fordern deshalb die kulturelle Autonomie auf allen Gebieten, besonders auch auf dem des Unterrichtswesens. Wir fordern die Berücksichtigung unserer geistigen, wirtschaftlichen und sozialen Interessen und wünschen auf allen Gebieten des öffentlichen Lebens eine möglichst enge Zusammenfassung unseres Volkes in völkisch einheitlichen Verwaltungsgebieten. Wir fordern die ungehinderte Benutzung unserer deutschen Muttersprache in der Verwaltung, im Gerichtswesen und in allen anderen Zweigen des Staatswesens. Wir fordern die Schaffung von Gesetzen, die unsere Rechte sichern und für deren Einhaltung Bürgschaften geschaffen werden.«[113]

Bleyers »Deutschungarischer Volksrat« hingegen erhielt von vornherein schärfere Konturen. So schon mit dem Namenszusatz »von diesseits des Königssteiges«: damit wurde den Siebenbürger Sachsen der Stuhl vor die Tür gestellt. Einmal wegen der – für Bleyers katholischen Konservatismus störenden – andersartigen konfessionellen Prägung und ihrer reichsdeutschen, in gewissem Maße deutschnationalen Beeinflussung;

außerdem wegen ihres letztlich kalkuliert-berechnenden Verhältnisses zu Budapest, das eben ohne die ihm nötig erscheinende emotionale Bindung geblieben war. Die Entwicklung der Siebenbürger Sachsen und diejenige der Schwaben hielt Bleyer für letztlich unvereinbar: Im Hinblick auf den »separatistischen Geist« der Sachsen schon seit dem 19. Jahrhundert, die »... mit dem Ungartum jede Gefühls- und Kulturgemeinschaft ablehnten«; überhaupt sei es so, daß die Sachsen den Deutschen in Ungarn »in geschichtlicher und kultureller Beziehung ... ganz fremd gegenüberstehen, fremder als jedwelche andere vaterländische Volksrasse«.[114]

Bleyer lag auch in weltanschaulich-ideologischer Hinsicht sehr an scharfer Konturenbildung: Brandschs Avancen gegenüber der Demokratisierungstendenz, gegenüber Liberalen und sogar Sozialisten, waren für ihn nicht nachvollziehbar. Außerdem wandte man sich im engeren programmatischen Sinne gegen jedes Autonomiestreben. Man betonte emphatisch den Willen, sich nicht nur mit dem ungarischen Staat, sondern mit der »ungarischen politischen Nation« zu identifizieren. In Anwesenheit des Ministerpräsidenten Mihály Graf Károlyi leitete Bleyer bei der Gründungsversammlung am 1. November 1918 in Budapest seine programmatische Erklärung damit ein, daß er den Beitritt des deutschungarischen Volksrates zum ungarischen Nationalrat ankündigte: »1. Um jeden Preis und unter allen Umständen halten wir an der territorialen Integrität Ungarns fest. 2. Wir fordern für die Deutschungarn alle jene Rechte, die durch das neu zu gestaltende Ungarn allen anderen Volksstämmen nichtungarischer Muttersprache zugesichert werden. 3. Wir erklären indes, daß wir keine deutschnationale Autonomie anstreben, sondern mit der ungarischen politischen Nation auch weiter in Einheit und in der von den Vätern ererbten Treue leben wollen. Die Rechte unseres Volkes sind uns heilig, doch heilig sind uns auch jene staatlichen und gefühlsmäßigen Bande, die uns seit Jahrhunderten in Freud und Leid mit der ungarischen Nation verbinden.«[115]

Bei einer weiteren öffentlichen Versammlung erläuterte Bleyer die Arbeitsweise der neuen Organisation als eine Art »Kulturverein«. Er solle die Angelegenheiten der Deutschen in Zusammenarbeit mit dem ungarischen Nationalrat regeln. Zugleich ergänzte er das Programm vom 1. November durch einen vierten Punkt, der wenigstens andeutungsweise seine vorherige überschwengliche Solidarisierung an bestimmte Voraussetzungen knüpfte: »Unser Treuegelöbnis gegenüber der ungarischen politischen Nation erachten wir indes nur so lange für bindend, als der Begriff der ungarischen politischen Nation nicht staats- oder völkerrechtlich auf die ungarische Rasse [das magyarische Ethnikum] beschränkt wird und als die Integrität des Staates Ungarn in seiner Gänze bewahrt werden kann. Im entgegengesetzten Falle behalten wir unser Selbstbestimmungsrecht ohne jede Einschränkung uns selbst vor.«[116] Wahrscheinlich hat er bei diesem Hinweis auf die Geschäftsgrundlagen der Solidarität mit Ungarn noch nicht ernstlich an so einschneidende Veränderungen gedacht, wie sie kaum zwei Jahre später der Friedensvertrag von Trianon enthalten sollte. Als im Laufe dieser Veranstaltung Rudolf Brandsch den Vorwurf des Renegatentums erhob, spitzte Bleyer seine Grundposition weiter zu: »Wir brechen dem Ungartum nicht die Treue. Wir lieben unser deutsches Volk, wir fordern für dasselbe alle Rechte, welche seine völkische Existenz sichern ... Wir bleiben aber Ungarn.«[117]

Organisatorisch sollten mit dem deutschungarischen Volksrat weitgehend selbständige »Gauvolksräte« verbunden sein. Und zwar als Vertretung der Deutschen im Umland der Hauptstadt und im Bakony, in Ober- und Westungarn, in den Bereichen Tolna und Baranya sowie Banat und Batschka, jeweils mit Gemeindevolksräten in allen deutschen Siedlungen und darüber Kreisvolksräten. Zu schnellen Anfangserfolgen in punkto Organisation und Resonanz des deutschungarischen Volksrates trug erheblich bei, daß Bleyer demonstrativen ungarischen Patriotismus und teilweise Assimilationsbejahung zur Schau trug. So sparte er sich jene Gegenreaktion von Verwaltung und bereits Assimilierten, durch welche eben die UDVP zu stark gebremst worden war. Dies erklärt auch, daß die Organisation der Deutschen in der Baranya, der »Oberungarische Volksrat« in der Zips sowie der »Schwäbische Volksrat« in Temeschwar unter Leitung von Kaspar Muth und Franz Blaskovics ihren Anschluß erklärten. Dies waren zum Teil prominente Gegner der UDVP, deren genossenschaftlicher Einsatz für die Minderheit stets mit dem Vorzeichen »Kirche und Patriotismus« verbunden gewesen war.

Zwar verfügte Bleyer über einen guten Draht nach oben, zu Regierung, Verwaltung und Funktionseliten in Hauptstadt und Provinz. Er scheint jedoch im Umgang mit der großen Mehrheit der »einfachen Leute« zunächst noch nicht den richtigen Ton getroffen zu haben. Offensichtlich tat sich hier der hochgelahrte und autoritär auftretende, seinen Führungsanspruch im wahrsten Sinne des Wortes, das heißt auch mit den Mitteln des Duells, verfechtende Staatsbeamte trotz seiner bäuerlichen Herkunft schwerer als sein jüngerer Gegenspieler Brandsch. Dieser war in der immerwährenden sächsischen Diskussions- und Streitgemeinschaft längst zum populären und populistischen Politprofi herangereift. Er irritierte durch seine – für Bleyer ungemein lästige – ständige Präsenz den deutschungarischen Volksrat außerordentlich. Außerdem gewann er schnell die Aufmerksamkeit einiger Multiplikatoren-Organisationen. Es gelang ihm, so unterschiedliche Gruppierungen wie diejenigen deutschnational-völkischer Studenten und sozialdemokratischer, auch jüdischer Arbeitervertreter zu erreichen. Zugleich stützte er sich auf die UDVP-Infrastruktur. Dem Vorstand seines ungarndeutschen Volksrats gehörten daher auch einerseits der einflußreiche Sozialdemokrat Heinrich Kalmár an, andererseits der Vorsitzende der UDVP, Ludwig Kremling, dem wiederum einstige Steinacker-Zöglinge wie Reinhold Heegn und Stefan Kraft, der später führende jugoslawiendeutsche Minderheitspolitiker, assistierten, ferner die Sachsen Rudolf Schuller und Guido Gündisch. Brandsch konnte nicht nur eine größere Anhängerschaft mobilisieren: Die ober- und südungarischen Volksräte wechselten auf seine Seite, der Sächsische Zentralausschuß unterstützte ihn. Darüber hinaus bewies er ein besseres Gespür für die internationale Lage und ihre Risiken. Er bereitete sich durch eine besondere Geschäftsstelle für das Deutschtum im Südosten auf den Fall vor, daß Friedensverträge durch neue Grenzziehung die bisherige staatliche Einheit der Deutschen in Ungarn zerstörten. Auch konzeptionell kalkulierte er bereits Ende 1918 die Möglichkeit, daß künftig eine Zusammenfassung der deutschen Minderheiten nur noch im südosteuropäischen oder sogar osteuropäischen Zusammenhang möglich sein werde. Seine trotz aller Lippenbekenntnisse zu Ungarn sich schon vorbereitende Absetzbewegung überforderte die konzeptionelle Phantasie Bleyers, der starr auf Ungarn setzte.

Ein weiteres Zeichen von Brandschs taktischem Geschick waren seine Initiativen zur Zusammenarbeit mit Bleyers Organisation, wenn Aussicht auf minderheitspolitische Erfolge gegeben war. So gelang es, am 22. November 1918 eine Korrektur der ungarischen Schulpolitik zu erreichen. Vor allem Bleyer leistete hierbei Wesentliches für die Aufwertung der Minderheitensprachen insgesamt als Unterrichtssprachen in Volks- und weiterführender Schule. In praktischen Unternehmungen dieser Art »kultureller« Förderung der Deutschen lag am ehesten eine Chance zur Überwindung der persönlichen und weltanschaulich-prinzipiellen Gegensätze zwischen beiden Richtungen der Minderheitspolitik. Ein weiteres Beispiel – außer dem Schulwesen – bietet das gemeinsame Interesse an gesonderter organisatorischer Zusammenfassung der Bauern. Nach ungarisch-patriotischen oder überhaupt politisch-passiven Vorläufern wie dem Südungarischen Bauernverein sowie ähnlichen Organisationen, die kurz vor Kriegsbeginn in Westungarn und Tolna entstanden waren, hatten Brandsch und Röser 1913 in Werschetz den Deutschen Bauernbund als ländlichen Schrittmacher der UDVP gegründet. Diese politische Zwecksetzung ließ sich durchaus mit Bleyers Hauptanliegen verbinden, das darin bestand, den kulturellen Niedergang der jungen schwäbischen Generation als Folge eines auf Magyarisierung ausgerichteten Schulwesens aufzuhalten. Wie dringlich dies war, zeigte sich an einer gelegentlich feststellbaren Tendenz zur Analphabetisierung.

Trotz punktueller Zusammenarbeit dieser Art und schließlich – am 1. Januar 1919 in Budapest – dem Versuch, durch einen »Zentralausschuß der Deutschen Ungarns« den Zusammenschluß beider Volksräte noch herbeizuführen, kam es schon wenige Tage später, am 8. Januar, zum endgültigen Bruch. Der Anstoß dazu war die rumänische Besetzung Siebenbürgens gewesen. Von den Siegermächten akzeptiert, begann sie am 1. Dezember 1918. An diesem Tag beschloß eine rumänisch-siebenbürgische »Nationalversammlung« in Karlsburg die Vereinigung mit dem Königreich Rumänien. Sie ergänzte dies, an die nichtrumänischen Minderheiten gewandt, mit der Ankündigung großzügiger Rechte in Schulwesen und Verwaltung, Rechtswesen und politischem Leben. Auf dieser Grundlage leitete König Ferdinand I. die Eingliederung Siebenbürgens ein. Der dafür gebildete siebenbürgische »Regierungsrat« stellte die Sachsen vor die Entscheidung, sich von Ungarn loszusagen. Was Bleyer seinem Rivalen Brandsch immer schon als geheime Absicht zugeschrieben hatte, trat nun ein: Nachdem unter maßgeblicher Beteiligung Brandschs die sächsische Führung in Bukarest vergleichsweise günstige Bedingungen ausgehandelt hatte, sprach sich die sächsische »Nationalversammlung« am 8. Januar 1919 in Mediasch für den Anschluß an Rumänien aus. Der erste Schritt zur kommenden, für die weitere deutsche Minderheitsentwicklung im Südosten bestimmenden staatlichen Aufteilung war damit getan.

Sicherlich lösten sich die Sachsen von Ungarn nicht ohne interne Widerstände, ohnehin nicht ohne erhebliches Zutun von außen, von Rumänien her, das mit dem klaren

Ziel der Annexion Siebenbürgens erst 1916 in den Krieg eingetreten war, und von seiten der Entente-Mächte. Dennoch ist festzuhalten: Nicht nur von außen sind die nun beginnende Zerschlagung der Großmachtstellung Ungarns und die Auflösung der Habsburgermonarchie herbeigeführt worden. Dies ist vielmehr auch von innen, von seiten der nichtmagyarischen Nationalitäten betrieben worden. Der Auszug der kleinen sächsischen Minderheit aus Ungarn weist über sich hinaus: Er hinterläßt das magyarische Nationalstaatsprojekt im Zustand offenkundigen Scheiterns. Trianon und Ungarns künftige Isolation zeichnen sich schon ab. Zugleich wird die labile, die künftig noch mehr gefährdete Lage der deutschen Minderheit deutlich. Sie sieht sich einem konfliktträchtigen Wechselspiel innerer und äußerer Bestimmungsfaktoren ausgesetzt. Die programmatische Zielstellung Steinackers und der UDVP ist überholt: Es kann keine »ungarndeutsche« Identität, auf die hinzuarbeiten wäre, mehr geben; die deutschen Bevölkerungsgruppen im Donau- und Karpatenraum zu sichern und zu entfalten wird ein neues, ein »südostdeutsches« Programm erfordern.

Die Trennung von Brandsch und den Sachsen bedeutete allerdings noch nicht ohne weiteres, daß Bleyer unangefochten deutsche Minderheitspolitik in Ungarn ganz und gar nach seinem Bilde gestaltete. Zu einschneidend, zu undurchschaubar waren die Umwälzungen seit Kriegsende, als daß ein bestimmtes Konzept folgerichtig hätte durchgehalten werden können. Jene politische Veränderungsdynamik von unten, die in Ungarn schon in den Generalstreiks von Januar und Juni 1918 zum Vorschein gekommen war, ließ sich nach jahrzehntelanger Unterdrückung oder Ablenkung nicht länger mehr aufstauen. Die Leit- und Symbolgestalten der alten, nur kontrolliertem Wandel zugänglichen Ordnung wurden zur Seite geschoben oder – wie Tisza – ermordet. Im letzten Augenblick aufgebotene Reformversprechen – so Kaiser Karls Oktobermanifest, das die Föderalisierung der Monarchie ankündigte – überzeugten nicht mehr, um so weniger, als Gewaltmonopol und politische Autorität der alten Eliten unter dem Eindruck der militärischen Kapitulation vom 3. November ins Wanken geraten waren. Am Horizont tauchte das neue politische Leitbild der russischen Revolution auf, eine Verheißung von Selbstbestimmung und Selbstorganisation. Aber zwei ungeregelt-eruptiv aufeinander folgende Anläufe zu politisch-gesellschaftlicher Innovation zeigten neue Grenzen auf: in der Prägungsphase der – an sich erst am 16. November 1918 proklamierten – Republik erwies sich zuerst das liberal-, danach das rätedemokratische Modell als unbrauchbar. Ein liberal inspiriertes Bürgertum beziehungsweise eine diszipliniert-sozialistische Arbeiterbewegung von der nötigen gesellschaftlichen Mächtigkeit fehlten in der Sozialstruktur des Staatsvolkes. Charakteristisch für diese waren zum einen die überkommene großagrarische Elite samt einem großen Anhang staatlich subventionierter Kleinadliger; ferner eine nach Besitz, Lebensstil und politischer Grundhaltung trotz aller internen Unterschiede vergleichsweise einheitliche Landbevölkerung; dagegen waren die eigentlich modernen Schichten der industriellen Unternehmer und Facharbeiter, der Mittelständler und Intellektuellen zu schwach vertreten. Sicherlich entschieden derartige Eigentümlichkeiten in der gesellschaftlichen Gliederung und Orientierung nicht allein über den Weg Ungarns in die Nachkriegszeit. Nicht über den Reformversuch von Mihály Graf Károlyi – vom 25./31. Oktober 1918 bis 8. Juli 1919 Vorsitzender des Nationalrates, Ministerpräsident und Staatspräsident –, auch nicht über den Revolutionsversuch des Béla Kun zwischen 21. März und 1. August 1919. Was nach der Niederwerfung der Räterepublik im Hochsommer des ersten Friedensjahres blieb, war die Rückkehr zu Herrschaftstechnik und Sozialordnung der Vorkriegsära. Dabei wurde nur auf das verzichtet, was die Zeit nicht mehr zuließ, auf den dynastischen Träger und die dualistische Staatsstruktur der Habsburgermonarchie.

Krieg und Umbruch hatten seither vieles an Legitimität und Autorität der politischen Ordnung zerstört. In der Ära Bethlen von 1921 bis 1931 ersetzte man dies durch staatlich-administrativen Repressionsdruck und nationalistische Massensteuerung. Was erreicht wurde, war sicherlich beachtlich: ein Weg aus fundamentaler Verunsicherung und drohender Selbstvernichtung. Aber diese Stabilisierung auf Zeit beruhte auf einer folgenreichen Selbsttäuschung: auf der Illusion, die Uhr der Entwicklung ohne Nachteil anhalten zu können. Tatsächlich aber wuchsen das soziale Konfliktpotential, der Veränderungsdruck im Innern ebenso wie die Isolierung durch die neue staatlich-militärische Machtverteilung in Europa zunahm. Die relative Stabilisierung bereitete keineswegs den überfälligen Wandel vor, sondern ein perspektivenlos-illusionäres Ausblenden von Zeit und Entwicklung. Stabilisierung als kalkulierte Entwicklungsstarre – dies wurde erkauft durch die Entfremdung der alten Eliten Ungarns von ihrer inneren und äußeren Umwelt. Nach innen wie nach außen erforderte dies Wirklichkeitsverlust und Aggressivität. Ordnung ohne Legitimität bedingte staatlich-administratives Diktat. Eine andere Folge war die Ablenkung gesellschaftlicher Unzufriedenheit auf innere und äußere Gegner, ob auf richtige oder nur vorgetäuschte. Angriffsobjekte dieser nationalistischen Pseudo-Solidarisierung gegen Sündenböcke für wirtschaftlich-gesellschaftliche Stagnation und außenpolitischen Abstieg zum Kleinstaat waren einerseits bestimmte Nachbarstaaten, die Ungarn im Juni 1920 durch den Friedensvertrag von Trianon beerbten. Aber auch den verbliebenen nationalen Minderheiten drohte diese undankbare Rolle.

Unter Bedingungen dieser Art erwies sich Bleyer zunächst geradezu als Glücksfall für die Minderheit. Sein starrer Konservatismus, vor allem sein Beharren auf Einfügung der Deutschen in Ungarns Staat und Gesellschaft, bewahrten die Schwaben zunächst vor der gesellschaftlichen Ausgrenzung. Sie konnten sich auf diese Weise auch vor einer Stigmatisierung wie nach dem Zweiten Weltkrieg schützen. Vorerst schien ihre Lage zu einem gewissen Optimismus zu berechtigen. Der Lohn für bewiesene Loyalität verband sich in den Augen der Minderheit mit Bleyers Person: Das Fundament für seine Autorität war insofern bereits 1919/20 gelegt. Er, der aus seiner Ablehnung von liberaler Reform und kommunistischer Revolution nie ein Hehl gemacht hatte, gehörte zu den Gewinnern der Restauration auf den Trümmern der Räterepublik. Obzwar Minderheitsrepräsentant, avancierte er doch zum Mitglied des Establishments der Ära Bethlen. Nach mehr als einem halben Jahrzehnt nationalistischer Hysterie und Krieg, danach der Gefährdung von Ordnung und Besitz, angesichts fundamentaler Verunsicherung der Menschen und einer Zukunft ohne Perspektive bestimmte das politische Verhalten der meisten Zeitgenossen ein vorrangiges Bedürfnis nach Sicherheit und Sinnstiftung. Dazu gehörte auch eine Sehnsucht nach dem schönen Schein harmonischer Volksgemeinschaft. Man träumte von der Rückkehr zu jenem Großmachtprestige, das der Friedensvertrag von Trianon im Juni 1920 zerstören sollte. Die neue Wirklichkeit Ungarns war diejenige eines Kleinstaates, der zu den Armenhäusern Europas zählte. Die unerschütterliche Prinzipientreue und die ostentative Loyalität zu Ungarn, für die der Name Bleyer zum Symbol wurde, gaben auch den Ausschlag für den gesellschaftlichen Status der deutschen Minderheit. Sie wurde – anders als die jüdische – nicht in die Rolle des Sündenbocks gedrängt. Sie gehörte zunächst nicht zu den Reizobjekten jener kollektiven Frustration, die sich angesichts einer nicht angenommenen neuen Wirklichkeit breitmachte.

Bezeichnend für die verinnerlichte patriotisch-konservative Übererfüllung der Loyalität zum alten, zum »historischen Ungartum« (Jakob Bleyer) war seine Reaktion auf das am 29. Januar 1919 erlassene Gesetz über das Selbstbestimmungsrecht der Deutschen: Das Gesetz mitsamt den darin gewährten autonomen Rechtsgebieten, mit deutschem Ministerium, »Nationalversammlung« und innerer Verwaltung einschließlich Schulwesen als autonomen Organen beziehungsweise Angelegenheiten lehnte Bleyer in Bausch und Bogen ab. Er wandte ein, es sei nicht Ausdruck des magyarischen Volkswillens, sondern Frucht eines unnationalen Regimes. Mit einem Nationalitätenminister wie Oszkár Jászi, dem »Revoluzzer« und Juden, durfte man nicht gemeinsame Sache machen. So begründete er die erstaunliche Ablehnung eines Gesetzes, das vor 1914 der UDVP und dem Sächsischen Zentralausschuß wie ein Märchen aus Tausendundeiner Nacht vorgekommen wäre. Es blieb dabei: Seine Loyalität zu Ungarn erlaube lediglich eine kulturelle, keineswegs politische Autonomie. Freilich mußte Bleyer nun erleben, daß ihm der eigene Anhang nicht mehr folgen konnte. Konsequenterweise trat er vom Vorsitz des deutschungarischen Volksrates zurück.

Darauf folgte eine kurze »Bleyer-lose« Zeit deutscher Politik in Ungarn: Unter dem Eindruck des Umbruchs waren Ansätze zur Zusammenarbeit der beiden Volksräte herangereift, ähnlich zu gemeinsamer Elitenbildung. Magyaronen, Staatsbeamte, sie alle fanden jetzt zur Zusammenarbeit mit der UDVP. Als die – wegen der Räterevolution dann entfallene – Frühjahrswahl 1919 vorbereitet wurde, führte dies Bleyers Nachfolger, den ehemaligen Obergespan von Torontál, Dr. Georg Steuer, mit dem UDVP-Vorsitzenden Kremling zusammen. Der eigentliche Schrittmacher deutscher Minderheitspolitik, der mittlerweile achtzigjährige Edmund Steinacker, wandte sich in Sorge um sein Erbe ebenfalls gegen Bleyer: Wer Ungarn vor dem Zerfall bewahren wolle, müsse die Gewährung der Selbstverwaltung an alle nationalen Minderheiten durchaus befürworten; sie sei ein Mittel, um deren Sezession und Anschluß an die Nachbarstaaten zu verhindern.[118]

Aber so verfehlt Bleyers Standpunkt 1918/19 auch war, die Zeitläufte gaben diesem »Inventarstück eines deutschungarischen Patentpatrioten«, diesem »Hausdeutschen der ungarischen Oligarchie«,[119] dessen Starrsinn Freund und Feind abwechselnd in Verzweiflung stürzte, sogar recht. Die Zeit von Károlyi, dem Reformer, lief ab, die Tage eines Béla Kun waren schließlich auch gezählt – Jakob Bleyer aber blieb, der er war. Nach den Maßstäben von Gegenrevolution und beginnender Horthy-Ära schien er, der zu Zeiten von Wandel und Umbruch immer »dagegen« gewesen war, in seiner Loyalität und Weitsicht bestätigt. So eindrucksvoll Bleyers Persönlichkeit, sein – gegen andere wie gegen sich selbst rücksichtsloser – Einsatz für Ungarns Unversehrtheit und schließlich immer betonter für die Schwaben auch war, so fragwürdig ist dennoch seine spätere Stilisierung zum »Vorkämpfer und Erwecker«. Trotz all der Verdienste, die er sich im weiteren Verlaufe zweifellos erwerben sollte, stand er in der – nur spät und mit Bedenken angetretenen – Nachfolge von Steinacker und der UDVP.

Ohne daß dadurch Bleyers verfehltes Konzept richtig geworden wäre, begünstigte das Scheitern der Räteregierung im August 1919 seine politische Linie. Denn nun wurden auch die Hoffnungen gegenstandslos, die nach Auflösung des deutschungarischen Volksrates, also des Volksrats der Deutschen von diesseits des Königssteiges, der – zum »Deutschen Kulturbund für Ungarn« umbenannte – Deutsche Volksrat für Ungarn hatte hegen dürfen. Die Räterepublik hatte sich prinzipiell gegen jegliche Unterdrückung nationaler Minderheiten erklärt. Das »Deutsche Volksamt« mit dem »Deutschen Volksbeauftragten« als Spitze der in den deutschen Gemeinden gewählten Räte hatte das Autonomieprogramm in Angriff genommen. In einem der gegenrevolutionären Zirkel wirkte Bleyer mit. Es ging um die Vorbereitung einer christlich-nationalen Partei (»Deutsch-Christliche Wirtschaftspartei«). Das Programm ähnelte demjenigen des deutschungarischen Volksrates. Es legte aber mehr Gewicht auf die deutsche Sprache in Verwaltung und Schule, auch auf die wirtschaftlichen Belange, unter anderem auf eine Bodenreform.

Nach dem Zusammenbruch der Räterepublik beteiligte sich Bleyer an konservativen und kirchlichen, nationalistischen und antisemitischen Initiativen. Sie fanden ihren Abschluß, als am 16. beziehungsweise 25. November 1919 der seit dem 1. März 1920 als Reichsverweser amtierende Admiral Nikolaus von Horthy die Hauptstadt besetzte. Károly Huszár (eigentlich: Hauler) wurde Ministerpräsident. Bleyer selbst hatte am 15. August 1919 das Nationalitätenministerium erhalten – keineswegs in erster Linie als deutscher Minderheitsrepräsentant, sondern wegen seiner Verdienste als gegenrevolutionärer ungarischer Politiker. Dies entsprach auch seinem Selbstverständnis. Seine Amtstätigkeit zielte folgerichtig darauf, Minderheitenpolitik als Werbung für Ungarn zu betreiben, also die Nationalitäten von der Loslösung abzuhalten. Seine Deutschen hielt er für loyal. So blieb er auch als Minister zunächst bei der Überzeugung, sie hätten – anders als etwa die von Prag umworbenen Slowaken – die Autonomie gar nicht nötig.

Als Minister einer betont nationalistischen Regierung mußte er allmählich feststellen, daß seine Grundannahmen nicht mehr voll zutrafen. Zum einen zeigten proösterreichische Bestrebungen der Deutschen im westlichen Grenzgebiet, daß auch ihre Loyalität nicht mehr umsonst zu haben war; zum anderen engte der wachsende, zusätzlich durch Trianon provozierte magyarische Nationalismus Bleyers Spielraum immer mehr ein.

Lange Abschiede: Die Südostdeutschen und ihre Vaterländer (1918–1945)

GÜNTER SCHÖDL

Nationalismus contra Patriotismus: deutsche Geschichte in Trianon-Ungarn

Nach dem Zusammenbruch der Habsburgermonarchie im Herbst 1918, nach der antimodernistisch-nationalistischen Verhärtung in der Innenpolitik von 1919, kam es 1920 zur außenpolitischen Standortbestimmung. Die traumatisch tiefgreifenden Entscheidungen hallen im ungarischen politischen Bewußtsein bis zum heutigen Tag nach. Das Ergebnis des Friedens von Trianon, die aufgezwungene Verkleinerung Ungarns, gab seiner gesamten weiteren Entwicklung die territorial-demographischen Maße vor. Aber die Nation nahm sie nicht an. Das schichten- und parteienübergreifende »Nem, nem, soha!« (Nein, nein, niemals!) wurde zum Schlüsselbegriff politischer Orientierung – er ist auch aus dem politischen Bewußtsein der deutschen Bevölkerung nicht wegzudenken.

Der »Revisionismus« als Verlangen nach einer umfassenden Korrektur von Trianon durchwirkte fortan Ungarns Politik nach innen wie nach außen. Er verstärkte die im magyarischen Nationalismus von jeher vermischten aggressiven und gleichermaßen defensiv-paranoiden Züge bis an die Schwelle unkontrollierbarer Radikalisierung. Nationalismus als Weltanschauung wie als Aktion ist nicht mehr in den Kategorien von Rationalität und konkreter Erfahrung auf die Durchsetzung bestimmter Ziele gerichtet. Er schließt seine Anhänger ein in die nur auf sich selber bezogene nationalisierte Wirklichkeit. Je unannehmbarer die Realität erscheint, desto mehr wächst die gesellschaftliche Nachfrage nach dem schönen Schein nationalistischer Wunschbilder. Die selbstzweckhafte »Bewegung« anstelle zweckrationalen Handelns führt über die Deformierung der Wirklichkeit zum Zusammenstoß mit ihr, zu Zerstörung und Selbstzerstörung. Der magyarische und besonders seit den frühen dreißiger Jahren auch der ungarndeutsche sowie der reichsdeutsche Nationalismus näherten sich allmählich in ihrer geradezu zwanghaften Eskalierung zu Wirklichkeitsflucht und Selbstzerstörung einander an.

EIN ABSCHIED VOM PATRIOTISMUS: DIE WANDLUNG DES JAKOB BLEYER

Politiker wie Bleyer agierten nicht nur für sich und nicht nur aus sich selbst heraus: Bleyers Politik sollte – sehr viel weniger als in der Literatur gerade auch der landsmannschaftlichen Traditionspflege[1] üblich – nicht nur als Bleyers *Politik* und schon gar nicht ausschließlich als *Bleyers* Politik aufgefaßt werden. Sie war zum einen Ausdruck kollektiver Verhaltensphänomene, zum anderen war sie außer »Politik« im Sinne individuellverantwortlichen, machtbezogenen Handelns auch abhängiger Ausdruck anonymsozialer Dynamik und auswärtiger, unbeeinflußbarer Einwirkungen.

Zu den Bestimmungsgrößen der weiteren ungarndeutschen Entwicklung[2] gehörten internationale Konstellationen und Friedensverträge, ebenso die längerfristige Prä-

Die Donau- und Karpatenregion im 20. Jahrhundert.

gung deutscher Minderheitsexistenz im Donau- und Karpatenraum. Was der Friedensvertrag vom 4. Juni 1920 für die magyarische Nation bedeuten mußte, dürften einige Hinweise verdeutlichen.[3] Ungarn verlor nahezu siebzig Prozent seines Territoriums und fast sechzig Prozent der Bevölkerung. In den abgetrennten Gebieten lebte die Masse der Nationalitäten, aber durchaus, zum Beispiel in Siebenbürgen, auch kompakte magyarische Großgruppen von insgesamt etwa drei Millionen Menschen. Im einzelnen erhielt Rumänien, das auch von Österreich die Bukowina übernahm, nun von Ungarn neben Siebenbürgen die Maramuresch und das östliche Banat. Das neugeschaffene »Königreich der Serben, Kroaten und Slowenen« (SHS) gewann das Westbanat und die Batschka, die Baranya und Kroatien-Slawonien. An kleineren Abtretungen seien nördliche Landesteile von Preßburg bis zur Karpato-Ukraine erwähnt, die an die ČSR gelangten. Schließlich verlor Ungarn an der Westgrenze die Komitate Ödenburg – ohne die Stadt Ödenburg –, Wieselburg und Eisenburg. Von den mehr als zwei Millionen Deutschen in Vorkriegsungarn war nur ein gutes Viertel, etwa sieben Prozent der Gesamtbevölkerung, geblieben. Für diese Entscheidung der Siegermächte über die staatlich-demographische Umgestaltung des Donau- und Karpatenraumes war die Berufung auf das nationale Selbstbestimmungsrecht grundlegend gewesen. Für die nunmehrigen nationalen Minderheiten wurden in die Friedensregelungen zwar Schutz- und Förderungsbestimmungen aufgenommen, aber die Realität sollte anders aussehen. Was die rechtliche und politische Stellung der Deutschen in Trianon-Ungarn betrifft, so verblaßten die zumindest in der Programmatik vorhandenen Anzeichen einer Wende zum Besseren, die der Umbruch hervorgebracht hatte, bald.

Und selbst da, wo sich ein gewissermaßen partnerschaftlicher Umgang mit der Minderheit auf Recht und Gesetz hätte gründen lassen, schlug erneut die unduldsame Herr-im-Haus-Einstellung der Vorkriegszeit durch. Das Beharren auf nichtmagyarischer Identität galt stets als Mangel an Loyalität, als indirekte Kampfansage, und dies angesichts eines provozierten Nationalismus, der Minderheiten für die Jagd auf Sündenböcke geradezu brauchte: als kollektiven Trost im Angesicht einer unannehmbaren, aber unangreifbar-übermächtigen Wirklichkeit, die nur so ohne selbstzerstörerische Implosion der Gesellschaft erträglich schien.

Insofern stand die Entwicklung der Deutschen in Trianon-Ungarn von vornherein unter einem ungünstigen Stern. Es lag nicht in der Macht eines einzelnen, auch nicht in der eines so eindrucksvollen Minderheitsrepräsentanten wie Jakob Bleyer, seinerseits den internationalen und innenpolitisch-kollektivpsychischen Existenzbedingungen Paroli zu bieten, die den Freiraum der nichtmagyarischen Interessenwahrung unaufhaltsam einengten. Die Frühphase des magyarisch-deutschen Verhältnisses steht insofern für die gesamte Entwicklung bis zur Umorientierung der Minderheit zwischen 1931 und 1934, da die wichtigsten Anliegen der deutschen Minderheit schon zwischen 1918 und 1921, zwischen Zusammenbruch und Stabilisierung auf der Tagesordnung der ungarischen Politik gestanden und – zumindest der Tendenz nach – eine negative Generalantwort erhalten hatten. Auch wenn sich Bleyer selbst dies erst am Ende der zwanziger Jahre eingestehen sollte, so zeigte sich schon während seiner Tätigkeit als Nationa-

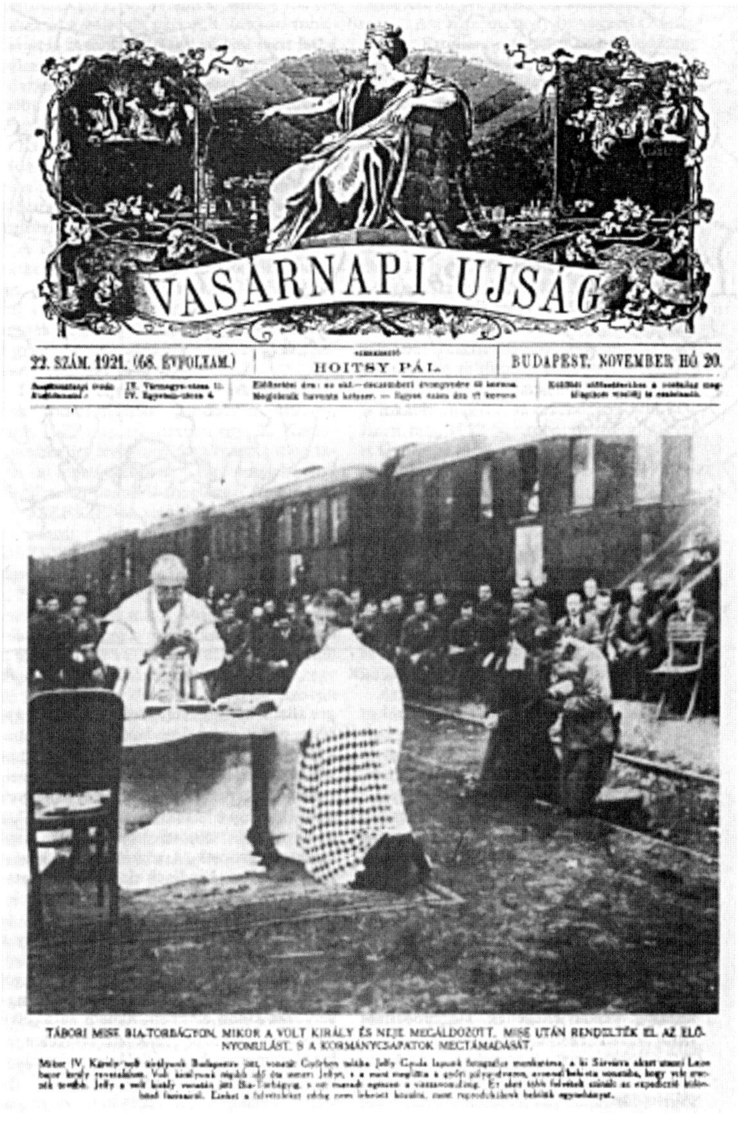

VASÁRNAPI UJSÁG

22. SZÁM. 1921. (68. ÉVFOLYAM.) | HOITSY PÁL | BUDAPEST, NOVEMBER HÓ 20.

TÁBORI MISE BIATORBÁGYON, MIKOR A VOLT KIRÁLY ÉS NEJE MEGÁLDOZOTT. MISE UTÁN RENDELTÉK EL AZ ELŐNYOMULÁST, S A KORMÁNYCSAPATOK MEGTÁMADÁSÁT.

Einen letzten Versuch, das Erbe des Hauses Österreich zu bewahren, unternahm Kaiser und König Karl I. (IV.) am 20. Oktober 1921, indem er nach Ungarn zurückkehrte. Auf dem Wege nach Budapest empfängt das junge Monarchenpaar, am Bahngleis knieend, den Segen der Kirche. Aber die Stützpfeiler der Monarchie, Armee und alte Elite, verselbständigten sich, sie waren nicht mehr davon abzuhalten, Politik auf eigene Rechnung zu machen.

litätenminister vom 7. August 1919 bis zum 19. Juli 1920, daß er nur als ungarischer Politiker, als normaler Angehöriger einer ungarischen Funktionselite überhaupt handlungsfähig war. Auf der anderen Seite sah er sich sogar bei seinen Gesinnungsgenossen sehr schnell ausgegrenzt, wenn er Politik für die Schwaben, für Nichtmagyaren zu machen suchte. Seine Argumentation gegen die deutschnational-ungarndeutsche Richtung Steinacker-Brandsch hatte immer der Zielsetzung gegolten, nicht gegen die Staatsnation, sondern gemeinsam *mit* ihr die deutsche Frage zu lösen. Ohne Einwirkung von außen, besonders von Berlin, gedachte er, die kulturellen, unter Umständen auch administrativen und wirtschaftlichen Existenzbedingungen schwäbischer Identität in Ungarn zu sichern. Seine eigene Offerte an die Staatsnation war der Verzicht auf politische Autonomie, überhaupt auf politische Selbstorganisation der Deutschen. Er war nicht angetreten mit dem Vorsatz, eine deutsche »Minderheit« aus dem überlieferten Zusammenhang mit den Magyaren zu lösen.

Letzten Endes wiederholte Bleyer Steinackers Illusionen und Niederlagen aus den siebziger und achtziger Jahren des 19. Jahrhunderts. Auch Steinacker war zunächst keinesfalls als deutscher Minderheitspolitiker aufgetreten. Er verstand sich als liberaler Angehöriger einer ungarischen bürgerlichen Elite. Seine Politik war auf Ungarns Entwicklungs- und Modernisierungsprobleme als solche und nur insofern auf deutsche Minderheitsbelange gerichtet. Erst angesichts seines wirtschafts- und innenpolitischen Scheiterns trat er dann den taktischen Rückzug auf deutsche Minderheitspolitik als einen Teilaspekt seines ursprünglichen Konzepts an. Ähnlich wie er wurde auch der konservative Kulturpolitiker Jakob Bleyer gegen seinen Willen von seiner beruflich-gesellschaftlichen Umgebung geradezu hineingedrängt in eine bewußte, national eingeengte Minderheitspolitik. Was er vermeiden wollte, was ihm geradezu wesensfremd war, wurde ihm nun aufgezwungen. In der Rolle des deutschen Minderheitspolitikers mußte er seine grundsätzliche Ablehnung einer parteimäßigen Organisation der Schwaben korrigieren, schließlich mußte er sogar Kontakt zum Deutschen Reich suchen und damit selbst Schritte unternehmen, von denen er stets gesagt hatte, sie würden für die Minderheit existenzbedrohende Reaktionen des magyarischen Nationalismus herausfordern.

Die im Grunde ausweglose Lage war Bleyer wohl schon bald, schon um 1920 bewußt geworden, auch wenn er diese Einsicht erst seit Ende des Jahrzehnts zur Grundlage seiner Politik machte. Er sagte auf dem Höhepunkt der Kontroversen um Westungarns Abtretung voraus, daß dergestalt gereizt »der ungarische Nationalismus nach den vielen bitteren Erniedrigungen der letzten Jahre heller denn je lodert, das kleine Ungarn zu einem völkisch-einheitlichen Nationalstaat um jeden Preis umzugestalten bestrebt sein wird. Es wird eine Magyarisierung des Deutschtums erfolgen … Das bei Ungarn verbleibende Deutschtum ist in Folge seiner Verquicktheit mit dem Ungartum ohnehin bereits halb magyarisiert, und es wird für die ungarische Politik ein leichtes sein, dieses Deutschtum im Laufe einer Generation vollkommen zu entnationalisieren. Wohl ist auch dieses Deutschtum heute mehr oder weniger zum völkischen Bewußtsein erwacht. Wo aber könnte es Hilfe und Unterstützung finden …? In Ungarn wird sich kein

Führer dieses Deutschtums mehr finden.«[4] Diese düstere Reflexion über die Unmöglichkeit, Erfolg zu haben, sollte sich an ihm selbst, etwas später überhaupt an der deutschen Minderheit erfüllen: Sein gesundheitlicher Zusammenbruch und der Tod am 5. Dezember 1933 trafen wohl nicht zufällig zusammen mit der endgültigen und öffentlichen Vernichtung auch seiner letzten Hoffnungen auf eine »ungarische Lösung« der deutschen Frage, auf eine deutsch-magyarische Verständigung ohne Einmischung Dritter.

Es traf auch ein, daß in einer solchen konzeptionellen Sackgasse ungarndeutscher Minderheitenpolitik »kein Führer dieses Deutschtums sich mehr finden«[5] ließ, denn mit Bleyers Tod endete im Grunde auch die deutsche Minderheitspolitik in Ungarn. Nach 1934 plädierte in einem mehrjährigen Richtungsstreit sein langjähriger Partner und Kritiker Gustav Gratz im Grunde für die Abschaffung ungarndeutscher Minderheitspolitik, für den programmatischen Rückzug auf die kulturelle Identitätswahrung, auch dies weitgehend nur defensiv im individuell-privaten Bereich. Konsequente deutsche Minderheitspolitik werde, darin sah Gratz die Gefahr, die Schwaben zum einen vom »Dritten Reich« abhängig machen, zum anderen werde man sie so in eine bürgerkriegsähnliche Konfrontation mit dem magyarischen Nationalismus hineintreiben. Gratz' Gegenspieler, der spätere Volksgruppenführer Franz Basch, zog aus Bleyers Scheitern eine andere Folgerung: Die ungarndeutsche Minderheitsexistenz sei nur noch in Anlehnung an Berlin und durch die kompromißlose Selbstorganisation der Minderheit, auch gegen den magyarischen Widerstand, zu sichern. Dies war ein Abschied insgesamt von Bleyer, von deutscher Minderheitspolitik überhaupt. Der eine stellte glanzlos-rechenhaft die Existenz des einzelnen über den Zusammenhalt der Minderheit, der andere wollte die Nöte bedrohten Minderheitsdaseins durch die Vision einer größeren »völkischen« Gemeinschaft vergessen machen. Was Bleyer suchte, war ein dritter Weg, ein Mittelweg zwischen den befürchteten Alternativen von Magyarisierung und Germanisierung. Die Schwaben sollten, daran lag ihm, eben nicht soziales Rohmaterial für die Vervollständigung einer magyarischen Bürgergesellschaft werden, aber ebensowenig willenloses Spielmaterial für die Macht- und Wirtschaftsmaschine des Deutschen Reiches.

Vor diesem konzeptionellen Hintergrund der ungarndeutschen Entwicklung bis zum Zweiten Weltkrieg relativiert sich das historische Gewicht so mancher Kontroversen und Ereignisse, die den Blick des Zeitgenossen und auch den späterer Zeitzeugen auf sich gelenkt haben. Auch dies mag es rechtfertigen, den Lauf der Dinge, auch den Alltag der Minderheit während der zwanziger Jahre als bloße Entfaltung des um 1920 bereits Entschiedenen, nur zu skizzieren. Wenigstens einige Zusammenhänge sind dennoch hervorzuheben, nämlich die organisatorischen Initiativen und – als politisch-praktischer Schwerpunkt – die Schulfrage, schließlich die interne Richtungsdiskussion und die Beziehungen zum Deutschen Reich.

Die gesamte politische Entwicklung der deutschen Minderheit in Ungarn vom Ersten Weltkrieg bis zur Vertreibung erlaubt es, zwei große Zeitblöcke zu unterscheiden. Der erste ist weitgehend mit der Amtszeit des Kabinetts Bethlen (1921–1931) identisch, der zweite beginnt 1934 nach einer Übergangsphase und war dann mit dem Jahr 1938

Zur Stimme der unpolitischen Haltung der schwäbischen Bauern und ihres ungarischen Patriotismus wurde Professor Jakob Bleyer (1874–1933), der Batschkaer Bauernsohn aus Tscheb. Ähnlich wie Edmund Steinacker in den achtziger Jahren des vorigen Jahrhunderts wurde er wider seinen Willen vor allem durch die Nationalitätenpolitik Budapests in die Rolle des Minderheitspolitikers gedrängt. Es sollte sich als unmöglich erweisen, den Kampf um »die sterbenden Seelen« (Jakob Bleyer), um die kulturelle Identität der Ungarndeutschen, jenseits der Irrungen-Wirrungen allseitiger politischer Radikalisierung zu führen.

als nochmaliger Zäsur von einer fortschreitenden nationalistischen Radikalisierung großer Teile von Staatsvolk und Minderheit bestimmt. Diese Tendenz war während der zwanziger Jahre noch nicht ganz und gar ohne Alternative gewesen. Zwar gab es schon während dieser Zeit der Stabilisierung Ungarns gute Gründe, an eine innerungarische Lösung der deutschen Frage nicht mehr zu glauben, aber die Führung der Minderheit ließ sich von dieser Auffassung noch nicht völlig bestimmen. Insofern gab es noch eine Reihe von Versuchen, die Lage der Minderheit im Einverständnis mit der Regierung zu verbessern. Trotz mancher Kontakte zum Deutschen Reich schien es noch möglich, eine handfeste Einmischung Berlins in Ungarns Innenpolitik zu verhindern.

Bleyer, unangefochten Sprecher der Minderheit, unternahm gerade nach seinem Rücktritt als Nationalitätenminister wiederholt Anläufe zur Verbesserung der Minderheitssituation, wobei es um deren Organisation und um Fragen des Schulwesens ging. Damit verbunden war eine Art »nationalpolitischer Grundlagendiskussion« der Minderheit, nicht so sehr zum allgemeinen politischen Standort, denn der war durch Bleyers konservativ-katholische Überzeugungen ohnehin gegeben, eher zum Verhältnis zur Regierung und zu Deutschland beziehungsweise zu bestimmten reichsdeutschen Organisationen.

Als einen der ersten gezielten Schritte politischer Aufklärung und Mobilisierung der Minderheit gründete Bleyer im Januar 1921 eine Zeitung. Anders als der Vorgänger *Neue Post*, später *Pester Zeitung* (1917–1921), der auf stadtbürgerliche Leser zugeschnitten war, wandte sich das *Sonntagsblatt für das deutsche Volk in Ungarn* in erster Linie an die bäuerliche schwäbische Bevölkerung. Es mag ein Indiz für das doch eng begrenzte Ausmaß von Bleyers Resonanz sein, daß dieses Blatt bis Anfang 1922 nur rund 5 000 Abonnenten bei einer halben Million Deutscher gewonnen hatte, die auf rund 400 Orte verteilt waren.[6] Zu den Mitarbeitern als Herausgeber gehörten der Pfarrer Johannes Huber aus der Katholischen Erneuerung und Guido Gündisch vom vormaligen deutschungarischen Volksrat, daneben jüngere Kräfte wie der spätere Volksgruppenführer Franz Basch. Das Blatt sollte ganz im Sinne der Vorstellungen Bleyers von politischer Erziehung und schulisch-beruflicher Aktivierung durchaus mehr sein als ein reines Nachrichtenblatt. Es sollte auch weltanschaulich-religiöse Belehrung durch katholische Priester bieten sowie eine »patriotische« Schulung im Sinne der Anti-Trianon-Propaganda und des Kampfes gegen die Linke. Schließlich, und das war für viele Leser das Wichtigste, verband es die werbende Information über deutsche Kultur und Identität mit einer umfassenden Beratung in medizinischen, wirtschaftlichen und rechtlichen Fragen.

Der pädagogisch-idealistische Duktus der Zeitung, die insofern charakteristische Wesenszüge der späteren öffentlichen Tätigkeit Bleyers vorwegnahm, findet zum eher antimodernistischen als konservativen Ausdruck in demonstrativer Abkehr von der Politik im eigentlichen Sinne, von Interessenorientierung und pluralistischer Orientierungsvielfalt. Dazu äußert Bleyer sich exemplarisch im März 1926: »Auch im ›Sonntagsblatt‹ machen wir keine eigene Politik, sondern unser ganzes Bestreben ist einzig und allein darauf gerichtet, unser schwäbisches Volk auf die Bahn reiner, christlicher Sitten, treuer Liebe zum angestammten Vaterland und zum angeborenen Volkstum zu leiten und zu fördern ... Freilich bitten und flehen wir um die erlösende Gnade, daß im Interesse der geistigen und sittlichen Wohlfahrt unseres Volkes die Gesetze und Verordnungen durchgeführt werden! Das ist doch keine ›Politik‹!«[7]

Das *Sonntagsblatt*, das für vierzehn Jahre das Organ der Deutschen in Ungarn sein sollte, fand seine gewissermaßen logische Fortsetzung in Bemühungen um die Organisation der Minderheit. Dabei mußte als größtes Hindernis die aus der Dualismusära stammende ablehnende Haltung der Regierung zur organisatorischen Zusammenfassung nationaler Minderheiten überwunden werden. Zwar gab es gesellschaftliche Vereine der deutschen Bevölkerung seit langem, aber es handelte sich dabei nur um unpolitische Gesangs-, Lese- und Turnvereine ohne zentrale Leitung. Die Sprachen- und Schulverordnung 4800/1923 aber erlaubte endlich die Gründung zentraler »Kulturvereine« in Ungarn, nachdem es bereits ähnliches im rumänischen Banat und in der Woiwodina, in Temeschwar und Neusatz, gab. Dieses Zugeständnis war wohl nur aus der Sorge entstanden, die Deutschen könnten sich im Süden ebenso wie in Siebenbürgen und im Westen von Ungarn abwenden.

Nach Abstimmung mit den Behörden konnte endlich am 15. Juni 1923 der Ungarländische Deutsche Volksbildungsverein (UDV, Magyarországi Német Közművelődési Egyesület) in Budapest gegründet werden. Dennoch verzögerten die Behörden die öffentliche Konstituierung des Volksbildungsvereins um mehr als ein Jahr bis zum 3. August 1924. Während dieser Frist wurde dafür gesorgt, daß der UDV in starker Abhängigkeit von der Regierung bleiben mußte. So wurde Bleyer lediglich geschäftsführender stellvertretender Vorsitzender. An der Spitze des UDV jedoch stand auf Wunsch der Regierung Gustav Gratz, der bereits vor dem Weltkrieg sächsischer Reichstagsabgeordneter gewesen war und 1920/21 ungarischer Außenminister. Der Kultusminister Kuno Graf Klebelsberg und einige Bischöfe bildeten das Ehrenpräsidium. Im Vollzugsausschuß plazierte Bleyer eine Reihe seiner Gesinnungsfreunde vom *Sonntagsblatt* und vom deutschungarischen Volksrat, und zwar zusammen mit etwa hundert Lehrern und Pfarrern, Ärzten, Bauern und Handwerkern aus den deutschen Siedlungsgebieten. Die vom Innenministerium überprüften Statuten des UDV beschrieben seine Aufgaben: »Der Verein hat den Zweck, frei von jeder Politik den Bildungszustand des ungarländischen deutschen Volks fortwährend zu beobachten, seine kulturellen Interessen zu fördern, seine völkischen Eigenheiten, Traditionen, Sprache, Sitten und christlichen Tugenden zu pflegen und zu veredeln sowie die Anhänglichkeit zum ungarischen Vaterland zu pflegen und zu stärken.«[8]

Die Vereinstätigkeit mußte sich auf diesen kulturellen, nur im allerengsten Sinne minderheitspolitischen Bereich beschränken. Man konnte Bücher, Zeitschriften und ähnliches veröffentlichen, es gab Büchereien, Fortbildungsveranstaltungen auch in landwirtschaftlich-genossenschaftlicher Hinsicht, ferner wurden Stipendien an schwäbische Studenten vergeben und durch gesellige Veranstaltungen der Zusammenhang der Minderheit gefördert. Das wichtige Recht, Schulen zu unterhalten, wurde dem UDV nicht zugestanden. Die Arbeit, an deren Finanzierung sich auch der Staat beteiligte, wurde – abgesehen von den erwähnten Instanzen – von einer Geschäftsstelle in Budapest und den »Ortsausschüssen« in den Gemeinden geleistet. Obwohl die nachgeordneten Behörden den Organisationsaufbau weiterhin behinderten, stieg die Zahl der Mitglieder und Ortsausschüsse im ersten Jahrzehnt auf mehr als das Dreifache. Im Geschäftsjahr 1931/32 gab es in 180 Ortsausschüssen 27 517 Mitglieder. Von den anfänglichen Schwerpunkten in der Umgebung der Hauptstadt sowie in den Komitaten Tolna und Bács im Süden, Wieselburg und Gran im Norden und Westen breitete sich der UDV über ganz Ungarn aus.

Das Geschehen in den Ortsausschüssen kann ein Arbeitsprogramm von Mucsfa aus dem Jahre 1930 veranschaulichen. Inhaltliche Ziele und Atmosphäre der UDV-Arbeit lassen sich durch einige Hinweise auf die üblichen Aktivitäten illustrieren. So war in Landgemeinden im Idealfall für jeden Abend ein Programm geboten, das den Unterhaltungswünschen des bäuerlichen Publikums ebenso entgegenkommen mußte wie seinem Informationsbedarf und nicht zuletzt den UDV-Zielen. Politische Aufklärung zugleich als Zerstreuung und als Lebenshilfe unter die Leute zu bringen, lautete die Losung. Und dabei hing viel davon ab, ob man nach Form und Inhalt den Voraussetzungen dieses Publikums gerecht wurde. Es gab ja seit langem einen bestimmten Stil, den die katholische Kirche und das ungarisch-patriotische Milieu geformt hatten. Die enge Verbindung mit kirchlicher Erwachsenenbildung und beispielsweise den üblichen Gesangsvereinen zeigt ein Blick auf die typische Thementafel einer Ortsgruppe in den frühen dreißiger Jahren. Sie enthielt täglich um sieben Uhr abends eine »Lesestunde« im UDV-Haus, wo man sich mit den ausliegenden Zeitungen und Journalen befaßte, was eben durchaus den Charakter einer politischen Bibelstunde annehmen konnte. Daran schloß sich an zwei bis drei Abenden ein Beisammensein mit dem Chor oder der Blaskapelle der Ortsgruppe an. Ein ausgesprochener Unterhaltungsabend lockerte die Vortrags- und Belehrungsfolge der übrigen Abende auf, an denen es weniger um Politik im engeren Sinne ging als um ganz spezielle Fragen von Ackerbau- und Viehzucht, auch um regelrechte Fortbildungskurse im Rechnen und in der Staatsbürgerkunde. Auch wenn zusätzliche politische Wirkung von den Gesprächen und dem Zusammensein an sich ausging, waren das Erscheinungsbild und die Inhalte der örtlichen UDV-Tätigkeit sicherlich sehr viel weniger »politisch« als dies der Blick auf Führungspersonal und Programme des UDV vermuten ließe. Dies erklärt sich zwar teilweise aus der Disziplinierung durch behördliche Auflagen, es war aber auch Ausdruck der Voraussetzungen und Erwartungen der schwäbischen Bevölkerung selbst.[9]

So schwierig es ist, die Resonanz des UDV zuverlässig zu erfassen, so läßt sich an der Entwicklung bestimmter Einzelaktivitäten eine gewisse Tendenz ablesen, etwa am wachsenden Zuspruch, den die beiden alljährlichen Großveranstaltungen in Budapest erzielen konnten: der »Schwabenball« im Februar, der mit einer Trachtenschau und ähnlichem verbunden war, und die Jahresversammlung, die nicht zufällig am 20. August, dem Stefanstag, abgehalten wurde. Sie galt als gesamtungarisches Forum der ansonsten noch immer nur locker verbundenen deutschen Minderheitsgruppen.

Es entsprach der »patriotischen« Grundhaltung Bleyers, desgleichen den Entstehungsumständen des UDV, daß der Verein innenpolitisch dem Regierungslager zugerechnet wurde. Weder für Bleyer noch für seine Anhänger beruhte dies auf reinen Nützlichkeitserwägungen, sondern war vielmehr in jener geschichtlich gewachsenen »deutschungarischen« Loyalität zum ungarischen Staat begründet, die eben auch emotional verankert war. Deswegen wäre es falsch, aus der allmählich zunehmenden Resonanz von Bleyers Kritik an magyarischem Nationalismus und amtlicher Minderheitspolitik eine entsprechende oppositionelle Einstellung zur Regierung überhaupt abzuleiten. Der gefühlsmäßig abgesicherte Konservatismus der schwäbischen Bauern gefährdete sogar Bleyers Kandidatur zum Reichstag, und dies, obwohl er als Vertreter der Christlich-Sozialen Partei antrat, die jenem »Christlichen Block« nahestand, den Ministerpräsident Bethlen 1920 in die »Einheitspartei« als parlamentarischer Grundlage seiner Regierung eingefügt hatte. So scheiterte Bleyer zunächst bei den Parlamentswahlen, denn die deutschen Wähler erklärten sich eben erst seit 1926 für ihn, als er mit dem Programm der Regierung, wenn auch nicht direkt als ihr Kandidat, im Wahlbezirk Wieland antrat.

In den Wahlkampagnen präsentierte sich Bleyer nicht ausschließlich als Minderheitsvertreter. Ähnlich wie die katholische Erneuerungsbewegung und die Volkspartei vor dem Ersten Weltkrieg, aber auch Luegers Christlich-Soziale im alten Österreich verband er seinen weltanschaulichen und kulturpolitischen Konservatismus mit einigen gesellschaftspolitischen Reformforderungen. Unter anderem trat er für eine Bodenreform ein, ferner für die Abschaffung öffentlicher Wahlprozeduren und die Beibehaltung des mittlerweile angefochtenen Frauenwahlrechts. Dabei achtete er selbst bei scharfen parlamentarischen Auseinandersetzungen über die Minderheitspolitik und trotz seiner Kritik an der betreffenden Linie der Regierung immer darauf, als Angehöriger des Regierungslagers zu agieren. Dies schien ihm die Voraussetzung dafür, die konservativ-patriotische, weithin unpolitische Bauernschaft überhaupt zu erreichen, trotz der »Indolenz und ... traurige[n] Unwissenheit unserer eigenen Leute. Wir haben noch viel, viel an unserem Volk zu erziehen.«[10]

Daß weitere »Erziehung« dieser Art nötig sei, damit die Schwaben als Gruppe handlungsfähig und handlungswillig werden, daß dieses Ziel überhaupt anzustreben sei, akzeptierte Gratz als Repräsentant der Regierung an der UDV-Spitze letzten Endes nicht.[11] Dennoch arbeiteten beide gut zusammen, waren sie sich doch über das nächstliegende Ziel einig: der schwäbischen Bevölkerung die Möglichkeit zu bieten, ihre Sprache, Lebensweise und Zusammengehörigkeit auch im Bewußtsein der nachwachsenden Generation zu verankern.

Für dieses Ziel war Gratz bereit, die nötige Rückendeckung durch die Regierung zu verschaffen. Zumindest konnte er zwischen beiden Seiten in den häufig auftretenden Konflikten vermitteln, wenn auch nur begrenzt, da er zwar in der Nationalitätenpolitik mit Bethlen harmonierte und dessen Vertrauen hatte, ansonsten aber beträchtliche Verständigungshindernisse bestanden. Es war vor allem der zweckrationale westliche Liberalismus von Gratz, der nicht zur Deckungsgleichheit mit Bethlens außenpolitischem Streben nach Revision der Grenzen von Trianon gebracht werden konnte. Außerdem lehnte Gratz stets den antimodernistischen Staatsinterventionismus in der Wirtschaftspolitik ab, desgleichen die autoritär-patriarchalische Bevormundung und nationalistisch-antisemitische Manipulierung des Wählers.

Gratz' Chancen als Vermittler und Fürsprecher der Minderheit waren zum anderen auch durch die zunehmende Bedeutung des Faktors Deutschland,[12] den er weder kalkulieren noch beeinflussen konnte, begrenzt. Die Kontakte von Bleyers Umgebung zu reichsdeutschen Organisationen, die Aktivitäten reichsdeutscher Studenten als deutschnationale Wanderlehrer in Ungarn, die Vergabe reichsdeutscher Stipendien an schwäbische Studenten und ähnliches konnte er in ihrem Einfluß nicht begrenzen. Andererseits konnte er auch die provozierende Wirkung auf den magyarischen Nationalismus, dessen radikale Anhänger schließlich der Regierung zu große Nachgiebigkeit gegenüber den Deutschen vorwarfen, nicht mildern. Am Konzept der Bethlenschen Deutschlandpolitik konnte er ebenfalls nichts ändern. Trotz aller Einwände, die er als ehemaliger Außenminister anbringen konnte, beharrte der Ministerpräsident auf dem Versuch, durch die zeitweise einseitige Bindung an Deutschland die Voraussetzung für Ungarns erneuten Aufstieg zur Großmacht im Donau- und Karpatenraum zu schaffen. Dazu sollte ein künftiges Zusammengehen deutscher und magyarischer Minderheiten in den auf Frankreich gerichteten Staaten des östlichen Europa dienen. Als Belohnung für diese gemeinsame Unterminierung der Friedensordnung im Osten zeichneten sich gewisse Zugeständnisse Budapests an den UDV ab. Diesen hohen Preis für die Erhaltung der schwäbischen Identität zu zahlen, wäre Gratz im Konfliktfall nicht bereit gewesen. Er wollte zwar den magyarischen Nationalismus nicht durch selbstbewußt-konsequente ungarndeutsche Minderheitspolitik provozieren, was nach seiner Ansicht die Gefahr von Verfolgung und Bürgerkrieg heraufbeschwor, er wollte aber auch nicht die deutschen Minderheitsgruppen in Ungarn per revanchistischer Komplizenschaft an den magyarischen Nationalismus geradezu binden.

Im wesentlichen wurde während der zwanziger Jahre schon deutlich, welche Entwicklungsmöglichkeiten für die deutsche beziehungsweise deutschsprachige Bevölkerung Trianon-Ungarns in einer Zeit, wo alles in Frage gestellt wurde, überhaupt noch gegeben waren. Zugleich war geklärt, daß die bisher vorherrschenden Verhaltensnormen an Bedeutung verlieren würden. Die stille, unpolitische Assimilation als Begleiterscheinung der Modernisierung, das heißt besonders Verstädterung und Berufswandel, wurde ebenso wie die besonders auf dem Lande verbreitete Verbindung von ungarischem Patriotismus und ausgeprägtem politischen »Absentismus« allmählich in Frage gestellt. Im Zeichen einer umfassenden Politisierung aller gesellschaftlichen Beziehungen verkörperten Gratz und Bleyer die beiden verbleibenden Optionen, die sich vielfach überschnitten. Während Gratz für die vollständige funktionale und emotionale Einfügung der Deutschen in die Politik und Gesellschaft Ungarns plädierte und die Wahrung der kulturell-sprachlichen Identität als etwas rein Privates, Individuelles betrachtete, bemühte sich Bleyer um den Entwurf einer Alternative. Ihm ging es um die Kombination dieser unpolitischen Förderung des einzelnen Minderheitsangehörigen mit Politisierungsschritten mit Hilfe der Presse und kollektiven Interessenvertretungen, durch Eliten- und Organisations-, unter Umständen sogar Parteienbildung. Anders als

Gratz, der die nichtmagyarische Nationalität des einzelnen nur als – allerdings schützenswerte – Privatsache der Betroffenen einordnete, näherte sich Bleyer immer mehr der Vorstellung von einer Einheitsorganisation als Vertretung der Minderheitsangehörigen insgesamt.

Es zeichnete sich im Verlaufe der zwanziger Jahre ab, daß die Konzeption von Gratz zur Assimilation führte, Bleyers Alternative hingegen führte zur Herauslösung einer geschlossenen Minderheit aus dem funktional-bewußtseinsmäßigen Kommunikationsverband Ungarn, letztlich zum Konflikt und zur Vertreibung, auch wenn eine nationalistische Radikalisierung der Minderheit gegen Staat und Staatsnation für Bleyer selbst noch kaum vorstellbar gewesen sein dürfte.

Diese beiden Optionen der Deutschen in Ungarn blieben in hohem Maße abhängig von einigen Bestimmungsfaktoren, die schon im 19. Jahrhundert wirksam gewesen waren und weder von Bleyer noch von Gratz wesentlich beeinflußt werden konnten. Es handelte sich erstens um den Diaspora-Charakter der deutschen Minderheit, die ohne direkte Anbindung an den deutschen Sprachraum, auch ohne kompakten Siedlungszusammenhang geblieben war. Ferner ist eine vergleichsweise einheitliche agrarische Sozialstruktur zu nennen, der eine vormoderne, unpolitische Verhaltensdisposition entsprach. Drittens machten sich Einwirkungen von außen bemerkbar, ob seitens der ungarischen Regierung und ihrem magyarischen Nationalismus oder des Deutschen Reiches. Die Hoffnungen Bleyers auf eine Minderheitspolitik in Abstimmung mit der Staatsnation waren nicht zu erfüllen. Er selbst und seine Konzeption erwiesen sich als Übergangserscheinungen. Seine jüngeren Mitarbeiter hingegen beschritten den konfliktträchtigen Weg zu deutschnational-»völkischer« Verselbständigung der Minderheit als »Volksgruppe«. Die Deutschen in Ungarn, die diesem Kurs und dieser Minderheitsführung nie eine demokratische Legitimierung verliehen hatten, wurden schließlich am Ende des Zweiten Weltkriegs dafür verantwortlich gemacht, und zwar ungeachtet der Tatsache, daß ihr eigenes Verhalten, sei es assimilativ oder unpolitisch-passiv, größtenteils dieser »völkisch«-radikalen und reichsdeutsch bestimmten Richtung der Erben Bleyers nicht wirklich entsprochen hat.

Konzeptionen und Konstellationen dieser Art kamen während der zwanziger Jahre exemplarisch auf dem Feld der Schulpolitik zur Entfaltung. Ohne Zweifel stellte sie den wichtigsten Teilbereich der UDV-Tätigkeit dar. Dies war die Folge ihrer tatsächlich ausschlaggebenden Bedeutung für das Überleben der Minderheit, die ohne die nachwachsende Generation nicht bestehen konnte. Eine Rolle spielte auch der besondere minderheitspolitische Ansatz Bleyers. Wie schon in der Vorkriegszeit war es aus der Perspektive der Regierung ein verlockendes Mittel, gegenüber dem Wunsch der Deutschen nach deutschsprachigem Volksschulunterricht eine unnachgiebige Haltung zu zeigen und auf diese Weise die Staatsnation zusammenzuschmieden. Auch um die Wut über die Kriegsniederlage und das Herabsinken zum Kleinstaat zu verarbeiten, schienen der Regierung Nationalismus und Assimilationsdruck gegen Minderheiten probate Mittel. Allerdings gab es in der Schulpolitik der Ära Bethlen eine zweite Koordinate, die derartiger Zweckentfremdung von Schulpolitik als nationalistischer Integrationsstrategie eine Grenze setzte: Bethlens Außenpolitik, vor allem seine Bemühungen um die Revidierung Trianons, war auf ein gutes Verhältnis zu Deutschland angewiesen. Zwar war die Weimarer Republik noch weniger als das Kaiserreich zu einer Einmischung in die inneren Angelegenheiten Ungarns oder gar zur offenen Unterstützung einer oppositionellen deutschen Bewegung im Südosten bereit, aber Bethlen wollte erst gar keinen Anlaß zu Verstimmungen liefern. Alle diese widerstreitenden Kräfte berücksichtigte die Schulverordnung vom 22. Juni 1923, und sie erfüllte, ohne die nationalistische Opposition zu provozieren oder einen reichsdeutschen Protest hervorzurufen, teilweise die schulpolitischen Forderungen Bleyers. Vor allem bot sie die Möglichkeit, die Volksschulen der Minderheit entsprechend den jeweiligen lokalen Verhältnissen und der unterschiedlichen Assimilationsbereitschaft zu gestalten.

Drei Varianten der Minderheitsvolksschule sollten zur Wahl stehen. Typ A war eine ausgesprochene Minderheitsvolksschule mit Deutsch als Unterrichtssprache, Typ B bot die Möglichkeit, nebeneinander bestimmte Fächer in Deutsch oder in Ungarisch und auch zweisprachig zu unterrichten, und Typ C war eine ungarischsprachige Volksschule, in der die deutsche Sprache lediglich Gegenstand des verpflichtenden Fachunterrichts sein sollte. Nur der Religionsunterricht sollte stets muttersprachlich erteilt werden. Über die Wahl des jeweiligen Schultyps sollten nicht nur die Behörden oder ein bestimmter Bevölkerungsanteil der Minderheit entscheiden, sondern auch die betroffenen Eltern. Obwohl Bleyer deren nachteilige Beeinflussung durch Behörden und Kirchen fürchtete, sah er in dieser Schulverordnung eine Verbesserung. Auch die später nicht genutzte Möglichkeit einer Ausdehnung auf weiterführende Schulen und die Lehrerausbildung erweckte diesen Eindruck. Desgleichen weckten das Bekenntnis der Regierung zum Nationalitätengesetz von 1868 samt Anerkennung der Minderheitssprachen und kulturellen Minderheitsvereine bei Bleyer und dem UDV Hoffnung auf bessere Zeiten.

Die tatsächliche Ausgestaltung der Minderheitsschulen wirkte aber ernüchternd. Von den 460 Minderheitsschulen im Jahre 1928 entsprachen dem Typ A zehn, dem Typ B 21 und dem Typ C 68 Prozent der Volksschulen. Bezeichnend für die weiterhin assimilatorische Zielrichtung staatlicher Schulpolitik war auch, daß die ungarischsprachigen C-Schulen von 169 im Jahre 1924 auf 265 beziehungsweise 314 in den Jahren 1927/28 zunahmen; ferner wurde entgegen der Schulverordnung der Religionsunterricht in etwa einem Drittel der deutschen Minderheitsschulen in Ungarisch abgehalten, und unter 125 470 Kindergärten befanden sich nur dreizehn, in denen überwiegend deutsch gesprochen wurde. Entgegen der zahlenmäßigen Verteilung der deutschen Bevölkerung waren die deutschsprachigen A-Schulen fast nur an der Westgrenze eingerichtet worden, weil man glaubte, dort der Sogwirkung Österreichs auf die eigene deutschsprachige Bevölkerung begegnen zu müssen. Nur zwölf der insgesamt 46 A-Schulen waren in den Komitaten Tolna und Baranya angesiedelt. Insgesamt besuchten um 1929 etwa achtzig Prozent der deutschen Schulkinder diese Minderheitsschulen. Dabei ist aber zu beachten, daß die Schulen des Typs C weitgehend ungarischsprachig waren, und in den Volksschulen der katholischen Kirche, die einen Anteil von knapp siebzig Prozent erreichten, wurde in den B-Einrichtungen oftmals das Ungarische weit über Gebühr bevorzugt. Da die Lehrerbildung seit der Mitte des 19. Jahrhunderts auf eine Magyarisierung ausgerichtet gewesen war, fehlten auch oft geeignete Lehrkräfte.

Die politische Steuerung der Schulpolitik kommt gerade in der Korrektur von 1928 zum Ausdruck, als unter zunehmendem Druck aus Berlin immer mehr C- in B-Schulen umgewandelt wurden. Die Schulpolitik stand insofern trotz mancher Bekenntnisse zur Gleichberechtigung der Nationalitäten, die Ministerpräsident Bethlen öffentlich abgab, in engem Zusammenhang mit dem vielfältigen Assimilationsdruck im beruflichen und gesellschaftlichen Leben. In die gleiche Richtung zielte der Verein für Namensmagyarisierung, zu dessen Protektoren der Erzherzog Josef und – trotz seiner deutschen Abstammung – der Landesverteidigungsminister und spätere Ministerpräsident Gyula Gömbös ebenso gehörten wie Fürstprimas Serédi und einige evangelische Bischöfe. Offiziere wurden zur Annahme magyarischer Familiennamen gedrängt, desgleichen vielfach die Beamten und Journalisten, ja sogar die Mitglieder von Sportvereinen. Ein ungemein symbolkräftiges Signal an Assimilationskandidaten war das Festhalten der Regierung an der Regelung, den Vitéz(Helden)-Orden für Kriegsteilnehmer, der mit einer Landzuteilung verbunden war, nur an Träger magyarischer Namen zu vergeben. Bleyers Protest dagegen war ganz ohne Wirkung geblieben.

All das machte zwar keine systematische, geschlossene Assimilationsstrategie aus, es handelte sich eher um ein Nebeneinander von Belohnung und Sanktion, von Werben und Drängen. Die Schwaben als Individuen, als integrierte Teilnehmer der sozialen Kommunikation, konnten sich dem kaum entziehen, solange ihnen, im Unterschied zu anderen deutschen Minderheiten des östlichen Europa, der organisatorische Zusammenhalt und die unmittelbare Verbindung zum deutschen Sprachraum fehlten. Eine rechnerische Probe aufs Exempel brachte die Volkszählung von 1930: Die Zahl der Deutschen war seit 1920 von über 550 000 auf 478 000 gesunken, auf nur 5,5 Prozent der Gesamtbevölkerung.

Diese demographischen Angaben sind zugleich äußerer, statistischer Ausdruck einer kulturellen Krise, einer tiefgehenden weltanschaulich-politischen Desorientierung der Schwaben zum Zeitpunkt der beschleunigten Aktivierung ihrer Umwelt. Gerade angesichts des forciert-krisenhaften Wandels aller Lebensbereiche, in deren Veränderungssog auch die zuvor weitgehend abgeschlossene Wirklichkeit des ungarischen Dorfes geraten war, schwankte ein Teil der bäuerlichen schwäbischen Bevölkerung zwischen deutscher Identität und Magyarisierungsdruck.

In Bleyers Umgebung wurde dieser gefährliche Zusammenhang von Assimilationsdruck, kulturellem Niedergang und kommender Existenzkrise daher Thema kritischer Debatten: »Vor einigen Jahrzehnten wurde in sämtlichen Schulen die deutsche Sprache als Unterrichtssprache ausgeschaltet ... Es ist eine Generation herangewachsen, die nicht anständig Deutsch und nicht Ungarisch kann ... Die zweite Generation ist schon ein seelischer Krüppel. Sie lebt nur so in den Tag hinein und kümmert sich weder um Kultur noch um Religion und andere Fragen ... Die ungarische Frühmesse besuchen sie nicht, weil sie nur mangelhaft Ungarisch können, und das deutsche Hochamt vernachlässigen sie, weil sie in der Schule keinen deutschen Kirchengesang und keine deutschen Gebete gelernt haben. Die übrigen stehen in Gruppen auf der Gasse oder treiben im Wirtshaus ihr Unheil ... Ein Bild der sterbenden Seelen.«[13] Beobachtungen dieser Art waren nicht in nationalistischem, antimagyarischem Aktionismus begründet, sondern rührten vielmehr aus echter Besorgnis um das abnehmende Mitteilungs- und Verständigungsvermögen vieler Schwaben. Die Leserbriefe an Bleyers *Sonntagsblatt* veranschaulichen, wie weit es damit schon gekommen war: »Herr Caitungssrájber. Ich daile inen mit, daß vir die Naie Post unrägelmässik bekommén. Vénssi ssi nikt regälmässik sikén, sso verdén vir ssi nikt veiter lésén. Siktunss alsso die nái Posst regelmässik.« Ähnlich unverständlich ist eine Anfrage an den UDV zur Gründung einer Ortsgruppe: »Main liebesz folksferain. Ih bite Szoford 40 stuk folksz kalender für dasz jar 1935 jar. Libesz ferrain jih mahe Ihne zuvisen dasz Ihm Siget 50 midklider Szihboimirhaben untersriben. Di midklider bitten Szoford komesz Nah Siget di ordsz gruben kründen ...«[14]

Dies alles war das Ergebnis einer Entwicklung, die nicht plötzlich zum Vorschein kam. Sie war schon seit der Mitte des 19. Jahrhunderts vorbereitet worden. Für den UDV gab es trotz gewisser Aufklärungs- und Mobilisierungserfolge, die er bei den Schwaben erzielte, keine echte Chance. Die nur relative Bedeutung seiner an sich zunehmenden Breitenwirkung, die beim derzeitigen Forschungsstand noch nicht genau zu quantifizieren ist, wurde Bleyer bewußt. Seine letzten Hoffnungen auf eine »freiwillige«, vernünftige Lösung der »deutschen Frage« durch Ungarn selbst schwanden endgültig um 1930. Noch einmal hatte er alle Einflußkanäle genutzt, die ihm als Mitglied des politischen und kulturellen Establishments zu Gebote standen. Seine Denkschriften vom April 1927 und März 1928[15] änderten aber an der Generaltendenz ungarischer Innen-, Kultur- und Schulpolitik ebensowenig wie – an sich günstig verlaufende – Besprechungen mit dem Ministerpräsidenten, mit Unterrichtsminister Klebelsberg und dem UDV-Vorsitzenden Gratz am 17. Juni 1927 und im Frühjahr 1929. Bleyer ließ in Reichstag und Presse kaum eine Gelegenheit aus, zu fordern – endlich ein Schul- und Bildungswesen für die Minderheit! –, zu kritisieren – Priester und Lehrer, die ihren Schülern die Sprache nähmen – und zu polemisieren. Gegen alle Versuche, seine Sorge um kulturelle Substanz und Entwicklungspotential der Schwaben als antiungarische »Auftragsarbeit« für reichsdeutsche »Pangermanen« zu diskreditieren, spitzte er seine Auffassungen bis zur letzten Konsequenz zu, bis zum tatsächlich ausgetragenen Duell. Politische Meinungsverschiedenheiten nicht nur mit der Feder, sondern auch mit dem Säbel auszutragen, überhaupt politisches Auftreten in unmittelbare Verbindung mit persönlicher Ehre zu bringen, war für Bleyers Stil charakteristisch. So sehr dies ein Ergebnis seiner Persönlichkeit war, darf man aus seinem tatsächlichen Erfolg doch schließen, daß es auch den Vorstellungen vieler Schwaben von Politikern und Politik entsprach.

Was Bleyer und der UDV auch unternahmen, im wesentlichen erreichte man bei der Regierung nicht mehr als Anerkennung für staatstreue Haltung und die Zusicherung, daß es verfehlt wäre, der deutschen Minderheit Sprache und Identität nehmen zu wollen. Über das bereits Erreichte, nämlich daß einige C-Schulen in B-Einrichtungen umgewandelt wurden, kam man nicht hinaus, abgesehen davon, daß der von der Regierung weiterhin mitfinanzierte UDV nun gelegentlich gegen untere Behörden, die seine landesweite Ausdehnung verhindern wollten, in Schutz genommen wurde. Alle weitergehenden Vorschläge Bleyers verliefen im Sande. Sie galten der Umwandlung fast aller C- in B-Volksschulen binnen fünf Jahren, der Einführung der Muttersprache als Behördensprache in Minderheitsgemeinden und der Zusammenarbeit neuer Minderheitsabteilungen im Unterrichtsministerium mit dem UDV, der seinerseits von der Bevormundung durch staatliche Behörden befreit werden sollte. Es bestand auch keinerlei Aussicht, den Ministerpräsidenten von seiner ausdrücklichen Abneigung gegen Bleyers Forderung nach »Kulturautonomie« für die deutsche Minderheit und weiterführende deutschsprachige Bildungseinrichtungen als Basis für eigene Elitenbildung abzubringen.

Auch wenn Bleyers ursprünglicher Optimismus immer wieder einmal kurz aufflackert, so ist er sich doch spätestens 1930/31 darüber im klaren, daß seine Strategie nicht unverändert beizubehalten ist. Er konnte nicht länger ausschließlich auf Vereinbarungen mit Bethlen und Wohlverhalten gegenüber der Regierungsfraktion setzen. Aus dieser Einsicht ergaben sich Änderungen seines Konzepts, neue Verfahrensweisen und Kontakte. Dies markierte den Übergang zu einer neuen Phase deutscher Minderheitsentwicklung in Ungarn.

Jakob Bleyer blieb eine Erscheinung der Ära Bethlen, das heißt der zwanziger Jahre. Er geleitete die Deutschen in Ungarn – insofern stellen die Jahre zwischen der eigentlichen Zäsur 1930/31 und Bleyers Tod eine Übergangsphase dar – noch an jene Schwelle, die er selbst nicht mehr überschreiten konnte. Er hatte im Laufe von anderthalb Jahrzehnten immer wieder die eine Erfahrung machen müssen: Selbst verständnisvolle Repräsentanten der Staatsnation waren angesichts der innerungarischen Krise und des verschärften Nationalismus eigentlich nur dann zu gewissen Zugeständnissen bereit, wenn ansonsten eine deutliche Verschlechterung der Beziehungen zu Deutschland drohte. Nicht nur Bleyer, auch der regierungsnahe UDV-Vorsitzende Gustav Gratz hatte diese Erfahrung im Gespräch mit dem Ministerpräsidenten machen müssen. So hatte er beispielsweise im Februar 1930 von Bethlen zu hören bekommen, daß dieser trotz des verbreiteten katholisch-kirchlichen Widerstandes durchaus zu einem schulpolitischen Entgegenkommen bereit sei, denn ansonsten »könne man nicht erwarten, daß man sich in Deutschland mit dem Stand der Minderheitsfrage in Ungarn zufrieden gebe«.[16] Man konnte aus Beobachtungen dieser Art den Schluß ziehen, daß konsequente deutsche Minderheitspolitik in Ungarn nicht möglich sei, und daß man sich, so Gratz, jenseits der privaten Existenz eben in die Lebenszusammenhänge der Staatsnation fügen müsse. Aber es gab auch die Möglichkeit, sich für die Opposition gegen diesen Staat zu entscheiden, für die Selbstorganisation der Minderheit und ohne Rücksicht auf den tatsächlich begrenzten Spielraum der Regierung. Denn wenn diese einmal kompromißbereit war, wurde sie durch die begründete Sorge gebremst, sich der magyarischen öffentlichen Meinung zu entfremden und selbst ihren Sturz herbeizuführen.

Bleyer geriet in seinen letzten Lebensjahren in fortwährenden Zweifel, ob er doch eine Kompromißchance ausgelassen habe in der Dauerauseinandersetzung mit einer

Umwelt, die ihn allmählich als Fremdkörper abzustoßen begann. Die teilweise Herauslösung aus einer Gesellschaft, die ihn prägte, die er selbst unter anderem als Minister, als Hochschullehrer repräsentiert hatte, geschah nicht freiwillig. Er war dazu gezwungen, wenn er die unumkehrbare Assimilation der Minderheit verhindern wollte. Der psychische und körperliche Zusammenbruch Bleyers Anfang Dezember 1933, der zu seinem Tode führte, kam schließlich gerade zu dem Zeitpunkt, als eine entschiedene Kurskorrektur unumgänglich geworden war. Sie bedeutete Loslösung von Budapest und oppositionelle Selbstorganisation, zugleich emotionale und politische Anbindung an das soeben »nationalsozialistisch« gewordene Deutschland. Bleyer hat diese Wendung zwar noch konzipieren, aber selbst nicht mehr gestalten können. Er hätte damit seinen gesamten Werdegang, seine persönliche, berufliche und politische Prägung verleugnen müssen. Im Jahre 1933 war er an seine politischen Grenzen gelangt. Einen letzten Rest minderheitspolitischer Zukunftshoffnungen konnte er sich allenfalls im Hinblick auf eventuelle reichsdeutsche Hilfe noch erhalten. Dahinter verbargen sich aber Resignation und Pessimismus. Die gleichermaßen lähmende und aufreizende Ahnung nahender Zerstörung einer magyarisch-deutschen Symbiose begann von ihm Besitz zu ergreifen, einer Symbiose, die auch seinem eigenen Werdegang Möglichkeiten und Grenzen vorgegeben hatte.

Ganz anders stand es um Gustav Gratz. Dieser hatte ohnehin nicht an die Möglichkeit einer gesicherten deutschen Minderheitsexistenz geglaubt und hatte sich längst in eine anonym-elementare gesellschaftlich-berufliche Assimilations-, zumindest Integrationsautomatik gefügt. Dabei hatte er sich die Hoffnung auf eine private Nische, eine persönliche Beziehung zur deutschen Kultur, erhalten; zugleich hegte er die Erwartung, die Masse der schwäbischen Bauern könne gar nicht assimiliert werden. Er war der Überzeugung, daß der deutsche Bauer als Mitglied der Dorfgemeinschaft, welche von der gesellschaftlichen Modernisierung ja nicht überall zerstört worden war, sich bei aller Integrationsbereitschaft doch seine Mundart und seinen Lebensstil nicht nehmen lassen werde. Für eine Minderheitspolitik sah Gratz keinen Bedarf. Zur Sicherung der Lebenschance des einzelnen und seines Rechts auf Entfaltung schien ihm die Formierung einer »ungarndeutschen« Großgruppe innerhalb Ungarns und außerhalb der Staatsnation weder möglich noch unentbehrlich zu sein. Soziale Integration und sprachliche Magyarisierung waren für Gratz nicht schon gleichbedeutend mit Assimilation. Er sah auch für die Ungarn deutscher Nation eine Möglichkeit, Verbindung zur deutschen Kultur zu halten und sich ein Bewußtsein der eigenen Herkunft, der persönlichen deutschen Vorgeschichte zu bewahren. Mehr hielt er, der ohnehin die menschliche Existenz grundsätzlich nicht vom Nationalen her definieren wollte, auch gar nicht für nötig.

Für Gratz selbst bedeutete dies, daß er nicht ungarndeutscher Minderheitspolitiker sein wollte, sondern ein ungarischer Politiker deutscher Herkunft. Später, auf dem Transport ins KZ Mauthausen, hat er diese Grundhaltung einem jungen SS-Mann, mit dem er ins Gespräch kam, folgendermaßen verständlich zu machen versucht: »Daß ich … an meiner deutschen Kultur festhalte, hindert natürlich nicht, daß ich mich politisch durch und durch als Ungar fühle und die Interessen dieses meines Heimatlandes mir mehr am Herzen liegen als die Interessen des Deutschen Reiches.«[17] Er suchte für sich einen Weg jenseits der Unterwerfung des einzelnen unter die Identifikationsforderung von Nation und Nationalstaat. Was den UDV, was seine eigene Rolle als Vorsitzender seit 1924 betrifft, so sah er sich keineswegs als deutschnational orientierten Repräsentanten einer entstehenden Einheitsorganisation der Deutschen in Ungarn, nicht als eine Art Vorläufer des späteren Volksgruppenführers, sondern als Vermittler zwischen Deutschen und Regierung, von der er regelrecht beauftragt worden war.

In diesem Sinne arbeitete er mit Bleyer, den er selbst als eigentlichen Repräsentanten der deutschen Minderheit betrachtete, fast acht Jahre lang zusammen. Zwar war es immer wieder zu Meinungsverschiedenheiten gekommen, aber eine schwerwiegende Auseinandersetzung, die diese Zusammenarbeit und Arbeitsteilung zwischen Gratz und Bleyer wirklich gefährdete, ergab sich erst im August 1932. Alles, was an minderheitspolitischen Forderungen über »deutschsprachiges Schulwesen« und »minderheitsfreundliches Verhalten der Behörden« hinausging, mußte nach Gratz' Einschätzung früher oder später einen Ausbruch von Gewalt nach sich ziehen. Als Bethlen in der Wirtschaftskrise 1931 zurücktreten mußte, sah Gratz eine neue Phase nationalistischer Radikalisierung voraus, »da das Land immer mehr und mehr Ideen zuglitt, die dem Gedankengut des italienischen Fascismus und des deutschen Nationalsozialismus entlehnt waren«. Er spürte die zerstörerisch-elementare Wucht dieser Radikalisierungsdynamik bei seinen Abwehrversuchen. Es gelang 1931, desgleichen 1933 und 1935 nicht, aus dem gemäßigten Flügel der Regierungspartei, der Kleinelandwirtepartei und der katholischen Wirtschaftspartei eine dauerhafte Koalition gegen den Wortführer eines populistischen Nationalismus zusammenzubringen, gegen Gyula Gömbös: »Gömbös war für mich der Inbegriff alldessen, was ich in der Politik verabscheute ... er war hypernational, antiliberal, antidemokratisch, antilegitimistisch, antisemitisch und demagogisch eingestellt.«

Für Gratz, der schließlich 1933 folgerichtig aus der Regierungsfraktion ausschied und 1936/39 für Károly Rassays linksliberale Bürgerpartei das Wahlkreismandat Budapest-Nord erhielt, ging es nur noch darum, das Schlimmste zu verhindern, eine sich unkontrollierbar verselbständigende Radikalisierung, die sich aus Gömbös' Kombination von populistischem Prestigestreben und diktatorischem Interventionismus in allen Politikbereichen ergeben mußte. Gerade durch die teils nationalistisch-manipulative, teils autoritär-repressive Ablenkung der Masse von den eigentlichen, kaum zu bewältigenden Krisenursachen machte sich Gömbös im Grunde abhängig von eben jener desorientiert-aggressiven Massenstimmung, deren Aufreizung er schon seit Jahren als Herrschafts- und Krisenmanagement betrieben hatte.

Diese »Häutung« des Horthy-Regimes, das nach dem patriarchalisch-autoritären Konservatismus der Bethlen-Ära nun Züge eines nationalistisch-revolutionären Antimodernismus annahm, veränderte die Existenzbedingungen der Minderheit. Schon das kurzlebige Kabinett des Bethlen-Nachfolgers Gyula Graf Károlyi (24. August 1931 bis 21. September 1932) hatte signalisiert, daß man am UDV als Minderheitsorganisation

István Graf Bethlen (1874–1947) repräsentierte von 1921 bis 1931 als Ministerpräsident das dauerhafte Geflecht von Kontakten und Interessen, zu dessen bloßen Instrumenten Parlament und Parteien entwertet worden waren. Die alten Eliten blieben »unter sich«, trotz einiger Umgruppierungen hinter den Kulissen während der zwanziger Jahre.

und an den Vermittlerdiensten des Vorsitzenden Gratz kein Interesse mehr hatte. Dahinter stand nicht nur die zunehmende Abhängigkeit der Regierung von einer nationalistisch-konditionierten Öffentlichkeit, sondern auch außenpolitische Taktik. Es ging darum, das Deutsche Reich zu mehr Unterstützung für Ungarns Revisionismus, besonders für eine deutsch-magyarische Minderheitskooperation im Donauraum zu gewinnen. Diese Neigung Ungarns, jedes Entgegenkommen gegenüber der eigenen deutschen Minderheit von Berlins Unterstützung für eine Korrektur Trianons abhängig zu machen, erhob die Regierung Gömbös (1932–1936) zum Prinzip. Zu Beginn dieser nationalistischen Eskalation, die mit dem Zusammenbruch enden sollte, stimmten also im Grunde alle Beteiligten bei der Einschätzung des ungarndeutschen Minderheitsproblems darin überein, daß eine gütliche Einigung, eine »ungarische Lösung« nicht mehr zu erwarten war. Die Zeit der Experimente und einer gewissen patriarchalisch-autoritären Fürsorglichkeit war vorbei. Der nationalistische Konsens, der sich in Ungarns Gesellschaft wie auch in den Nachbarländern und im »Dritten Reich« verhärtete, ließ Souveränitätseinbußen der Staatsnation beziehungsweise Nachgiebigkeit gegenüber nationalen Minderheiten nicht mehr zu.

Auch Bleyer reagierte auf diese Klärung der Lage. Wenn er seine Ziele nicht voll und ganz aufgeben und – im Sinne von Gratz – die Minderheitsidentität zur bloßen Privatsache jedes einzelnen Schwaben machen wollte, so mußte er außerhalb Ungarns Unterstützung suchen. Noch in seinen beiden letzten Lebensjahren näherte er sich der reichsdeutsch-»völkischen« Option. Das geschah aus Ohnmacht, auch aus Resignation, nicht aber mit dem Vorsatz, die Minderheit zum Instrument des Deutschen Reiches im Donauraum zu machen. Diese Kursänderung Bleyers widersprach dem Programm, mit dem er in der Endzeit der Habsburgermonarchie angetreten war. Sein Leben lang hatte er gegen die UDVP, gegen Steinacker und Brandsch eine »ungarische Lösung« des Minderheitsproblems ohne deutschnationalen Bezug propagiert.

Zu Bleyers Neuorientierung gehörten – neben den notwendigerweise nichtöffentlichen Bemühungen um reichsdeutsche Partner – zunächst organisatorische Initiativen zu ungarndeutscher Eliten- und Parteibildung außerhalb des UDV. Schon bei der Vorbereitung der Wahl vom 28. bis 30. Juni 1931 wollte Bleyer das sichere Mandat in Wieland, das ihm die Regierungspartei bot, ablehnen. Statt dessen gedachte er, für eine oppositionelle deutsche Minderheitspartei in dem ebenfalls in der Schwäbischen Türkei gelegenen Petschwar zu kandidieren. In seiner Sorge, eine oppositionelle deutsche Partei werde das Verhältnis zwischen Staatsnation und Minderheit noch mehr verschlechtern, brachte ihn Gratz von diesem Vorhaben ab. Obwohl er die Unterstützung von Regierung und Behörden erhielt, konnte Bleyer seinen angestammten Wahlkreis Wieland nur mit knapper Not verteidigen. Diese geringe Resonanz in einem Wahlkreis mit großem deutschen Bevölkerungsanteil war enttäuschend, zumal er die deutsche Minderheitsthematik bewußt in den Vordergrund gerückt hatte. So konnte sich Gratz bestätigt fühlen, der ja stets die Auffassung vertreten hatte, die besonderen – eben auch symbiotischen – Beziehungen zwischen Staatsnation und deutscher Minderheit ließen letztlich deren deutschnationale Formierung nicht zu. Dies galt zumindest, solange

Unterstützung durch das Deutsche Reich ausblieb, die er in dieser Form auch gar nicht wollte.

Gratz registrierte mit Besorgnis, daß Bleyer ihm nicht vollen Einblick in eben jene reichsdeutschen Verbindungen gab, die er mit Hilfe des Vereins für das Deutschtum im Ausland (VDA) herstellte. Die Geheimniskrämerei belastete den offenen und direkten Bleyer zwar, aber er glaubte, diese Kontakte aussparen zu müssen, wenn er Gratz als übergeordnetem Partner im UDV-Präsidium von seinen Reisen nach Deutschland berichtete. Es war ihm klar, daß Gratz wegen seiner Abhängigkeit von der Regierung gar keine andere Wahl hätte, als sein Wissen weiterzugeben. Von dem drückenden Bewußtsein, den einiges ahnenden Gratz zu täuschen, versuchte Bleyer sich zu befreien, indem er die betreffenden Kontakte »draußen« in Deutschland nicht als Repräsentant des UDV, sondern der Deutschen Arbeitsgemeinschaft herstellte.

Diese minderheitspolitische Avantgarde-Organisation hatte Bleyer Mitte 1931 gegründet. Sie sollte neben dem gemäß Satzung unpolitischen UDV ein Forum für Mitarbeiter und Gesinnungsfreunde sein. In diesem Kreis setzte sich etwa 1931/32 angesichts der demonstrativen Abneigung des Ministerpräsidenten Károlyi gegen den UDV und die Minderheitspolitik ganz offensichtlich eine veränderte Lageeinschätzung durch: Es wuchs die Überzeugung, eine bewußt deutsche Elite müsse die Minderheit zu einer politisch handlungsfähigen Einheit formen und Deutschlands Unterstützung gewinnen. Erst auf diese Weise unter Druck gesetzt, werde Budapest den Schwaben entgegenkommen. Gratz zog aus seiner Auffassung, weder die Regierung noch die Minderheitsführung seien derzeit wirklich an einer Vermittlung interessiert und Bleyer agiere an ihm vorbei, die Konsequenz des Rücktritts als UDV-Vorsitzender.

Bei der 9. Generalversammlung am 20. August 1932 in Budapest empfahl er Bleyer als Nachfolger, allerdings nur als geschäftsführenden Vorsitzenden, um die Regierung nicht herauszufordern. Zwar hätte die Vollversammlung Bleyer trotzdem in die volle Gratz-Nachfolge als Vorsitzenden wählen können, aber sie verzichtete – auch Bleyers eigenem Rat entsprechend – darauf. Schließlich standen Verhandlungen mit der Regierung über das wichtigste Anliegen des UDV bevor: Es sollte um eine Ausdehnung des deutsch- beziehungsweise wenigstens gemischtsprachigen Schulwesens gehen. Die Regierung hatte aber signalisiert, eventuelle Zugeständnisse nur machen zu wollen, wenn Gratz an die Spitze des UDV zurückkehre ... An Bleyers Avancement war also, wenn überhaupt, höchstens einige Zeit nach Abschluß dieser Verhandlungen zu denken. Wachsende Bedeutung gewann in den Augen Bleyers und der Deutschen Arbeitsgemeinschaft die Hoffnung auf Hitler, von dem man erwartete, er werde seinen Gesinnungsfreund Gömbös beeinflussen: »Ein Wort Hitlers an Gömbös genügt, um die Frage des Deutschtums in Ungarn zu lösen.«[18]

Das Jahr 1933 schließlich brachte eine dramatische Steigerung von Bleyers Bemühungen um eine »ungarische Lösung« des Minderheitsproblems. Dabei setzte er noch einmal auf eine ungarndeutsche Minderheitspolitik ohne offene und eskalierende Konfrontation mit der Staatsnation. Der Fehlschlag dieses letzten Versuchs, Minderheitspolitik im Interesse der Minderheit, nicht vorrangig des Deutschen Reiches zu betreiben, markiert wohl den Höhepunkt der ungarndeutschen Zeitgeschichte überhaupt. Allerdings beeindruckte die Zeitgenossen selbst sehr viel stärker der folgende Aufstieg einer neuen »volksdeutschen« Politikergeneration und die Formierung einer ungarndeutschen »Volksgruppe«. Im Gedächtnis der »Erlebnisgeneration« schließlich ist verständlicherweise alles Geschehen der zweifachen Katastrophe von Krieg und Vertreibung zugeordnet. Demgegenüber rückt der Zeitraum 1932 bis 1934 bei einer langfristig-vergleichenden Betrachtung in den Vordergrund: Die konzeptionellen Möglichkeiten deutscher Minderheitspolitik in Ungarn erweisen sich als erschöpft, ohne daß die »deutsche Frage« gelöst worden wäre. Was blieb, war im Grunde keine »Minderheitspolitik« mehr, sondern die Wahl zwischen zwei Führungsgruppen, die um die Entscheidung zwischen allmählicher Assimilation und konfliktbereiter Formierung eines »Staates im Staate« rangen.

Die Masse der Schwaben war dabei trotz fortschreitender Politisierung nicht entscheidend am Sieg des späteren »Volksgruppenführers« Franz Basch beteiligt. Die konkurrierenden Anliegen der beiden Antipoden Basch und Gratz waren ferngesteuerte Autonomie oder Einfügung in die Staatsnation – Ergebnis autoritärer Führung das erstere, gesellschaftlichen Anpassungsdrucks hingegen das letztere. So wurde in den Jahren 1932 bis 1934 die Unmöglichkeit einer ungarndeutschen Minderheitspolitik sichtbar, die weder durch Assimilation noch durch Konflikt zur Katastrophe der Minderheit führen sollte. Anders als bis auf den heutigen Tag die meisten Betrachter annehmen, waren Basch und Gratz, waren der Kurs auf Konfrontation wie derjenige auf Anpassung nicht einfach eine Radikalisierung der vorherigen ungarndeutschen Politik von Bleyer und dem UDV beziehungsweise dessen Alternative. Vielmehr stellten beide Konzepte lediglich noch Versuche einer Notlösung dar. Das Ausweglose dieser Situation wird durch Bleyers Tod Ende 1933 geradezu symbolisiert. Ähnliches gilt für Baschs Hinrichtung nach Kriegsende und Gratz' Weg nach Mauthausen: Sie standen für das schon um 1933 weitgehend vorprogrammierte Ende zweier Wege ungarndeutscher Entwicklung, deren Ziel nicht mehr im Sinne Edmund Steinackers die Bewahrung einer Minderheitsexistenz in magyarisch bestimmter Umwelt gewesen war.

Anders als gleichzeitig in Rumänien bei den Siebenbürger Sachsen die »Erneuerung«, stellen Basch und die »Volksgruppe« nicht so sehr die lineare Radikalisierung bisheriger, gewachsener deutschnationaler Tradition dar. Eher könnte von aktionistischer Flucht nach vorne die Rede sein, die aus dem Scheitern einer zunächst eben nicht deutschnationalen, nicht an Berlin orientierten Strategie gemeinsamer Sicherung ungarndeutscher Existenz durch Minderheit und Staat herausführen soll. Dabei stellte anders als bei den Deutschen in Rumänien die Gefahr der Assimilation das Hauptproblem dar. Der wachsende Einfluß auf die »völkischen« Deutschen in Ungarn war in weitaus höherem Maße als bei den Konnationalen in Rumänien durch das intransigente Verhalten der Staatsnation begünstigt worden. Wie Steinacker weitgehend durch den offensiven magyarischen Nationalismus der Industrialisierungsära, so war Bleyer vorrangig durch den antimodernistischen Revisionismus der zwanziger Jahre zum Abweichen von seinen ursprünglichen ungarisch-patriotischen Verständigungsvorsätzen geradezu gedrängt worden. Da war eher Wiederholung als Kontinuität in der ungarndeutschen Zeitgeschichte: Bleyer war Steinackers Erbe so wenig wie Basch derjenige von Bleyer. Sie waren allenfalls Nachfolger, deren jeder das im engsten Sinne minderheitspolitische Anliegen von Assimilationsabwehr und Selbstorganisation verfolgte. Ansonsten aber folgten sie unterschiedlichen Impulsen und prägten konkurrierende Zielvorstellungen.

Dies sollte nicht durch die Hervorhebung von Bleyers später Anlehnung an reichsdeutsche Partner, schließlich an das nationalsozialistische Deutschland verwischt werden, auch nicht durch die überproportionale Betonung seiner Rolle als Lehrer der »völkischen« Politikergeneration. All dies wird relativiert durch seine Loyalität zum ungarischen Staat, durch seine bleibende konservativ-katholische Fremdheit gegenüber der nationalsozialistischen Weltanschauung. Bleyer hätte im Falle eines Krieges zwischen dem Deutschem Reich und Ungarn selbstverständlich, wenn auch schweren Herzens, seine Pflicht als ungarischer Staatsbürger getan. Den Kontakt zum »Dritten Reich« suchte er der eigentlich schon verfehlten Ziele der ungarndeutschen Minderheit wegen, nicht aber aufgrund einer persönlichen Hinwendung zur NSDAP.

In diesem Zusammenhang und unter Berücksichtigung der jeweiligen tagespolitischen Konfliktkonstellation gewinnen zahlreiche Belege für Bleyers Denken über den magyarischen Nationalismus, auch die Zeugnisse seiner Bemühungen um eine reichsdeutsche Unterstützung erst ihren wirklichen, durchaus begrenzten Stellenwert. Sein in der Tat problematisches Antichambrieren in deutschnationalen und nationalsozialistischen Vorzimmern sollte jedenfalls nicht isoliert betrachtet werden, war es doch immer auch Ergebnis seiner gleichzeitigen deprimierenden Erfahrungen bei Verhandlungen mit ungarischen Partnern. Gerade diese Erfahrungen veranlaßten Bleyer 1932/33, mit Hilfe seiner deutschnationalen Ansprechpartner in Deutschland Kontakt zur NSDAP zu suchen. Er tat dies, nachdem er erfahren hatte, daß der Bethlen-Nachfolger Károlyi die deutsche Frage letztlich durch Totschweigen erledigen wollte und Ministerpräsident Gömbös ebenfalls nicht zu irgendwelchen Zugeständnissen an die Minderheit bereit war. Gömbös, mütterlicherseits selbst deutscher Abstammung, vertrat die Auffassung, die Schwaben hätten alles, was sie brauchten, nämlich die Möglichkeit, ihre Nationalität zu bewahren. Alles weitere seien rein innerungarische Angelegenheiten, in die sich auswärtige Stellen nicht einzumischen hätten.[19] Eine Änderung dieser Verhandlungsposition schien nur möglich, wenn Deutschland in den osteuropäischen Entente-Ländern die Zusammenarbeit zwischen deutschen und magyarischen Minderheiten, letztlich Ungarns Trianon-Revisionismus förderte. Bleyer, der diesen Standpunkt der Regierung kannte, bemühte sich 1933 zunächst monatelang um ein ausführliches Gespräch mit dem Ministerpräsidenten. Inzwischen versuchte er, unter anderem über das deutsche Auswärtige Amt, über den VDA und schließlich Mitte Mai 1933 durch ein Gespräch mit Rudolf Heß eine Verschärfung des reichsdeutschen Drucks auf die ungarische Regierung herbeizuführen. Aber auch dies erwies sich als schwierig, da deutsche Diplomaten wie der Gesandte in Budapest, Hans von Schoen, dazu neigten, Bleyers Auftreten als lästige Störung der für weiterreichende Südostaktivitäten wichtigen deutsch-ungarischen Beziehungen zu betrachten.

Immerhin nahm das Interesse an den Deutschen im Südosten zu. So übermittelte der Staatssekretär im Auswärtigen Amt, Bernhard Wilhelm von Bülow, am 1. Dezember 1932 folgende Sprachregelung: »Wenn die Tatsache der Existenz einer deutschen Minderheit in Ungarn eine gewisse Belastung des deutsch-ungarischen Verhältnisses bedeutet, so liegt die Schuld daran so gut wie ausschließlich auf ungarischer Seite. Da ... die Ansprüche dieser Minderheit nicht etwa darauf gerichtet sind, einen Fremdkörper im Staate zu bilden, sondern allein die Erhaltung ihres Volkstums zum Ziele haben, würde Ungarn durch eine Befriedigung dieser Ansprüche in keiner Weise seine nationale Einheit gefährden.« Ungeniert erinnert der Staatssekretär die widerborstigen Budapester Gesprächspartner an die Diskrepanz zwischen ihren außenpolitischen Ansprüchen und Ungarns tatsächlicher Ohnmacht, das heißt an die Abhängigkeit von reichsdeutschem Wohlwollen. Durch »vorbildliche Behandlung« der ungarndeutschen Minderheit könnten sie ihren Zielen freilich näherkommen, wobei Bülow Budapests Erwartung zurückweist, »daß Deutschland an der Vergewaltigung einer bestimmten deutschen Minderheit nur deswegen desinteressiert ist, weil es zu dem betreffenden Gaststaate in freundlichen Beziehungen steht«.[20]

Aber auch deutliche Worte dieser Art ließen Budapest zunächst unbeeindruckt, wohl auch, weil die ersten Meinungsäußerungen Hitlers als Reichskanzler Hoffnungen erweckten, die Schwaben seien ihm weniger wichtig als das gute Verhältnis zu seinem Gesinnungsfreund Gömbös. Dazu Bleyer am 17. März 1933: »Es droht uns die Gefahr, ein zweites Südtirol zu werden, mich aber trifft früher oder später das Schicksal des Führers, der immer nur Mißerfolge hat.«[21] So versuchte er Mitte April 1933, unter anderem über den Münchner Universitätsprofessor Karl Haushofer, Zugang zu Hitler zu erhalten: Angesichts der gegebenen »Gefahr der Vernichtung« des Deutschtums in Ungarn »suchen wir direkte Verbindung zum Führer und zu den am ehesten maßgeblichen Stellen, damit sie sich als Retter unseres Schicksals annehmen«.[22] Denn »was jetzt im [ungarn-]deutschen Leben vor sich geht, ist entweder unsere endgültige Rettung oder unser endgültiger Tod«.[23] Aber es gab noch andere Erscheinungen, die er für verhängnisvoll hielt, nämlich, daß Anhänger von Gratz wie der katholische Pfarrer László Pintér, desgleichen Abgeordnete der Partei der Kleinen Landwirte wie Lénárd Lang und Mihály Neuberger oder der Sozialdemokrat József Büchler und der Zipser Abgeordnete Guido Höpfner zunehmend den minderheitspolitischen Alleinvertretungsanspruch Bleyers im Reichstag anzweifelten. Als er schließlich zwischen dem 12. und 14. Mai bei Rudolf Heß vorgelassen wurde,[24] legte er unter Hinweis auf die Folgen des Ausgleichs von 1867 seine Vorstellung dar von der nun erreichbaren Neuordnung im Donauraum, gewissermaßen von einem neuen Ausgleich. Ein gutes Verhältnis zwischen Berlin und Budapest sei dabei das Ziel und der Schlüssel für die Lösung des ungarndeutschen Problems. Ohne feste Zusagen, aber doch mit einer gewissen Zuversicht, kehrte Bleyer nach Ungarn zurück.

Nach Bleyers Rückkehr überschlugen sich die Ereignisse. Studentische Demonstrationen gegen ihn und dramatische parlamentarische Auftritte, schließlich das Säbelduell, publizistische Angriffe auf den »Pangermanismus-Professor« als Werkzeug eines neuen deutschen Drangs nach Osten, die zunehmend gereizte Aufmerksamkeit für den Besuch reichsdeutscher Studenten in schwäbischen Dörfern, die Hinneigung deutscher Bauern im westlichen Grenzgebiet zu Österreich – das alles waren Symptome einer zugespitzten Auseinandersetzung um die deutsche Frage. Zu dieser Zeit wartete Bleyer vergeblich auf eine Audienz beim Ministerpräsidenten. Statt dessen traf Gömbös am 18. Juni mit Hitler zusammen. Dabei kam es zu einer vorläufigen Positionsbestimmung der reichsdeutschen Ungarnpolitik. Diese Vereinbarungen zogen Bleyer und seine Hilfsappelle an Berlin im Grunde nur noch als Störfaktor ins Kalkül. Bis spätestens Ende September 1933 einigten sich die ungarische Diplomatie und das Auswärtige Amt im Sinne der Hitler-Gömbös-Verständigung: die Bedeutung der »deutsche Frage« wurde tiefer angesiedelt. Abgesehen von einem prinzipiellen Bekenntnis zur Erhaltung der deutschen kulturellen Identität wurde von Berlin nicht mehr, sondern eher weniger Unterstützung als bisher für Bleyer und den UDV in Aussicht gestellt. Hitler und das Auswärtige Amt erklärten sich zum Beispiel bereit, zugunsten guter Beziehungen zu Budapest den bisher hinter Bleyer stehenden VDA zurückzupfeifen. Vizekanzler Franz von Papen trug durch Gespräche sowohl mit Ministerpräsident Gömbös als auch mit Bleyer am 20. und 21. September in Budapest dazu bei, die Prioritäten zu klären.

Bleyer war Anfang September durch den deutschen Geschäftsträger in Budapest, Martin Schlimpert, im Auftrag des Auswärtigen Amts über die künftige Haltung der Reichsleitung zur »Frage des ungarländischen Deutschtums« in Kenntnis gesetzt worden.[25] Zwar werde man wie bisher durch »freundschaftliche Einwirkung auf die ungarische Regierung im Rahmen des Möglichen« die Erfüllung »der kulturellen Wünsche der deutschen Volksgruppe« fördern, aber »aus allgemeinpolitischen Rücksichten ist es jedoch im gegenwärtigen Augenblick der Reichsregierung nicht möglich, einen Druck auf die ungarische Regierung auszuüben«. Mit dieser Ablehnung der Hauptforderung Bleyers, ohne deren Erfüllung er eine erfolgreiche ungarndeutsche Politik nicht mehr für möglich hielt, war der Rat verbunden, die außenpolitische Zusammenarbeit zwischen dem »Dritten Reich« und Ungarn nicht länger zu stören: »Aus dem gleichen Grund wäre es auch nicht erwünscht, wenn das ungarländische Deutschtum in eine Kampfstellung gegenüber der ungarischen Regierung und Öffentlichkeit geraten würde. Wir würden es daher für zweckmäßig halten, wenn Professor Bleyer bei seinem weiteren Vorgehen diesem Gesichtspunkt Rechnung tragen wollte.« Daß abschließend Bleyer das Vertrauen als »Führer des ungarländischen Deutschtums« und die Anerkennung für sein Wirken ausgesprochen wurde, mußte wie eine Verabschiedung wirken. Er mußte auch noch hinnehmen, daß der ungarische Gesandte in Berlin, Szilárd Masirevich, für eine Gegenoffensive sogar Hitlers Zustimmung erhielt. Als der ungarische Gesandte die Bemühungen von VDA und UDV um die politische Mobilisierung und »Regermanisierung« von teilweise längst magyarisierten Schwaben als Gefahr für die Zusammenarbeit von Berlin und Budapest darstellte, bekundete Hitler Zustimmung: Es »liege nicht in seiner politischen Linie, die in anderen Ländern lebenden Deutschen an die Deutschen im Reich zu assimilieren und dadurch Zwietracht zwischen die deutsche Minderheit und das staatsbildende Volk zu säen«.[26]

Damit waren Bleyers letzte Hoffnungen, die auf Hitlers Unterstützung zielten, zerstört. Ganz umsonst hatte er sich mit beträchtlicher Selbstverleugnung zuletzt sogar zu einer Art weltanschaulich-ideologischer Grenzüberschreitung durch Anbiederung an »unseren Volkskanzler Hitler«[27] bereitgefunden. Das war der letzte Schritt ins Abseits gewesen. Als Bleyer schließlich doch noch zu der seit langem erwarteten Audienz bei Gömbös gebeten wurde, war dies also im Grunde kaum noch von Belang. Obwohl er auf ausdrückliches Ersuchen hin seine minderheitspolitischen Forderungen vorher schriftlich vorgelegt hatte, ging der Ministerpräsident im Laufe des einstündigen Gesprächs darauf nicht mehr ein.[28] Statt dessen machte er Bleyer mit Nachdruck klar, daß die Beziehungen zwischen Deutschland und Ungarn ausschließlich Sache der beiden Regierungen seien. Die Lage der deutschen Minderheit in Ungarn betrachte er als rein innenpolitische Angelegenheit, die er gemeinsam mit der Minderheitsvertretung regeln werde. Eine Einmischung ausländischer Instanzen dürfe es nicht geben. Schließlich gestattete der Ministerpräsident dem gescheiterten Minderheitspolitiker nach dieser Demonstration seiner Isolierung und Ohnmacht noch einen Blick auf die Zukunft der deutschen Minderheit. Gömbös bezeichnete die 1918/20 verlorengegangenen Nachbargebiete als Teile zwar nicht mehr des Staates Ungarn, aber doch des »historischen Raums« Ungarn. Diesen wolle er wieder herstellen. Es sei Aufgabe der dortigen deutschen Minderheiten, künftig gemeinsam mit den jeweiligen magyarischen Minderheiten die Revision der jetzigen Grenzen und die Wiederherstellung des historischen Ungarn zu betreiben. Die Zukunft der Deutschen liege in ihrer Geschichte, in ihrer Rückkehr zur Vergangenheit Ungarns als magyarischem Nationalstaat.

Gömbös' nationalistische Utopie führt aus der Realität der zwanziger Jahre als eigentlicher Zwischenkriegszeit in die Wirklichkeit der dreißiger Jahre, der neuen Vorkriegszeit. Dies war nicht mehr die Welt Bleyers, des Politikers, der zugleich gütig-strenge Vater- und Lehrerfigur sowie handlungs- und kompromißorientierter Fachmann gewesen war und dem es um die konkreten Existenzbedingungen einer gefährdeten Minderheit gegangen war. Nun setzte eine neue Politikergeneration der Minderheitspolitik der Deutschen in Ungarn ein Ende. Wie mit Steinacker und der UDVP, mit Bleyer und dem UDV, so begann mit Basch und der VDU ein neuer Anlauf, jeder Anlauf auf die vorangegangenen aufbauend, aber doch ohne Kontinuität, da jeweils andere Voraussetzungen und Bedingungen zum Tragen kamen. Und doch nun etwas anderes: Es geht letztlich nicht mehr um die einzelne Schule oder den einzelnen Kindergarten, um Nachwuchsstipendien, Ortsgruppenalltag und Erziehung politikferner Bauern zu selbstbewußten Wählern. Nicht die Erhaltung einer deutschen Minderheit, ihrer alltäglich-konkreten Existenz im magyarischen Nationalstaat ist fortan das eigentliche Thema ungarndeutscher Politik. Bei diesem letzten Versuch treten, wenn auch nie konsequent und allein dominierend, hinter einem verwirrend-ereignisreichen Bild mehrjährigen internen Führungskampfes schließlich die Konturen einer »völkischen« Utopie hervor. Sie erscheint als eine Art parareligiöser Erlösung von der stets gefährdeten, oft desorientierten Minderheitsexistenz durch die endgültige Verschmelzung mit einer vollendeten »Volksgemeinschaft« der Deutschen.

»In der Schwabenbevölkerung herrscht eine riesige Begeisterung für Hitler und die Schwaben, besonders die schwäbischen Jungen sind so erbittert, daß Hitler gar nichts für das ungarische Deutschtum tut, daß sie nun Aktionen einleiten wollen, die Deutschland zwingen, sich mit den deutschen Minderheiten in Ungarn zu befassen. Es ist eine Revolutionierung der Schwaben im Zuge.«[29] Dieser Bericht eines Beobachters aus der Umgebung Bleyers war zwar übertrieben, aber eine Ende 1933 spürbare Tendenz hob er richtig hervor: Es gab in der Tat besonders bei Intellektuellen, aber auch bei den mittleren und unteren Schichten der schwäbischen Dorfbevölkerung ein zunehmendes Interesse an den eigenen Rechten und ihrer politischen Durchsetzung, auch am Deutschem Reich und an Hitler. Wir wissen im Grunde nur wenig über die Intensität der ungarndeutschen Politisierung, vor allem wenig über die Anteile der rivalisierenden Richtungen zu ganz bestimmten Zeitpunkten.[30] So kann man die maximale Mitgliederzahl des UDV auf rund 15 000 schätzen, diejenige des VDU etwa Anfang 1940 auf ungefähr 31 000 mit einem späteren Ansteigen auf höchstens 60 000. Die tatsächliche Breitenwirkung der umfangreichen Aktivitäten, vor allem des UDV, kommt darin noch nicht zum Ausdruck. So sollen bestimmte Musikveranstaltungen an die 100 000 Menschen erreicht haben, was allerdings nicht ohne weiteres mit politischer Mobilisierung gleichzusetzen ist.

Auch zu den gesellschaftlichen Veränderungen, die dem Politisierungsprozeß zugrunde lagen, verfügen wir nur über wenig sicheres Wissen. Im wesentlichen sind dies nur Trendaussagen, beispielsweise zur Abnahme der deutschen Bevölkerung in Trianon-Ungarn und hierbei, als Folge der starken Assimilierung, besonders der Stadtbevölkerung.

Deutsche in Trianon-Ungarn (beziehungsweise dem entsprechenden Gebiet vor 1918)[31]

Jahr	Gesamtzahl		in ländlichen Gebieten		in Städten	
		Anteil an Gesamtbevölkerung in %		Anteil an deutscher Bevölkerung in %		Anteil an deutscher Bevölkerung in %
1880	607 505	11,4	427 156	70,5	180 429	29,5
1910	554 237	7,3	441 729	81,5	109 482	18,5
1930	478 630	5,5	397 246	83,0	81 384	17,0

Neben der Bevölkerungsverschiebung durch Urbanisierung und Auswanderung wirkte sich auch der Wandel der sozialen Schichtung beziehungsweise der Berufsstruktur als Triebkraft der Politisierung aus. Wenn bestimmte weitere Bedingungen gegeben waren, konnte dies auch zu nationaler deutscher Integration führen. Von den im Trianon-Jahr 1920 rund 551 000 Deutschen waren etwa 56 Prozent Bauern und Landarbeiter, 25 Prozent Industriearbeiter, fünfzehn Prozent Handel- und Gewerbetreibende und vier Prozent Akademiker. Noch nach dem Ersten Weltkrieg war ähnlich wie unmittelbar vor Kriegsbeginn die mittelbäuerliche Schicht der eigentliche Resonanzboden für die deutschnationale Politisierung gewesen.

Etwa seit Beginn der dreißiger Jahre aber zeigte sich eine neue Tendenz. Es kam zu Verunsicherung und Desorientierung vieler Mittelbauern. Was sich in dieser Hinsicht bereits kurz vor dem Ersten Weltkrieg angebahnt hatte,[32] verschärfte sich unter dem Druck des sozialen Wandels und der Wirtschaftskrise besonders seit Ende der zwanziger Jahre ganz beträchtlich. Vor allem verschlechterte sich auffallend stark die Lage von Kleinbauern und Agrarproletariern. Das Verhältnis zwischen den drei wichtigsten Teilgruppen der Dorfbevölkerung, zwischen Großbauern mit mindestens fünfzig Joch[33] (1920 nur etwa 1,7 Prozent der deutschen Agrarbevölkerung), Mittelbauern mit fünf bis fünfzig Joch (ungefähr vierzig Prozent) sowie Kleinbesitzern und Agrarproletariern (fast 58 Prozent) verhärtet sich unter dem Eindruck drohender Verarmung. Dies wiederum erlaubt eine weitere Trendaussage: Der soziale Wandel im Dorf, wo lebensweltliche Homogenität und politischer Absentismus erschüttert sind, öffnet der deutschnational-»völkischen« Politik den Zugang zu den unteren Schichten. Diese Art von Demokratisierung ungarndeutscher Minderheitspolitik wiederum dürfte eine Erklärung für ihre Radikalisierung sein, auch für die allmähliche Ablösung der älteren, eher honoratiorenhaft-gutbürgerlichen Führungsgruppe. Sie wurde allmählich durch einen jüngeren, professionellen Funktionärstyp zur Seite geschoben; in manchen Fällen durch regelrechte »Berufsdeutsche«, für die die »völkisch«-nationalistische Radikalität auch Karrierebedingung war. Vertreter wie Gratz und Bleyer repräsentierten diese Minderheit nicht mehr, dafür war inzwischen der Anteil an Verunsicherten und Verarmten zu groß, der Anteil derer, die sich in dieser Gesellschaft nicht wiederfanden.

Die infolgedessen wachsende Empfänglichkeit für Alternativen sorgte für mehr Interesse nicht nur an einer solidarischen »Volksgemeinschaft« mit dem Charisma des ganz anderen, sondern auch an den ebenfalls oppositionellen Verheißungen der Partei der Kleinen Landwirte und an denen der Sozialdemokratie. Ein weiterer unerfreulicher Beleg für diese Wechselwirkung zwischen Krisenbewußtsein und Politisierung in radikalem Sinne ist der rapide Bedeutungsschwund bestimmter Bestandteile des Parteienspektrums in Horthy-Ungarn, und zwar gerade derjenigen, denen Gratz und Bleyer angehörten: liberale und katholisch-konservative Parteien. Freilich setzte eben diese Anbindung an gesamtgesellschaftliche Radikalisierungstendenzen der Minderheitspolitik auch gewisse Grenzen. Diese nahm nun in den Augen vor allem vieler mittlerer und begüterter Bauern zu sehr die Züge des Aufrührerischen, Plebejischen, des sozialen Neides an. Einigermaßen gefestigt waren noch jene Wertorientierungen und Einstellungen kirchlich-bäuerlicher Art, die gegenüber dem Wandel politischer Auffassungen und parteimäßiger Ausrichtung ein Eigenleben bewiesen. Dies begrenzte die Breitenwirkung des völkischen Nationalismus. Daß die ungarndeutsche Minderheit nicht als ganze völlig gleichgeschaltet wurde, eben nicht als »fünfte Kolonne« verläßlich funktionierte, findet hierin eine Erklärung. Einige der entscheidenden soziostrukturellen und politisch-kulturellen Existenzbedingungen des reichsdeutschen »Nationalsozialismus«, die dessen Erfolg ermöglichten und auch inhaltliche Bedeutung gewonnen hatten, waren bei den Ungarndeutschen nicht vorhanden; es gab keine hochentwickelte Industriegesellschaft und auch kein bürgerliches Sozialmilieu, das der Selbstbestimmung müde und an die Flucht in den Nationalismus gewöhnt gewesen wäre.

Auch das geradezu instinktive Gespür der Minderheit für die grundsätzliche Verletzlichkeit ihrer Existenz wird viele daran gehindert haben, ihre deutsche und ungarische Doppelidentität durch deutsch-»völkische« Solidarisierung ohne Wenn und Aber zu ersetzen. Das nationalsozialistische Element ist in der äußerlichen, propagandistischen Selbstdarstellung der deutsch-»völkischen« Minderheitspolitik à la VDU ebenso überrepräsentiert wie der VDU in der schriftlichen Quellenüberlieferung dieser Epoche. Es ist ein Trugschluß, die deutsche Minderheit in Ungarn seit 1933/34, spätestens seit der »Volksgruppen«-Konstituierung 1940 als voll gleichgeschalteten Außenposten des »Dritten Reiches« und des Nationalsozialismus aufzufassen. Selbst nach ungarischen Schätzungen dürfte es der VDU – und selbst diese kann nicht ohne weiteres als eine ungarndeutsche NSDAP bezeichnet werden – allenfalls gelungen sein, die Hälfte der Minderheit hinter sich zu bringen.[34] Auch dies war wohl erst während des Zweiten Weltkrieges der Fall, als die machtpolitisch-militärische Bevormundung Ungarns durch das »Dritte Reich« voll zum Tragen kam.[35]

Vor diesem Hintergrund war das Bild von der regelrechten Revolutionierung der Schwaben nur ein Wunschbild. Richtig daran war immerhin der Hinweis auf einen verstärkten Trend zu Politisierung und Nationalisierung, was zugleich einen Trend zur Infragestellung des »deutschungarischen« Patriotismus bedeutete. Vor allem kommt hier das Ziel zum Ausdruck, dessentwegen sich die heranwachsende Generation schwäbischer Akademiker erstmals nicht mehr um Repräsentanten und Symbole, Verhaltensnormen und Futtertröge von ungarischem Staat und magyarischem Nationalismus gruppierte. Statt dessen orientierte man sich an Bleyer, an einem Beinahe-Magyaronen, der bei seiner späten Wandlung zurück zum bewußten Schwaben die früheren Stationen seiner weltanschaulich-politischen Prägung erneut passieren mußte, nur eben in umgekehrter Richtung. Anders als der charismatische Meister, dessen Loyalitätskonflikte und Kompromisse nicht die ihren werden sollten, wählten dann Bleyers Jünger von vornherein den Weg der Verweigerung. Sie wandten sich gegen die Überlieferung einer doppelten, staats- und volksbezogenen Identität. Sie identifizierten sich zwar in hohem Maße mit Hitler und der »Volksgemeinschaft«, mit Stil und Programm des Nationalsozialismus, aber als weiterer, über Bleyer hinaus- und von ihm wegführender Radikalisierungsimpuls ist die besondere minderheitspolitische Situation zu nennen: die Konfrontation mit einem ebenfalls radikalisierten magyarischen Nationalismus. Dies war das Neue der Nach-Bleyer-Ära: das Anliegen der »Revolutionierung«, eine Entschiedenheit im Oppositionellen letztlich, die als Ergebnis nur der reichsdeutschen Einflußnahme sicherlich unzureichend erklärt wäre. Ihre charakteristische Radikalität hatte ja auch eine autochthone schwäbische Wurzel. Sie entstammte auch der Bleyerschen Erfahrung schwäbischer Ohnmacht gegenüber wachsendem Anpassungsdruck in Ungarn selbst.

NATIONALISMUS STATT POLITIK: DIE ENTSTEHUNG EINER »VOLKSGRUPPE«

Die Veränderungstendenz der innerungarischen Zustände hatte nicht nur Bleyers Gouvernementalismus und Patriotismus beiseite geschoben. Im Anschluß daran setzte sie auch dem konzeptionellen Gegenstück zur deutschnationalen Volksgemeinschaft, dem deutschungarischen Konservatismus eines Gustav Gratz immer engere Grenzen. Auch wenn die endgültige Entscheidung erst 1938 mit der Gründung des VDU getroffen wurde, so war doch schon während einer Übergangsphase seit 1933/34 klar, daß das assimilative Aufsaugen der deutschen Stadtbevölkerung und das deutschnational-»völkische« Wegdriften eines großen Teils der überhaupt politisch Interessierten auf dem Lande die soziale Basis für den Kurs von Gratz schmälerte. Sie wurde jedenfalls zu schmal zur Stützung des minderheitspolitischen Alleinvertretungsanspruchs von Gratz und dem UDV. Daß die radikale Richtung trotzdem erst nach mehrjährigen Auseinandersetzungen und einigen schweren Niederlagen als Sprecherin, wenn auch nicht als wirkliche Repräsentantin der Minderheit auftreten konnte, lag an einer ganzen Reihe hinderlicher Umstände. Dies waren nicht nur eigene Fehler und interne Rangkämpfe, zum Beispiel zwischen Basch und Bleyers Schwiegersohn Kußbach. Daneben übten auch die Bekämpfung von magyarischer Seite und schließlich das Verhalten reichsdeutscher Partner Einfluß aus. Letzteres begünstigte zunächst eher den Kompromiß als die Konfrontation mit Budapest.

Wie sehr die schwierige internationale Situation Deutschlands 1933/34 nach der Machtübernahme der Nationalsozialisten zunächst eine umfassende Rücksichtnahme auf Ungarn begünstigte, zeigte sich, als am 6. Mai 1934 Gustav Gratz erneut zum UDV-Vorsitzenden gewählt wurde. Im August 1932 zurückgetreten, wurde er nach einer Phase der Ungewißheit und aufgrund einer gewissen Ratlosigkeit sein eigener Nachfolger. Am 12. Dezember 1933 und am 5. Februar 1934 ermutigte ihn Ministerpräsident Gömbös, dieses Amt erneut als Vertrauensmann der Regierung und Vermittler zu übernehmen. Er verzichtete auf die eigentlich beabsichtigte Auflösung des UDV, gelobte Wiederaufnahme der Schulreform, desgleichen die kritische Überprüfung des administrativen Assimilationsdrucks. Und in Berlin, im Auswärtigen Amt wie im VDA, wurde Gratz Anfang Februar 1934 ausdrücklich zugesichert, man werde trotz seiner Distanz zur deutschnationalen Minderheitspolitik loyal mit ihm zusammenarbeiten. Sogar die schwäbischen »Jungtürken« Franz Kußbach und Franz Basch ersuchten Ende Dezember 1933 ihren politischen Gegner Gratz, erneut den UDV-Vorsitz zu übernehmen.

Tatsächlich wurde Gratz, der Kandidat der Regierung, der Garde der alten Bleyer-Freunde und der jungen »volksdeutschen« Generation nur deswegen vor die Nase gesetzt, weil sie selbst noch zu schwach waren und Berlin noch zu vorsichtig agierte, um eben dies zu verhindern. Insgesamt handelte es sich dabei lediglich um einen konzeptionellen und interessenmäßigen Kompromiß auf Zeit, der die Startposition bei der Eröffnung einer neuen Runde deutscher Minderheitspolitik in Ungarn markierte. Die Spielregeln dafür wurden von Budapest und Berlin bestimmt. Vor allem nahm darauf Ministerpräsident Gömbös Einfluß, der, sinnesverwandt mit Hitler und Mussolini, den-

Der deutsche Außenminister Konstantin Freiherr von Neurath (1873–1856) und der ungarische Ministerpräsident Gyula Gömbös (1886–1936), hier auf dem Flugplatz Berlin-Tempelhof am 30. September 1935, waren Figuren des Übergangs: Bei dem Versuch, die Ergebnisse des letzten Krieges, Versailles und Trianon, rückgängig zu machen, wurden sie zu Wegbereitern von Zweitem Weltkrieg und Totalitarismus.

noch in der Öffentlichkeit und im Parlament vielfach einer schlappen Haltung beschuldigt wurde. In Berlin einigte man sich trotz aller Gegensätze zwischen der NSDAP, besonders Heß, sowie dem Auswärtigen Amt und schließlich der VDA auf den Vorrang eines guten Verhältnisses zu Ungarn gegenüber irgendwelcher Hilfe für die deutsche Minderheit. Das sollte für Budapest wie für Berlin zumindest bis zur VDU-Gründung im November 1938 gelten, womöglich sogar bis zum »Volksgruppenabkommen« von August 1940: Trotz der unbezweifelbaren ideologischen Nähe zur volksdeutschen »Erhebung« in Ungarn hielt man zunächst an der Ablehnung einer Revolutionierung der deutschen Minderheiten im Osten fest. Dies brachte Heß Ende 1933 zum Ausdruck: »Im engsten Einvernehmen mit dem Führer wünsche ich nicht, daß reichsdeutsche Formen und Gepflogenheiten der NSDAP sich auf das Auslandsdeutschtum übertragen.« Und im Hinblick gerade auf die Deutschen im Südosten: »Dieses Auslandsdeutschtum hat vielmehr sein Augenmerk ausschließlich darauf zu richten, daß es ..., nicht zuletzt auch im Interesse des Reiches, die tunlichst besten Beziehungen zu seinem jeweiligen Wirtsvolk pflegt.«[36]

Die reichsdeutsche Seite mahnte dennoch im intensiven Meinungsaustausch mit Budapest immer wieder eine befriedigende Lösung der »deutschen Frage« in Ungarn an, um jedwede Belastung der wichtigeren außenpolitischen Zusammenarbeit zu beseitigen, doch ohne Erfolg. Die Regierung Gömbös verlangte für ein wirkliches Entgegenkommen einen Preis, den zu zahlen das Auswärtige Amt wie auch Hitler stets ablehnten: das enge Zusammenwirken der magyarischen und der deutschen Minderheiten ringsum in den Nachbarstaaten Ungarns. Von innen heraus sollten diese destabilisiert werden und so das Hauptziel der ungarischen Außenpolitik erreichbar machen, nämlich den Rückgewinn der am Ende des Ersten Weltkrieges verlorenen Gebiete. Mit Nachdruck wies Gömbös – zum Beispiel in seinem programmatischen Schreiben an Hitler vom 14. Februar 1934[37] – darauf hin, daß Deutschland von der äußeren und inneren Stärke seines Partners Ungarn nur profitieren könne. Dies sei schon deswegen naheliegend, weil die deutsche Minderheitsfrage in Ungarn unter der Einwirkung reichsdeutscher Organisationen geradezu künstlich geschaffen werde. Er kündigte wiederholt an, den UDV – ohnehin nicht überall in Ungarn zugelassen – ganz zu verbieten, wenn er reichsdeutschen Radikalisierungsbestrebungen diene. Die Regelung der »deutschen Frage« müsse eine rein ungarische Angelegenheit bleiben. Außer der Umwandlung von Minderheitsschulen des Typs C bot die ungarische Regierung zu diesem Zeitpunkt, obwohl Gratz sehr darauf drängte, keine konkreten Zugeständnisse nennenswerter Art an. Die reichsdeutsche Stellungnahme zu dieser im wesentlichen noch bis 1938 gültigen Position Budapests hat sich in Darlegungen vor allem des Auswärtigen Amts schon 1934 herausgebildet.

Das Auswärtige Amt bemühte sich mit Erfolg, Hitlers anfänglich zustimmender Reaktion auf Gömbös' Vorschläge entgegenzuwirken, da man sich nicht für Budapests Revisionspolitik einspannen lassen wollte und außerdem langfristig kalkulierte: Weshalb sollte man sich durch vorzeitige Bindung an Budapest selbst die Möglichkeit nehmen, später einmal die deutschen Minderheiten in Osteuropa, auch diejenige in Ungarn, für die Beeinflussung dieser Länder zu benutzen? Außerdem würde bei baldiger Wiederherstellung eines Ungarn in den Vorkriegsgrenzen die Lage der deutschen Minderheiten vermutlich nur schwieriger werden. Auf der anderen Seite war man auch nicht bereit, die Aktivitäten reichsdeutscher Organisationen in Ungarn einzuschränken; der VDA und andere sollten weiterhin an der Aufrechterhaltung der kulturellen Verbindung zwischen deutschen Minderheiten und »Drittem Reich« arbeiten dürfen.

Im Sinne dieser Standpunkte der beiden Regierungen, der gemeinsamen Unterordnung des Minderheitsschutzes unter das übergeordnete Ziel außenpolitischer Zusammenarbeit, kam es bei der zehnten Jahresversammlung am 6. Mai 1934 auch zur inneren Neuordnung des UDV. Zum Vorsitzenden wurde Gustav Gratz gewählt sowie als Vertreter der volksdeutschen Richtung Franz Kußbach und Franz Basch. Auch unterhalb der eigentlichen Leitungsebene kam die volksdeutsche Richtung zum Zug und konnte ihren Parteigängern neben älteren Bleyer-Anhängern und einem umfangreichen Regierungskontingent in den wichtigsten Gremien – im Vorstand sowie im Exekutiv- und Landesausschuß (24 beziehungsweise 120 Mitglieder) – zu Sitz und Stimme verhelfen. In der Delegiertenversammlung, die von den Ortsgruppen beschickt wurde, hatte der Basch-Flügel zunächst seinen Schwerpunkt. Er verfügte außerdem über ein weiteres organisatorisches Instrument, über die Deutsche Arbeitsgemeinschaft, deren weitgehend nichtöffentliche Aktivität zunächst auf die Vorbereitung der Parteigründung zielte. Darüber, auch über die finanzielle Abhängigkeit vom VDA, wurde Gustav Gratz als UDV-Vorsitzender nicht informiert.

Die Einflußverteilung zwischen alt und jung, regierungsnah und volksdeutsch konnte nur von vorläufiger Gültigkeit sein. Wie die Arbeitsgemeinschaft durch systematische lokale Organisationstätigkeit ihre Anhängerschaft zu vergrößern suchte, so wollte der Ministerpräsident letztlich selbst den UDV zur Steuerung der Schwaben nutzen. Gömbös erklärte danach auf deutsch in einer Ansprache vor Schwaben: »Ich kenne keinen anderen deutschen Minderheitsführer als den, der kraft unserer Gesetze dazu berechtigt und verpflichtet ist, und das ist der ungarische Ministerpräsident. Ich bin euer Führer.«[38] Daß diese Zielsetzung, so wirklichkeitsfremd sie im nachhinein anmutet, dennoch in der schwäbischen Bevölkerung nicht ohne Chance war, zeigte der Ausgang der Wahlen vom 31. März 1935: Die Angehörigen der volksdeutschen Richtung, die auf der oppositionellen Liste der Partei der Kleinen Landwirte in Wahlkreisen mit hohem deutschen Bevölkerungsanteil kandidierten, unterlagen ausnahmslos. Dagegen unterstützten die deutschen Wähler jene deutschen Kandidaten, die mit regierungsfreundlichem Programm antraten. Die Regierung konnte sich zu dieser Zeit noch darauf verlassen, daß die Basch-Richtung auch weiterhin aus dem Reich nur für den organisatorischen, kulturellen und – in Grenzen – wirtschaftlichen Minderheitsschutz Rückendeckung erhalten werde. Das Auswärtige Amt und das Außenpolitische Amt der NSDAP betonten wie der deutsche Botschafter in ihren Wahlanalysen übereinstimmend, es müsse »von Reichsseite ... darauf hingearbeitet werden, eine politische Betätigung der Vertretung der Minderheiten, wie es im jetzigen Wahlkampf wieder versucht worden ist, zu unterbinden«.[39] Man erwarte, daß Gömbös nach seinem Wahlsieg nun beträchtliche innenpolitische Veränderungen in Gang setzen werde. Dies sei der richtige Zeitpunkt, um mit Budapest endlich in Verhandlungen zur Lösung der »deutschen Frage« einzutreten.

Der Wahlkampf hat die Entwicklungstendenz des »volksdeutschen« UDV-Flügels sichtbar werden lassen: eine zunehmende Radikalität in Grundsatzfragen des propagierten Wegs zur »Volksgemeinschaft«, die zudem gegenüber Detailproblemen des Minderheitsschutzes in den Vordergrund des Interesses gerückt wurden; außerdem eine wachsende Bereitschaft, sich gegenüber mäßigenden und lenkenden Einflüssen zu verselbständigen. Weder das Auswärtige Amt und der VDA noch das nationalsozialistische Außenpolitische Amt, geschweige denn die UDV-Führung hatten Basch daran hindern können, den Regierungs- und Verwaltungsapparat im Wahlkampf herauszufordern. Er provozierte Budapest regelrecht zu Manipulation und Repression und verärgerte die Partner in Berlin. Es sollte noch schlimmer kommen. Die rhetorische Kraftmeierei von Basch bei öffentlichen Auftritten führte nach einer ersten Verurteilung am 28. September 1934 trotz diverser Bemühungen um Strafmilderung dazu, daß er am 9. September 1936 eine viermonatige Haft antreten mußte. Als schließlich Gustav Gratz unter anderem durch Baschs Gesinnungsfreund und Rivalen, den Bleyer-Schwiegersohn Kußbach, über die finanzielle Abhängigkeit Baschs und seiner Gefolgsleute von reichsdeutschen Geldgebern informiert wurde, schien deren Ende gekommen zu sein. Nicht nur Basch selbst, sondern auch der VDA und das amtliche Berlin, vor allem das Auswärtige Amt und der Gesandte Hans-Georg von Mackensen waren desavouiert. Sie hatten sich bisher daran gehalten, daß weder der UDV-Vorsitzende Gratz noch die ungarische Regierung etwas vom finanziellen Engagement Berlins in Ungarn selbst erfahren durften.

Die nach der Wahl beabsichtigten Verhandlungen über die ungarische Minderheitspolitik waren erst einmal sinnlos geworden. Die ungarische Regierung konnte den hintergangenen Partner spielen und sich jedem Ersuchen um ein Entgegenkommen wieder einmal entziehen. Basch selbst wurde durch Gratz in den leitenden Gremien des UDV isoliert und am 14. Juni 1935 als Generalsekretär suspendiert. Damit konterte der Vorsitzende einen Versuch von Richard Kuß und Basch, die »Regierungsdeutschen«, vor allem Gratz selbst, aus dem UDV zu verdrängen. Als Mitte November 1935 Baschs finanzielle Verbindungen und die gezielte Irreführung der UDV-Leitung aufflogen, konnte Gratz den Volksbildungsverein wieder ins Fahrwasser der Regierung manövrieren. Bei der Vollversammlung am 20. August 1936 wurden in die Leitung des UDV neben Gratz der Domherr und Abgeordnete der Regierungsfraktion, László Pintér, sowie Johann Faul-Farkas und Ludwig Leber gewählt.

Der Einfluß der Volksdeutschen auf den UDV war damit zunächst einmal weitgehend ausgeschaltet. Darüber hinaus wurde die finanzielle Unterstützung eingestellt. Die ungarische Regierung kannte nun alle Geldempfänger, die dem UDV beziehungsweise der Gruppe Basch verbundenen Organisationen ebenso wie das Netz der Ortsgruppen und deren Führungspersonal. Das gesamte volksdeutsche Netzwerk war dem Zugriff der ungarischen Behörden mehr oder weniger schutzlos ausgesetzt. Dies galt nicht nur für den radikalen Flügel des Volksbildungsvereins samt Volksdeutscher Kameradschaft, sondern auch für die assoziierten Organisationen und deren ausländische Verbindungen, sei es nach Deutschland oder nach Österreich. Auch die Herkunft der Gelder samt der komplizierten Überweisungs-, Umtausch- und Geheimhaltungsverfahren waren Gustav Gratz spätestens im November 1935 im wesentlichen bekannt. Widerlegt war damit die bisherige Selbststilisierung der volksdeutschen Bewegung als rein defensive, wenn auch durchaus selbstbewußte Einrichtung lediglich des Minderheitsschutzes, die keineswegs von außen, also von amtlichen Stellen des Deutschen Reiches, gesteuert und erhalten werde.

Diesen inneren, auf Berlin bezogenen Zusammenhang der betreffenden Organisationen mußte der deutsche Botschafter im Laufe einer Unterredung mit Außenminister Kánya am 16. November 1935 nur deswegen nicht voll und ganz zugeben, weil Kánya auf eine solche Demütigung verzichtete. Aber die deutsche taktische Ausgangsposition für die beabsichtigten Verhandlungen über die Forderungen der Minderheit war nun denkbar ungünstig. Ähnlich stand es um die Aussichten des Basch-Flügels im minderheitsinternen Machtkampf. Noch erschüttert von der Wahlniederlage, zudem in Erwartung einer diskreditierenden Haftstrafe für ihren Anführer, mußten die Basch-Anhänger zusehen, wie Gratz im Auftrag der Regierung die Leitung des UDV samt Presse wieder in die Hand bekam. Der Basch-Flügel war erpreßbar geworden und konnte angesichts der loyal-konservativen, jeder ausländischen Steuerung durchaus abgeneigten Haltung der schwäbischen Bauern, auch angesichts des magyarischen Nationalismus nicht riskieren, daß Gratz in aller Öffentlichkeit auspackte.

Als dann Gratz im August/September 1936 die UDV-Säuberung durchgesetzt hatte, schien die endgültige Niederlage des Basch-Flügels perfekt. Auch die Inhaftierung Baschs führte keineswegs zu einer »völkischen« Solidarisierungswelle nach dem Märtyrerprinzip. Jedem Versuch, die Schwaben politisch zu mobilisieren und sie auf eine deutsche »Volksgemeinschaft« reichsdeutscher Prägung einzuschwören, blieben enge Grenzen gesetzt. Der UDV-Vorsitzende Gratz hatte sein Ziel erreicht: In aller Offenheit trat er als Partner der Regierung, als ungarischer Politiker lediglich deutscher Herkunft auf, nicht etwa als ungarndeutscher Minderheitspolitiker, ohne daß ihn dies im UDV oder in der Minderheit insgesamt unmöglich gemacht hätte.

Noch immer war die »deutschungarische« Tradition des 19. Jahrhunderts lebendig und verhaltensprägend. Es war jene Überzeugung von Ungarn als angestammter Heimat, zu der man sich bekannte, wo man seine Existenz fristete und wo man sein Auskommen fand. In dieser Tradition deutsch-magyarischen Zusammenlebens bei ganz selbstverständlicher Loyalität zur Heimat Ungarn verharrten Steinacker, Bleyer und Gratz gleichermaßen. Dies gilt trotz aller sonstigen Unterschiede in der Auffassung von zusätzlicher deutschnationaler Orientierung oder ausschließlicher Bindung an Ungarn. Insofern verkörperte in den Augen der Schwaben nicht etwa Gratz mit seiner – im nachhinein fast paradox anmutenden – Suche nach Deutschungarn, mit seiner pragmatischen Relativierung des Nationalen und seiner rationalen Distanz zur Solidaritätsforderung der nationalen »Gemeinschaft« das beunruhigend Neue, das sich erst einmal zu bewähren hatte, sondern Basch mit seinem Werben für den Vorrang der »Volksgemeinschaft«.

Dennoch hatte auch Gratz nicht wirklich gesiegt. Er war nur zeitweilig obenauf geblieben bei einem Machtkampf, in dem es letzten Endes keinen Sieger geben konnte. Zwar hatte die Reaktion der Minderheit das Scheitern von Bleyer und nun das vorläufige Scheitern von Basch verursacht. Es war offenkundig, daß keinesfalls die Mehrheit, schon gar nicht die bereits teilweise Assimilierten für die staatenübergreifende »Volksgemeinschaft« zu gewinnen waren. Zu kompensieren war dieses Defizit nur durch ein Eingreifen von außen, durch das »Dritte Reich«. Aber ebenso – und darin bestand 1935/36 der Erfolg von Basch – war deutlich geworden, daß vor allem die junge Generation nicht mehr imstande war, sich der suggestiven Anziehungskraft des Nationalen zu entziehen. Sie war es schon deshalb nicht, weil der Wandel der ungarischen Politik, die nationalistische Radikalisierung einer neuen Riege magyarischer Politiker seit Gömbös jegliches Gespür für den zerbrechlichen Pragmatismus der vor- und zwischennationalen »Deutschungarn«-Überlieferung beseitigte. Vorbei war die schöpferische Phase des magyarischen Nationalismus der Reformära und ihrer Nachfolger noch bis ins späte 19. Jahrhundert. Zu jener Zeit war die Bereitschaft von Nichtmagyaren zu Integration und Symbiose noch im gegenseitigen Interesse genutzt, noch mit gesellschaftlichem Aufstieg und einer großzügigen, neugierigen Toleranz gegenüber der kulturell-nationalen Vielfalt honoriert worden.

Diesen Wandel des magyarischen Partners nicht ins Kalkül zu ziehen, war eine wesentliche Ursache für Bleyers, letztlich auch für Gratz' Scheitern. Die nationalistische Enge und paranoid-aggressive Einstellung, die im Laufe des 20. Jahrhunderts, besonders seit dem Ausgang der Bethlen-Ära, die Funktionseliten und die öffentliche Meinung in Ungarn durchdrangen, ließen keinen Raum mehr für ungleichmäßig schnelle und konsequente Verlaufsformen der Assimilation, sie duldeten keinen langfristigen Übergang und keinen Freiraum. In den späten dreißiger Jahren kam es sogar zu einer nochmaligen Radikalisierung des magyarischen Nationalismus, die dem deutsch-ungarischen Symbiose- und Assimilationskonzept von Gratz endgültig die Grundlage entziehen sollte: Endre Bajcsy-Zsilinszky und andere wandten gegen die Assimilierungspolitik ein, daß sie vor allem im Mittelstand und im Industrieproletariat nichtmagyarische Bestandteile in die magyarische Nation einfüge, die dieser fremd bleiben müssen. Diese noch nicht vorherrschende Auffassung war in ihrer rassistischen Begründung dem Nationalsozialismus durchaus verwandt, lehnte doch die nationalsozialistische »Weltanschauung« die Assimilierung von Juden oder Slawen mit der Begründung ab, eine solche »Rassenmischung« gefährde den deutschen »Rassenwert«.

Kam also die Sackgasse, in die der UDV und Gratz Ende 1938 geraten sollten, schon in Sicht, so bot sich für die volksdeutsche Richtung trotz ihrer krisenhaften Lage um 1935/36 durchaus noch eine Chance. Sie war ja gar nicht davon abhängig, die deutsche Minderheit insgesamt oder ihre eindeutige Mehrheit für sich zu gewinnen, sie war auch nicht auf eine Lösung der »deutschen Frage« durch einen Kompromiß mit der ungarischen Regierung angewiesen. Es konnte der volksdeutschen Richtung durchaus genügen, wenn das »Dritte Reich« seine Ost- und Ungarnpolitik korrigierte und sein Machtpotential ohne Rücksicht auf Budapest, somit zugunsten der volksdeutschen Bewegung in die Waagschale warf. Bis zu diesem Tag X freilich mußte der Basch-Flügel auf dem laufenden bleiben, mußte sich als Vorposten gewissermaßen qualifizieren und in der deutschen Minderheit eine Infrastruktur von gleichgesinnten Ortsgruppen schaffen. Ungeachtet der Rückschläge in der Mitte der dreißiger Jahre, vielleicht gerade dadurch provoziert, nahm die Radikalität des Basch-Flügels weiter zu, was sich nicht nur in der Zuspitzung minderheitspolitischer Ziele zeigte, sondern auch in einer noch entschiedener nationalistischen Grundhaltung. Diese darf nicht isoliert von den minderheitspolitischen Forderungen im einzelnen gesehen werden. Es ist geradezu eines der wichtigsten Merkmale des »völkischen« Nationalismus schon zu Zeiten des Kaiserreichs und der Habsburgermonarchie gewesen, daß politische Teilziele ihre volle Bedeutung erst durch ihren Bezug zum übergeordneten nationalpolitischen Anliegen erhielten. Daraus läßt sich folgern, daß es der volksdeutschen Richtung auch weiterhin nicht nur um Einzelziele des Minderheitsschutzes ging. Größeres Gewicht legte sie auf den Minderheitsschutz insgesamt als Vorbereitung der »Volksgemeinschaft« in gesamtdeutschem Zusammenhang. Entscheidend für eine derartig »völkisch«-nationalistisch radikalisierte Politik war nicht der Realisierungsfortschritt bei einzelnen Forderungen. In letzter Konsequenz ausschlaggebend war auch nicht die individuelle Lage der Minderheitsangehörigen, nicht einmal die Existenzbedingungen der gesamten lebenden Minderheitsgeneration. Fortan, so ließe sich folgern, war die Erhaltung einer einzelnen Minderheit der Entfaltung der gesamten deutschen »Volksgemeinschaft« untergeordnet.

Zwar wäre es sicherlich übertrieben zu behaupten, die Lage der Schwaben sei für Basch unwichtig gewesen; gegen ein solches Ausmaß von »völkisch«-rassistischer Instrumentalisierung der Minderheit dürfte ihn die Prägung durch Bleyer immun gemacht haben. Aber im Gegensatz zu Gratz, für den jede Politik über den bloßen kulturellen Minderheitsschutz hinaus fragwürdig war, positionierte Basch die Anliegen seiner eigenen bedrohten Minderheit immer mehr in einem fremdbestimmten Koordinatensystem. Dessen Dreh- und Angelpunkt konnte nicht das Schicksal der Schwaben sein, sondern nur die optimale Entfaltung der deutschen Gesamtnation im kommenden »Rassenkampf«.

Es soll damit nicht behauptet werden, die »Radikalisierung« der volksdeutschen Bewegung in Ungarn sei identisch gewesen mit der »Radikalität« des »Nationalsozialismus« im »Dritten Reich«. Schon von den Voraussetzungen her war dies nicht möglich, da Hitler und der Nationalsozialismus in der Tradition Georg Ritter von Schönerers und der österreichischen Deutschnationalen standen, die es geradezu zum Vorsatz erhoben hatten, im Interesse des deutschen Volkes auf die Erhaltung der »Außenwerke« im Donau- und Karpatenraum zu *verzichten*. Ferner war der Nationalsozialismus die Antwort einer Industriegesellschaft auf die Existenzkrise jener politischen und gesellschaftlichen Moderne, die im schwäbischen Siedlungsgebiet noch kaum richtig begonnen hatte. Dagegen war der volksdeutsche UDV-Flügel in hohem Maße durch Bleyers Sorge um die Existenz der Minderheit an sich geprägt worden. Wegen dieser ursprünglich minderheitspolitischen Triebkraft hatte hier »Radikalisierung« einen teilweise anderen Sinn als im Deutschen Reich und bedeutete beispielsweise nicht Verschärfung einzelner Inhaltselemente des Nationalsozialismus – so des Sozialdarwinismus oder des Antisemitismus –, sondern der »völkisch«-nationalistischen Grundhaltung, das heißt eines geradezu parareligiösen Bekenntnisses zur deutschen Volksgemeinschaft insgesamt. Die besonderen Voraussetzungen der volksdeutschen Politik ließen anders als im Nationalsozialismus des »Dritten Reiches« nicht zu, daß das Potential deutscher Minderheitsvorposten in Osteuropa von vornherein als Mittel zum Zweck der völkischen Lebensraum-Erweiterung ohne weiteres einkalkuliert wurde. Diese Art der außengesteuerten Instrumentalisierung deutscher Minderheiten kam erst im Zuge der weiteren kriegsbedingten Radikalisierung zum Tragen, und selbst dann nicht ohne Widerspruch von Basch, ganz abgesehen von der reserviert-unpolitischen Haltung eines großen Teils der Minderheit selbst.

Dies war gewissermaßen das Unglück der Schwaben: Es sollte ihnen bei Kriegsende zum Verhängnis werden, daß die Radikalisierung der ungarischen Innenpolitik wie auch der internationalen Beziehungen in Osteuropa letztlich die Existenz einer defensiven, auf Erhaltung und Entfaltung der Minderheit beschränkten Organisation überhaupt nicht mehr zuließ. Nach den Maßstäben der Zeit verhielten sich der UDV und die schwäbische Minderheit als ganze durchaus loyal gegenüber dem ungarischen Staat. Daß das Deutsche Reich als benachbarter konnationaler Staat diese Minderheit zu unterstützen suchte, wäre auch nichts Ungewöhnliches gewesen, schon gar nicht angesichts der unverhohlenen Bestrebungen sämtlicher Regierungen Ungarns der Zwischenkriegszeit, die magyarischen und sogar die deutschen Minderheiten der Nachbarstaaten für die Veränderung der ungarischen Grenzen zu mobilisieren. Aber die letztlich ablehnende Haltung Budapests gegenüber den Forderungen der deutschen Minderheit und die zunehmend nationalistische Reaktion großer Teile der ungarischen Öffentlichkeit auf jedwede Tendenz der Schwaben zur Selbstorganisation und Assimilationsabwehr waren gar nicht in erster Linie vom tatsächlichen Verhalten der Minderheit selbst bestimmt. Wie so oft in der neuesten Geschichte von Nationalismus und Minderheit projizierte vielmehr auch hier die nur noch durch Nationalismus integrierbare Mehrheit ihre verdrängten internen Spannungen auf eine Minderheit. Daran konnte die betreffende Minderheit nichts ändern, da von ihrem tatsächlichen Verhalten keine entscheidende Wirkung auf den Zusammenhang zwischen nationalistischem Krisen-Management und der Aggressivität gegen Minderheiten ausging.

Daß die nationalistische Radikalisierung bereits weite Kreise der ungarischen Öffentlichkeit erfaßt, auch schon den Marsch durch die Institutionen angetreten hatte, mag ein Auszug aus der Urteilsverkündung im Prozeß gegen Basch illustrieren. Urteil und Begründung wurden durch sämtliche Instanzen und weithin durch öffentliche Akklamation mit den Weihen der Normalität versehen. So wird Baschs öffentliches Auftreten gegen die Magyarisierung von Familiennamen durch ein Gericht in Fünfkirchen am 28. September 1934 amtlich als »Schmähung der magyarischen Nation« definiert: »Die

Namensmagyarisierungsaktion ist eine spontane Ausgestaltung der magyarischen nationalen Seele und liegt im Interesse der nationalen Einheit Ungarns, die unbedingt angestrebt werden muß. Höchstes Ziel ist das Einswerden der Nation in Sprache und Namen. Da dieser Ausdruck der magyarischen nationalen Seele von einem jeden wirklich patriotisch denkenden Staatsbürger selbstverständlich hochgeschätzt werden muß, so ist eine Stellungnahme dagegen unbedingt als eine Schmähung und Geringschätzung der magyarischen Ehre und der magyarischen nationalen Seele zu werten.«[40]

Die Radikalisierung des Nationalismus der Staatsnation war der eine Grund für die sich abzeichnende Unlösbarkeit der »deutschen Frage«. Der andere Grund lag in der Radikalisierung auch eines Teils des UDV und der Minderheit. Wenn Basch immer mehr auf Anbindung der Minderheit an die gesamtdeutsche Volksgemeinschaft setzte, so bedeutete dies nicht nur ein energischeres minderheitspolitisches Auftreten gegenüber Budapest, sondern vor allem eine wesentlich andere Art von Politik. Als Beleg für die völkisch-nationalistische Übersteigerung von Minderheitsschutz und Zusammengehörigkeitsbewußtsein, für die parareligiöse Dogmatisierung des völkisch entgrenzten Nationsbegriffs sei Baschs Erklärung zur Gründung des VDU am 26. November 1938 zitiert: »Man komme also nicht noch einmal, wie im Jahr 1935, und sage uns, Volkstum sei lediglich Sprache, folglich brauche unser Volk nur einen Sprachenverein ... Nach unserem Bekenntnis umfaßt Volkstum alles, was ein Volk an Seele und Herz, Hab und Gut ... ausmacht ... Zum Volkstum gehört sogar alles, was verlorenging und wiedergewonnen werden muß ... Diesem Schutz der Volksgruppen aber können nur Menschen obliegen, ... denen das schicksalhaft angeborene eigene Volkstum ein heiliger Ewigkeitswert ist ... Wir sind mit unserem Volk auf Gedeih und Verderb verbunden und in eine unzertrennbare Volksgemeinschaft zusammengeschmiedet.«[41]

Es ging Basch selbstverständlich weiterhin um die Belange der Schwaben selbst, aber die Minderheitspolitik wurde immer mehr der gesamtdeutschen »völkischen Utopie« untergeordnet. Zugeständnisse etwa in punkto Schulwesen konnten nichts mehr bewirken, da sich auf beiden Seiten, bei Staatsnation und Minderheit, eine nationalistische Radikalisierung vollzog, die sich allmählich gegenüber dem tatsächlichen Verhalten der jeweils anderen Seite verselbständigte. Dies war durch ein verändertes Verhalten der jeweils anderen Seite nicht mehr rückgängig zu machen; das Verhältnis zwischen Staatsnation und Minderheit war nicht mehr durch Vernunft und Kompromiß zu regeln, sondern es tendierte unter dem Diktat anderer Einflüsse unaufhaltsam zum offenen Konflikt, wie sich bei Kriegsende zeigen sollte.

Zunächst aber, um 1935/36, signalisierten Berlin und Budapest nochmals Bereitschaft zu einer schiedlich-gütlichen Lösung. Die ungarische Regierung stand dabei unter dem Eindruck wiederholter Initiativen von Gratz. Dieser hatte nüchtern und analytisch das konfliktträchtige Wechselspiel nationalistischer Verfeindung in wachsenden Teilen der Staatsnation und der deutschen Minderheit wahrgenommen. Er war überzeugt, als UDV-Vorsitzender gegen die volksdeutsche Richtung allenfalls dann noch eine Chance zu haben, wenn die Regierung der Minderheit etwas anbot. Seine Forderung an die Behörden, den gemäßigten Flügel endlich zu unterstützen, fand aber kaum

Anklang. Dagegen kam es am 23. Dezember 1935 zu einer neuen Schulverordnung, die im wesentlichen die Einführung des gemischtsprachigen Typs B als übliche Minderheitsschule ankündigte, und zwar bis 1. September 1938.

Während Gratz zunächst zufrieden war und der deutsche Botschafter in der neuen Schulverordnung eine gute Handlungsgrundlage erblickte, übten Basch und Huß sofort scharfe Kritik: Das Schulwesen werde weiterhin der Magyarisierung dienen. Dies könne nur der deutschsprachige Schultyp A in Verbindung mit einer deutschsprachigen Lehrerausbildung sowie deutschen Einrichtungen vom Kindergarten bis zur Hochschule verhindern. Auch wenn diese ablehnende Stellungnahme aufgrund der »völkisch«-nationalistischen Einstellung zu erwarten gewesen war, so war sie nicht ganz unbegründet: Der muttersprachliche Unterricht mußte zu kurz kommen, solange es zu wenig deutsche Lehrer gab und die Lehrerausbildung nicht forciert wurde. Außerdem wurde in den (katholisch-)kirchlichen Schulen, das waren fast Dreiviertel der Minderheitsschulen, die Magyarisierung kaum eingeschränkt. Baschs Einschätzung sollte sich als richtig erweisen. Gratz selbst protestierte in einem Gespräch mit Ministerpräsident Darányi am 13. September 1937 – dazu sein Memorandum vom 14. September 1937 – gegen die tatsächliche Sabotierung der Schulverordnung als zentralem Bestandteil der Minderheitspolitik: »Vor einem Jahr habe ich schriftlich erklärt, daß ich ... in dem Falle jedoch, da die Schulreform als gescheitert zu betrachten sei, gezwungen wäre, das Versagen meiner Politik einzugestehen und vom Präsidium des Vereins zurückzutreten. Heute muß ich mir bereits die Frage stellen, ob dieser Zeitpunkt nicht unmittelbar bevorsteht?«[42] Die Schulpolitik war für alle Beteiligten ein Indikator der jeweiligen minderheitspolitischen Haltung Budapests. An der Jahreswende 1935/36 schien sie ein günstiges Signal der Regierung für die am 13. Januar 1936 beginnenden deutsch-ungarischen Sachverständigengespräche über das schwäbische Minderheitsproblem zu sein. Aber die Einengung des Verhandlungs- und Kompromißspielraums auf beiden Seiten war nicht mehr zu beheben, obwohl beide Regierungen ihre außenpolitische Interessenharmonie und die Notwendigkeit einer Bereinigung des deutsch-ungarischen Verhältnisses ausdrücklich betonten. Wie Budapest sich nicht zu substantiellen Korrekturen im Bereich der Schulpolitik imstande sah, so war die deutsche Seite durch ihr »völkisches« Selbstverständnis daran gehindert, die Unterstützung der volksdeutschen Bewegung einzustellen. Schließlich wurde die »deutsche Frage« wieder einmal nicht geregelt, und im deutsch-ungarischen Kulturabkommen vom 28. Mai 1936 wurde dieses Problem ausdrücklich ausgeklammert.

Trotz einer Vielzahl weiterer Verständigungsversuche, in die sich auch die beiden Außenminister einschalteten, trotz Hitlers ausdrücklichem Wunsch, endlich diese Störungsquelle der notwendigen Zusammenarbeit zwischen Berlin und Budapest zu beseitigen, änderte sich nichts Wesentliches. Deutschland blieb, auch nach der Ablösung des widerspenstigen VDA-Vorsitzenden Hans Steinacher am 21. Oktober 1937, bei seiner Unterstützung für die Basch-Richtung, besonders über den VDA, die Budapester Ortsgruppe der NS-Auslandsorganisation (AO) und die »Kameradschaft«, indirekt also bei seiner Einflußnahme gegen die UDV-Führung. Die ungarische Seite wiederum beharrte auf der Ablehnung jeder Art von politischer Selbstorganisation der schwäbischen Minderheit. Im Gegenteil, die unteren Behörden verfolgten die volksdeutsche Richtung zuweilen noch schärfer als zuvor. Vergeblich forderte Deutschland, auch unter Hinweis auf das gesunkene Ausbildungsniveau schwäbischer Schulabgänger, mehr Möglichkeiten kulturell-schulischer Selbstbestimmung und ein Ende des behördlichen Drängens auf die Namensmagyarisierung. Letzteres wurde nach dem Höhepunkt in den Jahren 1933 und 1934 mit 11 345 beziehungsweise 78 159 magyarisierten Familiennamen[43] in allerdings geringerem Ausmaß doch stets weiter betrieben.

Zwar kam es durch den Besuch von Außenminister Miklós Kozma vom 9. bis 11. Dezember 1936 in Berlin zu einer gewissen Lockerung: Hitler und Neurath gaben Zusicherungen, antiungarische Aktivitäten reichsdeutscher Studenten, Wandervögel und Touristen in ungarndeutschen Orten sowie Angriffe der Presse soweit wie möglich einzuschränken, und bekräftigten, daß Deutschland ausschließlich an der Erhaltung der kulturellen Identität der Minderheit interessiert sei. Zugleich plädierten beide für Baschs Freilassung. Der ungarische Gast wiederum stellte eine Beschränkung der Namensmagyarisierung vor allem auf slawische Minderheiten in Aussicht und desgleichen schulpolitisch eine Verstärkung der deutschsprachigen Lehrerausbildung. Auf die schon üblichen ungarischen Ermunterungen, magyarische und deutsche Minderheiten könnten doch in Ungarns Nachbarländern gemeinsam Gutes tun, antworteten Kozmas deutsche Gesprächspartner mit dem ebenso vertrauten Tip, Ungarn habe ja reichlich Gelegenheit, durch vorbildliche Behandlung seiner Deutschen künftig auch die Sympathie dieser deutschen Minderheiten im Donau- und Karpatenraum insgesamt zu erobern.

Dem außenpolitischen Harmoniebedürfnis Berlins und Budapests schließlich sollte der neun (!) Monate lang gemeinsam vorbereitete Austausch von Erklärungen am 15. und 16. Juli 1937 durch den ungarischen Innenminister József Széll und Rudolf Heß dienen. Das öffentliche Bekenntnis beider Staaten zur ungarisch-deutschen Freundschaft und zur ungarndeutschen Minderheit als »Brücke« (Rudolf Heß) wurde bekräftigt unter anderem durch Budapests Ankündigung, die vorhandenen Bestimmungen zum Minderheitsschutz nun voll und ganz ausschöpfen und so der deutschen Minderheit ihre freie kulturell-wirtschaftliche Entfaltung sichern zu wollen. Die Heß-Antwort hielt letzteres mit Nachdruck fest. Freilich mußten beide Seiten dabei einige Kröten schlucken: Während in der deutschen Erklärung fordernd von »politischer Freiheit« für die »Volksgruppe« die Rede war, mußte Berlin hinnehmen, daß Budapest die Schwaben nicht nur zur »Verbundenheit mit dem ungarischen Staat«, sondern auch mit der »ungarischen Nation« aufforderte. Außerdem mißfiel dem VDA und der volksdeutschen Richtung unter anderem, daß Budapest unwidersprochen die Freiwilligkeit der Assimilation behaupten konnte.[44] Daß beide Seiten trotz dieser Schalmeientöne in Wirklichkeit weiter aufrüsteten, wurde etwa zur gleichen Zeit deutlich: Während auf deutscher Seite die – seit Frühjahr 1936 führende – »Volksdeutsche Mittelstelle« am 30. Juni 1937 ausdrücklich Franz Baschs »Volksdeutsche Kameradschaft« zum alleinigen Repräsentanten der Ungarndeutschen erklärte, ließen die Ungarn den schönen Erklärungen keine Taten folgen. Die Mechanismen nationalistischer Radikalisierung gewährten immer weniger Freiraum für einen souveränen Umgang mit dogmatisierten nationalen Interessen.

Außerdem ergaben sich Veränderungen der internationalen Großwetterlage, die eine Rücksichtnahme des »Dritten Reiches« auf den ungarischen Partner zwar nicht grundsätzlich in Frage stellten, aber doch gewisse Möglichkeiten eröffneten, mehr Druck als bisher auszuüben. Gewisse Stellvertreterkämpfe, die Berlin nun zuließ, wenn nicht sogar inszenierte, zeugen davon, so etwa die Eröffnung der Schlußpartie zwischen Gratz und Basch: Es war nicht nur eine Angelegenheit von Werner Hasselblatt, Geschäftsführer des »Verbandes der Deutschen Volksgruppen in Europa« und des VDA, daß im Februar 1937 zur Offensive gegen Gratz geblasen und er regelrecht zum Abschuß freigegeben wurde: Als Liberaler und Monarchist sei er ohne Verständnis für Volksgemeinschaft, Nationalsozialismus und Antisemitismus und als verlängerter Arm der amtlichen ungarischen Assimilationsstrategie sei er in der Rolle des Vorsitzenden der größten Minderheitsorganisation gänzlich untragbar. Baschs volksdeutsche Kameradschaft begann nun Allianzen mit volksdeutschen Organen in der Tschechoslowakei, in Rumänien und Jugoslawien zu schmieden und konnte dank der – begründeten – Unzufriedenheit der schwäbischen Bevölkerung eine wachsende Resonanz verzeichnen.

Die Eskalation des Nationalismus nahm ihren langfristig vorbereiteten Lauf. Zum einen erfuhr auf volksdeutscher Seite die Forderung nach Erhaltung der Minderheit, nach Abwehr weiterer Assimilation nun eine bezeichnende Übersteigerung in der Parole »Re-Germanisierung der bereits Assimilierten«, und es entwickelte sich die Vorstellung von einer »deutschvölkischen« Exklave in Ungarn als Satellit des »Dritten Reiches«. Zum anderen begann sich auch der magyarische Nationalismus gegenüber jeglichem disziplinierenden Wirklichkeitsbezug zu verselbständigen. Die aus dem späten 19. Jahrhundert stammende Forderung nach Magyarisierung nationaler Minderheiten schlug nun per Radikalisierung um in aggressive Ablehnung der schwäbischen »Scheinassimilanten« (Dezső Szabó), die sich eines Tages zu Deutschen entassimilieren und gegen Ungarn wenden würden. Das Ziel müsse nicht mehr die Symbiose und Verschmelzung im Sinne des historischen »St.-Stefan-Gedankens« sein, sondern eine »Selbstverteidigung der Rassenmagyaren«.[45]

Gegenüber diesem rassistischen Konzept erschien der extreme Nationalismus des einstigen Bleyer-Kontrahenten Bajcsy-Zsilinszky geradezu gemäßigt. In deutlicher Parallele zum völkischen Rassismus forderten beide Seiten nun statt Assimilierung und Symbiose Ab- und Ausgrenzung der jeweils anderen. Diese spiegelbildliche Übereinstimmung des extremen, rassistischen Nationalismus bei Deutschen und Magyaren ließ schon vor dem Zweiten Weltkrieg als nächste Stufe der Radikalisierung den zerstörerisch-abschließenden Schritt von Ab- und Ausgrenzung zu Kampf und Vertreibung ahnen. Außer dieser logischen, seit dem späten 19. Jahrhundert bereits vorbereiteten Radikalisierung deutscher und magyarischer Nationalismen in Richtung auf eine gewalttätige Konfrontation gab es unter den besonderen Bedingungen Ungarns noch eine weitere Variante der Radikalisierung: Die ideologische Nähe zum »Dritten Reich«, das bereits erreichte Ausmaß magyarisch-deutscher Vermischung und schließlich die strukturelle Übereinstimmung gerade der Extremvarianten des Nationalismus ließen schließlich mit einer gewissen Entwicklungslogik zu, daß die Organisationen des magyarischen Nationalsozialismus ihre Anhängerschaft zu einem beträchtlichen Teil gerade aus der deutschen Minderheit rekrutierten. Damit war auch die »völkisch«-rassistische Übersteigerung und Aufhebung der ethnisch-nationalen und nationalstaatlich begrenzten Integration gewissermaßen in nationalistische Dynamik umgeschlagen. Das Ergebnis war die permanente, verselbständigte Radikalisierung letztlich ohne Definition von Träger und Ziel, tendenziell gerichtet auf Zerstörung und Selbstzerstörung. Die Deutschen in Ungarn waren in diesen Sog geraten unter fortwährender Abspaltung beträchtlicher Teile der Minderheit und insgesamt weniger als Subjekt denn als Objekt übermächtigen Wandels ihrer Umwelt.

Zeigten die Jahre 1937/38 neue Tendenzen in den internationalen Beziehungen Europas, gerade auch Ostmitteleuropas, so brachten sie für die Deutschen in Ungarn auch Veränderungen in ihrer ungarischen Umwelt, in ihrer eigenen politischen Lage. Während das »Dritte Reich« durch seine außenpolitischen Initiativen in Ostmitteleuropa die Ergebnisse des Ersten Weltkriegs in Frage stellte, machte sich in Ungarn angesichts des deutschen Drucks auf Österreich und die ČSR das Bewußtsein breit, daß man künftig in unmittelbarer Nachbarschaft zu einem übermächtigen, hochgerüsteten Deutschland leben und als souveräner Staat gefährdet sein würde. In der deutschen Minderheitspolitik bedeutete dies, daß die Zeit eines Gratz, des UDV und der bloßen Existenzsicherung vorbei war und die internen Gegner der volksdeutschen Kameradschaft sowie die innerungarischen Hindernisse für Autonomieanspruch und Assoziierung an eine gesamtdeutsche »Volksgemeinschaft« beseitigt werden konnten. Der UDV als innerschwäbische Alternative zur volksdeutschen Richtung war am Ende. Berlin hatte seine Solidarität mit Basch unmißverständlich signalisiert, und Budapest zeigte sich deutschen Forderungen immer geneigter – aus dem Bewußtsein eigener Ohnmacht wie auch in der Erwartung, die eigenen Expansionspläne als Juniorpartner des Dritten Reichs endlich in die Tat umsetzen zu können.

Letzte Initiativen von Gustav Gratz und des UDV-Führung waren von vornherein ohne Aussicht, da ihnen die Rückendeckung der Regierung fehlte und ihnen die wachsende Resonanz der volksdeutschen Öffentlichkeitsarbeit den Boden unter den Füßen wegzog. Zwar fehlt es noch immer an detaillierten Forschungen zum politischen Verhalten der Schwaben, aber eine deutliche Zunahme der Breitenwirkung der Basch-Richtung ist unbestreitbar. Auch die innerungarische Entwicklung war an Gustav Gratz gewissermaßen vorbeigelaufen. Es war nur noch Sache kleiner legitimistischer und liberaler Gruppierungen, für eine monarchisch-übernationale Reorganisation des Donauraumes und eine wirtschaftlich-kulturelle Modernität nach westeuropäischem Standard einzutreten und vor dem nationalsozialistischen Expansionismus und Antisemitismus zu warnen. In der Minderheit selbst waren Gratz' Überzeugungen von Loyalität zum ungarischen Staat und der von Gefahr eines Zusammenstoßes von deutschem und magyarischem Nationalismus sicherlich noch immer zustimmungs-, wenn nicht sogar mehrheitsfähig. Aber diese Zustimmung artikulierte sich anders als die Herausforderung

Ein Leben lang versuchte sich Gustav Gratz (1875–1946) in der Kunst des Unmöglichen: als übernational denkender Monarchist und ungarischer Finanz- und Außenminister, schließlich im Auftrag der Regierung als Vermittler zwischen Staatsnation und deutscher Minderheit. Er, der hochkarätige Wirtschaftsfachmann und Diplomat, scheiterte an den Widersprüchen seiner Zeit. Eine Folge seiner Bemühungen war der Weg in das Konzentrationslager Mauthausen, ein Ergebnis seine scharfsinnige Analyse dieser Epoche.

nicht rebellisch und kämpferisch, und so führte das Wort in der Minderheitsdebatte fortan die Richtung Basch. Eher als ein bilanzierend-reflexiver Abschluß denn als Programm der künftigen Praxis nimmt sich das Gratz-Memorandum vom 14. September 1937 aus. In Abstimmung mit einer freilich schon zögernden Regierung gedachte Gratz, nochmals das Gesetz des minderheitspolitischen Handelns zu bestimmen. Unter nachdrücklicher Warnung, fortgesetztes Sabotieren einer gerechten Behandlung der Minderheit werde der volksdeutschen Kameradschaft immer mehr Anhänger zuführen, stellte Gratz fest: »Die letzte Minute ist gekommen, in der diese Bewegung vielleicht noch erstickt werden kann.«[46] Alles hänge von der Realisierung der Schulverordnung ab und von der Bereitschaft der Behörden, den UDV zu unterstützen, anstatt unterschiedslos jede Art von Minderheitsorganisation zu bekämpfen.

Die an sich weitgehend zustimmenden Äußerungen von Ministerpräsident Darányi, der aber die Schulfrage umging, blieben noch folgenloser, als Gratz dies schon gewöhnt war. Anfang 1938 schließlich gab Gratz seine Sache verloren.[47] Nach Österreichs Anschluß am 13. März 1938 bestimmte die Sorge, durch die Bekämpfung von Basch auch Ungarns Aussichten auf die Trianon-Revision zu gefährden, immer mehr das Verhalten der ungarischen Regierung. Gratz selbst erfuhr, nachdem er im Reichstag gegen die Judengesetz-Vorlage der Regierung aufgetreten war, daß die Regierung und sein Stellvertreter im UDV, der Domherr László Pintér, seine Ablösung erörterten. Und als am 26. November 1938 Franz Basch mit Zustimmung der Regierung Béla Imrédy den Verband der Deutschen in Ungarn (VDU) gründen konnte, zog Gratz die Konsequenzen und trat aus dem UDV aus, der sich nach einigen Monaten unter Führung von Pintér schließlich Anfang 1939 auflöste. Als Abgeordneter einer linksliberalen Splittergruppe im Reichstag mußte er im Laufe des Jahres 1938 eine allmähliche Gewichtsverschiebung miterleben: Sie machte das Überleben einer schwachen Regierung wie derjenigen Imrédys und deren außenpolitischen Kurs bis hin zum Austritt aus dem Völkerbund sowie der Anbindung an den Antikomintern-Pakt im April beziehungsweise Januar 1939 zunehmend abhängig vom Wohlwollen Berlins.

In einem Ungarn, das nun – trotz eines konservativ-autoritären Reichsverwesers und unter gleichzeitiger repressiver Wendung gegen den magyarischen Nationalsozialismus, der dennoch Ende Mai 1939 einen Wahlerfolg erzielte – einen Faschismus ohne Anschluß, ohne Selbstaufgabe zu gestalten suchte, profitierte Franz Baschs neue ungarndeutsche Organisation von dramatisch veränderten Existenzbedingungen. Der VDU konnte auf einer neuen Ebene nationalistischer Entfaltung die programmatische Forderung nach Autonomie und allmählicher Anbindung an die deutsche »Volksgemeinschaft« vorbereiten. Basch und die VDU erhielten von der Regierung Imrédy einen Freiraum zugesprochen, von dem Gratz und der UDV trotz ihrer Regierungsnähe nur hatten träumen können. Dies und die Zulassung des VDU am 26. November 1938 war in hohem Maße eine Konsequenz des Ersten Wiener Schiedsspruchs vom 2. November 1938, dieser seinerseits eine Folge der Schwächung der ČSR durch das Münchner Abkommen Ende September und den außenpolitischen Machtzuwachs des »Dritten Reiches«.

Die Gründung und internationale Absicherung des VDU waren vor allem auch gleichbedeutend mit dem persönlichen Aufstieg von Franz Basch. Seine mehrjährige erfolgreiche Organisationsarbeit im Volksbildungsverein zunächst neben und pro Bleyer, dann neben und contra Gratz, wobei letzterer ihm trotz aller Gegensätze seinen Respekt nicht versagte, dies und die wachsende öffentliche Resonanz machten Basch zum Regisseur der Minderheitspolitik, wozu sich dann noch der Einfluß Berlins gesellte. So empfahl der ehemalige deutsche Gesandte in Ungarn und nunmehrige Staatssekretär im Auswärtigen Amt, von Mackensen, bereits während des Besuchs von Ministerpräsident Darányi im November 1937 in Berlin ganz offen, die ungarische Regierung solle Gratz fallenlassen und statt dessen mit Basch und der volksdeutschen Kameradschaft zusammenarbeiten.[48] Innenminister Frick machte gegenüber dem Gesandten in Berlin, Döme Sztójay, am 5. Mai 1938 denselben Vorschlag, wogegen der neue Ministerpräsident Béla Imrédy damals noch Bedenken hatte. Finanzielle Förderung erfuhr die Richtung Basch auch weiterhin durch Berlin, so daß sie in den späten dreißiger Jahren mehr als doppelt soviel Geld wie der UDV zur Verfügung hatte.

Auf der Ebene von politischer und kultureller Breitenarbeit unterstützten zahlreiche Jugendliche, Studenten und Touristen aus Deutschland zumindest indirekt die Mobilisierungskampagne von Basch. Diese Assistenz fiel durchaus ins Gewicht, zumal Massenmedien, überhaupt die Kommunikationsmöglichkeiten in den ländlichen Gebieten weithin noch kraß unterentwickelt waren. Es gab nur einige wenige Presseorgane wie Bleyers *Sonntagsblatt*, den *Deutschen Volksboten* (erst seit 1939 als Wochenblatt), das Wochenblatt *Günser Zeitung* (nur 1938), zuweilen aus Preßburg die dortigen *Deutschen Stimmen* sowie die Jugendzeitung *Der Jungdeutsche* beziehungsweise seit 1939 *Jungkamerad* und als Organ der Volkstumsforschung die *Deutsch-Ungarischen Heimatsblätter*. Um so wichtiger waren die Heranbildung einer eigenen Elite und der Aufbau eines verläßlichen Stammes von Multiplikatoren durch Stipendien und Internatsplätze, durch Schulungskurse in Deutschland und den bleibenden Zusammenhalt in der Studentenorganisation »Suevia«. Dabei war es wichtig, über Ungarn hinaus Verbindung zu den anderen deutschen Minderheiten, nicht nur zu den benachbarten südostdeutschen Gruppierungen, herzustellen. Diese Möglichkeit boten der Verband der Deutschen Volksgruppen in Europa, der VDA, das Deutsche Auslandsinstitut in Stuttgart, ähnlich der Genfer Minderheitskongreß.

Der Prestigegewinn des »Dritten Reiches« durch das Münchner Abkommen sowie den Ersten Wiener Schiedsspruch und der Aufbau einer deutschen Volksgruppenautonomie in der Slowakei bewogen schließlich das innenpolitisch angeschlagene Kabinett Imrédy zur Aufgabe des Widerstands gegen Basch. Am 26. November 1938 entsteht daher aus der Volksdeutschen Kameradschaft jener Verband der Deutschen in Ungarn, der auf der Grundlage des »Volksprogramms« mit dem Anspruch auftritt, die Minderheit zu einer deutschen »Volksgruppe« in Ungarn mit umfassenden Autonomierechten auszugestalten. In seiner Rede zur VDU-Gründung faßte Basch als designierter Volksgruppenführer seine programmatischen Vorstellungen in Anlehnung an sein »Volksprogramm« vom Mai 1938 folgendermaßen zusammen:

»Ich habe im Namen unseres Volkes schon einmal erklärt, daß die pflichterfüllende Staatstreue schon allein durch das in unseren Adern rollende Blut unserer beispielhaft heimattreuen Väter und Vorfahren auch in uns – ihren Nachkommen – unausrottbar verankert ist. Mit gleich aufrichtigem Bekenntnis verkündeten wir, daß nach unserer Auffassung die Volkstreue eine der Staatstreue ebenbürtige Pflicht sei. Über Volkstreue kann ebensowenig verhandelt, wie von ihr etwas abgehandelt werden. Sie lebt ebenso blutmäßig tief im Herzen des Volkes verankert, wie die Staatstreue pflicht- und gesinnungsmäßig. An diese beiden Bekenntnisse halten wir uns wie an das höchste Gebot ... Wir haben unsere Wünsche klar festgestellt ... 1. Anerkennung des Grundsatzes der Volksgemeinschaft und der Rechtspersönlichkeit der Volksgruppe. 2. Lösung der Schulfrage ohne Elternbefragung durch imperative Bestimmung im Sinne des sich in Kraft befindlichen Gesetzesauszuges 38 vom Jahre 1868. Der doppelsprachige Unterricht kann nur ein Übergang zum muttersprachlichen Unterricht bei natürlicher Beachtung der gesetzlichen Bestimmungen bezüglich des Unterrichts der Staatssprache sein ... 3. Ungehinderte Möglichkeit zur Schaffung von Tages- und Wochenzeitungen. 4. Praktische Möglichkeit zur Gründung von Vereinen und Verbänden auf sämtlichen Lebensgebieten unseres Volkes, ganz besonders von Jugend- und Volkswohlfahrtsorganisationen ... 6. Religionsunterricht, Predigt, Kirchengesang und Gebet ausschließlich in der Muttersprache. Aufstellung wenigstens eines deutschen Priesterseminars. 7. Nötigenfalls Zusammenfassung unseres Volkes in einer eigenen politischen Partei.«[49]

Eine Verwirklichung dieser »völkischen Wünsche« Franz Baschs, die eine Parallele zu der Karlsbader Programmerklärung der Sudetendeutschen Partei vom 24. April 1938 darstellen, mußte die Lage der deutschen Minderheit in der Tat von Grund auf verändern. Hier wurden gerade die Forderungen hervorgehoben, deren Erfüllung Budapest seit langem verweigerte, von einem vollständigen muttersprachlichen Bildungswesen und eigenen Organisationen zu »sämtlichen Lebensgebieten unseres Volkes« bis hin zum Recht auf eigene Parteien und Zeitungen. Insgesamt gingen die Forderungen also entschieden über die defensive Sicherung der Minderheitsexistenz hinaus und waren ein Vorhaben nicht nur kultureller, sondern weitgehend auch politischer Autonomie. Die Minderheit als »Volksgruppe« mit eigener Rechtspersönlichkeit anzuerkennen, hätte der Staatsnation den radikalen Bruch mit der gesamten Tradition ungarischer Minderheitspolitik seit der Mitte des 19. Jahrhunderts, seit der nationalen Staatsbildung abverlangt. Auch die Ergebnisse des Assimilationsprozesses, damit die soziale Struktur und der Umfang der Staatsnation wurden durch den Anspruch auf Re-Germanisierung in Frage gestellt. Zwar enthielten Baschs Erläuterungen zu diesem »Volksprogramm« auch versöhnliche Töne, etwa wenn er bekennt, im Falle einer »freien Wahl unter allen Ländern Südosteuropas« könnte man als Deutscher »nur Ungarn [zur] Heimat wählen, weil wir sein Volk achten und zu lieben vermögen«. Ausdrücklich spricht er von der »Staatstreue« zu Ungarn, die in der deutschen Minderheit »unausrottbar verankert« sei. Mit der Elle gemessen, die im Selbstverständnis der Staatsnation als geradezu natürlich vorgegeben war, mußte es allerdings bedrohlich wirken, daß »Staatstreue« und »Volkstreue« auf derselben Ebene angesiedelt wurden, letztere »blutmäßig tief im Herzen des Volkes verankert«.

Basch verhehlt nicht, sondern stellt geradezu als Dreh- und Angelpunkt sein Bekenntnis zur deutschen »Volksgemeinschaft« heraus. Diese »deutschvölkische« Begründung seiner gesamten Konzeption stellte in den Augen der anderen, die ja ebenfalls ihr eigenes nationales Interesse absolut gesetzt und radikalisiert hatten, eine offene Kampfansage dar. Obgleich er ein souveräner Kenner des Innenzustands der Staatsnation war, ignorierte Basch diese Schmerz- und Toleranzschwelle des magyarischen Nationalismus. Darüber hinaus sprach er von dem »bittersten aller Schmerzen«, vom »stetigen Verlust an Seelen- und Ewigkeitswerten« als Bilanz des magyarisch-deutschen Zusammenlebens. Das läßt erahnen, wie weit die nationalismustypische selbstreferentielle Haltung schon verhärtet, wie sehr bereits die Fähigkeit zur Wahrnehmung des national anderen verformt war.

Insofern bereitete das Volksprogramm und Baschs Grundsatzerklärung dem Boden für Kommunikations- und Kompromißverweigerung, für konfliktbezogenen Wandel der weiteren Beziehungen zwischen Staatsnation und Minderheit. Es soll hier keineswegs behauptet werden, der VDU sei als »fünfte Kolonne«, gewissermaßen als ungarndeutsche NSDAP aufzufassen. Selbst im Überschwang des Erfolgs lassen Baschs dramatische Bekenntnisse noch Anzeichen einer eigenständigen schwäbischen Sicht erkennen. Aber dieser Sinn für die besonderen Interessen einer südostdeutschen Minderheit ist auf der erreichten Ebene von Selbststilisierung und Ethnozentrismus von nur zweitrangiger Bedeutung. Er bleibt einer alles andere relativierenden, parareligiösen Hingabe an das eigentliche Ziel, an die Vollendung der gesamtdeutschen »Volksgemeinschaft«, untergeordnet. Der folgende Aufschwung des VDU und die Realisierung seiner minderheitspolitischen Forderungen sollten abhängen vom Verhältnis zwischen Ungarn und dem Dritten Reich, von der Stärke des letzteren, nicht mehr vom Verhältnis zwischen ungarischer Staatsnation und ungarndeutscher Minderheit. Das Verhalten der Minderheit selbst, auch ihre besonderen Interessen, war dafür nicht mehr ausschlaggebend, weder in der nun beginnenden Erfolgsgeschichte noch im darauffolgenden Zusammenbruch.

Von einer Erfolgsgeschichte kann hier zunächst durchaus gesprochen werden, auch wenn sich Selbstorganisation und Autonomiebefugnisse der Deutschen in Ungarn im Vergleich zu den Konnationalen der Nachbarländer eher bescheiden ausnehmen. Zweifellos war aber ein erheblicher Fortschritt gegenüber den Zeiten von Bethlen und Gömbös und gegenüber den Zuständen in der Ära der beiden Tisza erzielt. Zwar mußte 1939/40 jeder einzelne dieser Erfolge den Regierungen Imrédy (bis 16. Februar 1939) und Teleki (bis 3. April 1941) trotz ihrer offenkundigen Ohnmacht erst abgetrotzt werden, aber der Waffenstillstand des VDU mit der Regierung im Frühjahr 1939 zusammen mit dem Volksgruppenabkommen vom 30. August 1940 und den minderheitspolitischen Regelungen anfangs für Schulwesen, Wirtschaftsaktivitäten und organisatorisch-gesellschaftliche Infrastruktur der »Volksgruppe« markieren sicherlich einen Gipfel der ungarndeutschen Entwicklung, von dem selbst Bleyer nur hatte träumen können. All dies wurde erreicht, obwohl im Sommer 1941, zwischen der Zerstörung des südslawischen Vielvölkerstaates und dem Beginn des Krieges gegen die Sowjetunion, die Anzeichen neuen Selbstbewußtseins und Machtanspruchs der Staatsnation während der Kabinette László Bárdossy (bis 9. März 1942) und – bis zur deutschen Besetzung Ungarns am 19. März 1944 – Miklós Kállay sichtbar wurden. Endgültig verblassen nun Initiative und Gewicht »volksdeutscher« Minderheitspolitik gegenüber jenen bitteren Notwendigkeiten, die im Laufe des Jahres 1943 als Folge des ungünstigen Kriegsverlaufs immer deutlicher hervortreten. Insofern bereiten sich schon in Stalingrad Evakuierung und Flucht vor.

Aber Stalingrad und das weitere Vordringen der Roten Armee waren nicht der eigentliche Grund für diese Trendwende. Der innere Gegensatz zwischen unerschütterlichem magyarischen Assimilationsdruck und ungarndeutschem Selbstbestimmungsverlangen war durch die machtpolitisch-militärische Dominanz des Dritten Reichs nur zeitweise verdeckt, nicht aufgelöst worden. Die beiderseitige nationalistische Radikalisierung hatte Zerstörung und Selbstzerstörung schon im späten 19. Jahrhundert vorbereitet und spätestens in der Ära Gömbös um 1932/34 fast unausweichlich gemacht.

Gegen Ende 1938 freilich, nach Gründung des VDU und dem Anschluß Österreichs sowie des Sudetenlandes an das Dritte Reich, zeichneten sich noch ungeahnte Möglichkeiten für die volksdeutsche Minderheitspolitik im Osten und Südosten ab. Zeichen der Zeit waren es, als an der Schwelle zum Krieg der ungarische Ministerpräsident Imrédy öffentlich nahezu den gesamten Forderungskatalog des VDU zu akzeptieren schien: die Bezeichnung »Volksgruppe« und eine eigene Repräsentanz im Regierungsapparat, schließlich sogar eine eigene Partei, die deutsche Sprache in Ämtern und im kirchlichen Leben bis hin zu allen Ebenen des Erziehungswesens wie weiterführenden Schulen und Lehrerausbildung. Und wirklich wurden die VDU-Satzungen am 13. April 1939 genehmigt, so daß seinem Wirken nichts mehr im Weg zu stehen schien. Die deutsche Diplomatie vermittelte ein Wahlbündnis wie einst vor dem Ersten Weltkrieg zwischen der Regierungsfraktion und den sächsischen Abgeordneten – zwischen der regierenden Partei des Ungarischen Lebens (MÉP) und dem VDU. Dieser errang beim Urnengang im Mai 1939 zwei Mandate durch Heinrich Mühl und Jakob Brandt in den Wahlkreisen Bonyhád und Bács-Bodrog, während der Gratz-Nachfolger im UDV-Vorsitz, Prälat László Pintér, scheiterte. Schließlich signalisierte Ungarns Eintritt in den Antikominternpakt samt Austritt aus dem Völkerbund im Januar beziehungsweise April 1939 auch außenpolitisch ein Zusammenrücken von Deutschen und Magyaren, zumal Budapest im Windschatten des deutschen Griffs nach Prag seinerseits in die Karpato-Ukraine expandieren konnte.

Eine zusätzliche Stabilisierung des VDU versprach zum einen die vorläufige Beseitigung des Kompetenzwirrwarrs bei den reichsdeutschen Partnern, wo im Herbst die Volksdeutsche Mittelstelle der SS die Führungsrolle übernahm. Zum anderen konnte man im Vorfeld der Wahl das Verhältnis zu den nationalsozialistischen Organisationen der Staatsnation wenigstens notdürftig klären. Zwar bestand besonders zur stärksten dieser Gruppierungen, den Pfeilkreuzlern (Nyilaskeresztes Párt) um Ferenc Szálasi, ein

»Volksdeutsche« im September 1940 beim Vorbeimarsch an dem ungarischen Staatsoberhaupt Admiral Nikolaus von Horthy in Großwardein. Ein Ausweg aus dem Irrgarten von staatlicher Loyalitätsforderung und »völkischer Pflichterfüllung« war damit keineswegs gefunden, denn das soeben nach dem Zweiten Wiener Schiedsspruch erstarkte Ungarn war nicht gewillt, die Loyalität der deutschen Minderheit mit dem »Dritten Reich« zu teilen.

gewisser Gegensatz unter anderem aufgrund nationalistischer Traditionsbindung und der Konkurrenz bei rechtsradikalen deutschen Wählern, doch verhinderten die ideologische Nähe und die gemeinsame Ausrichtung auf das Dritte Reich den ansonsten denkbaren Konflikt zwischen den radikalen Nationalismen in Staatsnation und Minderheit. Das erfolgreiche Ausgreifen des Dritten Reiches schließlich ins Memelland und nach Rumänien, in die ČSR und im Jahresverlauf nach Polen veränderte für die volksdeutsche Minderheitspolitik in Ostmitteleuropa die Bedingungen grundsätzlich.[50]

Diese günstige Tendenz verstärkte sich noch im folgenden Jahr. Basch als treibende Kraft belagerte im Jahre 1940 den – trotz aller äußerlichen Angepaßtheit doch innerlich weiterhin widerstrebenden – Ministerpräsidenten regelrecht mit Forderungen und Vorschlägen, Drohungen und Andeutungen, Memoranden und Wunschlisten. Das Kabinett Teleki wollte beides, nämlich außenpolitisch an der nationalsozialistischen Expansion mitverdienen, aber innenpolitisch von reichsdeutschem Einfluß frei bleiben. Diese durch Inkonsequenz schwache Haltung ausnutzend, drängte Basch die Regierung zu Zugeständnissen, was aber undenkbar gewesen wäre ohne Hitlers Erfolgsnimbus, den die duellartigen Kurzkriege in Westeuropa hervorbrachten. Die Regierung Teleki, das alte Ungarn, das auch gegenüber seinen eigenen extrem nationalistischen Zauberlehrlingen, gegenüber Ferenc Szálasi und Kálmán Hubay, Ödön Málnási und Fidél Pálffy nunmehr Hilfe von außen brauchte, ließ sich auf einen verhängnisvollen Weg drängen, der für den Ministerpräsidenten selbst am 3. April 1941 mit Selbstmord endete, für die ungarische Politik überhaupt in alternativloser Unterwerfung und Selbstaufgabe. Paradox und gefährlich wurde Ungarns Lage, das mit dem »Dritten Reich« gegenüber Rumänien und Jugoslawien gewann und sich mit dem Zweiten Wiener Schiedsspruch vom 30. August 1940 und dem Krieg gegen Jugoslawien im April 1941 den lange gehegten Reconquista-Wunsch immerhin teilweise erfüllte. Dennoch schien Ungarn mit diesen Siegen nicht stärker, sondern schwächer zu werden. Es waren nicht nur die unerwünschten Folgen solcher letztlich außengesteuerter Siege, die das Verfehlte der gesamten ungarischen Politik seit 1918/20 zum Ausdruck brachten. Es war vielmehr auch der unerwünschte Aufschwung der deutschen »Volksgruppe«, der den Geburtsfehler Trianon-Ungarns sichtbar machte: den selbstzerstörerischen Traum, die Niederlage im Ersten Weltkrieg ungeschehen zu machen. Denn im Augenblick des Triumphs, des Zweiten Wiener Schiedsspruchs, mußte man sich zugleich auf das »Volksgruppenabkommen« einlassen, dessen inhaltliche Einzelheiten ihren minderheitspolitischen Sinn letztlich durch einen übergeordneten Zweck bekamen: Das Dritte Reich, das schon der Außenpolitik Ungarns die Richtung vorgab, sollte nun auch zum Teilhaber ungarischer Innenpolitik werden. Worauf selbst der Hitler-Freund Gömbös nicht verzichtete, auf Minderheitspolitik als ausschließlich innere Angelegenheit, das mußte gerade der Hitler-Kritiker Teleki aus der Hand geben. Einige Tage zuvor, am 18. August, war der VDU in das neue »Deutsche Haus« in Budapests Lendvay-Straße Nummer 2 eingezogen. Das war ein symbolischer Akt: ungarndeutsche Minderheitspolitiker und reichsdeutsche Präsenz konnten bei den Wiener Verhandlungen zugleich ihren Einzug in Ungarns Innenpolitik, in die Mitte der Staatsnation durchsetzen. Diese qualitative Aufwertung der deutschen Einflußnahme von innen wie von außen bestimmte den Rang der Wiener August-Vereinbarungen.

»In dem Wunsche, die Stellung der deutschen Volksgruppe in Ungarn entsprechend den beiderseitigen freundschaftlichen Beziehungen zu gestalten, haben die Reichsregierung und die Königlich Ungarische Regierung nachstehende Vereinbarung getroffen: I. Die Königlich Ungarische Regierung gewährleistet den Angehörigen der deutschen Volksgruppe die Möglichkeit, ihr deutsches Volkstum uneingeschränkt zu erhalten. Sie wird dafür Sorge tragen, daß den Angehörigen der deutschen Volksgruppe aus der Tatsache ihrer Zugehörigkeit zur Volksgruppe und aus ihrem Bekenntnis zur nationalsozialistischen Weltanschauung in keiner Weise und auf keinem Gebiet Nachteile irgendeiner Art erwachsen. Angehöriger der Volksgruppe ist, wer sich zum Deutschtum bekennt und von der Führung des Volksbundes der Deutschen in Ungarn als Volksdeutscher anerkannt wird. Entsprechend diesen Grundsätzen wird insbesondere folgendes festgestellt ... II. Zwischen der Reichsregierung und der Königlich Ungarischen Regierung besteht volles Einverständnis darüber, daß die vorstehenden Grundsätze in keiner Weise die Pflicht der Angehörigen der Volksgruppe zur Loyalität gegenüber dem ungarischen Staate berühren sollen. III. Für die Angehörigen der deutschen Volksgruppe in den mit Ungarn wieder vereinigten, bisher rumänischen Gebieten wird folgende besondere Vereinbarung getroffen: Die Königlich Ungarische Regierung wird den in diesen Gebieten ansässigen Volksdeutschen auf deren Antrag die Möglichkeit gewähren, in das Deutsche Reich umzusiedeln.«[51]

Die ungarische Regierung, die nach dem ergebnislosen Abbruch der Grenzverhandlungen mit Rumänien am 24. August unbedingt Deutschlands Unterstützung brauchte, war gezwungen, den deutschen Entwurf für ein Volksgruppenabkommen zu akzeptieren. Sie mußte sämtliche, seit Bleyers Zeiten aufgestaute ungarndeutsche Forderungen akzeptieren: deutschsprachige Erziehungseinrichtungen aller Stufen, muttersprachlichen Gottesdienst und Amtsverkehr, volksdeutsche Beamte, wirtschaftlich-genossenschaftliche Selbstorganisation, deutschsprachige Massenmedien und deutschsprachige Versammlungen. Die charakteristische völkisch-nationalistische Radikalisierung kam in Vereinbarungen zum Tragen, die ausschließen sollten, daß man wegen seiner nationalsozialistischen Überzeugung eine Benachteiligung erfuhr. Jeglicher Assimilationszwang war zu unterlassen, hingegen sollten die Re-Germanisierung und der freie kulturelle Verkehr mit dem »großdeutschen Mutterland« gestattet sein. Letzten Endes liefen diese Vereinbarungen darauf hinaus, den deutschen Staatsbürgern Ungarns das Recht zur kollektiven Selbstorganisation einzuräumen. Die Volkszugehörigkeit gegenüber der Staatsangehörigkeit wurde wesentlich aufgewertet, wenn nicht sogar mit letzterer gleichgestellt. Mit der Garantie, die Namensmagyarisierung beziehungsweise Assimilierung wieder rückgängig zu machen, und dem machtpolitisch-weltanschaulichen Sog des angrenzenden Deutschen Reiches schien hier ein Weg zur volksbezogenen Selbstorganisation der Minderheit und ihrer Bindung an das Dritte Reich eröffnet. Hinzu kam, daß zum Zeitpunkt dieser Vereinbarungen die Machtstellung Hitlers, vor allem seine außenpolitischen Handlungsmöglichkeiten, ein noch nie

Handwerker wie der Schreiner Michael Borbély und Bauern waren es, die seit den achtziger Jahren des vorigen Jahrhunderts Möbel bemalten, Gedenkbilder zu den Höhepunkten des kirchlichen und familiären Lebens gestalteten, insgesamt eine Art volksreligiöser Gebrauchskunst schufen. Sie brachten ein wachsendes bäuerliches Selbstbewußtsein und die Suche nach einem eigenen Lebensstil zum Ausdruck. Die sprachliche und bewußtseinsmäßige Koexistenz des magyarischen und des deutschen Elements war dabei, wie ein Emlék (Erinnerungs)-Ehebrief von Borbély aus dem Jahre 1891 zeigt, selbstverständlich.

Unter Engelsflügeln und Davidsternen öffnet sich der Zugang zum Grabmal der Familie Sándor Schmidl, das in der Art des Budapester Lechner-Jugendstils im Jahre 1903 auf dem Jüdischen Friedhof an der Kozma-Straße errichtet worden ist: ein ungewöhnlich-bemühter Introitus zu jener magyarisch-jüdisch-deutschen Symbiose im Großbürgertum der Hauptstadt, deren extrovertierte Prachtentfaltung, deren schnelles Aufblühen bereits mit Zeichen der Bedrohtheit und des Absterbens einhergehen.

dagewesenes Niveau erreicht hatten. Dies wirkte auf die Regierung Teleki geradezu entwaffnend: Mit einem Sieg Deutschlands in den Westfeldzügen dieses Jahres hatte sie keinesfalls gerechnet; außerdem befand man sich – nach ungarischer amtlicher Selbsteinschätzung[52] – wirtschaftlich bereits in der Abhängigkeit von Deutschland, und Ungarn wußte sich im südöstlichen Brennpunkt der Pläne für einen künftigen »Großwirtschaftsraum« um »Großdeutschland« herum.

Dennoch war die schriftliche Fixierung eines volksdeutschen »Staates im Staate« nicht so widerspruchsfrei und vollständig, die reichsdeutsche Machtstellung im Osten nicht so unanfechtbar. Zum einen zog sich Berlins Entscheidung über Fortführung und Zweck der Auseinandersetzung mit England, das sich der Partnerschaft gegen die Sowjetunion verweigerte, immer länger hin. Außerdem zögerte Hitler noch immer mit der Eröffnung einer zweiten Front im Osten, das heißt mit dem Entschluß zum Krieg gegen die Sowjetunion.

Jedenfalls zeichnete sich eine »negative Abhängigkeit« des Dritten Reiches von einem Mindestmaß an Stabilität und Loyalität der Nachbarstaaten im Donau- und Karpatenraum ab. Als die Sowjetunion Ende Juni 1940 die rumänischen Gebiete Nordbukowina und Bessarabien, als außerdem Bulgarien am 7. August die südliche Dobrudscha in Besitz nahm und Ungarn den Norden Siebenbürgens beanspruchte, entstand aus deutscher Sicht Handlungsbedarf. Die nun gegebene Gefahr eines ungelegenen Krieges im Südosten, womöglich unter Einbeziehung der Sowjetunion, die ohnehin Ambitionen auf eine Balkanhegemonie erkennen ließ, drohte überhaupt die Entscheidungsmöglichkeiten Deutschlands einzuengen. In dieser Lage zeigte sich die relative Stärke des Schwachen: Deutschland mußte auf den Juniorpartner Ungarn durchaus Rücksicht nehmen. Der Druck auf Rumänien und der Rückgewinn Nordsiebenbürgens waren eine Wohlverhaltensprämie für Ungarn ebenso wie der Verzicht Berlins auf die vollständige Durchsetzung der volksdeutschen Forderungen an Budapest. Damit zeigte sich gerade auf dem Höhepunkt deutscher Machtgeltung zugleich eine vorgegebene Begrenztheit.

Hatte Basch schon beim Volksgruppenabkommen zu einer gewissen Zurückhaltung gedrängt werden müssen, so fiel ihm diese danach noch schwerer. Ihm wurde nämlich vor Augen geführt, daß das Wiener »Abkommen« – von Budapest bezeichnenderweise nur als »Protokoll« in Verordnungsform gefaßt – noch weniger echte Korrekturen der ungarischen Politik mit sich brachte als er ohnehin von vornherein kalkuliert hatte. Schnell wurde deutlich, daß der ungarische Ministerpräsident – so ohnmächtig und geschwächt von einem Nervenzusammenbruch er auch war – doch mit Bedacht einige, nur scheinbar geringfügige Änderungen und taktische Formulierungslücken noch hatte aushandeln können. Sie sollten Basch um die Früchte seines Sieges bringen. Vor allem handelte es sich um die Aufweichung des Begriffs »Volksgruppe«. Außerdem verwischte Teleki die Grenze zwischen der VDU-Gefolgschaft und der ungarndeutschen Minderheit als solcher. Budapest konnte infolgedessen zumindest versuchen, sein Entgegenkommen auf die Mitglieder des VDU einzuengen. Außerdem war es angesichts der virtuosen Tradition Budapests in punkto Entwertung minderheitspolitischer Vereinbarungen schon seit 1867/68 sträflich leichtsinnig, der ungarischen Regierung keine verpflichtenden Termine abzuverlangen.

Es kam also, wie es kommen mußte. Ungarn machte sich einerseits durch außenpolitisches Wohlverhalten geradezu unentbehrlich für Berlin: Es gestattete während des Polenfeldzugs den deutschen Militärtransfer im Oktober zur Stabilisierung der Lage nach dem Umsturz in Rumänien wie auch im Januar/Februar 1941 zum Eingreifen in den italienisch-griechischen Krieg; schließlich trat es am 22. November 1940 dem Dreimächtepakt bei und assistierte dem Dritten Reich bei der Zerschlagung Jugoslawiens im April 1941.

Andererseits bekam Franz Basch bald zu spüren, daß er nicht der Götter einziger Liebling war: Als Volksbundfunktionäre der Staatsnation mit dem Einmarsch der Wehrmacht in Ungarn drohten, wurden sie im Januar 1941 durch Emmissäre der Volksdeutschen Mittelstelle regelrecht zurückgepfiffen.[53] Zwar gab es eine Reihe von Zugeständnissen Budapests im minderheitspolitischen Detail. So konnte vom 6. Oktober 1940 an das Organ des VDU, die *Deutsche Zeitung*, täglich erscheinen; zum Mißfallen der Regierung konnten die Kandidaten Baschs – Eduard Keintzel (Siebenbürgen) und Sepp Schönborn (Sathmar) – in den Reichstag einziehen; vor allem konnte der Ausbau einer Volksgruppenorganisation forciert werden. Diese Aufgabenstellung hatte Himmler, für die Volksdeutsche Mittelstelle zuständig, selbst im Gespräch mit Basch während dessen Berlin-Aufenthalt im September 1940 vorgezeichnet. Himmler forderte von Basch zunächst, mit Hilfe der Volksdeutschen Mittelstelle den VDU zur Elite der Volksgruppe umzuformen, die durch angegliederte Verbände zuverlässiger Volksdeutscher zu erweitern sei, und zwar durch Jugend- und Frauenverbände, Sportorganisationen und die Deutsche Volkshilfe als sozialpolitischer Hilfsorganisation. Unter Anleitung reichsdeutscher Experten sollten Berufsverbände der Bauern, Handwerker, Kaufleute und anderes mehr geschaffen werden, desgleichen ein volksdeutsches Bank- und Genossenschaftswesen. Auf diese Weise sei magyarischem und jüdischem Einfluß zu begegnen. Außerdem sei durch Befragungsaktionen und Ausgabe eines volksdeutschen Ausweises der Bestand der Volksgruppe zu ermitteln.

Im Sinne dieser Anweisung konnte die Volksgruppenleitung 1940/42 einiges bewirken. Nach langwierigen Verhandlungen mit Regierung und Verwaltung konnte die Gründung der Deutschen Jugend und der Deutschen Volkshilfe durchgesetzt werden. Auf das schulpolitische Dauerthema bezog sich eine Verordnung vom 1. Februar 1941, die die seinerzeitige Reduzierung der drei Mittelschultypen auf den gemischtsprachigen durch die Gömbös-Verordnung von 1935 rückgängig machte. So konnte man versuchen über die Eltern, die einen Schultyp auszuwählen hatten, die Zahl der deutschsprachigen Volksschulen wesentlich zu erhöhen. Aufgrund mehr oder weniger absichtlich ungenauer Formulierungen des Volksgruppenabkommens kam es aber bald zu einer Grundsatzkontroverse: Kann das Minderheitsschulwesen überhaupt noch Sache der Regierung sein wie vor dem August 1940, oder muß diese Aufgabe dem Volksbund von einer – erst zu schaffenden – deutschen Abteilung des Unterrichtsministeriums zugewiesen werden? Immerhin hatte der VDU in seinen eigenen Schuleinrichtungen – im

Juni 1941 wurden achtzehn Schulen und danach ein nationalsozialistisches Erziehungsheim in Großkarol (Sathmar) genehmigt – ein Mitaufsichtsrecht. Da ein großer Teil der Schulen kirchliche Träger hatte, war es für den VDU ein Erfolg, den die Regierung widerwillig hinnahm, als unter anderem die deutschen evangelischen Gemeinden, die 1940 und 1941 durch die Angliederung Nordsiebenbürgens und der Batschka zu Ungarn kamen, sich nicht in die ungarische evangelische Kirche eingliedern ließen. Ihr gut entwickeltes Schulwesen wurde statt dessen schrittweise dem Volksbund zugeordnet. Bei seiner Forderung nach der Besetzung von Beamtenstellen in Gebieten mit entsprechendem deutschen Bevölkerungssanteil durch »Volksbündler« war der VDU aber fortwährend zu Kompromissen gezwungen.

Im Schul- und wirtschaftlichen Genossenschaftsleben gingen von den Auseinandersetzungen um die Integration der besonders fortgeschrittenen Einrichtungen der Batschka-Deutschen zusätzliche Gestaltungsimpulse aus. Das Vorbild der Batschka, für die der VDU die bisherigen Sabor-Abgeordneten Sepp Spreitzer, Franz Hamm und Josef Trischler beziehungsweise Christian Welker in die beiden Häuser des Reichstags manövrieren konnte, regte den vom VDU geleiteten Ausbau der Agronomia als Zentrale volksdeutscher Milchgenossenschaften seit Oktober 1941 an.

An der Spitze der wirtschaftlichen VDU-Organisationsbereiche – Landesbauernamt, Gewerbewirtschaft, Kreditwesen, wirtschaftlicher Kriegsdienst der Heimat, Genossenschaften – stand seit 10. Juli 1942 die »Geschäftsstelle für Wirtschaft beim Volksgruppenführer«.[54] Obwohl sie von Baschs Stellvertreter Georg Goldschmidt geleitet wurde, kam es in ihr zu überproportional großem Einfluß erfahrener Genossenschaftler aus der Batschka, vor allem reichsdeutscher Experten wie Hermann Wagener. Teilweise auf die Initiative der Volksdeutschen Mittelstelle gingen weitere wirtschaftliche VDU-Unternehmungen zurück, so seit Oktober 1942 die MILAG als Verband der genossenschaftlichen Milchwirtschaft in Tolna und Baranya. Wie die anderen Genossenschaftsverbände für Landwirtschaft und Viehzucht, Maschinenimport und ähnliches wurde sie vielfach von den Behörden behindert, die in diesen Einrichtungen zugleich politische Instrumente des VDU sahen, was ja auch zutraf. Im weiteren Verlaufe des Krieges rückten zusätzliche Schwerpunkte der wirtschaftlichen VDU-Tätigkeit in den Vordergrund, etwa der Anbau von Sonnenblumen für die Fettversorgung Deutschlands, die Lieferung von Mohn für Arzneimittel oder die von Seide für die Fallschirmherstellung. Insgesamt verhinderte die durch den VDU forcierte Nationalisierung des Minderheitsschutzes eine Beschränkung auf die eigentliche, auf die genossenschaftliche Aktivität. Statt dessen wurde erwogen, was nun wieder den magyarischen Nationalismus auf den Plan rief, die Produktion der Agronomia nach Deutschland zu lenken, um sie dem ungarischen Wirtschaftsleben zu entziehen.

So beachtlich die minderheitspolitischen Fortschritte im einzelnen waren, ob es sich um Schule oder Kirche, Wirtschaft oder öffentliches Propagieren der VDU-Politik handelte, insgesamt blieb all dies hinter der weltanschaulich-programmatischen Zielstellung, hinter der »völkisch«-nationalistischen Utopie zurück. Man blieb weit entfernt von der Umformung einer bedrohten, ohnehin ihrer selbst kaum bewußten Minderheit

Nach der deutschen Besetzung Budapests wurde im Frühjahr 1944 die politische Machtausübung Ferenc Szálasi und seiner sogenannten »Pfeilkreuzler-«Bewegung, den magyarischen Nationalsozialisten, übertragen. Wie der Radikalismus der deutschen »Volksgruppen«-Führung unter Franz Basch die Grenze zwischen der Loyalität zu Ungarn und der Gemeinschaft mit Deutschland verwischte, so ließ der extreme Nationalismus der »Pfeilkreuzler«, zu denen eine große Zahl Deutscher gehörte, diejenige zwischen Staatsnation und deutscher Minderheit verschwimmen.

in eine handlungsfähige, geschlossene »Volksgruppe«, die sich ihrerseits in die endgültige gesamtdeutsche »Volksgemeinschaft«, »Gefolgschaft« für den »Führer und Reichskanzler« eingefügt hätte. Nicht nur Rivalitäten innerhalb des VDU, wie einst zwischen Basch und Kußbach, nun unter anderem zwischen Basch und Mühl, beeinträchtigten die zielgerichtete Arbeit. Ähnliches gilt für die fortwährenden Störmanöver von katholisch-kirchlicher Seite, etwa wenn Primas Jusztinián Serédi im November 1940 im Einverständnis mit der Regierung den UDV wiederbeleben wollte. Auch die ungarischen Nationalsozialisten als immerhin zweitstärkstes politisches Lager konkurrierten mit beträchtlichem Erfolg um das angestammte Anhängerpotential des VDU, wobei besonders für bereits assimilierte deutschstämmige Wähler, die nationalsozialistische Orientierung und magyarischen Nationalismus miteinander verbinden wollten, der von György Stumpf geführte deutsche Flügel der Pfeilkreuzler eine echte Alternative war. Dies war überhaupt nur möglich, weil die Szálasi-Partei trotz ihrer ideologischen Anlehnung an den deutschen Nationalsozialismus eine gewisse Distanz zu jeglichem volksbezogenen Nationalismus wahrte. Statt dessen kombinierte sie eine staatsbezogene Vorstellung von Groß-Ungarn mit der Respektierung nichtmagyarischer Minderheiten.

Hinweise auf eine beachtliche Resonanz der Szálasi-Partei oder der im September 1941 abgespaltenen Gruppierung von Fidél Pálffy, die wegen ihrer volksbezogenen Ausrichtung besser mit dem VDU zurechtkam, sind bisher sicherlich zu wenig beachtet worden. Diese Organisationen sollen einen etwa vierzigprozentigen Anteil Deutschstämmiger in den Führungsrängen aufgewiesen haben. Hinweise dieser Art bedürfen, ebenso wie die öffentliche Resonanz und Sozialgeschichte auch des VDU, noch näherer Untersuchung. Dabei wird es besonders schwierig sein, die verzerrende Wirkung nationaler Emotionen und Solidaritätsvorstellungen zurückzudrängen. Es ist Aufgabe der vergleichenden Faschismusforschung, diese komplizierte Erscheinung endlich zu untersuchen, nämlich das politische Verhalten von Menschen, die im autoritär-nationalistischen Trianon-Ungarn geprägt worden waren und nun im Zeichen von Nationalismus und Krieg den Weg weiterer Radikalisierung gingen.

Eine gewisse Rivalität im Werben um die deutsche Minderheit und um teilassimilierte Deutschstämmige bestand auch weiterhin zwischen dem VDU und der Partei der Kleinen Landwirte. Vor allem aber war die Haltung von Regierung und Behörden hinderlich, die zwischen passivem Widerstand und gezieltem Sabotieren sämtlicher Vereinbarungen wechselte, je nach Situation. Zusätzliche Schubkraft erhielt diese Strategie, die vor allem darauf aus war, einen Keil zwischen die VDU-Anhängerschaft und die Mehrheit von Volksgruppe und Teilassimilierten zu treiben, durch Meldungen und Gerüchte aus dem »Dritten Reich«. So wurde es von Basch sicherlich mit Recht als tödliche Gefahr für seine Pläne empfunden, als die Regierungsseite unter Berufung auf reichsdeutsche Adressen ersten Ranges von deutschen Umsiedlungsplänen sprach.[55] Der gesamten Tätigkeit des VDU würde der Boden entzogen, wenn sich die Überzeugung durchsetzte, das »Dritte Reich« werde die Deutschen ohnehin aus Ungarn umsiedeln.

Vergeblich hatte Himmler im Februar 1940 versucht, diese Diskussion im Keim zu ersticken, aber es war schon zu spät dafür. Nicht nur aus Südtirol, sondern nach dem

Zweiten Wiener Schiedsspruch auch aus Sathmar und aus Kroatien wurden bereits Deutsche ausgesiedelt. Die Begründungen konnte man in der Tat auch auf die Deutschen in Ungarn beziehen: Minderheiten, die von Assimilation bedroht waren, sollten in Gebiete wie den Warthegau umgesiedelt werden, wo sie zur Herstellung einer geschlossenen deutschen Siedlungsbrücke in den Osten beizutragen hatten. Die Absicht Berlins, befreundeten Regierungen – auch der ungarischen – ein innenpolitisches Problem vom Halse zu schaffen, spielte dann im späteren Kriegsverlauf eine Rolle. Abgesehen von gelegentlichen Hinweisen Hitlers in Gesprächen mit Horthy schon im November 1939, die ungarndeutsche Frage durch Umsiedlung zu lösen, und diversen Gerüchten aus Berlin erlangte das Thema im Zusammenhang mit der am 24. Juni von Hitler in Auftrag gegebenen Vorbereitung des »Generalplan Ost«, also im Hochsommer 1941, seine eigentliche Brisanz. Obwohl keine endgültige Entscheidung über die Zukunft der Deutschen im Südosten gefällt worden war, hat sich Hitler spätestens Anfang August zumindest zur teilweisen Umsiedlung der Deutschen des Donau- und Karpatenraums entschlossen: »Der Führer hat entschieden, daß die Aussiedlung von Volksdeutschen aus Südosteuropa während des Krieges unterbleibt. Nach Beendigung des Krieges ist vorgesehen, die Volksdeutschen aus- beziehungsweise umzusiedeln.«[56] Es war offensichtlich nicht geklärt worden, wie »Volksdeutsche« von ihrer Umgebung, von den Deutschen, die sich nicht zur Volksgruppe bekannten, vom »schwebenden Volkstum« oder auch von Assimilierten, eigentlich abzugrenzen seien; es war auch nicht geklärt worden, was »Aus- und Umsiedlung« konkret bedeuten sollten, den völligen Rückzug aus Südosteuropa oder eine teilweise Aussiedlung, und unklar war auch, wohin man die Südostdeutschen womöglich umsiedeln wollte.

Der von Konrad Meyer-Hetlich, Leiter des Planungsamtes im Stabshauptamt des Reichskommissariats für die Förderung des deutschen Volkstums, am 15. Juli 1941 vorgelegte, am 12. Juni 1942 mit einigen Änderungen gebilligte »Generalplan Ost« sah folgendes vor: In Polen, im Baltikum, in Weißrußland und der Ukraine sollten nur etwa vierzehn Millionen der derzeitigen Bevölkerung belassen, aber im Laufe von drei Jahrzehnten etwa 31 Millionen Menschen nach Westsibirien umgesiedelt werden; die dann teilweise menschenleeren Gebiete sollten mit Deutschen, auch aus dem Südosten, neu besiedelt werden.[57] Als Alternative legte Wilhelm Stuckart, Staatssekretär im Ministerium des Innern, den Plan eines deutschen »Donaustaates« vor, der unter anderem durch Umsiedlung von Südostdeutschen gebildet und mit einer Siedlungsbrücke zum deutschen Sprachraum versehen werden sollte. Anfang August kam es in Budapest zu einer Besprechung unter anderem der Spitze der Volksdeutschen Mittelstelle und des deutschen Gesandten Dietrich von Jagow mit den Volksgruppenführern von Ungarn und Banat, Basch und Janko, und dem Militärbefehlshaber im Serbischen Banat, Georg Kiesel. Thema waren die Zerschlagung Jugoslawiens und Regelungen für die Organisation der deutschen Minderheiten. Um eine Gesamtregelung und zugleich die Beseitigung des für unzureichend gehaltenen Wiener Volksgruppenabkommens herbeizuführen, einigte man sich auf den Entwurf für ein neues Abkommen. Obwohl dieser Entwurf nie Gesetzeskraft erlangte, verdient er es, näher betrachtet zu werden, denn er bringt die reichs- und volksdeutschen Vorstellungen von Volksgruppenpolitik zum Ausdruck. Vor allem wird die seit dem November 1938 bereits eingeleitete grundsätzliche Korrektur ungarischer Minderheitspolitik, wie sie seit dem Ausgleich von 1867 Bestand gehabt hatte, gewissermaßen zum logischen Abschluß gebracht. So heißt es eingangs grundlegend zum »Aufbau der Volksgruppe«: »1. Die deutsche Volksgruppe in Ungarn ist eine juristische Person des öffentlichen Rechts, sie organisiert sich nach den Grundsätzen einer personellen Autonomie und wird der Königlich Ungarischen Regierung gegenüber durch den Volksgruppenführer vertreten. 2. Angehöriger der deutschen Volksgruppe ist jeder Volksdeutsche, dessen Volkstumsmerkmale die deutsche Volkszugehörigkeit sichtbar bestimmen oder der sich zum Deutschtum bekennt und den die Führung der Volksgruppe als Volksdeutschen anerkennt.«

Hierin ist nicht nur die Umformung der Minderheit in ein besonderes ungarndeutsches Gemeinwesen als Ziel enthalten, sondern auch der diktatorische Verfügungsanspruch einer Führungs»mannschaft«, die ohne demokratische Legitimierung war. Zu dieser totalitären Ausrichtung, die mit der Macht des Dritten Reiches stand und fiel, gehörten weitere Programmaussagen. Die Forderung nach einem ungarndeutschen Nationalregister, mit dessen Hilfe die Volksgruppenführung bestimmen konnte, wer überhaupt als Deutscher zu gelten hatte. Eine weitere Forderung verweist beispielhaft auf die charakteristische Tendenz zur Absonderung der Minderheit von der Staatsnation, zur Formierung eines »volksdeutschen« Staates im Staate: »4. Die deutsche Volksgruppe hat das Recht, von den im Nationalregister verzeichneten Personen Steuern zu erheben ...«[58]

Diese und weitere Aussagen über das Recht der Volksgruppenführung zur umfassenden Gestaltung und Leitung aller schwäbischen Angelegenheiten enthalten weder ein Selbstbestimmungs- oder Widerstandsrecht des einzelnen »Volksgenossen« noch bindende Pflichten, auf die Staatsnation und ihre Organe wirklich Rücksicht zu nehmen. Der Entwurf dieses Abkommens belegt die letzten Ziele der Volksgruppenführung, nicht etwa nur Berlins, auch wenn es nicht mehr durchzusetzen war. Hier ist aber festzuhalten, daß die deutsche Minderheit als solche keine Möglichkeit gehabt hatte, sich zu diesen Zielen verbindlich zu äußern. Auch dies ist ein Beleg dafür, daß die Verantwortung der Volksgruppenführung damals wie heute nicht identisch war mit derjenigen der Minderheit als ganzer.

Was beim Wiener Volksgruppenabkommen nur angedeutet, in der volksdeutschen Kritik reklamiert worden war, ist in diesem Entwurf enthalten: der charakteristische und im Detail ausgeführte Anspruch auf Verselbständigung einer Volksgruppe im Rahmen des ungarischen Staates, dem aber kaum noch eine wesentliche Einflußnahme auf die Minderheit zugestanden wird. Die Volksgruppenleitung entscheidet, wer in den deutschen »Nationalkataster« aufgenommen wird, desgleichen entscheidet sie über ihr Statut und den inneren Aufbau, sie erhebt Steuern und formt ihr Wirtschaftsleben und ihre (Außen-)Handelsbeziehungen unabhängig von ungarisch-staatlichen Instanzen. Die Volksgruppe sondert sich verwaltungsmäßig ab. Wo dies nicht möglich ist, hat sie einen Anspruch auf deutsche Sektionen, deutsche Beamte, deutsche Amtssprache und so weiter. Hier wie im Wirtschaftsleben und im gänzlich der Volksgruppe überlassenen Kultur- und Bildungswesen können Reichsdeutsche als Mitarbeiter eingesetzt werden. Volksgruppenangehörige haben schließlich das Recht, ihren Militärdienst in der Wehrmacht, der SS oder in volksdeutschen Truppenteilen der ungarischen Armee abzuleisten.

Dieses Programm zieht in der Tat alle Konsequenzen, die nach »völkisch-«nationalistischem Selbstverständnis nötig sind, um in der national fremden Umwelt eine selbständige Minderheitsexistenz zu sichern. Zudem wird jede Einengung des Kontakts mit dem »großdeutschen Mutterlande« oder die Einschränkung des »Bekenntnisses zur nationalsozialistischen Weltanschauung« ausgeschaltet. Wer die Durchsetzung eines derartigen Maximalprogramms gegen den magyarischen Nationalismus überhaupt für möglich hielt, mußte sich schon sehr weit von der ungarischen Wirklichkeit entfernt haben. Zwar wurde die Volksgruppenführung durch Berlin veranlaßt, von diesem Forderungskatalog geradezu eschatologisch-religiösen Zuschnitts Abstand zu nehmen, und sie hat sich – allerdings nur unfreiwillig – von diesem Vertragsentwurf zurückgezogen, aber die Einstellung, der er entstammte, blieb erhalten. Eine wirkliche Korrektur von Selbstverständnis und Verhalten der Volksgruppenführung kam nicht zustande, daran ändert auch die Tatsache nichts, daß die andere Seite, die ungarische Regierung und der magyarische Nationalismus, die Schwelle bereits überschritten hatten, jenseits derer eine Selbstkorrektur nicht mehr möglich ist.

Allerdings bekam die Volksgruppenführung immer deutlicher Druck von außen zu spüren: Der Krieg gegen die Sowjetunion steigerte den strategischen Wert Ungarns für das Dritte Reich. So mußte sich Basch eine regelrechte Abmahnung durch den deutschen Gesandten von Jagow gefallen lassen, nachdem Ministerpräsident Bárdossy sich am 27. Oktober 1941 über den Verlauf einer VDU-Generalversammlung beschwert hatte. Gegenüber den Gönnern von Basch, die sich über die Courage Jagows wunderten, berief sich der Gesandte auf eine Weisung aus dem Führerhauptquartier, derzufolge sei »mit der ungarischen Regierung und der ungarischen Gesellschaft stets so zu verkehren, daß unter allen Umständen die ungarische Bündnistreue das Ziel unserer Handlungen sein müsse. Das gelte insbesondere auch in Beziehung auf Fragen der deutschen Volksgruppe.«[59]

War diese Belehrung noch umstritten, so wurde Basch schließlich durch Himmler und Außenminister von Ribbentrop die veränderte Lage klargemacht. Während Ribbentrop durch eine Weisung vom 18. November 1941, endgültig am 8. April 1942 den Entwurf für das von Basch gewünschte revidierte Volksgruppenabkommen ad acta legen ließ, erläuterte Himmler Basch am 18. November in Berlin seine neue Aufgabenstellung: Es komme nicht mehr auf bessere minderheitspolitische Regelungen und Erfolge gegen die ungarische Regierung an, sondern auf die unbedingte Autorität von Basch beziehungsweise des VDU innerhalb der Volksgruppe als ganzer. Die Volksgruppe sei nicht gegen Budapest zu mobilisieren. Vielmehr gehe es darum, sie zusammenzuhalten und auf künftige Aufgaben vorzubereiten, so auch darauf, daß die SS eine große Zahl von Freiwilligen benötigen werde. Der VDU habe zum Beispiel mit Hilfe der

Deutschen Jugend (DJ) und der Deutschen Volkshilfe durch Aufklärung und Hilfsmaßnahmen dafür zu sorgen, daß trotz der Kriegsbelastungen die Loyalität der Volksgruppe erhalten bleibe. Dem ständig vorgetragenen Argument Bárdossys, angesichts des gemeinsamen Kampfes an der antibolschewistischen Front sei Aufwiegelei zu Hause unerträglich, verlieh Himmler am 26. Februar 1942 Nachdruck: »Die Arbeit der deutschen Volksgruppe in Ungarn muß in nächster Zeit eine völlig nationalungarische Angelegenheit werden.«[60]

Auch wenn die ungarische Regierung ihre Lage nun nicht überreizen durfte und weiterhin in vielem Zugeständnisse machen mußte, etwa hinsichtlich der Genehmigung der DJ-Satzung am 1. April 1942, zeichnete sich doch eine Wende zuungunsten des VDU ab. Selbst Ribbentrops Vorwürfe, Ungarn realisiere das Volksgruppenabkommen nicht und unterschätze die Bedeutung der »deutschen« Frage für das Verhältnis Berlin-Budapest, konterte der seit dem 9. März 1942 amtierende Bárdossy-Nachfolger Miklós Kállay bei seinem Aufenthalt in Berlin vom 6. bis 8. Juni 1942 mit dem Hinweis auf Ungarns solidarischen Kampf gegen die Sowjetunion, wobei er zusätzlich Deutschlands eigene Umsiedlungspläne erwähnte.

Nach seiner Rückkehr nach Ungarn verminderte sich der Druck auf den VDU keineswegs. Die demonstrative außenpolitisch-militärische Solidarität mit dem Dritten Reich und ein gewisses Entgegenkommen etwa gegenüber VDU-Gliederungen wie der Deutschen Volkshilfe (tätig ab 1. Januar 1942) verband die Regierung mit einer immer offenkundigeren Verunsicherungs- und Abwerbungsstrategie gegenüber dem VDU. Dazu gehörten gezielte Nadelstiche wie tausende von Verfahren gegen das Zeigen von Hakenkreuzfahnen und ähnliches, ferner verstärkten sich bei der ohnehin verschreckten bäuerlichen Bevölkerung die Abwerbungsversuche unter Hinweis auf die Aussiedlungspläne von Drittem Reich und VDU.

Auf der anderen Seite wurden Initiativen gegen den VDU ermutigt, unter anderem der Apatiner Kreis, der sich seit Ende 1941 um den katholischen Pfarrer Adam Berencz und seine Zeitung *Die Donau* scharte, oder für die etwa seit November 1942 spürbare »Treue«-Bewegung besonders im Gebiet Baranya/Tolna, weniger dagegen extrem nationalistische Organisationen. All dies diente der Sabotage des neuen Auftrags, den Basch von Himmler erhalten hatte: die »Gleichschaltung« der deutschen Minderheit oder gar schon magyarisierter Deutschstämmiger durch den VDU. Zwischen Basch und die deutsche Minderheit sollte ein Keil getrieben werden, die deutsche Minderheit sollte der volksdeutschen und der ungarisch-nationalsozialistischen Werbung entzogen, sie sollte für ein nach außen wie nach innen aggressives, im Grunde perspektivenloses Regime autoritär-nationalistischer Art gewonnen werden. Angehörige der deutschen Minderheit, denen es um den Minderheitsschutz im eigentlichen Sinne ging, konnten sich weder durch den VDU noch durch das Horthy-Regime vertreten fühlen. Wenn sie nicht in politischer Passivität verharren wollten, was die bedrohlichen Zeitläufte kaum noch zuließen, hatten sie nur die Wahl zwischen üblen Alternativen und mußten Losungen folgen, die nach Kriegsende samt und sonders in den Begriffen von kollektiver Schuld und Sühne aufgewogen werden sollten.

Das politische Verhalten der deutschen Minderheit unter diesen Bedingungen, seine Formen und Motive genauer darzustellen, steht noch aus. Dabei ist das Ausmaß der VDU-Resonanz[61] zu prüfen, aber auch die Orientierung an magyarischen Oppositionsgruppierungen – den nationalsozialistischen Parteien, der Partei der Kleinen Landwirte oder den Sozialdemokraten –, schließlich das Kräfteverhältnis zwischen althergebrachtem Assimilationsdruck und neuartigen Dissimilationsimpulsen.

Eine systematisch ermittelte, über die nationalen, politischen, sozialen Kampfgräben hinweg mitteil- und überprüfbare Vorstellung hiervon gibt es noch nicht. Umstritten ist sogar die bloße Zahl der Deutschen. Abgesehen von ausgesprochenen Übertreibungen – so sollen der VDU-Statistik zufolge 1942 etwa 1,3 Millionen Deutsche in Ungarn gelebt haben – gab es auch unterschiedliche Zählkriterien. Nach dem geheimgehaltenen Ergebnis der Volkszählung vom Februar 1941 sollen sich in Ungarn 740 000 Personen als Deutsche und 950 000 zu Deutsch immerhin als Muttersprache bekannt haben. Nach dem amtlichen, 1943 veröffentlichten vorläufigen Ergebnis haben aber – sogar unter Einbeziehung der zurückgewonnenen Gebiete (Stand: 10. Oktober 1941) – die entsprechenden Werte nur bei 533 045 beziehungsweise 719 762 gelegen, das heißt bei 3,6 beziehungsweise 4,9 Prozent der Gesamtbevölkerung. Und das endgültige amtliche, aber erst 1947 veröffentlichte Ergebnis nennt noch niedrigere Werte, nämlich 495 850 beziehungsweise 658 928 Personen (einschließlich Südgebiete, dagegen wurden in Ungarn in den Grenzen von 1920 nur 303 419 beziehungsweise 477 057 Personen gezählt). Die Brisanz lag im Unterschied der Ergebnisse, je nachdem, ob die Kriterien »Muttersprache« oder »Nationalität« zugrunde gelegt worden waren. Dieser Unterschied konnte als Anhaltspunkt für die Einschätzung des Potentials, das es für Baschs Re-Germanisierungsabsichten gab, gelten. Jedenfalls ließ sich aus diesen Ergebnissen – unabhängig vom jeweiligen Grad der Aufbereitung – zumindest ein Stillstand der Assimilation, das vorläufige Ende also eines säkularen Trends ablesen.

Vor dem Hintergrund dieser Angaben zur deutschen Bevölkerungszahl sind die lückenhaften Hinweise auf die Resonanz von VDU und Volksgruppenführung in der deutschen Minderheit einzuordnen. Der VDU soll zum Beispiel Anfang beziehungsweise Ende 1940 etwa 20 000 beziehungsweise 30 000 Mitglieder gehabt haben. Diese Zahl soll während der eigentlichen Durchbruchsphase dann Ende 1940 beziehungsweise im Frühjahr 1941 auf 60 000 beziehungsweise 97 000 und schließlich im Oktober 1942 sogar auf 300 000 (unter Annahme von 1,3 Millionen Ungarndeutschen insgesamt), nach Baschs Angaben aber auf höchstens 200 000 (ohne Gliederungen) gestiegen sein. Problematisch erscheinen neuere ungarische Angaben, denen zufolge der VDU-Anteil an der deutschen Minderheit insgesamt bei siebzig Prozent gelegen haben soll, wobei im Hinblick auf die übrigen dreißig Prozent bezweifelt wird, daß sie sich wirklich dem Volksbund entzogen haben. Dagegen werden als wirkliche VDU-Gegner nur etwa zwei Prozent der Anhänger der »Treue«-Bewegung anerkannt.

Allein schon die Schwierigkeiten, auf die zum Beispiel die Untersuchung von Wahlergebnissen und politischem Verhalten im Deutschland der Jahre 1930 bis 1933 trotz einer günstigeren Quellenlage gestoßen sind, sollten Warnung genug sein: Um das politische Verhalten Hunderttausender in einer dramatischen Krisenzeit zu erfassen, bedarf es anderer Grundlagen als Statistiken und Volkszählungen und anderer Methoden.

Nur so wären dann auch die regionalen Unterschiede der VDU-Resonanz zu erklären die zum Beispiel in Nordsiebenbürgen und in der Batschka höher war als im Westen der Schwäbischen Türkei und im Bakony-Gebirge. Aussagen wie zum Beispiel diejenige von Basch nach Kriegsende in seinem Prozeß, daß selbst die VDU-Mitglieder nur zu etwa vierzig Prozent überzeugte Nationalsozialisten gewesen seien, sollten nicht ohne weiteres übernommen werden. Allein schon die Begriffe »nationalsozialistisch« und »volksdeutsch« müssen vorher für diesen Zusammenhang erst geklärt und unter Umständen voneinander abgegrenzt werden. Für die Sozialstruktur der VDU-Anhängerschaft war weiterhin charakteristisch und nachteilig, daß die dörflichen Führungsschichten nicht so stark wie die Mittel-, vor allem wie die überrepräsentierten Unterschichten vertreten waren. Eine neue Funktionärs- und Führungsschicht bildete sich durch den Aufbau einer umfangreichen Volksgruppen-Verwaltung samt volksdeutschem Wirtschafts- und Kulturleben. Auch aus der Entwicklung der deutschsprachigen Presse ist einiges zur Breitenwirkung volksdeutscher Politik zu folgern: Von den im Jahre 1943 insgesamt 28 deutschsprachigen Zeitungen Ungarns waren nur sechs kirchlich orientiert, die anderen »volksdeutsch«. Die wichtigen VDU-Tageszeitungen *Deutsche Zeitung* (Budapest) und *Deutsches Volksblatt* (Neusatz) erreichten zusammen eine Auflage von 70 000. Dagegen steckte der Rundfunk – der ungarische Rundfunk und der seit Mitte 1943 offizielle »südostdeutsche« Sender Belgrad – noch in den Kinderschuhen.

Die Finanzierung des Volksbunds[62] war in hohem Maße von Überweisungen aus dem Deutschen Reich abhängig. Neben direkten Zahlungen – zum Beispiel von August 1943 an monatlich 800 000 Pengö – gab es auch durch die Auslandsorganisation der NSDAP organisierte Zuwendungen reichsdeutscher Firmen. Dazu kamen Einkünfte aus den VDU-Wirtschaftsaktivitäten. Die von der Volksdeutschen Mittelstelle kontrollierte Budapester Mercur-Bank und die Sparkasse Petschwar als erste VDU-Bank (seit Juni 1940) sind hier zu nennen.

Die verwaltungsmäßige Struktur des VDU als Organisation der Volksgruppe wurde nach der Reorganisation von 1941 dem Vorbild der NSDAP und benachbarter Volksgruppen angenähert. Charakteristisch war dabei unter anderem die Betonung von Führerprinzip und Hierarchiebildung. Der gesamte Apparat war einer omnipotenten »Landesleitung« mit Volksgruppenführer und Stellvertreter sowie acht »Hauptämtern« mit »Landesleitern«, die sich wiederum aus »Ämtern« zusammensetzten, untergeordnet. Zwischen dieser Führungszentrale in Budapest einerseits und den Ortsgruppen als Basis der Gefolgschaftspyramide andererseits waren die Ebenen »Gebiet« – analog zu »Gau« – und »Kreis« eingefügt. Als systematisch aufgefächerte Ergänzung des Apparats der »Landesleitung« wurden »Gliederungen« wie die Deutsche Jugend, die Frauenschaft und andere sowie »Fachschaften« der Handwerker, Ärzte und so weiter gebildet.

Vor letztlich nicht abgesicherten Aussagen über das politische Verhalten der Deutschen beziehungsweise der mehr oder weniger noch Deutschsprachigen muß auch deswegen gewarnt werden, weil deren Beziehung zu den Parteien der Staatsnation noch

Der Tiefpunkt der »deutschen Geschichte in Ungarn« ist das letzte Kriegsjahr: Nachdem Budapest besetzt und eine Trabantenregierung ernannt worden ist, wird die Zivilbevölkerung zur Errichtung von Sperren in den Straßen der Hauptstadt herangezogen.

nicht überzeugend geklärt ist. Dies dürfte aber unerläßlich sein, denn der »deutsche Anteil« an den magyarischen nationalsozialistischen Parteien fiel durchaus ins Gewicht. Außerdem gab es, allerdings in sehr unterschiedlichem Ausmaß, auch in anderen Parteien deutsche Anhänger, etwa bei der Vereinigten Christlichen Partei (unter anderem László Pintér) oder der Partei der Kleinen Landwirte und den Sozialdemokraten.

Die hier in äußerster Kürze skizzierten Faktoren und Tendenzen der ungarndeutschen politischen Entwicklung, die insgesamt einer regelrechten Trendwende zuungunsten der Minderheit zustrebten, bekamen in entscheidendem Ausmaß zusätzliche Schubkraft durch die Katastrophen von Stalingrad und Woronesch zu Beginn des Jahres 1943. Das innere Entwicklungsgesetz nationalistischer Radikalisierung ließ aber eine Selbstkorrektur volksdeutscher Politik und reichsdeutscher Steuerung im Sinne der fälligen Anpassung an negative Existenzbedingungen nicht mehr zu. Statt dessen muß man wohl eher von Verhärtung, Abkehr von der Realität, teils auch weiterer Radikalisierung sprechen.

Während die Regierung Kállay im Bewußtsein der nahenden katastrophalen Niederlage nach einer Rückversicherung suchte – sei es spätestens seit März 1943 durch Friedenssondierungen bei den Westmächten oder innenpolitisch durch weitere Ermutigung der VDU- und Deutschlandgegner –, kam es im Verhältnis zwischen dem Dritten Reich und der ungarndeutschen Volksgruppe zu einer weiteren, verhängnisvollen Radikalisierung. Immer wieder verbreiteten sich, allen Verboten der Reichsführung zum Trotz, Gerüchte von einer geplanten Umsiedlung der Minderheit, zumindest der VDU-Mitglieder. Nervosität, auch Austritte aus dem VDU waren die Folge. Berlin degradierte die ungarndeutsche Minderheit zum rücksichtslos kalkulier- und verwertbaren Objekt reichsdeutscher Politik. Immer stärker trat die Absicht hervor, die deutsche Minderheit zum bloßen Ergänzungspotential der reichsdeutschen Kriegführung zu machen. Am deutlichsten ließ dies wohl die Art und Weise erkennen, wie Berlin die deutsche Volksgruppenführung und die ungarische Regierung gleichermaßen dazu veranlaßte, in Ungarn die Rekrutierung Volksdeutscher selbst für die Waffen-SS durchzuführen beziehungsweise zu akzeptieren.[63]

Auch hier – wie schon in der Frage der VDU-Resonanz innerhalb der Minderheit – sollte es möglich sein, durch wissenschaftliche Untersuchungen eine Darstellung jenseits der starren Standpunkte von Apologetik und Polemik zu finden. So eindeutig etwa die nationalsozialistische Außensteuerung der SS-Rekrutierung nachzuweisen ist, so fragwürdig erscheint es, von diesem Systemzusammenhang schematisch auf die individuelle Haltung der Betroffenen, auf ihre Motive und Reaktionen zu schließen. Zwar kann der zeitliche Abstand allein keineswegs die seinerzeitige Realität von »Krieg und SS« ändern, doch sollte nach einem halben Jahrhundert versucht werden, diese Vergangenheit nicht nur aus den Perspektiven von Pro und Contra, von Verharmlosung, Verdrängung oder – im Extremfall schon von ihr abgelöster, aus anderen Kontexten herrührender – bloßer Deklamation zu beurteilen.

Ob nun bei den Verhandlungen zwischen Berlin und Budapest über die SS-Rekrutierung in Ungarn, über Ausmaß und Zwang, über die künftige Staatsangehörigkeit der

Die Frauen von Merk (Ungarn): Rückkehr ins Dorf nach vier Jahren Zwangsarbeit in der Sowjetunion. Etwa 150000 Donauschwaben wurden aus Ungarn, Rumänien und Jugoslawien 1944/45 zu Wiedergutmachungsarbeiten in die Sowjetunion verschleppt. Damit begann die kollektive Bestrafung der Deutschen in Südosteuropa. Die Frauen aus Merk, alle zwischen achtzehn und dreißig Jahren, wurden in den Bergwerken und Fabriken im Don-Gebiet eingesetzt.

Rekrutierten und ähnliches weitere Fragen einbezogen worden sind, ob bei dem Zusammentreffen am 17. April 1943 in Kleßheim Hitler eine Art Aussiedlungsversprechen als Preis für die Rekrutierung ungarischer Staatsbürger gegeben und Horthy wiederum die Abschiebung der unbequemen Teile der Minderheit, aber nur dieser ankündigte,[64] entscheidend für das spätere Schicksal der Ungarndeutschen wurde, daß über sie ohne weiteres verfügt werden konnte. Sie wurden von anderen für Geschehenszusammenhänge verplant, die für die meisten von ihnen nicht durchschaubar waren und innerhalb derer sie von vornherein schuldig werden mußten.

Das letzte Kriegsjahr 1944 bringt in Ungarn auf der erreichten Ebene allseitiger Radikalisierung und nationalistisch-egoistischer Verhärtung eine gewissermaßen folgerichtige Festigung der Standpunkte, die auf diese Weise irgendwann endgültig unvereinbar werden mußten: Berlin erhob neue, noch umfangreichere Rekrutierungsforderungen; die Volksgruppenführung und der magyarische Nationalismus näherten sich einander an in gemeinsamer Opposition gegen die Regierung Kállay, in ihrem Antisemitismus und der totalitären Veränderung. Budapest wiederum sah sich zwischen gemeinsamer Kriegführung und chancenloser Neigung zum Frontwechsel geradezu blockiert, denn der Vorrat an Gemeinsamkeiten mit dem Dritten Reich war verbraucht. Es mag deswegen nicht unvermeidbar gewesen sein, aber eine dieser Konstellation entsprechende Maßnahme war es wohl, daß Deutschland schließlich am 19. März 1944 das verbündete Ungarn besetzte. Die Volksgruppenführung schwankte zwischen Freude und Enttäuschung. Einerseits sah sie sich der »Volksgemeinschaft« näher, andererseits kritisierte sie wie der magyarische Nationalsozialismus die neue Regierung Döme Sztójay, die den Status quo wollte. Man wollte dieses Ungarn nicht mehr, auch wenn niemand ein Konzept für ein anderes hatte. Die Deformierung der deutschen Minderheitspolitik in Ungarn war auf der Bahn nationalistischer Radikalisierung in einer nationalistischen Umwelt an ihr »logisches« Ende gelangt. Die Möglichkeiten des Minderheitsschutzes mußten erschöpft sein, wenn eine Minderheitsführung ins Machtzentrum des Staates einrückte und sich dabei dennoch als ohnmächtig gegenüber ihrer eigenen Gefährdung erwies.

Was seit den Anfängen ungarischer Staatlichkeit zum Land an der Donau gehört hatte, die Anwesenheit des deutschen Elements, wurde bei Kriegsende grundsätzlich in Frage gestellt. Dabei ist der Unterschied zwischen der Situation in Ungarn und derjenigen im südslawischen oder tschechischen Bereich nachdrücklich hervorzuheben: Es hatte mit der besonderen, historisch gewachsenen Konstellation magyarisch-deutschen Zusammenlebens zu tun, daß hier, von kurzfristiger Zuspitzung abgesehen, das »Povstání!«-Signal (Aufstand!) nicht die Prager Atmosphäre des »Smrt německým occupantům!« (Tod den deutschen Okkupanten!) hervorrufen konnte. Die Donauschwaben galten in Ungarn, selbst als sich auch hier im Oktober 1944 ein Aufstand anbahnte, nicht im vollen Wortsinn als Fremde. Zwar hatten auch im Protektorat und im Süden viele Tschechen hier, viele Serben dort, den bisherigen deutschen Mitbürgern zu helfen versucht, aber dies war Sache der persönlichen Initiative geblieben. Es war nicht wie in Ungarn Ausdruck des durch die Geschichte hervorgebrachten Schwankens der Staatsnation, ob die Schwaben als fremde Minderheit oder als Autochthone anzusehen seien.

So nährte sich das feindselige Verhalten gegenüber den Donauschwaben seit Herbst 1944 nicht nur aus dem Revancheverlangen gegenüber »Deutschen«, es hatte auch zu tun mit einer schwer definierbaren Neigung, die Wut über die eigene Niederlage, über das eigene Elend auf einen Bevölkerungsteil zu projizieren, der eben mit Deutschland, dem Partner in Krieg und Niederlage, identifiziert werden konnte.

Die Nachkriegssituation der Deutschen in Ungarn unterschied sich auch von derjenigen in der Slowakei und in Rumänien. In beiden Ländern, vor allem in Rumänien, gab es außer individueller Hilfsbereitschaft auch auf Systemebene ein gewisses Maß an Verständnis für die Minderheit. Zumindest erlag man weniger als in Ungarn der Versuchung, die deutsche Minderheit wider besseres Wissen mit dem Dritten Reich gleichzusetzen. Dazu mag bei den Slowaken die Aussicht auf eine erneute tschechische Bevormundung, bei den Rumänen die bange Erwartung sowjetischer Vorherrschaft beigetragen haben. Jedenfalls dürfte es notwendig sein, die Katastrophe deutscher Geschichte im Südosten Europas nicht nur aus reichsdeutscher, sondern auch aus der Minderheitsperspektive zu sehen. Sehr viel deutlicher treten dann die Unterschiede im Verhalten der Staatsnationen hervor. Dann erst wird klar, daß die Entscheidungsmotive für Ausweisung oder Duldung, für Mißhandlung oder lediglich zeitweilige Benachteiligung eben nicht nur eine Reaktion auf das Dritte Reich und seine Präsenz im Südosten waren, sondern auch eine Langzeitfolge früherer Weichenstellungen im Verhältnis zwischen Staatsnation und Minderheiten.

Überlegungen dieser Art erscheinen naheliegend, wenn es um die Besonderheiten des magyarisch-deutschen Verhältnisses seit Kriegsende geht. Vertreibung und Zusammenleben, eruptive Abneigung und nachbarschaftliche Normalität, Vorurteil und Respekt verschränken sich mit einem zuweilen geradezu paradoxen Mangel an Folgerichtigkeit. Aus diesem Blickwinkel ist die Bedeutung so mancher gegenwärtiger Kontroverse über den alliierten und den ungarischen Anteil an der Ausweisung von Deutschen zu relativieren. Die Entscheidung zwischen Trennung und weiterem Zusammenleben hatte viel zu tun mit der widersprüchlichen Gestaltung der magyarisch-deutschen Beziehungen lange vorher, auch mit den nach 1944 überforderten Formen der Symbiose wie mit der Entladung eines längst vorhandenen Konfliktpotentials.

Den Auftakt zum ungarischen Finale des Kriegsgeschehens bildeten Aufstandsversuche im Jahre 1944, vor allem Mitte Oktober nach Bekanntwerden von Horthys Waffenstillstandssondierungen. Schon Ende August, nach Rumäniens Frontwechsel, hatten die Evakuierungsvorbereitungen der Volksgruppenführung und der Volksdeutschen Mittelstelle Gestalt angenommen. Die Planung für Trecks und Transportmittel lief ebenso auf vollen Touren wie diejenige für Versorgungsstellen und Durchgangsquartiere. Nach ersten Trecks vom Ostrand der Theiß-Ebene lief die Evakuierung großen Stils während der zweiten Oktoberwoche in den Gebieten östlich der Donau an. Ende Oktober setzte die Flucht aus der Hauptstadt ein, die Mitte Februar 1945 vollständig von der Roten Armee besetzt war. Insgesamt verlief die Evakuierung keineswegs nach

Das Parlament in Budapest, erbaut in den Jahren 1884 bis 1902 nach Plänen des ungarischen Architekten Imre Steindl, orientiert sich unübersehbar am Parlament von Westminster und ist dennoch ganz auf die ungarischen Verhältnisse zugeschnitten. Es soll repräsentieren und rechtfertigen, was sich Liberalismus und Nationalstaat nennt, ohne es zu sein – ganz Symbol ohne Bezug, große Oper ohne Handlung. Aber nicht nur um kollektive Selbsttäuschung ging es, denn ein zeitweiliger industriewirtschaftlicher Aufschwung und der große Markt der Habsburgermonarchie eröffneten Ungarn in der Tat ganz neue Entwicklungsperspektiven.

Die Donau – hier bei Dunaföldvár – trennt nicht nur, sie verbindet auch. Über Jahrhunderte war sie die Lebensader des Südostens. Glänzende Städte liegen an ihren Ufern, unermeßliche Weiten passiert sie, Hoffnungen und Enttäuschungen trägt sie in die eine oder andere Richtung.

Plan. Nicht nur die deutsche strategische Zielsetzung, den Westen des Landes als Basis für eine neue Offensive unbedingt zu halten, wirkte als Bremse. Charakteristisch für die Lage in Ungarn war, daß viele Menschen ihren deutschen Nachbarn vom Verlassen des Landes abrieten. Überhaupt waren zu dieser Zeit die Spannungen zwischen Magyaren und Schwaben vielfach weniger stark als die Gegensätze innerhalb der Minderheit zwischen Anhängern und Gegnern des Volksbundes. Vor allem den Bauern mußte der Entschluß, Haus und Hof aufzugeben, schwerfallen – und so mancher kehrte um, lenkte sein Gespann wieder ins heimatliche Dorf zurück. Nur etwa zehn bis fünfzehn Prozent der deutschen Bevölkerung, etwa 50 000 Personen, sollen dem Evakuierungsaufruf gefolgt sein.

Eine weitere Phase der schwäbischen Katastrophe in Ungarn stellten die – wie in Rumänien – von Ende 1944 bis Frühjahr 1945 andauernden Deportationen dar. Nahezu 600 000 Menschen wurden vor allem aus der Schwäbischen Türkei zur Zwangsarbeit in die Sowjetunion gebracht. Darunter waren etwa ein Zehntel Schwaben, je zur Hälfte Zivilisten und Kriegsgefangene. Waren Magyaren und Schwaben in der Zwangsarbeit noch gemeinsam von teilweise unmenschlichen Existenzbedingungen betroffen, so gerieten die Schwaben zusätzlich in Bedrängnis, als im März 1945 eine lange Reihe antideutscher Verordnungen der ungarischen Regierung ihren Anfang nahm. Auf diese Weise wollte sich Ungarn einerseits dem Sog des deutschen Niedergangs entziehen, andererseits wurden Wohnungen, Arbeitsplätze und Ackerland für jene Ungarn gebraucht, die nicht länger in den verlorengegangenen Gebieten bleiben konnten. Zugleich erneuerte die Regierung den Vorsatz, Ungarn zu einem national einheitlichen Staat zu machen.

So wurden die Schwaben zum Objekt all der Verordnungen zur Bodenreform und zur Ahndung politischen Fehlverhaltens. Beides konnte miteinander kombiniert werden: Alle diejenigen Deutschen, die nicht nachweislich gegen den Volksbund gekämpft hatten, waren mehreren Kategorien landesverräterischen Verhaltens und weiterer politischer Vergehen zuzuordnen. Davon wiederum war das Strafmaß abhängig. Bodenbeanspruchungskommissionen, Kreiskommissionen und Volksgerichte schufen mit ihren Bescheiden die Grundlage für eine Vielzahl sofortiger und späterer Strafmaßnahmen. Diese reichten von der bloßen Bezeichnung als Deutscher, die als Diskriminierung galt, bis hin zur entschädigungslosen Enteignung, innerungarischen Umsiedlung und schließlichen Ausweisung. Dabei stand im Grunde von vornherein fest, daß ein Großteil der möglichen Vorwürfe schon dann als unwiderlegbar galt, wenn sich jemand auch nur als Deutscher hatte registrieren lassen. Allerdings hing die tatsächliche Anwendung dieser Verordnungen teilweise von örtlichen Amtsträgern ab, so daß der magyarisch-schwäbische Gegensatz selbst zu dieser Zeit durch viele überlieferte Abstufungen gemildert wurde und sich in den Urteilsspruch »nationale Untreue« in der Praxis oft auch mildere Zwischentöne mischten.

Als nach der Ernte 1945 erneut eine Enteignungswelle über das Land ging, war klar, daß die verbreiteten Hoffnungen auf Entwarnung noch verfrüht waren. Vor allem mußte ständig mit der Möglichkeit weiterer Enteignungen von Bauern und einer innerungarischen Umsiedlung großen Stils gerechnet werden. Die Ungewißheit an sich und die existentielle Unsicherheit über Jahre hinweg, das war für viele kaum noch zu ertragen.

Die Vereinbarungen der Siegermächte bei der Potsdamer Konferenz kamen für die ungarische Regierung wie bestellt: Sie konnte sich nun bei der Zwangsaussiedlung von Deutschen auf die Alliierten berufen. Die Folge waren die Ausweisungsverordnung und die Durchführungsverordnung vom 22. Dezember 1945 und vom 4. Januar 1946. Unter ausdrücklicher Berufung auf den Beschluß des Alliierten Kontrollrats vom 20. November 1945 wurde bestimmt: »Nach Deutschland umzusiedeln ist derjenige ungarische Staatsbürger verpflichtet, der sich bei der letzten Volkszählung zur deutschen Volkszugehörigkeit oder Muttersprache bekannt hat oder der seinen madjarisierten Namen wieder in einen deutschklingenden ändern ließ, ferner derjenige, der Mitglied des Volksbundes oder einer bewaffneten deutschen Formation (SS) war.« Ungefähr 220 000 Deutsche dürfte dies insgesamt betroffen haben, etwa 170 000 sind, mit kurzer Unterbrechung im Hochsommer, während des Jahres 1946 in Deutschlands amerikanische Besatzungszone ausgesiedelt worden, danach seit August 1947 bis ins Jahr 1948 hinein noch annähernd 50 000 in die Sowjetzone. Das Geschehen selbst nahm zeitweise ausgesprochen inhumane Züge an.

Das Verhalten unter solchen Bedingungen verweist nochmals auf die besondere magyarisch-schwäbische Wechselbeziehung, so etwa wenn man jene Bauern betrachtet, die eben nicht nur zum eigenen Haus und Hof oder zur heimatlichen Landschaft eine festgegründete, innere Bindung verspürten, sondern auch eine patriotische Anhänglichkeit zu Ungarn: »Es war ein kalter Wintertag. Daheim kochte ich einen Kessel Gulyás, den wir mit dem Wagen zur Station fürrten ... Dort zerteilen Verwandte warmes Essen ... Es geht ja niemand weg, mann hat sich mit dem Schicksaal abgefunden ... Ein Lied erschallt von den Lippen, als der Zug sich in bewegung setzt ... ›Isten álld meg a magyart‹, ›Gott segne dich, Ungár‹, singt das von seiner ungárischen Heimat vertriebene Volk.«

Es ist durchaus einleuchtend, wenn die Donauschwaben ihre tatsächlichen Erlebnisse nicht mit dem amtlichen Begriff »Umsiedlung« bezeichnet haben, sondern von »Vertreibung« sprachen. Dies kommt der Realität sicherlich näher. Es ist kein Zeichen von überzogener Polemik der »Menschen, die hoche politick nicht kennen und verstehen, die mann hin und her schob«. Diese Politik, die die brutale Veränderung ihrer gesamten Lebensumstände erzwang, war für sie nicht mehr rational nachvollziehbar. Sollte wirklich das bloße Bekenntnis zur deutschen Muttersprache im Jahre 1941 für diese Folgen verantwortlich sein? Damals war es doch »... sogár eine Verordnung, daß mann Statistische aufnahme für nichts weiter gebrauchen darf, es bleibt nur Statistick. Und jetzt macht mann von der Statistick – Politick.« Es dürfte nicht einmal eine indirekte Verkleinerung des deutschen Anteils an der Vorgeschichte darstellen, von einer »Vertreibung« nahezu der Hälfte der ungarndeutschen Minderheit zu sprechen. Das bedeutet auch nicht, jene historisch-langfristigen Konfliktursachen zu verdecken, die es systematisch und objektivierend zu ermitteln gilt.

»Völkischer« Nationalismus im Karpatenbogen: Minderheiten oder Vorposten?

EIN KAMPF UM SELBSTBESTIMMUNG: DEUTSCHNATIONALE MINDERHEITSPOLITIK IN SIEBENBÜRGEN SEIT 1918

Als bei den Präsidenten- und Parlamentswahlen des Jahres 1932 Hitler und die NSDAP zum Sturmlauf gegen eine bereits erschütterte, autoritär verformte Demokratie und zum Marsch durch die Institutionen ansetzten, pflanzte sich die Wirkung dieser Stoßwellen bis in den Donau- und Karpatenraum fort. Von Ödenburg oder der slowakischen Hauptstadt Preßburg an der westlichen Peripherie bis zum nunmehr rumänischen Vorfeld von Odessa, von Käsmark und Hoher Tatra im Norden bis vor die Tore von Belgrad im Süden: Überall in den weit verstreuten südostdeutschen Minderheiten machte sich ein Politisierungsschub bemerkbar, so unterschiedlich er im Einzelfall auch ausgeprägt war. Diese beiden Tendenzen, zum einen die politische Mobilisierung unter dem Eindruck der Ereignisse »draußen« im Reich und zum anderen die jeweils besondere Umsetzung dieser neuen, exogenen Impulse, standen wohl nur wenigen Zeitgenossen so deutlich vor Augen wie dem siebenbürgischen Klingsor-Kreis. Schon in diesem Sommer 1932 nahm einer der jungen sächsischen Intellektuellen, Heinrich Zillich, bei aller Sympathie für Hitler und den Nationalsozialismus doch etwas wahr von jenen Grenzen der Annäherung, die ihm geraten erschienen: »Wir tragen unsere Fahne nicht hinter diesem Mann alleine, sondern hinter dem, was ihn selbst trägt: die große Wandlung im Reich, und die ist tatsächlich eine nationale und eine soziale, wenn es uns auch noch nicht ausgemacht erscheint, daß es eine parteilich nationalsozialistische sein muß ... Nein, die Zukunft geht mit dieser Partei und auch gegen sie.«[65]

Daß »die große Wandlung im Reich« also auch »die Zukunft« der siebenbürgisch-sächsischen Diaspora gewissermaßen enthalte – eine so verinnerlicht-bekenntnishafte Hinwendung zu kleindeutschem Nationalstaat und großdeutsch-volksbezogener »Gemeinschaft« bereits vor 1933[66] markierte zusammen mit der wachsenden öffentlichen Zustimmung einen gewissen Wandel in der Geschichte der Südostdeutschen überhaupt. Allerdings – diese Auffassung wird später noch zu begründen sein – handelte es sich hierbei weniger um eine Wende oder gar um eine regelrechte Revolution als eben um eine weitere graduelle Radikalisierung des siebenbürgisch-sächsischen Nationalismus. Es war ein weiterer Schritt in Richtung auf ein großdeutsch-völkisches Selbstverständnis und die Solidarisierung mit dem Dritten Reich. Repräsentanten dieser Entwicklung waren die allmähliche Machtergreifung der dem Nationalsozialismus nahestehenden »Erneuerer« im Laufe der deißiger Jahre und die Außensteuerung der sächsischen »Volksgruppe« seit etwa 1938/40 durch Berlin.[67] Daraus ergibt sich zum einen, daß der bis zuletzt gewahrte Abstand der sächsischen Bevölkerung insgesamt zum Nationalsozialismus trotz aller verbalen Bekenntnisse wohl doch etwas größer war als dies in der neueren Literatur zum Teil dargestellt wird. Eine solche Interpretation siebenbürgisch-sächsischer Zeitgeschichte als einer lediglich schrittweise radikalisierten Weiterentwicklung der überkommenen sächsischen Politik bedeutet aber zugleich, daß die bis zum Sachsenbischof Georg Daniel Teutsch, bis in die Mitte des 19. Jahrhunderts[68] zurückreichende Tradition einer ausgesprochenen Minderheitspolitik mit deutschnationaler Orientierung wesentlich kritischer zu beurteilen wäre als in der neuen Forschungsdiskussion üblich.

Vor allem gilt dies für die Praxis der sächsischen Führung nach dem Ersten Weltkrieg, eben bis zu ihrer Herausforderung durch die sogenannten Erneuerer am Beginn der dreißiger Jahre. Das heißt, daß sich die eigentliche Konfliktkonstellation, der Gegensatz zwischen nichtdeutscher Staatsnation und (südost)deutscher Minderheit mit entsprechenden antagonistischen Denk- und Verhaltensmustern, bei den Sachsen als einziger deutschsprachiger Minderheit des Südostens schon in der Mitte des 19. Jahrhunderts herauskristallisierte, nicht erst nach dem Ersten Weltkrieg. Aber gerade weil sich die charakteristische Kontur dieses Mehrheit-Minderheit-Gegensatzes bei den Sachsen besonders früh und national bestimmt abzeichnete, hatten sie im alten Ungarn bis zum Ersten Weltkrieg eine Ausnahme-Chance: Politisch hoch entwickelt, konnten sie gewissermaßen vor der Flutwelle nationalistischer Mehrheit-Minderheit-Konflikte herlaufen. Erst nach dem Weltkrieg, in einem rumänisch bestimmten Staatswesen, wurden sie voll und ganz von der Flutwelle nationalistisch verzerrter Minderheitskonflikte mitgerissen.

Vor dem Ersten Weltkrieg waren die Siebenbürger Sachsen nicht eigentlich »Minderheit« gewesen. Trotz aller Auseinandersetzungen mit der ungarischen Regierung hatten sie gewissermaßen Beziehungen besonderer Art herstellen können. Gerade weil sie sich in einem fortgeschritteneren Stadium politischer Entwicklung befanden als die anderen Minderheiten, konnten sie sich als Verbündete der magyarischen Bevölkerungshälfte empfehlen. Alle anderen Minderheiten jedoch – gerade auch die eindeutige Mehrheit der deutschsprachigen Bevölkerung Ungarns – sahen sich wachsendem Anpassungsdruck ausgesetzt. Sie wurden unmittelbar mit der Entscheidung zwischen nationaler Identitätsbildung und Assimilation, was Magyarisierung bedeutete, konfrontiert. Anders als die übrigen Deutschen in Ungarn, mit denen sie bezeichnenderweise im Reichstag nicht zur Zusammenarbeit fanden, sahen sich die Siebenbürger Sachsen erst nach 1918 im rumänischen Nationalstaat veranlaßt, ihre gesamte Politik zuallererst auf eigentliche Minderheitsfragen auszurichten, also auf das alles beherrschende Ziel, die tatsächlich bedrohte Existenz zu sichern. Die nationalistische Bedrohung, der Zweikampf zwischen staatlich-administrativem Assimilationsdruck und nationalistischer Mobilisierung von Minderheiten, erfaßte jedenfalls im alten Ungarn die deutsche Stadtbevölkerung, die schwäbischen Bauern und die Deutschen im slowakisch-oberungarischen Bereich voll. Überkommene Identität und gleichermaßen berufliche Existenz derjenigen, die seit Generationen gewohnt waren, sich als Deutschungarn, als Schwaben, Zipser Sachsen und so weiter zu verstehen oder beruflich-kulturell als deutsche Juden, stellten nun ein Problem dar.

Das Kronstädter Honterus-Fest zur Erinnerung an den Reformator der Sachsen in den Jahren 1930 und 1938: Auch in der Zwischenkriegszeit behielt das größte Volksfest, das erstmals am 30. Juli 1845 zum Gedenken an die Gründung des Kronstädter Gymnasiums dreihundert Jahre zuvor stattgefunden hatte, seine darüber hinausgehende Bedeutung als Forum sächsischen Selbstbewußtseins.

Von dieser Debatte, der also die Siebenbürger Sachsen als Ausnahme-Minderheit zunächst gewissermaßen voraus- und davongelaufen waren, wurden sie in der Umbruchsituation der Jahre 1918/19 endgültig eingeholt. Vom nationalistischen Existenzkampf erst einmal erfaßt, mußten sie feststellen, daß gerade in Siebenbürgen alle betreffenden Traditionen und aktuellen Konflikte in besonderer Weise umfassend und zugespitzt zur Entfaltung gelangten. Im Grunde nicht durch eigenes Zutun, sondern durch den atemberaubenden Wandel der politisch-staatlichen Umwelt, wurde das »sächsische Volk« nun in die neue Existenzsituation einer nationalen Minderheit, einer deutschen Minderheit im rumänischen Nationalstaat versetzt. Was zumindest in den Führungsgruppen der Sachsen schon seit der Mitte des 19. Jahrhunderts als Bewußtseins- und Kulturwandel begonnen hatte, wurde nun zum bestimmenden Prinzip. Was zu Zeiten der Habsburgermonarchie – trotz der erdrückenden rumänischen Mehrheit in Siebenbürgen – nicht eigentlich zur Debatte gestanden hatte, nämlich die Gefährdung und Verdrängung der sächsischen »Gemeinde«, das begann sich nach schnell verfliegenden sächsisch-rumänischen Harmonieerwartungen schon in den frühen zwanziger Jahren als reale Möglichkeit und mehr oder weniger bewußtes Ziel rumänischer Innenpolitik herauszukristallisieren. Parallel dazu begriff die sächsische Führung im Laufe der zwanziger Jahre allmählich, daß nicht ihre angestammten, gewissermaßen ins Kalkül sächsischer Politik eingerechneten siebenbürgischen Nachbarn rumänischer Nationalität in »Großrumänien« dominierten. Es stellte sich heraus, daß sie sich nicht, wie erhofft, in einem Nachfolgestaat der Habsburgermonarchie wiederfanden, sondern in einem altrumänisch-osteuropäischen Staatswesen.[69] Der Umgang mit selbstbewußten Minderheiten, überhaupt das politische Leben folgte hier anderen, fremdartigen Gesetzen. Der gewissermaßen westlichste, »deutscheste« Teil der Diaspora im Donau- und Karpatenraum prallte nach dem Weltkrieg insofern besonders unvermittelt auf fremde, altrumänische Existenzbedingungen.

Dies ist der Grund, weshalb es gerechtfertigt sein mag, bei der Betrachtung der rumäniendeutschen und der benachbarten karpatendeutschen Zeitgeschichte überproportional ausführlich auf die siebenbürgisch-sächsische Entwicklung einzugehen. Das Darstellungsziel wird dabei nicht mehr so sehr darin bestehen, die eigentliche minderheitspolitische Problemsituation, nämlich die Entwicklung im Spannungsfeld von nationaler Identität und Assimilation, herauszuarbeiten. Dies wurde am Beispiel der deutschungarischen-ungarndeutschen Thematik von Steinacker zu Bleyer versucht. Im folgenden sollen am Beispiel der fortgeschrittenen sächsischen Entwicklung die tatsächlich zerstörerischen Konsequenzen sichtbar gemacht werden, die in der südostdeutschen Politiktradition langfristig angelegt waren. Es wird die These zur Debatte gestellt, daß sehr viel mehr als bisher angenommen, durch die Entwicklung seit der Mitte des vorigen Jahrhunderts bereits, sehr viel weniger aber durch die zugespitzten Ereignisse der Zwischenkriegszeit selbst der zerstörerische Zusammenprall von Staatsnation und Minderheiten, die konfliktträchtige Verflechtung kollektiver Existenzangst und Aggressivität herbeigeführt worden sein dürfte. Diese Entwicklung trat in den zwanziger und dreißiger Jahren als Wandel defensiver deutscher Minderheiten[70] des Donau- und

Karpatenraums zu ideologisch-politisch »hochgerüsteten« Vorwerken des Dritten Reiches zutage. Es war der Existenzwandel bedrohter Minderheiten zu herausfordernden »Volksgruppen«. Die Spirale der damit einhergehenden Radikalisierung endete schließlich im zerstörerischen Zusammenstoß mit der aufgestauten Existenznot gedemütigt-aggressiver Nachbarnationalismen. All dies läßt sich eher aus einem langfristigen Entstehungs- und Bedingungszusammenhang erklären als, wie weithin üblich, vorrangig aus Wegen und Irrwegen, Provokation und Vergeltung im Rahmen der »Volkstumskämpfe« der Zwischenkriegszeit und des Zweiten Weltkriegs. Die folgende Darstellung wird daher nicht die bereits vielfach geschilderten Richtungskämpfe der dreißiger Jahre in den Vordergrund rücken, vielmehr scheint es wichtig, jene Veränderungen am Beginn der zwanziger, sodann der dreißiger Jahre zu skizzieren, die – auf der Grundlage noch langfristigerer Entwicklungen – letztlich für die dramatischen Ereignisse der dreißiger und vierziger Jahre verantwortlich waren.

Eine erste Schwellenphase, im Sinne der Betonung einer längerfristigen Entstehungsgeschichte nationalistischer Radikalisierung, kam am Ausgang des Ersten Weltkriegs zustande. Das militärische Scheitern der Mittelmächte stellte die gesamte politisch-staatliche Ordnung Mittel- und Osteuropas in Frage. Nachdem das russische Kaiserreich schon im Jahre 1917 durch die Revolution und im März 1918 durch den Frieden von Brest-Litowsk destabilisiert worden war, signalisierten das deutsche Waffenstillstandsersuchen am 4. und 5. Oktober und Kaiser-König Karls Manifest vom 16. Oktober 1918 das unmittelbare Bevorstehen des militärischen und politischen Zusammenbruchs der beiden mitteleuropäischen Monarchien. Streiks und politische Selbstorganisation auf den Straßen, die Proklamierung republikanischer Neuordnung und im Südosten durch »Nationalräte« die öffentliche Debatte über eine neue staatlich-territoriale Gliederung stellten das politische Leben auf eine neue Grundlage.

Für die Deutschen in diesem Raum kristallisierte sich als Kernfrage allmählich ihre künftige Staatszugehörigkeit heraus. Schnell zeigte sich, daß sie als einzige der Nationalitäten des alten Ungarn loyal geblieben waren. Trotz des Wegfalls der deutschen Dynastie als übernationaler Reichsklammer, trotz der (tschechisch-)slowakischen, kroatisch-serbischen und rumänischen Sezessionsprojekte waren die Deutschen zunächst kaum irgendwo für die Abtrennung von Ungarn zu gewinnen. Verglichen mit dem gewachsenen bewußtseinsmäßigen Bezugspunkt Budapest erschien ihnen die Eingliederung in Staaten der Slowaken, Kroaten oder Rumänen durchweg als Abstieg. Trotz der bisherigen ungarischen Nationalitätenpolitik war die soziale Distanz zu den Magyaren im großen und ganzen geringer als zu den anderen nationalen Minderheiten der transleithanischen Reichshälfte, jedenfalls gegenüber diesen eben nicht mehr in der Rolle von Minderheiten, sondern von Staatsnationen. Aber der Siegerwille auf der Ebene der großen Politik und den Friedensverträgen bis hin zu Trianon am 4. Juni 1920,[71] in Ungarn selbst zunächst das Scheitern des Modernisierungskurses von Mihály Károlyi, danach dasjenige der Räterepublik im Sommer 1919 und die Rekonstruktion weitgehend der alten Machtverteilung zwangen die deutschen Bevölkerungsgruppen zu einer bewußten Entscheidung. Während im slowakisch-oberungarischen und im südungarischen Bereich die Magyarisierung und der staatsbezogene Patriotismus noch hemmend wirkten, kam es bei den Siebenbürger Sachsen vergleichsweise früh zur öffentlich erklärten Bereitschaft, sich auf neue staatliche Verhältnisse, auf die Eingliederung in den rumänischen Staat einzustellen.

Was sich durch den konzeptionellen Wandel der sächsischen Politik seit der Mitte des 19. Jahrhunderts vorbereitet hatte, kam nun voll zum Tragen. Die deutschnationale Neuorientierung der sächsischen Politik und ihre Umformung zu ausgesprochener Minderheitspolitik wurden nun folgerichtig fortgesetzt. Es war paradoxerweise gerade Rudolf Brandsch,[72] das schwarze Schaf der sächsischen Politik in Vorkriegszeiten, der die noch zögernde sächsische Führung auf die schon vor 1914 geschaffenen Grundlagen und Entwicklungstendenzen hinwies. Zwar war die sächsische Führung seinerzeit davon ausgegangen, daß man – anders als alle nichtmagyarischen Bevölkerungsgruppen – eine Politik gegen den Verdrängungs- beziehungsweise Assimilationsdruck und für die Autonomie gar nicht nötig habe. Die seit den neunziger Jahren bevorzugte Zusammenarbeit mit der ungarischen Regierung statt mit anderen deutschen und nichtmagyarischen Minderheiten betrieb man eben noch nicht vorrangig als Minderheitsschutz, sondern eher als pragmatisch-taktische Kooperation auf Zeit. Und so sah man – entgegen der Kritik durch die Grünen und später durch Brandsch, Kopony und Korodi – in dieser nüchternen Interessenpolitik noch keinen Widerspruch zu jenem Selbstverständnis als deutscher Bevölkerungsteil, der sich zudem als Minderheit gegen eine magyarische Staatsnation zu definieren lernte.

Brandsch machte in der nationalpolitischen Grundlagenkontroverse seit 1918 gegenüber Jakob Bleyers deutschungarischem Volksrat, gleichermaßen gegenüber proungarischen Gruppen bei den Banater Schwaben und schließlich auch gegenüber der sächsischen Führung klar, daß die deutsche Interessenpolitik und die allerdings unterschiedlich stark entwickelte nationale Grundhaltung sehr viel enger als bisher miteinander verbunden werden mußten. Das Interessenkalkül der Sachsen müsse primär als Existenzsicherung der bedrohten Minderheiten gedacht werden, dies wiederum im Bündnis mit den natürlichen nationalen Partnern, also der übrigen südostdeutschen Bevölkerung und unter Hinwendung zu demjenigen Nachfolgestaat der Habsburgermonarchie, der die günstigeren minderheitspolitischen »Konditionen« bot. Brandsch erzielte also seine große Wirkung als Repräsentant einer prorumänischen, deutschnationalen Konzeption sächsischer, überhaupt südostdeutscher Minderheitspolitik. Das geschah nicht durch inhaltlich-taktische Innovation, nicht durch einen Bruch mit der Überlieferung sächsischer Politik, sondern durch eine ungewöhnlich entschiedene Formulierung und situationsbezogene Auslegung ihrer schon seit Georg Daniel Teutsch sichtbar gewordenen, längerfristig-strategischen Notwendigkeit.

So ist auch erklärlich, daß die Hinwendung der sächsischen Führung zu Rumänien nicht als Ergebnis einer der bei den Sachsen so beliebten Grundlagenkontroversen aufgefaßt wurde, nicht als Sieg des Außenseiters Brandsch über die bisherige Führungsgruppe. Insofern sollte es gerechtfertigt sein, die Weichenstellung des Jahres 1919 und die sächsische Politik der Zwischenkriegszeit nicht als Zäsur, sondern als folgerichtige

Der populäre, aber unberechenbar-vulkanische »Volkstribun« Rudolf Brandsch (1880–1953) stellte als nur zeitweilig einflußreicher Minderheitspolitiker nach dem Ersten Weltkrieg die Prinzipienfestigkeit Jakob Bleyers in Ungarn nicht weniger auf eine harte Probe als in Siebenbürgen die zweckrationale, nüchtern kalkulierende Regie Hans Otto Roths. Brandsch scheiterte bei dem Versuch, seinen persönlichen alldeutschen Nationalismus und südostdeutsche Minderheitsbelange auf einen gemeinsamen Nenner zu bringen mit den Erfordernissen und Zielen der amtlichen rumänischen Politik.

Weiterentwicklung zu interpretieren. Dabei handelte es sich zunächst am Jahresbeginn 1919, am 8. Januar, um eine Art Anschlußerklärung an Rumänien, zu der sich der Erweiterte Sächsische Zentralausschuß als geschäftsführendes Organ der bisherigen Führung und der Deutsch-Sächsische Nationalrat für Siebenbürgen in konstituierender Versammlung bereitfanden.[73]

Die eigentliche Initialzündung für die sächsisch-rumänische Annäherung dürfte aber bereits Ende Oktober, Anfang November 1918 erfolgt sein: Während sich der Zentralausschuß in einer ersten Reaktion auf den Zerfall der Habsburgermonarchie noch am 29. Oktober zwar für den Versuch der engeren Zusammenarbeit mit den anderen deutschen Bevölkerungsgruppen zugunsten einer weiteren Allianz mit Budapest ausgesprochen hatte, kam es schon Anfang November zu gegenläufigen Kontakten zwischen Sachsen und Rumänen. Dabei ließ sich der am 2. November in Hermannstadt als Vorstufe des Nationalrats gebildete Deutsch-Sächsische Vollzugsausschuß wohl vor allem durch minderheitspolitische Erwartungen leiten, die aufgrund aktueller rumänischer Signale tatsächlich zu rechtfertigen waren. So kamen die grundlegenden Karlsburger Beschlüsse der Nationalversammlung der Rumänen aus Siebenbürgen, dem Banat und Ungarn vom 1. Dezember 1918 der nichtrumänischen Bevölkerung eindeutig weiter entgegen als die ungarische Nationalitätenpolitik. Unter Wahrung des rumänischen Anspruchs auch auf das ganze Banat erkannte man ausdrücklich ein Recht der Minderheiten eines künftigen Groß-Rumänien auf Gleichberechtigung und weitgehende Selbstbestimmung im Sinne von Kirchen- und Schulautonomie an: »1. Die volle nationale Freiheit für alle mitwohnenden Völker. Jedes Volk wird den Unterricht, die Verwaltung und die Rechtspflege in seiner eigenen Sprache durch Personen aus seiner Mitte erhalten, und jedes Volk wird das Recht der Vertretung in den gesetzgebenden Körperschaften und in der Regierung im Verhältnis der Zahl seiner Volksangehörigen haben.«[74] Geradezu anarchisch mußten die bisherigen transleithanischen Zustände angesichts weiterer Reformankündigungen wirken. Diese reichten vom wirtschaftlichen Strukturwandel durch eine Agrarrevolution über einen westlich-liberalen Umgang mit dem öffentlichen Meinungsmarkt und den Unterschichten bis hin zur Modernisierung von Verwaltung und Verfassung, letzteres unter Einbeziehung eines demokratischen Wahlrechts für beide Geschlechter. Dies dürfte für manchen Sachsen schon wieder zu viel des Guten gewesen sein, zumal sie selbst bis hinunter zur Kreisebene – ausgenommen der Burzenländische Kreis – ein Wahlrecht für Frauen bisher nicht riskiert hatten.

Auch wenn sich die Anzeichen für eine territoriale Verkleinerung und andauernde Destabilisierung Ungarns häuften, so war es sicherlich eine mutige, wohl nur durch ihren überzeugenden Traditionsbezug möglich gewordene Entscheidung, daß die Mediascher Anschlußerklärung[75] zugunsten Rumäniens schon vor den einschlägigen Friedensverträgen abgegeben wurde. Die guten Kontakte, die man vor allem dank Rudolf Brandsch zu führenden Vertretern der ungarischen Rumänen hatte, etwa zu den nachmaligen Ministerpräsidenten Juliu Maniu und Alexander Vaida-Voevod sowie zum Leitenden Regierungsrat in Siebenbürgen als provisorischer Regierung, trugen ebenfalls dazu bei, daß man so früh und – wie sich später zeigen sollte – ohne ausreichende Zusicherungen auf die rumänische Karte setzte.

Angesichts des erdrückenden Übergewichts der Rumänen und deren Stützung durch die Siegermächte wäre es aber wohl noch nachteiliger gewesen, die künftige Staatsnation durch langes Zögern zu provozieren. Daß die Väter der Mediascher Erklärung die Anschlußentscheidung nicht ohne bange Gedanken und im Bewußtsein des eingegangenen Risikos trafen, ist dem Nebeneinander von Forderungen und grundsätzlichen Aussagen zu entnehmen. Sie weisen fast schon den Charakter indirekter Warnung und Beschwörung auf. Daß »das sächsische Volk in Siebenbürgen ... seinen Anschluß an das Königreich Rumänien« erklärt, wird sogleich mit dem Anspruch auf das nationale Selbstbestimmungsrecht verbunden. Dies wiederum wird – gleichsam in vorauseilendem Gehorsam – verknüpft mit »dem inneren Rechte des rumänischen Volkes auf Vereinigung und Staatenbildung« und der »Erwartung ..., daß sich das rumänische Volk und der rumänische Staat, dem das sächsische Volk seine altererbte Tüchtigkeit zur Verfügung stellt, ihm gegenüber immer durch vornehme und gerechte Gesinnung leiten lassen wird«.[76] Es ist ein geradezu anrührender Versuch, durch Hinweis auf eine – so nicht existierende – »rumäniendeutsche Gemeinschaft« und eine Beschützerrolle der Sachsen die eigenen unterschwelligen Befürchtungen zurückzudrängen. Zugleich sprach das ganze Ausmaß einer langfristig gewachsenen deutschnationalen Grundhaltung aus der »Erwartung ..., daß die völkische und politische Zusammengehörigkeit aller Deutschen in dem neuen Staate anerkannt wird«.

Als die sächsische Führung in Mediasch ihre Anschluß- und Vertrauenserklärung mit der Bitte, Gott möge alles »zum Guten lenken« und mit »seinem Segen begleiten«,[77] öffentlich verlautbarte, war ihr bereits ein möglicherweise unvermeidbarer, jedenfalls verhängnisvoller Fehler unterlaufen: Sie hatte die Machtverteilung innerhalb der künftigen Staatsnation falsch eingeschätzt. Während die Sachsen die zu erwartende Hilfe der siebenbürgisch-rumänischen Nationalpartei als feste Größe einsetzten, erwiesen sich im einsetzenden innerrumänischen Kräftemessen schon bald die bisherigen altrumänischen Zirkel der Macht als überlegen. Zwar verfügten die Rumänen der Habsburgermonarchie über ein höheres wirtschaftlich-gesellschaftliches Niveau. Diesen Entwicklungsvorsprung konnten sie aber nicht in innenpolitische Macht ummünzen. Trotz ihres Zusammengehens mit den Zaranisten und einer Nationalzaranistischen Partei im Jahre 1926 gelang es nicht zu verhindern, daß vielfach verfilzte Eliten die bisherigen politischen Strukturen auf die ehemals habsburgischen Gebiete übertrugen. Im Macht- und Interessenkalkül der bisherigen Führungsgruppen, das durch die Verklammerung mit monarchischem Zentrum und orthodoxer Konfession abgesichert war, fand sich kein Platz für eine offene parlamentarische Konkurrenz, für Autonomieansprüche und Loyalitätsvorbehalte nichtrumänischer Minderheiten. Wer keine unmittelbare Anbindung an eine der alteingeführten Eliten fand, wurde in deren Wettstreit sehr schnell zur bloßen Verfügungsmasse, zum Spielball unbeeinflußbarer Interessenkonstellationen.

Je deutlicher dies hervortrat, desto dringlicher wurde es für die Sachsen, eine Antwort zu finden. Zunächst mußte es darum gehen, die eigenen politischen Strukturen der neuen Lage anzupassen. Eben dies geschah aber nicht. Zwar erschütterten die Auflösung der Habsburgermonarchie und der folgende Umbruch auch die Ordnung des sächsischen Volkes. Aber nach kurzer Zeit fügten sich selbst Störenfriede wie Brandsch oder wurden absorbiert. Sicherlich wäre es übertrieben, von einem unangreifbar dominierenden Patriziat zu sprechen. Es gab ja durchaus beachtliche Möglichkeiten des sozialen Aufstiegs, sei es auf der bildungsbürgerlich-politischen oder, in geringerem Maße, auf der unternehmerisch-organisatorischen Schiene. Und die Geschichte einer so gefährdeten Diaspora-Gemeinschaft hielt schon per definitionem in immer wiederkehrenden Situationen zugespitzter Bedrohung durchaus Bewährungs- und Aufstiegschancen bereit. Aber trotz des zunehmenden gesellschaftlichen Krisendrucks und einer durchaus erkannten Tendenz zur Verkrustung, trotz kritischer Dialoge zwischen den Generationen und schließlich der Suche nach Möglichkeiten der genossenschaftlichen Modernisierung änderte sich nichts Wesentliches an der politischen Struktur und der Machtverteilung, so auch nach dem Weltkrieg nicht.

Bereits im Laufe des Jahres 1919 wurde dies deutlich. Zwar wurde eine Herausforderung wie Brandsch absorbiert, zwar erweiterte man die Kirchenorganisation durch Aufnahme deutscher Gemeinden besonders in der Bukowina, im Banat und in Altrumänien, und man sah eine lockere Anbindung der evangelischen Gemeinden in Bessarabien. Auch zu organisatorischen Neuerungen etwa im Genossenschafts- und Bankenwesen kam es. Aber an den Strukturen und Abläufen der politischen Willens- und Entscheidungsbildung änderte sich kaum etwas. Die Möglichkeiten sozialen Aufstiegs und politischer Konkurrenz, die es durchaus gab, blieben zu sehr eingeengt. Sie bestanden weiterhin kaum für bestimmte Gruppen und Schichten; Rivalitäten und Entwicklungsunterschiede zwischen bestimmten Orten oder Teilregionen wurden nicht in dynamische Konkurrenzanstöße umgesetzt. So zeigte sich bald, daß der einzelne allenfalls auf der Ebene von Nachbarschaften und Ortsausschüssen aktiv werden konnte. Die überlieferten Regelungen von Wahlverfahren und Kandidatennominierung blieben intakt bis hin zur Verflechtung von gesellschaftlicher Rolle, politischem Amt und wirtschaftlichem Interesse. Sie sorgten dafür, daß von den Kreisausschüssen bis hinauf zur Führung eine institutionalisierte, periodische, eine insgesamt demokratische Legitimierung und Kontrolle nicht zustande kam.

Weder erfuhren die politischen Strukturen noch das politische Führungspersonal während der Umbruchphase einen durchgreifenden Wandel. Auch dies spricht für die These einer weitgehenden Kontinuität der sächsischen Politik über 1918 hinaus. Nach anfänglicher Verunsicherung, nach einigen begrifflichen und institutionellen Provisorien zeigte sich schon in der zweiten Hälfte des Jahres 1919, daß es zu einer wirklichen Zäsur nicht kommen würde. Daß es weder vor noch nach dem Ersten Weltkrieg demokratische Verhältnisse gab, wird sogar bei einem Blick auf einige Neuerungen der sächsischen Politik deutlich. So kam es zwar in der Nachfolge des Deutsch-Sächsischen Vollzugsausschusses und des am 5. November 1919 formell aufgelösten Deutsch-Sächsischen Nationalrats für Siebenbürgen beim vierten »Sachsentag« am 6. November in Schäßburg zur Gründung eines Deutsch-Sächsischen Volksrates für Siebenbürgen. Dieser sollte als Spitze der sächsischen politischen Organisationspyramide fungieren. Aber es handelte sich dabei im Grunde um nichts Neues, sondern um eine institutionelle Fortsetzung des bereits 1876 gegründeten Sächsischen Zentralausschusses.[78] Wie dieser zu Zeiten der Habsburgermonarchie, so fungierte der Volksrat als Lenkungsinstanz für die sächsischen Abgeordneten im gesamtstaatlichen Parlament. Die am 20. November 1919 gegründete Parlamentspartei (ursprünglich Deutsche Volkspartei in Großrumänien, später Deutsche (Parlaments-)Partei) war wie die 1876 gegründete Sächsische Volkspartei als Vorläuferin keinesfalls eine Partei, sondern – so ein Terminus des österreichischen Reichsrats – der parlamentarische »Klub« der deutschen beziehungsweise sächsischen Abgeordneten im Zentralparlament. Diese waren an die jeweilige Programmatik und an die Direktiven des Volksrates der Sachsen beziehungsweise entsprechender Gremien der anderen deutschen Minderheiten in Rumänien gebunden.

Auch personell gab es eine enge Verklammerung zwischen dem Volksrat und den Bukarester Repräsentanten der Sachsen. Der Volksrat, der an sich in der sächsischen Öffentlichkeit wenig bekannt war, weist nur formale Ähnlichkeit mit einem Parlament der Minderheit auf. Er war Dachorganisation und Zentrum der Orts- und Kreisausschüsse. Seit Januar 1920 stand er unter der Leitung des Hermannstädter Stadtpfarrers Adolf Schullerus (bis 1928), vorher Vorsitzender von Zentralausschuß und Nationalrat, und des Juristen Hans Otto Roth, der als »Hauptanwalt« bis Mitte 1932 eine Art Geschäftsführerfunktion innehatte. Dieses höchste Gremium der sächsischen Volksorganisation umfaßte sechzig bis siebzig Mitglieder, zu denen außer den sächsischen Vertretern in beiden Kammern des Zentralparlaments auch die Delegierten der Kreisausschüsse gehörten, die für 4 000 sächsische Einwohner jeweils einen Delegierten in den Volksrat entsenden konnten. Im Rahmen zunächst dreijähriger Sitzungsperioden (seit 1922) mindestens zweimal, maximal wohl sechsmal (1931) pro Jahr tagend,[79] folgte seine personelle Zusammensetzung vorrangig nicht dem Gesetz der freien Wahl, sondern demjenigen von gewachsener Klientelbildung und »Gefolgschaftsdemokratie«.

Zu den Hauptaufgaben dieser den deutschösterreichischen Schutzvereinen ähnlichen minderheitspolitischen Allzweck- und Einheitsorganisation gehörten Diskussion und Beschlußfassung zur Gestaltung der sächsischen Politik. Im Falle wichtiger Entscheidungen konnte der Volksrat den »Sachsentag« als gesamtsächsische Vertreterzusammenkunft einberufen. Dies geschah seit den Auseinandersetzungen um die Auflösung der »Nationsuniversität« 1872 insgesamt nur fünfmal. Ansonsten hatte sich der Volksrat mit der operativen Gestaltung der sächsischen Politik zu befassen, also mit Finanzierungsfragen, Wahlkreiseinteilung und Presselenkung, mit den Zuständigkeiten der nachgeordneten Organe, der Vorbereitung der Parlamentskandidaturen und in diesem Zusammenhang mit den Wahlabsprachen mit rumänischen Parteien. Geschäftsführendes Gremium des Volksrates war – ebenfalls nach jahrzehntealtem Vorbild – ein Vollzugsausschuß, dem neben achtzehn gewählten Mitgliedern aus allen Kreisausschüssen noch der Vorsitzende und der Hauptanwalt des Volksrates sowie die sächsischen Parlamentarier angehörten.[80]

Hermannstädter Straßenpartie am Rathaus im Mai 1941: Eine Momentaufnahme von Alltag und Ruhe, die nichts ahnen läßt von der zerstörerischen Disziplin der zu dieser Zeit formierten »Volksgruppen«-Organisation und dem Nahen des großen Krieges im Osten.

Auf der unteren Ebene der sächsischen Selbstorganisation befanden sich die direkt und geheim zu wählenden Kreis- und, seit 1920, Ortsausschüsse. Die Kreisausschüsse, deren Vorsitzende durch den Volksrat von Zeit zu Zeit zu »Obmännerkonferenzen« einberufen wurden, waren nicht so sehr mit der sächsischen Politik als solcher befaßt. Ihre Aufgaben waren eher organisatorischer und lokalpolitischer Art. Neben aktiven Kreisausschüssen wie denjenigen der Städte Hermannstadt, Kronstadt und Schäßburg gab es auch untätige. Noch mehr widerspricht die Wirklichkeit der »Ortsausschüsse«, der – außer den nur gelegentlich politisch genutzten »Nachbarschaften« – untersten Ebene sächsischer Selbstorganisation, dem Bild einer organisch geschichteten Pyramide. Ohne Funktionsbezug zu den Kreisausschüssen konnten sie selbst in den Gemeinden, wo sie immerhin unter Vorsitz des evangelischen Pfarrers überhaupt eine Tätigkeit entfalteten, kaum der ursprünglichen Aufgabenstellung gerecht werden, nämlich die politisch abstinente Mehrheit zu mobilisieren.

Kontinuität, nicht Zäsur, Erhaltung der gewohnten politischen Verhältnisse statt ihrer Infragestellung, das war auch in punkto Führungselite die Parole, obwohl begrenzte Chancen sozialen Aufstiegs aus Handwerker- und Bauernschichten durchaus gegeben waren. Allerdings war Anpassung die Voraussetzung sozialen Aufstiegs. Insofern stellt es kein Argument gegen die Kontinuitätsthese dar, wenn man auf erfolgreiche Aufsteiger wie Carl Wolff, Hans Otto Roth und Fritz Connert oder auch Rudolf Brandsch hinweist.[81] Gerade ein Aufsteiger wie Roth ist ein Beispiel für die assimilative Kraft des Überkommenen, auch für die geradezu systemkonstitutive Verfilzung von Politik und Wirtschaft, von privaten Interessen und öffentlichen Angelegenheiten. So übernahm der aus Schäßburg stammende Roth das dortige Parlamentsmandat, fungierte zudem als Hauptanwalt des Volksrates und seit Dezember 1919 beziehungsweise 1922 als Sekretär beziehungsweise Sprecher der deutschen Abgeordneten im Zentralparlament. Außerdem gelang es ihm, das *Siebenbürgisch-Deutsche Tageblatt*, die wichtigste Zeitung, für sich einzuspannen und in der Landeskirche als Kurator eine zentrale Funktion zu gewinnen. Was den wirtschaftlichen Bereich angeht, so agierte der Schwiegersohn des Präsidenten des siebenbürgischen Industriellenverbandes im Parlament als Chef-Lobbyist der sächsischen Kreditinstitute und häufte eine ständig wachsende Zahl von Ämtern in Kreditgewerbe, Industrie und Versorgungswirtschaft und -interpretation an.

Die Kehrseite dieser zunehmenden politisch-wirtschaftlichen Vernetzung war eine fortschreitende Entfremdung von sächsischer Führung und breiteren Schichten. Mitte der zwanziger Jahre war dies zu erkennen, kaum noch korrigierbar war es seit Anfang der dreißiger Jahre. Das Bewußtsein, keine aktiv und überzeugt mitgehende soziale Basis zu besitzen, eines Tages wie Offiziere ohne Soldaten gegenüber dem logischen Anpassungsdruck Bukarests ohne ausreichende Legitimation zu sein, mag dazu beigetragen haben, daß man die Zusammenarbeit mit anderen deutschen Minderheitsgruppen aufnahm. Dieses Einschwenken auf den von Steinacker und Brandsch vor 1914 propagierten Kurs gesamtstaatlicher deutschnationaler Minderheitsorganisation kam zumindest Brandsch zugute. Bei anderen Befürwortern einer gemeinsamen rumäniendeutschen Organisations- und Programmbildung, zu denen Roth gehörte, dürfte aber weniger die Bereitschaft zu deutscher, »völkischer« Solidarisierung ausschlaggebend gewesen sein. Wichtiger war wohl die Absicht, auf diese Weise das Defizit, nicht über eine Massenbasis zu verfügen, ausgleichen zu können. Allerdings zogen sich die Vorbereitungen für die Gründung einer rumäniendeutschen Dachorganisation lange hin. Was dabei vor allem aus sächsischer Sicht als kleinliches Beharren der anderen auf überlebten Zuständen und Ansprüchen erschien, betrachteten die Banater Schwaben als Abwehr sächsischer Bevormundung und Wahrung ihrer kulturellen und konfessionellen Eigenart. Jedenfalls kam es trotz mehrmaliger Anläufe, unter anderem bei der Zusammenkunft am 6. September 1919 in Temeschwar, doch erst auf einer Tagung in Czernowitz vom 17. bis 19. September 1921 zur Gründung des übergreifenden Verbandes der Deutschen in Rumänien.

Diese Dachorganisation der rumäniendeutschen Volksräte, der also auch die sächsische Volksorganisation sich hätte einfügen müssen, konnte freilich nie ihrem Namen gerecht werden, da die erwähnten Hindernisse und auch die innersächsische Dauerkonkurrenz zwischen Roth und Brandsch störend wirkten. Unter Brandschs Führung, der sie bis 1931 innehatte, scheint der Verband besonders seit 1924 mehr oder weniger zu einer Schattenexistenz verurteilt gewesen zu sein. Jedenfalls erschien 1931 eine Art Neugründung unter dem Vorsitz des Banater Schwaben Kaspar Muth nötig. Brandsch konnte schon den ursprünglichen Zweck, Kooperation und eine gewisse politische Koordination zu erreichen, nicht durchsetzen. Auch seine führende Mitwirkung an der Gründung überregionaler Organisationen der deutschen Minderheiten und schließlich der nationalen Minderheiten in Europa überhaupt konnten ihm keinen wesentlichen Einfluß- und Autoritätszuwachs verschaffen. Weder der Verband deutscher Volksgruppen in Europa, bis 1933 mit Sitz in Wien, dann in Berlin, noch der europäische »Nationalitätenkongreß« in Genf konnten dem Verband der Deutschen in Rumänien neue Chancen eröffnen.

Ein weiteres Instrument, das die politischen Möglichkeiten der Sachsen und mit ihnen der Deutschen insgesamt in Rumänien vergrößern sollte, waren Wahlabsprachen mit rumänischen Partnern. Im wesentlichen handelte es sich immer um die jeweilige Regierungspartei. Zwar fehlte der sächsischen Politik eine breite Massenbasis und die Allianzbildung mit den anderen deutschen Minderheiten konnte dieses Defizit nicht ausgleichen. Aber insgesamt wies die besondere Eigenart der rumänischen Innenpolitik den Sachsen und Rumäniendeutschen einen Weg zur Erhöhung des politischen Gewichts ihres etwa vierprozentigen Anteils an der Wählerschaft, da bei den zwischen 1919 und 1933 stattfindenden neun Parlamentswahlen stets die jeweilige Regierung massiven Einfluß auf Wahltermin, -verlauf und -ergebnis nehmen konnte. Zwar hatten die Deutschen, Brandschs Empfehlung folgend, zunächst auf die Zusammenarbeit mit der Siebenbürgischen Nationalpartei gesetzt. Als diese aber die dominierende Rolle der altrumänischen Liberalen nicht einschränken konnten, wandte sich die deutsche Parlamentspartei seit Anfang 1922 unter Führung von Roth dem jeweils meistbietenden Partner zu. Auf dessen Wahlliste wurden dann die von den Volksräten empfohlenen sächsischen Kandidaten sicher plaziert. Sie konnten sich so in bestimmten Wahlkreisen mit entsprechenden Mehrheitsverhältnissen durchsetzen, während in den anderen Wahlkreisen die deutschen Stimmen dem jeweiligen Kandidaten des rumänischen Partners (nur 1927 der ungarischen Liste) zugute kamen.

Daß die Absprachen überhaupt eingehalten werden konnten, lag – ein weiteres Merkmal sächsischer politischer Kultur – an der Disziplin der sächsischen Wähler. Selbst nach scharfen Auseinandersetzungen über programmatische Details und Partner dieser Absprachen war Verlaß darauf, daß die Sachsen geschlossen der Wahlempfehlung ihrer Volksorganisation folgen würden. Auch dies ist ein Zeichen für die Kontinuität über das Ende des Weltkriegs hinweg. Obwohl wirklich kein Mangel an Richtungskämpfen und Rivalitäten von mehr oder weniger langer Dauer herrschte, kam es nicht zu einer Fraktionierung der sächsischen Politik, was auf der anderen Seite hieß, daß gerade die Sachsen als höchstentwickelte südostdeutsche Minderheit Mobilisierung und Nationalisierung nicht in interessen- und programmbezogene Differenzierung ihres politischen Lebens umsetzen konnten. Das entsprechende Wechselspiel parlamentarischer Konkurrenz und Konsensfindung konnte sich kaum entfalten. Die Umformung von gesellschaftlicher Modernisierung in politischen Wandel, von bloßer Mobilisierung in bewußte Politisierung wurde gebremst und – bis hin zur selbstzerstörerischen Übersteigerung – durch die Gemeinschaftsbildung der späteren »Volksgruppe« weitgehend absorbiert. Sie wurde zurückgebildet zur bloßen Funktion des absolutgesetzten Ziels, die bloße Minderheitsexistenz zu sichern. Dieser Primat des Minderheitspolitischen dominierte im Zeichen jener Nationalisierung des Zusammengehörigkeitsbewußtseins, die sich seit der Mitte des 19. Jahrhunderts durchgesetzt hatte. Er stellte eine langfristig gewachsene, strukturgewordene Voraussetzung für die Verkrustung des politischen Lebens dar, zugleich auch für die politisch-weltanschauliche Reserviertheit der sächsischen Führung gegenüber der parlamentarischen Demokratie von Weimar: Von der politischen Kultur der Sachsen, von elitärer Machtausübung mit dem Zusammengehörigkeitsbewußtsein des sächsischen »Kirchenvolkes« führte keine gerade Linie zu konkurrenzbezogen-pluralistischer Modernität.

Zwar unterblieb bei den Siebenbürger Sachsen, die anders als etwa die Deutschen in Ungarn noch nicht mit einer unmittelbaren Assimilationsgefahr konfrontiert waren, eine Parallele zum Richtungsstreit von Bleyer und Gratz, später Basch und Gratz. Kontroversen zwischen Roth und Brandsch, zwischen alter Volksratsführung und Fabritius' »Erneuerungsbewegung« hatten nichts zu tun mit der ungarndeutschen Auseinandersetzung über die grundsätzliche Stellungnahme zu Integrations- und Assimilationsdruck und zur Staatsnation. Und die rumänische Staatsnation verfügte – anders als bei den Schwaben die magyarische dank Gratz – auch nicht über eine personell-konzeptionelle Brücke, über die sie an der minderheitsinternen Meinungs- und Willensbildung hätte unmittelbar teilnehmen können. Die Sachsen kannten in ihrem politischen Erfahrungsschatz kaum die moderne Konstellation »Staatsnation contra Minderheit«. In der Habsburgermonarchie hatte ihnen dies zum einen die trinationale Sondersituation Siebenbürgens, zum anderen ihre zeitweilige Ausnahmebeziehung zur ungarischen Regierung geradezu erspart. Sie verharrten, und das war angesichts einer besonders günstigen Lage auch verständlich, im Grunde in einer vormodernen Haltung: das bestimmende minderheitspolitische Anliegen der sächsischen Politik, während des 19. Jahrhunderts allmählich deutschnational unterlegt, wurde weder auf die unmittelbare Gefahr staatlich-administrativen Assimilationsdrucks noch auf die Möglichkeit einer Allianz mit den anderen deutschen Minderheiten bezogen. So gingen sie in die Volkstumskämpfe der Nachkriegszeit. Durch die eigene politische Tradition waren sie konzeptionell mehr oder weniger nicht vorbereitet. Dennoch blieben sie dieser Überlieferung verhaftet. Und die politisch-gesellschaftliche Moderne als ganze wurde nur unter minderheitspolitischem Vorzeichen angenommen.

Aber dies konnte keine Antwort auf die Herausforderungen der Nachkriegszeit sein. Weder die Integrations-, Anpassungs- und Verdrängungsdynamik einer tendenziell rumänisch-nationalen Umwelt noch erste Protestregungen an der Basis der sächsischen Sozialpyramide konnten aus diesem Blickwinkel richtig wahrgenommen werden. Diesen Eindruck bestätigt die Programmatik der sächsischen Politik im ereignismäßigen und politisch-strukturellen Zusammenhang. Charakteristisch erscheint dabei, daß ein abwehrend-fordernder Ton vorherrscht. Im Vordergrund stehen die traditionellen minderheitspolitischen Forderungen, die an den rumänischen Staat gerichtet werden. Kaum erkennbar hingegen ist ein selbstkritisch-innovativer Ansatz, gewissermaßen ein Konzept für selbsttätigen Wandel, für aktives Zugehen auf die veränderte politisch-staatliche Umwelt.

So faßt das grundlegende »Volksprogramm«,[82] das der vierte Sachsentag am 6. November 1919 in Schäßburg unter Einbeziehung des Temeschwarer Wahlprogramms des Verbandes der Deutschen in Rumänien vom 6. September und des Friedensvertrages für Rumänien vom 10. September verabschiedet, vor allem die überlieferten Forderungen der Minderheit an den Staat zusammen. In erster Linie geht es um das Anliegen, sich »politisch als einheitliche Nation frei zu organisieren«. Diese Forderung wird – immerhin stellt dies eine Neuerung dar – auf alle Deutschen in Rumänien bezogen. Daraus leiten sich die zentralen Forderungen nach dem Status einer juristischen Körperschaft ab, nach Schul- und Kirchenautonomie, nach administrativ-verfassungsmäßigen Rechten im einzelnen. Verbunden wird dies mit einem ausdrücklichen Bekenntnis zum rumänischen Staat und der Berufung auf die rumänischen Versprechungen von Karlsburg.

»3. Der deutschen Nation in Großrumänien wird zur Erfüllung ihrer kulturellen Aufgaben das Recht der Besteuerung ihrer Volksgenossen zugestanden. Für die Einhebung dieser Steuern wird die Mitwirkung der staatlichen Behörden zur Verfügung gestellt. Die deutsche Nation in Großrumänien erhält sowohl für sich als Gesamtheit als auch für ihre einzelnen Glieder das Recht, Schulen und Bildungsanstalten jeder Art und jedes Grades frei zu errichten und die Lehrkräfte für dieselben selbst auszubilden und zu bestellen … 5. Für die Wahl zu gesetzgebenden Körperschaften wünschen die Deutschen Großrumäniens das durch die Karlsburger Beschlüsse festgelegte allgemeine, gleiche und geheime Wahlrecht nach nationalem Landeskataster … 7. Im Sinne der Beschlüsse von Karlsburg wird den Deutschen Großrumäniens das volle Recht auf den Gebrauch ihrer deutschen Muttersprache in allen Zweigen und allen Stufen der Verwaltung und der Rechtssprechung ... zugestanden ... 8. Staatsgrundgesetzlich wird die vollkommene Rechtsgleichheit der Kirchen ausgesprochen und ihnen das Recht eingeräumt, sich auf nationaler, autonomer Grundlage zu organisieren, und zwar auch auf dem Gebiet des Schulwesens.«[83]

Diese ersten Programmpunkte zusammengenommen mit der einleitenden Bezugnahme auf die Karlsburger Beschlüsse und die sächsische Anschlußerklärung stellen das minderheitspolitische Credo der sächsischen Politik dar. In insgesamt 32 Punkten werden die Kardinalforderungen an den rumänischen Staat im einzelnen entfaltet. Ergänzt wird dies durch Ausführungen zur Organisation des politischen Lebens der Sachsen und ihrer Zusammenarbeit mit den rumäniendeutschen Volksräten. Auffallend vage und ratlos blieben dabei die Aussagen zur rumäniendeutschen Erweiterung des bisherigen »kleinsächsischen« Rahmens. Ähnliches gilt für die Wirtschafts- und Sozialpolitik. Im Vergleich dazu erscheinen die Bemerkungen zu den traditionellen minderheitspolitischen Themen unproportional ausführlich. Vor allem gilt dies für die Schul-, Kirchen- und Sprachenpolitik. Diese tragenden Pfeiler der geforderten kulturellen Autonomie formen das Gesicht des Gesamtprogramms. Ergänzt durch Postulate der verwaltungsmäßigen und wahlrechtlichen Garantie der Minderheitsexistenz konkretisieren sie den Dreh- und Angelpunkt des »Volksprogramms«: Die umfassende Gleichberechtigung, ferner die nationale Identitätssicherung und gesellschaftliche Entfaltungschancen sollten den Rumäniendeutschen nicht nur als individuelle Rechte gewährt werden, sondern als Existenzgrundlage einer Gruppe.

Im Laufe der zwanziger Jahre erwies sich dieses Programm als unerfüllbar. Unabhängig davon, wie es von Anfang an um den guten Willen der natürlich auch minderheitspolitisch rivalisierenden rumänischen Parteien stand, insgesamt verschlechterten sich die Existenzbedingungen der rumäniendeutsch-sächsischen Minderheit fortwährend. Einige Marksteine dieser Entwicklung ragen heraus: Ein entscheidend-negativer Co-Faktor für alles andere war die bis 1940, als der Einfluß des Dritten Reiches übermächtig werden sollte, anhaltende rumänische Weigerung, die deutsche Minderheit als Person öffentlichen Rechts, als »Volksgruppe« zu betrachten. Dies stellte ein grundsätzliches Hindernis auch für die Verwirklichung des Minderheitsschutzvertrages dar, den Rumänien mehr oder weniger auf Druck der Siegermächte am 9. Dezember 1919 hingenommen hatte. Der – durch die Friedensregelungen territorial etwa verdoppelte – Vielvölkerstaat verpflichtete sich unter der Garantie des Völkerbunds dazu, die Angehörigen ethnischer Minderheiten allen anderen rumänischen Staatsbürgern gleichzustellen. Darüber hinaus hatte er fremdsprachigen Bürgern für den Gebrauch ihrer Sprachen »angemessene Erleichterungen« zu verschaffen – vor Gericht, in der Verwaltung und auch im Unterrichtswesen. Vor allem aber bestimmte der Minderheitsschutzvertrag für die – außer den Juden hervorgehobenen – Szekler und Siebenbürger Sachsen, nicht jedoch für die übrigen Deutschen ausdrücklich, daß ihnen »unter der Kontrolle des rumänischen Staates im Religions- und Schulwesen die örtliche Autonomie« zu gewähren sei (Artikel 11). Und in Artikel 9 ist konkret die Rede von dem »Recht« der

Minderheitsangehörigen, »auf ihre Kosten Wohlfahrts-, religiöse oder soziale Einrichtungen sowie Schulen und andere Erziehungsanstalten zu errichten, zu leiten und zu beaufsichtigen und in ihnen ihre Sprache frei zu gebrauchen und ihre Religion auszuüben«.[84] Zwar schien damit das hochentwickelte, verklammerte Schul- und Kirchenwesen der Sachsen garantiert. In der Praxis freilich gab es durchaus Initiativen staatlicherseits, vertragliche Garantien dieser Art zu unterlaufen. In der richtigen Einsicht, daß das eigene Bildungswesen unentbehrlich sei für die langfristige Lebensfähigkeit dieser Minderheit, wurden mehrere Versuche unternommen, seine finanziellen Grundlagen zu zerstören. Diesen staatlichen Versuchen gingen zumeist gezielte Maßnahmen voraus, etwa sowohl die Reifeprüfung als auch die Lehrerausbildung in deutscher Sprache nun durch hohe Anforderungen in rumänischer Sprachbeherrschung allmählich zu verstaatlichen. Demselben Zweck galten diverse staatliche Reformprojekte und Auflagen. Dies alles war deswegen besonders gefährlich, weil die Sachsen kaum noch imstande waren, ihr vergleichsweise anspruchsvolles Schulwesen selbst zu finanzieren, also früher oder später auf staatliche Hilfe angewiesen sein würden.

Welchen Sprengstoff die Schulfrage[85] in sich barg, zeigte sich schon zu Beginn der zwanziger Jahre, als zu befürchten stand, daß die Lehrer nicht oder nur in einer ganz unbefriedigenden Weise bezahlt werden könnten, und es zu streikähnlichen Unmutsbekundungen gegen die Kirche als Schulträger kam. Hier ist eine jener Quellen zu orten, aus denen sich im späteren Verlauf der zwanziger Jahre sozialer Protest und schließlich politische Opposition gegen die althergebrachte Ordnung des sächsischen »Kirchenvolkes« überhaupt speisen sollten. Andere Symptome dafür, daß das wirtschaftlich-finanzielle Potential der vergleichsweise kleinen sächsischen Minderheit nicht mehr genügte, um die gewohnte Eigenständigkeit weiterhin zu sichern, traten natürlich auch im eigentlichen wirtschaftlichen Bereich zutage. Zu den in diesem Sinne wichtigsten Marksteinen einer Krisentendenz zählt die rumänische Agrarreform vom 31. Oktober 1921, deren ursprünglich sozialreformerische Absicht nicht bestritten werden soll. Nicht nur in ihren tatsächlichen negativen Auswirkungen, sondern schon in ihrer Zielsetzung war sie verhängnisvoll für die Sachsen. Zu einem Zeitpunkt, wo sich die altrumänischen Brătianu-Liberalen wieder der Schalthebel der Macht versichert hatten, war dies ein indirektes Manöver zur Erschütterung jener wirtschaftlichen Grundlagen, ohne welche die Sachsen ihre Rechte aus dem Minderheitsschutzvertrag gar nicht wahrnehmen konnten. Die von der Regierung durchaus kalkulierten weiteren Folgen der Enteignung und Verteilung von Großgrundbesitz waren nicht nur auf die innenpolitisch wichtige Vergrößerung der Zahl mittlerer bäuerlicher Betriebe berechnet. Vielmehr ging es, ohne daß man die Rechtsstaatlichkeit durch ein Sondergesetz verletzte, um die teilweise Enteignung der sächsischen Kirche, des Trägers des sächsischen Schulwesens. Überall im Osten Europas war aber die Lebensfähigkeit der ethnischen Minderheiten von ihrer kulturell-politischen Reproduktion besonders durch Bildung und Ausbildung abhängig.

Insgesamt verloren die Kirchengemeinden etwas mehr als die Hälfte ihres Grundbesitzes. Außerdem kommt es zur Enteignung von 35 000 Katastraljoch, das sind etwa

20 000 Hektar, bei den Sieben-Richter-Waldungen der Nationsuniversität und des Sieben-Richter-Fonds und weiteren Auswirkungen dieser Art. Für viele Kleinbauern stellt es zudem eine schwere Belastung dar, daß sie ihren Wald- und Weideanteil an der »Gemeinerde« verlieren. Was derart in die Lebensverhältnisse vieler Menschen unmittelbar eingriff, bedeutete für Kirchengemeinden und Nationsuniversität – seit Beseitigung der sächsischen Privilegien und Einpassung des »Königsbodens« in die administrativ-politische Struktur Ungarns 1876 nur noch Vermögensverwaltung – eine erhebliche Verringerung ihrer Leistungsfähigkeit. Daß man diese Finanzierungslücke durch Anheben der Kirchensteuer wettzumachen suchte, trug ebenfalls zu der allmählich spürbaren Mißstimmung gegen die Kirche, indirekt gegen die Volksratsführung bei.

Auch andere Teilbereiche des sächsischen Wirtschaftslebens ließen Krisensymptome erkennen. Während die Landwirtschaft unter handelspolitischer Exportbehinderung, ungünstiger Preisentwicklung und schließlich im Zuge der Weltwirtschaftskrise unter Absatzschwierigkeiten litt, wurde die Bankwirtschaft nach dem Ersten Weltkrieg durch höhere Gewalt, in diesem Falle politische, geschädigt. Neben dem Verlust ausländischer Forderungen und Kriegsanleihen, neben ungünstigen Konditionen der Währungsumstellung traf es sie, daß infolge besonderer rumänischer Bestimmungen eine Aktivität im Pfandbriefgeschäft nicht zugelassen war. Als weitere Schwächung kam im Einlagengeschäft allmählich die schlechtere finanzielle Lage vieler Sachsen zum Tragen. Obwohl man durch Fusion der insgesamt zu kleinen Kreditinstitute, so 1928 der Kronstädter Allgemeinen Sparkasse mit der Siebenbürgischen Industrie- und Handelsbank, und mit Hilfe reichsdeutscher Kredite gegenzusteuern suchte, blieb es auch hier bei einem insgesamt negativen Trend. Jedenfalls sahen sich die sächsischen Banken immer weniger in der Lage, ihren Beitrag zu Einrichtungen der Minderheit – bis zu zehn Prozent des Reinertrags – zu leisten. Insgesamt waren es konjunkturelle und strukturelle Krisenursachen sowie ungünstige politische Rahmenbedingungen, die immer mehr Selbständige und Bauern mit der Gefährdung ihrer beruflichen Existenz und der Notwendigkeit zu radikaler Umstellung konfrontierten.

Die Anfangsphase der deutschen Geschichte in Rumänien erfuhr einen gewissen Abschluß etwa 1923/24. Zu diesem Zeitpunkt hatten sich die Sachsen – in Anknüpfung an die Vorkriegsentwicklung, soweit dies die neuen Rahmenbedingungen nach 1918 eben erlaubten – in einem neuen, nicht frei gewählten Vaterland eingerichtet. Anders als gleichzeitig vielerorts in Mittel- und Osteuropa war die Transformation der politisch-gesellschaftlichen Ordnung ohne Umsturz und Bürgerkrieg vor sich gegangen. Die Sachsen hatten auf die durchgreifende Umgruppierung des politischen Szenarios seit Kriegsende realistisch und zum richtigen Zeitpunkt geantwortet. Mit ausreichender Geschlossenheit hatten sie den notwendigen Wechsel der Staatszugehörigkeit absolviert. Man hatte dabei erfahren und bald für sich zu nutzen gesucht, daß sich die rumänische Staatsnation auf den Umbruch, auf die erhebliche territoriale Vergrößerung und die Revanchebestrebungen Ungarns nur mit Schwierigkeiten einzustellen vermochte. Für die altrumänische Öffentlichkeit geradezu irritierend war das Nebeneinander von machtpolitischem Aufschwung und desillusionierendem Bewußtsein der eigenen Rückständigkeit. Aber die Vereinigung mit den Rumänen der Habsburgermonarchie hatte einen selbstkritischen Vergleich geradezu erzwungen. Noch größer war dieser kulturelle und wirtschaftliche Entwicklungsrückstand gegenüber den Siebenbürger Sachsen, dennoch erwiesen sich deren Erwartungen einer Elitenrolle in Siebenbürgen oder doch wenigstens günstigerer Entwicklungschancen als im magyarischen Transleithanien schon bald als überzogen. Immerhin war die alt-neue sächsische Führung von der Zuversicht erfüllt, daß man unter den neuen Umstände bestehen könne.

Als eine Konzeption gewordene Bilanz erster Erfahrungen mit Integrationsbereitschaft und Anpassungsdruck darf man wohl die selbstbewußt-kritische Stellungnahme betrachten, die Hans Otto Roth im März 1923 für die deutschen Parlamentarier zum Entwurf einer rumänischen Verfassung abgab. Grundsätzlich wandte er sich dagegen, den ethnischen Begriff »Rumäne« mit demjenigen des rumänischen Staatsbürgers zu vermischen. Nur letzteren akzeptierte er – unter Berufung auf leidvolle Erfahrungen mit dem magyarischen Begriffsexpansionismus – als Verfassungsterminus zur Bezeichnung der Deutschen. Im einzelnen mahnte er eine unmißverständliche Bestätigung der zentralen sächsischen Petita an. Damit meinte er die Schul- und Kirchenautonomie, ferner den Anspruch auf freien Gebrauch der Muttersprache sowie das Recht der evangelischen Kirche, eigenständig Steuern zu erheben und mit Hilfe der staatlichen Verwaltung einzuziehen. Dies waren kritisch-selbstbewußte Forderungen, unüberhörbar auch die Berufung auf die Karlsburger Konditionen der Mediascher Anschlußerklärung, desgleichen die verdeckt drohende Anspielung auf die Garantiemächte und die Nachbarstaaten. Aber die Forderungen waren losgelöst vom Pathos der frühen Illusionen, auch vom demonstrativen Duktus ständiger Berufung auf jahrhundertelange Privilegierung. Deutlich wird auch, daß die selbst noch inhomogene rumänische Staatsnation und das sächsische Kirchenvolk deutscher Nationalität im Spannungsfeld zwischen Partner- und Gegnerschaft gleichsam auf dem Sprung sind. Das Dogma eines rumänischen Staates und das Beharren auf einer selbstbestimmten, scharf konturierten Minderheitsexistenz erscheinen noch nicht gegeneinander abgeglichen.

Der weitere Lauf der Dinge ließ erkennen, daß Rumänien während der späteren zwanziger Jahre wohl eine gewisse Festigung erfuhr, aber gewiß nicht jene Stabilisierung, ohne die wiederum die überfällige Modernisierung unmöglich sein mußte. Die ohnehin geringen Chancen dazu, die es vor dem Hereinbrechen von Verfassungsparalyse und Weltwirtschaftskrise gegeben haben mochte, wurden nicht genutzt. Für sächsische und rumäniendeutsche Politik gleichermaßen war damit ein sehr enger Manövrierraum abgesteckt: Zu wirkungsmächtig war jenes in Politik und Gesellschaft eingeschliffene Netzwerk personenbezogener Konstellationen und Cliqueninteressen geblieben, als daß rumäniendeutsche Minderheiten, die in dieses Beziehungsgeflecht nicht integriert waren, eine Möglichkeit zu gestalterischen Vorstößen gehabt hätten.

Daß der verfassungsmäßig-informelle Rahmen und der politische Betrieb auf gesamtstaatlicher Ebene letztlich die Absorbierung jedweder rumäniendeutscher Initiative geradezu unausweichlich machten, engte zunehmend in der Minderheit selbst die Möglichkeiten der politischen Führung ein. Es war abzusehen, daß sich die wachsende

Unzufriedenheit allmählich nicht mehr nur auf die Regierung richten würde, sondern auch auf die Volksräte und traditionellen Führungsgruppen. In dieser Verbindung von Enttäuschung und Aggressivität angelegt waren verhängnisvolle Tendenzen der inneren Minderheitsentwicklung: zum einen die selbstzweckhaft-desorientierte Radikalisierung des natürlichen Bedarfs der Minderheit an Zusammenhalt und Abgrenzung gegen andere, zum anderen die inhaltliche Umprägung des deutschnationalen Minderheitsbewußtseins zur Utopie einer »Volksgemeinschaft« aller Deutschen in Mittel- und Osteuropa.

Im Grunde konnte es keine wirkliche Lösung geben, weder Geschichte noch Zukunft hielten eine Alternative bereit. Wer jene langfristige Nationalisierung des sächsischen Selbstverständnisses, die man durchaus in Einklang mit den bestimmenden Tendenzen des späten 19. Jahrhunderts absolviert hatte, wiederum zu ihren konzeptionellen Wurzeln zurückverfolgte, konnte letztlich immer nur zur Absolutsetzung der eigenen Gruppe gelangen. Die Zukunft hingegen schien nur eine Wahl zwischen zwei gleichermaßen zerstörerischen Perspektiven zu eröffnen: zwischen der konfliktorientierten Deformierung der Minderheit ausschließlich zur Anti-Mehrheit und der »deutschungarischen« Entwicklung, also der selbsttätigen, letzten Endes assimilativen Einfügung in den Modernisierungsprozeß der gesellschaftlichen Umgebung. Konflikterzeugender Selbstbezug oder assimilationsträchtiger Fremdbezug, beides bot, jedenfalls wenn man die nationalisierten Maßstäbe der Zwischenkriegszeit zugrunde legt, den Zeitgenossen keine zusätzliche Orientierung. Es mag insofern gerechtfertigt sein, von einer Prägungsphase schon zu Zeiten des Sachsenbischofs Georg Daniel Teutsch zu sprechen. Sie wäre letzten Endes verantwortlich für einen gefährlichen inneren Zusammenhang aller Teilphasen der neueren sächsischen Geschichte. Sie stellte sich dar als zunächst im 19. Jahrhundert kaum merkliches, nach dem Ersten Weltkrieg dann beschleunigtes Abgleiten auf der schiefen Ebene zuallererst national definierter Sozialbeziehungen.

Insofern ist es verständlich, daß die Volksratsführung, wenn sie gegenüber der wachsenden innersächsischer Kritik nach Argumenten suchte, im Grunde immer nur ihre Gegner bestätigen konnte. In den Augen eines Hans Otto Roth, noch mehr in denen des vormaligen Alldeutschen Brandsch, mußten sich die jungen radikalen Gegner wegen ihres pragmatischen, glanzlos-ergebnisarmen Umgangs mit der Regierung geradezu als Spiegelbild ihrer eigenen Grundüberzeugungen und Verhaltensdispositionen darbieten, lediglich generationenspezifisch schärfer konturiert. Sicherlich mußten die Führung des Volksrats und ihre Opponenten zeitweilig als erbitterte Gegner erscheinen. Die Zeitgenossen nahmen ohnehin in erster Linie die ereignishafte Dramatik dieses Ringens besonders seit den frühen dreißiger Jahren wahr. Aber wie wir unsere heutige Sicht der Dinge kritisch überprüfen und nicht für die einzig annehmbare halten sollten, so dürfen wir auch die Perspektive der Zeitgenossen zur Debatte stellen, zumindest wenn wir zusätzliche Gründe für die Auseinandersetzungen zwischen Führung und Opposition berücksichtigen. Dabei handelt es sich um persönliche Gegensätze und lokalpolitische Reibereien, taktisches Manövrieren und Interessenkonflikte. Dann jeden-

Als am 20. November 1932 in Hermannstadt der neue Sachsenbischof Victor Glondys (1882–1949), der Kirchenkurator Hans Otto Roth (1890–1953) und der Bischofsvikar Friedrich Müller (1884–1969) in ihre Ämter eingeführt wurden, waren die Grundlagen der konservativen Allianz von Kirche und Politik bereits erschüttert. Die Entfremdung zwischen der alten Führung und dem Mann auf der Straße, die Unzufriedenheit mit den wirtschaftlichen Lebensbedingungen insgesamt waren im Rahmen der alten Ordnung nicht mehr in der traditionellen Weise zu regulieren.

falls wird die These plausibel, die Träger langdauernder und erbitterter Auseinandersetzungen bei den Sachsen hätten an sich keine konzeptionellen Alternativen propagiert. Sie waren einem gemeinsamen Grundgedanken viel mehr verpflichtet als sie wahrhaben wollten.

Was in der Mitte der zwanziger Jahre in unübersehbarer Weise hervortrat und nach einigem Auf und Ab schließlich 1931/32 in einen offenen Führungskampf mündete, war eine regelrechte Vertrauenskrise zwischen Führung und Gefolgschaft. Ohne eine andere sächsische Gesamtkonzeption zu fordern, wurde vor allem eine tiefgehende Entfremdung zwischen beiden Ebenen sächsischer Politik zum Thema gemacht. Dies geschah zunächst unter nüchterner Hervorhebung bestimmter behaupteter Mißstände, und da aus der Tradition wie in der Gegenwart tatsächlich eine außerordentlich enge Verbindung von politischer und kirchlicher Führung auf Volksrats- wie auf Gemeindeebene bestand, richtete sich der Unmut auch gegen die Kirche.

Von der Schärfe und Ernsthaftigkeit dieser Proteste schon Mitte der zwanziger Jahre, vom Ausmaß des Vertrauensschwunds zeugt beispielsweise eine Eingabe der Bürgerinitiative, die sich »Die Unzufriedenen« nannte, am 8. Dezember 1925. Sie war nicht etwa an die Volksorganisation selbst gerichtet, sondern ausgerechnet an den Präsidenten des rumänischen Parlaments. Darin wird gefordert, man möge im künftigen Gesetz zur Organisation der Kirchen endlich von staatlicher Seite Vorkehrungen dagegen treffen, daß die sächsische evangelische Kirche ihre Angehörigen mit unzumutbaren Steuern belaste: »Diese Last ist enorm, absolut unerträglich und wird die Vernichtung der Steuerfähigkeit der evangelischen Staatsbürger in Siebenbürgen zur Folge haben.«[86] Dieser Eingabe vorausgegangen waren organisierte Unmutsbekundungen oder auch unterschiedlich feste Zusammenschlüsse etwa in der Nachfolge der Grünen und des Hermannstädter Bürgerabends. Diese mußten nicht unbedingt zugleich gegen den Volksrat gerichtet sein. Schon im Zusammenhang mit dem Anschluß an Rumänien war Unruhe aufgeflackert, der soziale Protest im eigentlichen Sinne dann 1920/21 durch Lehrerdemonstrationen gegen niedrige Bezahlung. Schließlich regte sich auch Unzufriedenheit mit den Kirchensteuerlasten und der politischen Bevormundung durch Pfarrer verbunden mit Symptomen einer anti-intellektuellen Haltung. Nicht zuletzt wurden die sozialdemokratisch organisierten Arbeiter aktiv, teils durchaus trotz eines Bekenntnisses zum Volksrat. Die Unzufriedenheit im mittleren und unteren Bürgertum suchte in Hermannstadt Rudolf Brandschs »Bürgerabend« zu artikulieren. Gleichermaßen liberal und, wie Brandsch selbst, gesamtdeutsch-»völkisch« eingestellt, vermied er es aber, bis zur zugespitzten Situation von 1931 als regelrechte Partei aufzutreten.

All diese Anzeichen von politischer Opposition und sozialem Protest, der zudem noch indirekt in Abwanderung vom Land und Auswanderung zum Tragen kam, können vor allem eines sichtbar machen: Sogar grundsätzliche Kritik an der sächsischen Politik, aus gesamtdeutsch-völkischem Blickwinkel wie von seiten der Sozialdemokratie, respektierte ähnlich wie der eher unpolitische Protest der »Unzufriedenen« eine bestimmte Grenze. Anders als bei den meisten Südostdeutschen dieser Zeit kam es nicht zur grundsätzlichen Erörterung von Pro und Contra der Minderheitsexistenz selbst. Die Erhaltung der Minderheit als solche blieb unangefochten intakt als Maß aller Detaildiskussionen, mit ihr zugleich die zunehmende deutsche Nationalisierung des kleinsächsischen Selbstverständnisses und der Anspruch der Volksorganisation auf Einordnung und Loyalität des einzelnen.

Eine grundsätzliche Alternative zur Politik der ansonsten vielkritisierten Minderheitsführung stellte nicht einmal die »Selbsthilfe« dar, jene Organisation, die unter programmatischem Namen den Versuch startete, sozialen Protest und Unzufriedenheit mit kirchlicher Bevormundung auf einen gemeinsamen Nenner zu bringen. Die Beweggründe dieser Anti-Partei, die nach Anfängen um 1920 eigentlich erst seit 1927 politisch wurde, hat Heinrich Zillich im Jahre 1931 mit Sympathie bilanziert: »Nach der Angliederung Siebenbürgens an Rumänien lag das Schwergewicht der sächsischen Politik zwölf Jahre lang in der Abwehr der auf unseren Volksbestand gerichteten Angriffe der rumänischen Regierungen ... Die wirtschaftliche Sicherheit unserer Schule und Kirche ist besonders durch die Agrarreform aufs äußerste gefährdet, ihre Autonomie wesentlich eingeschränkt ... Unser gemeinschaftliches Nationalvermögen widerrechtlich enteignet, unsere staatsrechtliche Stellung als Minderheitsvolk ungeregelt ... Unser Volk ... fühlt sich besonders in seinen breiten Schichten verlassen, durch bestimmte Wirtschaftskreise, die in mancher Hinsicht mit der politischen Führerschaft zusammenfallen, bedrückt ... Man hat versäumt, ... die sich aufdrängende soziale Frage einer schöpferischen Lösung zuzuführen. Man hat weiter versäumt, die heranwachsenden Kräfte für den Volksdienst wirksam zu machen ... Dafür bot sich uns das Schauspiel von überalterten Körperschaften, von Parteiwesen, Führergezänk und Günstlingswirtschaft.«[87]

Diese Kritik an der aktuellen Lage und am Versagen der Führung führt zu der Einsicht, daß »Selbsthilfe« notwendig sei. So unterschiedlich die Auffassungen völkischer Praktiker wie Fritz Fabritius und junger nationalistischer Intellektueller wie Heinrich Zillich auch waren, gemeinsam hatten sie die Überzeugung, daß das »Schwergewicht unserer Volkstätigkeit« endlich »in die Mitte des Volkes selbst verlegt werden« müsse. Diese Forderung enthielt sicherlich mehr als nur Kritik an aktuellen Mißständen und am Versagen von Einzelpersonen. Es ging um eine grundsätzliche Absage an das Selbstverständnis der Sachsen als »Kirchenvolk«, um eine grundsätzliche Abwendung von jener politischen Führungsrolle, welche die Kirchenführung seit dem mittleren 19. Jahrhundert innehatte. Zunächst hatten die dualistische Reichsreform und die Adaptierung der besonderen siebenbürgischen Verfassungszustände an diejenigen eines zunehmend zentralistischen ungarischen Staatswesens die Nationsuniversität als das seit dem 15. Jahrhundert gewachsene Vertretungsorgan sächsischer Politik enterbt. Damit war die Kirchenführung, im Zusammenwirken mit den Reichstagsabgeordneten, zum wichtigsten Vertretungsorgan der Minderheit geworden. Wenn im Laufe der zwanziger Jahre die Forderung laut wurde, statt der überforderten und verfilzten kirchlich-politisch-wirtschaftlichen Führung künftig das Volk selber zum Träger der sächsischen Politik zu machen, so lief dies dem Anspruch nach auf eine einschneidende Korrektur hinaus. Dennoch handelte es sich nicht um die Forderung nach einem konsequenten Elitenwechsel, nach einem radikalen minderheitspolitischen Konzeptionswechsel. In gewissem Sinne könnte man diese Herausforderung der alten Führungsgruppe als Initiative zur völkischen Säkularisierung, zu Entkirchlichung und nationalistischer, volksbezogener Radikalisierung auffassen.

DIE ZERSTÖRUNG SIEBENBÜRGISCH-SÄCHSISCHER POLITIK: AUF DEM WEGE ZU »VÖLKISCHER« GLEICHSCHALTUNG

Die in der Literatur weithin vorherrschende Interpretation der sächsischen Opposition, die schließlich zum Wegbereiter des »Dritten Reiches« und der NSDAP in Siebenbürgen werden sollte, bedarf aufgrund neu zugänglicher Archivalien in Siebenbürgen selbst einer Überprüfung.[88] Paradoxerweise gleichen sich die propagandistische Selbstdarstellung dieses völkischen Nationalismus und die heutige Beurteilung durch ausgesprochen kritische Historiker in einer bestimmten Interpretationsabsicht: in dem Anliegen, die 1922 in Hermannstadt gegründete Deutsch-Sächsische Selbsthilfe als von Anfang an durch ihren direkten Kontakt mit der NSDAP »nationalsozialistisch« geprägt darzustellen. Vieles spricht aber dafür, daß diese Interpretation auf eine spätere, nach der nationalsozialistischen Machtübernahme in Deutschland betriebene Selbststilisierung der Fabritius-Organisation zurückzuführen ist. Es erscheint beim gegenwärtigen Forschungsstand zumindest voreilig, sich auf dieses propagandistische Eigenlob ohne weiteres zu verlassen und darauf die These zu gründen, es habe sich um eine von Anfang an nationalsozialistische beziehungsweise faschistische Bewegung gehandelt; schon in den zwanziger Jahren habe sie eine revolutionäre Wende der sächsischen Politik verlangt und von 1932/33 an auch durchgesetzt. Demgegenüber sei darauf hingewiesen, daß die inhaltlich-sprachliche Ähnlichkeit der Selbsthilfe, vor allem auch der Auffassungen von Fabritius selbst, keineswegs ein Beweis für ihre Abhängigkeit von der frühen NSDAP sein muß. Es ist durchaus möglich, daß Fabritius – wie eben auch der junge Hitler – bereits vor dem Ersten Weltkrieg als Offizier durch den völkischen Nationalismus der österreichischen Schönerer-Bewegung geprägt worden ist.

Dafür spricht auch die anfängliche Konzentration der Selbsthilfe auf eine Verbindung von Minderheits- und Sozialpolitik. Ihre Anfänge, als sie versuchte, auf dem Wege einer genossenschaftlichen Bauspar-Organisation etwas gegen die Krise der Minderheit zu unternehmen, lassen es naheliegend erscheinen, daß zunächst weniger die reichsdeutsche Hitler-Bewegung als die deutschösterreichischen Schutzvereine das Vorbild der Selbsthilfe gewesen sein könnten. Auch die besondere Sprache von Fabritius' programmatischen Verlautbarungen, vor allem die charakteristische Verbindung von impulsiver Emotionalität und vagen Inhalten, weist auf den extremen deutschen Nationalismus der Habsburgermonarchie hin,[89] selbst die für die Selbsthilfe charakteristische Kombination von verbaler Radikalität und sozialreformerischer Kleinarbeit paßt in dieses Bild.

Der Vorschlag, den Mythos eines siebenbürgisch-sächsischen Nationalsozialismus schon unmittelbar nach dem Ersten Weltkrieg und zugleich die These eines Minder-

Grundsatzkontroversen und Generationenkonflikte waren bei den Sachsen seit dem späten 19. Jahrhundert, seit »Grünen« und »Bürgerabend«, nichts Ungewöhnliches. Aber die »Selbsthilfe«-Bewegung wies darüber hinaus. Unter Führung von Fritz Fabritius (1883–1957) entfaltete sie sich zunächst als eine Art unpolitischer, außerparlamentarischer Opposition. Vom »völkischen« Nationalismus der Habsburgermonarchie und der Weimarer Republik beeinflußt, machte sie schließlich die sächsische Politik von Deutschland abhängig, ersetzte »Kirchenvolk« durch »Volksgemeinschaft«.

heitsfaschismus zu überprüfen, stellt keineswegs einen Versuch der Verharmlosung dar. Es ist vielmehr eine Selbstverständlichkeit, die einzelnen historischen Gestaltungen des deutschen extremen Nationalismus nicht unreflektiert gleichzusetzen. Es gab zwischen den Varianten des »völkischen« Nationalismus durchaus wichtige Unterschiede in den Ursachen, Erscheinungsformen und Auswirkungen. Diese vergleichend-systematisch zu »vermessen«, ist die Voraussetzung dafür, daß das historische Urteil festen Halt gewinnen kann und nicht orientierungslos bald zeitgenössischer Stilisierung zum Opfer fällt, bald wechselnden Moden späterer Geschichtspolitik nachgibt. Dieses Plädoyer für die Genauigkeit des historischen Blicks sollte nicht als Scheu vor dem klaren Urteil aufgefaßt werden, noch weniger als Freibrief für ein verharmlosend-beliebiges Spiel mit Ähnlichkeiten und Unterschieden. Das gilt – um möglichen Mutmaßungen über den Zweck solcher beiläufiger Überlegungen zur Methodik vorzubeugen – auch für den Fall des völkischen Nationalismus in Siebenbürgen: Es würde ja auch bei der Thematik »NSDAP und DNVP in der späten Weimarer Republik« nicht als Verharmlosung der Partei Hugenbergs gelten, wenn man trotz beträchtlicher Übereinstimmungen eine Gleichsetzung vermeiden und die teilweise Prägung der DNVP durch das nationalliberal-freikonservative Milieu des Kaiserreichs berücksichtigen würde.

Da die bisherige Forschung ihre Interpretation der Selbsthilfe teils in vorläufiger Anlehnung an deren Selbstdarstellung und auch an spätere politische Zweckerwägungen formuliert, teils aus guten Gründen ein dezidiertes Urteil noch nicht gefällt hat, sei nochmals darauf hingewiesen: Die Selbsthilfe-Bewegung sollte nicht ohne weiteres als frühe und abhängige Parallele der NSDAP dargestellt werden. Trotz vieler Übereinstimmungen und der – spätestens seit Ende der dreißiger Jahre – sicherlich vorhandenen Außensteuerung durch Berlin sind ja auch wichtige Unterschiede gegeben gewesen. Hervorzuheben wäre der Vorrang des Minderheitspolitischen: So radikal Fabritius' Nationalismus und seine Kritik am Volksrat weithin erscheinen, so offensichtlich ist zugleich, daß sie – anders als der reichsdeutsche Nationalsozialismus – letzten Endes einem Primat der Minderheitsexistenz untergeordnet sind; so enthusiastisch das Bekenntnis zur gesamtdeutschen Volksgemeinschaft sich äußert, so selbstverständlich ist die Weigerung, die sächsische Minderheitsexistenz und das sächsische Selbstbewußtsein dem Eigeninteresse des Dritten Reiches und des Nationalsozialismus vorbehaltslos unterzuordnen.

Vor allem ist eines unübersehbar: Die Selbsthilfe-Bewegung der zwanziger Jahre, so herausfordernd sie seit ihrer Politisierung um 1927/28 auftrat, wurde selbst von ihren ärgsten Gegnern nicht etwa wie der Volksgruppenführer der späteren Kriegsjahre, Andreas Schmidt, als Instrument des Dritten Reiches empfunden. Man betrachtete sie als ein Phänomen durchaus der sächsischen Politik und hatte sehr wohl ein gemeinsames minderheitspolitisches Fundament mit ihr. Selbst die sich abzeichnende Radikalisierung des völkischen Nationalismus eines Fabritius empfand sogar Hans Otto Roth, einer seiner konservativen Hauptgegner, 1927 keineswegs als etwas Fremdes, sondern als eine wirkliche Alternative zur Tradition sächsischer Minderheitspolitik: »Das größte Ergebnis der letzten Jahre ist die Entwicklung des deutschen Volksgedankens, der vom

Staatlichen immer mehr auf das Völkische hinübergegriffen hat, zum Gedanken der Volksgemeinschaft aller, die deutsch sind und für die deutsche Gedankenwelt leben. Die Schöpfung dieser Gemeinschaft aller, die deutsch sind in geistigem Sinn, ist ... etwas, das wir seit Jahrhunderten ersehnt haben und nun zum erstenmal erleben.«[90]

Diese Ausführungen genügen zwar nicht als detaillierte Begründung, vielleicht aber als erläuternder Hinweis auf die Beweggründe der Interpretationsperspektive, die den nun folgenden Darlegungen zur weiteren sächsischen Entwicklung innewohnt. Sie sollten deutlich machen, daß die Fabritius-Bewegung und die sächsische Politik der dreißiger Jahre nicht in erster Linie als etwas revolutionär Neues, etwas den Sachsen von außen Aufgezwungenes und mit dem reichsdeutschen Nationalsozialismus Identisches zu betrachten ist. Statt dessen wird eine Interpretationsperspektive bevorzugt, derzufolge die Selbsthilfe zwar eine extreme Variante des deutschen völkischen Nationalismus gewesen ist, aber konzeptionell durchaus in den langfristigen Zusammenhang der sächsischen Minderheitspolitik seit Georg Daniel Teutsch und der dualistischen Reichsreform der Habsburgermonarchie, also seit dem mittleren 19. Jahrhundert gehört. Diesen gewachsenen nationalistischen Konsens, der einer radikalen völkischen Variantenbildung durchaus Raum gab, hat schon 1923 der Bukarester deutsche Gesandte Freytag in einem Bericht an das Auswärtige Amt hervorgehoben: »Die Siebenbürger Sachsen sind fast durchweg alldeutsch gesinnt und stehen der innerdeutschen Politik gegenüber auf dem Standpunkt der alleräußersten Rechten.«[91] Der sächsischen Entwicklung der dreißiger Jahre wird daher in dieser Darstellung auch nicht jenes überproportionale Gewicht beigemessen, das ihr aus einer auf Berlin und den Nationalsozialismus ausgerichteten Sicht und möglicherweise in der Erinnerung der Zeitgenossen beigemessen wird.

Die Selbsthilfe-Bewegung war anders als die frühe NSDAP nicht in erster Linie eine Organisation politisch-weltanschaulicher Sektierer und desorientierter Hinterbliebener des Weltkriegs, auch nicht ein Sammelbecken missionarischer Intellektueller kleinbürgerlichen Zuschnitts oder um ihre Existenz bangender Angehöriger des unteren Mittelstandes. Ihre herausragende Gestalt, der Rittmeister a. D. und zeitweilige Bankangestellte Fritz Fabritius, war anders als Hitler in seiner Jugend nicht an den Rand der Gesellschaft, in ein Außenseiterdasein geraten, das ihm nach dem Weltkrieg erneut gedroht hätte. Er war geprägt von persönlichen Kontakten zur deutschösterreichischen und nach 1918 zur reichsdeutschen völkischen Szene, hatte mehrere Jahre als Berufssoldat gedient, die er als unbefriedigend empfand, und schließlich eine Tätigkeit im sächsischen Bankwesen ausgeübt. Seine Beobachtungen sozialer Not und wachsender Desorientierung, auch der Enttäuschung über das neue Vaterland Rumänien und eine entrückte Minderheitsführung veranlaßten ihn zu einer eher sozialreformerischen Initiative. Die Selbsthilfe trat nicht wie die Hitler-Bewegung als Partei an, auch nicht als Systemgegner in einer gefährdeten Demokratie, vielmehr galt sie als Träger selbstorganisierter wirtschaftlicher Initiative und Fabritius selbst als ein Mann, der über beste Verbindungen verfügte, etwa zu Carl Wolff als einer zentralen Figur des wirtschaftlich-politischen Lebens Siebenbürgens überhaupt.

Minderheitsexistenz und Soziales, dies waren die Fixpunkte der Selbsthilfe. Die Politisierung im eigentlichen Sinne folgte erst seit 1927/28, als sich die sächsische Führungs- und Vertrauenskrise zuspitzte, und der Durchbruch gelang erst 1931/32, freilich stets von Richtungskämpfen begleitet. Aus ihnen sollte sich die Fabritius-Bewegung nie mehr lösen können.

Die frühe Programmatik der Selbsthilfe läßt eine enge weltanschaulich-politische Verbindung zu jenen völkisch-nationalistischen Zirkeln in ganz Deutsch-Mitteleuropa erkennen, die von jeher ihre Kritik am satten Bürgertum und erschlafften Liberalismus mit einer großen Bandbreite von Reformforderungen verbanden. Begleitet war dies von der Schutzvereins-Tätigkeit an der deutsch-slawischen Sprachgrenze, vor allem in Teilen Böhmens, wo sich aus den »Freialldeutschen« des Schönerer-Adlatus Karl Hermann Wolf schließlich die Deutsche Nationalsozialistische Arbeiterpartei (DNSAP) entwickelte.[92] Dieses Gemisch von bürgerlicher Bürgerkritik und Jugendbewegung, Reformkult und »deutschem Sozialismus«, von völkischer Weltanschauung mit paranoid-aggressivem Sozialdarwinismus kehrte Fabritius selbst von Anfang an hervor. Vorarbeit hatte allerdings die genossenschaftliche Bewegung des späten 19. Jahrhunderts bereits geleistet, und so kommt die Gründung der Selbsthilfe in der Umgebung des Sächsischen Landwirtschafts-Vereins zustande. Sie kann dabei aufbauen auf die ländlichen Spargemeinschaften sowie Spar- und Hilfsgemeinschaften für Arbeiter, und wichtig dürfte auch eine entsprechende Haltung der Sachsen gewesen sein, die sich unter anderem in den »Nachbarschaften« entwickelt hatte. Die Fabritius-Bewegung selbst gewann Zulauf im wesentlichen wegen ihrer konkreten sozialreformerischen Tätigkeit. In der charakteristischen schönerianisch-völkischen Diktion kündigte die Deutsch-Sächsische Selbsthilfe in ihrem Kampfblatt für das ehrlich arbeitende Volk als Zielsetzung an: »Zu diesen drei grundlegenden Dingen der Selbsthilfe, der Warenvermittlung zur Beseitigung der Ausbeutung ..., – der Schaffung von zinslosem Gelde zur Beseitigung der Ausbeutung durch den Blutegel Zinsnehmer, – der Schaffung von hypothekenfreiem Gemeinschaftsland zur Beseitigung der Ausbeutung durch das Bodenbesitzunrecht, – oder umgekehrt: zur Beschaffung von Nahrung, von Heimstätten und einem Recht auf den vollen Ertrag unserer Arbeit kommt dann noch ein viertes, das wir die bewußte und planvolle Wiederaufhehrung des deutschen Volkes nennen ... Das soll geschehen in einem echten und rechten Gemeinschaftsleben ... Wir schaffen uns das *selbst!*«[93] Die Fabritius-Organisation leistete in der Tat auf dieser programmatischen Grundlage während der zwanziger Jahre Beachtliches durch eine genossenschaftliche Bausparkasse und durch Förderung des Siedlungswesens, wobei sie sich auch um Gärtnerei und Kleintierzucht kümmerte. Wenn man die schlechten Voraussetzungen und das Unsichere der Zeitumstände in Rechnung stellt, war dies ein ernstzunehmender Beitrag zur lokalen Stabilisierung der sächsischen Unterschicht. Allerdings hielt sich das Ergebnis, bezogen auf die Gesamttätigkeit der sächsischen Bau- und Kreditwirtschaft, doch in engen Grenzen.

Erst in den späten zwanziger Jahren sollte sich bestätigen, daß damit auch die Grundlage für eine politische Bewegung geschaffen worden war. Fabritius hatte sich in den Augen der sächsischen Öffentlichkeit durch seinen tätigen Einsatz für den kleinen Mann für eine politische Rolle qualifiziert. Dies bot vorzügliche Voraussetzungen für eine erstmals breite und systematisch angelegte Selbsthilfe-Kampagne politischen Zuschnitts. In den Augen des Establishments war Fabritius kein Revolutionär, eher ein Parvenu mit herausforderndem Auftreten. Binnen wenigen Jahren gelang ihm der Durchbruch zu – für siebenbürgische Größenordnungen – wirklicher Breitenwirkung und politischem Einfluß. Das Ansteigen der Mitgliederzahl des Jahres 1929 von 1 620 in etwa 110 Orten auf nahezu 2 800 beziehungsweise 3 200 in den Jahren 1930/31 zeugt davon.

Der politische Durchbruch von Fabritius wurde vom Andauern der Vertrauenskrise zwischen Führung und Volk auch nach dem Amtsantritt des neuen Volksratsvorsitzenden und vormaligen Kronstädter Bürgermeisters Karl Ernst Schnell 1928 begünstigt. Die Umschau nach neuartigen Foren politischer Meinungsbildung, der Unmut gegen die Kirche wegen einer erneuten Steueranhebung, der Zugriff auf die autonomen Befugnisse der Gemeinden, schließlich die mangelnde Bereitschaft der Führung, sich überhaupt mit wachsender Kritik und sozialer Not auseinanderzusetzen, dies alles schuf eine Krisenstimmung, die ohnehin durch die gesamtstaatliche Innenpolitik gefördert wurde. Es waren gewissermaßen die letzten Illusionen der Minderheit, die ihr genommen wurden. Nach dem Tode der Symbolfigur Brătianu und dem Thronwechsel von 1927 schwand, trotz des innenpolitischen Aufschwungs der siebenbürgischen Rumänen und des Wahlerfolgs des nationalzaranistischen Kabinetts Maniu Ende 1928, die Hoffnung auf eine Renaissance des Geistes von Karlsburg. Nun drängten sich düstere Erwartungen geradezu auf: Rumänien, das zudem durch die Auswirkungen der Weltwirtschaftskrise geschwächt wurde, verfing sich in den Netzen nationalistischer Verhärtung und allgemeiner Destabilisierung. Noch immer waren die Sachsen das Kirchenvolk, noch immer standen sie hinter den Entschließungen des Volksrates, aber sie waren auch auf dem Wege zur Fraktionierung von Gemeinschaft und Konsens; weiter schon, als für die Zeitgenossen wohl erkennbar, waren sie auf die Bahn längst vorbereiteter, alternativloser Radikalisierung geraten.

Unter dem Eindruck fortschreitender Destabilisierung gleichermaßen der gesamtstaatlichen wie der sächsischen Verhältnisse flackern nun in Siebenbürgen alte und neue Oppositionsinitiativen auf. Die Selbsthilfe beweist organisatorische Kontinuität. Erstmals kommen bei den Sachsen seit 1928/29 regelrechte Wahlkämpfe zustande. Ein Politisierungsschub erfaßt die Minderheit. Während Organisationen wie der seit 1928 als Partei auftretende »Bürgerabend« und als sein Widerpart die eher konservative Sächsische Volkspartei den Wirklichkeitstest nicht bestehen, während im September 1931 der Verband der Deutschen in Rumänien als Dachorganisation aller rumäniendeutschen Volksräte reaktiviert wird, floriert die Selbsthilfe. Es gelingt, bestimmte Defizite, die ihren politischen Aufschwung bisher gebremst hatten, zu beseitigen. So verschafften ihr im Jahre 1930 reformoffene Partner wie die jugendlichen Mitglieder des Südostdeutschen Wandervogels und die dem Sozialreformer Raiffeisen nahestehende Siebenbürgisch-Deutsche Bauernhochschule der Jungbauern-Bewegung und schließlich völkische Reformzirkel wie Csallners »Kinderfrohe« und die Guttempler, die gegen

Geburtenrückgang, Alkoholismus und Proletarisierung agierten, mehr Breitenwirkung.[94] Vor allem eröffneten sie Fabritius den Zugang zur jungen Generation. Ein weiteres Defizit half eine Gruppierung auszugleichen, deren Mitglieder trotz beträchtlicher Übereinstimmung dennoch nicht zur dauerhaften Unterordnung bereit waren. Es handelte sich um jüngere Intellektuelle, die sich um die seit 1924 von Heinrich Zillich in Kronstadt herausgegebene *Siebenbürgische Zeitschrift* mit dem Titel »Klingsor« zusammengefunden hatten. Ihr Anliegen war das Kulturgespräch mit Deutsch-Mitteleuropa ebenso wie das mit den Völkern Siebenbürgens.

Wie die Selbsthilfe aus innenpolitischem Interesse, wie ferner von 1927 bis 1930 der »Sachsenbund« aus umfassend politisch-kultureller Sicht, so befaßte sich seit 1930/31 der Klingsor-Kreis aus kulturpolitischer Perspektive mit der Krise der Minderheit. Obwohl man Fabritius' dogmatisch-enge Ausrichtung auf den völkischen Nationalismus nicht teilte, fand man doch eine gemeinsame Diskussionsbasis im Gespräch über die Entfremdung zwischen Führung und Sachsenvolk und in der Kritik an der Ohnmacht sächsischer Politik gegenüber sozialer Not und Gefährdung der Minderheitsexistenz. In wechselnder Zusammensetzung trafen sich Angehörige des Klingsor-Kreises seit 1930 mit mehr oder weniger oppositionellen Zirkeln des Sachsenbundes, des Bürgerabends und eben der Fabritius-Organisation. Man verständigte sich auf eine Bestandsaufnahme der Krisensymptome und in ersten Ansätzen auf programmatische Überlegungen zu ihrer Bewältigung. Trotz gewisser nie ausgeräumter Verständigungsschwierigkeiten zwischen den Intellektuellen und Fabritius kam es im Sommer 1931 doch zu konkreten Ergebnissen. Dazu trug bei, daß die Selbsthilfe-Bewegung wegen ihrer gleichzeitigen Umwandlung in eine politische Organisation an der Beseitigung ihres eigenen programmatischen Defizits interessiert sein mußte.

Sicher kam in der Kritik an den alten Eliten der in der neuesten sächsischen Geschichte immer wieder hervortretende Generationenkonflikt zum Vorschein. Aber diesmal gewann er zusätzliche Bedeutung: Es ging, diese Überzeugung einte die Gesprächsteilnehmer, eben nicht mehr nur um einen innersächsischen Richtungsstreit wie schon des öfteren, sondern um Abwehr einer existentiellen Gefährdung. Die Beratungen über gemeinsame Programmbildung wurden von mancherlei taktischem Hin und Her begleitet. Dabei rang man vor allem um die Einberufung eines Sachsentages, auf dem über die Verabschiedung einer neuen Grundlage der sächsischen Politik überhaupt verhandelt werden sollte. Die Kritiker des Volksrates drängten auf einen baldigen Versammlungstermin, da die beunruhigte öffentliche Meinung ihren Forderungen nach einem Wandel günstig schien. Die Volksratsführung dagegen spielte offensichtlich aus den gleichen Überlegungen heraus auf Zeit. Man hatte ja als warnendes Beispiel oppositioneller Radikalisierung den gleichzeitigen innenpolitischen Erdrutsch in Deutschland vor Augen.

Dieser Hauptkonflikt verband sich mit einer Reihe weiterer Kontroversen. So lenkte im späten Jahr 1932 für einige Monate die Neubesetzung des Bischofsstuhls einige Aufmerksamkeit auf sich. Der achtzigjährige Sachsenbischof Friedrich Teutsch war zurückgetreten, und es war symptomatisch für die unklare, spannungsgeladene Gesamt-

Klingsor
SIEBENBÜRGISCHE ZEITSCHRIFT
GELEITET VON HEINRICH ZILLICH
I. JAHR APRIL 1924 HEFT 1
INHALT
Aufruf / Klingsor / Heinrich Zillich. Gedichte / Johann Plattner. Schatzgräber. Erzählung / Heinrich Zillich. Johann Plattner / Hans Wühr. Hierarchie des Weltalls / Alfred Pomarius. Immanuel Kant / O. W. Cisek. Wüstenei / M. W. Lenz. Amen / Konrad Nußbächer. Sören Kierkegaard / Walter Lörch. Die intellektuellen Produktivkräfte / Heinrich Horvát. Gerechtigkeit, meine Herren, Gerrechtigkeit / Neue Bücher und Schriften / Rundschau / Mitteilungen der Schriftleitung
KLINGSOR • VERLAG • KRONSTADT
LANI

Heinrich Zillichs »Klingsor« erscheint erstmals 1924 als *Siebenbürgische Zeitschrift*, als Stimme der intellektuellen Jeunesse dorée. Ohne sich zunächst politisch abhängig zu machen, auch ohne sich voll und ganz an die NSDAP-nahe »Erneuerer«-Bewegung zu binden, verstand man sich als Stimme eines anderen Siebenbürgen, das von einer neuartigen Motivation erfüllt sein und einen kulturellen Dialog mit der ethnisch fremden Umwelt führen sollte. Zu den prägenden Einflüssen auf »Klingsor« gehörten vielfältige Wechselbeziehungen zur »konservativen Revolution« der späten Weimarer Republik.

situation, daß man sich nicht auf einen Kandidaten einigen konnte. Auch der weitere Verlauf dieses für sächsische Verhältnisse ungewöhnlichen Wahlkampfes um den Bischofsstuhl war das getreue Abbild der labilen politischen Lage überhaupt. Weder der Kandidat der Kirchen- und Volksratsführung, der Hermannstädter Stadtpfarrer Friedrich Müller, noch Pfarrer Wilhelm Staedel, auf den »Erneuerer« und Jugendbewegung setzten, konnte sich durchsetzen. Die 34. Landeskirchenversammlung vom 14. November 1932 beendete dieses letztlich politische Ringen zugunsten des Dritten aus einer Vielzahl von Kandidaten, zugunsten des Kronstädter Stadtpfarrers und bisherigen Bischofsstellvertreters Victor Glondys. Dazu rang man sich durch, zumal Glondys konvertierter Katholik und kein Sachse war, aber nur nach langem Zögern und erst, nachdem alle Hoffnungen geschwunden waren, der Bischof von Mecklenburg, Heinrich Rendtorff, werde gewissermaßen als neutraler Kandidat die Gegensätze überbrücken. Da kurz danach Müller als Stellvertreter und Roth als Kurator gewählt wurden, hatte sich die alte Ordnung noch einmal durchgesetzt.

Weitere innersächsische Kontroversen galten dem sächsischen Verhalten gegenüber den kurzlebigen nationalzaranistischen Kabinetten Vaida und Maniu in der zweiten Hälfte des Jahres 1932.[95] Sollte man statt weiterer Wahlabsprachen mit Bukarest nicht doch energischer die mißachteten Interessen der Minderheit einfordern, womöglich eine Völkerbundsklage versuchen? Ferner kam Kritik an Multifunktionären wie Hans Otto Roth auf, verbunden mit wachsendem Argwohn, die da oben unternähmen zu wenig gegen Wirtschaftskrise und Arbeitslosigkeit. Gegenwirkungen löste selbstverständlich der seit Mitte 1932 unübersehbare Versuch der »Erneuerer« aus, den Marsch durch die Institutionen der Volksorganisation anzutreten. Zu diesem Zweck wurde als politischer Arm der Selbsthilfe am 22. Mai 1932 die Nationalsozialistische Selbsthilfe-Bewegung der Deutschen in Rumänien (NSDR) gegründet. Die neue Partei verstärkte ihre Bemühungen um die junge Generation, baute im Zusammenwirken vor allem mit dem »Wandervogel« die »Arbeitslager« aus und schuf im August 1932 die Selbsthilfe-Arbeitsmannschaft (SAM).

Erste Früchte dieser Werbe- und Organisationskampagne zeigten sich beispielsweise am 6. November 1932 in Mediasch. Als Protest gegen die Verzögerung des »Sachsentages« – und damit der Revision des Volksprogramms von 1919 – durch die Volksratsführung hielt die Selbsthilfe einen »Volkstag« ab, sozusagen einen »Sachsentag« von unten. Die für sächsische Verhältnisse sehr große Teilnehmerzahl von 3500 signalisierte das weitere Anwachsen der öffentlichen Resonanz des extremen völkischen Nationalismus. Vor diesem Forum bekannte sich die Selbsthilfe erstmals öffentlich zu Hitler: »Aus der Erkenntnis heraus, daß Rasse und Volkstum von Gott gegebene Güter sind, die darum für uns eine heilige Gabe und Aufgabe zugleich bedeuten, aus der Erkenntnis heraus, daß Ich- und Raffsucht durch volksfremde Gedanken verschleiert zum Bolschewismus führen, sieht die Volksversammlung es als ihre vornehmliche Pflicht an, sich zu dem Geiste und den Lehren Adolf Hitlers zu bekennen.«[96]

Dieses Kurzprogramm der Fabritius-Bewegung enthielt für die wichtigsten Fragen detaillierte Forderungen zur Umgestaltung, die das Vorbild der NSDAP erkennen lassen, so etwa die entschiedene Kritik an der bisherigen Gesamtordnung. Man wollte die Verkrustung und Manipulation von oben beseitigen, beispielsweise durch die Einführung des Verhältniswahlrechts. Verglichen mit der NSDAP waren die Aussagen über Wirtschaftsleben und Aufbau einer »ständischen« Ordnung, über Kirche und Schulwesen hinsichtlich konkreter Forderungen eher vorsichtig und unverbindlich. Eine weitgehende Übereinstimmung mit dem Nationalsozialismus ist eher bei den weltanschaulich grundsätzlichen Formulierungen festzustellen, so bei der Forderung nach rückhaltloser Verpflichtung aller auf eine durchgreifende Umstrukturierung der Minderheiten im Sinne des Führerprinzips. Im Zusammenwirken von »Führer« und »Volksgemeinschaft« sollte die gesamte innere Entwicklung nicht nur der Sachsen, sondern überhaupt der Rumäniendeutschen auf das Ziel »der inneren Erneuerung des deutschen Menschen« gerichtet sein. So weit die Angleichung der Selbsthilfe an den Nationalsozialismus zu diesem Zeitpunkt, also im Herbst 1932, auch gediehen war, eine regelrechte Gleichsetzung war wohl trotz der Solidarisierungserklärungen der NSDR-Spitze nicht gegeben. Hier sollte man – anders als in der einschlägigen Literatur teilweise üblich – nicht ohne weiteres von Programmen auf die Realität schließen. Symptomatisch sogar in Fabritius' Absichtserklärungen sind Rücksichtnahmen auf andere, auf Partner wie auf Gegner: So waren die wenigen konkreten Aussagen zur Wirtschaft, zu Kirche und Schule durchaus nicht nur mit einer ausgesprochen nationalsozialistischen Praxis zu vereinbaren, sondern auch mit den zeitgenössischen Spielarten deutschnational-konservativer Art, und – ein weiteres Beispiel – zwischen »Liebe zum eigenen Volkstum« und »Achtung des Fremden« wird ausdrücklich ein kausaler Zusammenhang hergestellt.

Sicherlich ist es kaum möglich, auf der derzeit zugänglichen, außerordentlich schmalen Quellengrundlage genau zu ermitteln, welcher Art im einzelnen die Absichten und Beweggründe der Selbsthilfe-Spitze im Vergleich zu denen der NSDAP waren. Es dürfte aber trotz Fabritius' öffentlicher Solidarisierungsadressen nicht ganz zutreffend sein, bereits für diesen Zeitpunkt von »nazistischer« beziehungsweise »nationalsozialistischer« Praxis zu sprechen, wie in einem Teil der Literatur üblich.[97] Noch wirkten sich siebenbürgisch-sächsische Tradition und nichtdeutsche Umwelt in gewissem, allerdings abnehmendem Umfange mäßigend aus. Nur so ist zu erklären, daß trotz aller Kontroversen um die Bischofswahl und den NSDR-Volkstag im November 1932 doch eine weitgehende Einigung über das neue Volksprogramm zustande kommen konnte. Das künftige Volksprogramm, wie es Hans Otto Roth in Gesprächen mit der Selbsthilfe und dem Klingsor-Kreis abklärte, entsprach weitgehend deren Vorschlägen. Wichtigere Vorbehalte äußerte die Volksratsführung eigentlich nur gegenüber bestimmten Wünschen der Opposition in punkto politisch-institutioneller Organisation der Minderheit. Wie diese inhaltliche Verständigung zwischen dem Volksrat und seinen Kritikern im Vorfeld des Sachsentages, so waren auch diese organisatorischen Einwände letztlich von nüchternem Kalkül bestimmt. Die amtierende Funktionselite um Roth war sich inzwischen der wachsenden öffentlichen Resonanz ihrer Kritiker bewußt. Sie konzentrierte sich darauf, einer regelrechten Entmachtung beim Sachsentag und den folgenden

Wahlen vorzubeugen. Dagegen unterließ die Selbsthilfe, die eben immer noch eine schweigende oder traditionell eingestellte Mehrheit gegen sich wußte, diesmal noch den unmittelbaren Zugriff auf die Schalthebel der Macht. Dieser Elitenkompromiß stellt einen zusätzlichen Beleg für die obige These dar: Die Selbsthilfe war trotz aller Ergebenheitsadressen von der NSDAP jedenfalls noch immer weit genug entfernt, um einen solchen Kompromiß mit der alten Sachsenführung aushandeln zu können. Insgesamt also war das neue Volksprogramm ein gemeinsamer Nenner, der zeitgenössische und spätere Dämonisierungen der Selbsthilfe in Frage zu stellen vermag. Allerdings – auch dies ist gegenüber der bisherigen Forschung festzuhalten – läßt sich an ihm zugleich ablesen, daß die alte Führung der Sachsen ihren Kritikern, auch dem völkischen Nationalismus der Selbsthilfe erheblich näher gestanden haben muß als dies in der Literatur dargestellt wird.

Zum fünften Sachsentag in Hermannstadt, der größten politischen Versammlung der Sachsen überhaupt, kamen am 1. Oktober 1933 unter Glockengeläut ungefähr 4 000 bis 6 000 Teilnehmer zusammen. Unter den 600 Stimmberechtigten stellten die Erneuerer wohl kaum die Hälfte. Ein gemeinsames Programm sollte endlich die traditionelle Disziplin und Geschlossenheit des Sachsenvolkes wieder herstellen.

Auf Einwendungen der Volksratsführung hin nahm das neue Programm in punkto politischer Ordnung und Organisation allen plebiszitären Vorstößen der Selbsthilfe die Spitze, ob es sich um die Ausdehnung des neuen Verhältniswahlrechts handelte oder um erweiterte Möglichkeiten von direkter Wahl und institutionalisierter Kontrolle der Mandatsträger. Es gelang auch nicht, die Zusammensetzung des Volksrates – entsprechend der des Sachsentages – künftig durch Urwahl bestimmen zu lassen. Zusammen mit der beschlossenen Senkung des Wahlalters auf 21 Jahre hätte dies angesichts der aktuellen Stimmung der Bevölkerung sicherlich der NSDR den Zugriff auf den Volksrat eröffnet. Auch die Umformung der Volksorganisation im Sinne des Führerprinzips gelang nicht. Die im Oppositionellen-Entwurf vorgesehene Entmachtung des – fast nur noch repräsentierenden und kontrollierenden – Volksratsvorsitzenden durch einen »Volksobmann« als »Führer« unterblieb. Ein verhängnisvolles Zugeständnis an die Erneuerer bedeutete die Auflockerung der bisherigen Volksdisziplin: Es durfte fortan unter dem Dach des Volksrates mehrere Parteien geben.

Zur Charakterisierung dieser modifizierten, nicht aber revolutionär veränderten Organisationsform für das »sächsische Volk Siebenbürgens ... [als] Teil der deutschen Volksgemeinschaft Rumäniens«[98] gibt es beim derzeitigen Stand langjähriger Fachdiskussion und wegen der schwierigen Quellenerschließung noch viele offene Fragen: Kann dieses Hermannstädter Volksprogramm von Oktober 1933 wirklich die Existenz eines – schon seit der Nachkriegszeit oder erst seit etwa 1930/31 zutage tretenden – sächsischen »Nationalsozialismus« belegen? Ist dieser den Sachsen mehr oder weniger von außen, von Deutschland aus, aufgedrängt worden? Handelt es sich überhaupt um »Nationalsozialismus«, um »Faschismus« nach deutschem Vorbild? Ist es zutreffender, von einer neuen Variante der überkommenen siebenbürgisch-sächsischen Minderheitspolitik zu sprechen, die lediglich, Zeugnis einer nationalistischen Epochensignatur, im

Sinne des völkischen Nationalismus radikalisiert war? War sie vor allem geprägt durch völkische Einflüsse aus Deutschland und/oder von seiten der deutschösterreichischen Schutzvereine, vom Weimarer deutschnational-konservativen Milieu und ferner durch rumänische Minderheitspolitik und Wahlerfolge radikal-nationalistischer Gruppierungen? Schließlich hatten die »Eiserne Garde« und die »Christliche Liga« in der Parlamentswahl vom 17. Juli 1932 jeweils 2,4 beziehungsweise 5,3 Prozent der Stimmen erreicht. Vieles spricht für letztere Auffassung: Die siebenbürgische Politik, so wie sie sich um 1931/33 darstellt, läßt sich nicht konsequent als Nationalsozialismus erklären, weder als autonom-sächsischer noch als außengesteuerte Nachahmung der NSDAP. Dieser Nationalsozialismus wäre statt dessen als völkisch-nationalistische Extremvariante jener deutschnationalen Minderheitspolitik zu erklären, die seit der Mitte des 19. Jahrhunderts die Sachsen auf ihrem Weg in das Zeitalter der Nationalstaaten, zugleich der nationalen Mehrheit-Minderheit-Gegensätze begleitete.

So gesehen wären Volksrat und Selbsthilfe keine ausgesprochenen Gegensätze gewesen, sondern eher als zwei nur unterschiedlich stark von der zeitgemäßen Radikalisierung erfaßte Varianten der historisch-langfristig gewachsenen sächsischen Politik zu begreifen. Die Volksratsführung wäre insofern dem völkischen Nationalismus und dem reichsdeutschen Nationalsozialismus nicht so fremd, die Selbsthilfe wiederum nicht ganz so nah gewesen. Das Auftreten der Erneuerer samt anderer oppositioneller Zirkel wäre also – ähnlich wie das der Grünen am Ausgang des vorigen Jahrhunderts – eine weitere Ausformung der klassischen innersächsischen Generationskonflikte gewesen, allerdings den Zeitumständen entsprechend radikaler und mit anderem Ausgang. Vielleicht wird die Auswertung rumänischer Archivalien, die vor kurzem erleichtert worden ist, hierzu bald weitere Aufschlüsse bringen.

Weitere Fragen zieht eine in der neuesten Forschung vertretene These nach sich, derzufolge die Forderungen der Selbsthilfe beim Sachsentag nach erweiterten Möglichkeiten der direkten Wahl und der plebiszitären Einflußnahme auf allen Ebenen dem Ziel der »Demokratisierung der Volksorganisation« gedient haben.[99] Damit ist die anfechtbare These eines grundsätzlichen Gegensatzes von Selbsthilfe und Establishement verbunden. Die Kombination dieser Forderungen nach plebiszitärer Mobilisierung der Wähler mit dem Vorschlag, das Sachsenvolk zur Gefolgschaft eines Führers umzuformen, stellt offensichtlich wie die entsprechende Agitation der NSDAP gegen die politisch-verfassungsmäßige Ordnung der Weimarer Republik nur einen Versuch dar, die demokratischen Mittel für einen konträren Zweck zu nutzen: Man wollte die existierenden Instanzen politischer Entscheidungsfindung umgehen, indem man unmittelbar an den Wähler appellierte. Nur so ist zu verstehen, daß auf der Forderung nach dieser Art von »Demokratisierung« der Wahlverfahren am hartnäckigsten die radikalen Befürworter des »Führerprinzips« um Wilhelm Gust bestanden, nicht etwa die gemäßigten.

Für die These, daß die alte Führung und die Erneuerer sehr viel geringere Gegensätze darstellten, als es den Zeitgenossen von damals heute in der Erinnerung an die dramatischen Ereignisse erscheint, spricht auch, daß der Großteil des neuen Volksprogramms, die ersten drei Hauptteile, weitgehend von der Opposition stammten und dennoch von der Volksratsführung akzeptiert wurden. Offensichtlich bestand der Gegensatz – neben Rivalitäten zwischen Personen und Interessen – eben nicht in »Demokratisierung contra Konservative«, sondern nur im Ausmaß der Nationalisierung und dementsprechend unterschiedlichen politischen Methoden.

Politische Modernität nur der Mittel, nicht aber zugleich der Ziele erweist sich insofern als inhaltliche Signatur des neuen Volksprogramms. Daß in der Tat nicht die liberale Demokratie, sondern eine umfassende weltanschaulich-politische Verhaltenskontrolle und zentrale Steuerung autoritären Zuschnitts das Ziel sein sollte, macht der Programmteil »Grundlagen« deutlich. Desgleichen ist eine prinzipielle Distanz zu individuellen Freiheitsansprüchen und pluralistischer Gesellschaftsstruktur spürbar. Statt dessen wird der einzelne ausschließlich als »Volksgenosse« definiert. Die »Volksgemeinschaft« erzieht ihn im Zusammenwirken mit der Kirche zu dem Bewußtsein, »daß das deutsche Volk eine gottgegebene Einheit« ist, daß er »Volksdisziplin zu wahren« hat. Sie bestimmt auch seine gesellschaftliche Existenz, indem sie ihn mit »Lebensraum«, »Arbeitsmöglichkeit« und »soziale[m] Ausgleich« gewissermaßen rundumversorgt. Die deutschen Minderheiten in Rumänien werden nivelliert zu einer deutschen »Volksgemeinschaft«, zusammen mit allen anderen Deutschen bilden sie »ein einziges großes Volk«. Zugleich wird ausdrücklich die Loyalität zum rumänischen Staat bekundet, allerdings in Verbindung mit Kritik an demjenigen Staat, der seinen Minderheiten nicht gerecht wird.

Um die emotionale Qualität und zeitgenössische Wirkung von Programmatik und Politik dieser Art auch nur annähernd deutlich machen zu können, lassen wir einige Passagen im originalen Wortlaut folgen: »Im Namen Gottes, des Allmächtigen! Wir, das sächsische Volk Siebenbürgens, von dem Willen beseelt, eine vollkommenere Gemeinschaft herbeizuführen und zu festigen und der überkommenen deutschen Sendung auch in Zukunft zu dienen, unsere Ehre und Stärke zu fördern ... Grundlagen. 1. Wir bekennen uns zur Einheit aller Deutschen der Welt, mit denen wir ein einziges großes Volk bilden. In unwandelbarer Verbundenheit mit unserer Heimat stehen wir auf dem Boden des Staates Rumänien, dem wir unsere Kraft und Treue zur Verfügung stellen ... 3. Die Gesamtheit aller Deutschen in Rumänien bildet eine völkische und politische Einheit mit Pflichten und Rechten nach innen und nach außen. 4. Die Volksgemeinschaft hat dafür Sorge zu tragen, daß jeder Volksgenosse zu einer völkischen und christlichen Lebensanschauung erzogen werde. Sie hat ihren Angehörigen Lebensraum und ausreichende Arbeitsmöglichkeit zu schaffen, den sozialen Ausgleich unter ihnen anzustreben und durch Erziehung, Aufklärung und Einwirkung jeder Art die Überzeugung zu wecken und lebendig zu erhalten, daß das deutsche Volk eine gottgegebene Einheit und jeder Volksgenosse unser Bruder gleichen Blutes ist, für den alle mit verantwortlich sind.«[100]

Diese aus der sächsischen politischen Tradition heraus sicherlich nicht verwunderliche Kombination von politischem Programm und Glaubensbekenntnis, vom Bewußtsein bedrohter Minderheitsexistenz und Zuversicht auf »ein einziges großes Volk«, schließlich von Solidaritätsappell an den einzelnen und Absolutsetzung der Gemeinschaft läßt bestimmende Gemütskräfte, Wertvorstellungen und Verhaltensmuster zumindest erahnen. Derartiges sorgte dafür, daß im weiteren Verlauf zwar die Erneuerer und der Nationalsozialismus immer einflußreicher wurden, aber doch das Althergebrachte, das Gewachsene, im Leben und Denken der Sachsen nicht ohne weiteres gleichschalten konnten. Trotz aller Willfährigkeit gegenüber der völkischen »Gemeinschafts«-Losung, wie sie in ihrer Geschichte längst vorbereitet war, wurden die Sachsen dennoch seit 1933 nicht einfach völlig in eine großdeutsch-nationalsozialistische Volksgemeinschaft überstaatlicher Art integriert. Nicht einmal die These, ihr kleinsächsisches Selbstverständnis sei in einem »rumäniendeutschen« vollständig aufgegangen, wäre zutreffend.

Langfristig vorbereitet war der bestimmende Zusammenhang zwischen einem Minderheitsbewußtsein, das selbstverständlich mehr auf den inneren Zusammenhalt und die Abgrenzung nach außen ausgerichtet war als auf Dynamik durch individuelle Entfaltung und deren paranoid-aggressive Übersteigerung. Dies kam in den weiteren beiden Hauptteilen des Volksprogramms zum Tragen. Sie faßten zum einen die überlieferten minderheitspolitischen »Forderungen an den Staat« zusammen, zum anderen enthielten sie »Richtlinien für die völkische Lebensgestaltung«.

Die konkreten minderheitspolitischen Forderungen im zweiten Teil gaben all jene Ansprüche wieder, die man vor allem aus den Karlsburger Beschlüssen und dem Minderheitsschutzvertrag abgeleitet und seit Ende 1918 beziehungsweise 1920 als Geschäftsgrundlage für den Anschluß an Rumänien betrachtet hatte. Dabei sind die minderheitspolitischen Forderungen im einzelnen nur ergänzt und etwas verschärft worden. Noch deutlicher wird der Anspruch auf Gleichberechtigung und freie Entfaltung als Gruppe. Dies stellte aber keinen Bruch mit dem vorherigen Selbstverständnis dar, sondern war lediglich eine zeitgemäße Übersetzung in die Sprache des völkischen, radikalisierten Nationalismus.

Die wichtigste inhaltliche Neuerung gegenüber den entsprechenden Passagen des Schäßburger Volksprogramms von 1919 dürften die erheblich erweiterten Forderungen wirtschaftspolitischer Art sein. Hier kommt nicht nur eine völkische Verschärfung der bisherigen, letztlich defensiven Minderheitspolitik im eigentlichen Sinne zum Ausdruck, sondern darüber hinaus auch eine gewisse Vorbereitung der späteren Einflußnahme auf den rumänischen Staat selbst. Aus der Kritik an der rumänischen Politik werden neue minderheitspolitische Forderungen abgeleitet, so diejenige nach einer regelrechten »Wiedergutmachung« für die als ungerecht empfundenen Belastungen durch Agrarreform und Besteuerung. Außerdem tritt diese neue Tendenz in jenen wirtschaftlichen Forderungen zutage, die eine Korrektur der rumänischen Politik überhaupt betreffen und auf staatliche Maßnahmen zur Förderung des »Bauernstandes«, ferner des »Gewerbe- und Handelsstandes« sowie zur Arbeitsbeschaffung durch öffentliche Aufträge gerichtet sind. Deutlicher noch macht sich das neue Vorbild des Dritten Reiches in Andeutungen bemerkbar, der rumänische Staat solle seine Handelspolitik, die ja bis zur Weltwirtschaftskrise in beträchtlichem Umfange auf die Siegermächte ausgerichtet gewesen war, durch »dauernde Anlehnung« an »produktions- und wirtschaftspolitisch«

vorteilhaftere Partner korrigieren. Ähnliche, auf die reichsdeutsche Beeinflussung Rumäniens seit dem Frühjahr 1939 bezogene Aspekte werden in der Absage an die internationale wucherische Kreditwirtschaft angedeutet. Allerdings ist es für den Unterschied zwischen Siebenbürgen und Drittem Reich charakteristisch, daß man die für die NSDAP typische Ergänzung durch antisemitische Aussagen unterläßt. In diesem Sinne ist hervorzuheben, daß der minderheitspolitische Forderungskatalog keine Überlegungen zur Verbindung von National- und Außenpolitik enthält. Die demonstrative Solidarisierung mit Deutschland wird noch nicht erweitert zu völkisch-rassistischen Aussagen über die Zukunftssicherung durch eine Erweiterung des »Lebensraums« – im Osten Europas.

Während dieser zweite Programmteil immerhin noch weitgehend auf die Volksratsführung zurückgehen dürfte, dominiert in den folgenden »Richtlinien«, deren Befolgung jedem »Volksgenossen« bei der »völkischen Lebensgestaltung« zur Pflicht gemacht wird, ohne Zweifel der Anteil von Selbsthilfe und Klingsor. Da aber die alte Führung – trotz gewisser Warnungen von Bischof Glondys, Rudolf Brandsch und der Bistritzer *Deutschen Zeitung* vor dem Nationalsozialismus – offensichtlich keine besonderen Schwierigkeiten mit der Befürwortung dieses Programmteils hatte, darf man folgern, daß die Bedeutungszunahme des reichsdeutschen Vorbildes weder 1933 noch 1938/40 als Zäsur zu werten ist. Es handelte sich statt dessen um einen allmählichen Übergang von der traditionellen sächsischen Minderheitspolitik über mancherlei deutschnational-völkische Zwischenstationen zum völkisch-nationalistischen Profil einer von Berlin gesteuerten »Volksgruppe«. Insgesamt war dies ein gleitender Übergang von einer bereits vor 1914 elitären, dann seit 1918 zunehmend verunsicherten Minderheitsexistenz zum herausfordernd wirkenden Staat im Staate spätestens seit 1940. Einen von außen erzwungenem Kontinuitätsbruch gab es nicht.

Ein Blick auf die »Richtlinien für die völkische Lebensgestaltung« läßt die selbst in der neuesten Fachliteratur verbreitete Auffassung, das Volksprogramm von 1933 habe zugleich auf den nationalsozialistischen Einfluß und auf nachholende Demokratisierung abgehoben, schwerlich annehmbar erscheinen. Zwar ging es dabei – gerade aus der Sicht einer desorientierten jungen Generation mit sicherlich begründeter Zukunftsangst – auch um das Aufbrechen von Verkrustung und überhaupt um Modernisierung. Dies aber blieb – wie seit 1933 in Deutschland – durchweg einer völkisch-autoritären »Erneuerung« untergeordnet. Es handelte sich in beiden Fällen zwar um Ereignisse und Änderungen von außerordentlicher Dramatik, aber in Siebenbürgen waren diese noch weniger als im Dritten Reich auf planvoll-systematische Modernisierung gerichtet. Die »völkische Lebensgestaltung«, die künftig jedermann zur Pflicht gemacht werden sollte, läßt daher nur nach außen hin, nur auf dem Papier, eine harmonie- und gemeinschaftsbetonte Verbindung von Altem und Neuem erkennen. Im sächsischen Alltag konnte sie keineswegs einen qualitativen Wandel herbeiführen. Hier standen die tatsächlichen Veränderungen in der Nachfolge der überkommenen verunsicherten Sozialordnung.

Grundsätzlich sollten das Individuum sowie alle Teilbereiche der Gesellschaft einem absoluten Vorrang der – im Grunde ungeklärt bleibenden – Interessen der »Volksgemeinschaft« unterworfen sein: »1. Von jedem Volkgenossen wird grundsätzlich außer dem Wortbekenntnis zur Volksgemeinschaft die materielle und lebendige Opferbereitschaft für das Volksganze gefordert ... 2. Die Erhaltung und Mehrung des Lebensraumes ist eine der Grundpflichten der Volksgemeinschaft. Die bäuerliche Grundlage unseres Volkes ... muß gewahrt ... werden ... 4. Jeder Volksgenosse hat nach Reinerhaltung und Vertiefung sächsischen Familienlebens zu streben und deutsche Wesensart zu pflegen ... Von jedem Führenden wird Vorbildlichkeit in seiner Lebenshaltung verlangt. Höchste Ehre und Berufung der Frau ist das Muttertum ... 13. Die sächsische Volksorganisation kann auf allen Lebensgebieten sich Aufgaben zu eigen machen und sie dadurch zu einer allgemeinen Volkssache erheben. 14. Die vorstehenden Richtlinien einzuhalten ist Pflicht jedes Volksgenossen und aller öffentlichen und privaten Einrichtungen und Unternehmungen unseres Volkes.«[101]

In insgesamt vierzehn »Richtlinien« wird die grundsätzliche völkische Dienstverpflichtung jedes einzelnen näher dargelegt. In erstaunlicher Distanz zur wirtschaftlich-beruflichen Wirklichkeit, auch zur drückenden Arbeitslosigkeit und zu den Gefahren für die bloße ethnische Existenz verharrend, bietet das Programm kaum praxisfähige Aussagen, statt dessen nur weitere Varianten der zentralen Forderung, alle Interessen- und Meinungsgegensätze einer absoluten Identifizierung des einzelnen mit der Volksgemeinschaft unterzuordnen. So wird zwar wiederholt eine Gehorsams- und Opferpflicht aller Unternehmer gegenüber der Volksführung gefordert, aber zu den Strukturproblemen der Bauern, der Gewerbetreibenden und Arbeitslosen weiß das Programm außer der Zusicherung von »Förderung« und »sozialer Verbundenheit« im Grunde gar nichts zu sagen. Den Arbeitern wird ausdrücklich mitgeteilt, »daß sie als vollberechtigte Glieder unserer Gemeinschaft gewertet werden«. Konkreter, aber in ihrer wirklichkeitsfremden Inhaltsleere symptomatisch sind die Aussagen zur Bankwirtschaft. Die Banken werden nicht etwa aufgefordert, sich zum Motor des wirtschaftlichen Wiederaufschwungs zu machen, sondern werden zur »Ausmerzung auch der letzten Spur der Auswüchse des Kapitalismus« ermahnt, ferner zu Gemeinnützigkeit, »mäßiger Gehaltsfestsetzung« und »Verwendung des Reingewinns zu völkischen Zwecken«. Darauf folgen erneut in unproportionaler Ausführlichkeit ideologische und politisch-organisatorische Aussagen, so in kaum praxisfähiger Form Bekenntnisse zur »berufsständischen« Erfassung aller »Volksgenossen«. Folgerichtig ist die Bildung von Parteien, die aber nicht geradezu verboten werden, »nach Möglichkeit zu vermeiden«.

Als grundsätzliche Orientierung wird den Unternehmern wie der Presse – sie ist »durch die Volksführung zu überwachen« – und den kirchlichen Trägern des Bildungswesens die »Wahrung der nationalen Würde« abverlangt. Es sagt viel über die politische Verunsicherung und geistige Verflachung der Kirchenführung, daß ihre einflußreichen Repräsentanten in der Volksratsspitze dieses Programm akzeptabel fanden. Schließlich wurde die offene Aufforderung an die Kirche, daß sie sich »restlos ... in den völkischen Aufgabenkreis einfüge« und »religiös-völkische Jugenderziehung« betreibe, auch noch mit der Ankündigung künftiger pädagogischer Konkurrenz von seiten der NSDR verbunden, nämlich durch den »Jugendbund« und den »Arbeitsdienst«, ganz zu schweigen davon, daß die Ausübung politischer Funktionen allen Sachsen künftig nur nach Ableistung ihres Arbeitsdienstes erlaubt sein sollte. Die Ausführungen zum Inhalt von Bildung und Ausbildung nennen, abgesehen von der Forderung nach »Schärfung des sozialen Gewissens«, fast nur »körperliche Ertüchtigung« und »volksbürgerliche Erziehung«. Unter Hinweis auf die »bäuerliche Grundlage ... unseres alten Siedlerstammes« wird die notwendige Sicherung von »deutscher Wesensart« und »Rassenhygiene«, die »Vertiefung sächsischen Familienlebens« und eine stärkere »Volksvermehrung« verlangt.[102]

Obwohl diese »Richtlinien« wie ihre sprachliche Form und das äußere Erscheinungsbild der Selbsthilfe um 1933 zunächst den Eindruck bloßer Nachahmung der NSDAP hervorrufen, ist an der These eines gewissen Abstandes festzuhalten, eines Abstandes, der sich aus der Zusammensetzung der alt-neuen Führungsschicht, ferner aus der Tradition sächsischer Politik und schließlich aus den besonderen Existenzbedingungen einer Minderheit herleiten läßt. Beispielsweise ist selbst in diesem Teil des Volksprogramms, der am stärksten von den Erneuerern geprägt erscheint, eine gewisse Zurückhaltung gegenüber zentralen Programmaussagen der NSDAP zu bemerken. So kommt es in punkto »Führerstaat« und Einheitspartei, bei Antisemitismus und Rassismus ebenso wie bezüglich politischer Wirtschaftslenkung und Einbindung der Kirche, vor allem in Hinsicht auf das Rechtswesen und die Minderheitsrechte nur zu Andeutungen. Sicherlich war es aber nicht nur das Gewicht der besonderen Existenzbedingungen und der gewachsenen sächsischen Politiktradition, das für Mäßigung bei manchen Programmpunkten sorgte. Gerade über die Fabritius-NSDAP-Schiene wurde zeitweilig mäßigender Einfluß wirksam, etwa am 18. Juni 1933[103] durch eine Pressemitteilung von Rudolf Heß, die allen NSDR-Hoffnungen auf Einmischung Berlins in das innersächsische Kräftemessen eine Absage erteilte. Und als die rumänische Regierung wegen des Auftretens der NSDR während des Sachsentages protestiert hatte,[104] glaubte Heß, disziplinierend eingreifen zu müssen. Er richtete ein harsches Schreiben an Fabritius, der sich zum Abschluß des Sachsentages von der Selbsthilfe das Horst-Wessel-Lied als Ständchen hatte darbieten lassen, was nicht allen Beobachtern gefallen hatte. Heß forderte in seinem Schreiben dazu auf, daß man sich jeden »Anscheins einer Abhängigkeit von reichsdeutschen Stellen« enthalte, da dies dem »Auslandsdeutschtum« politisch wie wirtschaftlich schaden könne. Im einzelnen verlangte er die Umbenennung der NSDR und den Verzicht auf öffentlich-programmatische Bekundungen eines »aggressiven Antisemitismus«.[105]

Der Hermannstädter Sachsentag und das neue Volksprogramm markierten nicht nur einen Höhepunkt, sondern auch einen Endpunkt siebenbürgisch-sächsischer Politik. Das nach langen Auseinandersetzungen endlich vereinbarte gemeinsame Programm der Volksorganisation stellte ein Höchstmaß dessen dar, was die alte Führung und ihre Herausforderer als gemeinsame Verhaltensgrundlage akzeptieren konnten. Zugleich ging die gemeinsame Abschlußerklärung wohl schon an die äußerste Grenze dessen, was als gleichzeitige Verbeugung vor zwei, gleichermaßen übermächtigen Herren möglich war: Sie suchte das Gelöbnis dauerhafter Loyalität zum rumänischen Staat

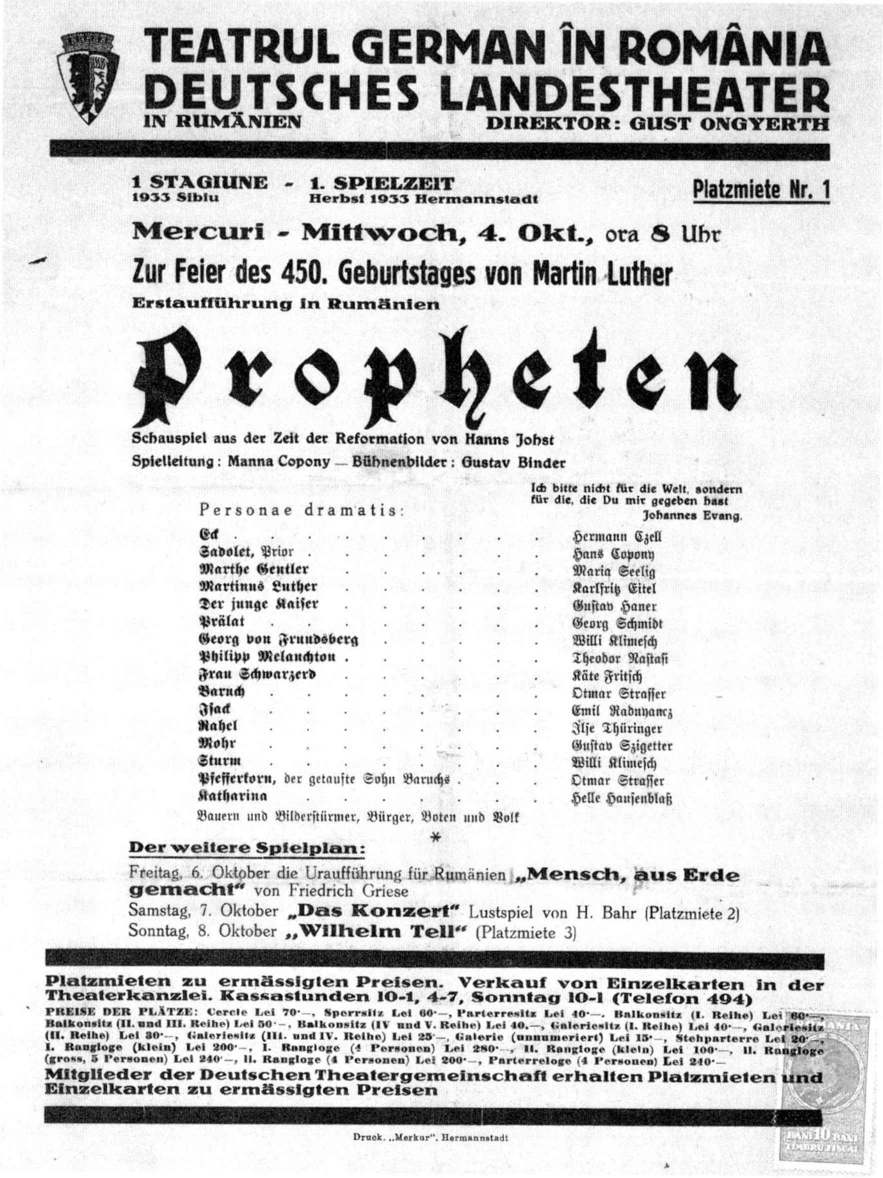

TEATRUL GERMAN ÎN ROMÂNIA
DEUTSCHES LANDESTHEATER
IN RUMÄNIEN DIREKTOR: GUST ONGYERTH

1 STAGIUNE - 1. SPIELZEIT
1933 Sibiu Herbst 1933 Hermannstadt
Platzmiete Nr. 1

Mercuri - Mittwoch, 4. Okt., ora 8 Uhr

Zur Feier des 450. Geburtstages von Martin Luther

Erstaufführung in Rumänien

Propheten

Schauspiel aus der Zeit der Reformation von Hanns Johst
Spielleitung: Manna Copony — Bühnenbilder: Gustav Binder

Ich bitte nicht für die Welt, sondern für die, die Du mir gegeben hast
Johannes Evang.

Personae dramatis:

Eck	Hermann Czell
Sadolet, Prior	Hans Copony
Marthe Gentler	Maria Seelig
Martinus Luther	Karlfritz Eitel
Der junge Kaiser	Gustav Haner
Prälat	Georg Schmidt
Georg von Frundsberg	Willi Klimesch
Philipp Melanchton	Theodor Nastasi
Frau Schwarzerd	Käte Fritsch
Baruch	Otmar Strasser
Isack	Emil Radnyancz
Rahel	Ilse Thüringer
Mohr	Gustav Szigetter
Sturm	Willi Klimesch
Pfefferkorn, der getaufte Sohn Baruchs	Otmar Strasser
Katharina	Helle Hausenblaß

Bauern und Bilderstürmer, Bürger, Boten und Volk

*

Der weitere Spielplan:

Freitag, 6. Oktober die Uraufführung für Rumänien „Mensch, aus Erde gemacht" von Friedrich Griese
Samstag, 7. Oktober „Das Konzert" Lustspiel von H. Bahr (Platzmiete 2)
Sonntag, 8. Oktober „Wilhelm Tell" (Platzmiete 3)

Platzmieten zu ermässigten Preisen. Verkauf von Einzelkarten in der Theaterkanzlei. Kassastunden 10-1, 4-7, Sonntag 10-1 (Telefon 494)

PREISE DER PLÄTZE: Cercle Lei 70·—, Sperrsitz Lei 60·—, Parterresitz Lei 40·—. Balkonsitz (I. Reihe) Lei 60·—, Balkonsitz (II. und III. Reihe) Lei 50·—, Balkonsitz (IV und V. Reihe) Lei 40.—, Galeriesitz (I. Reihe) Lei 40·—, Galeriesitz (II. Reihe) Lei 30·—, Galeriesitz (III. und IV. Reihe) Lei 25·—, Galerie (unnumeriert) Lei 15·—, Stehparterre Lei 20·—, I. Rangloge (klein) Lei 200·—, I. Rangloge (4 Personen) Lei 280·—, II. Rangloge (klein) Lei 100·—, II. Rangloge (gross, 5 Personen) Lei 240·—, II. Rangloge (4 Personen) Lei 200·—, Parterreloge (4 Personen) Lei 240·—

Mitglieder der Deutschen Theatergemeinschaft erhalten Platzmieten und Einzelkarten zu ermässigten Preisen

Druck. „Merkur", Hermannstadt

Deutsches Kulturleben konnte sich im Rumänien der Zwischenkriegszeit sicherlich freier entfalten als in Ungarn. Hermannstadt und Temeschwar wurden zu impulsgebenden Zentren. Im »Deutschen Landestheater in Rumänien« in Hermannstadt steht 1933 Schillers »Wilhelm Tell« auf dem Spielplan, aber auch neue Autoren wie Hanns Johst.

zu vereinbaren mit dem Bekenntnis zur Einheit aller Rumäniendeutschen und zu »deutscher Einigung und stahlharter völkischer Willensgemeinschaft«, wie sie das gerade »aus den Tiefen deutschen Wesens erneuerte Mutterland« als »leuchtendes Vorbild« zeige.[106]

Auch wenn alle Beteiligten an diesem 1. Oktober 1933 glauben durften, noch einmal einen gemeinsamen Nenner gefunden zu haben, erwies sich dies schon während der nächsten Wochen als Illusion. Die gemeinsame konzeptionelle Grundlage war dünn und hielt in der Praxis nicht stand. Sie bot zu wenig, was die sächsischen Nationalsozialisten der Selbsthilfe und die Konservativen hätte halten können. Zunächst überdeckte man das konzeptionelle und praktische Defizit im Umgang mit der eigentlichen Minderheitsproblematik durch Pseudoaktivität, aber das Übermaß an persönlichen Rivalitäten und verselbständigter Richtungskämpfe ließ eine Einigung aus eigener Kraft bald nicht mehr zu. Man erreichte in den letzten wichtigeren Programmbemühungen wie im eskalierenden Streit schon bald die Grenzen des eigenen politisch-konzeptionellen Potentials. So erscheinen im langfristigen, bis ins frühe 19. Jahrhundert reichenden Rückblick im Grunde die Jahre zwischen dem Ersten Weltkrieg und dem letzten Sachsentag 1933 zugleich als letzte eigenständige und konzeptionell wichtige Phase sächsischer Politiktradition. Was seit 1933 folgte, mag im Zusammenhang mit der Vorgeschichte des Zweiten Weltkrieges und der Expansion des Nationalsozialismus, sicherlich auch in der Erinnerung der Zeitgenossen, von herausragender Bedeutung sein, aber kaum aus dem Blickwinkel einer deutschen Geschichte im Osten Europas. Diese war letztlich an ihr logisches Ende gelangt, als um 1930/33 fast überall die gewachsene Nachbarschaft und alltägliche Symbiose fortschreitend durch Fremdbestimmung und eine unkontrollierbare nationalistische Radikalisierung verzerrt und zersetzt wurden.

Die siebenbürgisch-sächsische Minderheitspolitik seit dem Hermannstädter Sachsentag als Konzeption und Initiative erweckt geradezu den Anschein der Ereignislosigkeit. Dennoch ist sie von außerordentlicher Dramatik gewesen. Aber es handelt sich dabei nur um Tagespolitik, der große Rahmen ist längst abgesteckt. Seit etwa 1933 markieren gewissermaßen sinnlose Rivalitäten und Richtungskämpfe den Lauf der Dinge. So zieht Hermannstadt eine lange Kette dramatischer Pseudoereignisse nach sich, die allenfalls indirekt mit der Lösung des Existenzproblems dieser Minderheit zu tun haben. Auch wenn die Jahre von 1933 bis 1945 in der Erinnerung derer, die sie selbst erlebt haben, überhaupt aus der Perspektive der unmittelbaren Nachkriegsereignisse einen sehr viel höheren Stellenwert haben, so erscheinen sie im Gesamtzusammenhang der siebenbürgisch-sächsischen Geschichte doch als bloßer Nachhall größerer Tage. Sie waren nicht viel mehr als ein orientierungsloses Abgleiten in die innere Auflösung und in verzerrte Beziehungen zur Umwelt. Was nebenan, bei den Deutschen in Ungarn, von vielen praktiziert, in der Minderheit jedenfalls kontrovers zur Debatte gestellt wurde: Ob es für eine Minderheit wie der sächsischen in einer sich wandelnden Umgebung überhaupt eine Möglichkeit geben konnte, sich dem in Ungarn längst schon wirksamen Mobilisierungs- und Integrationssog des Modernisierungsprozesses zu entziehen, war in Siebenbürgen weiterhin kein zentrales Thema. Mußte dies für die Angehörigen einer kleinen und keineswegs geschlossenen Gruppe nicht früher oder später dazu führen, daß vor allem ihre junge Generation Gehorsam und politische Verhaltensdisziplin verweigern würde, daß sie sich wehren würde gegen die befohlene, kollektive Abkopplung von individuellen Chancen in der beruflich-wirtschaftlichen Lebenswelt, die der gesamtstaatliche Modernisierungsprozeß in sich barg?

Die Berufung der Erneuerer auf die bäuerliche Existenzform des Sachsenvolkes, die es als dauerhafte Existenzgrundlage zu sichern gelte, stellte sicherlich keine realistische Alternative zum sozialen Wandel dar. Daß dennoch, gerade in der jungen Generation, seit den frühen dreißiger Jahren die Mehrheit der Sachsen dieser Scheinlösung ihre Zustimmung gab, ist unbestreitbar. Angesichts eines wohlbegründeten siebenbürgisch-sächsischen Traditionsbewußtseins und eines intakten Überlebenswillens war es verständlich, daß man nicht dem Vorbild des »deutschungarischen« Stadtbürgertums, dem der Zipser Sachsen oder der Sathmarer Schwaben folgen wollte. Das Volksprogramm von 1933 aber und die damit verbundene mehrheitliche Hinwendung zur völkisch-nationalistischen Radikalisierung eines deutschnationalen Selbstverständnisses markieren das Ende eigenständiger sächsischer Politik. Zwar werden sächsische Politiker auch weiterhin immer wieder gegen reichsdeutsche Bevormundung aufbegehren, aber das Zutrauen in die Möglichkeit einer selbstbewußt ausgehandelten, selbständig konzipierten »sächsischen« Politik auf gleichem Fuß mit den Mächtigen in Wien und Budapest ist dahin.

Die minderheitspolitische Programmatik der Sachsen enthält zwar Forderungen an Bukarest, aber es handelt sich dabei zunehmend um bloßes Reagieren: Zentralregierung und Staatsnation haben einer kleinen Minderheit die Initiative aus der Hand genommen. Die ohnehin nur ansatzweise Koordination mit anderen rumäniendeutschen Bevölkerungsgruppen kann die blanke quantitative Schwäche der Sachsen innenpolitisch nicht ausgleichen. In dieser Situation kommt es zur völkisch-nationalsozialistischen, scheinbar alle Nöte und Begrenzungen überwindenden Erweiterung von nationalem Identitätsbewußtsein und politischem Potential. So folgt auf den möglicherweise unvermeidlichen, jedenfalls defensiven Rückzug auf ein deutschnationales Minderheitsbewußtsein schließlich nach 1933 das Ausweichen vor den Ungewißheiten einer Minderheitsexistenz in fremdnationaler Umgebung. Die völkisch-reichsdeutsche Umorientierung im Zeichen der Erneuerer löste dieses Problem nicht. Man versuchte eher, es durch die Berufung auf eine gesamtdeutsch-völkische Beistandspflicht des Reiches zu umgehen. Eine Scheinlösung nur, die in den Augen der anderen schließlich die Sachsen zum Fremdkörper, zum Vorposten eines großdeutschen Nationalstaats im Südosten machte.

Die in diesem Sinne geborgte, letztlich von Wohlwollen und Stärke des Mutterlandes abhängig gewordene Minderheitsexistenz deutsch-völkischen Zuschnitts schien den Spielraum für folgenlose, politisch irrelevante Richtungskämpfe, im Grunde für einen Politik-Ersatz, zu erweitern. Ausdruck dessen war jener minderheitspolitische Leerlauf der mittleren dreißiger Jahre. Nachdem zunächst noch Ende 1933 eine Erneuerer-Mehrheit in der sächsischen Politik registriert wird, führen Flügelkämpfe zu einer Spaltung der Fabritius-Bewegung im Jahre 1935. Trotz wiederholter reichsdeutscher Vermittlungsbemühungen kommt es erst Ende 1938 zu einem Abschluß der Rivalitäten im sächsischen Nationalsozialismus. Jetzt verändern Königsdiktatur in Rumänien samt außenpolitischer Annäherung an das Dritte Reich und schließlich Vorbereitung des Krieges alle Bedingungen sächsischer Minderheitsexistenz, die nun weitgehend von Berlin aus gelenkt werden wird. Die Ohnmacht des »Volksgruppenführers« Andreas Schmidt, die Schattenexistenz der Volksgruppe als eines rumäniendeutsch-sächsischen Staates im Staate, stellen den Endpunkt jenes konzeptionell-innenpolitischen Substanzverlustes dar, den die Minderheit im Zeitalter der Nationalstaaten, der nationalen Prägung von Mobilisierungs- und Integrationsprozessen hatte hinnehmen müssen.

Dieser Wandel sächsischer Politik ist unter heutigen Bedingungen – mit Verständnis, aber auch Bedauern für die verstärkte Abwanderung der Sachsen aus Siebenbürgen, jedoch ohne die unmittelbare persönliche Betroffenheit der damals Verantwortlichen – kritisch nachzuzeichnen. Ohnehin wandelt sich mit zunehmendem zeitlichen Abstand das Fragen nach individueller Schuld immer mehr zur Ermittlung objektiver Ursachen. Dazu gehören sicherlich an erster Stelle der Umgang sächsischer Politik mit dem Existenzproblem ihrer Minderheit, darüber hinaus bestimmte Weichenstellungen seit den Anfängen der Nationalbewegung im frühen 19. Jahrhundert, aber auch die, in der bisherigen deutschen Literatur meistens vernachlässigten politischen Verhältnisse in der ethnischen Umgebung der deutschen Bevölkerung. Im Falle Rumäniens während der Zwischenkriegszeit kommt hier vorrangig der krisenhafte Gesamtzustand, der sich fortwährend verschärfte, in Betracht. Rumänien, bis in die zweite Hälfte der dreißiger Jahre an Frankreich orientiert, war einer der größten Gewinner des Ersten Weltkrieges. Sein Territorium hatte sich nahezu verdoppelt, aber dadurch wurde es vor die fast unlösbare Aufgabe gestellt, den eigenen Modernisierungsbedarf mit den außerordentlich unterschiedlichen Entwicklungsvoraussetzungen der neuen Gebiete zu vereinbaren, zu denen das höher entwickelte Siebenbürgen ebenso gehörte wie das rückständige Bessarabien.

Mit dieser Aufgabe war das altrumänische politische System überfordert. Weitgehend lediglich eine personen- und interessenorientierte Cliquenherrschaft, absorbierte es die Innovationsimpulse der ersten Nachkriegsjahre, es reagierte auf die wachsende Krisenstimmung der späteren Jahre mit autoritärer Verhärtung, mit Problemverdrängung und nationalistischer Manipulation der öffentlichen Meinung. Hinzu kamen destabilisierend die Auswirkungen der Weltwirtschaftskrise. Zu ihnen gehörte eine fortwährende Verschlechterung der Beziehungen Rumäniens zum westeuropäisch-französischen Agrarmarkt. So wurde Rumänien in den dreißiger Jahren zum Objekt der Versuche des Dritten Reiches, Frankreichs Einfluß im Südosten zu beseitigen und den eigenen Zugriff auf die kriegswirtschaftlich wichtige Rohstoffbasis Rumäniens vorzubereiten. Dies hatte einerseits zur Folge, daß das Dritte Reich, um Rumänien nicht zu verprellen, zunächst für die deutsche Minderheit wenig mehr tun konnte als hinter den Kulissen zu vermitteln und diskret zu subventionieren. Erst als das außenpolitische Verhältnis zu Rumänien sich sehr gebessert hatte, vor allem seit der persönlichen Kontaktaufnahme zwischen Hitler und König Karl im Sommer 1938, war es paradoxerweise so weit, daß Berlin massiv in die Minderheitspolitik eingreifen konnte und auf eventuelle rumänische Proteste nur noch wenig Rücksicht zu nehmen brauchte. Außerdem beschleunigte sich die innenpolitische Angleichung an das Dritte Reich, denn an die Stelle westlich-liberaler Illusionen trat im Laufe der dreißiger Jahre ein autoritär-nationalistischer Trend.

Der wachsende Nationalismus war stets ein wichtiger Faktor gesamtrumänischer Reaktion auf die sächsische Minderheitspolitik. Seine tatsächlichen Auswirkungen zu unterschiedlichen Zeitpunkten der dreißiger Jahre sind aber schwer zu ermitteln. Einerseits war der – schon vor der eigentlichen Königsdiktatur 1938 innenpolitisch aktive – König ein aufmerksamer Beobachter nationalsozialistisch-faschistischer Nationalismusvarianten bei den Siebenbürger Sachsen wie bei den Rumänen selbst, daher sein Kampf gegen die »Eiserne Garde« von Codreanu. Auch der seit dem Sachsentag 1933 enorm gesteigerte Argwohn der rumänischen Regierung gegenüber der Erneuerer-Bewegung, die am 4. Juli 1934 verboten wurde, und seit 1935 gegenüber der Deutschen Volkspartei ist so zu erklären. Andererseits war der Nationalismus, insofern er sich nicht als populistisch-faschistische Systemkritik gebärdete, durchaus ein wichtiges Instrument im Waffenarsenal des Königs selbst wie auch der wichtigeren Parteien. Obwohl dieser rumänische Nationalismus, in den dreißiger Jahren nicht mehr wegzudenken aus politischem Leben und taktischem Kalkül, alles andere als minderheitsfreundlich gewesen ist, ließ er den etwa vier Prozent sichere Stimmen offerierenden sächsischen Politikern genug Chancen für Wahlabsprachen mit der jeweiligen Regierungspartei.

Die Mehrheitsverhältnisse und die politische Machtverteilung bei den Sachsen fanden unmittelbar nach dem Hermannstädter Sachsentag eine gewisse Klärung. Zunächst erbrachten die sächsischen Gremienwahlen am 4. und 5. November 1933 eine Mehrheit von 55 Prozent für die NSDR. Damit hatte sich bestätigt, daß die Erneuerer seit 1932 zur dominierenden Kraft in der sächsischen Politik geworden waren. Unübersehbar war aber auch der Selbstbehauptungswille der Konservativen, die dank der Unterstützung durch Kirchenführung und die bäuerliche Bevölkerung, dank ihrer gesellschaftlichen Beziehungen in Siebenbürgen selbst und ihres Gewichts in der parlamentarischen Vertretung nicht auszuschalten waren. Zunächst aber nutzte die NSDR ihren Wahlerfolg dazu, die Delegierten für den Verband der Deutschen in Rumänien zu bestimmen und die Führung des Volksrates mit »Erneuerern« zu besetzen. Neuer Obmann des Volksrates wurde der bisherige sächsische NSDR-Gauleiter Otto-Fritz Jickeli, Stellvertreter der ebenfalls gemäßigte NSDR-Kreisleiter Schäßburgs, Alfred Pomarius, und der Konservative Samuel Karres aus Mediasch.

Wie begrenzt die Machtfülle der sächsischen Nationalsozialisten nach wie vor war und wie wichtig zugleich die unterlegenen Konservativen blieben, wie sehr präsent auch die rumänische Innenpolitik, dies sollte die Vorbereitung der Parlamentswahlen zeigen. Gegen den erklärten Willen der Erneuerer mußte sich der Verband der Deutschen in Rumänien auf Druck der Regierung zu einer Wahlvereinbarung mit der Regierungspartei bereiterklären. Deren Inhalt ließ zusammen mit der begleitenden

Erklärung der Regierung die tatsächlichen Kräfteverhältnisse erkennen. Der Kommentar der Regierung war ein einziges Warnsignal an die Adresse der Erneuerer: »Wie bekannt, hat ein Teil der deutschen Bevölkerung des Landes in letzter Zeit einer politischen Organisation mit hitlerischem Charakter angehangen. Da diese Organisation mit der Idee des Staates unvereinbar ist, hat sie auf Betreiben der Regierung die formelle Erklärung ihrer Auflösung, ihres Verzichts auf die bisher ausgeübte Politik und auf jede Verbindung mit den ausländischen hitleristischen Organisationen abgegeben.«[107]

Zu den Bedingungen, die die Regierung für eine Garantie der deutschen Mandate stellte, gehörten unter anderem die Änderung des Namens der NSDR in Deutsche Selbsthilfebewegung in Rumänien, die Ablehnung von NSDR-Mitgliedern als Kandidaten für die Parlamentswahl, ein Verbot von uniformähnlichen Kleidungen und schließlich die Eingliederung aller politischen Organisationen in den Sächsischen Volksrat bis zum 1. Juli 1934. Auf dieser Grundlage wurden die Sachsen auch weiterhin im rumänischen Parlament durch Konservative vertreten: In die Kammer für Hermannstadt, Kronstadt, Schäßburg, Bistritz und für das Komitat Klein-Kokel entsandten sie die Abgeordneten Otto Herzog, Fritz Connert, Hans Otto Roth, Arthur Konnerth und Hermann Plattner sowie in den Senat Wilhelm Binder. Zum Establishment der Sachsen gehörten weitere Politiker, die zwar bei den Gremienwahlen von 1933 ausgeschieden waren, aber wegen ihrer Beziehungen, ihrer Kontakte zur europäischen minderheitspolitischen Szene und zum Deutschen Reich einen gewissen Einfluß behielten. Unter diesen war auch Rudolf Brandsch, der zwar zwischen 1931 und 1933 aus seinen Führungsämtern im Verband der Deutschen in Rumänien und in der Parlamentsfraktion ausschied, aber aufgrund seiner guten Beziehungen unter anderem zu den Ministerpräsidenten Maniu und Vaida-Voevod zunächst von April 1931 bis Oktober 1932 Unterstaatssekretär der rumänischen Regierung für Minderheitsfragen war. Schließlich übernahm er zum Teil undurchsichtige Aufgaben sowohl für die Regierung als auch für die sächsische Politik, hier von 1936 an für die radikale Deutsche Volkspartei.

Das folgende Jahr 1934 ist in minderheitspolitischer Hinsicht von permanenten Auseinandersetzungen erfüllt, die sich unter vielfacher Überschneidung vor allem auf drei Ebenen bewegen. Eine erste Ebene war die Erneuerer-Bewegung selbst: Hier dauerte ungeachtet der anerkannten Führung durch Fabritius die Rivalität an zwischen den Radikalen um den Kronstädter Waldemar Gust und den Gemäßigten um den neugewählten Volksratsobmann Jickeli. Die Radikalen wollten nicht darauf verzichten, die sächsische Minderheit nach dem Vorbild des Dritten Reiches zu revolutionieren und umfassend »gleichzuschalten«. Dagegen glaubten die Gemäßigten, auf die besonderen minderheitspolitischen Gegebenheiten in Rumänien und auf die Zusammenarbeit mit der bisherigen Führung Rücksicht nehmen zu müssen. Auf einer zweiten Ebene setzte sich diese Auseinandersetzung zwischen Erneuerern und Konservativen ungebremst fort, zumal der schwankende Fabritius immer wieder den Radikalen zuneigte. Dies spitzte sich im Laufe des Jahres so sehr zu, daß die mit den Auslandsdeutschen befaßte Behörde im Dritten Reich, der »Volksdeutsche Rat«, schließlich zusammen mit dem

150

Vereine.

Alkoholenthaltsamkeitsverein
Altarverein, Röm.-kath.
Angelsportverein, Hermannstädter
Arbeitgeberverband für Hermannstadt u. Umgebung
„Astra", Verein für rum. Literatur und Kultur
Automobilklub Rg. M. C. T., Ortsgr. Hermannstadt
Bachchor, Hermannstädter
Beerdigungsverein der Gewerbekorporation der Fleischhauer zu Hermannstadt
— der Gewerbekorporation der Fassbinder zu Hermannstadt
— für die Mitglieder der Hermannstädter Seilergenossenschaft
— der Tschismenmachergenossenschaft zu Hermannstadt
Berufssyndikat der Barbier- und Frisiermeister, Hermannstadt
— der Bauarbeiter (Maurer) Rumäniens
— der Hotel-, Gastwirtschaft- und Kaffeehausangestellten Hermannstadts
— der Industrieangestellten Hermannstadts
Bürger- und Gewerbeverein, Hermannstädter
Bürgerklub, Ungarischer
Bürgerverein, Röm.-kath.
Bund der siebenb. Industriellen
Chewra Kadischa, Israel. Kranken-Unterstützungsverein
Eislaufverein, Hermannstädter
Ev. Verein der Gustav Adolf-Stiftung in Rumänien
Frauenheimverein, Evang., in Hermannstadt
Frauenverein zur Unterstützung der ev. Mädchenschule A. B. in Hermannstadt
— Evang.-ref.
— Israelitischer
Frauenschutzverein, Röm.-kath.
— Ungarisch-Protestantischer
Gehilfenverein, Röm.-kath.
— Rumänischer
Generalverband der Handwerker und Gewerbetreibenden sämtlicher Branchen Grossrumäniens, Filiale Hermannstadt
Gesangverein „Eiche"
— „Eintracht"
— „Gutenberg"
— „Typographia"
Gesang- und Dilettantenverein, Ungarischer
Gesellschaft der Freunde des Brukenthal'schen Museums
Gewerbebund, Deutscher, in Rumänien
Gewerbekorporation der Hermannstädter Fassbindermeister
— der Hermannstädter Tschismenmacher
Guttempler-Orden, Internationaler
Hammersdorfer Jagdverein mit dem Sitz in Hermannstadt
Handelsgremium, Hermannstädter
Hermannstädter Ortsverein des Allg. Ev. Frauenvereins A. B. in Siebenbürgen
Hermannstädter Kleintierzuchtverein
Hygienischer Verein des Hermannstädter Komitates
Internatsverein in Hermannstadt
Jagdverein, Hermannstädter
Juweliersyndikat, Gruppe Hermannstadt
Kaufmannsrat, Ortsgruppe Hermannstadt
Kasino, Militär- und Zivil-
Kellnerverein, Hermannstädter
Kinderschutzverein in Hermannstadt
Kolping-Verein, Röm.-kath. Jungmännerverein
Kultur- und Literaturverein, Rumänischer
Landespartei, Jüdische, Gruppe Kom. Hermannstadt
Mädchenklub, Deutscher, Röm.-kath.
Männerchor „Hermania"
Männergesangverein, Hermannstädter
Mieterschutzliga, Hermannstädter
Moderne Bücherei
Musikverein, Hermannstädter
Nationales Syndikat der Gewerbetreibenden und Handwerker in Hermannstadt
Nationalverband, Siebenb.-jüdischer, Gruppe Hermannstadt
Oberverwaltung des sieb.-sächs. Landw.-Vereins
Pensionsanstalt für Witwen und Waisen des Hermannstädter Handelsstandes
Pro Palästina, Jüdischer Verein für Palästinaaufbau, Gruppe Hermannstadt
Radfahrverein „Die Falken" in Hermannstadt
Reiterverein, Hermannstädter
Säuglingsheim, Evang., Hermannstädter
Schachverein, Hermannstädter
Schlaraffia Villa Hermanni
Schützenverein, Bürgerlicher, Hermannstädter
Schulfondverein, Evang. A. B.
Sebastian Hann-Verein für heimische Kunstbestrebungen in Hermannstadt
Selbstbildungsverein junger ungarischer Gehilfen
Siebenbürgischer Ärzteverein
— Karpathenverein
— Landwirtschaftsverein, Bezirk Hermannstadt
— Verein für Naturwissenschaften
Sozialdemokratische Partei
Sportverein N. S. E., Hermannstädter
Syndikat der Elektrizitätswerke in den angeschl. Gebieten mit dem Sitz in Hermannstadt
Theaterverein, Deutscher
Tierschutzverein, Hermannstädter
Turnverein, Hermannstädter
Verband der Bekleidungskünstler in Rumänien, Sektion Hermannstadt, vereinigt mit dem Verband der Barbier- und Friseurarbeiter Hermannstadts
— der Eisen-, Metall- und chemischen Arbeiter in Rumänien
— der Freiw. Feuerwehr der Stadt Hermannstadt
— der graphischen Arbeiter Rumäniens, XII. Bezirk Hermannstadt
— der Holzarbeiter Rumäniens
— der Lebensmittelarbeiter Siebenbürgens und des Banates
— der Lederarbeiter Siebenbürgens u. des Banates
— der Siebenbürgischen Industriellen
— der Rumänischen Kaufleute und Gewerbetreibenden aus Siebenbürgen, Banat, Crişana und Maramarosch
— der Werkführer und Industrieangestellten Rumäniens
Verein der Hoteliere, Gastwirte und Schankwirte in Hermannstadt und Umgebung
— der Hausbesitzer in Hermannstadt
— der Strassenbahnangestellten
— deutsch-sächsischer Juristen
— für Christbescherung armer noch nicht schulpflichtiger Kinder
— für siebenbürgische Landeskunde
— für soziale Hebung und Unterstützung der ausübenden Musiker in Hermannstadt
— jüngerer deutscher Gewerbetreibender in Hermannstadt

Eine »Farbenlehre« siebenbürgischer politischer Kultur verbirgt sich im Hermannstädter Adreßbuch des Jahres 1933. Es führt den Gesangverein »Eiche« ebenso auf wie »Astra«, Verein für rumänische Literatur und Kultur, den Ungarischen Bürgerklub und die Ortsgruppe von Pro Palästina, Jüdischer Verein für Palästinaaufbau.

Die »besseren Leute« der siebenbürgischen Metropole Hermannstadt versammelten sich, wie zu Beinn des Jahrhunderts üblich, in der »Tennisgesellschaft«.

Auswärtigen Amt vom 29. bis 31. Oktober 1934 in Zürich, bewußt außerhalb Rumäniens, eine regelrechte Vermittlungskonferenz veranstaltete.

Der Teilnehmerkreis repräsentierte die wichtigsten sächsischen Strömungen und Konzepte: Neben den Erneuerern verschiedener Ausrichtung wie Fabritius, Jickeli und Gust waren Hans Otto Roth und Rudolf Brandsch als Repräsentanten traditioneller Gruppierungen eingeladen sowie einige Vertreter der anderen rumäniendeutschen Minderheiten. Aber das Vorhaben, die Radikalen zu mäßigen, mißlang vollständig. Allen Kompromißvorschlägen zum Trotz traten die Anhänger Gusts sogar noch schärfer auf. Dazu hatten auch Vorgänge auf einer dritten Ebene der Auseinandersetzung beigetragen: Am 4. Juli bereits hatte die rumänische Regierung ihre wiederholte Ankündigung wahrgemacht, die Erneuerer-Bewegung als politische Partei zu verbieten. Dies, obwohl die Erneuerer eine der wichtigsten Auflagen der Wahlabsprache von Ende 1933, nämlich ihre Namensänderung Anfang 1934 in »Nationale Erneuerungsbewegung der Deutschen in Rumänien« (NEDR) teilweise erfüllt hatten. Begleitet von zahlreichen Protestversammlungen kam es zu einer neuen Auflage der Auseinandersetzung um diese Wahlabsprache, wobei nun die Konservativen, angeführt von Roth und Bischof Glondys, die Initiative ergriffen. Es gelang ihnen, die ungeschickt vorprellenden Radikalen so sehr in Verlegenheit zu bringen, daß wiederum innerhalb der Erneuerungsbewegung die Gemäßigten davon profitierten. Damit war der Grund gelegt für eine weitere Komplizierung der innersächsischen Auseinandersetzungen: für die zeitweilige Zusammenarbeit der Konservativen mit den gemäßigten Erneuerern gegen deren radikalen Flügel, gelegentlich auch gegen Fabritius.

Das Auf und Ab von Spannung und Entspannung erfuhr im Herbst 1934 zunächst wieder einmal eine gewisse Beruhigung, als der Volksratsvorsitzende Jickeli eine neue Vermittlungsinitiative startete. An alle politischen Kräfte in Siebenbürgen gewandt, machte er den Vorschlag, »für die Dauer der Verhandlungen persönliche Angriffe vor der Öffentlichkeit zu unterlassen und sachliche Auseinandersetzungen auf das notwendige Maß zu beschränken« und so die »Überbrückung innervölkischer Gegensätze anzubahnen«.[108] Aber es gab wieder einmal Quertreiber in seiner eigenen Partei, die trotz des Verbots in Gestalt von Einzelorganisationen weiterbestand. Das nächste Jahr brachte dann – abgesehen von einer leichten Beruhigung im Frühsommer – einen weiteren Höhepunkt in diesen Auseinandersetzungen. Während die gemäßigten Erneuerer im Volksrat eine Ehrenerklärung für den von den Radikalen angegriffenen Bischof Glondys abgaben, gründeten die Anhänger von Gust zusammen mit den »Jungschwaben« und Parteigängern von Rudolf Brandsch am 10. Februar 1935 in Temeschwar eine »Deutsche Volkspartei in Rumänien« (DVR). Weitgehend unter Führung ehemaliger NEDR-Funktionäre und in der programmatischen Nachfolge dieser Partei, blies die DVR sogleich zum Kampf gegen die bisherigen Gegner Gusts. Nach wiederholten taktischen Vorstößen beider Seiten neigte sich im Juni zunächst die Waage zugunsten der Radikalen: Jickeli mußte am 7. Juni den taktischen Rückzug aus dem Amt des Volksratspräsidenten antreten, wo er durch Helmut Wolff ersetzt wurde. Außerdem hatten die Radikalen insofern Erfolg, als sie bei den Vorstandswahlen des Verbands der Deutschen in

Rumänien am 29. Juni den gemäßigten Banater Politiker Kaspar Muth, der mit der neuen konservativen »Einheitsbewegung« des sächsischen Bischofs zusammenarbeitete, durch Fabritius zu ersetzen verstanden. Fabritius, der sich kurz zuvor wieder einmal auf die Seite der Radikalen geschlagen hatte, setzte nun eine programmatische und organisatorische Umwandlung des Verbands in eine »Volksgemeinschaft der Deutschen Rumäniens« in Gang, die im Sinne des Führerprinzips erfolgen sollte. Wie die Gründung der Deutschen Volkspartei im Februar, war auch dies eine Initiative, die nicht sächsisch begrenzt, sondern rumäniendeutsch angelegt war.

Freilich war damit die Dauerauseinandersetzung nicht beendet. Unmittelbar nach seiner Wahl zum Vorsitzenden des Verbands mußte Fabritius erleben, daß seine engsten Vertrauten eine Art Palastrevolution gegen ihn starteten. Sie waren der Ansicht, daß man Fabritius' Autorität zwar in der Auseinandersetzung mit den Konservativen nutzen könne, daß er aber für eine nationalsozialistische Radikalisierung nicht der geeignete Partner sei. Deshalb versuchte Gust zusammen mit dem bisher engsten Mitarbeiter von Fabritius, mit Alfred Bonfert, den neugewählten Verbandsvorsitzenden sogleich wieder zu entmachten. Fabritius wiederum ergriff die hilfreich ausgestreckte Hand der soeben noch verschmähten Gemäßigten. In Zusammenarbeit mit Jickeli sowie dessen Juniorpartner und Nachfolger im Volksratsvorsitz, Helmut Wolff, und mit Hans Otto Roth gelang es Fabritius, noch einmal das Ruder herumzuwerfen: Am 14. Juli, also am Tag der Ausdehnung der Deutschen Volkspartei auf Siebenbürgen, wurde das Tischtuch zwischen ihm und den Radikalen zerschnitten. Als auf der Hauptversammlung des Verbands die wichtigsten DVR-Repräsentanten im Führungsgremien abgewählt wurden und ihre Anhänger die Versammlung verließen, begann jene bis 1938 andauernde Phase, während der die Radikalen jede Mitarbeit auf der Leitungsebene der Volksorganisation verweigerten. Zu diesem Zeitpunkt war klar, daß es den Radikalen nicht gelingen würde, die Bevölkerung in ihrem Sinne gegen die Gemäßigten und gegen die Konservativen mobil zu machen. Dies galt nicht nur für die Stimmung in Siebenbürgen, wo Gust höchstens in seiner engeren Heimat, in der Kronstädter Gegend, auf eine Mehrheit hoffen konnte; es galt auf jeden Fall für das Banat, nach einigem Schwanken auch für Bessarabien. Die einzige rumäniendeutsche Minderheitsgruppe, die die Radikalen auf ihrer Seite wußten, war diejenige der Bukowina.

Eine längst überfällige konzeptionelle Abrundung und zugleich das politische Siegel auf die personellen Umgruppierungen und minderheitsinternen Neuerungen dieses Sommers war die Verabschiedung eines ersten gesamt-rumäniendeutschen Volksprogramms[109] auf einer weiteren Hauptversammlung des Verbandes am 22. Oktober 1935. Inhaltlich handelte es sich weitgehend um eine Neuauflage des sächsischen Volksprogramms von 1933. Obwohl man sich ausdrücklich als Teil des deutschen Volkes bezeichnete und sich die »Weltanschauung der deutschen Erneuerung« zu eigen machte, gelobte man doch auch Loyalität zur »Schicksalsgemeinschaft mit dem rumänischen Volk« und dem rumänischen Staat. Ansonsten fielen die Aussagen über das Verhältnis zu Rumänien eher gemäßigter aus als im Programm von 1933: So unterblieb eine Absage an die Politik des »Zweiten Weges«, also die viel umstrittene Taktik, jeweils vor Parlamentswahlen eine Wahlabsprache fast ausnahmslos mit der Regierungspartei, egal welcher Richtung, anzustreben. Neu hingegen waren diejenigen Programmaussagen, die auf eine entschiedene Zusammenfassung der rumäniendeutschen Gruppierungen und die zentralisierende Neuorganisation des Verbandes zielten. Während die bisherigen Volksräte der einzelnen deutschen Siedlungsgebiete als »Gauräte« benannt wurden, erhielt die alte Hauptversammlung des Verbandes die Bezeichnung »Volksrat«. Dem »Landesobmann« als Vorsitzendem dieses neuen Volksrates der Rumäniendeutschen insgesamt wurden wichtige Befugnisse in punkto Ernennung von Leitern der »Landesämter« zugesprochen, gewissermaßen der Ministerien der rumäniendeutschen Gesamtorganisation, ferner bei der Ernennung des Sprechers der deutschen Parlamentspartei sowie bei der Einberufung des »Volkstages« und der Anordnung des »Volksentscheids«.

Der neue Volksrat sollte aus Delegierten der künftigen Gauräte gebildet werden. Als Ausführungsorgan und Beratungsgremium für den Landesobmann selbst sollte er über einen Vollzugsausschuß verfügen, der wiederum aus Delegierten des Volksrates bestand. Eine wesentliche Neuerung, auch ein Mittel gegen den Filz in den bisherigen Volksräten in Siebenbürgen, zudem auf Kreisebene, stellte die Bestimmung dar, daß dieser Vollzugsausschuß künftig auch für die Auswahl der Parlamentskandidaten zuständig sei. Während es unterhalb der Leitungsebene keine durchgreifenden Änderungen gab, stellte man unter dem Eindruck der Auflösung des rumänischen Parteiensystems die Gründung einer »Nationalen Einheitsfront« der Rumäniendeutschen in Aussicht.

Die eigentliche Bedeutung dieses Programms liegt darin, daß hier auf gesamtrumäniendeutscher Ebene – allerdings mit der Ausnahme der Deutschen Volkspartei in Rumänien – die Zusammenarbeit von konservativen und gemäßigten Erneuerern auf eine programmatisch verbindliche Grundlage gestellt wurde. Zwar zeigte das Programm nach außen hin die Konturen der Erneuerer-Bewegung, aber für die kühl kalkulierenden konservativen Strategen vom Schlage eines Hans Otto Roth, für die es da ohnehin keinen unüberbrückbaren weltanschaulichen Graben gab, war wichtiger, daß ihre eigentliche Machtbasis unangefochten blieb – zum einen die Verankerung in den lokalen Gremien Siebenbürgens, zum anderen die gerade in wirtschaftlicher und legislativer Hinsicht immer wichtigere Funktion im rumänischen Zentralparlament.

Eine Ergänzung dieser Entscheidungen bedeutete es, als am 13. Dezember 1936 in Bukarest bei der nächsten Hauptversammlung der »Volksgemeinschaft« Fabritius als »Landesobmann« bestätigt wurde. Er bekräftigte die programmatischen Schwerpunkte, indem er die »vollständige seelische Umstellung unseres Volkes, Erwecken des Vertrauens zueinander und zur Führung, weil wir ohne diese Umstellung sonst nirgend Erfolge erzielen können,«[110] proklamierte. Er hob besonders die Bedeutung der Jugenderziehung und die einem neuen Kulturrat obliegende Verstärkung der gesamten Kulturarbeit in Schule und Kirche hervor, ferner die Schaffung einer ständisch-gegliederten Deutschen Arbeitsfront und die Festigung des Genossenschaftswesens. Die minderheitspolitischen Forderungen der Rumäniendeutschen insgesamt faßte er folgendermaßen zusammen: »1. Freies Recht zur Errichtung konfessioneller und sonstiger Gemeinschaftsschulen. 2. Ausreichende Beitragsleistung des Staates, der Komitate und der Gemeinden zur Erhaltung der deutschen konfessionellen Schulen. 3. Wahrung des Grundsatzes der Selbstverwaltung in Komitat, Stadt und Gemeinde und Wahrung des Rechtes auf die eigenen deutschen Beamten. 4. Rückgabe des vom Staat erst vor kurzem beschlagnahmten Liegenschaftsvermögens der evangelischen Kirche der Deutschen in Bessarabien. 5. Freiheit für den Gebrauch der deutschen Sprache und der deutschen Ortsnamen auf allen Gebieten des privaten und öffentlichen Lebens.«

Beim Blick auf diese Fortschritte gesamt-rumäniendeutscher Programm- und Organisationsbildung darf aber nicht verschwiegen werden, daß die Rivalitäten nahezu ungemindert anhielten. Trotz oder gerade wegen der Stabilisierung der Minderheitspolitik durch die Zusammenarbeit der gemäßigten Erneuerer mit den Konservativen in Siebenbürgen steigerten sich sogar die Angriffe der Radikalen auf Fabritius. Die Deutsche Volkspartei, die zur gleichen Zeit Kontakte mit der äußersten Rechten Rumäniens, mit der »Eisernen Garde« Codreanus, pflegte, warf Fabritius in inhaltlicher Hinsicht vor, er ignoriere die Rassenlehre, in taktischer Hinsicht, er lasse sich vor den Wagen der Gegner einer nationalsozialistischen »Revolution« spannen. Diese Agitation dauerte an, obwohl wiederholt von reichsdeutscher Seite vermittelt wurde. Dahinter steckte weniger die Absicht, tatsächlich Einfluß auf die rumäniendeutsche Politik zu erlangen, als vielmehr die Überlegung, die an sich gewünschte Verbreitung nationalsozialistischer Auffassungen solle auf unspektakuläre Weise geschehen. Man wünschte im Interesse eines künftig besseren Verhältnisses zwischen Drittem Reich und Rumänien auf gar keinen Fall, daß die rumänische Regierung – ähnlich wie zur gleichen Zeit die ungarische – durch Gerüchte über eine finanzielle und politisch-organisatorische Einflußnahme Berlins kopfscheu gemacht werde. So waren zwar die im Dritten Reich zuständigen Instanzen, das Auswärtige Amt und der »Stellvertreter des Führers« Rudolf Heß, für die Bemühungen der Gemäßigten um ein Ende der Auseinandersetzungen, aber diese stillschweigende Unterstützung fand ihre Grenze dort, wo es darauf angekommen wäre, etwa in Siebenbürgen in aller Öffentlichkeit klar zu machen, daß die Radikalen nicht die Stimme Berlins sind.

Günstig für die Radikalen war dagegen die für das politische System des Dritten Reiches charakteristische Kompetenzüberschneidung und Dauerkonkurrenz zwischen benachbarten Staats- und Parteiinstanzen. Zwar zogen in diesem Falle Partei und Staat, NSDAP-Apparat und Auswärtiges Amt, an einem Strang, aber gerade deswegen fanden sich nachgeordnete Parteiinstanzen wie der Reichsnährstand und die Reichsjugendführung, schließlich auch die Auslandsorganisation der Partei und ihr Außenpolitisches Amt dazu verlockt, auf dem volksdeutschen Terrain um Profil und Einfluß zu ringen. Durch diese Sympathisanten sahen sich die Radikalen zumindest bis 1937/38, als sich die Reihen der reichsdeutschen Partner lichteten, dazu stets ermutigt, die Vermittlungs- und Kompromißinitiativen von Auswärtigem Amt und dem Stab von Rudolf Heß zu konterkarieren. Dies sollte erst 1937, vor allem 1938 anders werden: Auf Anregung der kulturpolitischen Abteilung des Auswärtigen Amtes wurde am 12. November 1936 ein

»Büro von Kursell« gegründet, das zunächst im Stab Heß, dann am 1. Januar 1937 unter der Leitung des SS-Obergruppenführers Werner Lorenz in Verbindung mit Himmler zu arbeiten begann. Diese Volksdeutsche Mittelstelle trocknete systematisch die reichsdeutschen Quellen der unerwünschten Radikalenermutigung aus. Es sollte allerdings noch weit bis ins Jahr 1938 hinein dauern, bis die Deutsche Volkspartei Wirkung zeigte.

Die rumänische Innenpolitik ließ erkennen, daß in dieser Hinsicht höchster Handlungsdruck gegeben war. Es war unübersehbar, daß Politik und Öffentlichkeit Rumäniens den Radikalen in der deutschen Minderheit und allen Gerüchten über die Unterstützung von seiten des Dritten Reiches immer mehr Beachtung schenkten. Informationen und Gerüchte dieser Art stiegen im Marktwert in einer zunehmend hysterischen Innenpolitik, die sich dem diktatorischen Zugriff des Monarchen auf Parlament und Parteien näherte. Trotz vieler Beziehungen zwischen den sächsischen Nationalsozialisten und extremen rumänischen Nationalisten waren eine gesteigerte nationalistische Unduldsamkeit gegenüber den Minderheiten und Verdrängungsabsichten gerade gegenüber den Sachsen unübersehbar. Die Grenzen zwischen extremem Nationalismus und Regierungspolitik waren fließend. Das zeigt der Entwurf eines Dekrets zum Schutze der nationalen Arbeit,[111] dessen für den 7. Juni 1937 geplante Veröffentlichung in letzter Minute zurückgestellt wurde. Es lief darauf hinaus, im Arbeitsleben eine Aufteilung des Personals nach Volkszugehörigkeit vorzunehmen. Dieser »Numerus valachicus«, dessen Einführung schließlich der Völkerbund als Garantiemacht des Minderheitenschutzvertrages untersagte, hätte unter anderem bedeutet, daß Unternehmen mit ganz oder überwiegend rumänisch-inländischem Kapital auf der Leitungsebene zumindest sechzig Prozent ethnische Rumänen hätten beschäftigen müssen. Das übrige Personal hätte mindestens zu 75 Prozent aus in diesem Sinne »Rasserumänen« bestehen müssen.

Die nervös-gereizte Stimmung in der rumänischen Öffentlichkeit und die beginnende Funktionslähmung des politischen Systems zeigten sich bei der Parlamentswahl vom 20. Dezember 1937. Mit nur 39,5 Prozent der Stimmen scheiterte erstmals eine amtierende rumänische Regierung bei den wie üblich von ihr selbst organisierten Wahlen. Zu diesem Chaos beigetragen hat, daß ihr trotz eines Wahlabkommens mit der rumäniendeutschen Volksgemeinschaft eben nicht alle deutschen Stimmen zufielen, da die Deutsche Volkspartei ausscherte. Desorientiertheit und Nationalismusresonanz sind daran ablesbar, daß der eher westlich-liberal eingestellte mehrmalige Ministerpräsident, der aus Siebenbürgen stammende Maniu, ausgerechnet mit dem extremen Nationalisten Codreanu paktierte.

Das Jahr 1938 bringt für Rumänien selbst wie für seine deutschen Minderheiten eine Zäsur. Am 10. Februar wird die »Königsdiktatur« proklamiert. Das amtierende Kabinett wird ersetzt durch eine Art Staatsmänner- und Ratgeberkollegium, dem Mitglieder mehrerer Parteien unter der eher symbolischen Führung durch den Patriarchen der orthodoxen Kirche, Miron Christea, angehören. Zugleich wird der Belagerungszustand verkündet. Eine neue Verfassung am 21. Februar, im April die Auflösung aller Parteien, damit auch der Deutschen Volkspartei, und schließlich am 16. Dezember die Schaffung einer Einheitspartei komplettieren die Stärkung der königlichen Macht.

Organisationen und Repräsentanten einer neuen Elite: Alfred Bonfert als populärer Jugendführer der »Erneuerer« und Wilhelm Staedel, der spätere Bischof und Wortführer einer »völkischen« Kirche von unten, beim Heldsdorfer Jugendtag 1937.

Anzeigen aus dem Hermannstädter Adreßbuch von 1933, die eine zeittypische Schnittstelle von Alt und Neu, Selbstorganisation und Führung, Raiffeisen und »Erneuerungsbewegung« sichtbar machen.

Außenpolitisch nähert sich der König, der entschieden gegen die extremen Nationalisten der »Eisernen Garde« vorgeht, dem Dritten Reich. Dies wird am 24. November durch einen Besuch König Karls bei Hitler öffentlich bestätigt. Auch für das Dritte Reich wird Rumänien nun interessanter: Während bisher als südöstliche Partner Ungarn und zunehmend Jugoslawien galten, lenkt nun aufgrund internationaler Spannungen und eigener Expansionsvorbereitungen das rohstoffreiche und strategisch wichtige Rumänien die Aufmerksamkeit auf sich. Im Sommer wird allmählich deutlich, daß zu diesem Projekt einer autoritären Stabilisierung der innenpolitischen Lage möglicherweise auch Maßnahmen zur Unterbindung der Auseinandersetzungen in der rumäniendeutschen Minderheit gehören. Während Ende Juli Rudolf Brandsch durch das Ministerium des Innern reaktiviert wird und einen, allerdings für die Radikalen günstigen Einigungsversuch startet, wird die deutsche Minderheit am 4. August formell einem »Generaldirektionsrat für Minderheiten« unterstellt.

In dieser Situation, unter dem Eindruck eines bevorstehenden Eingreifens der rumänischen Regierung in die deutschen Minderheitsangelegenheiten, mußte Berlin aktiv werden und im Interesse der außenpolitisch und kriegswirtschaftlich gewollten Annäherung an Rumänien verhindern, daß das ganze Ausmaß der vorherigen finanziellen, organisatorischen und ideologischen Einmischung Berlins in die rumäniendeutschen Angelegenheiten bekannt wurde. Es kommt nun zu der seit Anfang 1937 vorbereiteten direkten Intervention des Dritten Reiches. Massiver Druck von seiten der VOMI vor allem auf die Deutsche Volkspartei sowie Vermittlungsinitiativen mehrerer Einzelpersonen führen schließlich dazu, daß am 13. November die Deutsche Volkspartei wieder in die rumäniendeutsche »Volksgemeinschaft« eingegliedert werden kann. Unter Vermittlung einer Abgesandten des Reichsnährstandes, Edith von Cohler, die wahrscheinlich zugleich vom Auswärtigen Amt und von Himmler persönlich ermächtigt worden war, kommt es am 27. Oktober 1938 zu einer abschließenden Besprechung mit Fabritius und Wolff, Bonfert und Gust. Die dabei erzielte Einigung über den Einbau der Deutschen Volkspartei in die Volksgemeinschaft sah vor, daß Bonfert als Landesstellenleiter dem Landesobmann beigegeben wurde, dessen Beraterstab paritätisch mit je drei Mitgliedern der Deutschen Volkspartei und der Volksgemeinschaft besetzt wurde, hingegen erhielt die DVR von vierzehn Landesämtern nur vier zur Leitung. Ein Presseaufruf vom 13. November 1938 informierte die rumäniendeutsche Minderheit über dieses Arrangement: »Die Volksgemeinschaft der Deutschen in Rumänien gibt bekannt: Unser König hat alle Kräfte des Landes zum Aufbau aufgerufen, und er wird nach Beseitigung des hemmenden Parteihaders Rumänien in eine glückliche Zukunft führen. Wir Volksdeutschen dürfen bei dieser gewaltigen Erneuerungsbewegung nicht abseits stehen ... In klarer Erkenntnis dieser Sachlage und ihrer großen Verantwortung haben sich Fritz Fabritius und Alfred Bonfert die Hand zu fortan gemeinsamer Arbeit gereicht. Alle Mißverständnisse der Vergangenheit sind vergessen und vergeben ... Die Volksgemeinschaft der Deutschen in Rumänien ist hinfort die Stelle, die unter Führung von Landesobmann Fritz Fabritius mit Hilfe des Landesstellenleiters Alfred Bonfert alle verantwortungsbewußten und aufbauwilligen Volksdeutschen vereinigt.«[112]

Der Zusammenhang mit der veränderten außenpolitischen Gesamtlage, mit bündnispolitischen und kriegswirtschaftlichen Überlegungen Berlins wird auch aus Entwicklungen in anderen deutschen Minderheiten Ostmittel- und Südosteuropas ersichtlich. So kommt es am 13. Dezember in der Rest-Tschechoslowakei zur Annäherung und nach der slowakischen Landtagswahl vom 19. Dezember zur Kooperation mit dem am 26. November in Preßburg gegründeten Volksbund der Deutschen in Ungarn. Er wird von der Regierung als Vertretung der Minderheit akzeptiert. Wie in der Slowakei und in Rumänien rückt auch bei der jugoslawischen Parlamentswahl vom 11. Dezember eine parlamentarische Vertretung der deutschen Minderheit – allerdings mit nur einem Mandat – auf die Regierungsliste. Diese Entwicklung setzt sich im folgenden Jahr weiter fort: Während am 17. Januar der ungarische Ministerpräsident Imrédy das Recht der Deutschen auf sprachlich-nationale Gleichberechtigung und Entfaltung öffentlich anerkennt, die Satzungen des Volksbundes genehmigt und die deutsche Volksgruppe wiederum für die Wahl am 29. Mai Kandidaten auf der Regierungsliste benennt, kommt es in Jugoslawien am 12. Mai zu einer weiteren Annäherung zwischen der Regierung Cvetković und dem »Kulturbund«.

In Rumänien wird die deutsche Minderheitsorganisation zur gleichen Zeit zum vollintegrierten Mitglied der »Front der nationalen Wiedergeburt«. Am 9./12. Januar tritt die Volksgemeinschaft in diese Einheitsorganisation ein und bildet deutsche Sektionen auf Gemeindeebene. Nachdem am 26. Januar deutsche Mitglieder für die Führungsgremien der »Wiedergeburt«, Direktorium und Oberstem Rat, ernannt und in Abstimmung mit der Regierung deutsche Kandidaten für die nächste Wahl nominiert worden sind, wird nach der Wahl vom Juni eine deutsche Sektion mit zwölf Abgeordneten in die ständisch verfaßte neue Volksvertretung bestellt. Einen gewissen Abschluß der vollen Einbeziehung der deutschen Minderheit in das autoritär-ständische Rumänien bildet die Rede des Königs am 8. Juni, in der er ausdrücklich ankündigt, daß er die Volksgruppen für die aktive Mitarbeit im Staat gewinnen wolle. Wichtig war das schul- und sprachenpolitische Entgegenkommen der Regierung, nachdem deutsche konfessionelle Schulen ebenso gesichert sein sollten wie der deutschsprachige Unterricht in Staatsschulen und höhere finanzielle Zuweisungen des Staates und der Gemeinden. Außerdem, und das ist ein gemeinsames Element deutscher Minderheitspolitik im Südosten, erreichte man wie am 2. Mai in der Slowakei mit der amtlichen Genehmigung eines selbständigen Zentralverbands der deutschen Genossenschaften die staatliche Sanktionierung der am 17. Januar in Hermannstadt zusammentretenden »Arbeitsgemeinschaft« der deutschen Genossenschaften in Rumänien.

Die Zustände sowohl in der Minderheitsführung als auch das Verhältnis zur rumänischen Regierung, durch Vermittlung und Kompromisse dieser Art herbeigeführt, erwiesen sich unter den extremen Bedingungen der Jahre 1939/40 der Realität nicht gewachsen. Die Probleme waren nicht wirklich gelöst worden. In der Minderheitsführung kehrte keine Ruhe ein, da der Landesobmann in unbegründeter Siegeslaune nach allen Seiten, auch gegenüber dem deutschen Gesandten in Bukarest, Fabricius, ungeschickt vorprellte. Noch weniger tat dieses Verhalten den Beziehungen zur Regierung gut, die das Schwinden ihrer Handlungsfreiheit gegenüber der Minderheit als Preis der Annäherung an das nationalsozialistische Deutschland zu erkennen begann. Nach der Einschränkung der wirtschaftlichen Souveränität Rumäniens durch die Vereinbarungen vom 23. März 1939 sowie angesichts des deutschen Zugriffs auf seine östlichen Nachbarstaaten erblickte man im provozierenden Auftreten des Minderheitsobmanns ein Indiz für die Ziele Berlins. Die rumänische Seite revanchierte sich, wo es gefahrlos möglich war, für derlei Herausforderungen: durch die Bevorzugung von Rumänen im beruflichen Alltag, durch Schikane gegen Deutsche in der Armee oder durch die Förderung des Zuzugs von Rumänen gerade in die Zentren des sächsischen Radikalismus, beispielsweise nach Kronstadt, wo der rumänische Bevölkerungsanteil zwischen 1930 und 1942 von ungefähr 33 Prozent auf fast sechzig Prozent stieg.

In dieser Situation, da die Zeichen der großen Politik auf Sturm standen, griff erneut die Volksdeutsche Mittelstelle ein. Der Landesobmann Fabritius wie sein Antipode Bonfert wurden veranlaßt, ihren Wohnsitz in Deutschland zu nehmen; Fabritius wurde am 14. August 1939 durch seinen bisherigen Stellvertreter Wolfram Bruckner, dem die VOMI einige erfahrene Minderheitspolitiker wie Roth als Berater beigab, ersetzt. Bruckner, der höchstwahrscheinlich nur als Übergangsfigur gedacht war, sollte die internen Auseinandersetzungen glätten und die Beziehungen zur rumänischen Regierung weniger spannungsgeladen gestalten. Nach kaum mehr als einem Jahr, am 27. September 1940, wurde er abgelöst und durch den erst achtundzwanzigjährigen Stabsleiter der Nationalen Arbeitsfront, Andreas Schmidt, ersetzt.

Politisch zunächst in der Deutschen Volkspartei in Rumänien geprägt, war es Schmidt in den späten dreißiger Jahren gelungen, in Berlin Kontakt zu SS- und VOMI-Kreisen aufzunehmen. Schwerpunkte seines Programms erläuterte er beispielsweise am 9. November 1940 in Mediasch anläßlich der Gründung der »Nationalsozialistischen Deutschen Arbeiterpartei (NSDAP) der Deutschen Volksgruppe in Rumänien«. Obwohl er nicht nur Repräsentant der ehemaligen Radikalen sein wollte, läßt seine Schwerpunktsetzung doch diese Herkunft deutlich erkennen. Er strebte die Anerkennung der deutschen Volksgruppe in Rumänien als juristische Person des öffentlichen Rechts an, die rechtliche Voraussetzung ihrer mehr oder weniger vollständigen Autonomie, wobei die rumäniendeutsche NSDAP einziger Willensträger sein sollte. Die rumäniendeutsche Minderheit als integraler Bestandteil der deutschen Nation sollte für das nationalsozialistische Deutschland unbegrenzt verfügbar sein.[113]

Zu Schmidts konkreten Vorhaben gehörte eine Parteiorganisation nach dem Vorbild der NSDAP. Der besonderen sozialen Struktur der Rumäniendeutschen und ihrem politischen Entwicklungsstand trug eine besondere Gewichtung der »Landesbauernschaft« und der »Einsatzstaffel« Rechnung. Zum anderen sollte es um im engeren Sinne minderheitspolitische Anliegen gehen: um den Ausbau eines konsequent völkischen Schulwesens, um ein deutsches Erbhofrecht, auch um Übertragung der Rassengesetze des »Dritten Reiches« auf die rumäniendeutsche Minderheit. Dies wurde dadurch erleichtert, daß eine kritische Autorität, Landesbischof Victor Glondys, Ende des Jahres zum Rücktritt veranlaßt und durch den völkisch-radikalen Pfarrer Wilhelm Staedel er-

Die neue Elite der Südostdeutschen versteht sich als ausführendes Organ des »Führerwillens«, nur in zweiter Linie noch als Sachwalterin einer deutschen Minderheit. Es gab aber eine Abstufung zwischen dem Bleyer-Schüler und ungarndeutschen Volksgruppenführer Franz Basch (1901–1945) und dem ebenfalls vergleichsweise eigenständigen Banater Sepp Janko (geb. 1905) bis hin zu ihren Pendants Branimir Altgayer (1897–1950) in Kroatien-Slawonien und Franz Karmasin (1901–1970) in der Slowakei, schließlich zu Siebenbürgens Andreas Schmidt (1912–1948) – hier im Jahre 1944 bei einem Besuch siebenbürgischer Waffen-SS-Freiwilliger –, der ganz im Sinne Berlins agierte.

setzt werden konnte. Schmidt kannte als Mann der Volksdeutschen Mittelstelle – und damit der SS – Minderheitspolitik als solche eigentlich nicht mehr. Was bei der älteren Garde der Erneuerer teilweise noch phantastisch-abgehobene völkische Schwärmerei gewesen war und jedenfalls nicht systematisch in die politische Praxis einfloß, wurde bei ihm durch einen Kurs abgelöst, der nur Interessen des Dritten Reiches diente. Wie in der völkischen Doktrin längst angelegt, wurde nun nicht mehr nur der einzelne voll und ganz der Gemeinschaft, sondern auch der Minderheitsvorposten einer gesamtdeutschen Volksgemeinschaft untergeordnet.

Ermöglicht wurde diese Art von Minderheitspolitik, die eigentlich keine mehr war, durch ein Zugeständnis, das der rumänische Staat seit Anfang der zwanziger Jahre stets verweigert hatte – das sogenannte Volksgruppen-Gesetz, das Dekret-Gesetz über die Konstituierung der deutschen Volksgruppe in Rumänien vom 20. November 1940:[114] »Artikel 1: Die deutsche Volksgruppe in Rumänien wird zur rumänischen juristischen Person des öffentlichen Rechts erklärt und trägt die Bezeichnung Deutsche Volksgruppe in Rumänien. Artikel 2: Der Deutschen Volksgruppe in Rumänien gehören alle rumänischen Staatsbürger an, deren deutsche Volkszugehörigkeit auf Grund ihres Bekenntnisses zum deutschen Volk von seiten der Volksgruppenführung anerkannt wurde und die auf Grund dessen in den nationalen Kataster der Deutschen Volksgruppe in Rumänien eingetragen sind. Artikel 3: Nationaler Willensträger der Deutschen Volksgruppe in Rumänien ist die Nationalsozialistische Deutsche Arbeiterpartei (NSDAP) der Deutschen Volksgruppe in Rumänien. Sie arbeitet im Rahmen des Nationallegionären Rumänischen Staates. Artikel 4: Mit Billigung des Führers des Nationallegionären Staates erläßt die Deutsche Volksgruppe in Rumänien zur Erhaltung und Festigung ihres nationalen Lebens Bestimmungen mit verpflichtendem Charakter für ihre Angehörigen ...«[115]

Damit waren im Grunde die Voraussetzungen geschaffen für die Umformung der Minderheit durch die Volksgruppenführung zu einem Staat im Staate. Der Volksgruppenführung war zum einen der unbedingte Zugriff auf jeden einzelnen, auch den politisch widerstrebenden Minderheitsangehörigen eingeräumt worden und zum anderen der Weg zur Wahrnehmung quasi-staatlicher Funktionen eröffnet. Die Organisation der Volksgruppe, die Schmidt zügig aufbaute, umfaßte neben »Ämtern der Volksgruppenführung« wie dem Amt für Volkswirtschaft unter anderem mit dem Landesbauernamt, dem Amt für Presse und Propaganda, dem Amt für Schulwesen und anderen eine Reihe von »Gliederungen«. Zu diesen gehörten, ähnlich wie bei der NSDAP, die Deutsche Jugend (1942 etwa 49 000 Mitglieder), die Deutsche Mannschaft und die Einsatzstaffel (31 000 Männer), das Frauenwerk (102 000 Mitglieder), und die Deutsche Arbeiterschaft (61 000 Mitglieder). Das Landesbauernamt erfaßte über die Deutsche Bauernschaft 65 000 landwirtschaftliche Betriebe. Zur wirtschaftlichen Basis der Volksgruppe gehörte der Landesverband der Deutschen Genossenschaft in Rumänien, der wesentlich zum Agrarexport ins Dritte Reich beitrug, ferner das Amt für gewerbliche Wirtschaft für etwa 13 900 Betriebe und ein weniger zersplittertes Kreditwesen, dessen Hauptbank zu den fünf größten Geldinstituten des Landes überhaupt zählte.[116]

Mit Hilfe der Deutschen Erzieherschaft wurden schließlich Zentralisierung und Steuerung auf den Bereich des Schulwesens ausgedehnt. Dieses wurde am 8. November 1941 durch ein Dekret-Gesetz über die Einrichtung des deutschen Schulwesens in Rumänien auf eine Grundlage gestellt, die das Volksgruppengesetz ergänzte: »Artikel 1: Als juristische Person des öffentlichen Rechts hat die Deutsche Volksgruppe in Rumänien das Recht, Volksschulen ... wie auch deutsche Lehranstalten jeglicher Art zu eröffnen und zu leiten ... Das Schulamt der Deutschen Volksgruppe übernimmt die lehrtechnische Ausbildung des Lehrkörpers«.[117] Damit kamen die wenigen staatlichen, vor allem aber die konfessionellen Schulen in den Einflußbereich der Volksgruppenführung. Auch das Pressewesen wird den Belangen der Volksgruppenführung untergeordnet. So entsteht im Frühjahr 1941 die *Südostdeutsche Tageszeitung* als Zentralorgan der Volksgruppe, als die Banater *Deutsche Zeitung* und das – über eine nahezu siebzigjährige Tradition verfügende – *Siebenbürgisch-Deutsche Tageblatt* zusammengefaßt werden.

Insgesamt kann man für die Zeit seit Kriegsbeginn sicherlich von einer regelrechten Erfolgsgeschichte der Minderheit sprechen. Was man im Laufe der gesamten Zwischenkriegszeit immer wieder eingeklagt, was man gleichermaßen mit der parlamentarischen Kunst der pragmatischen Taktik wie des radikalen Protests nicht hatte erreichen können, nämlich die Realisierung der Karlsburger Beschlüsse und des Minderheitenschutzvertrages, dies war nun einem Achtundzwanzigjährigen, für den die Richtungs- und Positionskämpfe der dreißiger Jahre im Grunde schon Geschichte waren, geradezu von selber zugefallen. Der Volksgruppenführer hatte mit kompetenten Ratgebern und offensichtlich übermächtiger Rückendeckung die Gunst der Stunde zu nutzen gewußt. Unselbständiger Befehlsempfänger von Macht und Ideologie, der er war, hatte er die langfristig sinnentleerte, aber nicht durch eigene Schuld zur Fremdbestimmung führende Politiküberlieferung der Sachsen zu einem »rumäniendeutschen« Ende gebracht, zu einem Ende ohne Abschluß.

Der scheinbare Aufschwung rumäniendeutscher Volksgruppenpolitik während der ersten Hälfte des Krieges konnte weder Ziel noch Abschluß haben, da er seine Existenz lediglich einer erkennbar kurzen Konjunktur nationalsozialistischer »Weltanschauung« und der Bewegungsstarre eines geschwächten rumänischen Staates verdankte. Nur im Windschatten der anfänglichen deutschen Erfolge im europäischen Krieg war er möglich geworden. Er war nicht gedeckt, weder durch eine qualitative Vergrößerung des politisch-wirtschaftlichen Potentials der Rumäniendeutschen noch durch eine wesentliche Verbesserung ihres Verhältnisses zur Staatsnation. Die »Volksgruppe« mit all den nie dagewesenen Entfaltungsmöglichkeiten hatte nichts zu tun mit einer sinngetreuen Fortsetzung sächsischer und schwäbischer Minderheitsentwicklung lediglich unter veränderten Bedingungen. Sie stellte auch keine Bewältigung der Probleme multinationalen Zusammenlebens dar. In erster Linie handelte es sich um reichsdeutsche Politik, um eine nur beiläufige Begleiterscheinung der Ostexpansion des Dritten Reiches und damit auch der Schwächung Rumäniens.

Rumänien, von Frankreichs Gnaden Mitgewinner des Ersten Weltkrieges, war mittlerweile von der rauhen Wirklichkeit der tatsächlichen Machtverteilung im Südosten eingeholt worden. Frankreichs Schwächung, das Schattendasein des Völkerbundes, die Weltwirtschaftskrise, vieles war zusammengekommen und ließ jenes frankreichbezogene Bündnisgeflecht im Südosten unwirksam werden, das der internationalen Machtordnung Bestand hatte verleihen sollen. Als diese Rückendeckung seit den mittleren dreißiger Jahren unzuverlässig wurde, hatte Rumänien gegen den revisionistischen Zugriff seiner Nachbarn keine Chance mehr. Die innenpolitische Dauerkrise und die wirtschaftliche Abhängigkeit vom Dritten Reich seit März 1939 – bei Kriegsbeginn wickelte Rumänien mit Deutschland ungefähr ein Drittel seines Exports, fast die Hälfte des Imports ab –, schließlich im August das Expansionsarrangement zwischen dem Drittem Reich und der Sowjetunion zwangen Bukarest geradezu in die Rolle eines von Berlin abhängigen Partners. Mit der autoritär-nationalistischen inneren Annäherung an das Dritte Reich seit Februar 1938 und der außenwirtschaftlichen Unterwerfung seit März 1939 hatte man alle Argumente gegen entsprechende Tendenzen der rumäniendeutschen Minderheit aus der Hand gegeben.

Dennoch konnte Rumänien die drohenden territorialen Einbußen nicht verhindern. Das Jahr 1940 brachte zunächst den Verlust Bessarabiens und der nördlichen Bukowina nach einem Ultimatum der Sowjetunion vom 26. Juni. Ohnehin angeschlagen, mußte Rumänien nach deutsch-italienischer Vermittlung auch noch beträchtliche Territorien an Ungarn und Bulgarien abtreten. Der Zweite Wiener Schiedsspruch und der Craiova-Vertrag vom 30. August und 7. September 1940 zwangen zur Abtrennung von südlicher Dobrudscha und nördlichem Siebenbürgen, was etwa 75 000 Deutsche im Nösnerland und Reener Ländchen, in Klausenburg und im Sathmar-Gebiet betraf. Außerdem wurde in einem Zusatzprotokoll ein Junktim zwischen dem Schiedsspruch und der künftigen Volksgruppenorganisation geschaffen: »Die [rumänische] Regierung gewährleistet den Angehörigen der deutschen Volksgruppe die Möglichkeit, ihr deutsches Volkstum uneingeschränkt zu erhalten. Sie wird dafür Sorge tragen, daß den Angehörigen der deutschen Volksgruppe aus der Tatsache ihrer Zugehörigkeit zur Volksgruppe und aus ihrem Bekenntnis zur nationalsozialistischen Weltanschauung in keiner Weise und auf keinem Gebiete Nachteile irgendwelcher Art erwachsen.«[118] Die innenpolitische Vervollständigung dieser Schwächung Rumäniens, analog auch Ungarns, die eben dann im Herbst 1940 zur Startvoraussetzung für Andreas Schmidt und die neue Volksgruppenführung werden sollte, folgte binnen einer einzigen Woche nach dem Schiedsspruch. Das autoritäre Regiment Karls II. war so diskreditiert, daß er seinem Sohn Michael Platz machen mußte. Die eigentliche Macht lag seit dem 6. September in den Händen von General Ion Antonescu als »Conducator«.

Die Karriere des »Führerprinzips« in Rumänien auf den beiden Ebenen der Regierung wie auch der Volksgruppe war symptomatisch, und zwar für die Tatsache, daß beide im Krieg wie zuvor im Frieden durch gemeinsame Krise und gemeinsame Perspektivenlosigkeit unauflösbar aneinander gekettet waren. Je ungünstiger die militärische Lage des Dreimächtepakts wurde, dem Rumänien sich ebenfalls anschloß, desto paradoxer gestaltete sich das rumäniendeutsche Leben. Als zunehmend gefährlich erwies sich das Nebeneinander dieser Bindung an Rumänien, aus der man sich nicht lösen konnte, und der Bindung an Deutschland, über die man ohnehin nicht mehr selbst zu befinden hatte. Je ohnmächtiger die Minderheit sich selbst darbot, desto begehrlicher war der Gehorsamsanspruch beider Staaten auf sie gerichtet. Rumänien und Deutschland konkurrierten gleichermaßen um die wehrfähige Jugend der Minderheit. Dabei kommt es – wie bei den entsprechenden Vorgängen in Ungarn – zu einer erneuten Demütigung Rumäniens und damit zu einer weiteren Hypothek für die Nachkriegszeit: Ein Abkommen zwischen der Reichsregierung und der rumänischen Regierung vom 12. Mai 1943 regelt die »Einreihung rumänischer Staatsbürger volksdeutscher Zugehörigkeit in die Deutsche Wehrmacht/SS«.[119] Die mindestens siebzehnjährigen Wehrpflichtigen müssen bei den Musterungskommissionen der deutschen Volksgruppe eine Erklärung abgeben, daß die Meldung zur Wehrmacht/SS freiwillig erfolge. Der rumänische Staat garantiert, daß die Betroffenen von seiner Seite keine Sanktionen zu erwarten haben.

Tatsächlich dürften die Wehrpflichtigen aber kaum eine Alternative gesehen haben: Welcher junge Rekrut hätte sich unter den gegebenen Umständen gegen die überlieferte Minderheitsdisziplin, gegen sämtliche Führungsinstanzen der Minderheit, von der politischen bis zur kirchlichen Spitze, entscheiden können? Die politische Tradition mußte diese Entscheidung, die gewissermaßen im Gleichschritt erfolgte, als Entscheidung für Familie, Herkunft und deutsche Identität im Zeichen höchster Gefahr erscheinen lassen. Unter dem Eindruck der strategischen Wende auf dem östlichen Kriegsschauplatz sollen bis Ende 1943 etwa 30 000 Sachsen, bis August 1944 etwa 57 200 Rumäniendeutsche in den deutschen Militärdienst eingetreten sein; 8 000 bis 9 000 von ihnen sollen ums Leben gekommen sein. In der rumänischen Armee hingegen dienten kurz zuvor, im Juni 1942, etwa 40 000 Deutsche.[120] Ein Blick auf den hohen Anteil von Eingezogenen und von Gefallenen läßt erahnen, wie schwer die im Jahre 1941 insgesamt nur 250 000 Menschen zählende deutsche Bevölkerung Siebenbürgens durch den Krieg getroffen worden sein muß. Nur wenig niedriger dürften die entsprechenden Angaben für die Gesamtheit der Rumäniendeutschen, die 1930 etwa 750 000 Personen umfaßte, liegen.

Sicherlich können in diesem Zusammenhang statistische Angaben allenfalls andeuten, was der Krieg für die Existenz, auch für die Stimmungslage und den inneren Zusammenhalt der Minderheit bedeutet haben muß. Welche Gedanken mögen die politisch Informierten, die verantwortungsgewohnten Pfarrer und Politiker im siebenbürgischen Norden umgetrieben haben, als im Herbst 1943 und April 1944 erste Flüchtlingstrecks aus dem Schwarzmeer-Gebiet und der Ukraine/Transnistrien vorbeizogen? Welche Sorgen und Zweifel bemächtigten sich der Familien, als die Front immer näher rückte? Wie mögen im Bewußtsein junger Soldaten die protestantisch-konservative Gewissensprägung und die brutalen Eindrücke des balkanischen Kriegsschauplatzes, wie sie etwa mit dem Dienst in der SS-Freiwilligen-Division »Prinz Eugen« verbunden waren, aufeinandergeprallt sein? Wie nahmen sich Mensch und Politik, Überleben und Zukunft im Bewußtsein jener Fünfzehnjährigen aus, die man zuletzt noch für den »Heimatschutz«-Einsatz auszubilden begann?

Das Jahr 1944, das am 23. August die Kapitulation und den Frontwechsel Rumäniens bringen sollte, führte sehr schnell zur Verschlechterung der Lage. Die rumänische Armee, die im Krieg gegen die Sowjetunion schwere Verluste hatte hinnehmen müssen, brach seit dem 20. August unter dem Druck eines neuerlichen sowjetischen Angriffs endgültig zusammen. Erst nach Antonescus Verhaftung stellte Rumänien den Kampf ein, obwohl das Außenministerium schon im Winter 1942/43 Sonderfriedensinitiativen eingeleitet hatte. Berliner Befehle, den »Putsch«[121] durch Aktionen wie im März gegenüber Ungarn niederzuschlagen, waren nicht mehr durchführbar. Die Bombardierung der Hauptstadt am 24. August führte tags darauf sogar zur rumänischen Kriegserklärung an Deutschland.

Die »Volksgruppen«-Spitze wie die deutsche militärische Führung waren im Sommer 1944 offensichtlich vom schnellen Zusammenbruch überrascht worden, denn sie zeigten sich in keiner Weise vorbereitet. Der Volksgruppenführer hielt sich in den entscheidenden Augusttagen in Berlin auf. Seine späten Versuche, auf die militärische Einsatzplanung Einfluß zu nehmen, scheiterten. Insgesamt waren das militärische Potential und die nutzbaren Reserven im jugoslawisch-ungarischen Raum zusammen mit den kleinen Garnisonen im Banat zu schwach für einen Gegenstoß. Sei es, daß die rumäniendeutsche Bevölkerung sich gar nicht vorstellen konnte, was auf sie zukam, sei es, daß sie sich durch Appelle der Führungsorgane, eine vorschnelle Flucht unbedingt zu vermeiden, wie gewohnt beeindrucken ließ: Sie zeigte keine Panik. Auch Autoritäten wie Hans Otto Roth hatten sich darum bemüht, die Lage zu stabilisieren – ob aus eigener Initiative, ob im Auftrag der rumänischen Regierung, ist unbekannt. In einem Aufruf vom 31. August verband Roth das Bekenntnis zur »neugeschaffenen Ordnung« mit der Aufforderung, »ruhig und gefaßt« zu bleiben: »Es geht ... um Leben oder Sterben. Und wir wollen leben! ... Darum rufe ich Euch auf, Hof und Werkstatt nicht zu verlassen und in ruhiger Kraft dort zu verharren, wohin uns Gottes Wille gestellt hat.«[122] Dieser Appell wurde auch durch das Verhalten der Staatsnation begünstigt. Man mußte den Eindruck gewinnen, daß deutschfeindliche Ausschreitungen wie nebenan in der Woiwodina oder in Böhmen und den deutschen Ostgebieten nicht zu erwarten waren.

Dennoch, dem Gedanken eines Durchbruchs der Roten Armee konnte man nicht mehr ausweichen. Allerdings schenkten viele noch immer den Siegesverheißungen der Volksgruppenführung Glauben. Jedenfalls war die Frage: »Bleiben oder gehen?« nicht mehr zum Verstummen zu bringen. Während die Behörden im Süden, von Kreis zu Kreis mit gewissen Unterschieden, weiterhin Durchhalteparolen ausgaben, entschloß sich die militärische Führung im Norden Siebenbürgens zur Evakuierung der Deutschen. Zwar hatte sich im Gefolge des Krieges schon so manches in Siebenbürgen geändert, aber die Evakuierung, von heute auf morgen das ganze bisherige Leben liegen- und stehenzulassen, war etwas unerhört Neues, eine in den jahrzehntelangen nationalpolitischen Planspielen der Sachsen kaum einkalkulierte Möglichkeit. Daß Evakuierung und Flucht für die meisten Menschen nicht nur ein überraschend erzwungener Wohnortwechsel waren, sondern ein existentieller Umbruch, zeigen die Erinnerungen eines Dorfbürgermeisters: »Am 15. September zogen wir wie üblich vom Felde nach Hause ins Dorf ... In den Gassen des Dorfes herrschte große Aufregung ... Oberscharführer gab Weisungen, wie und in welcher Art die Evakuierung zu geschehen hat ... Am 18. 9. ... nahm ich Abschied von meiner Frau und den zwei Kindern und ahnte nicht, daß ich meine Frau nicht mehr sehen würde ... In jedem Hof sah man Wagen packen ... Am 19. 9. 1944, zwölf Uhr mittags, erklangen die drei Glocken ... und läuteten zum Abschied. Aus allen Höfen strömten die Wagen auf die Straße. Tränen rollten über die Wangen ... Ich blickte noch einmal auf mein Haus zurück, zog vom Wagen die Axt und riß damit die Tafel des Gemeinderichters von meiner Haustür ab ... Zwei Kilometer unterhalb der Gemeinde ... hielt ich an und sah zurück. Wagen an Wagen hatten sich gereiht ... Die Felder waren menschenleer, die Glocken vom Turme klangen noch.«[123]

Zwischen Ende August und Anfang Oktober 1944 dürften aus Siebenbürgen und Sathmar nahezu 50 000 Menschen evakuiert worden sein. Sicher haben – anders als etwa 1940 in der Dobrudscha – die Nachrichten über das weitere Vordringen der Roten Armee von Bukarest her nach Hermannstadt am 7. September zur Abwanderungsbereitschaft der meisten Betroffenen beigetragen. Ganz besonders dramatisch war die Lage für die Banater Schwaben. Die großenteils bäuerliche Bevölkerung wehrte sich heftig gegen die Vorstellung, Haus und Hof zu verlassen. Nur unter vielerlei Auseinandersetzungen und Verzögerungen wuchs bei ihnen die Einsicht, daß dies nötig sei, um Leib und Leben zu retten. Viele donauschwäbische Ortschaften befanden sich immer wieder zwischen den wechselnden Frontverläufen, etwa Mitte September 1944, als umgruppierte Wehrmachts-, SS- und ungarische Verbände den nach Anfangserfolgen scheiternden Versuch einer Rückeroberung des Banats, vor allem Temeschwars, unternahmen. In ihrem Schutz machten sich immer mehr Trecks aus den schwäbischen Dörfern auf den Weg. Aber das Durcheinander war so groß, daß manche der Flüchtenden zunächst zurückkehrten, um unter Umständen kurz danach erneut mit ihren Wagen loszuziehen. Dabei riskierten sie oftmals, von der Roten Armee, die an Siebenbürgen vorbei durch die Walachei zum Banat vorstieß, überholt und nach Rumänien zurückgeschickt zu werden.

Von Ort zu Ort unterschieden sich besonders im Banat die militärische Lagebeurteilung und die Haltung der Behörden zur Evakuierungsfrage. Die Reaktionen der nichtdeutschen Bevölkerung schwankten ebenso wie die Stimmungslage der Schwaben selbst: »Am 17. September, sechs Uhr morgens, wurde verlautbart, daß die deutsche Bevölkerung evakuiert werde und daß jedermann sich bereithalten solle. Wer ein Fahrzeug besitze ... möge seine bewegliche Habe darauf verladen ... In heftigen Diskussionen wurde die Frage erörtert, ob man dem Evakuierungsbefehl Folge leisten soll oder nicht. Etwa die Hälfte der Bevölkerung entschloß sich zur Flucht.«[124]

Um den 27./28. August erwies sich der Zusammenbruch des Antonescu-Regimes als unabwendbar. Überall in Siebenbürgen und im Banat wurde dieser Eindruck von den Behörden zur Grundlage weiterer Entscheidungen gemacht. Bestimmend wurde, daß man auf rumänischer Seite im Laufe der zweiten Septemberhälfte eine erfolgreiche deutsche Gegenoffensive, die an sich gegenüber der sowjetischen Herrschaft vielen als das kleinere Übel erschien, ausschließen mußte. Ein Schema des Umgangs mit der deutschen Minderheit zeichnete sich nun ab. Zunächst wurden alle Deutschen listenmäßig erfaßt und vorrangig die Amtswalter der Volksgruppe interniert. Nach mehrwöchiger Ungewißheit, widerstreitenden Gerüchten und wiederholten Arbeitseinsätzen begann Anfang Januar 1945 die landesweite Deportation von Rumäniendeutschen. Zwischen 75 000 und 80 000 Rumäniendeutsche dürfte dieses Schicksal getroffen haben, davon wohl 40 000 aus dem Banat und etwa 26 000 aus Siebenbürgen und weitere 15 000 aus dem Sathmar-Gebiet, dem Bergland und Altrumänien. Die Deportierten aus Siebenbürgen und dem Banat waren zu sechzig Prozent Frauen. Alle wurden unter primitivsten Bedingungen in mehrwöchigen Güterzugtransporten zur Zwangsarbeit in die Sowjetunion gebracht.

Schon während der letzten Augustwoche des Jahres 1944 waren die Deutschen insgesamt, ungeachtet ihrer rumänischen oder deutschen Staatsbürgerschaft, aufgefordert worden, die Benutzung von Telephon und Telegraph zu unterlassen. Abzuliefern waren nicht nur Waffen, sondern auch Radios, Fahrräder, Nähmaschinen und anderes mehr. Außer weiteren Auflagen wie einem – allerdings nicht konsequenten – Verbot von Bahnfahrten wurde eine polizeiliche Meldepflicht verfügt. Nach ersten Gerüchten sollte dies der Vorbereitung der gefürchteten Deportation dienen. Nur wer in die Listen eingetragen war, erhielt die blaue Dovada, eine Art Ersatz- und Sonderausweis für Deutsche: »Domnul … rumänischer Untertane, Deutscher nach Geburt, wohnhaft in …, hat sich bei der Polizei Hermannstadt zur Kontrolle gemeldet. Wenn er den Befehl erhält, ist er verpflichtet, innerhalb von zwei Stunden sich den Polizeiorganen zu stellen. Hermannstadt, den 27. August 1944«.[125] Bei einer zweiten Erfassungsaktion versuchten Polizisten seit Ende Oktober, von Haus zu Haus gehend, alle arbeitsfähigen Frauen zwischen 18 und 33 Jahren, die Männer im Alter von 17 bis 45 zu registrieren. Nach mehreren Wochen voller Angst auch vor Übergriffen sowjetischer Soldaten und Internierungen, Arbeitseinsätzen und weiteren behördlichen Maßnahmen bewahrheiteten sich dann am Neujahrstag 1945 die schlimmsten Befürchtungen. Den Anfang machte die mehrwöchige Deportation zur Zwangsarbeit in der Sowjetunion wohl im Sathmar-Gebiet. Auch im Dorf Bildegg tauchte an Neujahr sowjetisches Militär auf: »Am Abend haben sie einen Ball veranstaltet, damit die gesamte Jugend daran teilnimmt. Am nächsten Morgen, vier Uhr, haben sie mit dem Zusammenfangen begonnen … Das Zusammenfangen dauerte sechs Wochen. Die schwäbischen Ungarn [magyarisierte Schwaben] haben … gebeten, daß ihre Männer und Kinder nach Hause gelassen werden, da diese keine Kriegsverbrecher seien, nur die Volksbundisten. Aber der Oberst … machte keine Ausnahme.«[126]

In Siebenbürgen und dem Banat begann die Deportation zwischen dem 10. und 13. sowie zwischen dem 14. und 16. Januar. Da eine Art Sippenhaftung galt, nützte es meistens nichts, daß sich so mancher versteckte, »in den Dörfern in Düngerhaufen, am Ackerland in Maislaub und Strohtristen …, in der Stadt in Lichthöfen, städtischen Ableitungskanälen und bei romänischen Familien«,[127] die in vielen Fällen den Deutschen halfen. Während dieser Aktion mußten alle deutschen Geschäfte und Betriebe geschlossen bleiben. Auch die Frauen – verschont wurden nur diejenigen mit Kleinkindern unter einem Jahr – mußten im Normalfall, also ausgenommen vorzeitige Arbeitsunfähigkeit, bis 1947/49 in der Sowjetunion bleiben. Die Überlieferung dieser Ereignisse kreist immer wieder um die Trennung von der Familie, um Hunger, schwere Arbeit und Krankheit. Alle Versuche, die beispielsweise Hans Otto Roth und Rudolf Brandsch unternahmen, Trennungen zu verhindern, scheiterten am sowjetischen Druck auf die rumänische Regierung Rădescu. Aber in Târgu-Jiu und anderen Internierungslagern, überall gab es auf rumänischer Seite vielfältige Zeichen von Mitgefühl und Großzügigkeit; auf der gleichen Ebene sind die Vermittlungsbemühungen jüdischer und katholisch-kirchlicher Stellen einzuordnen. Die »Muncă voluntară« (»Freiwillige Arbeit«) hat dennoch an die 10 000 Deutsche aus Rumänien das Leben gekostet.

Während der Monate um die Jahreswende 1944/45 wurde die rumänische Innenpolitik zunehmend von der sowjetisch-kommunistischen Einflußnahme auf die Koalitionsregierung Rădescu bestimmt, die seit Anfang Dezember amtierte. Angehörige der alten politischen Elite wie Maniu, auch deutsche Minderheitspolitiker wie Roth und Brandsch wurden allmählich zur Seite geschoben. Dagegen stieg der Vorsitzende der »Landarbeiterfront«, Petru Groza, Anfang März 1945 als Repräsentant der kommunistisch gesteuerten Nationaldemokratischen Front zum Ministerpräsidenten auf. Zwar versuchten die Westmächte, diese Machtverschiebung zu beeinflussen, aber Rumäniens künftige politische Orientierung stand bereits fest, auch wenn König Michael erst Ende 1947 abdankte. Für die Neugestaltung der rumänischen Politik gegenüber den Minderheiten war damit eine Vorentscheidung gefallen. Fortan bemühte sich die Regierung Groza, durch beträchtliches Entgegenkommen die Minderheit der Magyaren für sich einzunehmen, für die Deutschen dagegen galt das an sich großzügige Minderheitsstatut vom 6. Februar 1945 nicht.

In einer Atmosphäre ständig drohender Hausdurchsuchungen und sonstiger behördlicher Diskriminierung mußten sich die Deutschen mit einem politisch-rechtlichen Sonderstatus abfinden. Der Minderheit wurde als Erbin der Volksgruppe mehr oder weniger eine Kollektivschuld angelastet. Zwar leitete man daraus keine Rechtfertigung zur »Vertreibung« der Deutschen ab, dennoch durften sie künftig nicht mehr als eine Rand- und Sonderexistenz erwarten: Ein Gesetz vom 14. Juli 1946 verweigerte ihnen das Wahlrecht, die Deportationsjahrgänge standen ständig unter dem Damoklesschwert einer staatlichen Arbeitspflicht, und die Agrarreform vom 23. März 1945 schließlich war ausdrücklich gegen die Deutschen gerichtet, da sie sowohl die Agrarproletarier als auch die nichtdeutschen Nationalitäten in eine Interessengemeinschaft mit der Regierung gegen die Deutschen vereinen sollte. In diesem Sinne war das Gesetz auf die nationalen Minderheiten zugeschnitten, vor allem auf diejenigen im Norden, die man – in Korrektur des Zweiten Wiener Schiedsspruchs – nun zurückerhalten hatte und integrieren mußte. Die angekündigte Landverteilung wurde daher so projektiert, daß sie die Enteignung der Deutschen geradezu voraussetzte.

Die Agrarreform führte tatsächlich dazu, daß der rumäniendeutschen Minderheit ein wesentlicher Teil ihrer Existenzgrundlage entzogen wurde. Nicht nur Grundeigentum und Gerätschaften, sondern eben auch die bäuerlichen Gebäude wurden den rumäniendeutschen Besitzern weggenommen. Es handelte sich um eine regelrechte Enteignung, die im wesentlichen noch im Jahre 1945 zum Abschluß kam und deren Maßnahmen sicherlich nicht nur sozialreformerisch gemeint waren, sondern eben auch nationalpolitisch und innenpolitisch-taktisch. Im Rückblick auf die Entwicklung der Siebenbürger Sachsen seit dem mittleren 19. Jahrhundert insgesamt erscheinen sie geradezu wie der Abschluß eines zielgerichteten Prozesses: Zwar unter jeweils sehr verschiedenen Umständen initiiert, auf kraß gegensätzliche Weise verwirklicht und von den Sachsen mit durchaus variierenden Verhaltensweisen beantwortet, ist doch ein innerer Zusammenhang faßbar. Er verklammert die Unterordnung unter eine magyarische Staatsnation 1867 beim Ausgleich samt der politischen Enteignung der Nationsuniversität mit den Agrarreformen nach den beiden Weltkriegen. Daß diese Entwicklung auf abschüssiger Bahn verlief, war niemals langfristig geplant und als Ganzes systematisch betrieben worden, dennoch war es schon früh zu befürchten gewesen angesichts der ethnisch-demographischen und wirtschaftlichen Diaspora-Situation der Sachsen.

Die entschädigungslose Enteignung nahezu aller rumäniendeutschen Bauern, »die der deutschen Volksgruppe angehört haben sowie alle[r] [der]jenigen, die hitleristische Propaganda betrieben haben … oder in irgendeiner Weise zur Unterstützung des hitleristischen Deutschland beigetragen haben«[128] strahlte auf die gesamte Lebenswirklichkeit der Rumäniendeutschen auch in der Anfang 1948 etablierten Volksrepublik aus. Dies gilt nicht nur für den Abschluß der Bauernenteignung Mitte 1948 durch die »Sozialisierungsgesetze«, die gegen privates Handwerk und Gewerbe gerichtet waren, und für die staatliche Übernahme des Schulwesens. Es gilt darüber hinaus auch für langfristig-strukturelle Veränderungen, etwa dafür, daß die Sachsen, bisher mehrheitlich eine bäuerliche Gruppe, nun einen überproportionalen Arbeiteranteil aufwiesen. Insgesamt war dies ein Wandel von Existenzbedingungen und Lebensformen, von Bewußtsein und Dynamik, der wohl zu durchgreifend und erschütternd war, um reibungslos verarbeitet zu werden. Der Veränderungszwang war zu mächtig, als daß ihn die Minderheit beziehungsweise ihre einzelnen Mitglieder auf die Maße ihrer verminderten Substanz bringen und bewältigen hätten können. Zum ausschließlich defensiven Ringen um die Existenz verurteilt, gab es für die autonome Weiterentwicklung schöpferischen Selbstbewußtseins keine freien Räume mehr.

Sicherlich war die Lage der Rumäniendeutschen nicht so schlimm wie die der Deutschen in Ungarn, wo es zur Vertreibung in großem Umfang, oder in Jugoslawien, wo es außerdem zu Mißhandlungen von unvorstellbarer Brutalität gekommen ist. Die auch im deutsch-rumänischen Verhältnis gegebene langfristige Nationalisierung der Beziehungen und schließlich kollektive Verfeindung war hier weniger kraß ausgeprägt als vor allem in einigen jugoslawischen Teilgebieten. Warum dies so war, weshalb die – überall gegebene – rechtlos-ohnmächtige Lage deutscher Minderheiten in Rumänien teilweise andere, weniger krasse Folgen nach sich zog als in den Nachbarländern, ist bisher ebenso wenig überzeugend geklärt wie der Anteil der Siegermächte daran. Jedenfalls dürfte es als Erklärung nicht genügen, nur auf Unterschiede im deutschen Verhalten gegenüber diesen Völkern während der Zwischenkriegszeit und dem Weltkrieg hinzuweisen. Zwar war es beispielsweise in der jugoslawischen Woiwodina sicherlich in hohem Maße die Vergeltung für das Vorgehen des Dritten Reiches gegen Jugoslawien und später die Partisanen, was zur Verfolgung der Donauschwaben bei Kriegsende führte. Aber in Ungarn und Rumänien, die lange mit Deutschland verbündet gewesen waren, gestaltete sich dieser Faktor ganz anders. Die einheimischen Deutschen waren, auch in den Augen der Staatsnationen, nicht ohne weiteres identisch mit dem Dritten Reich, und noch während der dreißiger Jahre war ihr Verhältnis zum nationalsozialistischen Reich durchaus unterschiedlich. Auch ihre eigene langfristige Entwicklung und aktuelle politische Haltung waren keineswegs einheitlich und uniform.

Ein gesamt-südostdeutscher Vergleich kann Anlaß geben zu weiterhin erklärungsbedürftigen Beobachtungen: Es erscheint beispielsweise geradezu paradox, daß ausgerechnet in der Woiwodina die Verfolgung der deutschen Minderheit am schlimmsten war, also dort, wo das multinationale Zusammenleben, wo mehr Ansätze zu einer Symbiose ohne »volksdeutsche« Dominanz bis in die späten dreißiger Jahre gegeben waren als bei den Siebenbürger Sachsen. Und die teilweise Vertreibung der Ungarndeutschen ist ebenfalls nicht nur aus dem Verhalten der Minderheit abzuleiten. Zum einen war sie ja in ihrer tatsächlichen Durchführung keineswegs auf die »Volksbundisten« beschränkt, zum anderen war gerade die deutsche Minderheit in Ungarn lange Zeit in besonders hohem Maße vom staatsbezogenen ungarischen Patriotismus bis hin zur Assimilation bestimmt gewesen.

So uneinheitlich die Lage der Deutschen nach Kriegsende auch war, so erklärungsbedürftig gestalteten sich im einzelnen auch die Auswirkungen des Nationalsozialismus und seiner Kriegführung im Osten auf die Beziehungen der dortigen deutschen Minderheiten zu ihrer ethnischen Umwelt. Die südostdeutsche »Conditio humana« erfuhr nach dem Zweiten Weltkrieg eine unumkehrbare Erschütterung und Gefährdung. Was seit Jahrhunderten gewachsen war, die Anwesenheit und funktionale Einbindung Deutscher und deutschsprachiger Bevölkerungsteile, konnte nicht länger als Selbstverständlichkeit gelten, ihre Anwesenheit nicht und schon gar nicht ihr Auftreten als Deutsche. So groß die grausame Erscheinungsvielfalt des Zusammenbruchs auch war: Umsiedlung, Evakuierung und Flucht, Vertreibung und Deportation, schließlich politisch-rechtliche Auskreisung bis hin zu physischer Vernichtung – alles mündete letztlich in eine andere wesentlich und unumkehrbar gewandelte Existenzform. Nach Jahren einer zögerlichen, stets gefährdeten Normalisierung seit 1948/55 zeigte sich, daß sich überall im Südosten die Konditionen, zu denen deutsche Minderheitsexistenz überhaupt noch toleriert wurde, qualitativ verschlechtert hatten. Es trat eine Normalisierung ein, die sowjetkommunistische und zugleich nationalstaatliche Vorzeichen aufwies: Die Deutschen, sogar diejenigen Siebenbürgens, waren, wo sie sich überhaupt noch halten konnten, zu entbehrlichen Randgruppen geworden, auch dort, wo der einzelne als Staatsbürger wieder politisch-rechtliche Gleichstellung erlangt hatte, und auch in Rumänien, wo die Realität des ungelösten Minderheitsproblems durch den demonstrativen Optimismus des neuen Begriffs »Mitwohnende Nationalitäten« allenfalls fürs erste verdeckt werden konnte. Aber von Kollektivschuld und Kollektivierung der überkommenen sächsischen Existenzform, von Entkirchlichung des Bildungswesens und Auflösung der wirtschaftlichen Grundlage der Bauernschaft und des städtischen Bürgertums führte kein Weg zurück zur erneuten Aktivierung der nationalen Identität. Den einzelnen Versatzstücken nationaler Tradition war der eigentliche, der politisch-sinnstiftende Existenzzusammenhang genommen.

Bewußtseinsmäßige und konzeptionelle Grundlagen der traditionellen Minderheitspolitik wurden von oben geradezu instrumentalisiert. Wo sie überhaupt erhalten blieben, waren sie dazu bestimmt, lediglich als Hilfsmittel staatlicher Durchdringung der betreffenden Bevölkerungsgruppen zu dienen. Darin lag allenfalls im negativen Sinn auch eine Chance für die Minderheit, weiterer Diskriminierung zu entgehen: Aufwertung bis auf das Niveau völliger Gleichstellung, dieses Ziel setzte in der kommunistischen Gesellschaftsordnung den selbsttätigen Verzicht auf eine besondere schwäbische oder sächsische Identität, auf einen Heimatanspruch unterhalb der Ebene staatlicher Loyalität voraus, als Perspektive für die Minderheitsangehörigen gewissermaßen ein Leben in der Heimat ohne Heimatbewußtsein, ohne den Anspruch, dies sei ihre eigene Heimat.

Die Erfahrung, in der Heimat als Fremder zu leben, hatten unter anderen Bedingungen bei Kriegsende viele Sachsen aus dem Norden Siebenbürgens machen müssen. Sie waren in Österreich oder Böhmen in den sowjetischen Einflußbereich geraten und dann in ihre vorherigen siebenbürgischen Wohnorte zurückgeschickt worden. Dort mußten sie oftmals erleben, daß der eigene, kurz vorher verlassene Bauernhof nun von anderen bewohnt wurde. Das bloße Überleben konnte dann im Extremfall davon abhängen, dies widerspruchslos anzuerkennen und womöglich auf dem eigenen Hof um Arbeit zu bitten – eine erzwunge Entfremdung von der eigenen Geschichte, von Heimat. Diese Einebnung von nationalem Sonderbewußtsein, der Weg zur geforderten vollständigen Einfügung in die neue Gesellschaftsordnung, wurde den Rumäniendeutschen schon in den fünfziger Jahren oktroyiert. Einige tausend Sachsen wurden seit Februar 1952 auf staatliche Anordnung aus ihren Wohnungen in Bukarest und einigen siebenbürgischen Städten verwiesen. Auch 20 000 bis 30 000 Banater Schwaben wurden im Juli 1951 aus ihren Dörfern entlang der rumänisch-jugoslawischen Grenze in die Bărăgan-Steppe deportiert. Aber dies widerfuhr ihnen nicht als Sachsen oder als Schwaben, vielmehr handelte es sich um Maßnahmen einer diktatorischen Strukturpolitik, einer Disziplinierungsstrategie, die die übrige Bevölkerung in gleicher Weise traf. Das rumäniendeutsche, schwäbische oder sächsische Sonderbewußtsein eines großen Teils der Betroffenen spielte – dies ist symptomatisch für die Abwertung des Minderheitsbewußtseins als Mittel gewissermaßen negativer Integration – schon keine Rolle mehr im Kalkül derartiger staatlicher Maßnahmen.

Dieser Funktionswandel von Minderheitspolitik zu einem staatlichen Integrationsinstrument sollte fortan immer mehr das Bild der rumäniendeutschen Existenz bestimmen. Das trostlose Ende zweier Schlüsselgestalten rumäniendeutscher Politik, von Hans Otto Roth und Rudolf Brandsch, im April 1953 nach Zwangsarbeit und wiederholter politischer Haft nimmt sich wie ein Symbol dieses allmählichen Absterbens von Minderheitspolitik aus. Trotz Normalisierung zunächst und später zeitweiliger Entspannung der rumänischen Nationalitätenpolitik während der Ostblockära hatte das Ende des Zweiten Weltkrieges wohl doch bereits die eigentliche Wende mit sich gebracht: Die Zuspitzung rumäniendeutscher Minderheitspolitik zur Entscheidung: »Bleiben oder gehen?« rückt am Ausgang des Weltkrieges in den Vordergrund. Eine perspektivlose Einengung, die nicht mehr rückgängig gemacht werden konnte.

EIN UNGELIEBTES VATERLAND: BANATER SCHWABEN IM STAATE DER RUMÄNEN

Im alten Ungarn schon wiesen die Schwaben eine außerordentlich große Erscheinungsvielfalt auf. Sie waren aber – anders als nach dem Ersten Weltkrieg – in einem Staate, wenn man Kroatien-Slawonien einbezieht, vereint: vereint, ohne daß sie tatsächlich eine Einheit dargestellt hätten. Zeitpunkt und Verlauf, Grundlagen und Ergebnisse der wirtschaftlich-gesellschaftlichen und politisch-kulturellen Modernisierung waren so außerordentlich verschieden, daß wiederholte Anläufe zur parlamentarischen Repräsentation scheiterten. Diese Uneinheitlichkeit erstreckte sich sogar auf das zentrale minderheitspolitische Problem, das etwa bei den – ansonsten um Richtungskämpfe nicht verlegenen – Siebenbürger Sachsen keiner Diskussion bedurfte, nämlich auf die Frage, ob man sich der magyarischen Staatsnation assimilieren solle.

Die kontroverse Diskussion, die sich bei Kriegsende von Budapest aus in den beiden konkurrierenden Volksräten Rudolf Brandsch und Jakob Bleyer entfalten sollte, strahlte auf die weit auseinanderliegenden deutschen Bevölkerungsteile aus. Im Süden des Landes zeigte sich sehr schnell, daß die Mehrheit der späteren »Donauschwaben«, im Banat zeitweise auch »Ostschwaben« genannt, das ungeteilte Verbleiben bei Ungarn wünschte. Zahlreiche Gerüchte über eine Abtrennung von Ungarn und eine Aufteilung zwischen dem neuen südslawischen Staat und Rumänien alarmierten die politischen Führungsgruppen im Banat und in der Batschka. Anders als bei den Siebenbürger Sachsen stieß daher die Vereinigungsofferte, welche die Versammlung der ungarischen Rumänen am 1. Dezember 1918 in Karlsburg formulierte, auf Ablehnung.[129] Es war lediglich eine Minderheit von Anhängern der ehemaligen Ungarländisch-Deutschen Volkspartei Steinackers, die nunmehr unter dem Einfluß Rudolf Brandschs für eine Hinwendung zu Rumänien plädierte. Dagegen formierte sich am 3. November 1918 der proungarische Schwäbische Nationalrat. Zu seinen Mentoren gehörte der Temeschwarer Rechtsanwalt Kaspar Muth, ein typischer Angehöriger des schwäbischen, weitgehend magyarisierten Bildungsbürgertums, ferner der Domherr Franz Blaskovics, der schon in der Vorkriegszeit zu den patriotischen Kritikern von Edmund Steinacker und der UDVP gehört hatte. Im Zentrum der programmatischen Vorstellungen des Schwäbischen Nationalrats stand das Junktim zwischen Verbleib bei Ungarn und Zusammengehörigkeit von Banat und Batschka, wie es in einem Manifest vom 8. Dezember in Temeschwar verkündet wurde. Weiter wurde hier die Forderung des »Schwäbischen Volkes« nach Selbstbestimmung mit der Ablehnung jeglicher Majorisierung durch Rumänen oder Serben verbunden, was konkret hieß: mit der Ablehnung des serbischen und des rumänischen Anspruchs jeweils auf das gesamte Banat. Damit waren im groben auch schon die programmatischen Konturen der Schwäbischen Autonomiepartei gezeichnet, die wiederum unter Führung von Kaspar Muth Anfang 1919 gegründet wurde. Die konkurrierende prorumänische, stärker deutschnationale Richtung wiederum formierte sich in der Deutsch-Schwäbischen Volkspartei unter der Regie von Michael Kausch und Rudolf Brandsch.

Im Sommer 1919 spitzte sich die interne Auseinandersetzung erheblich zu. Als es im August zur rumänischen Besetzung des Banats kam, bekundete eine Delegation der deutschnationalen Richtung unter Führung von Johann Röser, Michael Kausch, Heinrich Anwender und anderen in Hermannstadt dem »Provisorischen Regierungsrat« die Bereitschaft zum Anschluß. Fast gleichzeitig protestierte bei der Pariser Friedenskonferenz eine Delegation der konkurrierenden Richtung gegen die Abtrennung und Teilung des Banats. Aber die Siegermächte entschieden anders: Das Banat wurde geteilt. Der Osten mit etwa 315 000 Banater Schwaben fiel (einschließlich des Gebiets um Arad, aber ohne Sathmar) an Rumänien, während das westliche Banat fast vollständig zu dem neuen südslawischen Staat kam, wobei die Grenzziehung erst 1923 endgültig festgelegt wurde.

Die Stimmung der Bevölkerung, ihre Einstellung zur Entscheidung der Alliierten, läßt sich am Ergebnis der Parlamentswahl vom Juni 1920 ablesen: Trotz der Niederlage, welche die Entscheidung für Rumänien für Kaspar Muth und seine Anhänger bedeutete, gelang ihnen ein eindeutiger Wahlsieg gegen die Deutsch-Schwäbische Volkspartei. Erst nach Konstituierung des neuen Parlaments, erst am 8. August 1920, gab Kaspar Muth nun als rumänischer Parlamentarier eine Loyalitätserklärung zum ungeliebten neuen Vaterland.

Auf neue Herausforderungen und Chancen zurückhaltend zu reagieren, war nicht nur Kaspar Muths persönliche Eigenart,[130] dies war insgesamt bezeichnend für das politische Verhalten der Banater Schwaben. War der staatliche Rahmen ihres Lebens schon zerbrochen, waren denn Dynastie und magyarische Gesellschaft als Bezugspunkte ihres Patriotismus verloren, so erwarteten sie doch von ihrer politischen Führung eine verläßliche, möglichst störungsfreie Regelung ihrer künftigen Existenzbedingungen, was von einer nüchternen, zweckbestimmten Einstellung zu den politischen »Dingen des Lebens« zeugt. Da blieb wenig Raum für weltanschaulich-ideologischen Überschwang und kühne Programminnovation, für abgehobenen Elitenkult und esoterische Grundsatzdiskussionen. Der donauschwäbische Bauer war nicht unbedingt der Typ des »Homo politicus«. Im zeitgenössischen belletristischen Werk Adam Müller-Guttenbrunns wird er zu Recht als eher skeptischer, auf seine Interessen bedachter Beobachter all dessen, auch der Politik, geschildert, was sich außerhalb seines bäuerlich-lokalen Lebenskreises ereignete. Und zumal die Politik konnte hier nur Mittel zum Zweck sein – wichtigste Nebensache der Welt.

Minderheiten können nicht überleben, wenn sie ihre junge Generation verlieren. Diese Einsicht führte nach Vorarbeiten von Edmund Steinacker und Rudolf Brandsch seit 1910 schließlich im Jahre 1926 zur Errichtung der »Banatia« in Temeschwar als größtem südostdeutschen Schulzentrum.

Ein getreues Abbild dieser Erwartungen an die Dienstleistung des Politikers war das Auftreten und Wirken von Kaspar Muth (1876–1966), dem bis in die zweite Hälfte der dreißiger Jahre bei den Deutschen des rumänischen Banats die herausragende Stellung zukommen sollte. Er war nicht wie sein ungarndeutscher Kollege Jakob Bleyer an einer einflußreichen Rolle im gesamtstaatlichen öffentlichen Leben interessiert, auch nicht wie der »südostdeutsche« Lobbyist Rudolf Brandsch über die Diaspora- und Staatsgrenzen hinaus kreativ, sondern eher ähnlich wie Hans Otto Roth bei den Siebenbürger Sachsen ein pragmatisch-professioneller Minderheitspolitiker im eigentlichen Sinne. Anders als in der Vorkriegszeit Steinacker, Brandsch und vor allem dann Bleyer, verfügte Muth kaum über Charisma oder die rhetorisch-taktischen Gaben eines Massenführers. Ohne weitreichende Visionen, beschränkte er sich im alltäglich-konkreten Detail auf die Festlegung und kompromißhafte Durchsetzung der Existenzbedingungen einer bedrohten Minderheit. Wie Hans Otto Roth, mit dem er in der deutschen Parlamentariergruppe viel enger als mit Brandsch zusammenarbeiten sollte, betrieb er dies auf einer planvoll-geduldig geschaffenen Grundlage von Ämtern im genossenschaftlichen Bankenwesen, im Verwaltungsbereich und im schulisch-kirchlichen Bereich. Als Rechtsanwalt in Temeschwar, das im rumänischen Banat mehr oder weniger Hauptstadtfunktionen übernahm, in einem städtischen Umfeld mit nahezu 40 000 Deutschen lebend, konnte er sein persönliches Talent als Organisator und Vermittler hinter den Kulissen entfalten. Dazu sollte er im Laufe der zwanziger und dreißiger Jahre, bevor er schließlich für nahezu noch drei Jahrzehnte zu politischer Einflußlosigkeit gezwungen sein sollte, mehr Anlaß als genug haben, sowohl im Verhältnis zur Zentralregierung und zur Staatsnation als auch in den innerschwäbischen Rivalitäten. Er konnte seine (mittel)bäuerlichen Gegner des alten deutschnational-alldeutschen Schlages ebenso wie intellektuell-jugendbewegte und vermehrt von unten kommende Kritiker »völkischer« Herkunft zunächst in Schach halten, und seine spätere gesamt-rumäniendeutsche Karriere in den frühen dreißiger Jahren sollte eher darauf beruhen, daß er als Kompromißkandidat annehmbar schien, sowohl in der Konkurrenz der einzelnen rumäniendeutschen Siedlungsgebiete als auch im Ringen zwischen alten und neuen Führungsgruppen.

Eine erste Bewährungsaufgabe war Kaspar Muth gestellt, als er den Vorsitz der am 13. März 1921 in Temeschwar gegründeten Deutsch-Schwäbischen Volksgemeinschaft übernahm. Bezogen gleichermaßen auf die Zusammenarbeit sowohl mit der sächsischen Führung als auch mit dem gleichzeitig formierten Verband der Deutschen in Rumänien, sollte die »Volksgemeinschaft« eine überparteiliche Dachorganisation der schwäbischen Minderheit im östlichen Banat sein. Dieser Anspruch konnte nur unvollständig eingelöst werden, zu stark war die Führungsrolle der katholischen Kirche verankert, zu zählebig auch zeigte sich die argwöhnische Distanz vieler schwäbischer Bauern zum politischen Betrieb, und schließlich unterblieb die an sich vorgesehene Auflösung der deutschnationalen Parteiorganisation, während Muth seine Autonomiepartei opferte. Mit der Deutsch-Schwäbischen Volksgemeinschaft griff Muth über seinen angestammten Banater Wirkungskreis hinaus, da die Volksgemeinschaft auch die Deutschen im Arader und Sathmarer Komitat repräsentieren sollte.

Nach dem Zusammenbruch der Räterepublik sind die Deutschen im Banat zu hilflosem Zuschauen verurteilt, als rumänische Truppen – hier im August 1919 vor dem Dom zu Temeschwar – eine bürgerkriegsähnliche Situation schaffen, die zusammenfällt mit der Verfolgung der Linken und Judenpogromen.

Die unterste Ebene dieser Organisation bildeten sogenannte Nachbarschaften, die ihrerseits Ortsräte als Vertretung einer Ortsgemeinschaft bildeten. Aus Obmännern und gewählten Mitgliedern der Ortsräte bildeten sich Bezirksräte, über denen wiederum die Gauräte angesiedelt waren. Diese repräsentierten die vier Gaugemeinschaften Temesch-Torontál, Karasch-Severin, Arad und Sathmar. Gewissermaßen als Regierung der Volksgemeinschaft fungierte der Volksrat, den ein gewählter Obmann zusammen mit dem Vollzugsausschuß und der geschäftsführenden Hauptstelle leitete. Der Volksrat selbst setzte sich zusammen aus – für je 5 000 Personen gewählten – Delegierten, ferner aus den Orts- und Bezirksratsobmännern und unter anderen aus den Parlamentariern. Die Verbundexistenz mit analogen Organisationen der übrigen rumäniendeutschen Bevölkerungsgruppen kam wegen der Schattenexistenz des Verbands der Deutschen in Rumänien und wegen der beträchtlichen Entwicklungsunterschiede nie zustande, wie Muth selbst formulierte: »Abgesehen von dem persönlichen Verkehr der wenigen deutschen Parlamentarier haben unsere deutschen Siedlungen fast gar keine Berührung untereinander.«[131]

Mit übergreifend rumäniendeutschen Angelegenheiten wie den zahlreichen Wahlabsprachen mit rumänischen Regierungsparteien waren die parlamentarische Vertretung und die Volksgemeinschaft der rumänischen Donauschwaben ebenso befaßt wie mit besonderen Fragen des Minderheitsschutzes. In den zwanziger Jahren standen dabei die Folgen der Agrarreform von 1921 und schulpolitischer Regelungen unter anderem von 1924 und 1928 im Vordergrund.

Zunächst sorgte im Zusammenhang mit währungs-, wirtschafts- und verwaltungspolitischen Maßnahmen die Agrarreform wie in Siebenbürgen für eine verhängnisvolle Schwächung aller Instanzen, die eben als Träger der kulturellen, schulischen und sozial-karitativen Einrichtungen der Minderheit in Frage kamen. Durch die maßgeschneiderten Enteignungs- und Durchführungsbestimmungen wurden die katholische Kirche, die Gemeinden und Stiftungen eines wesentlichen Teils ihrer materiellen Grundlagen beraubt. Hinzu kam, daß auch die bäuerliche Landwirtschaft des Ostbanats durch die ungewohnte Konkurrenz der billiger arbeitenden Großlandwirtschaft Altrumäniens und durch hinderliche zollpolitische Regelungen belastet wurde. Es war in dieser Situation von großer Bedeutung, daß die katholische Kirche unter dem »Schwabenbischof« Augustin Pacha anders als in Ungarn und in Jugoslawien mit Entschiedenheit eine Verantwortung für die deutsche Minderheit übernahm.[132] Ohne in nationalistische Einseitigkeit zu verfallen und die multi- beziehungsweise übernationale Grundhaltung aufzugeben, leistete die katholische Kirche viel für die Aufrechterhaltung eines deutschsprachigen Schulwesens. Zeitweilig begünstigte der rumänische Staat sogar diese Tätigkeit der katholischen Kirche, da er gewissermaßen eine *Ent*magyarisierung der schon vor dem Ersten Weltkrieg assimilierten Schwaben erhoffte. Besonders galt dies für das Sathmar-Gebiet. Die dortigen etwa 45 000 Schwaben waren bereits vor dem Ersten Weltkrieg weitgehend magyarisiert worden, sie besaßen selbst in der Mitte der zwanziger Jahren erst eine einzige deutschsprachige Volksschule. In diesem ohnehin zwischen Ungarn und Rumänen umstrittenen Gebiet war es aus der Sicht Buka-

Die Räderfabrik von Reschitza (Ansicht um 1927) war das Herz des Kohle- und Montanreviers im Banater Bergland, das nach Anfängen schon im frühen 18. Jahrhundert um die Mitte des vorigen Jahrhunderts zunächst von der Österreichischen Staatseisenbahn-Gesellschaft, dann von den Rothschilds ausgebaut wurde.

Temeschwar soll als erste Stadt Europas im November 1884 elektrische Straßenbeleuchtung erhalten haben, ein Hinweis, der oft als Argument gegen die These von Provinz und Rückständigkeit ins Feld geführt wird.

rests selbstverständlich begrüßenswert, wenn von deutscher Seite Anstrengungen unternommen wurden, die eine Verringerung der magyarischen Bevölkerung herbeiführen mußten.

Im Banat selbst gelang es der katholischen Kirchenführung unter führender Mitwirkung von Pfarrer Joseph Nischbach, ein weitgespanntes Netz von deutschsprachigen Schulen, Bildungseinrichtungen und Vereinen zu schaffen, wobei man mit Kaspar Muth zusammenarbeitete. Von größter Bedeutung wurden in diesem Zusammenhang die Lehrerbildungsanstalt Banatia in Temeschwar sowie eine Vielzahl von Stipendien und Kursen zur Förderung des akademischen Elitenachwuchses der Minderheit. Lebensnotwendig war das mit dem kirchlichen Vereinswesen eng verklammerte Genossenschaftswesen, da es eine minderheitsgerechte Geld- und Kreditversorgung sicherte, beispielsweise durch den Banater Bankverein, der 1928 unter anderem aus der Arader Bürgerlichen Sparkasse und der Schwäbischen Zentralbank entstand. Ebenfalls wichtig war der Schwäbische Landwirtschaftsverein von 1919, der Ausbildungs-, Standes- und Absatzangelegenheiten der Bauern zu seiner Sache machte. Beide Organisationen gingen auf den Südungarischen Bauernverein und die Südungarische Landwirtschaftsbank zurück, die minderheitspolitisch aufgeschlossene Pfarrer wie Blaskovics schon 1891/95 gegründet hatten.[133]

Im landwirtschaftlichen Genossenschaftswesen wie auch später in der Beziehung zwischen dem 1919 gegründeten Deutsch-Schwäbischen Kulturverband und dem von Josef Gabriel geleiteten Banater Deutschen Kulturverein zeigten sich frühe Symptome einer beginnenden deutschnational-völkischen Opposition. Im engeren politischen Bereich kam es seit 1926 zu analogen Erscheinungen. Ähnlich wie in Siebenbürgen in Gestalt der Unzufriedenen-Bewegung, von Klingsor und Erneuerern repräsentierten diese jungen Kritiker der etablierten, kirchennahen Minderheitsführung programmatisch eine Mischung von völkischem Nationalismus und Reformforderungen. Vor allem letzteres unterscheidet sie von der Ungarländisch-Deutschen Volkspartei und den deutschnationalen Gegnern Kaspar Muths unmittelbar nach Kriegsende. Angehörige der sogenannten Jungschwäbischen Bewegung wie Hans Beller bekannten sich demnach zum Vorbild der Ungarländisch-Deutschen Volkspartei, unterschieden sich von ihr aber durch Liberalisierungs- und sozialpolitische Erneuerungsforderungen. Sie wollten – ähnlich wie Kaspar Hügels Freie Deutsche Gemeinschaft – nicht nur Sprecher der jungen Generation sein, sondern auch der schwäbischen Unterschicht von kleinen Handwerkern und Gewerbetreibenden, von Kleinbauern und Arbeitern im Montanrevier Reschitz. Allerdings verblaßte ihre Anziehungskraft um 1933. Zu diesem Zeitpunkt stellte sich heraus, daß sie sich den kritisierten Anpassungszwängen des innenpolitisch-parlamentarischen Betriebs selbst nicht in der erwarteten Weise entziehen konnten. Zum anderen mußten sie den radikalen Erneuerern den Vorrang lassen.[134]

Um 1930 herum verschlechterte sich zusehends die im Banat ohnehin unbefriedigende wirtschaftliche Lage. Auf allen Seiten zeigten sich Radikalisierungserscheinungen. Bestimmte organisatorische und politische Gegenmaßnahmen wie die Straffung des Genossenschaftswesens durch den 1929 gegründeten Verband Deutscher Genossenschaften, durch Bankenfusionen oder die 1931 entstehende Landwirtschaftliche Zentralgenossenschaft sowie im September 1931 durch die Wiederbelebung des Verbands der Deutschen in Rumänien bei der Temeschwarer Hauptversammlung griffen nicht wirklich. Und daß die Kabinette Maniu und Jorga alle Hoffnungen auf eine minderheitsfreundliche Korrektur der rumänischen Innenpolitik enttäuschten, trug zusätzlich zur Aggressivität und nationalistischen Aufladung des Richtungsstreits bei. Hinzu kamen Einflüsse von außen, sei es von den Erneuerern in Siebenbürgen, sei es von der NSDAP, die die wirtschaftliche Krisenstimmung und die gesteigerten Existenzsorgen einer kleinen Minderheit immer mehr umlenkten in die Bereitschaft vor allem der jungen Generation, die absolute Unterordnung unter eine autoritäre Führung und nationalistisch-völkische »Gemeinschaft« als letzten Ausweg zu betrachten.

Als der Banater, von Franz Adam Minnich und Karl von Möller geleitete Ableger der sächsischen Selbsthilfe auch im Banat seit 1930 merklich an Zulauf gewann, wurde die Auseinandersetzung über Programm und Taktik der Minderheit zusehends von Emotionen und Rivalitäten persönlicher Art überlagert. Es kam zu einem Kampf aller gegen alle, der die rumänischen Regierungen geradezu zur Verstärkung des Drucks auf die Minderheit einlud und bei reichsdeutschen Beobachtern den Eindruck gänzlicher Hilflosigkeit der Minderheitsführung verstärkte. Als einflußreichste Richtungen traten neben den kirchennahen Konservativen um Kaspar Muth besonders die Jungschwaben zusammen mit der Freien Deutschen Gemeinschaft hervor, auf der anderen Seite die Nationalsozialistische Selbsthilfebewegung der Deutschen in Rumänien. Nach langen Kämpfen erreichte man am 1. Februar 1933 eine gemeinsame Vereinbarung über eine Organisationsreform der Volksgemeinschaft. Aber auch dies führte nicht zur Überwindung der inneren Zersplitterung. Selbst die wenigen sinnvollen, demokratisierenden Änderungen am Statut der Volksgemeinschaft förderten nur die Verselbständigung der bisherigen Gruppen. Existenz und nach außen demonstrierte Geschlossenheit der Volksgemeinschaft wurden nur dadurch gerettet, daß man den Volksrat opferte und innerhalb der Dachorganisation Partei- und Gruppenbildung ausdrücklich gestattete. Daß Mitgliedsbedingungen und Wahlprozeduren demokratisiert wurden, konnte unter den vorherrschenden Umständen den Kontroversen nur noch mehr Raum geben.

Die Volksratswahl vom 17. April 1933 vermittelte dann auch ein ungefähres Bild von den zwischenzeitlich eingetretenen Verschiebungen innerhalb des politischen Spektrums im Banat: Zwar gewann die alte Führungsmannschaft, die sich unter der Organisationsbezeichnung »Deutsche Einheitsfront« dem politiksprachlichen Zeitgeschmack anzupassen suchte, die relative Mehrheit der 47 000 gültigen Stimmen. Aber ihrem Anteil von 45,8 Prozent standen die Jungschwäbische Volkspartei und die NSDR mit 32,5 Prozent und 21,7 Prozent gegenüber. Zwar sollten die Jungschwaben allmählich an Resonanz verlieren, aber die Zeit war – wie bei den Siebenbürger Sachsen und bei den Deutschen in Ungarn – vorüber, wo eine kleine Führungsgruppe als unangefochtene Repräsentantin der Minderheit auftreten konnte. Dies sollte für die weitere Entwicklung der Minderheit von größerem Gewicht sein als die zunächst wichtig er-

»Jeden Kunden in *seiner* Sprache bedienen!«, »In der Gemeinde aufeinander zugehen!« – diese elementaren Regeln des wirtschaftlichen und politischen Alltags in den Banater Gemeinden – hier der Gemeinderat von Parţa im November 1943 mit den Bürgermeistern der deutschen, ungarischen und rumänischen Bevölkerungsgruppen – bergen Erfahrungen multinationalen Zusammenlebens. Ihr Wert für die europäische Integration und die Einwanderungsprobleme unserer Tage ist offensichtlich noch gar nicht erfaßt worden.

scheinende Tatsache, daß die Erneuerer, die nur 29 von 150 Mandaten gewonnen hatten, gebremst schienen.[135]

Während der Auseinandersetzungen zum einen zwischen Alt und Neu, zum anderen zwischen gemäßigten und radikalen Erneuerern hatte Kaspar Muth von 1931 bis 1935 sogar den Vorsitz des Verbandes der Deutschen in Rumänien inne. Dies war aber nicht gleichbedeutend mit einer Führungsrolle der Banater Schwaben. Muth machte in dieser Funktion schließlich im Juni 1935 für Fabritius Platz, um entsprechend der Taktik der sächsischen Konservativen Fabritius und die gemäßigten Erneuerer für ein politisches Zusammenwirken zu gewinnen. Die dabei zutage tretenden scharfen Gegensätze innerhalb der Erneuerer-Bewegung fanden im Banat eine Entsprechung: Während die gemäßigten und kirchennahen Erneuerer-Kreise unter Führung von Nikolaus Hockl dem Zweckbündnis Fabritius-Roth-Muth zuneigten, wandten sich die Radikalen unter dem »Gauleiter« Franz Adam Minnich der sächsischen DVR-Richtung zu. Der weitere Richtungskampf wurde zusätzlich angeheizt durch die krisenhafte Entwicklung Rumäniens. Der rumänische Nationalismus, der wachsende Verdrängungsdruck gegenüber Minderheitsangehörigen im gesamten Berufsleben, die innenpolitische Systemkrise und die außenpolitische Desorientierung ließen einer rationalen Reformdiskussion kaum noch eine Chance. Die autoritäre Suspendierung des politisch-gesellschaftlichen Modernisierungsexperiments schließlich im Februar 1938 durch die Königsdiktatur stellte den logischen Endpunkt einer Dauerkrise dar. Daß die Minderheitsorganisation 1938 ihre offizielle Anerkennung erfuhr, war nur ein Scheinerfolg. Wie die weitere Aufwertung im Zusammenhang mit dem Aufbau der rumäniendeutschen Volksgruppenorganisation und der Anerkennung als Körperschaft öffentlichen Rechts war dies vor allem Ausdruck der Tatsache, daß es eigentlich rumäniendeutsche Politik nicht mehr gab und daß auch die Donauschwaben des östlichen Banats und des Sathmar-Gebiets fortan von Berlin aus regiert wurden.

Ein einschneidendes Ereignis während des Krieges selbst war im Gefolge des Zweiten Wiener Schiedsspruches die Verkleinerung der rumäniendeutschen Volksgruppe. Im Jahre 1940 wurden Banater und Sathmarer Schwaben von einander getrennt, da die Sathmarer wieder zu Ungarn kamen. Dies zog das Ende der 1918 eingeleiteten Wiedereindeutschungsversuche nach sich, eine offensichtlich erfolgreiche Fortsetzung der vorherigen Magyarisierung. Die Volksgruppe innerhalb Rumäniens erhielt seit 1940/41 zwar erheblich erweiterte Rechte, so daß sie in der Tat zu einer Art Staat im Staate wurde. Allerdings muß man hinzufügen, daß diese weitgehend autonome Volksgruppe sich nicht selbst regieren konnte, sondern eben reichsdeutscher Außensteuerung unterworfen war. Gerade in den Bereichen, wo die Minderheit während der gesamten Zwischenkriegszeit um Selbstbestimmung gekämpft hatte, mußte sie sich nun einer noch perfekteren Fremdbestimmung fügen: zum einen im Bereich von Schule und Kultur, zum anderen in allen Angelegenheiten von Verwaltung und Wirtschaft. Die Geschichte dessen, was sich dagegen an Kritik, Verweigerung und Opposition innerhalb der Minderheit herausbildete, ist noch nicht geschrieben. Folgerichtig zugespitzt wurde die Bevormundung der Banater Schwaben wie der Rumäniendeutschen überhaupt im Mai 1943, als sich das Dritte Reich von Rumänien die »volksdeutschen« Wehrpflichtigen überantworten ließ. Ohne daß es nach Kriegsende zu Massenvertreibungen und Gewaltanwendung im großen Umfang gekommen wäre, mußten die Banater Schwaben das gleiche Schicksal wie die Siebenbürger Sachsen ertragen: Entrechtung und Enteignung, Deportation und Zwangsarbeit.

DAS »VÖLKISCHE« DIKTAT: DIE BESSARABIEN- UND DOBRUDSCHADEUTSCHEN IM IRRGARTEN NATIONALER INTEGRATION

Der Weg, den die deutschen Minderheiten im Donauraum und im Karpatenbogen nach dem Ersten Weltkrieg nahmen, brachte sie in mehr oder weniger enge Berührung mit »völkischen« Vorstellungen von der Zusammengehörigkeit aller Deutschen und mit der »alldeutschen« Kritik am Deutschen Reich als unvollständiger, nur vorläufiger Lösung des Nationalstaatproblems. Die Entwicklung verlief dabei von zunehmend deutschnationaler Orientierung zur völkischen Radikalisierung bis hin zur weitgehenden Solidarität mit einem hochstilisierten Deutschland und seit den späten dreißiger Jahren zur Bevormundung von seiten Berlins und dem Versuch der Gleichschaltung. Zur inneren Logik dieser völkischen Aufladung von Minderheitsbewußtsein und reichsdeutscher Präsenz im Südosten gehörte die Absolutsetzung der deutschen »Volksgemeinschaft«. Ihr kam der absolute Vorrang gegenüber dem Individuum, dem einzelnen »Volksgenossen« zu, nicht weniger gegenüber dem »Grenz- und Auslandsdeutschtum« als Teilen des »Volkskörpers«.

Die Solidarisierung des Dritten Reiches mit den deutschen Minderheiten hatte eine für diese gefährliche Schattenseite. So sehr besonders die junge Generation der »Volksdeutschen« den nunmehrigen Zuwachs an Autonomie gegenüber ihren Vaterländern begrüßte, so offenkundig war die Tatsache, daß dies nur die Vorbereitung einer anderen Art von Fremdbestimmung sein konnte. Zwar konnten die größeren südostdeutschen Minderheiten diesem drohenden »völkischen« Diktat dank einer widerstandsfähigen Politiktradition und gewachsener Eigendynamik einiges entgegensetzen, aber für einige kleine, politisch und wirtschaftlich weniger entwickelte Gruppen kam kaum etwas anderes als rückhaltloser Gehorsam in Frage. Weder die Deutschen in der ehemals österreichischen Bukowina noch die im vormaligen russischen Bessarabien, noch weniger das »Streudeutschtum« im Sathmar-Gebiet, in der Dobrudscha und in Altrumänien sowie Bulgarien waren dazu fähig, im Konfliktfall den völkischen Gehorsam zu verweigern.

In eben diese Konfliktsituation sollten von den südostdeutschen Bevölkerungsgruppen, die in diesem Buch darzustellen sind, die Bessarabien- und Dobrudschadeutschen während des Zweiten Weltkriegs geraten. Volk und Heimat wurden zu Gegensätzen, als Berlin die Rückwanderung dieser Minderheiten anordnete. Im höheren, völkischen Interesse hatte man jenen Heimatverlust hinzunehmen, den ansonsten erst der Kriegsausgang mit sich bringen sollte. Sicherlich ist die Bereitschaft zur Umsiedlung im

Herbst 1940 dort ohne weiteres zu erklären, wo die Besetzung seitens der Sowjetunion bevorstand. Aber dies galt nur für Bessarabien und die nördliche Bukowina. Dagegen erscheint es im Falle der Umsiedlung aus der südlichen Bukowina und der Dobrudscha nötig, zusätzlich auf eine andere Motivschicht hinzuweisen, auf die besondere Beziehung zwischen Deutschem Reich und südostdeutschen Minderheiten.

Insofern glich sich die Lage südostdeutscher Minderheiten[136] in hohem Maße, obwohl sie doch ansonsten am Ende des Ersten Weltkrieges durchaus unterschiedliche Entwicklungsvoraussetzungen aufwiesen. Die Bessarabien- und Dobrudschadeutschen traten zu diesem Zeitpunkt eigentlich erst in die Phase der Politisierung ein. Den Konnationalen in der Bukowina war von Österreich her, außerdem aus der multinationalen Konkurrenzsituation ihres Kronlandes früher und intensiver eine neue Mobilität und ein neues Bewußtsein vermittelt worden.[137] Dagegen verharrten Bessarabien[138] und die Dobrudscha samt einigen Siedlungen in Bulgarien[139] weithin noch im Windschatten des sozialen Wandels und der Krisen der großen Politik. Aber dem Veränderungsdruck, der danach von den Kriegsereignissen ausgehen sollte, konnten sich selbst diese vergleichsweise politikfernen Idyllen nicht mehr entziehen.[140]

Während jene deutschen Soldaten, die im Laufe des Jahres 1916 die Dobrudscha, danach Rumänien insgesamt besetzten, dort als Sendboten überhaupt von Politik und deutscher Nation erschienen, wurde Bessarabien durch den militärischen Zusammenbruch und die Revolutionierung des russischen Kaiserreichs regelrecht in eine neue Zeit katapultiert. Die Illusion gleichsam stillstehender Zeit, gewissermaßen dauerhafter Entwicklungsbalance verflog, als gegen Ende des Sturmjahres 1917 in Bessarabien die ersten revolutionären Bezirkskomitees auf den Plan traten. Und schon – so scheint es jedenfalls im Rückblick – zeichnete sich die Möglichkeit ab, daß die politische Mobilisierung der deutschen Minderheit schnell zur Nationalisierung des ethnischen Zusammenhalts führen werde. So schufen die Bezirkskomitees noch 1917 die Verbindung zum Allrussischen Verband russischer Bürger deutscher Nationalität,[141] und vor dem Hintergrund von Kapitulation, Auflösung und Desorientierung entstand im April 1918 gleichsam als Ersatzform politisch-staatlicher Autorität der Deutsche Volksrat für Bessarabien in Tarutino. Als dann der Sog von überregionaler Machtverschiebung und rumänischen Vereinigungsofferten zunahm, folgten die Bessarabiendeutschen dem Beispiel der Siebenbürger Sachsen. Sie erklärten am 7. März 1919 ihr Einverständnis mit der Hinwendung der »Autonomen Moldowanischen Republik« zu Rumänien. Das neue Vaterland bekräftigte – nur halb freiwillig – schließlich am 20. Oktober 1920 die ausgehandelten Konditionen: Der Minderheitsschutzvertrag wurde nun auf Bessarabien ausgedehnt.

Ein gewisser Abschluß dieser Phase von Entwurzelung und neuer Integrierung schien im Jahre 1926 erreicht. Nach sächsischem Vorbild erfuhren Organisation und Programmatik der bessarabischen deutschen »Volksgemeinschaft« ihre abschließende Festlegung. Wie die benachbarten Bukowinadeutschen, wie der dortige »Volksrat« am 26. November 1918 hatte man diese Hinwendung zu einem neuen Vaterland verbunden mit der Absage auch an die zeitweilige Alternative eines ukrainischen Nationalrats

Zu den erschütterndsten Folgen der nationalistischen Radikalisierung der Völker des Südostens seit dem 19. Jahrhundert gehört die Zersetzung jener jüdisch-deutschen Symbiose, die in der Durchbruchsphase des ungarischen Modernisierungsprozesses, zumindest in den größeren Städten, zu vielfach sogar dominierendem Zusammenwirken geführt hat. Diese Tradition war gerade in der Bukowina – hier die Synagoge von Radautz – stark ausgeprägt, wo später die radikalste Form des sächsischen Nationalsozialismus eine Basis fand.

in Lemberg, und wie die dortige, 1920 entstandene Deutsche Volksgemeinschaft sich zunächst als Teil des am 18. September 1918 in Czernowitz gegründeten Verbandes der Deutschen in Rumänien verstand, so gingen die Bessarabiendeutschen diesen Weg der Eingliederung in den großrumänischen Vielvölkerstaat.

Zwar war der Einstieg der Dobrudschadeutschen in Politisierung und Nationalisierung weniger intensiv, auch von der Breitenwirkung her schwächer, aber ihre Entwicklung stellt doch eine zumindest angedeutete Analogie dar. Im Jahre 1924 betrat hier ein Verband rumänischer Bürger deutscher Abstammung in der Dobrudscha die Bühne. Seine Zusammenarbeit mit der rumäniendeutschen Dachorganisation mündete 1931 im förmlichen Beitritt. Ähnlich gerichtet waren die Bestrebungen deutscher Minderheitspolitik im Sathmar-Gebiet, die gleichwohl auf einer anderen Entwicklungsstufe angesiedelt waren. Hier ging es zunächst nur darum, in der weitgehend magyarisierten schwäbischen Bevölkerung Zusammengehörigkeitsbewußtsein und Selbstbestimmungsstreben überhaupt wiederzubeleben.[142]

Auch wenn diese rumäniendeutschen Minderheitsgruppen gleichermaßen der Zielsetzung deutscher nationaler Identitätsbildung und Selbstorganisation folgten, wiesen sie erhebliche Besonderheiten auf. Dies hatte nicht nur mit ihrer unterschiedlichen Größe zu tun. Nach den Ergebnissen der – am ehesten verläßlichen – rumänischen Volkszählung von 1930 lebte in Rumänien nahezu eine Dreiviertelmillion Bürger deutscher Volkszugehörigkeit.[143] Neben nahezu 240 000 Siebenbürger Sachsen und ungefähr 275 000 Donauschwaben im Banat bekannten sich zu deutscher Volkszugehörigkeit in Bessarabien und der Bukowina 81 089 beziehungsweise 75 533 Personen, in der Dobrudscha und im Sathmar-Gebiet 12 581 beziehungsweise 31 067; von den 32 366 Rumäniendeutschen im Altreich wiederum lebte fast die Hälfte, insgesamt 14 231, in der Hauptstadt. In einigen Daten kamen Assimilationsneigungen und Konflikttendenzen zum Ausdruck, so in der Bereitschaft katholischer Slowaken, die in weitgehend schwäbischen Industrieorten des Banater Berglandes zugewandert waren, sich für Deutsch als Muttersprache zu erklären; ähnlich verhielten sich Juden in Czernowitz, der Hauptstadt der Bukowina, wo sich zwar 42 592, also nahezu vierzig Prozent der Bevölkerung, als Juden zählen ließen, gleichzeitig aber wohl etwa 10 000 das Deutsche als ihre Muttersprache angaben. Umgekehrt ist auch bei den Deutschen ein Assimilationstrend zu erkennen: Von den 31 067 Sathmardeutschen betrachtete fast ein Drittel das Deutsche nicht mehr als Muttersprache; vermutlich nochmals 10 000 Sathmarschwaben waren schon so weit magyarisiert, daß sie sich bei dieser Erhebung von 1930 gar nicht mehr als deutsche Volksangehörige zählen ließen.

Außer bloßen Größenunterschieden beeinflußten auch langfristig gewachsene Voraussetzungen dieser deutschen Minderheitsgruppen ihre weitere Entwicklung. So verfügten – in krassem Gegensatz zu den Siebenbürger Sachsen, eingeschränkt zu den Banater Schwaben – eben die Bessarabien- und Dobrudschadeutschen im Grunde über keine politisch-konzeptionelle Tradition. Die Kirche wiederum, dies zeigen die Beispiele Siebenbürgen und Sathmar, konnte in die Rolle des Trägers deutschnationaler Identität hineinwachsen, aber auch in diejenige eines Übermittlers des Assimilationsdrucks. Selbst das hervorstechende gemeinsame Merkmal sozialer Struktur, das klare Überwiegen der Agrarbevölkerung, konnte im einzelnen beträchtliche Unterschiede aufweisen, was minderheitspolitische Folgen hatte: Für Chancen und Gestaltung minderheitspolitischer Mobilisierung war es sicherlich wichtig, ob in Bessarabien und der Bukowina mehr als 95 oder nur 55 Prozent der Deutschen auf dem Lande lebten; ob diese agrarische Mehrheit wie in der Dobrudscha und zumindest bis 1917/18 noch in Bessarabien als politikferne Dorfgemeinschaft strukturiert war oder ob bereits eine beruflich-gewerbliche und politisch-weltanschauliche Ausdifferenzierung in Gang gekommen war wie in Siebenbürgen und der Bukowina, teils auch im Banat. Und schließlich waren Beginn und Intensität nationaler Organisationsbildungen in hohem Maße abhängig von der Existenz einer besitz- oder bildungsbürgerlichen Führungsschicht. Diese konnte fremde Konzepte und Vorbilder übersetzen und in politische Taktik ummünzen. Siebenbürgen und die Bukowina zum einen, Bessarabien, die Dobrudscha und Sathmar zum anderen verkörpern in dieser Hinsicht bis in die frühe Nachkriegszeit scharfe Gegensätze.

Auch die Rolle, die die Minderheit im Lande selbst beanspruchen konnte, war hieran gebunden. Ob die Deutschen – nicht nur nach eigenem Verständnis, sondern auch in den Augen der anderen – etwa Siebenbürgen nach fast achthundertjähriger Anwesenheit in vielem ihren Stempel aufgedrückt hatten, ob sie wie im Banat ganz selbstverständlich als Teil der alteingesessenen Bevölkerung galten oder ob sie in Altrumänien und Bessarabien, ein Jahrhundert seit der Zuwanderung, noch immer als Fremde betrachtet wurden, dies sollte sich bei Politisierung und Nationalisierung der deutschen Minderheitsexistenz als wichtig für die eigene Dynamik und deren Akzeptanz bei den anderen erweisen. Sie konnten, wie die Sachsen, geradezu zum Lande selbst gehören und auch auf gesamtstaatlicher Politikebene über die eigenen Geschicke mitentscheiden. Sie konnten wie in der Bukowina und im Banat unzweifelhaft Teil der tragenden Strukturen von Wirtschaft und Gesellschaft sein. Dies konnte bis hin zur allseitigen Vorstellung von Assimilation und Magyarisierung als »natürlicher« Verhaltensweise reichen, wie es in der Zips, in Sathmar und im Stadtbürgertum schon im 19. Jahrhundert der Fall war. Andererseits gab es den konfliktträchtigen Fall, daß Deutsche von der gewachsenen Gemeinschaft ihrer multiethnischen Umwelt nicht voll integriert wurden, sei es wegen ihrer späten Zuwanderung – in der Dobrudscha seit den vierziger Jahren des 19. Jahrhunderts – oder in Bessarabien wegen eines bisweilen distanzierend wirkenden Wohlstands und einer gewissen Absonderungsneigung der Deutschen selbst.

Faktoren der Modernisierung wie diese können nicht ohne weiteres zu einem allgemeingültigen Erklärungsmodell verbunden werden. Dies um so weniger, als zusätzliche Variablen zu berücksichtigen sind, etwa eine gewisse Prägung kollektiven Verhaltens durch gemeinsames Erinnern, durch das jeweilige Minderheitsbewußtsein und Traditionen gerade kleiner Gruppen. Sicherlich waren das öffentliche Erscheinungsbild und die Einstellung zur ethnisch-fremden Umgebung jeweils auf einen gemeinsamen südostdeutschen Sockel von kulturnationalem deutschen Bewußtsein und Zusammenhalt in der Basissphäre bloßer Existenzsicherung gegründet. Aber damit konnte eine breite

Palette nationalisierten Selbstverständnisses und vielfach abgestufter Beziehungen zwischennationaler Art verbunden sein – von der emotionalisierten Absolutsetzung staatenübergreifender »Volksgemeinschaft« bis hin zu zweckrationalem nationalen Identitätswechsel. Und es bedeutete viel für das politische Leben der einzelnen südostdeutschen Minderheiten vor allem nach 1918, wenn etwa die Sachsen entsprechend eigener und fremder Auffassung nicht nur sich selbst repräsentierten, sondern Siebenbürgen als solches. Das galt mit unterschiedlichen Ergebnissen auch für jene gestalterische Rolle, die das deutschungarische Stadtbürgertum, die Zipser Sachsen und im bürgerlichen Lebenskreis vielfach die Donauschwaben in den Beziehungen zu ihrer nationalen Umwelt ausfüllen konnten. Andererseits war es geradezu ein Gradmesser politischen Entwicklungsrückstandes und prekärer Zukunft, wenn die Deutschen in Sathmar und Bessarabien, in der Dobrudscha und in Altrumänien ganz auf die Sphäre der Selbsterhaltung beschränkt blieben. Sie waren davon abhängig, daß andere sie mitrepräsentierten; sie waren auf fremde Hilfe angewiesen, vor allem auf die gesamt-rumäniendeutsche Organisation, teils auch auf den übergreifenden kirchlichen Verbund.

So wurden – an vielen weiteren Beispielen ließe sich dies verdeutlichen – die bald gleichlaufenden, bald sich voneinander entfernenden Wege der südostdeutschen Minderheiten ins 20. Jahrhundert zu beträchtlichen Teilen von der Langzeitwirkung ihrer Entstehung und frühen Prägung mitgeformt. In diesem Sinne sollte für die Bukowina, deren österreichische Besiedlung vor allem im letzten Viertel des 18. Jahrhunderts erfolgte, eine außerordentliche Vielfalt in der landsmannschaftlichen Herkunft und beruflich-sozialen Gliederung charakteristisch werden. Die spätere politisch-weltanschauliche Zersplitterung und kulturell-gewerbliche Lebendigkeit erfuhr dadurch eine gewisse Vorstrukturierung. Darin lag eine Ähnlichkeit zum benachbarten Sathmar-Gebiet, zu dessen bleibender wirtschaftlich-gesellschaftlicher Homogenität und ungarischer Orientierung. Denn auch diese war langfristig vorbereitet, und zwar durch die autochthon-ungarisch bestimmte und auf bäuerliche Zuwanderung eingeengte Ansiedlung ebenfalls im 18. Jahrhundert. Anders als diese deutschen Siedler im Reich, seit 1867 insbesondere die Bukowinadeutschen in der österreichischen Reichshälfte, befanden sich die Konnationalen in Bessarabien,[144] in der Dobrudscha und in Altrumänien von Anfang an in einer ausgesprochenen Minderheitssituation. So hatten sie sich größtenteils zwischen 1814 und 1824, teils noch bis 1842, also vom Anfang bis zum Ende einer staatlich gelenkten Ansiedlungskampagne, zwischen Pruth und Dnjestr niedergelassen. In der Mehrheit aus Südwestdeutschland, daneben aus Mecklenburg, Pommern und Westpreußen stammend, waren die meisten auf dem Umweg über den einst preußischen Teil Polens kommend dem Manifest von Kaiser Alexander I. von 1813 gefolgt.

In noch höherem Maße Minderheit und Fremde waren die Ansiedler in der Dobrudscha. Seit 1842 waren sie vor allem aus Bessarabien, teils auch aus südlichen Gouvernements, ins Osmanische Reich hinübergewechselt. Sie blieben – 1930 mit 12 581 Personen nur 1,5 Prozent der Bevölkerung, während der deutsche Anteil in Bessarabien 81 069 oder 2,8 Prozent ausmachte – selbst nach dem Übergang der Norddobrudscha beziehungsweise des Cadrilater in den Jahren 1878 und 1913 an Rumänien eine letztlich fremde Minderheit. Zwar waren sie beruflich und schließlich politisch durchaus eingegliedert, doch konnte es für sie keine volle Integrierung in die landestypische Völkervielfalt von Rumänen, Russen und Bulgaren, von Griechen und Armeniern, von Türken, Tataren und Roma geben.[145] Der wirtschaftliche Erfolg und oftmals politische Funktionen im lokalen Umfeld ändern daran ebensowenig wie – besonders in Bessarabien – das in ihren Dörfern Für-sich-Bleiben die Deutschen vor Krisenerscheinungen bewahrt hätte. Eine – teilweise politisch gewollte – einseitige Sozialstruktur, ferner Schwierigkeiten beim Landerwerb und die Gefährdung vieler Existenzen durch fortgesetzte Realteilung, also Verkleinerung der Siedlerstellen, und schließlich seit 1921 die rumänische Agrarreform brachten erhebliche soziale Gegensätze mit sich. Zusätzlich durch starke Bevölkerungsvermehrung gefördert, wuchs die Zahl von Landarbeitern in ärmlichsten Verhältnissen und kaum existenzfähiger Kleinstbauern immer schneller. So war schließlich 1940 die Sozialstruktur der Dobrudscha durch einen Anteil von Kleinbauern- beziehungsweise Land- und Berufslosen in Höhe von vierzig Prozent bestimmt.[146]

Auch in kulturell-kirchlicher und schulischer Hinsicht, bei der Infrastruktur und der verkehrsmäßigen Erschließung blieben selbst nach 1918, nach der staatlichen Zusammenfassung in Rumänien, beträchtliche Unterschiede besonders zwischen Bessarabien und der Dobrudscha sowie Siebenbürgen und dem Banat bestehen. Nur im Banat gab es auf agrarisch-gewerblicher beziehungsweise rein agrarischer Grundlage Ansätze zur wirtschaftlichen Modernisierung, im Banater Bergland auch zur Industrialisierung. Hier erfolgte die Anbindung an ein entstehendes Verkehrsnetz, und hier boten auch genossenschaftliche Organisationen und kirchliche Bildungseinrichtungen ein wichtiges Potential gesellschaftlicher Innovation und minderheitspolitischer Aktivierung. Dagegen gerieten die Bukowina-, Bessarabien- und Dobrudschadeutschen unter massiven Assimilierungsdruck. Bedeutete dies in der Bukowina eine Strategie zur Romanisierung des altösterreichischen staatlichen Bildungswesens von der Volksschule bis zur Universität Czernowitz, so ging es in Bessarabien und der Dobrudscha darum, ob die Deutschen überhaupt eigene Schulen und Lehrer bekommen sollten. Obwohl besonders die größtenteils evangelischen Bessarabiendeutschen nach der kirchlichen Vereinigung mit der siebenbürgisch-sächsischen Landeskirche Hilfe von sächsischer Seite erhielten und die bäuerliche Bevölkerung stärker als in Ungarn an ihrem deutschen kulturnationalen Selbstverständnis festhielt, drohte seit den dreißiger Jahren doch die allmähliche Romanisierung der nachwachsenden Generation. Zwar konnte in Bessarabien unter kirchlicher Führung der Selbstbehauptungswille organisiert werden, und da allmählich auch eine größere Zahl deutscher Intellektueller nachwuchs, konnten in Tarutino und Sarata weiterführende Bildungseinrichtungen gehalten werden. Dennoch waren selbst hier, noch deutlicher bei den konfessionell zersplitterten Dobrudschadeutschen, letzten Endes finanzielle Leistungsfähigkeit und minderheitspolitische Aktivität zu schwach ausgeprägt.

So dürften sich die kleineren rumäniendeutschen Minderheitsgruppen auf den Weg in die Romanisierung beziehungsweise die Sathmar-Schwaben in eine ungewisse

Gegen die »Volksgemeinschaft« gibt es kein »Widerstandsrecht«! Deutsche Umsiedler aus Bessarabien und der Dobrudscha bei der Registrierung im Durchgangslager Semlin bei Belgrad im Jahre 1940. Die Umsiedler haben sich nicht, wie man sie glauben machte, in Sicherheit gebracht. Vielen von ihnen stand eine mehrjährige Odyssee durch Mitteleuropa und die Sowjetunion bevor. Zwar haben die meisten von ihnen die geplante Umsiedlung begrüßt, zumal sie nur über ein unvollständiges, vielfach stilisiertes Bild des »Dritten Reiches« verfügten, aber unter dem Eindruck des Lebens in Lagern begriffen sich immer mehr von ihnen als Opfer eines »völkischen« Diktats.

Entmagyarisierung befunden haben, als seit den frühen dreißiger Jahren auch sie mit dem völkischen Nationalismus in Berührung kamen. Zwar wirkten sich bei der bäuerlichen Bevölkerung eben jene Entwicklungsbedingungen, die ein Modernisierungshemmnis darstellten, nun zugleich als Radikalisierungshindernis aus, und es fehlte jene Einstimmung auf den völkischen Nationalismus, wie sie in Siebenbürgen die deutschnationale Tradition und im Banat ansatzweise noch vor 1914 die UDVP vorbereitet hatten. Aber allein schon die minderheitspolitische Abwehrsituation sorgte dafür, daß man auf den Vorrang der Gemeinschaft gegenüber dem einzelnen, der völkischen Geschlossenheit gegenüber partei- und interessenbezogener Differenzierung längst eingestellt war, ja geradezu dafür disponiert war, die Parolen der nun auftretenden Erneuerer als Lösung der zugespitzten Existenzproblematik anzunehmen. Während in der Bukowina das Auftreten der Erneuerer die ohnehin vorherrschenden Spannungen zwischen der Volksgemeinschaft und der katholisch-kirchlichen Richtung unter Georg Goebel zusätzlich verschärfte, dominierten in Bessarabien seit 1934 die Erneuerer unter Otto Broneske als Vorsitzendem des Volksrats. Hier wie in der Dobrudscha unter den Gauobmännern Johannes Klukas und Paul Unterschütz blieben die interne Auseinandersetzung der Erneuerer und der Aufstieg der DVR eine Randerscheinung. In der Bukowina gelang es unter Gauobmann Franz Lohmer, die relativ starke DVR in die »Volksgemeinschaft« einzubinden.

Die Koordinierung und reichsdeutsche Gleichschaltung der rumäniendeutschen Minderheitspolitik seit 1938, schließlich der Beginn des Zweiten Weltkrieges entwerteten gewissermaßen die ohnehin sehr unterschiedlichen Fortschritte von Selbstorganisation und nationaler Identitätsbildung der im weiteren Sinne karpatendeutschen Gruppen. Diese wurden mehr oder weniger bloßes Objekt kaum beeinflußbarer Außensteuerung. Ihre Lage war einem Irrgarten nationaler Integration vergleichbar, da Vorgänge der Nationalisierung und der Assimilierung sich kreuzten und mehrere Assimilationsziele miteinander konkurrierten. Zudem begannen Versuche von Entmagyarisierung samt Regermanisierung, während langfristig gewachsene, fragile Formationen multinationalen Zusammenlebens und bewußt in der Schwebe gehaltener nationaler Identitätsbildung zu Kampfkonstellationen erstarrten. Was richtig oder falsch, was für die Minderheit selbst gut oder schlecht war, Fragen dieser Art wurden unwichtig gegenüber reichsdeutschen Entschlüssen.

Auf der Ebene der großen Politik wurde 1939 schließlich das Ende deutscher Minderheitsexistenz im äußersten Südosten eingeläutet.[147] Zu den Konsequenzen des Hitler-Stalin-Pakts vom 23. August 1939 gehörte auch die Entscheidung Berlins, die Deutschen aus der Bukowina, aus Bessarabien und der Dobrudscha umzusiedeln. Während bereits im Oktober und November 1939 deutsch-sowjetische Verträge die Umsiedlung der Minderheiten aus dem Baltikum, aus Galizien und Wolhynien geregelt hatten, wurde ein ähnliches Vorgehen im Sommer 1940 auch für den östlichen Karpatenbogen dringlich. Nachdem Rumänien am 27. Juni 1940, von Deutschland beeinflußt, einer ultimativen Forderung der Sowjetunion nachgegeben und Bessarabien samt Nordbukowina abgetreten hatte, wollte Berlin die dortigen Deutschen aus diesem künftigen sowjetischen Machtbereich herausholen. Das Nähere regelte eine deutsch-sowjetische »Vereinbarung über die Umsiedlung der deutschstämmigen Bevölkerung aus den Gebieten von Bessarabien und der nördlichen Bukowina in das Deutsche Reich«. Eine ähnliche Vereinbarung traf das Deutsche Reich am 22. Oktober mit Rumänien. Dadurch wurde die Umsiedlungsaktion auf die südliche Bukowina und die Dobrudscha ausgedehnt. Zwischen dem 24. September und Mitte Dezember 1940 wurden diese Umsiedlungen abgeschlossen. Insgesamt dürften bis zur Jahreswende 1943/44 maximal 215 000 Personen aus dem Südosten ins Deutsche Reich »geschleust« worden sein. Darunter fielen auch andere Unternehmen dieser Art während fast der gesamten Kriegsdauer, so 1939/40 die »Vor-Umsiedlung« von etwa 1 700 Dobrudschadeutschen, die besonders schlechten Lebensbedingungen entgehen wollten; sodann zwischen Dezember 1940 und Sommer 1943 eine Art von Familienzusammenführung durch Nachzug von Umsiedlerangehörigen aus ganz Rumänien; schließlich vor allem 1941/42 die Abwanderung von 1 945 Deutschen aus Bulgarien, davon etwa 500 aus der bis 7. September 1940 noch rumänischen Süddobrudscha.[148]

Transportwege und Modalitäten der Umsiedlung wurden vertraglich bestimmt. So legten etwa 93 300 Bessarabiendeutsche auf Lastkraftwagen, mit der Bahn oder in Trecks den Weg zu den Donauhäfen, etwa Galatz, zurück. Per Schiff gelangten sie dann zu Auffanglagern im jugoslawischen Semlin, von hier mit der Bahn nach Deutschland, wo sie zunächst in besonderen Umsiedlerlagern untergebracht wurden. Aus der Nordbukowina, die etwa 43 600 Personen verließen, wurden Sonderzüge zentral von Czernowitz über Krakau nach Schlesien geführt, und aus dem Süden der Bukowina gab es Bahntransporte für mehr als 52 000 Menschen über Klausenburg und Budapest zunächst nach Österreich. Die ungefähr 15 400 Konnationalen aus der Dobrudscha, die im rumänischen Cernavoda eingeschifft wurden, spulten gewissermaßen den geschichtlichen Film der deutschen Wanderung in das Land an der Donau wieder zurück – donauaufwärts führte ihr Weg »heim ins Reich«.

Zwei nüchterne Zahlenangaben[149] lassen ahnen, welche Beweggründe das Verhalten der Betroffenen gelenkt haben könnten, als sie von der am grünen Tisch gefällten Entscheidung über ihre persönliche Zukunft erfuhren: Aus Bessarabien sind geringfügig mehr, aus der Bukowina – bezogen auf die deutsche Bevölkerungszahl 1939 – fast zwanzig Prozent mehr Personen umgesiedelt worden, als es dort eigentlich Deutsche hätte geben dürfen; dagegen verweigerten in der Bukowina und der Dobrudscha ungefähr zehn Prozent der Deutschen die Umsiedlung. Diese Daten sind ein Hinweis darauf, daß vor allem in den künftigen sowjetischen Gebieten die blanke Angst vor den neuen Herren, vor Enteignung und womöglich Deportation die Menschen veranlaßte, alles aufzugeben und sich der Solidarität eines im Grunde fremden Staates auszuliefern. Aus Angst zeigten diese Bereitschaft auch Personen, die der Minderheit nicht angehörten. Auf der anderen Seite war diese Angst notwendig zur Überwindung der offenbar durchaus verbreiteten Abneigung vieler Menschen gegen das Verlassen der Heimat und gegen diese Art von Außensteuerung. Viele scheinen bei ihrer Entscheidung über Bleiben oder Gehen sehr geschwankt zu haben,[150] und dies, obwohl in der Bukowina und

Die Anwesenheit deutscher Wehrmachtsangehöriger und Volksdeutscher bei einer rumänischen Heldengedenkfeier am 29. Mai 1941 in Konstanza ist ein Beispiel für die propagandistische Vorbereitung der verstärkten deutschen Einflußnahme auf Rumänien am Vorabend des Krieges gegen die Sowjetunion.

in der Dobrudscha die einigermaßen zügige Entschlußfassung über die Auswanderung beispielsweise nach Argentinien oder in die USA nichts Ungewöhnliches war. Bedenken, Zögern, Skepsis müssen 1940 doch sehr verbreitet gewesen sein, vielmehr jedenfalls, als das tatsächliche Ausmaß der Umsiedlung erkennen läßt. Schließlich waren die Betroffenen dem massiven Druck der Minderheitsführung sowie des reichsdeutschen Propaganda- und Erfassungsapparates ausgesetzt. Auf Zögernde wurde der Druck noch mehr verstärkt, die Rückwanderung aus dem Deutschen Reich nach Rumänien unter Strafe gestellt, was auch KZ-Haft bedeuten konnte.

Auch die individuelle Interessenlage der Minderheitsangehörigen konnte für durchaus kontroverse Reaktionen sorgen: Für einen wohlhabenden Bauern aus dem Umland von Konstanza mußten andere Gesichtspunkte maßgeblich sein als für seinen Taglöhner, der ein Leben vor sich hatte, das im Sommer kärglich entlohnte Gelegenheitsarbeiten bedeutete und im Winter Hunger und Not. Für Beamte und Freiberufler in der Bukowina wiederum, deren beruflicher und gesellschaftlicher Abstieg als Folge des Romanisierungsdrucks unabwendbar schien, konnte nicht die Interessenabwägung deutscher Kaufleute und Unternehmer in Czernowitz oder Galatz maßgeblich sein. So müssen wir annehmen, daß sich eine beträchtliche Vielfalt von Meinungen und Interessen, die der rumäniendeutschen Wirklichkeit entsprach,[151] hinter der zunächst hervorstechenden Geschlossenheit der Umsiedlung verbarg. Es gab keine einzige, selbstgenügsame »rumäniendeutsche« Minderheit, ebensowenig wie vor dem Ersten Weltkrieg eine »ungarndeutsche« Minderheit existierte. Die Eigenart deutscher Anwesenheit im Donau- und Karpatenraum blieb bis zuletzt von der geschichtlich gewachsenen Vielfalt zahlreicher Bevölkerungsgruppen bestimmt, vom Zusammenleben »mit den anderen« mehr als vom Interesse an deutscher Einheit und Selbstbezogenheit.

Außer der Übermacht der großen Politik und des Dritten Reiches, sodann der blanken Angst vor der drohenden sowjetischen Herrschaft und schließlich einer Vielzahl individueller Haltungen gab es einen weiteren Beweggrund, der den Umsiedlungsbeschluß begünstigte. Es handelte sich um das Zusammenwirken der besonderen minderheitspolitischen Verhaltensdisposition mit dem massiv propagierten völkischen Einheitsappell. Das Ausmaß sozialer Disziplin, das für die südostdeutschen Minderheiten – vielleicht mit Ausnahme der Bukowina – charakteristisch war, machte es dem einzelnen sehr schwer, in dieser konkreten Situation des Herbstes 1940 einen eigenen Weg zu gehen. Selbst bei den sicherlich nicht diskussions- und kontroversenscheuen Siebenbürger Sachsen war im Katalog der sozialen Verhaltensmöglichkeiten nicht vorgesehen, im Entscheidungsfalle den Fraktionszwang der Minderheitspolitik anzuzweifeln. Außerdem konnte man sich nach jahrelanger Beeinflussung durch ein hochgradig idealisiertes Bild des Dritten Reiches kaum dessen Entscheidung und Steuerung entziehen.

So war es eine Art völkisches Diktat, das die durchweg ohnmächtigen Minderheiten am Ostrand der Karpaten systematischer Fremdbestimmung unterwarf. Die gerade bei den Siebenbürger Sachsen weitgediehene Verschmelzung überlieferter deutschnationaler Minderheitspolitik und völkischer Utopie verwischte zudem die wichtige Grenze zwischen der eigenen Entscheidung und dem Diktat des »Führerstaates«. So ist jene im

Umsiedlertrecks aus Bessarabien im Herbst 1940 nahmen schon in der Anfangsphase des Kriegs die spätere Wirklichkeit von Heimatverlust und Unsicherheit vorweg, aber noch spricht man von »Heimkehr« in das eigentliche Vaterland.

Grunde nie geplante, aber fast selbstverständlich zustandekommende Ähnlichkeit einschlägiger Stellungnahmen der Reichsspitze und eines durchaus konservativen Minderheitspolitikers wie Hans Otto Roth zu verstehen. Zum einen nährte Hitler etwa durch seine Reichstagsrede vom 6. Oktober 1939 die Erwartung eines Rückzugs auch der südostdeutschen »Vorposten«: Es handle sich bei ihnen um auf Dauer nicht lebensfähige Volkstumssplitter, die nur auf diese Weise dem deutschen Volkstum zu erhalten seien. Und aus dem Stabshauptamt des »Reichskommissars für die Festigung des deutschen Volkstums« stammt eine Stellungnahme von Dezember 1940, derzufolge eine »Revolutionierung« des Umgangs mit dem Auslandsdeutschtum anstehe. Die zusammenhanglos vorgeschobenen deutschen Minderheiten im Osten Europas müßten ohne wehleidige Romantik umgesiedelt und dort, wo sie das deutsche Volk am dringendsten brauche, neu angesetzt werden. Sie dürften nicht zum »Dünger« für die dortigen Völker werden.[152]

Aus der völkisch-nationalistischen Sicht des Dritten Reiches genoß die Zusammenfassung und Sicherung »deutscher Rassensubstanz« absoluten Vorrang, auch gegenüber dem Lebensrecht von Teilgruppen des deutschen Volkes selbst, beispielsweise demjenigen von Minderheiten im Südosten. Daher konnte es bei der Entscheidung, ob eine deutsche Minderheit gefährdet war, nicht nur um die unmittelbare Gefährdung etwa durch die Einbeziehung in den sowjetischen Machtbereich gehen. Als Gefährdung, die eine Umsiedlung notwendig machen konnte, galt auch schon die drohende Unterordnung unter eine nichtdeutsche Umgebung oder gar die Verschmelzung mit dieser. Dieser Auffassung näherten sich auf deutschnational-völkisch vorbereiteter Bahn die Vorschläge und Gedankengänge der rumäniendeutschen Minderheitsführung selbst. Beispielsweise forderte Hans Otto Roth im September 1939 bei einer Volksratssitzung zur Bessarabien-Thematik, daß die Bessarabien-, Bukowina- und Dobrudschadeutschen hinter die Karpaten zurückgenommen werden müßten.[153] Er konkretisierte dies in einem Memoire vom 25. November 1939 für das deutsche Auswärtige Amt und die Volksdeutsche Mittelstelle: Die »deutschen Volkssplitter der Dobrudscha, des Buchenlandes und Sathmars, aber auch Bessarabiens« seien als solche nicht mehr lebensfähig; daher sollten die Sathmarschwaben ins Banat umgesiedelt werden, hingegen die Bukowinadeutschen in den Norden Siebenbürgens bei Bistritz und die übrigen ins Alttal zwischen Hermannstadt und Kronstadt. So könne das siebenbürgische Deutschtum, das ebenso wie die Banater Schwaben gehalten werden müsse, auf ungefähr 420 000 Personen erweitert werden. Dann werde es, »gestützt auf seine historische Stellung und seine geistige und wirtschaftliche Kraft, seine uralte Aufgabe als Bollwerk gegen die östliche Welt mit erhöhtem Nachdruck wieder aufnehmen«.[154]

Zwar wurden Auffassungen dieser Art zunächst zurückgestellt, da man auf Rumänien Rücksicht nehmen mußte und keine zusätzliche Unruhe in die Minderheiten bringen wollte, und schließlich in dieser Form auch nie realisiert. Aber sie verweisen auf eine spätestens seit den mittleren dreißiger Jahren manifeste innere Angleichung der nationalpolitischen Konzeptionen der NS-Führung und politischer Tradition der Minderheiten. Nicht auf eine Verharmlosung des Mißbrauchs, den das Dritte Reich mit dem Vertrauen der Minderheiten getrieben hat, auch nicht auf ein Beschönigen der drückenden Lebensbedingungen der Umsiedler während des Lagerlebens und der Ansiedlung im Altreich oder im Osten und schon gar nicht auf ein Verkleinern der Leiden jener nach 1945 nach Sowjetunion/Rumänien zurückgezwungenen Umsiedler zielt die Frage, ob das völkische Diktat, das den Ruin dieser Minderheiten als solcher herausgefordert hat, denn ausschließlich ein Ergebnis von Gleichschaltung und Zwang gewesen ist. Die tatsächliche Breitenwirkung in den Minderheiten überhaupt und die freiwillige Mitwirkung lassen auf ein Mindestmaß an Übereinstimmung schließen. Sicherlich gilt dies sehr viel weniger für die kleinen rumäniendeutschen Minderheiten als für die Siebenbürger Sachsen und – mit einer gewissen Abstufung – auch für die Banater Schwaben. Aber nur Bevormundung und Zwang, nur das – zweifellos wirksame – völkische Diktat Berlins als Erklärung für eigenes Verhalten und Schicksal der Südostdeutschen anzuführen, das würde der zeitgeschichtlichen Entwicklung und der späteren Deformation deutscher Anwesenheit im Land an der Donau keineswegs gerecht werden.

»KARPATENDEUTSCHE« REINTEGRATION ZWISCHEN PRESSBURG UND KÄSMARK

Die Lage der Slowakeideutschen zwischen den beiden Weltkriegen wies ähnliche Strukturprobleme und Ereignisabläufe auf wie diejenige der Deutschen in den anderen südostdeutschen Siedlungsgebieten.[155] Als Teil der deutschsprachigen Bevölkerung des alten Ungarn waren auch sie während der zweiten Hälfte des 19. Jahrhunderts von jenem Wandel betroffen, dessen Unausweichlichkeit so sicher war wie seine inhaltliche Ausrichtung ungewiß: Zeitlich versetzt zwar und unterschiedlich intensiv, wurden auch die Deutschen von der politischen und wirtschaftlichen Modernisierung erfaßt. Demgegenüber war ungewiß, ob durchgreifende Politisierung und die Auflösung überkommener wirtschaftlich-gesellschaftlicher Strukturen zusammen mit der Abwanderung die deutschsprachige Bevölkerung zu neuer Entfaltung befähigen oder völlig in ihre magyarische und slowakische Umgebung einschmelzen würden. Nach dem späten Mittelalter, als diese Region eine regelrechte Wachstumszone mit blühenden Städten und einer überregionalen Bedeutung von Wirtschaft und Technik gewesen war, sind die mittlere und östliche Slowakei allmählich ins Abseits geraten. Das Städtewesen in der Zips und die »niederungarischen« Bergbauzentren wie Schemnitz und Neusohl büßten ihre Sogkraft ein. Die einst nahezu geschlossene deutsche West-Ost-Siedlungsbrücke verlor immer mehr Verbindungsglieder.

Die politisch-kulturellen und wirtschaftlichen Innovationen des 19. Jahrhunderts aber lernten diese mittlerweile zusammenhanglosen Deutschen weitgehend in Verbindung mit der magyarischen Nationalbewegung und dem ungarischen »Landesausbau« nach 1867 kennen. Wien und die deutsche Dynastie hingegen erschienen als Verkörperung des Alten, zu dem als Symbol des Neuen die ungarischen Eliten und die magyarische Lebensart im Kontrast standen. Wie die patriotischen Deutschen im Landesinnern wandten sich die deutschen Stadtbürger in Preßburg, auch in der Zips, innerlich an den ungarischen Staat. Dagegen suchten die verarmten deutschen Kleinbauern etwa aus dem Hauerland, ähnlich wie ihre slowakischen Schicksalsgenossen, als Industriearbeiter vorzugsweise in der hauptstädtischen Wachstumsregion ihr Glück. Ein zweites Strukturproblem, das die deutsche Bevölkerung schwächte, die trotz ihrer bestimmenden Stellung in einer Reihe wichtiger Städte doch nie mehr als fünf Prozent der Gesamtbevölkerung ausgemacht hatte, war ihre Zersplitterung.

Die deutsche Siedlungskette von Preßburg und der Marchebene bis ins Hauerland, zwischen den »Bergstädten« und der Umgebung der Hohen Tatra war längst zerrissen. Geblieben waren Reste, die im späten 19. Jahrhundert als »Sprachinseln« ohne Zusammenhang miteinander erschienen: Preßburg und seine an den deutschen Sprachraum angebundene Umgebung, sodann nordöstlich das Hauerland und im Osten die Zips, schließlich die äußersten Streusiedlungen in ruthenischer Umgebung. Wie stark der Assimilationsdruck, neben dem politisch-administrativen auch der gesellschaftlich-anonyme, zu dieser Zeit tatsächlich bereits war, zeigten die starken Auflösungserscheinungen innerhalb Teilen der Diaspora. So lockerte sich zwischen der Oberzips mit Käsmark und den Gründen nordwestlich von Kaschau oder den dazwischenliegenden Streusiedlungen der Zusammenhalt ebenso wie in der mittleren Slowakei zwischen den Siedlungen in Kremnitz und denen um Deutsch-Proben. Weder politisch-kulturell noch wirtschaftlich waren diese Versatzstücke der späteren »slowakeideutschen« Minderheit aufeinander bezogen. Die gesellschaftliche Modernisierung schien sie sogar auf den Weg der Assimilierung, vor allem der Magyarisierung, zu verweisen. Hier hatten Edmund Steinacker wie auch Gustav Gratz – beide mit familiären Beziehungen sowohl nach Preßburg als auch in die Zips – als spätere konträre Stichwortgeber ungarndeutschen und deutschungarischen Selbstverständnisses wesentliche Erfahrungen mit der Dynamik der Assimilation gesammelt.

Unmittelbar nach dem Ersten Weltkrieg, im Jahre 1921, war die Zahl der Deutschen gegenüber 1880 auf die Hälfte gesunken und belief sich nur noch auf 122 000. Preßburg, im späten 19. Jahrhundert noch weitgehend deutsch geprägt, wozu viele Juden beitrugen, die der deutschen Nationalität verbunden waren, wies, nach starkem Wachsen des magyarischen, dann des slowakischen Anteils zur Jahrhundertwende, schließlich um 1940 nur noch ein Fünftel deutsche Bevölkerung auf. Und ein Rückgang von 64 000 auf 37 000 zwischen 1847 und 1921 veranschaulicht das ganze Ausmaß der Auflösung, die außerdem der fast achthundertjährigen Tradition der Zipser Sachsen drohte.[156]

Allerdings wurde eben dies von den Betroffenen weithin nicht eigentlich als Gefahr empfunden. Gerade die Zipser Sachsen mit ihrer eindrucksvollen kulturellen Überlieferung und einem vergleichsweise fortgeschrittenen Entwicklungsstand wären im Grunde sehr viel mehr als die schwäbischen Bauern berufen gewesen, als Sprecher und Träger der Minderheit aufzutreten. Aber sie unterwarfen sich noch mehr als die Siebenbürger Sachsen nach der Jahrhundertwende durch ihr parlamentarisches Zweckbündnis mit der Regierung im öffentlichen Leben und im Beruf der Losung von Ungarn als

Käsmark in der Zips – hier der Marktplatz mit Burgkapelle – rivalisierte mit Leutschau, seitdem auf königlichen Befehl 1440 der Zipsengraf seinen Sitz hier einrichtete. Im 17. Jahrhundert brach ein blutiger Krieg zwischen den beiden königlichen Freistädten aus um die Frage beziehungsweise das Recht, wo die fremden Händler ihre Waren zuerst anbieten sollten.

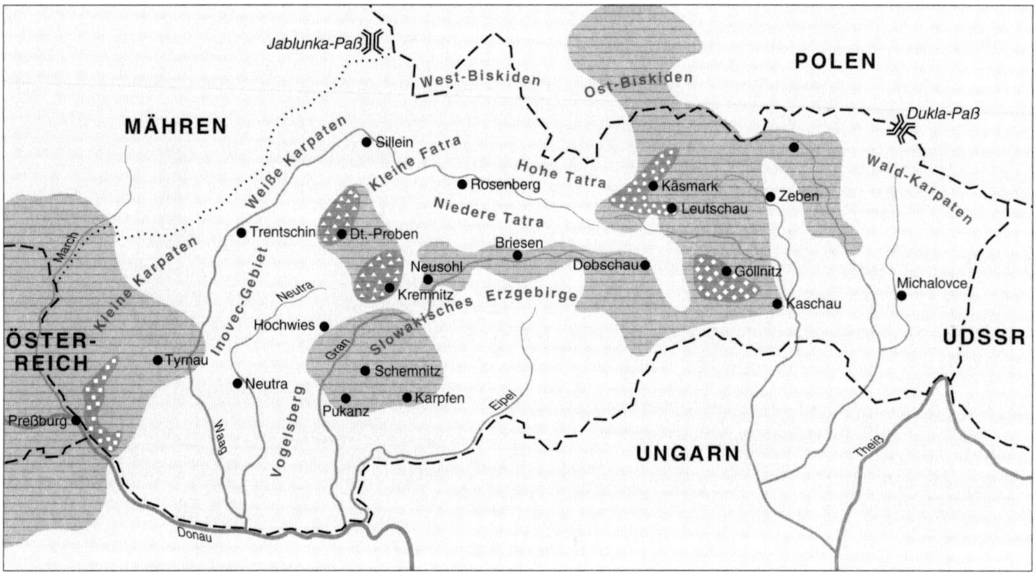

Reste der Siedlungsgebiete vor 1945

Die Unterzips (Gründe) 1945 ca. 15000 Deutsche. In Streugebieten 1945 ca. 12000 Deutsche

Die Oberzips 1945 ca. 25000 Deutsche

Das Hauerland (Kremnitz-Dt.Probener Sprachinsel) 1945 ca. 48000 Deutsche

Das Preßburger Sprachgebiet 1945 ca. 50000 Deutsche

Deutsche Siedlungsgebiete im 15. Jahrhundert

0 25 50 100 km

Deutsche Siedlungen in der Slowakei.

magyarischem Nationalstaat. Dies schien die zügige Assimilation unausweichlich zu machen. Aber Ausgang und Folgen des Ersten Weltkriegs mischten die Karten neu. Vage erste Reaktionen besonders in Preßburg und der Zips ähnelten zunächst den gleichzeitigen Verhältnissen bei den Donauschwaben im Süden Ungarns. Man hielt mehrheitlich an der weitgehenden Identifizierung mit dem Reich der Stephanskrone fest. Ein frühes Zeugnis dieser Fortsetzung der deutschungarischen Tradition des vergangenen Jahrhunderts stellt der Aufruf eines bildungsbürgerlichen Honoratioren dar, der sich am 24. Oktober 1918 in der Käsmarker *Karpatenpost* an seine Zipser Landsleute wandte: Sie sollten sich organisieren, um den Verbleib bei Ungarn durchzusetzen.[157]

Trotz der Proklamierung der ČSR am 28. Oktober und der Konstituierung eines slowakischen Nationalrats zwei Tage später blieben die Zipser fest. Eine vorläufige programmatische Erklärung erbrachte am 4. November die geradezu bekenntnishafte Entschließung einer Versammlung in Käsmark: »Wir in Käsmark versammelten Vertreter der deutschen Gemeinden der Zips erklären frei und einstimmig: vor achthundert Jahren haben uns die Könige Ungarns in dieses Land hineingerufen und uns hier angesiedelt ... Unsere Väter haben in achthundert Jahren fest und treu zu den Ungarn gehalten ... Sie haben an ihrer Seite gekämpft wider Tataren und Tschechen wider Türken und Polen ... Darum weisen wir einesteils alle tschecho-slowakischen Ansprüche auf unser Land, als wider göttliches und menschliches Recht laufend historisch und kulturell unbegründet entschlossen zurück und erklären, daß wir unserem ungarischen Vaterlande treu bleiben und auch in Zukunft zu Ungarn gehören wollen.«[158] Schließlich fand man wiederum in Anlehnung an Vorbilder im Süden und entlang der bisherigen österreichischen Sprachgrenze zwischen Slawen und Deutschen zur geeigneten Organisationsform: In der zweiten Novemberhälfte trat ein Preßburger Nationalrat ans Licht der Öffentlichkeit, danach im Osten am 20. November ein Zipser Deutscher Volksrat und schließlich der übergreifende Oberungarische Volksrat der Deutschungarn, alle mit einem entschiedenen Bekenntnis zu ungarischem Patriotismus nach »deutschungarischer« Tradition. Es war naheliegend, daß man sich Bleyers Deutschungarischem Volksrat näherte.

Aber bald signalisierten das kurzzeitige Eindringen polnischer Truppen und erste Verlautbarungen von alliierter Seite das baldige Ende des Reiches der Stephanskrone in seiner historischen Gestalt. Der drohenden Lostrennung von Ungarn versuchte man schließlich durch eine teilweise Autonomie das volle Gewicht der Endgültigkeit zu nehmen. Parallel zum schwäbischen Projekt einer Republik »Banatia« verbanden sich mancherlei Illusionen mit dem Wunschbild einer »Res publica scepusia«. Aber allmählich wuchs die Bereitschaft, Unabänderliches hinzunehmen. Erleichtert wurde dieser Lernvorgang durch vertrauenbildende Erklärungen des tschechoslowakischen Staates: Verhandlungen mit dem slowakischen Politiker und späteren Ministerpräsidenten der ČSR, Milan Hodža, führten zwar nicht zur erstrebten kulturellen Autonomie, aber doch zur Verständigung mit den Zipser Sachsen über den »freien Gebrauch ihrer Sprache in Verwaltung, Gerichtsbarkeit, Schulwesen und Kirche im Ausmaße der Verfassung des neuen Staates«.[159]

Dennoch blieben die Sympathien für Ungarn weitgehend erhalten. Viele Zipser, die beruflichen Aufstieg und Magyarisierung als Einheit kennengelernt hatten, wanderten nun resignierend nach Rumpf-Ungarn aus. Sie befanden sich im inneren Einklang mit dem »Nem, nem soha!« der magyarischen Nation, mit dem Wunsche, die territorialen Verluste infolge des Friedensvertrages von Trianon möglichst bald zu korrigieren. Im Laufe der Jahre 1920/21 kristallisierte sich allmählich die Grundkonstellation einer »slowakeideutschen« Minderheitspolitik heraus, die vor der heiklen Aufgabe stand, die deutschen Sprachinseln erstmals für ein Bewußtsein politischer Zusammengehörigkeit zu gewinnen. Diese Politik mußte navigieren zwischen der Skylla des international isolierten Revanchestrebens Ungarns und der Charybdis sudetendeutsch-völkischer Solidarisierungsinitiativen, die für eine existentiell gefährdete Diaspora große Risiken bargen. Kaum verwunderlich, daß Kontroversen auf diesem minderheitspolitischen Weg der Slowakeideutschen zur Dauererscheinung wurden. Überhaupt legte das neue Vaterland ein ähnliches Verhalten an den Tag wie nebenan Rumänien gerade gegenüber denjenigen Deutschen, vor allem den Sathmarschwaben, die fast schon »magyarisiert« waren. Man bekundete, im Gegensatz zur Behandlung der Sudetendeutschen, dieser Minderheit gegenüber die Bereitschaft zu freundlichem Entgegenkommen, um zu verhindern, daß sie zur »fünften Kolonne« des ungarischen Revisionismus wurde.

Auch das Verhältnis zu den beiden dominierenden parteipolitischen Strömungen der Slowaken bedurfte einer Klärung. Da waren zunächst die »Regierungsslowaken«, die sich mit dem Prager Zentralismus arrangierten und in ihrem Bemühen um die forcierte Modernisierung der Slowakei durchaus Wert auf die aktive Zustimmung der Deutschen legten. Dagegen sandte die katholische Hlinka-Partei, die Slowakische Volkspartei (HSL'S), durchaus distanzierte Signale. Ihr Anliegen war zuallererst die Entfaltung der Slowaken selbst, und zwar gerichtet gegen die Bevormundung von Prag wie gegen die Einflußnahme überhaupt der nichtslowakischen Bevölkerungsteile. Zwar gelang es der Minderheit, zu beiden Seiten Abstand zu halten, ohne sie zu verprellen, aber sie war zunächst nicht imstande, eine einigermaßen geschlossene Organisation als parteipolitisch-parlamentarisches Sprachrohr zu schaffen.

Statt dessen rivalisierten mehrere Parteien. Die charakteristische slowakeideutsche Vielfalt kam darin zum Ausdruck, daß nicht nur die Zipser Deutsche Partei (ZDP) um die deutschen Wähler warb, sondern auch christlich-soziale und mehrere sudetendeutsche Gruppierungen, darunter die Sozialdemokratie. Die ZDP und die Christlich-Sozialen gingen bei Parlamentswahlen fast immer Listenverbindungen mit Parteien der magyarischen Minderheit ein, vor allem mit der Magyarischen Nationalpartei und der Christlich-Sozialen Landespartei. Sehr viel lockerer waren erste Kontakte zu sudetendeutschen Organisationen, zur Sozialdemokratie und dem Bund der Landwirte, die sich ebenfalls mit diesem Staat abgefunden hatten. Obwohl in der ZDP das Bekenntnis zur deutschen Herkunft allmählich politikfähig wurde, bewies doch die ungarisch-patriotische Haltung noch beträchtliche Vitalität. Bezeichnenderweise schlossen sich die slowakeideutschen Abgeordneten bei der ersten Parlamentssitzung am 2. Juni 1920 nicht etwa der sudetendeutschen, sondern der magyarischen Protesterklärung gegen ihre anbefohlene Einbeziehung in die ungeliebte ČSR an: »Wir ... Vertreter des Ungartums und des Deutschtums ... halten es für unsere höchste Pflicht, das lebende Gewissen der ganzen Welt anzurufen, daß wir gegen unseren Willen aus dem Leibe der ungarischen Nation herausgerissen ... wurden.« Sie verweigerten die »Anerkennung dieser widerrechtlichen Tatsache«. Gemeinsam erklärten Magyaren und Deutsche, sie wollten ihr mißachtetes »Selbstbestimmungsrecht nie und unter keinen Umständen aufgeben«.[160]

Damit waren die wichtigsten Inhalte slowakeideutscher Politik der zwanziger Jahre benannt: Absicherung der Minderheit unter Berufung auf das Selbstbestimmungsrecht und Herbeiführung einer Entscheidung, ob der bisherige magyarisch-deutsche Verbund allmählich hinter eine deutschnationale Orientierung zurückzutreten habe.

Tatsächlich tauchten in der zweiten Hälfte des Nachkriegsjahrzehnts immer mehr Vorboten einer solchen Umorientierung auf. Dies dürfte in hohem Maße auf die Initiative einiger Preßburger Bürger, unter ihnen Roland Steinacker, Sohn des UDVP-Gründers Edmund Steinacker, zurückzuführen sein. Sie standen wohl konzeptionell in der Nachfolge der ungarndeutschen Minderheitspolitik der Vorkriegszeit und waren sicherlich auch beeinflußt von der Überlieferung der »karpatendeutschen« Sammlungsinitiative des Czernowitzer Universitätsprofessors Raimund Friedrich Kaindl. Kaindl, dessen als politische Volkskunde noch heute eindrucksvolle »Geschichte der Deutschen in den Karpathenländern« in drei Bänden zwischen 1907 und 1911 erschienen war, bemühte sich vor allem seit 1911, alle südostdeutschen Minderheitsgruppen im Bewußtsein ihrer Zusammengehörigkeit zu einen, und zwar von Galizien bis Bosnien, vom »Heideboden« an Ungarns Westgrenze[161] bis hin zur Dobrudscha. Auf die kleineren Maße des Slowakeideutschtums – dieser Begriff setzte sich aber erst später, um 1935, endgültig durch – gebracht, kam Kaindls Konzept bei der Gründung der Karpatendeutschen Partei (KdP) im Juli 1928 in Preßburg zum Tragen: Ohne dogmatisch-autonomistische, ohne staatsbezogen-territoriale Zuspitzung sollte die Karpatendeutsche Partei erstmals die gesamte deutsche Bevölkerung der Slowakei zu einheitlichem Handeln befähigen. Die KdP sollte also – zumindest darin kommt das Vorbild der Schutzvereine der Monarchie und auch dasjenige Kaindls zum Tragen – eine minderheitspolitische Allzweckorganisation sein. Nicht nur die politisch-parlamentarische Vertretung der Minderheit war ihr Auftrag, sondern die Herstellung einer Kommunikationsgemeinschaft, womöglich überhaupt einer Einheitsorganisation der gesamten Minderheit. Insofern glich sie jenem Mischtypus von Schutzverein und Partei, der überall an der deutsch-slawischen Sprachgrenze entstanden und von Steinacker in Gestalt der UDVP auf die ungarische Reichshälfte übertragen worden war.

Seit Kriegsende hatten überall im Südosten »Volksräte« oder »Nationalräte«, zuweilen durch die Konversion von Soldatenräten verstärkt, diese Tradition fortgesetzt. So entstanden autonom, also nicht erst durch die NSDAP von außen veranlaßt, bereits Voraussetzungen für die späteren »Volksgruppen«. Freilich ist dieser Hinweis auf autonome Politisierung zu ergänzen: Wie die Preßburger Honoratioren bestimmte Vorbilder aus Zeiten der Monarchie vor Augen hatten, so öffnete sich die jüngere KdP-Gene-

Um die Wende vom 15. zum 16. Jahrhundert haben mehrere deutsche Städte in der heutigen Slowakei neue Rathäuser im gotischen Stil erbaut. In Bartfeld hat sich ein solches aus dem ersten Jahrzehnt des 16. Jahrhunderts erhalten, das freilich schon Konzessionen an den Baustil der Renaissance macht. Nach »italienischem Geschmack« sollten beispielsweise die Fenster gestaltet werden, wie es ausdrücklich im Bauauftrag von 1507 heißt (pro fenestris ytalicalibus).
Der Ring in Bartfeld mit Rathaus und Ägidienkirche erzählt von mittelalterlichem Aufstieg und frühneuzeitlichem Niedergang des Städtewesens im Osten der Slowakei. Das deutsche Bürgertum schloß sich größtenteils der ungarischen Nationalbewegung des mittleren 19. Jahrhunderts an.

ration zunehmend sudetendeutschem Einfluß. Zu den Einrichtungen, die diese sudetendeutsche Vorbildwirkung vermittelten, gehörten die Deutsche Geschäftsstelle für die Slowakei seit 1920 und der Deutsche Kulturverband (DKV) seit 1919. Hatte erstere Einrichtung eher Aufgaben im Bereich von Organisation und Koordination, so setzte der DKV die Arbeit des Deutschen Schulvereins fort. Unter den besonderen Bedingungen der slowakeideutschen Sprachinsel-Existenz erweiterte der DKV aber seinen Tätigkeitsbereich über den klassischen Einsatz für Schulwesen und Fortbildung hinaus. Man knüpfte vor allem in der Zips ein dichtes Netz von Kontakten, Veranstaltungen und Vereinen, was auch politischen Zusammenhalt stiftete. Sudetendeutsche, zudem auch betont nationale Einflußnahme wurde gerade dadurch begünstigt, daß die Minderheitsgruppen in der Slowakei – anders als in Rumänien, mit Einschränkung auch in Ungarn und Jugoslawien – zunächst über keine eigene selbstbewußte Führungsschicht verfügten.

Es waren zugleich die Enttäuschung über eine nur zögernde wirtschaftliche Aufwärtsentwicklung und die Ernüchterung gegenüber allen Hoffnungen auf den ungarischen Revisionismus, die insgesamt einen Resonanzboden für die nationale Bewußtseinsbildung durch junge Lehrer und »Wandervögel«, durch Turner und Sänger schuf. So verblaßten allmählich Glanz und Anziehungskraft deutschungarischer Tradition und magyarischer Lebensart. Die Assimilation war in den späten zwanziger Jahren kaum noch ein Thema. In dieser gewandelten, ansatzweise nationalisierten Atmosphäre begann auch hier an der Wende zu den dreißiger Jahren eine Generation nationalistischer Erneuerer hervorzutreten. Ein kälterer Wind begann zu wehen. Selbst die nüchternsten Einzelheiten etwa des in der Slowakei vergleichsweise zufriedenstellenden Schulwesens der Minderheit oder der genossenschaftlichen Organisation nahmen nun immer öfter, immer schneller den Charakter von Grundsatzproblemen oder gar von Existenzfragen an. Sicherlich hatte all dies seinen Anteil daran, daß das zunächst ja wirklich drohende Verschwinden der deutschen Sprachinseln nicht mehr zu drohen schien. Aber zugleich schuf oder verschärfte man auf diese Weise eben jene Spannung, die nach einem weiteren Jahrzehnt das Verbleiben der Deutschen im Lande abrupt beenden sollte.

Die Personifizierung dieses beginnenden nationalistischen Wandels und eines geradezu provokativen Unbehagens an minderheitspolitischer Defensive stellte Franz Karmasin dar. Aus dem Sudetenland stammend, verkörperte er den Typ des völkisch-nationalistischen Berufsfunktionärs. Zunächst bewies er seit 1927 ungewöhnliche Initiative im Zipser Deutschen Kulturverband und seit 1928 in der Karpatendeutschen Partei, daneben im wirtschaftlichen Genossenschafts- und Vereinswesen. Bei den Parlamentswahlen von 1929 konnte die KdP bereits als Listenpartnerin des sudetendeutschen Bunds der Landwirte die älteren Parteien herausfordern. Dies wäre ohne das rückhaltlose Engagement der Karmasin-Generation unvorstellbar gewesen. Zwar konnten die Zipser Deutsche Partei und die Listenverbindung mit den magyarischen Christlich-Sozialen noch Widerstand leisten, doch bereitete sich die entscheidende Verhaltensänderung wie in allen südostdeutschen Minderheiten vor: Die qualitative Verschärfung bisher defensiven Strebens nach bloßer Existenzsicherung zur offenen Herausforderung der ohnehin gereizten Staatsnationen durch Autonomieprojekte und Berufung auf eine überstaatliche deutsche Volksgemeinschaft. Während der nächsten Jahre hatte die Karpatendeutsche Partei zwar noch mit Startschwierigkeiten zu kämpfen. Aber während der Jahre 1933 bis 1935 sollte sie ihren Durchbruch als Juniorpartnerin der sudetendeutschen Henlein-Bewegung schaffen. Gerade für Karmasin als Sudetendeutschen, nunmehr die anerkannte Führungsgestalt der Slowakeideutschen, lag es nahe, eine Aktionsgemeinschaft mit der Sudetendeutschen Heimatfront (SHF) zu schaffen, die am 1. Oktober 1933 gegründet worden war. Der aktuelle Aufschwung, aber auch die historisch bedingten Grenzen der KdP als SHF-Partnerin wurden bei den Parlamentswahlen 1935 deutlich. Zwar errang sie 84 Prozent der Stimmen, die auf deutsche Listen entfallen waren, aber dieser Anteil repräsentierte kaum die Hälfte der slowakeideutschen Wahlberechtigten.[162] Das Ziel, magyarisch-deutsche Bastionen und die kommunistischen Stützpunkte im Hauerland und der unteren Zips zu schleifen, hatte sie verfehlt. Auch in anderer Hinsicht komplettierte Karmasin, nunmehr Abgeordneter und seit Oktober 1937 Henleins Statthalter in der Slowakei, fortan die erwähnte Weichenstellung. Er persönlich schloß seinen Wandel vom Anhänger autoritär-ständestaatlicher Politik österreichischen Zuschnitts zum Nationalsozialisten ab, Minderheitspolitik und KdP hingegen begann er in die Nähe der Hlinka-Volkspartei zu manövrieren, deren Autonomiedrängen darauf gerichtet war, die Existenz der ČSR überhaupt in Frage zu stellen.[163]

Taktisch und organisatorisch wurde diese Kursbestimmung ergänzt durch immer engere Verbindungen zu reichsdeutschen Partnern. Dies waren der VDA und die Volksdeutsche Mittelstelle sowie, nach Kontakten mit österreichischen Nationalsozialisten, die Auslandsorganisation der NSDAP und das Amt Rosenberg, schließlich der Sicherheitsdienst der SS. Die Konsequenz all dessen war die »Gleichschaltung« der slowakeideutschen Führung und großenteils auch der Minderheit selbst. Was Gleichschaltung der Minderheit allerdings bedeutete, läßt sich beim derzeitigen Kenntnisstand nicht zufriedenstellend klären. Sicher ist, daß es im besser informierten und politisch erfahrenen Bürgertum etwa Preßburgs durchaus Vorbehalte gegenüber der Radikalität von Karmasins Autonomiekurs gegeben hat, aber wie verbreitet diese Einstellung oder wie ausgeprägt diese Distanz inhaltlich wirklich war, ist bisher nicht ermittelt worden. Immerhin ist die »Fünfte-Kolonne«- und Kollektivschuld-These, wie sie jüngst noch von slowakischer Seite vertreten worden ist,[164] schon wegen der charakteristischen Uneinheitlichkeit der slowakeideutschen Bevölkerungsgruppen in dieser Form nicht zu halten. Hinzu kommt, daß die verbreitete These dauernder Loyalität der Slowakeideutschen zum Dritten Reich nicht ausreichend belegt erscheint: Es kann nicht genügen, auf den Nationalismus und die Zustimmung zu einer souveränen Slowakei hinzuweisen. Beides war zeitweilig auch für die Mehrheit der Slowaken selbstverständlich, so daß eine Opposition der deutschen Minderheit unter den damaligen Bedingungen kaum vorstellbar ist. Diese Überlegungen, die eigentlich nur eine Sache wissenschaftlicher Genauigkeit sind, ändern allerdings nichts an einer anderen Feststellung, die im Hinblick

Großappell des slowakeideutschen Führerkorps am 4. April 1940 in Preßburg. Die Volksgruppenführung unter Franz Karmasin war wohl weiter als die anderen südostdeutschen Volksgruppenführungen bei dem Versuch vorgedrungen, einen Staat im Staate zu schaffen.

auf alle südostdeutschen Minderheiten zu treffen ist: Sie sind schon durch ihre bloße Anwesenheit und ihre objektiv gegebene Einordnung in Berlins Apparat und Strategie ein Teil der nationalsozialistischen Wirklichkeit im Südosten gewesen. Die unbestreitbare Tatsache vielfacher subjektiver Vorbehalte oder unfreiwilliger, durch sozialen Zwang zustande gekommener Zustimmung ändert daran letzten Endes nichts. Es kann daher möglicherweise zur Frage der Ursachen, grundsätzlich aber kaum zum Problem der Verantwortung eine Übereinstimmung geben, falls die Perspektiven der slowakeideutschen Minderheit und der Opfer des Dritten Reiches gleichermaßen berücksichtigt werden.

Von vielen Slowakeideutschen, die aber sicherlich eine Minderheit blieben, wohl nicht beabsichtigt, nicht gutgeheißen, aber – unter welchen Umständen auch immer – nicht verhindert, kam es seit 1938 zu einer neuen Entwicklungsphase. Sie wirkte sich für die Minderheit zunächst als Aufwertung aus, war aber tatsächlich nichts anderes als das Abgleiten auf einer schiefen Ebene. Zwar hatte sich Prag weiterhin an eine enge Auffassung des Minderheitenschutzvertrages gehalten und die nach Österreichs Anschluß noch selbstbewußter gewordene KdP schließlich im September sogar verboten, aber das Münchner Abkommen leitete die Wende ein: Am 8. Oktober 1938 bereits erstand die Karmasin-Partei neu als Deutsche Partei (DP). Unter den günstigeren Bedingungen einer verunsicherten, im Zusammenhalt gelockerten Tschecho-Slowakischen Republik (Č-SR) wurde sie neu gegründet und dem Vorbild der NSDAP weitestgehend angeglichen. Karmasin erhielt Kompetenzen, die dem »Führerprinzip« entsprachen, und am 10. Oktober erfolgte seine Verankerung im Kabinett als Staatssekretär im Ministerpräsidium. Ähnlich den anderen südostdeutschen »Volksgruppen« entstanden neben den »Hauptämtern« beziehungsweise Ministerien der Minderheit die »Gliederungen« der DP. Als einheitliche Volksorganisation trat sie an die Stelle der anderen Minderheitsorganisationen.

Da sich beide Richtungen der regierenden Hlinka-Partei am 6. Oktober 1938 bei der Silleiner Konferenz auf das Ziel der staatlichen Souveränität der Slowakei geeinigt hatten, konnte Karmasin auf Zusammenarbeit gegen Prag setzen. Fast so weitgehend wie die Regierung der selbständig gewordenen »Karpaten-Ukraine«, wo es einige uralte deutsche »Waldsiedlungen« gab, war die slowakische Regierung nun in Abhängigkeit von Deutschland geraten. Sie brauchte gleichermaßen gegenüber der zentralen Regierung in Prag wie gegenüber dem ungarischen Revancheverlangen, das durch die slowakischen Gebietsabtretungen am 2. November 1938 entsprechend dem Ersten Wiener Schiedsspruch noch nicht gestillt war, starke Rückendeckung. Außerdem stand sie der Wirtschaftskrise ohnehin ratlos gegenüber. In dieser Situation war man großzügig gegenüber den Forderungen der DP, die bei der slowakischen Landtagswahl auf der Regierungsliste kandidierte, etwa hinsichtlich der Einführung deutscher »Bürgerschulen«, deutscher Schulinspektoren und einer entsprechenden Abteilung im Schulministerium am 27. Februar 1939. Während aber die benachbarte Regierung der Karpaten-Ukraine sogar die Gründung einer nationalsozialistischen Partei und das öffentliche Tragen des Hakenkreuzes akzeptierte, zögerte die slowakische noch mit der Genehmi-

Das Ende aller Strategie: Die Gespräche Hitlers mit der slowakischen Staatsspitze Josef Tiso (1887 bis 1947) und Vojtech Tuka (1880–1946) am 15. Mai 1944 in Schloß Kleßheim bei Salzburg standen im Zeichen der drohenden Handlungsunfähigkeit. Bald sollten der Vormarsch der Roten Armee und der slowakische Nationalaufstand den Zusammenbruch des slowakischen Trabantenstaates herbeiführen.

gung des Entwurfs eines Statuts für die nunmehrige »Deutsche Volksgruppe in der Tschechisch-Slowakischen Republik«.

Aber die Machtverteilung war klar. Die Regierung wurde zusätzlich intern durch den deutsch- und nationalsozialismusfreundlichen Tuka-Flügel unter Druck gesetzt. Symptomatisch geschah dies am Vorabend der Zerschlagung der Slowakei: Bei der Parade zur Landtagseröffnung am 18. Januar 1939 marschierte die Deutsche Jugend im Braunhemd mit. Zwischen der Hlinka-Garde der regierenden Volkspartei und den »Freiwilligen Schutzstaffeln« der DP gab es ohnehin zahlreiche Verbindungen. Im Augenblick des ersehnten Erfolgs, der staatlichen Selbständigkeit, mußte das Tiso-Regime dann sogleich die engen Grenzen, die ihm das Eigeninteresse des Dritten Reiches steckte, anerkennen. Zwar erlangte die Slowakei am 14. März 1939 ihre staatliche Souveränität, aber der deutsche Einmarsch am nächsten Tag und eine Woche später ein »Schutzvertrag« sowie wirtschaftliche Vereinbarungen machten den wirklichen Status der Slowakei deutlich. Trotz ihrer Anerkennung durch 27 Staaten würde sie sich in die Rolle eines Satelliten des Dritten Reiches fügen müssen. Seit den »Salzburger Gesprächen« vom 29. Juli 1940 war darüber hinaus der nationalsozialistische Tuka-Flügel in die Regierung als Aufpasser einbezogen. Ein Symptom für die Abhängigkeit von Berlin war auch das weitere Verhalten der Regierung gegenüber der deutschen Minderheit. Diese erfuhr eine Aufwertung zu einer gewissermaßen reichsunmittelbaren Stellung. So mußte die Regierung am 2. Mai den selbständigen »Zentralverband der Deutschen Genossenschaften« genehmigen, was einen Schritt zu deren Anbindung an Deutschland bedeutete. Noch am 7. Juni 1944 mußte sie die de facto schon seit 1940 betriebene Werbung zur Waffen-SS gesetzlich billigen und ferner – trotz Präsident Tisos Widerstreben – in die Bahnen der deutschen Judenverfolgung einschwenken. Ungefähr zwei Drittel der annähernd 135 000 slowakischen Juden (1930), die wie die Deutschen etwa vier Prozent der Bevölkerung stellten, kostete dies das Leben.[165] Die etwas mehr als 7,5 Millionen Slowaken wie die deutsche Minderheit, deren Lebensbedingungen durch kulturelle Autonomie und soziale Einrichtungen verbessert worden waren, hatten zunächst auch erheblichen Nutzen von der Kriegskonjunktur, die einen wirtschaftlichen Aufschwung mit sich brachte. Aber seit dem 29. August 1944 setzte der slowakische Nationalaufstand, so erfolglos er war – schon vorher hatte es Überfälle von Partisanen auf deutsche Siedlungen gegeben –, erste Zeichen des nahenden Endes von Krieg und deutscher Präsenz. Nach dem Ersten Weltkrieg, als viele schon entnationalisiert schienen, war diese stets gefährdete Diaspora gegen ihren Willen in die Konkurrenz eskalierender Nationalismen hineingezogen worden. Als die Deutschen glauben mochten, die Nation gefunden zu haben, verloren sie die Heimat.[166]

Erste, vorübergehende Evakuierungsmaßnahmen in der Zips zu Beginn des Nationalaufstandes, der allerdings erfolglos war, weiteten sich seit Ende September 1944 aus zur Evakuierung der Minderheit in der gesamten östlichen Slowakei. Die Transporte mußten wegen ständiger Partisanenangriffe statt in die westliche Slowakei großenteils über das »Generalgouvernement« in das östliche und nördliche Sudetenland geschickt werden. Im Januar 1945 begann die Evakuierung auch in der mittleren Slowakei. Viele zögerten bis in den März. In Preßburg war schon seit November 1944 auf die Möglichkeit der Ausreise aufmerksam gemacht worden. Der eigentliche Exodus fand im Januar und Februar 1945 ebenfalls in organisierter und in ruhiger Weise statt. Im großen und ganzen konnte man den beweglichen Besitz mitnehmen. Während in der Zips etwa 4 000, in der mittleren Slowakei etwa 5 000 – darunter viele kommunistische – Deutsche aus eigenem Entschluß zurückblieben, dürften es in Preßburg und im Westen des Landes 9 000 beziehungsweise fast 4 000 gewesen sein. 120 000 hingegen folgten dem Aufruf zur Abwanderung. Sie wurden allerdings teilweise Opfer der Maßnahmen des wiederhergestellten tschechoslowakischen Staates gegen die Sudetendeutschen, da sie sich im Sudetenland niedergelassen hatten. Dies gehört zum Bedrückendsten bei der Vertreibung, daß Hauerländer und Zipser ähnlich vielen frühzeitig aus dem Norden Siebenbürgens Geflohenen in Österreich oder im Sudetenland vom Kriegsgeschehen regelrecht überholt wurden. Manche von ihnen schlugen sich dank ihrer slowakischen Sprachkenntnisse in ihre Herkunftsorte durch, die in ihrer Erinnerung vertraute Symbole von Heimat und Familie geblieben waren. Es war grausam für viele, gerade hier zu erfahren, daß zerrissene Bande im Falle einer Rückkehr in die Heimat nicht ohne weiteres wieder zusammengefügt werden können, daß die Zwischenzeit sich nicht ungeschehen machen läßt. Das *erste* Leben der Rückkehrer, wie meistens ihre Häuser, war versiegelt.

Die Rückwanderung setzte im Sommer 1945 ein. Sie wurde erneut nach Westen dirigiert, als im Juli des folgenden Jahres die Ausweisung der mittlerweile meistens Internierten anlief. Aber inzwischen ging von Heimatverlust, von Verarmung und Ungewißheit nicht mehr die gleiche lähmende Wirkung aus. Die meisten wollten jetzt fort. Seit 1947 selbst die etwa 24 000, die das Land zunächst nicht hatten verlassen wollen. Viele machten sich einen einfacheren Begriff des Glücks zu eigen: nur zu leben, Recht und Gesetz beanspruchen zu dürfen. Dessen konnten sie in der Slowakei nicht mehr sicher sein, obwohl sich die slowakische Bevölkerung im großen und ganzen nicht zu Deutschenhaß und Gewaltausbrüchen hinreißen ließ. Die Deutschen gingen, die deutsche Geschichte blieb.

DEUTSCHES REICH UND AUSLANDSDEUTSCHTUM

Das Verhältnis zu Deutschland, das trotz der reservierten Haltung des Kaiserreichs allmählich im Bewußtsein der Minderheit zum »Mutterland« mutierte, stellte sicherlich einen wichtigen Faktor für die Entwicklung der Südostdeutschen während der Zwischenkriegszeit dar. In erster Linie gilt dies für symbolisch-bewußtseinsmäßige Belange der programmatisch-weltanschaulichen Entfaltung. Kaum jedoch bedeutet dies, daß es ein kontinuierliches und systematisch-programmgebundenes Zusammenwirken zwischen Berlin und den Minderheiten im Südosten gegeben hat.[167] Auch die – besonders seit Ende der zwanziger Jahre – gelegentliche finanzielle und politisch-taktische Einflußnahme von reichsdeutscher Seite wurde während der Weimarer Republik letztlich nur in zugespitzten Problemsituationen verstärkt.

Nach der nationalsozialistischen Machtübernahme änderte sich daran zunächst nichts Wesentliches. Zwar nahmen die Kontakte, vor allem unterhalb der amtlichen Ebene, erheblich zu, und der völkisch-nationalistische Zusammenhang wurde zweifellos intensiviert. Dennoch kam eine gezielt-systematische Strategie des Dritten Reiches zur »Gleichschaltung« der südostdeutschen Minderheiten erst etwa seit 1938 zum Tragen. Mit anderen Worten: Die Außenpolitik von Weimar und Drittem Reich berücksichtigte die Minderheiten im Südosten erst dann und nur insoweit, als es reichsdeutschen Gesichtspunkten und Interessen entsprach. Dagegen hatte das Verhalten der Minderheiten selbst weder im tagespolitischen Einzelfall noch im langfristigen Zusammenhang wesentliche Bedeutung für die reichsdeutsche Minderheitenpolitik. Den »Auslandsdeutschen« im Südosten schenkte man sogar noch weniger Aufmerksamkeit als den »Grenzlanddeutschen« an der Ostgrenze Deutschlands. Reservierte Zurückhaltung gerade gegenüber kollektiven Emotionen und Hobbypolitikern, wie sie in den Minderheiten relativ häufig anzutreffen waren, sowie ein beträchtliches Maß an Kontinuität, an Distanz zu den Aufgeregtheiten vom Tage waren hier im Spiel. Teilweise erklärt sich das auch aus der Art und Weise, wie die einschlägige Politik der Weimarer Republik gemacht wurde. Sie war in erster Linie Sache der Ministerialbürokratie, des noch weitgehend wilhelminisch geprägten Apparats des Auswärtigen Amts, der während der Zwischenkriegszeit und bis weit in die dreißiger Jahre hinein das personelle und konzeptionelle Profil der Wilhelmstraße prägte. Der Umgang mit diesen Angelegenheiten war also kaum Sache des Ministers selbst, und sie war auch sehr viel weniger als beispielsweise die deutsche Politik gegenüber Frankreich oder Großbritannien Gegenstand der Lobby-Rivalitäten. Auch der Kurs Weimars gegenüber den Südostdeutschen war in diesem Sinne von einer gewissen Distanz geprägt, außerdem von einem inneren Zusammenhang bis über 1933 hinaus, der wiederum auf die Haltung des Kaiserreichs zurückverwies. Dieser Hinweis, daß die deutsche Politik gegenüber Südosteuropa und den dortigen deutschen Minderheiten nicht als eine eher zufällige Abfolge unzusammenhängender Einzelereignisse, sondern trotz macht- und minderheitenpolitisch neuer Akzente seit Ende der zwanziger Jahre eben doch auf längst vorbereiteten Wegen ihren Lauf nahm, soll in aller Kürze verdeutlicht werden.

In außen- und machtpolitischer Hinsicht war das konzeptionelle Erbe des Kaiserreichs, das also nach 1918 weiterhin zum Tragen kam, von einem übergeordneten Grundsatz bestimmt gewesen, von dem unbedingten Vorrang guter Beziehungen zum Bundesgenossen Habsburgermonarchie und damit also auch zur ungarischen Regierung. In dieser Hinsicht folgt die Bündnis- und Außenpolitik der wilhelminischen Ära der Bismarckschen Vorgabe. Auch während der »hochimperialistischen« Phase, als weltpolitisches Prestigestreben und expansiver Ehrgeiz über die konservativ-defensive Stabilisierungsstrategie des späten Bismarck hinausführten, blieb es dabei: Das Deutsche Reich setzte voll auf Österreich-Ungarn als einzigen verläßlichen Bundesgenossen, auf dessen Stärkung gegen innere und äußere Gefahren. Zwar waren weder Bismarck noch seine Nachfolger von irgendwelchen Berührungsängsten gegenüber dem völkischen Nationalismus geplagt, dennoch machten sie sich die minderheitenpolitischen

Forderungen der Alldeutschen, der Schul- und sonstigen Schutzvereine nicht zu eigen. Man fand sich weder Ende der achtziger Jahre noch nach 1900 während der Ära Bülow dazu bereit, den Bundesgenossen zugunsten der Deutschen in Ungarn unter Druck zu setzen. Alle Klagen über das Ausmaß der Assimilierung und Magyarisierung, alle Hinweise auf Schulwesen und Parteibildung als dringlichst subventionsbedürftige Anliegen waren vergeblich. Unter Hinweis auf die Zusammenarbeit der siebenbürgisch-sächsischen Führung mit der ungarischen Regierung und auf deren bündnispolitische Bedeutung als Stützpfeiler der Donaumonarchie verweigerte man die geforderte nationale Solidarisierung mit den Minderheiten.

Daß es dennoch seit der Jahrhundertwende zu einer gewissen finanziellen Unterstützung kam, stellt keinen Widerspruch dar. Zwar fielen die betreffenden Beträge für die UDVP sehr ins Gewicht, aber aus der Sicht des Auswärtigen Amtes selbst handelte es sich letztlich nur um eine innenpolitische Taktik, um eine Art Schweigeprämie für die Alldeutschen, deren zeitweilig lästige Dauerkritik an einer schlappen Außenpolitik man auf diese Weise zu dämpfen suchte. Zuweilen, so während der zweiten Marokko-Krise 1910, förderte man die Alldeutschen, weil man ihre öffentliche Agitation nutzen wollte, um sich selbst gegenüber dem Ausland als verständigungs- und kompromißbereit zu zeigen. Es gab nur einen einzigen konzeptionellen Ansatz für die systematische Förderung deutscher Minderheiten im Südosten: Der »Mitteleuropa«-Gedanke, den kurzfristig Bismarcks Nachfolger Caprivi und am Vorabend des Ersten Weltkrieges zunehmend die politische Publizistik befürworteten, hätte stabile deutsche Minderheiten als Stützen einer Hegenomie in Ostmittel- und Südosteuropa einkalkulieren können. Voraussetzung dafür wäre aber die Auflösung der Habsburgermonarchie gewesen, denn nur in diesem Falle wäre Berlin von seiner Stillhaltepflicht entbunden gewesen, nur dann hätte es in den Südosten expandieren können.

Diese Grundlage blieb auch für die Politik der Weimarer Republik gegenüber den Staaten des Südostens und den dortigen deutschen Minderheiten maßgeblich. Zwar kam das in der anfänglichen Krisenphase der Republik noch nicht zum Tragen, da man anders als entlang der Ostgrenze, im Baltikum oder im Verhältnis zu Polen im Südosten nicht unmittelbar tangiert war. Anders als im Falle der Deutschen im neuen polnischen Staat hätte eine Förderung der südostdeutschen Minderheiten auch nicht als Vehikel für eine Revision der Friedensregelung von Versailles dienen können. So hatte man sich infolge der staatlich-territorialen Neugliederung des Südostens noch ein Stück weiter voneinander entfernt, und die Zurückhaltung Berlins wuchs im weiteren Verlauf der zwanziger Jahre sogar noch. Gerade Stresemanns erfolgreiche Bemühungen, Deutschland im Zusammenwirken mit Frankreich auf die Bühne der großen Politik zurückzuführen, setzten voraus, daß man nicht als Störenfried auftrat. Die vielfältigen, zudem weitgehend eben auf Frankreich ausgerichteten Bündnisbeziehungen der neuen Staaten im östlichen Europa hätten selbst einer aktiveren deutschen Außenpolitik keinerlei Ansatzpunkte geboten.

Nicht mehr aus Rücksicht auf einen angeschlagenen Bündnispartner, wie das vor 1914 der Fall gewesen war, sondern um für Frankreich eine erneute deutsche Großmachtrolle tolerierbar zu gestalten, galt während der zwanziger Jahre die Devise, nicht an die gegebenen Verhältnisse zu rühren. Dafür sprachen auch handelspolitische Überlegungen. In dieser mittleren Phase der Gesamtentwicklung Weimars von Ende 1923 bis etwa 1928/30 kommt es zu ersten Bestrebungen, engere Handelsbeziehungen zu Jugoslawien und Rumänien herzustellen. Wegen der Rivalität Frankreichs, zusätzlich wegen diverser Kriegsfolgelasten sind diese deutschen Sondierungen stets vom Scheitern bedroht. Und da man in der deutschen Wirtschaft schon damals die Chancen, im Osten schnell Geschäfte zu machen, zunächst einigermaßen blauäugig einschätzte, wird jegliche Störquelle argwöhnisch betrachtet. So wird Stresemanns machtpolitischer Konservatismus noch durch das Bestreben verstärkt, auf dem jugoslawischen und rumänischen Markt Fuß zu fassen und die traditionellen Beziehungen zu Ungarn wenigstens nicht unnötig zu belasten.

All dies wirkte sich als minderheitenpolitische Enthaltsamkeit aus. Auch wenn die deutschen Minderheiten, vor allem die Siebenbürger Sachsen, immer mehr Aufmerksamkeit und Sympathie fanden, konnte von einem Bewußtsein grenzüberschreitender »völkischer« Gemeinschaft noch keine Rede sein. Wenn das Auswärtige Amt in der Ära Stresemann eine aktivere Südosteuropapolitik erwog, dann nicht aus minderheiten-, sondern aus handelspolitischen Erwägungen, teilweise auch aus der Absicht, Voraussetzungen für ein späteres Verdrängen Frankreichs aus seiner Vorrangposition im Südosten zu schaffen. Es war auch in der Südostpolitik ein rationales Interessenkalkül des vormaligen Alldeutschen und nunmehrigen »Vernunftrepublikaners« Stresemann, das für stetige Rücksichtnahme auf Frankreich sorgte.

Vor allem galt dies im Falle Rumäniens. So hoffte das Auswärtige Amt im Jahre 1928, durch die endlich ausgehandelte Regelung der finanziellen Reparationsleistungen an Rumänien eine günstige Konkurrenzposition erreicht zu haben. Den folgenden Handelsvertragsgesprächen attestierte der deutsche Gesandte in Bukarest, Gerhard von Mutius, eine strategische Schlüsselrolle. Dabei wies er zunächst auf die sich ergänzenden Interessen Deutschlands als Industrie- und Rumäniens als Agrarexportland hin: »Sollte es gelingen, zwischen Deutschland und Rumänien ein enges Wirtschaftsband zu knüpfen, so müßten sie meines Erachtens bei dem Gewichte einer solchen Verbindung mindestens die zwischen beiden Ländern liegenden Wirtschaftsgebiete Österreichs, Ungarns und der Tschechoslowakei, wohl auch Jugoslawiens und vielleicht auch Polens in ihre Wirtschaftspolitik im Sinne einer wirtschaftlichen Annäherung einstellen.«[168] Wollte man in Rumänien eines Tages die programmatische Maxime Stresemanns von der Umformung wirtschaftlichen Einflusses in politischen verwirklichen, so mußte man sich zunächst auf ein weiteres handelspolitisches Problem konzentrieren. Um Rumänien überhaupt den Import deutscher Industrieprodukte finanziell zu ermöglichen, war es erst einmal nötig, die innerdeutschen Barrieren gegen Agrarimporte aus Rumänien zu überwinden.

Angesichts derart weitreichender und stets vom Scheitern bedrohter Zielsetzung der Weimarer Rumänienpolitik ist es nicht verwunderlich, daß zu Stresemanns Zeiten, also bis Oktober 1929, ein wirkliches minderheitspolitisches Engagement in Rumänien gar nicht zur Debatte stand. In diesen Zusammenhang sind vereinzelte Äußerungen Weimarer Diplomaten oder auch Stresemanns selbst einzuordnen. So relativiert sich auch der konzeptionelle Aussagewert einer Stellungnahme des Außenministers vom 7. Oktober 1927. Auf ein Ersuchen von Bischof Teutsch und Hans Otto Roth hin, das Schulwesen der Siebenbürger Sachsen finanziell zu unterstützen, stellt er seinen zuständigen Ressortkollegen eindringlich und mit Erfolg vor Augen: »Wir würden, wenn nicht helfend eingegriffen wird, diesen kulturellen Stützpunkt im Südosten unbedingt verlieren. Die Folge davon wäre nicht nur der Zusammenbruch unserer kulturellen Expansionspolitik im Südosten Europas, sondern auch die schwerste wirtschaftliche Schädigung des gesamten Deutschtums.«[169] Die daraufhin bewilligte jährliche Unterstützung, 1929 waren es 300 000 Reichsmark, wurde aber keineswegs als Auftakt einer minderheitenpolitischen Kurskorrektur verstanden. Ohnehin war dieser Betrag weit entfernt von den Dimensionen der Maßnahmen zugunsten der deutschen Minderheit in Polen. Es handelte sich lediglich um Hilfeleistung in einer aktuellen Notsituation.

Möglicherweise enthält aber eine minderheitenpolitische Initiative, die Stresemann noch 1929, wenige Monate vor seinem Tode am 3. Oktober, begann, einige neue konzeptionelle Elemente. Unübersehbar erscheint dabei immerhin, daß Deutschland, wie 1925/26 vor dem Eintritt in den Völkerbund schon angekündigt, nun wirklich mit dem Anspruch auftrat, die Rechte der Minderheiten einzuklagen. Als Anlaß diente Stresemann dabei, nachdem Deutschland selbst 1928 endlich eine liberale Gesetzesregelung für seinen Umgang mit den eigenen polnischen und dänischen Minderheiten geschaffen hatte, Polens Vorgehen gegen die Deutschen in Oberschlesien. Ob dies wirklich das Vorspiel zu einer neuen, sehr viel höheren Positionierung der Minderheitenpolitik Weimars überhaupt darstellte, wissen wir nicht. Möglicherweise war aber selbst diese tatsächlich neuartige Akzentuierung der Weimarer Politik nur Mittel zum Zweck, nur der Hebel, der Deutschland ein zusätzliches Feld für seine Profilierung auf Völkerbundsebene erschloß. Allerdings lief sich dieser Vorstoß schnell fest: Zwar gelang es, den Nöten der Minderheiten, auch der südostdeutschen, weltweite Aufmerksamkeit zu verschaffen; dennoch erreichte man nicht, daß die Völkerbundversammlung im September 1929 ausdrücklich eine Reform des Minderheitenschutzes als zukünftige Aufgabe anerkannt hätte. Es kam im Gegenteil zu einer Entschließung, die nationalen Minderheitenschutz nicht im Sinne von Autonomieforderungen auffaßte, sondern nur als Garantie national-kultureller Identität und individueller Mitbestimmungsrechte. Auch die Kritik von seiten industrieller Kreise wirkte weiterhin bremsend: Als man sich 1930 kurzzeitig energischer für die Deutschen in Jugoslawien und besonders dort für ein neues Schulgesetz einsetzte, warnten Wirtschaftskreise vor eventuellen Nachteilen für Handelskontakte.[170]

Am Anfang der dreißiger Jahre jedenfalls zeichnen sich immerhin einige Veränderungen der Weimarer Außenpolitik insgesamt ab, damit auch der Einstellung zum Südosten und den dortigen deutschen Minderheiten. Zwar wäre es übertrieben, von einer scharfen Zäsur zu sprechen. Aber die Impulse von 1930 lassen einen gewissen konzeptionellen und praktischen Zusammenhang mit denjenigen von 1933/34 und 1938/41

Flüchtlingsgespanne in den Straßen der geschundenen Hauptstadt Budapest. Fluchtwege gab es viele, aber bis auf den heutigen Tag keinen Ausweg aus den Widersprüchen und Folgen der deutschen Geschichte in den Donau- und Karpatenländern.

erkennen. Dies bedeutet keineswegs, daß die Zertrümmerung der staatlich-territorialen Ordnung Ostmitteleuropas und eine Außensteuerung der Auslandsdeutschen schon seit Anfang der dreißiger Jahre das bewußte Ziel der deutschen Politik gewesen wäre. Es soll auch nicht der Unterschied geleugnet werden, der zwischen dem deutschnational-konservativen Traum von der Wiederherstellung einstiger Großmachtgeltung und dem nationalsozialistischen Programm der »Lebensraum«-Expansion ohne Zweifel bestand. Dennoch machte sich etwa seit 1930 etwas Neues in der Außenpolitik gerade gegenüber Osteuropa bemerkbar, das – nach stufenweiser Zuspitzung seit 1933 – bereits zur Vorbereitung von Expansion und Krieg gehört.

Günstige Voraussetzungen schuf das Wechselspiel von Weltwirtschaftskrise und Aushöhlung der europäischen Bündnisbeziehungen und des kollektiven Sicherheitssystems. Dazu kam, trotz Deutschlands eigener wirtschaftlicher Schwächung, die wachsende Bereitschaft der südöstlichen Partner Frankreichs, sich ihres Agrarexports wegen allmählich Deutschland zuzuwenden. Stresemanns Erben wiederum glaubten, nun für Deutschland die Großmachtrolle zurückfordern und zugleich der innenpolitischen Radikalisierung nationalistischer Art den Wind aus den Segeln nehmen zu können. Außerdem keimte neues Interesse am – freilich weiterhin umstrittenen – »Mitteleuropa«-Projekt auf. Hier wurde eine der konzeptionellen Brücken zwischen der Weimarer und der nationalsozialistischen Ostpolitik gespannt.

Außenminister Julius Curtius selbst, noch mehr der neue Staatssekretär Bernhard von Bülow und führende Diplomaten wie Ulrich von Hassell sahen Deutschlands künftige Großmachtstellung in enger Verbindung mit der Umfunktionierung des Südostens zum bloßen Ergänzungsraum Deutschlands. Diese Initiative zur Hegemoniebildung in Ostmittel- und Südosteuropa stellte für sich genommen sicherlich noch keinen machtpolitisch-militärischen Expansionsentschluß dar. Sie sollte ihren Antrieb – dies zeigte der 1931 gescheiterte Versuch einer Zollunion mit Österreich – vor allem dem deutschen Wirtschaftspotential entnehmen. Sogleich erhielt die Tatsache, daß es im Osten deutsche Minderheiten gab, eine neue Dimension, da sie im Kalkül Berlins schon vor 1933 zu Stützpfeilern verstärkter reichsdeutscher Einflußnahme wurden. Allerdings war dies weitgehend auf die Bereiche Wirtschaft und Kultur eingeengt. Diese Inanspruchnahme der »Volksgenossen« im Südosten wurde nie auf demokratischem Wege legitimiert. Auf der anderen Seite wandte sich zur selben Zeit ein großer Teil vor allem der jungen Südostdeutschen dem Gedanken einer volksbezogenen Zusammengehörigkeit mit den Reichsdeutschen zu. In der allmählichen »völkischen« Hinwendung der bedrängten, verunsicherten Diaspora im Donau- und Karpatenraum zu Deutschland, aber auch in ihrer Instrumentalisierung für reichsdeutsche Interessen kommt der innere Zusammenhang dieser dritten Phase deutscher Südostpolitik während der Zwischenkriegszeit ansatzweise bereits zum Ausdruck.

In diesem Sinne war die finanzielle Unterstützung der Minderheiten im Südosten seit 1930 sicherlich nicht nur tätiger Minderheitenschutz, sondern auch reichsdeutsche Außenpolitik, reichsdeutsche Einflußnahme auf die betreffenden Länder des Südostens. Dabei war die Absicherung der Minderheiten natürlich nur Mittel zum Zweck.

Diese grundsätzliche Zweitrangigkeit formulierte von Hassell als Gesandter in Belgrad geradezu exemplarisch, als er 1930 Staatssekretär von Bülow mehr Engagement für die Jugoslawiendeutschen anriet: »Ein wirklicher Fortschritt wäre daher nicht um der Minderheit wegen, sondern vor allem deshalb zu begrüßen, weil ein Hindernis auf dem Wege einer vernünftigen, von uns entscheidend bestimmten Mitteleuropapolitik ganz oder teilweise beseitigt würde.«[171] Wenn also seit 1930 die finanzielle Förderung der Südostdeutschen in eine andere Größenordnung hineinwächst, so ist dies ein Beleg für die erwähnte neue Akzentuierung durch die deutsche Regierung. Dies sollte aber nicht gleichgesetzt werden mit der späteren, qualitativ verstärkten Einflußnahme des Dritten Reiches, die zwischen 1938 und 1941 die »Gleichschaltung« der Volksgruppenführungen bewirken wird. Beispielsweise kann die massive finanzielle und organisatorische Einflußnahme Berlins auf das genossenschaftliche Bankwesen der Rumäniendeutschen – besonders des Banater Deutschen Bankvereins – nicht mehr als bloß situative Hilfeleistung bezeichnet werden. Ohne Zweifel handelt es sich dabei um etwas Entscheidenderes, nämlich um eine systematische Sanierung, die den drohenden wirtschaftlich-finanziellen Zusammenbruch der rumäniendeutschen Minderheit verhindern sollte. Andererseits war diese Hilfe aber noch nicht verbunden mit einer andauernden reichsdeutschen Bevormundung und politischer »Gleichschaltung«.[172]

Diese Aktivierung »unsere[r] aus Geographie und Geschichte entstandene[n] kulturelle[n] und wirtschaftliche[n] Vorzugsstellung im europäischen Osten und Südosten«[173] erfuhr von 1933 an und 1938 eine zweistufige Radikalisierung. Auf den Grundlagen der Politik der späten Weimarer Republik, also auch des »Mitteleuropa«-Projekts, wurde eine völkisch-nationalsozialistische Programmatik entwickelt. Sie zielte auf »Gleichschaltung« der südostdeutschen Minderheiten und Hegemonie des »Dritten Reiches« im Osten Europas. Bei der Realisierung dieses Programms kamen zusätzliche Faktoren zum Tragen, die innenpolitische und wirtschaftliche Destabilisierung des östlichen Europa ebenso wie der Nationalismus und die kollektive Verfeindung, schließlich auch die völkische Radikalisierung beträchtlicher Teile der deutschen Minderheiten. Ihre »Gleichschaltung« ist im wesentlichen zwischen 1938 und 1941, zwischen dem Vorstoß gegen die ČSR und dem Krieg gegen Jugoslawien, aber nie durch den politischen Wandel bei den Minderheiten selbst vorbereitet worden.

Dabei handelt es sich aber nicht eigentlich um ein starres und detailliertes Vorprogrammieren. Zwei viele Berührungen aufweisende Ebenen dieses Angleichungsprozesses sind zu unterscheiden, nämlich diejenige der reichsdeutschen Politik und diejenige der politischen Verhältnisse bei den Minderheiten. Was sich auf der letzten an nationalistischer Radikalisierung ergab, hatte – anders als die Außenpolitik des »Dritten Reiches« – im wesentlichen defensive Motive. In dieser Hinsicht unterscheiden sich die deutschen Minderheiten des Südostens von denjenigen an der deutschen Ostgrenze. Die Weimarer Republik betrieb die Unterstützung der deutschen Minderheit in Polen von Anfang an als Fortsetzung der Grenzkämpfe und Vorbereitung einer Grenzrevision, wobei es in dieser Minderheit wider Willen einen Pro-Berlin-Konsens gab. Dagegen verstanden sich die Südostdeutschen nicht als Irredenta. Weder subjektiv noch objektiv, weder nach ihrer Selbsteinschätzung noch nach ihrer tatsächlichen politischen Rolle stellten sie ein zu befreiendes »Grenzdeutschtum« dar.

Tendenzen einer darüber hinausreichenden Identifizierung mit Deutschland sollten aber nicht bestritten werden. Sie traten seit 1930/32 unübersehbar zutage. Das war bei älteren Minderheitspolitikern wie Jakob Bleyer und wohl auch Hans Otto Roth der Fall, als sie kein anderes Mittel mehr gegen den Druck der Staatsnation wußten. Stärker noch und nicht mehr nur in Notwehr war dies eine Umorientierung der jungen Erneuerer-Generation auf Deutschland, schließlich auf den Nationalsozialismus. Dennoch wäre eine Charakterisierung als »fünfte Kolonne« verfehlt. Anders als gleichzeitig in der deutschen Minderheit Polens, anders vor allem als bei den Volksgruppenführungen seit 1940/41 hielt die große Mehrheit zu jener Zeit noch immer fest an ihrer Beschränkung auf das eigentlich minderheitspolitische Anliegen, auf die Existenzsicherung selbst. Der Umschlag hingegen von völkisch-nationalsozialistischer Minderheitspolitik zunehmend mit Hilfe Berlins zu regelrechter Minderheitensteuerung im Auftrag des Dritten Reiches kommt erst in den Jahren 1938/40 zustande. Auch für die folgenden Kriegsjahre ist es nicht berechtigt, vom Verhalten der Volksgruppenführungen und ihres Anhangs, das trotz mancher Reibungen zweifellos von der Bindung an das Dritte Reich bestimmt war, auf die Haltung der jeweiligen südostdeutschen Minderheit als Ganzer zu schließen. Dies würde auf eine Kollektivschuld-These hinauslaufen, die beim gegenwärtigen Kenntnisstand nicht zu begründen ist. Hinzu kommt, daß extrem nationalistische Einstellungen in südostdeutschen Minderheiten nicht isoliert betrachtet werden dürfen. Es gab das gegenseitige nationalistische Aufputschen bei allen Völkern des Südostens. Dabei stellen die deutschen Minderheiten wegen umfangreicher Assimilationsvorgänge sogar eine beachtenswerte Ausnahmeerscheinung dar. Überhaupt konnte sich die natürliche Reserviertheit kirchlich-konservativer und bäuerlicher Deutscher im Südosten gegenüber dem aufrührerisch-revolutionären Gebaren des Nationalsozialismus nicht gerade bestätigt sehen, wenn in den Staatsnationen selbst nationalsozialistische Organisationen auf große Resonanz stießen.

Schlußbetrachtung

GÜNTER SCHÖDL

Auch im Donau- und Karpatenraum führt der Weg deutscher und deutschsprachiger Bevölkerung seit den frühen dreißiger Jahren unseres Jahrhunderts dorthin, wo sich die Spuren des Zusammenlebens und des Nachdenkens über seine Bedingungen verlieren mußten. Und die Unterscheidung zwischen Selbstbewußtsein und Provokation, Sicherheitsverlangen und Herrschaftsanspruch, Minderheitsexistenz und Vorpostenrolle büßte ihre Orientierungsfunktion ein. Als sich im Jahre 1939 schließlich der Konflikt entlud, war er im Denken und Zusammenleben, in Vorurteil und kollektiver Verfeindung schon oft, in manchen Landstrichen bis an den Rand der Selbstverständlichkeit vorweggenommen worden. Als er endete, blieb vielen auf Jahre hinaus die Grenze zwischen Zerstörung und Selbstzerstörung ebensowenig erkennbar wie diejenige zwischen Krieg und Nachkriegszeit.

Wie Vertreibung und Diskriminierung das Kriegsgeschehen mit anderen Mitteln fortsetzten, so hatten es während der dreißiger Jahre im östlichen Europa die deformierten Beziehungen zwischen Nationalstaaten und Minderheiten mit vorbereitet. Der Krieg war schon vorgezeichnet in den spannungsgeladenen Konstellationen von Nationalstaaten, die keine waren, und Minderheiten, deren bloße Existenz daraus ein Problem machte. Aber weder die Kategorie Minderheit noch diejenige eines Sendungs- und Besitzanspruchs werden der Wirklichkeit der deutschen Geschichte im Südosten Europas gerecht. Nicht nur Außenseiter, nicht schlechthin Fremde, gewannen sie im Laufe eines Jahrtausends integral-selbstverständlichen Anteil an der Entwicklung des Donau- und Karpatenraums. Die langfristig gewachsene Bedeutung der Deutschen, über- beziehungsweise zwischennationales Zusammenleben und Konflikt in wechselnder Konstellation zu erfassen, ist die Aufgabe unserer Darstellung.

Dieses Vorhaben ist nicht zu trennen von der Forschungsdiskussion über Nationalismus und extremen Nationalismus, Nationalstaat und nationale Minderheit, Massenpolitisierung und -manipulation, zumal dann nicht, wenn man die üblichen methodischen Standards wissenschaftlicher Arbeitsweise ernst nimmt, also die gängigen Gebote von Objektivität und Überprüfbarkeit, womit die unreflektierte Parteinahme für eine bestimmte Nation, selbst für eine bedrohte Minderheit, in einer wissenschaftlichen Darstellung eigentlich ausgeschlossen sein sollte. Auch die vorstehenden Einwände gegen die These der »fünften Kolonne«, überhaupt gegen die Kollektivschuld-These, sind nicht aus nationaler Parteilichkeit erwachsen. Sie haben nichts zu tun mit einer Absicht, das im deutschen Namen Geschehene zu verharmlosen. Die über Generationen hinwegreichende Verantwortung ist nicht in Frage zu stellen.

So kann man als Wissenschaftler einerseits festhalten: Viele Erneuerer haben in defensiver Absicht einen Ausweg aus der Existenzkrise ihrer Minderheit gesucht. Und doch wird man jenseits nationaler Parteinahme bekennen müssen, daß sie eben doch zu einer verhängnisvollen De-Stabilisierung der betreffenden Staaten beigetragen haben. Man darf sehr wohl klarstellen, daß die Radikalisierung des Nationalismus der Südostdeutschen gar nicht denkbar ist ohne die Nationalismen der anderen, auch nicht ohne den Herr-im-Haus-Standpunkt der Staatsnationen. Doch ändert dies nichts am südostdeutschen Anteil an der Zerstörung überlieferter Formen übernationalen Zusammenlebens und christlicher Verhaltensnormen. Schließlich ist sicherlich zur Korrektur schablonenhafter Verurteilungen das Argument berechtigt, daß viele in die Waffen-SS nur unfreiwillig eingetreten sind. Dies erübrigt aber nicht den Hinweis auf jenes menschliche Leid, das sie verursacht haben. Feststellungen und Urteile, die in dieser Weise beunruhigend-unabgeschlossen sind, können bestimmte Grenzen geschichtswissenschaftlicher Methodik verdeutlichen. Gegensätzliches, womöglich Widersprüchliches solcher Art anzunehmen, kann als Voraussetzung für künftige Abwehr erneuter Emotionalisierung und politischer Zweckentfremdung von Geschichtsforschung und Geschichtsbewußtsein gelten.

Überlegungen dieser Art verbinden sich auch mit der Darstellung von Kriegsende und Katastrophe des Dritten Reiches, zugleich der deutschen Minderheiten. Es muß keineswegs Zeichen einer unbelehrbaren starren Haltung sein, wenn das ganze Ausmaß von Mißhandlung und Diskreditierung der Volksdeutschen im Südosten beim Namen genannt wird, zumal das selbst nach einem halben Jahrhundert noch nicht überall möglich oder erwünscht ist. Voraussetzung ist aber der Hinweis auf den Gesamtzusammenhang von Vertreibung und Mord, Deportation und Entrechtung, also ein Hinweis auf die langfristige Herausformung von Nationalismen und Mehrheit-Minderheit-Konstellationen seit dem 19. Jahrhundert; auch auf unmittelbare Bestimmungsfaktoren wie die staatlich-territoriale Neuordnung Osteuropas nach dem Ersten Weltkrieg sowie Ideologie, Außenpolitik und Kriegführung des Dritten Reiches. Diese Einordnung sowohl der südostdeutschen Volksgruppen-Phase als auch der Reaktionen darauf bei Kriegsende in ihren Entstehungs- und Bedingungszusammenhang ist unerläßlich – auch für das künftige Gespräch zwischen den betreffenden Nationen. Ein Andauern der gegenwärtigen Sprachlosigkeit etwa zwischen Deutschen und Serben, ähnlich zwischen Deutschen und Tschechen in punkto »Vertreibung« ist durchaus zu befürchten. Dies würde die Eingrenzung, die Fixierung des Blicks auf die Exzesse der Kriegs- und Nachkriegszeit geradezu erzwingen, würde zu zwanghafter Wiederholung des ursprünglichen, des ersten Erschreckens führen. Wenn es aber selbst nach einem halben Jahrhundert zwischen den Gegnern von einst bei blanker Emotion bleibt, muß anhaltende Verhärtung der Beziehungen die Folge sein. In diesem Buch sollen Ausführungen über die Katastrophe der südostdeutschen Minderheiten bei Kriegsende das Grauen sichtbar machen, ohne den Blick ausschließlich darauf zu fixieren. Die vorangegangene Darstellung zu langfristig-geschichtlichen Grundlagen und Zeitumständen dieser Ereignisse sollte stets mitgedacht werden.

Dieser Umgang mit dem Problemzusammenhang »Zweiter Weltkrieg und Vertreibung« ist Anlaß genug, die ritualisiert-gewohnten Erörterungen von Schuld und Strafe nunmehr in zwischen- und übernational nachvollziehbare Verständigung über Ursachen zu übersetzen – dem zugrundeliegenden Sachverhalt wird dabei nichts von seinem historischen und moralischen Gewicht genommen. Das Erinnern und Erzählen gewinnt durch Abstand-Herstellen und zugleich erneute, erklärende Aneignung lediglich eine zusätzliche Dimension. Dies erweitert auch die Möglichkeiten, früheren Epochen ihren eigenen Rang zu bewahren. Ihre Darstellung wird aus der deformierenden Umklammerung gelöst, die unser *heutiges* Wissen über Folgen und Ergebnisse bewirkt: Die Geschichte der Deutschen im Südosten wird nicht mehr nur als Vorgeschichte der Vertreibung begriffen.

Die Autoren dieses Buches haben es unternommen, eine solche – nur aus der Sicht der Erlebnisgeneration und einer nationalstaatlich orientierten Geschichtsbetrachtung zu rechtfertigende – Einengung der Darstellungsperspektive aufzubrechen. Sie lassen mittelalterliche Anwesenheit von Deutschen im Königreich Ungarn, sie lassen die Vielfalt der späteren Ansiedlungsvorgänge als solche sichtbar werden, nicht zuletzt das Verhalten jener Bürger und Bauern des 19. Jahrhunderts, deren politischer Kompaß noch nicht auf Nation und Nationalstaat geeicht war. Es geht dabei insgesamt um die jeweilige Epochenindividualität, nicht um nationsbezogene Einordnung und Wertung oder kausale Beziehung zu einem bestimmten »Ende«. Das vom Ausgang her Untypische, bisher weithin Unterschätzte erhält sein eigenes Gewicht zurück. Dies gilt insgesamt für Varianten und nicht verwirklichte Alternativen des tatsächlich eingeschlagenen Entwicklungsweges.

Gerade diese distanzierte, unparteiische Haltung gegenüber dem geschichtlich Rivalisierenden erleichtert es wiederum, auch das nationale Zeitalter, auch die ganze Vielfalt des Nationalen ohne Vor-Urteil wahrzunehmen, ohne die mittlerweile gewachsene Tradition emotionalisierter Wert- und politisierter Verwertungszusammenhänge. Anliegen ist somit eine Geschichtsschreibung, die Anwesenheit und langfristige Wirkung deutscher und deutschsprachiger Bevölkerung im Südosten nicht vorrangig oder gar ausschließlich mit Nation und Staat in Verbindung bringt. Nichtnationale Formen des deutsch-magyarischen Zusammenlebens im mittelalterlichen Städtewesen, Reichsbewußtsein und Existenzkampf des einzelnen im Zeitalter der »Schwabenzüge«, desgleichen dynastisch-ungarischer Patriotismus und »schwebendes Volkstum« bis hin zur Assimilation seit dem frühen 19. Jahrhundert werden nicht länger als Geschichte zweiter Klasse zu unbedachter Endlagerung freigegeben.

Dabei handelt es sich nicht nur um einen Wandel der Methodik, sondern auch der Auffassung. Erscheinungsformen und Triebkräfte des Vergangenen finden Beachtung, die einige verbreitete Vorstellungen von automatischer Zielsicherheit einer nationalgeschichtlichen Evolution, von natürlicher, daher notwendiger Nationswerdung in Frage stellen. Dieses historiographisch-kritische Erkunden vergangener Entwicklungsoffenheit ist Voraussetzung dafür, daß die Kategorien von Nation und Nationalstaat nicht unmodifiziert bei der Betrachtung von Minderheiten angewandt werden. Minderheiten, seien es ethnische oder sich bereits nationalisierende, sind nicht ohne weiteres als kleine Nationen, als gescheiterte Anläufe zu Nations- und Staatsbildung zu begreifen. Überlegungen dieser Art sind nicht gleichbedeutend mit bekenntnishaft-unbedingter Geringschätzung des Nationalen, auch nicht mit Auffassungen, es sei beliebig zu erfinden oder überhaupt souverän beherrschbar.

Dementsprechend sollte es in der historischen Betrachtung darum gehen, grundsätzliche, dogmatisierungsträchtige Stellungnahmen zur Frage: »Was war wann deutsch? Was an sich hat als deutsch zu gelten?« nicht zum Ziel- und Angelpunkt zu machen. Aussichtsreicher erscheint gewissermaßen der Versuch funktionalisierender Auflösung und Herleitung, durch den sich Ermittlung und Einordnung deutscher Spuren im Land an der Donau systematischer und in höherem Maße überprüfbar gestalten. So werden Spuren »südostdeutscher« Anwesenheit hervorgehoben, die in Rechtswesen und Städteentwicklung des mittelalterlichen Reiches der Stephanskrone enthalten sind, sodann in wirtschaftlicher Erschließung und ethnischer Zusammensetzung Ungarns im 18. Jahrhundert wie auch in ethnisch-nationaler Verschmelzung und in Entfaltung des Modernisierungsprozesses seit dem 19. Jahrhundert. Dem Nationalen wird dabei weder autonome Dynamik noch die bloße, unselbständige Qualität eines Nebenprodukts des sozialen Wandels zugeschrieben.

Auf diese Weise – so steht jedenfalls zu hoffen – sollten bestimmte traditionelle Kontroversen ihre lähmende Wirkung allmählich verlieren, ihre Bedeutung gleichsam als Prüfstein rückwärtsgewandter »political correctness«. Dies gilt etwa für die entgegengesetzten Thesen von deutscher Kulturbringerschaft im Donau- und Karpatenraum wie auch von den Deutschen als ewiger »fünfter Kolonne«. Jeder dieser apodiktischen Glaubenssätze ist für sich rational wie empirisch ohne ausreichende Deckung. Eine demgegenüber problem- und voraussetzungsbewußte, individualisierend-offene Auffassung von deutscher Geschichte im Südosten Europas folgt dem Anliegen, Recht und Maße des Vergangenen herauszulösen aus dem Verfügungsanspruch der nachfolgenden Generationen.

Deutsche Geschichte im Donau- und Karpatenraum

1 Zur Nationalismusforschung: Berding (Hrg.) 1994, dazu Leggewie, Wehler, Hardtwig sowie – zu Osteuropa – Lemberg und Zernack. Ferner Winkler, Geyer und H. Mommsen, in: Winkler/Kaelble (Hrg.) ²1995 sowie Calic und Schödl, in: Hösch/Seewann (Hrg.) 1991; Deutsch ²1966; Gellner 1995.

2 Vgl. Schödl, in: Winkler/Kaelble (Hrg.) ²1995, S. 123–155 und ders. 1990a, bes. S. 57–81, 326–347.

3 Hutterer 1994, S. 163–169; Seewann 1979/80, S. 128–151; Schödl 1990b, S. 279–294.

Die deutsche Südostsiedlung im Mittelalter

1 Fügedi 1975, in: Die deutsche Ostsiedlung, S. 471–507.

2 Zimmermann 1966, in: Gedenkschrift für Harold Steinacker, S. 67–84, auch Helbig 1975, in: Die deutsche Ostsiedlung, S. 509 bis 526.

3 Schünemann 1923.

4 Zimmermann 1967, in: Südostdeutsches Archiv 10, S. 35–49.

5 Ediert bei Endlicher 1849, S. 426ff.

6 Simon de Keza, Gesta Hungarorum, ediert bei Szentpétery, Imre: Scriptores rerum Hungaricarum tempore ducum regumque stirpis Arpadianae gestarum, Bd. 1, 1937, S. 187ff.

7 Zur Geschichte der Stephanskrone vgl. Benda/Fügedi 1988, weiters zur kunsthistorischen Wertung auch Deér 1966. Zur Legende über die Kronenschenkung durch Papst Silvester II. vgl. Zimmermann 1969, S. 373 Nr. 942 zu 1001 April, anders Györffy 1992, S. 17f. zu 1000 ex.

8 Registriert bei Böhmer-Zimmermann, Papstregesten S. 374f. Nr. +943, ediert von Zimmermann ²1985, S. 737ff.

9 Thietmar von Merseburg, Chronicon IV 59, ediert Holtzmann, Robert in MGH SS rer. Germ. Nova Series IX. 1935, S. 198: Imperatoris autem predicti gratia et hortatu gener Heinrici, ducis Bawariorum, Waic in regno suimet episcopales cathedras faciens, coronam et benediccionem accepit. Vgl. dazu aber Váczy, in: Studien zur Machtsymbolik des mittelalterlichen Ungarn 1983, S. 29–43, zustimmend zu Thietmars Nachricht neuerdings wieder Fried 1989, S. 67.

10 Zuletzt ediert aus dem Register Gregors VII. bei Györffy 1992, S. 194f.

11 Die »Institutio morum« ist zuletzt ediert bei Györffy 1983, S. 253–262 und S. 259 das Kapitel über die Hospites mit dem Zitat.

12 Ediert bei Endlicher 1849, S. 399f.; vgl. dazu Kubinyi 1975, in: Die deutsche Ostsiedlung, S. 529f.

13 Vgl. Fügedi 1969, in: Acta Historica. 15. 1969, S. 121ff. und Fügedi 1969, in: Alba Regia. Annales Musei Stephani Regis 10. 1969, S. 101–118.

14 Ediert bei Näf ²1975, S. 9 und bei Bak/Sweeney 1989, S. 36. Zur Einschätzung des Andreanum vgl. Mitteis ⁶1959, S. 399.

15 Vgl. die deutsche Übersetzung der sogenannten »Urgesta« bei Bogyay Bd. 1, 1976, S. 128 und dazu den Text aus Simon von Kéza, Chronicon c.79 bei Szentpétery 1937, S. 189.

16 Vgl. die Facsimile Ausgabe von Dercsényi 1968, fol. 14ᵛff., deutsche Übersetzung im Kommentarband, S. 108ff. und dazu bei Szentpétery 1937, S. 296ff. sowie die Liste bei Simon von Kéza, Chronicon, ediert bei Szentpétery 1937, S. 187ff.

17 Vgl. Boshof 1986, in: Ostbairische Grenzmarken 28. 1986, S. 178 – 194, sowie weiters Schünemann 1923.

18 Vgl. das Regest bei Györffy 1992 und jüngst dazu Klaniczay 1994 in Petersohn (Hrg.) 1994, S. 350ff.

19 Otto von Freising, Gesta Friderici imperatoris I 32, ediert Waitz, Georg und v. Simson, Bernhard in MGH SS rer.Germ. 46, ³1912, S. 49; vgl. dazu Fügedi 1975, S. 477f.

20 Albert von Aachen, Historia Hierosolymitana, ediert Bouquet 1879, S. 303.

21 Klein, in: 1963, S. 159–166.

22 Vgl. die Edition von Karácsonyi, János und Borovszky, Samu: Registrum Varadinense examinum ferri candentis ordine chronologico digestum descripta effigie editionis a. 1550 illustratum. 1903, S. 212.

23 Vgl. die genannten Urkunden bei Zimmermann, Franz und Werner, Carl, Bd. 1: 1191–1342, 1892, S. 10 (Saxones), S. 2f. (Flandrenses), S. 213f. (villa Barbant), S. 224 (villa Barbantina), S. 7f. (Johannes Latinus inter Theutonicos Transiluanenses), S. 63 (milites Saxones Vltrasiluanos ... filios Johannis Latini). Schon in der ersten Urkunde für die Siebenbürger Sachsen von 1191 gibt es S. 1 eine ecclesia Theutonicorum Vltrasiluanorum.

24 Vgl. über die beiden Genannten Klein, in: ders. 1971, S. 160ff. sowie Mark 1971, in: Zur Rechts- und Siedlungsgeschichte der Siebenbürger Sachsen (= Siebenbürgisches Archiv, Band 8). 1971, S. 261ff.

25 Vgl. Menzel 1977.

26 Zimmermann, Franz (Hrg.) 1892, Bd.1, S. 27.

27 Vgl. Anm. 13 Fügedi sowie Kubinyi 1975, S. 549.

28 Vgl. die gegenteilige Auffassung bei Kaindl, Bd. 2, 1907, S. 172 und Györffy, Band 1. 1963, S. 532f. Die erwähnte Urkunde König Bélas IV. findet sich ediert bei Helbig, Weinrich 1970, S. 522.

29 Vgl. die beiden Urkunden bei Zimmermann, Franz und Werner, Carl, 1892, S. 32ff., deutsch auch bei Helbig/Weinrich 1970, S. 536ff. der Andreanische Freibrief, von dessen Bestätigungen erstmals diejenige von König Karl Robert aus dem Jahre 1317 im Original erhalten ist; vgl. Zimmermann, passim, S. 322f. Das Zipser Privileg von 1271 ediert Endlicher 1849, S. 522 und jüngst Marsina 1984, S. 55f.

30 Darauf verweist schon Tartler 1791, S. 78ff.

31 v. Hannenheim 1884; vgl. weiters Zimmermann 1992, in: Zeitschrift für Siebenbürgische Landeskunde 15.(86.) 1992, S. 4 und ders. 1995, in: Von Schwaben bis Jerusalem. Facetten staufischer Geschichte, hrg. v. S. Lorenz und U. Schmidt, Sigmaringen 1995, S. 152ff.

32 Vgl. zu dieser Meldung des Johannes Kinnamos Makk 1989, S. 60 mit Anm. 190 auf S. 147.

33 Nämlich die Kronstädter Wandchronik Annales templi Coronensis aus dem 16. Jahrhundert, ediert von Oskar Netoliczka, in: Quellen zur Geschichte der Stadt Kronstadt 1903, Bd. 4: Chroniken und Tagebücher, Bd. 1. Kronstadt, S. 1. Vgl. dazu Armbruster 1976/77, in: Südostdeutsches Archiv 19–20, S. 22f.

34 Vgl. Klein, in: ders. 1963, S. 220–225.

35 Zitiert nach Klein, in Siebenbürgisches Archiv, Bd. 5, Köln-Wien 1965, S. 1; vgl. zum folgenden Klein, in: ders. 1963, S. 98ff.; Rein, in: Luxemburg und Siebenbürgen, 1966. S. 203ff.; Armbruster, in: Korrespondenzblatt des Arbeitskreises für Siebenbürgische Landeskunde 2. 1972, S. 65ff. Schon vor Feller hatte der habsburgische Offizier Luigi Ferdinando Conte di Marsili († 1730) auf Belgien als Herkunftsland der Siebenbürger Sachsen verwiesen (Saxonia, a vera Germanica, ita fere ut Belgica), doch wurde sein Bericht erst 1930 publiziert; vgl. Amaldi, Rom 1930, S. 43.

36 Reinerth 1963 und ders. 1972.

37 Erstmals behauptet von August Meitzen 1896; vgl. dazu Schwarz 1957, S. 148ff. und weiters Reinerth 1965, in: Südostdeutsches Archiv 8. 1965, S. 26–56, dazu Kahl, in: Zur Rechts- und Siedlungsgeschichte der Siebenbürger Sachsen 1971, S. 162–199.

38 Zimmermann, Franz 1888, S. 46–62.

39 Vgl. Kroner, in: Südostdeutsche Vierteljahrsblätter 3. 1984, S. 169ff.

40 Vgl. den Text bei Binder 1976, H. 2, S. 38, Anm. 9, deutsch auch bei Wagner ^{2}1981, S. 435; jüngst dazu Barta, János und Barta, Gábor, III. Béla király jövedelmei (Die Einkünfte König Bélas III.), in: Századok 127. 1993, S. 413–449, bes. S. 434f.

41 Vgl. Klein, in: ders. 1971, S. 117–136.

42 Zimmermann und Werner 1892, S. 34. Vgl. dazu Wagner, in: Zur Rechts- und Siedlungsgeschichte der Siebenbürger Sachsen (= Siebenbürgisches Archiv, Bd. 8). S. 70ff. und Rein, in: 1962, S. 93ff.

43 Vgl. Zimmermann und Werner 1892, Bd. 1, S. 534 und dazu Arz von Straussenburg 1981, S. 35f.

44 Vgl. zum folgenden Zimmermann, in: Die geistlichen Ritterorden Europas, hrg. von J. Fleckenstein und M. Hellmann 1980, S. 267 bis 298, nachgedruckt in Zimmermann 1986, S. 152–183, wonach im folgenden zitiert wird.

45 Vgl. Janesch/Mandgen/Stephani 1987.

46 Thalgott 1990.

47 Vgl. Backmund 1956, S. 402 und dazu Beiträge zur Geschichte von Kronstadt in Siebenbürgen, Philippi 1984.
48 Vgl. die Editionen bei Zimmermann, Gündisch, Gustav, Urkundenbuch, passim und Werner, passim.
49 Vgl. das Andreanum in der Edition von Zimmermann 1892, Bd. 1, S. 34.
50 Vgl. die Edition der Urkunde Papst Cölestins III. von 1191 bei Zimmermann, 1892, Bd. 1, S. 1f.
51 Vgl. die Edition bei Marsina 1971, S. 122f.
52 Bitschnau 1983, S. 344ff. kennt in Matrei zwar die Familie, weiß aber nichts von ihren Beziehungen nach Ungarn.
53 Die Urkunde Heinrichs von 1234 findet sich bei Helbig und Weinrich 1970, S. 316ff., die Urkunde Bélas IV. ist regestriert bei Szentpétery 1937, S. 342, Nr. 1105.
54 Vgl. Wagner 1773, S. 266ff.
55 Vgl. die Edition bei Endlicher 1849, S. 522 und Marsina 1971, S. 55f.
56 Zur freien Pfarrerwahl vgl. Kurze 1966 und Kurze 1971, in: Zur Rechts- und Siedlungsgeschichte der Siebenbürger Sachsen 1971, S. 133–161.
57 Vgl. Zimmermann 1966.
58 Vgl. dazu Schuller 1962, in: Ostdeutsche Wissenschaft 9. S. 102 – 130.
59 Vgl. aber für Schlesien Menzel 1977, S. 221ff.
60 Siehe dazu Haverkamp 1981, in: Zeitschrift für Siebenbürgische Landeskunde 4. (75.) S. 21–39.
61 Vgl. mit Anm. 14.
62 Vgl. darüber Göckenjan 1985.
63 Vgl. die Notiz aus dem Echternacher Codex bei Wagner 1981, S. 20f.
64 Vgl. das Carmen Miserabile des Rogerius von Torre Maggiore in der Edition von Ladislaus Juhász bei Szentpétery, Bd. 2. 1938, S. 564 und S. 576, deutsch auch bei Göckenjan / Sweeney 1985, S. 154 und S. 170, auch Gündisch 1993, S. 121f.
65 Vgl. Györffy 1960, S. 21ff.
66 Vgl. Flieder 1968, S. 61ff.
67 Die Urkunde des Dietrich ist ediert bei Zimmermann 1892, S. 201. Vgl. die Nachweise für die sonstigen Namenvarianten bei Nägler 1979, S. 183.
68 Vgl. Rogerius, Carmen Miserabile, bei Szentpétery, Scriptores, Bd. 2, 1938, S. 562, deutsch bei Göckenjan / Sweeney 1985, S. 152 sowie auch zum folgenden Kubinyi 1972.
69 Die Urkunde findet sich ediert bei Helbig / Weinrich 1970, S. 510ff.
70 Vgl. die beiden Urkunden bei Marsina 1987, S. 30f. und 113f. Die Karpfener Urkunde ist im Volltext mit deutscher Übersetzung auch ediert bei Helbig / Weinrich 1970, S. 518ff.
71 Vgl. zu den Ereignissen Deér 1966, S. 217ff.; Bak 1973, S. 11ff., auch Benda / Fügedi 1988, S. 32ff. In der Ungarischen Bilderchronik (vgl. die Facsimile Ausgabe von Dercsényi) findet sich die Geschichte von Ottos Einritt in Ungarn fol. 68, deutsch im Kommentarband S. 156. Die beiden 1317 erneuerten Urkunden von 1224 und 1271 sind ediert bei Zimmermann 1892, Bd. 1, S. 322f. und Marsina 1971, S. 88ff.
72 Vgl. zum folgenden Probszt, 1966.
73 Die Neusohler Urkunde findet sich bei Marsina, Codex diplomaticus, Bd. 2, S. 340f. ediert.
74 Zitiert nach Probszt, Bergstädte, S. 44.
75 Vgl. die Urkunde bei Marsina, Codex diplomaticus, Bd. 1, S. 173, auch: Bergstädte der Unterzips, hrg. von L. Guzsak, Stuttgart 1983, S. 169 über Klingsor und die Klingsor-Burg.
76 Zit. aus Riedl 1940, S. 14.
77 Vgl. die im Literaturverzeichnis genannten Arbeiten von Piirainen, zusammenfassend Piirainen 1985 / 86, in: Südostdeutsches Archiv 28 – 29, 1985 / 86, S. 44–58.
78 Vgl. Gündisch 1942, in: Deutsche Forschungen im Südosten 1. 1942, S. 53–81, nachgedruckt in Gündisch 1987, S. 77–105. Weiters: Geschichte der Deutschen auf dem Gebiete Rumäniens, redigiert von Carl Göllner, Bd. 1, 1979, S. 323f.
79 Vgl. die über die Berufung steirischer Bergleute berichtende Urkunde bei Zimmermann 1892, S. 182ff. Die Echtheit ist umstritten; vgl. K. Gündisch, Patriziat, S. 45f.
80 Vgl. Piirainen 1972.
81 Vgl. zum folgenden Baudisch 1969, in: Südostdeutsches Archiv 12. 1969, S. 32–61. Matschke 1994, S. 425–446.
82 Das Zitat aus der Reisebeschreibung des Franzosen Bertrandon de la Brocquière bei Baudisch 1969, S. 45.
83 Vgl. Leonhard von Chios, Historia Constantinopolitanae urbis a Mahumete II. captae, ediert bei J. P. Migne, 1866, Sp. 928 und dazu Runciman 1977, S. 89 und Baudisch 1969, S. 57.
84 Vgl. Zimmermann, Bd. 1, 1892, S. 60f.

85 Vgl. zum folgenden Petri 1971, in: Südostdeutsches Archiv 14. 1971, S. 47–56.

86 Vgl. zum folgenden Weczerka 1960.

87 Zimmermann, Bd. 1, 1892, S. 37, S. 51, S. 53, S. 56 und S. 59 und dazu Zimmermann, H. 1980, S. 162 und 167f.

88 Vgl. den Sammelband von Vardy/Groß-schmid/Domonkos 1986.

89 Vgl. die Urkunden bei Zimmermann, Bd. 2, 1892, S. 223 und S. 297f.

90 Vgl. den Text ebenda, S. 449ff., deutsch auch bei Wagner 1981, S. 53ff.

91 Vgl. Fabini 1980, in: Forschungen zur Volks- und Landeskunde 23. S. 76–94.

92 Vgl. die Urkunde bei Zimmermann, Bd. 1, 1892, S. 319f., deutsch auch bei Wagner 1981, S. 34ff.

93 Vgl. Rieckenberg 1963, in: Archiv für Kulturgeschichte 45. 1963, S. 210ff.

94 Vgl. Treiber 1971, S. 207ff. und S. 33ff.

95 Vgl. Zimmermann, Bd. 2, 1892, S. 252ff.

96 Vgl. Gabriel 1969 und Somogyi, in: Louis the Great, s. 221 ff.

97 Vgl. Heilig 1931, in: Jahrbuch des Wiener Ungarischen Historischen Instituts 1, 1931, S. 43f.

98 Vgl. die Urkunde von 1334 bei Zimmermann, 1, 1892, S. 464.

99 Vgl. Wagner 1978, in: Zeitschrift für Siebenbürgische Landeskunde 1, 1978, S. 183 Anm. 7, weiters zum folgenden auch Teutsch, Georg Daniel 1872, in: Archiv des Vereins für siebenbürgische Landeskunde 10. 1872, S. 164ff., bes. S. 167.

100 Über ihn jetzt Mályusz 1990 und Baum 1993, auch Zimmermann, H. 1977, in: Siebenbürgisch-sächsischer Hauskalender, Jahrbuch 22, 1977, S. 49–55.

101 Vgl. Atiya 1934.

102 Vgl. Gündisch, G. 1937, in: Jahrbuch für Geschichte Osteuropas 2. 1937, S. 393–412, 1974, in: Revue Roumaine d'Histoire 13. 1974, S. 415–443, nachgedruckt, in: Gündisch 1987, S. 36–64, auch Zimmermann, H. 1978, in: Forschungen zur Volks- und Landeskunde 21. 1978, S. 17–22.

103 Vgl. Joachim 1912, in: Mitteilungen des Instituts für österreichische Geschichtsforschung 33. 1912, S. 87–119.

104 Ediert in Zimmermann, Bd. 2, 1892, S. 609ff. und Bd. 3, 1902, S. 386ff. sowie Gündisch, Bd. 4, 1937, S. 164f., deutsch auch bei Wagner 1981, S. 63f.

105 Vgl. dazu Mályusz 1990, S. 193 und S. 214f.

106 Vgl. zum folgenden auch Lipták 1939, in: Südostdeutsche Forschungen 4. 1939, S. 12f.

107 Abgesehen von Mályusz 1990, S. 187ff. informiert darüber Fahlbusch 1983, bes. 18ff.

108 Vgl. den Text bei Dőry/Bónis/Bácskai. Decreta regni Hungariae. Gesetze und Verordnungen Ungarns 1301–1457 (= Publicationes Archivi Nationalis Hungarici. Publikationen des Ungarischen Staatsarchivs, II: Fontes. Quellenpublikationen, Bd. 11) 1976, S. 189ff., dazu Fahlbusch 1983, S. 39ff., und Fahlbusch 1981, in: Zeitschrift für Siebenbürgische Landeskunde 4, 1981, S. 61–73.

109 Vgl. Mályusz 1990, S. 203ff.

110 Vgl. den Text bei Gündisch, Urkundenbuch, Bd. 4, 1937, S. 638ff., deutsch auch bei Wagner 1981, S. 68ff.

111 Über ihn handelt Gündisch, Konrad 1982, in: Anuarul institutului de istorie şi arheologie Cluj-Napoca 25. 1982, S. 197–201, deutsch auch, in: Taten und Gestalten. Bilder aus der Vergangenheit der Rumäniendeutschen, Bd. 1, hrg. von D. Drotleff. 1983, S. 28–33.

112 So erstmals formuliert bei der Erneuerung der »Unio fraterna« im Jahre 1506; vgl. Teutsch 1965, S. 41.

113 Vgl. Farkas 1958, S. 1ff.

114 Vgl. die Zitate aus: Chronica und Beschreibung der Türckey mit einer Vorrhed D. Martini Lutheri. Unveränderter Nachdruck der Ausgabe Nürnberg 1530 ... mit einer Einführung von C. Göllner (= Schriften zur Landeskunde Siebenbürgens, Bd. 6). 1983, S. 9 und S. 11, dazu auch die wissenschaftliche Ausgabe von Klockow, Georgius de Hungaria, Tractatus de moribus, condictionibus et nequicia Turcorum. Traktat über die Sitten, die Lebensverhältnisse und die Arglist der Türken. Nach der Erstausgabe von 1481 herausgegeben, übersetzt und eingeleitet (= Schriften zur Landeskunde Siebenbürgens, Bd. 15). 1993. Auszüge der deutschen Übersetzung finden sich auch bei Wagner, 1981, S. 71ff.

115 Vgl. den Text bei Gündisch, Bd. 4, 1937, S. 121f. und dazu Fabini 1986.

116 Vgl. den Text bei Zimmermann, Bd. 3, 1902, S. 615f.

117 Vgl. Mollay 1971. Die folgenden Zitate finden sich hier S. 13ff. und S. 26ff. Vgl. bei Freytag, Bd. 2, 1927, S. 271–290 das Kapitel »Eine deutsche Frau am Fürstenhofe«.

118 Vgl. dazu Nehring ^{2}1989, S. 13ff.

119 Vgl. Jug 1943, in: Glasnik Muzejskega Drustva za Slovenijo 24, S. 1–61.
120 Vgl. zum Gesagten den Überblick von Saria 1966, in: Gedenkschrift für Harold Steinacker (1875–1965) S. 85–104.
121 Vgl. Otterstädt 1962.
122 Der Text des Bonfini-Berichtes in deutscher Übersetzung bei Wagner 1981, S. 88ff.
123 Die Belege finden sich bei Gündisch 1990, in: Gruppenautonomie in Siebenbürgen. 500 Jahre siebenbürgisch-sächsische Nationsuniversität, hrg. von W. Kessler 1990, S. 63 bis 92, bes. S. 88f. Die Bestätigung des Andreanischen Freibriefes durch König Matthias Corvinus 1486 findet sich bei G. Gündisch, Urkundenbuch, Bd. 7, 1991, S. 412f.
124 Über ihn vgl. Gündisch 1983, in: Zeitschrift für Siebenbürgische Landeskunde 6, 1983, S. 137 bis 155, Nachdruck, in: G. Gündisch 1987, S. 128–146.
125 Vgl. Fabini 1989, S. 131ff.
126 Vgl. dazu die Edition von Eckhardt, August: Der Schwabenspiegel bei den Siebenbürger Sachsen, 1973, S. 414 und S. 437f.
127 Eine Facsimile-Ausgabe des Erstdruckes von 1583 erschien mit einer Einleitung von Adolf Laufs. München 1973.
128 Über die Zipser Willkür vgl. Piirainen 1992. Die Georgenberger Chronik ediert Béla Pukánsky, in: Szentpétery, Band 2, 1937, S. 275 bis 287; vgl. dort S. 280 über die deutsche Kolonisation der Zips unter König Béla II.
129 Vgl. die Edition von Mollay: Das Ofener Stadtrecht. Eine deutschsprachige Rechtssammlung des 15. Jahrhunderts aus Ungarn, 1959, S. 58.
130 Über ihn vgl. Mollay 1959, S. 21f., auch Mályusz 1990, S. 205.
131 Mollay 1959, S. 70. Eine neuhochdeutsche Wiedergabe des ganzen Kapitels findet sich unten S. 119f. als Beilage 4. Vgl. dazu und zum folgenden Kubinyi 1986, in: Städtische Randgruppen und Minderheiten, hrsg. von B. Kirchgässner und F. Reuter 1986, S. 183–199 und Kubinyi 1991/92, in: Südostdeutsches Archiv, Bd. 34, 35, 1991/92, S. 23–42.
132 Vgl. Piirainen 1972.
133 Vgl. über diese und andere ungarische Städtebünde Mályusz 1990, S. 213ff. sowie allgemein zur Situation Kubinyi 1972, in: Stadt und Stadtherr im 14. Jahrhundert. Entwicklungen und Funktionen, hrsg. von W. Rausch, S. 193–220; Schödl 1990, in: Schödl 1990, S. 303–326.
134 Nochmals sei verwiesen auf Probszt 1966.
135 Vgl. dazu und zum Gesagten Rein 1966, in: Südostdeutsches Archiv 9, 1966, S. 145–178; 10, 1967, S. 146–176; 11, 1968, S. 181–202.
136 Vgl. Ackerl 1985, auch Nehring [2]1989.
137 Vgl. Bucko 1965, S. 8ff. und Gabriel, University, S. 37ff.
138 Vgl. die Urkunde Gündisch, Bd. 7 1991, S. 10f.
139 Das Zitat aus Krüger 1957; Aus Mittelalter und Neuzeit. S. 127.
140 Vgl. Folberth 1973, S. 37; zum folgenden vgl. allgemein Schürer/Wiese 1938.
141 Nicht erwähnt von Matthias 1994, in: Politik und Heiligenverehrung im Hochmittelalter, hrsg. von J. Petersohn 1994, S. 519ff.
142 Vgl. Schwob 1969, S. 39ff.
143 Zum folgenden vgl. abgesehen von Folberth 1973, Richter, Gisela und Otmar 1992.
144 Schwob 1969, S. 28ff. sowie Schwob 1971, in: Südostdeutsches Archiv 14. 1971, S. 57–77.
145 Vgl. Zimmermann, Bd. 1, 1892, S. 33.
146 Vgl. dazu Schwob 1974/75, in: Südostdeutsches Archiv Bd. 17, 18, 1974/75, S. 50–73.
147 Vgl. dazu und zum folgenden die beiden letzten Kapitel von Bak, Königtum, S. 62ff. und S. 74ff.
148 Vgl. Gyalokay 1926, in: Ungarische Jahrbücher 6, S. 228–251.
149 Der Auszug aus Huets lateinischer Rede wird zitiert nach Teutsch 1965, S. 75; den vollständigen Text der Übersetzung findet man bei Wagner 1981, S. 137ff.; vgl. dazu Zimmermann, H. 1966.

Einwanderung und Ansiedlung der Deutschen (1668–1790)

1 Schünemann 1936, S. 235.
2 Szakály 1988, in: Acta Historica Scientiarium Hungaricae 34 (1) 1988, S. 69.
3 Ders. 1994.
4 Vgl. Szederkényi, Bd. 3, 1891, S. 180.
5 Ottendorf 1943, S. 88.
6 Vgl. Szita 1987, in: Budától-Belgrádig 1987, S. 78–79.
7 Andrásfalvy 1993, in: Beiträge zur Volkskunde der Ungarndeutschen 1993, S. 23.
8 Kosáry (Hrg.), Bd. 3, 1975, S. 30.
9 Csánki 1884–1897, Bd. 2, S. 451, Bd. 3, S. 396; Wellmann 1989, in: Magyarország története tíz kötetben, Bd. 4/1, 1989, S. 39–46.

10 Lukan 1991, in: Österreichische Osthefte 33, 1991, S. 35–49.
11 Schröder 1704, S. 283.
12 Varga 1993, in: Tanulmányok a török hódoltság és a felszabadító háborúk történetéből, S. 95–103.
13 Wellmann 1965, in: Nouvelles Études Historiques, Bd. 1, 1965, S. 354.
14 Tafferner, Bd. 1, 1974, S. 53.
15 Ebenda S. 85–102.
16 Kallbrunner 1958, S. 14–24.
17 Schünemann 1936, S. 35.
18 Taba 1941, S. 38ff.
19 Várkonyi 1989, in: Magyarország története tíz kötetben, Bd. 4/1, 1989, S. 127.
20 Gárdonyi 1931, in: Deutsch-Ungarische Heimatsblätter 3, 1931, S. 32.
21 Tafferner, Bd. 2, 1977, S. 60–61.
22 Gárdonyi 1931, S. 33.
23 Ebenda S. 129.
24 Tafferner, Bd. 4, 1982, S. 96–98.
25 Fallenbühel 1963, in: Tanulmányok Budapest Múltjából Bd. 15, 1963, S. 267.
26 Móró 1988, in: Baranyai Helytörténetírás 1988, S. 51–81.
27 Gárdonyi 1931, S. 130.
28 Ebenda S. 129.
29 Jelli, Bd. 3, 1992, S. 19.
30 Kisasszondy 1976, in: A Dunántúl településtörténete 1976, S. 87–94. – Nagy 1983, in: Baranyai Helytörténetírás 1983, S. 368ff.
31 Gál 1988, S. 63.
32 Vgl. Lutz 1938, S. 10.
33 Vonház 1987, S. 256.
34 Hermann 1929, in: Deutsch-Ungarische Heimatsblätter 1,1929, S. 49.
35 Ebenda.
36 Hoffmann 1931, in: Deutsch-Ungarische Heimatsblätter 3, 1931, S. 98–103.
37 Gál 1990, in: Tanulmányok Óbuda történetéből Bd. 3, 1990, S. 18–28.
38 Budakeszi – Wudigeß S. 56.
39 Nagy 1986, in: Baranyai Helytörténetírás 1986, S. 13–131.
40 Vonház 1987, S. 255.
41 Ebenda S. 260.
42 Ebenda S. 257.
43 Holder 1930, in: Deutsch-Ungarische Heimatsblätter 2, 1930, S. 138–140.
44 Arneth, Bd 3, 1864, S. 79.
45 Eppel 1988, S. 91.
46 Hoffmann 1935, in: Neue Heimatblätter 1, 1935, S. 50.
47 Steinsch 1942, S. 33–34.
48 Lotz 1963, in: Südostforschungen Bd. 22, 1963, S. 343.
49 Teschedik 1786, S. 223–225.
50 Nagy 1983, S. 380.
51 Vonház 1987;Triebnigg-Pirkhert 1930, in: Deutsch-Ungarische Heimatsblätter 1930, S. 339; Várnagy 1990, in: A Dunántúl településtörténete Bd. 8, 1990, S. 323f.
52 Schünemann 1936, S. 138ff.
53 Schilling 1933, in: Deutsch-Ungarische Heimatsblätter 5, 1933, S. 311–326.
54 Ebenda S. 320.
55 Tafferner, Bd. 2, 1977, S. 150.
56 Ebenda S. 219.
57 Ebenda, Bd. 1, S. 60.
58 Schuon 1936, S. 25.
59 Vonház 1987, S. 513.
60 Tafferner 1978, in: Südostdeutsches Archiv Bd. 21, 1978, S. 37; Ács 1979/1980, in: Südostdeutsches Archiv, Bd. 22/23, 1979/1980, S. 41.
61 Imre 1986, in: Beiträge zur Volkskunde der Ungarndeutschen 1986, S. 172–182.
62 Glósz/Kápolnás 1988, S. 392–393.
63 Pápai 1963, in: Magyarország történeti demográfiája 1963, S. 154ff.
64 Rúzsás 1964, S. 44.
65 Tafferner Bd. 2, 1974, S. 304–305.
66 Felhő 1970, S. 11–32.
67 Horváth 1974, in: A pannon térség városainak és mezővárosainak fejlődése és jelentősége a 16–19. században 1974, S. 56–57.
68 Kállay 1980/81, in: Ungarn-Jahrbuch Bd. 11, 1980/81, S. 143.
69 Mérey 1994, in: Tolna Megyei Levéltári Füzetek 1994, S. 33–58.
70 Špiesz, Manuskript.
71 Kállay 1980/81, in: Ungarn-Jarbuch Bd. 11, 1980/81, S. 146.
72 Vgl. Wettel 1928, S. 281.
73 Vgl. Jordan 1967, S. 20.
74 Vgl. Schmidt 1929, in: Deutsch-Ungarische Heimatsblätter 1, 1929, S. 212.
75 Vgl. Wellmann 1980, in: Acta Historica Scientiarium Hungaricae 26, 1980, S. 264.
76 Vgl. Lotz 1963, in: Südostforschungen Bd. 22, 1963, S. 343–344.
77 Ebenda S. 329.
78 Röhrig 1940, S. 5.
79 Lotz 1963, in: Südostforschungen Bd. 22, 1963, S. 340.
80 Jordan 1967, S. 28–39.

81 Tafferner Bd. 1, 1974, S. 137–138.
82 Schünemann 1933, in: Handwörterbuch des Grenz- und Auslanddeutschtums 1933 Bd. 1, S. 302–318.
83 Wellmann 1989, in: Die Deutschen in Ungarn 1989, S. 57.
84 Lotz 1966, in: Gedenkschrift für Harold Steinacker 1966, S. 165.
85 Tafferner, Bd. 1, 1974, S. 206.
86 Ebenda S. 210.
87 Zit. nach Schimscha 1939, S. 38–39.
88 Czoernig, Bd. 3, 1857, S. 19–20.
89 K. Schünemann 1933, in: Handwörterbuch des Grenz- und Auslanddeutschtums 1933, S. 226f.
90 Schimscha 1939, S. 79–95.
91 Vgl. Dammang 1930, S. 21.
92 Schünemann 1933, in: Handwörterbuch des Grenz- und Auslanddeutschtums 1933, S. 227.
93 Schimscha 1939, S. 185.
94 Vgl. Nägler 1979, in: Geschichte der Deutschen auf dem Gebiete Rumäniens 1979, S. 308.
95 Vgl. Feldtänzer 1990, S. 1.
96 Gutkas 1980, in: Österreich zur Zeit Kaisers Josephs II. 1980, S. 88–90.
97 Vgl. Feldtänzer 1990, S. 19.
98 Schünemann 1933, in: Handwörterbuch des Grenz- und Auslanddeutschtums 1933, S. 229.
99 Zit. nach Klein 1980, S. 154–155.
100 Lay, Manuskript.
101 Schünemann 1933, in: Handwörterbuch des Grenz- und Auslanddeutschtums 1933, S. 230.
102 Tafferner, Bd. 2, 1977, S. 362.
103 Benda 1979, in: Zeitschrift für siebenbürgische Landeskunde 2, 1979, S. 185–196.
104 Gündisch 1978, in: Zeitschrift für siebenbürgische Landeskunde 1, 1978, S. 3–15.
105 Nowotny 1931, S. 1–6.
106 Ebenda S. 95.
107 Teutsch, Bd. 2, 1984, S. 82.
108 Vgl. Bucsay 1985, S. 147.
109 Vgl. Nowotny 1931, S. 47.
110 Schünemann 1936, S. 98; Nowotny 1931, S. 94.
111 Pfrenzinger 1937, in: Neue Heimatblätter 2, 1937, S. 274–275.
112 Hacker 1969, in: Südostdeutsches Archiv Bd. 12, 1969, S. 122.
113 Schünemann 1936, S. 317.
114 Arndt, Bd. 4, 1804, S. 88.
115 Ebenda.
116 Weber 1937, in: Schwabenland 4, 1937, S. 59–60.
117 Pfrenzinger 1941, S. 273–274.
118 Lotz 1963, in: Südostforschungen Bd. 22, 1963, S. 344.
119 Fata 1993, in: Materialien Heft 1., S. 30.
120 Basch 1937, in: Neue Heimatblätter 2, 1937, S. 286.
121 Hauptstaatsarchiv Stuttgart A 4, Bü 51.
122 Schmidt 1939, S. 9.
123 Auerbach 1993, S. 26.
124 Breier 1987, S. 47–52.
125 Cella, Bd. 3, 1786, S. 13.
126 Vgl. Kühbauch 1982, in: Franzfeld 1982, S. 74.
127 Schünemann 1936, S. 265–296.
128 Barth 1929, in: Deutsch-Ungarische Heimatsblätter 1, 1929, S. 150–152.
129 Pfrenzinger 1941, S. 29–30.
130 Arndt, Bd. 4, 1804, S. 306.
131 Fassel/Schmidt (Hrg.) 1986, S. 25.
132 Trostler 1930, in: Deutsch-Ungarische Heimatsblätter 2, 1930, S. 25.
133 Vgl. Raff 1987, in: Suevia Pannonica 1987, S. 25.
134 Evangelisches Landeskirchliches Archiv, Kirchenbücher: Familienregister Holzgerlingen Film-Nr. 176.
135 Eimann 1822, S. 99.
136 Vgl. Solymár 1983, in: Dunatáj 6, 1983, Heft 2, S. 61.
137 Ebenda.
138 Ebenda S. 61–62.
139 Vgl. ders. 1992, in: Baranyai Történetírás 1992, S. 354.
140 Berzsenyi 1833, S. 27.

Ungarns Weg in die Habsburgermonarchie (1526–1790)

1 Gyalokay, 1926.
2 Hanák, 1991, S. 55ff.
3 Lhotsky, 1971, S. 202ff.
4 Smolka, 1879, S. 1ff.
5 Vgl. allgemein Turetschek, 1968.
6 Vgl. Österreich und die Türken, 1972.
7 Utiesenović, 1881.
8 S. Anm. 2, S. 56f.
9 Voselka, 1985, S. 170ff.
10 Lencz, 1917; vgl. auch Groß, 1929.
11 Wittmann, 1952, mit Bibliographie.
12 Heinisch, 1975, 1975, S. 125 ff. bzw. 79ff.
13 Depner, 1938.

14 Pavlescu, 1924.
15 Stöller, 1962, S. 171ff.; vgl. auch Georg Wagner, 1964.
16 Kindinger, 1957; Angeli, 1877.
17 Lilck, 1928, 1930.
18 Köpeczi, 1983.
19 Dürigel, 1981; auch die ältere Darstellung von Lorenz, [3]1944, ist noch immer heranzuziehen.
20 Heiß-Klingenstein, 1983.
21 Zu den Leistungen des Prinzen Eugen im milit. Bereich vgl. noch immer: Die Feldzüge des Prinzen Eugen (1876–1892); zur Persönlichkeit des Prinzen: Braubach, 1963–1965.
22 Hengelmüller, 1913; jetzt auch Benda, 1978.
23 Darstellung im Bd. 16, 17 der Feldzüge (s. Anm. 21).
24 Angeli, 1881.
25 Von der vielfältigen Literatur sei hier nur auf den Ausstellungskatalog Die Donauschwaben, 1987, hingewiesen.
26 Vgl. die Arbeiten von Turba, 1911/12 bzw. 1913.
27 Zur Person der Herrscherin vgl. jetzt etwa Herre, 1994.
28 Zu Joseph II. vgl. noch immer das Standardwerk von Mitrofanov, 1910; von jüngeren Werken sei vor allem auf Gutkas, 1989, hingewiesen.
29 Zu dieser hier nur kurz angerissenen Thematik vgl. etwa Hanák (s. Anm. 2), S. 59ff.; vgl. auch Reinerth, 1956.
30 Vgl. dazu etwa Ernst Wagner, 1981; Gottas, 1991/92.
31 Vgl. dazu jetzt Hochberger/Scherer/Schmitt, 1994.

Die Deutschen in den Ländern der Ungarischen Krone (1790–1867)

1 Tausend Jahre Nachbarschaft, 1981, S. 61.
2 Ebenda.
3 Ebenda.
4 Steinacker 1979/80, in: Südostdeutsches Archiv 22/23, 1979/1980, S. 62–89, hier S. 80. Windisch 1965, in: Acta Historica Academiae Scientiarium Hungaricae 11, 1965, S. 3–56, hier S. 23.
5 Die Ungarn, 1994, S. 146.
6 Die Geschichte Ungarns, 1971, S. 286–287.
7 Vgl. Gottas 1976, S. 21; Die Ungarn 1994, S. 149–150.
8 Gottas 1965, S. 37–38; Gottas 1976, S. 21 f.
9 Gogolák, Bd. 2, 1969, S. 187.
10 Tausend Jahre Nachbarschaft, 1981, S. 62.
11 Vgl. Folberth 1959, S. 256.
12 Vgl. ebenda, S. 257.
13 Vgl. ebenda, S. 249.
14 Vgl. ebenda, S. 250.
15 Vgl. ebenda, S. 251.
16 Zur »Schwabeneinwanderung« vgl. ebenda S. 43.
17 Vgl. ebenda, S. 251f.
18 Roth, Bd. 4, 1970, S. 120.
19 Ebenda, S. 121.
20 Vgl. ebenda, S. 132, 133, 157.
21 Ebenda, S. 157, 158.
22 Vgl. Kurze Geschichte Siebenbürgens, 1990, S. 472.
23 Tausend Jahre Nachbarschaft, 1981, S. 61.
24 Zu diesem Vergleich siehe Folberth 1959, S. 237–246; 275.
25 Vgl. ebenda, S. 32.
26 Ebenda, S. 33–35.
27 Sämtliche Zit. nach ebenda, S. 37–38.
28 Die beiden letzten Zitate nach ebenda, S. 40f.
29 Ebenda, S. 276.
30 Ebenda, S. 248.
31 Hudak/Guzsak 1971, S. 92ff.
32 Vgl. Tausend Jahre Nachbarschaft, 1981, S. 75–86.
33 Senz [3]1987, S. 110f.
34 Vgl. ebenda, S. 118–119.
35 Vgl. Niederhauser 1990, S. 93f.
36 Senz 1987, S. 112ff.
37 Senz 1994, S. 43f.
38 Senz, J. V. 1987, S. 122.
39 Senz, I. 1994, S. 44.
40 Die folgenden Zitate stammen aus der Arbeit von Petri 1963, S. 37–41.
41 Ebenda, S. 45, 47.
42 Senz, I. 1994, S. 45. Senz, J. V. 1987, S. 136ff.
43 Senz, I. 1988, in: Der gemeinsame Weg 49, Januar 1988, S. 30–34, hier S. 32.
44 Windisch 1965, S. 11–14.
45 Handwörterbuch des Grenz- und Auslanddeutschtums, Bd. 1, 1933, S. 214, 295.
46 Geschichte der Deutschen auf dem Gebiete Rumäniens, 1979, S. 266.
47 Hochberger/Scherer/Spiegel-Schmidt 1994, S. 92.
48 Vgl. Tafeln zur Statistik der österreichischen Monarchie, N.F., Bd. 1, H. 1. Wien 1856, Taf. 2, S. 1 und 6.

49 Die folgenden Angaben bei Senz, I. 1994, S. 33f. Windisch 1965, S. 10. Hochberger/Scherer/Spiegel-Schmidt 1994, S. 92. Tafeln zur Statistik der österreichischen Monarchie, N.F., Bd. 1, H. 1, Taf. 2, S. 21. Czoernig 1857, S. 34–37. Geschichte der Deutschen auf dem Gebiete Rumäniens 1979, S. 266.
50 Handwörterbuch, Bd. 1, 1933, S. 327.
51 Gottas 1965 passim.
52 Handwörterbuch, Bd. 1, 1933, S. 257.
53 Schwicker 1881, S. 402.
54 Hamm/Lotz/Lindenschmidt 1960.
55 Zu Wimmer als Pfarrer und seiner »politischen« Rolle in den Jahren 1848 und 1849 vgl. Folberth 1959, S. 258–263.
56 Hochberger/Scherer/Spiegel-Schmidt 1994, S. 55. Liptak/Steinacker, R. 1957, S. 21–26, S. 35–48.
57 Zit. Die Siebenbürger Sachsen in den Jahren 1848–1918. 1988, S. 284.
58 Ebenda, S. 98, 254–266, 276–282.
59 Handwörterbuch, Bd. 1, S. 262 und 264f.
60 Ebenda, S. 332, 334.
61 Senz, J. V. 1966, S. 379–385.
62 Vargha 1979, in: Baranyai Helytörténetírás 1979, S. 177–214, hier S. 177ff.
63 Glatz 1988, S. 685–696, hier S. 694.
64 Ansätze für die Erforschung interethnischer Aspekte des Zusammenlebens sowie volkskultureller Wechselbeziehungen in Südosteuropa finden sich in: Tausend Jahre Nachbarschaft, 1981, S. 87–90 und S. 126–138.
65 Handwörterbuch, Bd. 1, S. 262.
66 Kessler 1987.
67 Ebenda, S. 29.
68 Ebenda, S. 17–24.
69 Ebenda, S. 33.
70 Ebenda, S. 48f.
71 Senz, I. 1994, S. 39f.
72 Senz, J. V. 1987, S. 111–112.
73 Die Siebenbürger Sachsen in den Jahren 1848–1918, 1988, S. 344f.
74 Zum folgenden: Meier 1993, S. 103–110 und 143ff. Seidler, A./Seidler, W. 1988, S. 150f.; Krischan 1987, S. 9f.; Geschichte der Deutschen auf dem Gebiete Rumäniens. 1979, S. 337–340; Kurze Geschichte Siebenbürgens, 1990, S. 473f.
75 Windisch 1965, S. 35 und 37.
76 Krischan 1969 passim.
77 Vgl. Die Habsburgermonarchie 1848–1918, Bd. 1, 1973, S. 282, 463, 468, 479, 483–484, 490–495, 497, 500f.
78 Schwicker 1881, S. 206.
79 Vgl. Handwörterbuch, Bd. 1, 1933, S. 210, 252, 294, 325; Schwicker 1881, S. 205f.
80 Brandt, Bd. 1, 1978, S. 521, Anm. 99.
81 Mesli/Schreiber/Wildmann, Filipowa, Bd. 1, 1978, S. 144.
82 Lotz ^{2}1964, S. 146 und Senz J. V. 1966, S. 366.
83 Lotz 1964, S. 138–141.
84 Handwörterbuch, Bd. 1, 1933, S. 296, 324f. Windisch 1965, S. 13f., S. 17.
85 Handwörterbuch, Bd. 1, 1933, S. 210
86 Windisch 1965, S. 13f.
87 Handwörterbuch, Bd. 1, 1933, S. 215, 235, 330.
88 Windisch 1965, S. 5.
89 Ebenda, S. 52f.

Die Deutschen in Kroatien-Slawonien und Jugoslawien

1 Definitivni rezultati popisa stanovnišotva od 31 marta 1931 godine. Beograd 1938. Zur Diskussion dieser Zahlen vgl. weiter unten!
2 Im Anschluß an die 1848er Revolution gehörte ein Teil Syrmiens – das sog. Provinzial-Syrmien (außerhalb der »Militärgrenze«) zur Woiwodina (1849–60), wurde dann aber wieder mit Slawonien vereinigt.
3 Karger 1963, S. 25.
4 Ebenda S. 45.
5 Der Begriff »Walachen« war im spätmittelalterlichen und frühneuzeitlichen Südosteuropa weit verbreitet. Er diente zur Bezeichnung der griechisch-orthodoxen Hirten, deren ethnische Zusammensetzung von Region zu Region variieren konnte. Neben rumänischsprachigen Personen gehörten zu dieser Gruppe vor allem auch Serben.
6 Kaser 1986, S. 282; Pavičić. Zagreb 1953, S. 307 f.
7 Abgedruckt bei Smičiklas, Bd. 2, 1892, S.15; hier zit. nach Karger, 1963, S. 22, 85.
8 Die Bezeichnung »Kleine Walachei« (Mala Vlaška) kam seit Mitte des 16. Jahrhunderts auf und deutet auf die starke Walachen-Einwanderung in osmanischer Zeit hin. Das Gebiet ist von der gleichnamigen Landschaft in Rumänien, dem westlich des Alt gelegenen Teils der Walachei (Oltenien), zu unterscheiden.
9 Karger 1963, S. 85.

10 Die Bezeichnung ist vom mittelalterlichen serbischen Kerngebiet »Raszien« abgeleitet.
11 Zum Nationsverständnis vgl. u. a. Gellner, 1991 und Anderson, 1988.
12 Mažuran, 1974, S. 71ff.
13 = Raitzen bzw. Serben.
14 Das Essegger deutsche Stadtrecht vom Jahre 1698, in: Tafferner. Bd. 3, 1978, S. 83ff.
15 Wie Anm. 12.
16 Heppner 1990/91, in: Das achtzehnte Jahrhundert und Österreich. Jahrbuch der Österreichischen Gesellsch. z. Erforschung des achtzehnten Jahrhunderts. Bd. 6, 1990/91, S. 73.
17 Gesuch der deutschen Bürger der Essegger Oberstadt an den Ofner Kapuziner Provinzial vom 11. Dezember 1703, in: Tafferner, Bd. 1, 1974, S. 62.
18 Oberkersch 1961 S. 17.
19 F. W. v.Taube, Historische und geographische Beschreibung des Königreichs Slavonien und Herzogthums Syrmien. 1777/78; hier zit. nach Bischof, 1958 S. 27, 28f.
20 Kaiserliches Patent von 1807, in: Carl B. v. Hietzinger, Statistik der Militärgrenze des österreichischen Kaisertums. Band 3. Wien 1823, S. 65.
21 Ebenda S. 83.
22 Panduren waren eine im 17./18. Jahrhundert in Südungarn aufgestellte österreichische Truppe, die sich besonders im Kleinkrieg bewährte.
23 Boehm 1942, S. 13.
24 Marktprivilegsurkunde für Ruma, in: Tafferner, Bd. 3, S. 215f.
25 1 Katastraljoch (Kj) = 0,575 Hektar.
26 Ansiedlungsvertrag der Herrschaft Pejachevich vom 1.1.1749, in: Quellenbuch zur donauschwäbischen Geschichte. Band 3 S. 218 ff.
27 Oberkersch 1961, S. 19.
28 Vgl. Kühn 1936.
29 Heppner 1990/91, S. 74f.
30 Vgl. Oberkersch 1978, S. 52f.
31 Vgl. Lendl 1941, S. 53.
32 Vgl. Sattler 1941, S. 65.
33 Oberkersch 1961, S. 24.
34 Sattler 1941, S. 66.
35 Ebenda.
36 Gross 1993, S. 41f.
37 Ebenda S. 44f.
38 Boehm 1942, S. 39.
39 Lehmann 1977, S. 427.
40 Oberkersch 1961, S. 33.
41 Vgl. ebenda S. 55.
42 Zu Einzelheiten vgl. u. a. Wolfrum 1954, S. 20; Annabring 1955, S. 11f.; Wehler 1980, S. 14ff., 96ff.
43 Otterstädt 1962.
44 Die deutsche Einwanderung nach Bosnien setzte erst nach der Okkupation des Landes 1878 ein. Vgl. Maier 1924.
45 Eimann 1822; hier zit. nach Kaindl, Bd. 3, 1922, S. 274.
46 Unter den Personen mit deutscher Muttersprache befanden sich 1931 auch über 10 000 Juden.
47 Dokumentation der Vertreibung, Bd. 5, 1961, S. 20 E.
48 Boehm 1942, S. 38.
49 Lendl 1941, S. 32.
50 Kessler 1981, S. 156f.
51 Vgl. Oberkersch 1961, S. 56ff.
52 Vgl. Heckmann 1992, S. 45.
53 Oberkersch 1961, S. 66.
54 Weber-Kellermann 1981, in Tausend Jahre Nachbarschaft, 1981, S. 87.
55 Erfassungsberichte der deutschen Einwandererzentrale (EWZ) (Ed 72/12 Bosnien), Aufzeichnung Kroetz o. D., Deutsche Gesandtschaft in Agram, Militärarchiv Freiburg (MA), Box 146/170, 85446.
56 Boehm 1942, S. 47.
57 Dokumentation der Vertreibung, Bd. 5, 1961, S. 16 E.
58 Mirnić 1974, S. 26.
59 Gaćeša 1977, in: Yugoslavia and the Third Reich. 1977 S. 155.
60 Gaćeša 1977, S. 158; Biber 1966, S. 205; Dammang 1930, S. 59.
61 Calic 1991, in: Hösch/Seewann 1991, S. 126.
62 Dammang 1930, S. 41f.
63 Weber-Kellermann 1973, S. 194.
64 Vgl. Umsiedlungsberichte der Volksdeutschen Mittelstelle (VOMI), in: Bundesarchiv Koblenz (BA), R 59/219.
65 Sattler 1938, in Südostdeutsche Forschungen 3, 1938, S. 562.
66 Dokumentation der Vertreibung, Bd. 5, 1961, S. 23 E, Anm. 17.
67 Belege ebenda.
68 Wie Anm. 42.
69 Dokumentation der Vertreibung, Bd. 5, 1961, S. 11 E.
70 Annabring 1955, S. 25f.
71 Dokumentation der Vertreibung, Bd. 5, 1961, S. 30 E.
72 Annabring 1955, S. 29f.

73 Bagnell 1977, S. 62.
74 Ebenda S. 107f; Biber 1966, S. 39; Bagnell 1977, S. 64ff.
75 Dokumentation der Vertreibung, Bd. 5, 1961, S. 38 E.
76 Zur Rolle der VOMI vgl. Lumans 1993.
77 Vgl. Weitblick eines Donauschwaben. Dokumentation eines Abwehrkampfes 1935–1944 gegen nationalsozialistische Einflüsse unter den Donauschwaben in Jugoslawien und Ungarn im Wochenblatt für das katholische Deutschtum ... »Die Donau«, erschienen in Apatin. Adam Berenz. 1968.
78 Janko 1944.
79 Annabring 1955, S. 66ff; Dokumentation der Vertreibung, Bd. 5, 1961, S. 39 E.
80 Biber 1966, S. 73f. u. 65ff.
81 Frensing 1970.
82 Sattler 1943; Calic 1987/88, in: Südostdeutsches Archiv 30/31, 1987/88, S. 148–175.
83 Sattler 1943, S. 68f.
84 Verordnungsblatt der Volksgruppenführung 6, 1941, S. 3f.
85 Kasche an das Auswärtige Amt, A-267/41 geh. v. 17.1.1942, Polit. Archiv d. AA (PA/AA), Inl. II g, Bd. 254.
86 Sattler 1943, S. 86ff.
87 Grenzwacht, 15. 5. 1942.
88 Sundhaussen 1972, in: Vojnoistorijski glasnik 23, 1972, S. 89–133.
89 Anordnung Himmlers vom 16.7.1943, TgNr. 36/124/43, MA 1246.
90 Deutsche Zeitung, Osterausgabe 1944.
91 Sundhaussen, in: Südost-Forschungen 30, 1971, S. 75ff.
92 Telegramm Ribbentrops an Kasche vom 14. 7. 1942, PA/AA, Büro StS. Kroatien, Bd. 3, Bl. 168 f.
93 Aufzeichnung des SS-Hauptamtes, Amt VI, vom 24. 7. 1942, PA/AA, Inl. II g, Bd. 309.
94 Herzog 1955, S. 6f.
95 Brief Bergers an den Persönlichen Stab des RFSS, Obersturmbannführer Brandt vom 16. 4. 1943; zit. nach einer Ausarbeitung im Auftrag des Hilfswerks der Evangelischen Kirche in Deutschland von Ende 1951 über die »Ausschöpfung der Wehrkraft der deutschen Volksgruppen in Südosteuropa durch die SS«, Mikrofilm der National Archives Washington, T-580, Roll 76, Ordner 345.
96 Originale im Archiv des Militärhistorischen Instituts in Belgrad, NA, k. 40-G, f. 2, d. 43.
97 Erlebnisbericht des Gemeindeangestellten Georg Merkhofer aus Račinovci, in: Dokumentation der Vertreibung, Dok. Nr. 26, S. 148.
98 Erlebnisbericht des Schülers M. R. aus Franzfeld, in: Dokumentation der Vertreibung, Dok. Nr. 5, S. 65ff.
99 Anlage zum Bericht Kasches an das Auswärtige Amt vom 1. 7. 1943, PA/AA, Inl. II g, Bd. 307.
100 Schreiben von Phleps an Himmler vom 10.7.1944, BA, NS 19/neu 2154.
101 Stein 1967, S. 246.
102 Deutsch-kroatische Vereinbarung vom 30. 9. 1942, BA, R 59/225 VOMI.
103 Reichsführer SS an Lorenz, TbNr. 30/II/43 geh. vom 22. 1. 1943, MA 3/13.
104 Dokumentation der Vertreibung, Bd. 5, 1961; Annabring 1955, S. 78; Krnić 1966, in: Zbornik Historijskog instituta Slavonije 4, 1966, S. 73 bis 88.
105 Bericht der VOMI vom Oktober 1944, Nürnberger Dokumente, NO 5853.
106 Dokumentation der Vertreibung, Bd. 5, 1961, S. 88 E.
107 de Jong 1959, S. 214ff.
108 Dokumentation der Vertreibung, Bd. 5, 1961, S. 90 E ff.; Wehler 1980, S. 80ff; Völkl 1991, in: Politische Säuberung in Europa, hrg. v. Henke/Woller 1991, S. 378ff.
109 Bericht des Kaplans Paul Pfuhl aus Filipovo, in: Dokumentation der Vertreibung, Bd. 5, 1961, Dok. Nr. 41, S. 261ff.
110 Protokollierte Aussage des Landwirts Jakob Pleesz aus Šajkaški Sv. Ivan, in: Dokumentation der Vertreibung, Bd. 5, 1961, , Dok. Nr. 56, S. 395ff. Zur Zahl der Toten im Lager Jarak heißt es seitens der Herausgeber: »Die richtige Zahl ist: ca. 6300. (Möglicherweise handelt es sich bei der im Bericht angeführten Zahl um einen Abschreibefehler ...)«.
111 Dokumentation der Vertreibung, Bd. 5, 1961, Anlage 9, S. 180 E ff.; Egger 1983.
112 Savezni zavod za statistiku: Jugoslavija 1945–1985. Statistički prikaz, Beograd 1986, S. 56.
113 Wehler 1980, S. 97ff.
114 Vgl. Anm. 109.

Am Rande des Reiches am Rande der Nation: Deutsche im Königreich Ungarn (1867–1914/18)

1 Lutz 1979; Wandruszka/Urbanitsch (Hrg.), 6 Bde., seit 1973; Magyarország Története, Bd. 6, 1979; Hanák 1984; Stourzh 1985.
2 Pichl [2]1938; Schödl 1990b, S. 49–89; Whiteside 1981.
3 Gottas, in: Wandruszka/Urbanitsch (Hrg.), Bd. 3/1, 1980, S. 340–410; Schödl 1990b, S. 137–188.
4 Zit. Bernatzik [2]1911, S. 426, Nr. 134; Ulbrich 1909, S. 226ff.; Berger (Hrg.) 1967.
5 Szűcs 1963; ders. 1981, bes. S. 76–130, 161–220; Kubinyi 1973.
6 Mályusz 1928, S. 356–407; Schödl 1990 b, S. 303–326, bes. 323ff.
7 Schödl, in: Bade (Hrg.) [3]1993, S. 70–84.
8 Vgl. Gottas 1990, S. 342f.; Handwörterbuch des Grenz- und Auslandsdeutschtums, 3 Bde., 1933–1935; Die Donauschwaben 1987.
9 Vgl. Steinacker 1979/80, S. 62–89, bes. 86ff. und Pazmandi, in: Hösch/Seewann (Hrg.) 1991, S. 161–232, bes. 226–232.
10 Gottas 1980, S. 354.
11 Vgl. Kann [2]1964; Die Geschichte Ungarns 1971; Windisch 1965; Jászi 1971(5); Berend/Ránki 1973, in: Wandruszka/Urbanitsch (Hrg.), Bd. 1, 1973; dies. 1974; dies. 1982; Budapest Története, Bd. 4, 1978; Gottas 1976; Glatz 1975.
12 Matthias Gratz (1801–1867), zit.: Schödl 1990b, S. 144.
13 Schödl 1990b, S. 279–294, bes. 289–293; Seewann 1991, in: Hösch/Seewann 1991, S. 299–323.
14 Schödl 1978, bes. S. 223–230; Katus 1966, S. 144–216, bes. S. 192–214; ders. 1980, in: Wandruszka/Urbanitsch (Hrg.), 3/1, 1990, S. 410–488, bes. S. 431–436; Barkmann 1942.
15 Gottas 1980, S. 348.
16 Windisch 1965, bes. S. 39–46.
17 Gottas 1980, S. 355.
18 Die Donauschwaben 1987, S. 147; Zur Minderheitenstatistik, Wolf 1994, u. a. S. 27–39.
19 Glatz 1988, in: 300 Jahre Zusammenleben 1988, S. 262–269.
20 Steinacker, R. 1979/80, S. 88.
21 Rudolf Weber: Zepserscher Liederbronn, Käsmark 1896; zit. Steinacker, R., 1979/80, S. 82.
22 Katus 1980, S. 413ff.
23 Ebenda S. 431.
24 Zit. ebenda S. 413.
25 Vgl. Schödl 1978.
26 Zur politischen Instrumentalisierung der Statistik: Katus 1980, S. 411ff.
27 Bellér 1991, in: Suevia Pannonica 1991, S. 52–66, bes. S. 54ff.
28 Ebenda S. 56.
29 Senz, I. 1977, S. 36.
30 Gottas 1980, S. 381.
31 Senz, I. 1977, S. 212f.
32 Dolmányos 1966, in: Die nationale Frage 1966, S. 233–304; Gottas 1976, Weber 1966.
33 Dazu die klassische Darstellung bei Fr. Teutsch 1926; ferner: Wagner, E. 1981; ders. 1990; Kessler (Hrg.) 1990; Göllner 1988.
34 Vgl. Schödl 1978, Kap. I.
35 Schödl 1978, S. 142–147.
36 Schödl 1990, Kap. 14 und 15 (mit Überbl. u. Lit.); ferner: Weidenfeller 1976; Molisch 1926 und Barta/Bell 1930.
37 Schödl 1990, Kap. 2.
38 Ebenda Kap. 7.
39 Sächsisches Nationalprogramm vom 4. Juni 1872; zit. Teutsch 1926.
40 Vgl. Teutsch 1926, S. 11.
41 Vgl. Teutsch 1926, S. 6ff.
42 Vgl. Teutsch 1926, S. 13.
43 Vgl. Teutsch, Fr. 1926, S. 42.
44 Ebenda S. 45.
45 Lexikon der Siebenbürger Sachsen 1993, S. 391f.
46 Teutsch, Fr. 1926, S. 55.
47 Ebenda S. 19.
48 Ebenda S. 56.
49 Zu Schönerer und den Anfängen »alldeutscher« Politik: Whiteside 1981; Pickl 1938; Pulzer 1966; Schwedhelm 1969; Schödl 1990b. Zum Zusammenhang der deutschen nationalen Staatsbildung Nipperdey 1983, bes. Kap. VI; Wehler 1973, Schieder 1961 und Dann 1993.
50 Philippi 1987, S. 94ff. und S. 106.
51 Ebenda S. 98.
52 Zit. Teutsch, Fr. S. 75.
53 Schödl 1991b, Kap. 13, bes. S. 378ff.; Korodi 1943.
54 Gottas 1990, S. 389.
55 Sächsisches Volksprogramm vom 17. Juni 1890 (Schmidt S. 133–136/Wagner).
56 Handwörterbuch, Bd. 1, 1935: »Banat«, »Batschka«; Senz, J. 1983; Senz, J. 1977, S. 50–71.

57 Tafferner 1977, in: Lehmann/Haltmayer 1977, S. 71.
58 Zit. ebenda S. 69.
59 Gottas 1980, S. 395f.
60 Tafferner 1977, S. 81 und Roos 1977, in: Lehmann/Haltmayer, S. 244ff.
61 Zit. ebenda S. 304.
62 Zit. ebenda, S. 385.
63 Steinacker, Edmund 1937; Schödl 1978, bes. S. 135–139; ders. 1990b, 12. Kap.; Madaras 1964; Senz 1977; Tokody 1963.
64 Kessler 1969; Schödl 1990b, 13. Kap.; ders. 1985.
65 Schödl 1990b, 4. Kap.; Kerekes 1979; Bellér 1973; Hillinger 1973, Spira 1977.
66 Ders., Familie Gratz. Maschinenschriftliches Manuskript, S. 3.
67 Zit. Lehmann/Haltmayer 1977, S. 582ff.
68 Steinacker 1937, S. 120.
69 Ebenda S. 100.
79 Ebenda S. 96.
71 Ebenda S. 97.
72 Zit. Schödl 1978, S. 105.
73 Schödl 1978; Eley 1980; Chickering 1984.
74 Zit. Schödl 1978, S. 140.
75 Ebenda S. 148.
76 Ebenda S. 148ff.
77 Nachlaß Paul Samassa, Karton 1: Politische Erinnerungen, S. 20, 28, Österreichisches Staatsarchiv, Verwaltungsarchiv; zit. Schödl 1978, S. 149.
78 Nachlaß Edmund Steinacker, Karton 9, Brief Claß an Steinacker 7. 8. 1909; zit. Schödl 1978, S. 336f.; Kaindl 1906–1911; ders. 1924; Schödl 1990b, S. 409–412; Blase 1962.
79 Zit. ebenda, S. 389–392, Auszüge.
80 Zit. ebenda S. 392.
81 Georg Schönerer, »Alldeutsches Grundprogramm«, Wien 1901; zit. Schödl 1978, S. 388, dazu Weber 1975, Whiteside 1981.
82 Siehe vorh. Anm.
83 Vgl. Kann 1974; Sutter 1960/1965; Bridge 1972; Ableitinger 1973; Die nationale Frage 1966.
84 Vgl. Schödl 1978, bes. S. 142–147.
85 Adam Müller-Guttenbrunn 1927, S. 279f.
86 Vgl. Schödl 1991b, 12. Kap. und ders. 1978, bes. Kap. V/3, 4.
87 Nachlaß Steinacker, Karton 9, Brief Claß an Steinacker 4.7.1908; zit. Schödl 1978, S. 336; Teutsch 1926, S. 180ff.
88 Ebenda Brief Heegn an Steinacker 24. 2.; 12. 7. 1910; zit. Schödl 1978, S. 155.
89 Ebenda Brief Claß an Steinacker 10. 6. 1910; zit. Schödl 1978, S. 153.
90 Ebenda Brief Claß an Steinacker 20. 6. 1910; zit. Schödl 1978, S. 153.
91 Vgl. Schödl 1978, S. 162–167.
92 Vgl. Schödl 1978, S. 177–186.
93 Rudolf Schuller; zit. Schmidt 1939, S. 99f. und ders. 1940, S. 39–44.
94 Teutsch 1926, S. 180ff.
95 Kaindl 1906–1911, ders. 1924; Schödl 1990b, S. 409–412; Blase 1962.
96 Schödl 1990b, 14. Kap.
97 Ebenda 15. Kap.
98 Kessler 1969, S. 42.
99 Teutsch 1926, S. 228f.
100 Ebenda S. 243.
101 Ebenda S. 242.
102 Ebenda S. 226f.
103 Siehe Schödl 1978, S. 186.
104 Die Donauschwaben 1987, S. 144ff.; Neutatz 1993, S. 254, 502, 528; Lehmann/Haltmayer 1977, S. 189ff.
105 Ebenda S. 397ff.
106 Ebenda S. 193f.
107 Ebenda S. 199f.
108 Schwind 1960; Schwob 1973, in: Biographisches Lexikon zur Geschichte Südosteuropas, Bd. 1, S. 214f.; Seewann 1991, in: Hösch/Seewann, S. 299–323; Tafferner 1974, S. 59–64.
109 Zit. Schödl 1991b, S. 360.
110 Zit. Schwind 1960, S. 44.
111 Schwind 1960, S. 49ff.
112 Vgl. Schödl 1991b, bes. S. 360ff.
113 Programmatische Erklärung des »Deutschen Volksrats« vom 10. 11. 1918; zit. Schwind 1960, S. 62f.
114 Memorandum des »Deutsch-Ungarischen Volksrats« vom 8. 12. 1918; zit. Schwind 1960, S. 59.
115 Zit. ebenda S. 59f.
116 Zit. ebenda S. 60.
117 Zit. ebenda.
118 Schwind 1960, S. 72.
119 Zit. ebenda

Lange Abschiede: Die Südostdeutschen und ihre Vaterländer (1918–1945)

1 Annabring 1954; Die katholischen Donauschwaben in den Nachfolgestaaten 1972; Senz, J. V. (5) 1989; Riedl 1962; Tafferner 1974; Weidlein 1959; ders. 1981; ders. 1979; Suevia Pannonica (1[15]/1982).

2 Vgl. u. a. Seewann 1979/80; Hösch/Seewann 1991; Bellér 1975; Hillinger 1973; Spira 1977; Paikert 1967.

3 Kerekes 1979; Ádám 1988; Romsics 1990, in: Glatz 1990; Juhász 1969.

4 Zit. Schwind 1960, S. 85.

5 Zit. ebenda.

6 Zit. Schwind 1960, S. 94.

7 Zit. ebenda.

8 Zit. ebenda S. 101f.

9 Vgl. detaillierte Angaben bei Schwind 1960, S. 103f.

10 Zit. ebenda S. 109.

11 Schödl 1991, 4. Kap., bes. S. 143–147, 179–186.

12 Höpfner 1983, bes. Kap. 8, 9 und 10.5; Broszat, in: Funke 1978.

13 Zit. Schwind 1960, S. 119.

14 Zit. ebenda S. 96.

15 Vgl. ebenda S. 132ff.

16 Zit. ebenda S. 134f.

17 Gratz, Lebenserinnerungen. Maschinenschriftl. Manuskr., S. 359.

18 Zit. Schwind 1960, S. 163.

19 Tilkovszky 1989, S. 27ff.; Schwind 1960, S. 162ff.

20 ADAP, B, XXI, Dok. 190.; zit. Tilkovszky 1989, S. 407–411.

21 Brief an Hans Otto Roth; zit. Schwind 1960, S. 147.

22 NL Karl Haushofer, 945 b, Brief vom 17. 4. 1933; zit. Tilkovszky 1989, S. 32ff.

23 Zit. Schwind 1960, S. 147.

24 Ebenda S. 150.

25 ADAP, C, I, Dok. 400, S. 728f.; zit. Tilkovszky 1989, S. 52.

26 OL Küm. pol., Bündel 168, Posten 21/7, 2782/1933; zit. ebenda S. 55.

27 Zit. Jacobsen 1968, S. 6f.

28 PA AA, Deutsche Gesandtschaft Budapest, 108/2, P. 24, Bd. 15; zit. Tilkovszky 1989, S. 50f.

29 Zit. Tilkovszky 1989, S. 60.

30 Vgl. 300 Jahre Zusammenleben, 1988, Bd. 2, S. 88; Seewann, in: Hösch/Seewann 1991, bes. S. 300–307.

31 Vgl. Nation und Staat 11 (1937/38), Nr. 3, S. 166.

32 Schödl 1978, bes. S. 224ff.

33 Ein Joch entspricht ungefähr 5 700 Quadratmetern.

34 Seewann, in: Hösch/Seewann 1991, S. 307; Balogh, in: 300 Jahre Zusammenleben, Bd. 2, bes. S. 140ff.

35 Zur Entwicklung seit 1933, Annabring 1954; Jacobsen 1968; Spira 1977; Hillinger 1973; Komjathy/Stockwell 1980; 300 Jahre, 1988; Janko 1982 und – grundlegend – die genannten Untersuchungen von Tilkovszky; Gustav Gratz, Lebenserinnerungen. Maschinenschriftl. Manuskript.

36 PA AA, VI, A, Rumänien, Bd. 13, Heß an Fricke, 18.11.1933; zit. Miege 1972, S. 294.

37 ADAP, C, II/2, Dok. 252, S. 466–470; zit. Tilkovszky 1989, S. 72.

38 PA AA, Pol. Abt. II, Ung. Pol. 1, Bd. 2; zit. Tilkovszky 1989, S. 87.

39 IZ, MA, 128/I; zit. ebenda S. 112.

40 Sonntagsblatt 7.10.1934; zit. ebenda S. 92.

41 Franz Basch, Deutscher Aufbruch in Ungarn, in: Nation und Staat 12 (1938/39), S. 204 bis 211, hier 205f.

42 OL, ME, NO, Bündel 45, C 15311/1938; Gratz an Ministerpräsident Darányi, 14. 9. 1937; zit. Tilkovszky 1989, S. 258.

43 Tilkovszky 1989, S. 91 und 287; IZ MA 128/1.

44 Ebenda S. 235–238.

45 Zit. ebenda S. 245.

46 Gratz an Darányi, 14.9.1937; zit. Tilkovszky 1989, bes. S. 254.

47 Gustav Gratz, Lebenserinnerungen, Maschinenschriftl. Manuskript, S. 315ff.

48 PA AA, Büro des Unterstaatssekretärs, Aufzeichnung Mackensen, Berlin 24. 11. 1937; zit. Tilkovszky 1989, S. 265

49 Basch, F., Deutscher Aufbruch in Ungarn, s. o., S. 204–211, hier S. 210f.; Vgl. auch ders., in: Nation und Staat 12 (1938/39), S. 665–675, bes. 672–675.

50 Tilkovszky 1978, bes. S. 82–107. Zum Zusammenhang: Dokumentation der Vertreibung, II, S. 1 E–70 E, mit Statistik und Dokumenten; Hoensch 1965; Kováč 1991, bes. 4. Kap.; Sundhaussen 1983; Hildebrand 1995; Schreiber/Stegemann/Vogel, Bd. 3, 1984.

51 Text in: Dokumentation der Vertreibung, S. 73 E ff., Anlage 1.

52 Broszat, in: Funke 1978, S. 558 Anm. 111, zum Kontext: Hildebrand [3]1976, bes. S. 98–106 und Schumann (Hg.) 1973, bes. S. 20ff.

53 Tilkovszky 1978, bes. S. 129.

54 Ebenda, bes. S. 283.

55 Ebenda, bes. S. 60–66.

56 PA AA, Inland II g. 271, J. von Ribbentrop, 2. 8. 1941; zit. ebenda S. 159.

57 Zum Kontext und Forschungsstand: Kershaw 1994, bes. Kap. 5 und 9; Herber 1958; Wekler 1980, bes. II 2/5 und 3; Hildebrand [3]1976, S. 81.

58 PA AA, Inland II, D. 4/2; zit. Tilkovszky 1978, S. 161–164.

59 PA AA, Inland KK, g. 272, Berlin 14. 11. 1941; zit. ebenda S. 176.

60 IZ, MA – 330, Berlin 26. 2. 1942; zit. ebenda S. 186f.

61 Zu Bevölkerungsstatistik und VDU-Breitenwirkung: Dokumentation der Vertreibung passim; Die katholischen Donauschwaben passim; Handwörterbuch des Grenz- und Auslandsdeutschtums passim; sowie Tilkovszky 1978, u. a. S. 99f., 149ff., 278f., 295f. sowie Wolf 1994, u. a. S. 27–31, 66.

62 Zur Finanzierungs- und Verwaltungsstruktur: Hillinger, bes. S. 248–256; Tilkovszky 1978, u. a. S. 274f.

63 Dokumentation der Vertreibung, Bd. 2, S. 32 E ff.; Hillinger 1973, Kap. XII.

64 Tilkovszky 1978, S. 260ff.

65 Heinrich Zillich; zit. Roth 1995, S. 187.

66 Neuerdings u. a. Schulze; Mommsen, H.; Winkler 1994.

67 Zur Geschichte der Deutschen in Rumänien im Gesamtzusammenhang: Wagner 1981; ders. 1976; Miege 1972; Böhm 1985; ders. 1993; Reinerth/Cloos 1988; Reinerth 1993; Schuster (Hrg.) 1983; Komjathy/Stockwell 1980; Dokumentation der Vertreibung, Bd. 3, [2]1984; Roth 1995.

68 Vgl. Gottas 1980; Schödl 1978; Göllner; Oschlies 1988; Zach, L. in Hösch/Seewann 1991.

69 Vgl. Rothschild 1974; Fischer-Galati 1991; Lengyel 1994; Huber.

70 Zur minderheitspolitischen Situation Schot 1998; Seewann (Hrg.) 1992; Balling 1991; Zach 1988.

71 Hajdu, in: Glatz (Hrg.) 1990; Diószegi/Süle (Hrg.) 1990; Kerekes 1979; Ádám 1988; Köpeczi (Hrg.) 1986.

72 Kessler 1969; Schödl 1985; ders. 1990b, passim; Beyer 1965.

73 Vgl. Roth 1993.

74 Zit. Wagner 1976, S. 265.

75 Zit. ebenda S. 266ff.

76 Zit. ebenda S. 267.

77 Zit. ebenda S. 268.

78 Roth 1995, S. 66.

79 Ebenda S. 34.

80 Ebenda S. 68.

81 Ebenda S. 74f.

82 Wagner 1976, S. 268–271.

83 Zit ebenda S. 269f.

84 Zit. ebenda S. 272–275, hier 273ff.

85 Zur weiteren schulpolitischen Entwicklung: König, in: Schuster (Hrg.) 1983; Kotzian 1983; Roth 1995, S. 93ff.

86 Zit. Roth 1995, S. 228.

87 Zit. ebenda S. 230.

88 Zum Diskussionsstand bes. Roth passim und Böhm 1993 passim.

89 Schödl 1978, ders. 1991b.

90 Zit. ebenda S. 147.

91 PA AA, R. 73650, Nationalitätenfragen, Rumänien; Freytag an AA, 23.4.1923; zit. Roth 1995, S. 145.

92 Schödl 1991b.

93 »Selbsthilfe« 1, 1922, 4, S. 1; zit. Böhm 1993, S. 277.

94 Vgl. nunmehr Roth passim, bes. S. 109–135.

95 Vgl. Anm. 3; ferner Kroner, in: Schuster 1983; Beer 1983.

96 »Entschließungen des Volkstags der nationalsozialistischen Erneuerungsbewegung«; zit. Roth 1995, S. 232f.

97 In dieser Hinsicht ähneln sich die Auffassungen der ansonsten vielfach kontroversen Untersuchungen von Roth und Böhm 1993.

98 »Volksprogramm der Siebenbürger Sachsen 1933, beschlossen vom Sachsentag am 1. Oktober 1933 in Hermannstadt«; zit. Roth 1995, S. 234–240, hier 240.

99 Siehe Roth 1995, bes. S. 209, 219.

100 Siehe »Volksprogramm der Siebenbürger Sachsen«.

101 Ebenda.

102 Ebenda.

103 Kreuzzeitung 18. 6. 1933; zit. Miege 1972, S. 292.

104 PA AA, VI A Rumänien, Bd. 13, Gesandschaft an AA, 21. 10. 1933; zit. ebenda.
105 PA AA, VI A Rumänien, Bd. 13, Schreiben Heß an Fabritius, 27. 10. 1933; zit. ebenda S. 293f.
106 Zit. Wagner 1976, S. 287.
107 PA AA, A 2946, Bd. 14, Gesandschaft an AA, 9. 12. 1933; zit. Böhm 1993, S. 145.
108 Siebenbürgisch-Deutsches Tageblatt, Nr. 18438 vom 2.10. 1934; zit. Miege 1972, S. 150.
109 Vgl. Miege 1972, S. 182–187.
110 Nation und Staat 10 (1936/37), S. 245.
111 Wagner 1976, S. 291ff.
112 Siebenbürgisch-Deutsches Tageblatt, Nr. 19667 vom 13. 11. 1938; zit. Miege 1972, S. 345f.
113 Mediascher Zeitung vom 9. 11. 1940; zit. Böhm 1985, S. 124.
114 Dokumentation der Vertreibung, Bd. 3, S. 128 E f.
115 Zit. ebenda.
116 Böhm 1985, S. 152f.
117 Zit. Dokumentation der Vertreibung, Bd. 3, S. 130 E f.
118 Deutsch-Rumänisches Protokoll vom 30. 8. 1940; zit. Wagner 1976, S. 298.
119 Vgl. ebenda S. 305ff., Dok. 147 E–150 E.
120 Annabring 1954, S. 60f.; Böhm 1985, S. 171, 188.
121 Dokumentation (S. Anm. 3), S. 60 E ff.
122 Siebenbürgisch-Deutsches Tageblatt; zit. Wagner 1976, S. 310.
123 Erlebnisbericht des Gemeinderichters Simon Ohler, Tschippendorf bei Naßod (Nordsiebenbürgen), 12. 2. 1956; zit. Dokumentation (S. Anm. 3), S. 144–151, hier 144f.
124 Erlebnisbericht von Berta Ludwig, Temeschwar/Gertianosch, 15. 6. 1956; zit. Dokumentation (S. Anm. 3), S. 180–188, hier 182.
125 Zit. ebenda S. 79 E.
126 Erlebnisbericht der A.H., Bildegg (Sathmar), 24. 2. 1956 (Übersetzung aus dem Ungarischen); zit. ebenda S. 261f.
127 Erlebnisbericht des F. S., Temeschwar, 1. 4. 1956; zit. ebenda S. 263.
128 Durchführungsbestimmungen zur rumänischen Bodenreform, 11. 4. 1945; zit. ebenda S. 161 E.
129 Zum Banat als ganzem unter besonderer Berücksichtigung der deutschen Minderheitsthematik vgl. Handwörterbuch des Grenz- und Auslandsdeutschtums, Bd. 1, 1933; Miege 1972; Böhm 1985; ders. 1993; Glassl in Weithmann 1993; Die Donauschwaben 1987; Annabring 1956; Völkl 1991; Dokumentation der Vertreibung, Bd. 3, 4; Hösch [2]1993.
130 Zu Kaspar Muth: Fassel 1988.
131 Zit. Annabring 1956, S. 36f.
132 Zur Haltung der katholischen Kirche Lehmann 1972; Fassel, in: Donauschwäbisches kirchliches und kulturelles Leben in der Zwischenkriegszeit 1989.
133 Vgl. Senz, I., S. 120–128.
134 Vgl. Böhm 1993, S. 164–173.
135 Miege 1972, S. 109ff.; Annabring 1956, S. 37ff.
136 Vgl. Dokumentation der Vertreibung, Bd. 3, Miege 1972; Böhm 1993.
137 Kaindl 1907–11; Weczerka S. 55; Lang 1961.
138 Neutatz 1993; Becker 1966; Kräenbring 1970.
139 Schmidt-Rösler 1994; Petri 1956; Traeger 1922; Jahrbuch der Dobrudschadeutschen.
140 Aus: Anm. 2, Bd. 2, S. 282.
141 Weingärtner, in: Nation und Staat 12 (1938/39), S. 274–288; Dokumentation der Vertreibung passim.
142 Ebenda; Schmied 1976; Lehmann/Haltmayer 1977; Koch 1984.
143 Vgl. Dokumentation der Vertreibung, Bd. 3, S. 8–17 E.
144 Vgl. Neutatz 1993, S. 288ff.
145 Aus: Handwörterbuch des Grenz- und Auslandsdeutschtums, Bd. 2, S. 284.
146 Allgemeiner Bericht über das Dobrudscha-Deutschtum vom 30. Dezember 1940; zit. Jachomowski 1984, S. 16f.
147 Vgl. Jachomowski 1984.
148 »Kleiner Umsiedlungsspiegel. Januar 1944«; zit. Dokumentation der Vertreibung, Bd. 3, S. 46 E f.
149 Vgl. ebenda, S. 44 E ff.
150 Eindrucksvolle Berichte von Zeitzeugen, in: Jahrbuch 1960 der Dobrudschadeutschen.
151 Zit. Dokumentation der Vertreibung, Bd. 3, S. 41 E.
152 Stabshauptamt des Reichskommissars für die Festigung des deutschen Volkstums, Dez. 1940; zit. Ebenda, S. 45 E.
153 Zit. Jachomowski 1984, S. 47.
154 Zit. ebenda, S. 50f.

155 Zum slowakischen und »karpatendeutschen« Gesamtzusammenhang: Kaindl, 3 Bde, 1907–1911; Ortvay, 6 Bde, 1892–1903; ferner Gogolák, 3 Bde, 1963–1972; Winter (Hrg.) 1926; Hoensch 1987/88; Jahn 1971; Kováč 1991; Marsina 1992; Hochberger 1994.
156 Vgl. Hoensch 1987/88, S. 113ff. und Steinacker, R. 1979/80; Zu sozialem Wandel und Assimilation, Pazmandi, in: Hösch/Seewann (Hrg.) 1991.
157 Prof. Hefty; zit. Rossipaul 1938/39, S. 742.
158 Zit. ebenda.
159 Zit. ebenda S. 743.
160 Ludwig Körméndy-Ekes; zit. ebenda S. 745.
161 Zum Zusammenhang: Spiegel-Schmidt, in: Hochberger 1994.
162 Vgl. Hoensch 1987/88, S. 124.
163 Zur weiteren Entwicklung: Hoensch 1965; ders. 1967; Kováč 1991, bes. S. 97–117.
164 Kováč 1991 – das Manuskript ist bereits am 29. 8. 1989 abgeschlossen worden –, bes. S. 197ff.
165 Hoensch 1987/88, S. 114.
166 Dokumentation der Vertreibung, Bd. 4/1, S. 166ff.
167 Von der unüberschaubaren Literatur zu deutscher Außenpolitik im 19./20. Jahrhundert seien hier einige wenige Darstellungen mit Bezug zu Südosteuropa, vor allem zu Ungarn und Rumänien, hervorgehoben: Höpfner 1983; Miege 1972; Böhm 1985; ders. 1993; Sundhaussen in Benz/Graml (Hrg.) 1976; ferner die einschlägigen Beiträge, in: Funke (Hrg.) 1978; Hillgruber 1954; Schröder H.-J. 1983; Schödl 1990b, 6. Kap.
168 PA AA, Abt. II W, Rumänien, Wirt. 6., Bericht Mutius; zit. Höpfner 1983, S. 203.
169 ADAP, B, 7, Nr. 15, Brief Stresemanns an Köhler; zit. Höpfner 1983, S. 327; ebenda Brief Friedrich Teutsch an Streesemann vom 27. 9. 1927.
170 Höpfner 1983, S. 321.
171 PA AA, Referat Völkerbund, Jugoslawien, Brief Ulrich von Hassell an Bülow vom 30. 8. 1930; zit. ebenda S. 322.
172 Miege 1972, S. 72.
173 PA AA, Gesandtschaft Belgrad, 35/6, Ulrich von Hassell: Bericht zur Minderheitenfrage vom 6. 8. 1930; zit. ebenda S. 321.

BIBLIOGRAPHIE

Die Bibliographie enthält außer den in den Anmerkungen angeführten Veröffentlichungen weitere Hinweise auf vor allem deutschsprachige Literatur zum Gegenstandsbereich dieses Buches. Die augeführten Hilfsmittel ermöglichen auch den Zugang zu den Fachzeitschriften und zur südostdeutschen Heimatortsliteratur.

Abkürzungen

Acta Historica	Acta Historica Academiae Scientiarium Hungaricae
ADAP	Akten zur Deutschen Auswärtigen Politik (1918–1945)
AÖG	Archiv für Österreichische Geschichte
BA	Bundesarchiv Koblenz
IZ MA	Institut für Zeitgeschichte München (Mikrofilmarchiv)
MA	Militärarchiv Freiburg
MIÖG	Mitteilungen des Instituts für Österreichische Geschichtsforschung
MÖSTa	Mitteilungen des Österreichischen Staatsarchivs
MTA	Ungarische Akademie der Wissenschaften
OL, MWE	Ungarisches Staatsarchiv, Ministerratspräsidium
OL, Küm.	Ungarisches Staatsarchiv, Außenministerium
PA/AA	Politisches Archiv des Auswärtigen Amtes, Bonn
SOdtA	Südostdeutsches Archiv

Bibliographien, Nachschlagewerke, Periodika

Balling, Mads Ole: Von Reval bis Bukarest. Statistisch-biographisches Handbuch der Parlamentarier der deutschen Minderheiten in Ostmittel- und Südosteuropa 1919–1945, 2 Bde. Kopenhagen 1991.

Bernath, Mathias (Hrg.): Historische Bücherkunde Südosteuropa, Bd. 1, Bd. 2/1. München 1978–1988.

Bernatzik, Edmund: Die österreichischen Verfassungsgesetze. Wien 1911.

Bibliographia Hungariae Bd. 2: Geographica. Politico-oeconomica. Berlin, Leipzig.

Biographisches Lexikon zur Geschichte Südosteuropas, hrg. v. Bernath, Mathias/Schröder, Felix v., Bde. 1–5. München 1974–1981.

Bohmann, Alfred: Menschen und Grenzen, Bd. 2–4. Köln 1969, 1970.

Buchreihe der Südostdeutschen Historischen Kommission. Bd. 1–(35), München 1958 (1994).

Forschungen zur Volks- und Landeskunde. Hermannstadt 1959ff.

Halbasien. Zeitschrift für deutsche Literatur und Kultur Südosteuropas, 1, 1990/91.

Hamann, Brigitte (Hrg.): Die Habsburger. Ein biographisches Lexikon. München [4]1990.

Hienz, Hermann: Bücherkunde zur Volks- und Heimatforschung der Siebenbürger Sachsen. München [2]1960.

Horak, M.: Eastern European National Minorities 1919–1980. A Handbook. Littleton 1985.

Hudak, A./Guzsak, L.: Karpatendeutsche Lebensbilder. Erlangen 1971.

Korrespondenzblatt des Arbeitskreises für Siebenbürgische Landeskunde, 7 Bde. Köln 1971–1977.

Korrespondenzblatt des Vereins für Siebenbürgische Landeskunde. Hermannstadt 1878–1930.

Kraenbring, A.: Bibliographie über das Bessarabiendeutschtum. Hannover 1970.

Krallert, Wilfried (Hrg.): Atlas zur Geschichte der deutschen Ostsiedlung. Bielefeld, Berlin, Hannover 1958.

Krischan, A.: Die deutsche periodische Literatur des Banats. Zeitungen, Zeitschriften, Kalender 1771–1971. Bibliographie. Wien 1984.

Lexikon der Siebenbürger Sachsen, Hrg.: Walter Myß. Thaur b. Innsbruck 1993.

Lutz, Andreas: Karten zur Verwaltungsgeschichte des einstigen Slawonien (1684–1936). Graz 1937.

Meine Heimat. Zeitschrift. Kronstadt.

Nehring, Karl: Veröffentlichungen zur Geschichte Südosteuropas in der Bundesrepublik Deutschland. München 1990.

Osteuropa-Handbuch. Jugoslawien, hrg. v. Werner Markert. Köln, Graz 1954, Nachdr. 1965.

Rudolf, Rainer/Ulreich, Eduard: Karpatendeutsches Biographisches Lexikon. Stuttgart 1988.

Seidler, Andrea/Seidler, Wolfram: Das Zeitschriftenwesen im Donauraum zwischen 1740 und 1809. Kommentierte Bibliographie der deutsch- und ungarischsprachigen Zeitschriften in Wien, Preßburg und Pest-Buda. Wien, Köln, Graz 1988.

Siebenbürgische Vierteljahrsschrift, 10 Bde. Hermannstadt 1931–1941.

Stiftung Ostdeutscher Kulturrat (Hrg.): Bestandsverzeichnis der deutschen Heimatvertriebenenprozesse. München et al. 1982.

Stiftung Ostdeutscher Kulturrat (Hrg.): Ost- und südostdeutsche Heimatbücher und Ortsmonographien nach 1945, bearb. v. Kessler, Wolfgang. München et al. 1979.

Südostdeutsches Archiv. München 1958ff.

Südostdeutsche Forschungen, 4 Bde., 1936–1939.

Südostdeutsche Vierteljahresblätter (bis 1957 Heimatblätter). München, ab 1952.

Südosteuropa-Bibliographie. München 1956ff.

Südosteuropa-Handbuch. Bd. 1: Jugoslawien, hrg. v. Grothusen, Klaus-Detlev. Göttingen 1975.

Südost-Forschungen, 1940ff.

Teich, G.: Bibliographie der Bibliographien Südosteuropas. München, New York 1978.

Ulbrich, Josef: Österreichisches Staatsrecht. Tübingen 1909.

Uhlirz, Mathilde: Handbuch der Geschichte Österreich-Ungarns, Bd. 1. Graz ²1963.

Winkler, Wilhelm: Statistisches Handbuch des gesamten Deutschtums. Berlin 1927.

Wolf, Josef: Deutsche Minderheiten in Südosteuropa im Umbruch. Die Volkszählungen 1990–1992, hrg. v. Institut für donauschwäbische Geschichte und Landeskunde. Tübingen 1994.

Zeitschrift für Siebenbürgische Landeskunde. Köln 1978ff.

Quellen

MITTELALTER

Bilderchronik – Chronicon Pictum – Chronica de gestis Hungarorum, hrsg. von Dezső Dercsényi. Hanau/Main 1968.

Boeren, Petrus Cornelius: Annales Rodenses. Assen 1968.

Decreta regni Hungariae. Gesetze und Verordnungen Ungarns. Collectionem manuscriptam Francisci Döry additamentis auxerunt commentariis notisque illustraverunt Georgius Bónis, Vera Bácskai, Geisa Érszegi, Susanna Teke. 2 Bde. Budapest 1976 und 1989.

Die Denkwürdigkeiten der Helene Kottannerin (1439–1440), hrg. v. Karl Mollay. Wien 1971.

Diplomata Hungariae Antiquissima, accedunt epistolae et acta ad historiam Hungariae pertinentia, volumen I, edendo operi praefuit Georgius Györffy. Budapest 1992.

Eckhardt, Karl August: Der Schwabenspiegel bei den Siebenbürger Sachsen. Aalen 1973.

Endlicher, Stephan Ladislaus: Rerum Hungaricarum Monumenta Arpadiana. St. Gallen 1849.

Georgius de Hungaria: Tractatus de moribus, condictionibus et nequicia Turcorum. Traktat über die Sitten, die Lebensverhältnisse und die Arglist der Türken. Nach der Erstausgabe von 1481 hrsg., übersetzt und eingeleitet von Reinhard Klockow. Köln, Weimar, Wien 1993.

Die heiligen Könige, übersetzt, eingeleitet und erklärt von Thomas von Bogyay, János Bak, Gabriel Silági. Graz, Wien, Köln 1976.

Der Mongolensturm. Berichte von Augenzeugen und Zeitgenossen 1235–1250. Übersetzt, eingeleitet und erläutert von Hansgerd Göckenjan und James R. Sweeney (= Ungarns Geschichtsschreiber, Bd. 3). Graz, Wien, Köln 1985.

Marsina, Richard: Codex diplomaticus necnon epistolaris Slovaciae. 2 Bde. Bratislava 1971, 1987.

Das Ofener Stadtrecht. Eine deutschsprachige Rechtssammlung des 15. Jahrhunderts aus Ungarn, hrg. v. Károly Mollay. Budapest 1959.

Piirainen, Ilpo Tapani: Das Stadtrechtsbuch von Sillein. Berlin, New York 1972.

Piirainen, Ilpo Tapani: Das Recht der Spis/Zips. Oulu 1992.

Quellen zur Geschichte der Siebenbürger Sachsen 1191–1975. Gesammelt und bearbeitet von Ernst Wagner. Köln, Wien [2]1981.

Scriptores rerum Hungaricarum tempore ducum regumque stirpis Arpadianae gestarum, ed. Emericus Szentpétery, 2 Bde. Budapest 1937–1938.

Szentpétery, Emericus: Regesta regum stirpis Arpadianae critico-diplomatica, 2 Bde. Budapest 1923–1943.

Urkunden und erzählende Quellen zur deutschen Ostsiedlung im Mittelalter, gesammelt und herausgegeben von Herbert Helbig und Lorenz Weinrich, 2. Teil: Schlesien, Polen, Böhmen-Mähren, Österreich, Ungarn-Siebenbürgen (= Ausgewählte Quellen zur deutschen Geschichte des Mittelalters. Freiherr vom Stein-Gedächtnisausgabe, Band 26 b). Darmstadt 1970.

Urkundenbuch zur Geschichte der Deutschen in Siebenbürgen. Bd. 1 v. Franz Zimmermann und Carl Werner. Hermannstadt 1892. Bd. 2, 3 v. Franz Zimmermann, Carl Werner und Georg Müller. Hermannstadt 1897 und 1902. Bd. 4, 5 v. Gustav Gündisch. Hermannstadt 1937 und Bukarest 1975. Bd. 6, 7 v. Gustav Gündisch unter Mitarbeit von Herta Gündisch, Gernot Nußbächer und Konrad G. Gündisch. Bukarest 1981 und 1991.

Wagner, Carl: Analecta Scepusii sacri et profani, Bd. 1. Wien 1773.

FRÜHE NEUZEIT UND 19. JAHRHUNDERT

Arndt, Ernst Moritz: Reisen durch einen Theil Teutschlands, Ungarns, Italiens und Frankreichs in den Jahren 1798 und 1799, Bd. 4. Leipzig 1804.

Csaplovics, Johann von: Slavonien und zum Theil Croatien. Ein Beitrag zur Völker- und Länderkunde. Theils aus eigener Ansicht und Erfahrung > 1809 bis 1812 <, theils aus späteren zuverlässigen Mitteilungen der Insassen. Pesth 1819.

Czoernig, Karl Freiherr v.: Ethnographie der österreichischen Monarchie, Bd. I. Wien 1857.

Fényes, A. v.: Statistik des Königreichs Ungarn, Bd. 1. Pest 1843.

Gróf Hoffmannsegg utazása Magyarországon 1793–1794-ben [Die Reise des Grafen Hofmannsegg in Ungarn in den Jahren 1793–1794], hrg. v. István Berkesi. Budapest 1887.

Hain, Joseph: Handbuch der Statistik des österreichischen Kaiserstaates, 2 Bde. Wien 1852–1853.

Kessler, Dieter: Der Erdfleck zwischen Donau, Theiß und Marosch. Notizen zu Karl Wilhelm von Martini (1821–1885). München 1987.

Krischan, Alexander: Die »Temesvarer Zeitung« als Banater Geschichtsquelle (1852–1949). München 1969.

Kuzmány, Karl: Urkundenbuch zum österreichischen evangelischen Kirchenrecht. Wien 1856.

Mažuran, Ive: Popis zapadne i srednje Slavonije 1698. i 1702. godine [Die Aufnahme West- und Mittel-Slawoniens von 1698 und 1702]. Osijek 1966.

Mažuran, Ive: Najstariji zapisnik općine Osijek. Tvrdjava od 1705 do 1746 godine. Uvod u historiju Osijeka 18 stoljeća [Das älteste Stadt-Protokoll von Essegg. Die Festung anno 1705 bis anno 1746]. Osijek 1965.

Nehring, Karl: Flugblätter und Flugschriften zur ungarischen Revolution von 1848/49. München 1977.

Ottendorf, Henrik: Budáról Belgrádba 1663-ban [Von Buda nach Belgrad im Jahre 1663], hrg. v. Egyd Hermann. Pécs 1943.

Petri, Anton Peter: Josef Nowak und die Bittschriften an den Kaiser. Leben und Wirken eines donauschwäbischen Volksmannes. München 1963.

Quellenbuch zur donauschwäbischen Geschichte, hrg. v. Tafferner, Anton, Bd. 1–4, München. Stuttgart 1974–1982.

Quellen zur Geschichte der Siebenbürger Sachsen 1191–1975, bearb. v. Ernst Wagner. Köln, Wien 1976; [2]1981.

Roth, Stephan Ludwig: Gesammelte Schriften und Briefe. Aus dem Nachlaß, hrg. v. Otto Folberth, Bd. 4. Berlin 1970.

Tafeln zur Statistik der österreichischen Monarchie, N.F., Bd. l, H. l. Wien 1856.

Taube, Friedrich Wilhelm von: Historische und geographische Beschreibung des Königreichs Slavonien und Herzogthums Syrmien sowohl nach ihrer natürlichen als auch nach ihrer jetzigen Verfassung und neueren Einrichtungen in kirchlichen, bürgerlichen und militärischen Dingen, aus eigener Beobachtung und im Lande selbst gemachten Wahrnehmungen entworfen, Bd. 1–3. Wien 1877–1878.

Veröffentlichungen der Kommission für neuere Geschichte Österreichs: Bd. 9: Staatsverträge. Siebenbürgen 1526–1690, bearb. v. R. Gross, Wien 1911; Bde. 11, 14, 16, 30, 31, 58: Korrespondenzen österreichischer Herrscher. Wien 1912ff.

Valjavec, Fritz: Das älteste Zeugnis für das völkische Erwachen des Donauschwabentums, in: Historische Zeitschrift 159, 1939, S.315–325.

Weber, Karl Julius: Zwei Reisen durchs Schwabenland in: Schwabenland 4, 1937, S. 54–63.

NEUESTE GESCHICHTE (SEIT 1867/71)

Alldeutsche Blätter, Berlin 1894–1914, 1918–1922.

Alldeutsches Tageblatt. Unbestechliche Zeitung. Wien 1903–1920.

Broucek, Peter (Hrg.): Ein General im Zwielicht. Die Erinnerungen Edmund Glaises von Horstenau, 3 Bde. Wien, Köln, Graz 1980, 1983, 1988.

Deutsche Monatsschrift für das gesamte Leben der Gegenwart. Berlin 1901ff.

Deutsche politische Hefte aus Großrumänien. Hermannstadt, Bukarest 1921ff.

Deutsch-ungarisches Mitteilungen des Vereins für die Erhaltung des Deutschtums in Ungarn. Wien 1–3 (1912–1914).

Glondys, Viktor: Zur Klarstellung der Lage – ein Wort an alle Sachsen. Hermannstadt 1934.

Gratz, Gustav: Lebenserinnerungen. Maschinenschriftliches Manuskript.

Gratz, Gustav: Meine Familie.

Hasse, Ernst: Deutsche Politik, 3 Bde.: Heimatpolitik, Weltpolitik, Kolonialpolitik. Erschienen Bd. 1, 4 Hefte und Bd. 2, H. 1. München 1905–1908.

Hasse Ernst: Von einem Alldeutschen: Großdeutschland und Mitteleuropa um das Jahr 1950. Berlin 1895.

Hasse, Ernst: Österreichs Zusammenbruch und Wiederaufbau. München 1899.

Istoria României [Geschichte Rumäniens], Bd. 1–4. Bucureşti 1960–1964.

Istoria României intre anii 1918–1944 [Geschichte Rumäniens von 1918–1944]. Bucureşti 1982.

Jacobsen, Hans-Adolf (Hrg.): Hans Steinacher. Boppard 1977.

Jung-Ungarn. Monatszeitschrift für Ungarns politische, geistige und wirtschaftliche Kultur. Berlin, Jahrgang 1911.

Kalender der deutschen Vereine in Liv-, Est- und Kurland. Riga 1907–1914.

Die Karpathen. Halbmonatszeitschrift für Kultur und Leben. Kronstadt 1906ff.

Klingsor. Siebenbürgische Zeitschrift. Kronstadt 1924–1933.

Kolmer, Gustav: Parlament und Verfassung in Österreich, 8 Bde. Wien, Leipzig 1902–1914.

Korn, Arthur: Die Deutschenverfolgung in Ungarn. München 1903.

Korodi, Ludwig: Ungarische Rhapsodien. München 1905.

Der Kyffhäuser. Zeitschrift für die wehrhaften Vereine deutscher Studenten in der Ostmark und ihre alten Herren. Wien 1897ff.

Schumann, Wolfgang (Hrg.): Griff nach Südosteuropa. Berlin 1993.

Der schwäbische Hausfreund. Kalender. Temesvar 1912, 1913.

Selbsthilfe [ab Juni 1932: Ostdeutscher Beobachter]. Kampfblatt für das ehrlich arbeitende Volk. Hermannstadt 1922ff.

Siegmund, H.: Vernichtung und Verdrängung im Lebenskampf des sächsischen Volkes, in: Die Karpathen. Zeitschrift. Kronstadt 1912/13, S. 167–182.

Steinacker, Edmund: Lebenserinnerungen. München 1937.

Der vierte Sachsentag. Berichte. Schäßburg 1919.

Volksprogramm der Siebenbürger Sachsen, beschlossen vom Sachsentag am 1. Oktober 1933 in Hermannstadt. Kronstadt 1933.

Von der Heide. Monatszeitschrift für Kultur und Leben. Temesvar 1909–1916.

Wagner, Ernst (Bearb.): Quellen zur Geschichte der Siebenbürger Sachsen 1191–1975. Köln, Wien ²1981.

Zikeli, Gustav: Bistritz zwischen 1880 und 1950. München 1989.

Zwanzig Jahre alldeutscher Arbeit und Kämpfe. Leipzig 1910.

Handbücher, Gesamtdarstellungen, Literatur zu allgemeinen Fragestellungen

800 Jahre Kirche der Deutschen in Siebenbürgen, Katalog zur Ausstellung, hrg. v. Nägler, Thomas. Innsbruck 1991.

850 Jahre Siebenbürger Sachsen. Begleitbuch zur Ausstellung, hrg. v. der Landsmannschaft der Siebenbürger Sachsen in Deutschland e. V., Redaktion Konrad Gündisch. München 1991.

Aschauer, Wolfgang: Zur Produktion und Reproduktion einer Nationalität – Die Ungarndeutschen. Stuttgart 1992.

Bácskai, Vera (Hrg.): Bürgertum und bürgerliche Entwicklung, 2 Bde. Budapest 1986.

Bartl, Peter: Grundzüge der jugoslawischen Geschichte. Darmstadt 1985.

Baumann, Julius A.: Geschichte der Banater Berglanddeutschen Volksgruppe. Wien 1989.

Bellér, Béla: Kurze Geschichte der Deutschen in Ungarn, 2 Bde. Budapest 1986/89.

Bellér, Béla: Ungarns Nationalitätenschulpolitik von der Ratio Educationis bis zur Gegenwart (1777–1990), in: Suevia Pannonica 9, 1991, S. 52–66.

Benda, Kálmán/Fügedi, Erik: Tausend Jahre Stephanskrone. Aus dem Ungarischen übertragen von Aline Zimmermann-Teutsch. Budapest 1988.

Benz, Wolfgang (Hrg.): Dimension des Völkermordes. Die Zahl der jüdischen Opfer des Nationalsozialismus. München 1991.

Berding, Helmut (Hrg.): Nationales Bewußtsein und kollektive Identität, Bd. 2. Frankfurt 1994.

Binder, Ludwig/Scherer, Josef: Die Bischöfe der evangelischen Landeskirche A. B. in Siebenbürgen, II. Teil. Köln, Wien 1980.

Binder, Ludwig: Die Kirche der Siebenbürger Sachsen. Erlangen 1982.

Bled, Jean Paul: Franz Joseph. »Der letzte Monarch der alten Schule«. Köln, Graz 1988.

Böhme, Helmut: Deutschlands Weg zur Großmacht. Studien zum Verhältnis von Wirtschaft und Staat während der Reichsgründerzeit 1848–1881. Köln 1966, ³1974.

Brandis, Clemens Graf zu: Die Habsburger und die Stephanskrone. Zürich, Leipzig, Wien 1937.

Bridge, Francis R.: From Sadowa to Sarajevo. London, Boston 1972.

Broszat, Martin: Zweihundert Jahre deutsche Polenpolitik. München 1963, Frankfurt 1972.

Brunner, Otto (Hrg.): Die Deutschen in Ungarn. München 1989.

Bucsay, Mihály: Der Protestantismus in Ungarn 1521–1978. Ungarns Reformationskirchen in Geschichte und Gegenwart. 2 Teile. Wien, Köln, Graz 1977–1979.

Calic, Marie-Janine: Zur Sozialgeschichte ethnischer Gruppen. Fragestellung und Methoden in: Hösch, Edgar/Seewann, Gerhard (Hrg.): Aspekte ethnischer Identität. München 1991, S. 11–33.

Conze, Werner: Ostmitteleuropa, bearb. u. hrg. v. Zernack, Klaus. München 1992.

Czoernig, Karl von: Ethnographie der Österreichischen Monarchie, Bd. 3. Wien 1857.

Dann, Otto: Nation und Nationalismus in Deutschland 1770–1990. München 1993.

Deák, Ernő: Das Städtewesen der Länder der ungarischen Krone (1780–1918), 3 Bde. Wien 1979–1989.

Dejiny Slovenska, Bd. 5 (1918–1945), 6 (1945–1960). Bratislava 1985, 1988.

Deutsch, Karl W.: Nationalism and Social Communication. Cambridge Mass. 1953, ²1966.

Deutsch, Karl W.: Politics and Government. Boston 1970.

Deutsch, Karl W.: Der Nationalismus und seine Alternativen. 1969, dt. Übers. München 1972.

Deutsch, Karl W.: Nationenbildung – Nationalstaat – Integration. Düsseldorf 1972.

Die Donauschwaben. Deutsche Siedlung in Südosteuropa. Ausstellungskatalog, hrg. v. Innenministerium Baden-Württemberg, bearbeitet von Immo Eberl in Gemeinschaft mit Konrad G. Gündisch, Ute Richter, Annemarie Röder und Harald Zimmermann. Sigmaringen 1987, ²1989.

Ember, Győző/Heckenast, Gusztáv (Hrg.): Magyarország története tíz kötetben [Ungarns Geschichte in zehn Bänden], Bd. 4/1: 1686–1790. Budapest 1989.

Emeritzy, Aurel E./Sirchich, Erich: Nordkarpathenland. Deutsches Leben in der Slowakei – eine Bilddokumentation. Karlsruhe 1979.

Emmerich, Wolfgang: Zur Kritik der Volkstumsideologie. Frankfurt/M. 1971.

Engelmann, Nikolaus: Die Banater Schwaben. Freilassing 196l.

Evans, Robert J. W.: Das Werden der Habsburgermonarchie 1550–1700. Gesellschaft, Kultur, Institutionen. Wien ²1989.

Fausel, Erich: Das Zipser Deutschtum. Jena 1927.

Fekete Nagy, Antal: A Szepesség területi és társadalmi kialakulása [Die landschaftliche und gesellschaftliche Ausbildung der Zips]. Budapest 1934.

Fellner, Thomas/Kretschmayr, Heinrich/Walter, Friedrich: Die österreichische Zentralverwaltung. Wien 1907ff.

Fischer, Fritz: Krieg der Illusionen. Düsseldorf 1969.

Fischer-Galati, Stephen: 20th Century Rumania. New York, Columbia University Press ²1991.

Fischer, Holger: Politik und Geschichtswissenschaft in Ungarn. München 1982.

Geschichte der Deutschen auf dem Gebiete Rumäniens, redigiert von Carl Göllner, Bd. 1: 12. Jahrhundert – 1748. Bukarest 1979.

Die Geschichte Ungarns. Budapest 1971.

Glassl, Horst: Das Heilige Römische Reich und die Osmanen im Zeitalter der Reformation in: Südosteuropa unter dem Halbmond, hrg. von Bartl, Peter/Glassl, Horst (Fs. Stadtmüller, Georg). München 1975.

Glatz, Ferenc: Nemzeti kultúra – Kulturált Nemzet. 1867–1987. Budapest

Glatz, Ferenc (Hrg.): Études Historiques Hongroises 1990, 7 Bde. Budapest 1990.

Gogolak, Ludwig v.: Beiträge zur Geschichte des slowakischen Volkes, 3 Bde. München 1963, 1969, 1972.

Goltschnigg, Dietmar/Schwob, Anton (Hrg.): Die Bukowina: Studien zu einer versunkenen Literaturlandschaft. Tübingen 1990.

Good, David F.: Der wirtschaftliche Aufstieg des Habsburgerreiches 1750–1914. Wien, Köln, Graz 1986.

Greszl, Franz: Tausend Jahre deutsches Leben im Karpathenraum. Eine kirchen- und geistesgeschichtliche Untersuchung. Stuttgart 1971.

Gretzmacher, Julius/Kleckner, Rudolf: Die Zips. Land unter der Hohen Tatra. Innsbruck 1982.

Gretzmacher, Julius: Zipser Kunst. München 1987.

Groh, Dieter: Negative Integration und revolutionärer Attentismus. Die deutsche Sozialdemokratie am Vorabend des Ersten Weltkrieges. Frankfurt et al. 1973.

Grothe, Hugo: Das deutsche Volkstum der Slowakei in Vergangenheit und Gegenwart. München 1943.

Gündisch, Gustav: Aus Geschichte und Kultur der Siebenbürger Sachsen. Ausgewählte Aufsätze und Berichte. Köln, Wien 1987.

Guzsak, Ladislaus: Die Bergstädte der Unterzips. Stuttgart 1983.

Die Habsburgermonarchie, hrg. v. Wandruszka, Adam/Urbanitsch, Peter, Bd. 1–6. Wien 1973–1994.

Hambuch, Wendelin (red.): 300 Jahre Zusammenleben – Aus der Geschichte der Ungarndeutschen, 2 Bde. Budapest 1988.

Hanák, Péter (Hrg.): Die Geschichte Ungarns. von den Anfängen bis zur Gegenwart. Essen 1988; Budapest ²1991.

Hanák, Péter (Hrg.): Zsidókérdés, asszimiláció, antiszemitizmus [Judenfrage, Assimilation, Antisemitismus]. Budapest 1984.

Handwörterbuch des Grenz- und Auslandsdeutschtums, hrg. von Carl Petersen et al., Bd. 1–3. Breslau 1933–1938.

Hantsch, Hugo: Die Geschichte Österreichs. 2 Bde., Bd. 2. Graz, Köln 1950.

Hardtwig, Wolfgang: Nationale und kuturelle Identität im Kaiserreich und der umkämpfte Weg in die Moderne. Der Deutsche Werkbund, in: Berding, Helmut (Hrg.): Nationales Bewußtsein und kollektive Identität. Frankfurt/M. 1994.

Heintz, Peter: Soziale Vorurteile. Köln 1957.

Hermand, J. (Hrg.): Jugendstil. Darmstadt 1971.

Hippel, Wolfgang von: Auswanderung aus Südwestdeutschland. Studien zur württembergischen Auswanderung und Auswanderungspolitik im 18. und 19. Jahrhundert. Stuttgart 1984.

Historija naroda Jugoslavije [Geschichte der Völker Jugoslawiens]. Bd. 2. Zagreb 1959.

Hochberger, Ernst/Scherer, Anton/Spiegel-Schmidt, Friedrich: Die Deutschen zwischen Karpaten und Krain. München 1994.

Hóman, Bálint/Szekfű, Gyula: Magyar történet [Ungarische Geschichte], Bd. 3, 4. Budapest ^{2}1935.

Höpken, Wolfgang/Sundhaussen, Holm: Jugoslawien von 1914 bis zur Gegenwart, in: Handbuch der europäischen Wirtschafts- und Sozialgeschichte. Bd. 6. Stuttgart 1987, S. 847–915.

Hösch, Edgar: Geschichte der Balkanländer. München ^{2}1993.

Horn, Klaus: Menschliche Aggressivität und internationale Politik, in: Senghaas, D. (Hrg.): Friedensforschung und Gesellschaftskritik. München 1970, S. 133–178.

Hroch, Miroslav: Social Preconditions of National Revival in Europe. Cambridge 1985.

Hudak, Adalbert: Die Kirche unserer Väter. Weg und Ende des deutschen Luthertums in der Slowakei. Stuttgart 1953.

Hügel, Kaspar: Abriß der Geschichte des Donauschwäbischen Schulwesens. München 1957.

Hutterer, Franz: Die Geschichte der Donauschwaben ist noch nicht geschrieben, in: Geschichte, Gegenwart und Kultur der Donauschwaben. Sindelfingen 1994, S. 163–169.

Kaindl, Raimund Friedrich: Geschichte der Deutschen in den Karpathenländern, 3 Bde. Gotha 1907–1911.

Kann, Robert A.: Das Nationalitätenproblem der Habsburgermonarchie, 2 Bde. Graz, Köln ^{2}1964.

Kann, Robert A.: Geschichte des Habsburgerreiches 1526–1918. Wien, Köln, Graz 1982.

Kann, Robert A.: Werden und Zerfall des Habsburgerreiches. Graz, Wien, Köln 1962.

Kelman, H. C. (Hrg.): International Behavior. A Social-Psychological Analysis. New York et al. 1965.

Kessler, Wolfgang (Hrg.): Gruppenautonomie in Siebenbürgen. 500 Jahre siebenbürgisch-sächsische Nationsuniversität. Köln, Wien 1990.

Kirschbaum, Stanislav J./Roman, Anne C. R. (Hrg.): Reflections on Slovak History. Toronto 1987.

Klaić, Vjekoslav: Povijest Hrvata od najstarijih vremena do svršetka XIX stoljeća [Geschichte der Kroaten von den ältesten Zeiten bis zum Ende des 19. Jahrhunderts]. Bd. 1–5. Zagreb 1975 (Reprint der Ausgabe 1899ff.).

Klebel, Ernst: Siedlungsgeschichte des deutschen Südostens. München 1940.

Klein, Karl K.: Literaturgeschichte des Deutschtums im Ausland. Leipzig 1939.

Klein, Karl Kurt: Saxonica Septemcastrensia. Forschungen, Reden und Aufsätze aus vier Jahrzehnten zur Geschichte der Deutschen in Siebenbürgen. Marburg 1971.

Klein, Karl Kurt: Transsylvanica. Gesammelte Abhandlungen und Aufsätze zur Sprach- und Siedlungsforschung der Deutschen in Siebenbürgen. München 1963.

Koch, Hans W.: Der Sozialdarwinismus. München 1973.

Köpeczi, Béla (Hrg.): Erdély története három kötetben [Geschichte Siebenbürgens in drei Bänden]. Budapest 1988.

Komlos, John: Die Habsburgermonarchie als Zollunion. Die Wirtschaftsentwicklung Österreich-Ungarns im 19. Jahrhundert. Wien 1986.

Kosáry, Domokos (Hrg.): Budapest története [Die Geschichte der Stadt Budapest], Bd. 3: Budapest története a török kiűzésétől a márciusi forradalomig. Budapest 1975.

Kurze Geschichte Siebenbürgens, hrg. v. Béla Köpeczi unter Mitarbeit von G. Barta, I. Bóna, L. Makkai, Z. Szász. Budapest 1990.

Lemberg, Eugen: Nationalismus, 2 Bde. Reinbek 1964.

Lemberg, Hans: Unvollendete Versuche nationaler Identitätsbildung im 20. Jahrhundert im östlichen Europa: die »Tschechoslowakei», die »Jugoslawen», das »Sowjetvolk», in: Berding, Helmut (Hrg.): Nationales Bewußtsein und kollektive Identität. Frankfurt/M. 1994.

Lenk, Karl: Volk und Staat. Strukturwandel politischer Ideologien im 19. und 20. Jahrhundert. Stuttgart et al. 1971.

Lepsius, Mario R.: Extremer Nationalismus. Stuttgart 1966.

Lipták, Johann: Das Deutschtum in der Slowakei. Stuttgart 1951.

Liptak, Johann/Steinacker, Roland: Das deutsche evangelische Schulwesen in der Slowakei. Stuttgart 1957.

Lotz, Friedrich: Hodschag. Geschichte einer deutschen Marktgemeinde in der Batschka. Freilassing ^{2}1964.

Macan, Trpimir: Povijest hrvatskog naroda [Geschichte des kroatischen Volkes]. Zagreb 1992.

Marsina, Richard et al.: Slovenské dejiny [Slowakische Geschichte]. Martin 1992.

Maur, Gilbert in der: Die Jugoslawen einst und jetzt. Bd. 1–3. Berlin, Wien, Zürich 1936–1938.

Mommsen, Hans: Die Sozialdemokratie und die Nationalitätenfrage im habsburgischen Vielvölkerstaat. Wien 1963.

Müller, Georg Eduard: Stühle und Distrikte als Unterteilung der Siebenbürgisch-Deutschen Nationsuniversität 1141–1876. Hermannstadt 1941 (Nachdruck: Schriften zur Landeskunde Siebenbürgens, Bd. 10. Köln, Wien 1985).

The Nationality Problem in the Habsburg Monarchy in the 19th century: a critical appraisal. Austrian History Yearbook, Bd. 3, 1967, 3 parts.

Niederhauser, Emil: The Rise of Nationality in Eastern Europe. Budapest 1982.

Novák, Ján (Hrg.): Kremnica. Martin 1992.

Ortvay, Theodor: Geschichte der Stadt Preßburg, 6 Bde. Preßburg 1892–1903.

Otterstädt, Herbert: Gottschee. Freilassing 1962.

Paikert, Géza C.: The Danube Swabians. The Hague 1967.

Pamlényi, Ervin (Hrg.): Die Geschichte Ungarns. Budapest 1971.

Petranović, Branko: Istorija Jugoslavije 1918–1978 [Geschichte Jugoslawiens 1918–1978]. Beograd 1980.

Philippi, Paul (Hrg.): Siebenbürgen als Beispiel europäischen Kulturaustausches. Köln, Wien 1975.

Polgárosodás Közép-Europában [Verbürgerlichung in Mitteleuropa]. Budapest 1991.

Preyer, Johann N.: Monographie der königlichen Freistadt Temesvar. Temeswar 1853.

Redlich, Josef: Das österreichische Staats- und Reichsproblem. Geschichtliche Darstellung der inneren Politik der habsburgischen Monarchie von 1848 bis zum Untergang des Reiches, 2 Bde. Leipzig 1920–1926.

Riedl, Franz: Budaörs. Perle des Ofner Berglandes. Freilassing 1965.

Rieser, Hans-Heinrich: Temesvar. Sigmaringen 1992.

Rhode, Gotthold: Tausend Jahre Nachbarschaft. Deutsche in Südosteuropa. München 1981.

Rosenberg, Hans: Große Depression und Bismarckzeit. Berlin 1967, Neuausgabe Frankfurt et al. 1976.

Rudolf, Rainer/Ulreich, Eduard/Zimmermann, Fritz: Hauerland – Bergstädteland. Deutsche Heimat in der Mittelslowakei. Wien 1979.

Rudolf, Rainer/Ulreich, Eduard/Zimmermann, Fritz: Zipser Land und Leute. Deutsche Siedlungsgeschichte unter der Hohen Tatra. Wien 1982.

Saria, Balduin: Geschichte der südostdeutschen Volksgruppen. Kitzingen 1954.

Sächsisch-schwäbische Chronik, hrg. v. Eisenburger, Eduard/Kroner, Michael, Bukarest 1976.

Schenk, Annemie: Deutsche in Siebenbürgen. München 1992.

Schieder, Theodor (Hrg.): Handbuch der europäischen Geschichte. 7 Bde. Stuttgart 1968–1987.

Schieder, Theodor (Hrg.): Sozialstruktur und Organisation europäischer Nationalbewegungen. München, Wien 1971.

Schmidt-Hartmann, Eva (Hrg.): Formen des nationalen Bewußtseins im Lichte zeitgenössischer Nationalismustheorien. München 1994.

Schot, Bastiaan: Nation oder Staat? Deutschland und der Minderheitenschutz. Zur Völkerbundspolitik der Stresemann-Ära. Marburg/L. 1988.

Schubert, Hans-Achim: Nachbarschaft und Modernisierung. Eine historische Soziologie traditionaler Lokalgruppen am Beispiel Siebenbürgens. Köln, Wien 1980.

Schürer, Oskar/Wiese, Erich: Deutsche Kunst in der Zips. Brünn, Wien, Leipzig 1938.

Schuon, Gottlob: Die nordöstliche Schwäbische Türkei. Stuttgart 1936.

Schwicker, Johann Heinrich: Die Deutschen in Ungarn und Siebenbürgen. Wien, Teschen 1881.

Seewann, Gerhard (Hrg.): Minderheitenfragen in Südosteuropa. München 1992.

Senz, Ingomar: 300 Jahre im Donauraum. Die Kolonisationsarbeit der Donauschwaben im europäischen Südosten, in: Der gemeinsame Weg 49, Januar 1988, S.30–34.

Senz, Ingomar: Die Donauschwaben. München 1994

Šišić, Ferdo: Hrvatska povijest od najstarijih dana do potkraj 1918 [Kroatische Geschichte von den ältesten Tagen bis Ende 1918]. Zagreb 1925.

Šišić, Ferdo: Pregled povijesti hrvatskoga naroda [Überblick über die Geschichte des kroatischen Volkes]. Zagreb 1962.

Smičiklas, Tade: Spomenici o Slavoniji u XVII vijeku (1640–1702) [Denkmäler über Slawonien im 17. Jahrhundert], Bd. 1–2. Zagreb 1891–1892.

Spira, Thomas: German-Hungarian relations and the Swabian problem (1919–1936). New York 1977.

Stadtmüller, Georg: Geschichte Südosteuropas. München 1950.

Sterbling, Anton: Strukturfragen und Modernisierungsprobleme südosteuropäischer Gesellschaften. Hamburg 1993.

Stürmer, Michael (Hrg.): Das kaiserliche Deutschland 1870–1918. Düsseldorf 1977.

Stürmer, Michael: Regierung und Reichstag im Bismarckstaat 1871–1880. Cäsarismus oder Parlamentarismus. Düsseldorf 1974.

Sugar, Peter F./Treadgold, D. W. (eds.): A History of East Central Europe, vols. 8/9. Seattle/London 1977/74.

Sundhaussen, Holm: Experiment Jugoslawien. Von der Staatsgründung bis zum Staatszerfall. Mannheim 1993.

Sundhaussen, Holm: Geschichte Jugoslawiens 1918–1980. Stuttgart 1982.

Szűcs, Jenő: Nation und Geschichte. Budapest 1981.

Tafferner, Anton: Die Donauschwaben. Wien 1974.

Tapié, Victor-Lucien: die Völker unter dem Doppeladler. Graz, Wien, Köln 1975.

Tausend Jahre Nachbarschaft. Deutsche in Südosteuropa hrg. v. d. Stiftung Ostdeutscher Kulturrat/Bonn. Zusammengestellt u. eingeführt v. Gotthold Rhode. München 1981.

Teutsch, Friedrich: Geschichte der evangelischen Kirche in Siebenbürgen, 2 Bde. Hermannstadt 1921–1922.

Teutsch, Friedrich: Kleine Geschichte der Siebenbürger Sachsen. Hermannstadt 1926, Darmstadt [3]1965.

Turczynski, Emanuel: Geschichte der Bukowina in der Neuzeit. Wiesbaden 1993.

Uhlirz, Karl und Mathilde: Handbuch der Geschichte Österreich-Ungarns. Graz, Köln, Wien [2]1963.

Die Ungarn. Ihre Geschichte und Kultur, hrg. v. László Kósa. Budapest 1994.

Valjavec, Franz: Geschichte der deutschen Kulturbeziehungen zu Südosteuropa, 5 Bde. München 1953–1970.

Wagner, Ernst: Geschichte der Siebenbürger Sachsen. Innsbruck [6]1990.

Wagner, Oskar: Zwischen Völkern, Staaten und Kirchen. Berlin, Bonn 1986.

Wehler, Hans-Ulrich: Das Deutsche Kaiserreich 1871–1918. Göttingen 1973.

Wehler, Hans-Ulrich: Modernisierungstheorie und Geschichte. Göttingen 1975.

Wehler, Hans-Ulrich: Nationalismus und Nation in der deutschen Geschichte, in: Berding, Helmut (Hrg.): Nationales Bewußtsein und kollektive Identität. Frankfurt/M. 1994.

Weidlein, Johann: Die Deutschen in der Schwäbischen Türkei. Würzburg o. J.

Weidlein, Johann: Hungaro-Suebica. Schondorf 1981.

Weidlein, Johann: Pannonica. Schondorf 1979.

Winkler, Heinrich August (Hrg.): Nationalismus. Königstein ^{2}1985.

Winter, Eduard (Hrg.): Die Deutschen in der Slowakei und in Karpathorußland. Münster 1926.

Zernack, Klaus: Osteuropa. München 1977.

Zernack, Klaus: Zum Problem der nationalen Identität in Ostmitteleuropa, in: Berding, Helmut (Hrg.): Nationales Bewußtsein und kollektive Identität. Frankfurt/M. 1994.

Zöllner, Erich: Geschichte Österreichs. Von den Anfängen bis zur Gegenwart. Wien 1961, Wien ^{8}1990.

Literatur zu einzelnen Zeitabschnitten

MITTELALTER

Armbruster, Adolf: Der Donau-Karpathenraum in den mittel- und westeuropäischen Quellen des 10. – 16. Jahrhunderts. Köln, Wien 1990.

Bak, János: Königtum und Stände in Ungarn im 14. – 16. Jahrhundert. Wiesbaden 1973.

Fabini, Hermann und Alida: Kirchenburgen in Siebenbürgen. Wien, Köln, Graz 1986.

Fahlbusch, Friedrich Bernward: Städte und Königtum im frühen 15. Jahrhundert. Ein Beitrag zur Geschichte Sigmunds von Luxemburg. Köln, Wien 1983.

Folberth, Otto: Gotik in Siebenbürgen. Der Meister des Mediascher Altars und seine Zeit. Wien, München 1973.

Fügedi, Erik: Das mittelalterliche Königreich Ungarns als Gastland, in: Die deutsche Ostsiedlung des Mittelalters als Problem der europäischen Geschichte, hrsg. von Walter Schlesinger (= Vorträge und Forschungen, Bd. 18). Sigmaringen 1975.

Grothausmann, Karl Heinz: Das Stadtbuch von Karpfen (Krupina). Frankfurt/M., Bern 1977.

Gruppenautonomie in Siebenbürgen. 500 Jahre siebenbürgisch-sächsische Nationsuniversität, hrsg. von Wolfgang Kessler. Köln, Wien 1990.

Gündisch, Konrad G.: Das Patriziat siebenbürgischer Städte im Mittelalter. Köln, Weimar, Wien 1993.

Györffy, György: König Stephan der Heilige. Budapest 1988.

Higounet, Charles: Die deutsche Ostsiedlung im Mittelalter. Berlin 1986.

Hóman, Bálint: Geschichte des ungarischen Mittelalters, 2 Bde. Berlin 1940–1941.

Kubinyi, András: Die Anfänge Ofens. Berlin 1972.

Lipták, Johann: Bilder aus der Zipser Vergangenheit. Urgeschichte und Besiedlung der Zips. Kesmark 1935.

Lipták, Johann: Gebiet und Verwaltung der Zipser Sachsen, in: Südostdeutsche Forschungen 4, 1939.

Luxemburg und Siebenbürgen, hrg. v. Klein, Karl K. Köln, Wien 1966.

Mályusz, Elemér: Kaiser Sigismund in Ungarn 1387–1437. Budapest 1990.

Mittelstraß, Otto: Beiträge zur Siedlungsgeschichte Siebenbürgens im Mittelalter. München 1961.

Nägler, Thomas: Die Ansiedlung der Siebenbürger Sachsen. Bukarest 1979.

Nehring, Karl: Matthias Corvinus, Kaiser Friedrich III. und das Reich. Zum hunyadisch-habsburgischen Gegensatz im Donauraum. München ^{2}1989.

Niedermaier, Paul: Siebenbürgische Städte. Forschungen zur städtebaulichen und architektonischen Entwicklung von Handwerksorten zwischen dem 12. und 16. Jahrhundert. Köln, Wien 1979.

Die deutsche Ostsiedlung des Mittelalters als Problem der europäischen Geschichte, hrg. v. Schlesinger, Walter (= Vorträge und Forschungen, hrg. v. Konstanzer Arbeitskreis für Mittelalterliche Geschichte, Bd. 18). Sigmaringen 1975.

Piirainen, Ilpo Tapani: Das Stadt- und Bergrecht von Kremnica/Kremnitz. Heidelberg 1983.

Piirainen, Ilpo Tapani: Spätmittelalterliche Stadt- und Bergrechte in der Slowakei, in: SOdtA 28–29, 1985/86, S. 44–86.

Piirainen, Ilpo Tapani: Das Stadt- und Bergrecht von Banská Stiavnica/Schemnitz. Oulu 1986.

Probszt, Günther, Frhr. v.: Die niederungarischen Bergstädte. Ihre Entwicklung und wirtschaftliche Bedeutung bis zum Übergang an das Haus Habsburg. München 1966.

Richter, Gisela und Otmar: Siebenbürgische Flügelaltäre. Thaur bei Innsbruck 1992.

Saria, Balduin: Die mittelalterliche deutsche Besiedlung in Krain, in: Gedenkschrift für Harold Steinacker. München 1966, S. 85–104.

Schödl, Günter: Ungarns Städtewesen im Spätmittelalter. Zum deutschen Anteil an Entfaltung und Krise, in: ders.: Formen und Grenzen des Nationalen. Erlangen 1990.

Schünemann, Konrad: Die Deutschen in Ungarn bis zum 12. Jahrhundert. Berlin, Leipzig 1923.

Schwarz, Ernst: Die Herkunft der Siebenbürger und Zipser Sachsen. München 1957.

Schwob, Ute Monika: Kulturelle Beziehungen zwischen Nürnberg und den Deutschen im Südosten im 14. – 16. Jahrhundert. München 1969.

Steinacker, Ruprecht: Die mittelalterliche deutsche Siedlungsbewegung in der Slowakei und ihre Bedeutung für das slowakische Volk, in: SOdtA 12, 1969.

Valjavec, Fritz: Geschichte der deutschen Kulturbeziehungen zu Südosteuropa, Bd. 1: Mittelalter. München 1953.

Weczerka, Hugo: Das mittelalterliche und frühneuzeitliche Deutschtum im Fürstentum Moldau von seinen Anfängen bis zu seinem Untergang. München 1960.

Zimmermann, Harald: Hospites Teutonici. Rechtsprobleme der deutschen Südostsiedlung, in: Gedenkschrift für Harald Steinacker. München 1966, S. 67–84.

Zimmermann, Harald: Der Deutsche Ritterorden in Siebenbürgen, in: Die geistlichen Ritterorden, hrg. v. Fleckenstein, Josef/Hellmann, Martin. Sigmaringen 1980, S. 267–298. Nachdruck in: ders., Im Baum des Mittelalters, hrg. v. Eberl, Immo/Kortüm, Hans-Henning.

FRÜHE NEUZEIT UND FRÜHES 19. JAHRHUNDERT

Ács, Zoltán: Die Deutschen in Gyula im 18. Jahrhundert, in: SOdtA, Bd. 22/23 (1979/1980), S. 38–61.

Andrásfalvy, Bertalan: Bäuerliche Lebensform-Modelle und deren ökologisch-gesellschaftliche Bedingungen im südlichen Teil Ungarns im 18. Jahrhundert, in: Beiträge zur Volkskunde der Ungarndeutschen. Budapest 1993, S. 19–48.

Andreas, Willy: Carl August von Weimar und das Angebot der ungarischen Königskrone, in: MIÖG 64, 1956.

Angeli, Moriz von: Der Friede von Vasvár, in: Mitteilungen des k.u.k. Kriegsarchivs 2. Wien 1877.

Angeli, Moriz von: Der Krieg mit der Pforte 1737–1739, in: Mitteilungen des k.u.k. Kriegsarchivs. Wien 1881.

Arneth, Alfred von: Prinz Eugen von Savoyen. Wien 1864.

Auerbach, Inge: Auswanderung aus Kurhessen. Nach Osten oder Westen? Marburg 1993.

Barth, Franz Karl: Ein gedruckter Werbezettel für die Auswanderung nach Ungarn vom Jahre 1736, in: Deutsch-Ungarische Heimatsblätter 1, 1929, S. 150–152.

Basch, Franz: Auswanderung aus der Rhön im 18. Jahrhundert, in: Neue Heimatblätter 2, 1937, S. 286–289.

Bayerle, Gustav: The Comprise at Zsitvatorok in: Archivium Ottomanicum 6, 1980.

Benda, Kálmán: Absolutismus und ständischer Widerstand in Ungarn am Anfang des 17. Jahrhunderts in: Südost-Forschungen 33, 1974.

Benda, Kálmán: Der Rákóczi-Aufstand und die europäischen Mächte in: Österreich in Geschichte und Literatur 22, 1978, S. 328ff.

Benda, Kálmán: Politische Strömungen in Siebenbürgen während der zweiten Hälfte des 18. Jahrhunderts, in: Zeitschrift für siebenbürgische Landeskunde 2, 1979, S. 185–196.

Berzsenyi, Dániel: A mezei szorgalom némely akadályairul [Von manchen Hindernissen des Ackerbaus]. Pest 1833.

Bibl, Viktor: Maximilian II., der rätselhafte Kaiser. Hellerau bei Dresden 1929.

Brandt, Harm-Hinrich: Der österreichische Neoabsolutismus. Staatsfinanzen und Politik 1848–1860. 2 Bde. Göttingen 1978.

Braubach, Max: Prinz Eugen von Savoyen. Eine Biographie. 5 Bde. Wien 1963–1965.

Breyer, Helmut: Zweihundert Jahre Auswanderung aus Schwetzingen, hrg. v. Bürgermeisteramt. Schwetzingen 1987.

Breu, Josef: Die Kroatensiedlung im Burgenland und den anschließenden Gebieten. Wien 1970.

Buchinger, Erich: Die »Landler« in Siebenbürgen. Vorgeschichte, Durchführung und Ergebnis einer Zwangsumsiedlung im 18. Jahrhundert. München 1980.

Bucsay, Mihály: A protestantizmus története Magyarországon 1521–1945 [Die Geschichte des Protestantismus in Ungarn in der Zeit von 1521–1945]. Budapest 1985.

Budakeszi/Wudigeß, hrg. v. Budakeszer Gemeinschaft im Verband der Landsmannschaft der Deutschen aus Ungarn. Heidelberg o. J.

Cella, J. J.: Über Auswanderungssucht und Auswanderungsfreiheit der Deutschen, in: Ders.: Freimütige Aufsätze, Bd. 3. Anpach 1786.

Csáky, Moritz/Hagelbrys, Reinhard: Vaterlandsliebe und Gesamtstaatsidee im österreichischen 18. Jahrhundert, in: Jahrbuch der österreichischen Gesellschaft zur Erforschung des 18. Jahrhunderts, Bd. 1, 1989.

Csánki, Dezső: Magyarország történelmi földrajza a Hunyadiak korában [Die historische Geographie Ungarns während der Zeit der Hunyadis], Bd. 2, 3. Budapest 1884–1897.

Dammang, Andreas: Die deutsche Landwirtschaft im Banat und in der Batschka. Novisad 1930.

Dávid, Zoltán: Magyarország népessége a 17–18. század fordulóján [Ungarns Bevölkerung an der Wende vom 17. zum 18. Jahrhundert], in: Történeti Statisztikai Évkönyv. Budapest 1961/62, S. 221–257.

Deák, István: Die rechtmäßige Revolution. Lajos Kossuth und die Ungarn 1848–1849. Wien, Köln, Graz 1989.

Depner, Maja: Das Fürstentum Siebenbürgen im Kampf gegen Habsburg. Untersuchungen über die Politik Siebenbürgens während des Dreißigjährigen Krieges. Stuttgart 1938.

Dobrovich, Johann: Volk an der Grenze. Schicksal und Auftrag. Zur Geschichte der burgenländischen Kroaten, in: Burgenländische Forschungen 47. Eisenstadt 1963.

Die Donauschwaben. Deutsche Siedlung in Südosteuropa, Sigmaringen 1987.

Drabek, Anna M./Plaschka, Richard G./Wandruszka, Adam (Hrg.): Ungarn und Österreich unter Maria Theresia und Joseph II. Wien 1983.

Düriegel, Günter: Wien 1683. Die zweite Türkenbelagerung. Wien, Köln, Graz 1981.

Eckhart, Ferenc: A bécsi udvar jobbágypolitikája 1761–1790ig [Die Leibeigenenpolitik des Wiener Hofs zwischen 1761 und 1790], in: Századok 90, 1956, S. 69–125.

Eickhoff, Ekkehard: Venedig, Wien und die Osmanen. Umbruch in Südosteuropa 1645–1700. München 1970.

Eimann, Johann: Der Deutsche Kolonist, oder die deutsche Ansiedlung unter Kaiser Joseph dem zweyten in den Jahren 1785 bis 1787. Pest 1822.

Eppel, Johann: Tevel. Zweieinhalb Jahrhunderte schwäbischer Ortsgeschichte in Ungarn 1701–1948. Budapest 1988.

Evans, Robert J. W.: Rudolf II. Ohnmacht und Einsamkeit. Wien, Graz, Köln 1980.

Fallenbühel, Zoltán: Pest város népességének származáshelyei a statisztika és a kartográfia tükrében (1687–1770) [Die Abstammungsorte der Bevölkerung der Stadt Pest im Spiegel der Statistik und der Kartographie], in: Tanulmányok Budapest Múltjából, Bd. 15. Budapest 1963, S. 239–287.

Fassel, Horst/Schmidt, Josef (Hrg.): An Donau und Theiß. Emmendigen 1986.

Fata, Márta: Auswanderung aus Württemberg nach Südosteuropa zwischen dem 17. und 19. Jahrhundert, in: Materialien 1. Tübingen 1993, S. 24–40.

Feldtänzer, Oskar: Joseph II. und die donauschwäbische Ansiedlung. Dokumentation der Kolonisation im Batscherland 1784–1787. München 1990.

Die Feldzüge des Prinzen Eugen, hrg. v. der Abteilung für Kriegsgeschichte des k.u.k. Kriegsarchivs, 21 Bde. Wien 1876–1892.

Felhő, Ibolya: Az úrbéri viszonyok Magyarországon Mária Terézia korában [Die Urbarialverhältnisse in Ungarn zur Zeit Maria Theresias]. Budapest 1970.

Felhő, Ibolya: Mária Terézia úrbérrendezése a Buda és Pest környéki helységekben [Die theresianische Urbarialregulierung in den Orten um Buda und Pest], in: Tanulmányok Budapest Múltjából, Bd. 18. Budapest 1971, S. 121–156.

Fenske, Hans: Die deutsche Auswanderung, in: Mitteilungen des historischen Vereins der Pfalz Bd. 76. Speyer 1978, S. 183–220.

Folberth, Otto: Minister Thun und die Siebenbürger Sachsen. Ungeschriebene Kapitel der Geschichte des Protestantismus in Österreich, in: Jahrbuch der Gesellschaft für die Geschichte des Protestantismus in Österreich 80, 1964, S. 47–65.

Folberth, Otto: Der Prozeß Stephan Ludwig Roth. Ein Kapitel Nationalitätengeschichte Südosteuropas im 19. Jahrhundert. Graz, Köln 1959.

Fricsy, Ádám: A pécsi klérus birtokainak településügyi összeírása 1733-ban [Die Konskription der Güter des Pécser Klerus im Jahre 1733], in: Baranyai Helytörténetírás. Pécs 1979, S. 151–205.

Gál, Éva: Óbuda 1541–1848 [Altofen 1541–1848], in: Rádi, Károly (Hrg.): Tanulmányok Óbuda történetéből Bd. 3. Budapest 1990, S. 7–94.

Gál, Éva: Az óbudai uradalom a Zichyek földesurasága alatt 1659–1766 [Die Altofner Herrschaft während der Zeit der Zichys von 1659–1766]. Budapest 1988.

Gárdonyi, Albert: Die ersten Ansiedler der Stadt Ofen, in: Deutsch-Ungarische Heimatsblätter 3, 1931, S. 32–39, 29–137.

Gesellschaft, Politik und Verwaltung in der Habsburgermonarchie 1830–1918, hrg. v. Ferenc Glatz/Ralph Melville. Stuttgart 1987.

Gindely, Anton: Rudolf II. und seine Zeit, 2 Bde., ²1868.

Glatz, Ferenc: Bürgerliche Entwicklung, Assimilation und Nationalismus in Ungarn im 19. Jahrhundert, in: Acta Historica 21, 1975, S. 153–169.

Glatz, Ferenc: Das Deutschtum in Ungarn in der Zeit der industriellen Entwicklung, in: Deutschland und Europa in der Neuzeit. Festschrift für Karl Otmar Freiherr von Aretin zum 65. Geburtstag. Stuttgart 1988, S. 685–696.

Glósz, József/Kápolnás, V. Mária: Szakadát község monográfiája 1723–1949 [Die Monographie der Gemeinde Szakadát von 1723–1949]. Szekszárd 1988.

Glósz, József: Tolna megye középbirtokos nemességének anyagi viszonyai a 19. század első felében [Die materiellen Verhältnisse des Gemeinadels im Komitat Tolna in der ersten Hälfte des 19. Jahrhunderts], in: A Wosinszky Mór Múzeum Évkönyve, Bd. 16. Szekszárd 1991.

Gottas, Friedrich: Die Deutschen in Südosteuropa. Ein Überblick. Von den Ansiedlungen im Mittelalter und im 18. Jahrhundert zur Rückbewegung im 20. Jahrhundert, in: SOdtA, Bd. 34/35, 1991/92, S. 5ff.

Gottas, Friedrich: Die Geschichte des Protestantismus in der Habsburgermonarchie, in: Die Habsburgermonarchie 1848–1918, Bd. 4. Wien 1985, S. 489–595.

Gottas, Friedrich: Die Frage der Protestanten in Ungarn in der Ära des Neoabsolutismus. Das ungarische Protestantenpatent vom l. September 1859. München 1965.

Gragger, Robert: Preußen, Weimar und die ungarische Königskrone, in: Ungarische Bibliothek 1/6, Berlin, Leipzig 1923.

Gross, Mirjana: Die Anfänge des modernen Kroatien. Neoabsolutismus in Zivil-Kroatien und Slawonien 1850–1860, in: Mitteilungen des Österreichischen Staatsarchivs 40, 1987, S. 237–269.

Groß, Lothar: Zur Geschichte des Wiener Vertrages vom 25. April 1606 in: MIÖG, Erg.-Bd. 11, 1929.

Großmann, Joseph: Raimund Montecuccoli. Ein Beitrag zur österreichischen Geschichte des 17. Jahrhunderts, vornehmlich der Jahre 1672–1673, in: AÖG 73, 1878.

Grussecki, Oskar: Die Kroaten des Burgenlandes und ihr Siedlungsgebiet, in: Burgenländische Heimatblätter 3, 1929.

Gündisch, Gustav: Zur Einwanderung der Baden-Durlacher nach Mühlbach, in: Zeitschrift für siebenbürgische Landeskunde 1, 1978, S. 3–15.

Gutkas, Karl: Galizien und die Bukowina, in: Österreich zur Zeit Kaisers Josephs II. Ausstellungskatalog des Niederösterreichischen Landesmuseums, N.F. Nr. 95. Wien 1980, S. 88–90.

Gutkas, Karl: Kaiser Joseph II. Eine Biographie. Wien, Darmstadt 1989.

Guzsak (Hrg.): Berstädte der Unterzips. Stuttgart 1983.

Gylokay, Eugen von: Die Schlacht bei Mohács, in: Ungarische Jahrbücher 6, 1926.

Hacker, Werner: Südwestdeutsche Auswanderer nach Ungarn als Durchwanderer in den Kirchenbüchern von Ulm und Günzburg im 18. Jahrhundert, in: SOdtA Bd. 12. München 1969, S. 118–199.

Hacker, Werner: Zur Auswanderung aus dem südlichen Oberrheingebiet (Breisgau und Ortenau) nach Siebenbürgen im 18. Jahrhundert, in: Zeitschrift für siebenbürgische Landeskunde 2, 1979, S. 59–70.

Haller, Hermann: Zur Entwicklung der deutschen Stadt Ruma im Rahmen des Syrmiendeutschtums, in: Deutsches Archiv für Landes- und Volksforschung 3, 1940, S. 283–340.

Haller, Hermann: Neu-Pasua und Neu-Banovci. Zwei Schwabensiedlungen in Syrmien, in: Auslanddeutsche Volksforschung 1, 1937, S. 44–65.

Hamm, Franz/Lotz, Friedrich/Lindenschmidt, Michel: Das Gymnasium zu Neuwerbaß. München 1960.

Harms, Günther: Bevölkerungsstruktur und Agrarverfassung Slawoniens, im besonderen der wirtschaftliche und soziale Ausbau einiger Dörfer im Poscheger Kessel. Leipzig 1942.

Haselsteiner, Horst: Das Nationalitätenproblem in den Ländern der ungarischen Krone, in: Volk, Land und Staat. Landesbewußtsein, Staatsidee und nationale Fragen in der Geschichte Österreichs, hrg. v. Erich Zöllner. Wien 1984, S. 118–137.

Haselsteiner, Horst: Joseph II. und die Komitate Ungarns, in: Veröffentlichungen des Österreichischen Ost- und Südosteuropa-Instituts 11. Wien, Köln, Graz 1983.

Hegedüs, László: Tolna megye nyugati felének települései (1580–1764) [Die Siedlungen im westlichen Teil des Komitats Tolna], in: Tanulmányok Tolna megye történetéből Bd. 9. Szekszárd 1980, S. 5–103.

Heinisch, Reinhard-Rudolf: Habsburg, die Pforte und der Böhmische Aufstand (1618–1620), in: Südost-Forschungen 33/34. München 1974/75, S. 125ff. bzw. 79ff.

Heiß, Gernot: Politik und Ratgeber der Königin Maria von Ungarn in den Jahren 1521 bis 1531, in: MIÖG 82, 1974.

Heiß, Gernot: Die ungarischen, böhmischen und österreichischen Besitzungen der Königin Maria und ihre Verwaltung, in: MÖStA 27, 1974 und 29, 1976.

Heiß, Gernot/Klingenstein, Grete (Hrg.): Das Osmanische Reich und Europa 1683–1789. Konflikt, Entspannung und Austausch, 1983.

Hengelmüller, G. von: Franz Rákóczi und sein Kampf für Ungarns Freiheit 1703–1711. Stuttgart, Berlin 1913.

Heppner, Harald: Die deutschen Ansiedlungen in Slawonien im 18. Jahrhundert, in: Das achtzehnte Jahrhundert und Österreich. Jahrbuch der Österreichischen Gesellschaft zur Erforschung des achtzehnten Jahrhunderts. Bd. 6. Wien 1990/91, S. 71–76.

Hermann, Egyd: Erste Spuren der Kolonisation in Pécsvárad, in: Deutsch-Ungarische Heimatsblätter 1, 1929, S. 48–52.

Hermann, Egyd: Kirchen und Klerus im theresianischen Banat, in: Deutsch-Ungarische Heimatsblätter 3, 1931, S. 47–56. und S. 137–143.

Herre, Franz: Maria Theresia. Die große Habsburgerin. Köln 1994.

Hippel von, Wolfgang: Bevölkerungsentwicklung und Wirtschaftsstruktur im Königreich Württemberg 1815/65. Überlegungen zum Pauperismusproblem in Südwestdeutschland, in: Engelhardt, Ulrich/Semlin, Volker: Soziale Bewegung und politische Verfassung. Beiträge zur Geschichte der modernen Welt. Stuttgart 1976, S. 270–371.

Hochberger, Ernst/Scherer, Anton/Spiegel-Schmidt, Friedrich: Die Deutschen zwischen Karpaten und Krain. München 1994.

Hoffmann, Leo: Die Herrschaft Pécsvárad um 1700, in: Deutsch-Ungarische Heimatsblätter 3, 1931, S. 98–103.

Hoffmann, Leo: Die Niederlassung der Banater und für Serbien angeworbenen Ansiedler auf ungarischen Privatgütern, in: Neue Heimatblätter 1, 1935, S. 50–55.

Holder, Gottlob: Schicksale schwäbischer Ungarnfahrer im Jahre 1712, in: Deutsch-Ungarische Heimatsblätter 2, 1930, S. 136–143.

Horváth, Ferenc: Die Entwicklung der Stadt Kőszeg und ihre Bedeutung im Pannonischen Raum, in: A pannon térség városainak és mezővárosainak fejlődése és jelentősége a 16–19. században. (Internationales Kulturhistorisches Symposion Mogersdorf Bd. 4). Szombathely 1974, S. 35–61.

Huber, Alfons: Die Erwerbung Siebenbürgens durch Ferdinand I. im Jahre 1551 und Bruder Georgs Ende, in: AÖG 75, 1889.

Hudjetz-Loeber, Irmgard: Heimatbuch Neu-Pasua. Die Geschichte eines donauschwäbischen Dorfes. Stuttgart 1956.

Imre, Mária: Die Tradition der Fachwerkhäuser bei den Deutschen in Ungarn, in: Beiträge zur Volkskunde der Ungarndeutschen. Budapest 1986, S. 172–182.

Jelli, A. Martin (Hrg.): Dokumente zur Geschichte einer »schwäbischen« (donauschwäbischen Gemeinde im Ofner Bergland/Ungarn, Bd. 1–3. Stuttgart 1992.

Jordan, Sonja: Die kaiserliche Wirtschaftspolitik im Banat im 18. Jahrhundert. München 1967.

Kállay, István: A magyarországi nagybirtok kormányzata 1711–1848 [Die Verwaltung des ungarischen Großgrundbesitzes 1711–1848]. Budapest 1980.

Kállay, István: Deutsche Ansiedler in Stuhlweißenburg 1688–1848, in: Ungarn-Jahrbuch, Bd. 11. München 1980/81, S. 141–151.

Kállay, István: Szabad királyi városok gazdálkodása Mária Terézia korában [Die Bewirtschaftung der königlichen Freistädte zur Zeit Maria Theresias]. Budapest 1972.

Kallbrunner, Joseph: Deutsche Wanderungen nach Siebenbürgen in neuerer Zeit ,in: Deutsches Archiv für Landes- und Volksforschung 2, 1938.

Kallbrunner, Joseph: Das kaiserliche Banat. München 1958.

Kalmár, János: Az Einrichtungswerk fogadtatása a bécsi udvari főbizottságnál [Die Beurteilung des Einrichtungswerks durch das Hofkomitee am Wiener Hof], in: Szita (Hrg.): Tanulmányok a török hódoltság és a felszabadító háborúk történetéből. Pécs 1993, S. 105–116.

Karger, Adolf: Die Entwicklung der Siedlungen im westlichen Slawonien. Ein Beitrag zur Kulturgeschichte des Save-Drau-Zwischenstromlandes. Wiesbaden 1963.

Kaser, Karl: Freier Bauer und Soldat. Die Militarisierung der agrarischen Gesellschaft in der kroatisch-slawonischen Militärgrenze (1535–1881). Graz 1986.

Kellermann, Ingeborg: Josefdorf (Josipovac). Lebensbild eines deutschen Dorfes in Slawonien. Leipzig 1942.

Kindinger, Rudolf: Die Schlacht von St. Gotthard am 1. August 1664, in: Zeitschrift des Historischen Vereins für Steiermark 48, 1957.

Kirschig, Adolf: Kula-Poretsch. Die Deutschen im Poschegaer Kessel. Freilassing 1962.

Kisasszony, Éva: Tolna megye telepítési problémái a XVII. század végén és a XVIII. század első évtizedeiben [Die Probleme der Besiedlung des Komitats Tolna Ende des 17. Jahrhundert und in den ersten Jahrzehnten des 18. Jahrhunderts], in: A Dunántúl településtörténete 1686–1768 (MTA VEAB Értesítője, Bd. 2). Veszprém 1976, S. 87–94.

Klein, Franz: Billed. Chronik einer Heidegemeinde im Banat in Quellen und Dokumenten 1765–1980. Wien 1980.

Köhl, Wilhelm: Die deutschen Sprachinseln in Südungarn und Slawonien. Innsbruck 1902.

Köpeczi, Béla: La France et la Hongrie au début du XVIIIe siècle. Etude d'histoire des relations diplomatiques et d'histoire des idées. Budapest 1971.

Köpeczi, Béla: Staatsräson und christliche Solidarität. Die ungarischen Aufstände und Europa in der zweiten Hälfte des 17. Jahrhunderts. Wien, Köln, Graz, 1983.

Kosáry, Domokos G.: The Press during the Hungarian Revolution of 1848–1849. Boulder 1986.

Kretschmayr, Heinrich: Maria Theresia. Leipzig ^{2}1938.

Kühbauch, Friedrich: Gründe für die Auswanderung aus Württemberg, in: Franzfeld 1792–1945. Geschichte einer donauschwäbischen Großgemeinde im Banat, hrg. v. Franzfelder Kulturellen Interessengemeinschaft. Reutlingen 1982, S. 70–77.

Kühn, Hans: Die Besiedlung von Kula und Poretsch auf der Kameralherrschaft Kutjevo. Zagreb 1936.

Kuppelwieser, Leopold: Die Kämpfe Österreichs mit den Osmanen von 1526–1537. Wien, Leipzig 1899.

Lay, Heinrich: Die josephinische Kolonisation und die Umsiedlung der bodenständigen Bevölkerung, dargestellt am Beispiel Sanktandres (Manuskript im Archiv des Instituts für donauschwäbische Geschichte und Landeskunde).

Lencz, G.: Der Aufstand Bocskays und der Wiener Friede. Debrecen 1917.

Lendl, Egon: Das Deutschtum in Slawonien und Syrmien und seine wissenschaftliche Erforschung, in: Deutsches Archiv für Landes- und Volksforschung 5, 1941, S. 143–153.

Lendl, Egon: Die jungen deutschen Sprachinseln im westlichen Slawonien und in benachbarten Teilen Kroatiens, in: Geographischer Jahresbericht aus Österreich 18, 1936, S. 29–95.

Lendl, Egon: Das Deutschtum in der Ilowasenke. Leipzig 1941.

Lhotsky, Alphons: Das Zeitalter des Hauses Österreich. Die ersten Jahre der Regierung Ferdinand I. in Österreich (1520–1527). Wien 1971.

Lilek, Emil: Kritische Darstellung der ungarisch-kroatischen Verschwörung und Rebellion 1663–1671, 2 Bde. Cilli 1928/1930.

Löbl, Alfred H.: Zur Geschichte des Türkenkrieges von 1593–1606, in: Prager Studien aus dem Gebiet der Rechtswissenschaft 6, 10. Prag 1899, 1904.

Lotz, Friedrich: Die frühtheresianische Kolonisation des Banats (1740 bis 1762), in: Gedenkschrift für Harold Steinacker (1875–1965). München 1966, S. 146–181.

Lotz, Friedrich: Johann Karl Reichard (1700–1753). Der erste Banater evangelische Pfarrer nach der Türkenzeit. Ein Lebens- und Kulturbild aus der Frühzeit der Südostdeutschen, in: Südostforschungen Bd. 22. München 1963, S. 326–346.

Lukan, Walter: Velika Seoba Srba. Der große Serbenzug des Jahres 1690 ins Habsburgerreich, in: Österreichische Osthefte 33, 1991, S. 35–49.

Lutz, Andreas: Die ersten deutschen Siedler in Ungarn nach der Türkenherrschaft. Graz 1938.

Lorenz, Reinhold: Das Türkenjahr 1683. Wien ^{3}1944.

Makkai, Ladislas: Histoire de Transylvanie. Paris 1946.

Makkai, László: Der ungarische Viehhandel 1550–1650, in: Bog, Ingomar (Hrg.): Der Außenhandel Ostmitteleuropas 1450–1650. Köln, Wien 1971, S. 483–506.

Marlok, István: Adalékok Pilis megye török utáni településtörténetéhez [Beiträge zur Siedlungsgeschichte des Komitats Pilis nach der Türkenherrschaft], in: A székesfehérvári egyházmegye jubileumi névtára 1977-ben alapításának 200. esztendejében. Székesfehérvár 1977, S. 38–51.

Mažuran, Ive: Stanovništvo Osijeka 1693–1703 [Die Bevölkerung Esseggs 1693–1703]. Osijek 1974.

Meier, Jörg: Untersuchungen zur deutschsprachigen Presse in der Slowakei. Sprache und Geschichte der Zeitung »Zipser Anzeiger/Zipser Bote«. Leutschau/Levoča 1993.

Mérey, T. Klára: Egy mezőváros iparosainak eredete a XVIII. sz. végen (Tolna, 1786) [Die Herkunfstorte der Gewerbebetreibenden eines Marktfleckens am Ende des 18. Jahrhundert (Tolna 1786)], in: Dobos, Gyula (Hrg.): Tolna Megyei Levéltári Füzetek. Szekszárd 1994, S. 33–58.

Merriman, R. B.: Suleiman the Magnificent. Cambridge (Mass.) 1944.

Mitrofanov, Paul von: Joseph II. Seine politische und kulturelle Tätigkeit, 2 Teile. Wien, Leipzig 1910.

Móró, Mária Anna: Pécs város polgárai (1697–1707) [Die Bürger des Stadt Pécs zwischen 1697 und 1707], in: Baranyai Helytörténetírás. Pécs 1988, S. 51–81.

Mraz, Gerda (Hrg.): Maria Theresia als Königin von Ungarn. Eisenstadt 1983.

Müller, F.: Die Türkenherrschaft in Siebenbürgen (1541–1688). Hermannstadt 1923.

Nägler, Thomas: Die Banater Schwaben während der ungarischen Verwaltung, in: Göllner, Carl: Geschichte der Deutschen auf dem Gebiete Rumäniens. Bukarest 1979, S. 308–321.

Nagy, Lajos: A kurucok és a rácok pusztításai Baranya vármegyében 1704 elején [Die Verwüstungen der Kuruzzen und Raizen im Komitat Baranya Anfang 1704], in: Baranyai Helytörténetírás. Pécs 1986, S. 13–131.

Nagy, Lajos: A bólyi Batthyány uradalomban élő nemzetiségek az úrbéri rendezés előtt [Die Nationalitäten in der Bólyer Battyányschen Herrschaft vor der Urbarialregulierung], in: Baranyai Helytörténetírás. Pécs 1983, S. 367–391.

Nagy, Lajos: A palotabozsoki parasztok lázadása 1766. novemberében [Die Rebellion der Palotabozsoker Bauern im November 1766], in: Baranyai Helytörténetírás. Pécs 1985, S. 459–490.

Neck, Rudolf: Andrea Negroni. Ein Beitrag zur Geschichte der österreichisch-türkischen Beziehungen nach dem Frieden von Zsitva Torok, in: MÖStA 3, 1950.

Neck, Rudolf: Österreich und die Osmanen, in: MÖStA 10, 1957.

Nehring, Karl: Adam Freiherr zu Herbersteins Gesandtschaftsreise nach Konstantinopel. München 1983.

Niederhauser, Emil: 1848. Sturm im Habsburgerreich. Budapest 1990.

Nowotny, Ernst: Die Transmigration ober- und innerösterreichischer Protestanten nach Siebenbürgen im 18. Jahrhundert, Jena 1931.

Oberleitner, Karl: Österreichs Finanzen und Kriegswesen unter Ferdinand I. 1522–1564, in: AÖG 22, 1860.

Odenthal, Joseph: Österreichs Türkenkrieg 1716–1718. Düsseldorf 1938.

Ogris, Michael: Die städtebauliche Entwicklung Temesvars. Dissertation [maschschriftl.]. Berlin 1993.

Österreich und die Osmanen. Ausstellungskatalog. Wien 1983.

Österreich und die Osmanen. Prinz Eugen und seine Zeit, in: Schriften des Instituts für Österreichkunde 51/52. Wien 1988.

Österreich und die Türken, hrg. vom Burgenländischen Landesarchiv. Eisenstadt 1972.

Ortvay, Theodor: Die Schlacht von Mohács, ihre Ursachen und Folgen, in: Ungarische Rundschau 3, 1914.

Pápai, Béla: Magyarország népe a feudalizmus megerősödése és bomlása idején (1711–1867) [Ungarns Bevölkerung zur Zeit der Verstärkung und Auflösung des Feudalismus], in: Kovacsics, József: Magyarország történeti demográfiája. Magyarország népessége a honfoglalástól 1949-ig. Budapest 1963, S. 151–167.

Parker, Geoffrey: Der Dreißigjährige Krieg. Frankfurt/M., New York 1987.

Pavlescu, Eugen: Georges II. Rákóczi, Prince de Transylvanie (1648–1660). Iasi 1924.

Pfeiffer, Sepp: Zur Geschichte der Madjarisierung des Sathmarer Deutschtums. Hermannstadt 1940.

Pfrenzinger, Alfons: Von den Reisevorbereitungen der Ungarnwanderer, in: Neue Heimatblätter 2, 1937, S. 274–275.

Pfrenzinger, Alfons: Die mainfränkische Auswanderung nach Ungarn und den österreichischen Erbländern im 18. Jahrhundert. Wien 1941.

Pillias, E.: Études sur François II. Rákóczi, Prince de Transylvanie. Paris 1939.

Raff, Gerhard: Württemberg und Ungarn, in: Suevia Pannonica. Archiv der Deutschen aus Ungarn 5, 15, 1987, S. 46–62.

Redlich, Oswald: Weltmacht des Barock, Wien ^{4}1961.

Redlich, Oswald: Das Werden einer Großmacht. Wien ^{4}1962.

Regele, Oskar: Der österreichische Hofkriegsrat 1556–1848, in: MÖStA, Erg.-Bd. 1, 1949.

Reinerth, Karl: Die Reformation der siebenbürgisch-sächsischen Kirche. Gütersloh 1956.

Richter, Eduard: Die Haltung der ungarischen Bergstädte nach der Doppelwahl von 1526, in: MIÖG 32, 1911.

Röhrig, Walter: Die Geschichte der deutsch-evangelischen Gemeinden des Banats unter besonderer Berücksichtigung des Verhältnisses von Kirche und Volkstum. Leipzig 1940.

Roth, Stephan Ludwig: Aufklärungen über die Auswanderung nach Siebenbürgen, und zwar in denjenigen Theil des Landes, welchen die Deutschen, insgemein Sachsen genannt, seit mehr als 700 Jahren eigenthümlich besitzen. Tübingen 1847.

Rúzsás, Lajos: A baranyai parasztság élete és küzdelme a nagybirtokkal 1711–1868 [Das Leben und der Kampf des Baranyaer Bauerntums mit dem Großgrundbesitz 1711–1868]. Budapest 1964.

Schilling, Rogerius: Privatansiedlungen unter Josef II., in: Deutsch-Ungarische Heimatsblätter 5, 1933, S. 311–326.

Schimscha, Ernst: Technik und Methoden der theresianischen Besiedlung des Banats. Baden bei Wien 1939.

Schmidt, Johann: Ein kaiserliches »Angesinnen« die Ansiedlung des Banats betreffend, in: Deutsch-Ungarische Heimatsblätter 1, 1929, S. 210–214.

Schmidt, Johann: Német telepesek bevándorlása Hesszenből Tolna-Baranya-Somogyba a XVIII. század első felében [Die Einwanderung von deutschen Kolonisten aus Hessen in die Komitate Tolna, Baranya, Somogy in der ersten Hälfte des 18. Jahrhunderts]. Győr 1939.

Schröder von, Wilhelm: Fürstliche Schatz- und Rentkammer. Leipzig 1704.

Schünemann, Konrad: Österreichs Bevölkerungspolitik unter Maria Theresia. Berlin 1936.

Schürer, Otto/Wiese, Erich: Deutsche Kunst in der Zips. Brünn, Wien, Leipzig 1938.

Schuller, Gustav Adolf: Aus der Vergangenheit der siebenbürgisch-sächsichen Landwirtschaft. Hermannstadt 1895.

Schuon, Gottlob: Die nordöstliche Schwäbische Türkei. Stuttgart 1936.

Senz, Josef: Die Deutschen im Batscherland. Wien 1984.

Šidak, Jaroslav: Hrvatski narodni preporod. Ilirski pokret [Die kroatische nationale Wiedergeburt. Die Illyrische Bewegung]. Zagreb 1988.

Simányi, Tibor: Er schuf das Reich. Ferdinand von Habsburg. München 1987.

Smolka, Stanislaus: Ferdinand des Ersten Bemühungen um die Krone von Ungarn, in: AÖG, 57, 1879, S. 1ff.

Solymár, Imre: Regionális mentalitás és történeti életmódmodell a völgységi svábokn ál [Regionale Mentalitäts- und historische Lebensmodelle bei den Schwaben im Völgység], in: Dunatáj 6, 1983, Heft 2, S. 61–70.

Solymár, Imre: Gazdaságcentrikus értékrend, gazdasági mentalitás. Adalékok a dél-dunántúli németek mentalitástörténetéhez [Ökonomisch orientiertes Wertsystem, ökonomische Mentalität. Beiträge zur Mentalitätsgeschichte der Deutschen in Südtransdanubien], in: Baranyai Történetírás. Pécs 1992, S. 345–394.

Somkuti, Éva: Székesfehérvár betelepítése a XVII. század fordulóján (1688–1703) [Die Besiedlung Székesfehérvárs um die Wende zum 18. Jahrhundert], in: Kralovánszky, Alán: Székesfehérvár évszázadai, Bd. 4. Székesfehérvár 1979, S. 7–24.

Spielmann, John P.: Leopold I. Zur Macht nicht geboren. Graz 1981.

Špiesz, Anton: Die Bedeutung der deutschen Unternehmerschicht in Oberungarn im 17. und 18. Jahrhundert. Ein Beitrag zur historischen Demographie (Manuskript im Archiv des Instituts des donauschwäbischen Geschichte und Landeskunde).

Spira, György: Ein Selbstporträt von Jellačić, in: Studia Slavica Hung. 32, 1986, S. 100–115.

Spira, György: Lajos Batthyány. Ein Vorkämpfer der bürgerlichen Umgestaltung Ungarns im 19. Jahrhundert, in: Mitteilungen des Instituts für Österreichische Geschichtsforschung 95, 1987, S. 69–119.

Spira, György: The Nationality Issue in the Hungary of 1848–49. Budapest 1992.

Steinsch, Irma: Die Ansiedlung der privaten Grundherrschaften der Schwäbischen Türkei in Ungarn im 18. Jahrhundert. Budapest 1942.

Stöller, Ferdinand: Feldmarschall Raimund Montecucolli, in: Hantsch, Hugo (Hrg.): Gestalter der Geschicke Österreichs. Innsbruck, Wien 1962, S. 171ff.

Szakály, Ferenc: Hungaria Eliberata. Die Rückeroberung von Buda im Jahr 1686 und Ungarns Befreiung von der Osmanenherrschaft (1683–1718). Budapest 1986.

Szakály, Ferenc: Az alföldi mezővárosok és a magyar feudális hatalom [Die Marktflecken auf der Tiefebene und die ungarische feudale Macht], in: Novák, László – Selmeczi, László (Hrg.): Falvak, mezővárosok az Alföldön. Nagykőrös 1986, S. 325–341.

Szakály, Ferenc: A felszabadító háborúk történeti helyéről. (Ki a felelös a hódoltsági terület pusztulásáért?) [Vom historischen Stellenwert der Befreiungskriege. Wer ist für die Verödung des türkischen Eroberungsgebietes verantwortlich?], in: Szita, László (Hrg.): A török elleni viszafoglaló háborúk történetéből. 1686–1688. Pécs 1988, S. 25–42.

Szakály, Ferenc: Baranya megye hódoltsági történetének kutatási feladatairól [Von den Forschungsaufgaben der Geschichte des Komitats Baranya während der türkischen Eroberungszeit], in: Szita, Lázsló (Hrg.): Tanulmányok a török hódoltság és a felszabadító háborúk történetéből. Pécs 1993, S. 11–23.

Szakály, Ferenc: Szerb bevándorlás a török kori Magyarországra [Die serbische Einwanderung in das türkische Ungarn], in: Glatz, Ferenc (Hrg.): Szomszédaink között Kelet-Európában. Emlékkönyv Niederhauser Emil 70. születésnapjára. Budapest 1993, S. 75–89.

Szakály, Ferenc: Gazdasági és társadalmi változások a török hódítás árnyékában [Wirtschaftliche und gesellschaftliche Veränderungen im Schatten der türkischen Eroberung] (Előadások a történettudomány műhelyéből 5). Budapest 1994.

Szakály, Ferenc: Die Bilanz der Türkenherrschaft in Ungarn, in: Acta Historica 34, 1, 1988, S. 63–77.

Szederkényi, Nándor: Heves vármegye története [Die Geschichte des Komitates Heves], Bd. 4. Eger 1891.

Szekfű, Gyula: Bethlen Gábor. Budapest 1929.

Szilágyi, Mihály: Az újratelepülő Tolna megye 1710–1720 [Das zu wiederbesiedelnde Komitat Tolna zwischen 1710–1720], in: Tanulmányok Tolna megye történetéből Bd. 10. Szekszárd 1983, S. 33–168.

Szita, László: Részletek Lotharingiai Károly fővezér naplójából 1686–1687 [Auszüge aus dem Notizbuch des Oberbefehlshabers Karl von Lothringen], in: ders. (Hrg.): Budától-Belgrádig. Válogatott dokumentumrészletek az 1686–1688. évi törökellenes hadjáratok történetéhez. Pécs 1987, S. 75–144.

Taba, Isvtván: Baranya megye népessége a 17. század végén [Die Bevölkerung des Komitats Baranya Ende des 17. Jahrhunderts]. Pécs 1941.

Tafferner, Anton: Die ersten Kolonistenfamilien der Esterházyschen Neugründungen Saar und Boglar im Schildgebirge (Ungarn). Ein Beitrag zur donauschwäbischen Familien- und Sippenforschung sowie zur Wanderungsbewegung, in: Südostdeutsches Archiv Bd. 21. München 1978, S. 36–61.

Tessedik, Samuel: A parasztember Magyarországban, Mitsoda és mi lehetne; egy jó rendbe-szedett falunak rajzolatjával egyetemben [Der Landmann in Ungarn, was er ist und was er sein könnte; mit der Schilderung einer gutorganisierten Gemeinde]. Pécs 1786.

Tietze, Andreas (Hrg.): Habsburgisch-osmanische Beziehungen. Relations Habsbourg-ottomanes in: Wiener Zeitschrift für die Kunde des Morgenlandes, Beiheft 13. Wien 1985.

Triebnigg-Pirkhert, Ella: Graf Anton Mercy d'Argenteau. Einer der Begründer der schwäbischen Türkei, in: Deutsch-Ungarische Heimatsblätter 2, 1930, S. 247–251, 336–339.

Trostler, Josef: Ungarns Eintritt in das literarhistorische Bewußtsein Deutschlands, in: Deutsch-Ungarische Heimatsblätter 2, 1930, S. 23–30, 108–114.

Turba, Gustav: Die Grundlagen der Pragmatischen Sanktion in: Wiener Staatswissenschaftliche Studien 10/11. Leipzig, Wien 1911/12.

Turba, Gustav: Die Pragmatische Sanktion. Authentische Texte samt Erläuterungen und Übersetzungen. Wien 1913.

Turetschek, Christine: Die Türkenpolitik Ferdinand I. von 1529–1532, in: Dissertationen der Universität Wien 10. Wien 1968.

Utiešenović, Ognjeslav: Lebensgeschichte des Cardinals Georg Utiešenović, genannt Martinusius. Wien 1881.

Valjavec, Fritz: Der Josephinismus. Zur geistigen Entwicklung Österreichs im 18. und 19. Jahrhundert. München [2]1945.

Varga, János: Habsburg berendezkedési tervek Magyarországon 1688–1689. (Az »Einrichtungswerk«) [Die Pläne zur habsburgischen Einrichtung in Ungarn in den Jahren 1688–1689], in: Szita, László (Hrg.): Tanulmányok a török hódoltság és a felszabadító háborúk történetéből. Pécs 1993, S. 95–103.

Vargha, Dezső: Adatok a Pécsi Dalárda történetéhez 1862–1902 [Beiträge zur Geschichte des Fünfkirchener Gesangvereins 1862–1902], in: Baranyai Helytörténetírás 1979, S. 177–214.

Várkonyi, R. Ágnes: Agrárstruktúra és a föld birtokba vételének problémái Magyarországon a török kiüzése után [Die Probleme der Agrarstruktur und der Besitznahme des Bodens in Ungarn nach dem Ausjagen der Türken], in: Történelmi Szemle 13, 1970, H. 1, S. 21–34.

Várnagy, Antal. A hőgyészi uradalom kialakulása 1773-ig [Die Entstehung der Hőgyészer Herrschaft bis 1773], in: A Dunántúl településtörténete (MTA PAB-VEAB Értesítöje, Bd. 8). Pécs 1990, S. 317–327.

Vlachovic, Jozef: Produktion und Handel mit ungarischem Kupfer im 16. und im ersten Viertel des 17. Jahrhunderts, in: Bog, Ingomar (Hrg.): Der Außenhandel Ostmitteleuropas 1450–1650. Köln, Wien 1971, S. 600–627.

Vocelka, Karl: Rudolf II. und seine Zeit. Köln, Wien, Graz 1985.

Vonház, Stefan: Die deutsche Ansiedlung im Komitat Sathmar. Neuauflage, Laupheim 1987.

Wagner, Ernst: Geschichte der Siebenbürger Sachsen. Ein Überblick. Innsbruck 1981.

Wagner, Georg: Das Türkenjahr 1664, eine europäische Bewährung, in: Burgenländische Forschungen 48. Eisenstadt 1964.

Wagner, Georg: Maximilian II., der Wiener Hof und die Belagerung von Sziget, in: Dunantúli tudományos gyűjtemény 72, Series Historica 39, 1966.

Wagner, Georg: Österreich und die Osmanen im Dreißigjährigen Krieg. Hermann Graf Czernins Grußbotschaft nach Konstantinopel 1644/45, in: Mitteilungen des Oberösterreichischen Landesarchivs 14, 1984.

Walter, Friedrich: Die theresianische Staatsreform von 1749. Wien 1958 (Österreich-Archiv).

Wedgwood, C.V.: Der Dreißigjährige Krieg. München 1967.

Wellmann, Imre: Földművelési rendszerek Magyarországon a XVIII. században [Bodenanbausysteme in Ungarn im 18. Jahrhundert], in: Agrártörténeti Szemle 3, 1961, H. 3–4, S. 344–366.

Wellmann, Imre: Merkantilistische Vorstellungen im 17. Jahrhundert und Ungarn, in: Nouvelles Études Historiques, Bd. 1. Budapest 1965.

Wellmann, Imre: Die erste Epoche der Neubesiedlung Ungarns nach der Türkenzeit (1711–1761), in: Acta Historica 26, 1980, H. 3–4, S. 241–304.

Wellmann, Imre: Népesség és mezőgazdaság a XVII. és a XVIII. század fordulóján [Bevölkerung und Landwirtschaft um die Jahrhundertwende vom 17. zum 18. Jahrhundert], in: Történelmi Szemle 18, 1975, S. 701–730.

Wellmann, Imre: Die Ansiedlung von Deutschen in Ungarn nach der Befreiung von türkischen Besetzung im 18. Jahrhundert, in: Brunner, Georg (Hrg.): Die Deutschen in Ungarn. München 1989, S. 41–61.

Werni, Sebastian: Die Wojwodina 1848–1860 als nationales und staatsrechtliches Problem. Zur Geschichte der Serben und der Deutschen im ehemaligen Südungarn. Wien 1981.

Wettel, Friedrich: Geschichte des Banats im Altertum und Mittelalter. Temesvar 1928.

Die wirtschaftlichen Auswirkungen der Türkenkriege in: Grazer Forschungen zur Wirtschafts- und Sozialgeschichte 1. Graz 1971.

Wittmann, Tibor: Bethlen Gábor. Budapest 1952.

DIE ZEIT VON 1867 BIS 1918

Ableitinger, Alfred: Ernest von Koerber und das Verfassungsproblem im Jahre 1900. Wien, Köln, Graz 1973.

Die Agrarfrage in der österreichisch-ungarischen Monarchie, 1900–1918. Bukarest 1965.

Albertin, Lothar: Nationalismus und Protestantismus in der österreichischen Los-von-Rom-Bewegung um 1900. Diss. Köln 1953.

Apponyi, Albert Graf: Erlebnisse und Ergebnisse. Berlin 1933.

Armbruster, Adolf: Vorarbeiten zu einer Geschichte der siebenbürgisch-sächsischen Historiographie, in: SOdtA 1976/77, S. 20–52.

Auffenberg-Komárow, Moritz Ritter von: Aus Österreichs Höhe und Niedergang. München 1920.

Der österreichisch-ungarische Ausgleich von 1867. München 1968.

Bachmann, Harald: Raphael Pacher und die deutschradikale Bewegung in den Sudetenländern, in: Bohemia 5, 1965, S. 447–458.

Bade, Klaus J.: Friedrich Fabri und der Imperialismus in der Bismarckzeit. Freiburg 1975.

Baernreither, Joseph M.: Fragmente eines politischen Tagebuchs. Berlin 1928.

Bahr, Hermann: Selbstbildnis. Berlin 1923.

Bahr, Hermann: Schwarzgelb. Berlin 1917.

Balassa, Iván (Hrg.): Beiträge zur Volkskunde der Ungarndeutschen. Budapest 1975.

Bardolff, Karl von: Soldat im alten Österreich. Jena 1938.

Barkmann, Emma: Torscha. Berlin 1942.

Barta, Emil/Bell, Karl: Geschichte der Schutzarbeit am deutschen Volkstum. Dresden 1930.

Batthyány, Graf Theodor: Für Ungarn. Zürich et al. 1930.

Baumann, Arnulf: Deutsche in Südosteuropa – Sachsenbischof und Volkstumspolitiker. Fr. Teutsch (1852–1933) und R. Brandsch (1880–1953), in: Darstellungen und Quellen zur Geschichte der deutschen Einheitsbewegung im 19. und 20. Jahrhundert, Bd. 7. Heidelberg 1967, S. 119–172.

Behschnitt, Wolf Dietrich: Nationalismus bei Serben und Kroaten 1830–1914. Analyse und Typologie der nationalen Ideologie. München 1980.

Benedikt, Heinrich: Die wirtschaftliche Entwicklung der Franz-Joseph-Zeit. Wien 1958.

Berka, Günter: 100 Jahre Deutsche Burschenschaften in Österreich 1859–1959. Graz 1959.

Bernath, M.: Das mazedonische Problem in der Sicht der komparativen Nationalismusforschung, in: Südostforschungen 29, 1970, S. 237–248.

Bethmann Hollweg, Theodor von: Betrachtungen zum Weltkriege. 2 Bde. Berlin 1919.

Beyer, Hans: Geschichtsbewußtsein und Nationalprogramm der Siebenbürger Sachsen, in: Siebenbürgisches Archiv, 3. Folge, Bd. 6, 1967, S. 56–113.

Bischof, Carl: Die Geschichte der Marktgemeinde Ruma. Freilassing 1958.

Blase, Alexander: Raimund F. Kaindl. 1866–1930. Wiesbaden 1962.

Boehm, Erwin: Das Deutschtum und seine kulturgeographische Leistung in den vier slawonischen Bezirken Diakowar, Poscheg, Neu-Gradischka, Brod. Leipzig 1942.

Brandsch, Rudolf: Edmund Steinacker und die deutsche Bewegung im alten Ungarn, in: Auslandsdeutsche Volksforschung. Stuttgart 1, 1937, H. 4, S. 465–470.

Brandsch, Rudolf (Hrg.): Briefe Adam-Müller-Guttenbrunns aus der deutschen Bewegung im ehemaligen Ungarn. Temeschburg 1939.

Bussmann, Werner: Treitschke. Göttingen 1952.

Charmatz, Richard: Lebensbilder. Aus der Geschichte Österreichs. Wien 1947.

Class, Heinrich: Wider den Strom. Vom Werden und Wachsen der nationalen Opposition im alten Reich. Leipzig 1932.

Class, Heinrich: Daniel Frymann: Wenn ich der Kaiser wär'. Leipzig 1912.

Conrad, Franz Freiherr von Hötzendorf: Aus meiner Dienstzeit 1906–1918, 5 Bde. Wien 1921–1923.

Crankshaw, Edward: The Fall of the House of Habsburg. New York 1963.

Csáky, Moritz: Der Kulturkampf in Ungarn. Graz et al. 1967.

Czernin, Ottokar: Im Weltkriege. Berlin, Wien 1919.

Dedijer, Vladimir: Die Zeitbombe. Sarajewo 1914. Dt.: Wien, Frankfurt, Zürich 1967.

Das Deutschtum in Galizien. Lemberg 1914.

Dolmányos, István: A magyar parlamenti ellenzék történetéből (1901–1904). Budapest 1963.

Eisenburger, Eduard: Rudolf Brandsch. Cluj-Napoca 1983.

Eisenburger, Eduard/Kroner, Michael (Hrg.): Sächsisch-schwäbische Chronik. Bukarest 1976.

Eley, Geoff: Reshaping the German Right. New Haven, London 1980.

Engel-Janosi, Friedrich: Der Monarch und seine Ratgeber, in: Probleme der Franzisko-Josephinischen Zeit 1848–1916. München 1967, S. 9–24.

Die Frage des Finanzkapitals in der Österreichisch-Ungarischen Monarchie 1900–1918. Bukarest 1965.

Fink, Krisztina M.: Die österreichisch-ungarische Monarchie als Wirtschaftsgemeinschaft. München 1967.

Franz, Georg: Erzherzog Franz Ferdinand und die Pläne zur Reform der Habsburger Monarchie. München 1943.

Fuchs, Alfred: Geistige Strömungen in Österreich 1867–1918. Wien 1949.

Gabriel, Josef: 50jährige Geschichte der Banater Arbeiterbewegung. Temesvár 1928.

Geehr, Robert S.: Adam Müller-Guttenbrunn and the Aryan Theater of Vienna: 1898–1903. The Approach of Cultural Fascism. Göppingen 1973.

Geyer, Dietrich: Der Zerfall des Sowjetimperialismus und die Renaissance der Nationalismen, in: Winkler, Heinrich A./Kaelble, Hartmut (Hrg.): Nationalismus, Nationalitäten, Supranationalitäten. Stuttgart 1993.

Geyr, Géza v.: Sándor Wekerle 1848–1921. München 1991.

Glatz, Ferenc: Bürgerliche Entwicklung, Assimilation und Nationalismus in Ungarn im 19. Jahrhundert, in: Acta Historica. Budapest 21, 1975, S. 153–169.

Göllner, Carl: Adolf Schullerus. Bukarest 1986.

Göllner, Carl: Siebenbürgisch-sächsische Persönlichkeiten, Bukarest 1981.

Gottas, Friedrich: Ungarn im Zeitalter des Hochliberalismus. Studien zur Tisza-Ära (1875–1890). Wien 1976.

Gottas, Friedrich: Zur Nationalitätenpolitik in Ungarn unter der Ministerpräsidentschaft Kálmán Tiszas, in: SOdtA 27, 28, 1974/75, S. 85–107.

Groneweg, Barbara: Die Anfänge der volkspolitischen Arbeit Edmund Steinackers 1867–1892. München 1941.

Gross, Mirjana: Die Anfänge des modernen Kroatien. Gesellschaft, Politik und Kultur in Zivil-Kroatien und -Slawonien in den ersten dreißig Jahren nach 1848. Köln, Weimar 1993.

Gross, Mirjana: On the Integration of the Croatian Nation: A Case Study in Nation-building, in: East European Quarterly 15, 1981, S. 209–225.

Gross, Mirjana: Vladavina Hrvatsko-Srpske Koalicije 1906/07 [Die Regierung der Kroatisch-Serbischen Koalition 1906/07]. Beograd 1960.

Grothe, Hugo: Siebenhundert Jahre deutschen Lebens in der Zips. Crimmitschau 1927.

Hanák, Peter: Ungarn in der Donaumonarchie. Wien 1984.

Hantsch, Hugo: Die Nationalitätenfrage im alten Österreich. Wien 1953.

Hantsch, Hugo: Leopold Graf Berchtold. 2 Bde. Graz, Wien, Köln 1963.

Haselsteiner, Horst: Die Serben und der Ausgleich. Graz, Wien, Köln, 1976.

Heimatbuch der Donauschwaben. Aalen 1960.

Horváth, Zoltán: Die Jahrhundertwende in Ungarn. Budapest-Neuwied 1969.

Hroch, Miroslav: Die Vorkämpfer der nationalen Bewegung bei den kleinen Völkern Europas. Eine vergleichende Analyse zur gesellschaftlichen Schichtung der patriotischen Gruppen. Prag 1968.

Irinyi, Károly: Die politisch-ideologische Annäherung der alldeutschen und der christsozialen Bewegung in Österreich in den ersten Jahren des Weltkrieges von 1914 bis 1918, in: Studien zur allgemeinen Geschichte. Debrecen, II, 1968, S. 15–55.

Jarausch, Konrad: The Enigmatic Chancellor. Bethmann Hollweg and the Hubris of Imperial Germany. New Haven, London 1973.

Jászi, Oszkár: The dissolution of the Habsburg Monarchy. Chicago 1929, ^{2}1966.

Jenks, William: Austria under the Iron Ring. 1879–1893. Charlottesville 1965.

Kaindl, Raimund: Geschichte der Deutschen in den Karpatenländern. 3 Bde. Gotha 1907–1911.

Kann, Richard: Erzherzog Franz Ferdinand Studien. München 1976.

Katus, László: Die Magyaren, in: Wandruszka, Adam/Urbanitsch, Peter (Hrg.): Die Habsburgermonarchie, Bd. 3/1. Wien 1980, S. 410–488.

Kemény, G. Gábor (Hrg.): Iratok a nemzetiségi kérdés történetéhez Magyarországon a dualizmus korában. 1867–1900. Bd. 1, 2, 5. Budapest 1952, 1956, 1971.

Kershaw, Ian: Der NS-Staat. [3]1993, dt. Übers. Reinbek 1994.

Kessler, Karl: Rudolf Brandsch. Ein südostdeutscher Volksmann. München 1969.

Kessler, Wolfgang: Politik, Kultur und Gesellschaft in Kroatien und Slawonien in der ersten Hälfte des 19. Jahrhunderts. Historiographie und Grundlagen. München 1981.

Klocke, Helmut: Deutsches und magyarisches Dorf in Ungarn. Leipzig 1937.

Knoll, Richard: Zur Tradition der christlich-sozialen Partei. Wien, Köln, Graz 1973.

Kořalka, Jiří: La montée du pangermanisme et l'Autriche-Hongrie, in: Historica. Prag, 10, 1965, S. 213–253.

Korodi, Ludwig: Erinnerungen aus den Anfängen der deutschen Bewegung im Südosten, in: Volk im Osten. Hermannstadt – Bukarest, 4, 1943, H. 9, S. 36–43.

Lehmann, Michael/Haltmayer, Josef (Hrg.): Die katholischen Donauschwaben in der Doppelmonarchie 1867–1918. Stuttgart 1977.

Lutz, Heinrich: Zwischen Habsburg und Preußen. Berlin 1985.

Madaras, Éva: Die Tätigkeit Edmund Steinackers zur Hebung des nationalen Selbstbewußtseins des ungarländischen Deutschtums im letzten Drittel des 19. Jahrhunderts, in: Acta Universitatis Debreceniensis 3, 1964, S. 111–140.

Maier, Lothar: Rumänien auf dem Weg zur Unabhängigkeitserklärung 1866–1877. München 1989.

Marin, William: Kurze Geschichte der Banater Deutschen. Temeswar 1980.

Matis, Herbert: Österreichs Wirtschaft 1848–1913. Konjunkturelle Dynamik und gesellschaftlicher Wandel im Zeitalter Franz Josephs I. Berlin 1972.

Meynen, Emil (Hrg.): Das Deutschtum in Slawonien und Syrmien. Landes- und Volkskunde. Leipzig 1942.

Molisch, Paul: Geschichte der deutschnationalen Bewegung in Österreich von ihren Anfängen bis zum Zerfall der Monarchie. Jena 1926.

Mommsen, Hans: Die habsburgische Nationalitätenfrage und ihre Lösungsversuche im Licht der Gegenwart, in: Winkler, Heinrich A./Kaelble, Hartmut: Nationalismus, Nationalitäten, Supranationalitäten. Stuttgart 1993.

Müller, Josef: Syrmien-Slawonien-Bosnien. Verlorene Heimat deutscher Bauern. Freilassing 1961.

Müller, S.: Das Deutschtum Galiziens. Marburg 1961.

Müller-Guttenbrunn, Adam: Deutsche Sorgen in Ungarn. Wien 1918.

Müller-Guttenbrunn, Adam: Der Roman meines Lebens. Leipzig 1927.

Müller-Guttenbrunn, Adam: Götzendämmerung. Roman. Neue durchgeseh. Aufl. Leipzig 1920.

Müller-Langenthal, Friedrich: Die Geschichte der Deutschen in Rumänien. Hermannstadt 1935.

Die nationale Frage in der Östereichisch-Ungarischen Monarchie 1900–1918. Budapest 1966.

Neck, Josef: Sarwasch-Hirschfeld. Vom Werden, Leben und Ende einer slawoniendeutschen Siedlung, bearb. v. Oberkersch, Valentin. Hitzendorf 1961.

Nijemci u Hrvatskoj jučer i danas. Zbornik. Priredio Goran Beus Richembergh [Die Deutschen in Kroatien gestern und heute. Sammelband]. Zagreb 1994.

Nipperdey, Thomas: Deutsche Geschichte 1800–1866. München 1983.

Oberkersch, Valentin: Die Deutschen in Syrmien, Slawonien und Kroatien bis zum Ende des Ersten Weltkrieges. Ein Beitrag zur Geschichte der Donauschwaben. Stuttgart 1972.

Oberkersch, Valentin: Die Deutschen in Syrmien, Slawonien, Kroatien und Bosnien. Stuttgart 1989.

Oberkersch, Valentin: India. Deutsches Leben in Ostsyrmien 1825–1944. Stuttgart 1978.

Pichl, Erwin: Georg Schönerer. 6 Bd. in 3 Teilen. Oldenburg, Berlin [2]1938.

Pissler, Adalbert: Deutsche Siedlungen in Syrmien. Sotting bei Wukowar und Neudorf bei Winkowzi. Ein Beitrag zur Volkskunde der Donauschwaben auf siedlungsgeschichtlicher Grundlage. Leipzig 1942.

Pulzer, Peter: Die Entstehung des politischen Antisemitismus in Deutschland und Österreich 1867–1914. Dt. Übers. Gütersloh 1966.

Reinert-Tárnoky, Ilona: Die ungarische Innenpolitik und das Agrarproblem in der Zeit des Dualismus, in: Südostforschungen 23, 1964, S. 215–283.

Rüdiger, Hermann (Hrg.): Beiträge zur Kunde des Deutschtums in Slawonien und Syrmien. Stuttgart 1937.

Sattler, Wilhelm: Die slawonische Drauniederung als deutsche Volksinsellandschaft. Leipzig 1941.

Sattler, Wilhelm: Die deutsche Volksgruppe im Unabhängigen Staat Kroatien. Ein Buch vom Deutschtum in Slawonien, Syrmien und Bosnien. Graz 1943.

Sattler, Wilhelm: Umvolkungsvorgänge beim Deutschtum in Slawonien, in: Südostdeutsche Forschungen 3, 1938, S. 525–562.

Sattler, Wilhelm: Das natürliche Wachstum des slawonischen Deutschtums, in: Südostdeutsche Forschungen 4, 1939, S. 770–791.

Schmidt, Isolde: Beiträge zur Geschichte des südostdeutschen Parteiwesens. Diss. München 1939.

Schödl, Günter: Alldeutscher Verband und deutsche Minderheitenpolitik in Ungarn 1890–1914. Frankfurt/M., Bern, Las Vegas 1978.

Schödl, Günter: Die Dauer des Nationalen. Zur Entwicklungsgeschichte des »neuen» Nationalismus im östlichen Europa, in: Winkler, Heinrich August/ Kaelble, Hartmut (Hrg.): Nationalismus – Nationalitäten – Supranationalität. Stuttgart 1993.

Schödl, Günter: Formen und Grenzen des Nationalen. Erlangen 1990.

Schödl, Günter: Kroatische Nationalpolitik und »Jugoslavenstvo«. München 1990.

Schreckeis, Hans: Donauschwaben in Kroatien: historisch-demographische Untersuchung. Salzburg 1983.

Schuller, Rudolf: Politische Erinnerungen. Hermannstadt 1940, ^{5}1989.

Senz, Josef Volkmar: Geschichte der Donauschwaben. München ^{3}1987.

Senz, Ingomar: Die nationale Bewegung der ungarländischen Deutschen vor dem 1. Weltkrieg. München 1977.

Seton-Watson, Robert: Racial problem in Hungary. London 1908.

Sosnovsky, Theodor von: Die Politik im Habsburgerreiche. 2 Bd. Berlin 1912.

Steinacker, Harold: Austro-Hungarica. München 1963.

Steinacker, Ruprecht: Betrachtungen zur Nationalen Assimilation des deutschen Bürgertums in Ungarn, in: SOdtA 22/23, 1979/80, S. 62–89.

Stern, Fritz: Kulturpessimismus als politische Gefahr. Eine Analyse nationaler Ideologie in Deutschland. Dt. Übers. Bern et al. 1963.

Sutter, Berthold: Die Badenischen Sprachenverordnungen. 2 Bd. Graz, Köln 1960, 1965.

Szekfű, Julius: Der Staat Ungarn. Berlin 1918.

Tafferner, Anton: Die Donauschwaben. Wien 1974.

Teutsch, Friedrich: Die Siebenbürger Sachsen in den letzten fünfzig Jahren 1868–1919. Hermannstadt 1926.

Tokody, Gyula: Az össznémet szövetség és középeurópai tervei 1890–1918. [Über die Mitteleuropapläne des ADV]. Budapest 1959 (m. dt. Zusammenf.).

Tokody, Gyula: Ausztria-Magyarország a Pángermán szövetség 1890–1918. [Österreich-Ungarn und der ADV]. Budapest 1963.

Tokody, Gyula: Die Pläne des ADV zur Umgestaltung Österreich-Ungarns in: Acta Historica 9, 1963, S. 39–66. Budapest.

Traeger, Paul: Die Deutschen in der Dobrudscha. Stuttgart 1922.

Valjavec, Franz: Quellen zu den Anfängen der deutschen Bewegung in Ungarn, in: Südostdeutsche Forschungen 4, 1939, S. 465–508.

Weber, Clemens: Karl Hermann Wolf (1862–1941). Diss. Wien 1975.

Weczerka, Hugo: Die Deutschen im Buchenland. Würzburg 1955.

Wehler, Hans- Ulrich: Bismarck und der Imperialismus. Köln 1969, ^{3}1972.

Weidenfeller, Gerhard: VDA Verein für das Deutschtum im Ausland. Allgemeiner Deutscher Schulverein (1881–1918). Bern, Frankfurt/M. 1976.

Weidlein, Johannes: Die Schwäbische Türkei, Bd. 1–2. München 1967/1980.

Whiteside, Andrew G.: Georg Ritter von Schönerer, dt. Übers. Graz, Wien, Köln 1981.

Wild, Georg: Deutsche Siedlungen in Syrmien, Slawonien und Bosnien, in: SOdtA 14, 1971, S. 144–151.

Windisch, Éva: Die Entstehung der Voraussetzungen für die deutsche Nationalitätenbewegung in Ungarn in der 2. Hälfte des 19. Jahrhunderts, in: Acta Historica 11, 1965, S. 3–56.

Wotawa, August v.: Der deutsche Schulverein 1880–1905. Wien 1905.

Zapf, Wolfgang (Hrg.): Theorien des sozialen Wandels. Köln, Berlin ²1970.

DIE ZEIT VON 1918 BIS 1945

Ádám, Magda: Richtung Selbstvernichtung. Budapest 1988.

Adorno, Theodor: Meinung Wahn Gesellschaft in: ders.: Eingriffe. Frankfurt 1963, S. 147–172.

Adorno, Theodor: Die Freudsche Theorie und die Struktur der faschistischen Propaganda, in: Psyche 24 (1970), S. 486–507; erstmals, in: Psychoanalysis and the Social Sciences, Bd. 3, ed. G. Róheim. New York 1951, Part V, S. 279–300.

Adorno, Theodor et al.: Der autoritäre Charakter. Studien über Autorität und Vorurteil. Dt. Übers. und Neubearbeitung, 2 Bd. Amsterdam 1968, 1969.

Allport, Gordon W.: Das Wesen des Vorurteils, 1954. Köln 1971.

Annabring, Matthias: Geschichte der Donauschwaben 1–3. Neuhausen/F. bei Stuttgart 1954–1956.

Antisemitismus: Die psychologischen und sozialen Voraussetzungen des Antisemitismus -Analyse der Psychodynamik eines Vorurteils: IV. Kongreß der Deutschen Gesellschaft für Psychotherapie und Tiefenpsychologie, in: Psyche 16 (1962), Heft 4.

Aus sechs Jahrzehnten. Hermannstadt 1935.

Bagnell, Prisca von Dorotka: The Influence of National Socialism on the German Minority in Yugoslavia. A study of the relationships of social, economic and political organizations between the German minority of the Vojvodina and the Third Reich. Ann Arbor 1977.

Das Banat und die Banater Schwaben, hrg. von der Landsmannschaft der Banater Schwaben. München 1983.

Basch, Franz: Deutscher Aufbruch, in: Nation und Staat 12, 1938/39, S. 204–211.

Beer, Klaus P.: Zur Entwicklung des Parteien- und Parlamentssystems in Rumänien 1928–1933, 2 Bd. Frankfurt, New York, Bern 1983.

Bergler, R.: Die Psychologie stereotyper Systeme. Bern, Stuttgart 1966.

Biber, Dušan: Nacizem in Nemci v Jugoslaviji 1933–1941 [Der Nationalsozialismus und die Deutschen in Jugoslawien 1933–1941]. Ljubljana 1966.

Boehm, Max H.: Europa Irredenta. Berlin 1923.

Böhm, Johann: Das nationalsozialistische Deutschland und die deutsche Volksgruppe in Rumänien 1936–1944. Frankfurt/M., Bern, New York 1985.

Böhm, Johann: Die Deutschen in Rumänien und die Weimarer Republik 1919–1933. Ippesheim 1993.

Boesch, Ernst E.: Psychologische Überlegungen zum Rassenvorurteil, in: Politische Psychologie. Hrg.: W.v. Baeyer-Katte, Bd. 3. Frankfurt 1964.

Bracher, Karl D.: Die deutsche Diktatur. Entstehung Struktur Folgen des Nationalsozialismus. Köln, Berlin 1969.

Brandsch, Rudolf: Zur ungarischen Frage, in: Volk im Osten. Bukarest, 1 (1940), H. 2, S. 5–19.

Brandsch, Rudolf: Die deutsche Volksgruppe im früheren jugoslawischen Staat, in: Volk im Osten, 2 (1941), H. 8, S. 1–13.

Broszat, Martin: Deutschland – Ungarn – Rumänien, in: Funke, Manfred (Hrg.): Hitler, Deutschland und die Mächte. Düsseldorf 1978.

Calic, Marie-Janine: Die Deutsche Volksgruppe in Kroatien 1941–1944, in: SOdtA 30/31, 1987/88, S. 148–175.

Ciobanu, Vasile: Die Entstehung des Unterstaatssekretariats für Minderheiten in Rumänien (1931–1933), in: Forschungen zur Volks- und Landeskunde 35, 1992, 1–2, S. 45–56.

Ciobanu, Vasile: Über die siebenbürgisch-sächsische Industrie der Zwischenkriegszeit in: Forschungen zur Volks- und Landeskunde 36, 1993, 1, S. 78–93.

Dammang, Andreas: Die deutsche Landwirtschaft im Banat und in der Batschka. München 1930.

Die deutschen Vertreibungsverluste. Bevölkerungsbilanz für die deutschen Vertreibungsgebiete 1939–1950, hrg. vom Statistischen Bundesamt Wiesbaden. Stuttgart 1958.

Durman, Jovan: Zadrugarstvo Nemaca u Jugoslaviji do Drugog svetskog rata [Das Genossenschaftswesen der Deutschen in Jugoslawien bis zum Zweiten Weltkrieg], in: Zadružni arhiv 2, 1954, S. 115–182.

Egger, Leopold: Das Vermögen und die Vermögensverluste der Deutschen in Jugoslawien. 1983.

El Mallakh, Dorothea H.: The Slovak Autonomy Movement 1935–1939: A Study in Unrelenting Nationalism. New York 1979.

Fassel, Horst: Dr. Kaspar Muth und die Deutsch-Schwäbische Volksgemeinschaft in Rumänien, in: St. Gerhardswerk (Hrg.): Die drei donauschwäbischen Politiker nach 1918. Stuttgart 1988, S. 30–46.

Fehér, István: A magyarországi németek kitelepítése 1945–1950. [Die Aussiedlung der ungarländischen Deutschen]. Budapest 1988.

Fischer, Ralf: Entwicklungsstufen des Antisemitismus in Ungarn 1867–1939. München 1988.

Flach, Paul: Goldene Batschka. Ein Heimatbuch der Deutschen aus der Batschka. München 1953.

Frensing, Hans-Hermann: Die Umsiedlung der Gottscheer Deutschen. Das Ende einer südostdeutschen Volksgruppe. München 1970.

Fricke, Gert: Kroatien 1941–1944. Der «Unabhängige Staat« in der Sicht des Deutschen Bevollmächtigten Generals in Agram, Glaise von Horstenau. Freiburg 1972.

Gaćeša, Nikola: The Germans in the Agrarian Reform and Land Ownership Patterns in the Vojvodina Province during the Period from 1919 to 1941, in: Yugoslavia and the Third Reich. Beograd 1977.

Gehl, Hans (Hrg.): Beiträge zur Volkskunde der Banater Deutschen 1–3. Temeschwar 1973–1981.

Glassl, Horst: Die slovakische Geschichtswissenschaft nach 1945. Wiesbaden 1971.

Grentrup, Theodor: Das Deutschtum an der mittleren Donau. Münster 1930.

Haller, Hermann: Syrmien und sein Deutschtum. Ein Beitrag zur Landeskunde einer südostdeutschen Volksinsellandschaft. Leipzig 1941.

Hambuch, Géza (Hrg.): Deutscher Kalender 1995. Budapest 1994.

Heimatbuch der Bessarabiendeutschen, hrg. von Kern, Alfred. Hannover 31976.

Heinen, Armin: Die Legion »Erzengel Michael« in Rumänien. München 1986.

Herzog, H.: Die Verfassung der deutschen evangelischen Kirche A.B. im Königreich Jugoslawien. Leipzig 1933.

Hillgruber, Andreas: Hitler, König Carol und Marschall Antonescu. Wiesbaden 21965.

Hillinger, Michael G.: The German National Movement in Interwar Hungary. Diss. Columbia University 1973.

Hockl, Nikolaus H.: Das deutsche Banat. Temesvár 1940.

Hoensch, Jörg K.: Die Entwicklung eines Gemeinschafts- und Volkstumsbewußtseins unter den Karpatendeutschen in der Zwischenkriegszeit, in: SOdtA 30, 31 (1987/88), S. 112–128.

Hoensch, Jörg K.: Die Slowakei und Hitlers Ostpolitik. Hlinkas Slowakische Volkspartei zwischen Autonomie und Separation 1938–1939. Köln, Graz 1965.

Hoensch, Jörg K. (Hrg.): Dokumente zur Autonomiepolitik der Slowakischen Volkspartei Hlinkas. München, Wien 1984.

Höpfner, Hans-Paul: Deutsche Südosteuropapolitik in der Weimarer Republik. Frankfurt, Bern 1983.

Hösch, Edgar/Seewann, Gerhard (Hrg.): Aspekte ethnischer Identität. München 1981.

Hory, Ladislaus/Broszat, Martin: Der kroatische Ustascha-Staat 1941–1945. Stuttgart 1964.

Hügel, Kaspar: Das Banater deutsche Schulwesen in Rumänien von 1918–1944. München 1968.

Jachomowski, Dirk: Die Umsiedlung der Bessarabien-, Bukowina- und Dobrudschadeutschen. Von der Volksgruppe in Rumänien zur »Siedlungsbrücke« an der Reichsgrenze. München 1984.

Jacobsen, Hans-Adolf (Hrg.): Nationalsozialistische Außenpolitik 1933–1938. Frankfurt 1968.

Jahn, Edgar K.: Die Deutschen in der Slowakei in den Jahren 1918–1929. München, Wien 1971.

Jahrbuch der Dobrudschadeutschen, hrg. von Klett, Otto, Gerlingen. Eigenverlag, o. J.

Janko, Sepp: Weg und Ende der deutschen Volksgruppe in Jugoslawien. Graz, Stuttgart 1982.

Johnson, Owen V.: Slovakia 1918–1938: Education and the Making of a Nation. New York 1985.

Kačavenda, Petar: Nemci u Jugoslavija 1918–1945 [Die Deutschen in Jugoslawien 1918–1945]. Beograd 1991.

Kaindl, Raimund: Österreich, Preußen, Deutschland. Leipzig 1926.

Kaiser, Johann: Die Politik des Dritten Reiches gegenüber der Slowakei 1939–1945. Phil. Diss. Bochum 1969.

Die katholischen Donauschwaben in den Nachfolgestaaten, hrg. v. Gerhardswerk Stuttgart und St. Michaelswerk Wien. Freilassing 1972.

Kerekes, Lajos: Von St. Germain bis Genf. Österreich und seine Nachbarn 1918–1922. Wien, Köln, Graz 1979.

Koch, Stefan: Die Sathmarer Schwaben. Oberschwaben im Südosten. Laupheim 1984.

Komjathy, Anthony/Stockwell, Rebecca: German Minorities and the Third Reich. New York, London 1980.

Korodi, Ludwig: Deutsche Bilanz in Südosteuropa. Berlin 1936.

Kotzian, Ortfried: Das Schulwesen der Deutschen in Rumänien im Spannungsfeld zwischen Volksgruppen und Staat. Diss. Augsburg 1983.

Kováč, Dusan: Nemecko a Nemecká Mensina na Slovensku (1871–1945). [Deutschland und die deutsche Minderheit in der Slowakei]. Bratislava 1991.

Krnić, Zdravko: O iseljavanju pripadnika Njemačke narodne skupine (Volksdeutschera) iz NDH za vrijeme II svjetskog rata [Zur Ansiedlung von Volksdeutschen aus dem Unabhängigen Staat Kroatien während des Zweiten Weltkrieges], in: Zbornik Historijskog instituta Slavonije 4, 1966, S. 73–88.

Lang, Franz (Hrg.): Buchenland. München 1961.

Lipscher, Ladislav: Die Juden im slowakischen Staat 1939–1945. München, Wien 1980.

Lipták, J.: Das Deutschtum der Slowakei. Stuttgart 1951.

Maier, Hans: Die deutschen Siedlungen in Bosnien. Stuttgart 1924.

Meyer, Henry C.: Mitteleuropa in German Thought and Action 1815–1945. The Hague 1955.

Miege, Wolfgang: Das Dritte Reich und die Deutsche Volksgruppe in Rumänien 1933–1938. Bern, Frankfurt/M. 1972.

Milleker, Fred: Geschichte der Stadt Pancevo. o. O. 1925.

Mirnić, Josip: Nemci u Bačkoj u Drugom svetskom ratu [Die Deutschen in der Batschka im Zweiten Weltkrieg]. Novi Sad 1974.

Müller, Johannes Fl.: Ostdeutsches Schicksal am Schwarzen Meer. o. O. 1981.

Neutatz, Dietmar: Die »deutsche Frage« im Schwarzmeergebiet und in Wolhynien. Wiesbaden 1993.

Olshausen, Klaus: Zwischenspiel auf dem Balkan. Die deutsche Politik gegenüber Jugoslawien und Griechenland von März bis Juli 1941. Stuttgart 1973.

Oschlies, Wolf: Rumäniendeutsches Schicksal 1918–1988. Köln, Wien 1988.

Otterstädt, Herbert: Gottschee – Verlorene Heimat deutscher Waldbauern. Freilassing 1962.

Paikert, Géza C.: The Danube Swabians. German Population in Hungary, Romania and Yugoslavia and Hitler's impact of their Patterns. Den Haag 1967.

Pazmandi, Susanne: Industrialisierung und Urbanisierung und ihre Auswirkungen auf Deutsche und Magyaren in Oberungarn/Slowakei 1900–1938, in: Hösch, Edgar/Seewann, Gerhard (Hrg.): Aspekte ethnischer Identität. München 1991, S. 161–231.

Petri, Hans: Geschichte der deutschen Siedlungen in der Dobrudscha. München 1956.

Reinerth, Karl M./Cloos, Fritz: Zur Geschichte der Deutschen in Rumänien 1935–1945. Bad Tölz 1988.

Riedl, Franz H.: Das Südostdeutschtum in den Jahren 1918–1943. München 1962.

Rossipaul, Lothar: Die deutsche Volksgruppe in der Slowakei, in: Nation und Staat 12, 1938/39, S. 741–757.

Roth, Harald: Der »Deutsch-sächsische Nationalrat für Siebenbürgen« 1918/1919. München 1993.

Roth, Harald: Die Bukarester »Minderheitenministerien« der Zwischenkriegszeit, in: Siebenbürgische Semesterblätter 4, 1990, 1–2, S. 52–72.

Roth, Harald: Politische Strukturen und Strömungen bei den Siebenbürger Sachsen 1919–1933. Köln, Weimar, Wien 1994.

Schieder, Theodor (Hrg.): Dokumentation der Vertreibung der Deutschen aus Ostmitteleuropa, 5 Bde. Düsseldorf 1957, Nachdruck 1984.

Schmied, Stefan: Die deutsch-schwäbische Volksgemeinschaft Sathmar. Kempten/Leubus 1976.

Schmidt-Rösler, Andrea: Dobrudscha, in: Weithmann, Michael (Hrg.): Der ruhelose Balkan. München 1993, S. 94–107.

Schmidt-Wulffen, Wolf-D.: Deutschland – Ungarn 1918–1933, 2 Bde., Diss. Wien 1969.

Schmied, Stefan: Geschichte des sathmardeutschen Schulwesens. Leubus 1972.

Schmied, Stefan: Die deutsch-schwäbische Volksgemeinschaft Sathmar. Ein Beitrag zur Geschichte der Sathmarer Schwaben von 1918 bis 1940. Kempten, Leubus 1976.

Schödl, Günter: Die Deutschen in Ungarn, in: Bade, Klaus J. (Hrg.): Deutsche im Ausland – Fremde in Deutschland. München 1993, S. 70–84.

Schödl, Günter: Nationalstaat und Minderheit, in: Suevia Pannonica 9, 1991, S. 81–90.

Schödl, Günter: Rudolf Brandsch und die Banater Schwaben, in: Zeitschrift für Siebenbürgische Landeskunde 8, 1985, 2, S. 157–162.

Schuster, Oskar (Hrg.): Epoche der Entscheidungen. Die Siebenbürger Sachsen im 20. Jahrhundert. Köln, Wien 1983.

Schwind, Hedwig: Jakob Bleyer. Ein Vorkämpfer und Erwecker des ungarländischen Deutschtums. München 1960.

Seewann, Gerhard: Das Ungarndeutschtum der Zwischenkriegszeit im Spiegel der internationalen Nachkriegsliteratur, in: SOdtA 22, 23, 1979/80, S. 128–151.

Senz, Josef (Hrg.): Apatiner Heimatbuch. Straubing 1966.

Senz, Josef: Das Schulwesen der Donauschwaben im Königreich Jugoslawien 1918–1944. München 1969.

Spiegel-Schmidt, Friedrich: Das Deutschtums Ungarns zwischen dem Putsch gegen Peidl und der Ödenburger Volksabstimmung 1919–1921, in: SOdtA 30, 31, 1987/88, S. 78–111.

Spiegel-Schmidt, Friedrich (Hrg.): Gedenkband zum 50. Todestag Jakob Bleyers, 5. Dezember 1933. Sinsheim 1983.

Spiegel-Schmidt, Friedrich: Lernprozeß, 2 Bde. Wien 1992.

St. Gerhardswerk (Hrg.): Donauschwäbisches kirchliches und kulturelles Leben in der Zwischenkriegszeit. Stuttgart 1989.

Sugar, Peter F. (ed.): Native Fascism in the Successor States 1918–1945. Santa Barbara 1981.

Sundhaussen, Holm: Die Weltwirtschaftskrise im Donau-Balkan-Raum und ihre Bedeutung für den Wandel der deutschen Außenpolitik unter Brüning, in: Benz, Wolfgang/Graml, Hermann (Hrg.): Aspekte deutscher Außenpolitik im 20. Jahrhundert. Stuttgart 1976, S. 121–164.

Sundhaussen, Holm: Obaveštajna služba i policijski aparat Hajnriha Himlera u Nezavisnoj Državi Hrvatskoj 1941–1945 [Nachrichtendienst und Polizeiapparat Heinrich Himmlers im Unabhängigen Staat Kroatien 1941–1945], in: Vojnoistorijski glasnik 23, 1972, S. 89–133.

Sundhaussen, Holm: Wirtschaftsgeschichte Kroatiens im nationalsozialistischen Großraum 1941–1945. Stuttgart 1983.

Sundhaussen, Holm: Zur Geschichte der Waffen-SS in Kroatien 1941–1945, in: Südost-Forschungen 30, 1971, S. 176–196.

Suppan, Arnold: Die Lage der Deutschen in Slowenien zwischen 1918 und 1938, in: Österreichische Osthefte 33, 1991, S. 398–425.

Suppan, Arnold/Heuberger, Valeria: Nationen und Minderheiten in Mittel-, Ost- und Südosteuropa seit 1918, in: Heuberger, Valeria et al. (Hrg.): Nationen, Nationalitäten, Minderheiten. Wien, München 1984, S. 11–32.

Szöllösi-Jantze, Margit: Die Pfeilkreuzlerbewegung in Ungarn. München 1989.

Teichova, Alice: Kleinstaaten im Spannungsfeld der Großmächte. München 1988.

Tilkovszky, Loránt: Nationalitätenpolitische Richtungen in Ungarn in der gegenrevolutionären Epoche (1919–1945). Budapest 1975.

Tilkovszky, Loránt: Teufelskreis. Die Minderheitenfrage in den deutsch-ungarischen Beziehungen 1933–1938. Budapest 1989.

Tilkovszky, Loránt: Ez volt a Volksbund. A német népcsortpolitika és Magyarország 1938–1945. [Das war der Volksbund. Die deutsche Volksgruppenpolitik und Ungarn 1938–1945] Budapest 1978.

Tóth, Ágnes: Telepítések Magyarországon 1945–1948 között. [Umsiedlungen in Ungarn zwischen 1945–1948]. Kecskemét 1993.

Viefhaus, Ernst: Die Minderheitenfrage und die Entstehung der Minderheitenschutzverträge auf der Pariser Friedenskonferenz 1919. Würzburg 1960.

Völkl, Ekkehard: Westbanat 1941–1944. München 1991.

Weber-Kellermann, Ingeborg (Hrg.): Zur Interethnik. Donauschwaben, Siebenbürger Sachsen und ihre Nachbarn. Frankfurt/M. 1978.

Weczerka, Hugo: Die Deutschen im Buchenland. Würzburg 1955.

Wehler, Hans-Ulrich: Nationalitätenpolitik in Jugoslawien. Die deutsche Minderheit 1918–1978. Göttingen 1980.

Weißbuch der Deutschen aus Jugoslawien. München [2]1992.

Weitblick eines Donauschwaben. Dokumentation eines Abwehrkampfes 1935–1944 gegen nationalsozialistische Einflüsse unter den Donauschwaben in Jugoslawien und Ungarn im Wochenblatt für das katholische Deutschtum ... « Die Donau«, erschienen in Apatin (Batschka). o. O. 1968.

Wertheimer, Friedrich: Von deutschen Parteien und Parteiführern im Ausland. Berlin 1927.

Wild, Georg: Die deutsche evangelische Kirche in Jugoslawien 1918–1941. München 1980.

Winkler, Heinrich August/Kaelble, Hartmut (Hrg.): Nationalismus – Nationalitäten -Supranationalität. Stuttgart 1993.

Winkler, Lutz: Studie zur gesellschaftlichen Funktion faschistischer Sprache. Frankfurt 1970.

Wüscht, Johann: Stadt und Land im Donaudeutschtum Jugoslawiens, in: Deutschtum im Ausland 22, 1939.

Zach, Cornelius R.: Der Status der Siebenbürger Sachsen in Rumänien – Gesetzliche Verankerung und Wirklichkeit 1919–1933, in: Hösch, Edgar/Seewann, Gerhard (Hrg.): Aspekte ethnischer Identität. München 1991, S. 233–255.

Zach, Krista: Die Juden Rumäniens zwischen Assimilation und Auswanderung, in: Hösch, Edgar/Seewann, Gerhard (Hrg.): Aspekte ethnischer Identität. München 1991, S. 257–298.

Zielbauer, György: Adatok és tények a magyarországi németség történetéből (1945–1949). [Angaben und Tatsachen aus der Geschichte des ungarländischen Deutschtums]. Budapest 1989

PERSONENREGISTER

ORTSREGISTER

KONKORDANZ DER ORTSNAMEN

Es bedeutet: i. = italienisch, p. = polnisch, r. = rumänisch, sa. = slowakisch, se. = slowenisch, sk. = serbisch/kroatisch, u. = ungarisch, uk. = ukrainisch (historische Namen sind in Klammern gesetzt).

Adolfsdorf *sk. Adolfovac*
Agram *u. Zágráb, sk. Zagreb*
Albrechtsflor *u. Teremi, r. Teremia Mică*
Alexanderhausen *u. Sándorháza, r. Şandra*
Alt-Ofen, Altofen *u. Óbuda*
Alt-Slankamen u. Szalánkemén, sk. Stari Slankamen
Antonsdorf, Antunowatz *u. Kapan, sk. Antunovac*
Arad *u. Arad, r. Arad*

Badeseck *u. Bátaszék*
Basiasch *u. Buziás*
Bartfeld *u. Bártfa, sk. Bardejov, p. Bardiów*
Bawarz *u. Babarc*
Belgrad (Griechisch-Weißenburg) *u. Belgrád, (Nándorfehérvár), sk. Beograd*
Bergsaß (Lambertshausen) *u. Beregszász, uk. Beregsas*
Betelsdorf *u. Bethlenfalva, sa. Betlanovce*
Bildegg *u. Krasznabéltek, r. Belting*
Billed *u. Billed, r. Biled*
Birthälm *u. Berethalom, r. Biertan*
Bistritz *u. Beszterce, r. Bistriţa*
(Batsch-)Almasch *u. Bácsalmás*
Blument(h)al *u. Máslak, r. Maşoc*
Bogarosch *u. Bogáros, r. Bulgăruş*
Bogdan *u. Dunabogdány*
Bokschan, Deuschbokschan *u. Boksánbánya, r. Bocşa Montană*
Bonnhard *u. Bonyhád*
Boschok *u. Palotabozsok*
Broos *u. Szászváros, r. Orăstie*

Bruckenau *u. Hidasliget, r. Pişchia*
Buchberg *u. Bükkhegy, r. Sintar*

Charlottenburg *u. Saroltavár, r. Şarlota*
Cilli *se. Celje*
Czernowitz *u. Csernyovci, uk. Černivci, r. Cernăuţi*

Debreczin *u. Debrecen*
Deutsch-Bresnitz *sk. Breznica*
Diakowar (Diakonstadt) *u. Diakovár, sk. Djakovo*
Dognatschka *u. Dognácska, r. Dognecea*
Donnersmarkt *u. Monara, r. Mănărade*
Draas *u. Homoróddaróc, r. Drăuşeni*

Ebendorf *u. Csukás r. Ştinca*
Eisenburg *u. Vasvár*
Eisenstadt *u. Martonvásár*
Engelsbrunn *u. Kisfalud, r. Fîntînele*
Erdeed *u. Erdöd, r. Ardud*
Erlau *u. Eger*
Ernestinendorf *sk. Ernestinovo*
Esseg *u. Eszék, sk. Osijek*
Etschka *u. Ecska*

Franzfeld *u. Ferenchalom, sk. Kačarevo (Kraljevičevo)*
Freidorf *u. Szabadfalu*
Freudental *r. Jamu Mare*
Fünfkirchen *u. Pécs*

Georgenberg *u. Szepesszombat, sa. Spišská Sobota, gehört zu Poprad/Deutschendorf*
Göllnitz *u. Gölnicbánya, sa. Gelnica*

Grabatz *u. Garabos, r. Grabaţ*
Gran *u. Esztergom, sa. Ostrihom, r. Strigoniŭ*
Groß-Wardein *u. Nagyvárad, r. Oradea*
Groß-Betschkerek *u. Nagybecskerek, sk. Zrenjanin, r. Becicherecu Mare*
Groß-Kikinda *u. Kikinda, sk. Kikinda*
Groß-Sankt-Nikolaus *u. Nagyszentmiklós, r. Sînnicolau Mare*
Großau *u. Kereszténysziget, r. Cristian*
Großjetscha *u. Nagyjécsa, r. Iecea Mare*
Gottlob *u. Kisősz, r. Gotlob*
Güns *u. Kőszeg, sk. Kisek*
Guttenbrunn *u. Temeshidegkút, Zábrány, r. Zăbrani*

Hamlesch u. Omlás, *r. Amnaş*
Hatzfeld (Landstreu) *u. Zsombolya, r. Jimbolia*
Heldsdorf u. Höltövény, *r. Hălchiu*
Heltau *u. Nagydisznód, r. Cisnădie*
Hermannstadt *u. Nagyszeben, r. Sibiu*
Heufeld *u. Nagytószeg, sk. Novi Kozarci*
Hodschag *u. Hódság, sk. Odžaci*

India *sk. Indjija*

Jahrmarkt *u. Temesgyarmat, r. Giarmata*
Jarek (Schönhausen) *u. Tiszaistvánfalva, sk. Bački Jarak*

Josefsdorf *sk. Josipovac*
Josefsfeld *sk. Kula*
Julau *u. Gyula*

Kalotscha *u. Kalocsa*
Kaplau *u. Kaplony, r. Căpleni*
Karlowitz *u. Karlóca, sk. Sremski Karlovci*
Karlsburg (Weißenburg, vor 1715) *u. Károlyfehérvár, Gyulafehérvár, r. Alba Iulia*
Karol, Großkarol *u. Nagykároly, r. Carei*
Karpfen *u. Korpona, sa. Krupina*
Kaschau *u. Kassa, sa. Košice*
Käsmark *u. Késmárk, sa. Kežmarok*
Kerz *u. Kerc, r. Cîrţa*
Kirchdrauf *u. Szepesváralja, sa. Spišské Pohradie*
Klausenburg *u. Kolozsvár, r. Cluj-Napoca*
Kleinbetschkerek *u. Kisbecskerek, r. Becicherecu Mic*
Komorn *u. Komárom, sa. Komárno*
Königshof *u. Németremete, r. Remetea Mică*
Konstanza *r. Constanţa*
Krawitz *sk. Kravica*
Kremnitz *u. Körmöcbánya, sa. Kremnica*
Kronstadt *u. Brassó, r. Braşov*
Krottendorf *u. Békásmegyer (gehört heute zu Budapest)*

Laibach *se. Ljubljana*
Langenfeld *u. Néramező, r. Cîmpia*
Laßhetting *u. Lovászhetény*
Lemberg *uk. L'viv, p. Lwów*

KONKORDANZ DER ORTSNAMEN

Leschkirch *u. Újegyház, r. Nocrich*
Leutschau *u. Lőcse, sa. Levoča*
Lippa *u. Lippa, sk. Lipova*

Maria Theresiopel *u. Szabadka, sk. Subotica*
Marienfeld *u. Máriafölde, Nagyteremi, r. Teremia Mare*
Massdorf *u. Kistószeg, sk. Mastort*
Mediasch *u. Medgyes, r. Mediaş*
Mercydorf *u. Merczyfalva, r. Carani (Merţişoara)*
Mitrowitz (Römerstadt) *u. Mitrovica, sk. Sremska Mitrovica*
Modosch *u. Módos, r. Gaša Tomić*
Mohatsch *u. Mohács, sk. Mohač*
Mühlbach *u. Szászsebes, r. Sebeş Alba*
Munkatsch *u. Munkács, uk. Munkačeve*

Naschitz, Neschitz *u. Nekcse, Nasicz, sk. Našice*
Neamtz *r. Tîrgu Neamţ*
Neppendorf *u. Kistorony, r. Turnişor*
(Neu)-Gradischka *u. Újgradiska, sk. Nova Gradiška*
Neu-Arad (Neuarad) *u. Újarad, r. Aradul Nou*
Neu-Pasua *sk. Nova Pazova*
(Neu)-Slankamen *u. Újszalánkemén, sk. Novi Slankamen*
Neubeschenowa, Beschenowa *u. Újbesenyő, r. Dudeştii Noi*
Neudorf/Syrmien *sk. Vincevačko Novo Selo*
Neuhäusel *u. Érsekújvár, sk. Nové Zámky*
Neuhof *u. Rigósfürdő, r. Bogda*
Neupetsch (Ulmbach) *u. Újpécs, r. Peciul-Nou*
Neusatz *u. Újvidék, sk. Novi Sad*

Neusohl *u. Besztercebánya, sk. Banská Bystrica*
Nimesch *u. Nemes, r. Nemşa*
Nimmersch *u. Himesháza*

Ödenburg *u. Sopron*
Ofen *u. Buda*
Ostern *u. Kiskomlós, r. Comkoşu Mic*

Pantschowa (Banstadt) *u. Pancsova, sk. Pančevo*
Passarowitz *u. Pozsarevác, Passzarovic, sk. Požarevac*
Periamosch, Perjamosch *u. Perjámos, r. Periam*
Peterwardein *u. Pétervárad, sk. Petrovaradin*
Petschwar *u. Pécsvárad*
Poretsch, Josefsdorf *u. Józseffalva, sk. Poreč, r. Josifalău*
Poscheg *u. Pozsega, sk. (Slavonska) Požega*
Preschau, Eperies *u. Eperjes, sk. Prešov*
Preßburg *u. Pozsony, sk. Bratislava (Prešporok)*
Puk(k)anz *u. Bakabánya, sa. Pukanec*

Raab *u. Győr*
Rekasch *u. Temesrékás, r. Recaş*
Reschitz *u. Resicabánya, r. Reşiţa*
Reußmarkt *u. Szerdahely, r. Miercurea Sibiului*
Rieddorf *u. Rétfalu, r. Retfala*
Rittberg *u. Végvár, r. Tormac*
Ruma *u. Ruma (Árpatarló), sk. Ruma*

Saderlach *u. Zádorlak, r. Zădăreni*
Sagetal *u. Szakadát*
Sankt Andrä *u. Szentendre*
Sankt Georgen *u. Bégaszentgyörgy, r. Begej Sveti Djuradj*
Sanktandres *u. Szentandrás, r. Sînandrei*

Sanktpeter *u. Szentpéterfalva, r. Sînpetru*
Sathmar *u. Szatmárnémeti, r. Satu Mare*
Schabatz *u. Szabács, sk. Šabac*
Schamagosch *u. Csomaköz, r. Ciumeşti*
Schambek *u. Zsámbék*
Schäßburg *u. Segesvár, r. Sighişoara*
Schemnitz *u. Selmecbánya, sk. Banská Štiavnica*
Schinal *u. Csanálos, r. Urziceni*
Schöndorf *u. Szépfalu, r. Frumuşeni*
Schupanja *u. Zsupanja, sk. Županja*
Segenthau (Dreispitz) *u. Németság, r. Şagu German*
Semlin *u. Zimony, sk. Zemun*
Senta *u. Zenta, sk. Senta*
Sillein *u. Zsolna, sk. Žilina, p. Zylina*
Slawonisch-Brod *u. Bród, sk. Slavonski Brod*
Steinamanger *u. Szombathely*
Stolzenburg *u. Szelindek, r. Slimnic*
Stuhlweißenburg *u. Székesfehérvár*
Szegedin *u. Szeged*

Tartlau *u. Prázsmár, r. Prejmer*
Temeschwar, Temeschburg *u. Temesvár, r. Timişoara*
Tewel *u. Tevel*
Titel *u. Titel, sk. Titel*
Totis *u. Tata*
Trappold *u. Apold, r. Apold*
Traunau *u. Cseralja, r. Aluniş*
Triebswetter *u. Nagyősz, r. Tomnatic*
Triest *u. Trieszt, i. Trieste, se. Trst*
Tschakaturn *u. Csáktornya, sk. Čakovec*

Tschanad *u. Csanád, r. Cenad*
Tschatad, Lenauheim *u. Csatád, r. Lenauheim*
Tschawosch *u. Csávos, r. Grăniceri*
Tscheb, Tschib *u. Dunacséb, Bácscséb, sk. Čelarevo*
Tschippendorf *u. Csépán, r. Cepari*
Tyrnau, Thyrnau *u. Nagyszombat, sk. Trnava*

Ungarisch-Weißkirchen *u. Fehértemplom, sk. Bela Crkva*

Varasdin (Waraschdin) *u. Varasd, sk. Varaždin*
Visegrad (Plintenburg) *u. Visegrád, sa. Višehrád*

Waitzen *u. Vác*
Walbach (Walpach) *u. Valpó, sk. Valpovo*
Weindorf *u. Pilisborosjenő*
Weißkirchen *u. Fehértemplom, sk. Bela Crkva*
Welimirowatz *sk. Velimirovac*
Weretz (Wirowititz) *u. Verőcze, sk. Virovitica*
Werischwar *u. Pilisvörösvár*
Werschetz *u. Versec, sk. Vršac, r. Virşeţ*
Wieland *u. Villány*
Wieselburg *u. Mosonmagyaróvár*
Winkowtzi (Winkowitz) *u. Vinkovci, Vinkovce, sk. Vinkovci*
Wudersch *u. Budaörs*
Wudigeß *u. Budakeszi*
Wukowar (Walkoburg) *u. Vukovár (Valkóvár), sk. Vukovar*

Zichydorf *u. Zichyfalva, r. Mariolana*
Zipser Neudorf *u. Igló, sa. Spišská Nová Ves*

ABBILDUNGSNACHWEIS

24 Institut für donauschwäbische Geschichte und Landeskunde, Tübingen
27 Széchenyi Nationalbibliothek, Budapest
29 ebenda
33 Siedler Verlag, Berlin
38 Württembergische Landesbibliothek, Stuttgart
40 Siebenbürgen-Institut, Gundelsheim / Neckar
43 Stadtarchiv Hermannstadt / Sibiu
45 J. Paul Getty Museum, Malibu / Kalifornien
49 Jürgens Ost- und Europa-Photo, Berlin
50 Ungarisches Nationalmuseum, Budapest
52 nach: Jörg K. Hoensch, Ungarn. Geschichte, Politik, Wirtschaft, Hannover 1991
55 Štefan Péchy, Levoča / Leutschau
64 (oben) Kunsthistorisches Museum, Wien
(unten) Hauptstaatsarchiv Dresden
67 Bilderdienst Siebenbürgen, Martin Eichler, Dresden
68 Jürgens Ost- und Europa-Photo, Berlin
71 Hermann Fabini, Sibiu / Hermannstadt
80 (links) Staatliche Museen Preußischer Kulturbesitz, Kupferstichkabinett, Berlin
(rechts) Štefan Péchy, Levoča / Leutschau
83 Archív hl. mesta sr. Bratislavy, Foto J. Raganová, Bratislava / Preßburg
85 Bildarchiv Foto Marburg
94 Ungarisches Nationalmuseum, Budapest
98 (links) ebenda
(rechts) ebenda
100 ebenda
102 Hauptstaatsarchiv Stuttgart
107 (oben) Peter Ehling, Karlsruhe
(unten) entnommen aus: Handwörterbuch des Grenz- und Auslanddeutschtums, hrsg. v. C. Petersen, P. H. Ruth, O. Scheel und H. Schwalm, Bd. 1, Breslau 1933
113 Bundesarchiv Koblenz
116 (oben) Bayerische Staatsbibliothek, München
(unten) ebenda
118 (oben) Bundesarchiv Koblenz
(unten) ebenda
122 (oben) Institut für donauschwäbische Geschichte und Landeskunde, Tübingen
(unten) Staatsarchiv Freiburg, Sammlung Willy Pragher
135 Bilderdienst Siebenbürgen, Martin Eichler, Dresden
136 Staatsarchiv Freiburg, Sammlung Willy Pragher
137 Bundesarchiv Koblenz
143 (links) Siebenbürgen-Institut, Gundelsheim / Neckar
(rechts) ebenda
144 (oben) ebenda
(unten) Bundesarchiv Koblenz
145 (oben) Siebenbürgen-Institut, Gundelsheim / Neckar
(unten) ebenda
147 Landeskirchliches Archiv Stuttgart
152 Graphische Sammlung Albertina, Wien
156 (links) Theresa Gscheidt, Wernau
(rechts) Institut für donauschwäbische Geschichte und Landeskunde, Tübingen
158 Bundesarchiv Koblenz
161 Institut für donauschwäbische Geschichte und Landeskunde, Tübingen
164 (oben) ebenda
(unten) Staatsarchiv Freiburg, Sammlung Willy Pragher
165 (oben) Bundesarchiv Koblenz
(unten) Institut für donauschwäbische Geschichte und Landeskunde, Tübingen
174 Siebenbürgen-Institut, Gundelsheim / Neckar
176 ebenda
178 ebenda
185 entnommen aus: Pest-Buda Anno 1838, hrsg. Tamás Katona und András Székely, Budapest 1972
191 Siebenbürgen-Institut, Gundelsheim / Neckar
193 Siedler Verlag, Berlin
200 Ungarisches Nationalmuseum, Budapest
202 Privatbesitz, Wien
207 Bayerische Staatsbibliothek, München
211 Archiv für Kunst und Geschichte, Berlin
213 Jürgens Ost- und Europa-Photo, Berlin
214 Wim van der Kallen, Seckau (Österreich)
216 nach: Jörg K. Hoensch, Ungarn. Geschichte, Politik, Wirtschaft, Hannover 1991
231 Wim van der Kallen, Seckau (Österreich)
232 Bilderdienst Siebenbürgen, Martin Eichler, Dresden
234 (links) Siebenbürgen-Institut, Gundelsheim / Neckar
(rechts) ebenda
238 Donauschwäbisches Kulturzentrum, Salzburg
239 ebenda
249 Siebenbürgen-Institut, Gundelsheim / Neckar
251 ebenda
258 Štefan Péchy, Levoča / Leutschau

260 Bundesarchiv Koblenz
263 Siebenbürgen-Institut, Gundelsheim / Neckar
265 Österreichisches Staatsarchiv, Finanz- und Hofkammerarchiv, Wien
268 Institut für donauschwäbische Geschichte und Landeskunde, Tübingen
270 Archiv für Kunst und Geschichte, Berlin
272 Siebenbürgen-Institut, Gundelsheim / Neckar
278 ebenda
280 (links) Archiv für Kunst und Geschichte, Berlin
(rechts) ebenda
283 Institut für Auslandsbeziehungen, Stuttgart
284 Siebenbürgen-Institut, Gundelsheim / Neckar
288 entnommen aus: Krickerhau. Eine deutsche Siedlung in der Slowakei, hrsg. v. Arbeitskreis der Krickerhauer in der Karpatendeutschen Landsmannschaft, Voerde 1980
293 Siedler Verlag, Berlin
299 entnommen aus: Mirko Markovic, Descriptio Croatiae, Zagreb 1993
300 Siedler Verlag, Berlin
303 entnommen aus: Mirko Markovic, Descriptio Croatiae, Zagreb 1993
305 entnommen aus: Carl Bischof, Die Geschichte der Marktgemeinde Ruma, Freilassing 1958
306 ebenda
311 (links) ebenda
(rechts) ebenda
319 Galerie der Bildenden Künste, Osijek / Esseg
323 entnommen aus: Valentin Oberkersch, India. Deutsches Leben in Ostsyrmien 1825–1944, Stuttgart 1978
326 Bundesarchiv Koblenz
333 Jakob Bohn, Stuttgart
340 Deutsches Historisches Museum, Berlin
342 Jakob Bohn, Stuttgart
345 Bilderdienst Siebenbürgen, Martin Eichler, Dresden
346 ebenda
353 Historisches Museum Budapest
363 Wim van der Kallen, Seckau (Österreich)
364 Biblioteca Apostolica Vaticana, Rom
369 Siebenbürgen-Institut, Gundelsheim / Neckar
372 Bildarchiv Foto Marburg
373 ebenda
381 Bilderdienst Siebenbürgen, Martin Eichler, Dresden
386 (links) Siebenbürgen-Institut, Gundelsheim / Neckar
(rechts) ebenda
394 entnommen aus: História XVI / 1994, Heft 5–6
396 St. Gerhards-Werk, Stuttgart
403 Institut für donauschwäbische Geschichte und Landeskunde, Tübingen
405 ebenda
406 ebenda
411 Historisches Museum Budapest
420 Georg Wildmann, Linz
423 ebenda
429 Ullstein Bilderdienst, Berlin
432 (links) ebenda
(Mitte) ebenda
(rechts) ebenda
439 Siebenbürgen-Institut, Gundelsheim / Neckar
442 Institut für donauschwäbische Geschichte und Landeskunde, Tübingen
457 nach: Jörg K. Hoensch, Ungarn. Geschichte, Politik, Wirtschaft, Hannover 1991
459 entnommen aus: História VI / 1984, Heft 2
462 Institut für donauschwäbische Geschichte und Landeskunde, Tübingen
475 ebenda
487 Ullstein Bilderdienst, Berlin
500 Institut für donauschwäbische Geschichte und Landeskunde, Tübingen
506 Bundesarchiv Koblenz
509 Marietta Boross, Budapest
510 Hans Madej, Bilderberg, Archiv der Fotografen, Hamburg
514 Ullstein Bilderdienst, Berlin
522 (oben) ebenda
(unten) ebenda
524, Galambos Vendelné, Mérk (Ungarn)
527 Hans Madej, Bilderberg, Archiv der Fotografen, Hamburg
528 Wim van der Kallen, Seckau (Österreich)
533 (oben) Siebenbürgen-Institut, Gundelsheim / Neckar
(unten) ebenda
537 ebenda
542 Staatsarchiv Freiburg, Sammlung Willy Pragher
552 Siebenbürgen-Institut, Gundelsheim / Neckar
556 ebenda
562 ebenda
572 ebenda
578 ebenda
579 ebenda
585 (oben) ebenda
(unten) ebenda
589 Ullstein Bilderdienst, Berlin
603 Staatsarchiv Freiburg, Sammlung Willy Pragher
605 Institut für donauschwäbische Geschichte und Landeskunde, Tübingen
607 ebenda
608 ebenda

611 Staatsarchiv Freiburg, Sammlung Willy Pragher
615 Bilderdienst Siebenbürgen, Martin Eichler, Dresden
620 Bildarchiv Preußischer Kulturbesitz, Berlin
623 Bayerische Staatsbibliothek, München
625 ebenda
629 Bildarchiv Foto Marburg
630 nach: Jörg K. Hoensch, Ungarn. Geschichte, Politik, Wirtschaft, Hannover 1991
634 Bildarchiv Foto Marburg
637 Ullstein Bilderdienst, Berlin
639 ebenda
646 ebenda

CIP-Titelaufnahme der Deutschen Bibliothek

Deutsche Geschichte im Osten Europas. – Berlin: Siedler.
ISBN 3-88680-200-0

Land an der Donau / Günter Schödl. –
1. Aufl. – 1995
ISBN 3-88680-210-8
NE: Schödl, Günter

Der Siedler Verlag ist ein Unternehmen
der Verlagsgruppe Bertelsmann.

Gestaltung: Brigitte und Hans Peter Willberg, Eppstein
Umschlagphotos: Kirchenburg Birthälm (vorne), Aufnahme
Bilderdienst Siebenbürgen, Martin Eichler, Dresden;
Preßburg (Rücken), Aufnahme Jürgens Ost-
und Europa-Photo, Berlin

Layout: Iga Bielejec, Mainz
Satz und Zeichnungen: Ditta Ahmadi, Berlin
Reproduktionen: Haußmann Reprotechnik, Darmstadt
Druck: ARA Druck, Stuttgart
Buchbinder: Lüderitz & Bauer, Berlin
Printed in Germany 1995
ISBN 3-88680-210-8